岑溪市志

CENXI SHIZHI

（1991—2005）

岑溪市地方志编纂委员会　编

方志出版社
Publishing House of Local Records

图书在版编目（CIP）数据

岑溪市志：1991— 2005 / 岑溪市地方志编纂委员会编. -- 北京：方志出版社，2020.9

ISBN 978-7-5144-4405-6

Ⅰ. ①岑… Ⅱ. ①岑… Ⅲ. ①岑溪—地方志—1991-2005 Ⅳ. ① K296.74

中国版本图书馆 CIP 数据核字（2020）第 194756 号

岑溪市志（1991—2005）

编　　者：岑溪市地方志编纂委员会
责任编辑：董　琳

出 版 者：方志出版社
地址　北京市朝阳区潘家园东里 9 号（国家方志馆 4 层）
邮编　100021
网址　http://www.zgfzcb.cn
发　　行：方志出版社图书经销中心
电话　（010）67110500
经　　销：各地新华书店
印　　刷：广西昭泰子隆彩印有限责任公司

开　　本：889 × 1194mm　1/16
印　　张：57.75
字　　数：1582 千字
版　　次：2020 年 9 月第 1 版　第 1 次印刷
印　　数：2000 册

ISBN 978-7-5144-4405-6　　定价：586.00 元

岑溪市志

（1991—2005）

撤县设市

1995年9月11日，国务院批准撤销岑溪县，设立岑溪市。1995年12月1日，岑溪市设市授印挂牌仪式在市文化大厦举行。

1996年3月21日，岑溪在新建成的市人民广场举行设市庆典活动。民政部、自治区、梧州地区等党政相关领导应邀参加庆典活动。市委、市政府、市人大、市政协全体领导和市直机关、企事业单位的干部职工、市区学校师生、各乡镇群众代表团队共1万多人出席庆典活动。中央、自治区、梧州地区和岑溪市的新闻媒体100多名记者前往采访报道。当晚在市区举行烟花礼炮晚会，岑溪夜空辉煌灿烂

1995年12月1日，岑溪设市授印挂牌仪式在市文化大厦举行
（李强 摄）

1996年3月21日，撤县设市庆典会场

1996年3月21日，自治区副主席奉恒高（右四）、民政部原副部长杨琛（左二）、中共梧州地委书记李兆生（右二）等为岑溪撤县设市剪彩

首任岑溪市市长江涛在设市庆典上讲话

撤县设市庆典会场一　（1996年　周德华　摄）

庆典之夜市区夜景

撤县设市庆典会场二 （1996年 摄）

（1996年 摄）

政　治

1990年4月10日，林业部部长徐有芳（左二）考察岑溪县软枝油茶种子园

1991年11月，民政部部长崔乃夫考察岑溪并为岑溪民政经济开发区题词

1992年6月25日，自治区党委书记赵富林（左二）在梧州地委书记任现春（左一）陪同下，深入岑溪县外向型企业了解生产、经营情况，鼓励新加坡、中国香港商人积极到岑溪县投资办企业

林业部副部长王志宝（右一）考察岑溪林业生产（1995年 摄）

1999年11月7日，自治区政协主席陈辉光（前排左一）、副主席梁超然（前排右一）率政协视察团到岑溪市视察（市政协 提供）

2001年5月9日，国家气象局副局长颜宏（右三）到岑溪考察气象工作。自治区气象局长林少雄（右一）、岑溪市市长林聪（左三）、岑溪市人大常委会主任江涛（左二）陪同考察

2003年5月，交通部副部长、广西“非典”督查组组长翁孟勇（左三）一行在市领导的陪同下，到人民医院检查抗击“非典”工作的进展情况

2001年，自治区政协副主席袁正中（左七）在梧州市委书记文子忠（左五）、梧州市政协主席梁家智（左六）的陪同下，视察岑溪市南渡镇竹芒编生产

2002年3月27日，自治区人民政府主席李兆焯（左一）在梧州市委书记文子忠（右三）、岑溪市委书记张宣东（右二）的陪同下到归义镇考察

2003年，自治区政协副主席梁超然（左五）到岑溪市花卉示范园视察

2004年7月，自治区党委书记、人大常委会主任曹伯纯（前排右二）在梧州市委书记任燮康（前排右一）的陪同下到岑溪市视察竹芒编织工艺

2005年6月15日，自治区党委副书记李纪恒（前排右一）到岑溪中学考察工作

1993年10月15日至18日，中国共产党岑溪县第九次代表大会召开

2002年11月3日至7日，岑溪市第十三届人民代表大会第一次会议在城区召开（市人大 提供）

2002年11月3日，岑溪政协七届一次会议在市文化大厦举行（市政协 提供）

经　济

1992年6月，全区对外开放会议在岑溪召开

岑溪市招商项目洽谈会现场（1997年 摄）

中国石材岑溪展销会会场
（1996年 摄）

岑溪县在乡镇及公路沿线建立了石材加工区，主要有岑城镇、樟木乡、马路镇、归义镇、糯垌镇、三堡镇等六大石材工业小区。图为糯垌镇石材工业小区（1994年 摄）

花岗岩石狮、茶几（1996年 摄）

图为坐落在探花石材开发区的磨光车间（2005年 摄）

1994年引进意大利百利通公司的花岗岩板材生产线，年产板材6万平方米。图为花岗岩加工产品（1996年 摄）

岑溪红花岗岩矿资源丰富，全市矿脉长达23千米，宽8千米，储量21亿立方米，而且质优色艳，可与印度红、巴西红媲美。图为开采中矿山一角（2005年 摄）

先进的板材加工设备之进口意大利的连续自动磨光机，图为磨光车间一角（1993年 摄）

先进的板材加工设备之五刀头切割机。图为花岗岩切割车间一角（1993年 摄）

粗加工的花岗岩半成品（2002年 李强 摄）

用于花岗岩加工的龙门吊（2005年 摄）

建于20世纪70年代初的岑溪县水泥厂，于1992年改制为岑溪首家中外合资股份制企业——华建水泥厂。图为1992年该厂外景

1991年岑溪县松香厂生产的“雁牌”脂松香成品仓库一角

1991年7月，岑溪县钛白粉厂建成并试产成功。图为1992年该厂成品包装车间

1991年由岑溪县工业发展公司与香港腾新有限公司合资创办的广西腾兴皮革制品有限公司。1992年6月，全区对外开放会议代表到该公司参观访问

岑溪市造纸厂生产的“南松”牌马赛克衬纸获自治区优质产品奖。图为1998年该厂生产车间一角

2004年，岑溪佳力鞋业有限公司生产车间

坐落在诚谏镇的龙湾铅锌矿（2005年 李强 摄）

坐落在岑城镇探花开发区的220千伏变电站（2005年 摄）

广西龙腾皮革公司是岑溪最大的皮革加工企业。图为2000年广西龙腾皮革公司外景

广西三威林产岑溪市人造板有限公司于2002年建成投产，年生产中密度纤维板15万立方米（2004年 摄）

成立于2005年1月的佳宝矿业有限公司属民营股份制企业，投资8000万元兴建。图为生产车间一角
（2005年 摄）

纺织厂细纱车间一角（2005年 摄）

坐落在筋竹镇的岑溪市百得打火机制造有限公司是岑溪引进的外资企业之一。图为2002年建成的百得打火机厂全景（2005年 李强 摄）

1992年广西大荣拉链
有限公司尼龙拉链车间

东海纺织有限公司生产车
间一角（2005年 摄）

外资企业永盛五金制品
厂产品（2005年 李强 摄）

国营商业实行承包制，图为1991年承包后的百货公司五金店营业部一角

1994年由县粮食局投资在工农路建成的穗丰商贸城
（1996年 摄）

南方市场摩托车专卖店（1999年 摄）

岑溪市互益纺织有限公司是90年代初建成的外向型企业之一。图为该公司外景（2005年 李强 摄）

2002年建成的市供销大楼

1992年地、县领导到筋竹镇检查杂交水稻生长情况

水稻生产大丰收剪影

实行抛秧种植的杂优水稻（1998年 摄）

冬小麦（2004年 摄）

（2000年 徐志 摄）

安平镇调剂部分水田种植豌豆苗（2005年 安平镇政府提供）

糯垌镇冬种蔬菜基地（2005年 摄）

采割松脂（1996年 摄）

波塘镇发动农民大种玉桂。图为玉桂林一角（1997年 摄）

30万亩速丰林撑起岑溪新的林产工业（2002年 摄）

筋竹镇农民自20世纪90年代末广种砂糖橘，图为砂糖橘果园一角（2003年 摄）

南渡镇竹林（2005年 李强 摄）

八角林（2005年 安平政府提供）

安平镇农民积极发展养牛业增加收入（1999年 摄）

大隆镇合和村生猪养殖基地（2005年 摄）

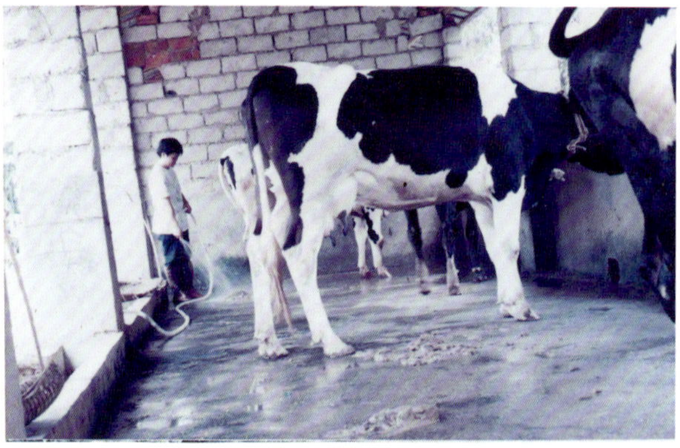

岑城镇农民饲养奶牛场（1999年 摄）

山区农民养殖山羊（2002年 摄）

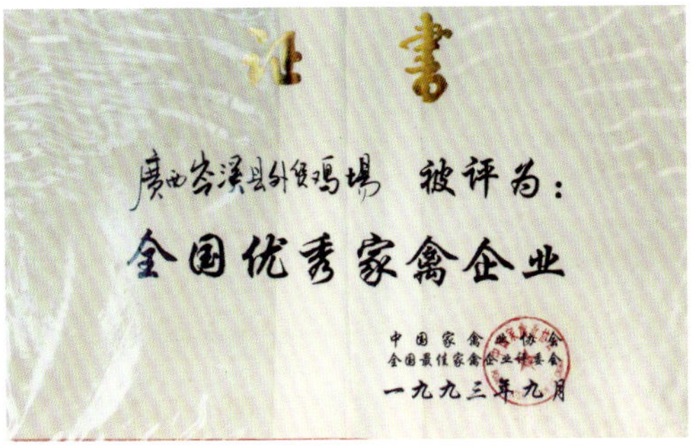

1993年，广西岑溪县外贸鸡场获全国优秀家禽企业称号

岑溪外贸鸡场的古典型三黄鸡种鸡养殖基地（2005年 摄）

岑溪采取“公司+基地+农户”模式养殖古典型三黄鸡，外贸鸡场提供鸡苗和技术指导，农户发展山地养鸡致富奔小康（2004年 摄）

筋竹镇农民采用鱼塘水下养鱼、水面养鸭、塘边养猪、山坡种果的立体养殖技术脱贫致富（1999年 谭坚 摄）

爆竹生产是岑溪传统产业，也是二十世纪八九十年代乡镇企业支柱产业之一

归义镇爆竹生产企业分散建立在山坡上的装药工作间（1997年 摄）

南渡镇竹芒编织工人正在晒收产品（1998年 摄）

波塘镇的土纸加工厂（1999年 李强 摄）

三堡镇车河村民正在晾晒岑溪特产“三堡米粉”（2002年 覃波 摄）

桂圆肉加工（2003年 摄）

土纸（1999年 李强 摄）

古典型三黄鸡（2005年 摄）

岑溪软枝油茶果（2005年 摄）

岑溪特产之八角（2005年 摄）

砂糖橘（2005年 摄）

岑溪特产——玉桂（2005年 波塘镇政府提供）

20世纪90年代吉太乡生产的粟酒（1997年 摄）

三堡米粉（2005年 摄）

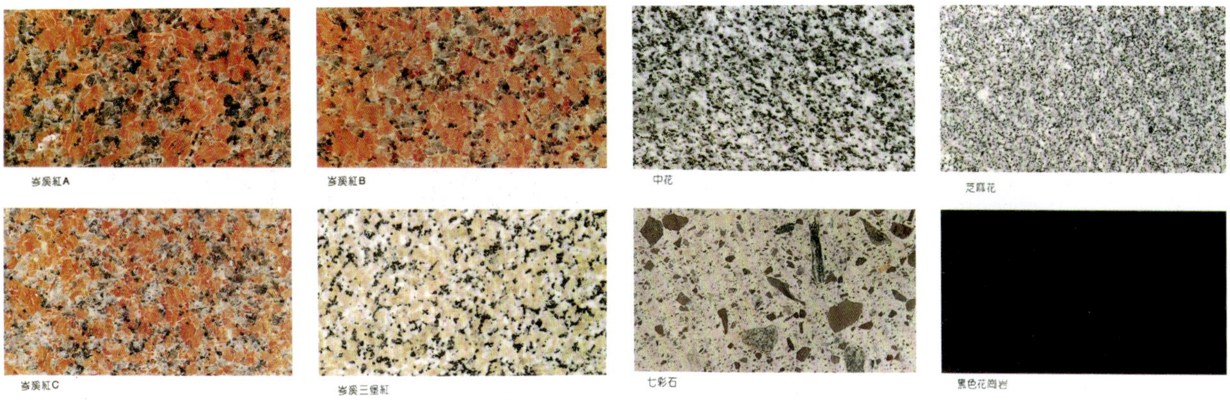

岑溪特产之花岗岩板材（1993年 摄）

城建交通

岑溪县城全景

岑溪市区全景

（1980年 摄）

（2000年 钟壮才 摄）

北环大道（1994年 摄）

北环大道、解放大道交会处（1998年 建设局提供）

义洲大道市人民广场城楼（2000年10月 钟壮才 摄）

南环大桥（2005年 李强 摄）

解放大道中心市场路段（1997年 摄）

大中路（1997年 摄）

工农路（1997年 建设局 提供）

玉梧大道（2004年 摄）

解放大道中段（俗称南北大道）（2005年 摄）

1998年建成的市工农路文化公园（1999年 李强 摄）

广播电视大楼外景（2001年 摄）

电影院外景（1998年 摄）

工农路上的邮电局大楼夜景（1993年 摄）

岑溪市南门小广场（2005年 摄）

岑溪人民广场增建演出舞台（2005年 摄）

榕湖饭店是一家集住宿、餐饮、商务、娱乐为一体的三星级饭店（2005年 摄）

20世纪90年代末在旧城区改造时，把南门桥改建成风雨桥，并建南门阁作为文化展示休闲娱乐场所，2006年拆除恢复为人行桥（2003年 李东荣 摄）

岑溪大湾电站发电车间（1998年 摄）

1992年建成的四滩电站位于大隆镇，是岑溪市目前发电量最大的水电站，装机容量12000千瓦（1999年 李强 摄）

义昌江城区防洪大堤可防20年一遇洪灾（2005年 李强 摄）

岑溪市生活污水处理厂（2005年 李强 摄）

1992年1月动工，1994年12月竣工全线通车的岑罗二级公路
（1994年 黄飞 摄）

岑（溪）罗（定）二级公路（2005年李强 摄）

1992年，岑溪县环城公路通车典礼

2002年，完成路面大修及绿化改造后的苍岑二级公路

岑溪至容县一级公路（2004年 覃波 摄）

南（渡）—水（汶）二级公路（2005年 李强 摄）

岑容一级公路昙容养护站，2000年建成投入养护工作（2005年 摄）

在建的洛湛铁路岑溪段（2005年 摄）

建设中的岑梧高速公路，2003年12月开工建设，至2005年岑溪路段完成投资66480万元（2005年 李强 摄）

1994年起，岑溪市汽车总站开通广州、南宁、桂林等地直达快车，图为旅客正在验票上车（1999年 摄）

探花汽车站于2003年8月开工建设，2005年1月建成。图为探花汽车站外景（2005年 李强 摄）

岑溪汽车总站（2005年 李强 摄）

1997年由外商投资成立岑溪市公共汽车有限公司，公共大巴按固定线路运营，终点站设在糯垌、归义、昙容三镇。图中公共小巴只在市区运营，无固定线路、招手即停（2005年 摄）

科 技 文 化

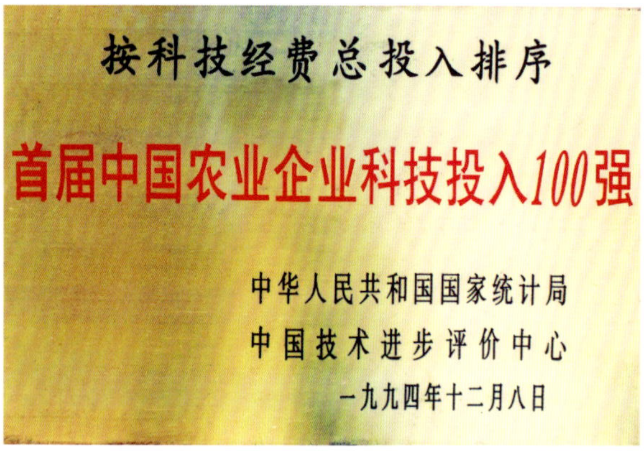
按科技经费总投入排序
首届中国农业企业科技投入100强
中华人民共和国国家统计局
中国技术进步评价中心
一九九四年十二月八日

岑溪县外贸鸡场获1994年首届中国农业企业科技投入100强称号（1994年 摄）

科普下乡现场（1999年 摄）

古典型三黄鸡开发成果鉴定会（2005年 摄）

糯垌科技示范园一角（2003年 摄）

岑溪市第一幼儿园课外活动（2003年 摄）

岑溪市第一小学承担了《朗读经典诗文》等多个科研课题。图为一年级学生在开笔礼仪式上朗读《三字经》（2005年 摄）

岑溪市第二小学举行升旗仪式，从小培养学生爱国主义精神（2005年 摄）

岑溪中学的多媒体教学（2005年 摄）

岑溪中学全景（2005年 李强 摄）

岑溪市第二中学教学楼（2005年 李强 摄）

职业中学学生开展数控机床实习操作（2004年 摄）

岑溪市第一中学校园一角（2004年摄）

20世纪90年代起，县文化馆每年都会举办书画教学培训班（1991年 摄）

岑溪群众文化活动形式多样，图为南渡镇组织山歌对唱活动，吸引诸多群众前往观赏（1992年 摄）

2005年5月1日，市妇联、团市委等单位组织的青年集体婚礼活动在小广场举行（李东荣 摄）

2005年11月，庆祝岑溪撤县设市10周年“和谐岑溪”大型文艺晚会（2005年 摄）

牛娘戏为岑溪地方戏种，市、镇均组织有牛娘剧团队。图为岑溪牛娘戏演出（2005年 林薇 摄）

卫生防疫人员为儿童喂服小儿麻痹糖丸（1999年 摄）

技术人员向广大育龄妇女讲授计生知识（1997年 摄）

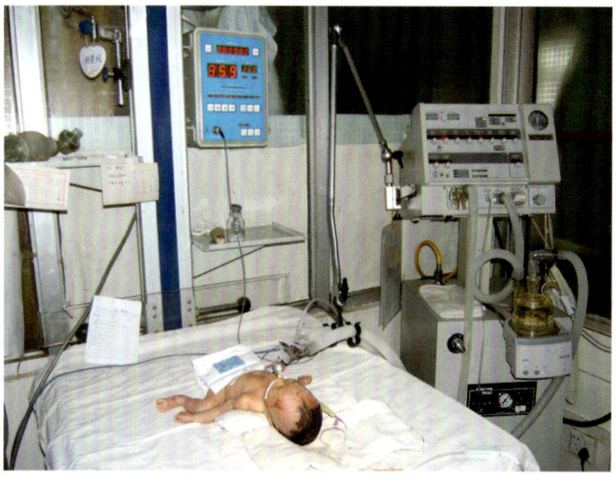

妇幼保健院正在用呼吸机抢救治疗新生儿（2005年 摄）

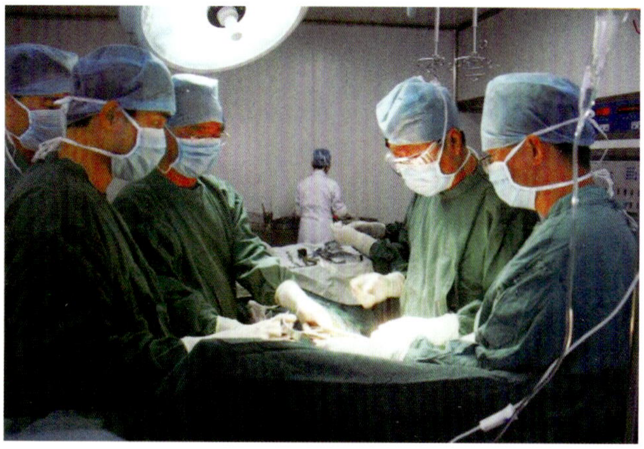

市人民医院为病人作手术治疗（2002年 摄）

1995年10月，梧州地区第八届体育运动会在岑溪市体育中心举行（李强 摄）

1995年建成的市体育中心全景（2005年 李强 摄）

2001年9月，岑溪市第九届运动会开幕式在市体育中心举行（李强 摄）

乡镇中学田径比赛场景（2005年 摄）

家在青山绿水间（管国机 2005年画）

2019年4月19日，在南宁市召开《岑溪市志（1991—2005）》审验会

2018年11月22日，市志编纂人员合影

社　会

1991年6月，县土地局执法人员到海杰村拆除违章建筑（国土资源局 提供）

民兵预备役人员参加抗洪救灾抢险（2000年 覃国安 摄）

工商局执法人员在进行市场巡查（2001年 摄）

公安队伍大练兵（2004年 胡红 摄）

市人大常委会领导检查《广西壮族自治区家畜屠宰管理条例》实施情况（2005年 摄）

改革开放后，为方便群众出行，农村木桥纷纷改建为石拱桥、水泥桥。图为三堡镇新建成的石拱桥（1992年 摄）

筋竹大塘面田园风光（1996年 谭坚 摄）

大隆镇车滩村（2004年 李昌战 摄）

坐落在吉太社区七块田的石头巷（2005年 摄）

岑溪名井之樟木大井，坐落在岑城镇樟木古街（2005年 李强 摄）

位于吉太社区的白霜涧瀑布（2003年 摄）

岑溪最高山峰土柱顶，坐落在南渡镇吉太社区与水汶镇交界处，峰顶海拔高度1211米（2005年 摄）

道教胜地——石庙山景区（2005年 摄）

义昌江风光（2005年 摄）

黄华河风光（2005年 摄）

坐落在水汶镇的清代五世衍祥牌坊，是自治区级文物保护单位（2005年 摄）

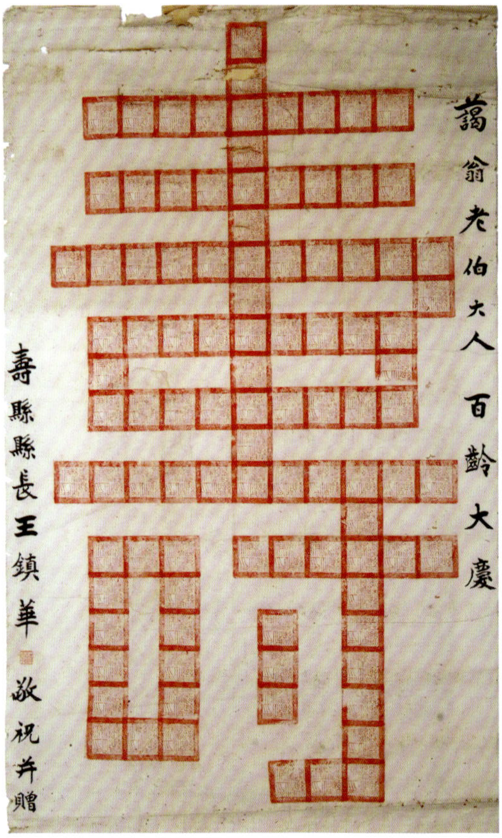

“寿字图”又称“百寿图”，为国家三级文物。1946年，岑溪南渡镇古太村黄健的祖父黄毓瑞即将过100岁生日，昔日同窗王镇华（时任民国政府安徽省寿县县长）用其掌握的寿县县政府大印盖100次组成一个大红“寿”字图以示祝贺

（李强 摄）

龙母诞生地——岑溪市糯垌镇龙母村龙母庙，于20世纪90年代重建

（2004年 摄）

樟木古街位于岑溪市区的东北角，当地人称樟木圩。始建于清代，民国时期十分繁荣，为岑溪境内四大古圩镇之一

（2005年 李强 摄）

清咸丰年间多跨院建筑组群——筋竹镇云龙德中堂古宅一角（2005年 摄）

岑溪特色菜——豆腐酿（2005年 李强 摄）

粟米粥（2005年 李强 摄）

苦麦菜（2005年 李强 摄）

白切三黄鸡（2005年 李强 摄）

岑溪特色早餐——狗肉粉（2005年 李东荣 摄）

岑溪米粉（2005年 李强 摄）

岑溪市市志编纂委员会

2007年

主　　　任:刘　廷

常务副主任:罗建机　唐海泉

副　主　任:冯建中　何　琦　冯天德　李明灌　刘明敢　黄坤道

2010年

名誉主任:陈国禄

主　　　任:覃　颂

副　主　任:罗伟雄　冯建中　陈　坚　李运亮　黄坤道

2013年

主　　　任:覃震西

副　主　任:陈　捷　罗阳灿　吴伟华　罗华平　梁达斌　李　泳　丘映含　卢　军　黄　凌　黄坤道　严伟文　杨培龙

2016年

主　　　任:罗伟雄

副　主　任:卢　宽　吴伟华　韦学文　杨明明　杨培龙

2018年

主　　　任:吴伟华

副　主　任:卢　宽　韦学文　谢　梅　徐安毕　陈展涯　陈剑辉

2019年

主　　　任:吴伟华

副　主　任:韦学文　蒋新军　谢　梅　马　锐　陈展涯　陈剑辉

2020年

主　　　任:吴伟华

副　主　任:韦学文　蒋新军　谢　梅　陀　艺　陈展涯　吴宏传　杨立云　陈再明　陈剑辉

《岑溪市志(1991—2005)》编辑部

2007年

主　　编:刘　廷

常务副主编:唐海泉　李明灌　黄坤道

副 主 编:刘新华　林绍峰

2010年

名誉主编:陈国禄

主　　编:覃　颂

常务副主编:李运亮　黄坤道

副 主 编:林绍峰　黄耀强　覃文炎　卢炳棠

2013年

主　　编:覃震西

常务副主编:黄坤道　严伟文　杨培龙

副 主 编:刘绵一　林　平　李　争

总　　纂:谭　坚(2013年1月聘)

编写人员:谭　坚　卢炳棠　李天成　彭洪泉　李　植　高充国　黄素贤

2016年

主　　编:罗伟雄

常务副主编:杨培龙

副 主 编:林　平　李　争

总　　纂:谭　坚

编写人员:谭　坚　李天成　彭洪泉　陈露德　梁小菊

2018—2020年

主　　编:吴伟华

常务副主编:陈剑辉

副 主 编:林　平　李　争

总　　纂:谭　坚

统 稿 人:梁小菊

编写人员:谭　坚　李天成　彭洪泉　陈露德　梁小菊

岑溪市市志办公室工作人员
（2007—2020年）

主　任：（按任职先后排列）

黄坤道　严伟文　杨培龙　陈剑辉

副主任：（按任职先后排列）

林绍峰　刘绵一　林　平　李　争

办公室工作人员：

莫　燕　梁小菊　林毅珍　卢启林

曾在办公室工作人员：

刘新华　黄挺才　唐宏安

《岑溪市志（1991—2005）》评稿专家小组成员

2017年12月

邓敏杰　广西壮族自治区地方志编纂委员会办公室副主任

蓝日基　广西壮族自治区地方志编纂委员会办公室原主任、研究员

韦　晓　广西壮族自治区地方志编纂委员会办公室机关党委专职副书记

韦韩韫　广西壮族自治区地方志编纂委员会办公室古籍整理处处长

何立云　广西壮族自治区地方志编纂委员会办公室秘书处副处长

陈小军　广西壮族自治区地方志编纂委员会办公室市县工作处副处长

梁燕鸣　广西壮族自治区地方志编纂委员会办公室调研员、副编审

覃成号　梧州市地方志编纂委员会办公室主任、副研究员

黄素朝　梧州市地方志编纂委员会办公室编辑出版科科长

曾雪梅　梧州市地方志编纂委员会办公室联络指导科科长

朱俊海　梧州学院副教授

欧定锋　藤县史志编纂委员会办公室主任科员

杨伟之　苍梧县史志编纂委员会办公室主任科员

林绍峰　岑溪市委办公室副主任、美丽乡村办公室主任

谭志方　原岑溪市农业委员会书记、主任

《岑溪市志(1991—2005)》审查验收委员会成员

2019年4月

邓敏杰　广西壮族自治区地方志编纂委员会办公室党组成员、副主任

叶建维　广西壮族自治区地方志编纂委员会办公室市县志工作处处长

韦韩韫　广西壮族自治区地方志编纂委员会办公室地情信息处处长

黄家接　广西壮族自治区地方志编纂委员会办公室通志工作处处长

陈小军　广西壮族自治区地方志编纂委员会办公室市县志工作处副处长

莫声光　广西壮族自治区地方志编纂委员会办公室市县志工作处副处长

梁燕鸣　广西壮族自治区地方志编纂委员会办公室调研员

林　源　梧州市地方志编纂委员会办公室党组书记、主任

范　敏　梧州市地方志编纂委员会办公室副主任

黄素朝　梧州市地方志编纂委员会办公室编辑出版科科长

赖红柳　梧州市地方志编纂委员会办公室编辑出版科副科长

欧定锋　藤县史志编纂委员会办公室主任科员

杨伟之　苍梧县史编纂委员会志办公室主任

林绍峰　岑溪市委办公室副主任

谭志方　原岑溪市农业委员会书记、主任

序

治天下者以史为鉴，治郡国者以志为鉴。地方志是"一地之百科全书""一方之全史"，因为"一邑之典章文物，皆系于志"。

地方志是中华民族优秀传统文化的重要组成部分，具有存史、育人、资政等作用。习近平总书记指出，历史是最好的教科书，是最好的老师，要高度重视修史修志，把历史智慧告诉人们。

盛世修志，志载盛世。《岑溪市志(1991—2005)》，历经十四载春秋，在全市人民热切期盼和各界人士鼎力支持下，即将付梓问世。这是新时代岑溪高质量发展征程中的一件大事、喜事，可喜可贺！同时，谨向全体修志编纂人员、全市参修单位以及协力支持的各界人士深表敬意！

山高而小曰岑，水注于川曰溪。"岑溪"二字，基本勾勒出了岑山溪水的地貌特征。唐至德二年(757)，岑溪县正式定名。1949年11月28日，岑溪解放。1995年12月1日，岑溪撤县成立岑溪市。

斗转星移，沧海桑田。仅仅有史实记载的千百年来，人们就在岑山溪水广阔天地演绎着众多精彩的故事。《岑溪市志(1991—2005)》系统地记述了1991—2005年岑溪政治、经济、文化、社会、生态文明及自然环境发展、变化的态势。当然，它也是一部讲好岑溪敢闯敢冒敢为天下先故事的地方志书。

如积极唱响"地藏瑰宝花岗石，天生丽质岑溪红"的"中国花岗岩之都"这首升平大乐；如主动搏击"不是开放地区的开放区"的"广西改革开放排头兵"这片改革天地；如娓娓道来"全区对外开放工作会议""广西的深圳"横空出世这部传世经典，当然，还有"中国古典三黄鸡之乡""中国肉桂之乡""全国经济林建设示范县""广西农村经济实力十强县"的故事，等等。

读史可以知兴替。《岑溪市志(1991—2005)》作为一方之全史，翔实地把岑山溪水地域内的自然、经济、政治、社会、文化和民俗等方面的历史和现状用文字记录下来、保存下来，成为岑溪广大人民群众尤其是青少年进行爱国主义、社会主义教育和国情、地情教育以及为领导干部和决策机构科学决策提供依据参考的重要地方资料。

志在千年，延续文脉。《岑溪市志(1991—2005)》将成为新时代岑溪的地情书和亮丽的名片。我们相信，它一定会在建设桂东南副中心城市、建好广西东大门桥头堡的征途上熠熠生辉。

是为序。

中共岑溪市委书记

岑溪市人民政府市长

2020年5月

凡　例

一、《岑溪市志(1991—2005)》(简称“本志”)以马克思列宁主义、毛泽东思想、邓小平理论、“三个代表”重要思想、科学发展观、习近平新时代中国特色社会主义思想为指导,全面客观系统地记述志书断限内岑溪市自然、政治、经济、文化、社会历史与现状。

二、本志为《岑溪市志》(1996年)续志。记述时间上限为1991年,下限为2005年。个别重大、特殊事件适当上溯与下延。

三、本志采用述、记、志、传、图、表、录等体裁,以志为主,各部分(称“篇”)以章节体结构为主,节内为条目体。大事记以编年体为主,辅以纪事本末体。志首设市地方志编纂委员会成员、编辑部人员、市志审查验收委员会成员、地图、照片专辑、凡例、目录、概述、大事记,中设21篇,志末为附录、编后记。各篇章配插图(照片),表随文设。

四、本志纪年方法,清代及以前用朝代纪年,民国时期用民国纪年,均括注公元纪年。中华人民共和国成立后采用公元纪年。行文中出现的“××年代”均为20世纪的年代。

五、本志用字、标点符号、数字用法、计量单位等,均按国家有关法规、标准书写。

六、行文涉及机关单位组织机构、会议、文件、专项工作等称谓,名称较长的在首次使用时用全称,以括号加注简称,重复使用时用简称。中共广西壮族自治区委员会简称“自治区党委”,中共岑溪市委员会简称“中共岑溪市委”“市委”,拥政爱民简称“双拥”等。

七、本志遵循生不立传的原则,人物传、人物简介、人物表收入的人物均有一定的标准。此外,在有关篇章随机构记载岑溪县(市)党委、人大、政府、政协主要领导和正科级机关单位、乡镇正职负责人姓名。

八、本志资料来源于岑溪市机关各部门、各企事业单位、各镇政府和档案馆、报刊、年鉴及知情人士等,均核实后载入。数据采用统计部门公布的资料,如统计部门欠缺的数据则采用相关部门的数据。引文、附录均注明出处。

九、本志采用的图照,分卷首照与内文插图两部分。部分照片署名,其他图照仅在编后记中说明提供照片人员和单位。为补前志缺项,对本志上限前20世纪80年代部分重大事项照片作补遗照片选用。部分照片为限内发生事物拍摄于本志下限年份之后,注明事物发生时间和拍摄日期。

目录

第三篇　人口　计划生育　居民生活

第四篇　农业　水利　农机

第五篇 工业 乡镇企业 招商引资

第六篇　商贸　旅游业

第七篇　交通运输

第八篇　邮政　电信

第九篇　财税　金融

第十篇　城建　环保

第十一篇　综合经济管理

第十二篇 政党 群团

第十五篇 民政 扶贫 外事侨务

第十八篇　教　育

第十九篇　医疗　卫生

第二十一篇　人物　先进集体

附　录

索　引

后　记

概 述

一

岑溪市地处广西壮族自治区东南部，位于北纬22°36′40″～23°12′42″，东经110°43′10″～111°22′10″。东邻广东省郁南县、罗定市，南邻广东省信宜市，西邻广西壮族自治区内玉林市容县，北邻梧州市藤县和苍梧县，为桂东南地区与广东省相邻县之一，素有广西东南门户之称，在桂粤两省（区）经济交往中具有重要战略地位。2005年年末，市域面积2783平方千米[①]，辖14个镇26个社区居委会256个村委会，人口82.78万。市政府所在地岑城镇，西距自治区首府南宁市城区415千米，至玉林市城区135千米，北距梧州市城区85千米，东距广东省会广州市334千米，南距广东信宜市102千米。

岑溪市境属桂粤边云开山脉北麓东段丘陵山区。境内主要山脉有云开大山余脉（位于市境东南与东北面）、勾漏山脉余脉（位于市境西与西南面）和藤县小娘山部分山脉（位于市境西北）。最高山峰为位于南渡镇吉太社区的土柱顶，海拔1211米。其余多为海拔500～800米、300～500米的中低山和丘陵地。山地面积占市境总面积76.50%。海拔200米以下河谷小平原、小盆地占10.46%。发源于广东省信宜市的黄华河与发源于广东罗定市的义昌江为境内两大主河流。市境河流长度（含主、支流）234.5千米，大小河溪331条，其中集雨面积50平方千米以上一级支流14条，水域面积占市境面积2.26%，地表水年径流量35.9亿立方米。

市境地下矿产资源丰富。金属矿产有铅、锌、钛、铁、金、银等16种；非金属矿有花岗岩石、沸石、珍珠岩、重晶石、独居石、稀土等18种，非金属矿以花岗岩矿储量最大、质地好为世人所知，可与闻名于世的"印度红""巴西红"相媲美，被命名为"岑溪红"。全市花岗岩矿储量20多亿立方米，色彩有鲜红、淡红、麻花、斑花等多种。此外，非金属矿中的沸石、珍珠岩矿乃是目前广西发现的唯一矿种。

市境属亚热带季风气候区，夏长冬短，气候温和，季风盛行，雨量充沛，光照充足。光、温、水气候三要素年时空趋势同向，利于农业工业经济发展及人居。

岑溪历史悠久，春秋时代就有先民在岑溪生息繁衍。公元前214年，秦始皇南平百越后置郡，岑溪地属南海郡（一说属桂林郡）。秦末汉初属南越国。汉元封五年（前106）置交趾部刺史领七郡，治苍梧。汉元鼎五年（前112）武帝平定南越置南海、苍梧、郁林等郡，岑溪境地隶属苍梧郡。至三国吴元兴元年（264），分交州置广州，今市境改隶广州。晋升平五年（361），析苍梧郡置永平郡及安沂等县，今市境西北部三堡、波塘、糯垌、安平镇境入永平郡及安沂辖，仍隶广州。南朝梁普通五年（524），今市东、南、西及中部境地置永业郡。隋开皇三年（583），废郡改为永业县（郡治、县治均在今筋竹镇旧县村）。开皇十年（590），废永业县，以其地隶泷州（今广东省罗定市一带）。开皇十六年（596），复为置永业县，仍隶泷州。

①广西岑溪市统计局编《岑溪统计年鉴（2005—2012）》2016年版。

开皇十九年(599),今市西北境糯垌、三堡、波塘、安平四镇置隋安县,隶藤州(此后四镇在岑溪解放后的1951、1953年先后划拨岑溪管辖)。唐武德五年(622),永业县地置南义州,州治在今南渡镇义新村;分置龙城、义城、安义三县。同年,析泷州的正义县改置连城县,隶属南义州辖。唐贞观六年(632),南义州改名义州。唐天宝元年(742),义州改为连城郡。唐至德二年(757),安义县复名永业县,龙城县改名岑溪县(一说岑溪县始建于汉元封五年)①。此后,岑溪县的区划设置及隶属历代均有变化,但岑溪县名一直不变。

二

1991年,岑溪人民进一步解放思想,发扬敢想、敢干、敢闯的精神,继续深化改革,扩大开放,大力发展县域经济。当年,全县生产总值达6.80亿元(不变价,下同)。其中,第一产业4.67亿元,第二产业1.01亿元,第三产业1.11亿元,人均国内生产总值709.28元。全社会固定资产投资1.24亿元,地方财政收入0.48亿元。在发展生产基础上,逐步改善人民生活,使农民人均纯收入达到701元。

1992年春,邓小平南方谈话发表,岑溪人民放开步子,向东看,向东学,吸取广东开放地区之经验,大力发展地方经济。同年6月,自治区党委、政府在岑溪县城召开全区对外开放会议,为岑溪改革开放和经济发展给力添劲。此后,县委县政府连续实施了"168"(谐音"一路发")"668"(路路发)等发展经济计划,全县农工商各业生产和科教文卫、电力交通等事业迅速发展。1992年跨进"广西农村经济实力十强县"行列。当年,全县生产总值实现8.04亿元(不变价)。其中,第一产业5.14亿元,第二产业1.96亿元,第三产业1.15亿元,人均国内生产总值1203.22元,社会固定资产投资3.06亿元,地方财政收入0.51亿元,农民人均纯收入895元。

1993年10月,中共岑溪县第九次代表大会召开,确定今后五年内要全面贯彻落实中共十四大提出的建立社会主义市场经济体制的目标,坚持不懈地推进改革开放,在改革开放中求发展。1995年,岑溪超额完成经济与社会发展第八个五年计划的目标任务。全县生产总值10.91亿元(不变价,下同),工业总产值32.88亿元,年增长率42.5%。尤其外向型工业企业和乡镇工业企业增长速度快速,初步实现农业县向工业县的转变。同年,全县粮食生产获得自1985年以来第8个增产丰收年,实现水稻亩产超1000公斤,成为自治区内首批两个"吨谷县(市)"之一。林业生产方面,获得"全国造林绿化百佳县"和"全国经济林建设先进县"等称号,畜牧业生产也进入"全国肉类生产百强县(市)"先进行列。1995年9月,国务院批准撤销岑溪县,设立岑溪市(县级)。1996年,是实施"九五"计划的头年,当年全市生产总值11.51亿元(不变价),比1995年增长5.5%。全市农林牧渔业总产值11.2亿元,社会消费零售总额8247万元,地方财政收入1.16亿元,农民人均纯收入2306元。

1998年10月,中共岑溪市第十次代表大会确立"农业强市、工业富市、科教兴市"的经济与社会发展战略,提出今后五年内要加强农业基础地位,大力发展农村经济和全面推进企业改革,整顿、提高企业经济效益,加快城市基础设施建设。1999年,全市以家庭联产承包责任制为主的农村经济体制改革得到进一步巩固和延续发展,并在农村产业结构调整中,在保证粮食稳产高产的基础上,林牧渔业得到优化。以"三高"(即高产、高效、高质)农业为主导的"万元田"(即亩产值万元以上)建设和"一村一品""种养专业

①广西古籍丛书编辑委员会,广西地方志编纂委员会办公室、梧州市地方志编纂委员会办公室合作整理重印,(明)谢君惠修,王尚贤、马神征纂,《[明崇祯]梧州府志》,广西人民出版社2013年12月第1版第153~154页。

化”等农业综合开发项目全面推进，农产品商品化、科技化程度不断提高。至2002年年末，全市农林牧渔业总产值12.05亿元（不变价），比1998年的10.06亿元增加近2亿元。1998—2001年，通过对国有工商企业按照建立社会主义市场经济体制的目标要求，进行深化改革，转换企业经营机制，实施国有资产重组及兼并、租赁、转让（整体拍卖出售）等方式，建立新的股份合作制企业，增强企业活力。并通过招商引资，加大社会固定资产投入和扶持个体、私营及外向型企业的发展，促进经济快速增长。2002年全市有工商企业3801个，其中国有23个，规模以上47个，外资（含合资合作）企业389个。年内全市工业总产值33.86亿元，比1998年的29.53亿元增加4.33亿元。全市社会固定资产投资完成总额3.6亿元，其中用于制造与电力、燃气等业投资总额2.2亿元。当年全市生产总值25.62亿元（不变价），财政总收入1.89亿元，人均国内生产总值3303元。

2002年10月，中共岑溪市第十一次代表大会提出了把岑溪市建设成为中等规模城市和桂东南副中心城市的目标。2003—2005年，岑溪市乘西部大开发的东风，加快城市基础设施和乡村城镇化建设，带动农业、工业产业化、现代化建设，克服了水、旱、冰雹等自然灾害及“非典”“禽流感”等的扰袭和世界经济形势变化带来的影响等困难，超额完成国民经济与社会发展第十个五年计划的各项指标任务。2005年年末，全市生产总值43.86亿元（当年价），增长速度为24.7%。人均国内生产总值5314元。农林牧渔业总产值25.69亿元，全部工业总产值51.77亿元，全社会固定资产投资21.84亿元，社会消费零售总额15.5亿元，地方财政收入2.48亿元，农户人均纯收入3298元。

随着改革开放的深入和经济建设社会各项事业的发展，岑溪的社会主义精神文明建设与物质文明建设同步推进。1991年，县委、县政府在制订经济与社会发展第八个五年计划时就把坚持社会主义精神文明建设与物质文明建设一起抓作为指导思想写进“八五”计划之中。并把20世纪80年代提倡“五讲四美”、治理“脏、乱、差”，学雷锋做好事等社会主义精神文明建设的内容，扩展到整顿社会秩序、整治社会治安，加强法制道德教育和开展各种文化娱乐活动及创建文明、民主、和谐美满的生活、工作、学习环境，树立“有理想、有道德、有文化、守纪律”的民众意识，提高人民群众素质，发扬社会主义道德风尚等方面。全面开展“文明单位”“文明村”“文明院子”“文明户”创建活动。要求各机关、企事业单位、社会团体和各乡镇、村委均要作出文明单位、文明村、文明户的年度创建计划并实施。1995年，岑溪撤县设市后，市委、市政府把“双文明”建设提升到创建文明城市、卫生城市的高度，组织全市人民积极参与，并把精神文明建设与城镇、社区基本设施建设和绿化、美化、净化、亮化环境结合起来，加大对精神文明建设的投入。1999年，全市有县（市）级文明单位222个，文明村203个（含社区）、文明院子14个；地市级文明单位和文明村34个，自治区文明单位6个，文明村9个。从2001年起，全市精神文明建设，采取“连片创建、联动发展、整合力量、整体推进”的方针，不断丰富思想内涵，强化法治、道德要求，提升品位。结合遵纪守法、社会公德和诚信、美德教育，实施创建文明示范村、示范点和提高文明行业、文明市场以及推进“文化、科技、卫生”下乡等方法，全方位推动全市精神文明建设向更高、更广、更深层次发展，促进全市人民群众文明意识、遵纪守法观念和社会主义道德品质全面提高，助力经济发展与社会文明进步。

三

1991年，中共岑溪县第八次代表大会明确提出在改革开放中加强党的建设的目标任务。1993年，县第九次党代会后，县委制定加强党的领导、坚持民主集中制的基本原则和搞好党的组织、思想、作风建设的各种规章制度,坚持用制度管党,从严治党。1995年1月,县委成立党的建设领导小组,在全县开展整党整风和党风廉政建设,并通过轮训、培训各级党的支部委员以上的干部和新党员,在全体党员中开展思想解放再教育、"双学"(即学中国特色社会主义理论、学党章)、"三讲"(即讲学习、讲政治、讲正气)、"三严四自"(即严格要求、严格管理、严格监督、自重、自省、自警、自励)及党的"三个代表"重要思想为内容的教育活动,引导党员干部在解放思想的同时,保持党的先进性,增强党的核心领导能力。1997年,中共十五大后,岑溪市委要求各级领导和党员干部,务必用邓小平理论武装头脑,坚守信仰、信念和党性原则,密切联系群众,建立党的领导干部挂点、党员与群众建立联系户的制度。1998年,全面推进农村社区(街道)和非公企业基层党组织建设,部分社区、企业单位的党总支、党支部提升为基层党委。在较大的私营(含合资)企业建立党支部、党小组,充分发挥党在经济建设和社会治理中的领导作用。

1999年、2002年先后对党政机关、社会团体和事业单位进行机构改革,并完成国家干部向公务员过渡的任务。2002年年末,市政府部门精简为24个,党委工作部门为8个;政府部门人员编制减20%,党委、人大、政协和群众团体减20%,政法机关减10%,乡镇机关减10%,乡镇事业单位减30%。改革使得机构设置更加合理,人员编制精简精干,政府职能逐步转变,形成"小政府大服务"的社会治理模式;使得党政、政企真正分开,实施法治。公务人员依法行政,勤政廉洁,贴近群众,为民服务,为经济建设和社会各项事业快速发展服务。市党委、市人大、市政府设立的行政管理和法纪监督机构和司法机关,加大了依法管理和执法监督的力度。并推行政务公开与"有法必依、执法必严、违法必究"的制度,维护社会安定团结、文明和谐的社会秩序。同时,推动国防动员与民兵组织建设,做好兵员征集工作,不断增强国家与地方武装力量。

1991—2005年,中共岑溪县(市)委员会先后召开第八、第九、第十、第十一次代表大会,进行换届选举(党的纪律检查委员会同时换届)。不断调整、充实和加强县(市)委员会的领导核心力量。各乡镇、市直属机关党委、党组、党支部(含总支)也依党章的规定,定期进行换届选举工作,调整充实领导干部。同期,县(市)人民代表大会先后召开了第十、十一、十二、十三届人民代表大会,对县(市)人大常委会、人民政府进行换届选举,调整领导班子成员。县(市)政协委员会、各群众团体、各乡镇人大、政府也都按规定进行换届选举。在历次换届选举中,中共岑溪县(市)委坚持党管人才的原则,在用人制度上,坚持干部队伍"四化"方针和德才兼备原则,注重考察干部思想立场、品德和实际知识能力,大胆起用政治思想坚定、有学识和相应专业工作能力,敢于担当有作为的优秀干部尤其是年轻干部、妇女干部和少数民族干部,增强各级领导的新生力量。

四

1991—2005年,在改革开放大潮推动下,岑溪县(市)委、县(市)政府切实贯彻"科教兴岑"和"电力、交通、通信(信息)先行"的战略方针,作为经济发展先行的电力(能源)、交通、电信及带动民生、造福民众的城乡建设事业不断发展,也促进农工商业快速发展,使得岑溪城乡面貌、人居环境、生存条件发生历史性的变化,人民群众的物质、文化生活水平不断提高。

科学技术方面。1991年,岑溪县委、县政府明确提出,从当年起到20世纪末的10年,岑溪要实现经济腾飞,快速发展,必须依靠科学技术进步,实施科技兴农、科技兴工。既要抓科学种田,也要搞好工矿企业技术改造、挖潜配套等措施。当年农业在大面积推广杂优水稻的同时,推广"水稻垄作栽培""小苗旱育壮

秧”和“配方施肥、化肥深施”等技术措施，工业企业挖潜技改资金投入200多万元，花岗岩矿山开发与板材加工引进国外先进技术。1991年，全县工农业生产总值比上年增长9.98%，其中工业总产值比上年增长20.1%。1995年，岑溪撤县设市后，全面实施“科教兴岑”战略，市委、市政府加强对科技工作的领导，充实科技机构和队伍，逐年增大对科技事业投入。在全市开展科普教育、专项技术培训，实施科技下乡下基层，建立科学技术信息交流网络，促进农工科学技术研究、推广和应用。2003年，先后实施向农村基层派遣科技特派员，在工矿企业和其他技术事业单位，招聘（引进）区内外、国内外专项科学研究技术人员、专家、学者的措施。鼓励相关科技项目的研究和实施试验，促进经济向科学化、现代化发展。到2005年年末，全市派出到农村基层的科技特派员300多人。举办各种农村实用技术培训班380多期（次），参加培训人员累计59万多人次，全市共开展科技研究与应用项目共82项。其中，获国家级奖励3项，获自治区级奖励14项，获梧州市级奖励38项。同期，全市科技工作者在科技创新工作中，共有80多人94项获国家知识产权授权专利项目。

文化体育事业方面。1991年，恢复建立、健全乡镇基层文化体育组织，由县文化体育部门牵头，坚持文化“二为”方向、“双百”方针和“全民健身”的体育指导思想，通过培训业余文化艺术和体育骨干，开展群众性文化体育活动。到1999年，已建成市区文化中心（文化大厦、文化馆、图书馆、电影院）和体育中心（体育场、体校），乡镇文化站和村级文化室、业余演出队三级群众文化网络。其中，乡镇文化站17个，图书馆3个，村级文化室128个，业余文艺演出队、体育队260多支（组）。1995年，岑溪县被自治区评为“先进文化集体”。1998年，获文化部授予全国“文化先进县（市）”称号。1996—1997年，祝金铃、刘长贵分别被评为全国体育先进工作者，市第二小学被评为全国先进集体，岑溪市自1991—1998年连续8年被自治区评为群众体育“推标、达标”先进单位。2000年，开展对文化事业进行包括机构改革在内的文化产业化的一系列改革。在文化总体结构上改变主要靠国家（地方政府）办文化的单一体制，逐步由多种社会力量创办，多种形式经营、多文化品种投入竞争共存的大文化市场所代替。在管理方式上，政府管理文化部门逐步转变职能，由具体操办文化活动向重点控制文化导向，实行宏观管理，强化服务职能，指导行业内部加强自我管理、自我完善，增强活力，加快发展。在文化内容与表现方式上，形成传统文化和新文化品种并存发展，使之更加丰富多彩。2002年，市文化局与市体育局合并，组成文化和体育局。2004年，市新闻出版局在文化和体育局挂牌成立，进一步整合文化体育新闻出版的领导力量和指导、监督职能。

1996年，岑溪市经自治区人民政府检查验收、实现“普九”达标。1998年10月，中共岑溪市第十次代表大会提出“科教兴市”的战略后，增大财政资金对教育事业的投入，抓好学校基础设施建设，增建、扩建校舍，增加、更新教学设备，改善、优化学校教育环境。1998年起，市财政对教育事业的拨款每年以千万元以上额度递增，1998年，全市教育事业费拨款为3383万元，至2005年，拨款额增加到12461万元，7年间增加3.5倍。加强对教育工作的领导，在坚持党的教育方针、加大德育工作、全面落实素质教育的基础上，推进学校精神文明建设，把学校办成传播文明的“窗口”，培养人才的基地，促进教育事业蓬勃健康发展。推动岑溪教育事业均衡发展，促进教师力量薄弱地区（学校）发展。1998年开始，实施抽调市区中小学教师到边远乡村中小学支教工程计划，市区小学与乡村小学挂钩帮扶活动。2002年，为增强乡镇中小学教师队伍，市委、市政府决定，撤销乡镇教育组，原乡镇教育组人员分流到各乡镇中小学任教。2003年，市教育局发出《关于加强中小学教师管理的通知》，并强化教育督导和教学研究，促进全市教育水平的提高。2005年年末，全市有小学278所，乡村教学点236所，普通初中48所（其中，九年制初中7所，完全中学7所），普通高中1所，中等职业技术学校1所。当年在校学生人数，普通小学108462人，普通初中45841人，普通高中7552人，职业中学694人。全市教师总数6233人，中小学间数（含小学教学点）、在校学生人数与教师总数均比1991年大幅度增长。同期,幼儿教育、成人教育、职业教育与民办中小学和民办幼儿教育快速发展,全市对成年人扫盲活动取得良好效果。1996年,经自治区人民政府检查验收,岑溪市基本扫除青壮年文盲,通过验收达标。2005年年末,全市民办初级中学(含职业培训)2所,完全中学1所,民办幼儿园54所。

医疗卫生事业方面。1991—2005年,县、乡镇两级医院、卫生院数维持不变,医生护士与卫技人员增加,专业知识增强,医技、医德、医风提高改变,各医疗机构基础设施建设改善扩展,医疗设备不断更新完善,住院病床增加,救护条件优化。2005年年末,有市人民医院、市中医院、市妇幼保健院三家医院先后分别获自治区级“综合二级甲等医院”“二级甲等中医院”“一级甲等妇幼保健院”称号。各乡镇卫生院获梧州市“一级”合格医院。社区与乡镇村级卫生机构健全,医疗机构、医药销售店铺(含院、所、门诊)实现社区、乡村全覆盖,一改20世纪80年代以前农村缺医少药的状况。2005年年末,有市、镇两级医院卫生院20家,村级卫生所(室)309家,社区门诊部(含民营卫生所)64家,全市执业医生1000多人(含助理医师),护士、药师、技师、检验师等800多人,两级医院病床设置950多张(位)。市、镇社区(村)三级医疗网络、保健体系基本形成。疾病防控工作顺利开展,乙类、丙类传染病预防控制率逐年提升。地方病预防控制,实现零发病率。2003年,受“非典”影响,开展全民防控,收治两名“非典”传染病人,均获治愈。儿童计划免疫工作,年度接种率90%以上。同期,公共环境卫生、监督、监测、食品、药品监督、监测工作依法有序开展,全面开展城乡爱国卫生运动。

电力交通电信与城乡(镇)建设方面。20世纪80年代末,岑溪县作为全国100个农村电气化(初级)试点县达标,实现全县17个乡镇电力联网供电。1992年,全县装机容量最大的四滩水电站建成投产,该电站年发电量4789万千瓦时。同年10月,开始兴建西牛头水电站。岑溪撤县设市后,市委、市政府采用国家投资、集体筹资,允许个体私营企业主(含外商)投资的多渠道办电方针,确保电能为经济快速发展服务。至2005年年底,全市投资电力建设1.3亿多元,建成水力发电站53座,装机122台,总容量50315千瓦。建设35~110千伏变电站19座,其中,110千伏变电站2座,全年水力发电量12100万千瓦时,加上与梧州电网互联,年供电量46655万千瓦时。

依照“要致富,先修路”“路通财通”的理念,1992—2005年,先后掀起数次“公路交通建设年”“公路村村通”为目标的修建公路热潮。1994年,岑罗二级公路改造完成后,进而修建岑容(县)一级、岑苍(梧)二级、南(渡)水(汶)二级公路,兴建县城至镇、村的县级公路。2003年开工建设岑梧高速公路。2005年年末,全市投入县(市)镇公路建设资金9700多万元,改造硬化通镇公路70千米,完成通村公路76条460多千米,全市通车公路里程1123千米。洛湛铁路梧州至岑溪、岑溪至玉林北线与西线先后于2004年12月、2005年7月开工建设。

由于通车公路里程的增加,岑溪交通运输业也获得快速发展。客运班车开通了远途至广州、深圳、珠海、南宁、桂林、柳州等地,近程至市内各镇及部分村的运输线路64条,年客运量超千万人次,货运周转量7万吨公里,年货运量5万多吨(不含农民生产劳动中车辆运送货物及生产生活资料)。

在改革开放大潮的推动下,岑溪县委、县政府为改变有线电话靠手摇接线的落后方式,1991年,投资600多万元安装3000门数字程控交换机。1992年6月,开通县城无线寻呼系统。1995年,全市乡镇电话号码由6位升7位接入梧州电话网。20世纪90年代末,全市电话用户达1.6万多户,无线寻呼机1.7万多台,移动电话(手机)7000多部。进入21世纪初,农话光缆传输工程建成并实施第二个“百万放号工程”和农村智能电话站点建设。2005年年末,全市建成农村智能电话站点9个,共11个载频,容量2万余门。全市100%行政村开通电话,无线寻呼网络覆盖全市大部分乡镇。1995年开始筹建大山顶移动电话通信基站

工程建设，1996年正式开通移动电话数字频道，移动电话用户达8万多户。1998年完成移动电话第七期数字基站建设工程，新建基站18个。至2005年，市移动公司有基站83个，直放站5个，网络覆盖全市乡镇各行政村。1994年开始计算机互联网建设，2003年开始光缆光纤入网，至2005年，建设光缆光纤入网点27个，宽带端口容量11000线，拥有用户5700多户。邮政事业。自1998年邮政电信分营以来，坚持改革开放，加强邮路投递建设，拓展汇兑、函件、包裹及报刊征订及集邮等业务，促成邮政业务向新阶段发展。2005年年末，全市邮政业务总额1670多万元，比1998年的500多万元增长3倍多。

1991年，县委、县政府作出了关于加快岑溪城乡建设步伐，促进岑溪改革开放和经济发展的决定。当年起至2003年，县(市)委、县(市)政府委托县(市)城乡建设规划室并先后3次聘请区内外城市建设规划机构、专家名士为岑溪城区和乡村建设做近远期规划。县(市)城区在改造拓展旧城区的基础上，按照东伸、南扩、西延规划布局，开展新城区建设。以20世纪80年代末规划的探花(旧城区东面)、十里长街(旧城区西面、西北面)、南环(旧城区南面)3个开发区为重点，兴建商住楼房(街道)、市场、居民住宅小区与厂房(工业加工区)，实施市政机关、学校、卫生机构、商业金融机构(迁移、新设)布局合理，供电、供水、防洪、排污(地下管道)设施与娱乐休闲场所、绿化亮化工程齐全的城市建设方针，拓展城市街道，增加公共交通工具，并加强环境卫生、交通安全、消防治安管理。2005年年末，岑溪市区(城区)总面积21.5平方千米，建成主次支街道共110多条，总长度81.97千米；商住小区10多个，且均是5层以上砖混结构楼房。

农村乡镇建设按照县委、县政府的部署和城乡建设总体规划，采用“三个一点”(即财政拨款、乡镇政府集资、相关部门，含工商企业、个体户捐助)的筹资方法，扩展街道，由当地乡镇政府规划，在镇区原街道两端或周边征用部分土地扩建新街道或扩增建农贸市场。1995年起，实施小城镇建设规划，南渡镇被国家列为全国小城镇建设试点镇，水汶、筋竹、归义、糯垌列为原梧州地区小城镇建设重点镇。2005年年末，全市13个市区外的镇区建设累计投入资金13亿元，新建镇区面积合41.82平方千米，镇区街道200多条。各镇区供水、供电、排污泄洪及电信、文体、卫生等公共基础设施完善，各村村部与自然村庄改造、新建同步开展。山区部分先富起来的农民，有的迁移镇区、市区购地建房，广大农民群众居住环境获得历史性的改变(即告别泥砖瓦木结构房屋)。

大事记

1991年

2月25日　中共岑溪县委、县人民政府成立中外合资广西岑溪化纤制品有限公司领导小组,下设办公室。

2月26—28日　中共岑溪县委召开县三级干部大会,参加会议人员1600多人。自治区党委书记赵富林、梧州地委书记任现春等领导到会并讲话。

2月27—28日　广西壮族自治区委员会书记赵富林等在岑溪县检查指导工作,梧州地委书记任现春、行署专员吴翔和岑溪县委书记陈初训、县长李世蒿陪同。

3月1日　岑溪县县城程控电话工程指挥部成立,指挥部下设办公室。3月29日,经自治区邮电管理局批准县城数字程控电话立项。

3月11日　自治区副主席陈仁一行45人在岑溪考察大荣拉链有限公司、岑溪包装容器有限公司、百山石材公司和岑红石材公司等中外合资企业。岑溪县委书记陈初训、县长李世蒿陪同。

3月12日　岑溪县委、县政府在城区东北面老虎冲坡地举行县体育场开工(奠基)仪式,县四大班子领导及县直各部委办局领导参加。该体育场占地面积4.3公顷,前期投资50多万元。体育场于1995年9月建成投入使用。

3月　岑溪县获全国绿化委员会、林业部、人事部"全国造林绿化先进单位"称号。

岑溪县附城第二中心小学861中队被全国少工委授予"学赖宁红旗中队"称号。

4月15日　全长16.5千米的三堡至波塘公路通车,同日,波塘镇大公村至容县大浪林场公路岑溪路段也建成通车。

5月2日　自治区民政厅厅长白先经在县委书记陈初训、县长李世蒿的陪同下,考察岑溪县民政经济开发区和部分外向型企业。

5月10日　大湴街吴某饲养的一头牛因吃了喷洒甲胺磷农药的三华李果叶中毒死亡,后吴某出售死牛肉,117人进食毒牛肉,造成93人二次中毒。中毒住院39人,无人员死亡。

5月21日　中共广西壮族自治区委员会书记赵富林接见在岑溪投资办企业的香港大美公司总经理罗国庭、中外合资企业岑溪大荣拉链厂总经理陈垂泽。岑溪县委书记陈初训、县长李世蒿陪同接见。

5月22日　岑溪文物部门在糯垌镇花果山发现战国古墓群,分布面积近2万平方米,古墓500座以上。8月9日,县人民政府将此古墓群列为县级文物保护单位。

5月　岑溪县选定樟木乡上奇村作为自治区推行农村宅基地使用制度改革的试点村,实行宅基地有偿使用。1992年春,岑溪县在全县范围内全面铺开农村宅基地有偿使用工作。

6月1日　糯垌镇正式开通自动电话,此为岑溪县第一个开通自动电话的乡镇。

6月16日　岑溪县政府和自治区交通厅举行岑罗二级公路修建协议签字仪式,代表双方签订共同投资改建岑罗二级路的修建协议。1992年3月1日,岑罗公路岑溪路段改建工程动工兴建,岑罗二级公路岑溪段36.83千米(1993年9月1日一期工程完成通车)。

6月25—30日　岑溪县第七届体育运动会在县城举行。24个代表队共793名运动员参加比赛,比赛项目有田径、篮球、乒乓球、象棋。

6月 岑溪县岑红石材制品有限公司生产的“岑红牌”花岗岩板材在上海举行的全国建材产品暨装潢装饰材料博览会上获金质奖。

县水泥厂生产的水泥首次销售10000吨到香港。

7月12—14日 广西壮族自治区民政工作会议在岑溪召开。自治区民政厅、各地、市、县民政局领导和岑溪县委、县政府及县民政局领导共180多人参加会议。会议召开前，与会代表参观岑溪民政开发区和民政企业。岑溪县委书记陈初训、县长李世蒿在会上作了民政工作情况汇报并介绍民政开发区建设做法。

7月13—15日 受第8号台风影响，岑溪县黄华河上游降雨量高达460毫米，洪峰以2200立方米/秒的流量沿着黄华河朝岑溪方向倾泻而下，造成12个乡镇104个村共1.72万人受灾，576间房屋被浸，277间房屋倒塌，水稻受灾面积450公顷，稻谷损失64.33万千克，9人伤亡，经济损失300多万元。

8月12日 义昌江沿岸地区暴雨成灾，死亡2人，直接经济损失30多万元。

8月24日 凌晨4点30分，在岑罗公路公晏顶下坡转弯处，发生一起重大交通事故。事故造成当场死亡1人，重伤9人，轻伤40人。

8月30日 县汽车维修行业协会成立，这是岑溪县第一个交通运输行业协会。

9月11—14日 中共岑溪县委、县人民政府和北京市建筑设计研究院联合举办的“岑溪红”花岗岩石材系列产品北京介绍会在北京市“建设者之家”举行。中央电视台及北京各大报刊对“岑溪红”作专门报道。

9月18—19日 以广西同乡会常务理事蒙芳荣为领队的岑溪县旅台同乡探亲团一行18人，从香港抵达岑溪县城。县委、县政府举行茶话会，欢迎旅台同乡探亲团回乡探亲。蒙芳荣表示要为家乡建设出一把力。

9月20日 《广西日报》报道：岑溪县已建成国内最大的花岗岩生产基地，其产品“岑溪红”已打进“花岗岩王国”意大利市场，并进入美国、加拿大、日本和新加坡等国际市场。

10月 荔新灌区水管所获水利部授予“全国水利综合经营突出贡献奖”。

10月 岑溪县供水公司第二自来水厂动工兴建。(1992年2月1日，第一期工程建成供水)。

10月17—18日 共青团岑溪县第十三次代表大会召开，出席大会的正式代表有198人。会议选举产生共青团岑溪县第十三届委员会，选举团县委书记1人，副书记2人。

10月28—30日 中国共产党岑溪县第八次代表大会召开，出席这次大会的党员代表299人。选举产生中共岑溪县第八届委员会(正式委员21名、候补委员4名)和中共岑溪县纪律检查委员会(委员15名)。选举陈初训为县委书记，李世蒿、黄以华、李彬、李明为副书记，罗伯林当选为纪委书记。本届县委常委11人。

11月13日 中共中央委员、民政部部长崔乃夫在自治区副主席韦继松、自治区民政厅厅长白先经及梧州地委书记任现春、行署专员吴翔、岑溪县委书记陈初训、县长李世蒿陪同下，先后到岑溪县岑城镇政府、县民政福利公司、民政经济开发区以及中外合资企业广西大荣拉链有限公司、百山石材有限公司和县石材开发公司调研。

11月17日 自治区副主席龙川在岑溪县考察农田水利基本建设情况。岑溪县委书记陈初训、县长李世蒿等陪同考察，并向龙副主席汇报冬修水利情况。

11月26日 岑溪县内最大的水力发电站——四滩电站(1990年11月开工建设)装机3台单机容量4000千瓦的发电机，第一台机组开机试运行。(1992年1月6日，第一台机组发电)。

11月 岑溪县石材开发公司生产的“双牛牌”岑溪红花岗岩板材，在北京举行的“七·五”全国星火计划成果博览会上获金奖。

12月5日 国务院派驻广西税收、财务、物价大检查工作组组长李永贵(国家税务局副局长)、副组长凌守忠(国家税务局副司长)、顾问刁培泽(全国人大代表、总参谋部通讯部原部长)到岑溪县检查指导工作。岑溪县县长李世蒿等领导陪同检查。

12月10日 岑溪县环城公路(今称北环大道)正式通车。环城公路于1989年5月动工,全长2.5千米,宽37米(其中,机动车道宽16米),总投资800多万元人民币。

12月14—15日 自治区副主席陈仁、自治区政府办公厅秘书长杨基常到岑溪县考察"三资企业"及矿山生产情况,岑溪县委书记陈初训、县长李世蒿等领导陪同。

12月25日 9点40分,大隆乡溢河村山塘口石场进出路口与四滩电站公路交叉处突然发生崩塌,塌下土石方约一百立方米,把正在此处装运石头的农民欧某等5人埋在土石里,致使4人死亡,1人受伤。经查明,事故为无证乱采挖片石所致。

12月25—28日 全国、自治区人大代表一行28人视察岑溪县。在县人大常委会副主任孔庆志、李丽群等领导的陪同下视察了牛寮启矿山、花岗岩板材厂、大荣拉链厂等。

12月28日 马路镇科学技术委员会成立,这是梧州地区第一个乡镇科委。

是年 公安部授予岑溪县公安局1991年"全国优秀公安局"称号。

△自治区人民政府授予岑溪县"一九九〇年广西保险先进县"称号。

△岑溪发生自20世纪50年代以来罕有春旱、秋旱和冬旱。当年1—5月,春旱,总降雨量仅394毫米,比历年同期平均减少218毫米。全县水库蓄水量只有158万立方米,占总库容的2.9%;小(2)型以上的水库55座,有52座干涸,151条河流中有119条断流;因旱无法插秧水田面积513.33公顷,插下水稻受旱面积4600公顷。为适应抗旱需要,购置柴油机19台、总动力159.5千瓦,喷淋机19台,水泵10台及一批机电泵零配件。6月16日,因旱导致县城部分人饮水困难,需靠公安消防车运水供应。9—11月,又发生严重的秋、冬旱,总降雨量92.9毫米,水田受旱面积5733.33公顷。

1992年

1月1日 岑溪县五金交电公司新城商场开业,这是当时县内最大的一家五金交电商场。新城商场经营的品种有五金、交电、机械、日用百货等1800多个品种。

1月 商业部授予大隆粮所"全国商业抗灾救灾先进集体"称号。

2月15日 岑溪县县委、县政府决定兴建岑溪县第二中学,6月动工兴建;9月10日,岑溪县第二中学、县中等职业技术学校、县第二幼儿园同时举行第一期工程落成剪彩仪式。

2月26日 岑溪县政府决定,成立岑溪县南环路(1996年改称义洲大道)工程指挥部。该路1992年动工建设(1996年建成通车)。

3月1日 县委、县人民政府在岑城镇探花村举行岑罗二级公路工程开工典礼。该工程在原岑罗公路基础上减弯改直拓宽,起点岑溪汽车站,终点筋竹镇黄陵村,接广东罗定至苍滨一级公路,全程36.5千米,总投资7200多万元。该路1994年12月竣工。

3月12—13日 自治区水稻垄作技术现场会在岑溪召开。自治区农业厅,各地市、县主管农业领导和农委、科委、农业局领导参加会议。岑溪县领导在会上介绍水稻垄作栽培情况。

3月13日 岑溪县获自治区党委、自治区人民政府授予"一九九一年度全区社会治安综合治理先进单位"称号。

3月26日 岑溪县委、县政府研究决定成立岑溪县住房制度改革领导小组。1993年2月16日,岑溪县委、县政府发布《关于实施我县城镇房改方案的通知》。1993年2月22日,县委、县人民政府颁布《岑溪县城镇住房制度改革实施方案》,部署全县的房改工作。1995年,干部职工所住公房改为私房的改革基本

完成。

3月　岑溪县大湾电站获水利部授予“1990年全国小水电优秀电站”称号。

4月13日　《广西日报》第一版发表《冒出来的“开放区”》，赞扬和介绍岑溪县改革开放十年来所取得的成就和经验。同时编发《当官就要敢“冒”》的社论。

4月18日　11点48分，岑溪县城3000门数字程控电话割接开通，成为广西第一个开通3000门以上数字程控电话的县。程控电话开通，电话号码由原来的4位升到6位。

4月22日　自治区森林工业工作会议在岑溪县召开。全区各地市县木材公司、区直国营林场的领导共270多人参加会议。

县水土保持试验站获全国水资源水土保持工作领导小组、水利部、全国水利电力工会全国委员会授予“全国水土保持工作先进单位”。

4月　归义林业站获林业部“全国先进林业站”称号。

5月15日　由中央、国务院有关部、委、办负责人组成的考察团一行6人到岑溪县考察。考察团参观了岑溪县归义镇花岗岩石材开发区和大荣拉链厂、百山石材有限公司、维用石材有限公司等中外合资企业。考察团对岑溪县能抓住丰富的自然资源——花岗岩进行开发，并大力发展乡镇企业的做法表示赞赏。

5月18日　筋竹镇建起岑溪县第一个乡镇有线电视站。

5月23日　岑城中心市场改建工程动工。改建工程建筑面积14000多平方米，总投资800余万元。该市场拟于1993年1月开始试营业。

6月8日　自治区人民政府副主席陈仁、梧州地委书记任现春、梧州地区行署专员吴翔在岑溪调研岑溪天桥至乌峡路段改建工程。

6月9日　世界银行农村供水工程专家邱斯托、全国爱国卫生运动委员会国家项目办公室水文地质专家广勇一行6人到岑溪考察农村供水项目。

6月21—22日　泰中友好协会副主席、泰国外交部部长顾问吴逢金到岑溪考察，考察中外合资维用石材公司等企业，并与县石材公司签订矿山荒料销售合同。

6月24日　中华人民共和国梧州海关驻岑溪工作组成立。

6月24—29日　自治区对外开放工作会议在岑溪召开。自治区党委、政府、政协领导，自治区直属部、委、办、厅、局的主要负责人，各地市、县和防城港区、东兴镇的党政领导及有关方面的代表共600多人出席会议。自治区党委书记赵富林在会上做题为《解放思想，真抓实干，力争广西经济更好更快地上新台阶》的讲话。

6月26日　广西岑溪康泰食品有限公司签合同，由岑溪县商业总公司与香港光顺企业股份公司合资兴办。

△自治区党委、自治区人民政府决定玉梧铁路走向，途经玉林市、北流、容县到岑溪县城后北往三堡镇，进入藤县后到梧州（玉梧铁路2005年1月5日开工建设，2009年7月开通货运，同年9月9日开通客运）。

6月27日　自治区交通厅厅长田经武考察岑溪至罗定二级公路施工情况。

6月28日　岑溪县黄海贸易公司与香港广宁发展有限公司签订合作建设十里长街经济开发区的协议书（十里长街开发区1995年建成）。

6月30日　中共岑溪县委、县政府研究决定成立岑罗路经济开发区指挥部。下设办公室、征地拆迁组、规划组、资金组。

6月　岑溪县城无线寻呼系统正式开通。

7月中旬 中共岑溪县委、县政府与上海市建委、上海市科委、自治区人民政府驻上海办事处联合在上海举办"岑溪红"花岗岩系列产品信息发布会，获得圆满成功。

7月19日 《人民日报》头版头条发表新华社记者和《人民日报》记者合写的《广西改革开放步伐加快》的报道，其中对"广西的深圳"——岑溪县专门作典型介绍。

7月 岑溪县被自治区党委、自治区人民政府、广西军区命名为"自治区双拥模范县"。

8月1—6日 在沈阳市召开的全国青少年发明创造和科学讨论会上，广西送展的岑溪县波塘中心小学韦国源发明的"垄稻开沟器"获一等奖，也是广西唯一的一等奖。

8月12日 县委颁布《中共岑溪县委员会关于加快改革开放步伐，促进经济发展的决定》。同日，岑溪县人民政府向上级提出《关于设置岑溪市撤销岑溪县的请示》。

8月 岑溪县文化局被文化部、财政部评为"全国以文补文先进单位"。

10月16—18日 岑溪县第六次妇女代表大会在县城召开，出席会议代表529人。大会选举产生岑溪县第六届妇女联合会委员30人，常委7人。选举妇联主任1人，副主任1人。

10月18日 县委、县人民政府举行义昌江县城河段综合开发工程典礼（1994年12月26日义昌江防洪大堤建设指挥部成立。1995年2月11日，义昌江防洪大堤建设工程动工，当年竣工）。

10月25日 马路镇200门程控电话正式割接开通。马路镇是梧州地区第一个开通程控电话的乡镇。

10月 岑溪县初级卫生保健通过评审，被卫生部、国家计委、农业部、国家环保局、全国爱卫会评为"中国农村实现2000年人人享有卫生保健规划试点"基本达标县。

11月20—21日 全国爱国卫生运动委员会改水项目办主任刘玉良一行9人在自治区改水项目办主任张琏的陪同下到岑溪县检查项目工作执行情况，对岑溪县糯垌、南渡两个水厂进行检查。

11月 归义镇赤黎、古皮两个村10户农民自觉联合起来，集资进城办企业，在县城北环路大街办起岑溪县首家农民合股皮鞋厂—岑溪县新时代鞋厂。

12月1日 自治区人民政府副主席王蓉贞在梧州地区行署专员李兆生、副专员兼岑溪县委书记陈初训、县长李世嵩等陪同下，视察岑溪县民政开发区、腾兴皮鞋制品有限公司、大荣拉链有限公司、樟木开发区和岑溪柠檬酸厂。

是年 县境遭受32年来罕见的"倒春寒"，局部地区发生洪涝灾害，受伤3人，死亡1人，房屋倒塌90间，有农户4户16人的房屋全部倒塌，被洪水围困8000多人，因灾损失折款763.92万元。下半年又遭受夏、秋旱灾。河溪断流41条，塘库干涸48座，其中山塘28座，人畜饮水困难有33个村的4926户19270人，牲畜5860头。水旱灾害使农作物受灾面积5760公顷，全县因灾损失粮食465.35万千克。

△全县引进推广水稻"薄、浅、湿、晒"节水灌溉技术。共推广节水灌溉面积1.2万公顷，占可推广面积2.31万公顷的52%。

△岑溪市国民生产总值提前8年实现翻两番目标。1992年，国民生产总值达到103208万元（当年价），比1980年的12606万元增加90602万元（当年价）。

△岑溪县物资局获自治区党委、自治区人民政府"全区流通领域先进单位"称号。

△岑城工商所获国家工商局"全国先进工商所"称号。

△岑溪县保密委员会被国家保密局评为"一九九一年全国保密工作先进单位"。

1993年

1月4日 《瞭望》周刊发表易杳、杨越的文章《广西一个落后省区的奋起》，文中盛赞岑溪，办起首批外资和合资企业，依靠本地资源吸纳外资开发花岗岩生产中所取得的成就。

1月11日　举行岑溪县乡镇民政经济开发区建成投产剪彩仪式。

3月5日　经自治区教育厅批准，广西农业大学在岑溪开设成人大专班。

3月上旬　泰中友好协会副主席、泰国外交部部长顾问吴逢金到岑溪考察，重点考察岑溪县的花岗岩矿山和花岩板材厂。

3月　岑溪县归义镇林业工作站获林业部授予“全国先进林业工作站”称号。

4月2日　因岑溪遇到10年来最严重的春旱，梧州地委书记任现春、行署专员李兆生与岑溪县领导到受旱最严重的糯垌镇海杰村指导抗旱。

4月14日　岑溪县与广东省佛山市石湾区结成友好县区。

4月15日　设立岑溪县人民政府驻广州办事处。

4月19日　中共岑溪县委、县政府召开梧州——玉林光纤通信工程岑溪段安全协调会。

4月21日　中共岑溪县委、县政府新办公大楼奠基。新址坐落在南环路开发区（1996年建成前门门楼，2003年改建为义洲大道商贸城）。

5月1日　中国人民建设银行岑溪县支行党支部书记、行长张强获全国“五一劳动奖章”和“全国优秀金融工作者”“全区劳动模范”荣誉称号。

5月4日　岑溪县南环大桥开工建设，桥长115.78米，桥面宽26.5米，总投资500多万元。1995年12月14日，通过竣工验收。

5月9日　《广西日报》以《我们如何搞好市场经济——岑溪启示录》为题报道岑溪人敢冒敢闯的精神与行动为“岑溪现象”。

5月中旬　归义镇保太村团支部书记冼焕文出席在北京召开的共青团第十三次全国代表大会。他是自治区出席共青团十三次全国代表大会代表中唯一来自农村基层团组织的农民代表。

7月4日　岑溪县人民政府同意县供销社成立岑溪县供销社总公司，属集体所有制企业，实行分级核算，自主经营。

7月25日　9时10分，岑溪县汽车站司机甘某驾驶车牌号45—70160的解放牌40座大客车行至国道207线3295KM+800M梨木乡社护村双社岗时，坠落25米深的路边山沟，造成9人死亡，重伤9人，轻伤38人，大客车报废的特大道路交通事故。

8月9日　国有岑溪县水泥厂通过招商引资与香港泰星实业有限公司合资扩建华建水泥厂。

8月23日　岑溪县无线寻呼系统开通自动寻呼127台、中文126台并投入使用，2000年后BP机逐渐被手机代替。

9月8日　广西第一家私营企业集团一金隆集团公司在南宁成立，董事长为岑溪农民企业家甘树北。该集团公司以广西岑溪河口石材有限公司为核心，以“岑溪红”花岗岩为龙头实行石料开采—板材加工—石材工艺一条龙生产。

9月　岑溪县文化馆获文化部授予“全国标准文化馆”称号。

10月15—18日　中国共产党岑溪县第九次代表大会在县城召开，出席会议代表305人。大会选举产生由25名委员、3名候补委员组成的中国共产党岑溪县第九届委员会和恢复原9名委员组成的中共岑溪县纪律检查委员会。廖春林当选为县委书记。

11月12日　经国务院批准岑溪县列为对外国人开放县之一。

11月16—18日　中国人民政治协商会议岑溪县第五届委员会第一次会议召开。出席会议委员189人，会议选举黄以华为县政协第五届委员会主席。

11月17—20日　岑溪县第十一届人民代表大会第一次会议召开，出席会议代表346人。大会选举程柱德为县第十一届人大常委会主任，江涛为县长。

11月 岑溪县木材公司工会获中华全国总工会授予的“全国模范职工之家”称号。

△岑溪县被自治区党委、自治区人民政府授予“广西农村经济综合实力十强县”称号。

△在第七届全国发明展览会上，筋竹中心小学学生陈裕发明的“家庭用花生脱壳机”、筋竹中学学生陈灿文发明的“双面割胶刀”、波塘中心小学学生韦国源发明的“垄稻开沟器”等三项发明获国家发明铜牌奖。

12月5—6日 岑溪县对全县0~3岁儿童进行第一次两轮脊髓灰质炎糖丸疫苗强化免疫活动。1993年起，按照全国统一要求，每年都在12月5—6日和次年的1月5—6日对全县（市）0—3岁儿童进行两轮强化免疫活动。

12月 县松香厂获对外贸易部批准为自营进出口企业，成为全国松香行业获得外贸经营权的两家企业之一。

△移动通信工程（大哥大）投入使用。2001年12月停止使用。

是年 岑溪县被列为全国水土监督执法试点县。县政府成立水土保持监督执法委员会，并任命39名水土保持监督执法员。

1994年

2月28日 国家行政区划考察团到岑溪县考察。

3月9日 中国石材工业协会理事长宗本木、顾问刘志中到岑溪考察和指导石材生产。

4月22日 县鸿运车队党支部成立，这是岑溪县在私营企业中建立的第一个党支部。

4月29日 岑溪县南环市场动工建设。该市场1995年建成投入使用。

5月12—14日 全国石材协会秘书长联席会暨全国石材经贸洽谈会议在岑溪召开，来自北京、广东、浙江、陕西、山东、辽宁等15个省、自治区、直辖市的150多名协会代表、200多名外商和700多名嘉宾参加会议。自治区政府副主席陈仁到会指导。会议向与会人员介绍“岑溪红”花岗岩。会议期间，岑溪县洽谈成功44个项目，投资总额1.41亿元；石材贸易成交总额2.33亿元。

6月7日 岑溪县人民政府将赤水水库放水点赤水水库洞口一水厂的引水渠道由明渠改为拱涵运行。赤水水库储水库区和第二自来水厂一级泵房吸水点上游1000米至下游100米水域划为饮用水源二级保护区。

6月8日至7月25日 县境内先后出现4次大的降雨过程，其中，7月5日和7月22日，遭受暴雨袭击，降雨量分别为106.6毫米128.7毫米，受灾严重的有15个乡镇221个村，受灾人口15.4万人，紧急转移1500人。受灾农作物面积6.38万亩，损毁陂坝366座，损坏渠道67.6千米，冲毁河堤17.5千米，输电线路50杆、共长2.5千米，通信线路250杆、共长10.5千米，出现险情塘库13座，其中旺坡水库坝首内坡滑坡近2万立方米；赤水水库因水位上涨，大坝反滤层上方出现大面积涌水，经拉闸排洪，保护了坝首安全。水灾造成全县直接经济损失5024万元，受灾最严重的是吉太、水汶、大隆、梨木4个乡镇。

6月30日 岑溪县获民政部授予“全国民政工作先进县”称号。樟木乡获民政部授予“全国民政工作全优乡”。

6月 自治区水土保持工作会议在岑溪召开。

7月4日 自治区纪委副书记侯世华到岑溪检查经济建设和反腐败斗争工作情况。

8月6日 梧州地委书记任现春到岑溪波塘视察肉桂生产情况。

8月11日 岑溪县国营商业企业岑溪县五金公司转为股份合作企业——岑溪县五金交电化工股份合作公司成立。

8月17日 自治区人民政府《关于同意将岑溪县樟木等六个乡改为镇建制的批复》同意岑溪县政府

将樟木、大湴、梨木、大隆、昙容、安平乡改为镇建制，并同意大湴镇改为大业镇。

8月23—25日 梧州地区“在山上再造一个梧州暨建立外向型林业试验区研讨会”在岑溪召开，参加会议的有林业部政策法令体改司、中国林科院、中国林业报新闻部和区林业厅有关领导、专家以及地、县、林业局领导、部分县分管林业的副县长共70多人。

8月下旬 腾兴皮革制品有限公司挂牌正式成立基干民兵连，是岑溪县第一家成建制建立民兵组织的中外合资企业。

8月 自治区绿化委员会等单位组成的工作队对岑溪进行绿化达标验收，确认岑溪县实现全海拔绿化达标。

△岑溪作为全自治区首批开展县级土地利用总体规划的试点县(市)之一，率先编制《岑溪县土地利用总体规划》。1995年8月全部工作基本完成并通过自治区级评审验收，被评为全自治区第一个优秀规划成果。

9月1日 岑溪县人民政府颁布《关于延长土地承包期若干问题的规定》。

9月3日 岑溪县城城北路一幢5层高的私人楼房因建筑质量差自行倒塌，造成2人死亡，7人重伤的重大事故。

9月 林业部授予岑溪县“全国经济林建设先进县”称号。

△全县5948个村民小组(占全县村民小组的99.3%)续签土地延长联合承包合同。

10月8日 中胜至岑城第二变电站110千伏输电线路工程投入运行，其中岑溪段输电线路长31千米，投资725.5万元。

10月11日 水汶供销社购物城开业，这是梧州地区乡镇级第一座多功能的供销购物中心。

10月15日 岑溪县委、县政府在北京召开岑溪籍在京工作人士同乡联谊会。

10月25—26日 共青团岑溪县第十四次代表大会召开，出席大会的正式代表有220人，选举共青团岑溪县第十四届委员，选举产生书记1人，副书记2人。

10月30日 岑溪县水利电力系统投资兴办的富杰水泥厂点火试机。

10月31日 西牛头水电站(装机3台单机容量320千瓦发电机)建成发电，总投资600多万元。

12月6—7日 民政部副部长阎明复、民政部救灾司司长姜力和自治区民政厅厅长白先经等，在梧州地委书记任现春、行署专员李兆生的陪同下，到岑溪指导工作。岑溪县长江涛陪同阎副部长到民政开发区的几家厂考察。阎明复指示县有关部门要采取措施切实做好水灾受灾户今冬明春的粮食、冬衣、救灾款的准备和发放工作，保证他们顺利过冬。

12月22日 由国家统计局、中国技术进步评价中心举办的“首届中国农业企业科技投入100强”评选活动中，岑溪县外贸鸡场跨进100强行列。场长李开达获“首届中国农业企业科技投入100强优秀管理工作者”称号。

△岑溪县委机关报《岑溪报》创刊发行。

12月 林业部确认岑溪县为“全国林业工作站标准建设达标县”。

是年 岑溪县再次获自治区“双拥模范县”称号。

1995年

1月1日 岑溪县首家私立律师事务所——广西岑溪蓝天律师事务所在县城大中路挂牌成立。

3月2日 岑溪县社会治安见义勇为基金会成立。

3月 全国绿化委员会授予岑溪县“全国造林绿化百佳县(市)”称号。

△岑溪县妇幼保健院通过了“加强中国基层妇幼卫生与计划生育服务”与世界卫生组织、联合国儿童

基金会、世界人口基金合作的项目终期评审,各项指标均达到项目指标的要求。

5月1日 岑溪县全县行政、企事业单位实行每周5天工作制。

5月2日 义昌江西牛头防洪大堤建设工程动工,11月底竣工。该河堤长780米,投资250多万元。

5月15日 岑溪县获水利部授予"发展水利经济先进县"称号。

5月22日 梨木镇三益村敬老院落成,成为岑溪县和梧州地区第一个村级敬老院。

5月28日 岑溪县探花千亩开发区及南环市场至岑罗二级公路大道工程、县城南北大道工程、城北对外加工区祥发油脂化工厂、广西岑溪腾兴化工有限公司、柠檬酸有限公司、滨江花园商住区、建设者之家、百花洲商住区、广西岑溪荣诚水产养殖有限公司、改性沥青油毡及改性道路沥青项目、县城第三幼儿园、城北综合市场等13个工程项目举行奠基或竣工典礼。

5月下旬 在全国体育运动学校田径赛中,岑城镇樟木街第十六组的甘伟妮在女子100米栏的决赛中夺得金牌。

6月18—28日 在日本东京举行的第三届国际书画艺术作品展览上,岑溪县委办公室石海贤的两幅书法作品获奖,其中1幅草书诗联获银奖,1幅草书唐诗获优秀奖。

6月21—24日 岑溪县组团参加在香港举行的"'95世界建筑材料及建筑展销会"。签订意向合同32个,其中,石材购销18万平方米,荒料8000立方米,金额共6200万元。

7月1日 3时26分,岑溪县三堡和樟木镇发生2.8级地震,震中位于三堡镇蒙布至樟木镇龙登一带,持续时间约2秒钟,县城区域有不同程度震感。

7月8—10日 梧州地区乡镇企业工作会议在岑溪县召开,梧州地区党政军领导、地直有关单位领导和各县四套班子领导300多人参加会议。

8月22日 吉太乡君垌村聂某驾驶一艘机动船在黄华河运载河沙,由于超速又超载从而引起沉船。船上5人全部遇难。

8月31日 岑溪境内受九号热带风暴袭击,南渡、梨木等乡镇降雨量达122毫米至258毫米,雨量集中程度为多年所未见。其中降雨量最大的是吉太,短短4个小时降雨量达227毫米,全降雨过程降雨量达258毫米。造成全县直接经济损失5250万元。

8月 筋竹镇望闾小学的12位小学生获梧州地区首批"希望工程"助学。

9月9日 凌晨3时30分左右,岑溪县归义镇境内金鸡大桥处发生了一起特大交通事故,造成25人死亡,重伤6人,轻伤34人。

9月11日 经国务院批准,撤销岑溪县,设立岑溪市(县级)。

9月25日 岑溪县在新建成的体育场举办县第八届体育运动会。10月中旬,梧州地区第八届体育运动会在岑溪县体育场举办。

10月13—14日 受16号强热带风暴袭击,且伴随5级至6级大风,义昌江流域有9个乡镇的降雨量均在220毫米以上,主要河流洪水成灾,造成15人死亡、86人受伤、1人失踪。全县经济损失折款4.02亿元;其中,水利设施损失比上年还大,造成全县水利直接经济损失5500万元。

10月28日 广东电视台播出介绍岑溪的专题片《桂东南花岗岩之都——岑溪市》。

10月30日 受国务院副总理姜春云的委托,民政部救灾救济司副司长周建国率领的救灾工作组,分别到岑溪南渡、樟木、三堡等重灾乡镇了解灾情,慰问灾民。

10月31日 波塘镇大公村采垌组大登坑启(小地名),一块沼泽田(俗称滗塱田)突然从田垌中间滚喷出滗浆,霎时整个地段面积1000多平方米的稻田被滗浆覆盖。

11月27日 中共梧州地委通知,由于国务院批准撤销岑溪县、设立岑溪市,原中共岑溪县委员会改为中共岑溪市委员会(以下简称"市委"),领导班子成员保留不变。

11月28日　岑溪县第十一届人民代表大会第四次会议在县城召开。会议通过了《关于变更岑溪县人民代表大会及其常委会名称的决定》《关于变更岑溪县人民政府名称的决定》《关于变更岑溪县人民法院名称的决定》《关于变更岑溪县人民检察院名称的决定》《关于岑溪市建市纪念日的决定》。

11月　自治区卫生厅组织消灭疟疾考核组对岑溪市进行消灭疟疾的现场考核，确认岑溪市的各项灭疟指标均达到自治区和卫生部颁布的消灭疟疾标准。

12月1日　中共岑溪市设市授印挂牌仪式在市文化大厦隆重举行。自治区检察院检察长丘栋霖、梧州地委书记李兆生等，岑溪市委书记肖军忍、市长江涛等领导及各单位的主要领导，共150多人参加。

中共岑溪市委、市政府研究决定，原中共岑溪县委，岑溪县人民政府部、委、办、局、室和岑溪县各人民团体及其他各有关单位的领导班子作为中共岑溪市委、岑溪市人民政府部、委、办、局、室和岑溪市各人民团体及其他有关单位的领导班子，班子成员保留不变，原班子成员职务名称中的"岑溪县"改称为"岑溪市"，其他称谓不变。

12月16—19日　在南宁举行的第三届自治区残疾人运动会上，岑溪市运动员共夺得6枚金牌，名列梧州地区第一；其中市民政福利公司残疾人运动员朱波朝夺得男子SB8级蛙泳、S8级自由泳、仰泳100米3枚金牌；李东宏获得男子田径100米跑、跳远2枚金牌，安平镇运动员李凤莲获女子A4跳高金牌。

是年　经自治区农业厅组织专家鉴定，岑溪市1995年年均水稻亩产1008千克，成为广西第一批2个吨谷县(市)之一。

△岑溪市南雄燃气有限公司成立，是岑溪市第一家液化石油气供应公司。

△南渡镇被国家建设部列为全国小城镇试点镇。

1996年

1月9日　岑溪市电影公司自筹资金100万元建成的多功能综合性大楼——北环电影院正式开业。

2月15日　佛子冲矿河三矿区石门地段一沟谷因挖矿采空发生局部地面沉陷，沉陷面积约1000平方米，并成倒圆锥形大坑，深达10米。陷区周边50米内出现大裂缝，引起山体滑坡，无人畜伤亡。

2月17日　中宣部政策法规研究室副主任李小满和中国农业发展银行开发信贷部处长吕桂珍在梧州地委书记李兆生等人的陪同下，到岑溪调研。

2月17—29日　吉太乡因受强冷空气(乡政府所在地21日的最低气温为-2℃)影响，出现了中华人民共和国成立以来罕见的寒冷天气，全乡境内大部分面积被冰雪覆盖。全乡直接或间接经济损失超500万元。其中受灾竹林2千多公顷，受灾林木蓄积7.5万多立方米，冻死耕牛41头，受损线路21公里，损坏变压器3台及电器一批。

3月13日　岑溪市石材工业协会成立。

3月21日　岑溪设市庆典暨1996中国石材岑溪展销会在市人民广场举行，市四大班子领导、市直(含岑城、樟木镇)机关干部、县城中小学师生和各乡镇群众代表及工商界、文化、教育、卫生界代表1万多人参加庆典活动。民政部原副部长杨琛、自治区副主席奉恒高、中共梧州地委书记李兆生、梧州地区行署专员黄道伟、中国建材工业协会秘书长孙守业、中国石材协会常务副会长张文波等以及港澳台同胞、海外侨胞，马来西亚、新加坡、泰国、韩国等国外客商出席了盛会。与广东省相邻的罗定市、信宜市及与梧州地区、玉林地区相邻的县市派出嘉宾代表团出席庆典活动。

4月1日　岑溪市人民武装部由地方建制恢复为人民解放军建制，受梧州军分区和岑溪市委双重领导。

4月16日　岑溪市首家以农业综合开发作为主要经营项目的股份制公司——岑溪市大圣果业有限公司成立。

4月18—19日　岑溪市三堡、波塘、诚谏、筋竹、糯垌、安平、水汶、梨木等乡镇遭受特大暴雨和冰雹袭击,平均降雨量230毫米,冰雹密度大,最大的单个重2.5~3.2千克。义昌江洪峰高96.12米,超出警戒线3.12米。农田受淹、民房被砸烂受损,林木、果树被风雹刮倒砸断,水利、电力、通讯、交通设施被损坏,家禽家畜、鱼类被洪水冲走,有8000多人被紧急转移,直接经济损失达4.05亿元;受灾人口1.54万人,其中因灾受伤356人,重伤28人,死亡3人。

4月22—26日　中央电视台连续5天在有关栏目中,播出反映岑溪市改革开放成就,利用石材兴市的专题片《石材之乡——岑溪》。

4月　岑溪达飞电线电缆厂所生产的各种规格的电线电缆产品获轻工部授予优秀产品奖,这是广西首家乡镇企业获此奖项。

△岑溪市中医院主治医师刘元英撰著的《消炎生肌药纱的临床应用》获北京赛区第三届世界传统医学会优秀成果奖。

△南渡镇西兰水厂获全国爱国卫生动动委员会授予"全国农村百佳水厂"称号。

5月11日　岑溪水汶松脂基地示范区获批准成为梧州地区外向型林业改革试验区,该示范区是梧州地区首家外向型林业改革试验区。

5月24日　岑溪市公安局破获一起贩运毒品案,查获高纯度毒品4号海洛因若干克,缴获东风大货车1辆,抓获涉案人员2名。

5月29日　北京市人大常委会委员李沛钰到岑溪市考察,在市领导的陪同下参观了维用石材公司、外贸鸡场、腾兴皮革厂、化纤集团公司、归义石材开发区等企业。

6月2日　林业部副部长王志宝,在梧州地委书记李兆生、岑溪市委书记肖军忍、市长江涛等领导陪同下,到大隆、水汶松脂基地进行实地考察。

6月13日　岑溪市公安机关在糯垌镇破获一起重大车匪抢劫案,抓获案犯4人,缴获现金209021元以及手表5块、金项链等物品。

6月23日　自治区党委书记赵富林在梧州地委书记李兆生、地区行署专员黄道伟等陪同下到岑溪市考察,参观糯垌镇平炉村的杂交水稻高产田示范点和归义镇金坡石材开发区、岑城镇石材开发区、广西维用石材公司、腾兴皮革制品有限公司。岑溪市委书记肖军忍向赵书记作工作汇报。赵富林书记希望岑溪今后要大力发展农业,要转变企业增长方式,要把对外开放提高到一个新水平。

6月28日　市委举行公开选拔教育局局长、旅游局局长演讲答辩会。这是岑溪市首次公开选拔局级领导干部的尝试。

△中共南渡镇南渡街党支部获中共中央组织部授予"全国先进基层党组织"称号。

6月　岑溪市的残疾人运动员朱波朝在大连举行的第四届全国残疾人运动会上以3分15秒的成绩打破SB8级男子200米蛙泳世界纪录,获得该项目的金牌。

7月2日　岑溪市公安局缉毒私大队破获一起特大贩卖毒品案,抓获案犯2人,缴获毒品海洛因数十克。

7月8日　岑溪市人民医院外科成功地进行一例脑肿瘤切除手术,这在岑溪市尚属首次。

7月13日　下午3时,水汶镇兆阳村委会驻地遭到龙卷风袭击,风力超12级以上,时间10秒钟左右,形成一条宽60米,长300多米的龙卷风经过受害带,造成损失达10万元。

8月6日　岑溪市人民检察院反贪污贿赂局成立。

8月10日　岑溪市波塘镇境内受台风影响普降大雨,造成洪涝灾害,全镇房屋受损的有246间,受灾

人数814人;房屋倒塌压死1人,受淹农田121.73公顷,造成经济损失105万元;灾情发生后,市政府组织人员赶赴灾区第一线,指导灾后工作。

8月13日 市委、市政府召开岑溪市对外开放工作会议,市委书记肖军忍、市长江涛到会讲话。梧州地委书记李兆生要求岑溪市迅速行动起来,掀起第二次对外开放高潮。

8月15日 中国建设银行岑溪市支行与岑溪市城市信用社工农路营业处实现市内活期存款通存通兑。这是岑溪市金融业首例跨行社联网进行存取款。

8月22日 岑溪市再次获自治区党委、自治区人民政府、广西军区命名的“双拥模范城”称号;这是岑溪继1992年、1994年获双拥模范县后第三次获此荣誉。同期,岑溪市中心市场工商所获“自治区拥军优属模范单位”称号。

9月7日 6点半至9点,大隆镇西宁街上空(距地面30米左右)出现蜻蜓成群结队从东北方向西南方向大规模迁移,形成一条宽约百米的长龙。在蜻蜓大规模迁移的48小时后,即9月9日8点30分,15号台风经过该镇,狂风呼啸,暴雨倾盆。

9月13日 岑溪市妇幼保健院爱婴医院成立,这是岑溪市首家爱婴医院。

9月 岑溪市普法办公室获自治区党委、自治区政府授予“全区先进普法办公室”称号,岑溪市法制局、岑溪市广播电视局获自治区党委、自治区政府授予“全区法制宣传教育先进集体”称号。

△岑溪市成立水政监察大队。

10月30日 自治区人民政府副主席张文学到岑溪市考察,市领导肖军忍、江涛等陪同,张文学对岑溪经济发展提出引资新思路。

11月 自治区人民政府授予岑溪市外贸鸡场场长李开达1996年度“自治区有突出贡献科技人员”称号。

12月10—14日 岑溪市顺利通过自治区人民政府“两基”评估验收。获得国家教委批准,成为梧州地区第一个实现“两基”的县(市)。

12月13日 岑溪至容县二级公路开工建设,1997年重测改为一级公路。岑容一级公路属国道324线,岑溪路段全长24千米,路基22.5米,路面宽度2×7.5米,全段为水泥混凝土路面。总投资人民币1亿元,1998年10月全线动工,2000年11月竣工通车。

12月19日 交通部副部长洪善祥到岑溪市指导工作。

12月23日 民政部部长范宝俊在自治区民政厅厅长白先经的陪同下到岑溪市检查、指导工作。

12月31日 在南渡镇西兰村路段两辆大客车发生相撞,造成2人死亡、10人重伤、25人轻伤的特大交通事故。

△岑溪市鸿运车队优秀驾驶员陈利永驾驶的桂J—70113号客车获交通部授予的“全国红旗客车”称号,这是岑溪市当时唯一获此殊荣的客车。

1997年

1月6日 自治区副主席袁凤兰到岑溪市考察,参观岑溪市维用石材公司、腾兴皮革厂和新城区建设工程。袁凤兰对岑溪城市建设提出“要按高标准来建设新城区”的要求,指出:“要提高城市建设和管理水平,抓出一条样板街来,搞好配套措施,做到建成一条管好一条”。

1月11日 自治区副主席陆兵在自治区公安、林业、交通等部门领导陪同下到岑溪市检查工作,专门就治理公路“三乱”问题作了指示。

1月16日 市委、市政府召开1997年度招商引资项目洽谈会,邀请100多名国内外客商参加。洽谈会共推出60多个招商项目,有22个项目签约,合同投资总额1.1亿元。

1月18日　岑溪首家公共汽车公司——岑溪市公共汽车有限公司开业，同时开通市区—归义，市区—马路，市区—糯垌三条无人售票线路。

1月23日　岑溪市归义镇保太村爆竹厂发生重大爆炸事故，造成当场死亡2人、11人受伤，直接经济损失20万多元。

1月　国家工商行政管理局和人事部联合授予岑溪市工商局“全国工商行政管理系统先进集体”称号。

2月4日　梧州地委书记李兆生到岑溪市视察，在岑溪市委书记肖军忍等领导陪同下，先后到安平、糯垌、樟木、岑城等镇及上奇街等地和村、镇干部座谈，并向镇村干部祝贺新年。

2月　经自治区人民政府和梧州地区行署同意，梨木镇正式被批准为革命老区，成为自治区在解放战争时期300个游击根据地的乡镇之一。

3月22日　岑溪市水果蔬菜开发公司正式成立，这将为岑溪市“三高”农业的发展提供有力的技术保证和有效的供销信息服务。

3月29—30日　岑溪市17个乡镇和市直机关共2400多名机关干部参加全地区统一进行的公务员过渡考试，标志着岑溪市开始实施公务员制度。

4月5日　国道207线岑溪市境内发生一起特大交通事故，造成4人死亡，7人重伤，20人受伤，两车严重受损。

4月6日　岑溪市房地产监察大队、房地产评估事务所、房地产交易所成立。

4月9日　经自治区人民政府批准，梧州地市行政区划作重大调整，撤销梧州地区，成立贺州地区，岑溪市改由梧州市代管。

4月15—16日　梧州市委书记雷爱祖到岑溪市视察和检查工作。岑溪市委书记肖军忍、市长江涛陪同到安平、糯垌、马路、归义、樟木、岑城等乡镇和百山石材有限公司、腾兴皮革有限公司、柠檬酸有限公司和市二中、市公安局等进行考察。

4月23日　林业部林业经济发展研究中心、法制研究室、林业法律事务中心办公室主任张健全到岑溪市视察林业经济发展和创办外向型林业企业情况。

5月6日　岑溪市委、市政府决定组建岑溪市行政学校，属市委、市政府直属事业单位，市行政学校在市委党校挂牌，与党校实行统一的校务委员会领导体制。

5月9日　为解决岑溪市电力问题，岑溪市政府决定成立电网建设指挥部，部署连接藤县新建变电站，拉通自治区大电网工程。

5月16日　岑溪市人民医院通过卫生部综合性“二级甲等医院”检查评审及“爱婴医院”评审，成为广西第三家桂东地区首家达标的综合性“二级甲等医院”。

5月27日　梧州市市长倪龙生到岑溪市检查和指导工作。岑溪市委书记肖军忍、市长江涛等陪同考察安平、糯垌、马路、樟木等镇和维用石材有限公司等企业，参观岑溪市经济建设和社会发展成就展览室。

5月28日　岑溪市人民公园举行开工仪式。公园位于义昌江西南岸，处在义洲大桥与岑溪大桥之间，占地面积约130亩，计划总投资5000万元。2000年后，该园地改为街道与商住区开发建设。

5月29日　人事部、全国供销合作总社授予水汶供销合作社覃庆彬“全国供销社系统劳动模范”称号。

6月7日　自治区民政厅厅长梁胜利到岑溪市考察民政工作。

6月19日　在体育场召开公判大会，公开宣判一批杀人、抢劫、强奸、拐卖人口、吸毒贩毒的违法犯罪分子。处决了拐卖妇女犯黄某、严某，抢劫犯黄某、房某等4名罪犯。

6月20日　自治区卫生厅厅长王荣慈到岑溪市检查、指导工作。岑溪市委书记肖军忍陪同王荣慈厅

长到市人民医院、市中医院、市防疫站、市卫生学校等单位调查了解情况。

7月6—8日 受台风影响，岑溪市普降大雨，其中，大业、梨木、昙容、南渡、波塘等乡镇因暴雨成灾，受灾户数27396户，农业直接经济损失1800多万元，全市直接经济损失2013.42万元。其中，大业镇水稻受淹面积276.67公顷，绝收面积146.67公顷。

8月8日 自治区计生分类指导现场会议在岑溪市召开。自治区计生委主任何劳出席现场会议，岑溪市委书记肖军忍在会上作经验介绍。与会人员参观了樟木、糯垌、岑城等镇部分计生管理示范村。

9月8日 在岑城镇探花收费亭发生一起重大交通事故，造成1人死亡、29人受伤、两车受损的交通事故。

9月8—9日 共青团岑溪市第十五次代表大会召开。会议选举产生共青团岑溪市第十五届委员会。选举共青团市委书记1人，副书记2人。

9月25日 波塘镇政府检修自用水井，发生一氧化碳急性中毒事件，造成当场死亡3人、重度中毒1人的重大事故。

10月13日 岑溪市南渡镇冷水冲路段，发生一起大货车与大客车相撞的特大交通事故，造成3人死亡，3人轻伤，两车严重损坏。

10月14日 广西壮族自治区委员会书记曹伯纯一行到岑溪市考察工作，梧州市委书记雷爱祖、岑溪市委书记肖军忍、岑溪市市长江涛陪同考察维用石材公司板材厂、百山石材厂、异型材板材厂、腾兴皮革厂和归义镇金坡石材开发区；考察并参观建设中的市人民广场和“岑溪市社会经济发展成就展”。考察后曹伯纯在与市领导座谈会上作岑溪市要认真向广东学习的指示。

10月 岑溪市获全国爱国卫生运动委员会、卫生部表彰的全国农村普及自来水先进市称号。

11月1日 香港环宝投资开发公司董事长陈光宇到岑溪市考察，市长江涛等陪同参观考察市口岸大楼建设工地，容(县)岑(溪)一级公路及维用石材公司等企业。

11月6日 岑溪市首家旧货市场在市区开业。

11月 岑溪富杰水泥厂与北流市西神水泥厂签订租赁经营合同，成为市内首家实行租赁经营的国有企业。12月点火复产，150多名下岗工人重新就业。

12月1日 岑溪市首家镇级老年人活动中心筋竹镇老年人活动中心成立。

12月6日 交通部公路管理司司长张之强等一行13人，从罗定进入岑溪，检查验收324线文明样板路岑溪路段。岑溪市委书记肖军忍、市长江涛向检查验收组成员汇报工作。

12月11日 日本国熊本县国际课长干津田米先生等一行4人到岑溪市考察。岑溪市委书记肖军忍、岑溪市市长江涛陪同到合晶公司异型板材厂、维用石材公司等企业参观并介绍岑溪市经济发展及自然资源等情况。

12月12日 岑溪市人民政府颁布关于实施牲畜屠宰和肉食市场管理办法的通告。23日，岑溪市委、市政府召开专门会议，部署从明年1月6日起实行牲畜定点屠宰和肉食市场管理新规则的有关事项。

12月24—25日 自治区第九届人民代表大会梧州市代表团一行到岑溪市检查视察城市基础设施、农业综合开发、花岗岩石材生产、交通能源和轻工化工等建设项目情况，作为自治区第九届人大代表的岑溪市市长江涛参加这次视察活动。岑溪市委书记肖军忍、市人大常委会主任程柱德等领导就岑溪市的经济文化及社会发展情况向代表们作综合汇报。

12月28日 自治区计生协会工作会议在岑溪市召开，议题是传达中国计生协会第四届第三次会议精神。自治区计生委主任、自治区计生协会常务副会长何劳总结1997年工作和部署1998年全区计生协会工作。何劳对岑溪计生工作和计生协会工作作了充分肯定。

12月 岑溪市第一家奶牛养殖场在岑城镇成立，填补岑溪市无奶牛的空白。

△中华人民共和国成立后第一轮修编的《岑溪市志》在全国公开出版发行。

1998年

1月 自治区第九届人大一次会议选举岑溪市张月英（女）为第九届全国人民代表大会代表。

1月13日 国家体育总局授予岑溪市第二小学“1997年全国群众体育先进集体”称号。市二小是梧州市唯一获此殊荣的单位。

1月25日 吉太乡正式开通光纤电话，至此，岑溪市17个乡镇已全部开通光纤电话。

2月11日 下午6时许，位于岑城镇河口长冲的岑溪花岗岩矿山，发生矿口塌方，造成压死2人、直接经济损失10万多元的重大矿山事故。

3月3日 梧州市委书记雷爱祖等领导一行15人在岑溪市委书记肖军忍、岑溪市市长江涛等的陪同下到安平、糯垌、岑城、归义等乡镇检查春播和备耕工作。

3月16—18日 全国教育科学“九·五”规划国家教委重点课题广西子课题开题会暨全区九年义务教育目标教学研讨会在岑溪市召开。与会代表分别观摩岑溪市一小、二小的教学现场。岑溪市委书记肖军忍、岑溪市市长江涛参加开幕式。

3月20—21日 广西军区民兵整组工作现场研究会在岑溪市召开。广州军区动员部部长谭一兵、广西军区司令员刘国裕等领导和岑溪市四套班子领导共130多人参加会议。参会人员参观岑溪市人武部正规化建设和部分乡镇、企业民兵组织建设，听取市民兵整组工作情况汇报，观看有关电视录像片。

4月15日 梧州市委书记雷爱祖到岑溪市检查国有企业改革和工业生产运行及财税工作，到腾兴皮革厂、松香厂等国有企业检查，并就如何抓好国有企业改革和发展生产等问题作出指示。

5月4日 全国社会文化先进县（市）检评组一行3人到岑溪市进行验收。市委书记肖军忍、岑溪市市长江涛等陪同，检评组对市区、归义、南渡、糯垌的文化设施、文化活动进行检评。

5月5日 岑溪市在梨木镇召开纪念中国人民解放军粤中纵队第四支队十一团“太白队”成立50周年暨梨木镇划定为革命老区座谈会，李妙球、黄镇等10多位“太白队”队员参加会议，并就如何搞好革命老区工作发表意见。市委书记肖军忍、市长江涛、市人大常委会主任程柱德分别讲话。

5月9日 凌晨3时许，岑溪市电影院发生火灾，7人受伤，1人死亡，600平方米前楼严重受损，直接经济损失44.7万元。

5月27日 岑溪市获文化部授予的“全国文化先进县（市）”称号。

6月2日 水汶镇良乃村发生一起人为投毒引起的毒鼠强中毒案件，造成8人急性中毒，4人死亡。

6月2—3日 境内大暴雨，日最大降雨量150毫米；6月24—25日，降大暴雨，日最大降雨量148毫米，山洪暴发造成洪涝灾害，受灾人口8200人，死亡1人，受淹农田面积1133.33公顷，受灾损失2560万元。

6月21日 下午，大隆镇福隆村一私人开采的金矿矿坑突然崩塌，造成3死1伤的重大事故。

8月18—19日 举行岑溪市第十一届人大常委会第三十六次会议，会议经过审议，决定接受江涛辞去岑溪市人民政府市长职务，任命张宣东为岑溪市人民政府副市长并代理市长职务。

8月28日 岑溪市邮政局、电信局分别举行揭牌仪式。岑溪市邮政局地点设于新兴路邮政大厦，岑溪市电信局位于工农路邮电局旧址。

9月8—9日 由自治区人民政府主席助理、科技厅厅长张正铀领队的检查团一行6人到岑溪市检查农村供水与环境卫生项目利用世界银行贷款执行情况，检查团认为岑溪市改水工作卓有成效。

9月30日 岑溪市在梨木镇举行中国人民解放军粤中纵队第四支队十一团太白队烈士纪念碑落成揭幕仪式。

9月 昙容镇路台水电站（装机1台容量125千瓦）建成发电，是岑溪市首座个体修建的小水电站。该

电站由私营企业主廖锋投资55万元,1997年8月开工建设。

10月12—13日 中国共产党岑溪市第十次代表大会在市文化大厦召开,出席会议的代表303人。大会选举产生由28名委员、3名候补委员组成的中共岑溪市第十届委员会和15名委员组成的中共岑溪市纪律检查委员会。选举肖军忍为市委书记。张宣东、张志君、罗树松为副书记,黄有才当选为纪委书记。本届委员会选举常委9人。

10月22日 在糯垌镇平塘村路段发生一起小货车撞树,致1人死亡,2人受伤的重大交通事故。

10月29日 自治区交通厅公路管理局局长谢仕玲一行,在岑溪市委书记肖军忍、代市长张宣东等领导的陪同下,到位于岑溪市境内国道207线路段和在建的容县至岑溪一级公路梧州段全线视察。

10月 岑(溪)容(容县)一级公路开工修建。2000年11月建成通车,总长24千米。

11月11—12日 自治区农村文化工作座谈会在岑溪市召开。自治区文化厅、区直有关部门领导和全区地市文化局长、部分县(市)文化局长、先进乡镇文化站长参加会议。自治区文化厅厅长容小宁出席会议并作重要报告。岑溪市代市长张宣东参加会议并作发言。

11月16日 梧州市委书记雷爱祖在岑溪市马路镇检查工作,并与该镇的部分村支书记、经济能人就如何学习贯彻中共中央关于农业和农村工作若干重大问题的决定进行座谈,并就马路镇经济发展的问题提出指导性建议。市委书记肖军忍等领导陪同。

11月23日 广州军区动员部部长谭一兵率征兵工作组深入岑溪市检查征兵工作。

12月3日 梧州市村级公路建设大会战现场汇报会在岑溪市召开。梧州市人民政府市长倪龙生等领导到会指导。倪龙生强调村级公路建设要抓住重点,集中力量打“歼灭战”。

12月17日 岑溪市总工会第11次代表大会在市区召开。大会选举出岑溪市总工会第11届委员会委员21名。

12月24—25日 岑溪市召开第十次妇女代表大会,199名妇女代表参加会议。大会选举出岑溪市妇女联合会第十届执行委员会委员23人,常务委员9人。

12月 中医医院通过国家卫生部二级甲等中医医院评审,被国家中医药管理局授予“二级甲等中医医院”。

是年 国家税务总局、共青团中央授予岑溪市国税局糯垌分局“全国青年文明号”荣誉称号。

△岑溪市工商局梁宣之被中华全国新闻工作协会工商分会评为“全国百名工商新闻之星”,他是梧州唯一获此殊荣的业余通讯员。

△岑溪科技人员开始进行人工栽培灵芝的探索性试验,采用野生灵芝菌盖作繁殖器官,自制菌种,2001年3月在樟木大桥头种植灵芝获得成功,这是岑溪首次人工栽培灵芝获成功。

1999年

1月5日 岑溪市召开市四大班子及有关部门领导联席会议,讨论政府工作报告,研究1999年全市各项工作计划及贯彻自治区党委提出的“1234610”工作思路的具体措施。

1月10—13日 中国人民政治协商会议岑溪市第六届委员会第一次会议召开。会议选举产生市政协第六届委员会,梁树清当选为市政协第六届委员会主席。

1月11—14日 岑溪市第十二届人民代表大会第一次会议召开。会议选举江涛为市人大常委会主任,张宣东为市长。

1月25日 大业镇新村发现有猪传染上生猪“五号”病。有关部门立即将其运往深山深埋以隔绝传染源。同时做好生猪“五号”病的预防工作。

3月18日 梧州市委书记文子忠到岑溪市安平镇检查春耕生产和农村工作,提出要把年人均增收

200元以上的计划任务落实到村、到组、到户并要有具体措施。当前要把春耕抢插抓好,要把抗旱保插抢季节当作重中之重。

3月31日 1997年3月开始建设的岑溪市新兴市场开业。

3月 义昌江流域双贵河堤改河工程竣工,该工程由荔新水管所、归义镇人民政府和双贵村共同投资80多万元。该工程1998年12月动工,历时4个月,改河长度600多米,建成后可保护人口4000多人和保护农田面积330多公顷。

4月1日 糯垌至三堡路段一辆中巴客车翻下6米深的涵洞,造成3人死亡、4人重伤、8人轻伤的特大交通事故。

4月4—5日 梧州市委书记文子忠到岑溪市检查指导工作。岑溪市委书记肖军忍、岑溪市市长张宣东等领导陪同文子忠书记到安平、糯垌、吉太等乡镇和部分企业视察。

4月26日 日本国荒川化学工业株式会社铃木敏彦一行5人到岑溪市考察松香生产情况,并与岑溪市松香厂商议有关合作项目。

5月6日 岑溪市获自治区党委、自治区人民政府、广西军区授予的"双拥模范城"称号,这是岑溪市自1992年以来连续四次获"双拥模范城"称号。

5月21日 昙容镇旺庆村一辆中型客车翻滚落下29米深的陡坡,造成车辆严重受损,当场死亡4人、26人不同程度受伤的特大交通事故。

6月15日 岑溪市委、市政府决定成立岑溪市现代农业实验区,并成立现代农业实验区建设领导小组。

7月2日 岑溪市1999年招商引资洽谈会在榕湖饭店举行。洽谈会上与外地客商洽谈投资项目89个,投资总额2.78亿元,其中,签订合同项目82个,合同投资总额1800多万元。

7月6日 移动通信业务从电信局剥离,成立广西移动通信公司岑溪营业部,开始独立运营原中国电信在岑溪境内的所有移动通信业务。

7月13日 梧州市陆军预备役工兵团筑城伪装营在岑溪市成立。市长张宣东等领导出席成立大会与授牌仪式。

7月11—15日 中国农业银行岑溪市支行冯元龙作为广西区金融系统归侨侨眷代表出席在北京召开的第六次全国归侨侨眷代表大会,大会期间受到江泽民、李鹏、朱镕基等党和国家领导人接见并合影留念。

8月3日 岑溪市林业公安分局成立,作为市林业局职能机构,列入市公安局序列,实行双重领导。原林业公安股、七坪林场派出所的在编人员为市林业公安分局组成人员。

8月7日 梧州市市长黄方方等领导到岑溪视察"三高"农业建设和容(县)岑(溪)一级公路建设情况。岑溪市委书记肖军忍、市长张宣东等领导陪同视察。

9月2—4日 应岑溪市委、市政府的邀请,广东羊城晚报、粤广信息报、信息时报和广州有线广播电视台等新闻单位派出记者到岑溪市考察花岗岩生产情况。旨在消除前段时间一些媒体对岑溪市花岗岩石材放射性问题不实报道的影响,挽回"岑溪红"的声誉。

11月2日 岑溪市委、市政府决定,选派部分应届大中专毕业生(80名,其中本科毕业生8人,专科12人,女毕业生19人)到市内各乡镇有关村委会担任村干部。这是岑溪市首批到村任职或挂职的大中专毕业生。

11月7日 以自治区政协主席陈辉光为团长的自治区政协视察团一行25人到岑溪市考察经济发展情况。梧州市委书记文子忠等陪同视察。岑溪市委书记肖军忍、岑溪市市长张宣东、岑溪市政协主席梁树清向陈辉光一行汇报岑溪市经济建设和各项事业发展情况,并陪同到企业和乡镇视察了解情况。陈辉

光希望岑溪发挥资源优势，争创名牌产品，促经济进一步发展。

11月10日 岑溪市委、市政府邀请广西社会科学院专家学者一行数人到岑溪作专题考察研究，为岑溪今后5—10年经济发展“把脉”“定向”，开设“良方”。

11月23日 梧州市冬种生产现场会在岑溪市召开。梧州市委书记文子忠等领导出席现场会并作讲话。

11月30日 中国人民解放军总参谋部动员部部长、少将范晓光，广州军区动员部部长、大校谭一兵等在梧州军分区司令员侯本智、政委刘亚强等的陪同下，到岑溪市检查民兵工作。

11月 水汶镇有专业户创办流动加工厂，它以手扶拖拉机改装安装成套碾米设备，上门为农户碾米、碾木薯、碾粟等，一改过去固定设点加工的方法，为流动上门服务。

12月19日 由自治区政协副主席俞曙霞为团长的自治区创建文明城市考评团一行10人到岑溪市对创建文明城市工作进行考评。岑溪市委书记肖军忍、岑溪市长张宣东等陪同考评。

12月中旬 岑溪市遭受自1967年以来的特大霜冻，全市极低温度-6℃，霜冻持续时间7天以上，为历史所罕见。直接经济损失4921.5万元。

12月23日 岑溪市和广东省罗定市、信宜市三市在岑溪召开联谊会。三市四家班子部分领导参加联谊会。与会人员参观岑溪市农业综合开发、外资企业和乡镇企业及了解生产情况，听取岑溪市有关情况的介绍。

是年 根据自治区党委企业改革整顿的文件精神，大湾、波塘、都目、四滩、西牛头5个水电站和市电力公司、市自来水公司、市水电构件厂等国有企业进行劳动、人事、分配三项制度改革并制定相关整顿措施。

2000年

1月4日 市委、市人民政府作出《关于切实做好减轻农民负担工作的决定》，并于1月6日召开全市减轻农民负担工作会议，要求市直有关部门就近年加重农民负担事项作检查并公开赔退。

1月8—9日 梧州市市长黄方方到岑溪市视察抗灾自救工作，对岑溪市采取有力措施、发动群众抗灾自救工作给予充分肯定。岑溪市委书记肖军忍，市长张宣东等陪同。

1月14日 中共岑溪市委十届三次全体（扩大）会议召开，全会讨论并决定岑溪市全年经济工作指标及主要任务，决定在全市实施“12310”工程计划。会议通过《中共岑溪市第十届委员会第三次全体（扩大）会议公报》。

1月20日 岑溪市第一个村级党委——中共樟木镇上奇街委员会正式挂牌成立。

3月7日 岑溪市委召开“三讲”教育动员会议，市四大班子领导成员、市纪委、检察院、法院班子成员、市公安局局长、政委和市直局级单位党政正职、乡镇党委书记、镇长，离退休老同志代表共290人参加会议。市委书记肖军忍在会上作动员讲话，自治区派驻岑溪市“三讲”教育巡视组组长庞家旺也在会上讲话。

3月10日 “视觉第一·中国行动”自治区专家组医生到岑溪市人民医院为市内300多名白内障患者施行复明手术。

3月17日 由电信部门立项架设的全梧州市首条村级光缆在梨木开通。

3月29日 岑溪市政府印发《对外商投资企业和内联企业实行“一站式”审批办证和“一个窗口”收费方案的通知》。本通知自2000年5月1日起实行。

3月 岑溪市开始建设IC卡公共电话，当年开通IC卡公话130部。2007年基本取消IC卡公共电话。

4月2日 糯垌、诚谏、三堡、波塘等乡镇遭受特大龙卷风和冰雹袭击，1500多间民房被冰雹砸烂，100

多人被砸轻伤,重伤1人,农作物受损。经济损失5700多万元。

4月10日 岑溪市委、市政府在诚谏镇召开乡镇企业“百个项目大会战”工作现场会,总结经验、分析现状、交流做法、落实措施、促发展。市长张宣东等参加会议并发表讲话。

4月18日 岑溪市无线市话小灵通开通使用。5月1日,南渡镇开通小灵通网络,成为广西第一个开通小灵通的乡镇。

4月 岑溪市被国家林业局授予“全国经济林建设示范县”称号,是广西唯一获全国经济林建设示范(县)市。

6月4日 自治区党委副书记杨基常到岑溪市视察。先后到市文化公园、人民广场、个体户与私营企业、市政建设项目和市第二中学等视察。梧州市委书记文子忠,岑溪市委书记肖军忍、市长张宣东陪同。

6月9日 晚上,糯垌镇大竹村112人食用拜庙祭品糯米糍引发食物中毒,发病75人。主要症状为恶心、呕吐、腹痛等。原因是制作人员林某某(女)右手无名指有化脓性伤口感染。经检测为金黄色葡萄球菌毒素引起。

6月13日 岑溪市烹饪协会成立,协会成员有岑溪大酒店、红楼宾馆、绿云山庄、榕湖饭店、长城宾馆、华苑宾馆。

6月17—18日 由国家体育局组织委派的检查验收小组对岑溪市争创全国体育先进城市的各项指标进行验收,授予“全国先进市”称号。

6月 岑溪市百货公司四大商场(职工)与公司签订承包合同5年,一次性上交承包金5年,完成公司改制。

8月22日 岑溪市十二届人大常委会举行第十一次会议,接受张宣东辞去市长职务,任命林聪为岑溪市人民政府代理市长。

8月30日至9月1日 岑溪市第十二届人民代表大会第三次会议召开。会议补选林聪为岑溪市人民政府市长。

9月 岑溪市人民医院为一名断指患者成功进行断指再植,这是岑溪第一例成功断指再植手术。

11月8日 市委在广东省佛山市高明区召开中共岑溪市委常委特别会议。全体市委常委经现场考察后,讨论佛山市华联塑料机械有限公司总部将搬迁岑溪的相关问题,并作出相关决定。

11月9—10日 共青团岑溪市第十六次代表大会召开,选举共青团岑溪市十六届委员会。选举团委书记1人,副书记2人。

11月13日 自治区党委副书记刘奇葆在岑溪市视察筋竹、大业、岑城等乡镇。自治区老干局局长张延吉和岑溪市委书记张宣东、市长林聪陪同。

12月上旬 解放军塔山英雄团1000多名官兵进驻岑溪,在岑溪为期数月铺设近100千米长的国防光缆。

12月31日 市委、市政府举行新世纪招商引资经贸洽谈会。当日共签订项目28个,总投资金额2.7亿元。

是年 春旱连着夏、秋旱,总降雨量819.6毫米,比历年同期平均值1318.4毫米少498.8毫米。其中6月至9月降雨量352.7毫米。全年降雨量比历年同期少1/3。水稻受旱面积1.05万公顷;农村人口3.6万人、大牲畜1.5万头饮水困难。是继1963年严重旱灾以来的第二个大旱年。

△市种子公司冷库筹建,冷库总容积680立方米,总投资100多万元。2001年11月竣工,填补岑溪市冷库的空白。

2001年

1月15日　中共岑溪市第十届委员会召开第六次全体（扩大）会议。会议主题是审议《中共岑溪市委员会关于制定国民经济和社会发展第十个五年计划的建议》。市委书记张宣东在会上作《抢抓机遇，团结拼搏，奋勇争先，加快发展，新世纪开局之年再创岑溪新辉煌》的报告，与会委员对建议草案作充分讨论后通过。会议还确定了2001年经济工作的指导思想和总体任务。

1月　岑溪市首家出租车公司——岑溪市同达出租车有限公司成立，属岑溪市招商引资股份企业，由重庆市曹光耀先生筹资组建，并任董事兼经理，当年首次投入出租车45辆，弥补岑溪市出租车的空白。

2月8日　岑溪市各界人士在文化广场举行崇尚科学、反对邪教的千人签名活动，进一步深入揭批邪教组织的罪行。市四家班子领导、市直机关干部职工、学校师生和各界人士数千人参加签名活动。

3月8日　梧州市委书记文子忠到岑溪检查农村“三个代表”重要思想学习教育活动开展情况，并在岑溪市委书记张宣东、市人大常委会主任江涛等陪同下检查筋竹镇开展“三个代表”重要思想学习教育活动和“东资西移”企业百得打火机厂。

3月20日　岑溪市成功实施人工增雨。岑溪市是自治区第一批可以实施火箭降雨的5个县（市）之一。

4月3日　岑溪市人民政府印发《岑溪市鼓励单位和个人投资经营速生丰产林优惠办法》的通知，以推动岑溪市速生丰产林发展。

4月4日　凌晨2时至5日上午8时，糯垌、安平、三堡、波塘、诚谏、筋竹等镇遭受暴风雨和冰雹袭击，部分地区出现9～10级大风，同时伴有暴雨、局部大暴雨，糯垌镇塘坪地区雨量102.6毫米，筋竹镇雨量79毫米。这次灾害造成直接经济损失1793万元。

4月13日　岑溪市委召开全市农村“三个代表”重要思想学习教育活动转段动员大会，总结一、二阶段工作，部署第三阶段工作。市委书记张宣东在会上作讲话。

5月9日　国家气象局副局长颜宏到岑溪市指导工作。国家气象局科教司司长章国材，自治区气象局局长林少雄以及梧州市气象局领导，岑溪市委书记张宣东、市长林聪等陪同到有关部门检查并听取意见。颜宏要求气象部门要充分利用当前先进的技术设备做好服务工作。

5月21日　广西林业局批复同意岑溪市珠江防护林工程2001—2003年建设方案和2001年度造林作业设计方案。项目造林规模为7310公顷，总投资1921.7万元。项目分三年实施。

5月　第一期（1999年3月至2001年5月）全市农村电网改造工程结束，完成总投资8899万元。8月，通过自治区验收。

6月7—15日　6月7日下午，马路镇义垌村田寮塘后坝坡距坝顶3.5米处坝体出现严重渗水，部分发生塌方，因水库水位高，随时有垮坝的危险。6月15日中午，筋竹镇石鹤水库后坝中间228米高程处发现1个小蚁穴渗水通道，周边有几十平方米的浸润面，水库水位231.88米，超警戒水位。事发后，市水利部门与两镇领导及时部署抢修除险工作。

6月16日　自治区人大常委会主任赵富林率自治区人大常委会有关领导到岑溪视察工作，岑溪市委书记张宣东等领导陪同到归义、筋竹等乡镇的外资企业考察。

6月21日　自治区卫生厅厅长高枫在梧州市领导的陪同下到岑溪市检查卫生领域市场经济秩序的相关工作。

6月23—24日　广西军区参谋长肖石桥带领工作组在梧州军区首长陪同下，检查了岑溪市人武部正规化建设与武器管理的清理整治情况。

7月12日　梧州市委书记文子忠在岑溪检查汛期山塘水库安全防范工作，岑溪市委书记张宣东、市长林聪陪同到各个水库检查并汇报有关情况。

7月19—20日　自治区政协副主席邓浦东率领调查组一行10人到岑溪市调研。岑溪市委书记张宣东等领导向自治区政协调研组汇报有关情况并陪同深入到有关部门、单位了解情况。

7月27日　岑溪市铁路建设工作领导小组办公室开设全国铁路货运代办业务。这是岑溪首设全国铁路货运代办机构。

8月8日　梧州市市长黄方方及劳动局、矿产局等领导到岑溪市检查安全生产情况,岑溪市委书记张宣东、市长林聪等领导向黄方方一行汇报有关情况,并陪同到厂矿企业和乡镇检查。

8月10—12日　国家计委北京华协交通咨询公司董事长黄郁青、总经理何增荣、评估专家组组长刘光亿等一行对罗定至岑溪铁路项目进行评估。

8月14日　糯垌镇新塘村某养殖户经过"安格斯"品改的一头母牛成功产下"双胞胎",标志着岑溪市黄牛品改工作获得重大突破。

8月19日　下午6时,诚谏镇迎来了新中国成立以来首个外国旅游团,这个8人(5男3女)旅游团来自世界著名足球之乡——巴西,他们是脚踏山地车,从广东罗定进入诚谏镇。

8月23—24日　岑溪市委、市人民政府召开实施西部开发暨承接东部产业转移高层研讨会。国务院发展研究中心、中国经济日报社、中国社会科学院西部发展研究中心、国家行政学院及农业部、国家计委、财政部、自治区人民政府经济研究中心等单位派出专家、学者、教授参加研讨会,人民日报社、新华社、中央电视台、光明日报社、中国经济时报社、工人日报社及广西日报社、广西电视台、梧州日报社、梧州电视台等新闻单位派出记者到会进行采访报道。与会期间,参加会议的各级领导和专家学者到岑溪市"东资西移"企业参观考察。

8月28日　自治区党委常委、广西军区政委周传统,梧州军分区司令员彭仕明,政委刘亚强等领导到岑溪市检查武装民兵工作及经济发展情况。岑溪市市长林聪陪同深入乡镇及厂矿企业检查工作。

8月　国家林业局授予岑溪市"中国肉桂之乡"称号。

9月25日　上午8时,岑溪市第九届运动会开幕式在市体育中心举行,17个乡镇和市直十大战线共27个代表团1015名运动员及3000多名团体操表演演员参加开幕式。比赛项目有篮球、田径、足球、羽毛球、象棋、乒乓球、门球等7项。

9月　国家林业局授予岑溪市森林病虫害防治检疫站"森林病虫害防治检疫标准站"称号。

10月31日　广西三威林产岑溪市人造板有限公司成立暨中纤板厂开工仪式在位于探花村的岑城工业开发区举行。

10月　吉太至水汶公路全线贯通。

11月3日　由自治区政协常务副主席袁正中率领的自治区政协委员视察团到岑溪市视察小城镇建设工作,同时了解岑溪市的社情民意,经济发展情况及对外开放发展进程等。梧州市委书记文子忠以及岑溪市市长林聪等陪同深入南渡、归义等乡镇和部分厂矿企业视察。

11月10日　中国气象局原副局长骆断宾等专家组一行,在自治区、梧州市气象局领导的陪同下考察岑溪市气象局、站建设和开展气象服务情况。

11月13—14日　自治区人大常委会副主任何家当一行6人,到岑溪市开展个案监督调研工作。

11月17—18日　梧州辖区内的全国、自治区人大代表由梧州市委书记文子忠带队到岑溪市考察社情民意,岑溪市市长林聪等陪同代表团深入有关乡镇和企事业单位考察,并倾听代表们的意见、建议。

11月30日　湘、粤、桂三省(区)边界护林第六联防区六五联防片第39次会议在岑溪市召开,容县、岑溪林业局以及所在联防片各乡镇的领导、林业站的负责人参加会议。

12月5日　经广西体育彩票中心、梧州体育彩票分中心批准,岑溪市在市区各个体育彩票投注站销

售中国足球彩票。

12月21日 岑溪市委、市政府召开全市机构改革动员大会，部署市直党政机关、事业单位、群众团体和乡镇的机构改革工作。市长林聪在会上作动员报告。

12月22日 自治区党委副书记、自治区副主席王万宾到岑溪检查工作，梧州市委书记文子忠、市长黄方方等陪同。

12月25日 自治区“十五”重点建设工程项目之一梧州供电局探花200kV输电变电工程在位于探花村的岑城工业开发区正式动工。(2002年12月12日变电站正式运行)。

是年 岑(溪)苍(梧)二级公路建成通车，总长50千米。

2002年

1月1日 岑溪市邮政局正式建立电子汇兑系统，从这天起完全停止传统沿用100多年的邮政实物汇票传递，通过计算机网络进行信息传递。

1月28日 岑溪市商贸中心建设正式开工。商贸中心位于岑溪市义洲大道旁边(原规划市政府建设用地)，占地2.98公顷，建筑面积3万平方米。2003年8月15日岑溪市商贸中心开业。

2月 自治区公安厅厅长陆炳华在梧州市领导的陪同下，到岑溪市公安局检查指导工作，并慰问战斗在一线的公安干警。先后到岑溪市公安局交警大队、国道324线春运服务站、归义镇华毅高级烟花厂和归义镇思浩爆竹厂指导工作。

3月27—28日 自治区党委副书记、自治区人民政府主席李兆焯和梧州市委书记文子忠等领导在岑溪市视察。

4月23日 市委、市政府在文化大厦召开“打黑除恶”动员大会。自此起，岑溪“打黑除恶”斗争在市境内掀起。5月1日自治区公安厅刑警总队政委刘志强率自治区公安厅“打黑除恶”工作组进驻岑溪市督查指导岑溪“打黑除恶”工作。

5月25日 诚谏镇遭受暴雨袭击造成山洪暴发、山体滑坡等灾害，稻田被淹、房屋倒塌并造成人员伤亡。

5月28日 市织造厂工人49人食品中毒，经送人民医院全力抢救，人员转危为安。

5月31日 中共岑溪市委常委会议决定，由财政局注资600万元，成立岑溪市林化工业有限公司，经营松香厂。6月19日，松香厂重新点火试产。

6月2日 自治区党委常委、政法委书记彭祖意在岑溪市检查、指导维护社会稳定工作。岑溪市委书记张宣东、市长林聪等领导陪同检查。

6月15—16日 自治区副主席吴恒在岑溪市进行科教文卫事业发展情况的调研。岑溪市委书记张宣东、市长林聪等领导陪同，先后深入马路、吉太、水汶等乡镇的学校和医疗卫生单位及城区文化设施了解相关情况。

6月17日 自治区主席助理、自治区计委主任杨道喜一行在梧州市领导的陪同下到岑溪市指导工作，检查洛湛铁路、南宁到广州高速公路岑溪段等建设项目的准备情况。

6月至9月 全市共遭受5次暴雨袭击，其中局部伴有8级至9级大风。洪涝灾害造成直接经济损失共2777万元，其中水利设施直接经济损失1683万元。市人民政府拨出8万元救灾款解决灾民生活困难问题。

7月18日 市委召开市、乡镇当年换届选举工作会议，要求乡镇党委换届选举工作在8月20日前完成；10月15日前召开乡镇人民代表大会，完成乡镇政府换届选举任务。

7月22日 钛白粉厂破产拍卖成功，李烈标以370万元中标。

8月27日 国际红十字会官员布鲁斯(音译)在自治区、梧州市红十字会领导的陪同下到岑溪市对人畜饮水改水、改厕等项目和群众的健康、教育状况进行调研、评估。先后到岑城镇乌峡村,水汶镇曾子村实地调查了解当地的群众饮水、用厕和接受教育情况。

9月1日 自治区公安厅严打整治斗争自查督查组在公安厅党委委员、交警总队总队长于娃宪的带领下,到岑溪市检查指导严打整治斗争工作情况。

9月18日 深夜11时,大业镇奕清村罗排坑发生山体滑坡,影响到邻近居住的3户18口人,造成1死、1重伤、2轻伤的严重后果。

10月3日 自治区党委书记曹伯纯在梧州市委书记文子忠、市长钟想廷的陪同下到岑溪市考察岑溪经济与教育状况,并对岑溪市委、市政府的工作做了指示。视察三威林产岑溪中纤板厂、温州商贸城建设现场以及岑溪中学。曹伯纯对岑溪市的农业产业结构调整、财政税收和城市建设等方面作重要指示。

10月27—29日 中共岑溪市第十一次代表大会召开。出席这次大会的党代表296人。大会选举产生由29名委员、5名候补委员组成的中共岑溪市第十一届委员会和15名委员组成的中共岑溪市纪律检查委员会。张宣东当选为市委书记。张学军、李健、黄振饶、唐海泉为副书记,唐海泉为纪委书记,本届委员会常委10人。

11月3—5日 政协岑溪市委员会七届一次会议召开,会议选举梁树清为市政协主席。

11月4—6日 岑溪市第十三届第一次人民代表大会召开,大会选举黄照堂为市人大常委会主任;张学军为市长。

11月11日 广西三威林产岑溪市人造板有限公司正式投产,设计年生产中纤板15万立方米。

12月10日 自治区党委组织学习党的十六大精神宣讲团到岑溪市进行报告辅导。岑溪市四套班子全体领导、各镇长、分管党务工作的副书记、宣传委员、市直局级建制单位全体党政领导、全体公务员、市委、市政府院子内单位的全体干部职工、市直二级机构企事业单位的党支部书记和行政主管负责人共1000多人听辅导课,自治区党委宣讲团成员、自治区党校科研处处长叶裕惠授课。

12月13日 南渡至水汶二级公路工程正式开工(2004年12月,建成通车)。

12月31日 中国人民解放军总政治部、总参谋部授予岑城镇武装部"全国基层民兵预备役工作先进单位"称号。

△岑溪市造纸厂改制为岑溪市南松纸业有限责任公司。将国营岑溪市造纸厂整体出售给企业内部职工,改制为民营责任有限公司。

是年 "食坡牌"肉桂被中国经济林协会认定为"中国名优经济林产品"。

△岑溪市利用国债资金新建农村人畜饮水工程19个,投资338.7万元,解决饮水困难人口2.725万人。

2003年

1月14日 自治区公安厅刑警总队总队长吴竹林到岑溪市检查指导春节安全保卫工作,并就公安工作进行调研。梧州市、岑溪市的领导陪同。

1月18日 梧州现代农业实验区岑溪市糯垌花卉示范园正式开园。

1月 岑溪市退耕还林工程正式启动,当年全市完成3000公顷的退耕还林工程目标任务,其中退耕地造林1000公顷,荒山造林2000公顷。

2月7—9日 新华社经济参考报策划中心主任徐殿龙一行3人,到安平镇牛品改示范场、市外贸鸡场、三威林产有限公司、马路镇桂圆加工基地、南渡镇竹芒编加工、牙签加工基地、归义镇华毅高级烟花厂、安平镇富宁村瓜苗培育示范点进行采访。

3月11日 全市各乡镇从2003年起实行“划分税种、核定收支、分级包干”的财政体制，一定5年。

3月21日 农村税费改革试点工作会议召开。会议全面贯彻中央及自治区关于农村税费改革的精神，制定推行税费改革试点工作的制度和方案，以三个取消、两个调整、一项改革为主要内容的农村税费改革试点工作拉开帷幕。同时决定从2002年起以各乡镇实行“划分税种核实收支，分级包干”的财政管理体制，并一定5年不变。

4月19日 梧州市委书记任燮康与梧州市委常委、市委秘书长吴汉华在岑溪市调研，先后到岑溪外向型企业和糯垌、安平、筋竹等镇了解情况，并指出岑溪市具有很好的发展基础及潜力，要进一步解放思想，创优争先。岑溪市委书记张宣东、市长张学军等领导陪同调研。

4月27日 广西利民生物工程有限责任公司举行租赁经营岑溪市柠檬酸公司挂牌仪式。

5月 岑溪市被团中央命名为“2002年度全国乡村青年文化活动先进县市区”，“牛娘剧”民间艺术演出项目被命名为“全国优秀乡村青年文化活动项目”。

6月19日 岑溪市澳洲坚果产业技术开发被列为国家星火项目。

6月27—28日 受高空低槽、低层切变线和静止锋共同影响，市境内普降大到暴雨，局部经历大暴雨到特大暴雨的降水过程。24小时降雨量最大的大隆镇达194.6毫米，其中27日7时至11时降雨量150毫米。全市17个乡镇都不同程度地受到洪涝灾害，受灾害严重的有大隆、梨木、水汶、筋竹、三堡等镇。洪灾造成1人死亡，大隆镇的车滩村、石脚村、那蓬村、南和村等5处山体滑坡，危及62户、336人的生命财产安全。

6月28日 上午8点30分在义昌江三堡镇河六村河段发生一起沉船事故，造成5人死亡、3人失踪。

6月 市人民医院获自治区党委、政府授予“全区抗击非典先进集体”称号。8月19日，岑溪市人民医院党总支部获中共中央组织部授予“全国防治非典型肺炎工作先进基层党组织”称号。

7月1日 岑溪市人民政府同意市保健饮料厂处理企业资产安置职工的改制方案，岑溪市汽车修理厂改制为岑溪汽车维修有限责任公司。

7月7日 岑溪至梧州高速公路BOT合同签字仪式在南宁举行，标志着自治区重点项目和市三百项目之一的岑溪至梧州调整公路工程正式开展。12月17日，南宁至梧州高速公路岑溪至梧州段开工典礼在岑溪糯垌镇新塘村举行，这是岑溪历史上第一条高速公路。2008年1月16日，岑（溪）梧（州）高速公路建成并通车。路线全长65.3千米，双向四车道，设计路基宽度26米，行车速度每小时100千米。

7月8日 中共桂南学校支部委员会成立，为岑溪市首个私立学校党支部。

7月9日 水汶供销社被人事部、中华全国供销合作总社授予“全国供销合作社系统先进集体”称号。

7月12日 岑溪市所有高中首次进行现场录取高中新生，实行“考生选校、学校录取、招办监督”的录取体制，共录取新生2200多人。

7月23日 中国商业联合会、财贸轻纺烟酒工会联合授予岑溪市烹饪协会“全国商业服务业抗击非典先进集体”称号。

7月23—24日 市境内受第7号台风“伊布都”影响，全市普降暴雨、局部大暴雨，并伴随9级大风，局部11级的大风，24小时降雨量最大的吉太乡达102毫米；大风降雨过程持续时间较长，使全市17个乡镇不同程度受灾，损失严重的有水汶、大隆、吉太、诚谏、梨木等乡镇，造成3人受伤。全市直接经济损失555万元。受灾严重的水汶镇，倒塌房屋18间，此次灾害共损坏民房1265间，涉及2900人，单位及学校受损房屋面积2000平方米；果树竹林受损严重，刮倒经济林木36000多株，经济损失95.6万元。

7月 松突圆蚧由广东靠自然传播进入岑溪市与广东信宜交界的水汶镇，分布面积500公顷。

8月6日 自治区副主席吴恒带领全区创新计划工作推进会（梧州）全体与会人员到岑溪市安平牛品改示范场和糯垌花卉基地调研。岑溪市委书记张宣东陪同调研。

△受高压南侧偏南暖湿气流的影响,市境内局部地区降暴雨到大暴雨。当日11时至15时30分,南渡六丰村突降大暴雨,当地群众反映几十年未见这么大的降雨。14时30分左右,坡舍山塘塘基被冲垮。造成3.33公顷农田面积受灾,其中1公顷被冲毁,损失鲜鱼2000千克,幸无人畜伤亡,直接经济损失22万元。

8月15日 成立岑溪市水利电业有限公司,并划归广西水利电业有限公司管理,10月24日挂牌。市水利电业有限公司是由广西水利电业有限公司与市电力公司共同出资组建的有限责任公司。公司总资产21648万元,注册资金为3462万元。其中,广西水利电业有限公司占86%的股份,岑溪市电力公司占14%的股份。

8月19日 岑溪市第十三届人大常委会举行第七次会议,会议同意撤销岑城镇甘冲村、龙井村居民委员会和城厢街、樟木街居民委员会,设立岑城镇甘冲、新兴、城厢、孝坊、富民、龙井、义洲、樟木社区居民委员会;同意撤销樟木镇上奇、思英街居民委员会,设立上奇、思英、明都社区居民委员会。

8月25日 在市自来水公司第一水厂举行供水系统扩建工程开工仪式。

8月31日 全市首个招商引资建设的岑溪高垌水电站在岑溪市南渡镇高垌村奠基开工,该电站由广东省茂名粤能有限公司投资6321万元兴建。

8月 岑溪市人民法院对资不抵债的富杰水泥厂实行破产,公开拍卖。

△岑溪市探花汽车站开工建设,占地3.33公顷(2005年1月21日,正式投入使用)。

9月6日 岑溪市阿里香大酒店举行荣膺三星级旅游涉外饭店的挂牌仪式。

9月26—27日 以自治区农村税费改革试点工作领导小组办公室主任韦肇晋为组长的税改试点工作督查组一行3人深入岑溪市安平、糯垌、归义、南渡等镇检查指导岑溪市农村税费改革试点工作。

9月 岑溪市妇幼保健院开始实施“降低孕产妇死亡率和消除新生儿破伤风”项目(简称“降消”项目)。岑溪市为全国“降低孕产妇死亡率和消除新生儿破伤风”300个项目县之一。

10月14日 自治区地方税务局局长卢献匾一行4人到岑溪市地方税务局进行调研,听取汇报后,就组织收入工作和岑溪市地税大楼工程欠款问题作指示。

△自治区质量技术监督局局长邓于仁一行到岑溪市质监局进行调研。

11月2日 以自治区政协副主席梁超然为团长的自治区政协委员视察团一行近60人到岑溪市考察调研。视察团一行先后到华毅高级烟花厂、归义荔枝鲜切花基地、恒辉五金制品有限公司及市商贸中心调研。

11月16—17日 以自治区妇儿工委副主任、自治区妇联主席蒋培兰为组长的督查组一行6人到岑溪市检查《岑溪市妇女发展规划(2001—2010年)》《岑溪市儿童发展规划(2001—2010)》实施情况。

11月20日 “古典型岑溪三黄鸡标准化示范”和“柑橘标准化示范区”被国家标准化委员会列为“第四批全国农业标准示范项目”。

△广西军区参谋长肖石桥少将在梧州市委常委、梧州军分区政委刘亚强、梧州军分区司令员彭仕明、岑溪市领导等陪同下到岑溪市检查征兵工作。

11月24日 岑溪市被中国计生协会确定为全国第二批县级预防艾滋病宣传项目拓展点。

12月2日 自治区林业局批复同意岑溪市建立自治区级森林公园——吉太森林公园。

12月25日 澳门特区立法会副主席刘焯华和中央人民政府驻澳门特区联络办公室领导到岑溪就教育工作进行调研。

是年 春夏相交期间,与岑溪边邻的广东省暴发“非典型肺炎急性流行传染病”。4月21日,市委召开全市预防非典型肺炎工作会议,并成立“非典”防治工作领导小组,同时制订《岑溪市防治传染性非典型肺炎应急预案》。4月22日,建立水汶、筋竹防治“非典”健康检测留验站。4月22日中午和24日凌晨4时,在发现2例输入病人时,市人民医院作为岑溪市“非典”病人的救治定点医院,特设治疗区收治(分别于5

月18日和6月9日治愈出院）。4月23日，市委制定《关于全力做好预防非典型肺炎工作的紧急通知》。各镇成立防治非典型肺炎工作领导小组办公室，实行24小时值班制度，对所有回乡人员进行拉网式检查，及时造册登记，及时监控，定时体检，定时反馈。4月24日，梧州市市长钟想廷深入到三堡镇河六村检查指导工作。4月24日和4月30日，市委召开常委专题会议，具体部署防治非典型肺炎工作。5月3日，以交通部副部长翁孟勇为组长的国务院“非典”防治督查组一行7人在自治副主席刘新文等陪同下到岑溪市督查防治非典型肺炎工作。5月5日，梧州市防治非典型肺炎工作现场会在岑溪市召开。5月23日，梧州市委书记任燮康到筋竹防非检测留验站检查工作。5月25日，自治区非典型肺炎防治专家小组到岑溪指导“非典”防治工作。5月26日，岑溪市委、市政府、市武装委员会决定该日起启动国防动员机制，抗击“非典”疾病流行，这是岑溪首次动用国防机制预防疾病，保障人民健康的大动作。6月9日，为防“非典”而设立的筋竹、水汶健康检测留验站正式撤销。

是年　岑溪市森林病虫害防治检疫站被国家林业局列为国家级森林病虫害中心测报点，主测对象为松毛虫、湿地松粉蚧、松材线虫病。

△烟草专卖局在执法检查中，查获市内某处非法制烟厂1家，无证运输、走私烟案件15起，共计价值450多万元。

△“广西风采”37选7第2003075期，一注500万元的大奖落户于岑溪市樟木镇政府对面的45034688号投注站。这是岑溪首次中出500万元大奖。

2004年

1月6日　大隆镇内发生一起石场松散石滚下造成2死1伤事故。

2月13日　岑溪市被自治区定为“广西区党员电教科技示范基地”。

2月24—26日　岑溪市第十三届人民代表大会第三次会议召开，出席会议代表285人。选举黄振饶为岑溪市人民政府市长。

2月28日　市委、市人民政府召开实施五大措施促进农民增收动员会，部署全市的农业和农村工作。市长黄振饶做《实施五大措施进一步加快农村经济结构调整步伐 促进农民增收》的动员讲话。市委、市政府决定从本年度起全力推动农村农业产业结构，促进农业经济产业化、商品化，促进农民增加收入。

2月29日至3月1日　岑溪市妇女联合会第十一次代表大会在市文化大厦召开，应到会的代表208人，实到会代表200人，大会选举产生岑溪市妇女联合会第十一届执行委员会委员29人，常务委员5人，主席1人，副主席2人。

3月3—4日　岑溪市总工会第十二届代表大会在市文化大厦召开，大会选举产生岑溪市总工会第十二届委员会常务委员7名，委员21名，经费审查委员5名；选出岑溪市总工会主席1名。

3月9—10日　共青团岑溪市委第十七次代表大会在文化大厦召开，全市190名团员青年代表参加。大会选举产生共青团岑溪市第十七届委员会委员27人，候补委员11人，常委7人。

3月16日　全区马铃薯无公害生产在岑溪市糯垌镇试验成功。

3月20日　自治区农业厅厅长张明沛到岑溪市视察了解农业生产和农民增收情况。

3月　岑溪市人民政府印发《岑溪市实施五大措施促进农民增收方案》，年末完成推广种植各种经济作物4666.67公顷，造林面积2853.33公顷（其中速丰林1706.67公顷），培训农民工2.18万人，组织劳务输出2.82万人。

5月30日　岑罗路归义路段发生一起特大交通事故，造成5人死亡，4人受伤。

6月26日　岑溪市获国家农产品协会授予“中国古典三黄鸡之乡”称号。

6月28日　岑溪召开全市重点公益林区划界定暨林权登记发（换）证工作动员大会，部署公益林区划界定和林权登记发(换)证工作。

7月9日 日本荒川株式会社社长石部修平一行到岑溪市了解松香厂原料生产情况。

7月17日 岑溪至罗定、岑溪至信宜高速公路专家组到岑溪市进行线路走向现场踩点认点工作。

7月 广西壮族自治区党委书记曹伯纯考察岑溪,深入石材开发区、工业园调研企业生产经营情况。

8月1日 岑溪市人民政府颁布规定,从8月1日起,市区禁止机动车辆鸣放喇叭,防止城市交通噪音污染。

△岑溪市林业局在全市范围内实行商品材采伐公示制度,即要求各乡镇林业站在接到采伐林木申请并经有资质的调查设计单位进行伐区调查设计后,会同当地村民委员会,及时将林木采伐申请者姓名(林权权利人)及采伐地点、面积、树种、蓄积、出材等情况,向当地村民张榜公示7天,确认无权属纠纷、无异议后,填写公示回执单,再报送林业局核发林木采伐许可证。

8月13日 岑溪市人民政府同意撤销乡镇企业局,将原乡镇企业局的职能并入经济贸易局。

9月3日 岑溪市公安局在市境内查获一起非法贩运国家一级重点保护野生动物案,查获巨蜥167条。

9月7日 广西壮族自治区委员会书记曹伯纯到岑溪市就加快县域经济发展问题进行专题调研。

10月3日 市旅游局在吉太乡吉太村举行白霜涧漂流获得成功。

10月12日 人大常委会第十七次会议审议通过《岑溪市人民政府关于提请审议松香厂背山规划区命名的议案》,通过定名为“东山公园”的决议,开创岑溪有正式命名的公园的历史。12月25日,岑溪市人民政府印发《关于岑溪市东山公园规划的批复》,同意岑溪市东山公园规划,用地性质为公园用地,用地规模为1.2平方千米。

10月22日 市人民医院国债项目传染病区传染性疾病住院楼破土动工。

10月31日 国务院烟花爆竹安全生产“三下乡”活动宣教团到岑溪市举办烟花爆竹安全生产技术讲座。

11月7日 岑溪市组团参加首届中国东盟博览会,签约项目2个,总投资额1.7亿元。

11月13日 岑溪市举行纪念陈济桓将军抗日殉国60周年大会。

11月20日 岑溪市连续六次获自治区“双拥模范城”称号。

11月23日 人口计生委授予岑溪市人口计生局“全国人口计生系统作风建设先进单位”荣誉称号。

△岑溪市被确定为全国第二批县级预防艾滋病宣传项目拓展点。

11月25日 人事部、工商行政管理总局授予岑溪市工商行政管理局“全国工商系统先进集体”称号。

△梧州市住房公积金管理中心岑溪管理部成立。

11月30日 广西军区政委岳世鑫少将到岑溪市检查指导工作。

12月13日 下午,马路镇福塘村福庆片天峰顶发生山林火灾。马路镇党委副书记、镇长谢壮锋率干部群众赴现场救火,在救火场因火势凶猛,谢壮锋为掩护他人脱险而被大火吞噬,光荣牺牲。(2005年2月,广西壮族自治区人民政府追认其为革命烈士)。

12月15日 岑溪市委、市政府派出代表参加在梧州举行的洛(阳)湛(江)铁路广西段开工动员大会。洛湛铁路在岑溪市设火车站1个,岑溪段全长53.88千米。(2009年7月1日岑溪火车站迎来首列火车—从玉林开往贺州的“26218”次货运列车,9月9日开通旅客运输,结束了岑溪市没有火车通过的历史)。

12月25日 澳门特区立法会副主席刘焯华和中央人民政府驻澳门特区联络办公室领导到岑溪市了解教育工作。

12月28日 岑溪市首个住宅花园小区—丽景湾花园举行奠基仪式。2006年12月竣工。

是年 岑溪市人民医院被卫生部授予“国际紧急救援中心网络医院”。

△岑溪市大力推进百个项目大会战，全市共156个项目（列入梧州市三百项目大会战的项目31个），计划总投资20亿元。其中，建设项目84个（列入梧州市三百项目大会战的项目9个），计划总投资7.18亿元。其中开工建设完成79个，完成投资3.71亿元。前期工作项目31个（列入梧州市三百项目大会战的项目12个），计划总投资8.08亿元。其中完成年度目标任务的项目29个。招商引资项目41个（列入梧州市三百项目大会战的项目10个），计划总投资4.74亿元。其中开工建设40个，完成投资1.53亿元。

2005年

1月17日 中共岑溪市委十一届四次全体（扩大）会议暨经济工作会议在市文化大厦召开。会议传达贯彻中央、自治区和梧州市三级经济工作会议精神，总结岑溪市2004年工作，部署2005年全市各项工作，特别是经济工作。

3月 岑溪市自来水公司第二水厂与樟木镇水厂（设计日供水量0.5万立方米）并网供水，改善二水厂供水的水质。

4月1日 广西壮族自治区林业局以2005年第1号公告确定岑溪马尾松为国家优良品种。

4月8日 国家环保总局到岑溪市对岑溪至兴业高速公路进行环保评估。

4月12日、5月25日 自治区政协副主席梁超然先后两次到岑溪调研和检查指导工作。

4月18日 糯垌法庭被最高人民法院授予“全国优秀人民法庭”称号。

4月21日 中泰富纸业有限公司碱回收环保工程建成投入使用。

4月 七坪林场、软枝油茶林场、紫胶林场恢复独立经营管理。

△岑溪市人民政府同意编纂《岑溪年鉴（2003—2005）》，6月成立《岑溪年鉴》编纂委员会和编辑部，9月完成初稿，年底出版发行。《岑溪年鉴（2003—2005）》是岑溪历史上第一部综合性年鉴。

5月13日 香港东洋集团中国发展部一行人到岑溪考察旅游资源。

5月16日 岑溪市委、市人民政府印发《关于建设平安岑溪的决定》。决定从2005年起，用3年时间，在全市集中开展建设平安岑溪活动。

5月17日 中央先进性教育督导组成员裴大新、卢继忠在岑溪市检查指导工作。

5月28日 “陈克文纪念图书馆”在岑溪市第二中学落成揭幕。

6月3日 岑溪市被自治区党委、自治区人民政府授予“2004年度县域经济发展进步奖”称号。

6月13日 岑溪市召开第一批先进性教育活动整改工作情况交流暨千名机关党员下基层动员大会。

6月15日 自治区党委副书记李纪恒在岑溪市进行调研。

6月18日 自治区人大常委会副主任邱石元在岑溪市指导工作。

6月23日 凌晨，岑溪市组织600多人的抗洪救灾应急分队和工程运输车20多辆连夜赶往梧州支援梧州抗洪抢险。

6月29日 在市区的义昌江河段举行第一次全市性的龙舟赛—“利文杯”龙舟赛，有18支代表队参加，岑城镇、樟木镇联队获冠军。

7月16日 世界银行专家组一行到岑溪市考察贷款造林情况，主要对当地水土流失、林业种植、发展、劳动力和银行贷款等方面的有关问题进行详细的了解。

7月20日 岑溪市南渡镇义新村碧波河口垌发现入侵检疫性有害生物—红火蚁。经林业、农业部门及南渡镇政府对该疫区的调查，发现有红火蚁巢分布的面积20公顷（即中心疫区）。经3个月封锁防治，疫区红火蚁被消灭。

7月24日 岑溪市撤并乡镇3个：撤销樟木镇，整建制并入岑城镇，岑城镇人民政府驻地不变；撤销昙容镇，整建制并入马路镇，马路镇人民政府驻地不变；撤销吉太乡，整建制并入南渡镇，南渡镇人民政府驻地不变。岑溪市建制改为14个镇。全市有村(居)民委员会282个,其中村民委员会256个、社区居民委员会26个。

7月19日 世界银行专家组到岑溪市考察世界银行贷款造林情况。

7月 世界银行贷款林业项目专家一行到南渡镇南侨工艺厂考察。

8月19日 波塘镇大公村黑榄岭头的山坡上出现2～3厘米地裂缝,裂面长50米,泥方高20米;转移险区农户29户125人。

10月30—31日 由泰国皇太后基金会成员7人组成的考察团到岑溪软枝油茶种子园和市松香厂就林产品资源开发利用进行考察。

10月31日 岑溪市在南宁召开的"广西岑溪市建设水电农村电气化县建设达标验收会议"通过自治区验收,正式成为全国400个农村电气化县之一。

11月18日 为庆祝岑溪撤县设市十周年,岑溪市委宣传部、文化和体育局主办的"和谐岑溪 发展岑溪"大型文艺晚会在市体育场举行。

12月18日 洛湛铁路岑溪至茂名段动工,在信宜市举行开工典礼,岑溪市领导和相关单位(铁路办)派员参加。洛湛铁路岑茂段总投资约32亿元,全长151.83千米,其中岑溪境内29.6千米(2010年12月31日建成通车)。

是年 国债农村卫生服务体系乡镇卫生院建设项目启动,至2006年年底项目将全部结束,项目国债资金575万元,自治区配套66万元,市财政配套145万元,卫生系统自筹配套242万元,共投入1028万元,14个乡镇卫生院改扩建业务用房18795.11平方米。这是中华人民共和国成立以来岑溪市对基层卫生院最大的一次投入。

△市境内于春(2月20日至3月20日)秋冬(10月1日至11月10日)季发生严重旱情,54座水库中有15座干涸,山塘干涸105张。农作物受灾面积5670公顷,绝收面积466.5公顷,因旱减收粮食32万千克,林业受旱面积1533公顷,直接经济损失420多万元。境内因旱有2.3万人和0.6万头牲畜发生饮水困难。水力发电因旱减少4500万千瓦时电量。

△岑溪启动农村饮水安全工程建设,先后有梨木镇河木村、大隆镇西宁、旺坡村、诚谏镇孔任村、筋竹镇双担、石芹村饮水安全建设工程完成,1.26万名农民受益。

[第一篇]

行政区划

历史悠久的岑溪县,1991年至1995年9月是原梧州地区辖属县。1995年9月11日,设立岑溪市(县级)后,由梧州地区代管。1997年4月,梧州地区撤销,设立贺州市,岑溪市改由梧州市代管。

岑溪撤县设市后,辖区范围(区域)、面积不变。1991年,下辖16个镇1个乡。2005年7月,撤销樟木镇(并入岑城镇)、昙容镇(并入马路镇)、吉太乡(并入南渡镇)3个乡镇,改辖14个镇,下辖26个社区居民委员会,256个村民委员会,人口82.86万人。

第一章　位置　建置

第一节　位　置

岑溪市位于广西壮族自治区东南部。市境地处北纬22°36′40″～23°12′42″，东经110°43′10″～110°22′10″。在北回归线之南，属世界东时区，地方时比北京时间（标准时）迟36分钟。市域东邻广东省郁南县、罗定市，南邻广东省信宜市，东北邻梧州市苍梧县，西及西南邻玉林市辖的容县，北及西北邻藤县。国道207线、324线分别从南到北、从西到东穿越市境，是广西通往粤港澳的便捷通道。四邻边界的乡镇为：东边筋竹镇邻广东省罗定市，郁南县；东北诚谏镇邻苍梧县广平镇，北面安平镇邻苍梧县新地镇；三堡镇、波塘镇邻藤县；西面马路镇、南渡镇邻容县；南面水汶镇、梨木镇邻广东省信宜市与罗定市。

岑溪市境域东端起筋竹镇黄陵村，西至马路镇永固村，南端为水汶镇旺田村，北端至三堡镇立垌村的石床寨。市境东西最大横距63.7千米，南北最大纵距66千米，市界边境绕长约300千米。2005年年末，全市辖岑城、马路、南渡、水汶、大隆、梨木、大业、筋竹、诚谏、归义、糯垌、安平、三堡、波塘等14个镇，区域总面积为2783平方千米[1]，占广西全区总面积的1.17%。市境东部南北距小，西部南北距大，市图为不规则荷叶图形，东向呈弹头状。

岑溪市境属桂粤边云开山脉北麓东段丘陵山区。市境横贯东南的云开大山余脉向东北伸延，形成东西分割的天然障界。西南面为勾漏山余脉向东南横延，与云开大山余脉连接，构成“川”字形状，造就岑溪东南、东北、西南高、西北低、中部稍平的地势。发源于广东省信宜市的黄华河与主支发源于广东省罗定市加益镇大芒顶的义昌江为境内两大主河流，属珠江流域西江水系。全市大小河流331条。市境中低山、丘陵面积占全市面积的76.5%，海拔200米以下的河谷小平原、小盆地、台地面积占11%，其余为水域面积，有“八山一水一分田”之称。境内山峦起伏，河溪交错。山林、水源、矿产等资源丰富，气候温和，雨量、光照充沛。2005年年末，全市人口82.78万人。

市政府所在地岑城镇东北距梧州市城区85千米，西距玉林市城区135千米、南宁市城区415千米，东距广东省罗定市城区79千米、广州市城区334千米，南到广东省信宜市城区102千米，北到梧州市区85千米。

第二节　建　置

春秋时代就有先民在岑溪生息繁衍。公元前214年，秦始皇南平百越后置郡，岑溪地属南海郡（一说属桂林郡）。秦末汉初属南越国。汉元封五年（前106）置交趾部刺史领七郡，治苍梧。汉元鼎五年（前112）武帝平定南越置南海、苍梧、郁林等郡，岑溪境地隶属苍梧郡。至三国时期属吴苍梧郡。吴元兴元年（264）分交州置广州，今市境改隶广州。晋升平五年（361）析苍梧郡置永平郡及安沂等县，今市境西北部三堡、波塘、糯垌、安平镇境入永平郡及安沂辖，仍隶广州。南朝梁普通五年（524）今市东、南、西及中部境地置永业郡。隋开皇三年（583）废郡改为永业县（郡治、县治均在今筋竹镇旧县村）。开皇十年（590）废永

①《岑溪统计年鉴（2005—2012）》，广西岑溪市统计局，2016年版。

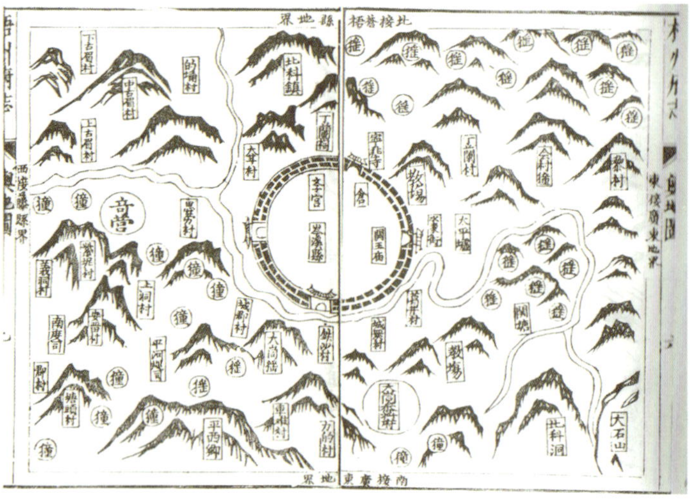

明代岑溪县区图示

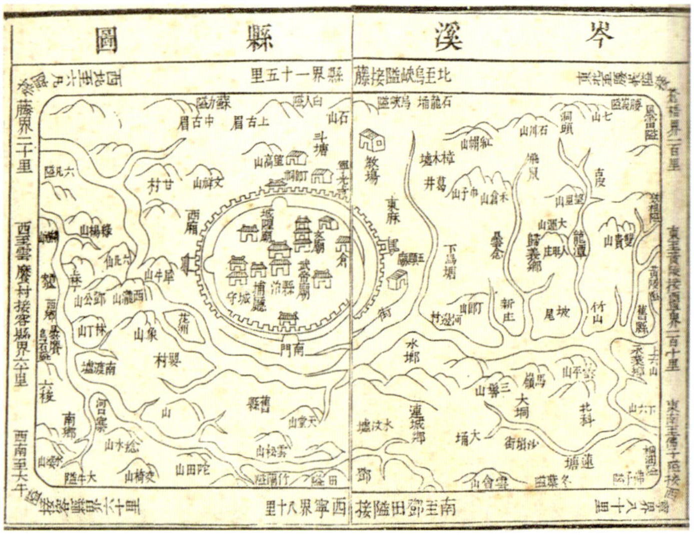

清代岑溪地图（清朝同治十二年《梧州府志》）

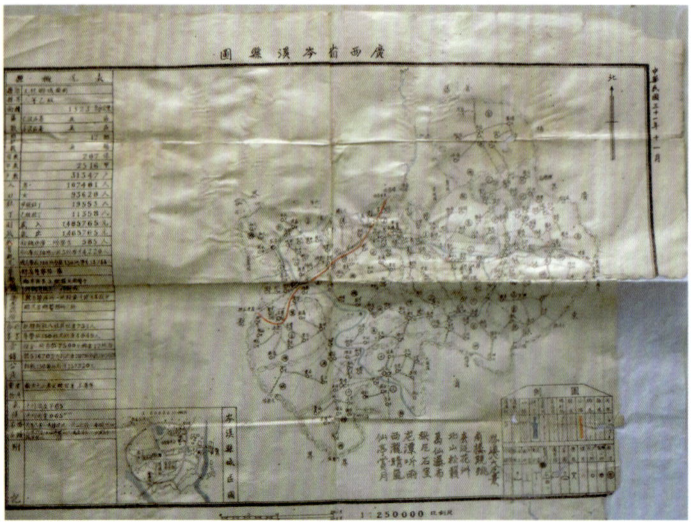

民国时期岑溪县地图

业县，以其地隶泷州（今广东省罗定市一带）。开皇十六年（596）复置永业县，仍隶泷州。开皇十九年（599）今市西北境糯垌、三堡、波塘、安平四镇置隋安县，隶藤州（此后四镇在岑溪解放后的1951、1953年先后划拨岑溪管辖）。唐武德五年（622）永业县地置南义州，州治在今南渡镇义新村。分置龙城、义城、安义三县。同年析泷州正义县改置连城县，隶南义州。唐贞观六年（632）南义州改名义州，辖县不变。唐天宝元年（742）义州改名连城郡。唐至德二年（757）安义县义州，辖县不变。唐天宝元年（742）义州改名连城郡。唐至德二年（757）安义县复名永业县，唐至德二年（757）龙城县改名岑溪县。（一说岑溪县始建于汉武帝元封五年（前106年））①唐乾元初年（758）连城郡复名义州。次年义城县并入岑溪县。宋太祖开宝六年（973）连城、永业二县并归岑溪县。宋太平兴国初年（976）因避宋帝光义讳，义州改名南仪州。宋熙宁四年（1071）废南仪州，其所属岑溪县先后隶属藤州（今藤县辖地，）容州（今容县一带）。元明两朝，岑溪县先后隶湖广行中书省，广西两江道宣慰司，广西行中书省，广西布政使司梧州府。清沿明制，隶广西省梧州府。民

①广西古籍丛书编辑委员会，广西地方志编纂委员会办公室、梧州市地方志编纂委员会办公室合作整理重印，明谢君惠修、王尚贤、马神征纂《〔明崇祯〕梧州府志》，广西人民出版社，2013年12月第1版，153～154页。

国2年(1913)隶广西省郁江道，次年郁江道改为苍梧道。民国7年(1918)废苍梧道，岑溪县直属广西省，民国23年(1934)置广西省第三行政监督区(梧州专区)岑溪隶属至1949年11月岑溪解放之前。1949年11月28日，岑溪县解放，初隶梧州专区，1951—1958年改隶属容县专区。1958年至1995年9月复隶梧州专区(1991年改为梧州地区)。1995年9月，国务院批准撤销岑溪县，设立岑溪市(县级)。1995年9月至1997年3月由梧州地区代管。1997年4月，撤销梧州地区，岑溪市改由梧州市代管至今。

1995年12月，梧州地委书记李兆生(右)和岑溪市委书记肖军忍(左)为岑溪市委揭幕(李强　摄)

1995年12月，梧州行署专员方皓(右)和岑溪市市长江涛(左)为岑溪市人民政府衔牌揭幕(李强　摄)

第二章　行政区域

第一节　行政区域划分

1991年，全县划岑城、南渡、马路、归义、筋竹、诚谏、糯垌、波塘、水汶、三堡10个镇和大湴、大隆、梨水、昙容、安平、吉太、樟木7个乡。原各乡镇辖村民委员会改称村公所，为乡镇政府派出机构，全县277个行政村(街)公所，609个村民委员会，5982个村民小组。1994年8月，樟木、大湴、梨木、大隆、昙容、安平6个乡撤乡改镇。同时大湴镇改名大业镇，大湴村改为大业街，昙容村改为昙容街，西宁村改为西宁街，梨木村改为梨木街，太平村改为太平街。1995年11月，全县村公所改为村民委员会，街公所改为居民委员会，原村(街)公所辖下的村(居)民委员会撤销。1995年12月，岑溪市成立，辖岑城、樟木、马路、南渡、昙容、安平、糯垌、三堡、波塘、水汶、梨木、大隆、归义、诚谏、大业、筋竹等16个镇与吉太1个乡；设277个村民(街居民)委员会，仍辖5982个村民小组。2003年，全市设26个社区居民委员会，村民委员会调整为256个。2005年7月，撤销樟木镇(并入岑城镇)，昙容镇(并入马路镇)、吉太乡(并入南渡镇)。调整后，全市设14个镇辖26个社区居民委员会，256个村民委员会辖村民小组5949个。

2005年岑溪市辖镇社区及村、(居)民委员会一览表

表1-2-1

镇名称	社区居民委员会名称	村民委员会名称
岑城	樟木、城厢、龙井、甘冲、新兴、富民、孝坊、义洲、上奇、思英、明都	乌峡、天星、古塘、探花、龙灯、思孟、木榔、山心、垌尾、寮田、大锦、黄沙、六凡、六田
马路	马路　昙容	善村、福塘、义垌、中林、车垌、和平、水平、伏六、五星、大和、大垌、六合、旺庆、昙雅、上双、永固、岭腰、荔王、六新
南渡	南渡　吉太	义新、杨冲、中和、西竹、六梭、社垌、古太、都雅、六丰、高垌、泊口、雅奏、旺练、坡舍、峡宝、苏河、西兰、高创、盘古、平石、君丰、六四、君垌、井河
水汶	水汶	石村、旺田、良乃、南六、太云、云会、大卫、耀华、曾子、王强、翰田、大南、西河、兆阳、尚智、旺公、尚仁、三村、竹兰、严垌、云秀、尚勇
大隆	西宁	车滩、六各、合和、河口、南和、石脚、湴河、白碟、义修、旺坡、大峡、那蓬、福隆、均昌
梨木	梨木	里汉、三益、塘坎、高围、大旺、南沙、双元、泗祥、白护、沙琴、社护、平田、河木、水井、大坡、云开
大业	大业	板么、思回、泗龙、杨乐、新村、古静、双松、会村、古万、古味、胜垌、奕清、大献、同福

续表 1-2-1

镇名称	社区居民委员会名称	村民委员会名称
筋竹	筋竹	中围、义水、云龙、大王、黄陵、横垌、双担、横山、马芹、志明、望间、罗敏、黄茅、新联、昙市、石龙、石芹
诚谏	诚谏	新华、陀村、石桥、乾厢、河三、永安、孔任、大新、思和、大良、美和、南大、沙田、黎垌、白丈、天堂、长坡、双平
归义	新圩	思塘、荔枝、龙王、金坡、昙龙、大寨、勒水、谢村、万里、金鸡、大冲、保太、秋风、石坡、双贵、美伦、义和、赤黎、古皮、垌头、永义、永和
糯垌	糯垌	古淡、平坡、古兰、黄塘、塘坪、古河、龙樟、大竹、大地、六云、塘坡、海杰、三兴、地麻、新塘、新田、叶伦、高棠、昙海、平炉
安平	太平	古院、成美、同心、中庆、凤新、富宁、富罗、尖峰、灵山、罗同、治垌、白板、纯塘、昙伦、三塘、古益
三堡	三堡	木坪、月田、立垌、河六、车河、美术、荔良、安山、富冲、简塘、祝庆、扶南、新安、安山、沙村、蒙冲、蒙布、三合、孔龙、振大、古堆、古寨、河边、蒙奇
波塘	波塘	新廉、荔村、南垌、容坡、和村、六肥、龙田、双门、杨亦、东岸、西岸、古冻、蛟塘、合水、大公、六岑

第二节　行政区域界线

岑溪市与相邻的广东省郁南县、罗定市、信宜市及广西区内的容县、藤县苍梧县，为其省、县（市）界。1996年前，沿用解放初（1953年）的习惯界线。1996年下半年起，依照《国务院关于开展勘定省、县两级行政区域界线工作有关问题的通知》与《广西地市毗邻的县级行政区域界线勘界总体方案》文件精神，成立市勘界领导小组及办公室，开始省市县界勘界工作。历经省（自治区）界勘定，县市界勘定两个阶段，至2000年，完成省市县界线勘定工作。

桂粤省（自治区）界勘定

1996年8月，岑溪市与相邻的广东省郁南县、罗定市、信宜市勘界工作启动。1997年7月，岑溪市人民政府和广东省郁南县人民政府行政区域界线联合勘定协议书签订，岑溪与郁南两市县的省邻界线勘定工作完成。岑溪市与郁南县区域界线长4.8千米，起点筋竹镇云龙村自649.5米高程点往西南方向40米起（即岑溪、苍梧、郁南三市县交界点止。）界线点东北走向。1999年4月，岑溪与罗定市、信宜市省界勘定完成。其中，岑溪与罗定相邻省（自治区）界线勘定为60.94千米。起点是水汶镇云会村，经梨木镇里汉、泗祥、平田、水井等村进入筋竹镇经横山、双担、横垌、黄陵、大王等村至云龙村与郁南县交界点。界线由东南向东北。岑溪与信宜相邻省界勘定为39千米，起点为竹兰广东冲经严垌、旺田、王强、云秀、曾子等村至云会与罗定交界处，界线由西南向东北接罗定界。以上岑溪与广东省界线三段共104.74千米、设省界界桩4处，分别是筋竹黄陵村与罗定市替滨镇梅竹管理区界桩，筋竹云龙村与郁南通门镇冲梅管理区界桩和梨木镇平田村与罗定市加益镇合江管理区界桩，水汶镇旺田村与信宜市朱砂镇旺科管理区界桩。

自治区内县(市)界线勘定

1999年5月,市政府召开地、县边界勘界工作会议,传达贯彻全区勘界工作会议精神并部署市境与玉林市容县毗邻及与藤县、苍梧相邻的县界勘界工作。6月下旬,召开梧州市岑苍(梧)线勘界第一次联席会议,自治区内县界勘界工作正式启动。1999年12月,岑溪与苍梧、与藤县及与玉林市容县县邻界线共266.08千米全部勘定。其中东北面与苍梧县相邻界65.54千米(安平镇48千米,诚谏镇17.54千米)。西北面与藤县相邻界113.14千米(波塘镇58.14千米,三堡镇界55千米),西与西南面与容县相邻界87.52千米(南渡44千米、昙容26.38千米,吉太15.44千米,水汶1.7千米)。自治区内勘定县界每5公里立1界桩,共立界桩53桩。

第三章　城区　镇

第一节　城　区

1949年11月岑溪解放时，县城只有几条宽5～7米，长70～150米的街道，面积仅0.2平方千米。街道房屋多为砖瓦木结构平房，除县府机关外，都是民居兼商铺。经20世纪50—80年代40年的建设，县城面积扩展到5.08平方千米，新建街18条，总长24748米，楼房均3～5层以上，外墙粉刷或用瓷砖装饰，老街道扩展加宽并安装路灯。县城内机关、学校、医卫、电信（邮电）、交通（车站）及文化娱乐、供水供电、排污等公共设施较为齐全，行政机关、金融、商铺、市场分布城内各街道之间，工厂除少数几间在街道内，多在街道外围。街道绿化面积3.53公顷。

2005年，岑溪市城区包括市政府所在地岑城镇辖下城厢、樟木、龙井、新兴、富民、孝坊、义洲、上奇、甘冲、思英、明都等11个社区所属的区域。2005年年末，城区面积16.5平方千米，人口13万人。四址是东邻探花村、西至马路镇善村的丰木自然村，南界思孟村的岑华自然村和木埇村的木埇及城严自然村、上奇社区的城郡村（自然村），北邻乌峡村。

1991年，岑溪实施第八个经济和社会发展五年计划，城乡建设进入新的阶段。依照《岑溪县城建设总体规划》，城区建设"起点要高，布局合理，质量优良，面积规模结构要按建市方向目标推进"的指导方针。拆除20世纪50—60年代，3层楼以下的建筑和部分解放前的砖瓦房，改建为5层楼以上的新楼房。重新调整商业街区，扩建农贸市场，拆迁原街道的工厂，改造、扩建居民住宅小区。搬迁旧汽车站，改造从县城中央通过的原岑罗公路为街道（即今工农路）、新建北环大道接通岑罗二级公路。新建大中路、解放路和十里长街、义洲大道（初称南环路）、东升路、新兴路等街道。至1995年，岑溪撤县设市前，城区面积扩至13.5平方千米。

1995年12月，岑溪县城改称市城区。1996年6月，《岑溪城区1995—2015年建设总体规划》获自治区人民政府批准实施。岑溪市城区建设进入快速发展的轨道，并按照"统一规划、统一布局、综合发展、配套建设"的原则，旧城区改造与新城区建设，住宅小区与公共设施、环境绿化美化建设同步进行。2002年，中共岑溪市第十一次党的代表会议，提出要把岑溪市建设成为中等规模城市和桂东南副中心城市的目标规划。市城区建设在旧城区改造基本告一段落的基础上，新城区建设按照"向东推进、向南扩展、向西伸延"（简称"东进、南扩、西延"）的城市建设布局，不断扩展拓宽。到2005年年末，市城区总面积16.5平方千米。市区内共建成大小街道110多条，其中，主街干道6条，次街干道16条，支路（街）90条，总长度81.97千米。建成社区11个，市区人口13万人（城区街道建设详况见第十篇"城建、环保"）。

2003年，岑溪市区义昌江两岸开发建设前旧貌（李强　摄）

1991—2005年，岑溪市城区的基础设施和公共文化娱乐设施建设，有市区义昌江砌石防洪堤4.14千米，新建第二自来水厂，110千伏变电站1座，35千伏变电站2座，市区排污（含排洪）管道31千米，铺设街道5.7万平方米，建有公共厕所4座。文体设施有市体育馆（场）、市人民广场、南门小广场及文化公园、百花洲公园、沿江健身公园等。市区绿化面积175.6公顷，绿化覆盖率10.92%，公共绿地面积80.55公顷。市区内新建工业园和商贸市场、供水供电、邮政电信及道路交通管理、公共交通服务等功能齐全。机关、学校、医卫、金融保险商贸等机构分布合理，市容市貌不断改善。2000—2005年，岑溪市在全自治区第五届“南珠杯”竞赛活动中被评为优秀城市，在第六届“南珠杯”竞赛活动中获C类城市特等奖。

第二节　镇

1991年至2005年7月，岑溪市辖16个镇1个乡。2005年7月24日，乡镇调整，改辖14个镇，各镇概况分述如下：

岑城镇

岑城镇位于北纬22°48′23″～23°00′08″，东经110°53′59″～111°03′05″。地处岑溪市中部，义昌江中游，为市党委、政府所在地。2005年7月，市镇区调整，樟木镇整建制并入岑城镇。并后岑城镇东邻归义镇，西邻马路镇，南邻大隆镇，北邻糯垌镇、三堡镇。全镇面积239平方千米。镇区属半平原、半丘陵地带。义昌江中游河谷平原横跨镇区东西。镇区南北地段属丘陵山区，分属云开大山余脉与勾漏山余脉。镇内最高山为大瓮顶（海拔885米）。镇区中部山丘高度均为200～500米。平原地带海拔100米左右。镇内主要河流是义昌江干流及其支流垌尾河、赤水河、孝坊河、古塘河。全镇河流水面面积186公顷，耕地面积1175公顷，其中水田面积1075公顷。

1997年岑城镇获自治区人民政府授予广西乡镇之星称号，图为授予该镇的牌匾

岑城镇辖区内纺织厂一角（2005年　摄）

岑城镇（含合并前樟木镇—下同）明清时期置上化乡。民国31年（1942）前，属上义区的环城、常宁、木埗、旧县4乡。1942年后置上化乡。1950年仍为上化乡（直属乡）。1951年改为岑溪县一区（又称城厢区）、辖至今马路镇部分乡村。1953年4月，仍为一区，辖16个乡。1958年1月，改设樟木、垌尾2乡。1958年9月，樟木、垌尾2乡合并

成立东风人民公社(后改名樟木公社),1961年5月,从樟木公社划出2个大队成立城厢公社为县直属公社。1962年10月,全县改设12个区1个镇,城厢公社改为城厢镇。1963年5月,城厢镇并入樟木区,1965年10月恢复城厢镇至1968年1月为直属镇,1968年12月城厢镇改为岑城公社。1981年,岑城公社复名岑城镇,下辖2个生产大队,1984年2个生产大队改为居民委员会。1984年10月,公社改为乡镇,将原樟木公社的探花、龙井、马峡、天星、古塘、甘冲、龙登划归岑城镇。1984年镇辖各生产大队改为村委会。1991年,全县各乡镇村委会改为村公所,原岑城镇辖村公所9个,村民委员会24个,村民小组174个,人口41888人。原樟木乡辖村公所11个,村委会35个,村民小组293个,人口30721人。1995年11月,撤销村公所,岑城镇改辖村委会13个,樟木镇改辖村委会11个,两镇共辖村民小组467个。至2005年7月,樟木镇整建制划归岑城镇。2005年年末岑城镇分置11个社区,14个村委会,村民小组438个,2005年年底人口为144465人,年末农林牧渔业总产值27285万元,为全市之首。

马路镇

马路镇(含前昙容镇,下同)位于北纬22°50′41″~22°59′34″,东经110°43′04″~110°57′14″。地处岑溪市中西部,东与岑城镇相邻,西与容县交界;南邻南渡镇,北与波塘镇接壤。黄华河由南向北穿境而过流入波塘镇。2005年7月,市镇区域调整时,昙容镇整建制并入马路镇,仍称马路镇。全镇面积236.6平方千米。镇境属丘陵山区,中部为黄华河中游河谷平原,西南、西北为勾漏山余脉山区,间有若干个小盆地。镇内最高的山峰有三界顶(海拔838米),石榴顶(海拔798.4米),其余低山、土丘海拔200~500米。镇境内主要河流有黄华河主干及其支流昙容河、北村河(又称马路河)、荔旺河、黄冲河等。全镇河流水面面积254.6公顷,耕地面积1621公顷,其中水田面积1347公顷。

明清时期马路镇置下化乡,辖三甲三瑶山;昙容镇属西乡昙宁堡。民国31年(1942年)前,分属西乡、南乡(南义区),1942年后置下化、容新乡。解放后初期属南渡区辖,仍置下化、容新乡。1953年置马路、善村、中林、伏六、水平等乡,改属一区辖,昙容、永固属二区辖。1958年马路、善村等乡成立红风人民公社(后改马路公社),昙容乡归东方红人民公社(后改为南渡公社)辖。1984年10月,从南渡公社划出昙容、五星、永固、荔王等11个大队成立昙容乡(1994年改设昙容镇)。所辖各大队改称为村民委员会。

1984年10月,马路公社改设马路乡,所辖9个生产大队改为村委会。1989年8月,改置马路镇,1991年,原马路镇辖村公所9个,村委会28个,村民小组274个,人口24430人。原昙容镇辖村公所11个,村委会13个村民小组236个,人口29847人。1995年10月,撤销村公所,马路镇辖村委会9个,昙容镇辖村委会11个,两镇村民小组数不变。2005年7月,昙容镇整建制并入马路镇。年末马路全镇辖2社区18村委会510村民小组,人口65005人。马路镇特色产业为桂圆肉加工和花岗岩矿产开发加工。2005年年末,全镇桂圆肉专业户达200户,年内销售桂圆肉产品2500多吨,全镇花岗岩矿山60多座,花岗岩加工厂60多家。

马路镇花岗岩矿藏丰富。20世纪90年代以后,花岗岩开采加工成为该镇支柱产业。图为位于该镇的花岗岩矿山

南渡镇

南渡镇(含并前吉太乡,下同)位于北纬22°40′15″~22°54′15″,

东经110°46′04″～110°55′12″。地处岑溪市西南面。东邻大隆镇,西与容县六王镇交界,东南与水汶镇接壤,北与马路镇相邻,黄华河由大隆镇流入,自东南向西北穿越镇境,流入马路镇。南渡镇西面与西南面为勾漏山余脉山区。全市海拔800米以上高山有三分之一坐落在南渡镇,其中海拔千米以上有土柱顶、老鸦巢、石豹顶、大钵肚、尖峰山、老湖顶等6座大山高山,坐落在镇境西南面吉太社区和君丰、六四等村。镇内主要河流有黄华河干流及其支流君垌河、生塘河(又称南渡河)、吉太河等,全镇河流水面面积383公顷。镇中东部为黄华河中游河谷平原区,土地肥沃。镇境植被宽广,森林资源丰富。全镇面积245.1平方千米。有耕地面积1910公顷,其中水田1491公顷。

南渡镇区全景(李强　摄)

明清时期,南渡镇境置南乡与西乡,辖河口、冷水、昙宁、塘头、昙黎5堡4瑶山。民国31年(1942年)前为南义区,辖至今马路镇部分乡村。1942年后置南义、盘古二乡。1950年,为县一区(后改南渡区)辖南义、盘古、容新、下化四乡。1953年改为二区,辖南渡、六梭、古太、盘古等16个乡。1958年9月成立东方红人民公社(后改南渡公社)辖至昙容、吉太等乡。1961年分置南渡、昙容、盘古、吉太4个小公社,1968年归并为南渡公社。1969年分出吉太公社,1984年10月,划出昙容、五星、永固、旺庆等11个生产大队,成立昙容乡,南渡公社改建南渡镇。同期原公社辖21个生产大队改为村委会,499个生产队改为村民小组。1991年,原南渡镇辖21个村委会改为村公所,并设村委会57个,村民小组499个,人口56262人。原吉太乡辖5个村委会改为村公所,并设村委会11个,村民小组106个,人口7668人。1995年10月,撤销村公所,南渡镇改辖村委会21个,吉太乡改辖村委会5个,两镇辖村民小组数不变。2005年7月,市镇区调整,吉太乡整建制并归南渡镇,全镇辖2个社区,23个村委会,601个村民小组。2005年年末人口79825人。南渡镇特色产业为竹芒编织产业,全镇有竹芒编织工艺厂32家,竹编织专业村2个。境内有白霜涧景区,天龙顶山地公园游览区。

水汶镇

水汶镇位于北纬22°36′39″～22°45′06″,东经110°52′05″～110°05′02″。地处岑溪市南端,东邻广东省罗定市加益镇,南邻广东省信宜市贵子、朱砂镇,西邻容县杨村镇,西北邻南渡镇,北邻大隆镇,东北邻梨木镇。属黄华河上游流域,广东云开大山余脉与勾漏山余脉在镇境内交汇。镇境西部、南部、东部均为海拔500米以上山区,全镇面积215.2平方千米。黄华河主干流由东南向西北穿流镇境。在镇境中部北部形成水汶盆地面积约43平方千米。镇内最高山有暗窿顶(海拔832米),朗伞顶(海拔930米),响水顶(海拔988米)和土柱顶位于与吉太交界处(海拔1211米)。镇内主要河流有黄华河干流及其支流水汶河、六旺河、王强河、南六河等。全镇河流水面面积274.3公顷。耕地面积1568公顷,其中水田1345公顷,山

水汶镇区全景(2005年　李强　摄)

地面积18495.73公顷,是市内山地面积较多的镇之一。

明清时期水汶镇境属连城乡上里,辖六堡64个村(含今大隆车滩、河口、石脚、南和一带),设有驻军机关平河司。民国31年(1942年)前,置连城区、辖今大隆、梨木两镇。1942年后设水汶乡。解放初期(1950年)为县二区(后改水汶区)辖水汶、六桥、车滩、大隆4乡。1953年改为三区,辖水汶、石塘、翰田等16乡。

1958年9月成立"大跃进人民公社"(后改为水汶公社),1961年改设水汶区,辖水汶、尚智等6个公社。1968年改区为公社(辖区不变)。1969年,车滩、西宁、高益、梨木等划出,分别成立大隆公社、梨木公社、保留水汶公社。1984年10月,撤销公社改设水汶乡。同期,原公社辖23个生产大队改为村委会,505个生产队改为村民小组。1989年8月水汶乡改建水汶镇。1991年,水汶镇辖23个村委会改为村公所,并设村委会50个,村民小组505个,全镇人口49744人。1995年10月,撤销村公所,改辖村委会23个,村民小组数不变。2005年年末,全镇辖1个社区(水汶社区)22个村委会,人口56005人。水汶镇与广东省罗定、信宜两市的边境邻镇,又是本市的"华侨之乡"。20世纪90年代初统计,全镇有华侨、归侨、侨属3.9万多人。镇境属山区,林业经济发达,盛产松脂,曾获林业部授予"青山常在,松脂常流"锦旗。

大隆镇

大隆镇位于北纬22°35′″~22°50′07″,东经110°53′08″~110°03′20″。地处岑溪市西南面腹地。东邻梨木镇,北邻岑城镇,南界水汶镇,西接南渡镇。黄华河经镇境西部由东南向西北流入南渡镇。镇境为云开大山余脉与勾漏山余脉相汇的丘陵山区。境内最高山为鸡关顶(海拔816米),由两山余脉圈围形成的水汶盆地伸延至境内中南部,境内主要河流是黄华河主干流及支流义修河、白碟河、河口河等,镇内河流水面面积201公顷。全镇面积128.1平方千米。耕地面积886公顷,其中水田780公顷。山地面积9096.5公顷。镇内低、中山连绵,河溪交错,地形多变。明清时期为军事战略要地,设有大垌参将府屯兵。

大隆撤乡建镇庆典大会(1994年　摄　大隆镇政府提供)

大隆镇明清时期属连城乡中下二里大隆堡。中里设亭子、云济、高埇等13村;下里设佛子、洞心、莲塘等15村。民国31年(1942

年）前为连城区辖地。1942年后设车滩、大隆2个乡。1950年，由二区（水汶区）辖，仍设车滩、大隆2乡。1953年设立第四区（大隆区），辖西宁、那蓬、福隆等10个乡（部分乡今为梨木镇辖地）。1958年9月，成立红旗人民公社（后改大隆公社），1961年境内车滩、西宁公社由水汶区辖，1962年复置大隆区，辖9个人民公社。1969年撤区改社，9个小公社合并为大隆公社。1984年10月撤销公社成立大隆乡。同期，原公社辖15个生产大队改为村委会，303个生产队改为村民小组。1991年，大隆乡辖村公所15个，村委会改为村公所，并设村委会27个，村民小组303个，人口28226人。1994年8月大隆乡改为大隆镇。1995年10月，撤销村公所，大隆镇改辖村委会15个，村民小组数不变。2005年年末，大隆镇划分设立1个社区、14个村委会、村民小组303个，全镇人口33264人。大隆镇水源与林矿产资源丰富，全市最大的水力发电站建于该镇四滩。20世纪80年代前盛产土纸，90年代起开发沸石矿和凤凰山矿泉水，销桂东南与粤港澳（门）等地，畜牧渔业发展较快。2007年起利用河溪网箱养鱼，产品销往邻县市及市区。

梨木镇

梨木镇位于北纬22°43′55″～22°51′40″，东经111°01′38″～111°15′09″。地处市境东南面，与广东罗定市相邻。该镇是中国人民解放军粤中纵队第四支队“太白队”策源地及主要活动区之一。1997年2月被定为岑溪市革命老区。镇境东面、南面与广东罗定市加益镇相邻，东北小部与筋竹镇相邻。北面与大业镇、归义镇接壤，西面与大隆镇交界，西南小部与西北小部分与水汶镇、大隆镇相连。全镇面积260.3平方千米，镇境坐落云开大山余脉北麓，属丘陵山区。境内最高山为郎伞顶，山峰海拔930米以上，发源于大隆镇旺坡村石龟的梨木河和发源于罗定加益镇的广东河，是义昌江发源地之一。分别由西向东、由南向北流入梨木镇境内，再与境内发源的数支小河汇合称连城河，连城河由南向北流至大湴（今大业镇）同福，与古味河汇合后，流至归义镇思塘，与发源于筋竹镇、诚谏镇的大业河合流，形成义昌江干流。全镇河流水面面积117公顷。耕地面积1241公顷，其中水田990公顷，山地面积15873公顷。

1998年5月，梨木镇召开太白队成立五十周年暨梨木镇划定为革命老区座谈会（1998年　摄）

梨木镇明清时期为岑溪兵防要地，设北科镇，辖19营23瑶山。民国31年（1942年）前隶属连城区，设北科、梨木2乡。1942年起北科、梨木二乡合为一乡，称北梨乡。1950年属第三区（新圩区）辖，仍为北梨乡。1951年4月撤销北梨乡，分立三益、高围、里汉3乡，归四区（大隆区）辖。1958年9月大隆区所辖乡成立红旗人民公社，梨木镇境地归红旗人民公社（后称大隆公社）。1961年复设水汶区，今梨木镇境成立高益、梨木两公社，属水汶区辖。1962年，全县划12个区，成立梨木区，辖24个小公社。1968年，区改为公社，成立梨木公社。1984年10月撤销梨木公社改建梨木乡。同期，原公社辖17个生产大队改为村委会，404个生产队改为村民小组。1991年，梨木乡辖17个村委会改为村公所，并设63个村委会，404个村民小组。全乡人口39229人。1994年8月，梨木乡改建为梨木镇，1995年10月，撤销村公所，改辖村委会17个，村民小组数不变。2005年年末，梨木镇内辖1个社区（梨木街），16个村委会，404村民小组，全镇人口

46721人。梨木镇是自治区确定的革命老区之一，属市内山区镇，以农林牧业为主，盛产玉桂、八角、松脂、胶粉。2005年全镇农林牧渔业总产值15594万元。

大业镇

大业镇位于北纬22°48′25″~22°58′54″，东经111°07′27″~111°15′20″。大业镇（原称大湴乡）地处市境东部。东邻筋竹镇，西邻归义镇，南邻梨木镇，北邻诚谏镇。全镇总面积148.7平方千米。镇境南北有云开大山余脉，低山土丘环绕形成大湴盆地，海拔高度250~100米。盆地面积33平方千米，分别向东（筋竹镇）、向西归义镇延伸。镇境以中低山为主（海拔200~500米）。主要河流有大湴河、同福河、古味河等义昌江支流，为义昌江发源河流经地，流向有由南向北的同福河，由东南向西北的古味河，由北向南的大湴河。各支流在镇境中部汇合后由东向西流到归义镇。全镇河流水面面积151公顷；耕地面积1384公顷，其中水田1134公顷，山地面积1060公顷。

大业镇明清时期属永业乡辖，镇境置大新堡，辖今归义思塘、大业古味等村。民国31年（1942年）前，属永业区。置古味、大湴、北大新等乡。1942年后置北大新、南大新2乡。1950年属四区（筋竹区）辖。置北大新乡。1951年成立五区（古味区），辖至今梨木镇部分乡村。1953年仍为古味区辖地不变。1958年1月，分设大湴、古味两乡。同年9月成立卫星人民公社（后改大湴公社）。1961年5月全县设6个区，置大湴区，辖至筋竹、诚谏等公社。1962年10月，全县设12个区，筋竹、诚谏从大湴区分出。1968年撤区改建大湴公社（筋竹、诚谏等公社分出）。1984年10月撤销公社成立大湴乡。同期，原公社辖15个生产大队改为村委会，317个生产队改为村民小组。1991年大湴乡辖15个村委会改为村公所，并设村委会35个，村民小组317个，全乡人口36570人。1994年8月撤销大湴乡，成立大业镇，所辖村公所、村委会和村民小组不变。1995年11月，村公所改称，大业镇改辖村委会15个，村民小组数不变。2005年年末，大业镇辖1个社区（大业街），14个村委会317个村民小组。全镇人口47321人。大业镇位于大湴盆地中心地段，境内河溪交错，河床狭窄弯多，易旱易涝。解放后兴修一批水利工程后，情况有所改变。20世纪80年代前以农牧业为主，兼有农副产品加工、竹芒编织。90年代起，吸收引进外资，办矿办厂，乡镇企业迅速发展，2005年年末，全镇农林牧渔业总产值19895万元。

大业镇红砖厂（1998年　摄）

筋竹镇

筋竹镇位于北纬22°47′29″~22°59′00″，东经111°13′11″~111°20′10″。地处市境东面，镇境东、东南与广东罗定市相邻，东北小部分与广东省郁南县相连接，南端小部分与梨木镇接壤，北邻诚谏镇，西邻大业镇，镇境面积181.6平方千米。筋竹镇南面、东与东北面为云开大山余脉群山，中西部为丘陵地区。大湴盆地由西向东伸延至筋竹社区。全镇地势东、东北、东南部高、中部低平。境内主要河流有筋竹河及其支流大王河、义水河、清水河、黄陵河、横垌河、昙市河、志明河10多条，均汇入义昌江。全镇河流水面面积94.8公顷，耕地面积1310公顷，其中水田1080公顷，山场林地1450.5公顷。

筋竹镇自南梁普通五年至隋开皇年间曾为永业县治所所在地。明清时期置永业乡辖四堡（即大新堡、会竹堡、良谏堡、石塘堡）四十五瑶山（寨），辖至今大业镇、诚谏镇境地。民国31年（1942年）前为永业

筋竹镇筋竹社区(1999年 摄)

区、仍辖今大业镇、诚谏镇境地。1942年后划出今大湴、诚谏(置北大新、南大新、陀村、白板4个乡),建立筋竹乡。1950年为四区(筋竹区)辖筋竹、北大新、白板、陀村4个乡。1951年改置六区辖24个乡(含今诚谏镇的陀村、美和、大良、河三等乡)。1953年区划调整,仍为六区所辖乡不变。1958年1月撤区建乡,在今筋竹镇境地置筋竹乡、罗敏乡。同年9月,筋竹、罗敏两乡合并成立幸福之路人民公社(后改为筋竹公社)。1961年设置大湴区,分置筋竹、罗敏公社,隶属大湴区辖。1962年,全县改建12个区,成立筋竹区,辖12个小公社。1968年撤区,原筋竹区所辖公社合并称筋竹公社。1984年撤销筋竹公社成立筋竹乡。同期,原公社辖18个生产大队改为村委会,327个生产队改为村民小组。1989年筋竹乡改建筋竹镇至今。1991年,筋竹镇辖18个村委会改为村公所,并设村委会31个,村民小组327个,全镇人口39296人。1995年10月,撤销村公所,改辖村委会18个,村民小组数不变。2005年年末,筋竹镇辖1个社区(筋竹社区),17个村委会,327个村民小组,全镇人口44562人。

筋竹镇为古永业郡县治所,历史悠久,文化积淀丰厚。筋竹清代古街、云龙古宅、陈三吉祠及岑溪四大名井之一石井均保存至今。镇境地属丘陵山区,盛产竹木、胶桂、八角及水果等特产。筋竹中围李子(中围李)曾一度名扬县内外。地下蕴藏金、银、萤石、高岭土等矿产。因与广东罗定、郁南相邻,筋竹圩成为两省边邻贸易集散地。20世纪80年代前,以农林牧业为主。80年代中后期,由黄陵村创先引进砂糖橘种植,进而全镇推广,成为农民致富门路之一。2005年,全镇种植砂糖橘面积800多公顷,年产值超亿元,成为桂东南最大的砂糖橘种植基地。2006年被自治区命名为“广西砂糖橘之乡”。

诚谏镇

诚谏镇位于北纬22°57′32″~23°05′14″,东经111°07′08″~111°21′21″。地处市境东北面,东北邻苍梧县广平镇,东南与筋竹镇、大业镇相连,西与西北邻安平镇、糯垌镇,西南与归义镇接壤。全镇面积193.5平方千米。诚谏镇坐落在罗旁大山(由广东省郁南县罗旁山冈向西北延伸)群山之中,古代称上、下七山,是个山区镇,中南部夹有若干个小盆地。境内河溪交错,主要河流有诚谏河及支流孔任河,陀村河、石桥河、永安河、南大河、大良河、沙田河等大小河流20多条,均汇流入义昌江。全镇河流水面面积479公顷;耕地面积1552公顷,其中水田1260公顷,山地林地面积12779.6公顷。

20世纪90年代建成的龙湾铅锌矿选矿车间外景(2005年 李强 摄)

诚谏镇明清时期属永业乡良谏堡,辖8村,民国初置诚谏、白板、天堂3乡。1942年后置陀村乡。解放初期(1950年)隶属四区(筋竹区),仍为陀村乡。1951年属六区(筋竹区）置诚谏、陀村、美和、大良、河三、治安、孔任、乾厢、思和等乡。1953年，仍属六区（筋竹区），撤销乾厢、美和乡。1958年1月撤区建美和、诚谏、思和3乡。同年9月3乡合并成立红十月人民会社（后改诚谏公社）。1961年5月复设区，诚谏公社分为诚谏、乾厢、孔任3个公社，属大湴区辖。1962年10月置诚谏区，辖15个小公社。1968年撤区建立诚谏公社。1984年10月撤销公社改建诚谏乡，同期，原公社辖20个生产大队改为村委会，396个生产队改为村民小组。1989年撤乡建立诚谏镇至今。1991年，诚谏镇辖20个村委会改为村公所，并设村委会44个，村民小组396个，全镇人口39451人。1995年10月，撤销村公所，改辖村委会20个，村民小组数不变。2005年年末，诚谏镇辖1社区19个村委会，396个村民小组，全镇人口46510人。诚谏镇位于市境东北部，是个山区镇、山高河溪多，是义昌江发源地之一。境内铅锌矿藏丰富。明代开始有人开采冶炼。1957年建国营牛卫矿（即今佛子冲铅锌矿）。20世纪60—70年代，县办河三、古益两座选矿厂，日选矿石1000吨。90年代起镇办铅锌矿山，2001年采矿量2万吨。2005年全镇开采铅锌矿的公司有龙湾矿业有限公司、阳生矿业公司、河三矿业有限公司和河三简冲矿共四家创税超500万元。全镇林地面积较多，盛产松脂、玉桂、八角、竹等林产品。2005年年末，镇农林牧渔业总产值17648万元。

归义镇

归义镇位于北纬22°50′09″～23°01′05″，东经111°00′58″～111°10′09″。地处市境中东部腹地，东邻大业镇，西接岑城镇，南邻梨木镇，北邻诚谏镇、糯垌镇，全镇面积176平方千米。归义镇除东北面（诚谏镇相邻）和南面（梨木镇相邻）部分村为丘陵山区外，东面为大湴盆地延伸区，中西部为义昌江河谷平原区。境内主要河流有义昌江干流及支流赤黎河、永和河、大冲河、龙亭河、古皮河、秋风河等，全镇河流水面面积130公顷。全镇耕地面积1814公顷，其中水田1502公顷，山地面积11485公顷。

归义镇明清置归义乡辖四堡（谢孟堡、秋罗堡、罗平堡、石坡堡）53个村及5个瑶山（寨）。民国31年（1942）前置上义区，辖9个乡87个村（辖到今岑城部分乡村）。1942年后置归义上乡，归义下乡两个乡。1950年，置三区（新圩区）辖归义上、归义下、北梨、南大新4乡。1951年改置第七区（新圩区）辖大平、谢村、荔枝等20个乡。1953年仍为七区，辖15个乡。1958年1月改置新圩乡，同年9月成立飞跃人民公社（后改新圩公社）。1961年5月全县设6个区并复置新圩区辖新圩、石坡、沙田、樟木、木埇等5个公社。1962年10月，全县设12个区，樟木、木埇公社从新圩区划出，归樟木区。1968年改新圩区为新圩公社，1982年5月新圩公社更名归义公社。1984年10月，撤销归义公社改建归义镇。同期，原公社辖23个生产大队改为村委会，535个生产队改为村民小组。1991年，归义镇辖23个村委会改为村公所，并设村委会49个，村民小组535个，人口58886人。1995年10月，撤销村公所，改辖村委会23个，村民小组数不变。2005年年末，归义镇辖1个社区（新圩社区）23个村民委员会，535个村民小组。人口70381人。镇境中部义昌江干流自东向西横贯形成义昌江中上游小平原区域，镇内80%水田集中于此，水利条件较好，阳光充足、土地肥沃，是市内水稻高产区之一。镇境南部、北部为丘陵山区，境内有钛铁、铅、锌等矿。山地林木覆盖面积2724公顷。山林以松为主，盛产松脂。平原丘陵地带

归义镇鞭炮生产历史悠久，远销区内外。图为该镇乡镇企业生产的鞭炮产品，邀请广东珠江电视台作宣传广告（1994年　摄）

种植荔枝、龙眼等水果,品质优良,早有盛名。手工制作鞭炮、棉纱和缸瓦历史悠久且远销县内外。20世纪90年代以来,实施农业综合开发,境中部农田区被划为现代化农业试验田区。同期在镇境内建立金坡、金鸡、罗平等花岗岩板材加工区和烟花爆竹生产基地。至2005年年末,全镇工业总产值46665万元,农林牧渔业总产值21524万元。

糯垌镇

糯垌镇位于北纬22°56′52″~23°07′00″,东经111°58′23″~110°10′15″。镇境东北面与诚谏镇相邻,东南面与归义镇相邻,南面接岑城镇,西连三堡镇,北邻安平镇。全镇面积186平方千米。糯垌镇中部、西部、北部为糯垌河谷平原区,东南与东北面为丘陵地带,南与西南面为盆地。镇境最高山峰有佛子顶(海拔722米)、大旱顶、铜鼓顶、尖峰山等(海拔300~500米)。全镇为半平原半丘陵地区。镇境主要河流有糯垌河(又称小水河,为义昌江一级支流)及其发源支流黄塘河、古淡河、平坡河与沙河等,境内河流水面面积200公顷。全镇耕地面积2221公顷,其中水田1780公顷,山场林地10377公顷,有林面积9692公顷。

糯垌镇人民政府

图为糯垌镇农民自办岑溪古典三黄鸡规模养殖场一角

(2004年　摄)

糯垌镇东晋时期属永平郡安沂县,南朝改为安基县,唐贞观年间改为安昌县,唐至德二年(757)改为义昌县,宋开宝五年(972)义昌县降为义昌乡,隶属镡津县(今藤县)。明清属藤县义昌乡辖(含今安平镇、三堡镇在内),至民国时期为藤县管辖,置糯垌区(含今安平镇),解放初期(1950年)仍为藤县辖。1951年5月,广西省区划调整,糯垌区(时称藤县第四区)划入岑溪县管辖,置第八区(糯垌区)辖21个乡(含今安平镇辖的村)。1958年1月,撤区置糯垌乡、新塘乡、太平乡、白板乡。同年9月,4乡合并成立太阳人民公社(后改糯垌公社,含今安平镇辖地在内)。1961年复置糯垌区,辖糯垌、新塘、太平、白板4公社。1968年,糯垌区改称糯垌公社。1969年，全县公社调整，糯垌公社划出今安平镇辖地成立太平公社。1984年10月，糯垌公社改为糯垌镇。同期，原公社辖21个生产大队改为村委会，418个生产队改为村民小组。1991年，糯垌镇辖21个村民委员会改为村公所，并设村委会54个，村民小组418个，人口59313人。1995年10月，撤销村公所，改辖村委会21个，村民小组不变。2005年年末，糯垌镇辖1个社区（糯垌社区）20个村委会418个村民小组，人口68664人。糯垌镇位于市境北部腹地，全镇地势为半平原半丘陵，耕地面积213公顷，是市内粮食产区之一。镇境有钛铁、石英石、花岗岩、石灰岩、稀土等10多种矿。尤其花岗岩储量达9亿多立方米，可供100年开采。农牧土特产有花生、黄豆、烟叶、三黄鸡。"糯垌烟叶"在20世纪90年代前颇有盛名，销往县内外市场。"糯垌三黄鸡"经90年代改造培育，成为"古典三黄鸡"，获国家商标认证，并被评为"广西优质产品"，远销港澳（门）和国内各大中城市。20世纪90年代以来，糯垌以种养业和花岗岩开发加工业为主体经济发展快速。2005年年末，全镇工业产值25700万元，农林牧渔业总产值23195万元。

安平镇

安平镇位于北纬23°02′43″～23°10′26″，东经110°01′57″～111°14′39″。地处市境北端，是岑溪通往梧州市的"北大门"。镇境东北邻苍梧县广平镇，东南邻诚谏镇，南邻糯垌镇，西邻三堡镇，北与苍梧县新地镇、藤县埌南乡相邻。全镇面积155.9平方千米，镇境为半丘陵山区，东南及南、北面为云开大山余脉与罗旁（郁南）群山伸延区，西面为藤县小娘山山脉伸延区。最高山为尖峰顶、笔架山（海拔500米以上）。中南部为糯垌河支流尖峰河、清水河、同心河、成美河谷平原区。镇境地势为东部、西部与西北部高，中部南部低。全镇河流水面面积65公顷。耕地面积980公顷，其中水田875公顷；山场林地面积9164公顷，有林面积6663.8公顷。

安平镇1951年4月前除今辖的纯塘、昙伦、三塘、古益4村（原称白板乡）属岑溪第四区辖外，其余属藤县糯垌区辖。1951年4月，随糯垌区划入岑溪，属八区（糯垌区），置太平、富宁、清水、同心、成美、治垌、白板（从筋竹区划入）等乡。1961年5月曾置太平、白板两个公社。1969年从糯垌公社划出，成立太平公社，1982年5月改称安平公社。1984年10月撤销安平公社，建立安平乡。同期，公社原辖17个生产大队改为村委会，254个生产队改为村民小组。1991年，安平镇辖17个村委会改为村公所，并设村委会24个，村民小组254个，人口25274人。1994年8月撤乡建立安平镇。1995年10月，撤销村公所，安平镇辖村委会17个，村民小组数不变。2005年年末，镇辖1个社区（太平社区），16个村委会，254个村民小组，人口29226人。安平镇境地属市北部，镇境东南北三面为山区，西部糯垌河小平原地势较平。镇境有钛铁、铅、锌、铝、锰等矿藏，东南北三面林木资源丰富，市内最大的国有林场七坪林场就坐落东南面。20世纪80年代前，全镇以农林牧业为主；90年代以来，实施农工商贸一体化，调整农工商业结构，综合开发农业形成产业化商品化，种养加工专业村，专业户不断增加。乡镇企业通过招商引资，开办矿产、粮食、木器加工和爆竹、竹芒编织等工厂，畜牧业发展品改牛、三黄鸡养殖。2005年年末，全镇农林牧渔业总产值12547万元，比1991年增加5.6倍以上。

安平镇乡村风光（1992年　安平镇政府　提供）

三堡镇

三堡镇位于北纬22°58′49″～23°12′34″，东经110°50′35″～111°02′58″。地处市境北部、义昌江下游。镇境东邻糯垌镇，东北邻安平镇，南邻岑城镇，西邻波塘镇，北邻藤县金鸡镇，同心镇。全镇面积318.3平方千米。

镇境属半平原半丘陵地区，义昌江干流由南向北流至三堡社区和义昌江一级支流糯垌河汇合，经车河、荔良、河六等村流出藤县金鸡镇汇入北流河。镇境中东、中南部为义昌江与糯垌河中下游河谷平原区。镇境西部、东北部为藤南山脉（小娘山）余脉伸延丘陵山区，多数山高为海拔300～500米。镇境西北与西南为勾漏山余脉延伸丘陵山区。境内山峰有天堂顶（位于蒙冲村）海拔407米，小洒顶（位于古堆），海拔452米，石狗顶勃马山（位于荔良）海拔524米。镇境河流水面面积227公顷；耕地面积1939公顷，其中水田1744公顷，山场林地面积25750公顷，有林面积20428公顷。

三堡镇东晋时期属永平郡安沂县，南朝改为安基县，唐贞观年间改为安昌县，唐至德二年（757）改为义昌县。宋开宝五年（972）义昌县降为义昌乡，隶属镡津县（属藤县），当时义昌乡领十八、二十一、二十二（上、下）和二十五都，三堡地属二十二都和二十五都。明清时期仍属藤县义昌乡辖下二十二都、二十五都（含今波塘镇部分村），分为五里。民国时期至1953年为藤县辖，置三堡区（辖至今波塘镇所属乡村）。1953年3月，经广西省政府批准，藤县五区（即三堡区）划归岑溪县，改置第九区，辖至今波塘镇共21个乡。1958年1月，撤区分置三堡乡、沙村乡、平山乡与波塘乡、古冻乡。同年9月，三堡、沙村、平山3乡合并成立上游人民公社（后改三堡公社），波塘、古冻两乡合并成立英雄人民公社（后改波塘公社）。1961年5月，复置三堡区、辖三堡、平山、沙村、波塘、合水5个公社。1962年12月，三堡区划出波塘片区所属公社，成立波塘区。1969年8月，全县撤区重建公社，三堡区改称三堡公社。1984年10月撤销三堡公社，建立三堡乡。同期，公社原辖25个生产大队改为村委会，622个生产队改为村民小组。1989年8月，改乡建镇成立三堡镇。1991年，三堡镇辖25个村委会改为村公所，并设村委会53个，村民小组622个，人口51051人。1995年10月，撤销村公所，改辖村委会25个，村民小组数不变。2005年年末，三堡镇辖1个社区（三堡街社区）24个村民委员会622个村民小组，人口54861人。

境地属市境北部，与藤县界邻。镇境为半平原半丘陵地区，义昌江干流及其支流糯垌河在三堡社区汇合后向北流出藤县。镇区小平原与丘陵面积各半。镇境矿产资源丰富，有花岗岩、石英石、重晶石、钛铁、铅、稀土等10多种，林木资源种类繁多，以松、杉、蒿竹为主。2005年森林覆盖率76.8%，林木蓄积量97.53万立方米。20世纪80年代前农林牧渔业为主，船运可通藤县梧州。20世纪60年代以来，通过大办集体山庄，以林促粮，实现粮林丰收，其经验获在原梧州地区推广。改革开放后，率先推广杂交水稻种植，粮食连续10多年增产。20世纪90年代起，实行农业综合开发，并通过招商引资，开发花岗岩及以粮食加工（米粉生产），广种玉桂、蒿竹、搞竹芒编织等，发展商品经济。

义昌江三堡河段两岸盛产蒿竹。图为待运梧州的竹子（1999年 谭坚　摄）

2005年年末，全镇农林牧渔业总产值19894万元。

波塘镇

波塘镇位于北纬22°57′07″～23°07′55″，东经110°44′03″～110°53′50″。地处市境西北面，镇境东邻三堡镇，西北与北面邻藤县象棋镇、金鸡镇，西邻容县浪水乡，南邻马路镇。全镇面积207.8平方千米。波塘镇是岑溪与容（县）、藤（县）三县边邻镇，镇境为勾漏山脉余脉延伸区，境内中低山连绵不断，形成多个小盆地。黄华河主干由南向北穿越镇境流出藤县汇入北流河。镇境荔村、南垌、波塘一带为河谷平原。镇境最高山峰有三花顶、茅山顶、四方顶、岩公顶、岩母顶等，平均海拔600米。该镇都目电站一带海拔仅50米，为全市海拔最低处。境内除黄华河主干道外有南垌河、大公河、龙田河、荔村河、双门河、蛟塘河等黄华河支流。全镇河流水面面积277公顷；耕地面积1187公顷，其中，水田1016公顷，山场林地面积17333多公顷，其中，有林面积15568公顷。

波塘镇明清时期属藤县感义乡（部分村属义昌乡二十五都辖）置二十八都。民国时期至1953年3月前属藤县五区（即三堡区）。1953年3月随三堡区划归岑溪管辖，隶属岑溪第九区，置波塘、合水、南垌、双门、古冻、蛟塘、都目、大公等乡。1958年1月改置波塘、古冻2乡。同年9月，两乡合并成立英雄人民公社（后改波塘公社）。1961年分置波塘、合水两公社，由三堡区辖。1962年置波塘区辖11个公社。1969年撤区成立波塘公社。1984年10月，撤销波塘公社，建立波塘乡。同期，原公社辖17个生产大队改为村委会，319个生产队改为村民小组。1989年8月改乡为镇，成立波塘镇。1991年，波塘镇辖17个村委会改为村公所，并设村委会41个，村民小组319个，人口31502人。1995年10月，撤销村公所，改辖村委会17个，村民小组数不变。2005年年末，辖1个社区16个村委会319个村民小组，人口35671人。

波塘镇林木资源丰富，以松、杉、玉桂、毛竹为主，是岑溪松脂、毛竹主产地之一。20世纪80年代前农林牧渔业为主业。90年代以来，通过招商引资，充分利用当地资源，调整产业结构，广种湿地松、玉桂、软枝油茶和沙田柚、柑橘等优质树种、果类及养猪、养殖品改牛、“三黄鸡”等发展经济。2005年年末，全镇农林牧渔业总产值14838万元。

波塘镇波塘社区（2000年　摄）

1991年、2005年岑溪市各镇主要经济指标与农民年均收入比照

表1-3-1

乡镇名	农林牧渔业总产值(万元)			农民人均年纯收入(元)		
	1991年数	2005年数	增加数	1991年数	2005年数	增加数
岑城	1962	27285	21928	717	3007	2290
樟木	3395	—	—	746	—	—
马路	2914	21244	16210	697	2607	1910
昙容	2120	—	—	688	—	—
南渡	5926	18467	11781	715	2390	1675
吉太	760	—	—	664	—	—
水汶	4586	16552	11966	705	2550	1845
大隆	2460	11169	8709	653	2222	1569
梨木	4093	15594	11501	713	2304	1591
大业	3680	19895	16215	724	2079	1355
筋竹	3669	17007	13338	643	2626	1983
诚谏	4929	17648	12719	641	2307	1666
归义	5384	21524	16140	913	2600	1687
糯垌	5167	23195	18028	885	2720	1835
安平	2224	12547	10323	925	2382	1457
三堡	5634	19894	14260	664	2305	1641
波塘	3657	14838	11181	786	2195	1409

注：农林牧渔业总产值均为当年价，岑城、马路、南渡对比增加数均为合并前1991年两乡镇数总和相减数。

[第二篇]

自然环境

岑溪市境属粤桂边云开山脉北麓东段丘陵山区。横贯东南的云开大山余脉向东北延，形成粤桂两省(区)的天然界障。西南面勾漏山余脉向东南横延，并与云开大山余脉相连，构成川字形状，造就岑溪东南、东北、西南部高，西北低，中部稍平的地势。境内黄华河、义昌江、糯垌河(义昌江一级支流)形成的几个河谷小平原和两大山脉余脉相间构成的天然小盆地，与其相间突兀而起的山岳组合，形成峰峦叠起，河溪山谷蜿蜒交错，林茂水丰的自然环境。

岑溪市气候属南亚热带季风气候区。气候特征是夏长冬短，气候温和，季风盛行，雨量充沛，光照量充足，光、温、水气候三要素的年时空趋势同向。岑溪蕴藏有金、银、铜、铅锌、钛与花岗岩、水晶、石灰石、稀土等数十种矿产资源。地表的林木、耕地、水源等自然资源丰富，利于农工畜牧业的开发、发展。

20世纪90年代以来，岑溪市在经济建设中充分利用、开发本地资源，发展工农畜牧等业生产，创造财富，提高人民群众物质、文化生活水平的同时，坚持把环境保护、治理放在重要位置，实行经济建设与自然生态环境的同步保护、同步治理方针，科学规划，努力造就山青、水绿、天蓝、空气清新、人居优雅美丽的岑溪市。

云开大山余脉梨木镇境内群山(1999年　谭坚　摄)

第一章　地质　地貌

岑溪地质段属南华准地台之华夏褶皱带西缘、钦州残余地槽博白坳陷与云开台隆东部东段。境内地质构造复杂，褶皱断裂发育与岩浆活动频繁而激烈，成矿条件属太平洋成矿带。地层结构从古生代到新生代均有产出，但缺失石炭、二叠、三叠系地层。主要地层有寒武系、奥陶系、志留系、泥盆系、白垩系、侏罗系及第三、第四系。以奥陶系砂页岩最发育，白垩系次之。地质构造有华夏系构造，其构造走向北东40～60度的压扭性断裂为主。新华夏构造，是华夏系断裂的次级构造，其构造走向为北东20度或北东70度。东西向构造，断裂走向为东西向或北东向。南北向构造，断裂走向为南向北向。西北向构造，断裂走向为北向西向。构造断裂纵横交错，新老构造重叠干扰现象较为显著。形成境内母岩种类繁多，土壤母质也多种多样。岩石主要有花岗岩、砂页岩、紫色砂页岩、白云岩、石英斑岩、凝灰岩。土壤主要有第四纪红土、河流冲积壤、洪积壤等。其中花岗岩质地坚硬，砂页岩、白云岩次之，适宜构筑桥梁、房屋、工事使用。冲积壤洪积壤散于河谷盆地、小平原域内，适宜种植水稻及其他农作物。

岑溪地貌总体属丘陵山区。市境横贯东南的云开大山余脉向东北伸延，形成与广东省相邻的天然障界。位于西南面玉林市的勾漏山余脉向东南横延，并与云开大山余脉连接，构成“川”字形状，造就岑溪东南、东北、西南部高，西北部低，中部稍平的地势。境内黄华河、义昌江与糯垌河中下游河谷地带形成的小平原，及纵横连绵境内中低山、群丘围拓的小盆地、台地，则是境内主要耕作区，两山（指云开、勾漏）余脉延伸市境西、南、东及东北部与其间突兀而起的山岳组合，形成峰峦叠起，山川、溪谷蜿蜒交错的半山区地貌。市境中部、西北部地势较平，海拔100～200米左右。间有两山和位于西北面藤县小娘山余脉延伸的低山群丘，形成市境60%左右的丘陵地带。

第一节　地　质

地　层

境内地层从古生代到新生代均有产出，但缺失石炭、二叠、三叠系地层，主要地层分布如下：

寒武系　（距今5亿～6亿年）主要分布于市东部边境筋竹镇的黄陵、大王、云龙等村，与广东省罗定市、郁南县相连。

奥陶系　（距今4.4亿～5亿年）分布较广，主要分布于筋竹镇、诚谏镇和大业镇小部分，其他各乡镇也有分布，面积约1400多平方千米。

志留系　（距今4亿～4.4亿年）主要分布于安平镇治垌七坪林场、白板和纯塘水滴顶一带。岩层底部为灰绿色中厚不等粒石英砂岩夹砂页岩、薄层页岩，其上为灰绿色石英砂岩夹薄层页岩或二者互层，顶部有夹透镜状灰岩或钙质页岩，厚108～336米，为博白—岑溪深大断裂升降控制境内志留系沉积。

泥盆系　（距今3.5亿～4亿年）分布于归义、梨木、大隆、水汶等镇，呈东西向狭长地带或零星分布，厚度110米，为3.5亿年前境内中部及南部断陷处受海水淹没，属浅海或浅海泻湖沉积相。

侏罗系　该地层（距今1.35亿～1.8亿年）主要分布于水汶盆地的大隆镇合和、车滩一带，为陆相盆地边缘山麓或河流沉积相。

白垩系　（距今7000万年～1.35亿年）分布于水汶盆地和大湴盆地，属陆相火山喷发岩。水汶盆地岩石分上下统,上统为凝类质砾岩、凝灰岩、凝灰角砾岩、凝灰熔岩、石英斑岩,呈角度不整合于奥陶系、泥盆系、侏罗系及白垩系下统之上,厚738米。

第三系和第四系 第三系(距今1200万~2500万年)在筋竹镇昙市、樟木镇六田、马路镇马路、三堡镇河六等地有零星分布。岩石一般为红色砾岩、凝灰质砾岩夹砂岩,与下伏的奥陶系、白垩系呈不整合接触,为以剥蚀为主的陆相沉积盆地及浅海泻湖沉积相,厚数米至十余米。第四系(距今1200万年),分布于岑城附近及安平、糯垌、三堡一带,为现代河谷冲积层,地层由卵石、砾石、砂、黏土等组成。

岩浆岩

境内岩石除了沉积岩外,尚有华力西期、印支期及燕山期岩浆活动形成的侵入岩、火山喷出岩及次火山岩、混合岩等。

境内侵入岩包括旺庆岩体,糯垌岩体、广平岩体、长岗顶岩体等。火山喷出岩包括水汶盆地火山喷出和周公顶次火山岩两种。混合岩有通天顶混合花岗岩和波塘——三堡混合岩。

侵入岩

旺庆岩体 属于华力西期侵入的花岗岩,距今约2.45亿~2.58亿年。主要分布在昙容镇旺庆一带,同容县自良岩体相连,面积约10平方千米。岩石以石英正长岩、石英二长岩为主,成分由石英50%、长石40%及少量云母组成。岩体中常以包体出现于边缘相,岩石成分有花岗闪长岩、斜长花岗岩与花岗岩界线呈过渡关系。岩体中常见椭圆状石英包体,直径大小为3~20厘米及0.3~2厘米的团块状黑云母、堇青石聚合体。岩脉种类繁多,主要是细粒黑云母花岗岩脉,其次为细粒二云母花岗岩脉、电气石细粒花岗岩脉、黑云母花岗斑岩脉。矿物有磷、铀、钍、锆和稀土。

糯垌岩体 属于印支期侵入的花岗岩,距今约2.22亿年。主要分布于糯垌、大竹、龙梅、白梅一带。岩体东边侵入于中上奥陶统,围岩角岩化明显;西边同长岗顶岩体接触。岩石由闪长岩、石英闪长岩、斜长花岗岩及石英二长岩组成。矿物以钛为主,还有少量磁铁矿、独居石,岩体边缘与长岗顶岩体接触部位发现钼。

南渡岩体 属燕山早期多次侵入的杂岩体,距今约1.37亿~2.02亿年。岩性复杂,主要有石英闪长岩、斜长花岗岩、正长岩、石英三长岩、黑云母花岗岩等。分布于南渡镇西竹、吉太、平石一带。岩体呈北东向,受博白—岑溪断裂控制。岩石中含二氧化硅55%~70%。斜长石含量高于钾长石含量,氧化钠和氧化钾之比多在0.7~65之间,为钙碱性或弱碱性区。矿物主要有钛、磁铁、锆英石、独居石、云母、稀土等。

广平岩体 属燕山期侵入的中粗粒云母花岗岩及钾长花岗岩,距今约1.64亿~1.79亿年。分布于筋竹、诚谏、大业、安平、糯垌等镇。岩石成分含石英26%~35%、钾长石22%~38%、斜长石26%~33%、黑云母3%~5%。岩体侵入于寒武系、奥陶系、志留系及泥盆系岩层之上。部分被上白垩系、老第三系沉积覆盖。岩体内外接触带有晚侏罗纪石英斑岩脉侵入,受博白—岑溪断裂控制。矿物有金、银、铅、锌、钨、锡、钼及稀土等。

长岗顶岩体 属燕山早期第二侵入岩,距今约1.55亿~1.60亿年,分布于岑城、樟木、马路、三堡、糯垌等镇,面积176平方千米,其中红色钾长石花岗又称"岑溪红"。花岗斑岩由钾长石、石英组成。此外,在岩体风化土中含稀土矿。

火山喷出岩

水汶盆地火山喷出岩 位于水汶镇与容县交界处,面积约43平方千米。岩石主要由凝灰角砾岩、霏细斑岩、石英斑岩和凝灰岩等组成。岩层不整合覆盖于白垩系、奥陶系或泥盆系之上,厚489~738米。喷出岩可分为两个旋回:一是早期喷发旋回,以西南部蜈蚣顶较发育,自下而上为火山碎屑岩、黑曜岩、流纹状霏细斑岩,厚245米。二是晚期喷发旋回,蜈蚣顶为代表,喷发岩不整合于早期喷发岩之上,仍为火山碎

屑岩、黑曜岩、石英斑岩、厚244米。在盆地内及其周围的矿物有金、铜、铅、锌、沸石、黑曜石、珍珠岩、膨润土及蒙脱石等。

周公顶次火山岩　属燕山晚期第二次侵入于古生界砂页岩、灰岩及上白垩纪中，距今约68百万年～85百万年。岩性以花岗斑岩、石英斑岩为主。岩石为潜基结构、连续不等粒结构，斑晶含量为4%～10%。岩石成分为斜长石39%、钾长石25%、石英27%、黑云母3%～4%属同熔型。矿物有铅、锌、铜、金、银、铀等。

混合岩

通天顶混合花岗岩　以归义镇通天顶为中心，主要分布于大隆、梨木、筋竹三个镇以及归义、大业、樟木等镇的一部分。东西长44千米，南北宽16千米，面积约704平方千米。呈东西向展布，受博白—岑溪深大断裂控制。这类岩石是花岗岩混合岩化作用及混合交代变质作用而成。岩体形状不规则，与围岩呈突变接触，接触面附近黑云母增多，长石粒度增大，有其他矿物交代现象。岩石大部分都经过熔融状态，且发生了一定程度位移，混合花岗岩四周常被混合岩围绕。矿物有金、银、铅及稀土等。

波塘、三堡混合岩　分布于波塘镇和三堡镇，属下古生界部分混合岩，距今约4亿年～4.38亿年。以条带状、条痕状、条纹状混合岩为主，混合质变粒岩、阴影状混合岩次之。两侧均与奥陶系、志留系变质岩为过渡关系。混合花岗岩带中，以细晶堇青黑云母混合斜长花岗岩（或花岗闪长岩）为主，中粒堇青黑云母混合花岗岩次之。而且多种岩石常混杂相间出现，局部留原岩层理。同时有较多的伟晶岩脉和石英脉斜交或顺片麻理贯入。

地质构造

境内地质构造条件比较复杂，地质构造方向以北东向为主，次为东西向北西向及近南北向。

华夏系构造　以构造走向北东40～60度的压扭性断裂为主，如波塘镇合水—双门—三堡镇—藤县断裂；岑城镇古塘村白梅—糯垌镇—苍梧回龙断裂；马路镇马路—善村—岑城—绿云断裂。上述断裂均属博白—岑溪深大断裂。

新华夏构造　是华夏系断裂的次级构造，其构造走向为北东20度或北东70度，如糯垌镇绿云—塘坪断裂，大竹—大地断裂，岑城—归义镇秋风断裂。

东西向构造　为东西或北东向断裂，主要有马路镇中林—马路—樟木镇城郡—筋竹断裂。

南北向构造　断裂走向为南北向，主要有大隆镇西宁—水汶断裂。

北西向构造　断裂走向为北西向，主要有大隆镇西宁—白碟断裂；马路镇中林—波塘镇合水断裂。

第二节　地　貌

市境属云开大山北麓东段的丘陵山区。云开大山余脉从广东省信宜市北延于市境南部、东部和东北部。位于玉林市的勾漏山脉余脉从容县东延市境西南部与云开大山余脉相连接，造就市境西部、南部、东及东北部向西北部倾斜，中部较平的地理态势。其间有黄华河、义昌江、糯垌河（义昌江一级支流）冲积的河谷小平原和中低丘围拓的小盆地。境内崇岗盘谷延袤相属，层峦叠嶂，河溪交错。在2783平方千米的土地上，按丘陵和山地划分标准，海拔200～500米群丘（无统计数据），海拔1000～1211米的中山7座，500～1000米低山70多座。海拔50～250米中低丘地带面积1227平方千米。台地、小平原、小盆地327平方千米，水域面积63平方千米。境内最高山峰土柱顶位于市境西南部南渡镇吉太社区桂强村与水汶镇尚勇村覃七坑一带，与容县界邻，属云开大山余脉岑溪境内最高峰。市境海拔最低处为西北部波塘镇西岸村都目河谷一带，海拔仅50米。中部市政府所在地岑城镇城厢社区海拔100米。市境海拔最高点与最低点相对高度差为1161米。

盆地　河谷小平原

境内盆地属晚白垩纪内陆断陷盆地。境内义昌江、黄华河、糯垌河中下游河段沿岸有部分地段为河谷小平原。

水汶盆地　位于水汶镇中部及大隆镇南部、东部，由石根山、白水山、五里岭、黄枝山、凤凰山、葵山等高中丘围拓，面积约43平方千米。

大湴盆地　位于大业镇及东向筋竹镇、诚谏镇延伸、西连归义镇的一部分，由胜洞山、古味山、古万山、大湴山、高登顶等高中丘围拓，面积约33平方千米。

义昌江中游河谷小平原　由位于归义、岑城两镇的义昌江河段冲积而成，面积约65平方千米。

位于归义、岑城两镇的义昌江河谷平原土地肥沃，盛产水稻

义昌江下游河谷小平原　由位于三堡镇的新安至荔良段冲积而成，面积 约38平方千米。

黄华河中游河谷小平原　由位于南渡镇、马路两镇的黄华河段冲积而成，面积约44平方千米。

糯垌河河谷小平原　位于糯垌、安平两镇的糯垌河上、中部分段冲积而成，面积约62平方千米。

山地　丘陵

岑溪地貌特征为山多平地(耕地、水田、旱地)少，素有“八山一水一分田”之称。1990年国土部门测量计算，全县山地、丘陵面积2392.3平方千米，占县境域面积86%。境内中低山与丘陵山包分布于市境西部、中南部延至东及东北部，均为云开大山余脉与勾漏山脉，西北部与藤县界邻有小娘山余脉部分群丘延展。

岑溪最高山峰土柱顶(2005年　摄)

中低山　境内共有海拔500~1211米中低山70多座，山地面积为263.3平方千米。分布于南渡、水汶、大隆、梨木、筋竹、诚谏、安平等镇。

岑溪市境无高山。有1000~1211米中山7座。分别是土柱顶，山峰高1211米，位于南渡镇吉太社区；

老鸦巢，山峰高1129米，位于南渡镇君丰村；石豹顶，山峰高1111米，位于南渡镇吉太社区；大钵肚，山峰高1090米，位于南渡镇六四村；大芒顶，山峰高1044米，位于水汶镇曾子村；尖锋山，山峰高1016米，位于南渡镇六梭村；老湖顶山峰高1000米，位于南渡镇君丰村。海拔1000米以下，500米以上的低山，有65座。分布特点是西南及东北部县镇相邻地带山峰高度较高，延伸县境内腹部地带山峰高度较低，并与丘陵地段海拔500米以下200米以上的高中低群丘连接（各山海拔高度，坐落位置，类属山系，群况见岑溪市群山名表）。

岑溪市群山一览表

表2-1-1

中山				
山名	高度（米）	坐落镇	所在村	山系
土柱顶	1211	南渡	吉太桂强村与水汶尚勇村交界处	云开大山
老鸦巢	1129	南渡	君丰村	云开大山
石豹顶	1111	南渡	吉太社区	云开大山
大钵肚	1090	南渡	六四村	云开大山
大芒顶	1044	水汶	曾子村	云开大山
尖锋山	1016	南渡	六四村	云开大山
老湖顶	1000	南渡	君丰村	云开大山
低山				
鸡笼山（又名七星堆）	992	南渡	夹宝村、六四村分界处	勾漏山脉
响水顶	988	水汶	旺田村、严垌村分界处	云开大山
朗伞顶	930	水汶	云会村与梨木里汉村分界处	云开大山
大瓮顶	922	岑城镇	大锦村、黄沙村交界处	云开大山
周公顶	885	诚谏镇	治安村	云开大山
滑竹顶	866	南渡镇	平石村	勾漏山脉
塘隆顶	852	诚谏镇	双平村	云开大山
石君顶	841	南渡	夹宝村	勾漏山脉
三界顶	838	马路	昙雅村	勾漏山脉
暗窿顶	832	水汶	曾子村	云开大山
鸡关顶	816	大隆	均昌村	云开大山
罗云大山	814	筋竹	横山村	云开大山
水滴顶	802	安平	纯塘村	云开大山
大角顶	800	岑城	黄沙村	云开大山
大仑顶	798	安平	替伦村	云开大山

续表 2-1-1

山名	高度(米)	坐落镇	所在村	山系
石榴顶	789	马路	旺庆村	勾漏山脉
尖峰顶	785.3	安平	尖峰村	云开大山
黄枝山	784	南渡	坡舍村	云开大山
周婆顶	766	诚谏	天堂村	云开大山
通天顶	763	梨木	大旺村	云开大山
黄桑顶	760	梨木	水井村与河木交界处	云开大山
铜帽顶	751.9	安平	白板村	云开大山
米贵顶	742	安平	白板村	云开大山
双桂顶	741	糯垌	高棠村	云开大山
凤凰顶	734.3	大隆	旺坡村	云开大山
佛子顶	722	糯垌	叶伦村	云开大山
马岭顶	700	岑城	山心村	云开大山
大石高山	675	诚谏	大新村	云开大山
双贵顶	675	安平	纯塘村	云开大山
石人顶	675	安平	治洞村	云开大山
鸡啼顶	673.1	梨木	社护村	云开大山
石壁顶	673	南渡	平石村	云开大山
石磊顶	673	安平	古益村	勾漏山脉
五指山	671	安平	三塘村	云开大山
石尾顶	670	梨木	河木村	云开大山
大人顶	668.7	安平	安平社区(原太平村)	云开大山
四节顶	659.9	马路	六新村	勾漏山脉
三花顶	646	波塘	大公村	勾漏山脉
茅山顶	646	波塘	大公村	勾漏山脉
四方顶	646	波塘	大公村	云开大山
猪笼冲顶	638	归义	永义村	云开大山
小凤凰顶	625	诚谏	新华村	云开大山
大沙顶	622	大隆	石脚村	云开大山
凤凰顶	620	诚谏	石桥村	云开大山
黄茅顶	619	水汶	太云村	云开大山
岩公顶	606	波塘	杨亦村与双门村交界处	勾漏山脉
岩母顶	571	波塘	杨亦村与双门村交界处	勾漏山脉

续表 2-1-1

山名	高度(米)	坐落镇	所在村	山系
山塘顶	600	糯垌	绿云村	云开大山
大旱顶	593	马路	旺庆村	勾漏山脉
石人顶	586	马路	上双村	勾漏山脉
镰尖顶	561	归义	永和村	云开大山
崩塘顶	560	大隆	白碟村	云开大山
石鼓顶	556	波塘	合水村	勾漏山脉
蓝根顶	551	大隆	白碟村	云开大山
铜鼓顶	548	糯垌	绿云村	云开大山
飞天马山	540	大隆	义修村	云开大山
君子顶	544	岑城	乌峡村	云开大山
大山顶	543.9	岑城	思英村	云开大山
石狗顶	524	三堡	荔良村	云开大山
狮子顶	516	大隆	六各村	云开大山
大王顶	509	梨木	泗祥村	云开大山
石庙顶	500	水汶	兆阳村	云开大山
大高顶	619	归义	勒水村	云开大山

丘陵　岑溪市境丘陵地居多，海拔500米以下、200米左右群丘连绵。诸多山丘顶部浑圆或成马背形，坡度平缓，山道弯多且小路面宽至1米左右。300～400米高丘群也有些羊肠小道，但不是很陡。各丘陵地段山冲峡谷均有溪流或水田坡地，利于耕作。1990年国土部门测量计算，全县海拔100～500米高中低丘地面积2100平方千米，占市境域面积65%。市境内各镇均有丘陵地带，以南渡镇、水汶镇、大隆镇、安平镇、糯垌镇、三堡镇居多。大业、筋竹、归义、马路、岑城等镇也有部分村落为丘陵地。梨木、诚谏、波塘等镇部分丘陵地处于山区与半山之间。归义、岑城、糯垌、安平、三堡、南渡、马路、大隆等镇的丘陵地带，则与义昌江(含糯垌河)、黄华河的河谷小平原及水汶、大业小盆地相连接。岑溪丘陵地带分布情况见下表。

筋竹镇利用丘陵造梯级旱地种植农作物(2005年　田青　摄)

岑溪市丘陵地分布情况表

表2-1-2

镇名	丘陵面积(平方千米)	分布村落
岑城镇	40	探花、思孟、木埇、上奇、思英、甘冲
马路镇	84	马路、善村、福塘、义垌、中林、昙容、岭腰、大和
南渡镇	62	盘古、高创、西兰、六梭、都雅、义新、杨冲、中和、西竹
水汶镇	99	水汶、良乃、旺田、南禄、翰田、西河、大南、尚智、尚仁、三村、竹兰
大隆镇	35	西宁、车滩、南和、河口、合和
梨木镇	—	梨木社区
大业镇	35.8	大业社区、板么、双松、会村、古万、古味、古静
筋竹镇	17	筋竹社区、中围、望同、罗敏、替市
诚谏镇	68	诚谏社区、思和村、美和村、大新村
归义镇	29.5	金坡、大寨、保太、义和
安平镇	68.2	太平、中庆、同心、成美、清水、富罗、富宁、罗同、古院
糯垌镇	117.5	糯垌、大地、叶伦、平坡、替海、古兰、古淡、海杰、大竹、地麻、高棠、平塘、绿云、新塘、龙樟、三兴、古河
三堡镇	74.5	三堡、木坪、车河、荔良、美术、扶南、振大、沙村
波塘镇	—	—
合计	730.5	

第二章　气候　水文

岑溪市境属南亚热带季风气候区，气候总体的特征是：夏长冬短，气候温和，季风盛行，雨量充沛，光照充足。光、温、水气候三要素的年时空趋势同向。1991—2005年，市境年平均气温21.3℃，年平均降雨量1466.70毫米，年平均日照时数为1806.60小时。水文方面，境内山多河溪交错，植被广阔，地表水源流量丰富。全市境内水资源量34.25亿立方米，有多种岩层地下水源。历年平均降雨量1400多毫米，造就岑溪水资源总量36.35亿立方米（2005年测计数）。按2005年年末人口计算，人均有水量4390立方米，因南亚热带季风气候影响，地表（河流）水流量既有丰歉期，时有洪、旱、灾害发生。

第一节　气　候

降水

岑溪市是广西区内降水量较多的县（市）之一。据市气象部门多年实测资料，1961—2000年40年来，平均年降水（雨）量1451.4毫米。历年平均降水的天数（降水量大于或等于0.1毫米的天数）为156天，降水天数最多年份达197天，最少年份也有126天。境内降水量的地区分布呈现出高、中、低三个特点：高区为西南部的南渡镇，该镇的吉太社区年均降水量为1791毫米；南部梨木镇次之，为1633毫米；中区在正南、西北和北面几个镇，年降水量在1500毫米上下；低区在中部、东及东北部的几个乡镇，年均降水量介于1340～1480毫米。降水等值线图上显示，降水量基本沿着黄华河、义昌江和糯垌河的分水岭而分界，降水量的分布出现自西南、东南向西北、东北逐步减少；随地势增高而增多，地势降低而减少的地带性分布规律。降水高区多在崇山峻岭的迎风面。中低区则在高山的背风面及平川、谷地。

1991—2005年，岑溪市年平均降水量为1398.1毫米，与20世纪90年代年平均值相比基本持平。由于受季风气候影响，年内降水量有明显的季节性差异，雨旱季十分明显。从1991—2005年各月降水实绩记录来看，每年4—9月（也有些年度是8月或10月）为多雨季节；1—4月与10—12月为少雨季节。受热带风暴（台风）影响的暴雨或特大暴雨多发生在5、6、7、8月之间，洪涝灾害也多在这些月份出现。如1991年7月下旬，市境2天内降雨242毫米，造成黄华河水暴涨，全县12个乡镇104个村受灾。1994年6月8日，7月4—6日遭5号热带风暴袭击，市内先后出现4次大的降水。同年7月25日，受台风影响，出现日降水量128.7毫米的大暴雨，造成农作物受灾面积4256公顷。1995年9月受9号热带风暴影响，全市9个乡镇降雨量超270毫米，高达300毫米，此为90年代最大的一次降雨，且在秋后降大雨实为罕见。2002年全市6—8月先后出现5次超100毫米的强降雨。

1991—2005年，岑溪逐年降水与各年度逐月降水情况，见下图表。

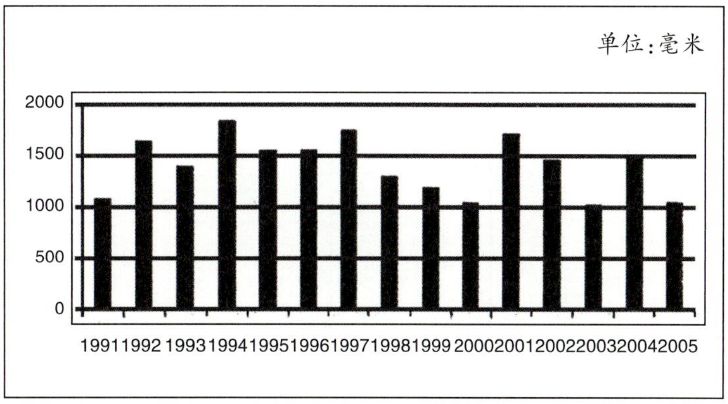

图2—2—1　1991—2005年降水量

1991—2005年岑溪市历年各月降雨量表

表2-2-2

年份	全年降雨量(毫米)	月份											
		1	2	3	4	5	6	7	8	9	10	11	12
1991	1076.5	54.3	7.7	58.5	84.3	189.9	127.2	245.3	170.1	17.5	54.3	21.12	46.3
1992	1625.1	183.8	131.5	77.7	162.2	420.8	193.6	143.1	95.9	139.2	0.6	28.8	47.9
1993	1392.6	31.6	24.5	33.4	183.7	291.8	336.8	88.0	130.7	181.0	14.7	70.8	5.6
1994	1828.5	1.7	56.5	79.4	82.5	122.3	302	400	423.2	140.8	101.3	4.2	114.6
1995	1539.8	48.3	68.1	58.4	114.6	119.1	215.4	152.6	243.5	173.3	285.7	33.9	26.9
1996	1541.0	26.3	57.4	97.9	247.3	216.7	236.5	183.8	218.8	241.1	10.6	3.6	1.0
1997	1739.6	36.4	113.9	91.3	220.3	286.0	211.4	193.4	282.8	98.0	144.3	27.1	34.7
1998	1330.9	25.6	49.1	30.9	136.1	262.7	415.2	168.9	101.8	56.2	19.1	12.9	13.8
1999	1181.1	67.2	0.5	129.2	119.4	202.3	149.6	177.3	205.1	33.7	1.6	59.9	35.3
2000	1037.7	12.9	29.5	34.1	233.9	155.4	110.3	150.0	42.7	50.7	139.8	38.1	40.3
2001	1706.5	67.7	77.9	92.3	176.8	251.5	235.1	306.2	236.5	175.7	26.7	33.4	26.6
2002	1449.89	40.3	25.2	77.6	17.8	141.8	94.2	217.6	295.6	187.9	221.4	58.1	72.3
2003	1016.9	45.6	16.3	52.4	71.7	107.9	279.0	73.1	2015.9	141.3	1.6	2.2	9.9
2004	1493.8	79.9	65.3	70.6	127.4	292.4	75.5	410.9	316.8	23.6	0.1	24.1	7.2
2005	1017.5	13.7	10.7	66.0	86.0	176.0	233.8	140.4	94.6	108.8	7.2	70.8	9.5

日照　气温

日照与辐射　1980—1990年，岑溪境内年日照时数为1806.6小时。1991—2005年，岑溪境内年平均日照时数为1719.1小时，比20世纪80年代平均日照时数少39.2小时。平均每天日照4.95小时。日照最多年份为2003年日照时数2315.6小时，日照最少年份是1995年只有1446.1小时。日照最少的月份是2月，历年平均只有69.1小时；最多的是7月，历年平均达231.6小时。城区年日照时数占年天文可照时数4420.5小时的41%。历年平均晴天日数，按总云量计为132.8天，按低云量计为77.5天。历年平均阴雨天日数，按总云量计为197.2天，按低云量计为87.8天。

1991—2005年，市境内年平均辐射能105.76千卡／平方厘米。最多年辐射能135.10千卡／平方厘米，最少年辐射能90.21千卡／平方厘米；辐射能最多月是7月为12.40千卡／平方厘米，占全年的12%；辐射能最少是2月为5.4千卡／平方厘米，占全年辐射能的5%。

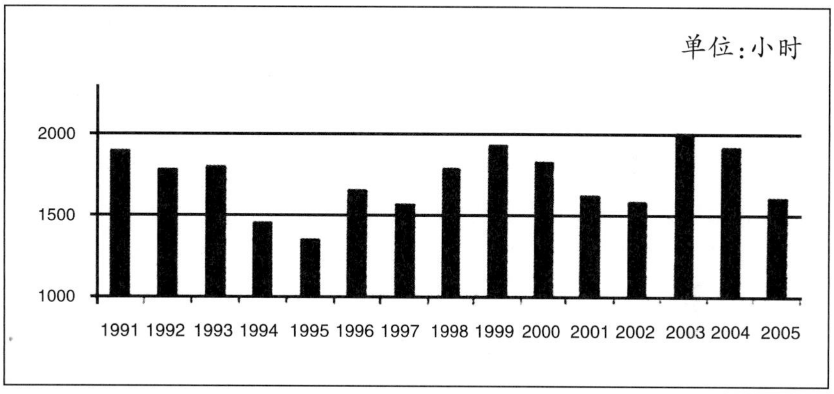

图2—2—2　1991—2005年日照时数变化情况

风·气压　市区风向依季节变化，主要风向（来向）为东南略偏东向，夏季主要为东南风，春季主要为北风和南风，秋季主要为西北风和东南风，历年平均风速16米/秒。瞬间最大风速25米/秒（相当十级）。市区内年平均气压值为1001.3百帕，极端最高气压1023.6百帕，最低气压976.5百帕。

气温　据市气象部门1979—1999年气象资料统计，历年平均气温为21.3℃，平均极端最高气温为36.7℃，历年极端最低气温为-3℃，平均极端最低气温为0.6℃。历年平均无霜日为334天，最少的一年也有299天，平均年度有霜日为6.5天，日平均温度≤12℃连续3天或以上的天气结束期是3月19日（保证率80%以上）。日平均温度≤21℃连续3天以上的开始日期为10月17日。

近二三十年来，由于地球变暖，月平均气温时空分布的特点是：最冷月出现在1月，但月平均温度不低于12.5℃，最热月出现在7—8月，月平均温度28.1℃～29.5℃，9月气温大于等于25.5℃，月际间相对变率小于11%，变化比较稳定，积温高，有利作物生长。3—4月和10—11月，气温有急剧上升、下降现象，月际间相对变率大于等于21%，变化很不稳定，往往会给农业带来灾害性天气，如倒春寒、寒露风、连绵阴雨。

1991—2005年，岑溪境内平均气温为21.9℃，比历年平均值偏高0.2℃。月平均气温在11.4℃～29.0℃，1月平均气温最低，7月平均气温最高。

城区内年平均气温日较差9℃的月份有1、7、10、11、12月，与早稻、晚稻的灌浆成熟需要的热量相适应。

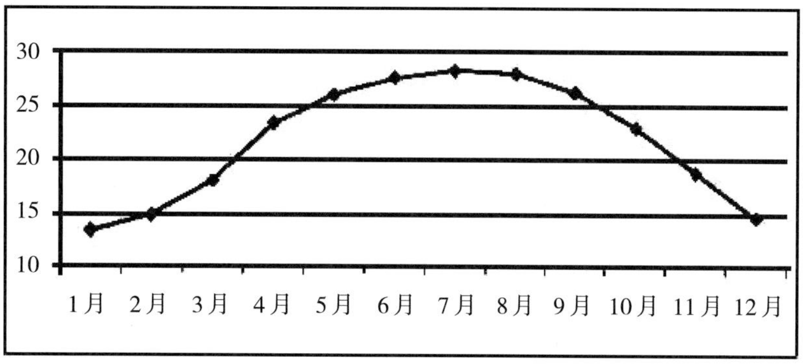

图2—2—3　1991—2005年，逐月平均气温变化情况

四季划分　按照中央气象局四季划分的标准，市境内四

季节划分如下:1月1日至4月15日共105天为春季,4月16日至10月20日共188天为夏季,10月21日至12月31日共72天为秋季。基本属于无冬季的地区,有些年份的12月下旬至1月中旬的平均气温低于10℃,但时日不多,连续期短。

第二节　水　文

地表水

岑溪市境内河流纵横交错,大小河溪共331条。地表主干河流有黄华河、义昌江。两大河流市内流域的面积2739.76平方千米,占市境面积的98.4%。集雨面积10平方千米以上支河流36条,分别汇入黄华河与义昌江后流入藤县境内,然后两河分别汇入北流河,再注入浔江,属西江水系。境内另有古益、白板、白竹等小河流入苍梧县、石壁河流入容县。市内河流密度为每平方千米有水流290米。境内地表水丰富,据20世纪90年代至21世纪初水文测量计算,市两大河流多年平均径流深768毫米,年径流量20.3亿立方米,加上广东省流入水量15.6亿立方米,总共水量36.35亿立方米。另测地下水源约为138129.4万立方米/年,可采水源为26 909.37万立方米/年。

黄华河　黄华河发源于广东省信宜市鸭刀山北麓,主支扶龙河,次支甘衣河,两河分别从信宜市朱砂镇旺砂乡流入水汶镇王强村汇合,经水汶、大隆、南渡、马路镇流至波塘镇东岸、西岸两村流出藤县金鸡镇光华村汇入北流河。黄华河市内干流长为111.5千米,河道降坡5.36%,落差102米,可利用落差75.7米。河的中上游有5个险滩,其中自头滩至五滩自然落差17.5米,水深流急。全流域集雨面积2361平方千米,其中市内1012平方千米,占全市总面积35.14%。集雨面积10平方千米以上的支流17条,总长度185千米。干流多年平均流量77.5立方米每秒,正常流量29.6立方米每秒,实测最大流量2860立方米每秒,最大流速2.76米每秒。南渡水文站最高水位88.39米(1957年5月17日),最低水位78.44米(1981年3月25日)。多年平均最小流量7.24立方米每秒,最小流量0.6立方米每秒(1987年3月12日)。多年平均径流量23.7亿立方米,径流量的年内变化为:4—9月径流量占全年的74.9%,其中6月、8月的径流量分别占全年的15%、20%,1—3月的径流量占全年的18%~19%,丰年径流量为枯年径流量的2~4倍。黄华河流域集雨面积50平方千米以上的一级支流有水汶河、六旺河、君垌河、圣塘河、昙容河、马路河、古太河。流域集雨面积40~50平方千米的有龙田河、蛟塘河。流域集雨面积10~38平方千米的有王强河、南六河、六各河、白碟河、义修河、泊口河、波塘河、古冻河。

黄华河南渡镇河段风光(2005年　李强　摄)

义昌江　义昌江古称大溪又称县前河。一级主支连城河发源于广东省罗定市加益镇的大芒顶和市境大隆镇旺坡村,经市境内大隆镇流入梨木镇平田村,再经梨木街流至大业镇同福河,与发源于筋竹镇黄陵村的筋竹河、诚谏镇的孔任河、陀村河、大良河等支源流河汇合,流入归义镇思塘河段,至岑城镇西泷山脚转弯,向北流去。经岑城镇西北部村落流入三堡镇后,自南向北经河六村流出藤县金鸡镇新民村汇入北流河。义昌江在市境内流域面积1841.2平方千米,河流全长140千米,其中市内干流长123千米。中段有泷底滩,滩面以上比降为1.23‰泷底滩底以下比例为0.71‰,泷底滩自然落差20米,全流程落差132米。全流域集雨面积1822平方千米,其中市内1704平方千米,占全市总集雨面积的61%。集雨面积10平方千米以上的支流有9条,总长度255千米。流域多年平均径流量11.85亿立方米,多年平均流量25.74立方米每秒,正常流量21.1立方米每秒。多年平均最大流量603立方米每秒,最大流量1 410立方米每秒(1970年8月4日)。多年平均最小流量7.65立方米每秒,最小流量0.85立方米每秒(1963年5月11日),汛期最大流量与非汛期最枯流量平均值的差数达317倍。径流量的年内变化:4—8月占全年的76.6%,其中6月和8月各占全年的15%,1—3月枯水期占全年的11.2%,10—12月占全年的18.06%,径流量的年际变化是,大年为小年的2~3倍。义昌江河流域集雨面积50平方千米以上的一级支流7条:连城河、大湴河、望里河、秋风河、垌尾河、赤水河、糯垌河。

义昌河流经市区河段(1997年　建设局供稿)

糯垌河 义昌江最大的支流(20世纪50年代初属藤县境内河流),有5小支流,主支塘坪河,源出诚谏周公顶和安平纯塘村,流经平坡、古淡。二支源出尖峰顶南边的黄塘河与合水河合流后,称糯垌河。三支沙河,源出佛子顶北边,经绿云、地麻至大竹与糯垌河合流。四支富宁河,源出古寨,经古磊、于沙村与糯垌河合流。五支立垌河,源出小娘山,经立垌、月田,于三堡旺山口与糯垌河合流后汇入义昌江。各支流总长度145.3千米,流域总面积420平方千米,多年平均径流量2.71亿立方米,最大流量1694立方米每秒,正常流量4.92立方米每秒。

地下水

岑溪地下水可分为松散岩类孔隙水、碳酸盐岩类岩溶水、基岩裂隙水3种。

松散岩类孔隙水 零星分布于河流阶地及山前坡残积层中。含水层砂砾石和黏性土,厚度1~5米,降深3米,日涌水量为20~100立方米,水量贫乏。

碳酸盐岩类岩溶水 一是碳酸盐岩夹碎屑溶洞裂隙水,分布于城东,出露面积约15平方千米,含水层为中泥盆统应堂组灰岩、白云岩夹硅质岩、页岩,泉水较小。二是碎屑岩夹碳酸盐岩溶洞裂隙水,分布于南渡、岑城、归义、糯垌、安平等地,含水层为中奥陶统上组砂页岩夹白云岩、灰岩,大泉多出现在断裂带上,均具承压性质。泉流量18~50升/秒,个别达151.72升/秒(泉群)。钻孔日涌水量400~900吨,水量中等。

基岩裂隙水 一是碎屑岩构造裂隙水,主要分布于水汶、吉太及大业以北一带的红层盆地中,出露的泉流量常见值小于0.1升/秒,大者有0.2~1升/秒,水量中等。二是花岗岩—混合岩风化带网状裂隙水,分布较广,泉水流量0.1~1升/秒,个别达7升/秒,水量中等。

境内构造断裂带是岩溶水富集之处。马路至安平的条形谷地,是区域性陆川—岑溪断裂带通过的地方,在断裂带上,丰木、糯垌、安平等地几处出露上升大泉群,是市内地下水最富集的地带。市全境地下水资源为138129.4万立方米每年,可开采资源为26909.3万立方米/年。全市泉井群属上升泉,正常流量0.45立方米/秒。产水量较大的有糯垌井群流量151.72升/秒,新塘井群流量59.36升/秒,安平井群流量52.48升/秒,樟木井群流量25.07升/秒。著名的筋竹石井、樟木回龙大井、岑城木井(原西门外)、归义双贵大井等，流量均在5升／秒以上，其中岑城木井流量达18升／秒。市内泉水塘（俗称汶塘）不多，较大的有糯垌镇新塘的圣塘、平炉的石牛塘、安平镇古院的汶塘、岑城镇甘冲的汶塘，其中圣塘的灌溉面积67公顷，石牛塘灌溉面积34公顷。

岑溪市地下水资源一览表

表2-2-5

含水类型		计算区面积（平方千米）	降雨量（毫米）	渗入系数	枯期地下径流模数（吨每年每平方千米）	天然水资源（万立方米每年）	可开采水资源（万立方米每年）
岩溶水	碳夹碎溶洞裂隙水	20.0	1511.1	0.25	3.70	755.6	96.50
	碎夹碳溶洞裂隙水	305.2	1511.1	0.25	3.70	11530.0	1473.30
基岩裂隙水	构造　裂隙水	464.8	1600.0	0.35	8.71	26028.8	5281.70
		521.6	1382.7	0.30	3.83	21636.5	2606.30
	网状裂隙水	1137.0	1500.0	0.37	10.10	63035.0	14982.10
		335.0	1500.0	0.30	5.65	15075.0	246909.30
	合计	2783.6	—	—	—	138129.4	26909.30

第三章 土壤 植被

境内地质情况复杂，母岩种类繁多，土壤母质也多种多样。主要的土壤母质有花岗岩类、砂页岩、紫色砂页岩、第四纪红土、河流冲积物、洪积物等6种。

土壤按特性分类可分淹育性水稻土、潴育性水稻土、潜育性水稻土、沼泽性水稻土、侧渗性水稻土、矿毒性水稻土和花岗岩红壤、砂页岩红壤、砖结壤性红壤、紫色土、河流冲积土、洪积土等12种，土壤养分总体含有机质及磷、钾微量元素等，利于植物生长。

境内属丘陵山区，山地多于耕地，植被丰厚稠密。原生山林茂盛，各种乔灌树种、竹木花草果树、芒蕨等种类植物繁多。清代《岑溪县志》曾有“丛竹修树环数百里无日色”的记载，可谓“层峦叠嶂，沟壑纵横、绿树掩映，兵士满山谷”而无人知晓也。至20世纪50年代，南渡（吉太）、梨木（里汉）、诚谏（天堂）、筋竹（乌石、马芹）等乡村一些山区，仍存有数百年前的原始林木。20世纪50年代末至80年代，由于耕作、樵伐、山林火灾等缘故，原生常绿植物林群落已不复存在，仅在边远山区或冲坑有极少残留。90年代以来大面积植被属次生类型，以针叶林下间桃金娘、余甘子、松、杉、枫樟等针阔叶混交林木与芒蕨、茅草、野藤、竹子类植物群丛为主。

第一节 土 壤

土壤母质及其分布

花岗岩类 包括花岗斑岩、石英斑岩、石英二长斑岩、花岗闪长岩、闪长岩、黑云母花岗岩、一二次黑青石黑云母花岗岩、石英闪长岩、三次二云母花岗岩、二次正长岩、石英二长岩、混合花岗岩、混合岩（原岩时代为下古生代）等。该类岩石风化形成的土壤15.5万公顷，占全市土壤普查总面积的61.45%，14个镇均有分布，主要分布于梨木、诚谏、水汶、岑城、南渡、三堡、波塘等镇，是主要的耕地和林地土壤。这种土壤含石英砂及长石碎屑，既沙又黏，但土层深厚，含钾较丰富，酸性强。

砂页岩 砂页岩以加里东期奥陶纪的为主，也有下古生代寒武纪的交替沉积或互层。砂岩的砂多泥少土薄；页岩的黏粒含量高，土层中等，形成的土壤砂泥比例适中。这种土壤主要分布于安平、糯垌、樟木、马路、南渡、归义、波塘等镇的河谷盆地和河谷小平原，是主要的耕地和林地土壤。

紫色砂页岩 紫色砂页岩大部分属中生代白垩纪沉积的，小部分属新生代古新统至始新统沉积的。由这类岩石风化形成的土壤，中生代沉积的土层厚度中等，黏粒含量较高；新生代第三纪沉积的则沙多泥少土层薄。除岑城、马路、波塘、梨木、诚谏、糯垌、安平等镇无分布外，其他乡镇均有分布，主要分布于水汶、大隆、大业、三堡等镇。

第四纪红土 由第四纪红土发育形成的土壤，主要分布于安平、糯垌、樟木、马路、南渡等玉梧公路沿线乡镇的河谷小平原，其土层深厚、质黏、色红、酸性、矿物质营养元素缺乏，心土、底土常具红白网纹。

河流冲积物 洪积物

河流冲积物 由河流冲积物发育形成的土壤，主要分布于黄华河和义昌江沿岸的水汶、大隆、南渡、波塘、筋竹、大业、归义、岑城、樟木、三堡等镇，糯垌河西岸亦有分布。由于河水的分选作用，这类土壤上游的沙多而粗，下游的沙少而细，近河的沙多，远河的沙少。剖面层次明显，土层深厚，质地具明显的成层性和成带性,养分丰富,易耕作,是主要的农业高产土壤。

洪积物 近代洪积物经耕种发育形成土壤,这类土壤除吉太、大隆、波塘三乡镇外,其他各镇均有分布,主要布于岑城、樟木、马路、南渡、梨木、归义、安平等镇。洪积物以近代洪积为主,土壤层理不明显,沙、石、泥相混,岩石不具棱角,有磨圆度,土质肥沃。

土壤特性

境内土壤的形成有它自己的发生条件和发育过程,其形成的特点如下。(1)盐基矿物淋溶流失和生物转移强烈,土壤富铁铝化,使土壤呈红色,红壤、砖红壤性红壤占土壤面积的76.03%;耕地缺磷的占22.6%,缺钾的占18.7%。(2)土壤多呈酸性。酸性、强酸性的土壤,水田占43.69%,旱地占43.77%,自然土占65%,三项合计占全市土壤面积的63.1%。(3)有机质含量低,耕地有机质含量在2%以下的,水田占13.88%,旱地占86.38%。(4)土壤质地适中,壤土占土壤面积的84.11%,无沙土、黏土比例甚微。

淹育性水稻土 种稻时间不长,发育时间短。分布在丘陵、缓坡、台地、阶地和位置较高的梯地,远离村庄,施肥水平低,熟化程度差。土壤的速效养分状况:有机质丰富的占17%,中等的占67.42%,低缺的占15.58%;速效磷丰富的占49.64%,中等的占32.84%,低缺的占17.52%;速效钾丰富的占39.32%;中等的占41.1%,低缺的占19.58%。总的说是有机质中等以下的比例大,磷钾含量比较丰富,偏酸面积占46.78%,是比较低产的水稻土。

潴育性水稻土 耕作时间较长,土壤熟化程度高,分布于平原、河谷盆地、河流阶地、缓丘的垌面田。土壤速效养分状况:有机质丰富的占22.42%,中等的占71.5%,低缺的占6.07%;碱解氮丰富的占36.34%,中等的占47.32%,低缺的占16.34%;速效磷丰富的占57.74%,中等的占28.22%,低缺的占14.04%;偏酸面积占38.11%。该亚类的有机质、碱解氮、速效钾各面积比例与全市水稻土的平均值基本一致,是本市主要的高产良优土壤。

潜育性水稻土 地下水位高,排水条件差,地表长期渍水,使土壤铁锰等物质还原,土体中产生青灰、蓝灰和黄绿色的障碍层(潜育层)。这个亚类土通常分布于丘陵、山区的狭谷中,多属地势低洼、平缓的山冲田。土壤呈亚铁反应,其养分状况:有机质丰富的占33.29%,中等的占63.94%,低缺的占2.77%;碱解氮丰富的占37.44%,中等的占48.34%,低缺的占14.22%;速效磷丰富的占41.34%,中等的占36.58%,低缺的占22.08%;速效钾丰富的占48.5%,中等的占39.85%,低缺的占11.64%。有机质、碱解氮、速效钾丰富的所占面积比例分别高于全市水稻土的平均值,而速效磷低缺的所占面积比例高于全市水稻土的平均值,偏酸面积达54.76%,弱碱占2.22%,分别高于全市水稻土的平均值,是低产田土壤之一。

沼泽性水稻土 地下泉水上涌,四面终年受水浸泡,土体稀烂呈糊状,土色蓝灰或青灰。分布于丘陵地区地势低洼、排水困难的狭谷中。这类土壤有机质丰富的占31.43%,中等的占68.59%;碱解氮丰富的占64.83%,中等的占28.72%,低缺的占6.44%;速效磷丰富的占35.57%,中等的占51.68%,低缺的占12.75%;速效钾丰富的占44.97%,中等的占37.18%,低缺的占17.85%,酸性和强酸性的占30.87%,弱酸和近中性的占56.64%;弱碱的占12.48%。有机质含量丰富的和中等的面积比例高于水稻土平均值,速效磷、钾低面积与水稻土平均值基本相同。偏酸面积比例低于水稻土平均值,是低产田之一。

侧渗性水稻土 地下水向一方侧渗,土体中的铁、锰随水流失,硅、铝相对累积而产生灰白色的漂洗层,零星分布于丘陵缓坡靠近溪河和水库的梯田或古河道中。这类土壤有机质丰富的占12.86%,中等的占80.34%。低缺的占6.8%;速效磷丰富的占58.39%,中等的占30.1%,低缺的占11.05%;速效钾丰富的占40.72%,中等的占51.52%,低缺的占7.76%;偏酸面积占25.47%。有机质含量中等以下的面积比例高于全市水稻土的平均值,速效磷、钾低缺面积比例和偏酸面积比例均低于水稻土的平均值。

矿毒性水稻土 受矿毒水影响,土壤肥力下降。全市这类土壤面积仅4.47公顷。

砂页岩红壤 质地壤质至黏质,色红,表层浅薄,酸性较强,层次分化不明显,土体厚度在40~80厘

米，在机质含量中等以上，但速效磷、钾、碱解氮含量低。分布于安平镇的砂页岩山地。

花岗岩红壤　土壤含有石英砂粒有长石屑片，质地黏中带沙，色红，酸性，土层较深厚，有机质含量较高，全氮、全磷、全钾养分含量较丰富，土壤较肥沃，但紧实，容重较大。分布于樟木、吉太、水汶等9个乡镇的花岗岩地区的低山，海拔在500米以上。

砖红壤性红壤（赤红壤）该土类本市仅有砖红壤性红壤一个亚类，土壤质地土质，沙、黏粒相混，沙中又粘，层次间质地差异不大，大多属强酸性。在剖面中自上而下酸性递增，有机质含量随植被差异大。最大的土种厚层花岗岩赤红壤占全市山林地面积的61.3%，占全市总面积的50.97%，分布于市内各镇花岗岩山地。

紫色土　该土类本市仅有酸性紫色土一个亚类，在成土过程中风化彻底，钾、钠，钙、镁和硅淋溶流失，锰、铁相对富集，土壤呈紫色、酸性。在土种中砂页岩厚层酸性紫砂土分布于南渡、三堡两个镇的紫色砂页岩区。耕型酸性紫砂土分布于大业、三堡两个镇的紫色砂页岩丘陵坡地。砂页岩厚层酸性紫泥土分布于水汶、大隆等7个乡镇海拔500米以下的紫色砂页岩丘陵山地。耕型砂页岩酸性紫泥土，分布于大业、水汶等5个乡镇的砂页岩酸性紫色土坡地。页岩厚层酸性紫黏土分布于归义镇美伦村。耕型页岩酸性紫黏土分布于大业镇古味村。

河流冲积土　土壤具沉积层理，剖面层次明显，土层深厚，养分丰富，质地沙土至壤土，易耕作，弱酸至酸性，是本市主要的农业高产土壤。分布于岑城、归义、樟木、三堡、大隆、南渡、波塘、马路等8个镇的河流阶地上。

洪积土　土壤沙、石、泥相混，缺乏层理，土质肥沃，分布于河流由山地入平原的入口处及河流沿岸。

土壤养分

耕地土壤有机质含量　水田有机质中等以上居多，以有机质含量大于2%为中等以上的面积比例占86.12%；旱地有机质含量则中等以下居多，大于2%的面积只占13.62%。在水稻土内各亚类，有机质含量以沼泽性水稻土最高。全氮、碱解氮含量与有机质含量成正比。

全磷、速效磷含量　在抽样调查中，表层全磷含量大于0.1%的比例只占1.7%。水田速效磷含量较丰富，旱地速效磷则缺。从成土的母岩母质看以四纪红土全磷含量最高，紫色土含量最低；从土壤质地看，以壤土的全磷含量最高，沙壤最低。全磷含量在土壤剖面中的变化，从上而下递减。

全钾和速效钾在全市土壤中含量　从成土的母岩母质看，以花岗岩和紫色土的全钾含量最高，四纪红土含量最低；速效钾含量也是紫色土最高，四纪红土最低。

土壤微量元素　有效铁、铜含量丰富，没有小于缺乏临界值。有效锰含量小于缺乏临界值的占8%。有效锌含量小于缺乏临界值的占24%。

理化性状

境内土壤多呈酸性反应，水稻土偏酸面积比例最大的是潜育性土，山地土壤偏酸的占山地面积的49.15%。

土壤质地大部分比例适中，但也有少量偏沙或偏黏。水稻土质地沙壤和壤土的面积占95.03%，为无沙土及黏土。旱地土质地属沙壤、壤土的占86.31%；自然土质地壤土的占93.62%。

耕作层耕地厚度以12～18厘米的居多。土壤容重一般在0.9～1.3克／厘米，亦有部分偏小或偏大的（以1～1.1克每厘米为宜）。根据国家和自治区拟定的土地评级标准，1994年土地部门勘查测评，全市土地划分为六个等级。

岑溪市土地评级一览表

表2-3-1

级别	面积（亩）				占%	主要土壤类型
	水田	旱地	出丘地	合计		
1	70110	—	—	70110	1.85	高度熟化的潴育型水稻土
2	140180	—	—	140180	3.7	潴育型水稻土，部分耕作时间较长的淹育型水稻土
3	82342	—	—	82342	2.17	新垦稻田，中、深潜底田
4	6147	51042	—	57189	1.5	浅潜田，沼泽水稻土，旱地
5	—	—	3365547	3365547	81.39	厚层花岗岩赤红壤 厚层砂页岩赤红壤 厚层酸紫泥土
6	—	—	72801	72801	1.76	中层花岗岩红壤 中层砂页岩红壤

第二节 植 被

高寒山区自然植被

岑溪西南、东南、东北一带为勾漏山脉余脉云开大山余脉，群山交汇地区。海拔500米以上中低山均分布市境西、西南、东南、东北一带，与容县和广东信宜市、罗定市、郁南县相邻镇境内植被以原始林木、芒蕨、茅草、野藤及次生植物为主。20世纪90年代以来，为防止山林火灾和人为乱砍滥伐造成破坏植被，岑溪县政府采取与边邻县、省联防，建造防护（火）林带，禁止乱伐偷砍等措施，保护宜于亚热带季风雨林自然成长。规划内砍伐或因灾（火、病虫）损害，海拔600米以上山林，则采取飞播或人工造林方式替补。90年代中期，在市境有23万公顷山地中，属马尾松、杉、杂木及铁芒、蕨藤类群落19.3万公顷，其中针阔叶混交林8517公顷。1994年实现全海拔绿化达标。

丘陵地人工植被

20世纪90年代以来，着重采取砍伐更新营造松、杉及玉桂、八角、竹、果等用材林、经济林、水果基地等方式，保护、增加植被。对由于矿山开发造成的荒漠地带则限期于开发后植树。1991年，县境内造林总面积4957公顷，其中经济林面积680公顷。1994年起，引进速生桉树、

蕨山（岑溪市档案局　提供）

林地间的黄茅草地(2004年　摄)

牧草地

马占相思类品种，至2001年营造速生林和示范基地867公顷，有效地加快和拓展境域植被面积。至2005年年末，全市造林总面积合计40941.3公顷。在丘陵低洼及河溪两岸，腐殖质较多的地段有各种灌木、沙柳、枫、柯及竹、芒、蕨、茅草群丛生，是境内植被的良好地带之一。

城镇建筑群内绿化植被

1996年，实施新编制的城乡建设总体规划，市区及乡镇社区建筑群内绿化美化植被提到议事日程上来。1997年投入100万元对市区市人民广场、义洲大道、北环大道、十里长街(今玉梧大道)等新建街道进行绿化美化，街边路树、建造街道隔离花草地带。1999—2000年，增加投入50万元，改造市人民广场绿化区，并增建文化公园、百花洲公园绿化园地，在东升路、滨江一路、二路种植路树。2000年年末，市区新绿化面积4000平方米，绿化总面积1.2平方米。2001年起，各乡镇社区新建街道开始种植街道和出入境公路路树。至2005年年末，市城区建成绿化覆盖面积175.6公顷，绿化覆盖率10.92%，公共绿地面积80.55公顷，绿地植被率10.55%。

草地

岑溪草地面积80年代为32860多公顷，多处于海拔100~400米群丘缓坡、河溪峡谷之间，也有部分长于稀疏林地和海拔500米以上低中山之顶。草类植物主要有蕨类、芒藤类及茅草和牧草、野菜等，多与低矮灌木、野果混长。20世纪80年代县土地部门调查显示，县境疏林草场6100多公顷，草丛草场4920多公顷。全县500公顷以上连片草场合计2400多公顷。分布于市境糯垌、三堡、归义、大业等镇。其他乡镇多为零星散落于山冲溪谷或荒坡。20世纪70年代起，畜牧部门引进象草等牧草良种，先于县农场试种成功后，于90年代初在全市各丘陵镇村推广。20世纪90年代末至21世纪初，因耕牛饲养减少和矿山开发道路建设等因素，草场面积趋减。

第四章　自然资源

岑溪属桂东南丘陵山区，耕地水田、旱地和土地可利用后各资源有限。但群山连绵、林木遮盖、河溪多水源充裕，造就岑溪地下矿藏品种多储量大，山上林木资源（含动物）及地表水，地下水资源都十分丰富，可开发利用率高，利于经济与社会建设、发展。

1991年年末，岑溪有耕地面积22567公顷。1991—2005年，由于工业、交通与城镇建设方面的需要，耕地面积呈减少趋势。

森林资源方面，由于山多宜林面积广且气候温和多雨，适宜松、杉、樟、梨等常绿阔叶林及玉桂、八角、竹子等经济林木与荔枝、龙眼、柑橘、梅、柚子、李子等水果成长。岑溪林木水果资源丰富且可持续开发利用。

矿产资源方面，至20世纪90年代，市境内已发现的矿藏中，金属矿有铅、锌、钛、铜、钨、锂、金、银、铁、锡等10多种。非金属矿有花岗岩、沸石、珍珠岩、萤石、云母、石英、大理石、重晶石、白云石、石灰岩、独居石、高岭土、稀土、磷、煤等20多种。矿藏分布多于西南、东南、东北、西北等乡镇。金属矿以铅、锌、金、银储量为大。非金属矿以花岗岩储量最丰，明矿面积176平方千米，储量20多亿立方米。石灰岩、大理石、高岭土等次之。其中珍珠岩，沸石为目前广西发现的稀有矿种。

水资源方面，岑溪市境内有大小河溪331条。90年代平均年降雨量达1400多毫米。按同步年水文资料显示，全市地表水资源年平均径流量为35.55亿立方米，其中市境内径流量20亿立方米，过境水径流量15.5亿立方米。此外，境内有松散岩类、碳酸盐岩类及基岩裂隙水等三类地下水资源。据水利部门测算，全市地下水资源13.82亿立方米，其中可开采资源2.69亿立方米。

第一节　土地资源

岑溪属人多地少、耕地和土地可利用后备资源不足的城市。1952年统计，按县（市）境面积2783平方千米算。其中山地2.64万公顷，占总面积的9.49%；丘陵21.29万公顷，占总面积的76.50%；海拔200米以下的河谷平原、小盆地2.91万公顷，占总面积的10.45%；台地3600公顷，占总面积1.29%；水域6300公顷，占总面积的2.26%。在河谷平原、小盆地、台地及低丘坡地中，可耕面积2.26万公顷，园林面积1130公顷。在山丘地中，宜林面积19.8万公顷，宜牧草场面积3万公顷。水域面积中宜渔山塘水库412公顷。1990年全县土地利用调查结果显示，全县土地总面积2780.20平方千米（比1952年统计面积少2.8平方千米），其中耕地总面积22567公顷。1998年土地变更调查结果，全市耕地面积为21677公顷。2005年终统计，全市耕地面积2.08万公顷（其中水田1.74万公顷，旱地3400公顷）。1991—2005年，全市耕地面积呈减少趋势。1991年总面积数为22567公顷，1995年减少到21972公顷，2000年为21641公顷，2004年减少为20738公顷。

第二节　山林植物与动物资源

山林植物资源

林木、树种　岑溪林木、树种资源十分丰富，品种繁多。据20世纪80年代林业部门林种、树种资源调查，经鉴定，共计有134科、333属、909种（包括变种）。其中，蕨类植物13科、21属、25种；裸子植物5科、5属、6种；双子叶植物98科、251属、536种；单子叶植物13科、56属、66种；乔木5科276种。岑溪林木种类可分为用材林、经济林、生态公益林（或称雨林、防护林）、特种树林（包括珍稀古树和其他观赏风景树）等类。其中，珍贵稀有树种有二类保护植物：香木莲木兰科；观光木（香花木）木兰科，香花属；格木苏木科，格木属；紫荆木赤铁科。三类保护植物：八角莲小蘗科；蝴蝶果大戟科，蝴蝶果属；华南栲壳斗科。

古木大树　岑溪原有不少年代久远的古木大树，可惜在20世纪50年代“大闹钢铁”多遭厄运。成片的古木已不存在，现仅存零星分布在村边的“风水木”“社木”得以保存下来。各地房前屋后、村庄水口之古樟，皆先后遭受刀斧之灾，被伐蒸油。现将目前还保存并有一定价值的古木大树选入志。

格木　现存较古的格木较少，在诚谏镇孔任村保存的一株大格木，高15米，胸径100厘米，访问群众说树龄在300年以上。

紫荆　在三堡镇蒙奇村，有小片紫荆林。其中一株大紫荆木高18米，胸径40厘米，树龄200年以上。每年有结果，当地群众采摘其果实，榨油食用。

石上松　在水汶镇石牛岭有一奇石，高30米，顶上长有一株高9米，胸径18厘米的古松，据当地群众说，此古松树龄350年，枝叶茂盛，形如天然盆景，为当地一大奇观。

“松树王”　在大业镇奕清村，有一株树高36米，胸径122厘米，树冠覆盖面积达200多平方米的大松树，树龄在300年以上。

“樟树王”　樟木分布较广，保存下来的古樟大树极少。较大的樟树有在岑城镇探花村的大樟根，树高14米，胸径120厘米，树冠覆盖面积600多平方米，树龄约350年。归义镇义和村有两株特大樟树，其中最大的一株高24米，胸径232厘米，树冠覆盖面积624平方米；另一株树高22米，胸径239厘米，树冠覆盖面积400平方米，树龄均在570年以上。

红椎　在安平镇古益村有一株红椎，树高17米，胸径90厘米，树龄在200年以上。

黄葛榕　大隆乡大峡村公路旁有一株黄葛榕（大叶榕），树高24米，胸径4.3米，树冠覆盖面积160平方米，树龄630年。

榕树　分布较广，为本县的风景树之一，现存古榕大树，大隆镇南和村木五自然村有一株，树龄在650年以上，树高15米，胸径300厘米，树冠覆盖面积667平方米。安平镇富宁小学一株榕树高7米，胸径180厘米，树龄350年。归义镇思塘村一株古榕，树高35米，胸径210厘米，树冠覆盖面积630平方米，树龄400年以上；另一株高30米，胸径242厘米，树冠覆盖面积808平方米，树龄500年以上。

位于岑城镇探花村的古樟，冠幅直径29.8米，树干胸径2.66米（1992年　摄）

香枫　樟木镇寮田村有一株香枫，树高13米，胸径120厘米，树龄200年以上。

荷木　梨木镇水井村有一株荷木树高40米，胸径100厘米，树龄250年。

枫杨　樟木六田村有一株树高17米，胸径110厘米，树龄150年的枫杨树。

龙眼　樟木乡上奇村有一株龙眼树高17米，胸径100厘米，树龄250年以上，生长旺盛，年年结果。

“联生奇树”　归义镇义和村雷公庙有一株樟木寄生在榕树之上，树高30米，胸径210厘米，树龄在300年以上。榕、樟联生在一起，实属奇树。

松上榕　筋竹镇黄陵村有一株树高30米，胸径159厘米的千年古松，该古松离地面20厘米分叉处，长有一株榕树，榕树的直径20厘米，有5条须根沿松树延伸入土，须根最大直径有6厘米左右。松、榕共生，实属罕见。

动物资源

岑溪境内动物资源种类繁多，其主要种类有三类：

鸟类有鹧鸪、鹰、斑鸠、画眉、麻雀、山鸡、毛鸡、白头翁、啄木鸟、黄莺、杜鹃、布谷鸟、燕子、猫头鹰、八哥等。

爬行类　有金环蛇、银蛇、南蛇、眼镜蛇、索蛇、青竹蛇、草蛇、马鬃蛇、蟒蛇、山青蛇、乌龟、金钱龟、水鱼、蛤蚧等。

兽类有虎、豹、黄猄、山猪、箭猪、穿山甲、果子狸、狗狸、猪仔狸、松鼠等（虎、豹类猛兽20世纪60年代初尚有发现，之后绝迹）。

第三节　矿产资源

市境内已发现的矿藏中，金属矿有铅、锌、钛、铜、钨、锰、金、银、锆、铁、锡、钍、钼、镭、铀、钨等16种，非金属有花岗岩、沸石、珍珠岩、萤石、黑曜石、云母、石英、大理石、重晶石、磷、煤、白云石、独居石、稀土、膨润土、蒙脱石等16种。

铅锌矿主要分布在诚谏镇的河三至安平镇的山地冲坑。在糯垌、筋竹等镇也有零星分布。

钛铁矿主要分布在糯垌镇，含二氧化钛48%～51%，品位较高。此外在安平、三堡、马路等镇也有零星分布。

花岗岩矿主要品种有红色、灰白色细粒花岗岩，储量约20亿立方米。红色花岗岩主要分布于马路、岑城、樟木、糯垌等镇，属长岗顶岩体，矿脉长22千米，明矿总面积176平方千米。灰白细粒花岗岩主要分布于波塘、三堡、南渡、梨木等乡镇。

珍珠岩矿分布于水汶盆地火山岩中，膨胀系数高，质轻，能保温隔热，耐酸碱，目前是广西发现的唯一稀有矿种。

沸石矿主要分布于水汶盆地火山岩中，大隆镇凤凰山一带，有丝光沸石，初探储量在1000万～3100万吨，品位高，也是目前广西发现的唯一稀有矿种。

第四节　水资源

岑溪市境内大小河溪330多条。市境内河流集雨面积2739.8平方千米，其中主干河流黄华河、义昌江发源地境外集雨面积1462.7平方千米。依据20世纪80年代气象部门实测计算，境内多年平均降雨量1400毫米。水文资料显示市境河流多年平均径流深768毫米，天然水（地表水）资源量达21.4亿立方米。1992年，经自治区水利电力厅验收测算，岑溪县河流境内多年平均径流量20亿立方米，过境水径流量15.5亿立方米，合计为35.55亿立方米。加上深层地下水水源2.1亿立方米。岑溪水资源年储总量为36.30亿

立方米，平均每人拥有水量4390立方米，每亩耕地拥有水量10603万立方米。现有的储水、引水、提水等水利工程有效灌溉面积1.5万公顷。

水能资源

水能资源是可供开发利用（以发电为主）的地表水。岑溪水能资源主要分布在黄华河中下游和义昌江中下游，还有部分分布在境内各地支流的小水能资源。水能资源总蕴藏量13.03万千瓦，可开发的7.37万千瓦，2005年年末，全市拥有容量500千瓦以上水电站4座，装机11台，总容量29300千瓦；单机容量50千瓦至500千瓦容量以内水电站49座（处），共装机111台，总容量21015千瓦，总共建成水电站53座，装机122台，总容量50315千瓦。

灌溉水资源

岑溪灌溉水资源主要是包括降雨水在内的河溪流水和山塘储水。20世纪50年代以后，为增加灌溉用水及旱季储备用水，党和人民政府把农田水利建设当作农业命脉来抓，通过拦河筑坝、修建水库、水渠、提引工程等方式，兴建水利设施，既减少天然水灾，又增加灌溉水储备。至2005年，全市累计建成蓄水工程960多座，蓄水工程总库容8234万立方米，有效库容6988万立方米。加上引提水工程引用河流水资源，有效灌溉面积16.65万公顷。占全市总耕地面积的79.78%。

生活用水资源

20世纪90年代前，岑溪城镇居民（含乡村农民）用水主要靠河流、山溪地表水和井泉水。1990年，全县城镇、农村生活用水量（含工业、畜物用水）共2747万立方米。1991年起，随着经济快速发展，人民生活水平提高，对生活用水用途增多、质量提升。市政府通过指定生活用水水源储蓄工程（水库）、创办自来水厂和实施农村改水（挖井、引用无污染山溪水）等措施，增大生活用水储量，提升生活用水质量。2005年年末，全市地表水源、地下水源供应量共3.87亿立方米，其中地表水源3.84亿立方米，地下（浇层）水源0.03亿立方米，与当年用水量持平。

第五章　自然灾害

岑溪市境靠近东南沿海,属亚热带季风气候区。加上山多、河溪多且主支河道峡小、弯曲、河床低浅等地理特征,岑溪成为水、旱、风雹灾害及由洪涝产生的次生地质灾害多发区。农林业生产中的生物(病、虫、鼠)灾害及山林火灾害时有发生。

第一节　水　灾

1991—2005年,发生洪水灾害10次,洪涝灾害的受灾总人口155.06万人次,受淹面积累计3.87万公顷,直接经济损失5.74亿元。其中,1994、1995、1998、2001、2002、2003等年份受灾损失千万元以上,灾情概况分述如下:

1994年6月8日至7月25日,市境遭热带风暴袭击,先后出现4次大的降雨过程。其中7月5日、7月22日,遭受暴风袭击,过程雨量分别为106.6毫米和128.7毫米。受灾严重的有15个乡镇221个村,受灾人口15.4万人,进行紧急转移1500人,受灾农作物面积4256公顷。出现险情塘库13座,损坏陂坝366座,渠道共长67.6千米,冲毁河堤长17.5千米。毁坏输电线路50杆长2.5千米。阻断通信线路250条共长100千米。造成直接经济损失5024万元。受灾最严重的是吉太、水汶、大隆、梨木4个乡镇。

1995年9—10月,连受9号、16号热带风暴袭击,全市各乡镇普降大雨,且伴随5级至6级大风,其中有9个乡镇降雨量在220毫米以上,部分乡镇高达300多毫米。主要河流洪水成灾,造成死亡15人,受伤86人,失踪1人,全市经济损失折款达4.02亿元。其中,水利设施冲毁陂坝425座、损坏渡槽12座、桥涵185座、引水渠道共长27.8千米,冲垮河堤多处长11.38千米,山塘11座,电灌站11座,变压器3台,电站受淹受损15座。80%的水库容积超越排洪位,塘坪水库、望里水库溢洪水深1米以上。塘坪、赤水、石鹤、珊瑚坪4座水库出现险情。南渡镇盘古河5座陂坝被冲毁。境内各处有不少水利设施受破坏,累计共造成水利直接经济损失5500万元。

1998年6月,由于受高空槽、切变线和地面静止锋、低涡的共同影响,市内遭受2次暴雨袭击。其中6月2日8时至3日8时降雨量97.5毫米,山洪暴发造成洪涝灾害。17个乡镇有11个乡镇46个村8200人受灾,受灾严重的有归义、大业、筋竹、水汶等镇。损坏房屋

1998年受暴雨影响造成城区内涝(李强　摄)

852间，倒塌房屋486间，死亡1人。农作物受灾面积2.74公顷。其中，农田受淹面积1131公顷，毁坏耕地面积23.7公顷。水田成灾面积102公顷，损失稻谷2510吨。损坏公路路基长3.5千米，输电线路杆20杆长2千米，通信线路32杆路长700米。损坏堤防多处长15.6千米，护岸142处，水闸31座。冲毁塘坝185座，渠道缺口28.6千米，损坏渡槽12座。桥涵15座。水利设施直接经济损失1386万元，全市直接经济损失2560万元。

2001年4—6月共发生4次大的洪水灾害：(1)4月4日2时至9时，全市普降大雨，局部暴雨、大暴雨；2时至3时，部分乡镇出现短时雷雨、大风并伴有冰雹。风力达9级至10级，市区降雨量33.1毫米。4日0时至5日0时24小时糯垌镇塘坪水库库区最大降雨量105.9毫米，筋竹镇石鹤水库库区降雨量79毫米。4月洪灾较严重的有三堡、糯垌、安平、诚谏、波塘、筋竹、大业、归义、岑城9个镇。(2)5月25日下午，全市境内普降大雨，局部暴雨、大暴雨。由于降雨时间短，强度大，造成山洪暴发，河水猛涨，受灾严重的有诚谏、筋竹、大业、梨木、樟木、糯垌、南渡、昙容、岑城9个镇。(3)6月5日18时至21时，受暴雨袭击，普降大雨，局部暴雨，赤水水库降雨量46.8毫米，局部地区接近100毫米；受灾较严重的有筋竹、梨木、水汶、大隆、诚谏、大业、归义7个镇。(4)6月13日，全市普降大雨，局部暴雨、大暴雨，樟木镇因灾受伤2人；受灾较严重的有三堡、樟木、马路3个镇。其中三堡镇古堆村因房屋倒塌造成死亡2人。上述4次洪涝灾害，全市直接经济损失3217万元，受灾17个乡镇156个村，受灾户数76001户，受灾人口16157人，死亡2人，受伤7人，房屋倒塌465户，共1788间，其中，全倒54户，共302间；农作物受灾面积1.12万公顷，水稻绝收面积227.2公顷，毁坏耕地面积38.07公顷，损失粮食10.3万公斤。林果树及经济林受损严重，镇村公路多处塌方，造成交通中断路段12条次。损坏输电线路52杆长3.5千米，损坏通信线路72杆长3.7千米。损坏小型水库2座，水利干渠长2.9千米，护岸98处，冲毁塘坝19座。当年4次水灾造成直接经济损失3217万元。

2002年6—8月，先后受强对流天气及12号强热带风暴“北冕”、14号强热带风暴“黄蜂”的影响，出现5次强降雨天气。24小时最大降雨量达157毫米。黄华河南渡水文站最高水位85.12米，洪峰流量1580立方米每秒，超过警戒水位0.62米。珊瑚坪水库多次溢洪，最大溢洪水深30厘米。各地均不同程度发生洪涝灾害，受灾乡镇17个，受灾人口12.4万人。倒塌房屋943间。农作物受灾面积1.08万公顷。其中，成灾面积4620公顷，绝收面积1107公顷，减产粮食6260吨。林果树及经济林受损严重，镇村公路多处塌方，造成交通中断14条次。损坏输电线路长11.5千米，通信线路长10.3千米。水利设施损坏小型水库5座、干渠229处，堤防70处、护岸60处，冲毁塘坝26座。全市经济损失2777万元。

2003年6月27—28日，受强降雨天气影响，出现首次洪涝灾害。7月23—24日，受7号台风“伊布都”影响，出现二次风涝灾害。7月23日11时至17时，持续6小时8级以上大风，阵风达到11级(相当于28.5米每秒至32.6米每秒的风速)，这是全市有气象记录以来罕见的。造成直接经济损失55万元。灾情最严重的水汶镇，24小时降雨量80.5毫米，倒塌房屋18间，损坏民房1256间，受灾人口2900人。单位及学校受损房屋面积2000平方米，吹倒、吹断树木3.6万株。该镇经济损失95.6万元。8月7日，受暖湿气流形成的局部性强降雨天气影响，造成市境局部性的洪涝灾害。上述3次洪涝灾害，受灾乡镇17个，受灾人口10.2万人，因灾死亡1人，受伤3人。倒塌房屋209间，农作物受灾面积750公顷，其中，成灾面积450公顷，绝收面积160公顷，减产粮食1850吨。吹倒、吹断经济林3.6万株。镇村公路塌方造成交通中断18条次，损坏输电线路长4.5千米、通信线路长5.1千米。水利设施损坏小(2)型水库2座(大陂冲水库和松岭水库)、干渠208处、堤防42处长3.8千米，护岸23处，冲毁陂坝16座。全市直接经济损失1970万元。

1991—2005年岑溪市洪涝灾害发生情况调查统计表

表2-5-1

受灾年份	受灾面积（平方千米）	乡镇（个）	村（个）	受灾人口（万人）	死亡人口（人）	受淹农田面积（公顷）	受灾损失（万元）
1991	31.13	12	104	1.72	6	450	285
1994	—	15	221	15.4	—	4256	5024
1995	—	9	—	—	15	1.850万（洪涝成灾面积）	40200（经济损失折款）
1998	18.27	11	46	0.82	1	1131	2560
1999	—	—	—	—	—	—	170
2001	125	17	156	1.62	2	7200	3217
2002	17	—	—	12.4	—	农作物成灾4620	2777
2003	—	17	—	10.2	1	农作物成灾450，其中绝收160	1970
2004	—	12	—	2.82	—	农作物成灾400	650
2005	—	12	—	2.02	—	农作物成灾1200	690

第二节　旱　灾

1991—2005年，市境内有9年先后发生春、夏、秋旱及秋冬旱，其中一些年份春、夏或春秋及冬旱同年发生。以1991、2000与2004年为大旱之年，情况分述如下：

1991年1—5月，春旱。市境总降雨量394毫米，比历年同期平均减少218毫米。水库蓄水量仅158万立方米，小（2）型以上水库55座中有52座干涸，151条河流中有119条断流。因旱无法插秧水田面积513.33公顷，插下水稻受旱面积4600公顷。为适应抗旱需要，全县增购置柴油机19台，总容量159.5千瓦。新购喷淋机19台、水泵10台及一批机电泵零配件。6月16日，因旱导致县城部分人饮水困难，需靠公安消防车运水供应。9—11月，又发生严重的秋、冬旱。境内总降雨量92.9毫米，水田受旱面积5733公顷。为缓解县城生产、生活用水困难局面。当年11月动工兴建县第二自来水厂，次年2月1日建成通水。

1991年岑溪遭遇旱灾，图为三堡镇农民挑水抗旱保苗

2000年，是1963年岑溪大旱灾后的第二个大旱年，为37年来所未遇的旱灾。2月1日至3月30日，两个月内市境总降雨量53.2毫米。比历年同期138.7毫米减少85.5毫米。水库水量1313万

立方米，占有效库容的21.3%。比历年同期减少1251万立方米。此一时期，正值春耕生产季节，到4月10日，仍有1600公顷农田缺水耙插，插下禾苗受旱面积1866公顷。5月下旬至9月底，发生夏秋旱。由于受大陆高压影响，市境出现持续高温、少雨、光照充足蒸发量大，无台风影响的天气特点。6—9月，总降雨量352.7毫米，比历史典型干旱年1963年的460.1毫米还少107.4毫米。晚稻计划插秧面积1.77万公顷，实插面积1.64万公顷，有1233公顷面积无水耙插。改种旱地作物面积600公顷。从7月8日至9月25日(即插秧前到孕穗期)都没有下过一场大雨，到9月30日，水稻受旱面积1.05万公顷。其中严重干旱面积4867公顷，枯死绝收面积1933公顷。除渍害田和少部分有汶水的水头田外，全部受旱。当年晚稻粮食总产量29.15万吨。同比减收2.35万吨。

据气象部门统计，2000年1—9月，降雨量819.6毫米，比市境内有气象资料记录以来天大旱的1963年降雨量665.1毫米仅多154.5毫米，属第二个大旱年。1—9月蒸发量1076毫米，比降雨量多256.1毫米。由于降雨量少。到9月底，境内水库仅有蓄水量234万立方米，占有效库容的3%，比1999年同期减少3302万立方米，比历年同期减少3075万立方米。其中小(2)型以上水库56座，仅有3座小型水库水位仍属有效库容，其余53座为死库容。793座山塘中有755座干涸。市境集雨面积在20平方千米以下的支流184条全部断流。黄华河南渡水文站测得黄华河南渡河段旱时的流量10.3立方米每秒(8月25日)；义昌江岑溪市水文站测得义昌江岑溪樟木河段最旱时流量1.1立方米每秒(9月20日)。由于干旱缺水，2000年发电量8896万千瓦小时，比1999年减少发电量3471万千瓦小时，下降28.6%，为10年来发电量的最低谷。致使工矿企业缺电无法正常生产，农业抗旱提水缺电；城市居民照明用电实行轮流供电。供应市区生活用水主要水源的赤水水库，9月20日已放到死水位，市区近8万人的生活用水单靠二水厂供应。市内13个镇水厂中有糯垌、安平、三堡、波塘、马路5个水厂因水源缺水出现供水困难。部分群众饮用水需到1公里以外找水源，挑水饮用。

2004年9—11月，秋、冬旱。期内市境总降雨量仅47.8毫米。作物受旱面积1.21万公顷，其中，轻旱面积5667公顷，重旱面积5067公顷，干枯面积1400公顷，旱地缺收面积2133公顷。水田受旱面积1万公顷。因旱导致5.8万人和2.2万头牲畜饮水困难。水利工程蓄水总量0.19万立方米，比多年同期减55%。小型水库54座中干涸16座，塘坝905处干涸123处。机电井450眼中出水不足的270眼。旱情发生期，全市投入抗旱人数4.2万人，投入抗旱设施有机电井400眼，提水设备0.26万台次、用电量0.42万千瓦小时，机动运水车辆52辆。投入抗旱资金177万元，其中自治区财政拨款29万元，地县级财政拨款28万元，群众自筹120万元。抗旱用电量15.5万千瓦小时，抗旱用油80万吨，抗旱深灌面积8000公顷浇水2次；临时解决5.6万人和2.1万头大牲畜的人畜饮水困难。

1991—2005年岑溪市发生旱灾情况表

表2-5-2

年份	发生季节	干旱起止月份	干旱月份总降雨量(毫米)	水田受旱面积(公顷)
1991	春旱 秋、冬旱	1—5 9—11	394 92.9	5113 5733
1993	夏旱	7—8	218.7	5266
1998	夏旱 秋旱	4 8	136.1 101.8	4533 4200

续表 2-5-2

年份	发生季节	干旱起止月份	干旱月份总降雨量（毫米）	水田受旱面积（公顷）
1999	春旱	2—3	119.4	5533
2000	春旱 夏秋旱	2—3 6—9	53.2 352.7	3466 10466
2002	春旱	1—4	160.9	5800
2003	夏旱	7	73.1	4666
2004	秋冬旱	9—11	47.8	10000
2005	春旱 秋冬旱	2.20—3.20 10.1—11.10	10.7 7.2	5666

第三节　风灾与冰雹灾害

岑溪的风雹灾害，多出现在初夏至仲秋季节。1991年以来，岑溪境内发生较大风灾有4次，分别是：

1991年7月24—26日，岑溪县境内遭受第8号台风侵袭。狂风夹着雷鸣闪电，暴风雨从黄华河上游的广东省信宜县向岑溪水汶、梨木、大隆、南渡等镇村侵袭，仅一天一夜时间，岑溪东南、西南、西北及中部11个乡镇遭到袭击，降雨量超300毫米。黄华河信宜方向的洪峰以2200立方米/秒的流量涌进岑溪水汶、大隆、南渡河段，河两岸农田、村庄被迅速淹没。据灾后统计，岑溪11个镇103个村2667户17072人受灾，155间房屋倒塌，576间房屋被淹，500多人的房屋完全倒塌。445.6公顷未收早稻和162公顷秧田被淹；13条船只被冲走，18条电线杆被吹断；造成9人伤亡（其中死6人），合计经济损失300多万元。正在兴建的四滩电站工程受阻。

1994年6月8日至7月22日，岑溪县先后受3~5号热带风暴袭击，先后出现4次强降雨过程。其中6月8日和7月5日遭受3号、4号台风侵袭、县境南部、东部多个乡镇降雨量达300毫米。暴雨引发洪灾使早稻受淹面积2140公顷，其中无收面积537.6公顷，冲毁花生、黄豆等旱地作物186.13公顷。民房倒塌128间，学校倒塌35间，围墙损坏2125平方米。山塘水库被冲毁陂坝262座，河堤155处，渠道24256米。公路崩塌265处，桥梁受损20座，通信线路、电力设施受毁损失合计265万元，矿山机械损失650万元，林果、禽畜水产损失110万元。7月22日遭五

1996年4月受冰雹袭击，部分居民房屋受损

号台风袭击，过程雨量分别达106.6毫米和128.7毫米。受灾严重的有15个乡镇221个村，受灾人口15.4万人，进行紧急转移15000人。受灾农作物面积4256万公顷，损坏塘库陂坝366座、渠道67.6千米，冲毁河堤长17.5千米，造成全市直接经济损失5024万元。

1996年4月18—19日，市境三堡、波塘、诚谏、筋竹、糯垌、安平、水汶、梨木等镇遭受特大冰雹、暴雨袭击。造成农田受淹、民房被砸烂受损、林木果树被风雹刮倒砸断，水利、电力、通信、交通设施损坏，家禽、家畜、鱼类被洪水冲走，有10多人伤亡（其中死3人），8000多人紧急转移，600多人无家可归需暂时安置的重大灾害，造成全市直接经济损失4.05亿元。

2004年受冰雹、龙卷风袭击，部分山区林木被刮倒

2004年4月2日，三堡、波塘等镇部分村突然遭遇冰雹、龙卷风袭击。其中三堡镇境内碗口大的树木连根拔起，全镇有7600多株松、杉树被风吹断，篙竹8.5万株被刮倒。房屋倒塌17间，1300多间房屋被冰雹砸烂瓦片全无。粮食作物受损166.67公顷，其中秧田14公顷，已插稻田66.67公顷，旱地（含山地）经济作物1267公顷。全镇受害户4300多户，受灾人口19000多人，其中重灾1760多户，人口6600多人，受冰雹砸伤3人。波塘镇因冰雹、暴风雨袭击，全镇受损民房103户246间，其中倒塌房屋32户98间，因房屋倒塌压死1人，伤3人。风雨带来洪水灾害受淹农田121.73公顷，鱼塘45张，部分农作被冲走淹坏。多处水利设施及镇村公路受损。此次三堡、波塘两镇遭受冰雹、龙卷风袭击为20世纪50年代以来罕见的自然灾害，给两镇造成直接损失3200多万元。

第四节　地质灾害

岑溪地质灾害属洪水冲刷、建筑开挖、矿产挖掘等自然和人为带来的次生灾害。主要有山体滑坡、泥石流、崩塌地陷、土壤被侵蚀、荒漠化等。尤其山体滑坡和土壤侵蚀为多。每年汛期洪灾，都会产生此种类的次生地质灾害。因建筑开挖、矿产挖掘造成的地裂地陷也时有发生。20世纪70年代末至90年代，境内发生较大的地质灾害有：1979年，梨木乡（时称公社）因山洪暴发，在里汉等几个山区村组（时称生产大队、生产队），造成十多处山体滑坡及小型泥石流，导致十多间民房被泥石流冲垮崩塌，13.33公顷水稻被埋，并造成多人伤亡。

20世纪90年代以来，市境内发生的地质灾害：

1994年2月15日，糯垌镇平坡村4组黄某新建的一间钢筋水泥楼房（一层）由于屋边排水沟出现约宽1厘米，长100米的裂缝，造成该房墙体出现纵横多处裂缝，屋厅地面出现一条与地表垂直的裂缝，致使屋顶板与墙体错开成为危房不能居住。

受连日暴雨影响,国道207线3204km岑溪水汶镇与大隆镇交界地的石牛岭左侧山体发生特大公路边坡塌方(2005年　交警大队　提供)

1997年8月10日至9月10日,诚谏镇沙田村互上组盘某新建两层钢筋水泥楼房,由于该时段连续降雨,造成该楼房整体下沉,一个月下沉2米多,屋主赶紧搬出老屋居住。

1998年6月,受高空槽、切变线和地面静止锋、低涡共同影响,市境遭2次暴雨袭击,暴发洪涝灾害。造成山体滑坡42处,损毁公路路基共长3.5千米,山边房屋83间受滑坡泥冲积,毁坏耕地面积237公顷,冲毁塘坝185座,渡槽12座,因房屋倒塌造成1人死亡。

2001年6月13日,全市普降大雨,局部暴雨、大暴雨。造成山体滑坡28处,其中三堡镇古堆村一间房屋倒塌造成死亡2人。市境镇村公路塌方严重,造成交通中断公路12条次。冲毁护陂98处、塘坝48座。转移因山体滑坡造成危房民众862人。

2003年6、7月间,先后受强降雨和7号台风"伊布都"影响,市境因洪涝山体滑坡12处,灾情严重的水汶倒塌房屋18间,损坏民房1256间,单位及学校受损房屋面积2000平方米。山体滑坡造成8人受伤。

第五节　病虫害

岑溪市境为亚热带气候区,春、夏、秋季气温适应农作物和林木果树病虫暴发。冬季霜重寒冷期短,农作物各种病毒、虫卵受冻死亡指数低,所以每年在农作物生长期间均发生多次(期)的病、虫灾害。

1991年5月,县农业病虫测报,全县有15%左右的田块有水稻纹枯病,稻飞虱发生情况,发病指数由15升至18~22。稻飞虱数量由1000~2000头/百丛上升至3000头/百丛。同年,鉴于县境内松毛虫发生率较高,岑溪县被广西壮族自治区定为马尾松毛虫综合治理技术推广县,并派出技术指导和划拨相关药肥,治理县内松林松毛虫。

1992年9月,县境内晚稻稻瘿蚊危害导致晚稻禾苗标葱达10%~20%,局部地区达21%~50%。稻飞虱虫害偏重或大面积发生。常发虫区在孕穗期每百丛有虫达2000头以上。纹枯病虫害中偏重,常发病区在抽穗病虫指数可达21%~25%;白叶枯病、细条病、三化螟、稻纵卷叶螟均为轻至中等发生。

1996年早稻,全市40%稻田发生稻瘿蚊、稻飞虱危害。乐果、敌敌畏、敌百虫、磷胺、扑飞灵等杀虫防病农药年销售量为120多万瓶。

1999年,岑溪山林松毛虫发生面积2440公顷。主要分布在南渡、盘古一带,当时部分松树针叶被吃光。7—9月林业部门开展大面积喷药及用物理方法灭虫,虫口密度迅速退减,避免向其他地区

扩散。

2002年，岑溪水稻早稻稻瘿蚊、稻飞虱危害面积为5746公顷，晚稻病虫害面积4986公顷。常发病区在抽穗期病虫指数18%～28%，白叶枯病、细条病、三化螟、稻纵卷叶螟发生率为中等。

2003年7月，森林松突圆蚧由广东靠自然传播侵入市境水汶镇林区，分布面积为500公顷。由于该虫传播速度快，防治难度大，只能采用改针（叶）造阔（叶），减少传染源，和采用生物天敌（即放养天敌寄生蜂及利用生物菌类）防治等方法，减轻受害程度。2005年起，市林业部门从广东引进寄生蜂防治，全市实施防治松突圆蚧面积4000多公顷。

[第三篇]

人口　计划生育
居民生活

1991—2005年,岑溪县(市)人口呈逐年增加趋势。1991年人口总数为661658人,2005年人口总数为827863人。人口的文化素质不断提高,人口流动较频繁,人口老龄化已初露端倪。随着改革开放不断深入和取得成效,岑溪县(市)居民的生活水平稳步提高。由温饱型进入了初步小康型,并继续向全面小康迈进。

第一章　人　口

第一节　人口数量

1990年第四次全国人口普查时，岑溪县共有133730户，638589人。其中男性人口336457人，女性人口302132人，性别比为111.36；2000年第五次全国人口普查时，岑溪市共有家庭户180666户，集体户479户，全市人口746070人，其中男391798人，女354272人，性别比为110.59；汉族人口743189人，少数民族人口2881人；农业人口663113人，占88.9%，非农业人口82957人，占11.1%；城镇人口200206人，占26.8%，乡村人口545864人，占73.2%。至2005年年底，全市有家庭户246403户，总人口827863人；男440070人，女387793人；农业人口698188人，占84.34%，非农业人口129675人，占15.66%；汉族人口824377人，少数民族人口3486人。

与1990年人口普查时相比，2005年的长寿人口占比增加，1990年人口普查时，全县65～89岁人口占全县总人口的5.75%，90岁以上人口占总人口的0.09%，2005年年末全市65～89岁人口占全市人口的7.82%，90岁以上人口占总人口的0.136%。

1991—2005年，岑溪县（市）非农业人口数量占比增长较快。1991年，非农业人口52913人，占全县总人口（661658人）的8%，2005年非农业人口已达129675人，占全市总人口（827863人）的15.66%。

1991—2005年岑溪县（市）人口情况表

表3-1-1　　　　单位：人

年份	总户数	总人口	男	女	农业人口	非农业人口	汉族人口	少数民族人口	性别比（女=100）
1991	139269	661658	346899	314759	608745	52913	660101	1557	110.21
1992	140447	675203	354901	320302	600257	74946	673548	1655	110.80
1993	141727	686779	361041	325738	610511	76268	684915	1864	110.84
1994	149540	703630	370754	332876	617432	86198	701688	1942	111.38
1995	159363	727557	383200	344357	629284	98273	725387	2170	111.28
1996	166317	733654	387283	346371	631029	102625	731155	2499	111.81
1997	175298	746456	394758	351698	634965	111491	743963	2493	112.24
1998	180274	751704	398184	353520	638115	113589	749041	2663	112.63
1999	182058	756494	401104	355390	641115	115379	753629	2865	112.86
2000	191629	768780	408137	360643	650350	118430	765680	3100	113.17
2001	193113	773335	410760	362585	653436	119899	770057	3278	113.29
2002	193612	778281	413635	364646	656569	121712	774924	3357	113.43
2003	199425	783520	416677	366843	659888	123612	—	—	113.58
2004	244950	823091	437074	386017	694869	128222	819764	3327	113.23
2005	246403	827863	440070	387793	698188	129675	824377	3486	113.48

第二节　人口分布与密度

岑溪市人口主要分布于义昌江、黄华河和糯垌河沿岸的河谷小平原,其他丘陵地带和山区也有零散居民居住。1991年年末,全市人口661658人,人口密度为238人每平方千米。1995年年末,全市人口727557人,人口密度为261人每平方千米。2000年年末,全市人口768780人,人口密度为276人每平方千米。2005年年末,全市人口827863人,人口密度为297人每平方千米。2005年全市人口密度最大的镇为岑城镇,672人每平方千米,人口密度最小的为波塘镇,172人每平方千米。随着城镇化进程不断加快,越来越多的人口到城镇居住,增加了城镇的人口密度。2005年,市区面积21.5平方千米,城区人口13万人,人口密度7879人每平方千米。

2005年人口密度表

表3-1-2

单位	人口(人)	面积(平方千米)	人口密度:人/平方千米
全市	827863	2783	297
岑城镇	144465	215.1	672
马路镇	65005	236.6	275
南渡镇	79825	237.2	337
水汶镇	56005	205.1	273
大隆镇	33264	135.7	245
梨木镇	46721	202.9	230
大业镇	47321	148.7	318
筋竹镇	44562	181.6	245
诚谏镇	46510	193.5	240
归义镇	70381	166.5	423
糯垌镇	68664	179	384
安平镇	29226	155.9	187
三堡镇	60243	318.3	189
波塘镇	35671	206.9	172

第三节　人口结构

男女结构

岑溪人口男女性别结构,历来男多女少。20世纪30年代和40年代,男性人口分别占总人口的54%和56%。新中国成立后,党和国家提倡男女平等,女性社会地位得到提高,男多女少的差距缩小。60年代至80年代初,女性人口分别达总人口的48.6%和48%。性别比例,以女性100人为基数,男性为105.8和

108.3。进入90年代以来，男多女少的差距逐年增大。1991年，性别比为110.21，2000年为113.17，至2005年为113.48(2003年曾达113.58)。性别比不断升高的一个重要原因是部分居民受重男轻女思想影响，借助科技检测手段辨别胎儿性别，发现为女胎儿后即终止妊娠。各年度性别比例见下表：

1991—2005年性别比例表

表3-1-3

年份	1991	1992	1993	1994	1995	1996	1997	1998	1999	2000	2001	2002	2003	2004	2005
性别比	110.21	110.80	110.84	111.38	111.28	111.81	112.24	112.63	112.86	113.17	113.29	113.43	113.58	113.23	113.48

年龄结构

20世纪80年代以后，由于实行计划生育政策，随着经济快速发展，人民生活水平大幅度提高，医疗卫生与人居环境条件不断改善。岑溪人口发展在年龄结构上，出现了三大特点：(1)计划生育工作继续显现成效，0～14岁的人口占总人口的比例由1990年人口普查时的33.2%下降到2000年人口普查时的31.82%。2000年人口普查时，全市人口比1990年人口普查时多10万多人，但0～4岁的人口却由1990年人口普查时的80788人下降到2000年人口普查时的61405人，占总人口的比例由12.65%下降到8.23%；(2)15～59岁的劳动力人口由1990年人口普查时的370786人增加到2000年人口普查时的433185人，占总人口的比例没有增加，两者均为58%；(3)人口初步显现老龄化，60岁以上人口由1990人口普查时占总人口的8.65%上升到2000年人口普查时的10.11%。

1990年、2000年岑溪人口年龄结构表

表3-1-4

年龄段	1990年普查数(人)			占总人口%	2000年普查数(人)			占总人口%
	小计	男性	女性		小计	男性	女性	
0—4岁	80788	44078	36710	12.65	61405	35434	25971	8.23
5—9岁	69425	36795	32630	10.87	79381	43643	35783	10.64
10—14岁	62421	31777	30644	9.77	96639	51070	45569	12.95
15—19岁	71308	37413	33895	11.17	64597	34710	29887	8.66
20—24岁	69196	35816	33380	10.84	53352	26256	27096	7.15
25—29岁	53008	27761	25247	8.30	66128	32639	33489	8.86
30—34岁	40908	22694	18214	6.41	68800	35174	33626	9.22
35—39岁	38463	21783	16680	6.02	54762	28483	26279	7.34
40—44岁	25262	14123	11139	3.96	38777	20899	17878	5.20
45—49岁	25513	13742	11771	4.00	37311	20764	16601	5.01
50—54岁	25068	13444	11624	3.93	25483	14037	11445	3.42

续表 3-1-4

年龄段	1990年普查数(人)			占总人口%	2000年普查数(人)			占总人口%
	小计	男性	女性		小计	男性	女性	
55—59岁	22060	11438	10622	3.45	23975	12487	11488	3.21
60—64岁	17852	8924	8928	2.8	23125	12085	11040	3.10
65—69岁	12737	6210	6527	1.99	19373	9705	9668	2.60
70—74岁	10187	4826	5361	1.60	14555	6877	7678	1.95
75—79岁	7008	3176	3832	1.10	8679	3975	4704	1.16
80—84岁	4502	1645	2857	0.70	5470	2241	3229	0.73
85—89岁	2283	702	1581	0.36	2696	964	1732	0.36
90—94岁	467	91	376	0.07	1101	282	819	0.15
95—99岁	97	14	83	0.02	342	60	282	0.05
100岁及以上	36	5	31	0.01	49	5	44	0.01
全市合计数	638589	336457	302132	100	746070	391799	354271	100

文化结构

1991年以后,随着党和国家对教育事业的资金投入的增大,各类学校不断扩展规模,加上九年义务教育制度的推行,人民受教育的程度和文化素质都获得较大提高。人口文化结构中,初中以上文化程度人口增加,初中以下及文盲人口减少。

1990年第四次全国人口普查统计,岑溪63.86万人中,具有小学文化的人口31.90万人(含在校学生数,下同);中学(含初高中、中专)文化人口16.92万人;大学专科以上人口1255人。另有正在接受幼儿教育(或称学前教育)3~6岁幼童人口5万多人。全市15岁以上的文盲、半文盲人口3.6万人,比1980年全县文盲、半文盲人数4.72万人减少1.1万多人。2000年全国第五次人口普查统计,岑溪全市74.6万人中,具有小学文化人口29.6万人;中学(含初高中、中专)文化人口33.70万人;大学专科以上人口6741人(其中研究生18人)。另有正在接受幼儿教育的3~6岁幼童1.82万人;参加扫盲班人数6497人。全市15岁以上文盲半文盲1.89万人,比1990年文盲、半文盲人数减少1.7万多人。据教育部门2005年统计,当年全市在校小学学生108462人;中学学生(含初高中)53393人;幼儿园在园幼儿童20869人。参加职业教育和成人教育67600多人。

民族结构

岑溪古代是瑶民居住地。明清时期,全县有96个瑶山(指瑶族人居住地)。明正统年间(1436—1449年)起,朝廷以镇压瑶民起义为名,派壮兵进入岑溪平瑶兼屯兵,于是有了壮族。明代后期,瑶壮民族联合起义抗争,抵制民族歧视,朝廷派军镇压,加上明末清初大量汉族人从广东等地进入岑溪。岑溪人口逐渐以汉人为主。到民国时期,瑶壮等少数民族基本与汉族同化,1953年全县人口普查登记时,99.8%以上为汉族。20世纪80年代实行改革开放后,县外、区外一些少数民族人口进入岑溪经商,打工定居,本地汉族青年外出打工时,也有与壮、瑶、苗等少数民族结婚后其配偶迁入岑溪的,岑溪民族人口结构略有变化。1990年全国第四次人口普查时,岑溪人口中有汉、壮、瑶、苗、黎、京、布依、侗、回、傣、毛南、仫佬、水族等民

族。汉族人口占99.76%。

1995年，岑溪总人口727557人，其中，汉族人口725387人，此外有壮、苗、侗、仫佬、回、黎、京、毛南等少数民族人口2170人，汉族人口占99.7%。2000年，岑溪总人口768780人，其中，汉族人口765680人，此外有壮、瑶、苗、侗、仫佬、毛南、回、京、蒙古、土家、彝、白、藏、黎等少数民族人口3100人，汉族人口占99.6%。2005年岑溪总人口827863人，其中，汉族人口824377人，此外有壮、瑶、苗、侗、仫佬、毛南、回、京、满、蒙古、土家、朝鲜、彝、水、白、黎、布依、傣、仡佬等少数民族人口3486人，汉族人口占99.58%。

姓氏

2005年，全市有姓氏202个，人口数较多的是李、陈、梁、杨、黄、覃、林、韦、黎、邓、莫、刘、吴、高、曾、徐等。2005年8月，全市十大人口姓氏是李（7.8万人）、陈（6.8万人）、黄（5.7万人）、梁（5.5万人）、覃（4万人）、林（2.5万人）、黎（2.4万人）、莫（2.38万人）、刘（2.1万人）、吴（1.99万人）。全市202个姓氏分别是：李、陈、梁、黄、覃、莫、黎、邓、徐、王、张、刘、杨、赵、周、吴、胡、朱、高、林、何、郭、马、罗、宋、郑、谢、韩、唐、冯、董、萧、程、曹、袁、许、傅、沈、曾、彭、吕、苏、卢、蒋、蔡、丁、魏、薛、叶、余、潘、杜、戴、夏、钟、任、范、石、姚、谭、廖、邹、熊、金、陆、孔、白、崔、康、邱、秦、江、侯、龙、万、尹、易、赖、龚、庞、陶、安、颜、倪、严、温、俞、伍、韦、聂、焦、柳、岳、英、管、祝、詹、关、凌、成、欧、区、欧阳、盛、麦、游、霍、翁、植、包、甘、阮、房、饶、古、全、符、蒙、蓝、练、封、乐、冼、巫、岑、雷、骆、农、卓、邝、冀、盘、权、蒲、玉、元、贤、羽、陀、禤、化、闻人、幸、容、粟、葵。于、毛、文、方、卡、左、丘、宁、田、丛、申、史、华、向、孙、企、乔、连、花、辛、奉、竺、杭、官、柯、荣、卿、洪、叙、施、段、敖、原、宾、哲、班、党、涂、栗、浦、贾、诸、葛、银、常、辜、臧、富、简、虞、窦、薄、甄、裴、翟、樊。

第四节　人口变动

自然变动

1990年年末，岑溪市总人口为654954人，1991年年末，岑溪市总人口661658人，1995年年末，岑溪市总人口727557人，2000年年末，岑溪市总人口768780人，2005年年末，岑溪市总人口为827863人。1990—2005年，人口增加172909人，增长了26.4%。

人口出生率呈下降趋势。1991年，人口出生率为14.43‰，出生率最高的1994年达16.69‰，2005年为11.03‰。由于生活环境的改善和医疗卫生水平的提高，人口的死亡率也呈下降趋势，1991—1998年，人口死亡率在5‰以上（1992年曾达5.86‰），1999—2005年，人口死亡率都在5‰以下。

1991—2005年人口出生、死亡情况表

表3-1-5　　单位：人

年份	年平均人口	出生		死亡		增长	
		人数	出生率‰	人数	死亡率‰	人数	增长率‰
1991	658306	9501	14.43	3404	5.17	6097	9.26
1992	668431	12923	19.33	3914	5.86	9009	13.48
1993	680991	11218	16.47	3829	5.62	7389	10.85
1994	695205	11601	16.69	3669	5.28	7932	11.41
1995	715594	10245	14.32	3597	5.03	6648	9.29

续表 3-1-5

年份	年平均人口	出生		死亡		增长	
		人数	出生率‰	人数	死亡率‰	人数	增长率‰
1996	730606	11292	15.46	3732	5.11	9671	10.35
1997	740055	10163	13.73	3487	4.17	6676	9.02
1998	749080	9454	12.62	3807	5.08	5647	7.54
1999	754099	9307	12.34	3627	4.81	5680	7.53
2000	762637	12585	16.50	3743	4.91	8842	11.59
2001	771058	9506	12.33	3561	4.62	5945	7.71
2002	775808	9967	12.85	3618	4.66	6349	8.18
2003	780892	10409	13.33	3692	4.73	6717	8.60
2004	803297	31118	38.74	15050	18.74	16068	20.00
2005	825477	9105	11.03	2396	2.90	6709	8.13

注:2004年公安部门开展户口核对工作,将历年出生未入户及历年死亡未注销户口的人数统计为2004年出生和死亡人数,造成2004年出生、死亡人口及人口出生率、死亡率在统计数字上偏高。

迁徙变动

1991—2005年,人口迁徙大致有几种类型:大中专生升学迁出,毕业分配及应聘回(到)岑溪工作迁入;本地女子与外地人结婚后迁出,外地女子与本地男子结婚后迁入;岑溪人到外地工作迁出,外地人到岑工作迁入;机关企事业单位干部职工工作调动迁出、迁入。由于社会稳定,无大规模的人口迁徙现象。1991年迁入人口1766人,迁出人口2159人;1995年迁入人口7657人,迁出人口3058人;2000年迁入人口5658人,迁出人口6703人;2005年迁入人口1784人,迁出人口3311人。1991—2005年迁入人口53689人,迁出人口59597人,迁出人口比迁入人口多5908人。

1991—2005年岑溪人口迁移情况表

表3-1-6　　单位:人

年份	迁入人数	迁出人数
1991	1766	2159
1992	3470	3404
1993	2565	3537
1994	5517	3521
1995	7657	3058
1996	7393	8366
1997	2252	2624
1998	1678	2097

续表 3-1-6

年份	迁入人数	迁出人数
1999	1494	2340
2000	5658	6703
2001	4956	6320
2002	3492	4981
2003	1219	2917
2004	2788	4259
2005	1784	3311
合计	53689	59597

第二章　计划生育

1991—2005年，岑溪市计划生育工作重点由控制人口数量逐渐转到稳定低生育水平，提高人口质量，统筹解决人口问题。工作思路进入全面建设“依法管理、村（居）民自治、优质服务、政策推动、综合治理”的人口和计划生育工作的新机制新阶段。1995年起，岑溪市计划生育率变化如下：1995年计划生育率89.88%，2000年89.39%，2005年92.43%。

第一节　管理机构

1991—2005年，成立有岑溪县（市）计划生育领导小组、计划生育委员会等机构，主管全县（市）辖区内的人口和计划生育工作。计划生育领导小组组长由县（市）委书记和县（市）长担任，副组长由分管或联系计划生育工作的县（市）委副书记、副县（市）长、县（市）人大常委会副主任、县（市）政协副主席担任。市委组织部、市委宣传部、市委办公室、政府办公室和计划、计生、人事、财政、卫生、民政、教育、粮食、交通、土地等部门的正职行政领导为计划生育领导小组成员。计划生育委员会为局（乡科）级行政单位。1995年9月，岑溪县撤县设市后，岑溪县计划生育委员会改为岑溪市计划生育委员会；2002年4月机构改革改为岑溪市计划生育局，其内设机构有秘书股、宣传股、法规股、流动人口管理股、技术股、统计股、财会股；有计划生育服务站、药具站、计划生育行政执法监察大队3个直属二层单位。计划生育局人员编制17个。2004年7月改为岑溪市人口和计划生育局。2004年10月办公地点从原址市区城中路2号市政府院子搬迁到现址市区广南路。

2005年，岑溪市人口和计划生育局内设秘书股、宣传股、法规股、流动人口管理股、技术股、统计股、财会股7个业务股。有岑溪市计划生育服务站、药具站、计划生育行政执法监察大队3个直属二层单位，人口和计划生育局人员编制17个。镇级设立有计划生育宣传指导站，为镇人民政府直接管理负责计划生育工作的事业单位，2002年改为计划生育服务所。

1991—2005年，县（市）乡（镇）、村成立有计划生育自治组织——计划生育协会（简称“计生协会”），县（市）乡（镇）两级计生协会设理事长1名、常务副理事长和副理事长若干名，成员以“五老”（老党员、老干部、老模范、老职工、老长辈）为骨干，以育龄群众积极分子为主体。计划生育协会具有带头、宣传、服务、交流等职能，发挥党委、政府与群众之间的桥梁纽带作用。

1991—2005年，计生委（局）主任（局长）为：叶恒文（1990年10月至1996年6月）、赖丕汉（1996年6月至2000年6月）、陈贻德（2000年6月至2007年10月）。

第二节　人口计划与实施

1991年4月，岑溪县国民经济和社会发展十年规划“八五”计划纲要确定：计划生育要切实加强领导，宣传晚婚晚育，优生优育。1995年年末，全县人口715594人，2000年年末人口768780人。2001年2月，岑溪市人民政府在岑溪市第十二届人民代表大会第四次会议强调要稳定低生育水平，提高人口质量。

1996—2002年,按集中宣传服务与平时工作相结合的方式开展计划生育工作,每年春季和秋季开展计生集中宣传服务活动。2001年12月,国家公布《中华人民共和国人口与计划生育法》,并于2002年9月1日正式施行。全市开展《中华人民共和国人口与计划生育法》和《广西壮族自治区人口计划生育条例》宣传月活动。2001年以后,岑溪市在全市范围内逐步开展计划生育村民自治工作。实行计划生育村民自我管理、自我教育、自我服务。到2004年9月,全市277个村(街、社区)全部实行计划生育村民自治。2005年元月中旬起,全市开展农村部分计划生育家庭奖励扶助对象调查登记工作。是年全市核定上报765名符合农村部分计划生育户奖励扶助人员。

2005年10月12日,岑溪市农村部分计划生育家庭奖励扶助金首发仪式现场

第三节　宣传教育

1991年后,岑溪县委、县政府在执行国家计划生育政策,推行计划生育工作中,采取派遣计划生育工作队到镇村、组和机关单位,利用多种形式(含会议、散发宣传、资料、出版墙报、广播及找育龄夫妇谈心),开展宣传教育和思想动员工作,树立优生优育的新风尚。2002年,人口计划生育宣传教育,以宣传中共中央和国务院少生优生的方针政策为重点,宣传方式除会议外,以张贴标语、出版墙报、专刊、出动宣传车广播和进村入户面对面宣传为主。农闲季节,一些乡镇、村还通过举办育龄妇女生育知识、生殖健康知识讲座和图片展览、文艺、演出等形式进行宣传。2003年,岑溪市被自治区确定为"关爱女孩行动"试点县(市),市委、市政府制定优待只生一个女孩家庭的政策,并加大"生男生女顺其自然""女儿也是传后人"为主题的宣传。逐步养成"生男生女都一样"的新风

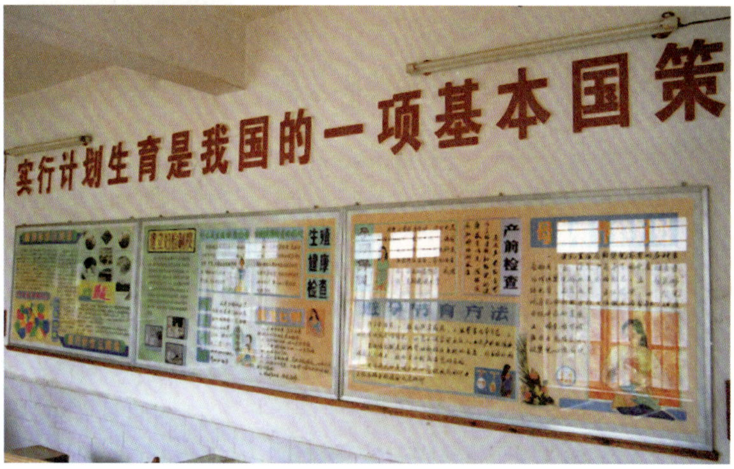

计生宣传栏

尚。2003年,市人口和计生局及市计生协会在全区率先推出在公用电话亭上贴上计生标语、利用公众平台向手机用户发送计生宣传短信,设计制作和发放“计生宣传扑克”等方式开展宣传。

2005年起,每年春节制作计生宣传新春挂历一批,免费分发到各镇、各单位和农户,宣传国家的人口计生政策、法规和奖励扶助制度等。

2003—2005年,宣传、文化、广播电视、科技、卫生与人口计生等部门合作,开展婚育新风进万家活动,开展人口和计划生育法律法规、生殖健康系列宣传服务活动。在市区和乡镇街道、农村人口聚居点设点,发放宣传资料,接受群众咨询,发放避孕药具,开展义诊活动。

第四节 流动人口生育管理

2002年,岑溪市加大流动人口生育管理的力度,市人口和计生局内明确由法规股负责流动人口管理工作,对外出的流动人口,要求他们办理婚育证明,对进入市内的外来流动人口,则加强婚育证明的稽查核验工作。2003年,针对城区劳动人口较多的情况,在城区十个社区居委会中,都配备有一名计划生育专干专门负责社区辖区范围内流动人口计划生育工作。社区计生专干对流动人口建立计划生育档案卡册,及时对他们的婚育纳入管理,并向他们提供相应的服务。对市内的流出人口各镇计生服务站为他们提供出具婚育证明服务。各村(街、社区)居委会还与他们签订计划生育合同书。合同书规定流出人口到达新的居住地后一个月内向村民(社区、街居民)委员会报告详细住址,并向流入居住地计生部门交验流动人口婚育证明,接受当地计生部门的管理。流出人口中的已婚育龄妇女要每季度在流入地的计生技术服务部门进行孕检,并把孕检结果寄回村民(社区、街居民)委员会存档备查。

在流动人口生育管理工作中,公安、工商、劳保、建设、房产等部门密切配合,在审批流动人口的暂住证、营业执照、务工许可证、租房合同时,首先要核查其有无经计生管理部门查验过的流动人口婚育证明,对没有流动人口婚育证明或虽有婚育证明但未按规定提交计生管理部门查验过的,一律不予审批或授批。

2005年,市人口和计生局增设流动人口计划生育管理股,将流动人口计划生育管理工作从法规股分离出来,从此流动人口计划生育工作有专门的管理股室。

第五节 生育政策

生育政策

1980年开始,岑溪县开始严格执行国家和广西壮族自治区有关计划生育的一系列方针政策,并根据本县的实际情况制定有关的实施方案。有关实施方案规定,干部职工和城镇居民,提倡一对夫妇终身只生育一个孩

20世纪80年代以后,岑溪实行计划生育政策,提倡一对夫妻只生一个小孩。图为独生宝宝与父母一起(2005年摄 陈剑辉提供)

子，农村居民也提倡一对夫妇生育一个孩子，但可根据具体情况有计划地安排生育二胎。1991年以后，岑溪县继续执行《广西壮族自治区计划生育条例》。

只生一孩领取独生子女证的夫妇，政府每年都按照规定给予相应的奖励（发奖金），并为独生子女发给保健费，直至孩子成长至14周岁。同时，独生子女父母在养育孩子过程中，生产、生活有困难的，地方政府给予相应的扶持、救助。独生子女本人入学、就医、招工、提干、工作分配、城镇住房安排等，都可获优先、优待等方面的照顾。凡干部职工终生只生一孩的，退休时，按退休条例加发5%的退休金。

由计生部门发放的计划生育服务手册和独生子女优待证

晚婚晚育

80年代开始，岑溪县人民政府即开始大力提倡和鼓励晚婚晚育。1991年后，岑溪县（市）政府规定，凡干部职工晚婚晚育者，可按国家规定增加婚假，并在婚假、产假期间照发工资。农村人口晚婚晚育夫妇，可免去当年集体义务劳动工。

第六节　技术服务

计划生育技术服务主要有男女生殖健康检查、妇女疾病检查与治疗等。20世纪90年代末至2005年，岑溪市委、市政府部署创建计划生育优质服务县（市）活动，实施《计划生育技术服务管理条例》，除原有的市人民医院、市中医院、市妇幼保健院及各乡镇卫生院为计划生育服务单位外，相继在市区成立岑溪市计划生育服务站、在各乡镇成立计划生育服务所、在村级成立计划生育服务指导室。市计生服务站和乡镇计生服务所均配备相应的医疗技术人员。市计生服务站有X光机室、B超室、化验室、手术室，可开展孕检血液尿液常规检查，发放避孕药具等服务。各乡镇的计生服务所有B超室、手术室，可开展孕检发放避孕药具服务。村级的计生服务室可开展发放避孕药具服务。全市的计生避孕药具由各计生服务机构管理并免费向居民发放。2003年起，随着经济发展，市内流动人口增加，启动“计划生育流动服务车”项目，由市计生服务站业务骨干组成计生服务队与计划生育流动服务车，巡回全市乡镇、各村（社区）开展计划生育宣传、生殖保健、妇科病普查防治等多项工作。当年全市有30多万人次的农村育龄妇女及10万户家庭获得各种计生服务。

1995—2005年人口出生情况表

表3-2-1 单位:人

年度	出生情况										
	出生合计			一孩		二孩			多孩		
	总出生人数	男	女	男	女	合计	男	女	合计	男	女
1995	11239	5891	5348	3857	3675	3202	1760	1442	505	274	231
1996	11214	6005	5209	3729	3538	3445	1973	1472	502	303	199
1997	10973	6035	4938	3758	3610	3281	2076	1205	324	201	123
1998	10546	5846	4700	3270	3513	3462	2380	1082	301	196	105
1999	10587	5633	4954	3633	3399	3259	1818	1441	296	182	114
2000	9917	5244	4673	3433	3188	3081	1671	1410	215	140	75
2001	10518	5515	5003	3591	3398	3343	1821	1522	186	103	83
2002	10129	5238	4891	3437	3287	3258	1715	1543	147	86	61
2003	10706	5620	5086	3727	3440	3391	1803	1588	148	90	58
2004	10501	5520	4981	3620	3404	3328	1812	1516	149	88	61
2005	9454	4929	4525	3260	3062	3018	1604	1414	114	65	49

第三章　居民生活

1991—2005年，随着改革开放的不断深入，经济不断发展，岑溪县（市）居民经济收入不断增加，生活逐步改善，人们的生活方式发生较大的变化。

第一节　城乡居民收入

农村居民收入

1991年农村居民人均纯收入701元，2005年为2630元。20世纪90年代中期以前农民的收入开始由农、林、牧、渔为主，20世纪90年代中后期前，增加外出打工和经商办企业等收入。1991年，农民每户年收入一万元是令人称羡的万元户。2005年后，年收入超一万元的农户已很普遍。

20世纪90年代初，岑溪大力开采花岗岩、发展以花岗岩板材为龙头的建材产业，许多农民或筹集资金开花岗岩矿山，或办花岗岩板材厂，或到矿山、板材厂打工，增加经济收入。通过搞花岗岩开发，形成一批农民老板，他们即在市区买地建房落户市区。

20世纪90年代后期，由于广东产业调整，一批劳动密集型产业向西部转移，岑溪在这段时间大搞招商引资，兴建工业园区，使岑溪成为承接西部产业转移的桥头堡，吸引一大批东部客商前来投资办厂。先后兴建一批打火机厂、毛织厂、电子元器件厂、陶瓷厂、烟花爆竹厂、服装厂等，使农民可以就近进厂务工，增加收入。2000年前后，筋竹镇农民大力种植砂糖橘，并形成产业优势，从而带动全市砂糖橘生产。许多农民通过种植砂糖橘致富，盖起别墅式的农家楼房，购买小汽车。部分农民则靠发展饲养业致富，如利用岑溪古典三黄鸡的品牌搞饲养山地鸡，利用黄华河一系列电站库区开展网箱养鱼，有的则办大型养猪场。

1991—2005年岑溪农民人均纯收入情况表

表3-3-1　　单位：元

年份	1991	1992	1993	1994	1995	1996	1997	1998	1999	2000	2001	2002	2003	2004	2005
农民人均纯收入	701	895	1185	1418	1722	2306	2503	2561	2645	1761	1851	1962	2012	2309	2630

注：1999年前的数字为原农委台账统计数，2000年后的数字为由市统计局入户调查统计数。

城镇居民收入

1991—2005年，城镇居民收入逐年增加。主要表现为全民所有制、集体所有制和其他所有制职工的工资逐年增加；干部、职工城镇居民除领取工资之外，还有补贴、奖金、存款利息、股票收益、房屋租金、投资企业利润等。2004—2005年（2004年前未见统计），城镇住户人均工资性收入、非工资性收入、可支配收入都增加。2004年城镇住户人均工资收入4709.77元。2005年增加至8553.38元；2004年城镇住户人均非工资性收入1895.31元，2005年增加至2071.04元；2004年城镇住户人均可支配收入6431.28元，2005年增加至8226.16元。

1991—1995年全民、集体所有制及其他所有制职工年平均工资表

表3-3-2 单位:元

年份	1991	1992	1993	1994	1995
全民所有制单位职工年平均工资	2216	2503	2939	3646	3898
集体所有制单位职工年平均工资	1547	1848	2496	4084	3395
其他所有制单位职工年平均工资	1846	2257	2176	3296	3932

1996—2005年单位职工年平均工资表

表3-3-3 单位:元

年份	1996	1997	1998	1999	2000	2001	2002	2003	2004	2005
年平均工资	4179	4076	4404	4881	5775	6613	8192	8326	8654	12375

第二节 居民支出

1990年以前,城镇居民的收入有一半要花在吃饭上。购买电视机、电冰箱、电风扇、洗衣机等大件头商品的则要节衣缩食。1991年以后,随着经济收入的增加,彩色电视机、电冰箱、洗衣机、空调机、摩托车等大件商品越来越多地进入城乡居民家庭。固定电话、传呼机、手机等通信工具和互联网逐步普及,居民的支出增加了通信费、上网费、有线电视收视费等项。20世纪80年代后期开始,由于政策允许私人在城镇买地建房和购买商品房,农村居民建房也逐步增多,城乡居民的重大开支由过去的购买家用电器转变为买地建房和购买商品房。有子女读高中、中专、大学的,用于子女教育的开支也较大,一些家庭为支持子女完成学业要申请助学贷款。随着经济收入的逐年增多,城乡居民用于食品的开支比重逐步减少。

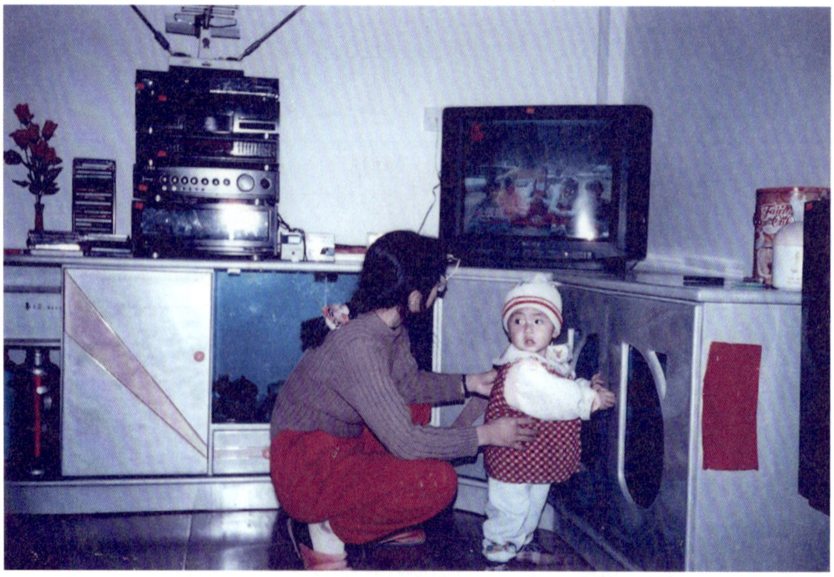

岑溪市居民家庭(1996年 李强摄)

2001—2004年农户平均总收入与生活消费支出情况表

表3-3-4　　单位：元

年份	2001	2002	2003	2004
总收入	12245	12926	12890	14818
生活消费支出	6633	7264	6698	7615
生活消费支出在总收入中所占比例(%)	54	56	51	51

第三节　衣食住行

饮食

20世纪80年代以前，农民生活能达到朝粥晚饭（即早上煮一锅稀粥或木薯粥一直吃到中午，晚上吃一餐干饭），圩日能买点肉加菜就很不错了。1982年，实行包产到户生产责任制后，粮食比较充足，大部分农民不再吃木薯粥，并保证每天晚餐都能吃上干饭。圩日买肉加菜的现象也比较普遍。到90年代后期，许多农民逐渐改变朝粥晚饭的生活方式，不论早中晚餐，什么时候想吃饭就煲饭，什么时候想吃粥就煲粥，且每天要有荤菜（肉、鱼、蛋等）。农民生活用水方面由过去的下河挑水发展到自打密封井和用塑料管引山泉水。生活所用燃料由过去烧柴草变为柴草、煤气、电同用，但以用电和煤气为主。有的村民建有沼气池，用沼气作燃料。由于农村居民很少上山打柴草，山上草木丛生，过去的山间小道被草木遮蔽。农村居民食用蔬菜多为自产自给。

20世纪90年代前农村厨房中泥砖灶（田青　摄于1992年）

1992年年底，国家取消粮食统购统销政策后，城镇居民由过去食用国家粮食部门供应的加工粗糙的陈年3号米变为食用在社会上的粮食市场购买的优质大米。在副食品方面是越来越丰富，蔬菜就有普通菜、优质菜、时令菜、反季节菜、本地菜、外地菜；肉类有猪肉、牛肉、羊肉、狗肉、驴肉、鸡肉、鸭肉；水产品有淡水鱼、虾、海鲜、干货海产品；蛋类有鸡蛋、鸭蛋、鹌鹑蛋等；豆制品有豆腐、油腐炸、腐饼、腐竹。

20世纪90年代，居民家庭兴起使用电炒锅、电饭锅。图为普通家庭做饭时的情景（1991年　摄）

20世纪90年代末,许多农村家庭用上沼气煮饭炒菜,厨房环保清洁(2004年 摄)

部分城乡居民为了避免因营养过剩造成肥胖并引发高血压、糖尿病、心脑血管疾病、脂肪肝等,有意识地减少饮食。

城镇居民所用生活燃料由20世纪90年代初的电、木柴、蜂窝煤逐步过渡到用电和罐装液化石油气。90年代后期,城镇居民用木柴、煤做燃料的极少,新建楼房已不建烧柴灶及排烟囱。

居住

1991年以后,农村居民建新房大多采用红砖、沙砖砌墙,用钢筋水泥捣制楼面,改变过去用未经烧制的泥砖砌墙和用青瓦盖房顶的做法。到2005年,大部分农村居民住上用钢筋水泥捣制楼面的房屋。农村居民新建房屋逐步采用城镇的套间式甚至别墅式,房屋中设置有卫生间,越来越多的农村居民在地板上铺上瓷砖或花岗岩。过去人们向往的“楼上楼下,电灯电话”生活方式在农村普遍实现。由于过去农村房屋大多是一个姓族围绕共同的供奉祖先的屋厅而建,且每户所拥有的房间较分散,按旧习俗又不能“奴高过主(即屋厅周围房屋不能建得高过屋厅)”,不利于各户集中进行拆旧建新,因而新建房都是另起炉灶,大部分建在远离旧屋的旱地、水田上。过去的旧屋则弃之不住,也不维护,成为破败凋敝的空心村。有经济实力的部分农村居民开始到城镇买单元套间或购买国有土地使用权建房居住,促进城镇化发展。20世纪90年代前后,祖上居住在城镇且有房产的居民开始把自己砖木结构的老房子改建为钢筋混凝土结构。1991年前国家机关、事业、企业单位的干部职工,大部分的住房由国家、企业建好后分配居住,干部、职工只需按月交低廉的租金。一般干部职工所住套间每套40~60平方米。1991年后,所建套间房则达到80多平方米。1991年,市政府推行房改政策,将国家、企业所建住房带有福利性地售卖给所居住的干部职工。部分干部职工在80年代后期购买国有土地使用权建房,这种现象到1990年后逐步增多。一些单位为解决干部职工住房问题,还利用本单位所属国有土地搞集资建房。集资建房的套房面积为100平方米左右。2000年前后,一些房地产商开始建住宅区,出售成套商品房供城乡

市区内颇具特色的私人住宅(1999年 摄)

居民购买。

出行

20世纪80年代，城乡居民出行还是靠步行和骑自行车，出远门坐班车。有少数居民购买摩托车。到90年代，购买摩托车的居民逐渐增多，1996年，全市已有摩托车14000辆，2000年37139辆，2005年达到40627辆。少数家庭购买有小汽车。

服饰

1991年以后，岑溪居民的穿着产生很大变化，人们基本上不再穿带补丁的衣服。所穿衣服由过去的购买布料请裁缝或自己用缝纫机制作为主变为以购买时尚成衣为主。服式新颖，数量多，一些新潮女士所穿衣服十天半月难以轮换回头。过去所穿的唐装、中山装、国防装等逐步被西装、T恤、休闲服、夹克衫、牛仔服等取代。冬季防寒服装除传统棉衣外，还有毛衣、皮衣、羽绒衫、保暖内衣等。由于所穿衣服足以防寒保暖，过去岑溪人在冬天因衣衫不足，普遍要拿一手提火笼（竹织，内有一陶盎用来盛火炭）取暖的现象已极少见。夏季，年轻女子们有的穿连衣裙，有的穿直筒裙，有的穿灯笼裙，有的穿超短裙，五花八门，五颜六色。经济条件好的居民则追求名牌服装。穿衣个性化趋势明显，偶有二人穿同一颜色和式样的服装相遇，会被称为“撞衫”，双方都会略显尴尬。对追求时尚和个性的服饰，人们不再以“奇装异服”进行贬损。城镇居民和农村居民在穿戴上渐趋接近。

［第四篇］

农业　水利　农机

20世纪80年代,农村进行经济体制改革,实行家庭联产承包制后,农民生产积极性得到提高,岑溪县农林牧渔业生产与水利等事业快速发展。1991年,全县农林牧渔业总产值6.26亿元(不变价下同)比1981年1.20亿元增长5倍多。20世纪90年代到21世纪初,逐步摆脱传统农业的羁绊,向着农业现代化的方向发展。农业生产结构调整、农业生产科学技术的运用和水利对农业的保障,以及农业经济管理体制的不断完善。农林牧渔业的产品得到不断改良、优化,产量迅速提高,经济和社会效益增大,农村经济实力不断增强。1992年,岑溪县被评为“广西农村经济综合实力十强县”。畜牧渔业生产获全国畜牧渔业丰收二等奖。1994年,全县林业实现全海拔绿化达标,1995年获“全国造林绿化百佳县”“全国经济林建设先进县”等称号。全市猪、牛、羊、家禽、鱼类、肉产量进入全国肉类生产百强县(市)行列。实现全县水稻单产(亩产)超“双千(市斤)”,成为广西首批两个“吨谷县”中的一个县。水利事业于1994年被评为发展水利经济先进县,1997年岑溪市水电局获国家水利部“全国水利经济突出贡献”奖。1995年全县农林牧渔业总产值11.14亿元比1991年增加4.88亿元。撤县设市后,随着市委、市政府“农业强市”战略的提出和“调整农村、农业产业结构”、建设现代农业措施的实施,农业综合开发循序渐进,岑溪市农林畜牧渔业与水利、农机事业的建设进入新历史时期。在21世纪初的几年,岑溪农业不仅保持“吨谷县(市)”称号,而且获 “中国古典三黄鸡之乡”“广西砂糖橘之乡”等国家级、自治区级称号。2005年,全市农林牧渔业总产值25.69亿元,10年间翻了一番多。

第一章 管 理

20世纪80年代初，农村实行家庭联产承包责任制。1984年，农村人民公社的建制改为乡镇政府，原人民公社下辖生产大队、生产队改为村（或街）委会、和村民小组。农村农业经济管理体制改革基本完成。县乡（镇）两级政府垂直、直接对农林牧渔业生产经营的微观管理职能转变为宏观指导和服务。进入90年代，农林牧渔业和水利、农机等政府行政管理机构也相应进行改革，增强服务、指导职能和法治观念。通过引导并推广科学技术，推动农林牧渔业各业综合开发和产业结构调整，大力发展商品生产，走致富脱贫奔小康道路，进行中国特色社会主义建设。水利、农机事业，依据新形势、新特点，以服务农业、为民办实事为重点，依靠和发动农民群众开展新时期水利（含原有工程加固、修复及新工程扩建、增建）事业建设和农业机械推广、使用等利农益民工作。并通过依法行政、转变作风等方式方法，增强部门监督管理职能，促进农村、农业经济发展。

第一节 机 构

岑溪县（市）农业委员会

1985年4月，中共岑溪县委农村部撤销，成立县人民政府农业委员会，作为主管农业和农村工作的行政机构。时设办公室、农村经营管理、水果生产指导3个股室。1991—1997年，农委会设秘书股，农业经营管理站（股）、农业区划办公室、水果生产办公室等股室。1997年元月，撤销农业委员会、改设农村工作领导小组办公室（简称农办）为议事协调机构。

1991—1997年，市农业委员会主任分别是冯文科（1991年2月至1994年11月）、谭志方（1994年11月至1997年3月）。

岑溪市农业局

1991年，县农业局设办公室、财务股、农技站、土肥站、植保站、能源办等机构。1995年12月，县农业局改称岑溪市农业局，内设机构保留不变。2002年机构改革，撤销市农村工作领导小组办公室，其部分职责和人员并入农业局。保留市农业局，为市政府主管农业工作的行政机构。核定行政人员编制11人，内设秘书、计财、粮油经作、政策法规、科技教育、经营管理等职能股室。下辖农业行政执法大队、植保检验站、农业技术推广站、土壤肥料工作站、经济作物站、环境保护监测站、种子站、农药管理检定站、农民科技教育培训中心、农业区划办公室、农村经营管理技术指导站、农业科学研究所、农业技术推广中心、种子公司、龙眼果苗圃场、蚕种场、茶叶试验站等二层机构（属事业单位）。

1991—2005年，农业局局长为陈德宁（1991年1月至1995年9月）、李公二（1996年3月至1998年10月）、杨立坚（1998年10月至2005年5月）、廖炯波（2005年5月至2010年7月），其中1995年9月至1996年3月局长缺任。

岑溪市林业局

1991年，县林业局下设办公室、政工股、林政股、基建股、财会股、公安股、防火办、林业检察室等股室。1995年12月，县林业局改称岑溪市林业局，内设机构不变。1997年机构改革，原局辖木材公司，林工商公司等企业分离实行政企分开。2002年机构改革，保留市林业局，为市政府主管林业工作的行政机构。

核定行政人员15人;内设秘书、人事、营林、林政资源管理、计划财会、处理纠纷办公室、法制股等股室、下辖森林公安局、林政稽查大队、防火办、绿化委员会办公室、林场站、森防办、种苗站、林业工作站,高工项目办、森林消防中队、林业检查站等二层机构(属事业单位),并辖七坪林场、油茶林场、紫胶林场、种子园、林科所、白僵菌厂、林化厂、林工商公司、木材公司、速丰林公司等独立核算的事业企业单位。

1991—2005年,林业局局长为杨伯振(1990年12月至1993年12月)、杨振鸿(1993年12月至1995年4月)、罗运森(1995年4月至2005年4月)、肖培宁(2005年4月至2009年4月)。

岑溪市畜牧水产技术服务中心

1981年3月成立岑溪县畜牧局。同年9月改称岑溪县畜牧水产养殖局。1991年,县畜牧水产养殖局内设机构有秘书、财会、政工等股室,下设场、站、厂等二层机构。1995年12月,县畜牧水产养殖局改称岑溪市畜牧水产养殖局,内设机构设置不变。1997年7月,更名为岑溪市畜牧水产事业局,由行政机构改为事业单位。内设机构有秘书股、家畜家禽管理股、疫病防治股、水产养殖股等股室。2002年机构改革时,畜牧水产事业局更名为岑溪市畜牧水产技术服务中心。内设秘书股、畜牧水产与饲料股、兽医药政股等股室。行政编制人员9人,事业编制人员1人。辖动物卫生监督所、动物疫病预防控制中心、畜牧站、养蜂技术指导站、种畜场、鱼种场和市畜牧三黄鸡养殖场等二层机构。

1991—2005年,岑溪畜牧水产养殖局局长是黄自英(1991年1月至1997年4月)、钟志德(1997年4月至2002年7月)、林瑞光(2002年7月至2013年)。

岑溪市水利局

1959年12月成立岑溪县水利电力局。1962年,农业、林业、水利三局合并,改称农林水利科。1963年7月水利部门从农林水分出,成立水利电力局,农林部门合设农林局。"文化大革命"初期受冲击,至1972年6月恢复成立。1991年,县水利电力局内设机构有秘书股、政工股、计财股、机电股、水政水资源股、防汛办、水库移民办等股室。1995年12月,县水利电力局改称岑溪市水利电力局。内设机构保留不变。2002年机构改革,水利与电力分开,水利电力局更名为市水利局,为市人民政府主管水行政工作的部门(行政机构)。水利局内设秘书、政工、计划财务、水政水资源、水库移民办公室等职能股室。辖市电力管理站、水利设计室、水利工程管理站、防汛抗旱指挥部办公室、水土保持委员会办公室和水政监察大队等二层机构单位。并设立有水库安全管理站、水土保持试验站、自来水公司、水电物资公司、珊瑚坪水库管理所、石鹤水库水电管理所、荔新灌区水电管理所和塘坪灌区水电管理所等事业单位。协管市水利电业有限公司和市水利发电有限公司等单位。

1991—2005年,水利局局长分别为梁凤美(1990年7月至1993年10月)、梁寿光(1993年10月至1997年3月)、邓北光(1997年3月至2002年7月)、沈红梅(女,2002年7月至2006年6月)。

岑溪市农业机械化管理局

1971年12月成立岑溪县农业机械管理局,为县革命委员会(80年代起为县政府)主管农机具生产和农业机械推广使用及技术指导的行政管理部门。1984年7月,改为农业机械服务公司,至1986年5月恢复农业机械管理局。1991年,内设机构有秘书股,技术推广指导办公室、财会股、农机监理股等股室,辖农机校、机耕队等二层机构。1995年12月,县农业机械管理局改称岑溪市农业机械管理局。1997年机构改革,市农业机械管理局改为市政府直属事业正科级单位,农业机械管理局更名为岑溪市农机事业局。职能包括市境内农机使用、安全监督、农机技术推广及教育培训等。内设办公室、秘书股、管理股、财会股等职能股室。下辖农机安全监理站、农机技术推广站、农机培训学校和机耕队二层机构(均为事业单位)和农机供应公司(企业单位)。2002年市机构改革时保留市农机事业局,县级农机机构、管理职能、内设机构及下辖机构不变。

1991—2005年,县(市)农机局局长分别是刘统强(1990年12月至1997年4月)、陈楚(1997年5月至

2010年12月）。

岑溪市水果事业局

1987年，岑溪县人民政府成立水果生产办公室（为副科级事业单位），归属县农业委员会管辖。1995年12月，县水果生产办公室更名为岑溪市水果事业局。1999年升格为市政府直属正科级事业单位。职责是负责市内水果生产发展规划、水果技术推广、水果新品种引进、试验示范、推广和开展水果生产产前、产中、产后服务等。内设机构有秘书股、生产技术股、水果流通管理股和财会股等股室，核定人员编制8人。

1991—2005年，岑溪市水果事业局（含原水果办公室）局长（主任）分别是欧献金（1991年1月至1997年3月）、魏钊礼（1997年4月至2011年5月）。

岑溪市农村能源办公室

1980年8月岑溪县成立沼气建设领导小组，下设办公室（沼气办），1988年改为农村能源办公室，为县农业委员会直属机构，1991年5月定为副科级事业单位。1991年7月定为正科级事业单位，1995年12月改称岑溪市农村能源办公室。1999年机构改革升格为市政府直属正科级事业单位，核定编制人数与岗位设置。2005年内设秘书股、业务股、财务股。主要职能指导农村沼气项目建设和沼气服务网点规划，管理农村非煤、电类能源资源。

1984年至1994年4月，能源办不设正职。1994年4月起至2005年12月，能源办主任为吴志新（任至2009年4月）。

第二节　农村经济体制改革

完善家庭联产承包责任制

1991年，岑溪县遵照党中央、国务院要求稳定、完善土地承包责任制的相关政策规定，县委、县政府对已经形成的土地承包关系，保持稳定。只要承包办法基本合理，群众基本满意，就不要变动。地块过于零散不便耕作的，可以按照基本等量等质的原则适当调整。因基建占地、人口变动等确需要调整的也要从严掌握。县乡两级分别成立农村农业承包合同管理机构，对全县各镇村农业承包合同进行一次全面的检查，纠正部分承包不合理的状况，并采用签订书面合同方式稳定下来。1994年，贯彻中共中央和自治区关于进一步稳定和完善以家庭联产承包制为主的农业生产经营管理体制的政策规定，岑溪县建立统分结合的双层经营机制。县委、县政府派出1000多人的农村工作队下基层，向农民宣传中央关于完善和稳定家庭联产承包制的政策。决定把原土地承包的期限再延长30年。对未开发或需要开发的荒山、荒地、荒坡、水面等承包开发期延至50～70年。规定在承包期内，实行"增人不增地、减人不减地"。同时提出在坚持土地集体所有制和不改变土地用途的前提下，经发包方同意，允许土地使用权依法有偿转让（包括林地、果林）的政策。县人民政府通过对所有土地承包者颁发统一印制的土地承包经营权证书的形式，确定承包经营权。

承包土地租赁与股份合作经营

20世纪80年代中后期，土地转租经营的方式开始出现。有的农户家庭的主要劳动力外出打工或经营其他产业（农副产品加工、经商、办厂等），就把自家获得承包的部分或全部水田（或旱地、山场林地）转租给他人（一般是原本生产队的农户或亲友）耕作，或造林、种果。由承租者在收获后给承包农户一定的粮食（或代承包户缴交公购粮，或给回一定数量的租金）。由于当时刚开始实施土地承包制，政策上没有允许土地使用权转让、出租的明确规定。这种土地租赁一般是暗中约定私下进行，而且首先在边远山区乡村出现。1990年起，外出务工人数逐年增加，农村中许多青年人都外出到广东等地务工。承包土地租赁势态发展至城镇垌面的村、组。1994年，中央和自治区关于完善和稳定家庭联产承包经营责任制的新政策，明确允许在坚持土地集体所有制和不改变土地用途的前提下，承包土地使用权（经营权）可以依法出租或转让，甚至抵押入股。岑溪承包土地租赁与股份合作经营在新政策指导下进一步发展。

1997年2月，中共广西壮族自治区党委、自治区人民政府发出《关于发展农村股份合作制若干问题的意见》。鼓励和支持发展农村股份合作制经营组织，提出有关农村股份合作经济的政策原则。当年秋冬期间，岑溪市委、市人民政府分别派出工作组到马路、南渡、糯垌、安平、诚谏、筋竹等乡镇，探索成立农村股份合作经济组织的经验。先后在马路成立万利特种水产养殖场、安平镇千头养猪场、筋竹镇综合养殖场、大业镇新村千头养猪场等农村股份合作经济组织。1999年6月，岑溪市委、市人民政府作出《关于建立岑溪市现代化农业实验区的决定》，实施现代化农业实验区的“11145工程”。提出通过农业产业结构调整，优化产业结构，建设一批现代化农业企业群的措施，带动农业优势产业的发展。2000年后，随着岑溪林果业、水产养殖业及当地特产、优良品种（古典三黄鸡、软枝油茶、砂糖橘）等农业产业的发展，一种“公司（企业）+基地+农户”为形式的农村股份合作组织纷纷诞生，并逐渐成为岑溪农村经济发展的支柱。2004年起，以农民专业生产合作社为名称的农村股份合作组织在岑溪出现。这种组织以某一专业产品（如水果、三黄鸡、桂圆肉）为主要经营项目，集合农民的土地、山场、加工作坊等实物股份。组织劳动力，采用先进的科学技术进行上规模的生产（种、养、加工），并由专业合作社统一收购、销售，为岑溪农业经济的发展和农民增收开创了一条新路。2005年年末，全市共建立有种养、加工、销售农民专业合作社171家，比2000年刚开始时建立的7家农业专业合作社增加了164家。

第三节　产业结构调整与科技兴农

农业产业结构调整

1991年，为加快岑溪农业和农村经济的发展，县委县政府作出大搞农业综合开发，实现农林牧副渔业全面发展的决定。岑溪县委提出“提高认识、解放思想、大搞农业综合开发，向农业生产的广度、深度进军”的相关措施加大农业产业结构调整力度。许多农民不但种粮，而且大搞养殖，造林种玉桂、八角、竹子与各种水果，或搞农副产品加工等。有的调剂部分水田种蔬菜、甘蔗、西瓜、烟叶、中草药，甚至改造为鱼塘养鱼、养鸭、种莲藕……农产品商品化程度得到进一步的提升。1995年，市委、市政府确立“科技兴农、农业强市”指导思想按照“三高”（高效、高产、高质）农业的要求，大力发展现代农业

大棚种植的优质西瓜品种“红美人”

和特色农业。全面提高农业综合效益的宏观指导规划，要求在稳定粮食生产的同时，着力提高林牧渔业在农业中的比重；健全农业科技推广网络，推动农业科技创新，加强农村市场信息服务。抓好“流通工程”“种子工程”，调整农产品结构，全面提高农产品质量，多创名优特产品。围绕现代和特色农业建设，加快现代农业实验区建设速度，推动南亚热带特色农林产品基地，外向型农业出口创汇基地和珠江三角洲绿色食品基地的建设。到2000年，全市农林牧渔业总产值10.88亿元，“九五”期间年平均增长率0.93%，增加值9.7亿元。

粮食作物与其他经济作物的调整 1991年，岑溪县委、县政府在制定第八个国民经济与社会发展计划时，明确提出要正确处理粮食生产与经济作物和多种经营的关系，合理调整粮食与油料、薯类、瓜果及蔬菜等经济作物的结构。在确保粮食稳定、高产的前提下，扩大经济作物种植面积，增加农业产出量和总产值。1991—1995年，指导农民搞好优质水稻种植，开发优质稻米生产，建立起1.2万公顷优质稻米生产基地，全县稻谷种植面积保持3.7万公顷（复种面积）不变，油料（花生为主）、玉米、甘蔗、瓜果蔬菜等种植面积逐年增加。其中，油料作物1991年种植面积3140公顷，至1995年增至5320公顷；玉米种植面积1991年为340公顷，至1995年增至710公顷；甘蔗种植面积1991年为326公顷，至1995年增至786公顷。“九五”期间，水稻种植面积保持3.55万公顷，到2000年，油料播种面积5200公顷，玉米种植面积1900公顷，豆薯类作物面积1.40万公顷，甘蔗种植面积1260公顷，蔬菜类种植面积1.65万公顷，药材烟草类作物面积1133公顷。2001年进入第十个五年计划，市委市政府对农业产业结构的调整，重点放在优化农业产品、产业，发展特色农业上。粮食（稻谷）生产，耕作总面积由1.7万公顷，调整为1.6万公顷；同时规划优质稻米生产基地1.2万公顷。把调整出来的水田重点发展蔬菜、西瓜、淮山薯、果蔗等优质高效的经济作物。2005年年末，水稻和冬种小麦播种面积3.2万公顷（复种面积），玉米种植面积2133公顷，油料作物5266公顷，甘蔗1160公顷，蔬菜（含瓜、豆、藕等）面积1.88万公顷；茶叶、药材等800公顷。

林、牧渔业产业结构调整 林业产业结构调整重点放在大力发展经济林（含水果），适度发展用材林和保护生态林上，有计划地开发本地优质树种并引进速生林种，多渠道经营林产及副产品产业，努力提高林业产值效益。20世纪80年代中期起，岑溪县委、县政府就提出“兴岑先兴林，林兴百业旺”的林业发展方针。在水汶、梨木、昙容、波塘、三堡、安平、筋竹、诚谏等镇建立商品林基地，建立了速生林基地4万公顷；优质玉桂基地0.54万公顷，脂材林基地8万公顷，八角林基地0.68万公顷，连片竹林基地0.34万公顷。从1986—1996年，全县（市）六大经济林、商品林基地已成规模，总面积17.42万公顷，并逐年产生效益。1997—2005年，逐年营造用材林（松、杉为主）600～1000公顷，经济林（玉桂、八角、水果、竹等）600～900公顷。1991—2005年，实施水果低产改造、果树嫁接换种工程计划，更新改良果园品种，大力发展以砂糖橘、澳洲坚果、龙眼、荔枝等亚热带名优水果生产。2005年，全市水果种植面积发展到7710公顷，总产量48155吨。全市营造经济林40公顷，用材林1173公顷。开发推广本地优良马尾松树种，年产种子1500多千克，培育经国家审定岑溪软枝油茶品种，至2004年，累计向全国14个省区300多个单位提供种子90万千克，苗种30多万株。从1991年开始引进营造的速长桉树和1999年增加引进的速长马占相思类树种，至2005年年末，累计营造面积14670公顷。林产结构调整后，林业总产值从1991年的1.03亿元（不变价下同）至2001年增加到1.75亿元，2005年达2.71亿元。

牧渔业结构调整重点放在开拓发展名、特、优产品和加大养殖专业户、个体户的培养，以市场为导向，改革20世纪80年代以前“自产自销”、自给自足的小农养殖模式，实施农（牧）商贸一体化和科技兴牧渔业战略。不断拓宽肉类市场和禽畜销路，增加牧渔业饲养量、出栏量和产值。1996年起，改“养牛为耕田”为“养牛供市场”，并大力推广牛品种改良工作，建立牛品改养殖示范镇、村和示范户。同时推进奶牛养殖和山羊养殖业发展。2005年，全市建立2个品改牛养殖示范镇，10个养牛示范村和1280个养牛示范户。当年全市牛存栏4.5万头，出栏1.88万头。养牛50~100头以上专业户50户，奶牛养殖专业户5户。猪饲养和鸡鸭饲养方面，从1997年起，实施“百、千、万”养殖工程，即培植一批养母猪百头，肉猪出栏千头、家禽出栏万羽以上的养殖大户（场）。同时大力提倡饲养瘦肉型猪（改良品种）小型肉猪和大白猪，以及岑溪优质“三黄鸡”。并推广立体养殖（即建鱼塘水下养鱼、水面养鸭、塘边养猪，周围种果或饲料）和山地（果园）养鸡等科学养殖方法。2000年起，三黄鸡饲养，以市外贸鸡场为龙头，实施“公司＋基地＋农户”的养殖模式，即由外贸鸡场提供幼鸡（鸡苗）及饲料和养殖技术（含防疫），乡镇建立养鸡基地，农户（专业户）负责饲养。出栏时，外贸鸡场统一按合同保价收购包销售。到2005年年末，全市创办初具规模100头以上瘦肉型养猪场8个，年出栏肉猪千头以上养猪大户36户（场），出栏家禽（鸡为主）万羽以上3480多户。市外贸鸡场创办的“三黄鸡”的养殖基地6个，参与“公司＋基地＋农户”养殖的农户2000多户10000多人。2005年三黄鸡饲养量2000多万羽，出栏3000万羽。养鱼业通过创办养鱼场和池塘养鱼、网箱养鱼等模式，水产品产量有突破性发展。2005年年末全市水产量1.27万吨，渔业产值8663万元（不变价下同）。全市畜牧渔业总产值98255万元，增加值1.62亿元。

第四节　农业技术服务

普及农科知识　1991年，通过组织中、高级农业技术人员（农艺师）到各乡镇检查，了解农业生产中遇到的技术问题进行分析、论证和解释。各级科技人员到田间通过技术示范，指导农民掌握相关科学知识。通过以村、组或乡镇为单位，举办农业技术培训班，推广十项应用技术（包括杂交稻种植、培育多蘖壮秧、垄作、模栽、病虫害防治等），将有关技术知识讲解深透。县（市）委下派的农业技术员还深入自然村，对农民进行直接辅导。根据农事活动，利用会议、有线广播和出版黑板报、墙报及印发宣传资料等方式，向农民宣传普及农科知识。全县共举办各种农技培训班3329期，受训人数47.92万人次；出版黑板报2642期，印发技术宣传资料26.3万份；在县城和各乡镇设立技术询问处27个，接待咨询群众78.7万人次。2001年起，在市内实施“青年农民科技培训工程”，市农业部门承担该培训工程的实施，制定《岑溪市青年农民科技培训工程实施方案》，编写培训教材，坚持每年培训40岁以下、具有初中毕业以上文化水平、从事农业生产、经营或服务2年以上，且具有初级生产管理水平的优秀农民3000名。提高他们的种养技术和经营管理水平，增强科学观念和市场意识，将其培养成为具有较高农业科技知识和经营管理技能的新型农民，成为岑溪市传统农业向现代化农业转变的致富的带头人。2005年，市、镇两级定期或不定期举办农业科技培训班，农业科技知识的宣传与普及工作均成为农业科技干部职责，列入农技干部年度工作成绩考核的内容，做到常抓不懈。

抓样板示范带动面上　办样板，以点带面是推广农业科学技术有效的方法。20世纪90年代初，为在全县全面推广杂优良种和垄作、培育壮秧等技术，采用县（市）乡镇、村三级联办示范样板的方法，以带动全县推广应用。1991年在归义、马路、南渡等镇各抓666公顷杂交水稻样板片，平均亩产稻谷960千克（早晚二造），其中各示范片内中心样板田亩产1221千克，比非样板田亩增24千克，有效地带动面上杂交水稻推广种植。1993年，县农业局在糯垌镇平坡村进行水稻小苗旱育垄作抛植栽培、杂交稻品种肥料效应小区试验、稻稻菜高产高效攻关田、稻稻鱼高产高效攻关田、水稻旱育稀植技术、硅钙镁肥小区试验、德国矮生豆栽培示范等多项技术样板示范试验，获得较好的效果，对面上推广起促进作用。2001年，市委、市政府实施“万元田”建设项目。市农业局在归义镇金鸡现代农业实验区开展蔬菜大棚栽培试验、芦笋种植示范和种桑养蚕样板和甜杨桃、无核黄皮、梨、大青枣（台湾品种）等水果引进示范试验工作。推动全市蔬菜、水果新品种、新技术的推广应用与拓展。当年全市“万元田”建设样板25个，均达试验示范要求。2003年，在糯垌、安平、三堡、昙容、马路、水汶等镇（村）创办花卉种植中心样板、果蔗套种辣椒、西瓜套种花生

及美国绿芦笋、韭苔等蔬菜新品种与无公害蔬菜标准化生产示范样板、旱区水田改种马铃薯等示范样板，为全市农业生产新品种、新技术的推广应用探索成功经验。2005年，结合农业优势产业的发展和生态农业建设项目的实施，先后在水汶、梨木、归义、安平、岑城、筋竹、马路等镇创办千亩花卉种植基地、千亩淮山薯种植基地和香葱（20公顷）示范基地及西瓜（340公顷）种植基地、龙眼果无公害标准化生产示范、砂糖橘（黄龙病）防治示范等样板示范，并在河木（梨木镇）、新塘（糯垌镇）、黄陵（筋竹镇）、金坡、荔枝（归义镇）等村推广“养猪+沼（气）+果（蔬菜）+鱼（或鸡）”等生态立体种养模式及配套技术，为全市生态农业建设发展作示范。

农村信息化建设 进入21世纪以来，随着广播、电视、计算机与无线电话（手机）的普及，农民家庭和个人使用电视、电脑与手机普遍化。2003年起，市农业局开始创建“岑溪市农业信息网站”平台，通过农业科技信息和农产品市场信息的收集和发布，指导农业技术的推广应用和农产品经营销售业务的发展。2004年，农业局局域网建成，局机关及各二层机构实现电脑化办公并全部连接宽带网。同时在归义镇荔枝村、金坡村、糯垌镇新塘村和梨木镇河木村建立起村级农业信息站，为这些村级信息服务站配备电脑、电视、影碟机及切换系统设备。还通过市广电部门把农业信息服务项目与各农户闭路电视联网，使农业技术信息与农产品经营销售信息与千家万户相通联。

第五节 农业执法

1993年7月2日，第八届全国人大常委会第二次会议通过，并颁布实施《中华人民共和国农业法》（以下简称《农业法》）和《中华人民共和国农业技术推广法》（以下简称《农业技术推广法》）。岑溪市农业部门依据县人民政府的部署，通过召开相关会议、出版普法墙报、黑板报、印发宣传资料及组织干部下乡宣传。同时，通过与宣传部门、司法部门结合开展干部普法学习活动，举办学法培训班的形式，组织全体农业干部（含乡镇农业机构干部）学法知法，提高自身的法律意识，增强依法行政与执法能力。

1995年2月，岑溪县农业局成立以局长陈德宁为组长的依法治理领导小组，落实依法行政（管理农业）的执法队伍，在全市范围内开始贯彻《中华人民共和国农业法》《中华人民共和国土地管理法》《中华人民共和国农业技术推广法》《中华人民共和国种子管理条例》（后修改为《中华人民共和国种子法》）《中华人民共和国植物检疫条例》《广西壮族自治区农业环境保护条例》等法律、法规、条例。在广泛宣传上述法律法规的基础上，依法查处相关的违法行为。

1997年国务院发布《农药管理条例》，市政府成立“岑溪市农药检定管理站”，并于1998年2~3月会同工商、卫生、公安、供销等部门开展全市农药市场大清查活动。对经营“三证”不全的农药品种经营者进行清理和处罚，对违法经营单位进行整顿及重新培训经营人员。2000年，市农业行政执行大队成立后，依据法律赋予农业行政主管部门的执法职能，开展对种子、化肥、农药（含灭鼠药）市场的清理整顿和执法检查工作，查处违法无证经营或运输、销售伪劣假冒（含过期失效）的种子、化肥与农药，净化农资市场，确保农民购买、使用种子、化肥、农药的合法权益。切实抓好农资市场清理、整顿、执法检查和植物检疫检验工作，查处违法经营的单位或个人。2000—2004年出动执法检查560人次，清理、整顿农资市场17个，立案查处违法经营案件44件（结案43件）；就地封存违法经营杂交水稻种子500多千克，依法没收“三无”农药、假劣、失效农药一批；实施产地苗木检疫5万多株。有效维护农资市场秩序，保护农民合法权益。

第六节　林业执法

1990年起，县林业局成立林业公安股、林业检察室，负责林业执法监督与违法处理工作。1991年，林政管理纳入法律法规管理的范畴，先后建立起国有林场管理制度，集体山林（山庄及村民承包的集体山林）管理（含采伐、更新）和护林防火制度等，规范辖区内各种林业行为，实施依法治林，依法行政。对林木采伐、运输与销售，实行按权限审批，凭许可证和批准限量，批准木材类2项管理相关企业与木材经营加工户的木材经营加工。1992年，《中华人民共和国森林法实施细则》颁布，县林业局依法成立林业检查站，组织林业执法队伍，在全县范围内与有关执法部门（公安、工商、检察、法院等）相互配合，开展定期或不定期的林业监督执法检查等活动。打击和查处林业违法、犯罪行为，为岑溪林业生产发展，确保绿化及森林资源不受侵害保驾护航。1992—1997年，先后在部分乡镇林区开展打击乱砍滥伐、偷运木材、故意毁林等违法犯罪活动，查处案件50多起（件），处理违法嫌犯120多人。1998年起市林业局把加强国家重点防护林的保护管理，维护森林生态资源，林业执法监督、检查相结合，严格执行行政处罚法。加大对乱砍滥伐、故意毁林、破坏森林资源（含林区动物资源）、非法占用林地等违法犯罪活动的打击力度。2003—2005年，累计查处林业违法案件1843起（含追缴两金行政处罚案件），刑事违法案件48起，刑拘32人，逮捕30人，挽回经济损失450多万元。

第七节　畜牧渔业执法

1991年，岑溪县畜牧水产养殖局成立普法学习领导小组，在系统内组织干部职工学法守法，提高法治观念。向广大农村家畜家禽水产养殖户宣传家畜家禽防疫检疫条例等法律法规。共印发相关宣传资料20多万份，派出300多人次深入乡镇辅导养殖户学法、识法。同时，协同县农委组织的每年1～2次农业执法检查活动。当年县局与乡镇畜牧站分别设立动物防疫监督员和动物检疫员，经培训后持证上岗，依法执行动物防疫检疫相关工作。1996年，全市有防疫监督员、检疫员200多人。2000年，村级有动物疫病防治员300多人。全市实行“生猪定点屠宰”政策后，实行检疫人员24小时轮值，严把检疫关。同时，派出检疫人员开展肉类市场巡检工作，把好肉类安全关。2004年，市人民政府下发《关于进一步落实重大动物疫病防治工作责任制的通知》，在全市范围内开展对动物W病、D病、狂犬病、牛结核病和布氏病监测工作，并实行“预防为主，治疗为辅，突击免疫，常年补针”的措施，推行免疫标识制度，教育养殖户自觉守法，主动进行畜禽免疫。检出染病家禽家畜、鱼类等，需及时报告并由疫检人员依法处理。2004年全市检疫生猪45.04万头，牛1.36万头，家禽2262.25万羽。2005年，检疫生猪50.2万头，牛1.48万头，家禽70.1万羽。

第八节　水政水资源管理

1991年3月开始，全县范围内对直接从河流或者地下取用水的单位和个人，实施取水许可制度。取用水需经申请、登记、审批发放许可证后，方能取用水。同时按年度取用水计划，取水户在取水口安装取水计量设施，按批准量取用水，年末审核实际用水量征收水资源费。取水许可证实行年度审核制度（每年审核一次）。1991年3月，依照《中华人民共和国水法》《中华人民共和国防洪法》《中华人民共和国水土保

持法》等法律法规，岑溪县人民政府成立岑溪县水利执法领导小组及其办公室(设在县水电局)，同时建立执法队伍，任命水政监察员及助理水政监察员20多人，岑溪水行政执法与监管工作正式走上法制管理轨道。当年调处水纠纷45起，发放取水许可证221个。

2003年，全市发放实施监督管理的取水许可证69套。2004年新发取水许可证7份，年终保有实施监督管理取水许可证76套。2005年年末，保有实施监督管理取水许可证40套(不含水力发电许可)。吊销取水许可证13套(其中工业11套，生活2套)。

1992年5月，岑溪县人民政府下发《岑溪县水资源费征收和管理的暂行规定》，在全县首次征收水资源费。同年12月，自治区人民政府下发《广西壮族自治区水资源费征收使用管理暂行办法》(1997年12月修改)。按规定，水资源管理由市水利局征收，纳入财政专户，实行预算管理。水资源费征收标准由县级物价部门审核并发放收费许可证。

1996年9月，成立岑溪市水政监察大队，与市水电局水政水资源股合署办公。1996—2000年，广泛开展水政管理法律法规宣传活动，出动宣传车500多车次，广播电视300多次，出版播放，黑板报2000多期，张贴大小标语12万多条，上街设点咨询50多次。接受宣传教育30多万人次。2001—2005年，新发取水许可证28份，审批开发建设项目水土保持方案31个，换发河道采砂证51本。查处水事纠纷案件25起(件)。其中水事违法案件5件，办结4件，水事纠纷20件，调处解决18件，调处率80%。

从1991年起，岑溪分别实行农业灌溉用水，水力发电及工业用水调配制度，按不同部门用水合理配置。农业灌溉用水由各灌区所辖水库，水管所(站)按“五先五后”配水原则(即先高田远田，后低田近田。先大片水田后分散水田。先用自然水回归水后用塘、库水。先干后湿。先急后缓)。为节约用水，使灌溉用水得到充分利用，干渠、支渠、斗渠等渠道放水，均上流下接，杜绝上流下出，串灌漫灌。放水后做到“三到田”(即水到田、人到田、犁耙到田)。水稻灌溉按农业部门规定科学用水技术，即灌水插秧、浇水回青，分蘖前期湿润，分蘖后期露晒，孕穗期3～6分水等办法实施。蔬菜等作物采用淋灌方法。水电与工业用水按先电后企(业)并按企业用量调配。生活用水，除划定饮用水源保护区外，由供水单位(水厂、供水公司)定期监测水质，严防水污染，保障生活用水安全可靠。

第二章　农　业

改革开放以来，岑溪市坚持把农业放在各项工作的首位，充分发挥科学技术第一生产力的作用，大力推广各项农业科学新技术，努力提高单产，粮食生产连年增产丰收，农业生产取得了较快的发展。1995年率先在全区范围内实现水稻年亩产吨谷的目标，成为全区首批“吨谷县（市）”。之后，又连续多年亩产超吨谷，巩固“吨谷县（市）”。在抓好粮食生产的同时，根据中央和自治区有关调整和优化农业产业结构的指示精神，以市场为导向，以效益为中心，以科技为依托，大力调整农业产业结构，积极开展“万元田”建设。1998年“万元田”建设面积400公顷，1999年940公顷，2000年1667公顷，2001年2833公顷。全市初步建成一大批高效益的农产品生产基地，如玉梧、岑罗公路沿线的龙眼、荔枝带，安平镇的果蔗套种辣椒基地，糯垌镇的西瓜基地，樟木、归义镇的蔬菜基地，筋竹镇的沙糖蜜桔基地，水汶镇的淮山薯基地等。通过调整优化种植业结构，开展“万元田”建设，促进农村经济的发展，增加农民的收入。

第一节　耕地、劳动力

1991年年末，全县耕地面积22567公顷，其中：水田19096公顷，旱地3471公顷；当年新增耕地45公顷，以后耕地面积逐年减少。2005年年末，耕地面积20872公顷，其中，水田17433公顷，旱地3439公顷。1991年，全县农业人口60.83万人，人均耕地0.55亩，2000年人均耕地0.44亩，2003年，人均耕地0.37亩。

1991年，全县农村劳动力30.05万人，劳动力人均耕地1.14亩。2000年农村劳动力31.83万人，劳动力人均耕地0.9亩。2005年农村劳动力39.32万人，劳动力人均耕地0.79亩。

1991—2005年耕地和劳动力情况表

表4-2-1　　单位：公顷、人

年份	耕地合计	水田	旱地	劳动力合计	第一产业	第二产业	第三产业
1991	22567	19096	3471	300560	234807	27157	38596
1992	22367	18946	3421	314641	230937	26867	56837
1993	22060	18425	3635	325941	223588	27530	74823
1994	22027	18863	3164	335867	222810	29346	83711
1995	21972	18421	3551	348198	228192	31901	88105
1996	21960	18380	3580	350100	225100	37200	25700
1997	21699	18220	3479	361200	215300	50200	33400
1998	21677	18228	3449	353600	229700	38500	25400
1999	21662	18204	3458	354500	234500	36400	21800
2000	21641	18186	3455	368300	227500	42100	31300

续表 4-2-1

年份	耕地合计	水田	旱地	劳动力合计	第一产业	第二产业	第三产业
2001	21621	18164	3457	371700	230900	46800	27200
2002	21608	18141	3467	371600	229400	48300	30000
2003	21093	17633	3460	377500	220400	57900	31500
2004	20738	17431	3357	384000	221000	52200	33000
2005	20872	—	—	393200	216000	57600	119600

第二节　农技农艺

育秧

岑溪水稻种植早稻的浸播种时间一般在雨水前后最迟不超过惊蛰。插秧时间早稻在清明前后，晚稻播种时间在小暑前后，插秧时间在立秋前后。育秧时间保持在25天至35天左右。强调育老壮秧，即秧苗分蘖3~5株以上。早稻育秧，往往会遇倒春寒气候，应及时防寒，防止和减少烂秧情况。随着农业新技术的推广应用，岑溪逐步抛弃旧式传统育秧方法。1991—2005年，全市推广育秧新技术。

早稻防寒育秧技术　为防寒，浸播种时间多在“冷尾暖头”播种，遇寒时加草木灰防寒或浅水保温。农业部门探索过多种育秧方式如农膜育秧、温室育秧、生物热能育秧、二段育秧等，但由于成本高、工序复杂而未能大面积推广。80年代后期，地膜育秧得到推广。地膜育秧能抵挡早春低温寒流天气的影响，比露地育秧提早播种10天左右，烂秧少并提早成熟7天左右。地膜育秧多选择高产迟熟品种(组合)，亩增产30千克稻谷左右。1991年，岑溪采用地膜覆盖防寒育秧，育秧面积1000公顷，占早造水稻种植65%，当年早造增产169万千克。1994年地膜防寒育秧面积推广至1.36万公顷，占实插早稻76.7%。进入21世纪，随着市委“科技兴农”“农业强市”“建设三高农业”等措施的贯彻，早稻防寒育秧技术进一步推广，播育面积不断增大。

旱育稀植技术　旱育稀植是采用旱地育秧的方法培育秧苗。实行减苗栽植，配套高产栽培的一项耕作技术。它具有省水、省工、省秧田、节成本、增产、增收等优点。一般比常规栽培省水50%，省种30%，省秧田50%以上。同时，旱育秧栽后基本没有缓苗期，早生快发，增加水稻穗粒数，亩增产20~40千克。岑溪于90年代初进行旱育稀植试验，90年代后期有较大面积推广。2003年，全市推广水稻旱育稀植技术18公顷(次)。

多效唑育秧　多效唑是一种化控剂，有明显的控长促蘖效应。岑溪于90年代进行多效唑试验，到1995年大面积推广，达到1000公顷，后随着壮秧剂出现而减少。壮秧剂也是一种化控剂，集控长促蘖、消毒、调酸、施肥于一体，2005推广壮秧剂大田面积1.70万公顷。

插秧

岑溪插秧季节有早清(明)晚秋(立秋)之说。农谚称“早禾最迟插到立夏，不插便罢”，晚造“立秋处暑正堪栽，最怕秋分寒露来”(即到秋分，白露再插，避不过寒露风，稻谷少收甚至无收)。90年代前，早晚二造都是手插，并遵照早禾浅插，晚禾深插的规则，插秧规格，(株行距)6×5、7×6、8×6(指寸矩)，每株8~10苗左右，杂交水插则每株5~8苗，分蘖多的秧则3~5苗。80年代前，插杂交水稻时，农业部门还要求各生产队分畦拉绳按规格分株行距插秧。1991年起，推广水稻垄作栽培(在大田内分畦，畦间开沟，以改善禾苗生长过程中的水、肥、气、日照条件),提高水稻产量,当年全县推广垄稻栽培面积1.25万公顷。1992年起垄稻沟栽培面积2.0万公顷。1994年,试行水稻大田抛秧插植(即用塑盘育秧,每格为一株,由农民用手分株抛入田,然后扶正的插秧方法),当年抛秧栽培面积为1000公顷。1997年随着塑盘的逐步推广应用,抛秧技术开始大面积推广。1998年4000公顷,1999年6700公顷。

2000年,农业技术部门开始试验水稻免耕抛秧栽培法,即在早稻收割后,无须进行犁耙耕作,只对田中杂草作简要的人踏处理就抛秧栽植,岑溪市2001年进行小范围试验,全市免耕抛秧面积400多公顷。2003年大面积推广,免耕抛秧2000多公顷,2005年,全市推广免耕面积6700公顷,耕作抛秧面积1.8万多公顷。

田间管理

水稻田间管理是指插秧后至收割前,对大田禾苗的管理,包括追肥、除草(岑溪人俗称耘田)和用水(深水、浅水、露晒)管理及除病虫害(含灭鼠)等项工作。

耘田追肥视禾苗生长情况,一般每造1~2次。第一次在插秧后10~15天内进行;耘田前放浅田水,并追施氮磷肥或农家肥,然后由人用脚踩踏水田株行距间的杂草,20~25天后再耘一次(有的只耘一次)二次耘田,视禾苗生长情况,可不再追施肥料。耘田后,视禾苗分蘖情况,为控制过多分蘖,可放干田水露晒数天。禾苗抽穗扬花前后应浅水灌溉。80年代前,水稻田间管理中的追施肥料,第一次追施多以氮肥(促苗)为主,二次施肥则磷钾肥为主(促长穗结实)。90年代,县委、县政府实施《大面积粮食增产综合技术开发》战略,农业部门就派出科技人员选择在垌面地区的一些中低产田推广科学配方施肥和科学排灌科学用水技术,经多年探索实践,采用此技术的水稻比用传统的施肥、灌溉的田块单产面积增产5~10千克(有的田块增幅更大),病虫害发生率也相对减少。2005年全市实施科学配方施肥和科学排灌面积2.8万公顷(两造)。

化学药物除草。岑溪农田杂草主要有稗草、莎草、牛筋草、画眉草、鸭舌草、竹叶草、狗尾草、蟋蟀草等10多种,这些草吸肥量大,生命力强,严重影响水稻成长、增产。传统除草法是插秧前人工拔除、犁耙田沤制等方法,但耘田后不久复长现象严重,耗时耗力。90年代末,随着化学除草药出现,岑溪开始推广应用除草剂药除草,用于水田除草的化学除草剂主要有丁草胺、二甲四氯等品种。2005年,岑溪稻田化学除草面积达80%以上。

病虫害防治与灭鼠

岑溪水稻常见的病虫主要有稻瘟病、纹枯病和稻瘿蚊、三化螟、稻飞虱。通常称“三虫两病”。此外还有鼠害。进入20世纪90年代至21世纪初,随着推广水稻增产、高产措施力度和不断科学化管理,水稻病虫害防治“预防为主、综合防治”的方针得以全面贯彻。1991年起,县农业局提出从五个方面开展综合防治的方法:一是抓好病虫害预测、预报,以便提前介入防治工作;二是选用抗病丰产良种;三是严格种子消毒;四是改善水、肥、密(植株)条件,实施科学排灌,配方施肥,实施水稻强(健)身栽培,增强水稻株身抗病力;五是适时施药防治。到21世纪初,又提出农业防治(又称农耕防治),采用化学农药、生物农药和生物技术与物理防治相结合的综合防治方法。农业防治即是犁翻晒冬(田块),春灌灭螟、推广选用抗病品种、人工捕蛾摘卵(块)及选种消毒、健身栽培等方法。化学农药防治,即是喷施敌敌畏、敌百虫、乐果、磷胺、甲胺磷及三唑磷、呋喃丹、叶蝉散、杀虫双(单)、扑虱灵等杀虫药剂的单剂或复合混剂等。2004年6月起国家全面禁止使用高剧毒农药后,如磷胺、甲胺磷、1605、1059、甲基1605、久效磷等5种高剧有机磷农药及其混配剂全部退出市场,化学农药防治使用低毒高效农药,并逐步推广应用物理防治技术。引进示范使用多频振式杀虫灯和林茂牌环保黏虫板(苴板)等物理捕杀黏类器具仪器杀虫。对于必须使用化学农药防治的病、虫害,农业技术部门通过派出技术人员深入各村、组建立水稻病虫综合防治样板点(片)的方法,加强技术指导,采用低毒高效农药,适时喷施。

灭鼠

危害水稻和其他农作物的鼠类主要有黄毛鼠、黄胸鼠、黑线姬鼠、社鼠、板齿鼠等。21世纪以来，重点推广使用抗凝血杀鼠剂—敌鼠钠盐、杀鼠迷、溴敌隆，以毒饵诱杀为主，并实行春季重点突击，常年综合治理的方针，实施全市（或乡镇）"统一行动，全面围歼；因地制宜，有效覆盖；选好药剂，正确制饵；饱和投毒，投药到位；查遗补漏，除灭扫残；常年监测，巩固灭效"的全套毒饵诱杀技术措施，以减少鼠害。

第三节　粮食作物

20世纪80年代至90年代初，县委、县政府把推广种植杂交水稻作为农业兴岑的战略目标，至1995年，全县90%以上水田实现杂交水稻良种化，并于当年成为全自治区内两个水稻首产超双千（斤）的"吨谷县"之一。1991年，岑溪全县粮食播种面积46187公顷（其中水稻面积36995公顷）。全年粮食总产量239314吨（其中稻谷225868吨）。1995年，全县粮食播种面积50100公顷，全年粮食总产量294981吨（其中稻谷267516吨，每亩单产粮1008千克）。1996年起，实施"农业强市"战略，粮食生产继续推广杂优水稻和机耕，科学育秧、科学排灌，合理用肥等技术及加强田间管理，除病虫害等措施，至2005年，实现连续10年粮食稳产增产，当年全市水稻播种面积36643公顷，总产量227009吨，被自治区人民政府评为"全区十大粮食生产先进市"，并连续十年保持粮食单产（亩产）"吨谷县（市）"称号。

水稻品种

20世纪80年代起至90年代中期，全面推广杂优水稻种植。1991年，全县杂交水稻种植面积3.2万公顷（早、晚二造合计面积，下同）。

1995年，全市杂交水稻种植面积3.5万公顷（复种面积数），早、晚二造种植杂交水稻分别占水稻种植面积的92.5%和95.3%。2000年以来，农村水田除少数农户保留种植少量的传统糯谷品种以外，几乎所有水田种上杂交水稻。2005年岑溪市杂交稻种植面积3.2万公顷。当年被自治区人民政府评为"全区十大粮食生产先进县（市）"和"全区粮食生产先进单位。"1991—2005年，岑溪推广种植的杂交水稻品种如下。

自80年代中后期起，岑溪大力推广杂优水稻种植，1995年全市实现水稻种植杂优化（1998年　摄于波塘镇）

早稻：岗优12、特优63、汕优桂99、汕优016、特优18、特优175、特优559、特优89、金优253、金优桂99、Ⅱ优838、金优77、Ⅱ优128、中优253、D优68、D优527、优优128、华优86、华优桂99、D优128、优优998、金优527、博优2号、宜香3003、宜香2292、川香优2号、内香优1

号、天(丰)优998、两优679、宜优673、中浙优8号、Q优6号、D奇宝优527、Y两优1号等。

晚稻:博优64、博优903、博优3550、博优329、博优253、Ⅱ优3550、金优253、秋优桂99、博优1025、秋优1025、博Ⅱ优15、博优128、博优998、Ⅱ优3550、中优特99、天丰优3550、博优629、博优202、金优136、百香139、丰乐1号、秋优998、丰优丝苗、培杂泰丰等。

小麦品种

新中国成立前岑溪人称小麦为“雪禾”,冬种春收。新中国成立后种植品种有小麦、大麦、荞麦。20世纪80年代至90年代均种植经改良的小麦品种。大麦、荞麦等品种种植量减少。1991年,全县春收作物面积1000公顷;1995年2460公顷,2000年3220公顷,2005年年末冬种小麦作物面积3446公顷。

其他粮食(杂粮)作物品种

利用旱地或房前屋后小块土地种的粟(田青　摄)

其他粮食品种主要有玉米、高粱、粟、红薯、芋头、豆等。80年代中期以前,以红薯为多,经济困难时期,主粮(稻米)不足,木薯、红薯补充。岑溪人的米粥通常伴有木薯粉,称为“木薯粥”。

80年代中后期起,随着水稻产量提升,主粮富足,岑溪人吃“木薯粥”的年代成为历史。上述杂粮种植面积递减,而且用途也逐步由主粮补充转变为饲料或作为人们休闲食品(零食)或作蔬菜类食品。部分豆类、薯类产品则成为食品工业原料。进入21世纪初,随着农副产品市场活跃与繁荣。上述杂粮品种除高粱、粟与黄、红、绿豆外,玉米种植不断推广新的优质高产品种,产量不断提升,且完全商品化上市销售。

小麦

1980年,农村实行家庭联产承包责任制后,小麦种植面积锐减,1984年全县仅种植小麦240公顷。1989年回升至1000公顷。1995年起,回升到2470多公顷。1995—2005年,年小麦种植面积均在2000~3000公顷上下(1991—2005年,各年度种植面积及产量情况见表4-2-2)。

玉米

进入20世纪90年代,随着农产品向商品化发展。市场需求量增大,种植玉米农户增加,种植面积扩大,尤其90年代中后期,农业部门推出杂交玉米新品种和地膜覆盖栽培技术,且实施早晚二造栽培。种植面积逐年增加。1997年,全市玉米种植面积超1000公顷,1999年超2000公顷。2005年达2500多公顷,玉米产量也逐年提升(详况见表4-2-2)。

薯类

岑溪作为粮食作物的薯类主要是红薯(当地人又称番薯)。红薯有红心薯、黄心薯、白薯等品种。稻谷歉收年份,红薯做饭粥充饥。粮丰时期则作补充或饲料、薯藤薯叶一般作猪饲料。红薯种植,一般春种夏种夏秋之间收获。栽培方法先用原薯育秧苗,也可用长到一定程度的薯藤割为尺余长的小段栽种。一般是畦栽,生长期内中间进行1~2次除草、培土及补施肥料。红薯亩产,一般产量为100千克,高产150~200千克。

1991—2005年岑溪粮食作物种植情况表

表4-2-2　　　　单位：公顷、吨

年份	稻谷			小麦			玉米			豆类			红薯	
	面积	单产	总产	面积	单产	总产	面积	单产	总产	面积	单产	总产	面积	产量
1991	36995	6105	225868	665	1994	1326	359	1875	673	5156	1291	6657	2599	4258
1992	36991	6259	231534	442	2382	1053	426	1901	810	5015	1299	6514	2758	5165
1993	35824	6413	229746	295	2824	833	559	2206	1233	6003	1621	9731	3154	7013
1994	36141	6601	238582	251	3434	862	658	2333	1535	6753	1802	12167	3489	8605
1995	35386	7560	267516	517	2859	1478	771	2547	1964	7625	1917	14617	4874	7778
1996	38136	—	270337	—	—	2249	986	2563	2527	7645	2100	16056	4516	9009
1997	39177	—	271431	1127	2599	2929	1281	2557	3276	10177	1896	19295	5272	13046
1998	38599	—	274275	776	2928	2272	1116	2860	3192	8149	2219	18083	5116	12253
1999	39456	—	273768	852	2809	2393	1880	2897	5447	8035	2228	17905	5934	13564
2000	38709	—	245976	1583	2853	4517	1955	2930	5729	8203	2198	18027	5726	13471
2001	38543	6905	255403	1114	2747	3060	1909	2779	5305	8160	2163	17650	5755	13141
2002	35676	—	232043	933	2782	2596	1823	2779	5067	8230	2203	18128	5690	13315
2003	35929	—	226282	973	2545	2476	1809	2792	5050	8102	2237	18122	5482	16468
2004	36047	—	224762	933	2624	2448	1917	2793	5354	8545	2232	19074	6155	16964
2005	36643	7094	227009	971	2537	2463	2151	2753	5921	9463	2201	20824	5558	16049

杂交水稻种子繁殖

1974年，岑溪县在开始试种杂交水稻的同时，由县农业局派出技术人员，有选择地在一些社队（主要是垌面高产社队）的一些田块（土质较好、光照、通风度强）试行杂交水稻种子繁殖（又称制种）工作。后经逐年推广扩大，到80年代末，全县杂交水稻制种面积超70公顷（早、晚两造一下同）。1991年扩至114公顷，1992年210公顷，产量（亩产）也由初期的15~25千克升至100多千克。90年代中后期，杂交水稻制种改由农业部门（种子公司）经营，采用选择制种基地（承包或租赁农民承包的水田）的方式，进行杂交水稻种子繁殖生产（含销售经营）。1998年，市杂交水稻制种基地分别设在归义镇的谢村、保太村和樟木镇（今岑城镇）的上奇村，面积共100公顷；2000年增加岑城镇乌峡村的20公顷。至2005年，市杂交水稻制种基地繁殖的杂交水稻品种不断更新，单位面积产量和总产量不断提升。

市杂交水稻制种基地建立以来，农业部门每年都根据种子供求和产量情况，引进一些新的更加优质、高产的品种进行繁殖。种子公司在自身制种不能满足农民种植需求的情况下，从市外区内其他种子经营部门购进高产品种售卖给农民，以保证全市杂交水稻种植面积不断扩大的需求。

第四节　经济作物种植

岑溪农作物中的经济作物,主要有油料作物(花生为主),桑、麻、茶叶、烟叶、甘蔗、木薯、水果、蔬菜等。20世纪80年代农业实行家庭联系承包制后,甘蔗、水果等经济作物种植面积及产量逐年递增。烟叶种植由于国家规定区域化生产,烟叶种植仅为自用。茶叶种植由于外地名茶进入市场,本地茶农竞争力弱,而逐年减少。1991年,全县油料作物,甘蔗播种面积占全县经济作物播种总面积20%(桑、麻、蔬菜等不入统计数),水果种植面积4462公顷(不列入农作物种植面积统计)。油料、甘蔗、水果当年总产量31140吨。1995年,全县油料、甘蔗种植面积比1991年增加2500多公顷,水果种植面积11923公顷。当年油料,甘蔗、水果总产量103468吨。1996年起,实施"农业强市"战略和农业产业结构调整,油料、甘蔗、水果和蔬菜生产作为商品经济中产业分量增大,以上四类为主的经济作物生产快速发展,到2005年,全市油料作物播种面积6303公顷,产量14794吨。甘蔗种植面积1163公顷,产量74132吨。水果(果园)种植面积7710公顷,全市水果产量48155吨。蔬菜种植面积(含瓜、豆类)13479公顷,总产量32976吨。

油料作物

花生　1982年实行农业家庭联产承包责任制后,花生种植面积不多、产量不高,多为自用(自己榨油)。90年代中后期,随着社会主义市场经济经体制的建立和完善,农产品逐步商品化,油料价格不断上升,许多农民除在旱地种植外,还在山坡地实行种木薯与花生间种、种玉米与花生间种,甚至在果园新种果树与花生间种(至果树两三年长果后停种花生)等形式,扩大花生种植面积。1996年,市农业部门加强对花生良种的推广和种植技术(含施肥、防病虫害等)的指导,调动农民种植花生的积极性,全市种植花生面积逐年增加,单产、总产逐年提升,2005年,全市花生种植面积5943公顷,总产量14214吨,为历史新高。(1991—2005历年种植花生面积、单产、总产情况见表4-2-4)

利用旱地栽种的木薯(田青　摄)

油菜、油茶　岑溪的油料作物除花生外,还利用晚造水稻收割后,种植油菜,次年春耕前收割,利用油菜籽榨油,称菜籽油。岑溪还有木本油料作物,即油茶树,采其果榨油。70年代由岑溪林业部门开发的岑溪软枝油茶,为国家优质油料作物品种(2002年获国家林业局颁发全国林木良种证书)。并在岑溪软枝油茶种子园试验繁殖。2005年起在市内部分乡镇、村推广种植。

其他经济作物

木薯　木薯曾是岑溪农民的重要食物。实行家庭联产承包责任制后,粮食产量增加,木薯作为饲料

和工业原料，是农民增收的一项经济作物，种植面积逐步增加后并保持稳定。1991年全县种植木薯10166公顷，产量54660吨；1995年种植11753公顷，产量83633吨；1999年种植12874公顷，产量88195吨；2000年种植10800公顷，产量74446吨；2005年种植11353公顷，产量76654吨。

桑　20世纪50年代末，桑蚕产量1.25吨；60年代末增至10.1吨。70年代初，县革委会提出种桑养蚕增加集体收入的措施。70年代末，全县桑蚕茧产量22.85吨，比60年代末增加一倍多。80年代，实行农业生产家庭联产承包制，只有少数农户坚持种桑养蚕，部分农民利用木薯叶养蚕（称木薯蚕）。80年代末，全县蚕茧产量降至15吨，1992年全县桑蚕（含木薯蚕）产量为22吨（1992年后，统计部门没有桑蚕茧产量统计数）。

麻　麻类作物岑溪种植历史虽久，但面积不大，产量不多。新中国成立前和新中国成立后初期，农民种麻多为自用（自织麻布、销售麻丝）。集体化后的人民公社时期（1958—1984）只有1966年种植面积660公顷，其余年份都是40～60公顷。产量最高是1966年为437.05吨，其余年份多数是几十吨至百多吨。1991年全县种麻面积只有30多公顷，至1994年增至80公顷。产量1991年为99吨，1994年增至263吨。1996年后，统计部门没有种麻面积与产量统计数据。少数山区农民仍有种植。

烟叶　岑溪烟叶种植，多在旱坡地山地种植，又称山烟，属晒烟类，农民自种自售（少量自用）。20世纪50年代，糯垌农民种植的山烟，由于土质条件好和施肥护理，摘晒技巧，烟味香醇可口，曾被烟民赞誉。60年代中期（1966年）起到70年代末，烟叶种植作为集体经济收入的项目，由生产队或大队开始在水田集体种植，供销社与外贸部门派技术人员指导大队、生产队建烤烟炉，并收购烤烟叶。1966年，全县种烟面积1266公顷，1967年1820公顷，产量分别为618.25吨、185.5吨。60年代末70年代初，由于受"左"倾线路影响，种烟面积最低年份是1971年，仅剩20公顷。1976、1977年种植面积分别恢复至100公顷和600公顷。80年代，实行土地承包制，烟叶由农民自由种植。80年代中期起，国家对香烟生产实行区域管制，原梧州地区只有钟山县建有香烟厂。岑溪不属烤烟区，农民改种晒烟，限在县内市场销售。1991年至2005年，岑溪种烟面积在600～1500公顷之间，晒烟产量在500～2000吨之间。2005年，整顿烟草专卖市场，晒烟叶（丝）禁止市上销售，农民仍保留种烟习惯，但多为自用（也有私下销售）。

1991—2005年岑溪烟叶种植与晒烟产量表

表4-2-3

年份	面积（公顷）	产量（吨）	年份	面积（公顷）	产量（吨）	年份	面积（公顷）	产量（吨）
1991	624	914	1996	1113	1637	2001	734	990
1992	872	834	1997	1535	2727	2002	569	749
1993	895	905	1998	1586	2012	2003	470	629
1994	696	677	1999	986	1188	2004	477	711
1995	869	987	2000	958	1286	2005	485	767

茶叶　20世纪90年代初，县委、县政府提出多种经营，靠山致富，1991年山区农民种茶热情倍增，许多原山庄的茶园通过个人承包得到恢复，茶叶产量增加。1993年增至593吨，1994年725吨。90年代中后期随着社会主义市场经济体制建立和完善，区内、国内各种名牌产品进入岑溪茶叶市场，本地茶叶无法匹敌，茶农种茶积极性受阻。进入2000年以后，岑溪东南山区新引进的砂糖橘水果种植成为农民致富的新门路，许多原来经营茶叶种植的农民改种水果，只有少数执着茶农坚持茶叶生产。2001—2004年茶叶产

量在400～500吨波动。2005年,全市绿茶产量共599吨。

甘蔗、西瓜 1991—1994年,甘蔗产量由1万多吨增至4万多吨。90年代中后期,市委、市政府在指导农业产业结构调整时,提出既要抓“米袋子”,又要抓“钱袋子”。市农业部门派出技术人员,在指导农民种好杂交水稻的同时,在糯垌、安平、马路、三堡等镇,指导农民种植甘蔗和西瓜。1998年,糯垌镇古兰村在84公顷水田中,调出30公顷种植西瓜,并采用一田三种(春、秋种两季西瓜、冬种头菜)的模式,实施亩产值超万元的“万元田”的计划,当年该村30公顷田春秋两造西瓜产量亩产分别达3200千克和2250千克,头菜亩产1125千克,按当年市场价格合计每亩产值10375元。同年,安平镇的成美、同心、古院和糯垌镇的糯垌、古淡、黄堂等村民连片种植甘蔗360公顷,也获得丰收,单甘蔗项农民人均增收100多元。2000年以后,全市各镇都有农民种植甘蔗和西瓜。到2005年,全市种植甘蔗面积1163公顷,产蔗74132多吨(西瓜种植面积产量无统计数,甘蔗种植面积产量见表4-2-4)。

安平镇农民种植的甘蔗(2005年　安平镇政府提供)

水果 20世纪80年代实行家庭联产承包制后,农民种果积极性大增,到80年代末,全县水果产量增加至13万～15万吨。进入90年代,经过农业产业结构调整,市委、市政府把发展水果生产当作加快农村经济发展,增加农民收入的重要措施,并成立水果生产事业局,指导全市水果生产。1991年以后,通过合理规划、因地制宜、低产改造、引进更新如砂糖橘、澳洲坚果、桂西地区芒果等新品种,通过样板示范、规模发展(形成产业化)等措施,促进全市水果生产快速发展。

1991年,全市新种水果1100多公顷。建立了以当地特优龙眼、荔枝品种为主的岑罗路沿线(岑城、归义、大业)和玉梧路沿线(南渡、马路、樟木、糯垌、安平)水果带。1998年,在农业技术部门和水果局指导下,对全县1300多公顷中的部分低产劣质荔枝、龙眼品种进行低产改造(更新),同时推广种植外地引进的砂糖橘和芒果、早熟桃子、大玉甘果等优质品种,当年全市水果产量4.8万多吨。2000年起,砂糖橘种植从筋竹全镇推广至及相邻乡镇,并形成具有岑溪特色的砂糖橘产业(1991—2005年水果种植面积、产量见表4-2-4)。

蔬菜 进入20世纪90年代,随着工、商业迅猛发展,务工经商人口剧增,蔬菜需求量大幅度增长。市委、市政府在抓农工商经济发展的同时,上马“菜篮子”工程项目,大力扶助、支持蔬菜生产。1997年起,先后在岑城镇、樟木镇、马路镇、归义镇、糯垌镇等镇部分村(组)建立蔬菜基地,扩大蔬菜生产,发展种植蔬菜的专业户。部分农户还采用“稻、稻、菜”的方法,即在水稻早晚两造收割后,利用水田冬种蔬菜,以增加收入。2000年,蔬菜生产逐步形成产业化、规模(基地)化和现代化。“企业+基地+农户”的生产规模不断扩大,蔬菜公司、果蔬专业合作组织不断增加。大棚生产、地膜覆盖生产、无公害蔬菜生产技术应用推广逐

步发展成熟。蔬菜品种的改良、优质高产品种的引进和测土配方施肥、科学排灌、蔬菜病虫害综合防治、高效农药及物理、生物捕虫方法等现代蔬菜生产技术在广大菜农中普遍推行。岑溪蔬菜市场一改过去季节性、品种少、菜源短缺的状况。岑溪部分传统菜种如苦墨菜、芥菜等味苦涩的品种已改良为甜墨菜、甜芥菜，且不分季节种植。许多季节性蔬菜如莲藕和部分瓜类、叶菜，通过扩种、反季节种植、大棚种植或冷冻储存方式，实现四季都有上市。同时引进大白菜、椰菜、芹菜、番茄（西红柿）、西洋菜、淮山薯、马铃薯、菜花等外地质优高产的新品种。2005年，全市蔬菜种植面积13479公顷，总产量329736吨（蔬菜年度面积产量见表4-2-4）。

1991—2005年岑溪市花生、水果、蔬菜种植面积与产量情况表

表4-2-4

年份	花生		水果		蔬菜		甘蔗	
	面积（公顷）	总产（吨）	面积（公顷）	产量（吨）	面积（公顷）	产量（吨）	面积（公顷）	产量（吨）
1991	3102	4861	4462	12374	—	—	329	13905
1992	3280	5539	9361	19220	—	—	401	21748
1993	3503	6544	10084	23040	—	—	566	32907
1994	4021	7713	10084	34462	—	—	747	40916
1995	4262	9349	11923	42556	—	—	787	49122
1996	5586	11064	12223	43369	—	—	1107	73859
1997	5024	12029	8155	47027	—	—	1179	75495
1998	5272	12253	7857	48030	—	—	1793	115335
1999	5047	11905	6332	51921	—	—	1488	84934
2000	5153	11954	6095	19647	10626	259359	1436	88186
2001	5358	12058	7683	23314	10705	267677	1261	67763
2002	5378	12390	6542	27050	12443	300588	1202	77155
2003	5390	12637	6484	31372	12273	317231	1197	75012
2004	5483	13159	7079	39578	12345	324773	1161	80299
2005	5943	14214	7710	48155	13479	329736	1163	74132

第三章 林 业

岑溪地处丘陵山区,山多田地少。自古以来,垦山植树,开发林业是岑溪人生存途径与经济发展的重要门路之一。20世纪60年代起,岑溪各人民公社、生产大队、生产队通过办集体山庄的形式,发展林业经济,曾获自治区党委、政府的肯定并在自治区内推广,《人民日报》曾发表过《"山庄迷"赞》的社论,称颂岑溪人林业发展的经验。80年代中期,县委县政府从岑溪"八山一水一分田"的实际出发,作出"兴岑先兴林,林兴百业旺"的决策,把发展林业放在重要战略位置上。实施森林分类经营,建造用材林、松脂、玉桂、八角、竹子、水果六大林业商品基地。发动群众通过集体山庄承包、个体山地转包方式,培育玉桂、八角、竹、水果等造林专业户和联合体。同时开展群众性的造林灭荒活动。1990年,全县造林面积9653公顷,并获全国造林绿化先进县称号。1991年实现全县造林灭荒达标,1995年获全国造林绿化百佳县称号。1998年,六大林业商品基地造林面积17.42万公顷。全市木材生产50329立方米,林业总产值2.31亿元,占全市农林牧副渔业总产值的四分之一多。

1999年引进速生林木(桉树和马占相思)成功。建成速生林示范基地867公顷。新造高脂马尾松林560多公顷,当年营造六大商品林基地面积600多公顷。至2005年,全市总计完成植树造林面积40941.33公顷。当年全市林业生产总值2.71亿元。

第一节 森林资源

1999年,应用航天遥感技术开展森林资源调查,全市林地面积203828公顷。森林覆盖结构:针叶林52.02%,阔叶林11.27%,针阔混合林2.21%,竹林2.16%,灌木林4.05%,未覆盖28.27%。林木蓄积构成:森林蓄积7245533立方米,疏林蓄积3819立方米,散生蓄积49851立方米,四旁林蓄积9446立方米。全市森林覆盖率71.5%,林地绿化率97.8%。

岑溪树种资源十分丰富,品种繁多。据80年代林种、树种资源调查,经鉴定,共有134科、333属、633种(包括变种)。其中,蕨类植物13科、21属、25种;裸子植物10科、5属、6种;双子叶植物98科、251属、536种;单子叶植物13科、56属、66种;乔木共计276种。

按森林种类划分,岑溪林业种类可分为用材林、经济林、生态公益林(或称雨林、防护林)、特种树林(包括珍稀古树和其他观赏风景树)等类。

用材林树种,以马尾松、湿地松(70年代引进树种)、杉等针叶树和楠木、樟木、黄桐、荷木、梨木、格木、沙柳树等乔木树种为主。

经济林树种,主要有玉桂、八角、胶树、油桐及软枝油茶和柑橙、黄皮、龙眼、荔枝、桃子、杨梅、石榴、橄榄、枇杷、柿、杨桃、梨、李、柚子、板栗、香蕉等果树品种。

生态公益林主要有大叶栎、稠木、栗椎、枫木、漆木、紫荆、黄檀、榕树和藤类、蕨类、芒类山野灌木。

特种树种主要有古榕、古樟、格木、玉兰、桂花、羊蹄甲、大山茶、百年桂、乌桕、榄树等。

可供庭园绿化的树种有香花木、含笑、白玉兰、黄玉兰、广东白兰花、阴香、蝴蝶果、羊蹄甲、榕树、冬青、夹竹桃、柳树、罗汉松、侧柏、九里香、木棉、山茶花等。

竹类主要有黄竹、粉单竹、蒿竹、莎萝竹、大头竹、甜竹、牛角竹、大眼竹、苦竹、簕竹、毛竹等。

1990年以来，引进树种有：速长桉、马占相思、加勒比松、火炬松、桐棉松、柳杉、木麻黄、钝叶黄檀、油橄榄、广西2号玉桂、南岭黄檀、新疆核桃、蝴蝶果、黄良木、贺县横枝杉、广宁黄竹、桉类、棕树等19个树种。

优质树种

马尾松　是国家审定优良树种。具有适应性强、生长快、耐贫瘠、耐干旱、主杆直圆粗壮等优点。9年生树高达10米，胸径16厘米；10年可采脂，年均产脂250千克；16年可采伐，亩出材达10立方米。2000年全市规定马尾松采种基地2000公顷，年产马尾松种子1500千克。2002年起向市内外大量供种。

软枝油茶　是国家审定著名油茶良种。其特点是速生、稳产、抗性强、寿命长、油质好。种植后3年开花挂果，7年丰产，亩产茶油50千克以上。1973年，被全国油茶协作组专家鉴定，确定为第一个优良油茶品种；国家科委、农委授予“农业科技推广奖”一等奖。80年代，岑溪创办的软枝油茶种子园，至2004年累计向全国14个省（区）300多个单位提供软枝油茶良种90万千克，优良无性系穗条20多万穗，实生苗30多万株。2005年，全市可年供软枝油茶种子5万千克，优良穗条20万条，实生苗25万株，嫁接苗18万株。

在岑溪推广种植的经济林良种有玉桂、八角，水果类的龙眼、荔枝、砂糖橘、早熟枇杷、优质芒果、大果杨桃、大肉余甘果和虫胶寄生主树岭南黄檀树、钝叶黄檀树等。

南渡镇竹林（2005年　摄）

软枝油茶（2005年　摄）

第二节　植树造林

1986年3月，岑溪县委、县人民政府作出“兴岑先兴林、林兴百业旺”的战略决策。根据这一决策和岑溪林种、树种资源分布及各种林木生长条件、效益时限等因素，林业部门提出“森林分别经营、林产按林种（基地）管理”的林业发展方案，调整林业品种结构。具体分两步：一是林带建设，即远山高山山腰以上山顶林带，以马尾松、湿地松、杉等针叶林为主；山腰以下至部分山冲以针叶、阔叶林混交为主，以利于水土保持；近山低山、坡地、河岸，以植造经济林、竹林、果树为主，现有荒山、光山，通过飞机播种、人工造林方式，灭荒绿化。二是在全县抓好生态公益林保护管理前提下，建立用材林（杉为主）、脂林（松为主）、玉桂、八角、竹、水果等六大商品林基地。“七五”期间，六大商品林基地初具规模。1990年年末，基地总面积5.0万公顷，其中湿地松1.4万公顷；玉桂1.3万公顷；八角5200公顷；水果7000公顷；竹林8000公顷；薪炭林（杂木灌木）2000公顷。1990年全县用材林总面积150万公顷。1991年实现全县造林灭荒达标。1994年，实现全海拔绿化达标，1995年岑溪获“全国造林绿化百佳县”“全国经济林建设县”等称号。1995年年末，全县有林面积188.70万公顷，森林蓄积量699.08万立方米，森林覆盖率由80年代初期的41.7%升至70.9%；绿化率由58.2%上升到96.45%。2000年获“全国经济林建设示范县”。

封山育林

1991—1994年，结合县委、县政府提出三五年内实现全县造林灭荒和全县海拔绿化达标的目标，封山育林面积2300公顷。1997—2002年，结合自治区下达的泛珠江流域防护林工程建设，市域境内对低质低效林与新造林实施封育，1997—1999年共封育2968.3公顷。2001年，封育1800公顷，2002年封育5948公顷。

人工造林

岑溪植树造林，按分类、分区、分林种基地营造的方法，以林业承包户（含企业、专业户）营造为主，群众性的植树为辅。林业部门负责提供树苗（果苗及部分经济林如玉桂，八角苗等，实行市场化，即由育苗专业户育苗出售）。植树方式，根据山势地貌而定，可依坡度挖坎种植，可全垦地种植或梯级种植，可撒播（含飞播）种子种植。造林时间一般在农历二三月间，需全垦或梯级种植的，可在年前（即农历十二月）或年后进行林地垦作翻耕，植树造林季节，林业部门（含乡镇 林业站）派出技术人员，分别到各镇、村进行技术指导，或在造林前通过造林种栽技术培训，或广发宣传资料和在本地电视台播出栽种知识专题节目，引导农民提高苗木栽种成活率。

1991年，全县造林总面积4957公顷，其中经济林680公顷。1992年，为适应林纸工业生产的需要，开始引进速生桉树树种，在部分乡镇试植；1999年引进马占相思类树，营造速生林（属用材林）。2001年，启动国家防护林生态效益补助资金试点工程，市政府出台《岑溪市发展速生林优惠办法》《岑溪市鼓励单位和个人投资兴办速生林优惠办法》等优惠政策和措施。市林业部门开展速生林技术研究推广及技术指导服务，并兴办良种苗圃中心，指导营造速丰林和示范基地867公顷。2002年根据全市工农业产业结构调整的新方案，林业产业调整减少马尾松林地2.1万公顷，森林用材林减少800公顷。增加玉桂、八角、竹林基地面积，并新建林基地和高脂马尾松优良基地共6700公顷。按全市山地及土水源等情况，分别设计了桉树、马占相思、马尾松、八角、玉桂林和桉树、相思混交林、柑桔、李

1992年，三堡镇农民上山植树造林

(果)纯林模式营造生态林。同期规划筋竹、大业、归义镇推广种植砂糖橘并形成产业基地。林业部门在糯垌创办的软枝油茶种子园为软枝油茶良种培育销售基地,在全市推广种植,并逐步形成产业基地。从1991年到2005年,全市总计完成植树造林面积40941.33公顷(当年造林面积为1213公顷)。

1991—2005年岑溪市造林面积统计表

表4-3-1　　单位:公顷

年度	造林面积合计	用材林小计	松	杉	桉树	相思	竹子	其他
合计	40941.33	25075.76	8245.16	539.7	11537	3133	1034.8	586.1
1991	4957	3933	3702	59	100	—	28	44
1992	1254	838.26	654.76	41.5	68.5	—	11.1	62.4
1993	771	382.7	274.3	—	—	—	83.8	24.6
1994	269	497	307	45	—	—	130	15
1995	1500.7	197.8	94.4	24.6	—	—	71.3	7.5
1996	1569.3	528.6	295.7	60	—	—	147.3	25.6
1997	1804	621	133	55	—	—	433	—
1998	1350	750	616.7	66.6	—	—	66.7	—
1999	1680	1064	927	37	—	—	46	54
2000	2111	1006	563	84	26	333	—	—
2001	4854	3056	154	2	1162	1721	17	—
2002	1942	1489	11	6	102	1069	—	301
2003	2915	149	90	35	10	10	—	4
2004	1825	1620	137	21	1462	—	—	—
2005	1213	1173	—	—	—	—	—	40

1991—2005年岑溪市经济林、防护林统计表

表4-3-2　　单位:公顷

年度	经济林					防护林			
	小计	玉桂	八角	果树	其他	小计	松	竹子	其他
合计	11845.17	6440.07	3798.5	1245.3	361.3	4020.4	2.4	278	3740
1991	1543	558.37	344	428	213	—	—	—	—
1992	2465.7	500	1919.8	28.6	17.3	—	—	—	—
1993	1244.8	701.9	237.4	305.5	—	—	—	—	—
1994	1207	1072	135	—	—	—	—	—	—
1995	1300.5	1132.2	156.3	—	12	2.4	2.4	—	—

续表 4-3-2

年度	经济林					防护林			
1996	1040.7	658.1	382.6	—	—	—	—	—	—
1997	1183	677	466	40	—	—	—	—	—
1998	600	260	340	—	—	—	—	—	—
1999	607	261	232	—	114	9	—	9	—
2000	836	204	453	179	—	269	—	269	—
2001	941	250	663	28	—	857	—	—	857
2002	190	54	126	6	4	263	—	—	263
2003	218	15	15	188	—	2548	—	—	2548
2004	133	55	62	18	—	72	—	—	72
2005	90	33	42	15	—	—	—	—	—

第三节　森林保护

20世纪90年代初，岑溪县乡（镇）两级政府加大《中华人民共和国森林法》等法律法规宣传教育力度。建立相应的森林保护制度，如木材采伐、木材经营（含运输）审批与许可制度，林区野外生产用火审批许可制度。并采用重点公益林采伐审批、林木资产抵押登记，珍贵稀有古树挂牌保护等措施。着力抓好封山育林，护林防火，加强森林管护和森林病虫防治等几个方面工作。

护林防火

瞭望网　全市14个镇共有瞭望台7座，坐落在南渡镇望君顶、三堡镇新安、归义镇通天顶、诚谏镇大石高山、油茶场大冲顶、安平镇牛岭界顶、水汶镇石庙。每座瞭望台都配有专职瞭望员，全市共有瞭望员13人。

扑救山火现场（1999年　摄）

通信网　全市共有超短波差转台两座，电讯号基本覆盖全市14个镇，全市林业系统共有对讲机58台。

生物防火阻隔网　1999年1月岑溪市政府在岑溪市十二届人民代表大会的政府工作报告中提出了森林防火“四三二一”工作思路，并作出了《关于建设全市森林防火阻隔网带的决定》，实行部、委、办、局市直单位包乡镇，乡镇包村的办法，层层落实责任制。2000年9月全区生物防火林带现场会在岑溪召开。

预测预报网　全市大部分的森林防火预测预报是由岑溪气象局提供，由岑溪市广播电视局发布。

护林消防队伍　1994年成立岑溪市专业森林消防队，队员30人，属市财政差额拨款单位；1997年岑溪市专业森林消防队获自治区“一类队”称号。1999年成立岑溪市抗击突发性应急大队，有队员480人；各镇成立半专业森林消防队，共有队员1260人。2003年在归义、糯垌、马路、樟木等镇成立农民半专业扑火队伍。

1991—2005年岑溪市森林火灾统计表

表4-3-3

年度	火灾次数		过火面积		林木损失		人员死亡(人)
	火警(次)	火灾(次)	过火面积(公顷)	受害面积(公顷)	成林蓄积(立方米)	幼林株数(立方米)	
1991	6	5	80.2	24.7	1681	4.2	—
1992	6	5	40.6	17.9	830	0.46	—
1993	2	1	6.73	4.93	220.1	0.23	—
1994	1	1	4.29	3.72	121	0.42	—
1995	—	3	20.8	20.8	243	5.92	—
1996	3	7	52.88	47.72	699	1.98	—
1997	1	4	25.5	25.5	565	1.5	—
1998	4	10	399.5	225	7502.4	7.75	—
1999	2	8	166.5	108.8	5236	0.42	—
2000	2	4	49.2	25.1	623.4	0.84	—
2001	1	3	219.63	126.8	4839	10.63	—
2002	6	9	166.5	33.8	1192	3.54	2
2003	3	11	168.5	62.1	2302	5.4	—
2004	10	15	416.9	94.3	4640	6.18	1
2005	8	4	61	16.6	465.5	3.2	1

薪炭林木资源保护

90年代中后期，随着岑溪电能建设发展，煤及煤气输入量增加，以电、煤、煤气代柴逐步普及城镇及农村家庭。2000年起，市委、市政府提出社会主义新农村建设，推广“养猪–建沼气池–种植”综合利用，建设生态富民家园，实现农村家居卫生清洁环境建设目标，利用中央扶助和国债资金，以新农村建设试点村作牵引，在全市各镇全面推广沼气使用，建造规范沼气池，到2005年续建2000座沼气池。同时通过举办沼气专业知识及使用技能培训，提高沼气使用安全防范。至2005年年底，全市共有11980户农村家庭使用沼气，占全市农村家庭总户的10%。

森林病虫害防治

1991年，岑溪市被列为广西壮族自治区马尾松毛虫综合治理技术推广县，项目起止年限为1991—1995年，该项目获自治区林业厅科技进步二等奖。1999年是岑溪市近期松毛虫发生面积最多的一年，受害面积244公顷,主要分布在南渡盘古一带,当时相当部分的松针叶被吃光,由于及时采用施放白僵菌粉来进行防治,虫口密度迅速减退,避免了虫灾的进一步扩散蔓延。

1999年7月至2000年6月在市范围内进行一次森林植物检疫对象的普查,查出岑溪市分布的检疫对象有肉桂枝枯病,湿地松粉蚧、松针褐斑病,其中湿地松粉蚧是2000年由广东自然传播传入,刚开始时发生的面积为88公顷,但由于岑溪市森林内分布有许多瓢虫、蜘蛛等湿地松粉蚧的天敌,故湿地松粉蚧没有在岑溪市形成较大的危害。

2000年以后,岑溪市开始大规模引种桉树速丰林,随着种植面积的日渐扩大,病虫害种类也随之越来越多,其中桉树青枯病危害较为严重。为了防止桉树病虫害的大面积发生,在种植桉树时就建议尽量选择抗病能力强的品系,并且在苗木未出圃时就要进行产地检疫,严禁染病植株上山造林。尽管桉树青枯病在岑溪市每年时有发生,但还是没有出现较大灾害的现象。防治桉树青枯病的主要方法是清理病树,然后用石灰粉进行消毒,防止病菌的进一步扩散。

2003年7月,松突圆蚧由广东传播进入岑溪市与广东信宜交界的水汶镇,分布面积为500公顷;由于该虫传播速度快,防治难度大。为了寻求有效的防治方法,邀请有关专家前来研究防治对策:专家建议①实施改针造阔,即对受害严重的松林要采取更换树种,营造阔叶树,使松突圆蚧失去生存的寄主对象——松树,减少传染源。②采用生物天敌防治,对受害比较轻的林分别采取放养天敌寄生蜂,使松突圆蚧被寄生蜂歼灭,防止松突圆蚧危害的进一步恶化。③利用生物菌类来进行防治,可减轻受害程度。2005年起,县林业部门从广东引进寄生蜂来防治,全市共实施防治松突圆蚧面积4000多公顷。

2004年7月,红棕象甲在岑溪市糯垌镇平坡花卉基地首次出现。该虫是由一业主从广东湛江购进一批未经检疫的国王椰子引进的,数量为600株。检疫部门要求各业主在一天之内对各自所有的棕榈科植物进行自查自检,全面喷施敌敌畏和呋喃丹进行防治,同时对带疫的国王椰子全部销毁。

2005年7月20日,岑溪市南渡镇义新村碧波河口垌发现有疑似红火蚁的疫情;7月23日经广西师范大学生命科学学院进行物种鉴定证实为新传入的入侵检疫性有害生物——红火蚁。经林业、农业及南渡镇政府等部门对该疫区进行全面的调查,发现有红火蚁巢分布的面积为20公顷(即中心疫区),可能染疫的区域为74公顷(按有蚁巢向外扩展400米范围计)。当年7月29日启动红火蚁防治应急预案,成立疫情普查组、疫情扑灭组、垃圾清理组等,并于当天施放药物“一扫清”等防治红火蚁。经过三个月全面封杀防治,红火蚁被全部扑灭。

第四节 退耕还林

2003年,岑溪市开始实施退耕还林工程,至2005年累计实施退耕还林9700公顷。在实施过程中,其中,享受每亩50元种苗补助的荒山荒地造林8700公顷;享受钱粮补助农民家庭退耕还林面积1000公顷。按照国家规定,退耕还林前一个补助周期每年每亩补助粮食150千克(从2004年起改为补助现金210元),生活补助资金每亩20元。经济林连续补助5年,每亩达1150元。生态林连续补助8年,每亩达1840元。退耕还林后一个补助周期,每年每亩粮食补助105元,生活补助资金每亩20元,经济林连续补助5年,每亩达625元。生态林连续补助8年,每亩达1000元,国家将累计投入岑溪市退耕还林补助资金3962万元,退耕还林农户户均增加收入3685元,1万多退耕农户直接受益。

2003—2005年岑溪市退耕还林统计表

表4-3-4　　　　单位：公顷

年度	计划任务			实施情况		
	小计	退耕地还林	荒山造林	小计	退耕地还林	荒山造林
合计	9700	1000	8700	9700	1000	8700
2003	3000	1000	2000	3000	1000	2000
2004	3333	0	3333	1000	0	3333
2005	670	0	670	670	0	670

第五节　林产品加工经营

木材经营　1982年，农业实行家庭联产承包制，木材生产允许家庭个体、联合体（私营企业）经营，采伐量实行坚持计划报批，砍伐许可制度，严禁乱砍滥伐。90年代中后期至21世纪初的2005年，随着改革开放的深入和社会主义市场经济体制的建立、完善，国有木材经营企业体制改革和外资、私营木材（含纸业）生产经营企业的兴起，木材生产经营逐步放开，除采伐、运输仍坚持计划和许可证制度，依法管理外，木材加工、销售一律市场化。至2005年，全市有大小木材经营加工厂和木材、木器具（以木方条、合成板、家具为主）销售门市部220多家，分别分布在市区、各镇街（圩）。当年全市木材采伐量139774立方米；市内木材（含圆木、板材）产品及木制家具用具产品消耗量2.5万多立方米，年产值8000多万元。

贮木场待运的木材（1994年　摄）

竹木（含藤芒）加工与经营　80年代中期起，木器加工、竹（含藤、芒）编织成为岑溪农民增收的重要门路，也是农村经济支柱产业之一。尤其是竹（藤、芒）编织业，在“八五”期间，列为增加外贸出口、创汇的重要产业之一。竹木加

岑溪竹芒编制品（1999年　李强　摄）

工(含编织)产品有木床、木柜、木椅桌、木桶、木门、木窗、藤椅、竹椅、竹帽、竹篮、竹笪、箩筐、筛箕、畚箕及竹、藤、芒编织工艺品花篮、托盆,微型手提箱等(竹芒编织工艺品多为出口产品)。岑溪竹木加工以乡镇企业、私营企业和农民家庭为主体。1991年,从业人员达10万多人。至2000年,从业人员增至20多万人。注册登记厂家320多家。2001年起,国有外贸企业实行经营体制改革。乡镇企业和私营个体竹芒藤编织品出口,改由外贸、合资企业经营收购出口。竹木加工器具及部分非合同竹芒编织品均在市内或邻县市场销售。2001—2005年,全市竹木加工业年产值由3000万元升至8000万元。全市木材及竹、藤、艺编织规模以上企业总产值11952万元。

林化产品 岑溪原始林化产品主要有桂皮、桂油、八角油(茴油)、胶粉、土纸(又称黄金纸),1990年,岑溪全县桂油产量合计370.23吨;茴油产量共720.71吨,土纸64465吨。随着经济发展,药用、香料产业对玉桂、桂油、茴油需求量增大,价格提升,岑溪的桂油、茴油生产逐步形成产业化,蒸制技术提高,产量逐年增加。2005年全市有以肉桂、八角枝叶为原料的药用、香料加工企业38家,小型加工厂238家。年产桂油340吨,茴油820吨,桂皮43250吨,八角产量1146多吨,产品除内销外,还销售东南亚等50多个国家和地区。

20世纪70年代起,岑溪办起县松香厂,岑溪开始利用松脂生产松香及副产品松节油、210酚醛树脂、138松香甘油酯等。1986年,该厂生产的“雁牌”松香获广西优质产品称号,1989年县松香厂晋升为国家二级企业,1990年“雁牌”松香获国家银质奖(生产情况详见工业篇)。

1991—2005年岑溪市主要林产品统计表

表4-3-5　　　　单位:吨

年度	合计	松香	桂皮	八角	桐油	茶油
1991	29980	27549	1342	104	40	945
1992	31802	28317	1905	194	57	1329
1993	37904	33023	3092	381	128	1280
1994	31642	25958	3278	452	192	1762
1995	41987	28442	4959	621	5439	2526
1996	39740	30102	3126	731	387	2394
1997	38917	29220	5924	1157	293	2325
1998	23176	13809	5654	1129	321	2263
1999	26076	16021	6176	1220	287	2372
2000	19349	13282	4061	809	142	1055
2001	18860	13214	3588	844	132	1082
2002	19274	13926	3466	961	94	827
2003	21535	15918	3661	1008	92	856
2004	22325	16193	4081	1123	87	841
2005	0	—	—	—	—	—

第六节　林场企业

七坪林场

创办于1957年11月，位于岑溪市的东北部，地跨安平、糯垌、诚谏、归义4个镇，林场有5个造林站。全场总面积3800公顷，是全市最大的国营林场。有林面积2695公顷，其中马尾松1680公顷、杉木615公顷、杂木150公顷、经济林132公顷、灌木林116公顷；活立木蓄积305288立方米，并且每年平均以12260立方米的生长量增长。

1994—1997年，七坪林场投入资金835万元建设基础设施及投资第三产业，修建林区公路25千米、增建职工宿舍等设施。作为广西国有林场的改革试点，七坪林场于1998年5月曾经兼并本市的软枝油茶林场和紫胶林场；1999年3月兼并岑溪市胶合板厂。2000年8月，油茶林场和紫胶林场开始独立核算；2005年4月，三个林场彻底分离，恢复独立经营管理。1999年，七坪林场开始发展职工自营经济，俗称家庭林场，即七坪林场以5元/亩年的租金将采伐迹地承包给职工，每位职工承包1.4公顷，由职工自己种植和经营管理，大部分职工以营造八角林或混种肉桂为主。至2005年，全场共有130处承包迹地，造林总面积240公顷。

软枝油茶林场

创建于1976年4月，位于糯垌镇黄塘村地麻坡，总面积967公顷。种植软枝油茶为主，软枝油茶种植面积307公顷。1991—1993年，油茶林场紧跟着全县造林绿化达标运动的步伐，将宜林荒山进行造林，种植松林67公顷，其中湿地松47公顷。1994年，油茶林场在三堡镇租赁禾积坪山场，共267公顷，年限25年。此后两年，改变林种单一的结构，营造肉桂27公顷，在租赁的六水冲山场营造余柑果40公顷。1998年，油茶林场并入七坪林场，成为七坪林场的一个分场。2001年，油茶林场与广东阳春市松柏木材加工厂签订联营合同，联营种植、经营马占相思速生丰产林140公顷，期限36年，产品收益各占50%。2003年改种速丰桉54公顷；2004年与广东阳春市松柏林材加工厂签订了一份补充协议，将联营树种改为桉树，联营期限改为20年。2005年，油茶林场从七坪林场分离出来，恢复独立经营管理。2005年全场保存油茶面积187公顷。

紫胶林场

创建于1969年12月，场址设在波塘荔村河曲。林场总面积194公顷，属小型国营林场。20世纪90年代初紫胶林场有干部职工25人，1995年干部职工达到43人。90年代前，紫胶林场主要以栽培紫胶寄生树种—檀树，生产紫胶为主，由于紫胶虫保种越冬难且紫胶市场效益差等原因，1993年春，经上级主管部门批准逐渐改种以马尾松为主的用材林，适度发展肉桂等经济林。紫胶林场开始发展职工自营经济，分给每位职工1.7公顷左右的林地种植肉桂、八角、竹子、水果等经济林，由职工自己投资，自主经营管理，自负盈亏。1995年全场有林面积187公顷。1998年5月，紫胶林地并入七坪林场，成为七坪林场的一个分场。2003年紫胶林场开始实行独立核算。紫胶林场开始营造速生丰产林。自治区林业局每年都拨给紫胶林场5万元的紫胶保种项目专项经费。2005年4月，紫胶林场彻底从七坪林场分离出来，恢复独立经营管理。至2005年年底，全场所有职工43人都承包迹地，总面积74公顷。

软枝油茶种子园

1976年4月建园，位于原樟木公社六田村（今属岑城镇），总面积173公顷。原属林业部、自治区林业厅、岑溪市林业局联合定点优良树种培育基地，肩负着向全国提供油茶良种任务。有职工31人，种子园先后收集软枝油茶树种54株，培育出“岑软”2号、“岑软”3号优良品种，经连续4年测产，年均公顷产油

924.75千克,这是高产的无性系品种之一。1992年获自治区林业厅授予科技进步二等奖和林业部科技进步三等奖。1996年经自治区林业厅鉴定为重大成果。由于20世纪末至21世纪初,油茶产业低迷,将部分油茶林改种马尾松、玉桂等树种,油茶林面积减少。2002年后重新掀起发展油茶产业的热潮,种子园加强对油茶的管理和研究投入,2002年岑溪软枝油茶获国家林业局颁发的全国林木良种证书。2004年该场参加全国油茶优良品系区域试验项目。2005年10月,泰国考察团到种子园对软枝油茶进行考察,通过广西林科院由种子园提供3万多株优良苗木。同期,"岑软"2号、"岑软"3号优良无性系正申报国家级林木良种,岑溪软枝油茶的推广和应用也不断扩大。

森工企业

80年代,岑溪森工企业有木材公司、林工商公司两家国有企业。1993年,成立岑溪县林业多种经营公司。1998年,成立岑溪市林业物资公司,接管原木材公司、林工商公司和林业多种经营公司大部分木材生产经营业务(含大部分职工),原三公司仅保留少数留守人员,负责原山场林木管理和工厂看守及债务处理。2001年成立市速丰林有限公司,属市林业局二层机构。2003年7月,撤销林业物资公司,由岑溪市速丰林有限公司行使市集体林地木材生产、收购和销售权。原林业国有森工企业改制为股份有限公司。实施市内林产品统一收购、统一销售的经营模式。2002年11月,广西三威林产岑溪人造板有限公司建成投产,年产中密度纤维板15万立方米。

第四章　畜牧渔业

进入20世纪90年代，随着农村改革开放政策的深入贯彻与农业产业结构调整、科技兴岑战略的实施，牛、羊、猪、鸡、鱼的养殖基本摆脱一家养一两头猪、几只或十几二十只鸡，用米糠、剩饭、剩菜喂养的小农生产模式。逐步形成专业户饲养和专业企业（公司）加基地加农户的集约经营，形成现代厂场养殖模式。1991年，全县牛存栏5万多头，猪24.35万头，包括三黄鸡在内的活鸡存栏346万羽，出栏878万羽。当年畜牧渔业产值5.62亿元。1995年全市畜牧渔业总产值6. 46亿元，占农林牧渔业总产值的27.5%，比1989年年末提升2.5个百分点。到2005年，全市畜牧渔业总产值12亿多元，十年间实现产值翻番，占农林牧渔业总产值的40%多。2001年，岑溪“古典型三黄鸡”获得国家商标局申请注册商标认证，并被评为广西优质产品，“古典型三黄鸡”养殖业更是成为农民致富一大支柱和畜牧渔业生产的龙头产业。

第一节　牛羊养殖

20世纪90年代以前，岑溪牛品种以本地水牛（含部分摩拉牛）、黄牛（俗称沙牛）为主，且主要用于耕作。羊品种主要是山羊。90年代中期起，随着农业机械的普遍推广，很少使用牛耕地，加上肉类市场需求增加大，农民饲养肉牛数量逐渐增加，也有个别农户饲养奶牛。2000年，岑溪市开始推广牛品种改良技术，成立牛品改试验站，建设牛品改示范养殖场，以促进全市养牛业的发展。2002年，通过与广西大学动物科学技术学院等科研部门，建立科技协作关系，邀请有关专家到岑溪开展技术培训。引进尼里拉非、利木赞、安格斯、西门塔尔与山东杂交三代母黄牛等优良品种80多头。在安平镇古院村牛品改示范场，同期通过引进优良牛冻精繁殖杂交后代方式，在全市推广冻配交仔牛养殖。2002年，全市共冻配母牛4588头，产仔479头；2003年，冻配杂交仔牛1817头，2004年2794头，2005年4000头。四年累计9000多头。岑溪市从2002年起至2004年，连续被自治区水产畜牧部门评为牛品改工作先进单位。

1997年，全市养牛5～10头的农户有1300多户，10头以上的专业户有200户。当年牛存栏量4.45万头，出栏1.62万头。2000年，全市推广牛品种改良工作，市畜牧部门在一些乡镇建立牛品改示范场和牛品改示范户，激发农民养牛积极性。2003年，全市牛存栏3.03万头，出栏1.31万头。2005年，全市建立2个牛品改示范镇（归义、糯垌），10个规模

20世纪90年代，耕牛是农民的主要生产资料，秋收后利用禾秆搭建牛棚，还可以作为耕牛越冬的饲料（1991年　李强　摄）

山羊养殖

养牛示范村，1280户养牛示范户。当年年末牛存栏4.5万头，出栏1.88万头。

20世纪后期，糯垌、三堡、诚谏、安平等镇，一些农户引进外地山羊品种，发展养羊业。饲养量1000～2000头。2000—2005年，养羊30～100头以上专业户50多户。其中三堡月田村复退军人梁位柱，退伍后养山羊，年出栏100头以上，年收入5万～8万元，成为农民致富的带头人。

第二节　生猪饲养

1991年，县畜牧水产部门实施“科技兴牧（畜）、兴渔”战略，推广科学养猪技术，引进外地生长快、抗病力强的优质猪品种，鼓励养猪户（尤其母猪饲养户）广泛开展冻精配种技术，饲养杂交良种猪，创办规模养猪场。当年，全市创办100头以上养猪场317个，年养猪20～50头左右的养猪专业户有800多户。涌现了养猪致富的养猪大王、养猪状元户、养猪能手等近千人（家）。全市猪饲养量47万多头，年末存栏24.35万头。出栏肉猪23.14万头，仔猪23.76万头。1994年，岑溪县猪、牛等肉类生产进入全国肉类生产百强县行列。1998年全市生猪存栏26.93万头，生猪出栏35.86万头，肉类总产量6.64万吨。2001年，市畜牧水产局开始引进瘦肉型原种母猪，兴办瘦肉型原种猪繁殖场。当年该场存栏新长白、白系杜洛克、大约克等原种猪300多头，向社会供应优质二元杂交母猪3000多头。2004年，在全市多个乡镇推广瘦肉型猪饲养。全市生猪存栏34.1万头，出栏生猪45.04万头，其中瘦肉型猪17万头。2005年，全市创办初具规模的瘦肉型养猪场8个（100头以上），全市当年生猪存栏38.66万头，出栏肉猪48.63万头。

第三节　家禽饲养

鸡饲养

20世纪90年代初由县外贸鸡场培育并推广出以糯垌“三黄鸡”原种的品种“古典型三黄鸡”后，岑溪养鸡业进入一个全新并且迅猛发展的时期。养鸡由过去的家庭自繁自养，分散放养形式，改为个人或集体创办养鸡场。鸡苗为人工孵化，养鸡业逐步形成商品化、专业化，成为农村经济发展，农民增加收入的重要途径之一。1986年春，时任中共中央总书记胡耀邦从广东罗定县折道到岑溪筋竹视察时，就称赞岑溪“百万雄鸡下广东”，利用当地资源发展经济的举措。1991年全县养鸡专业户达3000多户，当年活鸡饲养量800多万羽。1992年超千万余羽。至1994年达2260万羽。同时开始出现综合（立体）养殖的模式，造林种果养鸡（山地鸡）结合，养猪、养鸭、养鱼结合。以家庭为主或联合（合伙）饲养500羽以上的综合养殖场不断增加、扩展。1998年全市出栏100羽以上的家禽养殖户3480多户，岑溪开发的“古典型三黄鸡”获得国家商标认证，并被评为“广西优质产品”，中国优质农产品协会还授予岑溪市为“中国古典三黄鸡之乡”的称号，推动岑溪养鸡业的发展。

鸭鹅饲养

岑溪农村鸭鹅饲养，没有养鸡那样家家都养。原因一是鸭鹅饲养需要有相应水面活动场所；二是一般都需群养（十几只或几十只甚至百只以上）且以市场出售为主；三是消耗饲料量大并且需要专人管护（到江河水塘放养），一般家庭本（钱）少、劳力少、难上规模养殖项目。60年代前，鸭的品种一般是本地传统田鸭（鹅同样是本地鹅），70年代起，引进北京鸭良种，也有一些家庭饲养少量关鸭（又称西洋鸭，可旱地饲养）。农业集体化期间，一些生产队把养鸭（或鹅）作为增加集体收入的项目来抓，安排专人养鸭（或鹅），因之称养鸭（或鹅）人为“鸭（鹅）司令”。80年代农业实行家庭联产承包制后，部分家庭把养鸭（或鹅）作为致富门路，鸭鹅饲养量不断增加。进入90年代，肉类市场消费量增加，开始有养鸭或鹅的专业户。有的农民还采用承包集体水塘饲养鸭鹅。创出致富新门路。1995年起，全县（市）鸭鹅饲养量逐年增加，出栏（上市）数增大，政府正式把鸭鹅连同鸡饲养列入统计范围。

筋竹镇农民利用山塘实施水下养鱼，水面养鸭，塘边养猪的立体养殖模式（1999年　谭坚　摄）

1995—2005年岑溪家禽（鸡鸭鹅）饲养情况表

表4-4-1　　单位：万羽

年份	鸡		鸭		鹅	
	年末存栏	年内出栏	年末存栏	年内出栏	年末存栏	年内出栏
1995	5040.6	658.48	82.16	194.60	6078	7.92
1996	666.40	928.92	109.76	215.43	7.84	15.65
1997	655.35	976.04	107.94	296.90	7.71	12.06
1998	449.65	868.48	74.06	296.42	5.29	1.10
1999	468.94	1166.41	76.73	207.32	1.36	0.91
2000	546.99	1428.5	94.77	316.56	2.36	3.75
2001	580.48	1651.29	109.82	312.81	2.42	3.81
2002	410.24	1864.68	80.69	299.23	0.66	1.02
2003	782.54	2061.88	100.07	314.16	9.72	9.08
2004	853.07	2256.57	94.99	272.28	0.02	0.11
2005	1745	2573.57	81.77	215.32	0.01	0.66

第四节　岑溪“古典三黄鸡”

“三黄鸡”原产地为岑溪市糯垌镇,因其毛黄、紧身光亮、嘴黄、脚黄而得名。20世纪80年代以前称“糯垌三黄鸡”(因产地取名)。体型短小,成熟肉鸡(行鸡)一般1~1.3千克,肉质细嫩、皮黄肉香润滑爽口。60~80年代列为岑溪外贸出口产品。

80年代,岑溪养鸡业大发展,部分农户引进一些外地鸡品种,成长期短,且粗壮体重利于赚钱。但肉质、香味均比不上“三黄鸡”。为保存糯垌“三黄鸡”优质品种,岑溪外贸鸡场开始着力培育开发“三黄鸡”。在县政府的支持下,建立岑溪县三黄鸡良种场,深入原产地精挑细选原种鸡进行培育。采用林地山地野外放养方式,同时参照传统饲料配方研制新型饲料,制定系列防病害管理措施和孵化与雏鸡饲养技术规程,经数年努力,为区别于其他地方“三黄鸡”而命名为“古典型三黄鸡”(简称“古典三黄鸡”)终获成功,于90年代中期开始在全市推广饲养。

“古典三黄鸡”品牌的地方标准　2003年10月,国家质检总局决定岑溪市为古典型三黄鸡农业标准示范区,并确定为第四批全国高产优质高效农业标准化项目。经岑溪市质量技术监督局审核评定并于2005年8月发布“古典型三黄鸡”品牌的地方标准如下。

岑溪“古典三黄鸡”

体型、外貌雏鸡绒毛、嘴呈淡黄色,脚呈米黄色。成年公鸡羽毛端较尖,颜色以金色为基本色,颈羽比体羽色深,背羽颜色深于胸、腹羽,胸、腹羽毛基本为黄色,翼羽和尾羽有黑色或蓝黑色条斑并带金属光泽。母鸡羽毛终端较钝而呈丰圆形,颜色以淡黄为基本色,颈羽比体羽深,背颜色深于胸。腹羽,胸、腹部羽毛基本为淡黄色,翼羽和尾羽带黑色或黑色条斑,翼羽展开后才可见黑色条斑。

鸡冠、耳叶与虹彩单冠直立、呈鲜红色,冠齿5~7个,无侧枝。公鸡冠粗大肥厚,母鸡冠小而红润。雏鸡35天左右根据鸡冠发育程度区分雌雄。耳叶红色,虹彩橘黄色。

胫长、胫围与肤色　成年公鸡胫长≤8.0厘米,胫围≤4.2厘米;成年母鸡胫长≤6.7厘米,胫围≤3.7厘米。肤色呈黄色或肉色。

体重　成年公鸡体重1.7~2.1千克;母鸡1.2~1.6千克。公鸡成长35~40天开啼,75天鸡冠红润并开始交配;母鸡115~120天鸡冠基本红润,147天母鸡开始产蛋。出栏期一般5~7个月。

同期,岑溪市质量技术监督局同时发布“古典型三黄鸡”的饲养管理技术规范,防疫技术规范,孵化技术规范和商品肉鸡、种苗、种蛋、种鸡等地方标准,供饲养家庭、鸡场使用。

“古典三黄鸡”生产

“公司+农户+客户”生产经营模式　岑溪市外贸鸡场有限公司1999年开始施行“公司+养户+客户”的

产业化经营模式，提出与该模式相对应的“真诚合作，合理分利”的经营理念。公司通过签订合同带动农民养殖三黄鸡，即由农户交纳一定的押金后，向农户统一提供鸡苗、饲料和药物，提供全程技术指导服务，肉鸡养大后，保价回收，统一销售。公司负责向农民提供种苗、技术、饲料、药物并保价回收农民养大的肉鸡再统一对外销售。农民只要在有场地、鸡舍的前提下，投入少量资金（约占所养鸡群投资的20%），就可与公司合作养鸡。在整个合作过程中，公司完全承担市场风险，养殖户只承担饲养管理风险。即使遇到什么灾害（如禽流感）而使鸡群到期不能出栏销售，公司可按超期存栏鸡数，每只鸡每天无偿补给农民饲料款。运输方面，公司提供运输货源，农户提供车辆和人力。在肉鸡的销售上，公司主要是做终端市场的开拓引导，采用让利的办法刺激经销商去抢占市场，具体的销售工作则基本上由经营商来完成。2004年，“公司+农户+客户”经营模式带动865户农户在山地养殖三黄鸡，出栏肉鸡1400万羽。2005年，市外贸鸡场已在全市多个镇建有养殖基地，参与饲养古典三黄鸡的农户达2000多户10000多人。全市古典三黄鸡饲养量达2000多万羽，出栏超过3000万羽。

专用饲料生产 岑溪市外贸鸡场有限公司饲料厂是公司附属饲料生产厂，主要生产古典鸡系列专用配合饲料，年产古典鸡系列专用配合饲料10万吨，全部供给公司自用及古典肉鸡代养户。整个饲料生产采用先进的配方技术，从原材料进厂到产品出厂形成一整套严格质量控制管理体系，所用原料、添加剂严格按照国家有关法定部门规定，不含对畜禽、人体健康有害的物质，不使用任何抗生素和激素，不使用工业合成的油脂等，完全达到饲料卫生标准和无公害养殖的要求。

肉鸡无公害生产 1999年制定《岑溪市外贸鸡场标准化生产操作规程》等一系列规章、制度，从产地环境、水源、土质、饲料原料的购进、生产管理及药物的购进使用等各方面规范从种鸡饲养，种蛋孵化到肉鸡的饲养管理及上市出售的全过程，做到从雏鸡到成鸡的生产过程无公害污染。推行“公司+养户+客户”的生产经营模式，肉鸡在山林、果园按标准化进行轮牧放养，整个鸡群的生长过程都处在大自然状态之下。从养殖场地选择、投入品管理、消毒防疫、肉鸡饲养管理、肉鸡出栏地检验几个关键点进行质量安全控制。养殖场地选择：选择远离城市、村庄、地势高、避风向阳、给水排水方便、水源植被充足、周围无医院、化工厂或其他大型畜牧场等污染源的小山坡、果园、林区等做养鸡场地。投入品管理：用不受污染的山泉水或符合人饮用的自来水或干净井水。平时经常对水源进行定期或不定期监测，保证用水符合无公害标准要求。所使用的兽药符合《中华人民共和国兽药典》《中华人民共和国兽药规范》《兽药质量标准》《中华人民共和国兽用生物制品质量标准》《进口兽药质量标准》和《饲料药物添加剂使用规范》的相关规定并来自具有兽药生产许可证和产品批准文号的生产企业或具有《进口兽药登记许可证》的供应商。所购买使用的疫苗均符合《中华人民共和国兽用生物制品质量标准》的规定，并由畜牧行政主管部门直接供应或有供应疫苗资格的供应商供应。所有使用的饲料都符合饲料卫生标准，不含对畜禽、人体健康有害的物质。生产饲料的原料主要用玉米、稻谷、米糠、麸皮、花生麸，饲料添加剂只使用多种维生素和矿物质，不使用任何抗生素和激素，不使用工业合成的油脂、畜禽粪便作饲料。消毒药选用对人畜无害、无副作用的消毒药。鸡场入口设脚踏消毒池，消毒液保持适宜浓度并及时更换。有关人员脚踏消毒池并经严格消毒方可进出养鸡场地；工具用具经严格消毒后方可进场。饲料槽、饮水器每天清洗一次，鸡舍、周围环境及饲养器具用低毒安全消毒药消毒一次。饲养管理：实行“全进全出制” 饲养方式，同一批鸡，同时进栏同时出栏，出栏后，对鸡舍彻底打扫、消毒并空置1～2周，然后再进行下一批鸡的饲养，切断和杜绝种种传染病的感染。整个生产流程都按标准化程序进行操作，并有技术人员对鸡群进行全程技术跟踪，保证每一群鸡对人安全。肉鸡出栏检验：经检查的合格肉鸡方可出栏上市，不合格的肉鸡不准出栏上市销售。

科研开发 1982年开始，岑溪县外贸鸡场对三黄鸡进行开发和选育提高。1992年建立100万羽鸡苗孵化车间和年产50万羽的育雏车间。1993年办起1间单班年产15000吨生产能力的饲料厂。在八五、九五期间完成“岑溪三黄鸡开发利用”“岑溪三黄鸡主要疾病的调查及防制措施的研究”“岑溪三黄鸡种鸡群净化白痢试验”“岑溪三黄鸡选育提高”“古典型岑溪三黄鸡的开发”等多个科研项目,有四项获省部级科技进步奖。2001年开始实施、2003年完成的国家级星火计划“古典型岑溪三黄鸡的开发”项目,专家们在验收鉴定会上一致认为:该项目成果达国内先进水平。2002年与广西畜牧研究所等单位合作承担广西“十五”期间科技攻关项目“广西家禽良种繁育、品种改良及珍稀动物(山蛤蚧)养殖与开发利用”中的“古典型岑溪三黄鸡改良与开发”子课题实施,2003年又与广西大学、广西兽医研究所等单位合作承担广西省级科技攻关项目“广西主要名优畜禽品种标准化技术研究与示范”的实施工作。这两个项目的实施工作已经结束,进入验收鉴定阶段。2005年完成全国高产优质高效农业标准化示范项目“岑溪市古典鸡标准化示范区”的建设工作,组织申报并实施广西农村科技服务体系示范项目“岑溪市外贸鸡场古典型三黄鸡技术创新中心”的建设和梧州市科技项目“古典型岑溪三黄鸡无公害养殖和产业化技术研究”等项目工作。市外贸鸡场于1993年获“全国优秀家禽企业”,1994年获“中国农业企业科技投入100强”,1997年获“广西优秀科技型企业”,2002年获“广西农业科技工作先进集体”等称号。1998年岑溪市外贸鸡场特为岑溪三黄鸡向国家商标局申请注册“古典”商标,2000年获得正式批准,从2004年开始,“古典”商标一直被评为广西著名商标。2003年,古典鸡被评为“广西优质产品”,2005年,被农业部农产品质量安全中心认定为“无公害农产品”。

推广应用 1982年开始,岑溪县外贸鸡场对三黄鸡进行开发和选育提高。1992年建立100万羽鸡苗孵化车间和年产50万羽的育雏车间。1993年办起1间年产15000吨生产能力的饲料厂。2004年,外贸鸡场生产三黄鸡苗600万羽,三黄肉鸡450万羽,产品销售收入10005万元。1999—2005年,市外贸鸡场向养鸡户免费发放古典鸡养殖标准化技术操作规范资料56万份,赠送《古典型三黄鸡饲养技术》书籍1500多本,举办科学养鸡技术培训班78期,培训6200人次。组织1500多户4000多名农民养殖户应用新技术、新成果进行标准化规模饲养古典鸡,每户每年饲养两批,每批3000~5000只。2004年,为了增加古典鸡附加值,外贸鸡场有限公司组织部分养殖户到外地考察,发现用古典鸡做成的“水蒸鸡”销路广,利润可观。2003年下半年开始设立“古典鸡系列饭店”连锁店,从2004年开始,外贸鸡场有限公司组织客户在两广开设“古典鸡系列饭店”连锁店,由外贸鸡场有限公司向饭店推荐“水蒸鸡”加工技术。2005年6月,“古典鸡系列饭店”连锁店发展到37家,其中广西31家,广东6家。

第五节　水产养殖及其他养殖

水产养殖

岑溪水域占全市总面积1/10多。岑溪人早有筑水塘养鱼习惯。20世纪50年代前利用村前、屋后鱼塘养鱼。60年代至80年代,山塘水库有所增加,集体养鱼和农家养鱼有所发展,但仍属于自然放养和自给型养殖,产量不高、品种不多。90年代,随着经济发展与肉类市场拓宽,鱼肉需求量激增。进一步调动岑溪人养鱼的积极性,养鱼专业户开始形成并不断增加。至1992年,全县渔业产值增至1180多万元,占农林牧副业总产值6.2%。岑溪设市后,在“农业强市”战略方针指导下,通过农业产业结构调整,许多农民改水田为鱼塘。渔业生产专业户、个体户不断增加并逐步形成产业和规模化。岑溪优越的水资源条件,也吸引了福建、广东等外地渔业老板到岑溪投资创办渔业养殖场,为岑溪渔业水产发展增添活力。1996年由福建王文祥投资近2000万元兴建的鳗鱼养殖场,建成投产后,年产值超3000万元,成了岑溪首家上规模渔业企业。1997年,筋竹镇一户农民承租2公顷山冲田建鱼塘养鱼,并实行水中养鱼水面养鸭,塘边养猪,当年鱼产量超过1.5万千克,连同猪鸭出栏年收入10万多元。1998年,全市池塘养鱼面积1000多公顷。2000—2005年,全市养鱼面积不断增加。并引进罗非鱼、埃及塘角鱼等优良鱼种。2004年年末,全市

养鱼水面面积2252公顷、水产品总量、11953吨。2005年年末，全市渔业产值8807万元。

其他动物饲养

狗 “白斩狗”“狗肉扣”从20世纪80年代起成为岑溪名菜。20世纪80年代末90年代初，岑溪人养狗逐渐转向商品化，一些山区农民还专门建设养狗场，专业从事养狗业，供应市场需求。据统计，1999年，全市狗饲养量(不含宠物狗)28000多只。到2003年，虽然当年曾实施对无主狗或疑有狂犬病的流浪狗进行一次扑杀、当年年末全市狗存栏量仍有19200多只。2004年后，政府对养狗实行强制免疫和准养制度，既保证安全，也促进圈养狗发展。2005年，全市狗饲养量2.82万只。

兔 60年代至70年代，县委、县政府曾鼓励集体(生产队)养兔，以增加集体收入。80年代后，只有少数农户饲养，但数量少，不能形成产业。90年代后，养兔家庭有所增加，由于岑溪人吃兔肉还没有形成习惯，市场需求量少，仍不能形成产业。2003年统计，全市养兔存栏为1.2万多只。

蜜蜂 60年代至70年代，岑溪养蜂较为兴旺，一些生产队还把养蜂作为一项副业来抓，派出专人放养。80年代后，转为家庭养，由于蜂蜜市场不形成规模，90年代后家庭养蜂户数减少。进入2000年以来，蜂蜜价格上升养蜂户数有所增加。2004年统计，全市蜂群有6200多群。

第六节 疫病防治

防疫体系

20世纪90年代以来，市畜牧水产部门设有畜牧兽医站(属二层机构，兼行使动物卫生监督所职能)和乡镇畜牧兽医站(为畜牧水产局派驻乡镇机构)均为事业编制，列编人员140人(另配集体职工52人)。在畜牧兽医人员中，获高级职称7人、中级18人、初级47人、技术员5人。此外，在各镇村级培养配备助理畜牧兽医师38人、技术人员310人，基本形成市、镇、村三级兽医网络，市畜牧渔业兽医站兽医师和技术人员定期或不定期深入镇兽医站和村，指导开展家禽畜防疫治病工作。并通过印发宣传资料、出版宣传黑板报墙报，张贴宣传标语以及举办培训班，宣讲家禽畜鱼疫病防治方针等形式，开展群众性的家禽畜免疫防治活动。

禽畜与鱼类常见疫病

岑溪禽畜与鱼类常见病分传染病、普通病与寄生虫病三类:传染病，为一类重大动物疫病。猪有猪瘟、猪肺疫、猪丹毒、猪链球菌病、猪喘气病、仔猪副伤寒、仔猪白痢、猪传染性流感、传染性胃肠炎、口蹄疫、猪布氏病、猪蓝耳病、猪钩端螺旋体病等。牛有炭疽、牛瘟、牛肺疫、牛流行感冒、口蹄疫、放线菌病、牛传染性鼻气管炎等。鸡有新城疫、马立克氏病、霍乱、白痢、禽出败、副伤寒等。鸭有鸭瘟、禽出败。鹅有鹅瘟。兔有兔瘟。狗有狂犬病。

普通病，猪有普通感冒、胃肠炎、亚硝酸盐中毒、食盐中毒、农药中毒等。牛有瘤胃积食、瘤胃鼓气、前胃弛缓、瓣胃阻塞(百叶干)、霉草稻中毒等。家禽流感、食盐中毒等。

寄生虫病 猪有蛔虫、姜片吸虫、细颈囊尾蚴虫病、肺丝虫、牛有片吸虫、锥虫、牛蛔虫。鸡有蛔虫、绦虫、球虫病、异刺线虫病;鸭有线虫病等。

鱼类常见病 有打印病、水霉病、肠炎、烂腮病、针虫病、鱼虱等。

禽畜类传染病发病流行时期多在春季、春夏之交及冬春交接时段;普通病则一年四季均可发病。鱼类发病季节多在春夏之间。

强制免疫综合防治、监控措施

禽畜疫病防控，坚持“预防为主，防重于治，治疗为辅”的方针，严格监控禽畜疫病流行。

1991年,岑溪县建立禽畜合作医疗制度,按照“政府保免疫密度,部门保免疫质量”的方针,动员镇、村干部全力协助、市、镇、村三级兽医人员全力突击的方法,并施行“突击防疫时免收防疫费,防疫突击期后转入常年补针”的措施。当年,全年免疫生猪35万头,猪瘟免疫密度达52%;禽(鸡)新城免疫密度61%。2000年,全市开展禽流感的强制免疫工作,各鸡场鸡苗一律注射防疫针后方可出售。2001年,由于市内有狂犬疫病情发生,政府全面推开对狗强制打防疫针工作,并采取措施猎杀无主狗、流浪狗。2002年,全市推行禽畜免疫档案和免疫标识制度,与疫苗捆绑供应,一畜(禽)一证,并通过加强市场检疫措施,防止非经防疫牲畜家禽(含肉类)上市。2004年春,南方部分省(区)的一些县市发生禽流感重大疫情,市委、市政府启动重大疫情防控应急机制,及时调整、充实动物重大疫情防控指挥机构,下发《关于进一步落实重大动物疫病防治工作责任的通知》,修订动物应急预案,调动各机关各部门畜牧防疫资源和力量,仅用两三个月时间,全市282个村(社区)共出动3.8万人次参加宣传和打防疫针,使用禽流感疫苗5150瓶、消毒药7945公斤,免疫家禽375.24万羽,密度达到100%,有效防止家禽流感疫病在岑溪境内流行。开展牲畜“五号病”强制免疫工作,使用疫苗34.37万毫升,消毒药3.15吨,免疫牲畜23.6万头,控制“五号病”疫情。2005年上半年,在全市再一次开展对家禽畜W病、D病与狂犬病、牛结核病的监测和强制免疫工作,免疫密度达98%以上,当年猪、牛、家禽死亡率分别控制在1%、0.2%、10%以下。

第五章　水　利

岑溪县自20世纪50年代至80年代末，全县兴建大小蓄水（水库）工程960多座（其中小2型水库48座，小1型水库7座，中型水库2座）；引水工程（含水渠与提灌站）1500多处，有效灌溉面积1万多公顷。水利资源的开发利用，成为岑溪经济发展的重要基础和人民群众物质、文化生活水平提高的重要保障。

1991年起，在“八五”“九五”计划时期，岑溪县（市）水利工作贯彻自治区人民政府提出的“巩固改造、适当发展、加强管理、注重效益”水利建设方针，水利工作的重点是加强管理，开展水利执法，提高水利经济效益。

1991年冬，岑溪县委、县政府通过国家（财政）补助、镇村自筹、受益户投工的方式，发动群众开展水利冬修，恢复被毁坏山塘、水库、堤坝与疏通淤积引水渠道。当年11—12月，全县各乡镇共发动20多万人次参加水利冬修。完成土石方85万立方米，投工量568万工作日，投入包括镇村自筹资金在内金额622.89万元。修复多处被毁水利工程。1993年秋旱期间，县水利部门购置柴油机、水泵、喷淋机及机电零配件，帮助受旱乡镇、村抗旱。当年，县财政划拨480多万元资金，支持各乡镇、村对原水利设施修复维护。全县完成水利基本建设（主要是修复、维护）土石方100万立方米，投工630万个工作日。

1996—2000年，全市完成水利投资2053万元，其中国家投资993万元，自筹资金1060万元，完成塘坪水库一期、二期溢洪道加固和大坝加高除险加固工程，小（2）型水库除险加固5座；新建三面光防洪渠道共长20千米。水利工程年供水量42485万立方米，有效灌溉面积18000多公顷，旱涝保收面积15973公顷。

2001—2005年“十五”期间，水利建设与管理改革进入一个新的发展时期。国家对水利建设投入大幅增加，岑溪水利建设发展实现大跨越。这一时期，市内洪涝、干旱、台风等自然灾害多发，曾遭受7次热带风暴灾害天气影响。其中，2001年4月至6月发生特大水灾，导致全市12个乡镇受灾，山塘水库水渠冲垮90多处，冲毁水库19处。2002年起至2005年连续4年出现严重干旱。市委、市政府与水利部门坚持防汛抗旱并举，制定完善防汛抗旱应急预案，加强水利基础设施建设，使得抗御自然灾害能力明显增强。5年来，对塘坪等8座病险水库进行除险加固，建成南门桥至岑溪大桥左岸防洪堤，修复水毁水利设施20多处，修砌防渗渠道160千米，改善灌溉面积933公顷。同期水土保持工作，以开发建设项目为重点，共审批水土保持方案105个，完成归义镇双贵河小流域水土保持生态环

20世纪90年代起，发动农民修复老旧水渠，开展冬修水利活动。图为安平镇农民进行水利冬修场景（1994年　安平镇政府提供）

境综合治理及其他水土保持项目工程。“十五”期间累计完成水土流失治理面积18.9万公顷。

从1992年开始，岑溪全面开展水利执法工作，建立水政监察和电力监察两支专职执法队伍，贯彻落实水法和水土保持法等水利法律法规，依法征收“水资源费”“河道采砂管理费”“水土保持设施补偿费”和“水土流失防治费”(以下简称“水土保持‘两费’”)以及“库区后期扶持基金”等行政事业收费项目。调处水事纠纷和水事案件，水利执法工作多次获得全国和自治区的表彰。

2000年起，为解决市境内饮水资源不足和水污染问题，着力抓好农村人畜饮水解困工程和农村饮水安全工程的建设，共建成298个农村人畜饮水工程和大业镇花鲁自然村氟砷改水工程，解决饮水困难人口3.03万人。建成4个农村饮水安全工程，解决饮水不安全人口12658人。同期，启动城区应急水源工程建设项目。至2005年，全市自来水厂供水量1710万吨，比“九五”期末的2000年增加410万吨，增长24%。自来水产量年平均增长速度为5.64%，自来水普及率17.85%，比“九五”时期提高8.35个百分点。2005年，全市安全饮用水普及率72%。其中农村安全饮用水普及率65%。

第一节　蓄水工程

水塘、水库建设

岑溪现有的蓄水工程，均为新中国成立后修建。从1952年起，先是兴建一些山塘，1953年开始兴建小(2)型水库。1958—1975年，兴建小(1)型水库。1968年开始建中型水库1座(塘坪水库)，1974年竣工。1980年至1989年改原属小(1)型赤水水库为中型水库。1991年，全县合计有蓄水工程961座，其中小(2)型水库47座，小(1)型水库7座，中型水库2座，其余为山塘及坡坝蓄水工程。总库容量8234万立方米，有效灌溉总面积1万多公顷蓄水工程。

2005年年末岑溪市小(2)型水库工程基本情况表

表4-6-1

序号	水库名称	开工、竣工时间(年、月)	集雨面积(平方千米)	最大坝高(米)	有效灌溉面积(公顷)	投资(万元)
1	天星	1953年9月至1954年4月	2.4	17.5	100	3.25
2	长冲塘	1955年11月至1956年12月	1.1	10.0	16.7	1.4
3	的冲	1956年8月至1962年8月	0.7	14.0	17.3	1.57
4	大石鼓	1970年10月至1973年5月	0.42	15.8	13.3	3.05
5	利益冲	1957年8月至1958年10月	0.8	10.4	18	2.64
6	葛仙岩	1979年2月至1979年6月	1.3	18.0	13.3	7.2
7	上水冲	1965年9月至1967年10月	1.0	18.4	33.3	3.65
8	大榕塘	1957年10月至1958年4月	0.25	14.0	10	0.8

续表 4-6-1

序号	水库名称	开工、竣工时间（年、月）	集雨面积（平方千米）	最大坝高（米）	有效灌溉面积（公顷）	投资（万元）
9	狮子	1957年10月至1958年4月	1.57	147.0	53.3	1.76
10	古榄	1970年9月至1974年3月	1.1	12.0	26.7	1.31
11	松岭	1966年8月至1968年12月	1.51	22.0	33.3	6.8
12	尚勇	1969年6月至1972年3月	3.1	25.0	50	4.2
13	六流	1966年11月至1968年3月	0.2	15.0	12	0.3
14	下大塘	1966年8月至1970年4月	1.0	15.0	13.3	0.8
15	高塘	1965年9月至1967年12月	1.2	22.0	36.7	2.5
16	大山坑	1966年12月至1970年12月	0.3	20.0	13.3	2.0
17	葵山	1958年9月至1959年3月	1.0	15.0	56.7	2.3
18	石膏	1965年8月至1966年3月	1.1	16.0	46.7	5.09
19	昙京	1956年10月至1958年3月	0.1	12.0	13.3	0.4
20	六光	1957年11月至1958年3月	0.21	10.0	32	1.2
21	六瑶	1955年11月至1956年6月	0.51	14.2	33.3	1.85
22	石洋	1970年12月至1973年9月	0.7	10.0	43.3	2.12
23	龙塘	1963年12月至1964年9月	0.7	14.5	59.3	2.0
24	云龙	1966年9月至1972年12月	2.2	31.0	35.3	3.5
25	榕树	1966年8月至1973年2月	0.47	22.0	73.3	5.0（引洪）
26	勒塘	1965年8月至1970年3月	0.22	13.0	20	1.1
27	洞尾	1957年8月至1958年7月	1.10	16.0	48.7	3.2
28	大垌	1956年8月至1958年1月	1.93	22.4	70	4.0
29	夹里	1956年8月至1957年2月	1.62	13.0	30	0.8
30	牛冲	1957年8月至1958年2月	1.33	13.5	65.3	1.5

续表 4-6-1

序号	水库名称	开工、竣工时间（年、月）	集雨面积（平方千米）	最大坝高（米）	有效灌溉面积（公顷）	投资（万元）
31	永义	1967年7月至1968年12月	0.30	14.0	26.7	3.5
32	昙兰	1957年10月至1958年4月	1.33	12.1	72	2.5
33	兰田	1965年11月至1966年10月	2.20	16.0	42.7	3.4
34	大陂冲	1965年10月至1966年3月	5.10	14.0	56	3.7
35	伏老	1964年8月至1966年1月	0.94	24.0	30	2.3
36	八六塘	1968年8月至1973年3月	0.54	18.0	33.3	1.8
37	沙学	1964年1月至1966年10月	0.20	15.0	13.3	0.57
38	瑯冲	1967年9月至1970年12月	4.02	16.0	26.7	2.3
39	大冲	1957年8月至1959年4月	3.64	19.8	20	3.2
40	孔对冲	1957年10月至1959年12月	1.62	15.0	36.7	5.1
41	定盘冲	1967年10月至1969年11月	1.90	18.0	30	2.1
42	罗斗	1957年11月至1972年12月	0.80	17.0	13.3	2.2
43	昙王	1967年12月至1974年12月	0.39	17.0	20	1.5
44	白石	1965年11月至1972年9月	0.32	15.0	12.7	1.1
45	良罗	1965年4月至1967年9月	1.00	20.9	13.3	1.2
46	铁卢	1972年10月至1976年12月	0.80	14.0	12.7	9.0
47	榕冲	1963年11月至1966年12月	1.90	—	32.7	1.05
合计		—	58.48	—	1580	123.81

2005年年末岑溪市小(1)型水库工程基本情况表

表4-6-2

水库名称	开工、竣工时间(年、月)	集雨面积(平方千米)	最大坝高(米)	设计灌溉面积(公顷)	有效灌溉面积(公顷)	2005年实灌面积(公顷)
望里水库	1958年8月至1959年12月	37.20	26.8	626.7	593.3	593.3
大汪水库	1958年8月至1960年4月	4.00	28.5	166.7	166.7	147.3
古麻水库	1958年10月至1960年3月	7.40	30.81	240	205.3	80
黄岭水库	1958年10月至1960年3月	8.17	34.25	333.3	306	213.3
旺坡水库	1966年9月至1969年10月	9.00	34.0	213.3	200	173.3
珊瑚坪水库	1970年9月至1973年6月	9.15	30.0	333.3	213.3	133.3
石鹤水库	1972年11月至1974年10月	21.5	39.0	533.3	312.7	266.7
合计	—	96.42	—	2446.7	1997.3	1607.3

岑溪市现有中型水库工程情况表

表4-6-3

水库名称	开工、竣工时间(年、月)	集雨面积(平方千米)	大坝高度(米)	灌溉面积(公顷)			工程投资(万元)
				设计	有效	2005年实际	
塘坪	1968年10月至1974年2月	64	43.5	2200	1866.7	1200	1230.24
赤水	1980年1月至1989年12月	22	50.5	1440	489.3	433.3	879.05
合计	—	86	—	3640	2356	1666.7	2109.29

蓄水工程维护

20世纪80年代前，山塘陂坝、小(2)型水库，由坐落地和受益生产队(村民小组)、大队(村委会)负责管护。雨季、汛期派人看守，发现险情(崩裂渗漏迹象)立即组织劳力维修、加固。小(一)型水库，由坐落公社(乡镇)和大队(村)负责管护，指派3～5名水库管理人员，雨季、汛期轮流看守，公社负责水利工作的人员定期巡查，发现问题及时报告公社领导和通知所在大队干部采取相应措施处理。重大维护所需经费，报县水利部门审批，或由公社解决。中型水库组成水库管理委员会，人员由公社和所在大队安排，县水利部门派出技术人员参加。水库管委会受公社和县水利部门双重领导。水库配备相关管护、抢险工具设施。管委会定期向公社和县水利部门报告水库容存量、效益及坝首、排洪安危情况,雨季、汛期24小时派人值班。

80年代中后期起,农村实行家庭联产承包制后,出现了对水利设施(尤其是引水渠道)的建设、修复不被重视与力量不足(难以集合)等问题。造成部分蓄引水设施(主要是小型山塘水库与引水支渠道)欠修或被毁坏不能及时修复的现象。1991年1—5月春旱,水库蓄水量下降至158万立方米,干涸小(2)型水库52座,断流河流119条。不仅5000公顷水田受旱,县城部分居民饮水也出现严重困难。当年冬至1992年,全县发动20多万人次开展水利修复维护工作,投入资金600多万元,完成土石方85万立方米,使得大部分受毁,废弃水利设施得以恢复,增大效益。

1994年10月,自治区党委、人民政府下发《关于进一步加强水利工作的决定》,明确提出着力建设可靠的防洪排涝(抗水旱灾害)体系,加快病险水库堤防除险加固,通过灌溉工程维修、配套和改造,恢复和稳定水稻灌溉面积,全力解决农村人畜饮水困难。1995年春,岑溪县委、县政府根据自治区党委区政府的决定,采取对水库堤坝加固除险和加快引水渠道硬化防渗(又称“三面光”)等相关措施。要求各镇村把抓水利设施建设与维护的任务,列入年度岗位责任制的一项重要的内容,务必完成。1995年起,包括每年水利冬修在内的水利基本建设形成制度,由各镇村组织实施。县水利部门均逐年作出规划并派出技术人员,深入镇村水利维修工地现场指导。1995—2005年,全市完成引水渠道硬化防渗工程共128.3千米,其中引水流量每秒1立方米以上渠道23.9千米,0.1~1.0立方米/秒渠道23.1千米,0.1立方米/秒以下渠道81.3千米。全市共修复、新建引水工程1183处,合计正常引水流量44.38立方米/秒,共有效灌溉面积8400公顷。

水库加固除险工程建设

岑溪蓄水工程(水库)建设多数兴工于20世纪50年代、60年代和70年代。由于当时条件限制,水库大坝多为石基泥坝,防洪抗险能力较弱。尤其50年代与60年代初建的小型水库,使用时间较长,抗险能力尤差,使得部分水库堤坝成为危坝、险坝。80年代中后期,全县抓病险水库除险加固与灌区渠道配套、清淤工作,将老化工程加固,年久失修的干支毛渠清淤维护,恢复农田有效灌溉面积670公顷。进入90年代,市委市政府发动、组织群众持续开展水利设施修复维护主要是在引水渠道的基础上,开展对小(2)型以上的水库全面进行加固除险工程建设。主要工程项目是:

黄岭水库大坝加固工程 黄岭水库1958年兴工,1960年竣工,为小(1)型农田灌溉水库。坝体为塑性心墙土坝。1992年12月,采用改性油毡铺盖进行防渗处理,运行多年后,效果不显著。2002年春,对大坝进行帷幕灌浆处理。当年6月完成大坝右段长40米坝段灌浆防渗处理。2004年对水库大坝安全技术检测认定达到《防洪标准》(GB50201—94)的规定。2005年对大坝全线进行帷幕灌浆、坝体培厚与翻新反滤体、溢洪加固及封堵旧涵管,新建放水隧洞工程,投资570万元。

旺坡水库放水涵管隧洞修复抢险工程 旺坡水库于1966年兴建,1969年竣工投入运行,为小(1)型农田灌溉水库。1990年,发现水库左端放水涵管严重漏水,危害大坝安全。当年经上级批准在大坝左边山体新建一座长156米的放水隧洞,安装直径800毫米混凝土压力管。1994年2月,放水洞进口段洞壁被水压击穿,水库水位急剧下降,导致大坝内坡大体积滑坡。出事后,水利部门即组织人员抢险重修。当年9月完工。经2004年对水库大坝安全技术检测认定,符合《防洪标准》(GB50201—94)规定。

珊瑚坪水库大坝除险加固与溢洪道底板加固工程 珊瑚坪水库是一座以灌溉为主结合发电的小(1)型水库,1973年4月建成发挥灌溉效益。2002年完成水库除险加固项目中大坝内坡防渗斜墙加厚和防浪石铺设工程;2004年1月完成溢洪道底板加固工程。2005年再度投入534万元资金,加厚大坝内坡,加固溢洪道,新建放水隧洞。

石鹤水库大坝加固溢洪道加固与干渠维修工程　石鹤水库是以灌溉为主,结合防洪、发电、养鱼等综合利用的小(1)型水库。1972年11月兴工建设,1975年完成投入使用。水库电站装机容量970千瓦,年发电量136.37万千瓦时。2002年2月开始对水库除险加固工程建设。工程项目分两期进行:一期工程项目有大坝灌浆、排洪道底板加固与防洪进库公路维修;一期工程当年完工。二期工程2004年3月开始,8月完工,工程项目内容为大坝加固、溢洪道加固、管理房维修与干渠维修。两期工程共投资302.7万元。

塘坪水库枢纽续建加固工程　塘坪水库是集灌溉、发电、防洪等为一体的中型水库。1968年10月开工建设,1971年建成。1972年与1976年曾两度对水库加固(加厚防渗)、加高与溢洪道加固建设。1996年经自治区水利电力厅批准,核定塘坪水库枢纽续建加固工程概算资金。1998年12月,续建加固工程项目正式开工。该工程项目主要包括大坝加高(由原38.0米加高至43.5米,坝顶高程由原来208.0米加高至213.5米,坝顶宽度5.0米),以达到防洪百年一遇洪水的标准要求。2002年起,进行溢洪道泄洪底板混凝土面板加固及放水设施(压力隧洞与放水塔)工程、进库公路混凝土路面硬化等工程,工程总投资968.4万元。整个续建加固工程于2005年12月完工。水库大坝加高加固后,总库容由1935万立方米,年增发电量219万千瓦时,改善灌溉面积340公顷。

第二节　防洪排涝与提水工程

改造河道工程

义昌江流域部分主支河段,河道弯曲,河床较高,稍有大雨暴雨即成灾害。1957年岑溪大洪灾后,县委政府即把改河湾、直河道作为防洪排涝利民的重要措施。1957年冬开始,先后组织人民群众对义昌江主支流域弯道较大的河段进行改造。主要工程有樟木的牛鼻桊河湾、大湴(大业)的大缠河段、筋竹河的昙畔湾、望间支流及糯垌河的新塘、大竹河段,太平(今安平)富宁河段等,截湾改直河道达30多千米,防护耕作区水田面积1.34万公顷,保护人口307万多人。

较大改河工程是1998年兴工的归义双贵河段,投资80万元,历时4个多月,截弯取直修筑河堤长0.6千米,保护耕地面积340公顷,治理易涝面积20公顷,受益人口4000多人。

河堤工程

岑溪义昌江主支流河床较高,只比农田低1~3米左右,易受水淹成灾。1957年水灾后,流域内各集体生产组织(公社,大队,生产队)均依靠集体力量,在易涝河段修筑沙泥河堤作防护。但仅防小灾不防大灾。进入90年代,随着经济的发展和县城开发区建设不断扩展,县城周围镇村的河堤建设提到议事日程上来,先后修建了龙井河堤、探花河堤和思孟河堤。但防洪标准偏低且不够规范化。1998年6月至8月,由于长江流域、珠江流域和东北松花江、嫩江等江河相

2004年水利厅领导在城区防洪堤施工现场检查指导工作

继发生百年未遇的大洪灾,根治江河水患成了国家重要决策。党中央和国务院提出了“全面规划、统筹兼顾、标本兼治、综合治理”的治水方针。要求各地坚持兴利除害相结合、防洪抗旱并举,下大力气解决洪涝灾害问题。2000年,岑溪市委,市人民政府作出修建城区沿江两岸防二十年一遇以上的义昌江(城区河段)砌石护堤的决策。2002年建成城区内沿江右岸西牛头电站闸坝至莱园村河段标准浆砌石护河堤,河堤全长2290米,堤顶高程97.0米至97.5米。2004年,建成义昌江左岸西牛头电站闸门至南门桥下游河段标准浆砌石护河堤,堤长1288米,堤顶高程99米。森工站至南门桥下游河段岸坡外侧建十年一遇标准浆砌石护堤,长度583米。

2005年年底岑溪市堤防工程情况表

表4-6-4

河流名称	堤长(千米)	类型	效益	
			保护人口(万人)	保护耕地面积(公顷)
义昌江梨木段	25	土堤、砌石堤	0.8	366.7
义昌江筋竹段	4	土堤	0.3	166.7
义昌江大业段	30	土堤	0.65	300
义昌江归义段	32	土堤	0.7	380
义昌江龙井段	2.97	土堤、砌石堤	0.35	233.3
义昌江探花段	3.2	土堤	0.27	1040
义昌江思孟段	1.76	土堤	0.12	58.7
义昌江城区段	4.161	砌石堤	5	20
其他支流	76.4	土堤	1.5	786.7
合 计	179.49	—	9.69	2416

提水工程建设

20世纪90年代,随着农业动力机械的推广使用领域的扩展,动力提水工程快速发展,至2000年,全市累计建设内燃机动、电动抽水站与水轮泵站230处,动力机械580台。2005年全市动力提水工程136处,灌溉面积798公顷,其中小型水轮泵站7处,装机14台,灌溉面积10公顷;内燃机动抽水站54处,机械108台、1265马力,灌溉面积80公顷。

岑溪市1990—2005年电动抽水机拥有量及灌溉面积统计表

表4-6-5

年份	当年新增				累计			累计灌溉面积(公顷)		
	处	台	容量(千瓦)	有效灌溉面积(公顷)	处	台	容量(千瓦)	设计	有效	保灌
1990	4	7	120	33	43	47	1121.5	423	410	350
1991	4	7	120	35	47	54	1241.5	426	413	350
1992	5	8	130	36	52	62	1371.5	426	413	353
1993	3	6	120	27	55	68	1491.5	430	413	353
1994	4	6	120	25	59	74	1611.5	433	420	363
1995	4	6	120	26	63	80	1731.5	433	427	363
1996	3	5	75.5	13	66	85	1807	433	400	363
1997	4	6	90	17	70	91	1897	433	400	363
1998	3	5	75	80	73	96	1972	433	400	363
1999	0	0	0	0	73	96	1971	433	400	363
2000	0	0	0	0	73	96	1971	433	400	363
2001	0	0	0	0	73	96	1971	433	400	363
2002	0	0	0	0	73	96	1971	433	400	363
2003	0	0	0	0	73	96	1971	433	400	363
2004	0	0	0	0	73	96	1971	433	400	363
2005	2	2	270	307	75	98	2241	740	706	673

第三节　灌　区

20世纪70年代至80年代，岑溪县先后开展水利灌区工程建设工作。分别成立了塘坪、赤水、荔新、石鹤、珊瑚坪等5个国有水利灌区和黄岭、响水、旺坡等3个集体所有制的水利灌区。划定工程管理范围(含保护范围)，明确各灌区职责任务、工作规程、协作原则等管理规章制度。并通过成立灌区水利管理所(简称水管所)，具体负责灌区范围内各种类水利设施的灌溉、维护、扩建、除险加固及相关经营管理工作。各灌区由受益户选出代表，成立灌区代表大会，作为民主管理机构，实行专业管理和民主管理相结合的管理制度。各乡镇成立水利工程管理站（简称“水管站”），负责各乡镇小型水利工程的防洪堤闸管理工作及指导渠道维修疏通、日常排灌、汛期安全等任务。90年代至21世纪初（2005年），各灌区的水利设施普遍进行除险加固、扩建、增加设备和维修、增容等项目建设，逐步实现对水资源的有效管理和科学、合理使用，更好地为岑溪农业生产、经济建设快速稳步发展和服务人民群众生活。

国营灌区

荔新灌区　该灌区水管所成立于1960年，位于归义镇。该灌区由探花支渠、二陂渠、大洲渠、秋风渠、大陂渠、保太罗沙渠、桃子渠、洪邓渠、永和陂渠等组成灌区渠网。干支渠道共长74千米。据自治区、梧州市水利电力局和岑溪市水利电力局2000年对荔新灌区水库灌区类型的调查，设计灌溉面积1167公顷，已配套面积710公顷，净灌溉定额水稻155立方米每亩，其他粮食作物620立方米每亩，经济作物810立方米每亩；2005年年末，荔新灌区实际有效灌溉面积1386公顷。

土地治理项目水利建设工程荔新灌区总干渠防渗硬化引水工程（2005年　摄）

塘坪灌区　该灌区建立于1974年3月。灌区主要工程有中型水库1座（塘坪水库），小（1）型水库2座（古麻水库、大汪水库），小（2）型水库3座（兰田、昙兰、大陂冲水库）共6座水库和一批小型山塘陂坝组成，相互接连成为一个灌区整体，设计灌溉面积2688公顷。渠系工程有塘坪水库总干渠长4.5千米（分南、北两干渠），引水流量3.51立方米／秒；古麻水库干渠长8.4千米，引水流量0.25立方米／秒；大汪水库主干渠长12千米，引水流量0.7立方米／秒；昙兰水库渠道长8千米，引水流量0.2立方米／秒；兰田水库渠道长2千米，引水流量0.2立方米／秒；大陂冲水库渠道长5千米，引水流量0.2立方米／秒；支渠7条共长27.9千米。附属工程有渡槽14座共长1192米，反虹管9座共长1790米，隧洞3座共长450米，涵洞1座，泄洪闸

广西第一座斜拉反虹管——岑溪市西牛头斜拉跨江反虹管

门15座，小塘坝23座；小引水渠道15处共计引水流量0.35立方米／秒，泉眼2处总出水流量0.15立方米每秒。塘坪灌区工程原设计灌溉面积2686公顷，灌溉糯垌、安平2个镇28个村312个生产组的农田。

珊瑚坪水库灌区　该水库水管所成立于1974年。灌区工程有珊瑚坪小（1）型水库，灌溉吉太、大隆、水汶3个乡镇4个村的农田用水，现实际灌溉水田面积194公顷。

赤水灌区　该灌区建立于1976年，位于赤水水库。赤水灌区工程状况是：赤水中型水库1座，小（2）型水库7座，山塘水库9座。小（2）型和山塘水库，灌溉面积212公顷。渠系工程：赤水总干渠长6.7千米，过水流量1.5立方米每秒，灌溉面积143公顷。胜利渠长6千米，引水流量0.3立方米每秒，灌溉面积250公顷；善村支渠长4千米，引水流量0.2立方米每秒，灌溉面积340公顷；天星支渠长5千米，引水流量0.2立方米每秒，灌溉面积80公顷。提水工程有西牛头抽水站装机容量75千瓦，灌溉面积25公顷。附属工程有渡槽7座，反虹管1座长220米，涵洞2处共长400米，排洪闸8座。赤水灌区实际灌溉面积1050公顷。2004年，赤水水库改由市自来水公司管理。

石鹤灌区　该灌区水管所建立于1977年，位于筋竹镇。灌区工程有石鹤小（1）型水库1座，有石羊、云龙、六瑶等小（2）型水库3座，小塘坝28处。石鹤灌区渠系工程总干渠长10千米，灌区灌溉筋竹、大业2个镇10个村（街）118个村民小组农田，2005年实际灌溉面积653公顷。石鹤灌区建成后，基本上解决了过去大旱大灾，有雨水灾的危害，使下游易涝面积394公顷土地，免受洪水威胁。筋竹镇建成水利渠网化，全镇有旱涝保收面积94.8%；防洪涝灾害面积200公顷，增加能抵御10～20天干旱天气能力面积233公顷。

集体灌区

黄岭水库灌区　该水库水管所成立于1960年。灌区设计灌溉面积306公顷。灌区工程有黄岭小（1）型水库1座，狮子小（2）型水库、大榕塘小（2）型水库。供福塘、金康、马路街、石坡等4个村和马路街居民生活用水。

响水渠灌区　响水渠灌区水管所建立于1960年。灌区设计灌溉面积300公顷。灌区工程主要有东西两大主干渠源头坝首1座，渠系工程有东、西2条干渠、支渠3条，渠道共长84千米，附属工程35座，其中渡槽10座共长93米，反虹管25座共长2719米，灌溉水汶镇内11个村的农田。

旺坡水库灌区　该灌区水管所成立于1969年，位于大隆镇，1998年水管所自行解体。灌区管理工作由大隆镇水利站负责，灌区工程有旺坡小（1）型水库1座，受益旺坡、西宁、大峡3个村的农田灌溉和大隆街居民生活用水，2005年实际灌溉面积140公顷。

第四节　饮水工程

供水工程建设

20世纪60年代前，岑溪人饮用水靠肩挑河水或提吊井水。70年代中后期县城机关与少数乡镇（公社）所在地开始使用动力抽取井水或蓄引山溪河水。1976年县城开始办自来水厂。1989年赤水水库扩为中型水库后，成了县自来水厂主要供水源。80年代中后期至90年代，随着工矿企业增加污染源扩大，多数河流受污染不能饮用，各乡镇开始办自来水厂供居民饮用。自来水厂供水不到的乡村或山区农民，则采用联户或自己蓄引山溪河水或打井抽水。1991年10月至1992年元月，供水公司在城东探花村大樟根处建成日产2万吨的第二水厂。水源为义昌江河水，通过一级泵房抽水到净化系统，经净化后再经二级泵房加压进入管网供水。工程总投资537万元，其中银行贷款435万元，向自治区水利厅借款100万元。1993年，在第一水厂增设第三套净化系统，投资28万元。城区日供水生产能力4.2万吨，供水面积8.5平方千米,用水人口10万多人。

90年代初,为解决乡镇人口饮用水问题,县政府成立改水办公室,利用世界银行贷款及多种形式自筹资金,对各乡镇自来水厂进行改造与扩建,尚未建有自来水厂的则新建。1991—2005年,全市改建的乡镇自来水厂有水汶、筋竹、南渡、归义、马路5个镇自来水厂。新建的有三堡、昙容、糯垌、大业、大隆、安平、诚谏、梨木、樟木、吉太等乡镇11座自来水厂。同期归义镇荔枝和秋风2个村也修建了村级自来水厂。全市共投资2430.53万元,其中利用世界银行贷款2076.53万元,自筹资金354万元。岑溪乡镇饮水工程建设,详况见下表:

岑溪市乡镇饮(改)水项目基本情况表

表4-6-6

水厂名称	受益人口(人)	日供水量单位(吨)	投资金额(万元)			投产时间
			合计	国家	自筹	
南渡水厂	6555	650	90.65	60.65	30.00	1991年3月
三堡水厂	3300	300	105.13	85.13	20.00	1996年6月
马路水厂	3500	411	205.09	193.09	12.00	1999年7月
昙容水厂	3416	500	162.07	137.07	25.00	1992年7月
糯垌水厂	10000	1000	74.72	54.72	20.00	1992年9月
大业水厂	10120	550	59.50	44.50	15.00	1993年7月
大隆水厂	3000	197	133.60	121.60	12.00	1998年3月
安平水厂	2000	200	80.19	68.19	12.00	1992年3月
诚谏水厂	950	307	118.79	103.79	15.00	1998年7月
梨木水厂	4000	400	96.53	75.53	21.00	1993年9月
水汶水厂	6000	300	131.67	86.67	45.00	1997年6月
归义水厂	4348	300	218.00	207.00	11.00	1998年5月
筋竹水厂	5300	500	166.26	151.26	15.00	1998年8月
樟木水厂	4400	300	482.00	450.00	32.00	2000年6月
波塘水厂	3266	400	148.45	134.45	14.00	1994年3月
荔枝水厂(村级)	3877	350	76.90	71.90	5.00	1997年12月
秋风水厂(村级)	5000	380	80.98	30.98	50.00	1998年11月
合 计	79032	7125	2430.53	2076.53	354.00	

注:国家投资项目的经费来源是世界银行贷款。

农村饮水解困工程

进入21世纪初,党和国家进一步重视解决农村饮用水困难的问题,在"十五"计划中实施农村饮水解困工程。2001年,岑溪市编制解决农村人畜饮水困难工程的计划,分期分批实施。2003年上马供水系统扩建工程,工程设计日产水能力为5万吨。主要项目包括引水工程、水厂改造工程、管网改造工程。引水

工程是从黄沙河引水到赤水水库，设计年引水量420万立方米，工程投资509.79万元；水厂技术改造工程是对第一水厂、第二水厂进行技术改造，对旧城区管网改造，从第一水厂增设1条DN600毫米的输水管，长3330米，增大第一水厂的输水能力，并对新规划的街道铺设管道，工程投资3813.8万元。整个供水系统扩建工程项目总投资4453万元，资金筹措办法：国债1744万元，自筹和市财政支持1308万元，银行贷款1401万元。到2005年年底，已完成旧城区管网改造和街道铺设管道任务，完成长2000米的DN600毫米的输水管道铺设，扩建工程仍在继续进行。2005年，城区居民生活用水指标达178.7升每人每日。到2005年年末，全市先后利用国家安排的国债资金和地方配套资金共1093.74万元，其中国债670万元，地方配套423.74万元，建成34个村集中供水模式的农村人畜饮水工程，解决饮水困难人口36675人。

2005年年底岑溪市农村供水基本情况表

表4-6-7

乡镇名称	农村总人口（人）	集中式供水人口（人）				分散式供水人口（人）		
		按供水方式		按水源		有设施供水		无设施供水
		供水到户		地表水	浅层地下水	井	引泉	
		正规自来水	简易自来水					
安平镇	29454	2530	4200	6730	0	5057	13594	0
诚谏镇	42852	950	2050	3000	0	13565	15375	0
马路镇	34161	3850	2000	5850	0	14699	11915	1697
归义镇	66425	13225	3000	16225	0	11451	33822	0
水汶镇	53770	4200	1000	5200	0	10030	35027	0
大业镇	45147	13106	1200	14306	0	2891	23140	4073
樟木镇	42596	4400	900	5300	0	13806	20350	10912
三堡镇	56656	4200	800	5000	0	23358	26477	1821
昙容镇	27164	3416	516	3932	0	2561	17664	3007
梨木镇	45253	4006	2100	6106	0	4106	30552	4489
岑城镇	30602	12636	900	13136	400	10463	6603	0
波塘镇	32252	3266	500	3766	0	3575	21651	1746
糯垌镇	66812	10000	2300	12300	0	27218	20270	7024
大隆镇	32926	0	1950	1950	0	4052	22621	4303
南渡镇	71093	6555	650	7205	0	8818	47388	7682
筋竹镇	41349	5300	300	5600	0	6787	28621	341
吉太乡	7792	0	900	900	0	0	6692	0
全市合计	726304	91640	25266	16506	400	162437	383476	63485

第五节 水土保持

水土流失面积及原因

岑溪土地沿用统计面积为2783平方千米,折合27.83万公顷。其中,山地2.64万公顷,占9.49%;丘陵地21.29万公顷,占76.50%;海拔200米以下的小平原、小盆地2.91万公顷,占10.46%;台地3600多公顷,占1.29%;水域6300多公顷,占2.26%。根据20世纪80年代与90年代水土流失程度综合分析,全市年平均侵蚀模数1930.67吨/平方千米,流失总量532万吨。

2000年遥感资料显示,全市水土流失面积516平方千米,占土地总面积的18.54%。其中:轻度流失面积203.24平方千米,占总流失面积的39.39%;中度流失面积200.9平方千米,占总流失面积的38.93%;强度流失面积71.4平方千米,占总流失面积的13.84%;极强度流失面积26.23平方千米,占总流失面积的5.08%;剧烈流失面积14.23平方千米,占总流失面积的2.76%,是广西水土流失严重县市之一。

造成水土流失的原因有自然因素和人为因素。自然因素如下。(1)雨量集中,岑溪雨量充沛,多年平均降雨量1451.4毫米,每年降雨量高度集中且强度较大的雨季是4—9月,总降雨量1119.3毫米,占全年总降雨量的77.1%,大于或等于50毫米的暴雨日数,平均每年有6.6天,最大小时降雨量73.8毫米,远远超出地面的下渗量,形成大量地表径流,冲刷土壤。(2)土质松散。岑溪山地成土母岩多为花岗岩,其面积1500平方千米,占全县总面积54.41%;沙页岩面积933平方千米,占全县总面积的33.52%,这种母岩属风化、半风化土,质地松散,含沙量大,黏结力差,在外力作用下,极易崩塌流失。(3)山多坡陡。全市山地面积占总面积的81.62%,地形起伏,山高坡陡,坡度大于25°的山地面积有1200平方千米,占山地总面积的53.8%,一遇暴雨,地表径流集中加剧,对土的动力作用迅速增加,剧烈地冲刷土壤。(4)林种结构不合理,植被不均匀。市境内的林种结构,针叶林与阔叶林的比例,基本上是9:1,针叶林占89.47%,阔叶林仅占10.53%;且树种单调,结构不合理。人为因素如下。(1)乱砍滥伐,不合理利用森林资源。1958年大办钢铁,毁林烧炭。(2)毁林开荒,乱砍滥伐。(3)不合理的耕作制度和耕作方式。境内农民的传统习惯,是成片耕作、顺坡种植,少有水土保持措施(例如梯级)。每逢大雨,径流汇集,表土极易流失。既影响山上作物,又威胁山下农田。(4)掠夺性的开采矿山。90年代以来矿产开发区、工业区建设,大面积挖掘占用山坡山地,以及开采建筑用的沙、石等。由于一些开采单位,尤其是个体户,只顾开采,不管防护,造成新的水土流失。据统计,全县(市)因开矿被泥沙冲积而弃耕的农田面积达100公顷,仅糯垌镇,因洗钛铁遭泥沙冲积的农田面积就有13公顷。

水土流失治理

工程措施 根据水土流失的原因在不同的流失区采取不同的治理措施。在强度片蚀区,植被稀疏,水土流失严重,已成光山秃岭,地瘦水缺,则采取开水平沟,鱼鳞坑等办法把径流拦蓄在沟坑内,为树木生长创造条件;在沟蚀流失区除在面蚀和侵蚀沟周围进行造林种草外,并同时治沟,自下而上,由干沟到支沟,修筑各种谷坊,节节蓄水,段段拦沙,加速植物生长,制止沟蚀发展,逐步达到沟台化;在崩山流失区在崩口筑谷坊拦截径流、泥沙;在崩岗顶部,修筑天沟、水平沟、排水沟,引排拦蓄坡面径流,防止水流集中,冲刷崩壁,同时动土削坡,植树种草,围固崩岗,工程措施与生物措施相结合。

植物措施 在轻度和中度的片蚀区,尚有一定的植被和母树、草种,以封山育林为主,封造并举,疏林补种,以提高植被率,保持水土;在沟蚀流失区的采用植物措施主要在面蚀沟周围进行造林种草,在崩岗流失区主要为植树种草围崩岗。

农业耕作措施 缓坡耕地的水土保持,采取横耕垄作,适当密植,间种套种,农林混种,但最根本的是

修筑梯田梯地，实现梯田梯地化。梯田化既可永久耕作，又能减缓坡度，缩短坡长，把连续面变为不连续坡面，切断坡面径流，防止径流汇集，达到水土保持的目的。1991年以来，全市综合治理小区域的水土流失工程。累计完成各种夹谷堤148座，拦沙坝2座，拦沙堤5条，治崩岗8处，崩岗降坡、分级治理2处，开挖水平、排水沟共长5.47万米，修筑梯地面积13公顷。共计土石方4.65万立方米，混凝土38立方米。在生物措施方面，已造混交林面积19.1公顷，占总面积的30.26%，湿地松面积18.1公顷，占总面积的28.63%。种植龙眼、荔枝、柑橙等，各种果树面积18.1公顷，占总面积的28.63%，阔叶林面积4.4公顷，占总面积的6.95%，林草植被率达到90%，土地利用率95.7%。1992年县水土保持试验站被水利部授予"全国水土保持先进单位"。2005年12月，全市累计完成治理水土流失面积638.6平方千米，占土地总面积的22.95%，占水土流失面积1151.13平方千米的55.48%。尤其新塘河、地麻河、新田河、富罗河、双贵河等小流域水土保持综合治理，取得较为显著效果。

第六节　防汛抗旱

岑溪的汛期与旱季

岑溪地处桂东南，位于北回归线以南，属南亚热带季风气候区，靠近东南沿海，常受南亚台风影响造成大雨暴雨产生洪涝灾害。据气象部门与水利部门统计，1991—2005年，发生水灾年份有10年，有的地区年内发生洪灾2~3次。发生旱灾的年份有3年13次。（1991—2005年岑溪水旱灾害发生情况详见第二篇第四章第一、第二节）。

汛期：岑溪汛期每年为4月1日至9月30日，属初汛期早、末汛期晚的地区之一。

旱季：通常有春旱（1—3月）、夏旱（4、5月间）、秋旱（8、9月间），1991、2004、2005年发生过冬旱。

防洪抗旱措施

防灾抗灾领导机制　新中国成立后，党和人民政府十分重视防洪涝、抗灾（包括其他自然灾害与人为灾害）工作，把其放到关乎人民生命财产安全、国家经济建设、农工商各业生产与社会事业发展、社会秩序稳定的重要位置上来。20世纪50年代起，中共岑溪县委、县人民政府就建立抗灾救护首长负责制的机制。县、乡镇（公社）、村（大队）及各相关部门、水利工程（工地）负责人各负其责，切实做好灾前预报、灾情通报、人员财物撤离、灾害发生期全力抢救及灾害后恢复、重建、救助等工作。80年代起，县委、县政府设立防洪抗旱指挥部及其办公室，联合农业、水利、气象、科技、广播电视等部门切实开展汛期（台风、大雨、暴雨、洪峰及冰雹、霜冻等）预报与通报及灾害发生后防灾抗灾、救护等工作。1995年后，市委、市政府把防灾抗灾列入各级领导干部岗位责任制与年度政绩考核的重要内容。通过汛期防备、灾时抗灾救助检查等方法，保证各项措施的落实、实施，确保防灾救灾工作顺利进行，确保灾害损失降到最低点，确保人民群众生命财产安全和国家集体财产免受、少受损失。

汛期预警　20世纪90年代至2005年，随着气象预报、电信、广播电视事业的发展与科学进步，岑溪逐步建立了以气象、水文为中心，电信广播电视密切配合较为完备的风雨、洪涝、冰雹霜冻的预测预报体系。逐步形成县、镇、村点（水库、灌区、堤防）至个人预警预报网络，做到24小时内通过电话、手机及广播电视随时发布。

抗灾救灾措施　依据党和国家防汛救灾"安全第一，常备不懈，以防为主，全力抢险"的方针。90年代，岑溪市委、市人民政府制定应对自然灾害侵袭的应急预案，建立市、乡镇两级应急机制，市镇以民兵为主体，组织抗灾抢险队伍。市直、乡镇相关部门单位（包括水库、灌区、堤防）必须储备相应防灾抗灾物资（沙包袋、帐篷及相关工具、机械、车辆、应急食品、药品、饮用水等），明确相关部门（单位）、人员（主要是领导人员)的职责任务。一旦灾情发生,立即启动预案,进入全党重视、全民动员的紧急状态。抢险队伍救灾物资同时到位。突击抢险、全力救人,尽快转移人员财物。抗灾期间与灾后恢复重建时期,要做到一方有难,多方协力,团结同心,共同努力,战胜灾难。1994、1998、2001三年夏天,因受台风影响,岑溪义昌江、黄华河均发生全流域大洪灾。市委、市政府启动抗灾救灾紧急预案,及时派出救灾工作组,由领导带队深入灾区指导,采取有效措施,控制灾情,发动群众,保护人畜财物安全,并妥善安置受灾群众生活和生产恢复。其中,1998年水灾发生后,市委、市政府立即组织人员进行抢险救援工作。投入资金90.6万元,投入劳动力393万工日,修复水毁工程145处,加固小水库3座,修复水渠150米,修复加固塘坪水库溢洪道。

第六章　农　机

20世纪80年代中期起，为适应家庭联产承包制(以家庭为单位耕作)的需要，县农机部门加强农业机械推广应用和服务体系建设，至1990年，全县拖拉机(以手扶、微型为主)发展到2642台，动力24985千瓦。其他动力机械(提灌、加工)比1980年增加692%，人力喷雾器增加259.1%，农用运输(挂车)增加13.17%，农业机械总动力64339.83千瓦，比1980年增加47.9%。

1991年，原有中型拖拉机逐步淘汰，替而代之的是适合家庭使用和山区梯级田耕作的多功能手扶拖拉机(又称小方拖、微拖)及机滚船等新型耕作机械。当年农用拖拉机(船)共有2632台，完成机耕面积3.8万公顷。传统农具只作为辅助性工具。农机运输量777.84万吨。1995年，岑溪撤县设市，依照市委、市政府提出“农业强市”的战略，农机部门加快农机推广步伐，扩展农机应用范围，农机拥有量逐年增加，农机原值增长快速。到1997年年底，全市农机拥有量31322台套，农机总动力94813千瓦，其中多功能拖拉机131台，手扶拖拉机及小方拖1661台，微拖及耕整机862台，农机作业值5774.84万元，实际机耕面积10089公顷，占水田面积的62.1%。2003年年底，全市农机拥有量56809台套，农机总动力153415千瓦，其中多功能拖拉机1748台／28435千瓦，中型拖拉机431台／3847千瓦，微拖及耕整机6469台／14583千瓦；水稻联合收割机2台／58千瓦。农机原值9235.4万元，农机作业产业值9288万元。全市实际机耕面积11935公顷，占水稻种植面积的66.3%。2005年，全市农机拥有量8969台(套)，总动力16.45万千瓦。全市农机人员培训、农机经营服务及管理不断完善，农业机械化水平(即农机作业面积、范围)不断提升。

第一节　农业机械

耕整机械

机引犁　机引犁从1966年开始使用，有双铧犁、三铧犁、四铧犁和五铧犁。当初主要是配套轮式中型拖拉机、履带式东方红—54拖拉机、工农—12手扶拖拉机。1980年后，随着农村承包责任制的落实，适宜一家一户的耕整机及微拖的推广使用，很快发展起来，1997年全市共有455台，2003年有5834台，至2005年犁耕作业主要靠微拖及耕整机去完成。

机引耙　1991年起使用微型拖拉机带动钉齿耙、星型耙、六轴滚田耙作业，2005年全市有5811台机引耙。

驱动耙　又名滚田耙、滚筒耙。1981年开始推广使用，并通过改进将原来的每组12片改成8片，深受农民和机手的欢迎。90年代后，下田的手扶拖拉机全部有驱动耙，完全代替了旋耕机。该机具是GN91(工农-12)手扶拖拉机旋耕耙田最佳机具，效率高，每小时可耕1.81亩，虽然手扶拖拉机运输作业后被多功能拖拉机代替了没有再发展，但由于该机具优良的田间作业特性，耕田仍主要靠其去完成。2005年全市拥有1703台驱动耙。

机滚船　该机于1977年引进，1978年推广使用，1980年拥有175台，1980年后农村推广生产责任制，后逐步减少使用，至1990年后仅剩57台，到2005年仅剩6台。

种植机械

IK—16型压板船式水稻垄作开沟器　该开沟器主要用于水田耙后待插前开沟起垄之用。水田耙后待插前的土壤呈泥浆状,易流动难于起垄,用以往双犁壁开沟器会出现大量泥浆堆积在犁壁上或跌回沟内的现象。农机推广站经过反复试验于1991年研制出该开沟器,同年5月通过自治区技术鉴定,1992年1月通过科技成果登记,用3千瓦微拖作牵引带动,开沟深度为16厘米,沟宽23厘米,效率0.33公顷/小时,解决垄稻栽培开沟的问题,为岑溪年推广垄稻1.33万公顷作出了贡献。在岑溪推广使用78台,后因农艺不再要求开沟而停止使用。

排灌机械

农用水泵 1951年,县电厂使用木炭气体动力抽水机,为县最早使用的抽水机械,后来发展到柴油机、电动机作动力,1983年,全县兴建水轮泵站26处,装机75台;机械排灌站112处,装机261台,总动力4480.15千瓦;电力排灌站32处,装机38台,总动力1023.5千瓦。随着引蓄水利工程的增多,改善了排灌条件,泵站逐渐减少,1997年各种排灌动力机械384台,总动力4035千瓦。2003年,拥有各种农用水泵2884台,总动力14189千瓦。

喷灌(喷淋)机

喷灌(喷淋)机于1975年开展引进使用,1980年发展到160台之后逐步下降,1997年有20台使用,主要用在果场,除2台为旋转式喷淋机外,其余为担架式。

收获机械

联合收割机、割晒机 1979年引进试用桂林产中型联合收割机2台,推广试用3年后,因故障多于1982年停止使用。1975年和1989年又引进3台不同型号配手扶拖拉机的割晒机,也因故障多,分禾困难,虽做过推广试验而无法推广使用。1998年后又引进电动禾镰、斜挂式收割机推广试验,虽减轻农民劳动强度,提高效率,但由于使用不习惯,麻烦等原因,所以还是推而不广。2000年农机局又购回一台桂联光明号全喂入联合收割机,三堡镇涧塘村个体户梁明购回一台桂林超越号全喂入联合收割机,但由于故障多,使用不正常,因而收割面积不多。2005年实施农机购置补贴,增加高性能水稻联合收割机2台。

机动脱粒机 1976年引进纹杆式全喂入动力脱粒机,可脱稻谷、小麦,1979年推广543台,由于笨重后被人力打谷机所代替,1982年县农机研究所研制成功担挑式人力打谷机,适合单家独户使用。1990年发展到56099台,平均每2户拥有1台,1997年动力脱粒只有7台,以后随着农民生活水平的提高,对减轻劳动强度有了迫切的要求,旧的笨重打谷机逐渐被淘汰,不少人力打谷机加装汽油机,农机推广站也引进改制了一种筛选式动力脱粒机,实现谷物分离,效率高,重量轻等优点,深受农民欢迎,2005年全市拥有动力打谷机1611台。

使用洋马-488型联合收割机进行机收作业

植保与施肥机械

喷雾(喷粉)机和人力喷雾器 新中国成立前以及新中国成立初期,水稻发现虫害主要是以撒石灰粉治之,还有土制的"松毛梳",又名梳虫器,主要对稻苞虫进行梳捕,后发展竹制水竹筒,50年代逐步发展手摇喷雾器,1971年引进喷粉机3台,1973年发展到36台,1980年发展到51台,由于使用的动力汽油机故障多,维修和起动困难,技术水平跟不上,加上生产责任制落实到户,最后停止使用。手摇背负式人力喷雾器使用比较方便因而普及比较快，1990年发展到32865台，2005年后农业人口基本每户拥有一台。

农田建设机械

推土机　在80年代曾经有使用，1997—2000年全市仅有2台推土机，共88千瓦。

农业运输机械

20世纪70年代，农业运输由原来的肩挑背扛，逐步发展为畜力拉车、手推汽轮木车、拖拉机、农用运输车等。到1980年全县拥有农用汽车，中型拖拉机、手扶拖拉机拖车等运输机械共计1200多吨位。其中农用运输车205辆，挂车2474辆。1997年农用运输车及挂车、机动运输船1639辆(艘)总动力31852千瓦。2003年农用运输的农用载重汽车136辆，农用运输车212辆，机动运输船78艘，共426台(艘)，总动力23364千瓦。从事耕作与运输相结合的各种拖拉机有2196台，总动力32192千瓦。2005年，全市运输机车总动力55556千瓦。

农产品加工机械

1980年全县平均每286人就有一台碾米机和一台碎粉机或统糠机，1997年，农副产品加工机械共5187台，其中：碾米机2329台、磨面机415台、榨油机147台、榨糖机6台，此外微型碾米、碎粉打浆磨面、切蔓等组合机型也在迅速发展，进入家庭，至2003年，农副产品加工机械共5868台。家用组合机发展迅速，不少农民已自备，2005年平均5～6户便拥有一套，很多人可以足不出户便可实现农产品加工机械化。

第二节　农机应用

田间耕作机械化水平

1980年年底全县拥有拖拉机1723台，机犁耙实际作业面积9666.7公顷，耕作机械化水平达到75%。1997年作业面积10090公顷，占可机耕面积的84%；2003—2005年机耕面积11935公顷，占可机耕面积的99.5%。

植物保护机械化水平

1991—2005年，植保动力机械化作业面积虽然较少，但手摇背负式喷雾器已全面普及，至2005年岑溪在植保方面的机械化及半机械化已基本实现。

排灌机械化水平

由于引蓄水工程的不断增加，一些泵站逐渐被取缔或改作他用。80年代以来，一机多用组合机型在家庭中逐步兴起，圆口排灌机械随之增加。1997年农机排灌面积2647公顷。2003年排灌机械动力比1997年增加10154千瓦，增长251.6%。排灌面积为3160公顷，比1997年增加19.4%，占总灌溉面积的18.9%。2005年，全市引蓄水

梧州市水稻全程机械化演示会在岑溪市召开(2000年　摄)

工程没有灌溉到的农田,已基本实现排灌机械化。

水稻收获机械化水平

岑溪水稻收获机械化发展比较慢,至90年代中期,仍以人力打谷机(脱粒)为主。1997年动力机收面积为零,动力机械脱粒面积81公顷。2000年梧州市在岑溪召开收割机械演示会后,三堡涧塘村农民梁明于会后购买一台桂联超越号联合收割机,市农机局也购回一台桂联光明号联合收割机作为推广样机,从而水稻机械化收割有了零的突破,当年机收面积23.4公顷,机械脱粒面积1962公顷。到2003年机收面积45.4公顷,动力机械脱粒面积9275公顷,比2002年增长40.76%。人力打谷机进入千家万户。虽然极个别农户没有打谷机,但通过相互调剂使用也得到解决,因此在脱粒方面岑溪已基本实现了机械化和半机械化。

农业运输机械化水平

90年代以来,由于农用载重汽车、农用运输车的不断增加,以及近几年来多功能拖拉机迅速发展,农业生产资料和农民生活用品等的运输均采用动力车辆进行。山区少数田块机耕道路没有建设好,农民可用摩托车运送到田头。所以至2005年在农业运输方面已基本实现机械化。

农产品加工机械化水平

随着农业机械的迅速发展,特别是组合式农副产品加工机械进入千家万户,以及农产品加工专业户的增加,因而粮食加工、油料加工、饲料加工,以及其他农副产品加工已基本实现机械化。但一些土特产的精深加工的质量和档次,还有待进一步提高。

1991—2005年岑溪县(市)拥有农业机械情况表

表4-7-1

年份	农业机械总动力(千瓦)	中型拖拉机动力		农用排灌机械动力(千瓦)	农用载重汽车(台)	机耕面积(公顷)	机电灌面积(公顷)
		台	(千瓦)				
1991	87687	—	22229	3762	180	10767	—
1992	84437	—	21261	3476	176	10049	—
1993	86470	—	21720	3708	163	9596	—
1994	86643	—	22204	3312	111	9609	—
1995	87071	—	17508	3263	137	9415	—
1996	92755	2332	21732	4779	110+222	12993	681
1997	94261	1975	21064	11823	113+138	14421	534
1998	115921	1975	21064	8323	124+158	10102	534
1999	127549	2432	30201	13457	124+158	10167	613
2000	134184	890	7832	6975	120+203	34713	763
2001	135989	898	8411	11121	119+144	10367	1086
2002	145740	492	4743	13136	120+160	13491	1022
2003	153415	431	3847	14189	136+212	11935	1128

续表 4-7-1

年份	农业机械总动力（千瓦）	中型拖拉机动力		农用排灌机械动力（千瓦）	农用载重汽车（台）	机耕面积（公顷）	机电灌面积（公顷）
		台	（千瓦）				
2004	159373	6922	18959	15494	138+235	11227	860
2005	164554	352	3131	2884	144+244	11337	892

注：载重汽车栏，1996 年起"十"号数为农用运输车辆数。

第三节　农机经营服务

农机经营模式

国有与集体经营模式　20世纪60年代至80年代中期，岑溪县农机经营主要有两种模式：一是国有经营，即由国有农林企业或县农机局所属机耕队购置农业机械，于农忙时节为当时的社队开展机耕（或排灌）服务，收取适当费用（作业费、运输费），归国家财政收入。二是集体经营队即由生产大队或生产队各自购置农机为本大队或生产队机耕服务，也可应邀为无农机的生产队机耕服务，适当收取服务费。80年代初期，县内90%以上生产大队购买中型丰收—37(35)或工农—12型手扶拖拉机，并成立农机维修站。同期岑溪县农机局为筋竹中围大队、安平富宁大队、糯垌公社厂场、南渡公社厂场等多个公社及大队拨款购置车床、刨床、钻床、电焊机等农机维修设备，创办农机维修站。初步形成人民公社、生产大队、生产队三级农机维修网络。各维修站属大队企业领导，实行企业核算，或采取补助出车（勤），由生产队发给固定的工分和口粮。

生产队所有生产队经营的模式是通过社员大会讨论通过对生产队级的驾驶员（操作手）的补助之外，一般以生产队年最高五人平均工分记给队里的驾驶员或农机操作手。

个体经营　80年代中后期，县内个体农机经营户逐渐兴起，全县农业机械拥有量5648台／87108千瓦。2003年有56809台套，总动力163415千瓦。1991年起，农业机械百分之九十五以上属个体经营。在农业机械供应方面，1997年以后全部实行个体经营或承包经营。农业机械主管部门职能改变为指导服务和加强法制监督。

农业机械作业服务

1959年从国营贺县拖拉机站拨来一台东方红-54型拖拉机和2台中型轮式拖拉机，建立国营岑溪县拖拉机站，全站有职工5人，从事农田机耕作业，由于交通条件差，机耕作业量少，于1961年上级把拖拉机撤掉，机、人重新并回贺县拖拉机站。1966年下半年，农业机械化事业有了初步发展，上级有关部门分配给岑溪中拖及手扶拖拉机各一台，并利用国家补助和长期无息贷款及社队自筹资金，购置相应机械。首先在安平公社成美大队及筋竹公社的中围大队，创办农机服务组织。此后其他公社也开始购置农业机械，农业机构作业服务不断扩展。

1976年至1980年，岑溪的农业机械化不断发展。全县农业机械4308台，总动力4.73万千瓦。这一阶段国家为支援穷队购买农业机械，发放补助专款。这几年中全县共得到补助款117.4万元及农机部分贷款。一些经济条件不太好的社队也购买了适用的手扶拖拉机。1979年，岑溪县获农业机械化先进单位。获上级奖励农用汽车，中型及手扶拖拉机一批，全都奖励给粮食生产先进社队，从而全县大部分社队建立了农机服务站。

1990年后,多功能拖拉机发展很快,到2003年年底全市拥有多功能拖拉机1784台,手扶拖拉机431台,耕整机及微拖6469台。2002年,成立岑溪市农业机械发展促进会。会员来自农机驾驶员、农机修理工、农机零配件经营人员。主要从事农田作业、农机运输、农机修理等服务。

第四节　农机安全监理

农机培训

1974年2月15日,成立岑溪县农业机械学校,地址在县城北山顶,承担县内农业机械含中型拖拉机、手扶拖拉机、农用汽车及其他农机器具驾驶员(含机修人员)的培训任务。县农业机械学校,主要培训各种型号中型拖拉机和手扶拖拉机驾驶员;2015柴油机、195柴油机操作手和农机修理技工。80年代中期至90年代中期,增加各种牌号农用运输汽车驾驶员培训项目(与县交警部门合作,由交警部门派出教练并作驾驶教学、考核、发证)。1996年起,改为多功能拖拉机驾驶员的培训。2000年起,重点培训微耕机操作及维修技术,并为劳务输出作农机修理岗位培训。2003年,农业机械学校撤销,农机培训并入市职业技术学校。

培训形式以上各种农机驾驶员、操作手、修理技工的培训均为3个月或6个月的短期脱产培训。70年代,中型、手扶拖拉机驾驶员,由各社队委派。80年代实行承包制后,由承包机主或户在农机主自行报名参加培训。1996—2003年,对多功能拖拉机驾驶员的培训,培训时间为一个月(半脱产模式)。

以乡镇为单位,定期组织驾驶(操作)人员过“安全日”学习活动。在活动中,组织他们认真学习有关法律法规和安全知识,不断提高农机驾驶(操作)人员的安全意识和驾驶(操作)技能。

农机管理

岑溪市农机安全监理站按照《广西壮族自治区农用拖拉机及其驾驶员牌证管理规定和工作程序》的有关规定办理拖拉机号牌、行驶证和驾驶证的有关手续。申领拖拉机号牌和行驶证,必须提供购车发票、产品合格证、车主身份证明,并按照《广西壮族自治区农业机械安全检验项目及技术要求》进行检验,经检验合格后,才核发拖拉机号牌和行驶证,并按照《广西壮族自治区农机安全监理档案管理办法》建立健全拖拉机管理档案。申领拖拉机驾驶证的,首先要经县以上的医疗单位体检合格,然后到农机校进行正规培训,并经农机监理部门按照《广西壮族自治区农业机械驾驶操作人员考试办法》和《广西壮族自治区农业机械驾驶操作人员技术考试评分标准》的规定进行严格考试,考试合格者,才核发驾驶证,并按照《广西农机安全监理档案管理办法》的规定建立健全驾驶员管理档案。定期对驾驶(操作)人员进行年度检审。

组织监理人员经常深入乡村道路、砖厂、沙石场等进行安全检查,纠正驾驶(操作)人员的各种违章行为,消除各种安全隐患,确保农机安全生产。在各乡镇的乡村道路安装“严禁拖拉机违章搭人”的警示牌,对驾驶(操作)人员进行安全警示。编写印刷有关农机法律法规的宣传资料和安全知识发给驾驶(操作)人员学习,不断提高驾驶操作人员的法律法规意识和遵章守法的自觉性。

凡申请拖拉机注册登记的,都要进行初检。初检时,要严格按照《农业机械运行安全技术条件》国家标准(GB16151.1—1996、GB16151.3—1996)或《小型多功能拖拉机运行安全技术条件》地方标准(DB45/39—20037)等有关规定进行检验。

对办理过户、变更、转户的拖拉机,要进行临时检验。进行临时检验时,首先按照《农业机械运行安全技术条件》或《小型多功能拖拉机运行安全技术条件》进行安全技术检验,同时要检查是否擅自变更或非法改装,并核对、拓印发动机及车架号码。

对已经领取牌证的拖拉机,要进行定期检验。在进行定期检验时,要按照《广西农业机械安全检验项

目及技术要求》等有关规定:对拖拉机进行除发动机技术检测项目以外的安全技术检验,确保拖拉机各项技术状态良好。

对事故车要进行特殊检验。要对事故农业机械的技术状况进行检验、鉴定。要认真检查转向、制动、挡位、轮胎、喇叭、灯光、后视镜、雨刮、防护部位等以及载人载物情况,并对安全部位是否安全作出鉴定。

违章及事故处理　农机驾驶(操作)人员不按照有关法律、法规、规章的规定而驾驶,车辆不按规定进行检验和装载而行驶都是违章行为。对农机事故的处理,要按照《广西壮族自治区农业机械事故处理办法》的规定,由农机安全监理机构处理发生在农机辖区范围内的农机事故。对农机事故的处理,一定要按照实事求是,依法论处的基本原则进行。要保护公民的合法权益,要以法律、法规为依据,进行处理。按照接受报案、赶赴现场、立案、调查取证、责任认定、处罚、损害赔偿调解、结案的顺序进行,只有这样,才能客观、公正地把农机事故处理好。

附记:典型重大事故案例

1992年8月9日,安平乡尖峰村机手覃某文驾驶拖拉机从尖峰村运粮谷(粮谷面上坐有货主5人)往安平方向行驶。当车行了100米左右,由于路面不平,拖拉机向左倾斜,致使车上部分粮谷及人跌落路旁,导致货主程某芬颈部受重伤,经送医院抢救无效于9月12日死亡。

1993年9月25日16时许,机手梁某德和封某汉在樟木乡岑波公路至大石口路段两车相会时,由于路窄、凹凸不平,加上操作失误,致使该车头撞向山坡,造成梁某德被其驾驶的手拖扶手架压向封某汉驾驶的拖卡左边,背部又被封某汉车上的石头压住受伤,经医护人员抢救无效途中死亡。

1993年12月2日下午6时许,廖某献驾驶拖拉机从大业镇大献村河垌坑加工厂开往县城,车上装有木板、木条,车厢两旁搭有货主黄某文、装卸工陈某文、陈某和3人。当车行至河垌口准备下坡时,机手便停车叫车上乘搭的三人下车,但乘坐的三人都没下车,廖某献又继续驾车下坡。当车行至坡的中途,由于路况不好等原因造成翻车事故,致使黄某文、陈某文2人当场死亡,陈某和跳车受轻伤。

1993年12月4日下午3时左右,罗某旁驾车从昙容砂砖厂运砂砖往荔王方向行驶。当车行至煮酒房上岭时,有2个小孩从后面爬上车,当时驾驶员不知道,车开到都功桥时,有行路人喊有人跳车,驾驶员停车后看见一小孩跌在桥上,嘴鼻出血,后经昙容卫生院医护人员抢救无效而死亡。

2002年8月7日晚上7时左右,樟木镇寮田村第九组机手邱某坚驾驶多功能拖拉机,驾驶室内坐有其儿子1人(车厢没载货),从寮田往马路方向行驶。当行至西冲口石榄头(地名)转弯处时,由于方向突然失灵,导致拖拉机翻下约50米深的山崖,造成驾驶员邱某坚重伤,经抢救无效死亡,其儿子受轻伤,拖拉机报废。

第五节　“安全月”活动和农机安全村建设

安全月活动

2002年6月是全国第一个“安全月”。岑溪市农机局成立农机“安全月”活动领导小组,并制订活动方案。在“安全月”活动中,书写张贴宣传标语500条,出版宣传墙报20期。市农机局和市农机安全监理站以及各乡镇农业技术服务中心(农机站)分别在市区和各乡镇所在地的集市日开展咨询服务活动。2002年6月9日,是市直各单位统一开展安全生产咨询服务日。在咨询日活动中,农机局共组织8位农机人员在市区繁华路段设点开展咨询服务,发放宣传资料1000多份,接受咨询人数300多人。同时在“安全月”期间,还出动320人开展安全生产大检查,检查各种拖拉机1160台次,驾驶员1160人次,查处违章拖拉机及驾驶人56台(人),其中违章搭人拖拉机32台,其他23台(人)。

在2003年的“安全月”活动中，书写张贴宣传标语500条，编写宣传资料2000份，出动60人在市区及各乡镇所在地的圩期进行咨询服务，发放宣传资料980份，接受咨询服务520人。同时也进行多次安全生产大检查，在安全月生产月里共出动1228人次检查拖拉机3972台次，驾驶员3972人次。其中查处违章搭人拖拉机7台，无牌行驶拖拉机3台，无证驾驶人员2人，其他违章54台·人。

“农机安全村”建设

2002年6月，岑溪市农机局根据自治区农机化管理中心有关文件精神，在马路镇中林村建立岑溪市第一个“农机安全村”，同年9月在归义镇荔枝村建立第二个“农机安全村”；2003年8月又在马路镇福塘村建立第三个“农机安全村”；2003年10月，在波塘镇月田村建立第四个“农机安全村”。由于“农机安全村”的建立，有效地调动了基层组织搞好农机安全生产的积极性，通过“农机安全村”组织直接对机手、农民和学生进行安全宣传教育，进一步提高机手、农民和学生的安全意识，有效消除各种农机事故隐患。三年来，岑溪市建立起来的四个“农机安全村”都没有重大农机事故发生。

［第五篇］

工业　乡镇企业
招商引资

1991年,岑溪全县有工业企业1248家,其中:全民所有制40家,集体所有制590家,全民与集体合营1家,个体合营607家,中外合营8家,外商独资2家;还有个体工商户3825家,乡镇企业89家,工业总产值30167万元(当年价)。1992年,新上项目137个,新上项目中,开发花岗岩矿山83个,工业经济开发区15个,乡村集体办厂39个。当年,县委、县政府在北京、上海、香港、澳门等地召开"岑溪红"新闻发布会暨招商会。1994年,在北京、广州、南宁等地召开岑溪同乡联谊会,邀请外商参加,进行招商活动。当年,乡镇工业企业128个,产值52309万元,占集体经济产值的61.09%,村办工业企业694个,产值26543万元,占集体经济产值的31%。1996年,市委、市政府提出"工业立市、农业强市、科技兴市"的战略措施,按照"工业振兴百业旺"的思路,利用毗邻广东、连接梧州、玉林,是广西东南交通门户的区位优势与丰富的矿产、林产、水电资源及劳动力资源的优势,紧紧抓住东资(产业、企业)西移的机遇,不断加强城市交通、能源基础设施建设,调整、优化工业产业结构,广开招商引资门路,创新招商模式,创造优越投资环境,承接东部产业转移。当年全市工业企业3841家,工业总产值317593万元。2000年,引进项目84个,投资总额5040万美元。2003年,市政府建立市国有及国有控股企业改革发展联席会议制度,专门从事国有企业改革的具体工作,制定全市国有企业改革方案,指导企业转换内部机制,推进现代企业制度的建立;协调解决企业改革中的重大问题;组织实施企业的兼并、破产工作;协调企业经济运行中涉及财税、金融、劳动等部门工作。2005年,市政府根据《中华人民共和国劳动法》和劳部发〔1194〕481号《违反和解除劳动合同的经济补偿办法》等以及自治区、梧州市有关国有企业改革政策,结合实际颁发《岑溪市人民政府关于印发加快我市国有及国有控股企业改革发展工作若干问题的规定(试行)的通知》,完成国有企业改制16家,年底,累计完成企业产权制度改革40家。2005年,全市有规模以上工业企业58家,其中:国有企业7家,集体企业7家,外商和港澳台投资企业19家,股份制企业3家,有限责任公司4家,私营企业13家,其他经济类型企业5家。年末全市工业总产值(当年价,下同)51.77亿元。

第一章 工业管理

第一节 机 构

岑溪市经济贸易局

1979年成立岑溪县经济委员会，办公地址在岑溪市玉梧大道（东）76号。1996年11月，市财贸办公室并入市经济委员会，组建岑溪市经济贸易委员会（简称“经贸委”），增加商业管理职能。2001年12月，岑溪市经济贸易委员会更名为经济贸易局（简称“经贸局”），安全生产监督管理局在经济贸易局挂牌；不再保留经济委员会办公室，其职能划归经济贸易局。主管工业企业与商业贸易职能不变，实行工业、内外贸易与经济合作统一管理，是人民政府主管经济贸易工作的工作部门。经济贸易局内设机构10个：秘书股、宏观经济调研股、经济运行股、技术与规划股、企业管理股、电力股、人事教育股、贸易市场股、企业监督股、安全监督股。2002年5月9日，机关内设机构6个，即秘书股、人事教育股、贸易市场股（包括电力股）、经济运行股（包括宏观经济调研股）、企业管理股（包括企业监督股、技术与规划股）、安全监督股。2002年8月8日，根据关于市经济贸易局增加编制的通知，经贸局增加事业编制5名（全额）。2003年2月29，岑溪市经济贸易局核定编制14名，实有人数14人。2004年8月12日，撤销市对外贸易经济合作局、乡镇企业局，并入岑溪市经济贸易局（简称“经贸局”），其行政管理职能划入市经贸局。经贸局核编制29名，实有人数26人。内设机构：秘书股、人事教育股、宏观经济调研股、经济运行股、技术与规划股、中小企业股、贸易市场股、电力股、外商投资企业管理股、企业投诉服务股。2005年4月13日，岑溪市经贸局增加临时后勤事业编制1名，核定编制30名，实有人数30人。

经济委员会（经贸局）下辖单位：岑溪县项目开发办公室、岑溪市乡镇企业开发服务中心、岑溪市乡镇企业技术服务指导站、岑溪市市场服务中心。岑溪县“项目开发办公室”设立于1991年4月16日，属经委二层机构，事业单位，不定级别，人员定编四人（全额）；1997年9月25日，增加事业编制1名（全额）；2003年6月，岑溪市经贸项目开发办公室核定编制14名，实有人数14名。2004年，乡镇企业局并入经贸局，乡镇企业局的二层机构岑溪市乡镇企业开发服务中心、岑溪市乡镇企业技术服务指导站成为经委的二层机构。2005年，岑溪市市场服务中心由岑溪市工商局划归岑溪市经济贸易局管辖。

经贸局（经委）1991—2005年历任正职领导：县经济委员会主任陈永波（1984至1991年8月）、黎展明（1991年9月至1994年2月）、李汉基（1994年2月至1999年4月）、覃思明（1999年4月至2002年6月）。经贸局局长：李旭亮（2002年10月至2013年10月）。

岑溪市二轻工业局

岑溪县二轻工业管理局，1982年成立，办公地址在当时的工农路45号，与70年代成立的岑溪县手工业联社合并办公，内设秘书股、财会股、生产技术股三个股室。1991—1997年，单位一直沿用一套人马两套牌子。1995年，改称市手工业联合社，1997年，改称市二轻集体工业联合社，属于政府直属事业单位，科级编制，属公务员登记序列。2002年，第二轮机构改革确定岑溪市二轻集体工业联合社为参照公务员管理的事业单位。从1994年开始至2005年，除了二轻公司、修理社之外，其他企业先后陆续改制。改制企业职工根据《集体企业管理条例》和参照经贸委系统下属企业已经全部遣散安置。

1991年1月至1994年1月，二轻工业管理局局长、二轻手工业联合社主任唐汉荣。1994年2月至1995

年5月,局长、主任黄美芬、1995年6月至1999年,局长、主任周汉才。1999—2005年,主任周汉才(任至2010年5月)。1999年机构改革时,撤销县二轻工业局,组建岑溪市二轻工业联社,原二轻工业局行政管理职能并入市经贸委;二轻工业系统的生产管理由市二轻工业联社负责。

岑溪市水利电力局

1959年6月,成立岑溪县水利电力局,主管水利水电工作。1962年与农业局林业局合并为县农林水利科,1973年10月,恢复建立县水利电力局(分别管理水利和电力建设)。1985年5月成立岑溪县电力公司,属县水利电力局二层机构,实行电网建设和供电统一管理,1992年4月,成立县水利电力局水利电力质量监督站。1993年4月,撤销机电股,成立电力管理站。1995年12月1日,县水利电力局更名为市水利电力局。市水利电力局秘书股改称办公室。1997年3月,办公室恢复秘书股,水电局内设机构有秘书股、政工股、水政水资源股、计划财务股、水库移民办公室、电气化办公室。2001年,水利电力局改为水利局。2005年,水利局内设机构有秘书股、政工股、水政水资源股、计划财务股、水库移民管理办公室。下辖二层机构21个:其中事业单位有水利工程管理站、防汛抗旱指挥部办公室、水政监察大队、电力管理站、设计室、市水土保持委员会办公室(水土保持监督管理站)、水电质量监督所、市自来水公司、塘坪灌区水电管理所、荔新灌区水电管理所、石鹤水库水利电力管理所、珊瑚坪水电管理所、水电物资公司、水电建筑安装工程公司和水土保持试验站;企业单位有水利电业有限公司、大湾水力发电站、波塘水力发电站、都目水力发电站、四滩水力发电站、西牛头水力发电站和水电构件厂7个。2005年,水电系统有干部职工2829人,其中:高级专业技术人员3人,中级专业技术人员68人,初级专业技术人员488人。

1991—2005年,水利局历任局长分别是梁凤美(1991年1月至1993年10月)、梁寿光(1993年12月至1997年3月)、邓北光(1997年3月至2002年7月)、沈红梅(女,2002年7月至2006年6月)。

第二节　工业体制

国有工业

1991年,岑溪县国有工业企业有40家(县属企业),主要有松香厂、化肥厂、水泥厂、造纸厂、饮料厂(酒厂)农械厂、印刷厂及石门铅锌矿、选炼厂、西冲花岗岩矿、石材公司等。经贸局所属企业有岑溪市松香厂、岑溪市柠檬酸有限公司、岑溪市华建水泥厂、岑溪市化肥厂、岑溪市华建集团公司、岑溪市纸业公司、岑溪市日立化工厂、岑溪市模压制品公司、岑溪市外贸总公司、岑溪市外贸鸡场等。

1999年下半年,岑溪市委、市政府制定全市国有企业改革方案,指导企业转换内部经营机制,并根据企业不同情况,采用租赁、股份合作、整体拍卖等方式,吸纳社会力量(资金、技术),实行资产重组,创建现代企业。2002年,广西三威林产岑溪市人造板有限公司(简称“三威岑溪公司”)建成投产,是广西三威林产工业有限公司的国有独资企业,厂区位于岑溪市岑城镇探花工业园区。全市国有企业26家。2003年,市人民政府建立国有控股企业改革发展联席会议,拟订企业改革方案,指导破产企业资产拍卖、股份制改造与租赁承包经营等国企改革工作。2005年,市电力公司改制为“岑溪市水利发电有限公司”仍为国有企业,隶属于广西水利电业有限公司管理。2005年,全市实行企业破产、股份制改造、整体出售或租赁改革的国有及国有控股企业有16家,累计完成企业产权制度改革33家。全市国有工业企业20家,规模以上国有工业企业有7家,国有独资有限公司1家。

集体所有制工业

岑溪集体工业有二轻局属下手工业联社工业和其他部门集体工业。1991年,全县集体工业企业有手

工业生产合作联合社(简称“手工业联社”)下属的海绵厂、饲料厂、饮料厂、糖果厂、轻工机械厂、工具厂、衣架厂、衣夹厂、塑料厂、硅制品厂、镜画厂、服装厂、木器工艺厂、五金厂等企业,供销联社砂砖厂、桂皮加工厂和织造厂,民政部门下属的纸箱厂、被服厂和灯具厂,教育系统下属的印刷厂和校办厂,其他部门企业有税务印刷厂、人武部酒厂、劳动服务公司的山楂饼厂等。

粮食部门有粮油食品加工、饲料加工和宝石加工等企业,1993—1995年,粮食部门投资1118万元,上马的项目有豆腐皮生产、保健酒生产、糕点饼干生产、干湿米粉生产、波纹面挂面生产和油脂加工。1993年粮食局的穗丰劳动服务公司投资40万元,开发花岗岩矿山1座,产值6万元;城关粮所和糯垌粮所投资130万元,开发花岗岩矿山2座,粮食局与地区粮食局柳州面粉厂合资开发花岗岩矿山1座;投资200万元,建成花岗岩加工厂5个,当年产值600万元。

商业总公司合资工业企业有广西大荣拉链有限公司(1988年6月成立)、岑溪丙纶丝厂有限公司(1988年1月成立)、岑溪包装容器有限公司(1988年1月成立)等。1992年7月,岑溪县商业总公司与台湾商人合资兴办广西岑溪康泰食品有限公司,主要生产八宝粥。1993年销售亿泰八宝粥30万罐,收入71.6万元,1995年产值420万元。岑溪包装容器有限公司1993年生产销售饮料瓶752万只,销售收入499万元。糖烟酒公司食品厂1993年生产月饼3.825万千克。商业总公司1995年采取个人入股形式投资200万元,兴办昌顺拉链公司,当年生产拉链3500万码,产值1000万元;投资30万元,兴办塑料彩印厂,当年产值150万元;食品公司投资28万元,建成金刚石刀具厂,当年产值60万元;饮食服务公司兴办饮料厂当年产值17万元。1992年,全县集体工业企业590家,总产值7974万元。1993年,商业总公司工业实现产值2692.94万元,销售收入2392.94万元,税利106.49万元。1994年,集体工业发展至869家。1995年,商业总公司工业实现工业产值2600万元,上缴税金49.9万元。1999年,商业总公司工业产值884万元,缴纳税费33万元。2000年,商业总公司工业产值709.8万元。2002年,商业总公司工业产值860万元。

2003年,二轻集体工业联合社总产值216万元,利税22.11万元,2004年总产值254万元,利税22.52万元。2005年年末,全市集体工业企业仅有65家,其中规模以上企业7家。集体企业产品适销对路经营管理较为完善,并具相应市场竞争能力,效益较好的集体工业企业有广西光华腾竹艺制品有限公司、筋竹石材工艺公司等30多家。

私营个体工业

1991年,个体合营工业企业607家,工业总产值(当年价,下同)859万元;个体工业户3826家,工业总产值5745万元。2005年,私营企业115家,其中规模以上企业15家。全市进入联网直报的私营工业企业59家。

1991—2004年私营个体工业情况表

表5-1-1

年度	私营(合营)(家)	总产值(万元)	个体户(家)	总产值(万元)
1991	607	859	3826	5745
1992	804	3272	5325	116650
1993	946	2466	6136	22897
1994	1245	8093	6296	96534
1995	1004	46163	6153	118277
1996	7	16629	3411	84810

续表 5-1-1

年度	私营(合营)(家)	总产值(万元)	个体户(家)	总产值(万元)
1997	4	625	3209	108727
1998	4	651	3201	88434
1999	18	1442	3791	206240
2000	18	5962	3631	208077
2001	20	120847	3817	216788
2002	21	13097	3612	229846
2003	199	45154	3616	170843
2004	81	34491	3628	187962
2005	115	—	—	—

注:1996年起私营企业不包含合营;工业总产值按当年价计。

外向型工业

外向型工业企业有来自港、澳、台地区和外国商人投资的企业,港澳台商投资的企业占多数,外商投资的有印度尼西亚商人投资的岑溪佳伟石业有限公司、泰国商人投资的广西岑溪岑泰电脑纸有限公司、日本商人投资的广西金华机械工程有限公司。当时把“三资”(中外合资、中外合作、外商独资)企业和“三来一补”(来料加工、来料装配、来料造作、补偿贸易)企业统称外向型企业。1991年引进外向型工业企业10家,其中,合资企业8家,独资企业2家。香港投资的有6家,台商投资的有4家。除注销的7家外(后来陆续有外向型企业注销),全县外向型工业企业总数28家,其中,合资企业22家,合作企业3家,独资企业2家,“三来一补”企业1家。这28家工业企业中,石材工业有10家。1992年,引进外向型工业企业43家。1993年引进外向型工业企业57家。1994年,引进外向型工业企业12家,实有外向型工业企业140家,其中:合资企业87家、合作企业15家,独资企业37家,“三来一补”企业1家。1998年有外向型企业87家,利用外资总额1.37亿元,外向型企业生产总值6.5亿元。1999年,有外向型企业70家,利用外资5000多万美元。2000年,全市新增外向型企业18家,总投资48284万元。2001年,引进外向型企业12家。2003年开展“解放思想再讨论”和“百个项目大会战”,制定招商引资优惠政策,解决外商进岑投资遇到的困难和问题,引进高垌水电站、恒辉五金、永盛五金、广阳金属、鹰达金属等项目,引进外向型企业11家,投资总额1.47亿元,外向型企业产值7.45亿元,税收1812万元。2003年,引进外向型企业11家,投资总额1.31亿元。2004年,引进外资企业11家。2005年,招商引资工作重点立足于石材加工、林产林化、矿产品选冶、五金制品、家具皮革、毛织制衣、水利电力等主导产业,同时加强建设工业园区和工业集中区,改善投资软环境,全年引进外资企业6家。1996—2005年,累计引进外向型企业62家,合同总投资151277万元,实际利用外资11790万美元,上缴税金5382万元,出口创汇2257万美元。外向型企业主要工业产品有石材、电力、松香、柠檬酸、钛白粉、水泥、针织、土纸、五金、铅锌矿、纤维板、五金制品、锌金属、铅合金、木材、淀粉、热轧窄钢带(不锈钢)、打火机、钛铁、机制纸及纸板、化肥等。2005年,规模以上工业企业中,外向型企业19家,其中,外资工业企业2家,港澳台商投资工业企业17家。

1991—2005年引进外向型企业及规模以上外向型工业企业情况表

表5-1-2

指标	引进外向型企业			规模以上外向型工业企业	
	企业数(家)	总投资(万元)	利用外资(万美元)	企业数(家)	工业总产值(万元)
1991	12	7114	426	8	2726
1992	49	47552	426	11	3812
1993	55	39166	333	21	10096
1994	18	10870	333	22	15763
1995	11	21935	333	20	21645
1996	2	758	221	20	19460
1997	5	29400	330	16	12874
1998	2	14800	535	16	11439
1999	3	1605	763	16	7209
2000	6	1721	1150	12	7298
2001	12	77900	1398	13	9714
2002	4	2348	1389	15	12579
2003	11	26352	1728	16	17118
2004	11	38759	1960	27	42083
2005	6	125599	2316	19	43734

国有和集体企业体制改革

1991年起，岑溪对国有、集体企业采取兼并联合、租赁、破产重组、出售转让及股份制改造等形式实行体制改革。1993年8月，岑溪县水泥厂与香港泰星实业有限公司合资扩建，通过招商引资成立华建水泥厂，又在此基础上兼并原市玻璃厂等几家企业成立梧州地区华建集团公司，1998年，撤销梧州地区后，梧州地区华建集团公司改名岑溪市华建公司，下属企业有：岑溪市华建水泥厂、岑溪市石雄板材厂、岑溪市纸业公司、岑溪市汽修厂、岑溪市佳力鞋业有限公司、岑溪纸品有限公司。1996年，成立国有小型企业改革与管理领导小组，完成3家产权制度改革，全市45家国有工业企业，并先后成立岑溪市工业发展公司、模压公司、纸业公司、柠檬酸公司、腾兴皮革公司和华建集团有限公司等13家工业企业公司。1997年5月，富杰水泥厂停产，11月与北流市西神水泥厂签订租赁经营合同，成为市内首家实行租赁经营的国有企业。1998年成立企业改革整顿领导小组，落实企业生产经营决策权、产品劳务定价权、产品销售权、物资采购权、进出口权、投资决策权、留用资金支配权、资产处置权、劳动用工权、人事管理权、工资奖金分配权、内部机构设置权、拒绝摊派权。企业依法自主经营、自负盈亏、自我发展、自我约束。部分企业实行厂长负责制、承包经营、租赁经营等。1998年华建水泥厂、市松香厂、柠檬酸公司开始租赁经营。1999年下半年，岑溪市委、市政府制订全市国有企业改革方案，指导企业转换内部经营机制，并根据企业不同情况，采用租赁、股份合作、整体拍卖等方式，吸纳社会资金、技术，实行资产重组，创建现代企业。2000年，日立化工厂和模压公司实行租赁经营。2001年12月，岑溪市钛白粉厂依法实施破产清算，全部资产经公开拍卖,成交价370万元,所得资金全部用于破产费用和按政策安置职工(含离退休职工)。藤县客商购买市钛白粉厂并于2002年成立恒信钛白粉公司。2002年12月31日,岑溪市造纸厂改制为岑溪市南松纸业有限责任公司。破产拍卖经费除偿还贷款外,按政策用于职工安置。全市国有企业减为26家。2003年4月,岑溪市政府建立市国有及国有控股企业改革发展联席会议制度,联席会议由市委书记、市长任组长,分管副市长及有关部门领导为成员,联席会议下设办公室,专门从事国有企业改革的具体工作,拟订企业改革方案,指导破产企业资产拍卖、股份制改造与租赁承包经营等国企改革工作。2003年6月20日,市政府以《关于同意岑溪市富杰水泥厂、岑溪市冶金建材厂依法破产的批复》,批复岑溪市冶金建材厂依法破产。8月,岑溪市富杰水泥厂依法实施破产,全部破产资产经公开拍卖由北流客商买下。2004年,岑溪市政府根据《中华人民共和国劳动法》和《违反和解除劳动合同的经济补偿办法》(劳部发〔1994〕481号)以及自治区、梧州市有关国有企业改革政策,结合实际颁发《岑溪市人民政府关于印发加快我市国有及国有控股企业改革发展工作若干问题的规定(试行)的通知》。岑溪市供电公司与广西水利电业有限公司共同出资联合组建有限责任公司,其中,广西水利电业集团有限公司占86%的股份,岑溪市电力公司占14%的股份,成立岑溪市水利电业有限公司。2004年5月,岑溪市义新砂砖厂依法实施破产,全部破产资产经公开拍卖,成交价235.5万元,7月,岑溪市冶金建材厂全部破产资产由内市客商买下,成交价320万元,所得资金全部用于破产费用和按政策安置职工,企业离退休职工养老金预留费用、医疗费一次性从企业资产拍卖所得中预留,按《岑溪市人民政府关于印发岑溪市企业退休人员社会管理服务工作实施方案的通知》,移交给社会化管理机构实行社会化管理。以上四家破产企业拍卖所得1491万元,安置职工822人,支付经济补偿金823.1万元,缴纳养老保险660.5万元,失业保险费88.8万元,安置退休职工118人。2004年5月市汽修厂拍卖改制,7月市淀粉厂拍卖改制,12月市印刷厂股份制改制、市桂丰副食品有限责任公司拍卖改制,市机械厂拍卖改制。2005年市义新砂砖厂、冶金建材厂依法破产。2005年5月,市人民政府出台《岑溪市人民政府关于整体转让四滩、大湾等5个国营电站产权经营权的通知》,将四滩、大湾、波塘、都目、西牛头5个国营水电站的产权(含经营性资产和非经营性资产)及经营权、国有土地使用权整体转让给广西水利电业有限公司,成立岑溪市水利发电有限公司,仍为国有企业,隶属于广西水利电业有限公司管理。2005年10月,市纸业公司、市石材公司拍卖改制。2005年完成国有企业改制16家,处理企业债务10691万元,核销企业历年现死账、坏账660万元,补缴拖欠的社保基金348.2万元、失业保险金40.2万元,妥善安置职工2350人,发放职工遣散补偿金684.8万元。1996—2005年,累计完成企业产权制度改革33家,累计处理债务2.28亿元,补缴社会保险金2615万元,安置职工5773人。

1991—2005年岑溪市国有工业、集体工业和规模以上外向型工业产值表

表5-1-3

指标	国有企业			集体企业			外向型企业	
	企业个数	总产值(万元)	规模以上企业总产值(万元)	个数	工业总产值(万元)	规模以上企业总产值(万元)	规模以上企业数	规模以上工业总产值(万元)
1991	40	11095	10338	590	7974	3885	8	2726
1992	46	15762	12538	774	21954	13136	11	3812
1993	45	22196	14366	846	60788	46933	21	10096
1994	53	22071	12398	869	86295	58399	22	15763
1995	48	20134	12428	650	138026	124866	20	21645

续表 5-1-3

指标	国有企业			集体企业			外向型企业	
	企业个数	总产值（万元）	规模以上企业总产值（万元）	个数	工业总产值（万元）	规模以上企业总产值（万元）	规模以上企业数	规模以上工业总产值（万元）
1996	45	22167	22167	126	156732	109615	20	19460
1997	42	23267	23267	105	169283	120744	16	12874
1998	24	13645	13645	356	153637	103766	16	8957
1999	27	18459	18459	176	53267	39428	16	6420
2000	26	20779	20779	127	66555	45453	12	3190
2001	24	17143	17143	124	63356	41540	13	7973
2002	23	17707	17707	124	64993	39374	15	10715
2003	21	33005	33005	79	43694	30206	16	14695
2004	12	16883	16883	74	41890	33625	27	40105
2005	7	30383	30383	65	47395	36995	19	43732

注：本表工业总产值为当年价；1996年起国有企业只统计规模以上企业。

1991—2005年岑溪规模以上工业企业生产情况表

表5-1-4

年度	企业个数	工业总产值（万元）	年末固定资产原值（万元）	产品销售（当年价）/万元	利税总额（万元）
1991	155	19807	16366	16702	2023
1992	236	33181	31588	32244	3510
1993	237	71698	35429	66058	4614
1994	254	87439	39555	83708	4808
1995	216	159438	63589	133863	6262
1996	197	163212	4017	27914	5702
1997	175	166642	57267	29815	5083
1998	37	127331	44417	132496	9997
1999	46	64458	45728	61939	1663
2000	45	70126	52171	73703	3335
2001	44	73766	39381	75614	3883
2002	47	78419	53634	81093	4093
2003	45	87071	52923	91074	5147
2004	47	121200	58176	138679	—
2005	58	242801	—	232742	14055.8

注：工业总产值为1990年不变价1991—1995年企业个数为独立核算工业企业。

1991—2005年岑溪规模以上工业企业主要行业分类表

表5-1-5　　单位：个

年度	企业个数合计	金属采选冶炼	砂石开采及建材	食品加工	纺织服装	皮革	木材家具竹芒编	造纸及纸制品	印刷	化工	制药	塑料制品	五金加工	机械制造	电力生产和供应	自来水生产供应	工艺品文体用品	其他工业
1991	155	6	19	15	5		8	15	4	11	2	4	10	11	16	1	24	4
1992	236	3	82	16	7	1	11	17	4	13	3	5	12	15	16	1	26	4
1993	237	7	72	20	4	2	14	18	3	15	2	3	25	4	15	4	26	3
1994	254	7	80	21	4	2	15	19	3	15	2	6	25	5	15	5	27	3
1995	216	10	58	19	5	2	10	19	4	16	2	6	16	10	15	7	16	1
1996	197	8	43	11	6	2	8	19	4	12	3	6	11	18	15	6	17	8
1997	175	8	41	14	6	1	8	15	4	9	2	6	4	13	18	5	16	5
1998	37	1	13	2		1	—	1	1	2	1		1	2	6	1	1	4
1999	46	2	11	4	2	1	—	2	1	3	1	1	3	2	6	1	2	4
2000	45	4	9	3	1	1	—	2	1	3	1	—	6	2	6	1	1	4
2001	44	4	8	4	1		—	2	1	3	1	—	8	2	6	1	1	2
2002	47	5	7	4	2	2	1	2	1	3	1	—	8	1	6	1	2	1
2003	45	3	—	4	—	2	1	2	1	3		—	—	—	6	1	1	7
2004	47	8	7	2	—	1	1	4	1	5		—	2	—	6	1	1	8
2005	58	7	11	1	4	1	3	3	—	9	1	—	5	—	2	1	—	10
合计	1839	83	461	140	47	19	80	140	33	122	22	37	136	99	154	37	161	68

注：其他工业包括饲料加工、竹木采伐、电气材料、生活用品等。

1991—2005年岑溪主要工业产品产量表

表5-1-6

年度	花岗岩板材（万平方米）	人造板（立方米）	铅锌矿（吨）	水泥（万吨）	化肥（折纯量吨）	发电量（万千瓦时）	自来水（万吨）	机制纸（吨）	松香（吨）	淀粉（吨）	硫酸（吨）	钛白粉（吨）	塑料制品（吨）	皮革（万平方米）	饲料（吨）	酒（吨）	柠檬酸（吨）
1991	8.27	—	—	5.11	2607	8205	—	20538	12242	—	—	—	—	—	—	928	—
1992	52.55	—	—	5.02	2483	14271	447	33176	14172	3429	15000	183	—	—	642	1169	—
1993	247.57	—	—	6.05	3328	15484	518.5	46300	14087	1751	11900	—	—	24	5000	2400	—
1994	419.24	—	—	7.99	4770	15471	898	61376	10092	4077	8566	—	—	144	6062	2909	1285
1995	859.23	—	—	11.69	8831	17768	1158	31826	11307	7016	18046	503	—	227	6572	4342	2017
1996	998	—	—	12.94	6727	16915	683	10220	10214	4864	20085	102	18388	220.7	6882	—	191
1997	852	—	—	6.6	6874	20754	754	10990	14118	4456	10636	12	7325	112.4	6029	—	1593
1998	772	—	—	7.8	4285	16732	1068	11250	3789	3353	8234	12	7436	11.8	6124	—	—
1999	68	—	1611	9.35	2400	12367	714	18562	7170	—	10667	—	545	99.22	5539	—	—
2000	682	—	3533	7.32	2328	8696	493	6148	6230	—	24438	—	338	6.5	4293	—	—
2001	682	—	7293	8.54	1529	17071	492	5038	4827	1224	24390	—	320	0.49	4620	—	—
2002	683	600	6872	10.06	1949	16457	485	2910	6375	2422	24145	2075	355	21.34	8763	—	—
2003	664	85901	9404	8.72	2135	14808	500	—	8559	4803	30917	3973	416	39.75	18894	—	2573
2004	732	90821	10312	11	1985	13232	531	4010	7884	5328	29389	2616	457	69.84	2151	—	4561
2005	864.6	10100	20799	10.98	1532	12460	843	—	6887	6474	29707	—	—	55.8	18463	—	—

第三节 经营管理

1996年,岑溪市成立国有小型企业改革与管理领导小组,1998年,成立企业改革整顿领导小组,落实企业生产经营决策权、产品劳务定价权、产品销售权、物资采购权、进出口权、投资决策权、留用资金支配权、资产处置权、劳动用工权、人事管理权、工资奖金分配权、内部机构设置权、拒绝摊派权。企业依法自主经营、自负盈亏、自我发展、自我约束。部分企业实行承包经营、租赁经营、股份制改造等。岑溪市根据自治区党委、政府的《企业改革整顿的总体方案》及其配套文件,在全市工业系统逐步推行厂长(经理)负责制,市经济委员专门负责制定目标,目标的主要内容为产量、产值、销售额、利润和税金。厂长(经理)由市组织人事部门和工业主管部门共同任命,一般任期为3年。任期期间与市经委签订目标责任制合同书,完成或超额完成任务,可受到物质和精神奖励,反之受到处罚。

在厂长(经理)任期目标责任制的基础上,推行承包经营责任制,控制产品成本,岑溪市经委成立领导小组,协同有关部门组成考评委员会,对国有企业实行多种形式的承包经营责任制,通过职工直接选举厂长。市化肥厂、水泥厂、工业供销公司等与市财政局、市经委签订"上缴利润,基数包干,超收全留"的国营预算内工业企业承包经营合同书。

从1998年起市松香厂租赁给梧州市松香厂经营,华建水泥厂租赁给北流客商生产经营,市柠檬酸公司先后租赁给湖南等地客商经营。2003年4月27日,广西利民生物工程有限责任公司租赁经营岑溪市柠檬酸公司。日立化工厂、模压公司从2000年起将企业场地对外租赁。

第四节 工业技术改造

改革开放以来,岑溪市委、市政府十分重视工业技术改造和开发工作,提出"科技兴工",推广各项科技成果。包括花岗岩产品开发(特别是开采和加工技术)、松脂产品开发、以玉桂和山苍子等为原料的芳香产品开发、建筑材料开发、工业工程配套和技术改造等十多项高科技项目。特别是通过引进国内外先进设备和技术,实施"花岗岩光面爆破""轻型钻排机试制"和"花岗岩开采新工艺推广应用和板材示范"等项目,提高出材率和成材率。光面控制爆破在花岗岩开采中的应用获广西科技进步三等奖。百发超硬刀头厂先后引进42名科技管理人才和6套先进的自动烧结设备,大大提高产品的数量和质量,产品畅销全国各地,年产值超500万元。1991年,技改项目22个,总投资2302.59万元;1992年技改项目15个,总投资2325.09万元;1993年技改项目9个,总投资8949.6万元;1999年技改项目5个,总投资361万元;2001年技改项目7个,总投资1216万元;2003年技改项目3个,总投资2030万元。

2002年开始,岑溪市林化工业有限公司与中国科学院广州化学研究所合作,投资960万元,开发松节油合成环氧树脂TEG-99项目,在德国专家协会专家指导下,成功解决松节油合成环氧树脂TEG-99项目生产的相关难题。松节油合成环氧树脂TEG-99项目2006年获梧州市科技进步奖一等奖。2002年12月,梧州市经贸委下达2002年度第五批技术创新项目计划。其中,松香厂松节油合成TEG—99环氧树脂项目,投资550万元;恒信钛白粉技改项目,投资210万元;淀粉厂的薯渣复合全价饲料项目,投资482万元。

2003年,重点技术改造企业有市华建水泥厂、市恒信钛白粉公司、市柠檬酸有限公司、岑溪市松香厂等企业。其中华建水泥厂投入技改资金50万元,恒信钛白粉公司投入250万元,柠檬酸有限公司投入335万元,松香厂35投入万元。2003年同时进行造纸机械技改。全市有550多家纸厂,大部分采用手工作业,

机械设备相当落后，生产效率低，经济效益差。为改变这一落后生产状况，专门成立土纸技改工作组，根据实际情况制定可行的土纸技改方案，并指导、督促实施，95家土纸厂完成技改工作。

2004年，实施技改的8家企业总投入2491万元。其中：恒辉公司的不锈钢板生产线扩容投入技改资金186万元，广阳公司的不锈钢带生产线扩容投入技改资金156万元，永盛公司的不锈钢板生产线扩容投入技改资金375万元，承租岑溪柠檬酸有限公司的利民生物公司一水柠檬酸扩容投入技改资金250万元，恒信钛白公司的涂料级钛白粉生产线投入185万元，三角淀粉有限公司投入技改资金71万元，鹰达不锈钢厂二期扩建投入1250万元，南松纸业公司技改投入18万元。

2005年，投入技改资金5371万元，其中，光辉药业1510万元、顺隆拉链厂850万元、自来水公司630万元。

第二章 工业门类

第一节 矿产采掘 冶炼业

非金属矿开采 岑溪的非金属类矿产资源有:花岗岩矿、磷矿、沸石、萤石、石英、珍珠岩、重晶石、硫、石灰石、稀土等。非金属类采掘加工(主要是花岗岩)有马路、糯垌、三堡、归义、岑城等花岗岩矿开采加工园区,开采花岗岩矿山200多座。1991年起,花岗岩矿的开采与加工业形成国有、集体、个体、外资、联合体多形式、多渠道经营的局面。花岗岩矿的开发与加工成了岑溪经济发展的龙头产业。1996年,岑溪市对矿产采掘业(含选炼、加工)进行适当的调整、整顿,淘汰一批技术落后、资金不足,开采(含选炼、加工)不规范、防污能力(条件)差与乱采滥掘或未经办理(或手续不完备)矿产采掘选炼、加工企业,并逐步整合成为规模化、专业化的现代工业企业公司。非金属(花岗石矿为主)开采加工企业主要分布在马路镇、糯垌镇、三堡镇、归义镇、大隆镇等。岑溪的非金属矿除花岗岩外,还有石灰石、沸石、高岭土、膨润土、河沙、磷矿、建筑石等。沸石矿产主要储藏在大隆镇凤凰山,储量约596万吨,镇内有沸石加工企业2家,年产沸石粉500吨,年产值150万元。高岭土分布在筋竹、南渡、岑城、糯垌、大隆等镇,资源量约1亿吨以上。膨润土主要分布在大隆镇白碟村、大业镇泗龙及思回村附近。2005年前,膨润土和高岭土只有零星分散开采,因其开采方式破坏植被,且属无证开采而被取缔。石灰石以前用来烧制石灰,后来改为建筑用石。河砂开采多集中在岑溪境内黄华河中下游,其中南渡镇丰田至雅奏河段就设有10个采砂场。义昌江也有采砂场,个数比黄华河少。2005年,全市有采砂场(点)87个。磷矿主要是南渡岩体西部旺庆伟晶岩群岩脉中含磷,储量30多万吨,品位一般为五氧化二磷大于12%,最高达30%。磷矿开采量不大,供给岑溪化肥厂和昙容磷肥厂生产过磷酸钙。

金属矿开采 已经开发的金属类矿产资源有铅、锌、钨、钛铁、金、银等金属类矿藏。金属矿产(主要是铅锌、钛铁)采选企业主要分布在诚谏镇、糯垌镇、筋竹镇、归义镇;铅锌矿资源主要集中在诚谏镇,产业开发主要是铅、锌、铟等系列的精深加工,已形成的铅锌矿生产加工龙头企业有佛子冲矿、佳宝矿业、永泰矿业有限公司、广西龙湾矿业有限责任公司、广西岑溪经成矿业有限公司等,是岑溪重要的税源之一。

还有南方矿业有限公司、环江毛南族自治县宏鑫矿业公司岑溪分公司、诚谏镇三叉顶全益铅锌矿、筋竹镇金丰选炼厂。有色金属产业主要有铅锌矿开采加工、钛铁矿、金矿、稀土开采冶炼等工业,“十二五”期间,有色金属产业销售收入70亿元,工业增加值21亿元。钛铁矿主要产于糯垌、安平一带,1967年开始开采,当时为人力手工操作采选,1991年,产量约1万吨。金矿以筋竹的罗敏村及梨木的白护村为主,银矿主要分布于筋竹义水村,金银矿开采均为零星开采。1995年,岑溪金属矿(铅锌)主要采选企业有:位于诚谏镇的广西佛子矿业有限公司、诚谏镇三叉顶全益铅锌矿、广西龙湾矿业有限责任公司、阳生矿业有限公司、永泰矿业有限公司,位于筋竹镇的筋竹镇铅锌矿,钛铁矿有糯垌镇古淡山河钛铁矿、岑城镇龙塘钛铁矿、南渡镇泰泽矿产品有限公司。金属冶炼主要是铅锌矿选炼和白银冶炼。投资(注册资金)100万元以上的矿产采掘冶炼企业有广西佛子矿业有限公司、岑溪市龙湾矿业有限责任公司、岑溪市佳宝矿业有限公司、岑溪市永泰矿有限公司、岑溪市泰泽矿产品有限公司等。2005年,规模以上金属矿产采选企业8家。铅精矿全部销往佛子冲冶炼厂,锌精矿主要销往河池西部公司、河池万山、桂林瑶源、柳州华晶、期柳、河池科技、梧州锌通、梧州立得粉、武宣、柳锌、柳州仁丰物资、桂林广银、河池顺鑫、柳州博达、柳州冶

炼厂、岑溪利达、岑溪佳宝等企业，极少销往区外。

附：部分金属矿业简介

佳宝矿业有限公司　成立于2005年1月，属民营股份制企业，由广西南丹客商罗莎投资8000万元兴建，主要生产锌焙砂、硫酸等产品。公司有思塘冶炼厂、昙容磷矿、顺源选矿厂，还有隆鑫矿业有限公司。年产值8172万元，交税253万元。产品主要有优质锌焙砂、尘砂、电砂、锌精矿、锌锭、工业硫酸、铅矿、铜矿、钛矿、硫铁矿、钛白粉等。

龙湾铅锌矿浮选车间（2005年　摄）

佛子冲矿　成立于1966年12月，国有独资企业，注册资本为1150万元，原属于自治区经委直属企业，下属企业有采选厂、铅冶炼公司、玻璃加工公司。采选厂日处理矿石能力1500吨，年产铅锌铜金属约2万吨，产品2003年获自治区科技进步二等奖。铅冶炼公司，生产一号电解铅，年产量万吨，年出口创汇300万美元。玻璃加工公司，生产各种规格的钢化、中空、夹胶玻璃，

广西龙湾矿业有限责任公司　公司于2000年8月注册成立，注册资本1000万元。是广西北山矿业发展有限责任公司和广西佛子冲铅锌矿联合投资兴建的一个股份制矿山采选企业，公司通过有偿转让方式取得龙湾矿区合法采矿权，采矿许可证有效期2002年7月至2014年7月。2002年10月试生产，2003年元月正式投产，完成投资总额约5500万元。龙湾矿区开采设计规模为日平均采选600吨，年处理矿石19.8万吨。公司投产以来，每年实现产值约7000万元，完成利税约3000万元。

2003—2005年铅锌矿产量表

表5-2-1

矿山名称		年度	产量（吨）			
			铅	锌	铜	小计
佛子冲	佛子冲	2003	9213	8306	362	17881
		2004	9061	8335	381	17777
		2005	7062	6520	226	13808
	河三	2003	265	2145	—	2410
		2004	541	2003	—	2544
		2005	396	171	—	567
简冲		2003	—	—	—	—
		2004	321	427	—	748
		2005	272	1506	—	1778

续表 5-2-1

矿山名称	年度	产量(吨)			
		铅	锌	铜	小计
龙湾矿	2003	5103	6337	—	11440
	2004	4695	6652	—	11347
	2005	3429	5110	—	8539
合计	2003	14581	16788	362	31731
	2004	14618	17417	381	32416
	2005	11159	13307	226	24692
累计	—	40358	47512	969	88839

1991—2005年铅锌矿企业规模以上矿产采选冶炼企业情况表

表5-2-2　单位：万元

指标	铅锌矿企业		规模以上矿产采选冶炼企业				
	企业个数	企业产值	金属开采	金属冶炼	非金属开采	小计（个）	产值（万元）
1991	3	100	3	3	7	13	576
1992	3	409	3	—	45	48	5052
1993	5	1495	5	2	36	43	63826
1994	5	713	5	2	39	46	15247
1995	6	1218	6	4	22	32	19245
1996	5	1135	5	3	9	17	6283
1997	4	981	4	4	—	8	5095
1998	4	965	—	1	8	9	725
1999	2	820	1	1	3	5	2037
2000	2	1958	3	1	1	5	3252
2001	2	2233	3	1	—	4	3705
2002	3	3227	4	1	—	5	4170
2003	3	3966	3	—	—	3	8813
2004	4	8875	4	4	—	8	38313
2005	2	8780	3	—	—	3	8688

第二节　电力工业

机构体制改革　2003年,根据自治区人民政府《关于同意授权广西水利电业有限公司经营农网建设与改造投资形成的国有资产的批复》和岑溪市人民政府《关于对市电力公司贯彻落实区政府桂政函〔2002〕173号文件精神有关问题的批复》,广西水利电业公司以14889万元的农改资金与市电力公司以农改前的供电资产出资组建岑溪市水利电业公司,公司总资产21648万元,注册资金为3462万元,其中,广西水利电业有限公司占86%的股份,岑溪市电力公司占14%的股份。2003年8月15日,成立岑溪市水利电业有限公司,并划归广西水利电业有限公司管理,10月24日挂牌。公司设党群工作部、经理工作部、生产技术部、营销部、财务部、人力资源部、安全监察部等7个职能部门,辖17个供电营业所、17座变电站。2005年5月,市人民政府发出《岑溪市人民政府关于整体转让四滩、大湾等5个国营电站产权经营权的通知》,将四滩、大湾、波塘、都目、西牛头等5个国营水电站的产权(含经营性资产和非经营性资产)及经营权、国有土地使用权整体转让给广西水利电业有限公司,由广西水利电业有限公司与岑溪市水利电业有限公司共同出资购买,其中,广西水利电业有限公司占60%的股份,岑溪市水利电业有限公司占40%的股份。新组建的岑溪市水利发电有限公司按照《中华人民共和国公司法》的规定,设立股东会、董事会、监事会对公司进行管理。该公司于2005年6月9日在岑溪市依法登记注册成立"岑溪市水利发电有限公司"并管理以上5个电站。7月17日,市水利发电有限公司正式挂牌。在电力管理体制中,全市继续落实国家关于小水电"自建、自管、自用"和"以电养电"的政策,以及"地方为主、市为实体、统一规划、统一管理、集中调度、分级管理"的农电管理体制。

水电站

1991年,岑溪市单机容量50千瓦以下微型水电站17座,装机760台,装机容量2994千瓦;单机容量50至500千瓦小水电站23座,其中:国营11座,装机20台,装机容量14195千瓦;乡镇办11座,装机52台,装机容量10250千瓦;个体私营1座装机1台,装机容量125千瓦。单机容量500千瓦以上小水电站有大湾电站、波塘电站、都目电站、四滩电站等4座,装机11台,装机容量29300千瓦。1991年大湾电站发电量1462.56万千瓦小时、电费收入81.98万

珊瑚坪水库围儿岭电站是岑溪市境内水头最高(173米)的小水电站(2004年　摄)

元。波塘电站发电量1689.26万千瓦小时,电费收入93万元。都目电站发电量1806.26万千瓦小时、电费收入95.01万元。

1991年11月26日,四滩电站建成,装机3台、装机容量12000千瓦,第一台机组开机试运行,1992年6月,三台机组并网发电。1993年发电量4789万千瓦时。1992年10月,开始兴建犀牛头(又称西牛头)电站,装机3台,单机容量320千瓦,1994年12月建成投产。1995年,采取国家投资、集体筹资与允许个体私营企业主投资等多渠道集资建设电站(包括对原电站的技改增容)的形式,加快水电站事业的建设。8月,装机4台单机容量200千瓦的平山电站建成投产;1996年5月,兴建银坪电站,装机1台容量320千瓦,1997年10月建成投产。1997年11月,移民办公室投资170多万元建成装机容量320千瓦的大隆银坪电站并运行发电。1998年9月,由私营业主投资55万元建设的昙容镇路台水电站(装机1台容量125千瓦)建成发电,为全市首座个体修建的小水电站。2003年3月,白双底电站扩建1台容量250千瓦机组。8月31日,全市首个招商引资建设的高垌水电站开工,装机3台单机容量2500千瓦,该电站由广东省茂名粤能有限公司投资6321万元兴建。2005年年底,全市有水力发电站54座(在建有5座),装机122台,总投资13198.24万元,总容量50315千瓦,占可开发水力资源7.37万千瓦的68.27%。全市有单机容量500千瓦以上水电站4座,装机11台总容量29300千瓦时;50至500千瓦以内水电站49座,装机111台总容量21015千瓦。其中国营电站17座,投资10434.51万元,占总投资的79%;乡镇办电站12座,投资956.73万元,占总投资的7.3%;个体私营电站24座,投资1087万元,占总投资的13.7%。2005年年底在建电站5座,装机7台,总容量7960千瓦,总投资5455万元。单机容量50千瓦以下微型水电站有17座,水力发电量12183.66千瓦小时,供电量(含外购)46655万千瓦小时,售电量42013万千瓦小时。

位于市区义昌江河段的大湾水电站是岑溪最早建成的水电站,几经改造扩容装机容量从1960年180千瓦增加至2005年4800千瓦(1991年　摄)

大湾水电站　位于岑溪市岑城镇六凡村,义昌江中游,属引水式径流电站,是岑溪市最早建成的水电站。电站始建于1958年冬,1960年第一台180千瓦机组投产发电,后来不断进行小扩建,电站采用南宁发电设备厂生产的HL300-LJ-120型水轮机配同厂生产的TSL260/35-20型发电机组,3台机组经升压变压器与市35千伏电网并网运行。2台变压器型号分别为SL-4000/38.5型和SL-2500/38.5型。1992年下半年对坝首排沙闸进行技改工程建设,排沙闸尺寸:宽10米、高6米,工程造价91.00万元;1993年下半年完成并投入运行。

1991—2005年大湾电站年发电量、发电收入情况表

表5-2-3

年　份	装机容量（千瓦）	年发电量（万千瓦小时）	年利用小时（小时）	电费收入（万元）	税金（万元）
1991	4800	1462.56	3047	81.98	4.23
1992	4800	2262.80	4714	134.00	6.95
1993	4800	2069.50	4311	123.98	6.67
1994	4800	2368.01	4933	219.42	16.78
1995	4800	2642.07	5504	263.60	17.20
1996	4800	2694.96	5615	276.11	18.36
1997	4800	2911.24	6065	331.03	23.37
1998	4800	1881.36	3920	231.09	17.28
1999	4800	1359.70	2833	154.36	12.42
2000	4800	1049.63	2187	154.94	10.80
2001	4800	2267.58	4724	410.04	27.00
2002	4800	2068.60	4310	370.15	23.76
2003	4800	1923.20	4007	423.60	29.41
2004	4800	1460.50	3043	350.40	23.76
2005	4800	1009.32	2103	434.36	28.66

波塘水电站　位于岑溪市波塘镇荔村古罗口与黄华河汇合处，距离市区24千米，是以发电为主的河床式径流电站。电站始建于1977年10月，1981年10月第一台机组并网发电，1984年12月第二台机组投产发电，工程总投资999.1万元。波塘水电站于2000年进行机组增容改造工程，装机2台，单机容量3000千瓦，比原有装机容量增加1000千瓦。

1991—2005年波塘电站年发电量、发电收入情况表

表5-2-4

年份	装机容量（千瓦）	年发电量（万千瓦时）	年利用小时（小时）	电费收入（万元）	税金（万元）
1991	5000	1689.26	3379	93.00	5.58
1992	5000	2437.54	4875	140.00	8.40
1993	5000	2190.90	4382	134.00	8.04
1994	5000	2158.09	4316	203.00	12.18
1995	5000	2479.42	4959	247.00	14.82
1996	5000	2481.29	4963	277.00	16.62

续表 5-2-4

年份	装机容量（千瓦）	年发电量（万千瓦时）	年利用小时（小时）	电费收入（万元）	税金（万元）
1997	5000	2708.173	5416	312.00	18.72
1998	5000	2052.01	4104	256.00	15.36
1999	5000	1593.54	3187	218.00	13.08
2000	5000	1220.25	2441	230.00	13.80
2001	5000	2206.46	3672	398.00	23.88
2002	5000	2248.49	3747	416.00	24.96
2003	5000	1961.74	3270	442.00	26.52
2004	6000	1738.73	2898	412.00	24.72
2005	6000	1545.42	2576	513.63	33.90

都目水电站　位于岑溪市波塘镇西岸村，距离市区68千米，是黄华河在境内梯级开发的最后一级电站，属坝后式电站，是一座集发电、防洪排涝、水运为一体的综合利用工程。电站始建于1985年4月，1987年10月全部机组试机成功并网发电，工程总投资1310.24万元。都目水电站装机3台，单机容量为2000千瓦，保证发电量2020千瓦，设计年发电量3733万千瓦小时。3台机组型号相同，采用南宁发电设备厂生产的ZD560-LHO-200型水轮机配同厂生产的SF2000-24/2600型发电机组，调速器型号为YDT-3000型。

1988年至2005年都目电站年发电量、发电收入情况表

表5-2-5

年份	装机容量（千瓦）	年发电量（万千瓦小时）	年利用小时（小时）	电费收入（万元）	税金（万元）
1991	6000	1806.26	3010.4	95.01	4.92
1992	6000	3088.8	5148	164.37	8.48
1993	6000	2880.73	4801.20	717.41	8.82
1994	6000	2784.38	4640.60	250.85	18.39
1995	6000	3551.08	5918.47	338.95	19.90
1996	6000	3219.48	5365.80	340.75	20.00
1997	6000	3818.16	6363.60	410.20	26.56
1998	6000	2746.54	4577.57	357.25	25.50
1999	6000	2402.42	3988.20	280.91	21.98
2000	6000	1865.53	3109.2	222.98	14.67
2001	6000	3097.80	5163	493.8	32.44
2002	6000	3155.96	5259.93	503.78	30.63

续表 5-2-5

年份	装机容量（千瓦）	年发电量（万千瓦小时）	年利用小时（小时）	电费收入（万元）	税金(万元)
2003	6000	2999.16	4998	560.56	36.33
2004	6000	2598.56	4330.9	528.94	34.13
2005	6000	2209.75	3683	644.27	42.53

四滩水电站 位于岑溪市大隆镇溢河村，距离市区60千米，是黄华河在岑溪境内梯级开发的第三级电站。电站于1988年1月动工兴建，1992年6月3台机组安装完成，10月经新线路全部投产送电，工程总投资5314.9万元。四滩水电站是一座集发电、防洪排涝、农业灌溉于一体的综合利用工程。2001年12月，对3号机组进行改造增容，增容后机组容量4500千瓦。1994年，发电量49890.5万千瓦小时，占岑溪市发电量的20%。2003年5月通过“五好”电站达标验收，成为岑溪市首个“五好”电站达标单位。

1993—2005年四滩电站年发电量、发电收入情况表

表5-2-6

年份	装机容量（千瓦）	年发电量（万千瓦小时）	年利用小时（小时）	电费收入（万元）	税金（万元）
1993	12000	4789	3991	252	15.42
1994	12000	4633	3861	283	17.62
1995	12000	5685	4737	216	13.22
1996	12000	5268	4390	467	28.64
1997	12000	6430	5359	629	38.56
1998	12000	4538	3781	503	30.84
1999	12000	3819	3182	397	24.24
2000	12000	2790	2325	319	19.82
2001	12000	5009	4174	753	46.26
2002	12500	5171	4309	761	47.35
2003	12500	4858	4048	995	61.67
2004	12500	4352	3627	900	54.03
2005	12500	3862.8	3090	1026.71	67.15

1991—2005年岑溪市电力工业经营情况表

表5-2-7 单位：万千瓦时、万元

年度	发电量	供电量	售电量	收入	税金
1991	6760.64	10546.84	9424.88	1794.7	98.6
1992	14015.32	15749.42	14080.09	2485.27	153.61
1993	15483.72	18884.93	16940.56	3400.63	125.91
1994	15877	19266	16940.56	4215.55	457.91
1995	18428	23406	20923.51	5192.18	648.07
1996	17844	24557	21942.19	6633.02	998.06
1997	20967	25379	22628	6547.88	774.45
1998	15269	25186	22542	7410.9	1133.96
1999	12368	24524	21989	6540.07	898.49
2000	5696	23945	21768	7651.68	1156.99
2001	17071	26118	23499	9323.77	1503.61
2002	16457	27420	24584	10291.56	1195.43
2003	14808	34714	31969	12561.07	1330.33
2004	13232	45276	40836	15539.17	1183.32
2005	12183	46655	42013	15811	949

变电站

1991年，全县有变电站7座，其中，110千伏变电站2座（古磊变电站、岑城第二变电站），35千伏变电站5座（岑城第一变电站、河三变电站、大隆变电站、筋竹变电站、工业公司变电站）。全县17个乡镇全部由县电网供电，县电网与梧州地区电网联网。1994年1月，糯垌变电站35千伏安输变电工程投入运行。10月8日，中胜至岑城第二变电站110千伏输电线路工程投入运行。1998年1月，归义变电站35千伏安输变电工程投入运行。1998年全县有35千伏变电站7座，变压器总容量57300千伏安。农网改造前有变电站9座，总变电容量93600千伏安，其中110千伏安变电站2座，变压器总容量51000千伏安；35千伏变电站7座，变压器总容量42600千伏安，1999年3月至2001年5月第一期农村电网改造工程期间，新建35千伏

岑城镇110千伏第二变电站

变电站3座，总容量17150千伏安；2002年3月，南渡变电站（35千伏容量5650千伏安）投入试运行；10月通过竣工验收。2002年3月至2004年12月，第二期农村电网改造新建35千伏变电站7座，总容量19650千伏安；两期农村电网改造共建成南渡、鹰达五金厂、泰丰五金厂、马路、安平、昙容、诚谏、波塘、水汶、梨木等10座35千伏变电站。2003年，梧州供电局在岑溪市建成探花220千伏变电站1座，容量1.2万千伏安，三堡110千伏变电站1座，容量2万千伏安。2005年，岑溪市水利电业有限公司利用农村电网改造资金，10月动工建设大业110千伏变电站1座，容量为2.5万千伏安，配套110千伏输电线路长6.25千米。

2005年年末，全市共拥有变电站19座（探花变电站不列入）。其中，110伏变电站2座，变压器总容量91000千伏安；35千伏变电站17座，变压器总容量97830千伏安。配电变压器2052台，总容量26240千伏安。

1982—2005年岑溪市变电站建设基本情况表

表5-2-8

项目名称	建设时间	投运时间	变电站容量（千伏安）	投资（万元）
110千伏变电站	—	—	91000	1430.04
古磊变电站	1982年	1984年	16000	495.79
岑城第二变电站	1988年12月	1989年9月	75000	934.25
35千伏变电站	—	—	103486	4808.18
岑城第一变电站	1978年12月	1981年10月	16000	484.85
河三变电站	1981年8月	1982年7月	8000	400.35
大隆变电站	1986年	1987年10月	3150	120.26
筋竹变电站	1987年7月	1988年7月	4000	178.95
糯垌变电站	1992年	1994年	6300	270.00
华建水泥厂变电站	1993年8月	1994年3月	5000	297.35
归义变电站	1994年	1998年	5650	611.00
南渡变电站	2001年5月	2002年3月	5650	224.56
鹰达五金厂变电站	2003年6月	2004年8月	17500	163.41
马路变电站	2003年11月	2005年	5000	357.17
安平变电站	2003年12月	2005年	2500	238.72
泰丰五金厂变电站	2003年12月	2004年10月	6930	133.73
昙容变电站	2004年2月	2005年	2500	250.18
诚谏变电站	2004年2月	2005年	2000	233.21
水汶变电站	2004年2月	2005年	3150	302.21
波塘变电站	2004年3月	2005年	2500	307.82
梨木变电站	2004年4月	2005年	2000	210.41

注：华建水泥厂变电站、鹰达五金厂变电站、泰丰五金厂变电站为厂自用变压站。

供电

在实施“两改一同价”前，岑溪没有统一的农电管理体制，全县有11个镇由电力公司负责供电，有6个乡镇由水电局下属的水管所供电，乡镇企业自办电站供电，或由个体户承包电站供电，实施“两改一同价”后，市人民政府相继作出《关于改革农村电力管理体制的批复》和《岑溪市人民政府关于迅速完善我市供电管理体制的通知》，将趸供电的6个乡镇供电单位全部划归市电力公司统一管理，实现城乡电力管理一体化。1991年，各乡镇单机125千瓦以上的电站均已并入电网，实行发电、供电、用电的统一管理。县水利电力局机电股(农电股)、县电力公司，各乡镇供电所或乡镇趸售供电所，负责全县电力建设和生产管理工作。1996年，在全市禁止使用高耗能变压器，有容量20千瓦以上的电动机的用户需加装无功补偿电容；在35千伏变电站加装无功补偿设备。农网改造前高压电网综合网损率7.48%，低压线损率11.92%。农网改造后至2004年农村电气化达标，高压电网综合网损率下降到7.20%，低压线损率下降到10.50%。2000年3月，全市农村电网建设与改造工程全面开展。4月，根据《国务院办公厅转发国家计委关于改造农村电网改革农电管理体制实现城乡同网同价请示的通知》国办发〔1998〕134号文件的精神，对市内原有的农电体制进行改革，将乡镇趸售供电所的供电权划归县级供电企业。2001年，完成水汶、大业、诚谏、昙容、吉太和筋竹石鹤6个趸售供电所划归市电力公司统一管理的移交接管工作，结束全市多级售电的历史，农电体制实现统一规范化管理。从2001年1月1日开始，全市城乡居民生活用电执行同网同价。在农村电气化建设期间，对单机容量75千瓦以上的小水电并入市统一电网供电，实行全市电网建设和发电、供电、用电统一管理。在电力管理体制中，全市继续落实国家关于小水电“自建、自管、自用”和“以电养电”的政策，以及“地方为主、市为实体、统一规划、统一管理、集中调度、分级管理”的农电管理体制。从2001年开始，全市用电管理实行“三公开”(电量公开、电价公开、电费公开)“四到户”(销售到户、抄表到户、收费到户、服务到户)“五统一”(统一电价、统一发票、统一抄表、统一核算、统一考核)制度。

1991—2005年岑溪市发电量、供电量、售电量情况表

表5-2-9　　　单位：万千瓦时

年份	年发电量	年供电量	年售电量
1991	6760.64	10546.84	9424.88
1992	14015.32	15749.42	14080.09
1993	15483.72	18884.93	16940.56
1994	15877	19266	16940.56
1995	18428	23406	20923.51
1996	17844	24557	21942.19
1997	20967	25379	22628.60
1998	15269	25186	22542
1999	12368	24524	21989
2000	8696	23945	21768
2001	17071	26118	23499
2002	16457	27420	24584.6
2003	14808	34714	31969
2004	13232	45276	40836
2005	12183.66	46655	42013

输电线路

线路建设 1989年，岑溪建成农村初级电气化达标县，有35千伏输电线路长146.9千米，6千伏至10千伏输电线路共长1017.46千米，低压线路共长3005.22千米。全县17个乡镇已全部接入县统一电网供电。1992年4月，架设岑城第二变电站至四滩电站35千伏输电线路，全长21千米，导线型号LGJ-150；架设岑城第二变电站至糯垌电站35千伏输电线路，全长18.9千米，导线型号LGJ-95。1994年6月，架设岑城第二变电站至三堡立垌110千伏输电线路，全长30千米，导线型号LGJ-185；架设岑城第二变电站至华建水泥厂变电站35千伏输电线路，全长11千米，导线型号LGJ-95。1997年8月，架设大业变电站至归义变电站35千伏输电线路，全长16千米，导线型号LGJ-120。1998年2月，架设岑城第一变电站至归义变电站35千伏输电线路，全长13千米，导线型号LGJ-120。2000年至2004年，全市在农村电网建设与改造中，新增和改造35千伏输电线路116.37千米，新建和改造10千伏输电线路1612.93千米，400伏低压线路798.74千米。2004年年底，全市有110千伏输电线路40.8千米，35千伏输电线路373.57千米，10千伏输电线路1873.7千米，低压线路5498千米。输电线路分级管理，市区110千伏、35千伏输电线路由市水利电业有限公司生产技术部的输电线路班管理、维护、检修，各乡镇35千伏、10千伏输电线路和低压线路由乡镇供电所管护。2005年实现水电农村电气化。

农村电网改造 1999年3月至2004年12月，先后进行2期农村电网改造。农村电网改造前，全市电网有110千伏输电线路共长30千米，35千伏输电线路共长203.8千米，10千伏输电线路共长1545千米，低压线路共长4084千米，配电变压器1325台总容量115885千伏安。

1999年3月至2001年5月，第一期农网改造工程累计完成投资8899万元。主要工程有新建改造35千伏变电站3座、总容量17150千伏安，新增35千伏输电线路长16.8千米，新建和改造10千伏输电线路长760.21千米，低压线路长4717.57千米，配电台区885个。

2002年3月，启动第二期农村电网改造工程，计划投资5990万元，主要工程有新建35千伏变电站7座总容量19 650千伏安，新增35千伏输电线路长93.94千米，新建和改造10千伏输电线路共长852.72千米，低压线路共长598.17千米，配电台区352个，到2004年12月，第二期农村电网改造完成投资4404.7万元，两期农村电网建设与改造工程，累计投资13303.7万元。改造110千伏变电站2座，新建110千伏输电线路长10.8千米；新建35千伏变电站7座，改造35千伏变电站3座，新增（改造）35千伏输电线路长116.37千米；新建和改造10千伏输电线路长1612.93千米，400伏低压线路共长798.7399千米，配电台区1237个。2005年10月，岑溪市水利电业有限公司利用农村电网改造资金，建设大业110千伏变电站，架设配套110千伏输电线路6.25千米。

第三节 建材工业

非金属建材业主要有水泥、花岗岩板材、砖瓦、石灰、陶瓷和新型墙体材料工业等。水泥生产企业有两家，最早的是岑溪水泥厂（后改制为华建水泥厂），1994年5月21日建立富杰水泥厂（后改制为桂岑水泥有限公司）。富杰水泥厂建立于1994年5月21日，1997年5月停产。2003年8月，人民法院对资不抵债的富杰水泥厂实行破产清算，公开拍卖。11月与北流市西神水泥厂签订租赁经营合同，12月复产，成为市内首家实行租赁经营的国有企业。砖瓦业最早的是民间砖瓦窑，生产青砖、瓦片，以后有制造煤渣砖、红砖的工厂建立。由于制造砖瓦过程中，毁坏土地、污染环境，政府逐步取缔砖瓦窑，改为生产砂砖、水泥砖瓦、石棉瓦、铁皮瓦等。石灰炼制是传统工业，都是以柴草为燃料的土窑烧制，在岑溪以归义秋风所产石灰最有名。2005年，石灰窑已全部淘汰。砂砖生产企业有供销社砂砖厂和义新砂砖厂。1991年，建材工业企业有816个,总产值4625万元,其中独立核算的工业企业有12家,总产值(当年价)2993万元。2005年,规模以上建材工业企业有11家,总产值(当年价)100098万元。其中:水泥厂2家,石材及砖瓦业8家,水泥制品业1家。规模以上建材企业有岑溪华建水泥有限公司、桂岑水泥有限公司。1991—2005年,水泥产量分别为5.11万吨、5.02万吨、6.05万吨、7.99万吨、11.69万吨、12.94万吨、6.6万吨、7.8万吨、9.35万吨、7.32万吨、8.54万吨、10.06万吨、8.72万吨、11万吨、10.41万吨。

附:部分建材企业简介

华建水泥厂 前身是岑溪县水泥厂,建于1970年,厂区位于岑溪市糯垌镇塘坡村。1993年8月10日,岑溪县水泥厂与香港泰星实业有限公司合资扩建,更名为广西华建水泥厂,主要产品是PC32.5水泥,年产能力15万吨。产品PC32.5水泥是国家产品质量认证的优质产品,公司获"重合同守信用企业"等荣誉称号。生产的"狮王牌"PC32.5水泥的品质指标合格率、富强度合格率和袋重合格率一直保持三个100%。

供销社砂砖厂 厂址在市区玉梧路百足山工业区,是县供销联社的集体工业企业。1987年4月建成投产,当年生产砂砖213万块。产品经自治区建筑科研院、建筑工程质量检测中心鉴定,产品力学性能达到150标号,抗压抗折每平方厘米150千克以上,完全可以作建筑使用。2005年生产砂砖2000万块,实现产值500万元。

县供销社砂砖厂生产车间(1992年 摄)

义新砂砖厂 位于南渡镇义新村,属部门集体联营企业,1988年建成投产。1994年,年产砂砖4260万块,超出原设计能力1260万块,产值627.32万元,实现税利81.27万元;1995年年初投入560万元进行扩建和技术改造,1995年产量达4566万块,产值652.31万元,税利91.26万元。2003年破产拍卖。

第四节 化 工

岑溪化工企业主要有松脂加工业、钛白粉、化肥等。1991—1997年,松香厂是岑溪县的重点企业,年平均生产松香12319吨。从1998年起,松香厂由于缺乏资金,市场竞争激烈逐渐走下坡路,1998—2004年,年均产量6327吨,2006年停产。1991年县钛白粉厂建成投产,年生产钛白粉2000多吨。1991年,全县独立核算的化工企业有11家,总产值(不变价,下同)4874万元。其中国有化工企业有岑溪钛白粉厂、岑溪玻璃厂(后更名为岑溪市纸业公司)、岑溪化肥厂、岑溪松香厂、广西岑溪柠檬酸有限公司、岑溪县日立化工厂等六家。1991—1995年,化工企业分别是11、13、15、15、16家,总产值分别是4874、6260、5519、5114、5592万元。2005年有化工企业9家,总产值(当年价)14148万元。1991—2005年,松香产量分别为12242吨、14172吨、14087吨、10092吨、11307吨、10214吨、14118吨、3789吨、7170吨、6230吨、4827吨、6375吨、8559吨、7884吨、6887吨。

附：部分化工企业简介

恒信钛白有限公司　位于文化二路，是钛白专业生产企业。原为岑溪钛白粉厂，2002年岑溪钛白粉厂破产拍卖，从国有企业转为民营企业，有员工人数200多人，各类专业技术人员30多人。工厂生产的主要产品有BA01－01锐钛型钛白粉、搪瓷级非颜料钛白粉、陶瓷级非颜料钛白粉等，年生产能力为1万吨。公司连续几年被评为“先进私营企业”“纳税先进单位”“外商投资先进企业”，还被政府列为“外商投资企业重点保护单位”。

化肥厂　建于1970年2月，为市属国有企业，位于岑城镇甘冲村，占地202304.3平方米，其中生产区46621.36平方米，山地135813.14平方米、生活区19869.8平方米。有职工274人，各类专业人员48人，固定资产原值458万元。设备生产能力每年生产硫酸4万吨、普通过磷酸钙5万吨、复混肥2万吨。1991—1995年，化肥厂普钙产量（实物量）分别为19695吨、19263吨、25741吨、13339吨、25702吨。2003年，普钙产量17475吨，硫酸31749吨，复混肥3899吨，利税86万元。2004年，普钙产量16363吨，硫酸30473吨，复混肥1685吨，利税119万元。化肥厂曾获国务院授予“大庆式企业”“全国小磷肥百面红旗企业”称号，连续15年被自治区工商局授予“重合同、守信用”企业。产品除满足本市需要外，还销往容县、北流、玉林、藤县和广东罗定、信宜等地。

第五节　机械工业（含小五金）

1991年，岑溪县独立核算机械工业企业有8家，工业总产值299万元；金属制品企业10家，工业总产值56万元；电气机械制造1家，工业总产值28万元；1992年有9家，随后逐年减少了。1994年独立核算企业减为1家、1995年4家、1996年5家、1997年5家。1991年到1995年为独立核算企业的有记载。1997年有农机厂、汽车修理厂、轻工机械厂、五金厂等，上规模的企业有农机厂、盛世机械铸件有限公司两家。主要产品有农机具（打谷机、拔秧机、插秧机、犁头、铁耙、锑、锄等）。1992年，成立佳能热水炉厂，主要生产节煤设备、热水炉、省柴炉灶、无烟炉灶、自动燃油热水炉、节能蒸馏锅、节能蒸酒锅、余热器。汽车修理有汽车修理厂、开联汽车修理厂、顺兴汽车修理厂等。2003年，有5家不锈钢制品有限公司，年生产能力6.5万吨，不锈钢五金制品3000万套。2004年引进4家不锈钢厂，总投资超亿元，产值3.2亿元。2005年，规模以上金属制品企业有5家，总产值（当年价）11574万元。

1991—2005年规模以上机械工业、制造业简表

表5-2-10　　单位：个、万元

年份	金属制品企业	产值（万元）	机械工业企业	产值（万元）	交通设备制造企业	产值（万元）	电气机械制造企业	产值（万元）	工艺品制造企业	产值（万元）
1991	10	56	8	299	2	38	1	28	—	—
1992	12	529	9	800	3	84	3	60	—	—
1993	25	2043	—	—	3	274	1	47	—	—
1994	25	915	1	217	3	192	1	75	—	—
1995	16	649	4	771	4	236	2	620	—	—

续表 5-2-10

年份	金属制品企业	产值（万元）	机械工业企业	产值（万元）	交通设备制造企业	产值（万元）	电气机械制造企业	产值（万元）	工艺品制造企业	产值（万元）
1996	11	1661	—	—	2	261	2	350	1	5530
1997	4	276	—	—	1	171	2	32	1	5711
1998	1	3686	1	10	1	29	—	—	1	1317
1999	3	5477	—	—	1	35	—	—	1	620
2000	6	8931	1	13	1	—	—	—	—	—
2001	8	15580	—	—	1	41	—	—	—	503
2002	8	13685	—	—	1	52	—	—	1	512
2003	8	1897	—	—	—	—	—	—	—	—
2004	2	5519	—	—	—	—	—	—	7	9061
2005	5	11574	—	—	—	—	—	—	—	—

附：部分五金、机械工业企业简介

广西岑溪鹰达金属制品有限公司　成立于2003年6月，由香港盈锋国际有限公司投资2300万元兴建，主要生产不锈钢系列产品及五金制品，年产值6294万元，税收273万元。

广西岑溪恒辉五金制品有限公司　成立于2003年3月，由香港客商莫来兴投资2300万元兴建，主要生产不锈钢系列产品及五金制品，年产值6692万元，税收248万元。

广西岑溪大明铜业有限公司　成立于2005年4月，由香港客商王明棣、陈玉霞投资8300万元兴建，主要生产铜线、电线、电缆等产品，年产值1606万元，税利120万元，安排就业300人。

桂海林化机械加工厂　位于玉梧大道乌峡村，是一家集设计、加工、安装、培训于一体的松香以及松香改性树脂系列设备的专业生产厂家。2002年建厂，现已在全国各地设计、加工、安装了百多套松香设备。先后有日本、德国、印尼、越南等松香生产厂家采用该厂生产设备。研发的中层脂液回收技术，可使从中层脂液（残渣）中回收的松香95%以上达到特级、一级松香标准。松脂回收率平均提高一个百分点。

第六节　纺织服装加工

1991年，独立核算纺织工业有4家，工业总产值（当年价，下同）2015万元；1999年纺织业已经开始兴起，多数为来料加工的小毛织厂。全市毛针织企业发展到28家，从业人员2.56万人，生产的毛织品产值27.2亿元，产品远销欧美、东南亚等地区。纺织企业有广西联益服装有限公司、岑溪兴祥服装针织有限公司、昌荣针织制衣有限公司、东海纺织有限公司、广西岑溪互益纺织有限公司等142家，从业人员7980多人，年产值1.43亿元。其中岑溪互益纺织有限公司是岑溪当时最大的毛织厂。2005年，规模以上的纺织企业有4家，总产值5578万元。

附：部分纺织企业简介

服装加工厂车间一角(2000年　摄)

广西岑溪互益纺织有限公司 位于岑城镇十里长街乌峡桥头，公司成立于2003年9月。公司注册资金200万美元，总投资280万美元。工厂占地面积2万多平方米，其中厂房1.1万平方米。2004年2月正式投产，有织机、缝盘、查补打毛等四大车间，是一家硬件软件齐全的大型来料加工纺织企业，有员工1600名。经营生产各类针织服装系列产品、针织毛织样板设计、纺纱加工、各类纺织线的染色与毛衫织造等，产品全部外销欧美、东南亚等世界各地。年产值8035万元，实现利润1023万元，创税收636万元。2004—2005年产值2100万元，上缴税金264万元。公司先后在安平、南渡等镇设立分厂。

第七节　木材、竹芒编、皮革加工业

1991年，全县家具制造企业1家，工业总产值3万元。木材加工有7家，总产值592万元。1995年木材加工有4家，总产值112万元。家具加工制造为当地传统工业，以前是手工制作，主要生产床架、椅桌等木器，后来发展为使用机械生产，材料也不限于木材；1991年，岑溪县经委工业发展公司与香港腾新有限公司合资建立广西腾兴皮革制品有限公司，2001年，将股权转让给香港龙腾皮革制品有限公司，改为广西龙腾皮革制品有限公司。2004年引进岑溪顺兴福皮业有限公司。竹芒编加工业是岑溪的一项传统手工业，主要原材料是竹、藤、芒心(蕨心)，主要产品有工艺扫、竹椅、竹篮、雨笠、筛子、箩筐等各种生活用品，还有动物造型、葫芦等装饰工艺品。产品主要出口到东南亚、日本、欧美等30多个国家和地区，年出口产值6000多万元。竹芒编加工业发展最早最快的是南渡镇，全镇有竹芒编织工艺厂32家，竹芒编织专业村2个，从事竹芒编生产3000多人。主要企业有南渡镇华南编织工艺厂、南渡镇竹艺厂、岑溪南方工艺厂、南渡联兴工艺厂、华强工艺厂、安利工艺制品厂、立兴编制厂等，通过

竹芒编加工现场(1991年　摄)

"公司+基地+农户"的产业化经营模式,形成一条"基地建设—初加工—深加工—销售"的产业链。2002年,成立广西三威林产公司岑溪分公司,规模以上木材加工企业有3家,总产值(当年价)11952万元。2005年,规模以上皮革企业有1家,总产值2356万元。

1991—2005年独立核算(规模以上)加工企业情况简表

表5-2-11

年份	竹木加工芒编企业数	产值(万元)	家具制造企业数	产值(万元)	皮革毛皮加工企业数	产值(万元)
1991	7	422	1	3	1	469
1992	9	443	2	26	1	503
1993	4	216	10	350	2	2391
1994	5	226	10	219	2	8081
1995	4	117	6	290	2	9699
1996	4	512	4	179	2	10509
1997	5	772	3	174	1	7741
1998	—	—	—	—	1	7094
1999	—	—	—	—	1	1426
2000	—	—	—	—	1	501
2001	—	—	—	—	—	—
2002	1	1502	—	—	2	2127
2003	1	9987	—	—	2	1510
2004	1	9336	—	—	1	1492
2005	3	11952	—	—	1	2356

注:产值为当年价,1996年前统计独立核算企业。

木材加工企业选介

广西三威林产人造板有限公司(简称"三威岑溪公司") 位于岑城镇探花工业园区,是广西三威林产工业有限公司的全资企业,2002年建成投产。生产线由引进设备(热磨机和精砂机)、自行设计并委托加工设备(木片贮运、水洗,调、施胶,纤维干燥、风选和热能工厂)以及2条共27层先进制板生产线等三部分组成。整条生产线实行总线控制。公司按照ISO9001国际质量管理体系、ISO14001环境管理体系、GB/T28001职业健康安全体系要求组织生产。产品主要是11-25mmE1、E2级室内型中纤板,物理性能指标均符合欧洲EMB标准。E1级中纤板甲醛释放量达到欧洲E1级环保标准,可作家具及室内装修材料。三威岑溪公司年生产中密度纤维板15万立方米。

明兴木材制品厂 位于马路镇,创建于2004年,是梧州市最大的集科研、生产、销售于一体的木材制品厂,总投资4800万元。公司拥有多条高标准板材生产线。主营建筑夹板、装饰板、大圆松木、木材,年产建筑胶合板5万立方米和装修板4万立方米。从基板、胶水、浸渍纸到成品的流水工艺均由本公司自行完成。公司通过了ISO14001:2000环评管理体系认证及ISO9001:2008质量管理体系认证。

明兴木材制品厂生产车间一角（2004年　摄）

皮革企业选介

广西龙腾皮革制品有限公司　由香港龙腾皮革制品有限公司投资的企业，成立于2001年8月。主要从事生产、加工、销售头层牛皮、蓝湿皮皮坯、PU聚氨酯榔皮黏合革及皮革制品，为ISO9001国际质量体系认证企业，ISO14001国际环境管理体系认证企业。公司厂区占地面积40多亩，建筑面积约2万平方米。注册资金308万美元（折合人民币约2464万元），固定资产投资3000万元。有韩国、国产、中国台湾产的PU二层干式、湿式生产线五条，意大利产的真空干燥机、辊涂机等多台，其他先进配套设备138套。公司投入280多万元建立废水、废气、粉尘、噪声处理系统和改善环保型生产条件设施。年产能力223万平方米优质皮坯、371万平方米各种优质头层、二层皮革面料。主要产品有环保型头层皮、手袋皮、鞋皮、沙发皮、包箱皮、鞋垫皮、手机套皮等，以及各种湿发皮、湿发压花皮、辊涂压花皮等。

第八节　食品加工与药品工业

1991年，全县食品加工企业有9家，工业总产值（当年价，下同）613万元；饮料制造企业有6家，工业总产值95万元；医药制造企业2家（中医院药厂，1990年改名制剂室；畜牧局兽药厂），工业总产值334万元。1993年，食品加工企业有15家，其中商业局与台商合资兴办康泰食品公司，主要产品是“亿泰八宝粥”，当年销售八宝粥30万罐，销售收入71.6万元。商业局的糖烟食品厂生产糖果15吨、糕点180吨、饼干17吨、酱油260吨，产值100.92万元。1995年，饮食服务公司兴办一个饮料厂，生产豆奶、菊花茶等产品，年产值17万元。康泰食品公司产品增加了绿豆汤、仙草蜜、花生牛奶、阿萨姆奶茶等产品，全年产值420万元，销售372万元。1998年规模以上的农副食品加工企业有淀粉厂和柠檬酸厂两家。2005年食品药品加工业主要有广西三角淀粉有限责任公司、马路桂圆加工流通协会、岑溪利民生化有限公司、三禾药业有限公司。规模以上的食品企业有岑溪三角淀粉有限公司和岑溪利民生化有限公司。

部分食品药品加工企业简介

岑溪市顺泰农产品物流有限公司　前身是岑溪市马路桂圆加工流通协会，成立于2003年10月1日，2003年开展扩大会员服务网点和销售网点，其中会员服务网点覆盖岑溪、梧州、藤县、大新、桂平、平南、容县、北流、南宁、凭祥等地;销售网点覆盖广东广州、东莞、深圳、肇庆、罗定、信宜、湛江,福建漳州,浙江义乌等地。2004年,马路镇桂圆肉加工业列为梧州市“五大措施”促进农民增收的重点建设项目之一,马路社区桂圆肉加工专业村新参加专业户202户,加工桂圆肉1208吨,销售队伍累计销售桂圆肉1361吨,实现销售额2377万元。2005年成立顺泰农产品物流有限公司,建设马路镇桂圆肉专业市场(顺泰农产品交易中心)及冷藏库项目。公司占地面积2.6公顷,建筑面积1600多平方米,有38个商铺单元。冷库容量18000立方米、冷藏能力3000吨。公司年加工桂圆肉、荔枝干、龙眼干700多吨,年贸易量2700多吨,公司连同周边农户年生产加工桂圆肉5000吨,桂圆干果1200吨,荔枝干果1000吨。销售网点覆盖广西、广东、福建、浙江、江西等地。公司注册有“顺太”商标,有“山珍”“原生态”“南国人参”等系列产品。2005年8月被广西农业产业化联席会议授予“2003年度自治区先进农民专业合作经济组织”称号。

岑溪三禾药业 成立于2004年5月,是一家专门从事中药材种植、收购和中药饮片生产为一体的中药饮片企业,总投资1000多万元。公司位于广西岑溪市玉梧路百山工业区。三禾药业拥有自己的中药材基地,能够为生产提供地道的优质药材;拥有独立的质检楼和办公楼。拥有2000多平方米的GMP标准生产车间和现代化的生产流水线,可生产1000多个中药饮片品种,年生产能力达5000多吨,产品不仅能满足广西区内外的需求,还可供出口。

1991—2005年规模以上食品药品加工制造企业情况表

表5-2-12

年度	食品加工企业(家)	产值(万元)	食品制造企业(家)	产值(万元)	药品制造企业(家)	产值(万元)
1991	9	613	6	95	2	334
1992	10	588	6	114	3	527
1993	15	1351	5	126	2	649
1994	15	2987	6	99	2	884
1995	13	4420	6	161	2	167
1996	6	1046	5	2299	3	189
1997	4	1493	5	2143	2	417
1998	—	—	2	612	1	163
1999	1	716	3	532	1	29
2000	1	858	2	346	1	13
2001	1	953	3	269	1	90
2002	1	1981	3	351	1	70
2003	1	723	3	1975	—	—
2004	2	5883	—	—	—	—
2005	1	4321	—	—	1	650

注:产值为当年价,1996年前统计独立核算企业。

第九节　其他工业

造纸业　最先是农村手工操作的手捞土纸，再到半机械化机拉土纸，土纸主要加工为元宝纸，出口香港、台湾等地。1992年，岑溪办有岑溪造纸厂、波塘镇造纸厂，这两家企业主要生产牛皮纸，岑溪造纸厂建立时生产卫生纸，后来生产牛皮纸。纸厂(包括土纸作坊)各年度数：1991年84家，产值752万元，1992年产值4440万元，1994年产值4759万元，1995产值4426万元；1998年432家，产值30336万元；1999年536家，产值11700万元；2001年515家，产值19331万元。1991—2004年，有规模具独立核算的造纸企业有15家，1996年上规模的造纸企业是3家。2005年，小纸厂有230多家，主要生产土红纸。规模以上的造纸企业1家，工业总产值(当年价，下同)365万元。纸品生产企业上规模的有岑溪宗男纸业有限公司和岑溪中富泰纸业有限公司，工业总产值4941万元。

烟花爆竹加工业　是岑溪的传统工业，最先是手工操作加工，除纸筒生产外，其他每一道工序由单人单个车间独立完成，后来改为半机械化生产。烟花爆竹厂：1991年39家，产值2069万元，1992年产值3043万元，1995年产值3317万元；1998年15家，产值7736万元；2001年16家，产值7425万元。2002—2003年全市烟花爆竹厂15家进行技术改造。企业主要集中在归义镇，有归义镇双贵村竹山烟花爆竹引线厂、归义镇思塘村爆竹厂、归义镇荔枝村爆竹厂、归义镇金坡村烟花爆竹引线二厂、归义镇金鸡村爆竹引线厂、归义镇保太村烟花爆竹厂、归义镇秋风村爆竹引线厂、归义镇石坡村爆竹厂、归义镇双贵村爆竹厂、归义镇双贵村思浩烟花爆竹引线厂、华毅高级烟花厂、祥凤烟花爆竹厂等企业。

坐落于归义镇的华毅高级烟花厂外景(2002年　李强　摄)

印刷、塑料制品业　1991年，独立核算的印刷企业有4家，工业总产值(当年价，下同)209万元；塑料制品企业4家，工业总产值584万元。1998年，岑溪印刷厂、教育印刷厂、税务印刷厂已经改制，印刷业大部分是私营企业。塑料制品有水管、日杂用品、打火机、拉链等。1995年商业局兴办一个塑料彩印厂，生产糖果包装纸；创办昌顺拉链公司，装机114台，当年生产拉链3500万码。2005年打火机制造企业有岑溪百得火机制造有限公司、广西岑溪上元火机有限公司、岑溪向阳打火机有限公司、洪润打火机有限公司、大宇火机有限公司、康华打火机厂等11家。年生产能力4.98亿只，产值1.06亿元。

附：部分企业简介

广西岑溪大富纸业有限公司由台商投资　1995年12月成立。主要生产加工土纸、冥纸，文具、窗帘配件等产品，产品主要销往上海、江浙、台湾等地区，外销美国、法国、英国等国。2004年，产品出口总产值75万美元(折合人民币约600万元)。主营业务是冥纸的加工和出口，文具、竹木制美术工艺品是公司的重点发展业务。2005年完成厂房的扩建，总面积为1000平方米，吸收优秀人员，建立严格的管理体系，完善质检设施。

糯垌镇祥凤烟花爆竹厂 位于岑溪市糯垌镇塘坡村,厂区占地面积100多亩,工房及多功能的办公楼等建筑38幢136间,建筑面积6000平方米,全厂有工作人员380人。整个爆竹生产过程是机械、半机械和人工相结合的一条龙的流水生产线。工房装置自动喷洒、有避雷、防火等各种安全设施,厂区范围绿化率达70%。产品有精制特红电光炮、千足炮、排炮等八大类,100多个规格,还可根据客户的需要订造各种长度的礼炮、千足炮等。爆竹厂注册商标是“祥凤”标志、“陈满”字样,质量是按照国家标准生产。做到安全的“软件”“硬件”两达标,长期保持着“安全生产无事故”的声誉,2002年被评为市“先进单位”。

1991—2005年规模以上(独立核算)造纸、印刷、塑料制品企业简表

表5-2-13

年份	造纸及纸制品业企业数	产值(万元)	印刷企业数	产值(万元)	塑料制品企业数	产值(万元)
1991	1	1559	1	209	1	584
1992	2	2632	1	276	1	705
1993	4	5564	1	193	1	107
1994	3	3472	1	163	3	438
1995	3	4801	1	288	2	892
1996	19	4442	—	—	6	439
1997	15	4979	—	—	6	322
1998	1	2265	—	—	—	—
1999	2	7008	1	78	1	186
2000	2	4271	1	67	1	181
2001	2	3493	1	89	—	—
2002	2	3477	1	74	—	—
2003	2	3236	1	44	—	—
2004	4	7609	1	38	—	—
2005	3	5306	—	—	—	—

注:产值为当年价。

第三章　花岗岩开采与加工业

岑溪从1985年与日本冈藤株式会社签订花岗岩荒料买卖合同起，国有企业、集体企业、外资企业纷纷投资开采花岗岩，建立石材加工厂。1986年，岑溪县政府把开发花岗岩作为发展岑溪经济的支柱产业。岑溪花岗岩主要品种有“岑溪红(也叫枫叶红)”“三堡红”“芝麻石”“七彩石”等，其中“岑溪红”“三堡红”堪与世界知名石材品牌“印度红”“巴西红”“皇妃红”媲美。花岗岩板材大量销往北京、上海、天津、广东、福建、云南、辽宁、香港、澳门等地，还出口日本、美国、意大利、加拿大和东南亚地区。1991年1月，成立岑溪县石材工业协会。全县花岗岩矿山21座。1992年，较大的石材开发区有归义、糯垌、岑城、马路、樟木、三堡，这6个开发区的乡镇企业已开发矿山123座，生产荒料2.91万立方米，上圆盘锯中切机390台，已投产245台，生产板材60.07万平方米，总产值1.23亿元。2005年，引进深圳康利、福建天马等石材开发企业。全市规模较大的石材企业有超雄、天明、恒昌、大恒、汇通、超达、千山、裕丰等，花岗岩矿山39座，年产花岗岩荒料20万立方米。有石材加工企业约500家，石材年产值约16亿元。

第一节　分　布

1988年经国家地质部门勘探查明，岑溪花岗岩岩体北起三堡镇沙冲，南至马路镇善村，呈北东方向舒展，岑溪县的马路镇、糯垌镇、三堡镇、岑城镇、波塘镇、水汶镇、安平镇均有花岗岩矿，矿脉长23千米，宽8千米，总面积184平方千米，储量约21亿立方米。饰面花岗岩主要分布在三堡镇、马路镇、岑城镇、糯垌镇一带，已探明矿床10处，其中大型4处、中型5处、小型1处，保有矿石资源储量7397.47万立方米。岩性为细粒(细中粒)中酸性花岗岩。整体岩石结构紧密，粒度均匀，磨光后光泽度较好(光泽度一般为70～80，最高达95)，抗压强度大于700千克/平方厘米，抗折强度大于60千克/平方厘米。颜色有红玉色、朱红色、浅白色、银灰色、黑青色、黑芝麻色，矿石比重2.58吨/立方米，摩氏硬度6.7，膨胀系数小于8×10^{-6}，吸水率0.12%，熔点1650℃。经国家建筑材料工业局石材质量监测中心和中国地质大学测试，为A、B类标准。

1992年岑溪主要花岗岩矿山分布表

表5-3-1

矿山名称	地址
岑溪县鸿泰花岗岩矿	三堡镇振大村
岑溪县利文石业有限公司糯垌镇花岗岩矿	糯垌镇海杰村
岑溪县马路上水冲花岗岩矿	马路镇善村
岑溪县马路永胜花岗岩矿	马路镇善村
岑溪县马路镇雄飞花岗岩矿	马路镇善村

续表 5-3-1

矿山名称	地址
马路镇杨政矿	马路镇善村
糯垌徐军花岗岩矿	糯垌镇海杰村
糯垌镇喜元花岗岩矿	糯垌镇海杰村
三堡长山冲花岗岩	三堡镇振大村
三堡冷水冲花岗岩矿	三堡镇振大村
三堡蒙冲担九冲矿	三堡镇蒙冲村
三堡松木冲花岗岩矿	三堡镇蒙冲村
三堡天堂顶矿	三堡镇蒙冲村
三堡镇供销矿	三堡镇三合村
三堡镇古右矿	三堡镇蒙冲村
三堡镇三合108矿	三堡镇三合村
三堡中天花岗岩矿	三堡镇振大村
沙村恒丰花岗岩矿	三堡镇沙村
广西博白盛隆石业有限公司岑溪分公司	马路镇善村
广西马路宝成花岗岩矿	马路镇善村
岑溪正丰石材有限公司	糯垌镇海杰村
天马石业有限公司糯垌大石冲花岗岩矿	糯垌镇三兴村大石冲
岑溪国丰石材有限公司三堡三板冲花岗岩矿	三堡镇蒙冲村
岑溪正丰石材有限公司花岗岩矿	糯垌镇海杰村
岑溪伟正石材有限公司马路伟正花岗岩矿	马路镇善村

第二节 开采和加工

花岗岩作为建材开发始于1985年，矿山主要分布在马路的牛寮笃一带，岑城镇龙灯、糯垌镇的海杰三兴、三堡镇的三合蒙冲、蒙布振田。岑溪县委、县政府制定优惠政策，吸引外资对花岗岩矿进行开发。当时开采方法一般选用围边爆破法，从上而下分台阶式开采。根据矿体的节理裂隙分布情况，在原岩中凿岩爆破，分离成长条块石。长条块石尺寸一般为长1～6米，宽1.5～2.0米，高1～1.5米。将分离出的长条块石解体成若干小块，形成荒料或荒料毛坯。花岗岩加工的生产技术以圆盘锯切割为主，也有使用带锯。技术比较先进的有石材公司、维用公司、百山公司，都是引进意大利大型的流水线技术和设备。生产产品主要有光板、规格板、工艺板、定型板、火烧板等。1991年1月，成立岑溪县石材工业协会。县政府号召各单位、各乡镇全力支持石材企业发展，全县开发花岗岩矿山21座，有意大利石材生产线3条、圆盘锯11台。1992年，全县各级所有单位都办有实业，大部分是石材加工。全县开发大小矿山123座，引进5条意大利

生产线，还安装630台国产圆盘锯，年产花岗岩荒料15万立方米，加工板材120万立方米。1994年，有矿山217座、有花岗岩板材厂400多家，引进国外生产线6条，上圆盘锯1012台，生产板材419.24万平方米。1995年，石材工业总投资额超过5亿元，有花岗岩矿山217座，年产花岗岩荒料30万立方米。有圆盘锯1369台，磨光、切边机1099台（套），外国石材生产线7条，年产板材700万平方米，年产值15.7亿元，成为当时全国最大的石材生产基地之一。石材业的兴起，带动了机械配件、刀头、冷却液等相关企业和饮食、娱乐、商业等第三产业的发展，为社会提供大量的就业机会，石材业成了岑溪市经济发展的龙头支柱产业。1996年，上马圆盘锯近1500多台，兴建板材厂400多家，并引进国外生产线6条。1997年，全市生产花岗岩荒料30万立方米，板材1000多万平方米，总产值24.5亿元。1998年，花岗岩矿181座，有圆盘锯1145台，磨光机1159台，产值24亿元。2000年，岑溪市委、市政府实行“外引内联”政策，促进石材加工企业发展，全市有花岗岩矿79座，新增圆盘锯966台，磨光机972台。有石材加工企业500家，外资石材加工企业10多家，其中较大规模的石材加工企业就有40多家，上马国产圆盘锯1300多台，磨光机1200多台，切边机500多台。生产的石材产品有普型板、异型板、工程板、大板、薄板、铺路砖、线条和其他石材工艺品1000多万平方米。2003年，对矿山实行限量开采，保护石材资源。全市花岗岩矿山33座，年产荒料9.6万立方米，有圆盘锯1000台，磨光、切边机约600台（套），年产板材约663.7万平方米，石材工业年产值约12.29亿元。2004年，引进正泰石材公司来岑溪开发花岗岩，强化归义石材专业市场和马路金塔石材市场引领石材经营户走上规范化、标准化的经营之道。资源开采逐步向有实力的大企业（如伟正石材公司，正泰石材公司）集中。2005年，引进深圳康利、福建天马等石材开发企业。全市规模较大的石材企业有超雄、天明、恒昌、大恒、汇通、超达、千山、裕丰等，花岗岩矿山39座，年产花岗岩荒料20万立方米。建成归义石材加工区、岑城探花工业园、马路石材加工区、三堡石材加工区、糯垌石材加工区等专业石材加工基地；建成金塔石材市场等专业石材销售基地1个；培育和发展汇通石材、大恒石业、天马石业、千山石材、糯垌石材开发公司、超雄石材、天明石业、荣辉明石材、展兴石业、腾飞石业等一批具有较大规模的石材生产加工企业。全市有石材加工企业约500家，外资石材企业10多家，其中较大规模

1999年，岑溪拖良花岗岩矿矿工正在开采花岗岩矿

引进先进采矿机械进行花岗岩开采

的石材企业40多家,从业人员4578人。生产的石材产品有普型板、大板、薄板、铺路砖、线条石以及其他石材工艺品,年产普通板约1000万平方米,大板50万平方米,薄板100万平方米,铺路石、线条及其他石材工艺品约8万立方米,石材年产值约16亿元,占全市工业总产值30%,年出口板材120万平方米,出口创汇1700万美元。

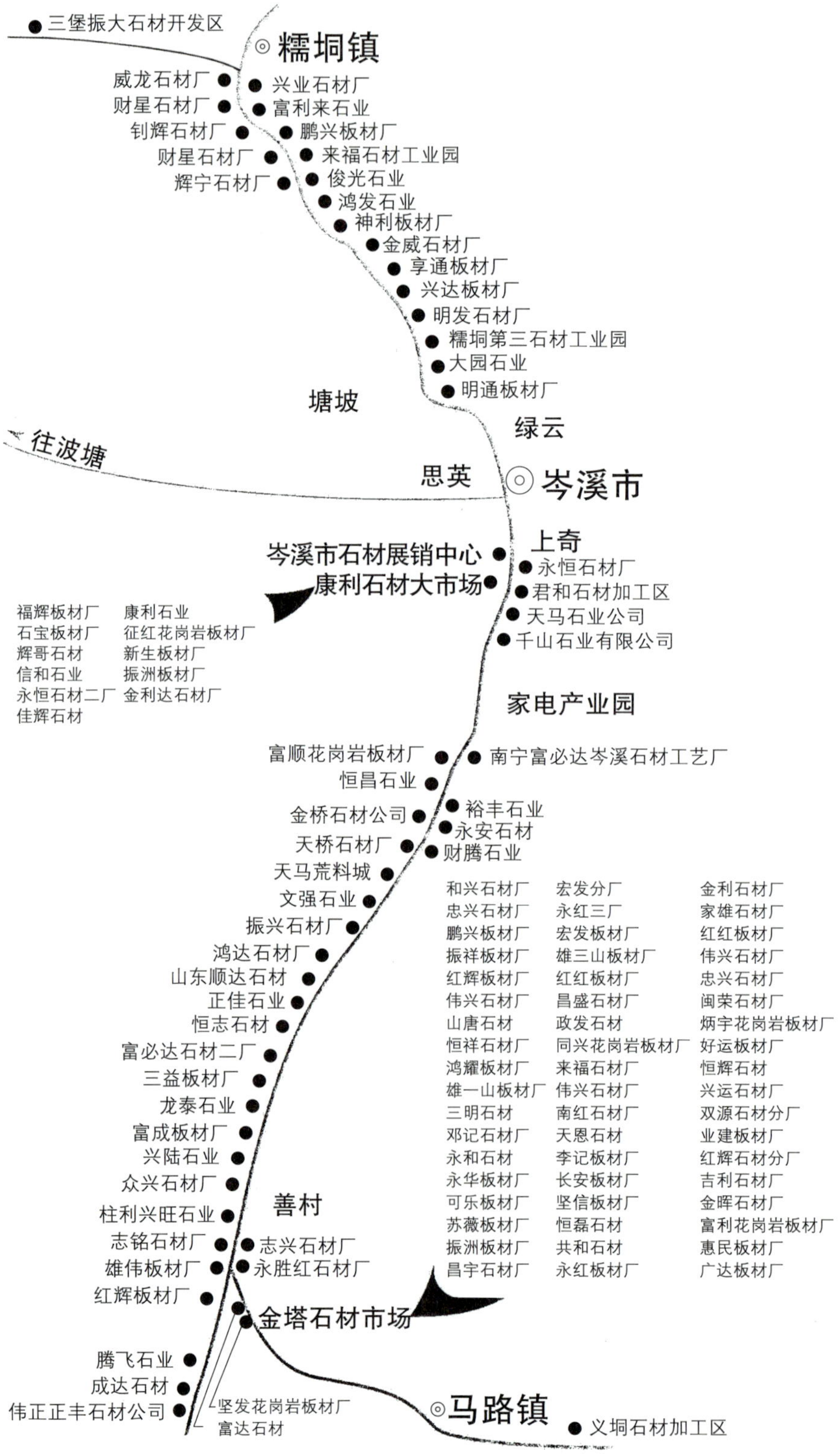

图1　玉梧公路石材企业分布示意图

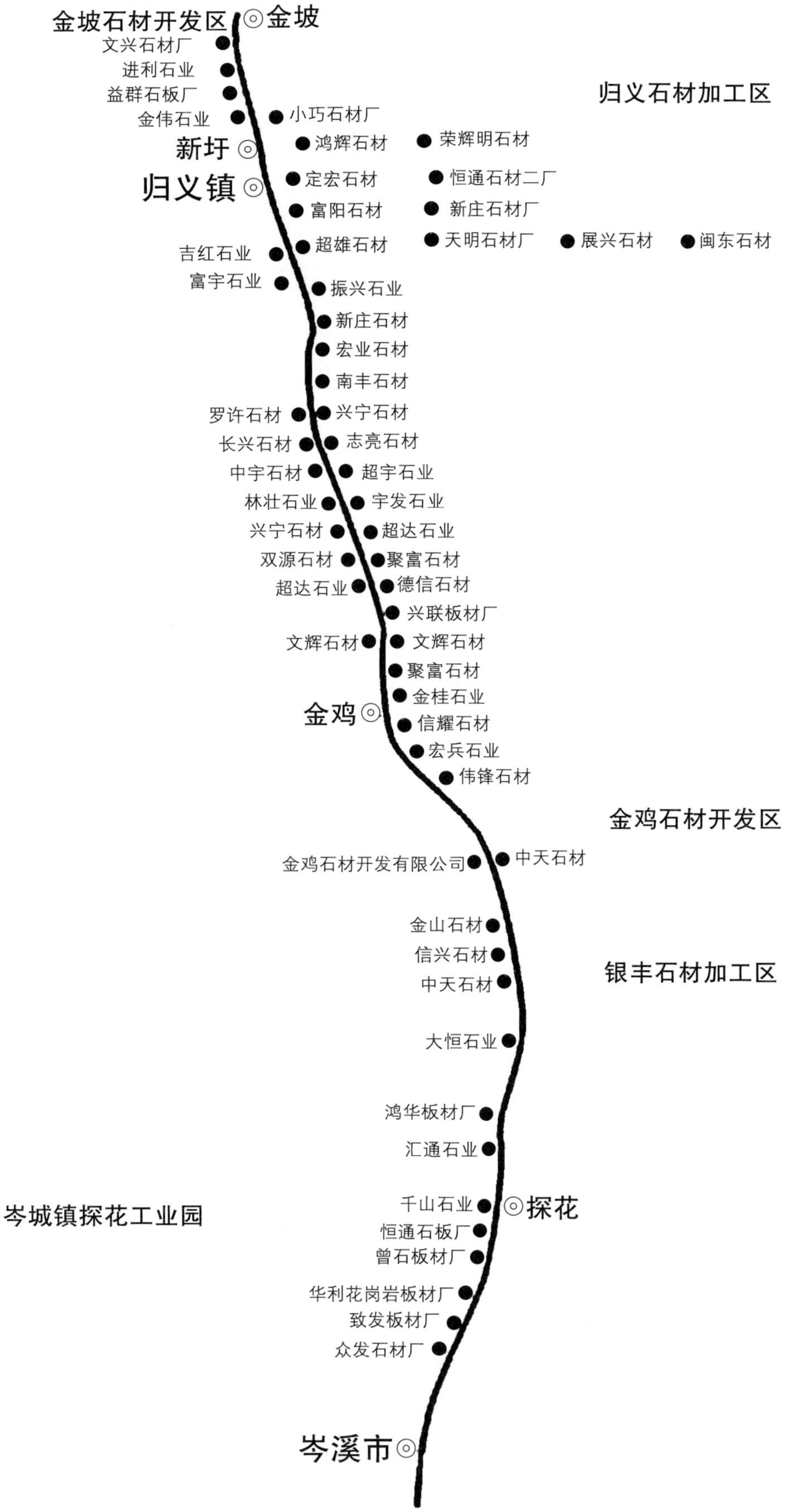

图2　岑罗公路石材企业分布示意图

十里长街紫坭工业园区内的恒昌石材

附:部分石材加工企业简介

岑溪县归义镇花岗岩板材开发公司 成立于1992年4月,公司有29台圆盘切割机,全年生产毛板12万平方米,总产值1560万元。1993年年底,有圆盘切割机145台,投产136台,全年总产值、营业收入均突破1亿元,1994年总产值(现价)增加到1.51亿元,营业收入1.5亿元,利税总额1157万元。公司统一规划基础设施,厂区道路的规划,废水的走向,废石、废渣的排放,供水、供电设施的安排,由镇集体出资解决“三通一平”。实行统一管理,落实责任制。经理负责全面工作,成立包括产、供、销、财务等后勤服务小组,公司内部实行承包责任制,分人分锯,各圆盘锯实行自产、自销。整个公司和各职能部门,采取“集中与分散相结合”的管理方法,公司的产、供、销、财务及产品质量既统一协调把关,又发挥各职能部门的潜力与积极主动性,落实各自的责任。公司连年持续、快速发展,被自治区党委、自治区人民政府授予1992年度先进乡镇企业(三等奖)、1993年、1994年度“先进乡镇企业”。

岑溪县糯垌镇花岗岩开发公司 成立于1991年12月,下半年吸收8家个体户到公司承包,生产花岗岩板材。同时,增加1个金刚石厂和1个冷却液厂,新上20台花岗岩中切机,投产1年,公司完成总产值(当年价)1604万元,销售收入1266万元,利税总额103万元。1993年公司又新添切割机27台,上磨光机10台,金刚石厂1间,冷却液厂1间,使加工花岗岩板材形成一条龙生产,公司总产值(当年价)猛增到6237万元,营业收入6651万元,利税总额259万元。公司被自治区党委、自治区人民政府授予1992年度“先进乡镇企业”三等奖和1993年度“先进乡镇企业”称号。

广西金隆集团公司 1987年成立。公司抓住“岑溪红”花岗岩产品作为支柱项目,进行石材开采、板材加工、石材工艺、营运销售一条龙。强化企业内部管理,实行分级管理,层层负责,职权相符,充分发挥高中级管理人员的积极性。基层单位实行内部经济承包责任制,有的分解到个人。健全完善规章制度,把各项工作纳入规范化、制度化轨道。加强质量管理。公司开展全面质量管理,使产品质量合格率99%,优质品率80%。加强供销工作,安排人员专门从事供销工作,收集、筛选、储存信息,搞好市场预测,做好销售和售后服务。1992年完成总产值(当年价)3300万元,营业收入2723万元,利税总额123.33万元。1993年聘用8名大学毕业生进入管理班子,1994年大专生增加到28人;公司引进高科技项目2项,即铝蜂窝夹层板生产项目和先进爆破法开采花岗岩,总投资超过3000万元。1994年总产值、营业收入均突破1亿元,分别达到1.3亿元和1亿元,利税总额4000万元。公司已组成跨省、跨地区的集团公司,拥有职工480人,固定资产原值8000万元,流动资产(1994年年末数)7000万元。该公司被自治区党委、自治区人民政府授予1993年度、1994年度“先进乡镇企业”称号。

第三节　销　售

岑溪市有“中国花岗岩之都”的美称，出产的岑溪红（也叫枫叶红）、三堡红均是世界知名石材品牌。1991年“岑红牌”在上海全国建材产品展评会上被评为金质奖。同年11月“双牛牌”岑溪红花岗岩板材在北京举行的“七五”全国星火计划成果博览会上又获金奖，产品已销售国内外各地。1991年春，岑溪花岗岩石材集团公司与北京市建筑设计研究院共同举办“岑溪红”石材产品介绍会，会后仅两天便有10多个单位签订合同购买花岗岩板材8000多平方米和花岗岩荒料2000立方米。1994年5月，全国石材协会秘书长联席会议暨全国石材经贸洽谈会在岑溪召开，会上签约2.3亿元。岑溪县先后在北京、上海、武汉、海南、沈阳、深圳、香港等地召开岑溪红花岗岩信息发布会。1994年6月全国石材会议在岑溪召开，加速了岑溪的花岗岩开发之路。“岑溪红”产品远销日本、美国、意大利、加拿大、韩国、东南亚和港、澳、台等地区和全国各地。1996年后，随着全国各地石材产业区的不断涌现和国外大量石材品种的涌进，使得市场竞争日益激烈，“岑溪红”逐步失去一枝独秀的优势，迅猛发展的势头有所减缓，同时由于亚洲金融危机的爆发，整个建材市场疲软，岑溪石材发展已呈现倒退状态。特别是1998年至1999年，一些报纸电视等新闻媒体发表“岑溪红”放射性超标的错误报道后，致使石材生产出现危机，一些地方对“岑溪红”实行封杀，一些商家拒买“岑溪红”，甚至一些已用“岑溪红”装修的也把它撬起来，部分岑溪石材企业纷纷停产、甚至关闭。为了扭转这种局面，市委、市政府研究、制定石材发展策略；地矿局、市石材协会邀请中国地质大学、国家建材局石材监测中心的广西总队的专家学者到岑溪进行花岗岩放射性抽样测试。测试结果表明，岑溪花岗岩放射性为A、B类，符合国家标准。于是在北京国际建筑材料展销会和北京的部分电视台、报纸上公布测试结果，还邀请中南五家较有影响力的报社到岑溪对“岑溪红”花岗岩放射性测试结果进行采访报道，经过广泛宣传，逐步消除放射性错误报道所造成的负面影响，使岑溪石材逐渐恢复正常生产。同时，市委、市政府加强和规范石材行业管理，引导石材企业引进新设备、新技术、新工艺，提高经营管理水平。同时严格把好矿山的“准入关”，整合矿山资源，逐步淘汰小矿山矿点，鼓励和引导石材企业通过收购、联营等方式做大做强。2001年石材产量681.9万平方米，产值123423万元；2002年产量682.7万平方米，产值126299万元；2003年产量663.7万平方米，产值122917万元；2004年产量731.9万平方米，产值135526万元；2005年产量549.6万平方米，产值101770万元。

第四章　乡镇企业

1990年，岑溪县人民政府提出加快发展乡镇企业的若干措施和政策，鼓励乡镇、村采用统分结合双层经营管理模式。即乡镇、村集体创办的企业，可个体承包或联合经营，农民个体创办的，由业主自主经营。县乡镇企业局负责规划、指导、管理监督和协调、服务工作，为发展乡镇工业和商贸领域农副产品经营生产提供服务。1991年，全县乡镇企业24613家。1992年，乡镇企业新上项目137个，新上项目中，开发花岗岩矿山83个，工业经济开发区15个，乡村集体办厂39个。年末有乡镇企业24750家。1994年，全县乡镇企业28592个(工业企业128个)，从业人员113224人，总收入31.30亿元，超3亿元的乡镇有归义、岑城、樟木3个；超2亿元的乡镇有马路、南渡、糯垌、三堡4个；超亿元乡镇有昙容、水汶、大隆、梨木、大业、筋竹、诚谏、安平、波塘9个。2005年，乡镇企业14416家，总产值61.86亿元。

第一节　机　构

乡镇企业管理局

1992年前，岑溪县乡镇企业由乡镇企业管理局管理，乡镇企业管理局(简称“乡镇企业局”)办公地址在岑溪县工农路158号。核定编制22人，实有人数22人。乡镇企业局主要负责全县乡镇企业的规划、指导、管理、监督、协调和服务。各乡镇企业办公室，指导本乡镇企业征收企业管理费，为促进乡镇企业发展提供服务等。1992年县乡镇企业管理局并入农业局，将县乡镇企业管理局的职能及二层机构、退休人员划入县农业局，在县农业局挂乡镇企业管理局牌子。1992年10月21日设立岑溪县乡镇企业科技服务指导站，1997年6月23日设立乡镇企业开发服务中心。2004年7月将市农业局的乡镇企业管理职能划入市经济贸易局，不再保留加挂在市农业局的市乡镇企业管理局牌子。原乡镇企业管理局的资产、债权、债务、离退休人员及下属事业单位划归经济贸易局管理。

岑溪市乡俱企业管理局1991—2005年历任正职领导：局长李逸飞(1991年8月至1994年10月)、林勇光(1994年10月至1996年10月)、陈宏杰(1996年10月至2002年6月)、关华泉(2002年6月至2004年6月)。

乡镇企业管理办公室(简称“乡企办”)

1991年，全县乡镇企业管理办公室有岑城镇乡镇企业管理办公室、樟木乡乡镇企业管理办公室、马路镇乡镇企业管理办公室、南渡镇乡镇企业管理办公室、水汶镇乡镇企业管理办公室、大隆乡乡镇企业管理办公室、梨木乡乡镇企业管理办公室、大湴乡乡镇企业管理办公室、筋竹镇乡镇企业管理办公室、诚谏镇乡镇企业管理办公室、归义镇乡镇企业管理办公室、糯垌镇乡镇企业管理办公室、安平乡乡镇企业管理办公室、昙容乡乡镇企业管理办公室、三堡镇乡镇企业管理办公室、波塘镇乡镇企业管理办公室、吉太乡乡镇企业管理办公室，各个乡镇企业办公室人员有7人以上。乡镇企业局主要负责全县乡镇企业的规划、指导、管理、监督、协调和服务。各乡镇企业办公室，指导乡镇企业及对镇集体企业管理费的征收，促进乡镇企业发展提供服务等，1992年市乡镇企业管理局并入农业局；各乡镇保留乡镇企业管理办公室。2004年7月，根据岑溪市有关文件，将市农业局的乡镇企业管理职能划入市经济贸易局，乡镇企业由市经济贸易

局管理。2005年，全市有14个乡镇企业管理办公室，分别是：岑城镇乡镇企业管理办公室、马路镇乡镇企业管理办公室、南渡镇乡镇企业管理办公室、水汶镇乡镇企业管理办公室、大隆镇乡镇企业管理办公室、梨木镇乡镇企业管理办公室、大业镇乡镇企业管理办公室、筋竹镇乡镇企业管理办公室、诚谏镇乡镇企业管理办公室、归义镇乡镇企业管理办公室、糯垌镇乡镇企业管理办公室、安平镇乡镇企业管理办公室、三堡镇乡镇企业管理办公室、波塘镇乡镇企业管理办公室。

第二节　管　理

1992年，岑溪县委、县政府在全县三级干部大会上提出，把发展乡镇企业作为经济建设的重要内容来抓。各级落实抓乡镇企业的领导，县委派出一名副书记、县政府派出两名副县长专抓乡镇企业。县委书记、县长深入乡镇调查，各级领导都把发展乡镇企业当作主要工作，把发展乡镇企业当作党委政府任期目标责任制的一项主要内容进行考核。县委、县政府结合实际制定《关于加快乡镇企业若干问题的规定》，利用丰富的花岗岩资源优势，鼓励创办乡镇经济工业开发区，金融部门为乡镇企业给予大力支持。当年全县开发区已有锲锯329台，有240台投产。全县新上项目137个，其中花岗岩83个；经济开发区15个，乡村集体办厂39个。引进外资，促进乡镇企业发展。12月在梧州地区深圳招商会上，洽谈外资项目57个，签订意向书和合同30个，领取工商营业执照22个，总投资近8亿元，其中属乡镇企业的8家。利用外资427.91万美元。年末，乡镇企业24750个，比1991年（15542个）增加9208个，同比增长59.25%；乡镇企业从业人员83900人，比1991年（61582人）增加22318人，同比增长36.24%；乡镇企业总收入55000万元，比1991年（27266.71万元）增加27733.29万元，同比增长101.71%；总产值54000万元，比1991年（25927.13万元）增加28072.87万元，同比增长108.28%；上缴税金1620万元，比1991年（1272.02万元）增加347.98万元，同比增长27.36%；实现纯利润3900万元，比1991年（2328.12万元）增加1571.88万元，同比增长67.52%。

1998年，市委、市政府坚持以"三个有利于"为标准，解放思想，更新观念，放开手脚，不拘形式发展乡镇企业，做到早计划、早行动，抓好乡镇企业发展，结合实际因地制宜，大力发展资源加工型企业，重点发展石材、土纸、竹芒编、林产、烟花爆竹等企业。坚持"多轮驱动，多轨运行"大力发展个体、私营企业，制定《关于进一步加快个体私营经济发展的试行办法》。

2000年，以石材、土纸为重点，开展"百个项目大会战"活动，4月在诚谏镇召开"百个项目大会战"工作会议，落实招商引资任务。乡镇企业主管部门工作人员深入基层做好服务、管理、指导、协调、监督、规划等职能工作，对石材行业实行全行业管理，完善矿山生产秩序，实行持证开采，限量生产，狠抓防污、治污，筹建电脑管理网络中心，以归义石材加工区主试点。加强石材生产机械技改、检测和从业人员培训，发放机械生产合格许可证95本，上岗生产合格证书285本，培训300多人次。抓好造纸业的技术改造，在波塘召开造纸质量分析现场会，要求把131家手抄纸厂全部改为机抄纸厂，新上100家机抄纸厂。年底全市有大小纸厂524家，其中新上机抄纸厂29家。做好安全生产管理工作，印发《关于加强烟花爆竹生产经营管理的通告》，开展安全生产大检查，特别是烟花爆竹企业，全年排除36起烟花爆竹企业事故隐患。组织70多人参加自治区举办的烟花爆竹安全生产技术培训班。推广先进管理经验，降耗节能、组织厂长（经理）和经管人员进行培训。指导企业完善经营管理承包制、股份制、股份合作制，鼓励企业采取"公司+农户""基地+农户""公司+基地"的模式组织生产。组织企业到各地参加展销会，组织归义花岗岩板材公司、岑城百发超硬材料刀具有限公司参加广西乡镇企业名优产品评选。同时引进新兴技术产业，如打火机厂、铸钢厂、宝石加工、矿产、建材、机械制造等。发挥资源优势，抓好石材产业，加速造纸业发展，发展林化产业和农副产品加工项目。乡镇企业新上项目207个，建成投产的有138个。全市乡镇企业营业收入51.28亿元，同比增长13.43%；总产值48.97亿元，同比增长13.46；利润总额2.56亿元，同比增长12.28%；上缴税金0.64亿元，同比增长12.28%。

2001年，重点发展特色支柱产业，按照“三个有利于”的标准发展乡镇企业，制定《关于进一步加快个体私营企业发展的试行办法》，放手发展个体和私营企业。逐级成立招商引资领导机构，专人负责。组团到广东、上海、江苏等地招商引资，多方收集招商引资信息。参加各地招商洽谈会，宣传岑溪投资环境，优化服务。以石材为重点，大力发展造纸、竹芒编、林产林化、建材、机构制造、农副产品加工等产业。培训烟花爆竹从业人员4000人，发放培训合格证书、上岗证书4000份。开展拉网式安全生产大检查，全年无重特大安全事故发生。组织力量深入企业开展收费执法大检查，彻底清理不合理收费项目。抓好乡镇企业发展基金会的清理整顿工作，为企业服务。年底有花岗岩矿山47座，圆盘锯1221台，磨光机753台，交通运输车辆1931辆，商饮服务业7800家，建筑企业（施工队）199家，林产林化企业400家，土纸厂519家，竹芒编75家，牙签厂13家。全市乡镇企业营业总收入58.06亿元，比2000年增长13.22%；总产值54.94亿元，比2000年增长12.17%，上缴税金0.72亿元，比2000年增长12.48%。有个体、私营企业13467家，产值51.2亿元，占乡镇企业总产值的93.19%。

2002年，在发展乡镇企业的同时，开展“治乱减负”工作，到企业中开展收费执法大检查，清理不合理收费项目，遏制“三乱”现象，减轻乡镇企业负担。加强安全生产管理，特别是烟花爆竹、矿山、土纸、竹芒编等易燃易爆行业的管理，经常组织开展大检查，在烟花爆竹厂安装防雷设施32套。

2003年以招商引资为主，抓好乡村集体企业改制和技术改造，兴办中小企业，发展非公有制经济。深入乡镇进行调查摸底，制定切实可行的改制方案和配套措施，采取“先易后难，全面铺开”的办法，按照因地制宜、因企制宜、一厂一策的原则，尊重群众的创新精神，探索有效的改制形式，重点指导企业采用组建股份有限公司、成立有限责任公司、出售、兼并或与外商合资合作等形式进行改制。鼓励和引导有实力的个体私营老板、农民筹资举办中小型企业。市委、市人民政府提出“多轮驱动，多轨运行，一业管多业”的乡镇企业发展方针，初步形成以石材产业为龙头，土纸、竹艺编、林产化工、烟花爆竹、建材、建筑与农副产品加工等多业并存，共同发展的新格局。在发展乡镇企业的同时，狠抓安全生产，建立健全安全生产管理领导机构和规章制度，明确一把手为安全生产第一责任人。与各烟花爆竹生产企业签订安全生产责任状，全面推行风险抵押机制。与公安部门配合，深入各生产企业开展安全生产大检查，查出安全隐患116处，下发整改通知书71份，停业整顿11家。抓好乡村集体企业改制工作，重点指导企业采用组建股份有限公司、成立有限责任公司、出售、兼并或与外商合资合作等形式改制，全年完成101家乡村集体企业改制。鼓励和引导私营老板、农民筹资兴办中小企业，全市新办企业36家，实际投资9904万元。抓好手抄纸厂技改工作，制定可行的技改方案，加强对手抄纸厂指导和服务，年底完成95家手抄纸厂改为机抄纸厂。组团到广州、南宁、贺州、梧州等地招商引资，引进香港老板投资250万元，利用企业局闲置楼房兴办毛织厂，安排350人就业。全市乡镇企业完成增加值107204万元，同比增长0.34%；缴纳税金7393万元，同比增长0.14%；完成利润28293万元，同比增长-1.03%；完成固定资产投入9904万元，同比增长9.82%。

2004年实施“样板带动”，培植骨干龙头企业，带动各支柱产业发展。培育样板企业10家。组织人员深入企业调查研究，指导企业规范经营生产管理，建立现代企业管理制度，进行体制改革和技术改造。培训各行业技术人员100人，完成10家集体企业改制，25家手抄纸厂改成机抄纸厂。通过“内联外引”，协同各乡镇兴办中小企业。全市乡镇企业完成增加值114700万元，同比增长7%；完成利润总额30600万元，同比增长8%；缴纳税金8050万元，同比增长9%；固定资产投资9800万元，同比增长5%。

第三节　产业结构

岑溪乡镇企业行业门类包括农业、工业、交通运输业、建筑业以及商贸服务业。1991年，岑溪乡镇工业伴随改革开放的步伐，从手工与半机械化生产逐步向机械化、电动化发展，乡镇工业生产的门类也逐步向着资源开发型和技术引进型发展。逐步形成以花岗岩矿产开采与加工产业为龙头，林产林化（含土纸生产、松香、植物油、竹木器加工、芒编织品）建筑工程、农副产品加工和烟花爆竹、食品（含果品）丝棉纺织等多种行业组成的乡镇工业企业体系。

种养业

1991年，岑溪畜牧水产部门实施“科技兴牧（畜）、兴渔”战略，推广科学养猪技术，引进外地质优长快、抗病力强的猪品种，并鼓励养猪户（尤其母猪饲养户）广泛开展冻精配种技术，饲养杂交良种猪，创办规模养猪场。当年，创办100头以上养猪场317个，年养猪20～50头左右的养猪专业户800多户。供销社、粮食部门、商业部门都有投资兴办果园、山庄和养殖场。1993年，粮食部门投资18万元，在诚谏、三堡、波塘开办山庄、建果园，种植玉桂八角200万株，果树1万株。1994年，粮食局的饲料公司开发养殖业，投资25万元，饲养母鸭3000羽、肉鸭1.4万羽、猪69头、鱼2万尾。1993年，地处山区的供销社利用山区优势，综合开发山庄，建立玉桂、八角林果基地，三堡和波塘供销社扩大种植玉桂。1996年，波塘供销社和三堡供销社共同建立万头猪场种猪场，饲养良种母猪156头、瘦肉型公猪8头，当年繁殖仔猪750多头。2003年三堡供销社龙头山玉桂地基地发展到300公顷，修通基地公路，鼓励附近农民投资入股山庄，入股农民有40多户，基地附近的祝庆村、富冲村有500多户农民共种植玉桂666.67公顷。2005年，全市创办初具规模（100头以上）的瘦肉型养猪场8个。全市建立有171个农民专业合作社，比2000年刚开始时建立的7家农业专业合作社增加164家。

交通运输业

1991年，水汶、南渡、波塘、三堡4个乡镇先后成立水运公司（属集体企业），并根据航道分段通航的情况，改长途运输为短途服务性运输，以运输农副产品、生产、生活资料为主，并在作为市内游览景区的四滩电站（坝面）、波塘河段、都目电站（坝面）增设客运游船，拓展航运产业。全县有交通运输业25家，从业人员1140人。1992年，4个水上运输公司完成货运量12.3万吨，货运周转量3340万吨公里，实现产值155万元。1999年，交通运输企业17个，运输业个体户2200多个。货运量42万吨，货运周转量3760万吨公里，实现产值180万多元。2005年，4个运输公司有货运船42艘、4800吨位；客圩渡船52艘，2480个客位；横水渡口24个渡船24艘；在外地从事运输船舶30多艘、4000吨位。全市有交通运输业923家，从业人员1213人，其中个体运输户879家。

1991年，全县货运汽车有550多辆，2570个吨位；拖拉机1690辆，1045吨位，货运量232.7万吨，货运周转量26101.2万吨公里。1995年，全市货运量汽车增至926辆、3724吨位；拖拉机1386辆890吨位，货运量295.5万吨，货运周转量30281.3万吨公里。2000年，全市货运汽车804辆，3520吨位。拖拉机1080辆，810吨位，货运量276.2万吨，货运周转量25810.2万吨公里。2001年，有交通运输车辆1831辆，产值4.02亿元。2003年，客运量701万人次，公路货运量332万吨，货运周转量49080万吨公里。2005年，全市货运汽车955辆、3975.72吨位；拖拉机1405辆、1124吨位，全年货运量419万吨，货运周转量68320万吨公里。

建筑业

1991年，全县有建筑工程施工队600多个，从业人员有近7000人。其中樟木乡的上奇街从事建筑业的人员最多。有资质建筑企业20家。岑溪第三建筑公司的前身就是上奇建筑队。2000年有建筑施工企业(施工队)240家。2001年建筑施工企业(施工队),产值1.95亿元。2005年年末,全市有建筑企业(施工队)130家,有资质建筑企业24家。市建筑工程总公司与市建筑工程公司(原建筑公司)、第二、第三、第五建筑工程公司及贺州市建筑工程安装公司岑溪办事处等建筑工程队伍,均获施工企业三级资质及自治区建设厅颁发的安全生产许可证。全市建筑工程队伍中,有工程师级与助理工程师级技术人员80余人,初级工程技术人员210人,在职建筑工人1680人。

工业

1991年,在樟木、归义、岑城、马路、糯垌、三堡等乡镇建立以开发花岗岩为主的乡镇经济开发区15个,设立石材割切机329台。其中归义开发区于2月筹建,当年即上马圆盘锯20台,生产花岗毛板104000平方米,总产值1307.7万元。1991年年末,全县有乡镇企业24613家,1992年年底乡镇企业个数为24750个。其中乡村集体企业1350个,联户和个体企业23400个。乡镇企业从业人员83900人,比上年增长36.24%。其中,乡村集体企业从业人员24000人,联户和个体企业从业人员59900人。乡镇企业总收入55000万元,比上年增长101.71%。其中乡村集体企业总收入16500万元,联户和个体企业总收入38500万元。乡镇企业工业总产值(不变价)30000万元,比上年增长138.23%。其中,乡村集体企业工业总产值15200万元,联户和个体企业工业总产值14800万元。乡镇企业税金1620万元,比上年增长27.36%。其中,乡村集体企业940万元,联户和个体企业680万元。乡镇企业实现纯利润3900万元,比上年增长67.52%。其中,乡村集体企业纯利润1210万元,联户和个体企业纯利润2690万元。

1994年,全县乡镇企业28592个,从业人员113224人,总收入31.30亿元,超3亿元的乡镇有归义、岑城、樟木3个;超2亿元的乡镇有马路、南渡、糯垌、三堡4个;超亿元乡镇有县容、水汶、大隆、梨木、大业、筋竹、诚谏、安平、波塘等9个。乡镇企业中工业企业14500个,比上年增81.11%,总产值230731万元(90年不变价,下同)比上年增75.32%,产值占工农业产值的64.6%。其中乡镇工业128个,产值52309万元,占集体经济产值的61.09%,村办工业694个,产值26543万元,占集体经济产值的31%。联营企业8个,总产值139万元,占县工业产值的0.06%。股份制企业2个,总产值83万元,占县工业产值的0.04%。外商投资企业23个,总产值16115万元。占县工业产值的6.98%。港澳台投资企业2个,总产值296万元,占县工业产值的0.13%。其他企业2个,总产值9万元,占县工业产值的0.01%。城乡合资企业1245个,总产值25115万元,占县工业产值的10.88%。城乡个体企业12296个,总产值89872万元,占县工业产值的38.95%。

2000年新发展项目有207个。年底有乡镇企业13546家,其中工业企业3763个。当年有花岗岩矿山79座,石材加工区有圆盘锯966台,磨光机972台;有纸厂512家、竹芒编63家、砖厂41家、烟花爆竹厂52家,乡镇企业总产值48.97亿元,其中个体、私营企业产值45.47亿元,占乡镇企业总产值的92.85%。工业总产值36.36亿元,乡镇企业营业总收入实现51.28亿元,实现利润总额2.56亿元,上缴税金0.64亿元。

2001年,石材加工区有圆盘锯1221台、磨光机753台,石材产值15.18亿元。有纸厂519家,产值2.69亿元;竹芒编75家,牙签厂13家,竹芒编、牙签产值0.55亿元;林产化工企业400多家。全市乡镇企业总产值54.93亿元,营业收入58.06亿元,利润总额2.83亿元,上缴税金0.72亿元。

2004年实施"样板带动",培植骨干龙头企业,带动各支柱产业发展。当年样板企业有华毅高级烟花厂、归义镇金鸡村炮厂、归义花岗岩板材加工有限公司、岑溪市金塔石材市场、南渡镇竹艺厂、马路镇宗男纸业有限公司、马路镇桂圆加工有限公司、岑溪市第五建筑公司、岑溪市第二建筑公司、富成毛织厂。完成土纸厂技改25家、集体企业改制10家。全市乡镇企业增加值完成114700万元,利润总额30600万元,上缴税金8050万元。全市生产总值的41%、财政收入的43%、农民人均收入的40%、工业增加值的91%均来自乡镇企业。

2005年,初步建成以石材为龙头,土纸、竹芒编、烟花爆竹、矿产、种养加工等特色支柱产业并存发展的乡镇企业新格局。全市乡镇企业累计14416家，从业84577人员多人，乡镇企业中工业企业3809个；全市有花岗岩矿山33座，圆盘锯1005台，纸厂505家，竹芒编企业47家，砖厂35家，烟花爆竹厂55家。乡镇企业总产值61.86亿元；营业总收入为62.88亿元。规模以上工业实现税费7651万元，同比增长35.51%，实现利润2034万元；工业产品销售率99.22%。

商贸服务业

岑溪的商贸服务行业有商店、餐饮、住宿、修理、理发、照相，还有搬运和废旧回收等。1990年，全县属乡镇企业的公司、商店、饮食店及其他店铺、摊档总共4029个，从业人员7246人，总收入5649.26万元，其中服务行业793个，从业人员1045人，收入254.69万元。1991年，商业、服务业有1143家，从业人员13379人。1991年餐饮住宿业53家，修理服务业1家，其他服务业47家。2000年，旅游商饮业1569家。2001年，有商饮服务业7800家，产值7.64亿元。2004年年底，全市有商品流通经营户8381家，商饮店铺9000多家，年营业额12.63亿元，就业人员15060人；服务业经营户923家，年营业额0.63亿元，就业人员2140人。其中规模以上企业2家，年营业额1590万元，就业人员340人。2005年，商业、服务业有12502家，比1991年增加了11359家，从业人员21209人。第三产业总产值183046万元。

第五章　招商引资与经济开发区

1991年以来，岑溪县始终把招商引资工作放在全市经济工作的重要位置上，千方百计挖掘招商潜力，全方位开展招商引资。先后派出主要领导和有关部门的领导干部，分别到国外和港澳地区考察；分批组织各级干部先后到开放区前沿的深圳、珠海、珠江三角洲地区和江苏、浙江、山东等地学习取经。每年元旦春节期间，县委、县政府在深圳、珠海召开新春联谊座谈会，邀请国外、境外的“三胞”知名人士和外商参加，宣传岑溪投资环境和优惠政策。县委、县政府先后出台引进外资及港澳台资的优惠政策与奖励措施，主要有税收优惠政策、行政事业收费优惠政策和“一站式”优先服务。制订和实施《关于对损害投资软环境行为责任追究的办法》《关于开展整治投资环境工作实施方案》和《关于机关行政效能建设管理办法》等政策文件，为服务环境建设提供制度保障，成立招商局（2000年4月13日，在市对外贸易经济合作局增挂岑溪市招商局牌子）、外来投资服务中心、外商投诉中心，对外来投资企业实行“一条龙服务”办事制度，诚心诚意为外商服务，努力造就一个良好的招商服务环境。1991年引进外向型工企业10家。1993年，县委、县政府先后组团到武汉、北京、沈阳等地举办“岑溪红”花岗岩系列产品介绍会，扩大对外联系和合作。到1994年8月，全县已有外向型企业151家，总投资10.38亿元，其中利用外资及港澳台资1.04亿美元（实际到位4098万美元），已建成投产51家；在建项目32家。1996年，提出“1668”计划，即建设一个对外加工装配区，向外型企业产值实现6亿元，重点抓6个外向型企业项目工程上马和投产，争取引进8个向外型企业新项目。1997年，提出“1682”目标计划，即一个目标——办好年初在岑溪市举办的招商项目洽谈会，争取全年有30个新上项目；六项指标明显增长——全年外向型投产企业、全年实际利用外资及港澳台资、外向型企业产值、上缴税金、出口金额、安排就业人数等六项指标全面增长；协助抓好八家典型企业的经营管理，总结企业管理经验，提高全市外向型企业管理水平；搞好口岸大楼、岑溪永全包装袋厂两个重点项目的建设。1996—2005年，全市累计批准成立外资企业62家，合同投资总额15.13亿元，实际利用外资及港澳台资11.790万美元；累计批准成立内联企业91家（指2001—2005年，2000年以前没有统计数据），合同投资总额16.80亿元，实际利用市外境内资金15.19亿元；累计外贸出口总额13263万美元；外资（内联）企业累计上缴税金16704万元；累计安排就业3.26万人。

第一节　基础设施建设

岑溪市东邻广东罗定市、郁南县，南靠广东信宜市，西连玉林市，北接梧州市，是两广之间经济、文化、资金、技术、人才相互交往的门户。随着“西部大开发”战略和“珠三角经济圈”“西南经济圈”“泛珠三角经济区”“中国—东盟自由贸易区”“环北部湾经济圈”等概念的提出，岑溪的地理优势就逐渐凸显出来。20世纪80年代中后期起，在改革开放政策推动下，岑溪市利用区位优势不断加大投入加速推进基础设施建设，“筑巢引凤”，加大交通道路的建设投入，岑梧高速公路、岑罗高速公路、岑兴高速公路、洛湛铁路、岑罗铁路等相继开工，将在“十一五”期间建成通车，岑溪市将成为连接两广陆路的“双十字”交通枢纽。加大城市基础设施建设投入，改善城市功能布局，对市区主要道路、街道、广场等基础设施的建设改造，改善外商投资环境，逐年递增招商项目。同时，加大对职业教育中心的建设投入，以职业教育中心建设为切入

点，加强职业教育培训，培育新生劳动力和农村剩余劳动力，每年为企业培训1.2万名新型劳动者，扩充产业技术工人。

1987年后，在马路镇、岑城镇、归义镇、糯垌镇等紧靠县城周边地域，建立花岗岩板材加工区，带动岑溪石材产业的发展。1992年起至1995年岑溪撤县设市前，岑溪县委、县政府依照岑溪市建设总体规划，确定重点开展十里长街、南环、探花三大经济开发区的建设。

十里长街经济开发区位于旧城区西面玉梧过境公路紫泥渡槽（俗称“天桥”）起至乌峡村一带，重点是把该路段改造为市区玉梧大道（又名十里长街），并沿着玉梧大道两旁进行开发建设，是城区向西面开发延伸的主要建设工程项目，主要功能为公交道路改造和经济区、商住区建设。1992年6月开始征地、拆迁，征地40多公顷，拆迁房屋227户共6万平方米。1994年，完成玉梧大道全路段路面铺设水泥改造。经济区建设先期主要是发展花岗岩板材加工，并引进大荣拉练厂等工业企业，花岗岩板材加工因污染问题，后来进行统一搬迁，改建其他项目。一路两旁的商住小区、专业市场、工业园区建设相继迅速兴起。至2005年，市国税、市检察院、市人民法院等相关单位迁入，市建材城和专业市场先后建成。

南环经济开发区位于旧城区南面一带，是城区向南面开发扩展的主要建设工程项目，主要功能为公共服务、商住区建设。1992年8月，南环经济开发区全面动工建设，首期征地28公顷，二期征地23公顷。南环经济开发区以建设主干道南环路（后改称义洲大道）为主体工程。义洲大道全长4200米，西起玉梧大道向东延伸，通过义洲大桥跨越义昌江横贯城南区直穿探花开发区与北环大道连接，把三大经济开发区连接起来。围绕一路两旁新建设富民路、广南路、东升路、兴宁路等新街区及一个较大型的商贸中心（又称商贸城）和市人民广场。旧城区解放大道、城东路分别向南延伸建设，与义洲大道连接形成新的街区。义洲大道西段的丽景湾、汇洋国际、明都新城等商住区。

探花经济开发区位于城东岑城镇探花村，紧靠岑罗公路两旁，规划开发面积67公顷，是城区向东面开发推进的主要建设工程项目。主要功能为工业加工、公建服务、商住区建设，1992年首期征地35公顷。开发区开始建设后，一批业主先后在经济区内投资建厂，先期是以花岗岩板材加工为主，并引进火机厂、不锈钢制品厂，后因环境污染问题将不锈钢厂搬迁。商住小区建设铺有探花一街、二街等6条新街道，探花汽车站、第二自来水厂和市渔牧兽医局、邮政局等单位先后迁至探花开发区。

1992年5月起，岑城镇在探花村征地建立岑城工业开发区，开发区主要是石材加工。2005年有石材加工企业10家，不锈钢厂2家，打火机厂1家，人造板厂1家（广西三威林产岑溪人造板有限公司），变电站1个（梧州供电局探花变电站），汽车贸易店1家（惠业汽车城），加油站3个，沸石粉厂1个。

第二节 招商服务

1991年以来，岑溪县积极采取措施致力于整体环境尤其是服务环境的建设，竭力构筑粤、港、澳、企业入桂第一站台。成立招商局、外来投资服务中心、外商投诉中心，对外来投资企业实行“一条龙服务”办事制度。在招商引资方面灵活服务，坚持“门槛要一降再降，成本要一减再减，空间要一让再让，政策要一扶再扶”的方针，明确规定招商引资只许设路标，不准设路卡，全面营造“绿色通道”。对重大项目要实行特事特办。对已签约项目要加强跟进服务、上门服务、促进项目尽快开工、建设、投产。对外商投诉问题，三日内由督办人限期答复解决。深入开展整顿机关作风和整治投资软环境活动，对存在问题的部门或窗口，加大整顿整治力度，限期整改，对整顿整治不力的行为给予严格责任追究。整合全市服务资源，设立政务服务中心，公开办事程序，实现“一站式”服务。开展“到一线服务、在一线解决问题、服务企业一跟到底”的“三个一”服务活动，及时地持之以恒地为企业排忧解难，切实为招商引资和项目建设做好服务，对存在的问题先由挂点领导在三天内协调解决，解决不了的，由班子领导每周召开碰头会集中协调解决。通过开展整顿和规范市场经济秩序、解决“执行难问题”以及治理商业贿赂等专项整治，建立公正的法制环境。加大对企业的优惠扶持工作，先后出台引进外资及港澳台资的优惠政策与奖励措施，主要有税收优惠政策、行政事业收费优惠政策和“一站式”优先服务。依照岑溪市外商投资优惠政策的规定，凡在岑溪投资新办的境外投资企业以及市外客商投资企业，属一般纳税人的，按规定缴交增值税，属于地方财政所得部分，三年内给予奖励，其中年缴交增值税达50万元及以上，按地方所得税部分奖励50%。规定的各项行政事业、服务收费和其他收费，保证金等全部免收。对在岑溪市投资较大和本市特别鼓励的项目，可实行项目带政策、实行一事一议，一企一议，给予特殊优惠。“一站式”服务措施，是岑溪市对待境外、市外到岑溪投资商的优先服务措施。“一站式”服务措施主要有“一站式”审批办证和“一个窗口”收费、简化工作流程。“一站式”办证服务负责受理中外合资企业、中外合作企业、外商独资企业、“三来一补’”企业和市外客商到岑溪市投资办企业的审批办证服务。“一个窗口”即联合审批办公室在组织有关部门审批项目的同时，参照有关收费标准，确认对外商收费的总额，外商依照联合审批办公室开具的收费单，到市收费局一次性交缴各项费用。建立公平、公正、公开的投资服务环境。1992年12月，县委办公室和县政府办公室印发的《岑溪县外商投资指南》第二部分“投资优惠办法”有：让利、土地使用优惠、供水供电不收增容费、外商投资的企业有用人自主权、优先贷款等。2004年市政府出台《岑溪市人民政府关于贯彻实施西部大开发政策的若干规定》。

第三节　招商方式

1991年以来，岑溪县始终把招商引资工作放在全市经济工作的重要地位，千方百计挖掘招商潜力，全方位开展招商引资。1992年，县委、县政府在北京、上海、香港、澳门等地召开“岑溪红”新闻发布会暨招商会。11月在香港举行岑溪招商会。1993年，参加梧州地区在深圳举办的梧州地区深圳招商会。1994年，在北京、广州、南宁等地召开岑溪同乡联谊会，邀请外商参加，进行招商活动。1995年起，市委、市人民政府坚持一年一度的组团到广东深圳、珠海、香港等地举办“联谊会”“春节外商团拜会”等，开展招商引资活动。1995年5月，在香港举办的广西壮族自治区（香港）招商会上，岑溪市有关部门经过努力，成功签订项目合同、意向协议7个，总引资额4053.9万美元。1996年，提出“1668”计划，即：建设一个对外加工装配区，外资企业产值实现6亿元，重点抓6个外资企业上马和投产，争取引进8个外资企业项目。1997年，市委市政府举办“’97岑溪招商会”，会上签订项目合同26个，合同金额6472.46万美元。4月，参加自治区在深圳举办的“97深圳广西国际经济技术合作交流会”。6月8日，岑溪市委书记、市长带队组团150多人参加“97梧州开埠通商一百周年暨经贸洽谈会”；10月底，组织9个部门18人参加“97桂林山水旅游节暨桂林广西经贸洽谈展销会”。1997年，全市签订招商项目合同53个，招商合同金额9.96亿元（折1.2亿美元）。1998年，利用外商投资项目18个，总投资13274万元，利用市外资金7239万元。2003年，抢抓西部大开发、东部沿海地区产业转移机遇，要求职工干部全员招商。多次组团到广州、南宁、贺州、梧州等地招商引资，引进投资250万元的岑溪市富成毛织厂。

第四节　招商项目

1991年3月、4月，岑溪参加梧州地区在澳门举办的招商会，签订1200万元投资意向合同、1600万元贸易合同。全国民运会（在南宁召开）期间，岑溪组织代表团参加商品交易会和项目洽谈会，与外商谈成并领证4个项目，总投资2119.1万元，其中外方投资185万美元。1991年9月11—14日岑溪县和北京市建筑设计院在北京共同举办“岑溪红”花岗岩石材介绍会，与多家建筑、装饰公司签订共8000平方米花岗岩板材和2000立方米花岗岩荒料供货合同。1991年引进外向型工企业10家，其中合资企业8家，独资企2家。当年引进的外向型企业中，香港投资的有6家，台商投资的有4家。1992年，引进外向型工业企业43家。1993年2月参加“’93广西香港项目介绍会”，岑溪县与泰国客商、港澳台客商洽谈成功领证项目30个，总投资3715万美元（合人民币22290万元），其中外方和港澳的占1791.54万美元；签合同项目14个，总投资4028万美元（合人民币24168万元），其中外方和港澳的占1326万美元。1993年8月，和广西区政府驻沈阳办事处、中国建筑东北设计院联合在沈阳举办“岑溪红”花岗岩系列产品信息发布会，签订1.4万平方米“岑溪红”花岗岩板材供货合同，贸易额500万元。1993年引进外向型工业企业57家。1994年5月，全国石材协会秘书长联席会暨全国石材经贸洽谈会在岑溪召开，会议期间，签订了石材、化纤、房地产等项目，总投资1.41亿元。1994年，引进外向型工企业12家，实有外向型工业企业140家，其中：合资企业87家、合作企业15家，独资企业37家，“三来一补”企业1家。1998年有外向型企业87家，利用外资总额1.37亿元，外向型企业生产总值6.5亿元。1999年，有外向型企业70家，利用外资5000多万美元。2000年，全市新增外向型企业18家，总投资48284万元。2001年，引进外向型企业12家。

2002—2005年，全市先后引进岑溪市龙湾矿业有限公司、广西三威林产岑溪市人造板有限公司、岑溪市天马石业有限公司、岑溪市大自然藤艺有限公司、岑溪市桂岑水泥有限公司、岑溪市广昌金属五金制品厂、岑溪市东海纺织有限公司、广西龙腾皮革制品有限公司、岑溪市三角淀粉有限公司等17家工业企业。

2003年，开展“解放思想再讨论”和“百个项目大会战”活动，进一步完善招商引资优惠政策，妥善外商遇到的困难和问题，集中精力抓工业项目建设，重点推进一批重大项目建设。新批准成立境外投资企业11家，投资总额1.47亿元，实际利用外资1728万美元，新批准成立内联企业12家，投资总额1.17亿元。当年引进高垌电站、恒辉五金、永盛五金、广阳金属、鹰达金属等项目。69个建设项目中有60个开工建设，完成投资3.94亿元，28个前期中已有23个完成计划目标任务。引进梧州供电局探花变电站，为工业提供充足的电力资源。

筋竹镇百得火机制造有限公司生产车间一角（2005年　李强　摄）

2004年,市委、市政府决定继续集中人力、物力、财力开展百个项目大会战,于5月8日印发《岑溪市2004年开展百个工程项目大会战实施方案》,大会战项目156个,总投资20亿元,其中建设84个(有个列入梧州市三百项目)、计划总投资7.18亿元。已有79个项目开工建设,完成投资3.71亿元,占年计划的80.7%。前期工作项目31个(有12个列入梧州三百项目),总投资估算8.08亿元,有29个项目完成年底目标任务,招商引资项目41个(有10个列入梧州市三百项目),总投资4.74亿元,开工建设的项目有40个(有30个项目建成投产或试产),完成投资1.53亿元,占年计划的64.3%。2004年,招商引资项目10个,分别是天宇房地产开发、益民锰业、金塔石材市场二期扩建、科惠达化工、合力金属五金制品、矿泉水、里松电站、中泰富纸业二期扩建、广西医药科技医疗用品和千山石业加工中心。新成立境外投资企业(含内联)32家,其中,制造业11家,矿产开发业8家,基础设施、交通能源6家,服务业7家。投资总额38.8亿元(人民币)。

2005年,全市列入百个项目大会战的项目有138个,总投资18.6亿元。其中,工业项目61个,总投资7.77亿元;建设项目78个,总投资8.59亿元,计划投资4.41亿元,列入梧州市三百项目大会战考核的建设项目18个,投资1.90亿元。

1991—2005年,全市累计引进境外客商投资企业207家,累计实际利用外资13641万美元。企业主要来自港、澳、台地区,如恒辉五金制品有限公司、百得火机制造有限公司、宗男纸业有限公司、互益纺织有限公司和顺兴福皮业有限公司等。

1991—2005年岑溪招商引资情况表

表5-5-1

年份	新立外资企业(个)	新立内联企业(个)	新立外资企业合计(个)	投资总额(万元)	本年到位资金合计	其中外资(万美元)	市外境内资金(万元)
1991	12	—	—	7114	—	426	—
1992	49	—	—	47552	—	426	—
1993	55	—	—	39166	—	333	—
1994	18	—	—	10870	—	333	—
1995	11	—	—	21935	—	333	—
1996	2	—	—	758	—	221	—
1997	5	—	—	29400	—	330	—
1998	2	—	—	14800	—	535	—
1999	3	—	—	1605	—	763	—
2000	6	—	—	1721	—	1150	—
2001	12	20	32	77900	35305	1398	23700
2002	4	7	11	2348	17978	1389	6449
2003	11	12	23	26352	20982	1728	6640
2004	11	21	32	38759	29133	1960	12865
2005	6	31	37	125599	122055	2316	102833
合计	207	91	135	445879	225453	13641	152487

注:内联企业和利用市外境内资金2000年以前未开始统计。

［第六篇］

商贸　旅游业

岑溪县从1991年开始,实行国营、集体(供销社等)商业企业(外贸、粮食、物资企业)的经济体制改制,个体、私营(民营)商业比例上升并逐步超越国营集体商业,形成国营、集体、个体、私营(含外商投资经营)多种商贸实体共同发展、相互竞争的格局。进入2000年,除少数商业行业(如外贸、农资、农药、种子、石油、煤炭等)外均为个体私营企业经营。个体私营商业逐步成为地方经济(流通领域)发展比例上升。2002年,岑溪全市个体(含个体联营)工商户(含饮食、服务、修理等行业)2118户,从业人数3816人。2004年,全市商品流通经营户8381家,从业人员15060人,年营业额12.63亿元。其中,规模以上企业15家,从业人员860人,年营业额2.16亿元;服务业经营户923家,从业人员2140人,年营业额0.63亿元,其中规模以上2家,从业人员340人,年营业额1590万元;饮食业经营户875家,从业人员2340人,年营业额0.89亿元。2005年,全市商品流通经营户8381家,年营业额12.63亿元,就业15060人,其中,规模以上企业15家,年营业额2.16亿元,就业860人,饮食业经营户875家,年营业额0.98亿元,就业人员2340人,服务业经营户923家,年营业额0.63亿元,就业人员2140人,其中,规模以上企业2家,年营业额1590万元,就业人员340人。全市商业网点10900多个,从业人员19540人。当年全市社会消费品零售总额中,个体私营商业部分12.1亿元;国营与集体商业部分只有2118万元,仅占个体私营商业部分的1/6左右。

随着经济改革开放的不断深化,作为新兴的旅游产业,自1996年旅游事业局成立以来,旅游资源开发、利用与旅游景点建设得到快速发展。外出旅游与外地人员到岑溪旅游的人数逐年增加,岑溪旅游产业得到发展。

第一章　商业管理及所有制结构

第一节　机　构

商业局

岑溪县商业局成立于1956年4月，商业局原办公地址是岑溪市南门路2号，“文化大革命”初期撤销，1972年6月恢复，是岑溪县人民政府（“文化大革命”时期称“革命委员会”）管理商业系统（含日用百货、棉布纤织、五金交电类商品与食品、饮食服务、药品行业）的行政机构。下属有百货、五金、糖烟酒、食品、饮食服务和医药公司（医药公司，1986年起改由岑溪县医药局管理）与百货仓库及水汶、梨木、三堡、糯垌、南渡百货商店等国营企业单位。1986年起，实行“三项制度”（即经营管理、人事用工、工资奖励）和“四放开”（即购销渠道、经营范围、商品价格与利益分配）的改革，下属企业（公司、市部门、商店）普遍实行承包责任制，商业部门开始“简政放权”、政企分开的初步改革。1992年7月，县人民政府同意成立岑溪县商业总公司，商业局下属各公司（含门市部）和商店等企业经营活动由县商业总公司管理。县商业局作为行政主管部门，其职能由原来指令性管理转变为指导、监督管理。只承担国家商业政策（含法律法规）贯彻实施的宏观调控与监督、指导方面的职能，成为政府对商业行为“统筹规划、执行政策、信息引导、组织协调、提供服务、检查监督”的职能部门。促进国营商业实现“政企分开”“所有权与经营权”全面分离。1995年12月，改为岑溪市商业局。1997年1月，撤销商业局和商业总公司，成立商业集团总公司（为政府直属企业），核定事业编制全额2人，事业编制自收自支13人。2002年6月并入经贸局，属二层事业单位，核定编制2名，实有人数2名。市商业集团总公司依政府授权，行使国有商业企业宏观管理职能。2002年7月，市商业集团总公司行使的行政管理职能划归新成立的市经济贸易局行使，市商业集团总公司成为企业管理的事业单位。2004年市商业集团总公司实行改制，商业系统由经济贸易局管理。国有商业企业经营管理完全市场化。

1991—2005年商业局（商业集团总公司）局长名单：杨第瑚（1984年2月至1992年6月）、何振荣（1992年6月至1997年3月）；商业集团总公司总经理肖健（1997年3月至2002年12月）。

粮食局

1992年12月以前，粮食局为县人民政府管理粮食（含油料，下同）的行政机构，粮食局内设：秘书、人事教育、购销、储运、财会、计划统计、经营管理、加工基建等8个股室。下辖四个专业公司：粮油议价公司、粮油工业公司、粮油贸易公司、饲料公司。主要职能是贯彻执行党和国家粮食统购统销政策，负责农业税（公粮）征收和定购粮收购和储运、加工，并按照国家计划实行居民粮油供应（销售）。粮食局在县城和乡镇（人民公社）分设16个粮所，分别是城关、马路、南渡（附设盘古粮站）、昙容、吉太、水汶（附设尚智粮站）、大隆（附设车滩粮站）、梨木（附设河木、高益粮点）、大业（附设新村、古味粮点）、筋竹（附设望间粮点）、诚谏（附设河三、沙田粮站及孔任粮点）、归义、糯垌（附设新塘粮站）、安平、三堡（附设振田粮站）、波塘（附设合水粮站、蛟塘粮点）粮所，均属国有粮油经营企业，负责统购统销业务。1982年至1988年，先后成立粮油议价公司、粮油食品工业公司（后来生产波纹面的粮油食品厂并入该公司）、饲料公司、粮油贸易公司、新塘养殖场。此后，开展粮油议购议销等多种经营业务。1992年年底，固定资产原值合计657.93万元，其中生产性房屋308万元，附属厂房124万元，其他225.93万元。1993年6月底，粮食系统有在职干部职工650人,其中,干部146人,固定工220人,合同工289人。此外,还有离退休人员170人。

1991—2005年粮食局局长:冯柱礼(1991—1998年)、黄小陆(1998—2004年)、甘富强(2005—2007年),粮食局办公地址大中路36号。

1992年12月岑溪粮食系统干部职工人数和固定资产原值一览表

表6-1-1

原单位(简称)	职工(人)	其中			固定资产原值(万元)
		干部人数	固定工人数	合同工人数	
合计	655	146	220	289	657.93
城关粮所	73	15	33	25	43.02
马路粮所	18	2	6	10	13.61
南渡粮所	32	8	10	14	27.25
昙容粮所	12	2	2	8	10.13
吉太粮所	7	0	4	3	9.33
水汶粮所	23	6	4	13	38.33
大隆粮所	17	3	7	7	12.53
梨木粮所	21	4	5	12	16.64
大湴粮所	22	4	8	10	15.79
筋竹粮所	26	6	9	11	34.78
诚谏粮所	30	10	10	10	15.23
归义粮所	33	8	15	10	20.30
糯垌粮所	31	7	12	12	51.6(含养殖场)
安平粮所	22	4	10	8	10.59
三堡粮所	22	4	6	12	26.81
波塘粮所	27	5	10	12	28.82
粮贸公司	46	5	16	25	35.99
议价公司	44	8	13	23	61.53
饲料公司	47	6	14	27	46.16
工业公司	64	8	20	36	47.73
粮食局	38	31	6	1	91.76(工贸总)

物资局

岑溪县物资供应局成立于1960年10月23日。1966年7月2日更名为岑溪县物资管理局。"文化大革命"初期撤销,1971年12月恢复。1981年4月,更名为岑溪县物资局。1984年6月,岑溪县物资局改为县物资公司。1986年10月,恢复建立物资局,同时保留物资公司,实行一套人马两个牌子。1989年,县物资局(物资公司)内设机构有:秘书股、业务股、财统股,二层单位有金属材料公司、机电设备公司、物资贸易中心、物资协作公司(生资)、化工建材公司、轻化建材公司,还有水汶、大隆、大湴、归义、糯垌等5个直属物资站。1990年,县物资公司分设金属材料、化工建材、机电设备、煤炭等4个公司,并实行经济目标承包责任制;增设南渡物资公司、液化气站、樟木经营部。1991年,增设金属回收部、南宁办事处、怀化办事处,经县政府批准成立南渡物资公司。1992年,物资局二层机构有3个股(秘书股、业务股、财统股),7个直属公司(金属材料公司、机电设备公司、燃料公司、物资协作公司(生资)、化工建材公司、轻化建材公司、南渡物资公司),5个直属站(水汶、大隆、大湴、归义、糯垌),4个直属部(金属回收部、购销部、物资贸易中心、樟木经营部),2个直属办事处(南宁办事处、怀化办事处)。

1992年,成立岑溪县物资总公司,保留物资局牌子。1995年更名为市物资局、物资总公司。1995年年底,物资总公司实行资产重组,1996年成立南方物资发展有限公司。物资经营由国家企业转为民营(联营)企业。2002年,市物资局机构撤销。物资管理和经营实行市场化。1991—2002年市物资局(总公司)局长,总经理:郭宏伟。

对外贸易局

岑溪县对外贸易局(简称“外贸局”)成立于1963年3月,办公地址玉梧路,其职能是指导和管理出口商品的生产、收购、调拨并办理出口业务(通过梧州口岸出口)。1972年年初,成立岑溪县对外经济贸易公司(隶属商业局领导)。1989年4月,岑溪县对外经济贸易公司改称为岑溪县外贸进出口公司,仍属外贸局领导管理。1992年,岑溪县对外贸易局改称为对外经济贸易委员会,行使原外贸局的行政管理职能。1996年10月,经国家对外贸易经济合作部批准,岑溪享有独立进出口经营权,可自营和代理商品及技术进出口业务,承办中外合资、合作生产和“三来一补”业务,并设立代理出口运输机构。1997年3月,对外贸易委员会改为对外贸易经济合作局,为市政府直属事业单位,依政府授权行使外贸进出口和市内外商企业生产经营的管理职能。2000年4月,市对外贸易经济合作局加挂招商局牌子(一套人马、两块牌子),增加对外招商业务。2004年11月,撤销对外贸易经济合作局(保留招商局),其职能划入经济贸易局(简

坐落在玉梧大道的岑溪市外贸局、外贸公司(1999年　摄)

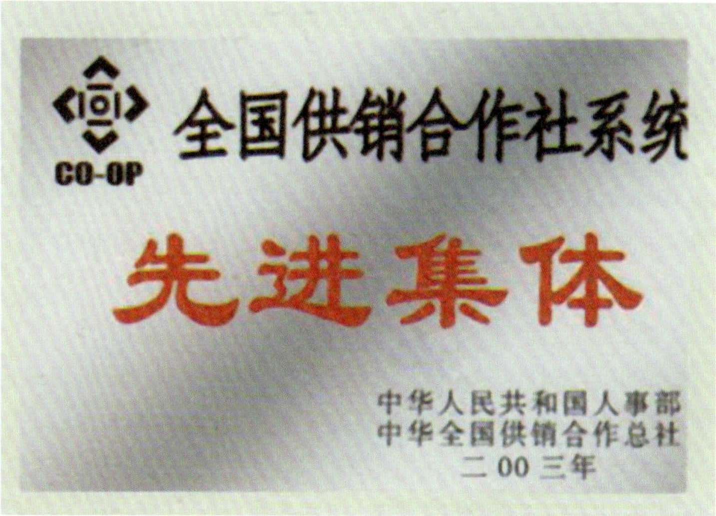

获奖奖牌

称“经贸局”)管理。外贸企业经营管理实现“政企分开”和市场化。

供销合作社

岑溪供销合作社联合社(简称“县联社”)成立于1954年12月16日。1954年1月,县联社召开第一届社员代表大会,选举产生岑溪县供销社联合社首届理事会和监事会。两会成为供销合作社的行政业务管理和监督机构。1958—1960年,供销合作社组织曾与国营商业合并,取消社员股份分红。1961年7月,恢复供销合作社组织,县联社成为县级政府管理集体商业的组织机构。1980年3月至1996年6月,先后召开第二至第六次供销社社员代表大会,选举产生新的各届理事会和监事会成员,供销社行政管理体制由“官办”恢复“民办”,并在企业内部普遍实行经营承包责任制和“定额管理”及职工工资(含奖励)与经营业绩挂钩的浮动工资制度。1991年,供销合作社联合社有直属公司4个,全县按乡镇行政区域设置有樟木、马路、南渡、昙容、吉太、水汶、大隆、梨木、归义、大业、筋竹、诚谏、安平、糯垌、三堡、波塘等16个基层供销社。1992年7月,岑溪县供销合作社联社召开第五届社员代表大会,选举新的社务管理委员会,张树全当选主任。8月成立县供销社总公司,与县供销联社合署办公,实行“两块牌子,一套人马”,总公司下设益通液化石油气有限公司、合祥石材开发公司、建材物资供应公司、实业开发公司等分公司。1994年3月以前县联社机关内设8个股(室):办公室、秘书股、人事股、业务股、经营管理股、财会股、商办工业股、教育股。1994年4月起合并,内设4个股室:办公室、财会审计股、综合业务股、人事教育股。1995年12月,县供销联社更名岑溪市供销合作社联合社。1997年3月20日第六届二次会议选举林溪担任市联社理事会主任。2003年水汶供销合作社被人事部、中华全国供销合作社总社评为全国供销合作社系统先进集体。2005年以前岑溪市供销合作社联合社(简称“市联社”)有直属企业(四大公司):岑溪市土产公司、岑溪市日杂废旧物资公司、岑溪市农业生产资料公司、岑溪市供销社贸易公司。(三个社办工业)岑溪市供销社砂砖厂、岑溪市织造厂、岑溪市供销社桂皮加工厂。

1992年9月以前县联社办公地址在岑溪县工农路29号,1992年9月28日办公地址搬迁到岑溪市工农路168号。1991—2005年市联社正职领导:赵善德(1991年至1992年6月)、张树全(1992年7月至1997年3月)、林溪(1997年3月至2012年)。

烟草专卖局

1984年12月,烟草经营业务从商业系统(糖烟酒公司)分离出来,成立岑溪县烟草专卖局。1985年1月,成立岑溪县烟草公司(与局实行一套人马,两个牌子)。承担辖区内烟草专卖行政管理职能,维护烟草市场秩序,同时负责全县烟草制品的经营(批发、零售)业务。1995年12月起称岑溪市烟草专卖局、岑溪市烟草公司,设有办公室、专卖股(稽查大队)、内管派驻组、市场部、物流中转站、城区专卖管理所(服务站)、三堡专卖管理所(服务站)、筋竹专卖管理所(服务站)、水汶专卖管理所(服务站)等机构。2004年1月,取消岑溪市烟草公司法人代表资格,公司更名为营销部。

岑溪县(市)烟草专卖局1991—2005年局长名单:高天荣(1991年至1995年6月)、李进尧(1997年8月至1998年12月,其中1995年6月至1997年8月为副局长主持全面工作)、陈燕文(1998年12月至2005年5月)、林庆华(2005年5月至2007年8月)。1991年至1995年办公地址在解放路,1996年至2005年,迁至大中路62号。

旅游事业局

1996年7月,岑溪市人民政府成立旅游事业局,作为政府管理旅游事业机构。旅游事业局下设秘书股、综合业务股和财务股;共有全额拨款事业编制8名,拥有职工人数8人。2001年机构改革,旅游事业局改为岑溪市旅游局,在市政府办公室挂牌,人员为行政编制,定编2人;下设旅游服务中心,为事业管理单位,人员为财政全额编制,定编5人。2001年,成立岑溪市旅游服务中心,市旅游服务中心协助市旅游局做好市内旅游景区的开发,规划和建设工作,协调宾馆、酒店和旅行社做好旅游接待(包括培训导

游人员）服务工作，初步形成景区开发建设、组织引导旅游人群与接待服务及旅游安全等相互连接的产业链条。1996—2005年旅游事业局局长：陈永裕（1996年7月至2005年8月）、梁定东（2005年8月至2007年12月）。

第二节　国有商业体制改革

商业局系统体制改革

20世纪80年代前，在计划经济体制下，国有商业体制企业财产全部为国家所有，盈亏全部由国家承担，在经营范围、购进（批发）渠道、销售市场、价格管理上严格按国家计划执行。进入80年代中后期，国营商业经营体制开始改革，首先是企业门店实行承包制，20世纪90年代初期，国有商业企业的批发也逐步放开，在企业内部经营机制上，企业把批发部改为经营部，实行进、销合一的管理机制，并且实行经济指标承包责任制，考核指标一般为销售额、利润、费用、资金占用等。1990年起，饮食服务公司、糖烟酒公司、五金交电公司、百货公司及后来新成立的嘉安副食品公司、桂丰食品公司先后实行定人员、定资金、定销售任务、定利润、定费用的“五定”承包经营方式及租赁经营。1992年，商业系统开始“四放开”（即经营、价格、分配、用工的放开）试点，实行由企业独立核算、自主管理、自主经营、自负盈亏，首先在百货公司试点。百货公司实行“四放开”试点后，各公司都实行改革。7月商业局成立商业总公司。此后，部分企业逐步实行利润包干、自负盈亏的大包干形式。1993年实行“四放开”改革的五金公司、糖烟酒公司，饮食服务公司实行租赁承包。

1994年起，县商业局实施以“出售企业自有部分资产加内部职工持（入）股”的形式，将企业自有资产部分，根据国家政策进行评估，将其一次性出售给本企业职工，集体经营，成立新的由内部职工参股与国有控股相结合的股份制企业。年内，市百货公司、五金公司首先实行内部经营机制转换，成立新的股份有限公司（由于条件不成熟，急于求成，缺乏相应的管理经验和约束机制，损害了企业和职工的利益，改制不彻底，1998年改为经营承包责任制）。1995年6月，糖烟酒公司改制，把所属的桂丰食品厂分离出来成立桂丰食品有限责任公司。糖烟酒公司内各零售门店分离后成立嘉安副食品有限责任公司。1996年，国有商业企业基本上退出批发业务。市饮食股份公司实行改制，饭店、旅业实行资产剥离经营（租赁、转让）。1998年，百货公司、五金公司（原来实行股份制）将股份制改为经营承包责任制；食品公司在改制过程中，采取不同方式进行改制，内部有能力经营的职工承包经营，部分向社会招标经营，不管哪种形式都必须统一管理，实行“四定”（定人员、定费用、定任务、定工资）承包。食品公司承担定点屠宰管理责任，除保留部分管理人员和屠宰职工外，其余门店采取承包经营或出租转让形式，转制经营。同期，县商业局通过招商引资，吸纳港澳台商资金技术，在县内创办外向型企业，解决部分改制企业职工就业问题。

2002年，市政府决定对经营不善、债务负担沉重和长期不能扭亏转盈的国有企业依法进行破产拍卖或股份制改造，市政府成立市国有及国有控股企业改革发展联席会议制度，对全市国有企业逐一进行评估，对负债沉重，资不抵债的企业，依法破产拍卖，对尚存相应实力、发展方向对路、有一定发展前途的企业，则采取股份制改造或整体出售的方式，转换为民营股份公司。2003年4月，市百货公司依法实施破产，所属两栋百货大楼拍卖，所得资金除还债外，用于安置职工（含离退休职工）。2004年6月，市五金公司改制为民营股份合作企业，并依相关政策遣散职工。此后，糖烟酒公司、饮食服务公司及所属桂丰食品有限公司、嘉安副食品公司及1996年成立的南通果菜公司等先后改制为个体联营的民营股份有限公司，职工全部与国家职工身份脱钩。市国有商业集团总公司和五金交电公司、果菜公司、红楼宾馆、大酒店、医药公司、桂丰公司等六家国有企业进行企业改制,先后分别拍卖商业集团总公司和这六家企业全部资产,拍卖所得款项用于安置总公司和企业的全部在职职工。市物资公司依照企业改制的政策实行股份制改造,由公司全部职工84人参股成立新企业"南方股份有限公司"。至2004年年底,商业流通国有企业改革基本完成。

粮食系统体制改革

1991年起,随着改革开放的不断深入,粮食部门逐步由计划经济进入市场经济,实行双轨经营,既保军需民食,平抑粮价促进社会稳定,又办厂扩店,综合利用多种形式提高经济效益。1993年实行机构改革,把一部分行政职能转化为企业,成立粮食工贸总公司,粮食局和总公司实行一套人马,两个牌子。总公司实行统一核算,自主经营,自负盈亏。下属有粮油议价公司、粮油食品工业公司、粮油贸易公司、饲料公司和城关、马路、南渡、昙容、吉太、水汶、大隆、梨木、大业、筋竹、诚谏、归义、糯垌、安平、三堡、波塘16个粮所。按照自主经营、自负盈亏、自我发展、自我改良的原则,实行利润包干、确保上交,超额分成、欠额自补的经营机制。由各公司(粮所)承包经营。各粮所除了安排3至5人从事公粮收购、保管,以及会计、出纳等管理人员外,其余人员从事多种经营,如养殖、酿酒、石材加工、经商等。

1993年,国家取消居民口粮定量供应,粮食销售价格随行就市,按质论价。基层企业管理采取三种模式,即全员风险承包责任制、统一运行与国有私营相结合、上交包干费。班组门店实行统一运行、统一管理,分散、小门店实行集体个人承包。1993年起,岑溪开放粮食市场,允许个体私营企业经营粮食加工销售,价格由市场调节。国营粮油企业一家独占市场的局面自此被打破。国营粮油经营企业(含城区和各个乡镇粮油门市部)开始实行门店经营承包责任制,并放开经营渠道(即可经营粮油以外的商品或转营农副产品加工等)。

1996年5月,粮食局直属企业华苑宾馆、穗丰商贸城、城北市场同时开业。全县21个粮食企业按照自主经营、自负盈亏、自我发展、自我约束的原则,实行利润包干、确保上交、超收分成、歉收自补的经营机制,经济指标包到班组、个人。企业管理建立约束机制、竞争机制、风险机制,实行目标责任制,定任务、定时间、定标准、定责任人、定奖罚。在用工上实行优化组合,组合不上的待岗或自谋职业;在分配上实行工效挂钩,实行优胜劣汰制度;粮所和公司实行全员风险承包,缴交风险金。

1996年起,由于国家提升收购定额粮价格,出现购销价格逆差情况,全市国营粮食销售经营普遍出现亏损。其中,1996年全市粮食部门政策性亏损100多万元,经营性企业亏损115.85万元。1998年起,粮食流通体制实行"四分开一完善"改革(即政企分开、储备粮与周转经营粮分开、粮食新老财务挂账分开、中央和地方责任分开和完善粮食价格机制),粮食局成立储备粮管理公司,人员从局机关划拨。各粮所保留从事公粮收购和政策性粮食供应业务和管理人员,其余划到新成立的16个粮油贸易中心。对1992年4月1日至1998年5月31日国有粮食企业新增财务挂账和其他不合理贷款进行认真清理,将各粮所剥离出来的附营业务划转到对应的粮油贸易中心,将附营划转所欠贷款由农业发展银行划转到农业银行,消除粮食企业占用国家政策性银行的资金。市粮食局所辖的粮食工贸总公司、粮油工业公司、粮油贸易公司、粮油议价公司、饲料公司和16个粮所(含门市部)因人员多、债务重、亏损大均开始压缩开支,分流人员,并逐步由承包经营转为租赁或拍卖部分资产、解除职工合同关系等方式,转为民营股份制或个体企业。作为国有性质的粮食企业只保留粮食收储业务与部分附营企业。粮食销售完全进入市场化轨道。

1998年,依据《国务院关于进一步深化粮食流通体制改革的决定》,岑溪按粮食管理与经营实行政企分开,中央和地方责任分平、储备与经营分开、新老账目分开和完善粮食价格机制的"四分开一完善"的改革目标,岑溪市成立储备粮管理公司,负责自治区级和市级储备粮管理工作。市粮食局缩减编制为7人,职能是负责市辖粮食市场宏观调控。成立城关、马路、南渡、昙容、吉太、水汶、大隆、梨木、大业、筋竹、诚谏、归义、糯垌、安平、三堡、波塘16个粮油贸易中心。2002年,国家取消粮食定购政策,粮食局下属粮油

购销单位转换机制，实行人员分流、下岗，粮油经营个体、私营化。2004年，国家取消农业税（公粮）征收政策，粮食部门不再征收公粮。市粮食局行政管理职能转变为对粮食市场宏观调控和对国家（区级、市级）储备粮的保管管理与调运。

物资系统体制改革

物资局（物资公司），经营物资购销业务，并实行“双轨制”（属国家计划分配物资，按计划分配统供统管；非国家计划物资放开经营口，价格由市场调节）的经营模式。物资公司所属企业包括金属材料公司、化工建材公司、机电设备公司、生产资料公司和设在乡镇的基层物资供应站，均实行经营承包责任制，由各企业自主经营、独立核算、自负盈亏。但必须确保承包任务基数的完成，超收多留，歉收自补。1993年开始，国家实行经济结构调整，压缩重复建设和控制基建投资。物资购销业务开始走下坡路。加上民营个体物资企业迅速发展，国营物资企业在市场激烈竞争中，由于历史债务沉重和连年亏损等原因，自1995年起，县物资总公司开始实行企业经营机制全面改革，一方面清退遣散部分合同制工人，另一方面在公司内实行资产重组，由公司和企业职工共同参股，组建新的企业公司。对部分长年亏损、负债沉重、资不抵债的企业（含相关门店和基层物资站）则采用宜租则租、宜卖则卖的办法，进行清理撤销。1996年，市物资局（总公司）吸收干部职工入股资金并引进外地资金近500万元，成立南方物资发展有限公司，并于1998年购买经国资局评估、债权人同意和法院裁定的物资总公司部分资产（原仓库及空地和部分店铺门面），投资兴建兼容农副产品、轻化五金及机电、各类产品批发与销售为一体的综合性大型市场—南方物资市场，然后转租各个体、民营工商户进行经营。物资系统经营体制改革至此告一段落，全市物资购销（除石油、汽油、煤炭等国家规定物资外）转为个体民营为主。

第三节　集体商业体制改革

1994年5月，岑溪县人民政府批复同意供销社系统深化体制改革的请示。供销社以扩大社员股金为突破口，恢复供销社“三性”（即组织上的群众性、管理上的民主性、经营上的灵活性），增强供销社的活力。全系统工业零售门店引进个体经营机制，实行自由组合、自筹资金、自主经营、自负盈亏和包干上缴的“四自一包”社有民营改革。以“社有民营”为转换经营的主攻方向，实行企业内部经营机制改革，通过完善企业经营承包责任制，包括允许个体工商户与其他民营企业租赁承包，甚至企业资产门店转让等方式，盘活资金，增强活力。供销系统在15个基层供销社（吉太除外）设立社员股金服务部，扩大吸收社员股金，全系统扩股金额800多万元。1996年，供销系统16个基层供销社相继召开社员代表大会，经全体代表一致通过，撤销原来的社务管理委员会，恢复设立理事会和监理会，选举出理事会和监事会成员。1997年，对长期亏损、边远山区的分社（分店、门市部）采取抽资承包经营方式，扭转长期亏损局面。各企业可以实行参股经营，股份有实行保本保息的“身份股”和执行风险抵押见利分红的“投资股”。1998年7月，爆发全市性社员股金集中挤兑事件，市供销社资金流转进入困境，经营业务迅速收缩。社员股金风波事件的起因：参照全自治区供销社改革试点玉林地区的经验，发展社员股金中执行“入股自愿，退股自由”原则，导致股金不稳定性，吸纳社员股金与银行存款不同，社员股金主要用于农副产品收购和农业综合开发等，不可能随时变成现金退股，而“退股自由”形成股金变现导致抗风险能力降低和股金调控能力较差的先天不足，极易发生大规模退股时现金不能及时兑付的问题；为此加强社员股金的管理措施：成立社员股金管理委员会和社员股金调剂中心；实行储备金制度，管理社员股金总额9390.7万元。1999年11月，市人民政府成立供销社系统固定资产拍卖工作督查组。2000年起，开始拍卖部分供销社（包括市联社和部分基层社）的资产。2001年，供销社通过变卖部分资产和向财政举债筹集资金等方式对1994年以来扩股吸收的社员股金进行首次集中兑付,兑付股金金额2150.56万元。6月,市供销联社成立本系统企业改革领导小组,根据自治区党委、政府和岑溪市委、市政府关于深化企业体制改革的意见和要求,逐步推进企业产权制度改革和资产重组,通过招商引资、开放办社及加强“银企合作”等方式,引进新型经营业态,改造传统经营方式,提升供销社的经济实力。对资产优良、债务较轻、有一定发展能力的企业,采取自主经营、自筹资金、自负盈亏,定人员定上缴承包资金,保留在供销社体制内;对扭亏无望、长期亏损的边远分社、分店则实行宜租则租、宜卖则卖。对系统内合同制工人,则依据劳动合同法,制定《岑溪市供销社系统企业解除劳动合同制工人方案》,逐步解除其劳动合同,对每名职工适当经济补偿,并为被解除合同工人统一购买养老保险,使其退休后能有退休金养老。2002年6月21日,供销联社制定《市供销社机关机构改革及人员分流议案》,并经职工大会表决通过。市联社设四个股室,定编25人;定编以外的人员实行分流,可自由选择分流方法,可选择辞职、停薪留职或分流到各企业,工龄满30年的可申请离岗退养。离岗退养的由单位每月发300元生活费,到退休年龄时办理退休手续。供销社系统实施产权体制和供销社“四项改造”(以产业化改造基层社,以产权多元化改造社有企业,以企业分开、开放办社改造联合社,以现代流通方式改造传统经营网络),实行政企分开。2003年,供销联社将日杂公司的废旧回收业务分离出来,与市供销社砂砖厂组建岑溪市明达废旧物资回收公司。2004年,供销社实行产权制度改革,用经济补偿的办法安置合同制工人,与合同制工人解除(终止)劳动关系。2005年,根据2005年第22次市长办公会议纪要“关于原则同意处置供销社部分财政抵押资产,所得资金60%用于兑付股金,20%用于安置职工,20%用于缴纳养老保险金”的精神,供销联社向市政府作出处置部分财政抵押资产的工作方案(草案),与财政部门组成工作组,处置房地产28处标的。全年解除和安置合同制工人419人。成立岑溪市翔鸿农产品专业合作社、南渡土纸专业合作社、波塘松脂专业合作社、大隆松脂专业合作社、安平八角专业合作社等5个农民专业合作社。

第四节　所有制结构及经营情况

国有商业

1991年岑溪县商业局下属的国有商业有百货、五金、糖烟酒、食品、饮食服务公司等。饮食服务公司设有饭店、旅社、照相馆、理发厅。1992年7月,商业局成立商业总公司,开展办实业活动,与外商合资兴办康泰食品有限公司、集资筹建中心线厂、大荣拉链厂、包装容器厂、织带厂和食品厂、嘉安副食品、桂丰食品、南通果菜等企业。

1993年,五金公司和糖烟酒公司参照百货公司的“四放开”管理方案和实施细则,结合企业实际制定经营、价格、用工和分配办法。五金公司在实施“四放开”过程中,实行统购分销的办法,价格实行有限度开放,引进个体竞争机制,在分配上,上不封顶、下不保底,当年实现销售2372.83万元,比上年增长33.67 %,税利65.99万元,增长72.88%。糖烟酒公司实行“四放开”后,批发销售的商品同比增长31.86%。百货公司全年销售实现2493万元,同比增长18.77%。税利88.57万元,增长170.04%。饮食服务公司除了岑溪饭店餐厅部和酒家由公司统一经营外,其他门店全部实行租赁承包。食品公司把食品商场的三个门市部实行国有民营,由原来年亏损0.2万元变为盈利1.2万元。投资15.8万元将酱料厂门面改为“大大商场”,经营糖烟酒副食;将食品公司原办公楼改为招待所,年营业收入28万元;改装扩大加油站,增加两台自动加油机,全年营业额85.7万元。1993年商业系统商品购进5369.87万元,比上年增长15.28%;商品销售6776.6万元,增长19.77%。其中商品零售3055.55万元,增长32.63%,补贴后税利99.7万元。

1995年6月,由糖烟酒公司划出部分门市部和职工组建成立嘉安副食品有限责任公司,实行门店承

包经营责任制；划出糖烟公司食品厂及职工组建成立桂丰食品有限责任公司，全部实行经营承包责任制（2004年6月12日公司改制，实施整体拍卖企业资产安置职工方案）。食品公司实现销售额1177万元，饮食服务公司实现销售269万元。百货公司实行统一管理、统一核算、统一进货。五金公司对大门店实行定毛利额承包，对小门店采包干上缴办法承包。1995年商业系统商品销售7000.11万元，上缴税金173万元。

1996年6月，由市政府批准成立南通果菜公司，属于事业性质，企业管理，实行平价经营（2004年4月16日公司改制，实施处置土地遣散公司职工方案）。1998年，百货公司、五金公司改为经营承包责任制，食品公司采取内部标包和向社会招标经营方式，实行统一管理、“四定”承包。全年商业系统销售额2.03亿元，比上年增加1.43亿元，缴纳税费410万元。1999年，建设小商品批发市场。全年商品销售额20153万元，缴纳税费267万元。2000年商品销售总额3929万元，缴纳税费78万元。2001年，全系统商品销售总额5221万元，缴纳税费75万元。商办工业产值760.06万元。2002年，全系统商品销售总额5249万元，缴纳税费83万元。2002年以后，国有商业企业已逐步改制。

集体商业

集体商业主要是供销合作社，县供销合作社联合社（简称“供销联社”）管理集体商业企业，主要经营农业生产资料、农副产品及加工、日用品、废旧回收等。1991年，岑溪供销联社下辖直属企业有：土产公司、日杂废旧物资回收公司、农业生产资料公司、贸易公司、砂砖厂、织造厂、桂皮加工厂，控股公司有：明达废旧物资回收有限公司、益通液化气有限公司，以及樟木、马路、南渡、昙容、吉太、水汶、大隆、梨木、筋竹、诚谏、大业、归义三堡、波塘16个基层供销社，10个分社，22个购销点；设有旅社13个，照相馆2个。供销社专业公司农业生产资料公司主营：化学肥料、农药、农具等农业生产资料批发零售业务。日杂废旧物资公司主要经营：废铜、废铝、废钢铁、废橡胶、废纸、废塑料等废旧物资回收，供应日用瓷器、铁锅、塑料油罐、草席、油毡、烟花爆竹等。土产公司经营：茶叶、桂油、茴油、八角、桂皮、土纸、木薯片等农副土特产品购销业务。主要采取代理收购、合同定购、分购联销等经营方式促进农产品流通。贸易公司主要从事：工业品、副食品批发零售和农副产品购销业务，服务基层供销社。

1993年11月，岑溪供销系统的部分企业（公司）向工业企业方向转换，承包（租赁）县松香厂的经营权，创办石材开发加工和砂砖厂、织造厂、桂皮加工厂等商业工业体系。日杂公司实行大包干的办法进行内部经营承包责任制。抓好农副产品收购，增加收购网点86个，收购木薯5622吨，比1992年减45.2%；桂皮619.5吨，比1992年减21.5%；土纸5179吨，比1992年减54.9%；松脂17756吨，比1992年减11.8%。各基层社根据实际情况增加营业网点，改造营业设施，公路沿线的水汶、马路、归义供销社和县社兴建加油站，总投资220万元；全系统加油站销售额1268万元，实现利润40多万元。日杂公司投资60多万元、土产公司投资100多万元，分别改建十里长街的门店和仓库。县供销联社投资1600多万元兴建16层高的金华大酒店。缴纳税金464万元，获利503万元，比1992年增加213万元。全系统亏损177万元。

1994年，各个基层供销社（吉太除外）设立社员股金服务部，扩大吸收社员股金，全系统扩股金额800多万元。增设肥料销售点86个，购进化肥28770吨，组织车辆和人员送肥下乡，送肥2995吨。大隆、梨木、筋竹、大业、吉太、昙容、马路、南渡、安平、糯垌等供销社和土产公司、日杂公司、农资公司、贸易公司实行利润大包干形式经营，其他零售门店实行以超利分成为主的承包责任制。归义供销社实行自由组合、自筹资金、自主经营、自负盈亏、包干上缴的“四自一包”社有民营改革，企业不再负担职工工资，全年销售860万元，实现税利34万元，分别比1993年增长26%和43.2%。日杂公司拍卖在玉林闲置的中转仓库，土产公司和农资公司把临街门店出租，农资公司将新义州酒家以收取年纯利80万元向社会租赁。增加59个农副产品收购点，出动车辆上门收购，并禁止向农民打“白条”。水汶供销社投资200多万元兴建供销购物城，波塘、安平供销社分别投资60万元兴建集营业、饮食、住宿为一本的综合楼，三堡供销社投资15万元改造饮食店增设卡拉OK和舞厅。全年系统缴纳税金424.96万元，获利720万元，比1993年增加217万元。全系统亏损67.21万元。

1996年，进一步扩大社员股金，全系统扩股金额5000多万元；三堡、波塘供销社联合办起万头猪场种。全系统缴纳税金669万元，获利536万元，比1995年减少86万元。全年全系统亏损299万元。

1997年，从大宗商品品种入手开展工业品“联购分销”工作，完善各种形式承包经营责任制，兴办专业合作社。基层供销社成立农资供应站，规定农资供应站不得把门店承包经营，不得与私人合伙经营，不得搞账外销售，不得跨区域设点销售。供销社实行市基联营，由农业生产资料公司统一组织货源，基层供销社统一销售，统一质量价格，农资年销售额3427万元。

2001年2月起，由市“两会一部”办公室牵头，组织财政局、供销社、土地局、房产局等部门组成工作组，对供销社有股金的单位尚未抵押的资产进行全面清理评优，为社员股金首期兑付举债抵押做好准备。成立追收欠款领导小组，加大追收欠款力度。3月通过政府举债2049.94万元，自筹资金100万元，进行股金首期集中兑付工作。此次兑付股民19544户，兑付股金2150.56万元，消减2897户，规范转股351.49万元，剔除高息318.28万元。全系统实现利润0.32万元，初步实现扭亏为盈。

2003年将日杂公司经营的废旧物资回收业务分离出来，与市供销联社砂砖厂共同出资，组建股份制企业，成立岑溪市明达废旧物资回收有限公司，获得废旧金属回收和一般纳税人资格。土产公司利用闲置场地与市诚信房地产公司共同开发，建设商品住宅楼，向社会公开出售。进行股金二期兑付，兑付股金917万元，兑付股民13379户(消除股民3673户)，还有2000多万元股金未兑付。全系统缴纳税金82万元，盈亏相抵后实现利润0.68万元。

2004年，扩大农产品示范基地建设，扩建玉桂基地，发展玉桂专业村。组建南渡土纸加工流通协会，建立农产品流通专业队伍，成立6支年销售额50万元以上的专业队，农产品销售总额700多万元。进行第三期股金兑付，兑付股民9377户，兑付股金700万元，消减股民3593户。

2005年，组建14支销售额50万元以上的农副产品销售队伍。全市14个基层社全面开展收购松脂，全年收购松脂4631吨，占全市收购量的65%。松脂价格由原来的120元/担提到300元。成立5家专业合作社，生产销售桂皮1000吨、土纸3000吨、木薯1200吨、松脂1100吨、八角350吨。筹措资金800万元，进行兑付股金，按每户股金余额4000元以下全部兑清，超过4000元的每户兑付4000元的标准，兑付工作从2月7日至3月6日。兑付股金800万元，兑付2630户(消减1653户)。全系统缴纳税金92万元。

1991—2005年供销社系统主要经济指标情况表

表6-1-2　　单位：万元

年度	商品购进总额	农副产品收购	商品销售总额	农业生产资料销售
1991	11596	2805	12912	2642
1992	13299	4374	15245	2567
1993	13662	4907	15952	2898
1994	11696	3518	13165	2846
1995	15783	4830	16855	3788
1996	15050	5302	16307	3609
1997	15066	5988	17335	3427

续表 6-1-2

年度	商品购进总额	农副产品收购	商品销售总额	农业生产资料销售
1998	9496	2189	11078	2771
1999	3882	597	4554	1198
2000	1434	160	1779	473
2001	2610	294	2847	747
2002	3478	671	4344	802
2003	3103	754	3718	870
2004	2997	699	3261	666
2005	5400	2812	5700	1212

个体、私营商业

从1990年起，对于个体、私营商业企业的管理，采用政策指导（引导）、登记注册、自由入市和合法（依法）经营的管理体制。即凡属政策允许个体、私营商业企业（户）经营的商品（包括工业品，农副产品和各种服务行业如交通运输、旅游业、饮食、修理、美容保健等），都可由个体（家庭）、私营合伙商业企业经工商行政管理部门登记注册核准，自由进入市场进行经营（部分农民自产自销的产品，如水果、蔬菜或其他手工制品，则不需登记均可自由进入市场）。在经营过程中，必须遵守相关市场管理的规定，如归行经营，不得乱摆占道（街道、道路）讲究公共卫生等，同时要依法纳税，依规缴交相应的管理费用及接受商品质量安全监督管理。

1991岑溪县工商局个体工商户新登记发照户数2316户，从业人员2934人，注册资金889.2万元；年末，岑溪工商个体户19946户，从业人员27099人，资金10925.7万元。产值和营业额11.24亿元。1994年，县委、县政府把发展个体工商户的工作列为各乡镇党委政府年度目标管理责任内容之一予以考核，同时下发加快发展岑溪县个体私营经济的文件。根据中共梧州地委、梧州地区行署印发《梧州地区关于进一步加快个体、私营经济发展的若干规定》《梧州地区关于加快城镇建设的若干规定》的通知，对从事日用工业品、农副土特产品、生产资料商品的长途贩运个体户，只要有身份证和乡镇居住地证明，工商行政管理部门就应发给营业执照，准予进入市场经营。个体申办的临时营业执照可委托基层工商所核发，报县工商行政管理局备案。个人申办私营企业，其注册资金达规定数额的50%和50%以上即可审核登记。边远山区和贫困地区的个人从事个体经营的，当地工商行政管理部门可根据“先放开后规范”的原则，允许先从事经营活动后领证。1994年年底，全县个体工商户、私营企业已达20272户，产值和营业额11.58亿元。全市个体工商户自有资金12349.8万元，实现产值39467万元，营业额60731万元，产值和营业额分别较前年增长16.5%和5.5%，社会商品零售55524万元，比前年增长12.1%。全市个体私营经济向国家缴纳税金2900.3万元，比上年增长32.4%，占全市工商税收的45.78%。全市个体私营企业中，注册资金100万元以上的有22户，其中500万元到1000万元的有5户，1000万元以上的有2户；年产值或营业额超10万元的有3510户，50万元以上的有251户，100万元以上的有104户，500万元以上的有8户，1000万元至2000万元的4户，2000万元以上的有2户。

1995年，随着城市建设发展，国有与集体商业体制实行机制转换，通过人员分流和部分资产拍卖、重组，绝大部分商品经营转变为个人与集体（含合伙，联合）商业经营。个体与私营商业企业开始向行业协会（商会）和中小型超市（连锁）、专卖模式过渡，形成“多轮（多种成分）驱动、多轨（多种经营模式）运行”的新体制。

2000年，市委、市政府专门召开发展个体私营经济研讨会，下发《关于进一步加快个体私营经济发展的试行办法》，坚持“多轮驱动、多轨运行”，大力发展个体私营企业。全市私营企业13134家，全年个体私营经济产值45.47亿元，占全市乡镇企业总产值的92.85%。

2001年，鼓励经济能人兴办企业，鼓励个体老板对乡镇企业、村集体企业和国有企业进行购买、兼并、参股或租赁，引导具备条件的个体私营企业从分散中联合起来，向规模型、科技型、外向型、效益型、集团化方向发展。全市个体私营企业13467家，产值51.2亿元，占全市总产值的93.21%。

2004年，试行个体工商户分层登记管理工作。2004—2005年新发展个体工商户8440户，从业人员11917人，注册资金17895万元。全市有个体工商户13968户，从业人员19965人，注册资金26987万元。

1991—2005年个体工商户登记发照情况表

表6-1-3

年度	新登记发照户数（户）	新从业人员（人）	新注册资金（万元）
1991	2316	2934	889.2
1992	3919	4844	2238.4
1993	2015	2608	936.3
1994	6164	7195	1472.1
1995	2208	3016	962.2
1996	2416	3205	1057.3
1997	1926	2582	3901.2
1998	1822	2297	2040.4
1999	2468	2996	2356.2
2000	2065	2635	1603.5
2001	2679	3961	5768
2002	3307	4331	6752
2003	3583	5074	7480
2004	3846	5427	8369
2005	1889	2813	3755

第二章　商品经营

第一节　日用百货　五金交电

岑溪日用百货和五金交电商品由百货公司、五金交电公司、供销社经营。日常百货商品主要有生活日用品(各种美容、洗洁用品、护肤品)、文化体育用品、卫厨用具、纺织品、服饰、竹木农具家具，皮革和塑料日杂用品等。五金交电商品主要是金属器材、家用电器、电线、开关插座、衣车、单车、摩托车和二轻工具水管等。

1995—2001年，全市商业系统日用杂品类销售额分别为285万元、344万元、376万元、600万元、441万元、523万元、416万元。2001年后，转为个体户经营为主。

实行承包制后，县五金公司家电商店生意兴旺(1990年　摄)

第二节　粮　油

粮油购销

粮食收购从1985年起取消统购，改为合同定购，1990年将合同定购改为国家定购。1993年，国家取消居民口粮定量供应，改革粮食购销体制，国家购粮任务(除公粮继续征收外)，改为指导性计划收购，同时放开城乡粮食销售价格，取消城乡居民凭证供应制度(暂时保留城镇居民粮食关系)。粮食销售价格随行就市，按质论价。同时取消对农民的粮食定购任务和“三挂钩”(粮食合同定购同供应平价化肥、柴油及发放预购定金挂钩)政策，粮食收购也随行就市，按质论价。1995年起又改为粮食定购，定购数量维持不变。1991年至1998年，全市粮食收购仍沿用历年粮食定购办法，每年按上级分配定购任务购粮入库。1999年落实粮改“三项政策”，按保护价敞开收购农民余粮，在收粮工作中不限价、不拒收、不停收、不压级压价、不代扣代缴除农业税以外的其他税费、不打白条；执行粮食顺价销售政策；粮食资金实行封闭运行，粮食收购资金严格按照“库贷挂钩，钱随粮走”的办法管理。2002年取消粮食定购任务，同时放开粮食购销市场和价格。20世纪50年代以来，城镇非农业人口、国家职工干部实行粮油定量供应制，按人按月由粮食部门统一供给平价粮油。1991年粮油经营实绩1266万元，完成计划的117.2%；销售给城镇定量人口粮食8860.8吨。对农村安排综合价粮食2700吨，比例价粮食870吨，销售给因旱涝灾害的缺粮户，惠及19432户，73830人。1992年粮油经营实绩1794万元，销售城镇定量人口粮食10448吨，农村销售1340吨。

1993年,除军供粮、库区移民口粮仍由粮食部门供应外,平价口粮供应一律取消,居民购粮面向市场,当年粮油经营2792万元,实现利润14万元。1995年安排救灾粮500吨,销售议价粮1500多吨,城乡销售4700吨,其中供应水库移民粮食527吨。1996年,全市粮食系统有门店80多家,供应市场调节粮9275.3吨,总经营收入3150万元。1996年全市企业亏损100.76万元,其中政策性企业盈利15.09万元,比上年利润(116.64万元)减少101.55万元;经营性企业亏损115.85万元,比上年增加亏损29.49万元,其中商业亏损98.73万元,比上年亏损(36.04万元)增加亏损62.69万元,粮油工业亏损7.9万元,比上年亏损(20.34万元)减亏12.44万元,饲料企业亏损9.22万元,比上年亏损29.98万元减亏20.76万元。1999年按市场价销售贸易粮14541吨,2000年市场价销售贸易粮23365吨。

1991年,工作人员在城关粮所收购粮食(粮食局 提供)

第三节 食品经营

20世纪80年代末,食品(主要是猪、鸡肉类及粮食加工面、饼、糖果类商品)经营开始放开,允许个体私营商业户经营,县食品公司只承担猪肉批发销售(糖饼类由糖烟酒公司经营)。

1993年,县食品公司商品销售总额976.01万元,其中零售额324.2万元;糖烟酒公司商品销售总额788.5万元,其中零售额328.5万元;食品公司销售总额240万元。1998年7月1日起,全市实施生猪"定点屠宰,集中检疫,统一纳税,分散经营"屠宰管理政策,公司是全市唯一从事生猪定点屠宰加工业务的企业,担负着全市生猪定点屠宰加工任务。公司拥有12个机械化屠宰厂,2个半机械化屠宰场,14个手工屠宰点(其中8个已停业),手工屠宰点设在边远山区,如诚谏镇孔任、沙田,梨木镇河木,大隆镇合和,水汶镇三村,三堡镇振田,波塘镇合水等村。2005全市的14个乡镇中已有13个实现机械化屠宰。

1996—2005年生猪屠宰量一览表

表6-2-1

年份	屠宰量(万头)	进点屠宰率
1996	18.11	—
1997	18.17	—
1998	20	—
1999	16.93	—

续表

年份	屠宰量(万头)	进点屠宰率
2000	19.14	87
2001	19.5	87
2002	19.26	90
2003	20.29	—
2004	18.81	—
2005	21.25	100

1995—2001年城乡集市食品类贸易情况表

表6-2-2

年份	1995	1996	1997	1998	1999	2000	2001
粮食类(万元)	1464	1507	905	1535	1575	67392	74301
粮食(吨)	4563	4537	4720	4650	4582	3990	4874
油料类(万元)	621	714	766	680	1095	1171	1293
食用植物油(吨)	388	485	605	453	768	790	893
肉禽蛋类(万元)	21513	23782	23091	26715	23000	24767	28650
猪肉(吨)	10791	11008	16800	18750	18125	17528	20767
牛肉(吨)	836	528	975	1014	385	816	889
羊肉(吨)	—	24	34	49	11	93	74
鲜蛋(吨)	705	751	344	384	380	508	533
鸡鸭蛋(吨)	705	751	215	252	116	247	369
水产品类(万元)	1101	1426	1435	1582	1627	1672	1827
蔬菜类(万元)	980	1193	1399	1383	1374	1621	1768
干鲜果类(万元)	1670	1721	1576	1843	2254	3510	3509

食盐销售　20世纪50年代以后，食盐一直由国家统一经销，岑溪不设盐业公司(站)，先后由玉林(容县)和梧州盐业公司批发，由供销社各级店销售，20世纪80年代末90年代初，允许个体商业户经销，仍由玉林或梧州盐业公司批发。2000年起实行盐销售许可制度，各个体副食品经营户和超市经许可，可销(零)售食盐。

1991—2005年岑溪销盐量表

表6-2-3　　单位:吨

年份	年度销售
1991	2576
1992	2683
1993	3239
1994	2538
1995	2408
1996	2984
1997	2889
1998	3036
1999	3275
2000	2816
2001	2563
2002	2821
2003	3039
2004	3009
2005	2612

第四节　农业生产资料

1991年起,县政府规定农资商品由供销社和农业技术推广站经营,以供销社生产资料公司经营为主(占市场份额的80%),农技部门经营为辅(占市场份额的20%)。商品种类有化肥、农药、农膜、种子、小农具和喷雾器等。化肥主要有尿素、碳酸氢铵、硫酸铵、硝酸铵、磷肥(过磷酸钙、钙镁磷)、钾肥、复合肥等,农药主要有杀虫剂、杀菌剂。农业技术推广站经营杂交水稻种子。供销社的农业生产资料公司经营化学肥料、农药、农具等农业生产资料批发零售业务。1991年,供销系统销售额1401.2万元。1994年,供销系统增设86个肥料销售点,出动车辆800多车次送肥下乡,全年销售化肥28770吨,其中碳铵12380吨,尿素4455吨,磷肥5897吨,钾肥677吨,复合肥6586吨。此后,化肥销售量逐年增加。1997年,基层供销社成立农资供应站,供销系统农资商品实行市基联营,统一计划、统一购进,统一调拨、统一调价统一管理分级销售,农资供应站门店不得承包、不得与私人合伙经营、不得搞账外销售、不得跨区域设点销售。2005年供销系统销售化肥农药4500吨。

农业系统供销系统1991—2005年农业生产资料销售情况表

表6-2-4　　单位：吨

年度	化肥（折纯计）	化肥（实物量）	农药	农膜	种子	供销系统农业生产资料销售
1991	4623	22771	311	39	832.39	2642
1992	10303	47470	307	34	832.30	2567
1993	11557	51365	324	59	806.04	2898
1994	10767	48129	427	138	813.17	2846
1995	9730	43913	327	126	796.19	3788
1996	13650	53696	501	167	796.19	3609
1997	12152	49442	414	172	796.28	3427
1998	12585	53163	424	162	794.59	2771
1999	13144	53592	404	176	793.49	1198
2000	11982	49215	478	154	75.86	473
2001	11976	47495	653	130	77.03	747
2002	14680	55633	716	140	70.89	802
2003	15292	56857	927	142	71.48	870
2004	16753	60940	755	155	71.62	666
2005	16345	61675	558	357	71.98	1212

第五节　物　资

20世纪80年代至90年代初，冶金、机电、轻工、化工、建材、燃料等商品，由县物资局经营按计划销售。1993年后，随着改革开放深入，上述物资市场逐步开放，物资局（公司）的物资购销逐年下降。1995年物资购销仅2300万元。为扭转局面，增强竞争力，拓宽经营渠道，与有关部门协商，把原来公安部门经营的民用爆破器材和煤气瓶检测及再生物资回收归物资公司经营管理。同年重组4个公司，由公司和职工共同参股，成为政企分开、自主经营、自负盈亏的企业。1996年，经营业务有所发展。1998年成立南方物资发展有限公司，筹资500万元建立“南方物资商贸市场”，市场投入使用后，各公司上缴利税逐年增加。煤气和“以电代柴”广泛进入城乡居民家庭和餐饮行业后，煤球销量减少。物资部门的煤炭经营企业改制为民营个体企业。2005年，全市煤炭经营企业仅有煤球厂、旺烘速燃煤球厂等几家。

1991年物资局主要经营的六大类物资表

表6-2-5

类别	经营具体商品			
冶金类	黑色金属	生铁	白口铁、灰口铁	炼钢生铁、普通铸造生铁、铸铁管等
		钢材	重轨钢、轻轨钢、大中小型型钢、钢板、钢管、线材、钢丝绳等	
	有色金属	铝、铜、锡、锌等	钛铁矿、锰矿、硫铁矿、水晶石、独居石、萤石等	
机电类	电机产品	凿岩机、卷扬机、破碎机、空压机、砂轮机、发电机、内燃发电机组、电动机、鼓风机、磨浆机、电焊机等		
	汽车、拖拉机	载重车、越野车、旅行车、自卸车、微型车、轮式拖拉机、手扶拖拉机		
	电动工具	车床、钻床、刨床、手提电钻、水泵等		
	电器	变压器、继电器、乙炔发生器、互感器、电度表、万能表、各种电器开关等		
	其他	铜电线、铝电线、轴承、阀门、磨具、量具、刀具、螺丝、电焊条等		
轻工类	各种纸张、造纸毛毡、麻袋、编织袋等			
化工类	硫酸、硝酸、盐酸、硼酸、纯碱、烧碱、天然碱、化肥、橡胶制品、爆破材料其他化工原料和产品			
建材类	水泥、石棉制品、木材、玻璃、胶合板、建筑陶瓷等			
燃料类	煤炭、焦炭、液化气等			

1991—1992年机电类销售情况表

表6-2-6

年度	电动机(台/千瓦)	轴承(套)	电焊条(吨)	电线(千米)	裸铝线(吨)	汽车(辆)
1991	289/1601	8997	29	10	1	249
1992	296/1204	6797	23	34	5	872

1991—1995年工业主要物资消费及库存情况表

表6-2-7　　单位:吨

指标名称	1991	1992	1993	1994	1995
生铁消费	456	1025	614	104	675
年末库存	9	7	0	4	5
钢材消费	4139	5847	5511	2159	1460
年末库存	1338	820	722	261	331

续表 6-2-7

指标名称	1991	1992	1993	1994	1995
水泥消费	29317	25299	25123	7602	5917
年末库存	2867	1016	470	4015	6356
原木消费	22089	7764	10861	13859	16290
年末库存	4016	2207	6901	756	10067
锯材消费	1307	6430	2298	672	195
年末库存	275	1179	0	14	16
煤炭消费	31076	38560	43151	46049	59380
年末库存	3211	3563	4814	6261	3432
焦炭消费	1550	1783	1780	795	1642
年末库存	251	208	442	493	115

1991—1998年岑溪工业燃料用量表

表6-2-8　　单位：吨

年度	1991	1992	1993	1994	1995	1996	1997	1998
煤炭	31076	38560	43151	46049	59380	35450	28788	27704
焦炭	1550	1783	1780	795	1642	993	1079	850
年度	1999	2000	2001	2002	2003	2004	2005	—
煤炭	32073	35463	25864	21988	20510	42816	25847	—
焦炭	—	880	2795	3324	3324	—	—	—

第六节　石　油

1978年9月，成立岑溪县石油公司(隶属县商业局领导，梧州地区石油站主管)，开始石油经营业务。1985年，依据自治区人民政府办公厅通知精神，石油经营从商业系统分离，组成独立的石油公司。岑溪县石油公司更名为广西壮族自治区石油公司岑溪县公司，人财物和业务经营由梧州石油公司分公司管理，1991年11月改名为广西壮族自治区石油工业总公司岑溪县分公司。1995年12月改称岑溪市石油公司。1998年7月，根据国务院办公厅《关于组建中国石油天然气集团和中国石油化工集团公司划转问题的通知》，广西壮族自治区石油总公司整体划入中国石油化工集团公司，实行上、中、下三级管理的精神，岑溪市石油分公司由自治区石油总公司统一管理。2000年6月，中国石油化工集团公司重组改制，岑溪市石油经营机构分设中国石油化工股份有限公司广西梧州岑溪分公司和广西壮族自治区岑溪石油公司。2002年，实行“地县一体化”改制，取消县级公司法人资格。业务管理由梧州市石油公司直辖。2003年，岑溪石油分公司有加油站10个，固定资产原值1408万元，固定资产净值1236万元；成品油销售量19547吨。

2004年25989吨。2005年，全市设有36个加油站，其中岑溪石油分公司有加油站11个。岑溪石油公司经理：曾超彦（1991—1992年）、梁洪光（1993—1995年）、高斌（1996年1月至2018年）。

2005年岑溪市加油站情况表

6-2-9

企业名称	加油站(点)地址
中国石油化工股份有限公司广西梧州岑溪北环加油站	岑溪市北环大道
中国石油化工股份有限公司广西梧州岑溪思英加油站	岑溪市十里长街纸厂路口
中国石油化工股份有限公司广西梧州岑溪探花加油站	岑溪市岑罗路探花村
中国石油化工股份有限公司广西梧州岑溪中心加油站	岑溪市玉梧路119号
岑溪市水汶供销社加油站	岑溪市水汶镇
岑溪市归义供销社加油站	岑溪市归义镇新圩西街15组
岑溪市筋竹供销社云开加油站	岑溪市筋竹镇
岑溪市南渡供销社加油站	岑溪市南渡镇大局垌
岑溪市马路供销社义垌加油站	岑溪市马路镇义垌村
岑溪市昙容供销社加油站	岑溪市昙容镇大樟根
中国石油化工股份有限公司广西梧州岑溪糯垌加油站	岑溪市糯垌镇糯垌街
岑溪市三堡供销社加油站	岑溪市三堡街
岑溪市波塘供销社加油站	岑溪市波塘镇波塘街
岑溪市三堡明锋加油站	岑溪市三堡镇三堡街
岑溪市平安加油站	岑溪市安平镇安平街
岑溪市农机服务公司马路加油站	岑溪市马路镇马路街
岑溪市农机服务公司新塘加油站	岑溪市糯垌镇新塘街
岑溪市八通加油站	岑溪市岑城镇探花村
岑溪市计量加油站	岑溪市十里长街商业开发区
中国石油天然气股份有限公司广西梧州销售分公司岑溪筋竹加油站	岑溪市筋竹镇
广西梧州金晖汽车运输有限公司岑溪加油站	岑溪市玉梧大道东66号
中国石油化工股份有限公司广西梧州岑溪天桥加油站	岑溪市玉梧大道（十里长街）
岑溪市千倍贸易有限公司加油站	岑溪市岑罗路
岑溪市桂东贸易有限公司第一加油站	岑溪市岑城镇冲儿口
岑溪市归义镇卓越加油站	岑溪市归义镇罗平村公路边
岑溪市梨木汉业加油站	岑溪市梨木街岭头儿
中国石油化工股份有限公司广西梧州岑溪永泰加油站	岑溪市玉梧大道
中国石油化工股份有限公司广西梧州岑溪城北加油站	岑溪市玉梧路（交警大队对面）

续表 6-2-9

企业名称	加油站(点)地址
中国石油化工股份有限公司广西梧州岑溪南环加油站	岑溪市义洲大道湖溪段
岑溪市桂东贸易有限公司加油站	岑溪市十里长街天桥侧
岑溪市桂东贸易有限公司第二加油站	岑溪市糯垌镇新塘村
岑溪市南渡加油站	岑溪市南渡镇杨冲路口
岑溪市大隆兴隆加油站	岑溪市大隆镇大隆街
岑溪市诚谏诚业加油站	岑溪市诚谏镇诚谏街
中国石油化工股份有限公司广西梧州岑溪平山第一加油站	岑溪市容岑一级公路平山段
中国石油化工股份有限公司广西梧州岑溪平山第二加油站	岑溪市容岑一级公路马路镇平山大桥东

1997—2005年中石化岑溪市公司工业成品油销售统计表

（1997年以前资料缺失）

表6-2-10　　单位：吨

年份	1997	1998	1999	2000	2001	2002	2003	2004	2005
汽油	1320	120	125	115	121	795	792	35	46
柴油	671	44	627	1620	551	962	959	438	940

第七节　烟草专卖

烟草专卖许可管理

岑溪县烟草专卖局成立以来，依照《烟草专卖条例》和《烟草专卖条例实施细则》等相关规定，并从岑溪烟草专卖制品零售点布局出发，每年或每隔一两年，根据企业或个人的申请，对其是否符合烟草专卖零售点的条件进行资格审查。1991年年末，全县累计获准经营烟草专卖零售业务的企业和个体户有1200多户。1992年，《中华人民共和国烟草专卖法》正式实施，依照自治区、玉林地区烟草专卖局（当时岑溪烟草专卖列入玉林地区管辖）的指示，对全县原持有烟草专卖许可证的经营企业和个

烟草执法人员销毁假冒伪劣香烟制品(2004年　李强　摄)

体户进行年审核查，换发许可证。1993年，对县内烟草经营网点布局进行调整，增加部分乡镇、街道、村落的零售点。1995年，全县审批发放烟草专卖零售许可证1560个，比1991年增加300多个。2003年，对全市烟草专卖经营零售户再次进行调整、整合，把2589户整合为2308户，并要求各个零售户都签订《守法经营保证书》，以保证烟草经营销售依法进行。2005年，全市有持证零售户2695户，卷烟销售、专卖管理覆盖全市14个镇，并全部实行“电话订货、电子结算、网上配货、现代物流”的烟草配送工程。

卷烟销售网络

2003年3月，依照自治区烟草专卖局、烟草公司的部署，岑溪市烟草专卖局、烟草分公司议订《梧州市烟草公司岑溪分公司卷烟销售网络建设三年规划》，开展岑溪市卷烟销售网络的建立和建设工作。依照三年规划，当年起，首先抓好网建基础工作，调整卷烟销售结构，划分批发配送区域和线路。按各镇（含市区）专卖管理所年度卷烟的销售任务并细化到各零售经营户后，所需各种卷烟品牌（高、中、低档与区内外品种）则依据零售经营户所在地经济发展趋势和消费人群状况，实行配额发送。同期在全市卷烟销售网点推行诚信等级管理。一是以零售户自律小组为载体，宣传烟草经营有关法律、法规和政策，鼓励小组成员（各零售户）诚信经营，提高经营户的自律意识，形成讲诚信的良好氛围。二是加大实施统一卷烟零售明码标价工作力度，实行明码实价、严禁擅自提价和出售伪劣变质与假冒商标卷烟，维护正常的卷烟经营秩序，确保经营户利益和消费者合法权益不受侵害。三是整治店容店貌，指导经营户建立良好的店面形象，实行烟柜专用，确保卷烟质量。2003年年底，撤销20世纪90年代以来设立的卷烟批发下伸网点，设立市内卷烟配送五个片区。全市销售卷烟12411箱，销售总额8783万元。2004年9月，重新划分配送区域和线路，撤销五个片区，恢复建立城区、三堡、筋竹、水汶四个镇级烟草专卖管理所，在城区配送部先行实施全面访销、集中配送、建立客户档案和对经营户实行电子扣款业务工作，摸索“现代物流”市场运作模式的经验。2005年，在全市推进以“电话访销、电子结算、网上配货”为主要内容的现代物流运作模式。年底，全市2690多户卷烟零售户，有800多户实行“电话订货、网上配送、电子结算”现代物流管理模式。全市销售卷烟13173箱，销售总额9194.38万元。

烟草专卖执法与监督

1992年，岑溪县烟草专卖局依照自治区人民政府、烟草专卖局和县人民政府的部署，严格执行烟草专卖法，加强烟草行业执法与监督检查。组建烟草专卖执法队伍，并与工商、质检质监及司法机关配合，采用定期、不定期方式开展烟草专卖专项执法检查，清理、整顿烟草专卖品交易市场。1995年5月，岑溪县人民政府办公室发出《关于加强烟草专卖管理的通知》，规定县内烟草专卖必须亮（持）证经营，烟草专卖经营户必须具备烟草专卖许可证和烟草专卖准购证方可经营零售和购进业务。严禁经营走私卷烟和摆卖假冒商标卷烟、袋装烟丝及霉变烟，不准擅自批发和跨县、跨区购进卷烟。上市卷烟条盒必须加盖烟草公司发货专用章及月份日期标识方可出售。1998年9月，根据《中华人民共和国烟草专卖法》《烟草专卖法实施条例》和岑溪市人民政府《关于清理烟草专卖交易市场的通告》，在全市范围内进一步开展清理、整顿烟草专卖品交易市场，取缔无证经营和私卖烟叶、烟丝与假冒伪劣商标卷烟的行动。10月，由市烟草、工商、技监、公安、财税等部门组成的清理、整顿烟草专卖品交易市场行动组，先后出动1200人次、车辆200多台次，对全市17个乡镇（含村、街）3500多个卷烟经营户及烟叶、烟丝摆摊点进行全面检查，清理、查处非法运输卷烟案件30起，查获走私烟300件，假冒商标卷烟210件，非正常渠道购进卷烟280件；端掉非法经营烟叶窝点12个，取缔无证经营卷烟和私卖烟叶、烟丝280多个（户）。促进了全市烟草专卖品交易市场依法销售，保护烟草消费者合法权益。

2001年8月，根据国务院《关于开展严厉打击制售假冒伪劣商品违法犯罪活动联合行动的通知》及自治区烟草专卖局《关于整顿和规范烟草市场秩序、严厉打击烟草违法犯罪活动的通知》，市人民政府成立卷烟整顿和规范烟草市场秩序严打领导小组，出台卷烟整顿和规范烟草市场秩序、严厉打击非法生产、运

输、经营、走私贩私烟草制品的违法犯罪活动的方案，确定整顿和打击的重点及相关措施，把烟草专卖品交易市场的清理、整顿与打击烟草制品制假售假、走私贩私等违法犯罪行为同步进行，使清理整顿卷烟交易市场秩序工作不断向前推进。

2002年3月，在岑城镇某村居民屋中，查获特大窝藏非法卷烟案，查获非法南洋红双喜、广州红双喜等假冒卷烟共29个品种2400多条，案值12万元。6月，在市区某商行再次查获非法批发、窝藏"中华""玉溪""芙蓉"等75个品种假冒品牌卷烟一批。2003年查获、捣毁市内制假烟厂1间，查处无证运输走私卷烟案件16起，案值450多万元。2005年，市烟草专卖局出动执法人员4600多人次，查处违章经营户57户。端掉制假与非法批发、经营卷烟窝点16个（其中大型地下制假窝点1个），专卖立案24起，其中无证生产案1起，无证运输案16起，走私卷烟案5起，非法渠道卷烟案2起。查获非法卷烟741.6件，其中走私卷烟147.5件，假冒南标卷烟197.5件，非法渠道卷烟396.6件，烟叶、烟丝75吨。移送司法机关处理案件8起，移送违法嫌疑人21人。

第三章　经营场所

第一节　专业市场　综合商场　超市

20世纪80年代中后期,为适应不断扩大的商品流通,市场建设由政府统筹安排,工商部门主管规划和建设。20世纪90年代中后期,采取"谁投资,谁受益,政府领导统一规划,多方兴建,工商部门管理"的措施,市场建设由一家兴建到多家参与,实行国家、集体、个人、社会联办建设市场。1996年,工商部门在交通便利、人口集中、经济繁华的乡村设立农村经贸交易点298个。1998年,集贸市场已形成以市区为中心,以乡镇为依托,综合与专业配套,批发与零售兼备的多层次多形式的市场格局。1992—2000年,全市投入近1亿元资金改建、新建市场30多座,市场面积有10万多平方米,全市人均市场面积0.15平方米,比1980年增加6倍。

批发市场

1990年后,岑溪个体、民营商业迅速发展,批发市场逐步开放。许多个体商业户到外地、甚至与厂家联系购进商品,既批发又零售,国有商业独家批发局面被打破。1996年,市人民政府为规范和扩展批发市场,决定由城建部门规划,工商部门主管(办理)在市区先后建设以商品批发为主,兼顾零售的果蔬批发市场和南环活禽(鸡鸭)批发零售市场。同时修建市中心市场作为服装及其他工业品为主的批发零售市场。允许经登记注册的个体商业户(或联合体)进入市场内经营批发零售业务。2005年,城东市场、城西市场、南方市场(由原物资公司改造)、南环综合市场、北环新村市场和新兴路市场建成投入使用,全市经营商品批发(含部分零售)商业户已有200多家。

专业市场

有成衣行、竹木器农具行、猪苗行、鸡苗行、苗木行、粮油饲料行、水果街等,还有牛墟、活狗交易市场等。牛和活狗后来改为在市郊农村进行交易。在市区街道,设有水果街(果品类商品)和季节性的月饼街,年货街、花灯街等专卖商品行市。实行生猪定点屠宰和活禽肉类检疫后,猪牛肉及家禽(含水产鱼虾)产品,按工商行政管理部门统一规定,布点(行)在城区规定市场内归行集中销售。1992年,建成岑城中心市场,面积1900平方米;1994年,岑城南环市场建立果蔬批发市场;1995年,在南环市场建成粮油市场;1998年,建成盘古、糯垌、新塘、马路、归义、水汶等猪苗市场。1999年,岑溪市南方物资发展有限公司建设的南方市场开业,市场一楼为农贸市场,二楼为服饰商场。2005年,市区内肉行分

1992年马路猪花市场(工商局　提供)

布在市中心市场、南方市场和城西、城南、城北等市场共有18处，经营户300多家。蔬菜行主要分布农贸市场，严禁在主要街道乱摆乱卖。此外，在市中心市场、南方市场、商贸城和东升路、新兴路、沿江一路、二路、工农路等路段设有饮食街，各式糕点、面食、快餐、酒吧及具有岑溪特色的狗肉店、三黄鸡店、石磨米粉店、早餐、夜宵等。

南方市场肉档（1999年　摄）

综合市场、超市

1995年前，商品经营多采用门店经营方式，1995年百货公司开始设立超市。2000年起，购物超市、连锁店、专卖店、特色店等迅速发展。改革开放以后，经济发展迅速，各行各业都有不同程度的发展，个体工商户不断增多，各种店铺比比皆是。随着科学发展，新产品层出不穷，商店除传统的日用百货、五金交电、日杂、副食、服装等外，又出现了新产品的专营商店，专营的品种分类越来越细，品牌商品专卖店越来越多。日用百货专营店有化妆品专营、鞋类专营、服饰（或小饰品）专营，日杂有烟花爆竹专营，五金交电有灯饰专营、自行车总汇、轴承总汇，矿山机械、电动工具、水泵专营，副食有酒类专营，服装有内衣专营，农资有喷雾器总汇等。新产品店铺有电脑店、数码产品店、手机店、健身器械店等。还有土特产和新兴产业产品专营店，如古典三黄鸡连锁店、桂圆专营店等。农贸市场有南方市场、中心市场、南环市场、城东市场、城西市场、新兴市场等。南方市场和中心市场是最大的农贸综合市场，市场内还有超市、服饰市场、家具市场。至2005年，市区内建成并投入使用规模较大的综合商场、购物超市，连锁店等有天元商贸城（市文化公园旁）、穗丰商贸城（原粮食局）、富士超市、岑溪商贸城、家嘉超市，广源鞋业，金源购物城、家乐福超市、湛岑电器、万和电器、银龙电器、皇朝家具城等50多家，其他小型生产商铺300多家，药品连锁店30多家。

解放路中心市场摊档（1998年　摄）

1991—1995年岑溪主要集易市场建设情况表

表6-3-1

市场名称	市场建设时间	投入使用时间	占地面积（平方米）	建筑结构（平方米）	投资金额（万元）	经营范围
南渡市场	1991	1992	1540	混凝土	30	农贸综合
筋竹市场	1991	1992	1100	混凝土	30	农贸综合
归义市场	1991	1992	1600	混凝土	30	农贸综合
糯垌市场	1991	1992	1100	混凝土	40	农贸综合
三堡市场	1991	1992	1100	混凝土	25	农贸综合
波塘市场	1991	1992	920	混凝土	25	农贸综合
岑城新市场	1991	1992	1200	混凝土	80	农贸综合
岑城中心市场	1991	1993	18120	混凝土	800	农贸综合
南环市场	1994	1995	129333	混凝土	3800	农贸综合

第二节　集市与农村商业网点

农村集市

1991—2005年，岑溪有24个集市圩场，各集市圩期仍按1981年5月25日县人民政府对各圩圩期的统一规定，每旬的一、四、七日为南渡、水汶、高益、筋竹、沙田、归义、三堡、昙容等8个圩市圩期；每旬的二、五、八日为马路、梨木、大业、孔任、糯垌等5个圩市圩期；每旬的三、六、九日为岑城、盘古、吉太、大隆、竹兰、河木、诚谏、安平、波塘等9个圩市圩期；每旬的四、七、十日为新塘圩圩期；五、十日为河三圩圩期。实行改革开放后，为加强农村集市管理和扩展集市贸易场所，先后由县、乡镇两级政府筹资，在各乡镇及所属村级圩市修建农贸市场和改造旧街道，规范商品摆卖场所归行入市，扩展商业贸易范围，增加物流渠道。1991—1993年，工商部门为方便群众买卖，加速商品流通，在交通便利、人口集中、经济繁华的乡村设立298个农村经贸交易点。1991年商品流通经营户961家，从业人员5330人，年

1991年大隆乡街道（大隆政府　提供）

营业额5394万元；1998年，集贸市场已形成以市区为中心，以乡镇为依托，综合与专业配套，批发与零售兼备的多层次多形式的市场格局。集市贸易日趋活跃，市场建设不断向专业化、规模化发展，一批专业批发市场出现。逐步形成以大中型综合百货商店及各类专业或综合批发零售贸易市场为主框架，辅之以散布全市的各种小型专卖店、连锁店、食杂店超市等多元化贸易流通组织共同竞争发展的格局。2004年年底，全市商品流通经营户8381家，年营业额12.63亿元，就业人员15060人，其中，规模以上企业15家，年营业额2.16亿元，就业人员860人，饮食业经营户875家，年营业额0.98亿元，就业人员2340人，服务业经营户923家，年营业额0.63亿元，就业人员2140人，其中规模以上企业2家，年营业1590万元，就业人员340人。全市商业网点10900多个，从业人员19540人，营业面积70万平方米。2005年实施"万村千乡市场工程"，被列为试点县(市)，市农资公司被列为"万村千乡市场工程"试点企业。2005年商品流通经营户9555家，从业人员12342人，年营业额9806万元。

1991—2005年，市内在马路、南渡、吉太、昙容、水汶、大隆、梨木、大业、筋竹、诚谏、归义、糯垌、三堡、安平、波塘等乡镇，建设农村集市圩场、与农贸市场(含肉行、猪苗行、杂货行、饮食行、成衣行等)50处，面积共40709.22平方米，总投资额5166.7万元。

1991—2005年各乡镇农贸集市建设情况表

表6-3-2

市场名称	坐落位置	集市面积(平方米)	投资额(万元)
马路综合市场	马路镇街	2204.78	102.26
南渡综合市场	南渡镇街	2085.76	102.74
南渡中街市场	南渡镇街	699.33	3.00
南渡盘古市场	南渡盘古村	861.74	21.00
昙容综合市场	昙容镇街	669.18	39.00
吉太综合市场	吉太乡街	100.00	9.83
水汶综合市场(一楼)	水汶镇街	403.9	14.37
水汶中街一楼市场	水汶镇街	601.64	23.00
水汶肉行市场	水汶镇街	776.86	15.22
水汶竹兰市场	水汶竹兰村	221.34	1.50
大隆农贸市场	大隆镇街	727.00	14.84
梨木综合楼(一楼市场)	梨木镇街	274.39	10.81
梨木杂货市场	梨木镇街	135.50	3.00
梨木高益市场	梨木镇高益村	99.44	0.50
梨木河木市场	梨木河木村	248.00	1.00
大业农贸市场	大业镇街	1810.16	43.70
筋竹综合市场	筋竹镇街	997.00	44.86
筋竹牛圩市场	筋竹镇街	150.00	0.60
筋竹第二农贸市场	筋竹镇街	692.84	18.94

续表 6-3-2

市场名称	坐落位置	集市面积（平方米）	投资额（万元）
诚谏综合市场	诚谏镇街	1112.36	32.35
诚谏沙田市场	诚谏沙田村	140.00	1.50
诚谏孔任市场	诚谏孔任村	160.00	1.50
归义饮食市场	归义镇街	557.39	29.20
归义肉行市场①	归义镇街	201.56	7.34
归义肉行市场②	归义镇街	129.38	4071
归义肉行市场③	归义镇街	218.44	7.95
归义综合市场	归义镇街	893.14	37.33
糯垌综合楼市场	糯垌镇街	974.31	39.59
糯垌新农贸市场	糯垌镇街	1530.31	42.17
糯垌猪苗市场	糯垌镇街	151.68	4.96
糯垌新塘市场	糯垌新塘村	782.64	26.18
安平农贸市场	安平镇街	715.69	23.78
安平露天市场	安平镇街	642.00	3.00
安平综合楼一楼市场	安平镇街	228.20	9.00
安平成衣市场	安平镇街	553.82	9.00
三堡农贸市场	三堡镇街	732.73	42.05
三堡成衣市场	三堡镇街	536.49	12.23
三堡猪苗市场	三堡镇街	182.90	5.03
三堡新市场	三堡镇街	590.28	37.34
波塘综合市场	波塘镇街	1962.46	54.35
波塘合水市场	波塘合水村	224.73	1.00
南渡塘中市场	南渡镇街	728.00	3.00
南渡塘头市场	南渡镇街	562.60	2.5
昙容牛圩市场	昙容镇街	10168.71	14.24
水汶中街二楼市场	水汶镇街	601.65	18.10
水汶蔬菜市场	水汶镇街	327.63	7.56
水汶猪苗市场	水汶镇街	360.19	13.41
大隆综合楼一楼市场	大隆镇街	225.00	11.61
梨木深水洞市场	梨木镇街	349.43	14.4
梨木成衣市场	梨木镇街	406.64	113.86
合计		40709.22	5166.7

农村商业网点

1991年后，国营、集体商业经营实行改革，国营、集体商业企业独占市场地位被打破。商业网点分布也打破了计划经济时期由政府计划安排的模式。从业人员、经营商品范围和商铺、门店、市场面积不断增加扩大。各行业批发贸易、销售（零售）渠道倍增。各式购物超市、连锁店、专卖店、特种商品店遍布县城乡村。

1991年，全县集市杂类及牲畜销售情况：日杂用品类700万元、饲料103万元、家具195万元、苗木类350万元、大牲畜类110万元、仔畜幼禽类103万元、工业品1910万元、其他类市场成交额320万元。1992年，集市成交额2.03亿元。投资1300多万元，建成岑城中心市场等1900多平方米。1993年集市成交额2.43亿元。年市场建设总投资60多万元，建设梨木深水垌市场、波塘新市场、南渡盘古成衣市场，建筑面积1500平方米。1994年市场商品成交额3.24亿元，市场建设总投资1700万元，其中岑城南环市场开发投入1500万元；建成果蔬市场4820平方米；建马路市场投资100万元，面积2400平方米；新建波塘市场投入40万元，面积1400平方米；改建安平市场投入60万元，面积300平方米。1995年，市场商品成交额3.96亿元，市场建设总投资599.7万元，其中南环市场建设投入563.42万元，建成南环粮油市场2625平方米，投入使用的有南环综合市场，波塘、马路、安平市场共6520平方米。1996年，市场商品成交额4.57亿元。市场建设总投入130.7万元，其中，投入昙容市场建设21.97万元，投入27.9万元建成糯垌市场。1997年，市场商品成交额4.83亿元。1998年，市场商品成交额4.96亿元。全市市场面积10万平方米。市场建设总投资648万元。兴建并投入使用的市场：盘古猪苗市场170平方米，糯垌猪苗市场200平方米，新塘猪苗市场315平方米，马路猪苗市场300平方米，归义猪苗市场500平方米，安平成衣市场800平方米，南渡农贸市场1650平方米；筋竹第二农贸市场800平方米；改建梨木河木市场500平方米，水汶猪苗市场500平方米，三堡农贸市场800平方米，市区果蔬批零市场1200平方米。1999年，市场商品成交额5.03亿元。全年开业的市场有南方市场、新兴市场、城东粮食市场、果蔬市场、猪苗市场（思英）等。2000年，市场商品成交额5.18亿元。全市拥有各类大小市场44个，建筑面积11.48万平方米，总投资约7800万元。2005年，日杂用品类成交1.1亿元、饲料2860万元、家具3850万元、苗木类1200万元、大牲畜类3亿元、仔畜幼禽类2960万元、工业品3.76亿元，其他类的市场成交额6.2亿元。

1991—2001年岑溪商业网点情况表

表6-3-3

年度	1991	1992	1993	1994	1995	1996
法人机构总数（个）	54	57	68	73	76	70
网点（个）	7590	8947	9581	12874	11980	8335
人员（人）	14821	18681	19442	20833	19816	14130
批发业法人机构（个）	22	24	27	36	39	26
网点（个）	223	246	242	456	425	110
从业人员（人）	2741	2742	2681	3092	2912	1628
零售业法人机构（个）	32	33	55	36	35	42
网点（个）	6258	7231	7943	10646	9952	7072
从业人员（人）	10082	12686	12912	14681	14126	10518
餐饮业法人机构（个）	3	1	1	1	2	2
网点（个）	1109	1470	1396	1772	1603	1093
从业人员（人）	1998	2733	3847	3060	2778	1984

续表 6-3-3

年度	1997	1998	1999	2000	2001
法人机构总数（个）	87	76	87	93	90
网点（个）	9251	10153	10351	10091	10166
从业人员（人）	15539	16564	17654	16530	16626
批发业法人机构（个）	40	30	35	37	34
网点（个）	457	494	513	524	518
从业人员（人）	2546	2403	2563	2610	2674
零售业法人机构（个）	43	42	48	52	52
网点（个）	7591	8390	8567	8246	8325
从业人员（人）	10606	11450	12345	11066	11085
餐饮业法人机构（个）	4	4	4	4	4
网点（个）	1203	1269	1271	1321	1323
从业人员（人）	2387	2711	2746	2854	2867

1995—2001年集市杂类及牲畜销售额情况表

表6-3-4　　单位：万元

年度	1995	1996	1997	1998	1999	2000	2001
日用杂品类	285	344	376	600	441	523	416
柴草类	159	159	150	120	90	115	190
饲料农具苗类	472	567	406	—	—	—	—
大牲畜类	210	276	179	112	994	566	688
其中：牛	0.17	0.13	0.12	0.28	0.25	0.23	0.25
家畜幼禽类	1941	2799	3105	3199	4219	6305	6878
工业品类	6710	8220	7200	9980	9450	10234	11587
其他类	769	1413	820	1380	2450	1215	1125

1991—2005年社会消费品零售总额情况表

表6-3-5　　　　单位：万元

指标名称	1991	1992	1993	1994	1995	1996	1997	1998	1999	2000	2001	2002	2003	2004	2005
社会消费零售总额	24056	33455	34859	58929	70812	82427	92245	96056	104724	117355	128638	138669	109219	126287	155700
*按销售地区分	—	—	—	—	—	—	—	—	—	—	—	—	—	—	—
县的零售总额	8929	13472	19675	23588	28832	29923	32441	35318	41078	47693	58313	61569	54328	61644	64230
县以下的零售总额	15127	19983	15184	35341	41980	52504	59804	60738	63646	69662	70325	77100	54891	64643	91340
*按经济类型分	—	—	—	—	—	—	—	—	—	—	—	—	—	—	—
国有经济	3552	5321	9449	9384	11496	11324	12794	60783	11470	11759	13253	14224	11053	11809	3846
集体经济	2413	3230	5528	5655	6696	7966	10549	10934	13521	11660	14521	15428	10002	12929	3212
私营经济	—	—	—	—	—	2619	3536	11321	1255	929	6018	4891	5495	6711	5382
个体经济	16219	20260	15479	39344	47744	55524	60108	6337	65546	79791	80217	93122	75886	86421	115628
股份制经济	—	—	—	—	—	—	—	—	—	—	—	—	—	—	4767
其他经济	1872	4644	4403	4546	4876	4994	5258	6681	12932	13216	14629	11004	6783	8407	22735
*按行业分类	—	—	—	—	—	—	—	—	—	—	—	—	—	—	—
批发零售贸易业	16280	22641	23004	39881	49983	60317	63375	68046	76068	82328	74492	76672	68172	74852	122925
餐饮业	2285	3178	3140	5995	6657	6687	6908	8205	9197	10290	13098	17106	13360	19277	13511
制造业	3033	4218	4396	8602	9048	10153	16069	13142	10853	13673	19154	21573	17521	—	—
其他	2458	3481	4319	4451	5124	5270	5893	6663	8606	11064	21894	23318	10166	23158	19134

第四章　服务业

第一节　饮食旅宿

20世纪80年代以前,岑溪的饮食旅宿业主要有岑溪饮食服务公司、岑溪饭店、供销招待所、岑溪县政府招待所、县委红楼宾馆、粮食招待所、邮电招待所等企业,20世纪90年代后逐步开放个体、私营的客栈、旅社,饮食摊店获得发展。1991年以后,由于工商业的发展,带动了餐饮旅宿业的发展,饮食行业增加了夜宵、冰花冷饮、茶店、烧烤、珍珠奶茶等。岑溪饮食摊店主要经营湿米粉、蒸米糕、白斩狗、白切鸡(三黄鸡)、豆腐酿、烧鸭等。1992年,县供销联社投资1600多万元兴建金华大酒店。1993年,供销联社的日杂公司兴办日杂公司招待所,农资公司投资380多万元建成新义洲酒家,归义供销社兴办供销大酒店,南渡供销社投资60多万元兴建供销酒家,全年供销系统的饮食住宿服务业收入185万元,实现利润16.8万元。2000年6月13日,烹饪协会成立,团体成员:岑溪大酒店、红楼宾馆、绿云山庄、榕湖饭店、长城宾馆、华苑宾馆组成。住宿业的服务质量逐年提高,旅馆一般设有钟点房,供过往旅客歇脚。2005年,市区内宾馆、旅店有60多家,酒店有30多家。其中三星级酒店的有榕湖饭店、阿里香大酒店。2005年住宿餐饮业总产值14356万元,实现国内生产总值(当年价)6002万元。

红楼宾馆(1995年　李强　摄)

第二节　修理　农业服务

修理业

修理服务业主要有家电维修、车辆维修、农机具修理、机电维修、钟表修理、家具修理、戗剃刀铰剪等。家电维修项目主要有电视机、电冰箱、电饭煲、电风扇、电烤箱等修理。农机维修项目主要有拖拉机、农用

车、耕田机、插秧机、打谷机、花生脱壳机、碎粉机、抽水机等修理。机电维修项目主要有电动机、发电机、水轮机等修理和电焊、氧焊、氧割。由于石英钟代替了机械钟表，钟表修理已很少了。2003年，汽车修理厂改制为汽车维修有限责任公司。2005年，较大的汽车修理有岑溪汽车修理厂、开联汽车修理厂、顺兴汽车修理厂，各镇及公路沿途都有汽车修理店、洗车店。人力车修理项目主要有自行车、手推车（木车、翻倒车）、牛车、马车等。

农业服务

农业服务包括农田耕作、水利设施修复、禽畜饲养防疫、农副产品加工等。20世纪80年代中后期，农村实行家庭联产承包制，集体生产变为家庭个体生产，产生了农机或耕牛代耕服务。在农田耕作是农忙季节，劳力少或主劳力外出的农户请人犁田、耙田、插秧、收割稻谷、采摘水果、砍伐竹木等。农田基础设施维修有修补陂堋、沟渠，疏通水渠等。农田耕作、水利设施修复、禽畜饲养等服务没有固定的人员、场所，都是临时雇请的。禽畜业服务业有阉鸡、阉猪、防疫、屠宰，防疫，是兽医人员进行；在没实行定点屠宰时，猪、牛屠宰是屠户为农户屠宰和代售，农户在整个销售过程中在场收钱；实行定点屠宰后，农户直接把猪卖给屠户。农产品加工，有大米加工、碎粉等加工户，代农制糖在1998年后消失。

第三节　其他服务业

其他服务业包括休闲娱乐、保健、理发、家政服务、咨询中介、物品保管、搬运、废旧回收等。休闲娱乐、保健场所有网吧、歌舞厅、夜总会、电子游戏机室、网吧、休闲会所，还有桑拿、浴足、护肤美体、盲人按摩等。理发行业全部为个体户，有的有固定地点，有的进村入寨。2005年，市区内理发美容业有40多家，网吧30多家。家政服务有搬家、保洁、看护小孩和护理病人（残疾人）。咨询中介代为买卖双方作介绍，促成交易，成交后，中介人则向买卖双方收取一定的中介费，中介费事前约定。代写服务为人代写文书，包括书信、广告、对联、条幅、各种交往帖，代写服务都有固定的地点。便民服务有补锅、修桶、阉鸡、阉猪、阉牛、戗刀具、开锁、配钥匙、刻章、刻碑、送煤气、送水、改衣服、换拉链、修鞋、擦鞋、修雨伞、棉被翻新、饰品定制和修补等。还有家居服务，如室内装饰、家庭清洁、清理化粪池、疏通下水道、楼房补漏等。保管业主要是保管自行车、摩托车。货物搬运多为零散杂工从事货物装卸，无固定场所，无固定人员。废旧回收除由供销社经营外，还有不少个体户进村入户收购。

第五章 对外贸易

第一节 机 构

1963年3月，成立岑溪县外贸局，负责出口商品的收购调拨和出口业务。1984年7月改为对外经济贸易公司，1986年9月增设对外经济贸易局，公司与局是一套人马两块牌子，1989年，对外经济贸易公司改为外贸进出口公司，设立对外经济贸易合作委员会。1996年10月，外贸公司经国家对外贸易经济合作部批准，享有独立进出口经营权，可自营和代理商品及技术的进出口业务，承办中外合资、合作生产和“三来一补”业务，设立代理出口运输机构。1997年3月15日，对外经济贸易合作委员会改为对外贸易经济合作局，为市政府直属事业单位。出口主要产品有桂皮、桂油、桂圆肉、蜂蜜、茶叶、活鸡（三黄鸡）、松香（含松节油）、钛矿、铅锌矿、花岗岩板材及竹芒编织品等。2000—2002年，国有外贸企业实现经营体制改革，进出口主体逐步由国有企业向“三资”企业和“三来一补”企业过渡，外贸进出口公司自行解体。2002年，对外贸易经济合作局行政编制18名（含招商局编制）。2000年4月13日，在市对外贸易经济合作局增挂招商局牌子。2004年，外经局行政管理职能划归经济贸易局。

1991—2005年外经局领导正职名单如下。

对外贸易局主任：韦培才（1991年1月至1992年7月）。

对外经济贸易合作委员会主任：韦培才（1992年7月至1994年1月）、刘金玉（1994年1月至1996年7月）。

对外贸易经济合作局（招商局）局长：陈超文（1997年3月至2004年8月）、陈长江（2004年8月至2005年4月）。

第二节 出进口物资

岑溪对外贸易以出口业务为主，进口相对较少。自1991年以后，但幅度和规模都不大，传统外贸出口企业有10家，出口在产品数量和技术含量方面规模偏小、水平偏低，出口产品主要有桂圆肉、茶叶、桂皮、桂油、茴油、山苍子油、樟油、三黄鸡、蜂蜜、活猪、鸡鸭蛋、松香、松节油、胶粉、钛矿、铅锌矿、花岗岩板材、服装、烟花爆竹、打火机、不锈钢、竹芒编、纸品（冥纸）等，2000年起，有电子产品、家具、皮具、玩具出口。2003年，岑溪对外加工装配服务公司出口额1697.43万美元，其主要产品是音箱、陶瓷、服装、打火机等。岑溪纸业有限公司的纸制品出口额388.94万美元，松香厂出口松香297.58万美元。2004年，岑溪对外加工装配服务公司出口额694.03万美元，岑溪宗男纸业有限公司的纸制品出口额440.15万美元。2005年岑溪百得火机制造有限公司出口火机672万美元，岑溪对外加工装配服务公司出口额642万美元，主要产品是纺织品、石材、工艺品，岑溪宗男纸业有限公司出口神纸415万美元。

1991—2005年外贸出进口情况表

表6-5-1　　单位:万美元

年份	出口数
1991	199
1992	233
1993	179
1994	695
1995	506
1996	490
1997	480
1998	600
1999	670
2000	800
2001	1422
2002	1879
2003	2514
2004	2151
2005	2257

第六章　旅游业

第一节　旅游服务机构

1996年成立岑溪市旅游事业局,开启岑溪旅游事业。2000年以前,岑溪有红楼宾馆、岑溪大酒店、榕湖饭店、长城宾馆和绿云山庄等旅游企业。2001年4月,岑溪大酒店获评为二星级旅游饭店。到2005年年底,列为旅游接待服务的宾馆、饭店(酒店)有7家,其中三星级宾馆酒店2家(阿里香、榕湖)。2002年创办的旅游服务旅行社即大明旅行社(2002年2月成立)和国宏旅行社(2002年7月成立)。

2000—2005年岑溪市旅游接待情况表

表6-6-1

年份		2000	2001	2002	2003	2004	2005
旅游接待人数(万人)	境内	18.74	20.39	19.00	13.51	17.12	20.87
	境外	1.2	0.066	0.052	0.026	0.054	0.082
旅游收入(万元)		995.2	1002.4	961.5	749.7	1160.7	1157.2

第二节　旅游资源及景点

岑溪位于桂东南,市境属桂粤边云开山脉北麓东段丘陵山区。境内山峦起伏,河流交错,旅游资源丰富。旅游事业局成立后,经调查勘探,发现有开发价值比较著名的景点,有石庙山、土柱顶、白泷涧瀑布及云龙霁颜、周公顶风光、天堂顶风光、义昌江风情、黄华河竹林风光、塘坪库区风光、四滩电站库区景观等,并于2000年起招商引资进行开发建设。

石庙山

石庙山位于市水汶镇境内。因古时在石洞内建有盘古庙而得名,海拔580多米,面积约6平方千米,属丹霞地貌。石庙山上的景观较为集中,奇石林立,大小不同,形态各异,有似神龟孵蛋,有似卧虎藏龙;有似太公垂钓,有似大鳄觅食,美轮美奂,栩栩如生。一个个巨石顶上树木葱郁,四周却光滑陡峭,无法攀登;各种自然景观千姿百态,极具观赏价值。

土柱顶

土柱顶位于南渡镇境内,与石庙山遥遥相对,海拔1211米,是桂东南第二高峰,为砂岩地貌,远眺似擎天石柱,直插云霄;顶上有石鼓、石钟、土城墙等;山上的云雾,如丝如缕,聚集汇成汹涌奔腾的雾海。

白泷涧瀑布

白泷涧(后改称白霜涧)瀑布位于南渡镇境内,距岑溪市区约40千米。坐落在森林茂密的群山之间,

正常流量每秒1.22立方米，落差80多米。瀑布之水分三级奔流而下，水声轰鸣，水雾蒸腾，气势浩大，与四周的高山丛林构成一幅壮丽的画卷。瀑布流经君垌河溪谷，两岸森林密布，野花烂漫，藤萝垂悬。谷中溪流潺潺，远望瀑布，就像飞舞在绿色群山中的两条银练；近观，气势磅礴，水声轰鸣如雷，水汽蒸腾，充满负离子的空气，令人心旷神怡。溪流中的奇石，高低错落，大小各异。是集山、水、潭、瀑布、溪谷、奇石、神滩和森林于一体的自然生态景区。

云龙霁颜

云龙山位于筋竹镇北部，与广东郁南县交界，叠峦接天，若庐山千仞，度云霁之坂，景色甚美。

黄华河竹林风光

竹林主要分布在黄华河上游的大隆镇，中游的南渡镇，下游的昙容（今马路镇辖），黄华河的两岸；清澈的河水与竹林相倒影，构成美妙的诗情画意；河湾中的大沙滩，沙质均匀，含土量小，盛产黄蜡石和金砂玉，是休闲活动的好场所。

义昌江风情

义昌江河流全长140千米（其中境内长123千米），多年平均流量24.06立方米/秒，市区河段在犀牛头筑河建造水电站，坝上河面天然湖，市区河两岸修筑防洪堤墙，壮观美丽；河面可泛舟垂钓；每年端午节前后，划龙舟赛，热闹非凡。中下游三堡镇河段，河面较宽，两岸竹木成荫，风光瑰丽；其中扶南河段盛产黄石、黑石等观赏石。

土柱顶景色（2005年　摄）

白霜涧瀑布（2005年　摄）

黄华河风光（2005年　李强　摄）

第三节　人文旅游景点

龙母诞生地

位于市境糯垌镇大竹村（清朝以前为藤县二十一都根竹乡，1951年5月前属藤县管辖），距国道207线公路里程约1千米。现存有大竹龙母庙遗址、豢龙潭、龙母井、父老河和撕麻石等,龙母以其“龙德母仪”和“利泽天下”之善举,赢得南越群众的拥戴,在民间中得以广泛流传。特别是在西江流域和港澳地区,对龙母更是顶礼膜拜,其影响力并不逊色于福建的妈祖。

邓公庙和关帝庙

邓公庙和关帝庙均坐落在南渡镇境内,位于黄华河畔,距国道324线公路里程仅100米。邓公庙为砖木结构,庙内的梁柱、檩皆以格木制成,极具观赏价值和文物考古价值的是四根蟠龙柱,每根高5.4米,直径40厘米,四条蛟龙雕工精细,形态威猛,精美堂皇,是广西唯一仅存的古代木雕龙柱,十分珍贵,自治区人民政府于1994年公布为省级重点文物保护单位。与邓公庙毗邻的是关帝庙,其建筑面积约400平方米;关帝庙的脊顶装饰有珍禽异兽,形象逼真,内外墙壁现存彩绘壁画十余幅,色彩鲜艳,线条流畅,画工十分精美。

南渡关帝庙(2003年　摄)

“五世衍祥”牌坊

牌坊坐落在水汶镇石村古仲自然村,紧靠国道207线,距水汶镇政府公路里程2千米。建于清同治七年(1868年),是为了纪念南禄村刘运昌百岁寿星兼五代同堂而修建。该牌坊是砖木结构,坊高11米,宽10米,厚1.1米,坊顶饰翘角飞檐,坊身有各种人物花卉鸟兽,造型雄伟独特,坊里还镶嵌梧州知府、岑溪知县等官宦的题词碑刻。2000年被定为自治区级重点文物保护单位。

樟木古街

樟木古街位于岑溪市区的东面。清乾隆年间称常宁圩,民国时成为岑溪最大的圩市,是岑溪古代七大圩市之首。清同治年间,樟木古街有迴龙、肇福、展塘、泰福、聚龙等五条街道,街道从东往西延绵长约一千米,后来分为肇福、廻龙两条街道和叶京巷、盐埠巷、邓公庙巷、竹行巷。肇福街道位于西段呈丁字形,全长470米,廻龙街道位于东段,全长480米,街道以青砖石线铺砌,最宽处5.9米,最窄处2.5米。古街有古民居400余间,多为明清建筑。民居一般以前店后宅(作坊)格局,临街为铺面,铺面宽4~5米,大部分以木板为门面,上设灵窗通风采光,有的还饰以雕刻花卉。很多店铺前面都有用木料建成的骑楼,设有独特的售货窗,其长宽各1米,用木板做成,主要是在店铺关门后,为便于经商,方便顾客,作售货之用,很有岭南特色。古街民居一般有三进(座)相连,纵深为25~30米,每座之间均设有小天井采光。这些典型的明清建筑别具特色,有卷棚式前檐出挑立柱吊脚,一些较富有人家还将二楼建成回廊式并雕刻花草诗词,极富艺术特色。古街出入口设有门楼,门楼用青砖砌成,墙体厚实坚固,并有木制的“推龙门”,主要是用于防盗防匪。此外,街道各段之间连接处也有闸门,这也是古街的一大特色。古街内还有一口历史悠久的古井——樟木大井,是岑溪县(市)四大名井之一,建于清初。据清代《岑溪县志》记载,“樟木街东南有泉,从葛仙岩地脉涌出,亦清洌可饮”,古井有三大特点:其一是水源充沛,不论天多旱,水量十分丰盛;其二是井水明净清洌;其三是水质佳,甘甜可口。井后有廻龙社,其建筑和楹联雕塑充分体现古井的文化内涵,有较高的历史文化价值。街道内设有“五社八庙”,五社即廻龙社、聚龙社、展塘社、太福社、老祖社;八庙即上山庙、关帝庙、北帝庙、财神庙、邓公庙、观音庙、雷祖庙、水月宫庙,其中的邓公庙雕梁画栋,颇具

艺术特色，是不可多得的明清古迹。此外，古街内还有古戏台、义仓碑等文物古迹。

第四节　旅游资源规划与开发

2003年3月，岑溪市委托广西壮族自治区旅游规划设计院为水汶、吉太、南渡、大隆等四个乡镇的旅游资源编制旅游总体规划——石庙山旅游区总体规划，至11月29日，《岑溪市吉太石庙旅游区总体规划》顺利通过专家评审。根据规划，吉太石庙山旅游区位于岑溪市的南部区域，横跨水汶镇、大隆镇、南渡镇和吉太乡等4个乡镇，总面积达21.04平方千米，总投资5015.37万元人民币。该旅游区共分为5个景区和1个独立景点，即石庙景区、土柱顶景区、白霜涧景区、四滩景区、邓公庙景区和水汶牌坊（独立景点）。白霜涧景区于2004年6月上旬正式破土动工，这标志着岑溪市旅游景区的开发进入了实质性的建设阶段。该景区的开发建设，主要突出三大旅游产品：白霜涧瀑布、君垌河漂流以及君垌河溪谷风光。市政府高度重视该景区的建设，要求市财政、城建、交通、国土等部门要大力支持白霜涧景区的建设，并在短期内筹集20万元作为景区开发的启动资金。至2005年7月底，白霜涧景区共投入建设资金80多万元，初步完成了漂流河道的清理、漂流滑道建设、漂流设备储存室和更衣室建设以及景区道路的平整等工程；并于同年9月下旬对外接待游客。

［第七篇］

交通运输

20世纪90年代中期岑溪开展“公路交通建设年”活动,90年代末至2005年开展等级公路建设、“公路村村通”、高速公路及铁路建设。实施公路、水路运输站、点(码头)布局计划及运输工具、设备设施的更新,岑溪交通越来越便利。2005年年末,全市投入市镇公路建设资金9700万元。改造硬化通镇公路70多千米,完成村村通公路76条460千米。开通岑罗、南水(南渡至水汶)两条二级公路、岑容(县)一级公路。全市通车公路里程1123千米,其中一级公路30.8千米,二级公路142千米,三级、四级及等级公路900多千米。岑梧高速,岑溪兴(业)高速和洛湛铁路(岑溪段)均已开工建设,工程进展顺利。公路运输方面,至2005年全市开通客运经营班线64条,市内的全部乡镇均开通客运班车,市外开通至梧州、玉林、柳州、南宁及广东罗定、信宜、广州、深圳、珠海等大中城市的班车线路。年客运量510.5万人次。货运周转量达32094万吨/公里,年货运量350.25万吨。

作为经济和社会发展的“先行者”岑溪交通运输业的建设,对岑溪经济建设快速发展,人民生活条件的改善和提升,起到了重要推动作用。观其成效,首先是道路畅通,山区资源开发加快,物流增速。更重要的是吸引大批量的内外商客到岑溪投资办企业,为岑溪经济发展增添活力。

第一章　管　理

20世纪80年代中后期起，随着农业实行家庭联产承包责任制政策的实施，农民自主权增大，积极性提高，部分农业劳动力逐步由单一的农耕转向经商务工，甚至向交通运输业发展。20世纪80年代末至90年代初的运输市场的开放，车船运输管理，由政府（主管部门）的微观管理（调配）转变为宏观指导监管和市场调节。90年代中后期，随着国有集体工商企业体制改革的深化，国有运输企业随之改制，逐步转为股份制、集体运输公司和个体经营户。因之，交通运输市场营运管理体制、运输安全管理体制、费税征缴及政府交通部门（机构）、路政管护方法（手段）、制度变革均被提到议事日程上来。至2005年年末，岑溪市进行交通运输管理体制和交通行政管理部门（机构）改革，交通规费征收、交通道路安全、路政管护等体制改革逐步深化、有效地促进全市交通运输事业稳步快速发展，并增强交通运输安全保障。

第一节　机　构

岑溪市交通运输局

1956年3月岑溪县人民委员会成立交通科。1958年9月改交通科为交通运输管理局。1963年6月，交通运输局改称交通局。“文化大革命”初期机构处于瘫痪。1972年6月，恢复成立县交通局。1991年，仍称岑溪县交通局，为县人民政府主管交通运输事业的行政管理机构（科级）。内设秘书股、财务股和综合股3个股室，下辖运输管理所，航务管理所、公路管理所3个二层事业机构。局机关行政编制11人，其中局领导3人，全局实有人数87人。1995年12月，岑溪县交通局改称岑溪市交通局。2002年机构改革，市交通局更名交通运输局，内设秘书股、财务股、综合股、法规股、交通战备办公室等股室，下辖公路管理所，船运管理所、公路征查管理所和岑城、大业、大隆、糯垌、南渡等5个镇交通管理站。2005年局机关行政编制改为9人，后勤事业编制1人，全局实有人员110人。市交通运输局办公地址设在市区大中路37号。

1991—2005年，交通运输局局长分别是陈新民（1991年1月至1999年3月）、陈甫勇（1999年4月至2006年5月）。

岑溪公路局

1953年设立省公路局岑溪养护区。1961年10月改设岑溪公路段，地址设在岑中路口下坡处。职责任务是辖区内公路养护、修补、沥青路面铺装等工作。内设办公室、财务科、养护与工程管理科、安全与国有资产管理科、政工科等机构。下辖昙容、筋竹、大隆、糯垌4个一类养护站。1992年3月，办公地址迁至北环大道299号，并由梧州公路管理局直辖（党务由地方党委领导）。行政编制12人，局领导4人。1992年11月改称岑溪公路局。2005年行政编制减为11人，事业编制2人，全局职工219人（其中退休人员103人、专业技术干部25人）。2002年获政府授权协管路政征费稽查工作，设立路政大队为下属机构。

1991—2005年，公路局（段）局长分别是刘月莲（女，1991—1992年）、李志贵（1993—1997年）、刘月莲（女，1997年10月至2001年8月）、范华（2001年8月至2007年4月）。

第二节 管理体制改革

公路运输行政管理体制改革

20世纪80年代前,交通运输管理均由政府交通局负责,实行微观管理。其职能从道路建设(含桥梁、渡口)、养护到车辆运输(包括非机动车辆运输);从货运客运线路排次、价格审定到交通运输安全、站点管理。1986年,公路交通安全职责划归岑溪县公安局交通警察队(后改称交通警察大队)主管。1991年,岑溪汽车新站建成并投入使用,随即成立岑溪县汽车运输总公司,作为国有汽运企业,独立经营管理。交通运输管理机构职能从县交通行政中分离出来(实行政企分开),省道国道护养由公路局负责。

1997年,全市实行机构改革,市交通局职能变微观管理体制为宏观调控与依法管理体制,重点在公路交通基础设施规划、立项与建设的政策指导。2002年机构改革时,市交通局改称市交通运输局,增加贯彻国家交通法律、法规和维护交通运输市场秩序与道路安全等方面职能。

水路运输管理体制改革

岑溪通航水道仅有黄华河中下游和义昌江下游的部分河段。20世纪80年代以前,水汶、大隆、南渡、波塘、三堡等几个乡镇(公社)设有集体所有制的水运社。承担部分区域内的水路运输业的管理工作。20世纪70年代,水电业迅速发展,两河流域兴建水电站、拦河坝增加,加上公路运输发展,水运货物减少,水运事业萎缩。部分船民改行从事农业或经商。部分有实力的船民转移梧州大航道经营。进入90年代中期,除少数个体船户从事短程土特产及生活用品等货物运输外,两河水运主要是码头渡口的横渡客运(也有少量货运)。岑溪水路运输由县交通局成立的水运社管理。20世纪90年代后,由于水运事业减缩,1994年,交通局水运社撤销,改建航务管理所,为局二层机构,负责管理市内波塘、三堡、南渡、水汶4个水运公司经营管理、航运安全管理和码头渡口建设等工作。

运输市场管理体制改革

20世纪80年代末至90年代,岑溪经济开始进入快速发展轨道。运输市场随着商品经济的发展而发展,货、客运量大幅度提升,运程拓展延伸,交通运输市场管理体制逐步改革。

1991年,允许个体私有客车进入运输市场,先后开通县内县城至南渡、水汶、筋竹、诚谏、安平、三堡等乡镇客运线路。1992年,私有客车开通岑溪至玉林、南宁、柳州、梧州、广东、罗定、信宜、珠海、广州等中长途客运班车线路。私有个体货运车辆也逐年增加。

1995年岑溪撤县设市后,随着外资(外商)大量进入和个体、私营工商企业的崛起,运输市场逐步打破了国有、集体运输企业在运输市场中占主导的局面,个体私营运输业在市场竞争取得优先地位。国有集体运输企业也通过改革,成为国有控股的专业运输公司,或通过出租、转让(拍卖)成为私营、个体运输企业。50年代形成的国有运输市场体制被打破。

90年代中后期,岑溪市运输市场管理体制改革逐步形成政府宏观调控,允许市场自由竞争和依法治理的机制。到20世纪初,市交通部门(交通局)依照新体制管理职能先后出台规范客、货运车辆管理、运输(客运)线路调整、运输市场秩序整顿、治理和交通规费征收、重大节假日运输价格管理等相关政策规定。把规定属于运输企业的自主权放给企业。交通行业有关培训,交通基建项目审查,评估、评优等事务性工作交给事业单位或社会中介机构承担。企业经营性项目的投资、生产计划、运输周期调整等生产经营权交给企业自行决定,车辆客运营运价格由市物价部门监督审查。

第三节　交通规费征收

交通规费征收是20世纪80年代中后期，由于交通运输业的发展和道路建设(含养护)加快，国家出台改革交通运输管理的重要措施。1992年前，交通规费只设车辆养路费一项。1993年后，增加客运基金、货运基金、运输管理费、车辆交通建设基金、车辆购置附加费等项。1984年至1989年5月，养路费由岑溪公路段成立的养路费征收站负责征收。1989年5月，成立岑溪县交通规费稽征站，由自治区交通厅直接领导。1995年改为岑溪县(市)公路征费管理所，下分设岑城、南渡、糯垌、大业、大隆、归义等6个乡镇交通管理所(点)，协助所辖乡镇交通规费征收工作。2002年，原农机部门管辖农用拖车、拖拉机及交警部门管辖的摩托车开征交通规费，并由交通部门征费管理所统一征收。2003年，交通规费征收额1114万元，2005年实收1324万元。

1991—2005年岑溪市交通规费征收情况表

表7-1-1

年份	规费收入总额(万元)	备注
1991	58	此表中2002年起征收规费中含手扶拖拉机、摩托车、农用拖车的规费在内
1992	66	
1993	82	
1994	115	
1995	196	
1996	231	
1997	345	
1998	474	
1999	512	
2000	694	
2001	845	
2002	980	—
2003	1114	
2004	1160	
2005	1324	

第四节　路政管理

1991—1997年，路政管理由县(市)交通局负责。交通局主要职责是道路运输法律法规的宣传教育，维护公路路段路面设施(含路树、路标)完好不受破坏(侵占)受损，车辆行驶的执法检查、监督等。管理方法是由交通局公路管理所建立路政管理档案,派出路政管理人员与公路沿线镇、村结合开展道路运输法律法规教育。教育沿路群众及机动车车主自觉维护公路设施,发现路面毁坏情况要及时报告。路旁农户不能占用道路堆放杂物或摊晒谷物,不准搭建摆卖摊档。公路管理所定期不定期派出巡逻车辆开展道路执法检查活动,查处违法违章行为。路面因雨因灾受损及时通知养护机构人员维修恢复。

1997年,路政管理分为两大块,即国道、省道路政管理划归公路局,县道、乡村道路由市交通运输局管理。1999年岑溪市交通运输局路政大队成立,负责全市县乡公路的路政执法检查、监督及对违章违法行为进行查处。当年以治理公路"三乱"现象为主,先后举办了车主、司机人员培训班,成立县(市)乡镇两级治理公路三乱领导和执法小组,并落实责任制度。年内查处路政案41起(结案14起),自我纠正8起,现场纠正占路(含路边)乱搭乱建等违章行为42起,清除路障4处(次)。2000年,处理路政案件37件,运政处罚4200多起,纠正违章车辆10000余辆(次)。2001年处理路政案件32件,运政处罚2724起,纠正违章车辆8000多辆(次),查扣逃缴规费6500辆。2002年查处路政案件56起,运政处罚1296起,纠正违章车辆8000辆,查处逃缴规费车辆10000余辆(次),2003年立案查处路政案件17起,结案14起,收取路产补偿费2400多元。2004年立案查处路政案件26起,结案13起,收取路产补偿费10500元,制止和纠正涉路违法行为30起,恢复被占用的公路用地面积1560平方米。2005年,重点开展打击无证营运"黑车"专项活动,查处道路运输各类违章案件1908起,查扣无证营运"黑车"68辆次。纠正涉路违法行为为35起,恢复被占用的公路用地面积2300平方米。

岑溪公路局成立后,即设路政管理大队,承担国道、省道路政管理职责。管理大队分为两组,一组负责局管公路巡查、路政案件处理及流动治理超限超载车辆工作,另一组负责公路维护与车辆运载规范工作。2004年6月起,公路局与相关部门集中开展治理车辆超限超载活动。至2005年,路政大队累计查处路政案件13起(结案100%)。追回路产损失赔(补)偿款169750元,清理公路范围规程物105立方米,清理人为水沟堵塞130米。

第五节　车辆运营安全管理

交通安全宣传教育

进入20世纪90年代以来,公路交通部门、公安交通警察和生产安全监督机构,分别(或联合)开展道路交通安全法规、安全知识的宣传教育活动,以提高车辆驾驶人员和广大人民群众的交通安全意识,自觉遵守交通规则,预防、减少交通安全事故的发生。主要措施和办法是,举办车辆(含拖拉机、摩托车)驾驶人员(含乘务员)道路安全法规、安全知识培训班。贯彻落实相关安全驾驶制度,严禁酒驾、疲劳驾驶、超装载、超速行驶、超线行驶、不规范停车等行为。要求司乘员务必把安全行驶放在第一要务落实。

开展群众性的交通安全宣传活动,主要通过张贴道路交通安全标语(含树立交通安全警示牌)横幅、发放交通安全宣传资料、举办交通安全知识咨询、安全知识巡展,深入社区(村)学校进行专项宣传教育活动。利用电台、电视、报刊、简报和宣传车广为宣传的方法,形成城乡结合、干群同心的宣传教育、网络,提高全民交通安全知识。

开展创建交通安全文明示范学校,交通安全文明示范社区(村)和建设平安大道活动。树立交通安全样板,带动全市交通安全宣传教育活动的全面开展,维护全市道路交通秩序。

1986年,依据国务院《关于改革道路交通管理体制的通知》,道路交通安全管理划归公安交警部门以来,县交通运输部门侧重对营运车辆安全检测和道路运输行业管理。1991年起,市内机动车辆包括汽车、挂车、农用车、摩托车的拥有量不断增加(见表7—1—2),县交通运输局成立交通安全生产领导小组。同时

在汽车总站设立营运车辆安全检测车间，定期或不定期对营运（客运为主）车辆实行出车前车辆安全检查，对部分货运及摩托车（客运）车辆年检，及时排除隐患。1991年，安全检测营运客车167辆，年测车次总数1000多次。1995年起，为确保陆路交通安全，交通部门采取“堵源头，上路巡查”等方法，堵防营运车安全隐患。堵源头主要严把三关，即市场准入关（准入证件是否齐全）、车辆技术状况关、营运车辆司乘资格关。同时通过上路巡查实施监督。当年市公路运管所检测营运车辆10000多辆次。到2003年检测车辆3万辆次，上路巡查处理超装滥载等违法违章车辆1998起，有效预防交通运输安全事故发生。2005年全市客运车辆324台，出车前车辆安检率100%；路上查检率100%，开展打击非法营运“黑车”专项整治活动，查处非法营运“黑车”68辆。净化全市运输市场，为道路交通安全增添屏障。

第六节　水上交通安全管理

水上交通安全管理，由市政府负总责。市交通局与有水运（含渡口）的乡镇政府成立水运安全领导小组。市航务管理所承担落实水运交通安全工作的各项具体措施。实行经常性巡检和教育、培训制度。并配合市政府安全生产监督管理部门部署的安全执法检查活动，开展船舶安全检查。尤其加强汛期、圩期、节假日及学生放学、放假等客运、客渡高峰期的安全监控。严禁“三无”（无船运证、驾驶证、经营证）船舶行驶，查处超装滥载等违法运输（经营）行为。2000年各水运公司，货客船只均需与市交通局航务管理所和相关乡镇政府签订水运交通安全责任状，提高安全航行（渡）意识，把安全生产放在第一位来抓。依照市委、市政府的部署，在全市开展“水上运输安全管理年”活动。航管人员检查横水渡口46个（次），客运渡船173（次），审验乡镇客渡船只42艘（次），纠正超装滥载违章行为11起，为载客渡船购置救生设备1000多套（件），拆除更换有碍安全航行的横水渡缆8处。2003年市政府出台《横水渡、圩客渡码头安全管理责任制》《通航水域安全管理责任制》等规章制度，航运安全管理初步实现制度化、法制化。2000—2005年市内无沉翻船或溺水死伤水运交通安全事故发生。

1991—2005年岑溪机动车拥有情况表

表7-1-2　　　　单位：辆

年度	合计	汽车	挂车	摩托车	农用运输车	备注
1991	2346	1103	—	1198	45	1991年3月8日将53385辆拖拉机、10辆农用车移交县农机监理站管理，自此起拖拉机不再列入交警统计
1992	2518	1157	—	1339	22	—
1993	3132	1408	—	1710	14	—
1994	4641	1649	—	2955	37	—
1995	5983	1825	—	4107	51	—
1996	8735	2146	20	6513	56	—
1997	9999	2335	—	7623	41	—
1998	11378	2558	—	8791	29	—

续表 7-1-2

年度	合计	汽车	挂车	摩托车	农用运输车	备注
1999	12512	2693	—	9803	16	—
2000	13305	2842	—	10282	6	—
2001	15122	2976	—	11943	3	—
2002	16224	3096	5	13115	8	—
2003	17826	3384	5	14426	11	—
2004	22951	3649	9	19250	42	—
2005	33106	4830	11	28205	59	—

第七节　运输行业管理

21世纪初,营运车辆猛增,一些客货运输车主法治观念不强,营利心切,车辆超载、超速、超高、抢道和车辆带病上路、司机长时间疲劳驾驶不休息及无证经营等现象时有发生。有不法分子(车匪路霸)对运输车辆进行行抢等犯罪行为时有发生。为确保营运车辆道路通畅无阻,人民生命财产安全有切实保障,2000年,岑溪市交通运输部门把运输行业管理作为重点,与公安、工商等部门相互配合,开展营运市场专项整治和打击交通运输行业违法犯罪活动,成立治理公路"三乱"领导小组,组建路政执法队伍。2000年春运期间,先后派出700多人次对跨省车辆进行路检路查,严厉查处无证经营、不按核定线路运行和超载运输及超范围经营等违章行为,共检查车辆9523辆,查处违章车辆870车次。全年上路稽查8330人次,检查车辆4万余辆,纠正违章行为1万余起,处理违章车辆4200车次。年内客车年审率100%,货车年审率96%,拖拉机年审率89%。市镇客运汽车发、停站点实现规范有序。车辆乱停及占道、抢道抢客等现象减少。2002年,在站场共检查车辆1682辆次,抽试刹车1152辆次,处理超载等违章车辆1296车次。2003—2004年,再次开展营运市场整治活动,查处违章车辆与违法案件,数量均为下降趋势。2003年市路政大队检查车辆2.3万辆次,纠正各类违章案件1324起,查处无证经营车223起,超载车176起,查处违法案件25件。2004年车辆违章违法案件减为12件。2005年年末,市境国道、县道、乡道实现公路"三乱"为零,成为公路无"三乱"合格县(市)。

第二章 公 路

岑溪市内有国道207线、324线过境。1989年,国道207、324线岑溪路段车辆流量由1980年每小时1000辆增至4000辆,增加了3倍。到1991年增至5000辆,而且多为载重货车和大型客车。两线岑溪路段原为泥沙基(或柏油)路面,损坏率倍增,加上原路狭窄,弯、坡较多,无法提升车速,形成交通瓶颈。1990年,县委、县政府在制定岑溪国民经济与社会发展十年(1991—2000)规划和"八五"(1991—1995)计划时,明确提出十年内建设好岑溪四个进出口通道(即东出罗定、南出信宜、西出玉林、北进梧州)的等级公路和逐步实现村村通公路目标任务,岑溪公路建设(含养护)进入快速发展的新时期。

第一节 公路建设

1991年,岑溪境内有国道207线,从安平镇与苍梧县交界的牛岭界入口,经糯垌、岑城、至水汶镇响水进入广东信宜市,境内全长92.7千米;国道324线,从广东罗定市进入筋竹黄陵村,经筋竹、大业、归义、岑城、马路、至南渡镇平石村出境,往容县、玉林方向,境内全长58.5千米。1991—2005年,国道207线岑城至安平(通梧州)路段改造为一级公路,岑城至水汶路段改造为二级公路。国道324线,岑罗路段改造为二级公路,岑溪至容县路段改造为一级公路。

岑罗二级公路建设

岑罗二级公路属324国道岑溪东段。起点岑溪县城,经归义、大业、筋竹三镇,至筋竹镇黄陵村出口,进入广东省榃滨镇后直通罗定市再至云浮、肇庆、广州。岑罗二级公路的建设纳入广西壮族自治区"八五"交通发展计划,是自治区内第一条由自治区交通部门与地方(县)合资兴建的二级公路。该工程1991年8月开始测绘,1991年年底开始征地及地段内建筑物拆迁,1992年3月1日破土动工。至1993年7月底,第一期工程完成,路长17.64千米,完成土石方54.8万立方米,涵洞107座,挡土墙1.35万立方米,上下基层28.8万平方米,封油层18.8万平方米。第一期工程总投资5400万元。经验收和自治区人民政府批准,1993年9月1日第一期工程路段通车并开始收取通行费。第二期工程从1993年8月起,至1994年10月底完成路长18.80千米,土石方77万立方米,涵洞98座,挡土墙1.47万立方米,上下基层32.9万立方米,分隔墙0.5万立方米,

1992年动工改建的岑(溪)罗(定)二级公路,图为开工现场

垫层18.35万立方米,砌排水沟1.49万立方米,封油层15.7万立方米。全工程累计投资7400万元,于1994年12月验收交付使用。

岑容一级公路建设

岑容一级公路(岑溪至容县),属324国道路段,原线起点岑溪县城,经马路镇、南渡镇,从南渡平石村出口至容县直达玉林。岑容一级公路从县城起点,经马路镇、昙容镇(该镇2005年7月并入马路镇)至昙容镇永固村进入容县,直达玉林。岑容一级公路初立项时为二级公路,1993年测设,1996年动工。1997年改为一级公路,经再测设后动工。岑容一级公路岑溪路段24千米,全路采取一级公路标准,路基22.5米,路面宽度2×7.5米,全段为水泥混凝土路面,位于黄华河两岸荔王村、中林村之间建有荔王大桥,桥长163.4米,桥面宽21.5米,为双向四车道大桥,设计载重20吨。1998年10月全线动工建设,总投资3亿元人民币。2000年11月全线竣工交付使用。

岑苍二级公路建设

国道207线岑溪路段为岑苍(岑溪至苍梧)二级公路之一段。起点为岑溪县城(市区)经糯垌镇、安平镇、至安平镇中庆村牛岭界,全长30千米。岑苍二级公路属在原路基础上改造扩建(即扩展路宽、改直、降坡等)工程。1999年获自治区交通厅批准立项,同年下半年测设,1999年年底至2000年年初改造路段进行征地拆迁,2000年3月全线动工,2002年5月竣工交付使用。投资5000多万元。

南水二级公路建设

南水二级公路(南渡镇至水汶镇),是国道207线岑溪南段的新路段。国道207线岑溪南段原走向为:从岑溪汽车站向东走岑罗二级公路至归义镇荔枝村(与国道324线重叠),分岔向南,经归义镇昙龙村,过梨木镇鸡啼岭到梨木镇,转向西南经大隆镇到水汶镇,然后经水汶镇旺田村出口,进入广东省信宜市朱砂镇到达信宜市,再往茂名市。由于该路段途经山区、弯多岭长坡陡,加上路面宽仅3~5米,最宽处不超6米,属事故多发道路。岑容一级公路开通后,市委、市政府决定修建南大公路(后来称南水二级公路),经岑城至马路善村岑容一级公路(与324线重叠)进入南渡镇。再从南渡镇沿东南方向经大隆镇开通至水汶镇的二级公路。这样走向解决了南渡镇东南部、大隆镇西部一些村不通公路的问题。南水二级公路于1999年立项,2000年测设并开始征地拆迁工作。2001年年初全线动工,2004年10月全线开通投入使用,全程38千米,投资总额7000多万元。

城区一级公路建设

岑溪城区内的公路有北环大道、义洲大道与十里长街,分别是国道207、324线城区路段。从90年代初期起进行改造、扩建使其成为一级公路。

北环大道 1990年,岑溪汽车总站(新站)建成投入使用,为使过境客货运汽车不再经市中心街道工农路(原称岑罗路)进出,县委、县政府决定,把从新汽车站起,经新邮政局门口、华侨街口、松香厂西、东门路口和二中路口至探花村古樟木树路段,改建为北环大道,

北环大道(1996年 摄)

接通岑罗二级公路。全长3.5千米，路面宽37.2米，按一级公路设计，机动车道16米（双向四车道），总投资800万元，1990年8月动工。1991年12月竣工正式通车。岑罗二级公路建成后，将柏油路面改建为水泥混凝土路面。探花车站建成后，延伸接通至探花车站东出口路段。

义洲大道　东起探花车站（当时仍为规划项目工程），经樟木旧街南侧，县气象局路口，市人民广场至思英村接通玉梧路（十里长街）。该工程于1992年下半年动工（时称南环公路，1995年国务院批准岑溪设市后，改为义洲大道），全长4.2千米，路面宽38米，其中机动车道28米（双向4车道加两旁隔离带）。总投资2000多万元。1996年3月，第一期工程探花至人民广场路段，即义洲大道东段，基本完工。1996年起至2000年，义洲大桥建成后，修建义洲大道西段。义洲大道全程为水泥混凝土路面，是玉梧公路连接岑罗二级公路的便捷通道。

十里长街（今称玉梧大道）　位于旧城区西面和西北面，属玉梧公路过境公路。80年代前为路面仅6米宽的泥沙面公路，80年代中后期改为柏油路面。1992年，县委、县政府决定从玉梧公路西南端的天桥（属上奇村辖），至西北端的乌峡村，全长6千米地段上建设十里长街经济开发区，从而把该公路段改造成路面宽36米，双向4车道、中间留1.2～1.5米宽花圃隔离带的一级公路。该工程（含经济开发区）1992年上半年开始征地、拆迁，1992年下半年全线动工。1994年第一期工程完成，并开始全线铺设水泥混凝土。1996年工程全面完成。开发区内商业店铺，工厂厂房与民居住宅区、文教卫生设施等初成规模。

建设中的十里长街（1995年　李强　摄）

县乡公路建设

1991年起，县委、县政府在抓改革开放、抓经济建设的同时，发动群众，掀起了几次修建地方公路高潮。于1992—1994、1996—1997分别开展“公路交通建设年”活动，1998—2001年，又开展村级道路大会战和“公路村村通建设”，采用交通部门申请专项拨款、民间多方筹（集）资与民间扶助的方式，加大地方的公路建设的力度。1991—1995年，新建县乡公路4条，通车里程37千米。1996—2000年，完成并通过验收县乡公路19条，通车里程128.12千米。2001—2005年，共有15条县乡公路投入建设，总里程87.3千米。2005年年末，31个通村公路项目工程已全部完成，总里程192.6千米。全市路网改造和乡村公路建设形成规模，通车里程880千米。

县级公路

大公（波塘镇大公村）至浪水（容县浪水镇）公路，里程4.4千米。1990年8月动工，1992年11月验收，1993年通车，总投资45.59万元，技术等级为四级。

三堡至波塘公路，里程16.54千米。1991年动工，1992年11月验收，1993年通车，总投资99.19万元，技术等级为四级。

水汶镇三村至七木坳（通广东信宜）公路，里程7.8千米，1993年动工。1995年验收、通车，总投资90.48万元，技术等级四级。

水汶镇石田至杨村（容县）公路，里程3.4千米，1993年11月动工，1995年验收、通车，总投资50.66万元，技术等级四级。

县道糯垌至三堡公路（2004年　摄）

盘古至吉太至水汶公路，全线长33.8千米，其中盘古至吉太路段为80年代建成通车，2001年动工修建吉太至水汶路段，2002建成通车，为四级公路砂土路面。

大业至诚谏公路，原县道202线，里程16.5千米，2001年动工改造为四级公路，2003年4月完成水泥混凝土路面铺设并交付使用，为四级公路。

大业至梨木公路，里程15.8千米，1998年动工修建，2002年完成沥青路面铺设通车，技术等级为四级。

马路至石龙公路，里程10.8千米，1995年3月动工，1996年7月通车，为四级公路。2002年后接通石龙至波塘大公，直通容县浪水镇。

乡级公路

自80年代中期至90年代末，全市经验收通车乡级公路共29条，283.5千米，其中四级公路177千米，等外公路40.9千米，仍为乡村公路36.8千米，专用等外公路（山区林道）8千米。经2000—2005年乡级公路改建，拓展、全市新增乡镇级公路通车里程199.3千米。其中，四级公路99.3千米。基本实现了村村通公路，全市通车公路总里程1123千米（含一级、二级公路），公路密度为401千米／百平方千米。通四级公路行政村占行政村总数的94%。

村道

村道是指各村委（社区）所在地与各自然村（组）之间相互往来的道路。70年代中后期至80年代初，当时许多生产大队（今称村委）、生产队（今称组）均购买拖拉机，多数村道都修成机耕路（即能通拖拉机）。80年代中后期实行农业家庭联产承包制后，集体生产的模式转变为家庭为主体的劳动生产。部分机耕路失修。进入90年代中期随着农民个体购买拖拉机，农用车和摩托车数量增加。在“公路交通建设年”和“公路村村通”热潮中，大部分机耕路重新修复并扩展为乡级公路。其他各乡村道，包括进入山区山场林地和田垌（水稻种植区）的道路都由民众合资或投工的形式进行修复扩大。至2005年年末，全市800多个自然村（组）的村道都能通拖拉机、小吨位农用车与摩托车。一些原来山间羊肠小道修成了能通小型汽车和摩托车的道路。

1991—2005年修建的县级公路概况表

表7-2-1

公路名称	建设性质	里程（千米）	公路等级	投资总额（万元）	修建年月	验收年月	备注
三堡至波塘	新建	16.54	四级	99.2	1991年6月	1992年11月	属于县道糯垌至波塘的一段
大河口至沙田	新建	8.56	四级	63.8	1991年8月	1994年7月	属于县道安平至大河口的一段
三村至七木坳	新建	7.8	四级	90.5	1993年10月	1995年4月	—
石田至杨村	新建	3.41	四级	50.7	1993年10月	1995年4月	属于县道水汶至杨村的一段
大业至梨木	新建	15.8	四级	294.7	1998年3月	1998年11月	原来属于乡道，后来改为县道
沙田至枫桥	新建	7.5	四级	75.1	1998年8月	2001年1月	属于县道安平至大河口的一段
南渡至大隆	新建	31.9	四级	445	1999年12月	2001年3月	—
昙容至南渡	改建	4.2	二级	615	2000年8月	2002年5月	—
吉太至南渡	新建	13.6	四级	250	2001年6月	2002年6月	属于县道盘古至翰田的一段
大业至梨木	改建	15.8	四级	700	2002年3月	2003年1月	铺设沥青路面
大业至诚谏	改建	17	四级	1000	2002年3月	2003年7月	铺设沥青路面
糯垌至波塘（糯垌至三堡段）	改建	19	四级	1000	2002年7月	2003年12月	2002年由等外路改建为四级路，2003年铺水泥混凝土路面
南渡至大隆	改建	31.9	二级	11165	2003年5月	2004年10月	—
安平至枫桥	新建	25.64	四级	307	2004年6月	2005年2月	属于县道安平至大河口的一段
思英至浪水（思英至波塘段）	改建	24	四级	315	2004年10月	2005年3月	由等外路改建为四级路

高速公路建设

岑梧高速公路（在建） 岑梧高速公路是南（宁）广（州）高速公路的重要路段，是交通部规划的西部地区8条省际公路重要干线之一，是自治区重点建设项目。岑梧高速公路全长65.32千米，其中岑溪段32.6千米。2003年12月17日开工建设。公路总投资27.6亿元，其中岑溪段13.8亿元。公路设计时速为100千米／小时。岑溪路段建隧道一座（牛岭界隧道），大桥3座、中桥6座，主线整体式路基26.0米，全线采用水泥混凝土路面。起点为岑城镇，经糯垌镇、安平镇过牛岭界接苍梧后抵达梧州。至2005年7月，岑溪路段完成投资6.65亿元，累计完成12.85亿元，占计划总投资的55.88%。

正在测设的高速公路 岑（溪）兴（业）高速公路，是国家高速公路网7918工程横线规划的一项，是广州至昆明高速公路组成部分，也是南宁通往广东珠江三角洲和港澳地区捷径通道，被交通部门列为广西区第一条公路勘察设计典范项目。市境起点岑城镇上奇社区南，经马路镇马路社区、昙容社区后接容县、北流、玉林至兴业县。全线长152.81千米,其中岑溪路段27千米。2005年4月通过工程可行性报告评估并进入测量设计阶段。

岑(溪)罗(定)高速公路,2005年11月开始测设,起点为岑城镇上奇村(连接岑兴高速)经岑城镇、归义镇、大业镇至筋竹镇黄陵村,进入广东罗定替滨镇至罗定市区。岑罗高速岑溪至筋竹黄陵村路段长38.589千米,路基宽26米,计划投资19亿元,设计速度为120千米/小时(该路2007年1月开工建设)。

第二节　公路养护

岑溪公路局养护线路

20世纪80年代中后期,岑溪公路局(原称岑溪公路段)承担市境内的国道207线、324线,县道X202线、X207线等路段的管养。1997年后公路局承担管养的公路线路有岑容一级公路、岑罗二级公路、岑苍二级公路、荔水公路和岑玉(林)公路(马路至盘古段、属县道203线)、南(渡)大(隆)公路(二级、属县道211线)、大(业)诚(谏)公路(三级路属县道202线)、南(渡)旺(庆)公路(二级、属县道207线)等公路共211.7千米,其中一级公路24千米,二级公路115.7千米,三级公路25千米,四级公路47千米,其中桥梁54座(含大桥5座,中桥15座,小桥34座)。设有昙容、筋竹、大隆、糯垌4个一级(类)养护站。管理方式推行企业化管理,在养护站内实行投标承包(即实物计量与总费用招投标承包)制,经费切块包干,自负盈亏。中标单位按照承包合同,分解落实目标责任制。承包经费包括养护生产开支,管理开支、站务开支以及本站职工工资、福利、差旅费、加班费、病假工资等。公路局对各养护站和个人考核内容管理体系及奖惩办法一致。2003年,公路局获自治区文明单位称号。2005年,全局管养线路好路率92.1%,其中国省干线好路率95.9%,无差等路。

公路管理局养护工人正在进行公路养护作业(2002年　摄)

岑溪市交通局养护线路

市交通局负责辖区内的县道的管养工作。1991—2005年,市交通局共组建17个道班,养护人员90人,负责管养9条县道170多千米的公路养护工作。管养的线路与道班设置:糯垌至三堡、至波塘线,设大地、荔滩、路鸡口、新廉4个道班;思英至波塘至大公(通容县浪水)线设六凡、云野、河旭、古罗口、旺坡5个道班。昙容至旺庆设1个道班。大业至筋竹(经古味、马芹、横垌通筋竹)设古味、白竹、横山、横垌4个道班。大业至梨木线设渔汕1个道班。盘古至吉太至水汶线,设吉太、兆阳2个道班。

管养方式,实行分段经费包干,定额生产,以分计酬、多劳多得的原则,建立每天巡查、逐日清理。及时修补和灾情汇报、全力抢修排除路障等制度,重点做好填平路窝,清除排水沟、涵洞阻塞物、加固危险的路边坡和护理路树，完善标志、标线、标牌及防护设施等方面的工作。2000年起，为加强道路养护，提高养护技术和功效，交通局先后为各线道路班管增置养护机械如挖土机、震动压路机、水泥混凝土推铺机、铲草机、运输车、洒水车等，逐步实现养护机械化。

乡村道路养护

由各乡镇人民政府负责管辖本乡镇通村公路的养护，养护总里程650千米。管养方式，一般采用民办公助的形式，即各乡镇政府通过村委会组织劳力采用定期或不定期的方式，对本村道路进修补、清理水沟、涵洞。所需工料款项，除申请交通部门适当补贴外，可由民众义务投工或本村车辆(含拖拉机)户主出资的方法解决。涉及多个村的乡村公路，也可由乡镇政府通过招投标的方式，组成养护小组，由镇政府和受益村(户)集资，实行承包制、签订养护合同，落实经常性的管养措施，由养护小组负责管养。

修复水毁公路(2005年　李强　摄)

第三节　桥梁、涵洞、隧道

公路桥梁

岑溪是个山多河溪多的丘陵山区。境内有黄华河、义昌江及其大小支流270多条。公路建设中跨河道桥梁、溪水涵洞、穿山隧道等连接不可少。1990年年末，境内国道、县乡道跨三河干流及部分支流公路桥梁共97座，总长度3249.1米。其中国道桥梁32座，县乡道桥梁65座。1991年起，随着国道路面升级拓宽、和新修建的二级、一级和县乡公路，部分原国道公路大桥均拓宽重建，并新建一些县公路桥梁。1991—2005年，由公路局管养的重建、新建桥梁有54座，其中大桥5座，中桥15座、小桥34座。至2005年年末，横跨义昌江黄华河干流的主要公路桥梁13座。

岑溪大桥　初建于民国16年(1927)，属容苍公路岑溪县城义昌江河段主要桥梁。初建时以大木为柱梁泥沙石铺面。抗日战争、解放战争时期遭破坏，几经修复。新中国成立后，容苍公路改为玉(林)梧(州)公路，政府再次出资修建扩大。1968年改建为钢筋混凝土结构的拱桥。1993年，岑溪县委、县政府决定将玉梧公路乌峡至上奇天桥(水利渠道)路段开发为十里长街，在原桥旁边并排扩建，使该桥按一级公路桥标准建造，总宽20米，双向4车道加行人道，桥长120米。

南门桥　位于市区原南门渡义昌江河段，为钢筋混凝土大桥。1983年9月建造，当时投资22万元，桥长109米，桥宽8米，桥高9米，3个桥孔，跨径30米。

义洲大桥　位于市区义洲大道义昌江河段，原称南环大桥。是连接义洲大道东西两社区的市内交通桥梁，又是玉梧公路与岑罗公路相互连接的公路桥梁，1994年动工，1996年建成通车，桥长132米，宽22米，双向4车道加行人道，是岑溪市区内繁忙的交通桥梁之一。

樟木大桥　位于义昌江城区木埇村河段，是市区通向南郊各村公路交通桥梁。1996年由樟木镇政府集资180多万元建造，钢筋水泥结构3孔拱桥，长109.3米、宽8.4米，是市区内横跨义昌江公路桥梁。

金鸡大桥 位于义昌江归义镇金鸡村河段，是岑溪二级公路，横跨义昌江干流主要桥梁之一。1967年岑罗公路通车时，是木桩泥沙路桥，80年代改建为钢筋混凝土柱桥梁。1992年岑罗公路改建二级公路，将该桥面加宽，桥长107.8米，宽16.1米。

思塘大桥 位于义昌江归义镇思塘村河段，初建于1956年，是岑罗公路横跨义昌江河段第二条大桥。1997年，为适应岑罗二级公路车辆往来之需，在原桥基础上并排再建一桥，合为一体，跨河长度65.7米，宽11米，右侧桥为双拱结构，左侧桥为T形梁，沥青碎石铺面。

水汶大桥 是荔（枝）水（汶）公路（国家207线）主要桥梁之一，位于黄华河上游水汶街河段。桥长155.9米，宽9米。1976年自治区林业厅投资修建，上部为双曲拱结构、桥下净空8.6米、钢筋混凝土桥，沥青碎石铺面。1977年建成通车。

南渡大桥 原玉梧（容苍）公路岑溪路段主要公路桥梁，位于黄华河中游南渡街河段。1967年由梧州公路局投资建造，桥长144米，桥面宽9米。上部为双曲拱结构，桥面铺设水泥混凝土。桥下净空12.1米，1968年10月竣工通车。

西渡大桥 是南渡（街）至旺庆公路大桥。位于黄华河西渡河段。1968年由自治区交通厅、县交通局、县林业局联合投资修建。桥长160米，桥面宽9.8米，上部为双拱桥结构，桥柱为钢筋水泥结构，沥青碎石铺面，桥下净空7.5米，1970年建成通车。

水汶三角咀大桥 位于黄华河上游的支流三角咀河段，桥长67米，桥面宽9.5米，主桥单孔跨径50米。属刚构桥，水泥混凝土铺设路面，1996年建成通车。

荔王大桥 岑容一级公路岑溪段主要桥梁。位于黄华河中游马路镇荔王村与中林村河段。1999年由自治区交通厅投资修建，桥长163.4米，桥面宽21.5米。双向四车道。上部结构为T桥梁，水泥混凝土铺面。桥下净空13.8米，设计载重20吨，2001年11月建成通车。

波塘大桥 位于黄华河下游波塘镇河段，是岑城至波塘公路交通大桥，桥长129米，桥面宽8米，上部为双曲拱结构，桥面铺沙石。1978年建成通车。

三堡大桥 是三（堡）立（垌）公路主要桥梁，由县林业局投资修建，位于义昌江支流糯垌河段黄山口，桥长102.8米，宽7.1米，上部为双曲结构，桥面铺设水泥混凝土。1978年12月建成通车。

三美大桥 是三（堡）波（塘）公路横跨义昌江三堡（街）与美术（村）之间的大桥，桥长116.6米，桥面宽9米，自治区交通厅投资兴建，上部为双曲拱结构，桥面铺装沙石，1982年兴工修建，1984年2月建成通车。

归义双贵村思浩桥（2005年　摄）

县乡道路桥梁

1990年前岑溪县乡道路桥梁，多数为各镇村跨河跨溪（三大河支流）人行木柱板铺的便桥或是70年代以来修建的机耕路桥。1991年起，随着镇村公路建设热潮掀起，先后采取群众集资（自筹）政府补助的方法，在修建镇村公路同时修建钢筋水泥或石拱的桥梁。20世纪70年代至2005年年末，全市重建及新建县乡道路桥梁计有58座。

岑溪县(市)、乡道桥梁一览表

表 7-2-2

桥名	地址	长度(米)	备注
翰田桥	水汶镇翰田村	57.3	—
白护二桥	梨木镇白护村	36.2	—
大竹桥	糯垌镇大竹村	54	—
坝首桥	糯垌镇塘坪村	47.5	—
古味桥	大业镇古味村	41	—
马路桥	马路镇马路街口	35	—
古平桥(左)	岑梧高速(糯垌古淡村)	51.4	—
古平桥(右)	岑梧高速(糯垌古淡村)	51.4	—
竹子桥	大业镇大业村	62.4	—
六郭桥	马路镇昙容村	41.7	—
大河口桥	诚谏镇美和村	44.5	—
南六一桥	水汶镇南六村	41.8	—
胜利桥	岑城镇思孟村	47	—
龙屈桥	南渡镇峡宝村	30.2	—
峡宝桥	南渡镇峡宝村	30.2	—
丰根二桥	南渡镇丰根村	50.3	—
吉太桥	南渡镇吉太村	34.2	—
古益桥	安平镇古益村	32	—
板么桥	大业镇板么村	37.6	—
北村三桥	马路镇北村	46	—
河口桥	大隆镇河口村	69.6	—
翰西桥	安平镇富罗村	38	—
富罗桥	安平镇富罗村	33	—
段河桥	归义镇双贵村	75	村建
雷庙桥	马路镇马路街	39	—
沙洋桥	归义镇新圩社区	61.9	—
谢村桥	归义镇谢村	82	村建

续表 7-2-2

桥名	地址	长度(米)	备注
思浩桥	归义镇双贵村	66	村建
渔汕桥	大业镇渔汕村	45.6	—
田众桥	糯垌镇塘坪村	43	—
义修桥	大隆镇义修村	47	—
白碟口桥	大隆镇白碟村	56.8	—
沙村桥	三堡镇沙村	43	—
都功桥	南渡镇都功村	60	—
大坡桥	归义镇荔枝村	70.5	—
思回桥	大业镇思回村	59	—
昙堡桥	筋竹镇筋竹社区	31	—
望间桥	筋竹镇望间村	46	—
大业一桥	大业镇大业社区	18.5	—
和六桥	波塘镇和六村	29	—
新安桥	三堡镇新安村	86	—
大和桥	马路镇大和村	30	—
北村一桥	马路镇北村	44	—
北村二桥	马路镇北村	44	—
花菊桥	大业镇大业社区	95	—
花菊二桥	大业镇大业社区	20	—
马亮桥	大业镇大业社区	20	—
新圩一桥	归义镇新圩社区	20	—
新圩二桥	归义镇新圩社区	30	—
马历坡桥	岑城镇木埇村	75	—
万里河跨线桥	岑城镇思孟村	65	—
禾地坡桥	岑城镇上奇村	53	—
上垌岭桥	岑城镇上奇村	86.45	—
合水一号桥	波塘镇合水村	65.01	—
合水二号桥	波塘镇合水村	65	—
富力桥	安平镇富宁村	53	—
圣表桥	糯垌镇圣表村	65.04	—
罗合桥	马路镇罗活村	71	—

岑溪公路涵洞建造视通水流量决定其大小高度。通常有两种形式:一是用钢筋水泥或碎石砌成拱形通道,再在上面铺设路基。二是用水泥混凝土制成直径1米左右的水管,埋设路基下面。由于岑溪是丘陵山区,公路所经过的山冲,坑洼地段和水渠、溪流、都修建有涵洞。据测算,每百公里,都有30~40个大小不等的涵洞。其中,底宽超2米大,1.5米高长7~12米以上的拱形涵洞有5~10个。

隧道

2004—2005年,岑梧高速公路、岑罗高速公路先后开工和测设,两条高速公路在岑溪境内共修建隧道三条,岑溪与苍梧交界处的牛岭隧道(双通)单向长1400米(属岑梧高速公路)。岑城镇思孟村高坡冲隧道(双通)单向长250米。位于归义镇谢村的元水山隧道(双通)单向长250米(以上两隧道属岑罗高速公路测设隧道)。

第三章　水路交通

第一节　航　道

岑溪水上运输在清嘉庆四年(1799)有65艘木质船营运。其时,黄华河干流从水汶、大隆、南渡、马路至时属藤县辖管的波塘约100千米水路,均通木帆船与竹木排筏。义昌江干流从县前河(今市区义昌江河段又称县前河)经樟木六田,至藤县属三堡平山、新安、美术、车河、河六等村约80千米河段,通木帆船与竹木排筏。民国17年(1928年)后通机动船。当时全县有运输船只40多艘。新中国成立后至1956年,成立水上运输合作社。加入集体管理的运输船只130多艘,货运量合计2314吨位。货运经藤县进入北流河接浔江到梧州乃至肇庆、广州。50年代中后期至70年代,一江一河干流由于在河道上逐年拦河筑坝建水电站和引水灌溉,加上公路运输业的发展,水上运输业逐步萎缩。至80年代末90年代初,黄华河干流通船航道只有50千米,且分段接航。义昌江干流只有三堡河段三堡街至河六电站及河六电站至藤县金鸡镇河段通航长36千米。

第二节　渡口　码头

1988年,岑溪水运社所属船只(队)实行承包制,水运社自行解体。县交通局即成立岑溪县民间运输管理站,1991年,改为岑溪航务管理所,分管黄华河、义昌江一江一河主干流的水上运输、渡船、渡口码头建设及航务安全工作。

黄华河渡口上的船渡

黄华河航道渡口分布

黄华河干流航道(或称航线)分为7段:水汶电站坝底起至四滩电站坝面,四滩电站坝底起至高垌电站坝面,高垌电站坝底起至南渡电站坝面,南渡电站坝面起至贡献滩电站坝面,贡献滩电站坝底起至波塘电站坝面,波塘电站坝底起至都目电站坝面,都目电站坝面起通至藤县金鸡镇交口。沿河主要渡口分布于水汶、大隆、南渡、马路、波塘5个镇共19个渡口。分别是茶田渡、河口渡、合和渡、湴河渡、坡坪渡、竹云渡、奇羊渡、章官渡、黎冲渡、沙河渡、水过洲渡、新城渡、滩篣渡、车

垌渡、水口渡、木洪头渡、六足渡、新廉渡、双门渡。

义昌江航道渡口分布

义昌江干流航道分4段：即大湾电站坝底至平山电站坝面，平山电站坝底至新安电站坝面，新安电站坝底至河六电站坝面，河六电站坝底至藤县金鸡镇黄泥头至交口与黄华河汇合。沿河渡口主要分布在三堡镇、共有大坡渡、观音渡、罗碗渡、车河渡、大冲口渡等5个渡口。

渡口码头建设

2000年前，多数渡口为自然岸坡泥石级或坡道。2001年起，采用上级交通部门补助投资和镇村集资方式，在圩镇或较大村渡修建便民码头，共有8座。分别是大隆镇的河口渡码头，南渡镇的南渡客运码头，马路镇的水口码头，波塘镇的波塘客运码头，新廉渡口码头，双门渡口码头，三堡镇的大冲渡口码头和车河渡口码头。上述渡口码头建设投资94.10万元，其中上级交通建设部门补助投资44.5万元。

图3　岑溪市黄华河及义昌江航道渡口分布示意图

第三节　航运产业

1991年，水汶、南渡、波塘、三堡4个乡镇先后成立水运公司（属集体企业），并根据航道分段通航的情况，改长途运输为短途服务性运输，以运输农副产品、生产生活资料为主。波塘河段、都目电站（坝面）增设客运船，拓展航运产业。1992年，4个水上运输公司完成货运量12.3万吨，货运周转量3340万吨公里，实现产值155万元。1999年，货运量42万吨，货运周转量3760万吨公里，实现产值180万多元。2003年，水汶、南渡、波塘三个水运公司注销，仅保留三堡镇水运公司。2004年，对全市各镇运输船只作性质界定，分为四种，即营业性运输船、渔业船、农业生产生活自用船、采砂船。2005年，全市共有船舶459艘，其中营业性客运渡船356艘，定位合计1726位；横水渡船24艘。分别分布在水汶、大隆、吉太、昙容、南渡、马路、波塘、三堡8个乡镇。

2005年，三堡水运公司货运量5.2万吨，货运量周转34.7万吨公里、实现产值31.2万元。当年客运渡船35艘；横水渡口24个渡船24艘。

1997年以来，市交通部门更新市境黄华河、义昌江渡船配备，确保水运交通安全平稳。图为波塘镇新装备的渡船（2002年　摄）

第四章　公路运输

岑溪公路运输始于民国21年(1932)容苍公路(今玉梧公路)建成通车,该公路经岑溪境63.4千米,起点为南渡镇平石村,经南渡、马路、樟木、岑城、糯垌、安平(民国至1951年糯垌、安平为藤县辖)等镇,在安平牛岭界出口至苍梧龙圩。抗日战争时期于1939年为阻止日军入侵,省政府令破坏公路,公路运输终止。1946年11月修复通车,岑溪只设一个货运停车点,县内无客运汽车。新中国成立后,1951年在容苍公路过境县城西北勒竹村的山坡修建汽车代办站(后改岑溪汽车站),始有县自发车(含客、货运、其中客运车2辆)运输。到20世纪80年代末,县客运站自有汽车28辆(客运),货运车队(含商业、供销、粮食等部门)汽车40多辆。开通县内客运线路线8条(县城至水汶、筋竹、诚谏、南渡、昙容、安平、三堡、波塘),县外中长途线有至玉林、梧州、罗定、信宜、南宁、柳州、桂林、广州等8条。20世纪80年代末90年代初,为适应运输快速发展,在今城北路、新兴路交会处(即原食品公司对面)兴建新汽车站,站场面积5000多平方米,同时容纳100多辆车停放,建有发车卡位11个,候车室面积近500平方米,同时容纳千人候车。设有空调、电视候车间,母子候车间。客运日发量100多台(次)。新汽车站于1991年建成投入使用。

第一节　汽车站

岑溪汽车站成立于1950年1月,属国营单位,站址在岑中路口对面玉梧公路旁,面积约400平方米,设有砖瓦木结构站房一间,内有候车室售票房和职工住宅房间,2个发车卡位。仍为管理过路汽车车站,且货运客运合作。1950年12月,省公路局与运输公司分家,县汽车站改名汽车管理站,全省仅设23个管理站,岑溪县汽车站被撤销,人员全部解雇。1951年10月,梧州公路管理局和梧州汽车运输公司委托在岑溪成立汽车代办站,管理公路和运输业务。1953年1月,重新成立岑溪县汽车站,隶属玉林汽车运输公司。1958年6月,复置梧州专区,岑溪县汽车站改属梧州汽车总站管辖。同年9月,县人民政府交通科、汽车站、公路养护区、搬运社等四个单位合并成立岑溪县交通运输局,汽车站作为县交通运输局下属单位,业务仍受梧州汽车站管理。1971年,岑溪汽车站始建货运体制,拥有货运汽车15辆,51个吨位,当年货运量为33557吨,周转量2517509吨公里。以后逐年增加。1976年11月开始,建客车运输体制,拥有客车9辆,360客位。1986年,县汽车站客车

岑溪汽车总站(2005年　李强　摄)

增至45辆,总客位1968位,年客运量3233070人(次)。先后开通岑溪至梧州、玉林、罗定、信宜、南宁、广州、深圳、珠海及县内各乡镇中长短途客运线路。日发县内乡镇站86个班次,县外省外38个班次。每日各地客车往来69车次,合138个班次。1991年,新汽车站建成,站场面积1.5万多平方米,同时能容纳100多台汽车,客车发站卡位11个。当年县汽车站拥有客车39辆,客运量395.6万人(次);货运周转量26101万吨公里。每日发往玉林方向21个车次,梧州方向21个车次,罗定方向5个车次(广州、南宁、珠海、深圳、佛山等长途班车均由私营、个体班车发车)。

2003年,随着岑溪汽车运输业的发展和营运车辆、线路增加,由自治区交通厅拨款和市自筹款共1200多万元,在探花经济开发区义洲大道与岑罗二级公路交会处修建岑溪市探花汽车站(又称岑溪汽车东站),占地面积24000平方米,站场建筑4293平方米,列为二级汽车站,承担市内向广东方向发出和东进岑溪客车的运输服务。该站于2005年年初建成使用。

汽车总站售票大厅(1995年　摄)

探花车站候车大厅一角(2005年　李强　摄)

第二节　客运　公交　货运

客运

岑溪县汽车客运服务始于1976年,时仅有客车9辆,客位360座。客运线路仅有东至广东罗定、西至玉林、北至梧州及沿线县内乡镇(时称公社)和县内县城至三堡、水汶、诚谏3条短途线路。1986年,县汽车站客运车辆增至45辆,总客位1968位,增加了东至广州、深圳、珠海,西至南宁、北至柳州、桂林、南至广东信宜、高州等长途客运线路。1991年,岑溪汽车运输总公司成立,拥有客车56台,其中高级空调豪华客车4台,豪华卧铺客车33台,开通区内、外长途班车线路20多条。开通区内南宁、柳州、桂林、玉林、梧州、贺州和区外广州、深圳、惠州、珠海等大中城市。县内各乡镇实现了乡乡通班车,而且一天有多班次运行。每日由岑溪汽车总站发车80多辆(台)次,日均客运量2000多人次(高峰期3000~5000多人次)。90年代中期起，随着个体汽车运输专业户的增加，岑溪汽车客运业快速发展，至2000年，全市客运汽车264台（辆），客车经营班线扩至50多条。全社会客运量400多万人次；比90年代初的年客运量约100万人增加3倍。2003年年初企业改制，国有运输退出，岑溪汽车运输总公司更名为梧州金晖汽车运输有限公司岑溪分公司，为股份制企业。开通至南宁、广州、深圳、珠海、南海、茂名、佛山、顺德及柳州、玉林、梧州等地快班运线。至2005年年末，全市客运汽车324辆，客运量510万人（次），客运经营收入逾千万元。

1992年，客运班车到站时家人迎接外出归来的孩子

货运

90年代初，岑溪货物运输（陆路）由三个方面组成，即岑溪汽运输总公司的车辆（国有），民间组织的汽车运输队（民营公司）和个体运输专业户（含汽车、拖拉机）。1991年，全市货运汽车有550多辆，2570个吨位，拖拉机1690辆，1045吨位，货运量232.7万吨，货运周转量26101.2万吨公里。1995年，全市货运量汽车增至926辆，3724吨位；拖拉机1386辆890吨位，货运量295.5万吨，货运周转量30281.3万吨公里。2000年，全市货运汽车804辆，3520吨位。拖拉机1080辆，810吨位，货运量276.2万吨，货运周转量25810.2万吨公里。2005年，全市货运汽车955辆3975.72吨位；拖拉机1405辆1124吨位，全年货运量350.25万吨，货运周转量32939.8万吨公里。

第五章　铁　路

20世纪初，岑溪就有先贤提出岑溪修铁路的主张。80年代初，改革开放大潮中的岑溪人民，为促岑溪经济加快发展，改变岑溪“地无寸铁（路）”的历史，希望岑溪修建铁路的呼声日渐高涨。1992年6月，当自治区领导在全区改革开放会议上宣布玉梧铁路经岑溪境通梧州时，全县人民欢欣雀跃，县城内万余群众连夜上街游行，欢呼岑溪铁路梦圆。1996年7月，市人民政府发函国家铁道部、国家计委、铁道部第四设计院和自治区人民政府、自治区计委，请求批准洛湛铁路经岑溪。2004年，国务院批准洛阳至湛江铁路工程为国家重点建设工程。国家发展改革委批复该工程中新建湖南永州至岑溪铁路（单线），全长473千米，其中岑溪北段在岑溪境内全长33.37千米。经藤县埌南进入岑溪市安平镇后经糯垌、岑城、樟木到达马路善村，并在善村建岑溪火车站。此为洛湛铁路岑溪北段线。然后，从马路善村火车站向西延伸，进入容县、北流抵达玉林火车站，此为岑溪路段西线（又称岑溪南段）。

岑溪人民盼铁路。图为1992年自治区党委、政府宣布玉梧铁路经岑溪至梧州时，县城机关和城区市民连夜游行庆祝

第一节　征地拆迁与铁路修建

征地拆迁

2004年，随着国家发展改革委对洛湛铁路工程批复。岑溪市委、市政府组建岑溪铁路建设指挥部，负责协助洛湛铁路岑溪路段的征地拆迁修建等相关工作。2004年年末，铁路勘测放线等工作完成进入征地拆迁阶段。2005年元月10日，市委、市政府召开洛湛铁路岑溪路段征地拆迁工作动员大会，并组成铁路征地拆迁工作组，征地拆迁工作启动。

湛铁路岑溪北段征地拆迁　湛铁路岑溪北段征地涉及安平、糯垌、岑城、樟木（2005年7月起并入岑城）、马路等镇共19个村（社区）130个村民小组。征地拆迁大量工作于2005年1月12日开始，当月底丈量及竹木果树清点，房屋建筑物丈量工作结束。2月初开始补偿赔付工作。该路段共征地用地总面积102.67公顷，其中水田41.93公顷，旱地46.71公顷；林地11.06公顷，空地、宅基地3.00公顷，果树21380株，竹子28.33万株（条）、林木18500棵（条）、坟山13.8万座；拆迁房屋涉及4个镇12个村（社区）353户，建筑面积43804.19平方米。水井42口，沼气池40座、砖瓦窑13座、水池粪坑类825.207立方米；晒地8941.80平方米，有线电话、电视机合100台。征地拆迁（含补偿赔付）工作于2005年2月开始，8月底前基本结束，整修征地拆迁工作进展顺利。

洛湛铁路岑溪南段征地拆迁　洛湛铁路岑溪南段(岑溪通玉林火车站路段)征地拆迁,涉及马路(含原昙容镇)、南渡镇两个镇11个村85个村民小组。征用集体土地正线42.20公顷,其中水田18.76公顷,旱地13.9公顷,林地9.52公顷,另征线外土地0.22公顷。清点各种水果树12764株,竹子200938株(条),林木9960棵、需迁坟山560座。拆迁房屋398户,建筑物总面积42543.368平方米,水井79口,沼气池45座,粪坑类1694.594立方米,水管9465米。建筑占地面积39083.34平方米,空地21798.52平方米、晒地7093.35平方米,砖瓦、石灰窑5座,有线电视机、电话机144台。该路段征地拆迁丈量工作于2005年5月始,6月份起开展补偿赔付后,各拆迁房主自觉搬迁、拆除。

铁路施工

洛湛铁路岑溪北段工程建设由中铁五局集团公司、十八局集团公司负责施工。岑溪境内为九标段(十八局)、十标段(中铁五局)。九标段岑溪境内下设三、四项目部,十标段下设一、二、三项目部。十八局九标段施工地段为安平镇灵山、富罗、富宁、罗同、古院5个村及糯垌镇的黄堂、古淡、糯垌(社区)、大竹村等,全长13.57千米,主要工程有隧道3座(其中清水隧道长3436米,为控制工期重点工程),桥梁9座,涵洞40座,停车站2座(安平、糯垌两停车站,通车后撤销),路基土石方180万立方米(计划数)。工程人员于2004年12月进场,12月28日开工。中铁五局集团公司承担十标段施工,为岑溪境内糯垌镇的大竹、龙樟、地麻、三兴、海杰村,岑城镇的古塘、甘冲社区、樟木镇的思英、明都上奇社区、马路镇善村。全长19.8千米,主要工程有隧道6座(其中北岗隧道长2131米,为控制工期重点工程)。桥梁16座、涵洞47座,路基土石方300万立方米,施工队于2004年12月进场,2005年1月5日开工。

洛湛铁路岑溪路段至玉林路段(又称岑溪西线或南线)于2005年4月4日开始打桩放线。走向:从岑溪火车站(马路善村)向西延伸,经马路镇善村、福塘、义垌,南渡镇杨冲、中和、西竹及原昙容镇的岭腰、昙容、五星、永固等村(社区)后接容县境的大坡镇。全长25.3千米,2005年7月进场施工建设。

第二节　岑溪至茂名铁路与岑溪至罗定铁路测设

岑溪至茂名铁路(简称“岑茂铁路”)

岑溪至茂名铁路是洛湛铁路通道岑溪以南的一段。项目建设于2005年年初获国家发展改革委批准(国发交〔2005〕699号)。该段铁路在岑溪境内走向是,从马路镇义垌站向西南延伸,经南渡、大隆、水汶等镇,接广东信宜市后通达茂名市与三茂铁路交会。全长146千米,总投资31.5亿元。岑溪段长29.5千米,于2005年7月25开始打桩放线。岑溪境内设车站一个(水汶火车站),隧道11座、桥梁24座。2005年8月起岑茂铁路,岑溪段开始征地丈量工作和拆迁工作。2005年12月18日,岑茂铁路在信宜市举行开工典礼,负责岑溪段的中铁第二十五局集团公司于开工典礼后进驻水汶镇,作施工准备。岑溪段的征地拆迁工作于2005年12月基本完成。

岑溪至罗定铁路(简称“岑罗铁路”)

岑溪至罗定铁路建设项目,最初由岑溪市、罗定市人民政府于20世纪90年代末共同倡议发起,旨在拓展两市铁路交通,更好地服务于珠三角与大西南的交通、经济。2002年4月,由广东省罗定铁路总公司、中国铁路建设投资公司和岑溪市铁路建设有限公司共同投资500万元,组建中铁(罗定、岑溪)铁路有限责任公司。开始岑罗铁路建设项目的事前筹备工作。2004年对岑罗铁路岑溪段进行测设。岑罗铁路东起罗定站,西至洛湛铁路岑溪站。正线全长75.727千米,其中,岑溪境42.24千米,罗定境33.49千米。主要技术标准为国铁级、单线,限制坡度12‰,最小曲线半径一般为1200米。旅客列车设计行车速度为120千米/小时。经初步设计评审,工程总概算为14.48亿元。2005年年末,岑罗铁路岑溪境内线点测设完成。

第三节　火车站建设

洛湛铁路玉梧线岑溪路段，在市境马路镇善村设技术作业中间站（按业务性质为客货运站）一座，核定等级为三等站。该站中心里程位于益湛线（湖南益阳至湛江）792km+267m处。隶属南宁铁路局梧州车务段管辖。该站建设前期的征地拆迁工作于2005年9月前完成。2005年10月，施工队进场开始施工（部分工程2006年年初开工）。车站共有5条到发线，2条货物线，1条牵出线。2个站台，每个站台5500平方米；2个雨棚，每个雨棚6000平方米。站房总面积4000平方米，内有候车厅、售票厅、调度室等设施。

[第八篇]

邮政　电信

第一章　邮　政

20世纪80年代起，邮电局调整环形邮路为直线邮路，共设邮路50条，总长2000多千米，增设摩托车投递班和汽车邮路。通邮业务除通常信函往来、报刊订阅外增加邮政快递(含信函、物件)、电子汇兑、集邮、报刊零售、邮政储蓄等行业。县城街道设邮筒、邮箱40多个(处)。1989年，全县计费邮政业务，由50年代初的4.65万件增至148.02万件，增加31倍多，其中出口包件由60件增至9000件，出口汇票由419份(张)增至4700份(张)。进入90年代，各邮政业务设施，包括邮筒、邮箱、过塑机、包裹收寄机、信件分拣、邮递车辆等逐年增加、更新，初步实现邮递作业机械化、车子化。

1998年8月，邮电分营，新成立的岑溪市邮政局从工农路原邮电局迁移新兴路汽车站对面建新的办公楼，业务用房380平方米。内设综合办公室、财务部、经营服务部、邮政储蓄所等机构。设有城区邮政营业网点30多个(处、含邮政储蓄)。乡镇邮政支局14个。2000年至2005年，全市投递改步班和自行车投递为汽车、摩托车投递，其中汽车投递邮路9条，总长279千米。城乡投递邮路50条，总长1600千米。市局拥有业务汽车7辆、摩托车30多辆。至2005年年末，邮政业务总产值980万元，比1999年的580万元增加400万元。

第一节　机　构

岑溪县邮电局

岑溪县邮电局于1953年1月成立。为地方政府主管邮政、电信业务的行政机构。“文化大革命”期间的1969年改为岑溪县革命委员会人民邮电服务站。1973年恢复成立岑溪县邮电局，改由自治区政府(省)直辖机构。党组织受县委领导。1995年12月改称岑溪市邮电局。1998年邮政与电信分离，分别成立岑溪市邮政局与岑溪市电信局。

1991—1998年邮电局局长：李瑞恒。

岑溪市邮政局

1998年8月成立。仍为自治区政府直辖行政局级单位。办公地址从原邮电局工农路70号迁至市新兴路7号新办公楼办公。业务用房380平方米。市邮政局内设综合办公室、监督检查室、市场部3个职能部和广告部、储汇

位于工农路的电信营业大厅，群众在办理信件等业务(1992年　摄)

稽查班、设备维护班、经警班、发投班、函集班等6个生产部门。局行政编制28人。下辖归义、大业、筋竹、诚谏、梨木、大隆、水汶、南渡、昙容、吉太、波塘、糯垌、安平、三堡、马路、新塘等16个邮政支局和归义、筋竹、诚谏、大业、梨木、水汶、马路、南渡、糯垌、三堡、大中路、工农路、城北路等13个邮政储蓄网点。2005年，市邮政局在职员工共188人。

1998年8月至2005年，历任邮政局局长分别是童少南（1998年8月至2005年1月）、邓军（2005年1月至2009年，其中1—8月为副局长主持全面工作）。

第二节　管理体制

20世纪50年代至80年代初，邮政、电信业务由地方政府直接管理，行政管理与业务经营合为一体。80年代中后期起，随着改革开放的深化与经济快速发展，作为第三产业的邮件投递与有线无线通信两大类服务范围各有变化，行业种类快速增加，邮电管理中的行政职能削弱，促成邮政与电信行业的改革，邮政与电信逐步趋向产业（企业）化和市场管理。1998年邮政与电信的分营。1999年起邮政的最基础的核心业务（函件投递）与邮汇业务剥离，电信业务中的有线（电话）与无线通信快速的发展，促成邮政与电信业务进入市场管理的轨道。21世纪初，邮政与电信管理体制实现由行政管理向市场管理转变，并有效促进岑溪的邮政与电信业的快速发展。

第三节　邮路　投递

邮路

1991年，岑溪邮政投递有步班和自行车投递和委办自办汽车邮路和摩托车邮路。年内有自办、委办汽车邮路3条，总长125千米，摩托车邮路1条，总长34千米。余为自行车邮路和步班邮路42条，总长1394千米。至1993年，增设岑溪至玉林、岑溪县城至水汶、波塘、三堡共4条委办汽车邮路，共184千米，自办县城至诚谏、县城至吉太2条汽车邮路，长95千米。自办摩托车（含部分自行车）邮路37条，总长1226千米，保留步班邮路4条152千米。自办汽车邮路2条，委办汽车邮路3条，自行车邮路37条，步班邮路5条，单程总长1236.1千米。实行当日投送的邮路12条，周六班投送的邮路1条，周三班投送的邮路33条，周二班投送的邮路1条。随着经济建设的发展，镇、村公路交通网络逐步形成，邮政交通设备不断完善，1998年起自行车、步班邮路逐步撤销，改为汽车、摩托车邮路，开通邮路总长2517千米。2005年，全市共有邮路9条，其中自办汽车邮路2条，委办汽车邮路7条，总长度（单程）279千米。城乡投递路线50条，总长度（单程）1661千米，其中城镇投递路线7条（市区5条、镇区2条），单程145千米；农村投递路线43条（山区路线6条、半山区路线37条），每条单程里程10千米～35千米不等。市局拥有业务车辆汽车7辆，摩托车30多辆。

投递

报刊邮件的投递主要通过自办邮路和委办邮路直接投递到客户或投递到客户指定的投送点留交、捎转。1991年，全县共有乡邮员21人，委办乡邮员3人，报刊发行站35个，信报接转点44个，农村信报箱73个。每天通邮一次以上的乡镇17个、行政村68个、村民小组796个、农户1236户。两天通邮一次的行政村182个、村民小组1519个、农户1159户。三天通邮一次的行政村21个、村民小组41个、农户134户，有信报接转点44个，农村信报箱73个。1998年，全市投递员24人，其中市区投递员5人，市区投递点86个，街道设置邮筒(箱)47个,乡村投递员19人,每天通邮1次的乡镇17个,行政村(含社区)98个。两天通邮一次的行政村152个。有200个村设有村级投递点或信报箱。2005年,全市共有投递员27人,其中市区投递员6人,乡村投递员21人,市区投递设有120多个投递点(市直机关、厂矿企业和社会团体),各街道设邮政(信件)投放箱62个。全市有245个行政村的报刊邮件直接投递到村委或村委指定的投递点。边远山区有20个行政村的报刊邮件则采取留交或捎转方式投递,其中2个行政村使用镇政府信袋留交,5个行政村指定其他村投送点留交、捎转,13个行政村由邮局窗口留交。

速递

1991年,随着经济发展和信件、物件流通加快,岑溪邮政开始办理各类信函件、物品的国内、国际EMS速递和国内特快专递和各类证件、票据、门票等同城速递等业务,营业部门增设速递窗口增加速递信封、邮包及包装机械等设施,实行专人揽收、分拣、专人专车投递。1991年,收发快递信函件8000多件、包裹8800多件,快递营业总额23.6万元。1993年,开通国内和国际特快专递业务,快递业务总额32万元。1998年,快递邮件超过10万件,速递营业总额52万元。2005年速递业务完成收入61.85万元。

第四节 汇 兑

20世纪80年代前汇兑业务办理国内邮政汇兑,可在乡镇级邮电所办理,国际邮政汇兑则在县邮电局办理。80年代中后期起,农村外出务工人员及考上大学中专人数增加,收寄汇票逐年增多。1989年,全县邮政汇兑票数4.8万多张(款额没有记载),1991年收寄汇票8万张(含国际邮政汇兑),2000年超越10万张。1988年中国银行岑溪支行成立后,国际汇兑由中国银行岑溪支行办理。2000年中行岑溪支行撤销,邮政恢复办理国际汇兑业务。1999年,市邮政储蓄所开办邮政入账汇款业务。2001年,随着计算机操作进入邮政业务,开办国内、国际汇兑业务处理、资金清算和会计核算为一体的邮政电子化、网络化汇兑业务。2002年市邮政局汇兑业务完成收入17.23万元。2005年汇兑业务完成收入16.72万元。[①]

函件

函件业务主要有普通信函、挂号信函、保价信函、商业信函、印刷品等。信函以收发人分类分为公函、私函。1991年,岑溪邮政信函信件年收发量150万件。1997年超过200万件。1998年起充分利用邮政网络资源,为社会各界提供普通邮资广告明信片、邮资门票、邮资封片、企事业务、账单、数据库商函、DM中国邮政广告等商函业务。20世纪90年代是函件高峰时期,其中1998、1999年高达400万~500万件。21世纪初,随着电信业中的电话(含移动电话)发展,函件业务逐年减退,尤其是平信减少量最大。2002年函件收发量缩减为300万件。2005年,函件业务完成收入37.74万元。

包裹

包裹主要办理人民生活用品和机关、企业、团体邮寄的零星或批量物品中(国家禁止和超过限寄的物品除外)的国内、国际邮递。国内包裹寄递包括包裹普通寄递和包裹快递。80年代,岑溪邮电局收发包裹量年均8000~9000件。1990年8月起,民用包裹和商品包裹一律实行保价交寄,最低保价额为30元,纸质品包裹用户需要也可作保价交寄。1991年,收发包裹邮件1.5万多件,1998年,邮政包裹分为普通包裹和直(快)递包裹两种,以每1000克为计算单位,最高保价10元为限,最大重量35千克。2000年起,由于快递业务市场开放,允许民营企业加入速递市场,邮政包裹邮寄量逐年减少,2002年,邮政收寄包裹(含速

①汇兑款总额由邮政储蓄所掌管。

递）降至1万件。2005年，邮政包裹业务收入仅13.14万元。

第五节　报刊发行与集邮

报刊发行

报刊发行分报刊订阅和报刊零售两大类。

进入20世纪90年代，随着改革开放不断深化和信息传媒事业发展，为报刊征订（发行）量的增大提供机遇。但由于影像电子信息渠道的增加，又给纸质媒体（报刊）传播带来挑战。面临新形势，邮政部门报刊发行工作，一方面积极配合县委宣传部门做好宣传发动工作，落实报刊征订任务。另一方面通过印发报刊征订广告，引导机关、学校、企事业单位和社会团体，乡村组织、发动群众自费（或公费）订阅。1991年，全县单位集体和群众个体订阅各种类报刊500万份。报刊流转费额100多万元。县城开设报刊零售摊档（门店），年内营业收入20多万元。1994年，县委、县政府创办《岑溪报》，报刊订阅年增15万~20万份。1996—1999年，财政订阅报刊经费缩减，报刊发行量逐年递减。1999年全市报刊发行量380万份，流转费额14.5万元，业务收入54万元。2000年后，报刊发行量逐年回升。2002年，报刊发行量520.78万份，流转额350万元，业务收入80.26万元。2003年，全年报刊发行份数514.15万份。2004年，报刊流转额545.37万元，业务收入118.26万元。2005年，全年订销报刊累计210.26万份，完成流转额370.94万元，实现报刊发行业务收入86.8万元。

集邮

1991年起，岑溪县邮电局创办集邮门市部，集邮业务包括出售邮票、集邮品、集邮用品，参与“邮展”和办理纪念邮票、特种邮票、JP纪念邮资明信片、JF纪念邮资封、首日封、纪念封、各类邮票、集邮品的预订等。当年邮集营业收入5.6万元，1997年香港回归，纪念邮票销售量增加，当年邮集销售营业增至75万元。1998年，推出企业年册和邮票个性化服务，深受客户欢迎。2005年年末，集邮业务完成收入8.12万元。

第二章 电 信

1989年,县委、县政府决定投资上马程控电话与无线寻呼工程,到1992年4月,按常规需三年才能完成的3000门程控电话工程,仅一年三个月的时间完成开通,岑溪成为广西第一个开通3000门程控电话的县。当年6月,县城无线寻呼系统(BP机)正式开通,为梧州地区第一。1993年8月,无线自动寻呼127台,中文126台正式投入使用,长途光缆岑溪站投入使用。1994年年底,全市有10个乡镇实现电话程控化,并建成农话光缆传输网络,总长700多千米。1995年,全市电话号位升至7位。1996年完成移动电话扩容工程,移动电话由原来31个信道增至48个信道。至年底,全市电话用户由1990年的1418户增加到8385户。1998年全市电话用户1.6万户,无线寻呼机1.7万台,移动电话(手机)7000多部。电信与邮政分营后,广西移动通信、中国联通、中国铁通等多家公司进入岑溪。至2005年年末,不仅实现全市固定电话程控化、传输光缆网络化,而且开通无线市话、移动电话和计算机互联网。城乡固定电话用户8.2万户。无线寻呼用户2.3万户(1999年、2000年后无线寻呼逐步被移动电话代替),移动电话用户实现城乡全覆盖。持有电信小灵通和联通、铁通、移动等各种不同号码的手机用户16万多户(台),并实现24小时通话无阻碍,信息即时可传播。

第一节 机 构

广西电信有限公司岑溪分公司

1998年8月,岑溪邮政、电信分营,成立岑溪市电信局,为县级主管电信事业行政机构,受自治区电信局直辖,管理全市的电信业务。1999年7月,电信行业改革重组,移动通信从电信局剥离。2000年8月,自治区电信行业改革,成立自治区电信总公司。岑溪市电信局更名为广西壮族自治区电信总公司岑溪电信分公司(保留电信局名称)。实行政企分开,推行企业公司化管理,实施中央与地方电信企业收入合并统一核算。2003年12月,岑溪电信实行股份制改造,成立广西壮族自治区电信有限公司岑溪市分公司,与岑溪电信局合挂两块牌子但只有一套人马,隶属广西壮族自治区电信有限公司梧州分公司,属上市公司,全面实行公司化企业管理。公司内设综合管理部、市场经营部、维护安装部,下设11个班组及15个电信支局(所)。2005年,在岗职工188人,其中正式职工98人,劳务员工90人。岑溪市电信分公司经营的主要业务是固定电话、计算机宽带互联网、无线市话小灵通、电视电话、数据通信等。2002年,电信公司分别在市区工农路、城东路设立两个营业部,至2005年,增设城中路、城南路、城北路和城西路四个客服部和客服中心。

广西移动通信有限责任公司岑溪分公司

1999年7月6日,移动通信从电信局剥离,成立广西移动通信公司岑溪营业部。从工农路电信局搬出迁入市区沿江路(岑溪公路大桥西)建楼房办公。开始独立运营原中国电信在岑溪境内的所有移动通信业务。2000年10月,更名为中国移动通信集团公司广西有限责任公司岑溪分公司,隶属于中国移动广西公司梧州分公司,11月,作为中国移动广西公司下辖的县(市)分公司,正式被中国移动香港有限公司收购,同时在香港和纽约上市。中国移动岑溪分公司主要经营移动电话语音、数据、IP电话和多媒体业务,并具有计算机互联网国际网单位经营权。2005年,中国移动岑溪分公司共有员工80人,19个服务厅,14

个代理商，180个“一村一店”代办点，拥有83个基站、5个直放站，网络覆盖全市大部分乡镇行政村和自然村，市区内重点区域基本实现室内覆盖，拥有“全球通”“神州行”“动感地带”等著名服务品牌，用户号码段包括“139”“138”“137”“136”“135”“134”，移动电话用户近8万户。

2000年，移动通信岑溪分公司，在市区只设有工农路、大中路、解放路3个营业点，至2005年年末，市区内设19个服务厅，14个代理商，还在农村设180个代办点。

中国联通有限公司岑溪分公司

1998年6月，126／127到198／199无线寻呼通信业务从岑溪市邮电局剥离出来，成立梧州寻呼公司岑溪经营部，下设市场部、综合办公室、寻呼部、维护建设部。2000年5月，梧州寻呼公司岑溪经营部改制，成立中国联通有限公司岑溪分公司（简称“联通”），地址设在义洲大道。无线寻呼（国信通信岑溪经营部）与中国联通全面融合，公司下设市场部、综合办公室、寻呼部、维护建设部，共有生产管理人员15人，其中正式职工5人，劳务员工10人。中国联通岑溪分公司主要经营移动电话（GSM130、CDMA133）、长途电话（193）、数据IP电话（17910、17911）、互联网（165）、无线寻呼（126、127、191、192、198、199）等多项综合电信业务。2005年，中国联通岑溪分公司拥有移动通信电话基站45个，信号覆盖率98%，移动电话网上用户突破4.5万户，业务总收入825万元，上缴利税24.74万元。2005年，联通岑溪分公司在市区内设有8个营业门市部，分布在工农路、大中路、城东路、解放路、南北大道、义洲大道、玉梧大道、明都新城一带。

中国铁通岑溪分局

中国铁通梧州分公司岑溪分局于2004年1月开始在岑溪市区开办铁通各种业务，2004年6月正式挂牌运营，地址设在南北大道，隶属中国铁通梧州分公司管理，是中国铁通梧州分公司的县级经营机构。铁通岑溪分公司主要经营互联网和电话等业务，设综合业务部、市场建设发展部、网运部等3个主要职能部门。2005年年底，铁通岑溪分公司在职员工30人，设综合业务部、市场建设发展部、网运部等3个主要职能部门，在辖区内形成较大规模的语音、数据、图像及多媒体通信等基础电信及增值业务的经营能力，拥有数据宽带用户5000户，数据语音用户6500户，各类数据专线用户2000多户。

第二节　固定电话

1989年，岑溪城乡电话由手摇式电话改为拨号电话。1991年，投资600多万元，安装S—1240型3000门数字程控交换机，岑溪电话通信建设开始进入一个加速发展的新时期。1992年，启用全自动制式的程控电话，信号传输由铁线（明线）载波模拟制式传输开始改用光纤准同步数字传输（PDH）。当年市话计费用户1700多户。1994年市话计费用户增至4500多户。1997年起，开始使用光纤同步数字传输（SDH）。1999年在梧州市辖境内率先开通的ADSL宽带网，市内电话交换机总容量增至61552门，2000年市区开通无线市话“小灵通”。2004年，固定电话放号完成年度计划的84%，小灵通放号完成计划的164%。2005年，全市固定电话交换机容量11万门，是1990年2270门的48倍多；全市拥有城乡固定电话用户82800多户，是1990年1418户的58倍多，全市乡镇、行政村及85%的自然村开通固定电话。

市话

1991年，投资610万元安装上海贝尔公司—1240型3000门数字程控交换机，开始建设数字程控电话。1992年4月，开通城区的程控电话，成为广西第一个开通3000门数字程控电话的县城，市话建设进入一个新的发展阶段。1992年年底，全县市话总装机容量4072门，市话用户发展到1738户。

1994年，进行市话3000门数字程控扩容，市话程控电话容量扩大到6000门，1995年，开始实施容量1.48万门程控电话扩容工程。当年4月，全县城乡电话号码由6位升为7位，并进入梧州本地电话网。

1996年1月,容量程控电话扩容工程中的市区5000门扩容正式投入运行,市区程控电话总容量1.1万门。

1997年,进行市话第四期程控电话扩容6000门,同时启动市话户线工程,1998年市区户线到户率达到90%。1999年,实施市话配线扩容及交换设备3000扩容升级。2001年,对程控设备再次进行3000门扩容,市话交换机容量达到2.3万门。

2005年,新增固定电话容量6208门,全市固定电话交换机容量从2000年的4.3万门增加到11万门,拥有城乡固定电话用户82800多户。

农话

1991年6月,糯垌镇率先开通自动电话,结束岑溪乡镇无自动电话的历史。全县农话装机容量1980门,有农话用户705户。

1993年,开始实施农话程控化建设工程,先后开通三堡、归义、南渡、糯垌等4个镇的程控电话。1994年,昙容、水汶、大隆、梨木、大业、筋竹、诚谏、安平、波塘、吉太等乡镇也相继开通数字程控电话。1995年,实现全县乡镇电话程控化。

1994年,实施农话光缆传输网络建设,当年利用玉(林)梧(州)长途光缆开通南渡、马路、糯垌、安平四个镇的光缆传输网络架设县城至归义、梨木、大隆、水汶、大业、筋竹六个镇的农话光缆。1995年,架设岑溪至波塘、诚谏两条农话光缆,通光缆的乡镇交换点达85.71%。1996年,完成马路、南渡、水汶、梨木、归义、大业、筋竹、糯垌、波塘等9个乡镇1万门程控改制工程,乡镇程控交换容量增加两倍多。同时,架设至三堡镇的中继传输光缆。1998年,完成南渡至古太光缆工程及三堡至波塘、水汶至吉太、安平至诚谏三条光环路工程,实现全市乡镇中继传输电路光纤化。

1998年,全市所有乡镇都开通自动电话,并开始实施"村村通电话"工程,有230个行政村先后开通电话,占全市277个行政村的83%。

市区街道旁的公用电话亭(1995年 摄)

1999年,全市乡镇程控装机容量13552门,有农话用户7610户,是1990年的11.4倍。

2000年,开始实施第一个"百万放号工程",加大农话建设的投入,发展农村电话。完成17个户线工程项目,安装8个光纤接入设备,解决乡镇自然村通话难问题。

2000年7月取消农话计费,执行农村电话计费与市区电话计费统一标准后,农村固定电话用户大幅度增加,全市农村固定电话用户12027户,比上年净增4417户。

2001年,实施第二个"百万放号工程",并利用光接入等方式在归义镇建设荔枝、保太、义和、双贵等8个村,全市农村固定电话用户15753户。

2003年、2004年,进行300个农村电话点建设,完成200多个村级电话接入点工程设备测试和开通工作。新增固定电话容量25216线。2004年年底，全市85%以上的自然村开通电话。

2005年，开始实施农村智能电话站点建设，首期工程建成农村智能电话站点9个，共11个载频，软容量达2万门，全市全部行政村开通电话。

长途电话

1991年，采用长（话）市（话）合一的办法，改造开发市话交换设备，安装微机计费设备。6月开通对梧州的长途直拨电话，10月开通国内长途直拨电话。年末，全县共拥有长途直拨有权用户150户。在开通直拨电话的同时，先后开通岑溪至梧州超十二路载波机和岑溪至梧州、玉林的三路载波机各一套，长途电话业务量得到大幅度增长。当年，全县长途电话业务量144068张，是上年11066张的13倍多。

1992年4月，开通长途150线数字程控电话，用户可直拨国内、港澳地区和国外长途电话，长途直拨有权用户发展到672户，占当年市话用户总数的38.7%。全年长途电话业务量353073张，增长145.04%。1993年光缆进入县城，长途电话接入玉梧光缆，岑溪至梧州的长途线路增加90条，全县长话直拨有权用户发展到1436户，全年长话去话业务7005416张。1998年，全市实现中继传输的电路光纤化。2001—2005年，开通拥有长途直拨权限固定电话用户不断大幅度增加，2005年年末，全市长话直拨有权用户增至8900多户（台）。

1998年起在市区街道上设置IC卡电话机（2000年李强　摄）

第三节　电报　无线寻呼

电报

1991年，新安装两部电报智能终端机，提高电报通信效率和质量，全年电报业务量92425份，比上年增长2.96%。1992年，全县电报业务量105532份。1993年后，由于开通国内、国际长途直拨电话以及传真机普遍发展应用，直接影响电报业的发展，电报业务逐年不断下降。2002年，全市电报业务量6217份，比1992年下降93.81%。2005年，岑溪电报业务基本取消。

无线寻呼

1991年，开始建立县城无线寻呼基站，6月20日开通县城无线寻呼（BP机）数字系统，通过“126”人工寻呼实现无线寻呼，无线寻呼正式进入岑溪，当年发展无线寻呼用户近300户。

作为20世纪90年代重要通信工具的无线寻呼机(BP机)进入21世纪后逐渐退出市场

1993年,开通“127”自动无线寻呼中文台,实现数字无线寻呼兼容、126(人工)127(自动)寻呼并用,无线寻呼业务量大幅度增长,由开通自动寻呼前的8万多次增至17万多次,拥有无线寻呼用户2515户。

1995年,进一步完善大山顶(山名)无线寻呼发射站,BP机覆盖全市大部分乡镇,BP机用户大幅度增加。同时进行BP机改码,开始进行全区(自治区)无线寻呼联网工作。

1997年,在大山顶建设无线寻呼机第三频点和股票发射机台。1999年,在大山顶安装无线寻呼第三频点发射机,全市无线寻呼用户23000户。

2000年4月,建设开通16个华信寻呼基站,无线寻呼信号覆盖全市所有乡镇,并实现全自治区漫游。2001年,全市实施“模转数”移动电话工程,移动电话使用逐步普及,BP机逐渐被手机所代替。

无线市话

2000年4月,岑溪开始启动无线市话工程建设,10天完成建设大小基站360个,4月18日全部开通使用,信号覆盖市区主要路段及郊区,小灵通手机正式在岑溪安家落户。5月1日,南渡镇开通无线市话大小基站9个,紧接城区之后开通了无线市话网络,成为广西第一个开通无线市话的乡镇。年底,全市拥有小灵通用户6107户。

2001年,进行无线市话小灵通网络扩容优化,对城区基站容量进行8000门扩容,覆盖范围扩大到归义、昙容两镇。同时,在归义镇新建开通小灵通大小基站28个。2002年,开通昙容镇、马路镇、筋竹镇、水汶镇、糯垌镇(新塘村)等5个镇(村)的小灵通网络。2003年,开通三堡、大业两镇小灵通,新建安装500mW基站51个、200mW基站103个、10mW基站196个,加大小灵通网络优化力。

2004年,新建开通安平、波塘两个镇的无线市话网络,并不断优化市区的网络,进一步完善木榔等城乡接合部的无线市话信号覆盖,安装、调拆更换大小基站60多个。年底,全市拥有小灵通用户22627户。2005年,安装各类基站69个,城区增加30个500毫瓦基站,并调整130多个基站,进一步加强小灵通的网络优化。

第四节　移动电话

1993年,开始移动电话工程建设,投资安装移动电话发射塔,年底正式开通移动电话模拟信道,移动电话“大哥大”（模拟机）走进岑溪。1995年，开始筹建大山顶移动通信基站工程，扩大移动电话覆盖范围。当年11月，投资300万元的移动电话扩容工程完成并投入使用，移动电话信道由1994年的31个扩大到48个。

1996年3月，投资650万元的大山顶移动电话发射站建成开通，信号覆盖范围比原来扩大了4倍，市内100座矿山和马路、糯垌、安平等乡镇都能够使用“大哥大”。12月，投资20万元在城区和大山顶建设的数字移动通信基站建成并投入运行，开通移动电话数字信道，岑溪开始使用数字移动电话。1998年，完成移动电话第七期数字基站扩建工程，新建基站18个，新开通载频33个，增加数字、模拟信道244个，全市所有乡镇开通移动电话。

1999年，移动电话号码升至11位，全市移动电话用户10094户，首次突破1万户。2001年，5月在全市范围内实施“模转数”移动电话工程，12月关闭第一代模拟移动电话网。当年全市移动电话用户15906户，2002年25426户，2003年51533户。2005年，移动公司拥有基站83个、直放站5个，网络覆盖全市大部分乡镇行政村和自然村，市区内重点区域基本实现室内覆盖，移动电话用户近8万户。联通公司拥有移动通信电话基站45个，信号覆盖率达98%，移动电话网上用户突破4.5万户，号码段为GSM130、CDMA133。

20世纪90年代使用的模拟信号移动电话（大哥大）

1993年，岑溪市移动模拟信号手机基站建成投入使用。图为工程维护人员在对模拟（大哥大）基站载频模块及基站整体运行情况进行日常维护巡检（1999年　摄）

第五节　互联网

1994年下半年，岑溪开始进行计算机互联网建设，通过同轴电缆电话线接入，采取专用账号拨号方式连接到计算机互联网络，开通低速窄带型计算机互联网（SDN），速率最初为16KB，后来达到128KB。

2001年,通过电缆电话线接入,开通高速宽带计算机互联网(ADSL),最高速率可达8MB,进一步推动全市计算机网络通信的发展。年末,全市计算机互联网用户3389户,其中窄带用户3264户,宽带用户125户。

2003年,开始建设光缆光纤接入网,通过光纤设备接入互联网(LAN),最高速率可达1GB,发展SN宽带小区11个。2004年,安装并开通除吉太乡外所有乡镇以及义和、探花等11个村的ADSL设备。拥有基站58个,载频数495个,覆盖面积1390平方千米。2005年,建设接入网点27个,容量6072线,宽带端口容量达到11000线,拥有宽带用户5700多户。开通GSM国际漫游、GPRS国际漫游和国际短信等业务、市区内设营业网点13个。

[第九篇]

财税　金融

20世纪90年代初,岑溪县实行分税种、核定收支、分级包干的财政管理体制。1993年,《国务院关于实行分税制财政管理体制的决定》颁布(1994年起实施),根据国务院的决定和自治区人民政府相关文件规定,1994年,岑溪税务机构分设国家税务局和地方税务局两个机构,分别按国家税和地方税征收办法进行征收管理。财政部门随之实行分税财政管理体制。财政收入与支出预算相应增加中央下拨收入和上划中央财政支出及预算外资金管理等成分,由单式预算变为复式预算。1995年,对乡镇实行"定收定支、收支挂钩、上解递增、补助递减、超收全留、自求平衡,一定三年"的乡镇财政管理体制。为提高资金使用效益,加强预算约束能力,1997年后财政部门在机构设置上,增设财政稽查分局和国有资产管理局,并制定相应稽查措施和管理办法,建立健全行政事业、企业单位和相关部门财政管理制度,确保财政收入与国民经济发展(增长)同步。当年,全市国内生产总值达17.74亿元(当年价)。1999年,全市财政收入首度突破1亿元。2005年,全市生产总值43.9亿元(当年价),财政收入(地方收入部分)2.56亿元。

1991—2005年,岑溪(县)市金融机构改革进展顺利,金融渠道不断拓展,金融产品日益多样化。金融市场管理规范化不断完善,法律法规日益健全,金融市场安全保障与信用范畴不断增大、提高。金融市场在存储和投资之间的重要调节与杠杆作用及其灵敏的信息收集和广泛传播的功能,成为岑溪市经济快速、健康、稳定增长的重要推手。同期,岑溪的保险业和债券、股票市场也随着地方经济的发展而兴起、兴旺。

第一章　财　政

1991—2005年，既是岑溪经济快速发展的15年，也是岑溪财政体制改革不断深化和财力快速提升、财政收入持续稳定增长的15年。1991年，县地方财政一般预算总收入仅4794万元；至1999年，全市地方财政总收入首超亿元，实际数为10153万元。2005年年末，地方财政总收入13536万元。当年财政收入占全市GDP比重为5.67%，与1991年的6.89%相比下降1.22%。1991年，岑溪实行分税种、核定收支、分级包干的财政管理体制，给各乡镇财政所更多的自主权，有效地促进乡镇经济的发展。1994年，国税、地税分立后，1995年起，对乡镇实行"定收定支、收支挂钩、上解递增、补助递减，超收全留、自求平衡，一定三年"的乡镇财政管理体制，有效地提高资金使用效益，加强预算约束能力，确保财政收入与国民经济发展同步增长。逐步理顺市、镇财政分配关系，乡镇财政与事权走向统一，进一步促进乡镇财政经济健康发展，助力全市财力提升和国民经济整体全面、平衡发展。

第一节　机　构

岑溪市财政局

1991年，岑溪县财政局为县政府主管财政工作的行政机构，正科级单位。行政编制15人，事业编制24人，实有职工32人。县财政局内设秘书股、预算股、基建股、工财股、商财股、外资股、事财股、综合股、国资股、人教股、农财股、农税股、会计股等13个股室，下辖二级事业机构资金管理所（1992年改为资金管理局）和国有资产管理局。1994年设立社保股。1995年12月，岑溪县财政局改称岑溪市财政局，机构性质、职能、人员编制不变。1997年，机构改革时，事财股改为行政文教股，财政局分别成立岑溪市收费管理局（负责全市有关单位预算外资金监督管理）和岑溪市稽查分局。隶属于市财政局并在财政局挂牌办公。2002年机构改革，4月，财政局内设股室合并为8个股室合署办公。市财政局内设机构为办公室、人事监察股、监督检查股、预算股、综合股、企业股、农业股、农税股、会计股、社保股、经建股、国资股、行政文教股、国库股、预算外资金管理股、债务股等16个股室。二层事业机构有：资金管理局、国有资产经营有限公司、收票据管理中心、工资统发中心、会计管理办公室、政府采购管理中心、财政信息中心、17个乡镇财政所。11月撤销行政文教股。

2005年3月财政局成立岑溪市财政信息中心（2005年　摄）

2005年设立行政政法股、教科

文股,财政局内设机构有办公室、人教股、监督检查股、预算股、综合股、企业股、农业股、农税股、会计股、社保股、农业综合开发办公室、经建股、国资股、行政政法股、教科文股、国库股、债务股等17个股室(2005年8月合并8个股室合署办公)。另辖市政府采购中心、工资统发中心、票据管理中心、财政信息中心、国有资产管理中心、国有资产经营公司、会计管理办公室、会计函授站8个二层机构(办公地址在市财政局)和14个乡镇财政所。当年市财政局共有编制60个,其中,行政编制23个,事业编制37个;实有职工60人,其中行政23人,事业37人。14个乡镇财政所共有编制149个,其中,干部编制101个,工人编制48个,实有职工149人。

1991—2005年,岑溪市财政局主要负责人(局长)分别是吴享义(1990年11月至1994年10月)、梁超文(1994年10月至1999年4月)、饶少良(1999年5月至1999年10月)、莫以海(1999年10月至2000年12月)、覃照荣(2000年12月至2005年4月)、唐家明(2005年4月至2013年9月)。

乡镇财政所

岑溪县乡镇财政所成立于1986年7月。1991年有岑城、樟木、马路、南渡、吉太、水汶、大隆、梨木、大湴(后改大业)、筋竹、诚谏、归义、糯垌、三堡、波塘、昙容、安平等17个乡镇财政所,编制共152人,实有干部职工146人。2005年7月乡镇调整后,有岑城、马路、南渡、水汶、大隆、梨木、归义、大业、筋竹、诚谏、糯垌、安平、三堡、波塘等14个乡镇财政所,编制共156人,实有干部职工149人。乡镇财政所主要管理本镇财政事务,业务受县(市)财政局指导,行政管理和编制纳入镇人民政府。

第二节　财政体制改革

县(市)财政管理体制

“包干”制财政管理体制　根据国务院和自治区人民政府确定的财政管理体制,1991—1993年,岑溪县实行的是“划分税种、核定收支、分级包干”的财政管理体制。由地方政府将税收中的特定份额上交给中央政府,由中央政府给予地方财政特定数额的资金补助。根据这一体制,市财政部门对市直单位和乡镇的经费实行“包干”制财政管理,超支不补,结余留用。全县财政收入由1990年的4070万元,增加到1993年的8179万元;财政支出由1990年的5899万元,增加到1993年的8557万元。

分税制财政管理体制　1993年《国务院关于实行分税制财政管理体制的决定》颁布。1994年起,岑溪县(市)实行分税制财政体制。财政收入划分中央和地方收入,税种划分为中央税和地方税以及中央与地方共享税。中央与地方共享税收入包括,增值税、资源税、证券交易税。增值税中央分享75%,地方分享25%。资源税按不同的资源品种划分,大部分资源税作为地方收入,海洋石油资源税作为中央收入。证券交易税,中央与地方各分享50%。消费税100%上划中央,企业所得税在2002年,中央与地方各分享50%,2003年起,企业所得税和个人所得税60%上划中央,40%归地方。中央财政对地方税收实行按一定系数返还,保证地方既得财力。1994年4月,岑溪市分别建立国家税务局和地方税务局,市财政部门相应增强财政宏观调控能力,促进经济结构的调整和财源增长,基本形成适应社会主义市场经济体制要求的财税体制框架,调动各级政府当家理财积极性。

乡镇财政管理体制

按照分税制内容,1995年起,岑溪市财政部门对乡镇实行“定收定支、收支挂钩、超收分成、超支不补”的乡镇财政管理体制。1997年起改为对乡镇实行“定收定支、收支挂钩,上解递增、补助递减,超收全留、自求平衡,一定三年”的乡镇财政管理体制。2000年,继续对乡镇实行“定收定支、收支挂钩,上解递增、补助递减,超收全留、自求平衡,一定三年”的财政管理体制,经过几年的运行,基本上理顺市、镇财政分配关

系，乡镇财权与事权走向统一，促进乡镇财政经济健康发展。

2003年起，结合分税制财政管理体制和公共财政的要求，对乡镇实行“划分税种、核定收支、分级包干”一定5年的乡镇财政管理体制，进一步明确乡镇财权和事权。实行新制后，逐步理顺市与镇之间的分配关系，调动乡镇当家理财、增收节支工作的积极性，乡镇财政整体实力明显增强，财政收支规模不断扩大。乡镇财政收入由1991年的1234万元，增加到2005年的7365万元，为1991年的5.6倍；乡镇财政支出由2000年的6816万元。增加到2005年的11287万元。

农村税费改革

2003年，按照中央和自治区的部署，进行农村税费改革。成立农村税费改革试点工作领导小组，小组下设办公室、政策法规组、数据统计组、产量调查组、数据测算组及监督组，市委书记、市长为组长，指导开展农村税费改革。进行“三个取消、两个调整、一项改革”为主要内容的农村税费改革，即取消乡统筹费、农村教育集资等专门面向农民征收的行政事业性收费和政府性基金、集资；取消屠宰税；取消统一规定的劳动积累和义务工。调整农业税政策，根据地域条件和农业生产条件的差异，以及农民的承受能力，农业税实行差别比例税率；适当调整部分农业特产税税率，取消原部分一个应税品目两道环节征税，继续征收农业特产税，对在农业税计税土地上生产的应税农业特产品，只征收农业税，不征收农业特产税。改革村提留征收使用办法。农业税附加和农业特产税附加按正税的20%征收。通过改革，全市核实农业税计税土地面积16064.4公顷，农业税计税常年产量为每亩平均720千克稻谷，调整后农业税税率为6.5%，并征收农业税附加为农业税正税的20%。农村税费改革后农村税费减少4214.05万元，减幅为71.62%。改革前农民人均负担91.73元，改革后人均负担25.4元，农民人均减负66.33元，减72.31%。2004年，认真落实农业税税率降低1个百分点，调整为5.5%的税改政策，进一步减轻全市农民农业税负担156.5万元，减轻农业税附加负担30.3万元。从2004年起取消除烟叶以外的农业特产税征收，减轻农民和企业负担800多万元。按照自治区人民政府的决定，从2005年起，免征农业税，减轻农民负担，促进农村经济发展和社会稳定。

第三节　财政收入

财政预算总收入

1991年地方财政收入实际为4794万元，占年度预算数的101.63%，完成自治区分配任务的105.47%，比上年（1990年）增收724万元，增长17.79%。1992年起，逐年稳定增长，县级财政收入增长最高年份为1993年，增长率28.98%，当年完成预算数的115.17%，比上年增收1480.6万元。财政收入中税收增长最高年份为1994年，工商税类收入完成预算数的109%，增长率为22%；农牧业税和耕地占用税类完成年预算的111%，增长率为40%。当年国有企业所得税和国有企业上缴利润收入则处于下降状态，与上年对比分别减少56%与28%。

2005年，岑溪市财政收入25584万元，完成年预算任务的106.1%，比上年增加4131万元，增长19.9%。其中：上划中央收入完成8689万元，完成年预算任务的100.4%，比上年增加1016万元，增长13.2%；上划自治区收入完成2651万元，完成年预算任务111.2%，比上年增加435万元，增长19.6%；地方一般预算收入完成13536万元，完成年预算任务的109.2%，比上年增加464万元，增长3.5%。地方财政一般预算收入13536万元，加上级补助收入25452万元（其中：税收返还收入6676万元，上级追加专项补助收入3803万元，转移支付补助收入14911万元，其他补助收入62万元），全市财政总收入38988万元，比上年增加6476万元，增长19.9%。

岑溪县(市)财政收入主要有税收收入、专款收入“两税”补助收入和其他收入(含行政事业单位依规收入及罚没款项等)。1997年起,增加基金收入。

税收收入

1991年财政收入中,工商税收入类完成3233.1万元,占年预算数的96.92%,比上年增加338.1万元,增长11.68%;农业税和耕地占用税类完成624.1万元,完成预算数104%,比上年增加63.6万元,增长11.34%;国营企业所得税及利润收入完成374.4万元,完成预算数的105.76%,比上年减少2.4万元。

1993年财政收入中,工商税收完成5068.1万元,完成预算数的123.97%,比上年增收1450.4万元,增长40.09%;农业税和耕地占用税收入完成755.2万元,完成预算数的105.62%,比上年增加51.7万元,增长7.34%;国营企业所得税及利润收入完成293.1万元,完成预算数的80.08%,比上年减收50.6万元,减14.72%。

1995年起,实施中央“两税”返还政策,当年中央“两税”返还财政收入2251万元。预算工商税收类收入完成3481.6万元,完成预算的106.1%,比上年增加963.5万元,增长38.3%;农业税和耕地占用税类收入完成1764万元,完成预算的108.3%,比上年增加173万元,增长10.9%;企业所得税类收入完成254万元,完成预算的151.2%,比上年增加167万元,增长191.9%;2000年,工商税收入(含增值税地方25%部分)完成4695万元,完成年度预算(年初预算数,下同)的98.4%,比去年增加447万元,增长10.5%;企业所得税收入完成592万元,完成年度预算的100%,比上年增加72万元,增长5.7%;增收的原因:主要是电力公司代市电化办征收各种费及补贴并入利润计税征收所得税400万元。农业“四税”收入完成1183万元,完成年预算的73.1%,比上年减收463万元,减28.1%;其中,农业税完成603万元,完成预算的90%,比去年减收121万元,减16.7%,减收主要原因是公粮的结算价每担比上年少征8元,减少收入107万元,落实征用土地及水毁农田减免公粮减少农业税1.3万元;农业特产税收入完成454万元,完成年度预算的56.7%,比上年减收149万元。减收原因主要是松脂减产、收购量比上年减少2000吨,松脂计税价比上年每吨减20元,减少税收44万元;木材砍伐指标减少,木材特产税减15万元;受霜冻、干旱自然灾害的影响,玉桂、八角、水果等农副产品生产受挫,同比减税40多万元。

2005年,财政收入中,工商税收入完成5981万元,完成年预算任务109.8%,比上年增加1740万元,增长41%。企业所得税30%部分完成273万元,完成年预算任务的104.2%,比上年增加10万元,增长3.8%;个人所得税25%部分完成458万元,完成年预算任务101.1%,比上年增加2万元,增长0.4%。农业税收(2004年度尾欠农业税,耕地占用税、契税)收入完成796万元,完成年预算任务的144.7%,比上年减少198万元,下降19.9%。

专款收入与两税返还收入

1991年,专款收入类收入完成60.7万元,完成预算数的173.42%,比上年增加27.9万元,增长85.06%。国营企业亏损补贴完成93.1万元,完成预算数的93.1%,比上年减少补贴41.2万元,减30.67%。其他收入类收入完成387.1万元,完成预算数的129.03%,比上年增加6.9万元,增长1.81%;国营企业承包收入退库33.1万元,完成预算数的73.56%,比上年减少退库7.9万元,减19.27%。

1993年,专款收入类收入完成91.1万元,完成预算数的101.22%,比上年增收11.8万元,增长14.16%;国营企业亏损补贴完成35万元,完成预算数的50%,比上年减少补贴65.6万元,减65.2%。其他收入完成420.7万元,完成预算数的77.76%,比上年减少42.6万元,减9.19%。

1995年,专款收入类收入完成150万元,完成预算的100%,比上年增加42.7万元,增长39.7%。企业上缴利润类收入完成28万元,完成预算的23.95,比上年减少57万元,减67.1%;国有企业计划亏损补贴类收入完成25万元,完成预算的100%,与上年持平;其他收入完成186万元,完成预算的372.6%(上年没有此类收入,不可比)。罚没收入、行政性收费收入类收入完成707万元,完成预算的171.6%,比上年增加

326万元，增长85.8%。

1996年，中央"两税"返还地方财政收入2263万元，结算补助80万元。专款收入类完成187万元，完成预算的93.5%，比上年增加37万元，增长24.7%。其他收入类完成473万元，完成预算的430%，比上年增加287万元，增长154.3%。罚没收入和行政性收费收入类完成1406万元，完成预算的100.8%，比上年增加699万元，增长98.9%。

2000年，专款收入类收入完成198万元，完成年度预算的79.2%，比上年增加16万元，增长8.8%。罚没收入和行政性收费收入完成1956万元，完成年度预算的109%，比上年减少605万元，减24%。其中：罚没收入完成1656万元，比去年减收65万元，减少3.8%；行政性收费收入完成300万元，比上年减少540万元。国有资产经营收益收入完成807万元，完成年度预算的161.4%，比上年增收495万元，增长158.7%。其他收入完成1566万元，完成年度预算的108.7%，比去年增收977万元，增长165.9%。

2005年，专款收入完成366万元，行政性收费收入与罚没收入3370万元，国有资产经营收益收入1810万元，其他收入482万元。以上非税收入合共6028万元，完成预算任务106%，比上年增加1126万元。1991—2005年，各年度收入趋于稳定上升状态。1999年财政地方一般预算总收入首度超亿元，完成预算任务107.9%，总收数为10153万元。2005年年末，财政地方一般预算总收入13536万元。

基金收入与预算外收入

岑溪市的基金收入从1997年开始列入财政管理科目。基金收入项目有5类，分别是工业交通部门的墙改基金收入、文教部门的农村教育附加费收入和地方教育附加费收入、农业部门的防洪保安费收入、土地有偿使用收入以及地方税费附加收入。其中土地有偿使用收入于2000年开始列入收入科目，墙改基金收入于2004年开始列入收入科目。1997—2005年基金收入10400万元，其中：教育部门基金收入6064万元，占58.3%；地方税费附加收入1915万元，占18.4%，土地有偿使用收入1202万元，占11.6%，农业部门基金收入1190万元，占11.4%；工业交通部门基金收入29万元，占0.3%。基金收入具有很大的不确定性，随着农村税费改革的开展，2003年开始取消农村教育附加费和调整农业税附加。随着国家加强对国有土地出让收入的管理和城镇土地开发的深入，国有土地出让收入全部上缴国库，土地有偿使用收入在基金收入中所占份额逐年增大。（1997—2005基金收入情况见附表）

预算外财政款项

岑溪市的预算外收入主要包括行政性收费收入、专项收入、彩票资金收入、罚没收入、国有资本经营收入、国有资源（资产）有偿使用收入等。2004年起对公安、检察、法院、环保、计生等部门收费纳入预算管理。1991—2005年，全市预算外资金收入93732万元。

1996—2005年岑溪市财政收入情况表

表9-1-1　　单位：万元

年度	1996	1997	1998	1999	2000	2001
财政收入总计	11673	12744	14476	16832	17879	16800
一般预算总收入	11673	12471	13458	15168	16138	15522
地方一般预算收入	7747	8100	8353	10153	10997	10796
一、税收收入	—	—	—	—	—	—
1.工商税收	3407	3641	4132	4248	5287	4713
2.农业四税	1987	2355	1387	1646	1183	1065
3.所得税收入	704	1045	1251	1735	1838	3826
二、专项收入和其他收入	660	357	284	771	1764	1141

续表 9-1-1

年度	2002	2003	2004	2005
财政收入总计	18901	18491	21806	25584
一般预算总收入	17389	17469	20745	24876
地方一般预算收入	10391	11006	13072	13536
一、税收收入	—	—	—	—
1.工商税收	4178	4954	6095	5981
2.增值税	1303	1545	1614	1552
3.营业税	1702	2452	3344	2323
4.个人所得税	891	717	731	458
5.农牧业税类	1414	1770	994	796
6.企业所得税	438	346	350	273
二、行政事业性收费及罚没收入	2242	2768	3688	3370
三、专项收入和其他收入	1225	451	912	848

1997—2005年岑溪市基金收支情况表

表9-1-2 单位:万元

年度	收支合计			工业交通部门基金		文教部门基金		农业部门基金		土地有偿使用收入		地方税费附加	
	收入	支出	结余	收入	支出	收入	支出	收入	支出	收入	支出	收入	支出
1997	396	326	100	—	—	122	68	123	123	—	—	151	135
1998	1018	976	68	—	—	740	740	185	143	—	—	93	93
1999	1664	1582	152	—	—	1420	1420	162	93	—	—	82	69
2000	1741	1725	168	—	—	1514	1514	113	118	48	18	66	75
2001	1278	1039	407	—	—	1033	895	101	71	73	33	71	40
2002	1512	835	1084	—	—	894	656	116	114	123	12	379	53
2003	1022	690	1416	—	—	165	195	112	92	213	80	532	323
2004	1061	732	1748	9	4	62	34	127	111	462	358	401	225
2005	708	606	1879	20	14	114	92	151	150	283	280	140	70
合计	10400	8511	7022	29	18	6064	5614	1190	1015	1202	781	1915	1083

1991年—2005年预算外资金收入表

表9-1-3　　　　单位：万元

年份	1991	1992	1993	1994	1995	1996	1997	1998	1999
收入	3479	4024	3527	4618	6362	9476	9098	6213	5041
年份	2000	2001	2002	2003	2004	2005	—	—	—
收入	8140	8795	4219	5801	6575	8364	—	—	—

第四节　财政支出

岑溪市财政支出分三大类项，即上解中央财政支出、地方一般预算支出和预算外支出。

地方一般预算支出主要有公共服务、公共安全、教育、社会保障业、医疗卫生、城乡社区事务、农林水利建设等7种，支出所占比例较高。另有国防、科学技术、文化体育和传媒、环境保护、交通运输、工业商业金融等事务支出及其他支出等8种，支出所占比例较低，多为补之不足性质。在以上各项支出中，一般划分为固定资产投资、经济事业拨款、科教文卫事业支出和行政管理费用、城市维护和其他财政支出（含价格补贴、抚恤福利、民兵训练等）。作为预算支出，执行当年度经人民代表大会审议通过的财政预算方案，按计划划拨（特殊情况应急支出除外）。预算外财政支出按照“收支两条线”管理规定，做到合理运用和调配资金，保证单位的正常支出和运转需要。同时结合财政专户资金的留存量，不断提高资金使用效益。

上解支出

1991年，岑溪县财政上解支出完成175.4万元，完成预算数的97.44%，比上年增加2.5万元，增长1.45%。1993年，上解自治区和地区财政款项增加到283万元，比上年增加70.17%。上解款增加原因是从1993年5月1日起商品零售和其他饮食业税率从3%调整为5%，提高税率部分60%上解中央外，余下40%部分县占60%，40%上缴自治区。地区行署也行文规定，县级以1992年财政增加部分需上解地区6%。1995年，市上解支出完成452万元，完成预算的130%，比上年增长45%。1996年，上解支出完成564万元，完成预算的110.4%，比上年增长8.1%。2000年，上解支出977万元，完成预算的100%，比上年增加249万元，增加率为34.5%，增加原因是税务经费增量上解，工商、质监部门改为垂直管理增加上解，梧州市集中地方收入上解支出部分同期增加。2005年，上解支出完成1416万元，比上年增加518万元；完成预算任务100%，比上年增长57.68%。

地方预算支出

1991年，全县财政总支出完成6773万元，为年度预算的98.41%，比上年增加支出907万元，增长15.38%。其中县级支出完成6630万元，比上年增长15.8%。各类支出中，行政管理费支出完成1101.4万元，完成预算的135.98%，比上年增加支出272万元，增长32.79%；用于企业挖潜改造、支援农村生产建设、城建维护及工交商业部门事业费用支出1029.3万元；文教卫生事业费类支出2350.5万元（含工资）。以上三大类支出合4481.2万元，占县预算支出的67.58%。

1993年，全县财政总支出完成8557万元，完成预算数的117.4%，比上年增加支出1349.3万元，增长18.52%。其中县级支出8274万元，完成预算数的116.78%，增长17.50%。当年预算支出共15类项，其中，行政管理费类支出完成1359.3万元，完成预算数的129.51%，比上年增加支出93.8万元，增长7.41%；用于企业挖潜改造、支援农村生产建设城市维护及工商农林水利等部门的事业费支出1639.6万元，文教卫生及科学事业支出2913.3万元,以上三大类支出合计5912.2万元,占县预算支出的71.45%。

1995年,岑溪财政总支出完成11522万元(不含社会保障基金支出),完成预算的103.5%,比上年增加支出1346万元,增长13.2%,其中,县级预算支出11070万元,增长12.2%。当年县财政预算支出有3个特点,一是基本建设与企业挖潜改造类支出减少,原因是上年基建支出全部是上级追加专款补助的支出,本年度财政资金高度困难,造成专款到位率低而减少;此外企业挖潜改造资金,上年度年终决算时将一部分暂付给企业的借款转列技改支出,因而本年度该类项支出减少。二是城市维护费类、支援农村生产费类支出增加幅度较大,原因是1995年岑溪撤县设市增加了对市区街道及公共设施建设及探花开发区、南环开发区建设和农村生产(乡镇企业为主)的资金投入。三是科教文卫与行政管理费类支出,由于人员增加业务范围扩展导致增长幅度提升。其他费类支出也有增有减,总体财政支出大于财政收入,超预算安排收支相抵本年度赤字数763万元,滚存结余赤字2556万元。

1996年,市财政总支出完成11615万元(不含社会保险基金和电力建设基金支出),完成预算的101%,比上年增加支出587万元,增长5.1%,其中,市级预算支出11615万元,完成预算数的110.6%,比上年增加4.9%。本年度市财政收支相抵结余69万元,历年滚存赤字2469万元,净赤字2792万元。从财政决算报表来看,本年消化财政赤字395万元,财政状况有所好转。年内财政借款金额比上年增加624万元,欠拨专款及各乡镇超收分成余额1340万元,财政预算暂付款余额1886万元。年内基本建设和支援农村生产、农林水电气象事业费与文教卫生事业费类支出仍属增长状态,原因是本年度上缴追加专款能及时到位。行政管理费方面,市委、市政府出台一系列加强管理(尤其是公车、会务、电信等公务费)的措施,支出数额仅比上年增长0.1%,追加支出经费减少350万元。

2000年,市地方财政总支出完成16263万元,完成预算的99%,比上年增加支出2173万元,增长14.4%。其中,市级预算支出16263万元,完成预算的99%,比上年增长13.4%。2000年预算收支结余97万元。历年滚存赤字1360万元,净结余1483万元。当年财政决算,收支平衡,略有结余。2000年市财政供养人口比上年增加288人,供养人口1.8万人,加上财政预算中暂付款额6846万元(比上年增加1200万元),无法收回对财政收入平衡带来冲击。

2005年,岑溪市财政原预算总支出为30141万元,加上上年结转583万元、上级财政追加收入6853万元,全市财政支出预算调整为38784万元。当年完成一般预算支出37332万元,完成调整后预算的99.3%,比上年增长20.7%,加上上解支出完成1416万元。2005年地方财政总支出完成38748万元,完成年预算的99.4%,比上年增加6929万元,增长21.8%。当年财政收支相抵后结余240万元,累计结余赤字1705万元,净结余1950万元。地方财政预算支出项目完成情况分别是:生产性支出完成2231万元,完成年预算的100%,比上年增加588万元,增长35.8%;事业行政费支出完成26916万元,完成年预算的99.9%,比上年增加2296万元,增长9.3%;专项支出完成3685万元,完成年预算的97%,比上年增加879万元,增长31.3%;其他支出完成4500万元,完成年预算的97.6%,比上年增加2648万元,增长143%。

预算外财政支出

1991年以来,岑溪市的预算外资金支出,做到合理运用和调配资金,按照“收支两条线”管理规定,及时按计划将单位预算外资金核拨回单位,保证单位的正常支出和运转需要。同时,结合财政专户资金的留存量,不断提高资金使用效益,合理调度资金,支持重点项目建设,促进全市经济和各项事业发展。1991年至2005年,全市预算外资金支出累计107289万元。

1991—1995年岑溪财政支出情况表

表9-1-4　　　　单位：万元

年度	1991	1992	1993	1994	1995
财政支出合计	6773	70414	8557	10128	11522
基本建设投资	—	—	—	—	45
企业挖潜改造资金	140	156	856	244	168
简易建筑费	22	—	—	—	—
科技三项费用	2	—	—	—	—
农业水利气象事业费	311	—	358	435	461
支农支出	468	494	291	374	474
工交商业事业费	19	11	16	20	25
城市建设事业费	93	108	108	145	356
城镇青年就业费	5	4	—	—	—
文教科卫事业费	2306	2664	3060	3636	3966
其他事业费	176	218	250	299	757
抚恤和福利事业费	321	300	220	391	412
行政管理费	1101	1266	1357	1649	2039
其他支出	972	976	1414	2043	1359
支应款支出	—	—	—	—	—
财政价格补贴支出	374	134	29	29	44

1996—2001年岑溪财政支出情况表

表9-1-5　　　　单位：万元

年度	1996	1997	1998	1999	2000	2001
财政支出合计	11615	11917	12756	14339	16263	20029
基本建设投资	105	—	—	260	300	707
企业挖潜改造金	50	229	208	160	105	167
支援农村生产支出	574	350	473	340	373	229
农林水利气象等部门事业费	591	552	574	644	1069	1256
科技三项费用	—	—	—	—	2	1
科学事业费	4	3	7	5	8	5
教育事业费	3496	3726	3383	4028	4590	5754
文体广播事业费	104	97	373	413	460	—

续表

年度	1996	1997	1998	1999	2000	2001
卫生经费	788	795	694	707	802	931
工业交通部门事业费	29	26	43	47	28	33
行政管理费	2040	1918	1800	1951	2425	2820
抚恤和社会福利救济费	307	222	272	304	366	522
社会保障补助支出	—	—	102	183	279	319
国防支出	—	—	—	—	8	7
城市维护费	198	219	240	242	249	224

2002—2005年岑溪财政支出情况表

表9-1-6　　单位:万元

年度	2002	2003	2004	2005
地方财政支出	24179	30839	31819	38748
地方一般预算支出(合计)	23344	29975	30921	37332
基本建设支出	400	861	999	957
企业挖潜改造金	973	1085	594	1245
支援农村生产支出	403	1073	1521	1514
农林水利气象等部门事业费	1871	1872	2715	3092
科技三项费用	4	7	50	29
科学事业费	4	10	11	8
教育事业费	8888	10464	10943	12461
文体广播事业费	723	1210	1204	1279
卫生经费	1042	1376	1205	1006
工业交通等部门事业费	61	63	102	174
行政管理费	3620	4109	4304	4705
抚恤和社会福利救济费	710	1168	1005	1463
社会保障补助支出	465	1100	547	615
国防支出	5	5	12	11
城市维护费	288	920	1020	1217

第五节　财政管理

财政预算编制

20世纪90年代以来，岑溪县（市）财政预算（草案），由县人民政府委托，县财政局依照年度国民经济与社会发展计划中提出的经济发展总体目标进行编制。编制原则是量入为出，收支平衡，避免赤字。编制程序是财政局依据上年度财政执行情况和本年度经济发展计划作出财政预算草案后交县政府县长办公会议审查并提出修改意见，财政局再进行修改，最后由县长审定，并在当年人民代表大会会议期间由财政局长向大会作上年预算执行情况与当年预算报告，由人民代表大会审议批准。1991年，岑溪县财政预算草案提出县级当年财政收入为5095万元，比1990年预算数增加723万元，增长19.2%。当年预算总支出为5095.4万元。预算收入主要类项有税收类和专款收入及其他收入等；支出类有企业挖潜改造资金、支援农业生产类资金和行政事业单位运转及科教文卫事业费用等10多余项。预算草案定稿后，由当年县人民代表大会审议。审查通过后，按照县人大发布的年度财政预算报告执行实施。

1995年，《中华人民共和国预算法》颁布实施，市财政部门严格遵守“国家预算法”和其他有关法律的规定，依法理财，确保财政预算能促进财源开拓，激励经济增速、财政增收和人民生活水平不断提高。预算方案按照市政府当年“八九九”工程计划的经济发展目标，确定年度预算收入与支出方案，经市人大审查通过后实施。当年全市生产总值177353万元（当年价），实现县财政总收入8966万元，比上年增加721万元。其中，上划中央“两税”分成3588万元，比上年增长22%。

2000年，是市第九个国民经济与社会发展五年计划的最后一年，为确保“九五”计划目标的全面超额完成，市财政部门在编制年度财政收支方案时，从增强市经济和财政综合实力目标出发，采取多方培育和壮大财源，加强税收征管和稽查力度，坚持财政增收与严控财政支出并举开源节流，增收节支，把支出重点放在行政机关、事业单位正常运转及支农、科技、教育事业费用合理增长等措施方面。议订了当年财政总收入17337万元，比上年增加1884万元，增长12.2%，财政总支出17240万元的预算方案。2001年，鉴于市财政基础总体脆弱，新的财源增长点不多，财政收入规模小，增长率低等地方财政经济特点，地方财政预算收入方案增加数适度减少，当年地方财政一般预算收入安排11935万元，比上年增长938万元，增长率为8.5%，地方财政预算支出，则按“两个确保”，即确保行政、事业单位职工工资发放和行政机关工作正常运转所需经费；确保农业、科技、教育卫生投入和社会保障所需必要经营的原则进行预算列支。乡政府按市政府实行乡镇财政包干体制相关规定执行。

2005年编制当年财政预算草案时，按照财政收入和地方一般预算收入保持一定的增长速度，并与市生产总值增长相适应和“一要吃饭，二要建设”的原则，在确保人员工资和机关正常运转的基础上加大对农业、科技、教育事业资金的投入。2005年财政预算收入安排23442万元，比上年实际完成数增加2697万元，增长13%。其中地方财政一般预算收入12341万元（已减去自治区分享“四税”收入），比上年完成数增加1653万元，增长12.6%。上划中央收入8717万元，比上年完成数增加1044万元，增长13.6%，当年地方财政总支出安排31041万元，比上年年初预算数增加3024万元，增长11.5%，其中，地方一般预算支出30141万元，比上年增加3204万元，增长11.9%；上解支出安排900万元，与上年持平。该年度财政总收入与总支出平衡，上年累计赤字1852万元继续结转下年。市人大代表会在审议2005年度预算报告时，认为该报告以科学发展观统揽全市财政工作，服从和服务于经济建设大局，增收节支、收支平衡予以批准并由市财政部门执行。

财政资金管理

财政预算资金管理 1991年，岑溪县预算资金实行“划分税种，核定收支、分级包干”的办法，划定属于县级财政预算收入的税种有县属国企所得税、调节税、产品税、营业税、增值税（不包括中央、自治区收入部分）和资源税、建筑税等。中央所属企业（如烟草公司）的产品税、营业税的40%归地方财政收入；集体企业所得税、农业税、个人所得税和国营企业的奖金税、契税税收滞纳金及其他收入均按比例与自治区分成。县固定收入有车船牌照税、城市房产税、屠宰税、牲畜交易税城市建设维护税等。但固定收入不列入包干基数、由县财政自行安排。财政预算支出按隶属关系划分支出中，对企业挖潜改造资金，科技费用和小型农水补助费，抚恤与社会救济费、支前费等，由自治区财政专项划拨，不列入县财政支出包干费内。由于岑溪市财政收入基数小于支出基数，差额部分由自治区财政给予定额补贴。1991年，岑溪县财政总收入为7021万元，其中上级（中央、自治区）补助收入1851.6万元（固定补助430.9万元）。年内财政总支出6806万元，为年度预算数的98.41%，收支对比滚存结余214.6万元。

1995年，全县财政总收入8966万元，其中，县级收入完成6545.9万元占预算数的113.2%，比上年增长38%。“四税”（工商税、农业税、耕地占用税、企业所得税）收入5499.6万元。上级固定补助收入（含追加专款补助收入）和中央“两税”返还与结算补助收入等共4204万元。年度财政总支出为11522万元（不含社会保险基金支出），增长13.2%。在当年财政预算总收支管理中，仍存在税收流失、财政支出范围、支出结构不尽合理与资金使用效率偏低，财源单一、收入规模小且缺乏稳定性，宏观调控能力强等问题，财政困难仍未从根本上缓解，年终滚存赤字2556万元。1996年起，在预算管理中，加大财源培植与开发力度，积极推动经济增长方式转变，同时强化税征管理，确保预算收入增长。当年，市财政总收入实现11673万元，同时贯彻适度从紧的财政政策，从严控制支出，提高资金使用效益。

2004年，全市财政总收入突破3亿元大关，达32512万元，其中，市级地方一般预算收入13072万元，比上年增19%。当年地方财政预算总支出完成31819万元，收支相抵后结余693万元，累计结余赤字1852万元，滚存结余赤字1748万元，市财政赤字呈现下降趋势。

2005年，当年全市财政总收入38988万元（不含基金收入），其中，地方一般预算收入24876万元，完成预算数的106.1%，比上年增长19.9%。全市财政总支出38748万元，一般预算支出37332万元，完成经调整预算的99.3%。收入相抵结余240万元，累计结余赤字减为1705万元。比上年度存赤字减43万元。

预算外资金管理 岑溪财政预算外资金收入主要有行政事业单位依法依规的收费收入、专项收入、彩票资金收入，司法、行政机关执法罚没收入和国有资本经营收入、国有资源（资产）有偿使用费收入等。1991年起，上述预算外资金收入管理，均由财政局建立专储账户储存，由财政局合理调配使用，并按照收支两条线的管理规定，按计划将单位预算外资金核拨回单位、保证单位正常支出和运转需要。同时在严格控制预算外资金支出的基础上，增大财政专户资金的留存量，用于支持重点项目建设或应急支出，提高资金使用效益。

1991年，全县预算外资金收入3479万元，至1996年，增加到9476万元。1997年收入9098元，1999年降至5041万元。2000年增加到8140万元，2002年降为4219万元。2004年增加到6575万元。2005年，公安、检察、法院等司法机关和环保、计划生育等部门的预算外资金收入纳入预算的资金收入管理，当年全市预算外资金仍有8364万元。

预算外资金支出，一般用于补充行政事业单位机构运转费用不足，如人员差旅、电话通信、办公设备更新、维修及临时工人工资和特困补助等。较大部分用于新上项目（即年内批准上马预算外项目）支出及重大事故（灾情）应急支出或作公共服务、外事接待费用补充支出。支出的总原则是量入为出，预算外资金储存专户务必保有相应留存数量。1991年，预算外资金支出3389万元，收支对比年内存余90万元。

1995、1996、1997年，预算外支出分别是6198万元、8552万元、8935万元，为90年代预算外资金支出量较大年份，主要原因是这三年是岑溪争取并获准撤县设市，为了实现设市新上建设项目增加，外事接待和相关会议费用均超出预算内资金，加上1995年9月至10月先后受热带风暴袭击，全县普降大雨，全县9个乡镇受洪涝大风灾害，受灾农田27.8万亩，山塘水库陂坝、电灌设施、电站受损严重，全县总计经济损失4.02亿元，故在1995、1996年预算外资金支出中为安排灾后重建项目预算内资金不足的补充。1998年、1999年，预算外资金收入减少，支出也相应减少。2003年、2004年，预算外资金支出总额分别为4486万元和6039万元、其中由市政府统筹调控资金分别为983万元、1100万元，均用于农林水利事业、公共安全和城市维护预算内不足的补充，以保证全市经济稳定快速增长。2005年，全市财政预算外资金支出7973万元，收支对比存留391万元。

第六节 国有资产管理

管理模式改革

20世纪80年代以前，实行计划经济，国有资产管理实行行政管理（即由国有企业，事业单位的行政主管部门统管）的模式，以行政手段（即计划调配）进行管理。国有资产的产权与经营权合一，政企不分。90年代起，随着国有企业（含工商企业及相关行业部门、单位）体制改革深入开展，企业产权与经营权剥离，国有资产管理模式和手段也实行相应的改革。改为由国家统一的国有资产管理部门实行统一管理调控。1990年，岑溪县成立国有资产管理局统一管理国有资产。1992年至1993年，先后出台《岑溪县国有资产管理办法》《岑溪县产权交易暂行办法》等规章制度，按政策对全县国有企业、行政事业单位国有资产进行普查登记、重新配置或拍卖、改制等方面的工作，盘活国有资产防止企业改革中国有资产的流失。县财政局为摸清县属国有企业资产情况，对全县国有企业和企业化管理的事业单位开展清产核资登记和年审工作，当年登记检审企业（含企业化管理的事业单位）共67家，登记国有资产总额1.065亿元。

2002年，市财政局设立国有资产管理办公室，对国有资产实行统一管理，并实行财政监督。2004，成立岑溪市国有资产经营有限公司，负责国有资产运营工作。2003年至2005年，通过拍卖、转让等方式盘活全市国有资产4078万元，促进国有资产增值1500万元，增加国有资产收入1948万元。至2005年6月，全市国有资产存量总额5.053亿元，其中行政事业单位国有资产总值2.29亿元，国有企业资产总额2.763亿元。

国有资产的评估与转让

1992—1993年，《岑溪县国有资产管理办法》和《岑溪县产权交易管理暂行办法》出台后，县国有资产管理局开始对国有资产转让、评估工作。1993年，国有企业资产转让项目21个，产值27.2万元。1994年对国有企业资产进行评估，评估总值12493.5万元。同期，开展对行政、事业单位实行产权登记、产权变更、产权年检工作。1993年，实行产权登记的行政事业单位114个，资产总额45401. 34万元。1998年起至2005年先后对市造纸厂、化肥厂、机械厂、钛白粉厂、印刷厂、饮料厂、富杰水泥厂、冶金公司、医药公司、百货公司、电力公司、大湾、都目、波塘、四滩水电站及岑溪大酒店等40多家国有企业进行通过资产评估后实行拍卖、转让租赁、资产重组、股份制改造（国家控股）等形式实行改制，并通过企业内部挖潜，实现企业改革与发展。

第七节　财政监督

财政监督是国民经济监督的重要组成部分。1989年，岑溪县人民政府为加强财政监督工作，成立岑溪县税收、财务、物价检查办公室，从财政、税务、财贸、物价等部门抽调人员，每年组织1～2次对税收、财务和物价大检查活动，实行监督。1998年，依照财政体制改革，市人民政府撤销于1989年成立的税收、财务、物价检查办公室，成立岑溪市财政稽查分局（隶属市财政局），取消一年一度的税收、财务、物价大检查，建立起经常性的财政监督和稽查机制。

财政执法监督

1991年，岑溪县政府“三查”办公室抽调150人组成检查组，开展财政执法检查监督活动。检查企业承包合同的签订与上缴财政款项的落实，税收征管中偷逃漏税、税收外流和机关企事业单位财务管理中出现的账务问题。当年检查预算内的工业、商业企业户和物资、文教、医药、粮油企业的承包合同签订及与财政局签订的“责任状”实施情况，共检查16个企业户，落实承包合同，总产值1500万元，年利润989.3万元，上缴财政299.35万元。同年，在税务执法检查中，检查纳税户共246户（次），查补税款70万元。对132个行政事业企业单位，重点检查财务账，共查出各类违纪金额101万元，应补入库81万元，同上年度欠交48万元，共入库129万元。

1992年，是岑溪各企业经营机制转换由试点到全面铺开的一年，也是财务会计制度实行重大改革的一年。年内对61个国有企业和企业管理的单位进行登记和年检，登记国有资本总额10655.2万元。1995年，是《中华人民共和国财政预算法》实施的第一年，为落实“依法理财，严格控制支出，提高资金使用效益”的财政预算方针，县财政局除严格执行经人民代表大会审核批准的年度预算方案外，对各部门、各单位进行预算执行和决算监督，由审计部门进行财政预算审计监督。严格控制消费资金和社会集团购买力的增长。1995年审计部门开展财政预算审计监督，对7个财政预算单位进行财务审计，发现6个单位有违规违纪行为，违纪金额82.58万元，依财政法规追缴13.8万元。2000年起，审计部门通过对正常财政执行情况和行政事业单位审计监督，当年审计财政预算执行单位12个和专项建设资金单位3个，审计出违规资金138.2万元，追缴财政资金71万元。2005年，财政预算审计项目44个，查出违纪违规金额995万元，追缴（含罚款）财政资金（含应交税金）127万元，全部入库。

财务管理监督

行政事业财务管理与监督　包括对党委、政府、行政机关、人大、政协和各民主党派、工会、共青团、妇联群团组织、科教文卫等事业单位财务管理与监督。1991年对上述部门和单位的财务管理继续沿用全额预算管理、差额预算管理和自收自支三种管理模式。财政部门对上述部门的管理和监督的内容包括行政事业单位年度收支计划核定与调整、预算程序审批、拨付经费审定和经费支出标准的核计和审核月、季报表、年度决算，以及检查监督经费使用情况等。管理与监督措施主要是：加强部门协调，做好年度预算、决算工作，确保单位人员工资发放和法定支出、重点支出的正常运转。1995年起对市直行政事业单位和乡镇财政实行经费包干制，经费与编制挂钩，一年一定，超支不补，结余留用。同年，对预算外资金，实行财政专户储存制度，约束乱收乱支，按照“收支两条线”和一支笔审批的管理方法，严格控制编制人员经费支出，同时出台相关制度，严格控制、规范差旅、会议、接待、通讯、公务用车费用支出，严格控制社会集团购买力和基础设施建设支出等。2001年起，配合部门预算改革，逐步将所有财政性资金纳入预算，实施财政统发工资制度，确保干部职工工资正常发放。2005年，执行《财政违法行为处罚处分条例》，对市直有关部门的进行专项检查，查出违纪金额2.6万元。

企业财务管理与监督　1991年企业财务管理与监督通过企业财务活动来进行。企业财务监督的范围，主要内容是对生产基金使用效率的监督、产品成本降低任务完成情况的监督、企业纯收入分配的监督、企业专项基金筹集和使用情况的监督等四方面。1993年7月1日起，《企业财务通则》《企业会计准则》开始实施财政部门在加强对行政、事业、企业(含"三资"企业)单位财会人员培训，要求按新规管理企业财务，10月，抽调100多人，对企业财务业务开展检查监督，深入县管国营企业和部分企业管理的事业单位，指导监督各企业财会人员按新规立账，促进了预算内工业、商业、物资、文教、森工等12个工矿企业单位上缴财政款项任务的完成。当年国企上缴财政款项完成12.9万元，占年预算10万元的129%。

1995年岑溪对企业财务管理和监督，着重加强在企业资金、国有资产投资、成本核算和利润分配等方面业务监督，通过产权登记，掌握企业资产总量、结构、分布和变动状况。加强企业资产管理，开展国有企业清产核资，防止国有资产流失。与此同时，帮助、协助企业建立健全相应的财务管理制度，规范企业财务处理行为，及时审核企业季度、年度财务收支、盈亏状况，监督企业执行国务院批准颁布的《企业财务通则》。2000年以来，随着私(民)营企业和合资(股份制)企业、外资企业的兴起和发展，企业财务管理的监督，由原来只对国有企业逐步转向私营、合资和外资企业，并通过加强企业财务管理和监督，参与审核企业兼并合资、关闭、破产与资产重组和处置环节，确保国有企业在转变为民营合资、股份企业过程中资产不受损失，并能通过重组得到增值。

农业财务管理与监督　1991年，农业财务管理主要是对全市农、林、畜牧渔业、水利等部门的财务管理，包括农、林、畜牧渔业水利等部门年度收支计划核定与调整，按照预算程序审批、拨付经费、审定和掌握经费支出标准，审核月、季报表和年度决算，检查监督经费使用情况等。农业单位财务管理实行全额预算管理、差额预算管理和自收自支三种管理办法。岑溪农业事业单位实行核定收支、定额或定项补助、超支不补、结余留用的预算管理办法。1991年，农林水等部门的事业费类支出310.7万元，完成预算的91.17%，支农生产支出完成467.5万元。完成预算数的93.02%两项支出分别增长19.78%和31.61%。1997年6月起，执行财政部颁发的《农业事业单位财务制度》，对部分专项经费中推行项目实行专户管理制度。对农业产业化、农业科技示范基地专项经费以及林业事业费、水利事业费中的部分专项经费等实行项目专户管理办法。加强农业综合开发资金管理，调整农业产业结构，加大对农业公共基础设施、农业新技术、科技和新品种的推广应用的投入。不断加大财政支农投入，支持农业和农村基础设施建设，改善农村水、电、路及农田水利设施、林业生态、农村人畜饮水、沼气池、道路等建设。1991—2005年，全市农、林、水等事业费支出16855万元，支农支出8951万元。2002年，岑溪市列入国家农业综合治理开发项目县，市政府先后实施糯垌、归义等三个农业综合开发土地治理项目，改善农业生产条件。2005年，用于全市农业综

市财政局积极筹措资金支持筋竹镇农业综合开发土地治理项目建设(2005年摄　财政局提供)

合开发项目资金550万元，加强农业重点开发建设项目资金110万元，用于森林生产、加强造林绿化、水土保持资金1278万元。

第八节　会计职业管理监督

会计职业资格管理　20世纪80年代中后期起，依照中央和自治区财政部门的相关规定，岑溪县开始实行会计职业资格管理制度，要求本辖区内各企业、行政事业单位和社会团体的会计从业人员，务必具备高中（中专）以上文化水平和相应会计业务知识，政治思想、道德品质好、责任心强的人员才能担任会计职务。20世纪90年代初，县财政部门与中华会计函授学校联合，举办初级会计职称以上的会计专业函授班（中专学历），补充专业会计人员的不足，培养新一代会计人才。1991年，凡担任会计职务人员，实行会计从业资格考试制度，考试合格发给从业资格证，并凭会计资格进入会计队伍。1991—2005年，全市经考试合格，发出会计从业资格证共2783个。其中：持大学本科学历73人，大专学历827人，中专（含高中）学历1883人；持中级会计职称以上145人，初级会计职称996人。从业资格人员中，国家机关365人，事业单位914人，企业1504人。

强化会计基础工作与会计法执法检查　从1996年起，在全市范围内定期开展会计基础工作规范考核。至2005年，累计通过考核验收单位313个，验收合格单位299个，合格率95.5%。凡验收不合格的单位，限期整改，复核仍不合格者，撤换会计人员。同期，根据自治区财政厅和梧州（地、市）人民政府和县（市）人民政府的部署，每年在执法大检查中，依照会计法相关规定，对会计从业资格和财务核算相关账目、账簿、收支类项等进行检查。凡查出违纪违法行为，依法依章处理。2000—2005年，通过执法检查，依法查处13个单位财务违纪行为，违纪款项160.38万元。

会计委派制度和继续教育　2000年，岑溪市政府作出决定，对全市重点财务单位和国有企业，实行会计委派制度，成立会计委派办公室，由市人事局主管会计委派工作。2001年，转由财政局代政府管理，对市交通局等12个行政事业单位、国有企业派驻会计主管和财务总监。2005年11月，由于机构改革部分行政事业单位调整和国有企业转制，不再实行派驻会计主管和财务总监制度，派驻人员经选拔后进入财政局。

20世纪90年代初，县（市）财政局开始实施对会计人员业务知识再教育制度。每年定期举办会计专业知识培训班，年培训人次300人以上。1996年，按照自治区财政厅的部署，在市行政、企事业单位会计人员中，开展继续教育工作，对会计人员进行电算化知识培训。1996—2005年，全市累计2150人通过培训，都获得会计电算化初级合格证书。

第二章　税　务

1984年4月起，县税务局划归自治区税务局直辖（机关党务工作仍由地方党委管理）。1994年8月，分设岑溪县国家税务局、地方税务局两个税务机构，撤销岑溪县税务局。1996年，国税、地税分征。国家税务机构负责中央税和中央与地方共享税的征管；地方税务机构开征地方税。国家税务机构在1999年前，主要征收增值税、消费税、金融保险企业营业税、企业所得税、外商投资企业和外国企业所得税等5个税种。1999年，恢复征收储蓄存款利息所得个人所得税。2001年，开征车辆购置税。至2005年年末，国税征收共7个税种。地方税务机构征收的地方税种主要有营业税、个人所得税、土地增值税、城市维护建设税、车船税、房产税、屠宰税、资源税、土地使用税、固定资产投资方向调节税、企业所得税和税款滞纳金、罚款收入13种。1996—2005年，岑溪国税与地税两机构征收税额，均处逐年增长态势。

第一节　机　构

岑溪县税务局

岑溪县税务局于1950年3月成立。“文化大革命”期间曾由财政局代行税务职能。1979年4月，恢复设立岑溪县税务局，独立行使地方税征管职能。1991年，县税务局（为县政府主管税务工作行政机构，地址设在工农路）内设秘书股、人事教育股、监察股、税政一股、税政二股和征收管理股、涉外税务管理股、计会股、稽查股等股室。下辖县第一、第二两个税务分局和发票管理所。乡镇设15个税务所6个税务站，全县税务系统在编职工237人，其中干部224人，工人13人。1994年9月28日，分设国税、地税机构，撤销岑溪县税务局。

1991年起岑溪县税务局局长分别是吴汉森（1991年1月至1992年7月）、安杰锋（1992年7月至1994年9月）。

岑溪市国家税务局

岑溪县国家税务局于1994年9月28日成立。正科级单位，12月，国税局内设办公室、税政股、征收管理股、计划财务股、人事教育股、监察室、涉外税收管理股7个行政股室，下设直属稽查分局、发票管理所2个二层机构。局机关行政编制50人，事业编制5人。原税务局第一分局、第二分局及乡镇税务所由国税局代管。1995年9月，除岑城镇外，其他15个乡镇即马路、南渡、昙容、吉太、水汶、大隆、梨木、大业、筋竹、诚谏、归义、糯垌、安平、三堡、波塘设国税所，同时保留盘古、孔任、新塘、合水4个税务站，由国税局代管，所属机构行政编制288人，在编160人。

1997年3月，成立岑溪市国家税务局城区分局、南渡分局、大隆分局、筋竹分局、糯垌分局。原设立的基层分局（第一、第二分局）和乡镇国税所撤销，保留税务稽查分局。不设税务分局的乡镇，改设税务征收处，分别由所属五个分局管辖。年末在编职工162人，其中，机关28人，直属机构编制134人。2000年8月，成立中共岑溪市国家税务局党组，国税部门党务工作划入地方党委管辖。2001年5月，岑溪市国税局内设机构和人员编制进行调整，局机关内设5个行政股室，即办公室、人事教育股和监察室（合署）、税政股、征收管理股、计划财务股。保留稽查分局为直属机构，另设税务信息中心、票证管理中心两个事业单位,重新核定局机关行政管理编制人员22人、事业单位编制8人。全系统编内人员124人,其中直属机构103人,编外人员15人。2002年10月,岑溪市国税局稽查分局更名为岑溪市国家税务局稽查局。2003年4月和10月,先后撤销吉太、昙容、安平、马路、水汶、梨木、大业、诚谏、归义、三堡、波塘等11个征收处,其人员归所属南渡、糯垌、筋竹、城区大隆五个分局管理。2005年5月,国家税务局内设机构再次调整,局内设行政机构6个,即办公室、综合业务股(即原税政股)、征收管理股、人事教育股、监察室、计划征收股(即原计划财务股,对外称办税服务厅)。设直属机构1个即稽查局,撤销票征管理中心。派出机构由原来5个分局减为4个分局,即岑城、南渡、筋竹、糯垌税务分局。其管辖范围调整为岑城税务分局管辖市直企业、城区(岑城镇)税收征管,南渡税务分局管辖南渡镇、马路镇、大隆镇、水汶镇,筋竹税务分局管辖筋竹镇、大业镇、诚谏镇、梨木镇、归义镇,糯垌税务分局管辖糯垌镇、安平镇、三堡镇、波塘镇。年末全系统在编职工141人,其中局机关43人,直属机构98人。局机关办公地址设在市区大中路47号。

1996年建成的岑溪市地税局办公楼(1999年　摄)

1994年9月至2005年,市国家税务局的主要负责人(局长)分别是:安杰锋(1994年9月至2000年7月)、吴业海(2000年7月至2009年5月)。

岑溪市地方税务局

岑溪县地方税务局于1994年9月28日成立,为正科级单位。1995年12月,改称岑溪市地方税务局(以下简称"地税局")。局内设办公室、人事教育股、税政股、征管股、计划会计统计股5个职能股室。下辖征收管理分局、稽查局和南渡、水汶、大业、糯垌4个乡镇分局。吉太、昙容、马路、大隆、梨木、诚谏、筋竹、归义、安平、三堡、波塘等乡镇均设税务所或征收站。局编内在岗113人,其中,干部95人,工人7人,助征人员7人,退休干部1人。2002年,机构改革,局机关增设监察室,原计划会计统计股改为计划财务股,同时撤销昙容、吉太、大隆、筋竹、安平5个税务所,改设为征收站。全市各乡镇分设南渡、水汶、大业、糯垌4个税务分局和马路、梨木、诚谏、归义、三堡、波塘6个税务所。局机关行政编制24人,事业编制7人,直属机构和派出机构行政编制76人,事业编制3人。年底,全局实有在编人员96人,助征人员13人,退休人员16人。2004年2月,岑溪地税局作为分辖站所集中办公、统一征收试点单位,实施"整合机构、集中办公、规范征管、强化检查、优化服务"的征管模式。全市基层地税机构按经济区域集中办公,统一办税。分设直属税务局、南渡税务分局、水汶税务分局和大业、糯垌税务分局等5个分局。按分局辖管范围,各税务所、征收站均集中各分辖分局集中办公,并实行分局长负责制,负责所辖地域地税征管全盘工作。经改革后,地税系统征管机构由原来15个,精简整合为5个基层征收分局。2005年12月,市直属分局更名为岑城税务分局。撤销梨木、诚谏、三堡、归义、马路税务所和筋竹、昙容、大隆、吉太、安平征收站。年末地税

系统在编公务人员82人，助征人员和临时工人12人。办公地点设在市区工农路40号。

1994年9月至2005年，历任地税局局长是：蓝裕松（1994年9月至1996年6月）、李汉炎（1996年6月至1997年7月）、陈文初（1999年7月至1999年12月）、覃英壮（2000年9月至2001年12月）、郑超贤（2001年12月至2004年12月）、黄显超（2004年12月至2007年10月）。

第二节　税制改革

1991年，岑溪地方税税种构成有产品税、增值税、工商统一税、国营企业调节税、集体企业所得税、私营企业所得税、城乡个体工商户所得税、外商投资企业所得税、城市维护建设税等20多种，均由县税务机构征收。1991年税收总收入为3535万元。1993年，由于私营企业、城乡个体工商户和外资投资企业猛增，当年税收收入增加到5068万元。1993年11月，国务院发布《中华人民共和国企业所得税暂行条例》并于1994年1月1日起实施。1994年，税收按条例执行，当年全县税收总额为2518万元。

1994年，税制改革实行国家和地方分税制。即按税种划分为中央与地方收入。同时分设中央和地方两套税务机构，国家税务机构（国家税务局）征收中央税和中央与地方共享税，地方税务机构（地方税务局）征收地方税。中央税包括关税、海关代征消费税和增值税、消费税、中央企业所得税、非银行金融企业所得税、铁道部门、各银行总行、各保险总公司集中缴纳的营业税等。增值税、消费税、营业税、企业所得税和个人所得税等五个方面税制、税率也作出相应的调整和改革。

中央（国家）税改革

增值税　1994年，执行《中华人民共和国增值税暂行条例》及《中华人民共和国增值税暂行条例实施细则》。国税局按照广西起征点规定：销售货物的，月销售额800元；应税劳务的，月销售额300元；按次（日）纳税的，每次（日）销售额70元。1994年，岑溪征收增值税合计3760.9万元。2003年1月起，重新确定增值税起征点为：个体经营及其他个人销售货物销售额2000元，应税劳务的，销售额1500元，按次（日）纳税的，每次（日）销售额150元。当年岑溪增值税征收额为6275万元。至2005年年末，增值税征收9288万元。

消费税　1994年1月1日开征，所得收入归中央所有；纳税义务人为在中华人民共和国境内生产、委托加工和进口应税消费品的单位和个人，税目、税率（税额）调整由国务院决定。1994年，岑溪消费税征收65.8万元。

企业所得税　1994年1月1日起，执行国务院发布的《企业所得税暂行条例》，对中华人民共和国境内的企业，除外商投资企业和外国企业外，应当就其生产、经营所得和其他所得，按33%的税率缴纳企业所得税。当年岑溪征收国有企业所得税82.3万元。

车辆购置税　2001年1月1日起，《中华人民共和国车辆购置税暂行条例》开始施行，规定在我国境内购置条例规定的车辆的单位和个人为车辆购置税的纳税人，税率为10%。车辆购置税由国税局委托交通部门代征税款，2005年1月1日后由国税局征收。

储蓄存款利息所得个人所得税　1994年税制改革中，储蓄存款利息所得成为个人所得税的一个征税项目，广西暂免征收。1999年11月1日起，依照自治区国税局通知恢复征收，对储蓄存款利息所得征收个人所得税，适用20%的比例税率。2008年10月9日后暂免征收。

外商投资企业和外国企业所得税　1991年7月1日起，施行《中华人民共和国外商投资企业和外国企业所得税法》，税率为：对外商投资企业的企业所得税和外国企业就其在中国境内设立的从事生产、经营的机构、场所的所得应纳的企业所得税，按应纳税的所得额计算，税率为30%，由国税局征收；按应纳税的所得额征收3%的地方所得税，由地税局征收。对一些特殊区域、特定行业的企业给予一定的税收优惠待遇。1992年，岑溪县人民政府颁布鼓励外商到岑溪投资办企业的优惠政策规定，外商在岑溪境内创办和“三资”企业（即外商独资、中外合资、中外合作），免征所得税五年，期满后企业在还贷上确有困难的，经报税务机关批准，可继续免征或减征所得税。

金融保险业营业税 1997年1月1日起，调整金融保险业的税收政策，将金融保险业营业税税率由5%提高到8%。提高营业税税率后，除各银行总行、保险总公司缴纳的营业税仍全部归中央财政收入外，其余金融、保险企业缴纳的营业税，按原5%税率征收的部分，归地方财政收入，由地税局征收。按提高3%税率征收的部分，归中央财政收入，即由国税局征收。

地方税改革

增值税制的改革 改变按产品分设税目、分税目制定差别税率的传统做法，确立了在生产和流通环节普遍征收增值税并实行价外计税的办法。增值税实行两档基本税率（13%和17%）。1993年12月13日，国务院发布《中华人民共和国增值税暂行条例》，自1994年1月1日起施行。1996年，国务院进一步明确国家税务局、地方税务局的税收征管范围，岑溪地方税务局征收管理的主要税种有营业税、企业所得税、个人所得税、城镇土地使用税、固定资产投资方向调节税、城市维护建设税、房产税、车船使用税、印花税、土地增值税、屠宰税等。

岑溪市税务人员深入市场摊档调查了解税收情况（1998年 摄）

1999年12月，财政部、国家税务总局决定从自2000年1月1日起暂停征收固定资产投资方向调节税。

消费税制改革 在普遍实行增值税的基础上，选择少数消费品再征收一道消费税，其征税范围包括烟、酒、化妆品、鞭炮焰火、贵重首饰、小汽车、摩托车、燃料油等，采取从价定率和从量定额两种征税办法，纳税环节确定在生产环节。1993年12月13日，国务院发布《中华人民共和国消费税暂行条例》，自1994年1月1日起施行。

营业税制改革 对有偿提供劳务、转让无形资产和销售不动产的业务征收营业税。新的营业税设置9个征税项目，针对不同税目设置了3%、5%和5%~20%三档不同税率。1993年12月13日国务院发布《中华人民共和国营业税暂行条例》，自1994年1月1日起施行。

改革后的新流转税制统一适用于内资企业和外商投资企业，取消对外商投资企业征收的工商统一税。原来征收产品税的农、林、牧、水产品，改为征收农业特产税和屠宰税。

企业所得税制的改革 主要内容包括对国有企业、集体企业、私营企业以及股份制和各种形式的联营企业，均实行统一的企业所得税制，实行33%的比例税率，并取消税前还贷。1993年12月13日，国务院发布了《中华人民共和国企业所得税暂行条例》，自1994年1月1日起施行。实行统一的内资企业所得税后，国有企业不再执行承包上缴所得税的办法。外商投资企业和中外合资企业适用《外商投资和外国企

业企业所得税法》。

个人所得税制改革　1993年10月31日，国务院发布修改后的《中华人民共和国个人所得税法》，自1994年1月1日起施行。取消城乡个体工商户所得税。新的个人所得税法适用范围，包括按税法规定有纳税义务的中国公民和从中国境内取得收入的外籍人员；改革后，个人应纳税所得在原税法规定的六项基础上新增加五项，即个体工商户的生产、经营所得，个人的承包经营、承租经营所得，稿酬所得，财产转让所得和偶然所得；税率采用国际通行的超额累进制，即工资、薪金所得采用5%至45%的九级超额累进税率；个体工商户的生产、经营所得采用5%至35%的五级超额累进税率。

土地增值税改革　1996年开征，明确规定土地增值税纳税人的范围，即凡有偿转让房地产都属于征税范围。土地增值税实行四级超率累进税率，最低税率30%，最高税率60%。

资源税改革　将资源税征收范围定为矿产品和盐，并重新确定7个税目。改革城市维护建设税，着重调整城镇土地使用税税额。

所得税收入分享与农村税费改革

所得税收入分享改革　2002年，实施所得税收入分享改革，改革的主要内容：除少数特殊行业或企业外，对其他企业所得税和个人所得税收入实行中央与地方按比例分享。中央保证各地2001年地方实际的所得税收入基数，实施增量分成。收入分享范围：铁路运输（包括广铁集团）、国家邮政、中国工商银行、中国农业银行、中国银行、中国建设银行、国家开发银行、中国农业发展银行、中国进出口银行、海洋石油天然气及跨地区经营、集中纳税的石油石化企业缴纳的企业所得税（包括滞纳金、罚款收入，下同）继续作为中央收入，上缴中央金库。其他企业所得税和个人所得税（包括个人储蓄存款利息所得税）实行中央与地方按比例分享分别缴入中央库和地方库。对跨地区经营、集中纳税缴纳的企业所得税，先全额缴入中央库，然后由中央按《跨地区经营集中缴库的企业所得税地区间分配暂行办法》分配给各地。具体分配主要按本地区集中纳税企业的经营收入、职工人数和资产总额三个因素在全国所占比重乘以各因素相应权重后计算求得综合分配系数并以此系数分配收入，分配系数原则上每三年调整一次。所得税收入分享比例，2002年所得税收入中央分享50%，地方分享50%；2003年，所得税中央分享60%，地方分享40%；2003年以后年度的分享比例根据实际收入情况再行考虑。

2005年，岑溪市全面落实自治区关于企业所得税、个人所得税分享的政策决定，增值税上划中央部分不变，上划自治区8%，营业税上划自治区40%，企业所得税和个人所得税上划中央部分不变，上划自治区部分为10%和15%，自治区分享四税基数返还以2004年为基期计算确定。

农村税费改革　1991年以后，岑溪市的农业税收包括农业税、农业特产税、契税、耕地占用税。征收和管理的职能部门是财政局农业税征收管理股和乡镇财政所。为加强征收管理，财政局于2003年成立农业税征收管理局。农业税征收管理工作中坚持依法治税，建立完善的税收征收管理目标责任制。实行税务公开，各乡镇财政所建立办税大厅，对特产税实行纳税申报，对农业税实行上门征收。契税、耕地占用税2004年12月31日之前委托房产、土地等部门代征、代缴。从2005年起，由财政局在市区成立契税、耕地占用税征收处，实行直接征收管理。1991—2005年，全市农业税、特产税、契税、耕地占用税（简称“农业四税”）累计收入22769.8万元。

第三节　税种税率

1991—1994年，岑溪县税务局征收的税种主要有企业所得税（含国营、集体、私营企业）、印花税、车船使用税、屠宰税、建筑税、工商税、产品税、增值税等，税率均按国家规定征收。

1994—2005年,依据国务院相关法规,岑溪国家税务机关征收的税种及税率主要以下几种。

增值税

确立在生产和流通环节普遍征收增值税并实行价外税计办法,增值税实行两档基本税率,即13%和17%。自1994年1月1日起施行。

消费税

采取从价定率和从量定额两种征税办法,纳税环节确定在生产环节。自1994年1月1日起实施。

营业税

新的营业税设置9个征税项目,针对不同项目设置了3%、5%和5%~20%三档不同税率。自1994年1月1日起施行。

企业所得税

1994年1月1日起。外商投资企业和中外合资企业适用《外商投资和外国企业所得税法》。对国有企业、集体企业、私营企业的以及股份制各种形式的联营企业,均实行统一的企业所得税制,实行33%的比例税率,并取消税前还贷。

个人所得税

自1994年1月1日起施行。税率采用国际通行的超额累进制,即工资、薪金所得采用5%至45%的九级超额累进税率;个体工商户的生产、经营所得采用5%至35%的五级超额累进税率。

地方税税收税种包括营业税、地方企业所得税、个人所得税、城镇土地使用税、固定资产投资方向调节税、城市维护建设税、房产税、车船使用税、印花税、屠宰税、耕地占用税、农业税、对农业特产收入征收的农业税、契税、国有土地有偿使用收入等。其中,除耕地占用税、农业税、对农业特产收入征收的农业特产税、契税、国有土地有偿使用收入等由财政部门征收管理外,其他地方税种由地方税务机关征收管理。

中央和地方共享收入包括增值税(中央分享75%,地方分享25%)、证券交易税(中央和地方各分享50%)和资源税(其中海洋石油资源税归中央)。

第四节　税收征收

县税务局税收征收

1991—1994年实行分税制前,岑溪税收征收主要税种有产品税、增值税、营业税、国有企业与集体企业所得税、个人收入调节税、建筑税、奖金税、国营企业工资调节税、房地产税、印花税、屠宰税、车船使用税、城市维护建设税、城镇土地使用税、其他征费。其他征费包括国家能源交通重点建设基金和国家预算调节基金、教育费附加等,1994年1月1日起停止征收)。1994年9月,国税与地税机构分设,但当年两税分征尚未分开,1995年岑溪地税局只有直属分局一个征收单位,当年税收收入全部仍由国税局统管。

1991—1995年岑溪税务局征收情况表

表9-2-1　　　　单位:万元

年度	税种	完成情况	增收	增长比例
1991	工商各税收入	3831.7	302.1	7.88%
	产品税	1051	-3.6	-0.34%
	增值税	569.8	-8.7	-1.50%
	营业税	1234.6	207.3	20.24%
	国营企业所得税	294.7	24.8	9.19%
1992	工商各税收入	4161.4	329.7	8.60%
	产品税	1207.7	156.7	14.91%
	增值税	679.2	109.4	19.20%
	营业税	1375	140.4	11.37%
	国营企业所得税	205.8	-88.9	-30.17%
1993	工商各税收入	5770.9	1609.5	38.68%
	产品税	1514	306.3	25.36%
	增值税	1087.5	408.3	60.11%
	营业税	2143.1	768.1	55.86%
	国营企业所得税	177.5	-28.3	-13.75%
1994	工商各税收入	6050.6	278.7	4.85%
	增值税	3760.9	-254.8	8.62%
	营业税	1393.2	334.1	31.55
	消费税	65.8	65.8	不可比
	国营企业所得税	82.3	-95.2	-53.63%
1995	工商各税收入	5829.9	59	1.02%
	增值税	4443.4	682.5	18.15%
	营业税	442.8	-950.4	-68.22%
	消费税	88.2	22.4	34.04%
	国有企业所得税	42.1	-40.2	-48.85%

国税征收

1996年至2005年,岑溪市国税局征收管理的主要税种是增值税、消费税、外商投资企业和外国企业所得税车辆购置税等项。

1996—2005年岑溪市国税局税收征收情况表

表9-2-2　　　　单位：万元

年度	税种	完成情况	增收	增长比例
1996	工商各税收入	4890.9	-939	-16.11%
	增值税	4616.3	172.9	3.89%
	营业税	23.8	-419	-94.63%
	消费税	88.1	-0.1	-0.21%
	国有企业所得税	29.4	-12.7	-30.17%
1997	工商各税收入	5403.7	512.8	10.48%
	增值税	5105.4	489.1	10.60%
	营业税	155.9	132.1	455.04%
	消费税	95.1	7	7.95%
	国有企业所得税	34.4	5	17.01%
1998	工商各税收入	5610	206.3	3.82%
	增值税	5279	173.6	3.40%
	营业税	199	43.1	27.65%
	消费税	94	-1.1	-1.16%
	国有企业所得税	34	-0.4	-1.16%
1999	工商各税收入	4580	-1030	-18.36%
	增值税	4285	-994	-18.83%
	营业税	140	-59	-29.65%
	消费税	64	-29	-31.18%
	国有企业所得税	55	21	61.76%
2000	各项收入	4792	212	5.90%
	增值税	4283	-2	-0.05%
	营业税	116	-24	-17.14%
	消费税	87	23	35.94%
	个人所得税	268	267	不可比
	国有企业所得税	38	-17	-30.91%
2001	各项收入	5206	414	8.64%
	增值税	4451	168	3.92%
	营业税	97	-19	-16.38%
	消费税	122	35	40.23%
	个人所得税	492	224	83.58%
	国有企业所得税	40	2	5.26%

续表 9-2-2

年度	税种	完成情况	增收	增长比例
2002	各项收入	6149	943	18.11%
	增值税	5260	809	19%
	营业税	42	-55	-56%
	消费税	241	119	98%
	个人所得税	480	-12	-2%
	国有企业所得税	92	52	130%
2003	税收收入	7156	1026	16.74%
	增值税	6275	1015	19.30%
	营业税	6	-36	-85.71%
	消费税	234	-7	-2.90%
	个人所得税	483	3	0.63%
	企业所得税	133	41	44.57%
2004	税收收入	8625	1469	20.53%
	增值税	7709	1434	22.85%
	消费税	180	-54	-23.08%
	个人所得税	583	100	20.70%
	企业所得税	136	3	2.26%
2005	税收收入	10323	1698	19.69%
	增值税	9288	1579	20.48%
	消费税	136	-44	-24.44%
	个人所得税	531	52	-8.92%
	企业所得税	69	67	-49.26%

注：主要收录几个大税种年收入情况。

地税征收

1996年起，岑溪市地税局依照国务院和自治区人民政府划定的征税范围，开征地方税。主要征税种类是：营业税、地方企业所得税、个人所得税、城镇土地使用税、固定资产投资方向调节税、城市维护建设税、房产税、车船使用税、印花税、土地增值税、屠宰税等。

1995—2005年岑溪市地税局征收税收统计表

表9-2-3　　单位：万元

序号	税种	1995	1996	同比增长	1997	同比增长	1998	同比增长	1999	同比增长	2000	同比增长	2001	同比增长	2002	同比增长	2003	同比增长	2004	同比增长	2005	同比增长
1	营业税	1515.9	1636.7	7.97%	1284.8	-21.50%	1479.2	15.13%	1714.48	15.91%	1987.2	15.91%	1485.11	-25.27%	2022.1	36.16%	2773.97	37.18%	3684.66	32.83%	4110	11.54%
2	个人所得税	50.9	493.6	869.74%	858.4	73.91%	991	15.45%	1168.68	17.93%	1245.89	6.61%	1812.53	45.48%	1783	-1.63%	1792.59	0.54%	1826.82	1.91%	1832	0.28%
3	土地增值税	—	2	—	1.9	-5.00%	13.2	594.74%	40.81	209.17%	27.52	-32.57%	23.09	-16.1%	45.5	97.06%	72.55	59.45%	41.07	-43.39%	177	330.97%
4	城市维护建设税	54.3	123.7	127.81%	218.5	76.64%	211.6	-3.16%	168.87	-20.19%	211.36	25.16%	148.11	-29.93%	400.61	170.48%	431.58	7.73%	450.78	4.45%	612	35.76%
5	车船税	10.6	21.5	102.83%	40	86.05%	47.2	18.00%	62.12	31.61%	58.99	-5.04%	47.44	-19.58%	63.17	33.16%	55.45	-12.22%	66.88	20.61%	67	0.18%
6	房产税	95.5	112.5	17.80%	125	11.11%	146.2	16.96%	162.03	10.83%	147.58	-8.92%	114.13	-22.67%	196.38	72.07%	156.91	-20.10%	221.69	41.28%	268	20.89%
7	屠宰税	—	110.9	—	138.5	24.89%	143.3	3.47%	103.32	-27.90%	95.83	-7.25%	106.11	10.73%	268.52	153.06%	39.14	-85.42%	停征	—	—	—
8	资源税	3.4	9	164.71%	13.8	53.33%	16.6	20.29%	50.31	203.07%	11.53	-77.08%	61.85	436.43%	73.51	18.85%	117.42	59.73%	266.04	126.57%	876	229.27%
9	土地使用税	10.1	19.2	90.10%	54.3	182.81%	66.5	22.47%	73.01	9.79%	55.58	-23.87%	39.15	-29.56%	97.42	148.84%	61.53	-36.84%	77.35	25.71%	70	-9.50%
10	印花税	3	10	233.33%	5.4	-46.00%	4.1	-24.07%	10.43	154.39%	10.63	1.92%	7	-34.15%	17.99	157.00%	20.37	13.23%	12.87	-36.82%	36	179.72%
11	固定资产投资方向调节税	132.9	93.1	-29.95%	58.8	-36.84%	146.8	149.66%	60.43	-58.84%	35.36	-41.49%	7.72	-78.17%	10.52	36.27%	停征	—	—	—	—	—
12	税款滞纳金、罚款收入	1.8	13	622.22%	16	23.08%	71	347%	100	40%	66	-34%	112	69.7%	146	30.00%	190	30.00%	332	74.70%	237	-28.60%
13	企业所得税	245.6	191.8	-21.91%	226.7	18.20%	260.2	14.78%	566.31	117.64%	591.82	4.50%	2008.1	239.31%	859.31	-57.21%	827.93	-3.65%	822.91	5.00%	825	0.25%
	合计	2124	2837	33.57%	3042.1	7.2%	3596.9	18.2%	4280.8	19%	4545.29	6.19%	5972.34	31.4%	5984.03	0.2%	6539.44	9.27%	7803.07	16.87%	9110	19.51%

第五节　税务管理

依法治税

加强税法宣传教育，坚持依法治税，主要抓三个方面的工作，一是税务机关工作人员的自身学习，提高依法治税的观念，努力使征管工作中的每一个环节都依法、依章，不超越法律、法规和相关规章制度，热诚为纳税人服务；二是向广大人民群众，尤其是纳税单位、纳税个人进行税法相关条例、条文的宣传教育，使广大群众充分认识依法依章纳税，是每一个公民应尽义务，提高自觉纳税的守法意识；三是每年都定期或不定期开展执法大检查活动，组织执法检查队伍，深入企业和担负纳税类项的部门、单位，采用全面检查、抽查或自查的方式进行检查。发现有偷、漏、欠税行为，依情节轻重督促违者补缴或依法处罚。

1991年，岑溪县税务局开展第二个“普法”五年计划，把学习贯彻国家税法，尤其是征税新规作为重点。年内干部职工每周坚持两个半天学法。年末干部职工普法考试及格率100%，80分以上干部达90%。年内税务干部深入全县10000多个体户、私营企业宣传税法，尤其对市场零散个体户的税法宣传教育，促其提高依法纳税的自觉性。方法是“任务到组，分段包干”。当年全县工商税收入3300多万元中，有1000多万元是从个体私营工商户收取，占全年总税收入三分之一多。同年，税局独立或与工商财政部门合作共同开展税务、工商、财政执法大检查活动，共检查纳税户246户（次），查出偷漏税户126户（人），查补税款70多万元。为提高税法宣传效果，1991年4月，县税务局成立“税务之声”艺术团，用文艺演唱形式，下乡巡回宣传。当年下乡宣传演出20多场（次），在农村纳税人户中获得好评。

1994年，岑溪国税局成立后，贯彻国家税务局提出的“法治、公平、文明、效率”治税八字方针，坚持学法不放松，执法严格不懈怠。1995年，县人民政府发布开展年度税收、财务、物价大检查的通知，国税、地税两机构均派出相应人员，与财政、工商、物价等部门配合，对县境内相关企业开展执法检查，重点检查纳税人是否实行自行申报查账征收和执行财务核算制度，有无立假账和漏报逃税等违法行为。当年，国税局查出违规企业18个，补缴税款100多万元；地税局查补个人所得税46.37万元，其他各项地方税款251万元。

1996年，国税地税两局与财政部门协同建立协税稽查网络、齐抓共管。当年查处偷漏税案件232起，追收补漏税款共120多万元。1997年起，财税机关与林业部门协作，在市三大出口处（即东出口广东罗定的筋竹、西出口玉林的昙容、南渡、南出口广东信宜的水汶）分别设立检查站，人员由财政、林业、税务等部门抽调组成。检查木材运输是否合法手续齐全与是否有偷漏税行为。1997年，全市查补税款230.2万元，对多次催缴无效的103户欠税户依法提请市法院强制执行，收缴税款、罚款共29万元。2002年地税系统开展清理税款入库活动，当年清出欠入库税款1606万元，追缴入库1000万元。国税局追收石材业税款入库270多万元。2004年，地税局检查纳税企业43户，查补税款、滞纳金和罚款220.9万元。

2005年，从3月份起对全市房地产企业涉税行为进行专项清理，查实2起涉税46.6万元的偷漏税案。同期，对外贸鸡场、医药公司等国有改制企业的税收清查，补征税款169.5万元。在纳税人自查自纠阶段补缴税款106万元。在重点检查阶段，检查14家、企业事业单位，查补税款32.5万元，对4户违反规定的纳税义务人依法追缴和处罚5.4万元。

税收征管

1991—1994年，税收征管由岑溪县税务局统管。税收征管职责包含纳税人申报登记、税额缴纳、记账入库和检查补漏与偷逃、滞纳处罚连接等项。1991年，全县申报登记工商纳税户10595户，其中，个体私营纳税户983户。1992年，增加“三资”（即中外合资、中外合作、外商独资）企业42家。为确保税收征收任务完成,当年县税务征管采取措施有三项:任务到组,分段包干、各税统管,超收奖励;派出税务人员下企业,到市场开展促产、促销培税源活动,以增强纳税能力;实施税务工商联合办公,堵塞偷逃税漏洞;加强巡检,拓展市场零星散户税收份额等四种征管方法,强化税收征管。年末,全县工商各税征收完成3831.7万元,比上年增加338.1万元,增长7.88%。

1993年10月,国务院颁布修改后的《中华人民共和国个人所得税法》,并于1994年1月1日实施,按修改后新税法,个人应纳所得税在原法规定六项基础上新增加个体工商户的生产经营所得、个人承包、承租经营所得、稿费所得及财产转让所得、偶然所得等五项。为贯彻落实新的个人所得税征收管理,县税务局除加强新税法宣传教育工作外,坚持"蓄水养鱼"扶持拓展税源,以增大税收的征管办法,并与工商、金融部门沟通,在市场准入及融资扶持方面,对个体户和私营企业在政策上倾斜,以保增产增收增税。1994年9月,岑溪县国家税务局成立后,当年税收征管仍沿用原税务局的办法,并由国税局征收入库。全县工商税类收入6050.6万元,比上年增加458万元,增长22%。

国税征管 1996年1月1日,国税、地税征收分开,国税局主要负责增值税、消费税、金融保险企业营业税、企业所得税、外商投资企业和外国企业所得税等5个税种征管。1997年1月1日起,国家调整金融保险业税收政策,营业税率由5%提高到8%。调整后,除各银行总行、保险总公司缴纳的营业税仍全部归中央财政收入外,其余金融保险企业缴纳的营业税,按原5%税率征收的部分,归中央财政收入,由国税局征收。原1994年税改中储蓄存款利息所得税的征税项目,当年广西暂免征收。1999年11月1日,广西恢复征收适用20%的比例税率,由国税局负责征收。

外商投资企业和外国企业所得税法的征收,按应纳税的所得额计算,税率为30%,1996年起由国税局征收。按应纳的所得额征收3%的地方税,由地税局征收。1992年岑溪县人民政府发布鼓励外商投资办企业的优惠政策,规定外商在岑溪县投资的"三资"企业(即中外合资、中外合作、外商独资企业)免征所得税五年,期满后,企业在还贷上确有困难的,经申报税务机关批准,可继续免征或减征所得税。1992—1995年,岑溪有42家"三资"企业获免征企业所得税。2000年以后,改为外商投资举办的产品出口企业,依照税法规定免征、减征所得税期满后,在当年出口产品值达到当年企业产品产值70%以上的,可按税法规定的税率减半征收企业所得税。已经按15%税率缴纳企业所得税的产品出口企业,符合上述条件的,按10%的税率征收企业所得税。2003年,推行税务公开,发放税收征管公开卡,促进税收征管。当年设置税务公开栏16个,发卡5000多份。年度税收收入总额增长比例16.74%;其中增值税增比19.3%,企业所得税增比44.57%。

地税征管 1996年1月,地方税由市地税局征管。当年4月,对全市纳税人的税务登记证进行换发,全市地税系统换发税务登记证4492个,基本掌握了全市地方税纳税人户籍状况。同年,根据新接管大量乡镇辖区纳税人且纳税人点多面广的情况,开展全社会协税网络建设,形成全社会齐抓共管的治税局面。如屠宰税在原来只委托边远山区村代征的基础上,改为全面委托所有村代征。汽车运输税收委托交通稽征所代征,房地产交易税收委托房产局代征,单位支付给职工的工资薪金所得税由支付单位代扣代缴,石材加工税收在各级党委政府的牵头下,由财政、供电等部门协助征收。年内根据石材业欠税难追缴的情况,地税局强化执法,全年先后向石材加工欠税纳税人发出限期纳税通知书700多份、处罚通知书60份。其中申报法院强制执行25例,追缴欠税4.5万元,有力规范纳税人的依法纳税行为。

1997年,针对地方税收零星分散的特点,加强个体户税收管理,各征收单位全面对个体户纳税"双定"额进行调整。在调整定额中坚持平稳、适当、合理原则。对娱乐业、饮食业营业税等税收实行"发票+定额"的"双轨制"管理办法。由直属分局对饮食业纳税人的点菜单、定厅单、结算单等原始凭证实行统一监管,作为纳税申报的依据之一,有效控管税源。1998年,改变原来各税务所独立单干的形式,以经济区域划分,在全市设立4个中心分局,采取"依托计算机信息技术、集中征收、重点稽查"的方式,统一实施"分局管所”。撤销南渡、水汶、糯垌、大业4个税务所，设立南渡、水汶、糯垌、大业4个税务分局，其中：南渡税务分局管理马路、昙容、吉太税务所；水汶税务分局管理梨木、大隆税务所；糯垌税务分局管理三堡、安平税务所；大业税务分局管理筋竹、诚谏税务所。当年，在税收征管中，出台《关于加强纳税申报管理的有关规定》《关于加强集资建房税收管理的通知》等管理办法，与有关职能部门合作，逐步建立起社会协税护税网络，做好税款的代征代扣代缴工作，先后对运输营业税、车船使用税、土地增值税、屠宰税等委托稽征、运输、房产、土地、建设、食品公司等部门单位代征代扣代缴，实施税源控管，有效堵塞征管漏洞。全年个人所得税入库991万元，同比增长15.5%，车船使用税、房产税、土地使用税、印花税等地方小税种合计入库264万元，同比增长17.8%。同期，市地税局通过与农业银行合作，实施“银税一体化”纳税申报办法，改变原来纳税上门现金缴税的纳税申报方式，即个体纳税人不必到地税机关申报缴税，而是利用在农业银行开立的通存通取储蓄卡在该银行直接申报纳税。当年，地税局管理的1700多户个体纳税人实行持卡到银行自行申报划解税款。1999年5月，在“银税一体化”纳税申报办法基础上，推进“无纸化扣税”办法，与农业银行合作，在银行集中扣缴个体户纳税人税款，减少纳税人缴税往返费时费工问题，减轻办税厅工作量和工作压力。每月2日前，由纳税人所在地税务分局或税务所以电子磁盘形式，向设在当地的农业银行提供辖区各纳税人应缴税款信息，由该银行在每月10日（即税收征管法规定的每月纳税申报期限最后一天）从各纳税人的银行账户中集中扣缴税款，“无纸化扣税”办法先从直属分局管理的城区个体纳税人中推广。

2000年7月，地税“无纸化扣税”办法在取得成功经验的基础上，逐步向基层分局、税所推进。当年年末，全市有1600多户个体纳税人（约占同期个体纳税人户数的90%）实施无纸化扣税办法，简化地税机关和纳税人的办税手续，保证税款安全和及时足额入库。

2004年，地税局按照“整合机构、集中征收、规范管理、重点稽查、提高效率、优化服务”的工作思路，改革征管模式，基层税务所和征收站人员全部按经济区域集中到中心分局集中办公，统一征管辖区内的地方税收，实行征管查三分离和税收管理员制度。

2005年，加强信息化软件建设，完善VPDN网的管理和使用，9月，实现与全区公文处理的三级联网，安全稳定运行。同期，大力推广同城通缴和应用POS机征税，丰富纳税服务的内容和形式。8月19日，与梧州市地税局联系，顺利征收入库洛湛铁路岑溪段工程税款292.6万元，这是岑溪市铁路建设史上的第一笔铁路建设工程税款。11月18日，岑溪市举办“和谐岑溪，发展岑溪”撤县设市10周年大型文艺晚会，地税局多次派员到晚会承办方进行税收政策宣传和纳税辅导，参加演出的众多演艺人员的个人所得税及演出收入营业税等税款10.6万元得以及时足额入库，这是该局成立以来征收的首笔大型文艺晚会产生的税款。2005年，全市地税征收收入9110万元，比上年增长19.51%。

票据管理

1991年，县税务局加强对税收票证的管理，严格收、发、领、用、存等制度，着力抓好基层征收单位的票证管理、税款结报等基础工作，制定票证管理的奖惩办法，重申解报税款的具体规定，通报票证报解检查情况。同年，对填票方式进行改进，实行缴款书由税务所统一汇总，专人填开的做法。1994年分设国家税务机构后，县国家税务局根据上级局规定，对各类税收票证设计、印制、领发、保管、填用、结报缴销、作废、停用、盘点、损失处理、核算及检查各个环节进行管理。1995年起，岑溪市国税局开始使用新版税收票证，各种票证均套印“国家税务总局票证监制章”和印有“（95）桂国税×××号”字样，右上角标有“国”字样。1996年，岑溪国税局实施以票管税办法。

1997年，岑溪市地税局全面开展“发票加定额”的双轨管理办法，加强个体工商税发票管理，与个体工商户签订“双定书”，加强对普通发票的管理和检查。先在大隆镇搞试点，双定营业额为1995年的4000元，此后在全市各镇推广。1998年4月，市国税局执行国家税务总局制定的《税收票证管理办法》，统一税收票证的种类及其他规定。1999年1月1日起，开始使用壹元、贰元、伍元、拾元四种定额税收完税票证，以加强流动性零散税收的征收管理。2001年3月起，实行票证分级管理，形成自治区局管地市局、地市局管理县局，县局管分局的一级管一级，各级履行各自税收票证管理职能的管理体制。2004年取消手工记账，正式开始使用税收票证核算软件。2005年，自治区局将征税专用章刻制权限下放到县级局。

税务稽查

1991—1994年，岑溪县税务局设有税务稽查股，负责税收稽查业务，同时，在不断加强税法、税规宣传教育的基础上，与财政、人大和司法机关互相配合，开展执法大检查活动，通过由纳税户自查和税务机关抽查等方式，督促偷漏税的纳税人补缴、追缴偷漏税款。1991年，在执法大检查中，追缴税款20万元。1992年，查出偷漏税户126户（人），追缴税款70万元。1993年，在全县范围开展追收农业税欠交活动，当年追收欠交公粮28万公斤。

1994年国、地两税分设后，国税、地税两局均设税务稽查股（队），坚持依法开展税收稽查工作。1995年，两局与财政部门协同建立协税稽查网络，齐抓共管。当年查处偷漏税案件232起，追缴偷漏税款共120万元。

国税稽查　1996年，国税二分局设立稽查组，重点对五金、玻璃加工、农机配件等行业进行稽查，分别对经营户购销不记账，账外经营、发票违章以及超过双定额百分之三十进行税务稽核，查处违章逃漏税案件7起，追缴税款11.3万元。

1998年，国税稽查分局在稽查中发现轿车转让方纳税人未向主管税务机关办理报缴手续问题，按规定，轿车转让收入必须按6%的征收率缴纳增值税。

2000年，稽查分局对全市铸钢行业、水力发电站共检查纳税户40户，追缴增值税498548元。

2003—2005年，国税稽查分局不断转变稽查观念，进一步明确职责，方法上从“收入型”稽查向“执法型”稽查转变，以提高办案的质量和效率，扩大协税护税网络。2003—2005年，国税稽查逃漏税案件共120件，追缴税款82万元。

地税稽查　1996年，市地税局稽查分局配备4名专职检查员，再从其他征收单位抽调19人为兼职检查员，充实稽查力量，把稽查工作重点放在直属分局管理户和大宗税源、难管税源上。当年稽查追缴税款226万元，其中在7月对房地产开发企业进行专项检查，追缴税款63万元。

1997年，市地税局通过稽查偷税案件，全年追缴税款230.2万元。其中，对多次催缴无效的103户欠税户依法提请市法院或法庭强制执行，追缴税款、罚款28.9万元。

1998—2000年，市地税局还组织6个工作组检查302户纳税人，其中重点检查金融、电信、水电、百货公司等重点行业单位纳税人，追缴税款956万元，罚款和滞纳金1340万元。

2001年，重点检查征管薄弱环节和税源大户，查补税款、追缴罚款和加收滞纳金收入937.6万元。

2005年，从3月起对全市房地产企业涉税行为进行专项清理，查办2起涉税46.6万元的偷漏税案；加强对外贸鸡场、医药公司等国有改制企业的税收清查，征收税收169.5万元；开展个人所得税专项检查，在纳税人自查自纠阶段补缴税款106万元，在重点检查阶段，检查14家企业事业单位，查补税款32.5万元，对4户违反规定的纳税义务人依法处罚5.4万元。

第三章 金 融

1986年4月，中国人民银行岑溪县支行在金融体制改革中，正式行使中央银行职能，承担领导管理、监督、稽核各商业银行的任务，与商(专)业银行的存储、贷款、汇总、结算等业务脱钩。80年代中后期至90年代成立的中国工商银行岑溪支行、中国农业银行岑溪县支行、中国建设银行岑溪县支行、中国银行岑溪县支行和岑溪邮政储蓄所、岑溪县信用合作社联社等金融机构，先后进行体制改革和经营方式、营业网点、融资范畴及人员等方面的调整，成为商业专业金融机构。1997年成立的中国农业发展银行岑溪市支行，属岑溪市境的首家政策性银行，承担国家规定的政策性金融业务，为农业和农村经济服务。2000年6月，成立于1988年的中国银行岑溪县(市)支行，依上级决定撤销，其业务并到中国银行梧州市分行办理。2005年6月，中国银行监督管理委员会梧州监管局在岑溪成立监管办事处，银监职能从中国人民银行岑溪市支行剥离。至2005年年末，岑溪市境内银行机构共有7家，基层营业网点80多处，分布于岑溪市区和乡镇，储蓄、存贷及支付汇兑等业务逐年提升。20世纪90年代末21世纪初，各家银行先后增设银行卡等自动存取业务。

1991—2005年，岑溪以中国人民保险公司岑溪支公司、中国人寿保险公司岑溪支公司为主的保险业务发展迅速，保险种类不断拓展，参保人数、保费收入逐年增加，理赔服务周到，为岑溪人民财产和人生避险提供货币保障。2002年新成立的太平洋财产保险公司岑溪支公司、太平洋人寿保险公司，在岑溪保险市场形成竞争态势，为岑溪保险业发展增速和业务质量提升，社会保障类品种增添更广泛、更利于民众的营销方式。同期，债券、股票市场也逐步在岑溪兴起发展。

第一节 机 构

银行

中国人民银行岑溪市支行 1951年成立中国人民银行岑溪县支行。1986年前兼容货币发放，金融管理与存储、货款汇兑结算等业务。1986年4月改革后与商业银行业务脱钩，行使中央银行职能。1991—1995年，内设机构有办公室、综合业务、会计国库、货币发行和保卫股等股室。1995—1998年设办公室、计划股、金融管理股、稽核股、会计股、国库股、发行股、保卫股和农村合作金融管理股。1979—1999改设办公室、管理部、农合部、营业部、保卫部，2000年起设办公室，综合业务股、合作金融机构监管股、会计国库股、货币金银股、保卫股。2004年6月，设梧州银监分局岑溪监管办事处，人行岑溪市支行退出银监职责。2004年6月至2005年年末，设办公室、营业室、综合业务股、货币金银股、保卫股等股室，有干部职工31个。

1991—2005年，中国人民银行主要负责人(行长)名单如下：

张保兴(1991年1月至1995年12月)、林源斌(1996年1月至1999年12月)、黄绍进(1999年12月至2001年12月)、梁燕群(2002年1月至2004年4月)、李树森(2004年4月至2009年12月)。

中国农业发展银行岑溪市支行 中国农业发展银行岑溪市支行(以下简称“农发行岑溪支行”)，于1997年3月成立，地址在城东路26号。属国家政策性银行。主要业务是按照国家的法律(法规)和方针政策,承担国家规定的农业政策性金融业务。以国家信用为基础,代理财政性支农资金的拨付、筹集农业政策性信贷资金,为农业和农村经济发展服务。内设机构有办公室,信贷部、营业部三个部室、成立初期人员为19人,2002年7月迁到北环大道40号。2005年编制16人。

中国农业发展银行岑溪市支行主要领导人(行长):

李雄(1997年至1998年3月)、陈子玉(1998年4月至2004年4月)、(2004年4月至2005年12月,副行长主持)。

中国农业发展银行岑溪市支行办公楼(1999年　摄)

中国工商银行岑溪市支行　简称"工商行岑溪支行"成立于1985年1月1日。成立初期与人民银行岑溪支行合署办公,挂中国工商银行岑溪县支行牌子,并代理人民银行经营的存储贷款等业务。1986年4月,工商行脱离人行岑溪支行,业务独立,成为专业银行。1995年12月,更名为中国工商银行岑溪市支行。

1991年,工商行岑溪支行内设5股1室(即计划信贷、会计、出纳、储蓄、保卫股与办公室),辖南门路、工农路、车站、岑罗、城中、十里长街等6个储蓄所和河三矿、县水泥厂等2个储蓄代办所。1992年6月成立房地产信贷部。1993年调整为5部1室(营业部、资金信贷部、存款部、房地产信贷部、保卫部、办公室)、1司1处(劳动服务公司、信息咨询代办处)、辖6个储蓄所。1994年6月工农路储蓄所升格为工商银行岑溪支行分理处。1995年内设机构调整为1室(办公室)、3科(业务、存款、稽核监督科)1队(经警分队)。2005年,内设办公室、客户经理部、业务管理部、筹资部一室3部,下辖工农路、汽车站、岑罗路永达分理处共4个分理处。共有职工61人,其中8人为合同柜员工。办公地址原设在解放路78号,1992年8月迁到解放路102号新址办公。

1991—2005年工商银行岑溪支行行长名单如下:

李培业(1991年9月至1994年4月)、李昭尚(1994年4月至1995年3月)、(1995年3月至1998年4月,行长出缺,由李培业副行长主持全面工作)、黎琳(1998年4月至1999年1月)、梁杰(1999年1月至2000年3月)、郭永强(2000年3月至2003年4月)、徐维(2003年4月至2005年7月)、潘羽(2005年7月至2007年1月,为主持全面工作的副行长)。

中国农业银行岑溪市支行　成立于1955年7月,(1957年5月、1966年1月曾先后两次并入中国人民银行岑溪县支行,1964年1月、1980年1月又两次从中国人民银行岑溪县支行分出),1980年1月,恢复成立农行岑溪县支行,主要任务是统一管理支农资金,集中办理农村信贷业务,并兼管岑溪县农村信用合作联社,指导农村信用合作社发展农村集体金融业务。1995年12月,改名为中国农业银行岑溪支行。1996年10月,依照国务院《关于农村金融体制改革的决定》,岑溪市农村信用合作联社与农行脱钩,独立开展各项业务,市支行领导不再兼任信用联社领导职务。1997年3月,政策性的农村金融业务从农业银行分离,成立中国农业发展银行岑溪市支行。农业银行完成了作为国家专业银行"一身三任"的历史使命,成为国家商业银行。

1991年，农行岑溪县支行在县境内设有21个营业所，其中在乡镇设17个营业所，县城内设城中路、大中路、汽车站3个储蓄所和支行营业部、房产信贷部。1995年起，先后撤销吉太营业所、昙容营业所、糯垌营业所、诚谏营业所、三堡营业所、安平营业所、梨木营业所、大隆营业所、波塘营业所、马路营业所和大中路、城中路、汽车站储蓄所。2005年年末，市内设有樟木营业所、南渡营业所、大业营业所、筋竹营业所、归义营业所、水汶营业所等6个镇级营业所。1991年，农行岑溪支行系统职工人数265人，1995年345人，2000年307人，2005年年末212人。

中国农业银行岑溪市支行办公大楼（1998年　摄）

中国农业银行岑溪市支行办公地址：岑溪市解放路110号。

1991—2005年，中国农业银行岑溪县（市）支行主要负责人（行长）名单如下：卿锋（1992年1月至1994年3月、注1991年1月至1992年1月行长出缺，由副行长林乾昌主持工作）、韦浩（1994年3月至1995年4月）、黄志伟（1995年4月至1997年8月）、吴北林（1997年8月至2000年5月）、吴碧勇（2001年9月至2004年5月、注2000年5月至2001年9月行长出缺，吴碧勇时任第一副行长主持）、蔡晓霞（女，2004年5月至2005年10月）、姚瑞华（2005年10月至2006年9月）。

中国银行岑溪支行　简称“中行岑溪支行”，1988年11月成立，办公地址设在市工农路。1995年12月，改称中行岑溪支行。开办的业务有本、外币储蓄，本外币贷款，外币兑换，解付侨汇、国际结算、电子汇兑、信用卡业务等，并基本上实现电子化。到1999年6月末，各项存款余额达12226万元，比1988年增长172倍，贷款余额6977万元。2000年6月，依上级决定，撤销中行岑溪支行，其业务归并到中国银行梧州市分行办理。

1991—2000年，中行岑溪支行行长：黄秀东（1988年11月至1994年6月），黄清功（1994至2000年6月）。

建设银行大楼（2000年　摄）

中国建设银行股份有限公司岑溪支行　简称“建行岑溪支行”，

始建于1979年1月1日,时称中国人民建设银行岑溪县办事处。初建时办公地址设在县财政局院子内,同年11月迁至工农路新建楼房办公。1984年5月,建行岑溪办事处升格为建行岑溪县支行。1990年年底迁解放路51号办公。1995年12月,更名建行岑溪市支行。1998年办公地址迁至义洲大道70号。2003年中国人民建设银行改为中国建设银行股份有限公司,2004年4月建行岑溪支行随之改制。1991年内设办公室、综合部、个人金融部(称储蓄股)、营业部和解放路、城东路、城北路、玉梧路、旧车站等5个储蓄所。其中城北路和旧车站2个储蓄所先后撤并到解放路储蓄所和支行营业部。2004年内设机构有综合部、支行营业部、解放路分理处、城东路分理处,以及1个自助银行点。2005年年末支行员工233人。

1991—2005年,中国建设银行岑溪支行历任行长任职名单如下:

张强(1991年4月至2002年11月)、莫金平(2002年12月至2004年3月)、詹子恒(2004年4月至2006年1月)。

岑溪县邮政银行储蓄所 1986年11月16日,岑溪县邮电局开始办邮政储蓄存款业务,成立岑溪县邮政储蓄所,进入金融行业。1990年7月增加保修家用电器储蓄扩展储存客户。1991年起,开展办理银行卡、国内及国际汇兑、转账业务及代理政府债券保险及基金代收代付等多种形式的中间业务。当年新存款客户1000多户。1995年12月改称岑溪市邮政银行储蓄所,并开始办理财产品及小额质押贷款业务。1998年邮政储蓄余额1.37亿元。2002年增加至2.93亿元。2005年全市邮政储蓄余额5.26亿元。

岑溪市农村信用合作社 1988年成立岑溪县农村信用合作社联社。1995年7月,联社内设办公室、计划信贷股、监察稽核股、会计出纳股、人事教育股、安全保卫股、资金信息股。1996年起实行改革,10月31日,信用联社正式与农业银行脱钩。2005年地址在义洲大道192号,内设机构有办公室、人事教育部、经营核算部、计划信贷部、稽查监察部、安全保卫部、资产保全部等共六部一室,在编员工257人。

信用联社主任:(1996年9月前主任由农业银行行长兼任)、卢树(1996年9月至2001年10月)、陈伟昌(2002年至2007年3月)。

农村信用社外景(2005年 摄)

银监机构

2004年6月18日,中国银行业监督管理委员会梧州监管分局岑溪监管办事处成立。作为梧州银监分局派驻岑溪市的机构,正科级单位,受梧州银监分局直接领导。地址设在岑溪市解放路。其职责任务是依法履行银行业监督管理职能,坚持分类指导、区别对待的原则,督促辖区的银行业机构的各项金融业务的开展,从源头防控银行业操作风险和密件风险,促进辖区经济金融共同发展。

2004年6月起,中国银行业监督管理委员会岑溪监管办事处主任为林廷真。

证券　商业保险机构

证券服务部 2001年6月成立广西证券梧州桂江二路证券营业部岑溪市证券服务部。地址设在地税局二楼,服务部内设办公室、信息技术部、交易部、营销部、客户服务部5个部门,在职人员10人。

中国人民财产保险股份有限公司岑溪支公司　1982年成立中国人民保险公司岑溪县支公司(简称中国人保财险岑溪支公司),1995年12月改称人保岑溪市支公司。1996年5月,保险业务实行分业经营,分别成立人保岑溪市支公司分和财产保险公司岑溪分公司。1999年中保财产保险公司改制为中国人民财产保险股份有限公司,岑溪分公司更名为中国人民财产保险股份有限公司岑溪市支公司。主要经营机关、企业及个人家庭财产保险、机动车辆保险、船舶保险、工程责任、货物运输保险业务。公司内设综合部、业务部、车险部、团险部、大客户部及岑城营销部。2005年前在编职工13人,业务人员25人。

1991—2005年中国人保公司岑溪支公司正职领导人(经理)任职人员名单:曾勇(1991—1993)、吴结庆(1994—1996)、冯春南(2005年8月任职)1996年中保财保险公司岑溪分公司暂无经理,由时任副经理冯春南主持工作。

中财保岑溪分公司办公地址设在大中路60号。

中国人寿保险股份有限公司岑溪支公司　中国人寿保险公司岑溪分公司(以下简称"中国人寿保险岑溪支公司"),1996年5月成立。1999年,中国人寿保险公司改制为中国人寿保险股份有限公司,人保岑溪分公司随之改称中国人寿保险股份有限公司岑溪支公司。公司内设办公室、个人业务部、团体业务部、兼业代理部、客户服务部等1室4部。个人业务辖城区营销服务部和12个镇营业服务部,2003年在职人员48人,个人代理人166人。

1997—2005年中国人寿保险公司岑溪公司主要负责人(经理)名单:管政(1997年至2002年4月)、何志敏(2002年4月至2003年5月)、谢振通(2003年5月至2004年11月)、廖克拓(2004年12月至2005年12月)。

人寿保险公司岑溪分公司办公地点,设在大中路66号。

其他保险公司　2000年以来,国内、自治区内有多家保险集团公司进驻岑溪,开展保险业务。2005年,岑溪市的保险机构有中国人民财产保险股份有限公司岑溪支公司、中国人寿保险股份有限公司岑溪支公司、中国太平洋财产保险股份有限公司岑溪支公司、中国太平洋人寿保险股份有限公司岑溪支公司、新华人寿保险股份有限公司岑溪营销服务部、中国平安财产保险股份有限公司岑溪营销服务部等6家保险公司。

2002年中国太平洋财产保险股份有限公司正式落户岑溪。图为中国太平洋财产保险有限公司岑溪分公司挂牌仪式情景(2002年　摄)

第二节　货币流通

货币投放

1991年,中国人民银行岑溪市支行在货币发行投放计划编制时适度递增当年度货币投放数量,使岑溪农业、农村经济发展得到快速增长。1995年,岑溪撤县设市,城市基础设施建设项目猛增,拉动商贸服务等第三产业发展,岑溪辖区内货币投放量逐年增大。至2000年,全市货币投放量从1992年的15053.2万元增至45374.9万元。其间,除1997年因结构调整投放减少外,7年增长3倍多。1999年,开始发行第五套首期100元券人民币，当年中国人民银行岑溪市支行在市内发行100元券人民币1750万元。2001年至2005年，人行岑溪市支行切实贯彻中央“适度从紧”的货币政策，在加强金融监管力度，努力防范和化解各种金融风险，促进本市金融体制改革的同时。进一步加强调查预测工作，提高服务水平，促进地方经济稳定，健康、持续发展。5年间，货币投放量有增有减，增长年份多于减少年份。逐年增长比例幅度符合国家政策规定。

货币回笼

货币回笼包括到期贷款的回收、拆借资金返还和流行货币损伤券收归国库等方面。1991年，为确保“八五”期间实现第四套人民币单一流通，依上级行分配货币回笼任务，根据辖区内损伤券流行实际情况，在抓好抓实贷款回收、拆借资金返还的基础上，当年回笼市面损伤券共793万元，比上级核定456.2万元多回笼337.1万元。复点破钞1727捆，金额715.8万元。年内银行共收回笼款5747.3万元。1993年，通过整顿金融市场秩序，对县内不同业资金拆借市场进行清理，督促专业银行清收违章拆借资金665万元，年内清理退还拆借资金2560万元，占当年全县货币回笼款额的22.1%。当年回笼货币比上年(1992)增加3039.2万元。1999年，为推动发行基金调拨和第五套人民币首期100元券发行与货币发放中合理配置，提高流通中人民币的整洁度，当年共回笼货币48698.5万元，其中损伤券5991.8万元。年内同比回笼增4489.5万元。1991—2005年，货币回笼年度总额同比递增年度多于递减年度。15年中只有1997年、2004年与2005年度回笼货币比上年递减。其中，2004年比上年同期递减2493.3万元；2005年比2004年减20753.1万元，年内货币回笼总额59006.9万元。

1991—2005年岑溪市货币投放与回笼统计表

表9-3-1 单位：万元

年度	货币投放	同比增减额	货币回笼	同比增减额
1991	9495.9	—	5747.3	—
1992	15053.2	5557.3	8521.8	2774.5
1993	18238.4	3185.2	11561.0	3039.2
1994	20441.1	2202.7	17558.9	5997.9
1995	31351.0	10909.9	21213.5	3654.6
1996	32543.9	1192.9	30884.8	9671.3
1997	31120.5	-1423.4	29281.9	-1602.9
1998	39066.0	7945.5	44209.0	14927.1
1999	41546.1	2480.1	48698.5	4489.5
2000	45374.9	3828.8	59516,2	10817.7
2001	48254.0	2879.1	69107.5	9591.3
2002	50227.5	1973.5	76730.1	7622.6
2003	57433.1	7205.6	82253.3	5523.2
2004	62934.9	5501.8	79760. O	-2493.3
2005	51721.7	-11213.2	59006.9	-20753.1

第三节 存储业务

银行存款分一般存款和储蓄存款。一般存款有企业(包括国有、集体、私营企业)存款、政府(或称财政)存款(又称对公存款或单位存款)和信托(或委托)存款及其他存款几种。储蓄存款有活期储蓄、定期储蓄(包括整存整取、零存整取、保本定期等)和定活两便储蓄、定活有奖储蓄等。一般存款是金融机构(银行)作为政府和企业"账房"职能的体现,储蓄存款则是银行推出的货币作为商品营销的手段(品种)之一。1994—1997年岑溪开始有信托存款,1998—1999年开始办理委托存款和其他存款。

企业存款

企业存款分为活期存款和定期存款,1991年企业存款中活期存款余额为3070万元,无定期存款。1992年起随着市场经济的发展和招商引资企业的不断壮大,企业存款逐年增长并开始有定期存款。1997年年末,企业存款突破1亿元大关。2003—2005年企业存款增速较快,到2005年年末企业存款余额33770万元。

财政存款

财政存款1991年余额为268万元,2005年余额为1757万元。

机关团体存款

1991年余额为852万元,1997年年末余额达到1089万元,2000年余额为2503万元,2005年余额为11730万元。

储蓄存款

1991年年末,储蓄存款余额12061万元,活期储蓄存款余额2622万元,定期存款9979万元。此后各年度随着个体经济的迅速发展和居民收入的增加储蓄存款稳步增长。1997年年末余额突破10亿元,2004年突破20亿元,2005年达26亿多元。

1991—2005年岑溪金融机构存款余额表

表9-3-2　　单位:万元

指标＼年度	1991	1992	1993	1994	1995	1996	1997	1998	1999	2000	2001	2002	2003	2004	2005
1.企业存款	3070	3889	3726	7348	8287	8660	10025	16347	10671	8527	10584	12171	16950	24549	33770
(1)活期存款	3070	3634	3529	6920	6862	7239	9085	7318	5323	5056	7571	9667	14297	17519	27607
(2)定期存款	0	255	197	428	1425	1421	940	9029	5348	3471	3013	2504	2653	7030	6163
2.财政存款	268	644	172	232	85	79	188	84	166	0	0	0	0	895	1757
3.机关团体存款	852	494	437	786	618	795	1089	957	1264	2503	3763	4913	7589	7955	11730
4.储蓄存款	12601	19429	31672	44043	55780	88115	107059	121741	131991	141875	159814	175522	197437	223340	260291
(1)活期储蓄	2622	5094	8163	10279	14791	26322	34562	34879	38736	53841	92673	72117	85845	100601	121827
(2)定期储蓄	9979	14335	23509	33764	40989	61793	72497	86862	93255	88034	96841	103405	111592	122739	138464
5.农业存款	1866	3089	6903	8261	309	329	276	641	1692	1499	1543	1800	2981	2195	8747
6.信托存款	0	0	0	8	257	131	311	0	1692	1499	—	—	—	—	—
7.委托存款	0	0	0	0	0	0	0	1428	1378	0	—	—	—	49	9
8.其他存款	0	—	—	—	—	—	—	—	—	—	917	740	550	372	1067
	—	1309	1510	0	0	0	0	253	118	732	—	—	—	—	—
合计	18657	28854	44420	60678	92368	98109	118948	141451	147280	155136	176621	195146	225507	259355	317371

第四节 贷 款

贷款项目营销

银行贷款按借出、偿还时间一般划分为短期贷款与中长期贷款两大类。

20世纪90年代，岑溪市银行短期贷款主要投向“三农”经济。2000年以来，国家加大农业、农村经济组织和农民个体商业经济发展力度，农业和农村经济组织（包括个体户、专业户）的贷款额增长。2005年，岑溪市农村信用联社累计发放“三农”贷款5.6亿元。农业银行岑溪市支行2005年年末累计贷款余额5679万元。其他各银行农业贷款余额，逐年也有不同程度的增长。

中、长期贷款分为基本建设贷款、技术改造贷款和其他中长期贷款（有的银行分固定资产贷款、国家基本建设贷款、委托贷款与个人贷款）。1995年岑溪撤县设市以来，岑溪城市基本建设与工农业技术改造及新增科技含量较高的企业建设速度加快，基本建设与技术改造的中长期贷款余额逐年递增。其他中长期贷款主要有个人中长期消费贷款，如居民购买住房和自建房贷款等。1995—2005年，该类项贷款增长的速度不断提升，年贷款余额不断增大。

随着社会主义市场经济的建立与完善，金融业经营环境也随着发生很大的变化。金融业竞争由简单的经营操作方式向充分引进、开发利用高科技手段拓展服务领域，寻求向新的效益增长点发展，贷款项目营销也随之不断创新。1997年，中国农业银行股份有限公司成立，农行岑溪市支行成为股份制银行。为增强竞争能力，农行岑溪市支行先后推出小企业简式贷款、小企业自助可循环贷款、流动资金贷款、固定资产贷款、个人助业贷款、个人二手住房贷款、个人自建房贷款、个人综合消费贷款、个人自用车贷款、“置换式”个人住房贷款、个人质押贷款、农户小额贷款等十多种贷款项目。2004年年末，全支行贷款余额1.55亿元。工商银行岑溪支行通过对贷款项目营销方式也进行创新。2004年年末，贷款金额1.22亿元，同比增加623万元。

1991—2005年岑溪市金融机构贷款余额表

表9-3-3　　　　单位：万元

指标＼年度	1991	1992	1993	1994	1995	1996	1997	1998	1999	2000	2001	2002	2003	2004	2005
1.短期贷款合计	19875	29809	38415	36531	60445	67876	76958	81821	76396	58563	56149	59475	56625	62957	65811
(1)工业贷款	4845	5868	6891	7364	6997	7481	9491	10408	7057	3127	3097	3965	6445	5688	2754
(2)商业贷款	10515	12876	15815	14081	14285	18958	22198	23194	22761	12881	10672	9720	9129	6278	8207
(3)建筑业贷款	378	370	412	1562	2038	884	2151	2004	477	—	435	535	495	100	82
(4)农业贷款	2106	7137	9110	4735	11807	13590	15513	17118	17093	16979	19672	22727	20978	25460	38801
(5)乡镇企业贷款	2010	3541	6079	2844	7997	9386	9684	9394	9267	5732	5192	4912	4438	7896	476
(6)合资企业贷款	—	—	—	2280	2562	3085	3128	3134	3107	1046	1046	1706	1886	1656	—
(7)私营企业及个体贷款	21	17	108	31	490	490	345	816	2028	2110	2964	2311	1414	1114	799
(8)其他短期贷款	—	—	—	3743	11283	13002	14448	15753	14606	16688	13071	13599	11840	14765	14692
其中：个人短期消费贷款	993	2019	2183	7861	10375	9135	11688	10492	10136	1585	14425	16416	573	369	523
2.中长期贷款	554	720	720	690	658	672	2277	5520	3987	9553	3690	4062	25473	15759	12039
(1)基本建设贷款	439	914	1163	1248	1313	1326	1456	1536	1140	3229	442	12	3808	444	200
(2)技术改造贷款		385	300	5923	8404	7137	7955	3436	5009	486	10293	12342	21665	15315	11839
(3)其他中长期贷款										5838			9863	11853	9009
其中：个人中长期消费贷款	—	—	—	—	—	26	551	—	—	—	—	—	—	—	—
3.信托贷款	26	26	25	—	—	—	—	—	—	—	—	—	—	—	—
4.融资租赁	—	—	—	—	—	—	—	—	—	—	—	—	—	—	—
5.委托贷款	525	4686	5396	—	—	—	—	1242	1241	—	—	—	—	—	—
6.票据融资	—	—	—	—	—	—	—	—	—	—	—	24	—	500	3198
7.各项垫款	—	—	—	—	—	—	—	—	—	—	—	—	—	—	—
合计	21419	36540	46019	44392	70820	77011	88646	93555	87773	68116	70574	75915	82098	79216	81048

贷款担保制度与风险防范

金融信贷是货币借贷活动中高级信用关系。银行在开展借贷业务中，既要根据借贷方（客户）需要及时发放贷款，更要保证借贷方本息按期偿还。20世纪90年代以来，岑溪各金融机构，均依照国家法律、法规和中央银行相关政策、规定，在贷款发放过程中，实施相应的贷款担保制度与风险防范措施。

担保制度　又称保证制度，包括两个方面，即担保人担保与物质（实物）抵押两种。担保人是借贷双方以外的第三人（可以是具有完全民事行为的自然人，也可是法人），在债务人不能按期偿还时，应承担催促偿还并负连带责任者。物质抵押，是借款人以自有一定数额的资产（房产、贵重物或土地等）在偿还期的抵押给（银行）。借款人如不能按期偿还本息，可用抵押物折款偿还。

1991—2005年，岑溪市各银行的小企业贷款、个人贷款，较多采用抵押、质押的担保方式。

风险防范措施　1991年以来，随着市场经济发展，各种经济关系复杂微妙，各金融机构为防范金融风险防止和减少不良贷款，均出台多项风险防范措施。主要有贷前调查与审核措施。即由银行依据借贷人的申请，在贷前安排相关人员对借贷人的相关情况，包括借贷人的身份（企业则是法人资格）、财产（含家庭、企业财产）、项目（投资项目）、偿还能力等情况通过调查获取真实材料，并由贷款人填写申请表格，经领导审查核准后，再行发放贷款。

为进一步做好风险防范，进入90年代以后，岑溪各专业银行还通过开展企业信用等级评定，实施小企业客户统一授信管理制度。即参考企业历史违约率平均值评估债务人违约概率，对照上级银行制定的信贷业务信用等级评定基准表，确定评级基准，再根据其他风险信息进行调整，评定最终信用等级。企业申请借贷时，银行按其信用级别，确定贷款数额，以防范借贷风险。2000年，农行岑溪市支行，推出的小企业简式快速贷款、小企业自助可循环贷款，评定资产贷款等，均采用企业信用等级评定，客户统一授信的管理制度，有效预防不良贷款的发生。加强内控管理，建立贷款操作规程和违规处罚制度。2005年，农行岑溪市支行推行坐班主任派驻制，加强内控检查力度，重点检查经营出现异常的网点和行为异常的个人。实施"零点行动"，对各经营单位进行突击核查，及时发现、纠正违章、违规行为，防范风险发生。岑溪农村信用银行（信用联社）则通过农村信用社贷款操作规程和违规处罚办法，落实贷款管理责任制，实施贷款"四包"制度，防范道德风险、严防增量资产的恶化和贷款风险的出现。

第五节　金融管理监督

结算

结算方式与种类　20世纪90年代以前，岑溪各专业银行结算方式分现金结算与转账结算两种，而且都是手工操作。90年代，工商银行岑溪支行结算方式仍为现金结算与转账结算两种。其中，转账结算分异地结算和同城结算；异地结算采用电汇、信汇、票汇、托收承付等方法。2000年以后，随着市场经济的发展和科技进步，岑溪各商业银行结算手段不断完善，结算种类不断增加。到2005年，工商银行岑溪支行结算种类有支票、汇票、本票等票据类服务，还有委托收款、代理收款、即时通、支票直通车、应收应付款服务，账户管理服务、流动资金、代客理财业务等。结算渠道打破单一柜面服务模式，并通过网上银行、ATM自动存取款、自助终端服务现代结算服务等模式，提高结算速度，方便客户。同期建设银行岑溪支行、农业银行岑溪支行等银行，还推出电子汇划、企业网上银行、个人网上银行、手机银行、电话银行、转账电话、漫游汇款等电子银行业务，各种客户可足不出户就能办理银行结算业务。

结算账户开立与监控管理　银行结算账户的开立，一般需经申请、受理申请、审查批准的程序。各商业银行受理申请，必须按照中国人民银行账户管理规定，对符合开户条件的申请人（含法人）发给开户申请书,并对申请开设支票账户和凭印鉴支取的存折账户的申请人发给印鉴卡片。审查时,属于客户部门营销的账户,由客户部门审核开户的证明文件的真实性,在开户证明文件的复印件上批注“与原件相符”字样,并签章确认。如客户自行到网点申请办理开户手续的,由会计主管审核开户证明文件的完整性后,交由客户部门审核开户证明文件的真实性,并在开户证明文件复印上批注“与原件核对相符”字样,并签章确认。

2000年起,中国人民银行岑溪市支行,依照相关法律、法规和上级行的部署,切实加强结算业务管理,认真执行账户管理有关规定,开展结算监控检查活动。2004年6月,岑溪市支行正式运行梧州辖区同城票据交换清算系统。提速资金清算,提高票据抵用率和工作效率,扩大票据使用范围,减少资金在途时间,降低客户经营成本。

1991—2005年岑溪市银行结算处理支付业务情况表

表9-3-4　　金额:万元

年度	笔数	金额	运行系统投入使用情况
1991	90699	277939	同城票据交换手工清算
1992	93688	272378	—
1993	92505	286639	—
1994	96750	297861	—
1995	98982	303215	—
1996	100522	314761	新增央行会计核算支付系统
1997	97498	332016	—
1998	100188	4077281	—
1999	99209	423948	—
2000	99893	453623	—
2001	106449	495370	—
2002	90336	213445	—
2003	76432	602776	—
2004	62740	606294	—
2005	54259	734606	新增电子联行系统、大额支付系统

银行卡　银行卡是20世纪90年代中后期以来,岑溪市推行金融业务科学创新,推广具有消费、转账、结算、存取款(现金)等全部或部分功能的金融支付工具(或称服务品牌)。银行卡以其灵活、方便、快捷及多样化服务手段,为越来越多的客户使用。从1989年10月中国工商银行开始发行并注册命名为“牡丹卡”的银行卡开始,市内各专业商业银行(含农村信用合作机构)逐步开始发行各种品牌的银行卡。到2005年,岑溪各商业银行发行的银行卡主要品种如下。

工商行岑溪市支行:牡丹卡(IC卡)、纪念卡、联名(认同)卡、彩照卡等。

农行岑溪市支行:金穗借记卡(按发行对象又分单位卡、个人卡)、金穗标准贷记卡(可在中华人民共和国境内及其他指定的国家和地区使用)、金穗贷记卡(可分商务卡、个人卡),金穗个人卡,按照产品不同

定位又分标准贷记卡、旅游卡、优卡、公务卡、环保卡、金穗XCAR等10多种，按信用等级不同又分金卡、普通卡。

建设银行岑溪支行：从1993年10月首先推出信用卡（该卡当时适用一般经商人员）开始，到2010年发行的银行卡还有储蓄卡（又分生肖储蓄卡、普通储蓄卡、理财卡）、普通贷记卡和公务卡（为国家公务员所用、并具贷记卡功能）和医疗保险业专用龙卡（联名卡）。

日常监管

银行日常业务监管，包括存（储）、取款、贷款及银行结算账户开立和使用实行的监管等。90年代，银行日常业务监管，各商业银行均通过监管制度建设，加强监管。人民银行岑溪市支行通过履行中央银行职能，采取多种措施方法实行监管。1991年，人民银行日常业务监管的主要措施：利率监管[由人民银行定期或不定期开展存款（储）、贷款利率检查与纠偏行动]，同城票据清算系统日常管理与稽核（查）；金融机构信贷规模管理及银行财务收支制度管理等。2001年，人民银行岑溪市支行通过举办全国支票影像交换系统业务培训和操作培训，及开展农民工银行卡特色服务宣传活动，以提高银行系统日常金融服务水平，预防与减少各种金融业务事故的发生。

外汇监管 外汇业务主要包括外币与人民币兑换、汇率、汇额等项。90年代，岑溪外汇业务主要由中国银行岑溪支行承担。2000年中国银行岑溪支行撤销并入中国银行梧州分行。外汇业务监管由中国人民银行国家外汇管理局岑溪支局承担。2001年，人民银行岑溪市支行建立并完善出口企业出口收汇核销制度，加强出口收汇日常监管。当年全市共核销出口企业出口收汇核销单835份，金额980万美元。2003年，制定《国家外汇管理局岑溪市支局出口收汇核销管理内控制度》，建立健全各种业务台账，跟踪并掌握出口企业领用、核销出口收汇核销量的有关情况，规范业务操作。改进对外服务，不断提高服务质量，提高出口收汇核销管理水平，促进辖区外向型经济可持续发展。

国库业务管理 国库业务是人民银行代理国家财政的一项重要工作，担负着办理国家预算收支，反映预算执行情况的重要任务。1991年，人民银行岑溪市支行依照《国家金库条例》实施细则，实施服务和监督相结合，针对以往核算工作的薄弱环节，切实做好县国库的基础核算工作。正确及时地办理各级预算收入、支出、退库登记及相关账务、报表、审核、报告工作。并通过对国库经收处业务和财政资金账户的检查、监督，强化国库资金的管理。1995年，配合财税体制改革，正确办理各级预算收入工作，全年完成县、区（自治区）中央三级预算收入合计9193万元；办理国库拨款9348万元，抵制不合理拨款5笔，金额9万元。同时对全县各征收机关国库经收处开展业务检查。在办理退库工作中，严格把关，收回上年（1994年）多退库的40万元。通过国库基础工作整改，国库核算走上正规化轨道。加强复核、对账及严格事后监督，确保数据准确、库款完整安全，财税库数额一致。1998年，建立国库会计核算“双人临柜，换人复核及纵、横向对账制度”，严格柜台监督，把好国库资金出入口关。当年发现不合理凭证18笔，金额32万元。2000年，进一步抓好预算单位存款账户的规范工作。严格预算拨款管理，开展国库业务实地自查。规范国库会计核算业务，确保预算收支的收纳、报解、上划和支报工作按时准确和国库资金安全。

反假币 反洗钱

反假币 20世纪90年代，随着改革开放不断深入和社会主义市场经济的发展，造假（币）换假、用假违法犯罪行为时有发生。为维护人民币的信誉（币值）和正常供应发行，人民银行承担反假币的重要职责。1993年，人民银行岑溪市支行依据上级政府和银行的部署，开展反假币行动，当年举办三期有各专（商）业银行与农村信用合作社及相关金融机构一线人员参加的反假培训班，通过讲理论、看录像、纸币鉴别考证等方法，提高一线人员反假能力。同时在工商企业和人民群众中开展“反假币”的宣传教育活动，避免不应有的损失。1995年，岑溪撤县设市后，各商业银行普遍使用验钞机，同时进一步加强反假、打假的宣传教育并开展专项检查打击活动。1997年，人民银行岑溪市支行成立反假（币）领导小组，充分利用电视广播等媒体工具向全市人民进行反假、识假的宣传教育。当年辖区内收缴假人民币5.1万元。1998年，全市没收假人民币14万元。进入2000年以后，全市各银行机构，结合贯彻《中华人民共和国人民币管理条例》，定期或不定期地开展反假（币）活动，并使其正常化。2004年，人民银行岑溪市支行组织全市金融机构开展反假币宣传月活动，向全市派发10多万份宣传资料，并接受群众的反假咨询，向人民群众宣讲识别假币知识。

反洗钱 反洗钱是银行机构为了预防和打击犯罪组织及人员通过各种方式隐瞒其犯罪所得及其收益的来源、性质不当的洗钱活动所建立的制度及措施。是新修订的《中华人民共和国中国人民银行法》赋予银行机构的职责。2003年，岑溪市成立由一名副市长任组长的岑溪市反洗钱工作领导小组，要求各银行依照《中华人民共和国反洗钱法》的规定，在加大反洗钱法律的宣传教育力度的同时，建立反洗钱制度，采取相关措施，强化客户身份识别与对客户的洗钱和恐怖融资风险评估以及大额交易、可疑交易报告等工作。2003年至2005年，在岑溪市反洗钱领导小组领导下，人民银行岑溪市支行每年均通过召开辖区各金融机构反洗钱联席会议，通报广西辖区及本市洗钱工作开展情况，部署当年年度市辖区反洗钱工作。通报反洗钱部分案例和现场检查商业银行反洗钱工作情况，加强银行内部监督管理，预防洗钱犯罪。

第六节　保　险

保险品种与保险市场

20世纪80年代，岑溪仅有一家保险公司，即中国人民保险公司岑溪县支公司（简称中人保岑溪支公司）。保险种类分财产保险与人身保险两大种类。

1996年保险实行分业经营，中人保岑溪支公司一分为二，分别成立中国人民财产保险股份有限公司岑溪支公司和中国人寿保险股份有限公司岑溪支公司，简称中财保和中人寿保。财产保险类业务由中财保公司岑溪支公司经营，人身保险类由中人寿保公司岑溪支公司经营。90年代末21世纪初，随着经济体制改革深入化与开放面的扩展，国内部分保险集团公司在岑溪设立支公司或营销服务部。保险种类、品种不断增加，营销手段（方式）不断更新，各保险机构各出奇招，形成竞争态势。

2003年，中财保岑溪支公司保险业务开设有企业财产保险、家庭财产保险、船舶保险、货物运输保险、信用责任保险等。至2005年，除上述险种外，增加人身意外健康保险、全市农村住房、公务用车保险与部分地方民生工程和重大项目保险业务等。中人寿保岑溪支公司主要险种业务有人寿险、健康险、意外伤害险等种类。各险种又推出长、中、短期险与团体、个人险等。

21世纪初，在岑溪成立的中国太平洋财产保险股份有限公司岑溪支公司，中国太平洋人寿保险股份有限公司岑溪支公司、新华人寿保险股份有限公司岑溪营销服务部等保险机构，在岑溪开设机动车辆、企业财产、人寿、健康及意外伤害等保险品种业务。有的保险机构还通过利息差额分红，安排相关客户旅游服务等营销方式吸纳保险客户，扩展保险业务。

参保人群范围与投保额度

20世纪80年代，保险业务仅在党政机关、企事业单位和群众团体中开展。参保人员多为机关干部、企业职工与厂矿商店等集体单位。进入90年代，保险宣传力度加大，保险分业拓展，人民群众保险意识增强，参保人群范围扩展。进入21世纪以来，市内保险机构增加，各保险机构不断推出保险新品种，投保模式多样化，参保人群遍及城镇乡村，包括机关、企事业单位干部职工、街道（社区）居民和乡村农民。既有青壮年，也有老年人、学生、少儿；财产类保险既有机关、企事业单位团体、私营企业主，也有家庭专业户、作坊、商店等。财产保险扩大至企业厂矿固定资产，及至家庭家用电器、机动车辆、家具设施等。人身保

险类新增健康、医疗、意外伤害(含旅游出行安全)等险种。保险额度根据各类保险品种规定,有多有少。大额有月以千元、万元以上;小额年百元、数百元不等。

1998年,中财保岑溪支公司开设有机动车辆运输和机关企业与个人财产保险,各种事故责任险、工程项目险、种养险等品种。投保户达1200多户(笔),总保险值为19.98亿元。中人保岑溪支公司各险种总保费超2000万元。2004年,中财产保险岑溪支公司完成毛保费收入1344.4万元,其中机动车保险业务845.8万元,财产险类业务362.5万元;同比增长9%,完成年任务102%。中人保岑溪支公司完成保费总收入4646.34万元,比年度计划增8.25%,2005年保费收入2727.37万元,支付赔款148万元。短期险业务收入122.74万元。

理赔

进入21世纪以来,各保险公司依据保险法相关规定,并依据各保险种理赔原则及规定,开展现赔服务。2000年以来中财保岑溪支公司处理保险种赔案3300件,累计支付赔款1633.6万元。中人保岑溪支公司至2005年处理各种赔付案件2284件,支付赔款148万元。

第七节 国库券、企业债券、股票

国库券发行与兑付

20世纪80年代,国家从加快经济发展的目标出发,由县级财政部门发行国库券。由企业、机关团体、农村社队集体认购,也有部分由公民自愿认购。1981—1990年,岑溪全县发行国库券共1020.49万元,其中集体购买135.49万元,个人购买885万元。到1992年,国库券兑付进入高峰期,中行岑溪支行切实做好当年国库券兑付工作,年内兑付国库券本息182.3万元;兑付集体单位国库券本息18.9万元;保值公债本息92.6万元。1994年,兑付国库券总值94万元,其中,本金65万元,利息29万元。

1996年,岑溪市由人民银行发行凭证式国库券,总额320万元。当年兑付单位个人认购的国库券本息共396万元。1997—1999年,中行岑溪支行先后发行国库券454万元,累计发行凭证式国库券1450万元,兑付各年度国库券本息145万元。

企业债券

1992—1995年,岑溪部分企业为解决融资困难,先后在人民银行岑溪县支行的引导下,发行企业债券和短期融资券共1340万元,其中,县松脂厂100万元、水泥厂100万元、造纸厂140万元、物资局500万元、四滩电站500万元。发行量居当年梧州地区各县之首。1996年后,停发企业债券。

股票市场

2001年6月,广西证券梧州桂江二路证券营业部岑溪证券服务部成立,岑溪部分人开始从事股票买卖活动(在此之前,少数人员通过梧州证券机构参与股票买卖),逐步推动岑溪股票市场的发展。至2005年,全市股民达2000多户(个人),股票年交易额逾10亿元。

［第十篇］

城建　环保

20世纪90年代起，岑溪县（市）城乡建设与环境保护工作，伴随改革开放方针政策的贯彻和岑溪经济建设与社会各项事业发展的步伐，进入依法依规管理和快速发展的新时期。

城乡建设方面，遵照“山清水秀，天蓝地绿，美丽宜居，和谐优雅”的理念，坚持改造（旧城区）与扩建（新城区）及城乡结合的方针。从岑溪山多田地少的丘陵地貌出发，着重抓好建设规划编制与实施，以及相关工程（项目）的技术质量、安全生产监督管理和建筑行业（含房地产）自身建设等方面的工作。2000年，市委、市政府提出把岑溪建设成中等规模城市和桂东南副中心城市的目标。2003年，编制《岑溪市城市总体规划（2003—2020）》，确定城区建设实施向东（面）推进，向西（面）延伸，向南（面）扩展（简称东进西延南扩）的方针，进一步加快城市建设步伐。在建设中，依法依规，合理布局机关、学校、医院卫生和工商业区，配套供水、供电、文化娱乐设施。尽量少占田地，移山填坑（或整造梯级），依山傍水，占天不占地，多建高层楼房，留足绿地空间；同时做到边建设边植树，栽花种草，使得街道绿化，住宅园区（含新农村建设）美化。努力把岑溪市建设成绿色城市。到2005年年末，岑溪市城区面积由20世纪90年代的5.8平方千米扩至16.05平方千米，市区居住人口12万多人。除岑城镇为市区外，所辖13个镇镇区（圩市）新建面积31.50平方千米，城镇建设累计投入资金13亿元。

环境保护方面以贯彻实施《中华人民共和国环境保护法》和相关法律为中心，切实落实环境监测、环境治理相关制度措施。1991年，岑溪县环境监测机构被自治区环境局定为区环境监测网络成员，加入自治区环境监测网络系统，负责辖区内包括水源、大气、声音等直接关系人民生存、生活环境的监测及居民商场、娱乐场所公共环境卫生的监督检查、整治工作。1991—2005年，县（市）环境从监测的机构不断增添监测器具，充实监测技术力量，依法开展环境监测工作。水源、大气、防污排污除噪（音）等方面为相关部门、企业提供环境质量资料数据。同时通过环境保护法律、法规的宣传教育，提高广大人民群众、企业干部职工和相关领导机构对环境保护的意识，采取有效措施科学治理环境。保护岑溪山清水秀、天蓝气爽，维护市容、村容、厂容清洁优雅，促进岑溪经济稳定，持续发展，人民群众生活质量不断提升。

第一章 城乡建设管理

城乡建设管理包括城乡建设规划制定与实施、建设工程（项目）技术质量、安全生产监督管理和建筑行业、房地产开发管理以及城市公共设施管理和城市环境保护等一系列工作。20世纪90年代，岑溪市根据国家相关法律、法规，城乡建设规划制定与实施实行集中领导，统一管理的体制。县（市）乡镇长领导城乡规划的编制、实施，县（市）乡镇人民政府的城市规划主管部门负责本行政区城市建设工程技术质量和安全生产的监督管理工作。1991—2005年岑溪市城乡建设规划坚持从实际出发，做到规划必须合理用地、科学安排城市各项设施建设，均衡部署经济、文化、公共事业及战备等各项设施，使其有序、协调发展。遵循节约用地、因地制宜，保护生态、防止污染和其他公害的原则，尽量利用荒地、坡地，少占水田、园地和林地，保护城市绿地、搞好绿化建设。切实保护文物古迹，保持与发扬民族风格和地方特色。1991年起，岑溪先后实行城乡建设行业（含房地产）、建筑工程施工行政许可制度，成立城市建设管理监察大队，市政工程管理处和市建设工程质量安全监督站等组织机构，加强城乡建设管理、监督工作。

第一节 机 构

岑溪市建设局

1984年6月，岑溪县城乡建设环境保护局成立，为政府管理城乡建设与环境保护的行政管理机构。1987年11月，环境保护工作单列，分别成立县城乡建设委员会（以下简称“城建委”）和环境保护办公室（以下简称“环保办”）。1991年，城建委内设办公室、城乡规划室、政工股、质量监督股、财务股等5个股室，编制人员20人。1996年11月，市城乡建设委员会改称为市建设局，内设机构增加市容环卫股，编制人员35人，下辖城市建设管理监察大队、园林管理处、市建筑设计院等二层机构。2002年机构改革保留市建设局设置。2005年市建设局内设秘书股、法纪政工股、建设管理股、城镇规划股、公用事业股、财务股等6个职能股室，局机关行政编制11人，事业编制16人，在编干部职工27人。直属二层机构有建设工程招标投标管理站、墙体改革办公室、户外广告设置办公室、城市开发建设有限公司。行政事业编制17人。

1991—2005年市建设局（城建委）局长（主任）分别为黄昌善（1989年12月至1993年12月）、崔日荣（1993年12月至1999年4月）、黄华秩（1999年4月至2002年6月）、罗华孔（2002年6月至2005年4月）、覃广平（2005年4月至2006年1月）。

二层机构

岑溪市建设规划室 岑溪市建设规划室的前身是岑溪县城乡建设委员会规划股，1991年12月改成立岑溪县城乡建设规划室，属于岑溪县城乡建设委员会下属的事业单位。1992年12月改为岑溪县城乡建设规划设计室。1995年12月更名为岑溪市建设规划室。主要职能是城市规划管理，并具有城乡规划编制丙级资质，可承接建制镇总体规划编制和修订、20万人口以下城市的各种专项规划、详细规划的编制以及中小型建设工程项目规划选址的可行性研究。2005年年末在编在职职工22人，其中高级工程师2人，中级工程师9人，助理工程师8人。

岑溪市建筑设计院 岑溪市建筑设计院成立于1980年3月（时称岑溪县基建局设计室），1984年1月更名“岑溪县城乡建设环境保护局设计室”。1988年3月12日至1992年1月参加梧州地区建筑设计院联合体，冠名“梧州地区建筑设计院第四设计室”。1990年3月更名“岑溪县城乡建设委员会设计室”。1992年2月从城建委分出，称“岑溪县建筑设计室”，为副科级事业单位。1993年获得建筑设计行业丙级资质。1995年12月更名为“岑溪市建筑设计院”，为独立法人单位。2005年有职工18人，其中，高级工程师2人，二级注册结构师2人，二级注册建筑师3人，工程师5人，助理工程师4人，技术员2人；下设建筑室、结构室两个下属机构。

岑溪市建设工程质量安全监督站 岑溪市建设工程质量安全监督站的前身是1988年7月成立的岑溪县工程质量监督站，1995年12月更名为岑溪市工程质量安全站。

2005年11月，更名为岑溪市建设工程质量安全监督站，为市建设局下属的全额拨款事业单位。主要职能是代表市政府对全市建设工程进行工程质量和施工安全生产监督管理。2005年在编在职职工25人，其中中级工程师7人，助理工程师（助理会计师）14人，会计员1人。

岑溪市市政工程管理处 1997年12月成立，为岑溪市建设局二层机构，事业单位，办公地址设在市建设局内。主要职责：贯彻执行《城市道路管理条例》《城市排水许可管理办法》等法律法规的具体工作，负责城市道路、给水排水及其他市政工程设施的维护、管理、监督工作，确保市政工程设施处于完好状态。2005年年末，在编职工17人。

岑溪市城市建设管理监察大队 岑溪县城市建设管理监察大队于1990年5月成立。办公地址设在建设局内。1995年10月更名为“岑溪市城市建设管理监察大队”。岑溪市城市建设管理监察大队属政府差额拨款的事业单位，隶属建设局领导，是建设局行政执法的主体，为副科级，2005年在编人数72人。根据《城建监察规定》，城建监察队伍的基本职责是：实施城市规划方面的监察，实施城市工程设施方面的监察，实施城市公用事业方面的监察，实施城市市容环境卫生方面的监察，实施城市园林绿化方面的监察。

2003年，全体队员已通过区政策法规室统一培训，统一考试并取得自治区（委托）行政执法证。

第二节 城乡建设规划编制与实施

岑溪市城区总体规划

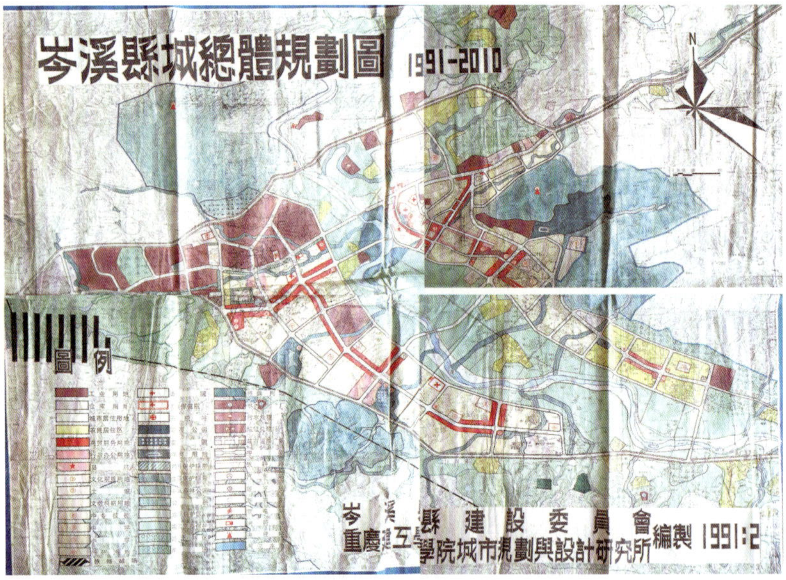

1991年编制的岑溪县城总体规划图

城市建设规划分总体规划和详细规划两个方面的规划。1991年县城乡建设规划室受县政府委托承担城乡建设规划工作。县人民政府聘请重庆建筑工程学院城市规划与设计研究所专家到岑溪，与县城乡建设规划室一道，会同县土地管理与经济、文化、军事等部门共同编制《岑溪县城建设总体规划（1991—2010）》，规划县城城区面积为11平方千米，人口规模11万人。县城城区规划面积比80年代末的5.6平方千米扩大

1倍，人口规模增加1.54倍。

1993年年末，岑溪县城区建设面积12平方千米，城区人口12.95万人。1994年8月，聘请武汉城建学院的专家、教授与县建设规划室一道对县城总体规划进行第二次调整修编。1995年11月，新编修的《岑溪县城总体规划（1995—2015）》通过梧州地区、自治区有关部门的技术评审，1996年6月25日通过自治区人民政府审批。近期规划到2005年，规划城区面积14.1平方千米，人口规模13万人；远期规划到2015年，规划城区面积21.76平方千米，人口规模26万人。

岑溪县规划方案图

1995年，岑溪撤县设市后，城市建设步伐进一步加快，特别是进入21世纪后，岑溪的各项建设都进入快速发展阶段。2003年，市委、市政府委托广西建筑综合设计研究院和华中科技大学建筑与城市规划学院对城市总体规划进行第三次修编调整，在原规划的基础上，按建设桂东南副中心城市、大西南与粤港澳联系的重要陆路交通枢纽、以发展资源加工业与外向型产业为主的中等城市规模进行调整修编。再次修编的《岑溪市城市总体规划（2003—2020）》，2004年3月2日由自治区建设厅组织厅际联席审议会进行审议并通过，2005年12月31日通过自治区人民政府审批。总体规划近期规划到2010年，规划城区面积18.1平方千米，规划人口规模16万人；远期规划到2020年，规划城区面积23.09平方千米，规划人口规模中心城区25万人、城区总人口30万人。

岑溪市城市建设详细规划

1991—2005年，市建设规划室以总体规划为指导，承担编制各时段各开发小区、专业园区及专项工程建设的详细建设规划（又称小区建设规划）。

1991年，编制南门桥头游泳池至三甲村南面，西至义昌江河边，东至白坟洞，北至妇幼保健站，东西长850米，南北宽约120～150米之间，总用地约27.2公顷的以住宅为主的小区建设详细规划。

1992年，根据县人民政府对南环、探花、十里长街三大经济开发区的规划进行调整完善的要求，重新编制三大经济开发区的建设详细规划。其中南环经济开发区以商住小区开发为主，十里长街和探花经济开发区是以石材加工业为主，辅以公共建设服务配套设施和住宅建设。

1994—1999年，依据市政府关于拓展新城区的总体目标，先后编制南环市场、北环新村住宅小区、明都新城、探花小区、探花工业园建设详细规划。包括探花商住区、南环商住区、百花洲小区、滨江小区建设的详细规划和文化二路、南北大道改造的详细规划。2000年，编制湖溪商住小区、沙子垌小区、思英工业园、城北住宅小区建设详细规划，沿江路、火车站前小区、五谷垌小区、探花工业园、滨江路等园区建设的详细规划，市人民广场改造规划及南门小广场、东山公园建设详细规划等。

2005年编制《岑溪市消防专项规划》《岑溪市近期建设规划》《岑溪市住房建设规划》和沿江三路、滨江三路、思湖路、紫泥工业园二期等控制性详细规划及汇洋景园、芳村经济适用房、新兴经济适用房、丽景湾二期等项目工程规划。在各相关城区功能分区建设规划中，详细规划各功能区的用地控制面积。其中，城南居住区控制用地规模284.49公顷，城西物流区控制用地规模279.06公顷，城西工业区控制用地规模

417.46公顷,城西居住区控制用地规模286.7公顷,城北文教区控制用地规模199.83公顷,新城中心区控制用地规模207.75公顷,旧城中心区控制用地规模193.38公顷,旧城居住区控制用地规模294.10公顷,城东工业区控制用地规模212.73公顷。

乡(镇)村建设规划

1991年起,县城乡建设规划室根据县城乡建设总体规划,开始对各乡镇政府所在地的圩市街道扩展拓宽进行规划。配合公路交通建设、花岗岩矿产及其他资源开发,先后对筋竹镇、南渡镇、糯垌镇、归义镇、大业镇、水汶镇等镇区的扩展和相关开发区建设编制规划。1999年,市政府确定筋竹镇、水汶镇、南渡镇、糯垌镇为全市市域经济片区中心城镇。先后编制上述4个中心镇(2000—2010)建设的总体规划。规划中,筋竹镇定位为林副产品加工和商业贸易为主的现代化城镇,规划建设用地控制在1.14平方千米以内,近期建设用地面积0.7平方千米。水汶镇定位为自然资源加工业和商业贸易为主的现代化城镇,规划建设用地控制在1.25平方千米以内,近期建设用地面积0.79平方千米。南渡镇定位为自然资源加工业和商业贸易为主的现代化城镇,规划建设用地控制在3.45平方千米以内,近期建设用地面积1.84平方千米。糯垌镇定位为建材工业、农副产品加工业和旅游业为主的现代化城镇,规划建设用地控制在1.2平方千米以内,近期建设用地面积0.7平方千米。

2000年,按照《中华人民共和国城市规划法》和《村庄规划建设管理条例》的要求,编制小城镇住宅、学校、医院、文化娱乐场所、道路、商贸市场与供水供电设施、排污防污、防灾等基础设施建设规划和适居人口规划。2003年,依据市政府实施村镇建设"136"工程计划,在编制各建制镇的小城镇建设规划的同时对河木、吉太、孔任、秋风、北村、石村等17个村庄进行建设规划编制及审批工作。2004年完成除岑城镇属市区外16个镇区建设规划编制(含部分镇区规划的修订)的任务,并经市人大审批实施。依照规划,至2005年年末,全市集市社区(不含属于市区的岑城镇)建设总面积31.50平方千米。各镇区街道商贸市场,居民住宅楼房与文化娱乐场所、教育、医疗卫生、供水供电通信设施齐全。全市城镇化率42%。

第三节　工程质量安全监督管理

质量监督

岑溪城乡建设工程质量监督工作。凡属报批城乡建设工程项目,均由(县)市建设工程质量安全监督站从项目图纸设计、基础开挖、模面施工到工程竣工验收等进行全面监督。图纸设计不合格的,不准开工。基础检验不合格的,不准进行上部结构施工。主体结构施工过程中,由工程质量监督站派出工程技术人员进行施工监督。1995年,市工程质量安全监督站除加强正常监督检查外,实行定员蹲点负责制。分片分组落实专职质监员蹲点挂靠工程项目,直接与受监督工程挂钩,负责工程质量检查工作。工程竣工前质量检验不合格的,不准交付使用。在工程建设期间,承担项目建设的建筑团队务必选派经过工程质量监督部门专业培训的工程质量技术人员,负责项目建设日常监督。落实建筑施工质量标准相关规定,严禁偷工减料。粗制滥造、材料假冒伪劣以次充好,严禁工程负责人玩忽职守、盲目指挥或在施工环节中任意变更材料;严禁层层转包。发现问题需及时汇报并进行应急处理。2003—2005年,质量安全监督站实施报监工程773宗,建筑面积23819万平方米。竣工验收工程69宗,建筑面积19000平方米,验收合格率100%。

安全监督

1991年,县城建委建立建筑工程安全监督管理制度,并与县安全生产管理部门一道,对建筑工程安

全施工实行强制性监督管理。落实安全生产层级责任制，年初与各建筑公司、工程队签订安全目标责任书，依法实行安全监管，规范工程建设行为。特别是对施工现场的机械设备、安全防护用品、施工用电、接地电阻、电器材料、防雷设施、深基坑气体等严格监管。全面推行施工图纸申报制度，建筑施工企业安全生产许可证审核制度和企业负责人、项目负责人、专职安全人员安全生产考核制度。严把工程建设程序关、工程竣工验收关、确保建筑施工安全和施工质量，杜绝“豆腐渣”工程。1991—2005年，市内各建筑公司、团队（含承包商）经营的建筑工程项目，安全生产率90%以上，全市未出现较大的建筑安全事故。

第二章　建筑业

1952年,岑溪县成立建筑手工业联社,统一管理全县建筑与手工业。20世纪60年代末至70年代各公社先后建立建筑队,从事集体建筑和农房修建工作。1976年,县建筑手工业联社改为县建筑工程公司。1984年改为岑溪县建筑工程总公司。同年,樟木、马路、南渡、糯垌、归义(原新圩)、大隆等6个乡镇分别成立乡(镇)建筑分公司。1990年3月,县政府决定成立市政工程队,隶属城乡建设委员会,承担县城(市区)街道桥梁、排污等项目工程建设。1991年起,由县城乡建设委员会办公室统一管理全县建筑业报批审核工作。2002年机构改革后,设立城镇规划建设管理股,对全市建筑业实行行业管理,指导和管理建筑市场。同期实行建筑企业行政许可制度,指导和管理建设项目立项后建设程序的实施工作。

第一节　建筑队伍

1991年起,岑溪县(市)所属的建筑队伍,分别有市建筑工程总公司、市建筑工程公司、市第二建筑工程有限公司、市立信建筑工程有限公司和市水电建筑安装公司等专业建筑公司,各建筑公司简介如下:

岑溪市建筑工程总公司

1984年8月成立,经自治区建设厅核定为建筑工程施工总承包三级企业资质,可承担单项建安合同不超过企业注册资本金5倍的14层以下、单跨跨度24米及以下的房屋建筑和高度70米及以下的构筑物和建筑面积6万平方米及以下的住宅小区或建筑群体的工程施工。市建筑工程总公司曾承建市水泥厂20万吨水泥生产线、市劳动力培训中心大楼、华洋花园29号、30号商住楼、市渔牧兽医局办公大楼、翔龙苑、祥云苑综合楼、朝阳商住小区住宅楼、苍梧清华花园商住楼、百昌行工业厂房等一批工业与民用建筑工程。在水电建筑施工方面,曾承建装机容量6000千瓦的都目电站大坝建筑工程、装机容量12000千瓦的四滩电站大坝建筑和坝基灌浆防渗处理及厂房建筑工程、塘坪水库除险加固工程等水电工程项目。在送变电建筑工程施工方面,曾承建市电网建设改造项目10千伏及以下建设与改造工程。1992年、1993年连续两年获得梧州市建筑业联合举办的工程质量竞赛“云峰杯”金奖和铜奖。

岑溪市建筑工程公司

前身为1950年成立的岑溪县建筑和工业联社,1976年更名岑溪县建筑工程公司,1996年改为岑溪市建筑工程公司。市建筑工程公司注册资金670万元,具有房屋建筑工程施工总承包三级资质,2005年取得ISO9001:2000质量管理体系的认证。

岑溪市第二建筑工程有限公司

1983年7月成立,1992年经自治区建设厅核定为房屋建筑二级企业资质。市第二建筑工程有限公司下设经营科、工程施工科、安全生产科,注册资金600多万元,净资产800多万元。公司可承担6000万元以下的工程施工任务,年产值达3500万元至4000万元,年均上缴税金约200万元。

岑溪市立信建筑工程有限公司

前身为1965年成立的岑溪县樟木建筑工程队,1992年经上级批准改名岑溪县第三建筑工程公司,2004年公司实行体制改革,岑溪市第三建筑工程公司更名为岑溪市立信建筑工程有限公司,注册资金2000万元,拥有与本行业相适应的各类施工机械设备、检测仪器和交通、通信设备。

公司通过与每个工程项目负责人签订工程质量安全生产责任状，层层抓落实和管理，实行样板工程引路以及标准、计量、检测、质量认证等技术手段，确保工程质量和安全，争创优质精品工程。市立信建筑工程有限公司分别于1999年、2000年获广西建筑业联合会授予的年度“安全生产（管理）先进单位”称号。公司承建的广西桂江船厂26#综合楼获梧州市“云峰杯”工程安全奖，承建的藤县地税办公楼工程、藤县公路局综合楼工程、藤县财政局办公楼工程分别获梧州市1999年度、2001年度、2002年度“云峰杯”工程质量优质奖。

岑溪市水电建筑安装公司

其前身是1974年成立的水电工程队。1994年4月在工程队基础上扩充人员设备，成立水电建筑安装公司。至2005年年末，有职工32人，有初、中级技术职称6人，拥有水电建筑安装机械40多台（套），曾参与市内多个水利、电力工程建设。施工技术质量曾被原梧州地区水电局表彰。

第二节　建筑设计

1991—2005年，市建筑设计院是岑溪市唯一有资质的建筑设计单位。设计院拥有计算机18台，打印机3台，晒图机1台，复印机2台，数码相机3台，价值15万元的正版PKPM建筑、结构、给排水、电气设计软件，CAD出图率100%。在设计工作中，贯彻“实用、安全、经济、美观”的建筑设计方针。凡公建项目设计，一般由主办方或承建方委托设计部门作设计。设计时，需按审定项目建设计划，包括施工地域（地理环境）供水、供电、道路交通、排污等实际情况考虑项目设计方案。重要工程项目设计，需经专家审核和政府（主管部门）审批。较为简单低层的私建项目则一般由专职业内设计师设计，报设计院领导批准即可。设计方案确定后，需做好建筑图纸设计以及图纸使用过程中的相关管理工作，为检查安检提供依据。

其间，市建筑设计院累计完成公共建筑设计项目621项和一批家庭私建设计项目。其中，1991年完成的《岑溪县岑城中心市场》设计项目获得梧州地区建委颁发的优秀设计二等奖，1994年完成的《岑溪县邮政生产综合大楼》设计项目获得梧州市建设局颁发的市级优秀设计纪念奖，2003年完成的《岑溪市检察院技侦综合楼》设计项目获得梧州市建规委颁发的优秀设计二等奖，2005年完成的《岑溪市职业教育中心1#教学楼》设计项目获得梧州市建规委颁发的优秀设计三等奖。

第三节　建筑行业管理

规划管理

1991年起，城乡建设规划管理，包括严格核发建设项目选址意见书、建设用地规划许可证、建设工程规划许可证（简称“一书两证”），坚持现场定点、定线，对工程项目进行规划控制两个方面，增强规划对城市建设的调控和指导作用。严格工程报建、报监制度，不断提高工程报建、报监率。1996年前，建设工程（特别是私建工程）主动报建、报监率较低，1997年起开始实行工程报建、报监、收费、办证一条龙服务，逐步完善工程报建、报监制度，大力打击少报多建、不报而建及违反规划等各种违法建设行为，工程报建、报监率大为提高。1997年核发建设用地规划许可证5个、建设工程规划许可证191个，全年机关、企事业单位报建工程项目64项、新建私房报建134项，公建项目报建率100%，私建项目报建率89.3%。2000年，对市区内私建工程项目（住宅）加大监察力度，查处违章施工行为6起，建筑面积1500平方米。至2005年，全年累计核发工程规划许可证803个，办理报建工程项目769项。

招标投标管理

工程项目施工招标投标制度从1997年起在岑溪全面实施。对机关、企事业单位建筑面积1000平方米以上的34项建筑工程实行招投标(议标为主)。1998年,成立梧州市基建合同预算审计站岑溪分站,对全市建设工程的预结算进行审计,防止工程预结算的混乱。

2000年4月,成立市建设工程招标投标管理站,5月,成立市建设工程交易中心。中心严格按照《中华人民共和国建筑工程招标投标法》的规定对工程的承包发包进行管理,对符合招标条件的建筑工程要求全部进入工程交易中心进行交易,在市建设工程招标投标管理站以及市纪委、监察局有关人员的监督下公开招投标。在进行招投标前,市建设工程招标投标管理站对参与招投标的施工企业资质进行严格审查,符合工程建设相应资质的施工企业才允许参与投标。2000年全市新建工程项目(公建)49项,符合实行招投标的4项全部由审计站核定造价进行公开招投标。同时,全面加强检查监察,及时发现和处理规避招标、虚假招标和违法承包工程现象。2001年,检查发现市百货公司建筑面积3745平方米的职工集资楼、市桂丰食品公司建筑面积465平方米的住宅楼两个工程项目均在6月上旬未按有关程序报建及招标而擅自发包开工,发现后立即发出停工通知书,责令建设单位按法定程序进行报建招标,两个建设单位于8月15日按规定进行公开招标。检查发现建筑面积834平方米的诚谏中心校教学楼工程,于8月18日向社会发布招标信息后,未按《招投标管理条例》规定就于8月20日进行开标,检查发现后,对建设单位进行教育,建设单位进行报建后重新按规定组织招标。

2003—2005年,不断加强和规范工程项目施工招投标管理,使建筑市场逐步走上公平竞争、规范化轨道。其间,全市累计有277项符合招标条件的建设工程项目进行公开招标,无规避招标、虚假招标和违法承包工程现象,公开招标率100%。

施工许可制度

20世纪80年代中后期起,岑溪开始实行建设项目施工许可证制度,凡公建建筑工程,主办方或承建方(建筑公司、队)须向城建部门申请施工许可证后,方能开工建设。申请施工许可证须提交"建筑工程施工许可证申请表""质量安全责任书""建设用地批准书"或"土地使用证""建设工程规划许可证""施工合同"等相关资料。资料必须齐全并符合相关条件。如是投标项目,还需提供中标通知书等。城乡私建项目由建设户(个人)向城建部门申请,并在获得工程施工许可证后,才能施工。凡建设户或承建方没有获得施工许可证就进场施工的,城建监察机构检查发现后,有权责令停建、补办施工许可证。如属违章建筑,不能获得施工许可证的,城建部门依法责令拆除并给予相应的处罚。90年代中后期起至2005年,城区和镇区的私建项目中三层楼以上的房屋,施工方也需按设计图纸施工,而且所有的建筑材料、工程进展程序都必须符合质量技术的要求,并接受城建部门的质量监督检查,确保项目建设进展安全,技术质量合格。

质量安全管理

20世纪90年代以来,市建设管理部门每年都组织开展经常性、季节性和突击性质量安全生产检查活动,对存在质量安全隐患的在建工程项目发出限期整改通知书。对存在严重质量安全隐患的在建工程项目发出停工通知书和进行相应的处罚,及时纠正和消除安全质量事故隐患。同期,成立相应的应急队,落实应急预案措施,预防重大安全事故发生。工程质量安全监督站人员经常深入城乡各建设工地对施工质量和施工安全进行检查监督。1991年,受监在建工程项目66个,受监面积67284平方米,全年无重大质量、安全事故发生,竣工工程23项,验收合格率95%以上,在梧州地区质量大检查中施工质量名列全地区第二。1995年,工程质量安全监督站除加强正常检查监督外,实行定人蹲点负责制,分片、分组落实专职质监员蹲点挂靠工程项目,直接与受监工程挂钩,负责受监工程的质量管理。认真做好试验室的计量认证,对进入工程工地的建筑材料进行质量检验,把好建筑材料质量关。全年累计到建筑工地检查的人员

超过1600人次，同时实行收取质量、安全保证金制度，提高建设工程项目施工的质量安全系数，全县报建工程安全质量事故为零，在全地区工程安全质量评比中获第三名，南环大桥工程被评为竣工工程中的优良工程。1998年，加强对质监人员的教育管理，通过资格考核增强质监员的责任感和事业心，提高质监水平，全年受监工程项目（公建）28项，竣工验收合格率100%。

2003—2005年，质安监督站实施报监工程773宗，建筑面积23.8万平方米、竣工验收69宗，验收合格率100%。三年来，共组织开展6次全面的质量安全生产大检查，检查在建公建项目146项次，开展平时性和突击性检查10次，共发出限期整改通知书80份，发出停工通知13份，对36项存在严重安全隐患的在建项目处以16430元罚款，组织对私建项目进行2次安全生产大检查，发出停工通知42份，连续3年无重大安全生产、质量责任事故发生。

建筑市场管理

2003年起，市城建部门依据《中华人民共和国建筑法》等法律法规规定，加强对建筑市场行政执法力度，对建筑业中基本建设程序和施工规则开展检查监督。2003年至2005年，在建筑市场检查和执法监督中，对建筑工程队（或业主）发出履行义务（设置施工安全网带、标示、施工车辆不超载运输，不污染街道等）通知书125份，发出停工整顿通知书72份，行政处罚立案3宗，收缴罚款2.24万元。

第三章　城区建设

1991年6月，新编制的《岑溪县城建设总体规划(1991—2010)》获准实施，县委、县政府明确指示，按新编规划，用3—5年时间，改造好旧县城，并开展新城区建设。1995年岑溪获准撤县设市，城区改造着重抓以下几个方面的工作：一是拓宽旧街道。凡原6～8米的街道，符合扩建增大的一律拓至10～16米或18米街道，并增设人行道，路面铺设柏油或水泥混凝土路面。二是加高楼层，凡主次街道原三层以下建筑，需拆重建五层以上楼房，并用瓷砖、花岗岩或墙粉装饰门面。三是主街道分设车辆分道栏，街边还设绿化带，同时更新街道路灯等设施，主要交通十字路口增设红绿灯装置。四是改造地下排水排污管道和埋地电线等设施。五是在人群密集街道增设治安亭和消防通道，规范车辆停放。拆除占道建筑，增建公共厕所。

1991年县城建委城乡建设规划室，聘请重庆建筑工程学院城市规划与设计研究所专家，编制《岑溪县城建设总体规划》时，规划县城城区面积为11平方千米，其中就包括80年代中后期新扩建的岑罗路(今工农路)、大中路东延，玉梧路西伸，解放路北展和县政府招待所至南门桥义昌江北岸南拓的新建筑。1994年8月，县政府聘请武汉城建学院专家、教授，与县城乡建设规划室一道，对县城总体规划进行第二次调整修编，于1995年11月编制新的《岑溪县城总体规划(1995—2015)》，1996年6月通过自治区人民政府审批，规划建设城区面积18.1平方千米。在1996年4月市第十一届人民代表大会第五次会议上，审定编制的《岑溪市国民经济与社会发展“九五”计划》时，明确岑溪市城区建设实施向东推进，向西延伸向南扩展(简称东进、西延南扩)战略。扩大市区建设面积，增加城市基础设施，以增强城市经济实力，加快岑溪全面发展。

从90年代中后期开始的岑溪市新城区建设，着重按东进、西延南扩的战略布局，先后从“十里长街”“探花工业园区”“南环经济开发区”的建设着手，开展新城区的建设。1992年先后开始“十里长街”(指玉梧路岑溪路段内西起樟木镇上奇村天桥至乌峡村路段两旁开发建设)的征地拆迁工作，按规划征地40公顷，拆迁房屋227户，合6万多平方米。“探花工业园区(后改为探花经济开发区)”首期征地35.3公顷。南环经济开发区首期征地28公顷(水田)，并在征地拆迁工作同时，开展项目招商工作。

第一节　旧城区改造

本志所说的旧城区，是指1990年前岑溪县城的范围：东起岑罗路(今工农路)妇幼保健院门前街，西至玉梧公路岑溪大桥以东及义昌江东岸地段；南起南门桥、孝坊河北岸至水东街背一带；西北至旧汽车站岑中路口、县外贸局、土产公司；东北至新汽车站、交警大队和县松脂厂东、西门前大街(今北环大道西段)；成不等三角形地带，总面积5.8平方千米。

街道改造

岑溪县城旧城区改造，始于1987年，初始是旧汽车站迁址新建。接着是把县政府招待所、县人民法院、检察院后面大片土地规划作中苑别墅区(商住开发)，再次是改造县附城小学(今市一小)后面与原教育局门前道路改造为街道延至南门桥头东，今称滨江路。1990年新汽车站建成投入使用后，开始建设新兴路、华侨街口至县松香厂东门的北环路(今北环大道西段)并改造城北路(新汽车站至粮食局一带)。

1991年起，对70年代、80年代建成的解放路、大中路、工农路(原称岑罗路)、南门路等主要街道临街破旧及低于5层楼房、砖瓦房木结构平房拆除重建。并对公房五层楼以上的楼房实施“穿衣戴帽式”工程，即装修装饰墙面及按楼房轮廓安装彩灯、霓虹灯。在街道改造中，对拆除重建或新建房屋，均需按城建部门的统一规划，一律为五层楼以上的砖混结构楼房、临街铺面整齐划一，留有人行道，外墙需粉刷装饰或贴瓷砖、花岗岩片。对尚未铺设水泥路面或已破烂路面的街道，则重新铺设水泥或柏油路面，尚未种植路树或未修整行人道的，需要重新植树或铺设行人道。

1992年，结合治理孝坊河受工业污水污染问题，采用钢筋水泥全覆盖河面的方式，完全覆盖孝坊河岸农业银行至孝坊桥河段，既拓宽街道又防止污水臭气污染。改善河道周边居民居住环境。当年投入资金192万元把解放路农业银行处至工农路184米长的街道由8米扩大至28米，新铺混凝土街道9000平方米。同年，随着覆盖孝坊河工程的开展，投资1200多万元，改造旧农贸市场，改建为总面积14372平方米的楼层式中心市场，并于1993年春节前竣工投入使用。1993年，县政府定为“城镇建设年”。实施“百花洲景区”和商住区建设规划，城建工作进入改造旧城区与建设新城区相结合同步推进阶段，旧城区改造速度和资金投入增快增大。1994—1995年，对工农路文化大厦起至旧汽车站路段和城中路进行拓宽和延长改造。同期投资把旧汽车站至岑溪三中一段修建文化路，在文化大厦至县人民医院门前创建文化街和文化公园。

道路改造

南门路(2004年 摄)

1992年起开始改造旧城区道路，逐步对旧城区尚未铺设的3.96万平方米泥石路面道路及0.48万平方米三合土路面道路全部改造铺设沥青混凝土路面。同时，对原已铺设石灰沙石的破旧道路全部进行重新改造铺设水泥路面，对部分偏窄的路段进行拓宽改造，对街道行人道按统一标准进行全面改造。1996年，铺设路面500平方米。1997年，改建旧城区道路1060平方米，并投入20万元更新街道绿化带、建设街心绿岛，投入50万元在工农路、解放路中段和城东路安装道路行车分隔栏。1998年，引资30万元完成大中路西段的路基改造工程，并投资20万元铺设北山二路。1999—2000年，投资200多万元进行街道人行道改造工程，先从工农路、解放路、大中路、城东路等主要街道开始，按统一标准，统一使用花岗岩板材、彩色水泥阶砖铺设，改造人行道路。2000年，铺设大中路西段、文化二路水泥路面，并把南门桥改造成风雨桥。2002—2005年，投资730万元对工农路、大中路、玉梧路、北环大道、解放路、城东路、城北路、城中路、南门路进行全面修铺，修复面积20万平方米。同时，对旧岑罗路妇幼保健院至樟木小学路段进行改造铺设，共铺设路面1700多米。2003年，购置一套道标线标划设备，对城区主次干道进行路面标线标划。

供电 供水 排污工程改造

城区供电改造 由电力部门负责，着力抓变电扩容，增加输出电量和弱电管网改造。1989年4月，对岑城第一变电站增容2台单机8000千伏安变压器，安装35千伏安断路器7台，10千伏安断路器10台，消弧线圈1台。1993年,增建华建水泥厂变电站,改善该厂供电设施。1995年,对岑城第二变电站增加1台容量2.5万千伏安主变压器,变电容量为1万千伏安增加到2.5万伏安。2003年,先后增建鹰达五金厂、泰丰五金厂两个厂的变压站,以改善两厂供电困境。2004年5月,第二次对岑城第二变电站实行增容,以2台2.5万千伏安替换1万千伏安变压器,合为5万千伏安。

弱电管网改造方面,从1991年起逐步拆除"城市蜘蛛网"(实行线改工程)净化城市空间。1995年,开始进行路灯架空改造,把城区路灯架空电缆全部改为地埋电缆。2005年,开始全面推行架空弱电线路入地通行,规范城区弱电线路挂设,引进广东中人集团投资3000万元进行弱电管网改造,启动城区约40千米地下弱电管道建设工程。2003—2005年,改造更新旧城区解放路、城东路、北环路路灯共234杆,补入高压钠灯468盏,安装小街小巷壁灯158盏。

供水工程 1990年前,县城只有县第一水厂向县城区供水,该厂原设计日净化水能力6000吨,仅够供应2万人的饮用水。1989年起对第一水厂供水设备设施进行改造,至1990年5月竣工,日供水能力提升至2.2万吨。1991年10月起,为满足不断增长的县城供水需求,县供水公司增建第二水厂在探花村引义昌江水,以补充第一水厂供水之不足。第二水厂建设工程总投资为537万元,竣工后供水能力4.2万吨,供水面积8.5平方千米,供水人口超过10万人。2003年,为提高市区供水能力和供水质量,对旧城区供水网络工程进行改造,第一水厂增设1条直径600毫米的输水管,总长3330米,工程投资759.41万元。同期对第二水厂供水系统实行扩建,投资3813.8万元。到2005年年底共完成旧城区管网和街道铺设DN直径600毫米管道2000米铺设任务。

1990—2005年部分年份岑溪市区供水情况表

表10-3-1

年度	水厂(个)	供水管道长度(千米)	供水能力(万立方米/日)	年供水量(万立方米)	年售水量(万立方米)	工业用水(万立方米)	生活用水(万立方米)	营业用水(万立方米)	供水普及率%	人均生活用水量(升/日/人)
1990	1	12	2.5	245	223	90	123	16	85.71	87.21
1995	1	45	3.3	525	490	168.34	302	21	91.03	116.24
2000	2	69	5.25	824	804	206	598	24	99.76	138.61
2005	2	81	5.30	843	517	210	593	30	142.09	137.76

排水、排污工程 1990年,旧城区下水道总长13.5千米,为直泄式合流制排水系统,排污流入孝坊河后直接向义昌江排放,对义昌江水污染较大。

1991年起,在对岑罗路、解放路、大中路等旧城区街道改造的同时,不断加大对上述路段排水设施建设的投入,进一步完善城区的排水管道系统,尽量减少城区污水污染。1994年,义昌江孝坊河口至西牛头的排污干渠建设工程完成,通过排污干渠把城区污水引到西牛头坝首外排放。1995年,新建和改造排水渠道5.64千米。1997年,清理排污渠道1250米,建设一个150立方米的大型沉沙池,改善城区防洪排水条件。

1998年起,实施义昌江主排污沟、大板河排污沟建设。对旧岑罗路排污沟及湖溪小区排污沟等共5.43千米的排污沟进行改造。更换排水沟盖板2000多件(块),并对松香厂、纸厂、食品厂、农机厂的排污设施进行整改。2003—2005年投资300万元,完成义昌江河道进行疏通及排污总渠建设任务。

第二节　新城区建设

东进西延南扩规划的实施

新城区南扩建设　新城区南扩建设，从1992年南环经济开发区全面动工开始启动。地理位置为孝坊河两岸水田、三甲村和菜园村北面三棵古榕前后左右的坡地及南门桥东段沿义昌江东岸一带田地。南扩建设的主要工程有义洲大道、市人民广场、红楼商住区、榕湖饭店、滨江二路、三路等居民住宅区。

搬迁三甲村并用钢筋水泥覆盖孝坊河，修建南北大道以连接解放路，并将原计划建设新政府的办公用地改建商贸城，成为市区新商贸中心。在南门桥东端原水电游泳池及沿江东岸水田修建小广场。2005年末，南扩建设第一轮工程基本完成。

新城区西延建设　新城区西延建设规划包括“十里长街经济开发区”建设和义洲大道西段明都新城建设工程。开工建设时间为1993年。1994年，玉梧公路岑溪天桥至乌峡路段拓宽及水泥路面铺设任务完成，新城区西延建设工程开始。首期工程是将玉梧公路天桥至乌峡路段改为玉梧大道，在旧汽车站向西延至岑城镇思英村路段（含原造纸厂）。两旁征用土地（含民居），兴建商住楼房，使其成为街道。同期在岑溪大桥（玉梧公路桥）东西两端征用土地进行招商，开发房地产业。在义洲大道西段与玉梧大道交会处（思英村）以西南面土地规划建明都新城。在义州大桥与南门桥西端原征用计划作人民公园的土地兴建丽景湾商住区。在岑溪大桥东端北面兴建百花洲公园，2002年后改为金湾顺景商住开发

1997年拆迁三甲村动工兴建南北大道。图为拆迁现场

建设中的滨江三路（2003年　李强　摄）

区。岑溪大桥西段南北两面征用土地分别建国家税务局、中国移动公司岑溪分公司办公楼,并开发周围为商住小区。在上奇社区紫垠片区建紫垠工业园。在思英街委路段建城西市场。在玉梧公路旁百山到天桥一带建石材市场与建材城。在义洲大道西段建中国建设银行岑溪分行、岑溪市供水公司等机构楼群。同期,在义州大桥西段南思劳坡(原森工局旧址)等处,通过招商,由汇洋地产开发公司开发楼盘。

义昌江百花洲段两岸正在建设中

新城区东进建设 1995年5月,探花工业园区,南环市场等工程项目举行奠基仪式,标志新城区东进建设工程正式开始。新城区东进建设工程前期任务是建设义洲大道(东起至即将修建探花汽车站连接岑罗公路,西至思英村接玉梧路全长4.2千米,街道红线宽度36米,跨义昌江建义州大桥),北环大道(东西走向,西起新汽车总站,沿岑罗二级公路至探花工业园区接即将修建的探花汽车总站。全长3.2千米,街道红线跨度36米)和城东路(南北走向,北起北环大道市松脂厂前门,南接义洲大道,全长1.2千米,街道红线26米)。上三项工程又称“两纵一横”工程。1996年3月,义洲大道建成并初具规模。随后,随着南环经济开发区的开发建设,新城区东进工程中义洲大道以南各街道建设陆续开展:在市人民广场以东地面先后纵横建设广南路,富民路,东升路及义州1~5街(居民住宅区和东升市场等商铺、民居)。同期分别在上述街道迁建国土局、劳动局、人事局、工商局、邮政局、畜牧水产局等政府机构办公楼房。北环大道兴建,从1992年岑罗二级公路动工时候开始。以岑罗二级公路从县新汽车站零公里处作为起点,向东经市松脂厂、市二中、市看守所直达探花工业园区后经大樟(古樟树)根后连接探花汽车站。1995年,北环大道主道贯通后,1999年起,在北环大道东山脚下,兴建“北环新村”“探花商住区”等商务民居小区的建设工作。同期,城东路及两旁商务住宅小区建设同时开展、至2005年年末岑溪城区东进建设初具规模。

广南路城管大队门前(2005年　摄)

1991—2005年,岑溪市新建市区内共建成大小街道134条,其中主街道6条,次街道16条,支路112条,总长度81.97千米,总面积214.9万平方米。

2005年岑溪市区主要街道建设情况表

表10-3-2

街道名称	街道等级	走向	路面结构	街道路总长(米)	街道红线宽度(米)
义洲大道	主干道	东西	沥青路面	4200	36
北环大道	主干道	东西	沥青路面	3200	36
玉梧大道	主干道	东北西南	沥青路面	6000	36
解放大道	主干道	南北	沥青路面	1500	30
工农路	主干道	东西	沥青路面	3200	28
城东路	主干道	南北	沥青路面	1200	26
滨江一路	次干道	南北	沥青路面	400	20
滨江二路	次干道	南北	沥青路面	530	16
沿江一路	次干道	南北	沥青路面	460	20
永安路	次干道	东西	沥青路面	712	36
城北路	次干道	东西	沥青路面	850	20
广南路	次干道	东西	沥青路面	900	36
建设路	次干道	东西	沥青路面	400	20
兴宁路	次干道	东西	沥青路面	422	20
大中路	次干道	东西	沥青路面	1400	26
新兴路	次干道	东北西南	沥青路面	850	26
富民路	次干道	东西	沥青路面	1300	21

居民房屋建设

居民房屋建设,一般分三类:一是征地拆迁回建房;二是居民购地建房(含乡镇和外籍人口在市区购地);三是原地改建房(此类多在旧城区改造区域或新城区区域被划为居民区地段内的房屋建设)。回建房有两种,一是在原地域分配回建地;二是迁移回建。原地域回建,一般在主街道、次街道或商住小区内,除划定为公建(含机关事业单位、商业机构)区域外,按需要、按政策规定分配回建面积。迁移回建一般由城建部门在新建主次街道或商住小区内分配。购地建房是指非征地拆迁户居民(含各乡镇和外县籍人口)在土地部门规划的出售土地,按政策规定,由个人自由购地建房(其中也包括部分集体单位购地分给职工自费建房)。上述居民房屋建设,按政策规定,面积不得超标(即不超过平均人居面积,楼层除外),样式符合规定(即符合城市房屋建设要求),不超时限(即与主次街道建设同步)。同时保安全、保质量,消防设施、环卫设施(化粪池、排水道等)、水电配置等符合规定。原宅地改造建房要求与上相同。

城市公共设施建设

汽车客运站　80年代前,岑溪仅有一个汽车站(含客运、货运),位于县城西北面玉梧公路旁勒竹村的小坡上(岑中路口对面)。站址面积500平方米,容纳过往停留车辆4~6台,候车室为瓦木结构的平房,可容候车乘客30~50人。客运线路仅有岑溪至玉林、梧州、罗定和县内的县城至三堡、水汶、波塘、筋竹、诚谏等乡镇。1988年,岑溪县汽车站搬迁到城北原县食品公司对面,并更名为岑溪汽车总站。汽车总站面积近20000平方米，建筑面积5700平方米。新站办公楼房为五层砖混结构，内设售票厅、候车厅各2间，可容纳1000人左右买票候车。停车场面积15000平方米，可同时容纳100多车辆停放，设发车卡位11个。1990年10月建成交付使用。

2003年5月，由自治区交通厅拨款和市自筹款共1200多万元，动工兴建岑溪探花汽车客运站（又称岑溪汽车东站）。占地面积24000平方米，站场建筑面积4293平方米。该站于2005年年初建成投入使用，列为二级汽车站，承担向广东方向发出和东进岑溪客车的运输服务。

公共交通 1997年，通过招商引资，成立市公共汽车公司，购进19辆公共汽车，以市人民广场为起点站（暂不建公共汽车中心站），在市区主、次街道营运。开通市区至马路镇、归义镇和糯垌镇新塘社区三条公交线路，2002年公共汽车公司增购11辆公共汽车投入运行。同期批准成立出租汽车运输公司，开展城市出租汽车运输服务。

文体娱乐设施 20世纪80年代中后期至90年代，在旧城区改造期间，把50年代修建的人民大会堂改建为文化大厦，使其成为岑溪县（市）文化活动中心，文化部门同期改建（扩建）市图书馆、电影院及新华书店等。1993年至1995年，在城东老虎冲一带规划修建占地面积4公顷的体育中心，并在市区内学校及部分机关（含岑城镇）修建增建篮球、羽毛球、乒乓球、气排球等体育场馆设施。90年代末，除体育中心的足球、篮球田径运动等设施外，市区内各机关学校有篮球场28个，羽毛球场32个，门球场6个，乒乓球室18个。

1994年，在位于菜园村三棵古榕树周围划出面积5万平方米的场地，修建音乐喷泉广场（1996年改称为人民广场）。广场南面为3个大喷泉池一字展开，中间喷池呈莲花状造型，喷泉喷水时，音乐陪伴各色灯光添彩，与喷池西面三棵古榕绿荫交相辉映。广场北面与义洲大道相连，广场中间和周边各种奇花异草、灌木相间。广场内绿茵草坪被若干条用花岗岩铺设的人行道分割为不同图案。广场东面建有不锈钢支撑造型的舞台。广场从1996年年初建成使用，至2005年几经改造、成为人们的休闲娱乐场所。

1999年至2001年，依照城区详细建设规划，市城建部门分别在南门桥东南面河岸空地建造总面积8000多平方米的南门小广场，并将文化大厦前小广场建为“文化公园”。同期把南门桥改造为游人观赏和步行通过的风雨桥，并在风雨桥上建造具有岑溪文化特色的南门阁。

2006年3月，拆除南门阁，恢复南门桥原貌改为人行桥（限制各种汽车通行）。同年，对南门小广场进行改造，场内全部用花岗岩板材铺设，建一露天小舞台和欧式长廊，广场中间建一音乐喷泉，周边种树木花草绿化，舞台后建假山、喷水池及一间公厕。

供电 继1981年、1989年先后建成岑城第一、第二变电站。至2004年，先后增建华建水泥厂、鹰达五金厂、泰丰五金厂和归义、南渡、马路、昙容等35千伏变电站。至2005年末，全市共有变电站19座。其中110千伏变电站2座，35千伏变电站17座，变压器容量92850千伏安。110千伏输电线路40.8千米，35千伏输电线路35.8千米，2005年年末供电量实现4.6亿千瓦时。

供水 1983年建成第一水厂，以后进行两次扩容改造。1991年完成第二水厂建设实现每日供水2万立方米。自来水厂厂区坚持实施封闭式生产管理，设置活体生物观测，确保供水质量。2000—2004年，市区内年供水量491.6万立方米。2005年市区居民生活用水共593万立方米。

防洪排涝 1991年，对城区义昌江河段两岸泥沙河堤加固改造。1992年，修建义昌江西牛头电站闸坝至甘冲村右岸护堤，标准为可防御十年一遇洪水，长度2290米，堤顶高97.0～97.5米。2002—2004年修建西牛头电站闸坝至南门桥下游河段左岸可抗二十年一遇洪水标准砌石护堤，长度1288米，堤顶高99米。南门桥上游至原森工站河段岸坡侧建成可抗十年一遇洪水标准砌石护堤，堤长583米。同期，在新城区街道建设时，按照规划建造街道地下排水渠道或管道，长13.5千米，为直泄式合流制排水系统。2003年起，先后投资50多万元，修建探花开发区、北环大道、百花洲生活区等地段排污（水）渠道（管道）。至2005

年年末，市城区排水管道总长度38.24千米。

第三节 城区绿化、亮化工程与市容管理

城区绿化

90年代初，县园林部门先后在新扩建的工农路，大中路、解放路、城北路等主街道两旁植树绿化。1995年至1997年，投入资金100万元对人民广场和北环大道、城东路、十里长街、义洲大道四条街道进行绿化。市区新增绿化面积5600平方米，新种花木14030株、草皮4900平方米，市区公共绿地面积增长20.7%。1998年年底，市区共有人行道路树3168株，分隔带5975米，街道景点共505平方米，花带草皮4000平方米，市区建成区绿化覆盖率2.50%，绿地率1.0%，人均公共绿地面积0.31平方米。

城楼、人民广场（1999年 摄）

1999年，完成玉梧路汽车站至收费亭路段的花坛建设和花草苗木栽种，改进人民广场绿化和复建文化小公园，同期开工建设百花洲小公园。植树绿化滨江一路、滨江二路和东升路，开展花园式单位竞赛活动，新增绿化面积4000平方米。2000年，投入资金50万元绿化城南小区的部分街道，提高人民广场、沿江路、百花洲小公园的绿化档次，并购置一辆绿化专用喷淋车，加强对市区绿化植物的养护和种植。

2002—2005年，投入资金200多万元对十里长街、义洲大道、解放路、北环大道及滨江路等城南小区部分街道进行补植绿化，种植大王椰子树2000多株，种植福建茶、黄金叶、大叶红草等袋苗10000多袋、低层植物400多平方米，植草皮3400多平方米以及种植垂榕、簕杜鹃、七彩大红花等植物一批。2005年年底，建成区绿化覆盖面积175.6公顷，绿化覆盖率10.92%，公共绿地面积80.55公顷，绿地率10.55%，人均公共绿地面积6.45平方米。

亮化工程

1996年，投资200万元，改装北环大道（原称北环路）路灯90杆，安装玉梧大道（原称十里长街）、义洲大道等市区路灯300杆。2000年，安装玉梧大道西段、义洲大道西段、南北大道（今为解放路南段）和明都新城等新建街道路灯，总投资1000多万元。2004—2005年，完成城东路、义洲大道中段及玉梧路、北环大

道、沿江路及岑溪大桥、义州大桥、南门桥等街道、桥梁、沿江绿化带的路灯、彩灯、临街霓虹灯安装改造工程，投资300多万元。

市容管理

1990年5月，城建委成立县城管监察队，作为县城市容管理的机构。1991—1995年前，县城市容管理的任务，主要负责贸易市场归行入市、街道卫生清洁、门店摆卖规范和规范车辆停放等方面。维护行业摊档摆设有序，市场清洁、行人车辆通畅无阻，秩序井然。实行机关单位、商铺门店门前三包（即包清洁卫生，包不准乱摆乱卖、占道经营，包治安防范）。1995年起岑溪市参加自治区在全区开展的市容环境综合整治"南珠杯"竞赛活动。在进一步加强城市规划、市政设施建设、园林绿化的基础上，开展环境卫生整治和交通、经营秩序综合整治，规范行市摆卖和市区广告张贴规则，全面改善市容环境。2000—2005年，岑溪市在第五届"南珠杯"竞赛活动中被评为优秀城市，在第六届"南珠杯"竞赛活动中获得C类城市特等奖。

1996年12月，市政府发动市直机关干部职工参加义务劳动，整顿市容市貌

第四章　镇村建设

20世纪80年代前，岑溪农村包括原公社所在地街道和各自然村落，机关单位及农民居屋都是砖（甚至是泥砖）瓦木结构的平房。圩市街道狭窄短小（宽2～2.5米，长100～200米）。20世纪70年代，部分公社虽有过新农村建设示范点的规划，但因政治运动而流产，同期建设的有农贸市场，每处仅500～600平方米，圩期农产品摆卖均占街道临时设摊。80年代初实行改革开放后，随着农业经济和商贸业快速发展，各乡镇开始对乡镇政府所在圩市旧街道扩建增宽改造，街道居民也逐步拆旧瓦房改建砖混结构的新式楼房。岑溪镇村建设由此拉开序幕。1991—2005年，依照县城乡建设规划，岑溪镇村建设逐步向城镇化发展，迈开了村庄改造和社会主义新农村建设的步伐。

第一节　镇区建设

镇区旧街道改造与扩建

1985年，按照县委、县政府的部署和城乡建设总体规划，全县除位于县城城区的岑城镇、樟木镇外，全县其他15个乡镇先后开始对镇区旧街道进行扩建改造。按照“三个一点”（即县财政拨款、乡镇政府筹集、相关部门及个人捐助）的筹资方法，在动员圩镇街上住户屋主自愿让出沿街屋前1～1.5米作为扩展街道用地的基础上，改变原来街道狭窄的状况。由当地（乡镇）政府规划，在镇区原街道两端或周边，征用（或划拨）部分土地扩建新的街道或扩建、增建农贸市场。

1991—1995年，按照县城乡建设“八五”计划提出的目标任务，全县位于县城区外的15个乡镇的政府所在地，陆续扩建街道48条（由原来2～2.5米扩至5～6米），新建街道80多条（均按8～12米宽建设）。扩建、增建（含改造）农贸市场总面积4万多平方米（含部分新建街道）。通过自筹或申请上级拨款的方法，开始改造原砖木瓦结构房屋，改建为3层以上的砖混结构楼房。1996—2000年，全市市区外15个镇，镇区建设同步进入旧街道房屋改造和新街道新楼房建设的阶段。一是乡镇政府、国有、集体企业单位，把办公区与职工住宅分离，通过自筹或申请上级拨款的方法，开始拆除原砖木瓦结构房屋，改建为3层以上的砖混结构楼房。二是旧街道居民开始拆旧建新或在新街道购地建新楼房。至2005年年末，各镇在旧街道的居民房屋（除于80年代改建外），60%～80%的旧砖瓦木结构平房，均改建为3层楼以上的砖混结构楼房，且临街墙体均粉白或粘贴瓷砖装饰。各镇区通过水改（办自来水厂）、厕改（建化粪池或沼气池）和地下排水、排污管道、街道垃圾堆放设施建设，及供电线路改造（简称线改）等生活基础设施的建设。

重点镇区城镇化建设

1995年，南渡镇被国家建设部列为全国小城镇建设试点镇。1996年，水汶镇、筋竹镇、归义镇和糯垌镇被列为原梧州地区小城镇建设重点镇，岑溪农村城镇化开始起步。1998年城建部门编制岑溪市城乡建设总体规划时，确定筋竹、水汶、南渡、糯垌、归义等镇为全市市域经济片区中心城镇，并按其经济发展目标总体方向分别定位。筋竹镇以林果种植、林副产品加工和商业贸易为主。水汶镇和南渡镇以自然资源开发利用、加工和商贸、旅游为主。归义镇、糯垌镇以建材工业、农副生产种植加工和商业贸易为主。其他乡镇也根据各自特点落实经济发展定位，并依照各镇经济发展、人口流动和招商引资的情况，规划镇区拓展和产业经济开发区的建设。至2005年，全市除岑城外，城镇建设累计投入资金13亿元，新建成镇区街道住宅面积418.25万平方米,街道、道路152千米共262.58万平方米。建成自来水厂18座,供电、供(排)水及电讯、文体、卫生等公共设施基本齐全。

南渡镇建设 1990年,镇区内共建有16条街(巷),镇区总面积18.4万平方米,居民人口7240人。建筑面积5.72万平方米。主街道4条总长1610米,次街道(含小巷)12条。1991年投资113万元建成日供水量2500立方米自来水厂一家,投资30万元建成黄华河岸码头1座,投资45万元建成圣塘河二桥一座。1996—1998年投资250万元建成集贸市场2个,面积共3900平方米。投资400多万元建设南渡镇第一中学,建筑面积8500平方米。筹资400多万元扩建南渡中学、南渡第二、三中学和南渡中心小学。投资200多万元搬迁建设南渡电影院。投资150多万元新建南渡中心卫生院门诊楼和住院大楼,面积2200平方米。同期投资60多万元建成卫星电视地面接收站,开通有线电视。1999年投资30多万元,建成天龙顶公园和街中心公园,投资25万元建成镇敬老院1家。至2005年年末,镇区主街道17条,共长8800米,均全部水泥混凝土路面,镇区面积扩至2.5平方千米,街道绿化率50%。镇区常住人口1.3万人,流动人口1000人。

筋竹镇建设 1990年,镇区原有街道6条,总长1090米,镇区面积26.70公顷,公共设施面积3.56万平方米,居住人口4850人。1992年起,伴随岑罗二级公路修建因镇区路段从清代古街沙街通过,为保护文物需重新规划筋竹街道建设。除保留清代古街庆南街、大新街、石井街和卖箩巷、卖鸡巷、谭家屋巷、梁屋巷外,实施东扩西延计划。首先规划在岑罗二级公路两旁征地,作为新镇区规划开发建设。延伸原沙街向东面扩展至楂堡寨,西延至阳和村、旧县寨。2000年,扩建12~28米宽的新街道8条总长2000多米,并全部铺设水泥混凝土路面,实现全部街道硬化,均安装路灯街灯。公共设施建筑面积2.20万平方米,建成商品房200多幢,居民住宅楼300多座。新建农贸市场2处,商贸中心大厦2座,自来水厂1家,镇区面积由原来0.27平方千米扩至2.8平方千米,为原面积的10倍多。居住人口增至8000多人。同期建成镇电视差转台,实现镇内电视村村通。建成镇文化中心图书馆,馆舍面积80多平方米,扩建镇卫生院门诊部、留医部。投资1500万元拓宽建设筋竹旅游饮食街,开发建设陈三吉祠、商住小区并引进外商投资创办百得打火机厂,投产后实现年产值1亿多元,解决就业1000多人。2004年,投资10万多元,建设筋竹步行街,设固定摊档,禁止车辆进入,规范摆卖秩序。至2005年年末,镇区面积3.24平方千米,居住人口1万多人。

水汶镇建设 1990年,镇区水汶街仅有3条街,长850米,居住人口400多人。1991年起,对原街道作拓宽延伸改造。1992年开发建设石吉垌小区,面积2.67公顷,并与旧街区连为一体,总投资2000多万元。1993年聘请县城建部门编制水汶镇区建设新规划,按工业商贸一体化,利于两广贸易交流的新城要求,开发镇区黄华河西工商业区。至1998年,已建成水汶工业品综合市场、水汶砂砖厂、汽车站、猪苗市场、邮电大厦、自来水厂等设施。新建街道8条,均宽12~28米街道,总长4200多米。1999年与市房地产公司合股开发河西二小区,作为商住小区,面积5.34公顷。2001—2003年,对新镇区进行绿化、亮化工程建设,并增建新农贸市场3个,800多平方米,工业品商场1个,供销商场2个。硬化街道面积4.82万平方米。2005年,镇区建成面积1.8平方千米,其中住宅建筑面积30万平方米,常住人口1.2万多人。

糯垌镇建设 1990年镇区面积18.92公顷,主街道2条,总长750米。1991—1995年,扩建新街道3条,同期扩建镇文化站为文化中心,总面积1250平方米,内设图书阅览室、文化娱乐室等活动场所。1996年起,开发岑梧公路和糯三公路交汇路段两旁为镇区。至2002年,投入资金3886万元,建街道10条,总长4250米,同期增建集市贸易市场1处,车站候车室1处。重建龙母庙,新建花果山战国古墓群保护墙。所有新街道均用水泥混凝土铺设。开通地下排水道,安装路灯街灯。投资60多万元建成镇自来水厂。开通程控电话和有线电视接收站,到2005年年末,镇区总面积2.5平方千米,街道12条,总长5000米,镇区人口6800多人。

归义镇建设 1988—1992年在旧镇区改造扩建中,旧街道扩宽至7米,增建日供水2000吨的供水站,

2800平方米的影剧院和1537平方米的集贸市场等公共设施共21854平方米。全镇有街道3条，总长250米，镇区面积27.21公顷。1995年起在岑罗二级路过镇区路段，增建石材加工厂和商铺。2001年9月被自治区列为全区204个加快小城镇进程重点镇。加快镇区基础设施建设，扩展新镇区，增建富民街，修建商业步行街。期内投资900多万元，新建两个占地面积3100多平方米的农贸综合市场。同期开发新市场一区和博义房地产商住区建设。2003—2004年，新镇区街道全部为8～16米宽，全都用水泥混凝土铺设。街边种路树，设路灯，供水、排水（排污）管渠道总长6000多米。至2005年年末，已建成新市场一处，博义房地产和昙吉街等3个商住小区、主要街道9条，共4500千米。开通至市区公共汽车。镇区人口1.5万人。

第二节　镇社区改造和社会主义新农村建设

社区建设

1996年起，在各镇区、街道改造和镇区扩建时，均把办公设施改造、扩建列入其中。方法有二：一是80年代已建的砖混结构或砖瓦结构平房，在建设规划中加高楼层或拆除重建。有条件的，规划（划拨）适量土地修建社区球场及其他娱乐场所。二是原办公地址已不适宜（较偏或较窄）办公的，择地新建，经费采用自筹和财政适当划拨相结合。市区新设社区建设，则由岑城镇与市政府商定，或调用原县（市）搬迁的机关单位用房或择地所在社区范围内新建。社区建设要求有“三室一场所”，即有办公室、学习室（或称党员活动室）、娱乐室和老年人活动场所。至2005年年末，13个镇（岑城镇为市区）共15个社区（其中马路、南渡镇各2个社区）建设基本完成，设施基本完备；市区内12个社区建设基本完成。

村委会建设

1984年改“生产大队”为村委会，其办公场所均为原属村中公屋（含祠堂、学校）或是六七十年代自建砖木结构瓦房。一般只有两三个房间供办公和值班人员居住。90年代初，县（市）委、县政府启动帮扶落后村（又称贫困村）计划，分别由县直、社直机关派出干部组成工作队，分期分批开展扶贫工作，在发动群众广开脱贫门路，发展经济、劳动致富、支持贫困村委办好村级企业，增加集体收入的同时，通过申请财政支持（含县、乡财政）、相关部门帮助和村委自筹经费的办法，改造（扩建、新建）村部办公场所，努力使新建村部有一座两层以上的砖混结构楼房，内设办公室、党员（或民兵）活动（学习）室、老年人活动娱乐室、值班干部休息室等。有条件的村建有球场（或文艺演出场所）、宣传橱窗（宣传栏）等设施。90年代中后期，市委市政府通过“公路交通建设年”“公路村村通”建设，重点抓好未通公路（镇政府所在地至村部）的村、村部至未通公路的自然村的公路修建，逐步实现全市“村村通”。2000年起，市委、市政府提出村部建设实现钢筋水泥楼房化的目标任务，由市城建部门根据各乡镇政府报请的村（街、社区）部建设计划，对村部改造或新建楼房（含其他设施）进行规划设计，报市政府审查批准后，分期分批实施。至2005年末，全市256个村；已有182个村完成村部改造扩建任务。新建村部砖混结构楼房合计5.4万多平方米。

自然村改造和社会主义新农村建设

岑溪农村自然村庄除少部分建在垌面平原地区外，大多数分布在各乡镇山区、半山区，村民居住分散且多数是泥砖瓦房。80年代前多数村庄道路是宽不够1米的山坡泥路，有的山区村落道路堪称羊肠小道，岭高坡陡。饮用山溪水源。80年代中后期，随着改革开放和农村经济快速发展，部分先富起来的村民率先拆除旧房改建砖混结构楼房，拉开了自然村庄改造的序幕。至90年代，农民个体建造砖混结构楼房户数不断增加，但缺乏规划。1998年，市委、市政府把镇村建设纳入城市建设总体规划，在编制乡镇建设规划时，对部分垌面和半山区村庄建设实行规划管理，由市建设规划部门实地调查后，编制村庄改造扩建规划。开展社会主义新农村建设。至2001年，市城乡建设规划室先后对岑城镇上奇村、古塘村，归义镇荔枝村、秋风村、大坡村，糯垌镇新塘村，波塘镇合水村，梨木镇河木村，安平镇同心村，水汶镇竹兰村、石村，三堡镇美术村、河六村，诚谏镇大新村、孔任村和马路镇大和村等行政村及部分自然村编制改造扩建规划，并按社会主义新农村建设的相关要求(标准)，有计划地安排财力、物力，分期分批搞好新农村建设，并从市直、乡镇直机关抽调干部进驻各村，指导新农村建设。2005年年末，全市建成社会主义新农村18个，房屋建设总面积8.96万平方米，投入资金共2300多万元(不含农民自投资金)。

农村改水工程

80年代前，岑溪农村饮用水主要靠挑担河水或井水，一些山区村落接引山溪水。1991年起，为改善农村饮用水，县委成立改水项目办公室，并争取获得世界银行专项贷款和自治区、梧州地区财政配套资金，开展农村改水工程项目建设。1991年，首先在地方病多发区大溢乡(今大业镇)建成大溢自来水厂。1992年至1995年，在南渡镇、筋竹镇修建自来水厂。同时通过发动群众，采用自行集资和国家扶持相结合的方式，自挖手压机井或接山泉水作为饮用水。2000年起，改水工程在全市各乡镇普遍推开。到2005年，全市卫生用水率95%。

农村改厕

80年代前，农村农户各个家庭均在屋旁屋后甚至屋内建有粪坑粪房，居住环境极不卫生。80年代中后期起，一些农民拆旧房建砖混结构新房，开始参照城市楼房设置卫生间。但较多村民群众住宅仍保留有粪坑粪房、鸡猪舍等原有建筑。90年代初，县委政府倡导以电、煤气代柴，由县能源办指导农村建沼气池，开展使用沼气能源。1995年，先在岑城、归义、糯垌、安平、三堡、大业等乡镇发动群众改厕，集资(含财政部分补贴)建沼气池。2000年后，农村拆旧房建新房势头增长，大部分新建楼房改用地下封闭化粪池方式建卫生间。同期建沼气池改厕在全市各镇村全面开展。到2005年年末，全市陆续建沼气池2000座。全市共有11980户农村家庭使用沼气，占全市农村家庭总户数的10%。

第五章　房地产业

20世纪80年代的改革开放，催生了岑溪城镇住房制度改革和房地产业。1991年6月，岑溪县人民政府在南渡镇召开的首次出让土地使用权大会，标志土地使用权可以有偿转让。1992年7月岑溪县地产公司正式成立，到1993年《岑溪城镇住房制度改革实施方案》出台，岑溪住房改革正式开始，此后岑溪人购地建房、购房成为解决住房问题的一种方式。1995年，岑溪撤县设市后，岑溪经济建设进入新的拐点，市区扩建、新建和乡村城镇化建设规范有序，房地产业交易市场逐渐形成规模。1993—1998年，随着干部职工住房制度改革基本完成，城镇居民住房制度改革全面铺开，农民（含外地市县）进城买地建房、购房、机关单位（含企事业）职工集资兴建经济适用房，征地拆迁户回建新房及二手房交易，成为推动岑溪城乡建设的动力。2001—2005年，岑溪从市区（县城）到各乡镇（社区），新建厂房、商住房、商铺、居民住宅楼房耸立于岑溪大地。各种品牌的商品楼盘开盘、预约、借贷分期付款购房等新鲜事层出不穷。商品房买卖市场呈现新的景象。

第一节　城镇住房制度改革

公有住房出售

90年代初，国务院发布《关于继续积极妥善地进行城镇住房制度改革的通知》，1992年3月县政府成立干部住房制度改革领导小组及其办公室，岑溪开始启动住房制度改革。县（市）境内公有住房，逐步向职工出售。1993年，岑溪县人民政府先后制定《岑溪县城镇住房制度改革实施方案》《岑溪县公有住房出售使用权试行办法》及《岑溪县公有住房出售价格评估试行办法》等政策规定及相关措施，当年起在全县实施。凡县内居住在机关或企事业单位内公有住房的干部职工（含遗属），都可按相关政策规定，购买原住房屋的使用权或部分产权（每个家庭限购一套）。1994年，依照国务院和自治区人民政府《关于深化城镇住房制度改革的决定》及实施方案，公房出售改为按成本价出售全部产权，原购买住房部分产权或使用权的，可按规定计算部分产权比例，转为全部产权。按照自治区房改实施方案规定，当年7月1日至次年6月30日为一房改年度，每个房改年度执行同一住房成本价，一年一定。截至1998年，岑溪市共出售公有住房5014套，建筑面积32.41万平方米，收取售房款3898.5万元。2000年起，凡未出售公房实行新的住房租金标准，按建成年代和配套情况计算，配套齐全的住房（有厨房、卫生间、水电）月租金每平方米使用面积为1.25元，未配套的住房适当降低租金标准。离休人员和困难户的租金可适当减免。

经济适用住房与职工集资房建设

1994年，机关、企事业单位原有干部职工居住的公房，其使用权（含部分产权）出让为私人后，为解决机关企事业单位或新招收人员的住宅及部分农民进城（含外籍人）或办企业人员居住之需，县政府启动“筑巢引凤”工程。1994年8月，征地50亩，在北环大道东段（县松香厂东门以东）坡地修建北环新村。部分楼房按经济适用住房标准建设，专供部分新招干部职工和本籍外籍进入岑溪县城经商办企业（含打工）人员购买居住，并施予适当的优惠政策。1995年年末，北环新村内建成经济适用房258套共2.24万平方米。1997年，建设新兴小区时，再建经济适用房187套，建筑面积2.94万平方米。2000年起，市委市政府要求，各房地产商，在楼盘开发建设中，必须建造部分经济适用房，供符合条件的本市居民购买或租住。

1995年,原住公房的干部职工的住房改革基本告一段落,但仍有部分干部职工的住房问题还有待解决。1996年,为解决部分职工(指没有条件享受公房改革和新招聘的部分干部职工)的住房困难,市委、市政府根据自治区人民政府《关于集资房建设管理暂行办法的通知》精神,批准部分党政机关、企事业单位通过职工集资的方式,在各单位原有土地或新批征用土地建设干部职工住房(以下简称"集资房")。1997年至2002年,全市包括市委、市政府、市直农工商教等业和部分事业单位共有61个单位获准集资建房,至2005年年末,共建成集资房1995套,面积15.42万平方米。

住房公积金

1995年3月,岑溪县人民政府发布《建立住房公积金制度的暂行规定》在全市享领财政工资人员和企业干部职工中实行。住房公积金分两个部分:一是个人缴存,最初标准为个人工资的1%~5%,由财政部门发工资时统一扣缴。2004年起提至5%~10%,最少不低于5%。二是企业、事业单位为本单位职工缴存部分住房公积金,按文件、政策确定缴存比例。2000年起,新办企业自发工资的干部职工,由企业单位为职工缴存住房公积金、养老保险、医疗保险金。存储额按招工合同约定。1995—2005年,全市参加住房公积金缴存的单位共有183个,包括党政机构、司法机关、原国有企业集体企业和事业单位及部分社会团体、新兴合资企业等单位,缴存总人数10750人,聚集公积金总额1733.4万元。住房公积金支取396.23万元,发放住房公积金贷款1500.7万元。

第二节　房地产

房地产开发

20世纪80年代前,国家建设用地实行计划划拨制度。国有、集体土地禁止租赁、转让与私下流转买卖。机关、学校、企事业单位、社会公共设施建设和居(农)民住房修建,一律经申请、按程序实行审批制度,严格管理。80年代中后期起,随着改革开放方针政策的贯彻和国家对土地所有权、使用权等相关法律、法规的修订、完善,建设用地(含国有、集体)改为依法有偿征用制度,允许使用权租赁、转让(招标、拍卖),逐步开放房地产交易市场。1991年6月,岑溪县人民政府在南渡镇,召开50年代以来首次出让土地使用权大会,招标出让位于南渡镇圣塘桥头由政府依法征收的15宗土地,成交面积933多平方米,成交款额9.4万多元。1992年年初,县政府协议出让给外商用于建宾馆用地1宗,面积1.4公顷。同年7月,县人民政府批准成立岑溪县地产公司。10月,县政府批发《岑溪县行政划拨土地使用权转让管理暂行规定》,岑溪地产市场正式启动。1992年11月,岑溪县房产管理所改为岑溪县房产局,下设房地产交易所,房地产评估所,房地产监察大队等机构。承担房地产市场开发管理及房产权籍管理等。岑溪房地产业开始兴起并逐步发展。2002年,岑溪市内建立有岑溪市城市建设开发有限公司、岑溪市泰源房地产开发有限公司、岑溪市房地产开发公司、岑溪市华侨经济开发公司、岑溪市顺达房地产开发公司、岑溪市诚信房地产有限公司、岑溪市建庆房地产有限公司、岑溪市富昌房地产开发公司、岑溪市大唐房地产开发公司、岑溪市大成房地产开发公司、岑溪市金翔房地有限公司、岑溪市南松纸业有限责任公司(原属造纸企业,经批准改为转地产业)等12家房地产企业(不含市土地局辖的地产公司与市房产局辖的开源房地产公司)。其中三级资质企业4家、四级资质企业8家。1992年至1998年,岑溪市一级土地市场协议出让城镇国有土地使用权62宗,出让面积87公顷(其中耕地449亩),二级土地市场办理国有土地使用权转让1243宗,转让土地面积26.6公顷。办理城镇国有土地使用权出租503宗,面积2.1公顷。2003—2005年,全市开展建设住宅工程6.8万平方米,完成房产交易1469宗,交易金额4.05亿元,交易面积11.1万平方米。

商品房的出售与楼盘建设

1995—2002年，岑溪新城区建设中的主次街道和商住小区建设，除规划机关事业单位和商贸、金融等国有、集体单位用地外，多数房地均由个人购地按楼房建设规划建设，可由房主自行使用或出租。2003年起，市内房地产企业兴起并有外籍房地产商进入岑溪，各种品牌的商品楼盘逐步增加，商品房市场逐步形成。

商品房出售　2003年，岑溪商品房出售方式有三：一是由房地产商企业预售，即在楼盘始建时起，房地产商出广告预售，由业主预付或分期付款（可贷款），签订购房合同，建成后交付。二是成品房出售，即在楼盘建成竣工（含外墙装修、水电接通）验收后，由房地产商通过广告招商，由业主看房确定购房后，签订购房合同并一次性（也可分期）付款。三是由房地产商在建设过程中或竣工验收后，由中介负责招商出售。业主购房后，不管是否使用，再出售则按二手房出售。不管那种售房方式，房产商（含中介）都必须依法交纳房产税，并负责办理房产使用权（或产权）转让手续，证件必须齐全。

商品房楼盘建设　2000年，岑溪城建部门开始规划商品楼盘建设，先后在新、旧城区划出（新区在规划中的住宅区划出，旧区则在拆迁重建住宅区划出）相应面积，供房地产公司规划营建。2001—2002年，先后有岑溪市诚信房地产公司、岑溪市大唐房地产公司（后改万通房地产有限责任公司）、岑溪市泰源房地产开发有限公司、岑溪市金翔房地产有限公司等，获准在市玉梧大道西段、市大中路57号、市城中路9号、原百花洲小公园等地段，开发建设翠景园、翔龙苑、金翔御苑、红楼商住居等商品房楼盘的建设。2003—2005年，在义昌江南门桥头西岸原规划用作市人民公园地段，开发建设丽景湾花园（商住区）；在原百花洲小区建设金湾顺景的商住区的楼盘。大多数楼盘高7～11层；最高楼层高17层。每套商品房80～120平方米，均为1厅3房或2厅3房。2005年，房地产投入建设资金7047万元。商品房每平方米售价一般在1000元上下。

第三节　房屋产权与房地产市场管理

房屋产权登记

1992年11月成立岑溪县房产局。按照国家《城市房屋权属登记管理办法》和《城市房地产转让管理办法》《城市房地产抵押管理办法》等规定。办理市内房产产权登记，核发房屋产权证书。办理房地产的买卖、赠送、析产、抵押等交易登记业务。对相关交易房产进行价格评估，对房地产开发市场和房地产中介行业进行管理及对房屋动态进行管理等。

1992—2005年，全市由房产局办理房屋权属登记，核发房屋产权证书共21218户（本）。办理房地产交易登记3568宗，房地产抵押登记8675宗。其中2003至2005年6月，完成房产交易1469宗，交易面积11.1万平方米，交易金额4.05亿元。经房产局受理市内危房鉴定申请30宗，并作出处理意见，请相关部门处理。其中2003年至2005年6月，受理危房鉴定申请18宗，面积1.5万平方米。

房地产市场管理

2003年起，依照《城市房地产市内开发经营管理条例》，市房产局加强本市房地产开发市场管理，对市内房地产开发企业实行备案登记，审核资质与核发商品房预售许可证制度。规范商品房市场营销行为，并对房地产中介行业和市内房屋装饰企业及房屋拆迁等实行资质登记管理与核发许可证制度，维护房地产业市场秩序健康稳定。

管理实体工作，包括楼盘建设规划审批、工程质量管理监督、市场准入以及交易合同（卖方公司与业主）和售后纠纷处理等方面。至2005年，岑溪房地产市场，管理规范，少有违规行为发生。

第六章　环境保护

20世纪90年代花岗岩矿山开发、矿产冶炼、造纸等易于造成污染项目,因上马仓促以及环境保护意识淡薄等因素,对水土流失、林木砍伐以及污水浊气排放等环境治理,仍存诸多漏洞。1991年根据水土流失程度综合分析,1987年以来,全县年平均侵蚀模数为1930.67吨/平方千米。其中:开采矿山造成泥沙冲毁弃耕农田280多公顷,受黄泥水污染农田368公顷,毁林造成光山2400公顷。1990年,县城废水排放量460多万吨,废气排放量32691.16万标立方米/年,其中二氧化硫排放量1129.24吨/年,工业烟尘量3014.6吨。固体废弃物11.14万吨。

1990年,岑溪县环境保护办公室升格为县环境保护委员会。1992年1月改称县环境保护局(简称环保局)。1992年起,由环保局牵头,县经委(主管工业部门)和农林水利及城建、工商行政管理等机构密切配合,严格执行环境法律、法规,落实各项环保制度及相关环境治理措施。其中包括在废弃矿山(以70年代开发的钛铁矿为主)重新植树造林(或种果),正在开采的矿山采取隔带整地,筑造地埂防泥流、建储污水塘坝及装置排污管道等方法,防止水土流失和污染水侵害农田和河流。其他凡有污水废气排放的工厂企业,则务必完善排放措施方能投入生产。1994年,为加大环境保护力度,县政府决定当年为"环境保护年"。由县政府和各乡镇、各相关厂矿企业签订环境保护目标责任状,实行全党动员、全民动手,保护生态环境。1996年,开采废弃的荒山旧矿场复垦植树基本任务完成,正在开采矿山防水土流失以及荒化率符合环保标准。2000年,工矿企业(含饮食、制药)共有3500多家持证排污,持证率达92%。排放废气中二氧化硫转化率由94%升至99%,废气中二氧化硫含量由0.4%下降至0.05%。废水日处理量达2000吨。2004年建成的污水处理厂,年处理污水量122万立方米。2005年,市区境内排污管道建设38.24千米,年污水排放量21247吨。

第一节　机　构

1981年1月,成立岑溪县环境保护办公室。1984年,县环境保护办公室与县城乡建设局合并,改称城乡建设环境保护局,内设环保股主管全县环保日常工作。1987年,城乡建设单列,改为城乡建设委员会。恢复建立县环境保护办公室,办公室设在县政府。1990年,县环保办改称县环境保护委员会。1992年1月,县环境保护委员会改为县环境保护局,1995年12月改称市环境保护局。1996年,市环境保护局迁到市新兴路96号。1999年,市环境保护局内设秘书股、管理股、宣传股、财务股4个股室,下辖环境监测站、环境监察大队2个二层机

市环境保护局办公楼(2002年　摄)

构。2002年机构改革，环境监测站、环境监察大队改为直属事业单位，独立开展环境监测、监察业务。2005年，局机关设秘书股、管理股、宣传股、下辖环境监测站、环境监察大队2个二层机构，共有职工68人，其中局机关行政编制8人。

1991—2005年，市环保局主任、局长分别是：

吴一柱（1991年1月至1993年8月）、黄贻强（1993年12月至1995年7月）、梁庆桃（1995年7月至1996年6月）、李兆龙（1996年8月至2002年7月）、谢宗林（2002年8月至2010年12月）。

第二节 环境监测

1986年5月，成立岑溪县环境监测站。1991年，岑溪县环境监测站被自治区环境保护局定为自治区第一批环境网络成员，全站共有职工15人，有环境监测设备22台套，具有14项环境监测能力。1992年，岑溪县环境监测站正式加入自治区环境监测网络系统，属全国环境监测网络体系四级站。1999年年初，定为副科级事业单位。监测站通过自治区计量认证。

1991年，监测站进行县城大气监测及噪声监测4次，废水、废气、烟尘等常规监测和验收监测11次，事故监测1次。1992年和1993年，县监测站先后增添烟尘和烟气采样仪、恒温水浴锅、离子计、流量计，增加3项废气监测项目和2项地表水监测项目、2项废水监测项目。1993年，按照大气常规监测要求，采用网格法分功能区布点，每季度一次，每次连续5天采样监测，掌握大气环境变化情况，并完成监督性监测17次，验收监测10项（目）次。1995年，完成验收监测、常规监测、污染仲裁监测共24厂次，取得监测数据233个。2005年，监测站拥有pH计、721分光光度计、酸度计、电光分析天平、生化培养箱、恒温干燥箱、噪声分析仪、烟尘采样器、大气采样器等监测设备33台套，可开展水、气、噪声三大环境要素51个项目监测，其中地表水和地下水监测18项、降水监测2项、废水监测15项、废气监测7项、环境空气监测4项、噪声监测5项。

1995—2005年，监测站每年对全市厂矿企业的废气、废水和噪声进行1至2次监测，共取得监测数据9610个。

2000年岑溪市入河废污水量及主要污染物调查统计表

表10-6-1

水资源分区		水功能区		年入河废污水量（万立方米）			直接入河主要污染物质量		其他方式入河主要污染物质量		入河污染物总量		污染物排放量	
三级区	四级区	一级区	二级区	直接	其他	合计	重铬酸盐指数（万吨）	氨氮（万吨）	重铬酸盐指数（万吨）	氨氮（万吨）	重铬酸盐指数（万吨）	氨氮（万吨）	重铬酸盐指数（万吨）	氨氮（万吨）
黔江浔江及西江	黔江浔江	浔江西江梧州开发利用区	岑溪市	236	1339.57	1575.57	0.7018	0.01	1.1142	0.014	1.8186	0.024	1.8222	0.028

注：①以水功能区为基础单元，把结果归并到水资源三级区、四级区；②“入河废污水量”指排入河流、水库、湖泊等地表水体的废污水量，“入河主要污染物”指流入河流、水库、湖泊等地表水体的主要污染物；

③直接入河方式是指经过监测的入河排污口进入河道,“其他”入河方式是指面源及经过监测的入河排污口进入河道;④该表由梧州市环境保护部门提供。

2000年岑溪市城市废污水排放处理及再利用调查统计表

表10-6-2

所在水资源分区		排放量（万立方米）			主要污染物质量（万吨）		集中处理量（万立方米）			再利用量（万立方米）			
三级区	四级区	工业废水	生活污水	合计	重铬酸盐指数	氨氮	总量	其中		总量	农业	工业	生态
								一级处理量	二级处理量				
黔浔江及西江		270.4	474	744.4	0.834	0.0142	158.27	—	—	79.18	—	—	—

注:①城市指建制市,城市范围为建成工区:跨水资源三级区、四级区的应分解归入保水资源三级区、四级区填报;②该表由梧州市环保部门提供。

2001—2005年岑溪市废水污水排放量表

表10-6-3　　单位:万吨/年

年份	用户废水污水排放量						入河废污水量
	城镇居民生活	第二产业			第三产业	合计	
		工业	建筑业	小计			
2001	306.60	445.3	—	—	—	751.9	751.9
2002	295.65	463.55	—	—	—	759.2	759.2
2003	573.00	1173	80	1253	210	2036.0	2036.0
2004	600	1190	100	1290	150	2040.0	2040.0
2005	650	1230	112	1342	155	2147.0	2147.0

注:①火电厂直流式冷却水排放量和矿坑排水量不计入废污水量中,但应单列;②入河废污水指排入河流、湖泊、水库等地表水体的废污水量;③此表为岑溪市水利局2001年至2005年度《岑溪水资源管理公报》中的统计数字。

第三节　环境质量

空气质量

根据市环境监测站1991—2005年对城区大气质量监测数据显示,市环境空气质量达到优良水平,二氧化硫、二氧化氮年均值均达到环境空气质量二级标准,总悬浮物颗粒达到国家二级标准。2002年起,岑

溪市列入全国酸雨监测网络点之一，连续4年降水无酸雨。2005年，城区空气质量达到GB3095-1996国家环境空气质量二级标准。

水环境质量

根据市环境监测站1991—2003年历年对义昌江的金鸡大桥河段、二水厂取水口上游100米、水文站下游500米、河口村和河六村河段五个断面及黄华河的水汶镇水厂取水点、南渡镇水厂取水点、波塘镇新廉村河段断面及赤水水库采样监测数据显示，在监测的pH值、悬浮物、溶解氧、高锰酸盐指数、化学需氧量、五日生化需氧量、氨氮、挥发酚、氟化物、六价铬、铜、铅、锌、镉、汞、砷、硒等16个监测项目中，除义昌江和黄华河的铁及粪大肠菌群超标、赤水水库粪大肠菌群超标外，其余的监测项目均达到国家GB3838-2002地表水Ⅲ类水质标准。上述断面的粪大肠菌群的超标原因，主要是因为归义镇及市区人口的增多和规模养殖业增加，大量未经处理的生活污水和养殖污水直接排入义昌江所致，铁超标是因为该市土壤为黄泥土质为主，黄泥土主要成分为铁，属于本底值偏高所致。

2005年对岑溪市赤水水源、黄沙水源样水检测表明，赤水水源的耗氧量（单位：毫克／升），检测结果为1.2；滴滴涕每升小于0.1，总阿尔法放射性每升0.004，总贝塔放射性每升0.081。检测结果表明，符合《地表水环境质量标准》GHZBI—1999的Ⅲ类水水质要求。

黄沙水源的耗氧量，毫克每升，检测结构为1.09；滴滴涕每升小于0.1，总阿尔法放射性，每升0.013，总贝塔放射性每升0.066。检测结果表明，符合《地表水环境质量标准》GHZBI—1999的Ⅲ类水水质要求。

声环境质量

2000年以来，市区的环境噪声监测主要有4个监测点，分别是樟木小学、文化大厦、百足山工业区和市汽车总站。2000年以来，四个测点相关时段的等效声级均达到相应区域昼间环境噪声的标准。

第四节　环境治理

建设项目环保审批“三同时”制度

1991年年初，岑溪县环保部门坚持依法治理环境，从源头做起的方针。实行建设项目防治污染的设施，必须与主体工程同时设计、同时施工、同时投产使用（简称“三同时”）的原则，坚持建设项目环境保护审批制度。对新、扩、改建项目务必按照“先评价、后审批、再建设”的程序。由环保部门直接参与项目环保评估与选址并经审查同意，验收合格（环保设施）方可投产或者使用。

1991年11月，县政府组织召开全县矿山负责人会议，明确开发矿产资源要遵照“谁开发谁保护，谁破坏谁恢复，谁利用谁补偿”和“开发利用与保护增值并重”的方针，完善防污设施后再生产，要求未经审批环境影响报告而自行投产的小厂矿必须尽快补办审批手续，加强防污设施建设。1993年，全县新建项目30个，全部办理环保审批手续，并从新建项目的环保论证到设计施工加强检查落实，实现防污设施与生产装置同时设计、同时施工、同时投产。1995年，经环保审批项目19个，环保投资210万元，占总投资的7%。在建工程项目中，“三同时”执行率90%。

1997年，开始在全市推行排污许可证制度，对辖区内造纸、建材、建筑、矿产、化工和食品制作等行业排污单位实施排污申报、排污许可证核发、年审，强化对污染源的管理。当年，全市有1400多家单位实现持证排污，企业排污申报率96.3%。

1999—2002年，严格执行环境影响评价制度，组织技术人员对138项中小型建设项目进行环境影响评价。严格执行建设项目环境保护审批制度，环保审批建设项目215项批准209项，取缔或关停一批1996年《国务院关于环境保护若干问题的决定》提出取缔、关闭和停产的15种污染严重的小企业。同期对小电站、小炼油厂、小水泥厂、小玻璃厂、小钢铁厂等易于产生重污染项目建设,严格执行“三同时”制度,“三同时”执行率100%。

2003—2005年,环保审批报建项目80个,建设项目环保审批率和环保“三同时”执行率均达100%。

重点污染源整治

1991年,对县松香厂、县造纸厂等环境污染严重的工业企业进行限期治理。县松香厂自筹资金和环保补助资金共40万元建造一座废水处理池,当年9月竣工验收,基本上实现达标排放。县造纸厂投资330万元建设碱回收项目治理造纸黑水。县化肥厂自筹资金300万元、环保补助资金10万元建设无废水排放厂,当年建成2500立方米过滤池一个和4000立方米澄清池一个。县淀粉厂购置震荡增热反应釜处理淀粉废水,增设一台麻石水膜除尘器改善锅炉烟尘排放浓度。

1993年,投资30多万元,采用文丘里麻石湿法消烟除尘方法,对6个单位的6台锅炉烟气进行治理,全部做到达标排放。投资10万元治理医院废水,经检测达到国家规定标准。

1995年,加强石材开发污染治理,对花岗岩矿山开采一哄而上,乱采滥挖,造成水土流失、污染农田的状况进行重点整治,清理无防污设施矿点,对防污设施流于形式、马虎从事的矿点亮黄牌,责成业主限期完善防污设施。同时开展全市砖瓦企业综合普查,加强砖瓦企业环境保护。

1997年,市政府把“改善排污条件,治理石材污染”列入为民办8件实事中的重要内容来抓,出台《关于加强石材行业污染防治工作的规定》,在全市迅速铺开全面整治石材污染行动。共投入治理资金200多万元,建成花岗岩矿山防污坝7座,废料堆放场11个,全市8个石材加工区均建了废水集中处理池,并成立一支石材废料运输专业队伍。同时加大环保执法力度,对违法行为发现一个处理一个,全年办理各类污染案件142宗,其中查处石材加工违章案件72起。当年10月,全市石材行业污染整治通过自治区环保局检查验收,石材矿山环境管理得到自治区环保局的充分肯定,并在自治区环保工作会议上作经验介绍。

2000年,对10家15项重点污染源实行重点整治,对7家企业依法实行停产治理,其中对污染严重的4家土纸厂依法关闭。同时,在岑城、归义、樟木、马路、糯垌等乡镇成立环境监理中队,对石材加工业排污实行“五统一”管理(即统一登记、统一清池、统一运输、统一堆放、统一收费),各石材加工区石浆污染环境违法行为比上年减少82.6%。5年间累计投入环境污染治理资金6315万元,共建成矿山防污坝53座,矿山生态环境恢复重建示范点1个,石材加工废料堆放场11个,矿山水土流失加剧趋势得到缓解,杜绝偷排石浆废水行为发生。2002年,市纸厂、化肥厂、松香厂等10家重点工业污染企业污染物已基本实现达标排放,饮食、维修、娱乐等第三产业的废气、噪声污染扰民现象减少,全市废水排放量减少9.54万吨,二氧化硫排放量减少640万吨,烟(粉)尘减少370吨,城区环境综合整治定量考核排名全自治区县市级前三名。

2003年、2004年,连续开展清理整顿不法排污企业保障群众健康环保行动,重点查处未依法进行环境影响评价审批和执行“三同时”制度、严重影响人民群众身体健康的建设项目,查处死灰复燃的小水电、小炼油厂、小造纸厂、小五金加工、小塑料厂等,“十五小”“新五小”企业。查处严重影响城区居民生产生活的噪声超标、污水、油烟乱排放的三产企业。2003年,开展矿山、选矿厂的尾矿库(坝)环境安全专项检查,检查企业35家,排查整改环境安全隐患19处,整顿企业15家。开展环境噪声专项执法活动,检查整顿存在噪声污染的冰花城、夜市、加工厂等企业17家(点)。开展查处生产、销售高汞电池违法行为专项行动,检查电池销售单位13家,查处有违法经营单位2家,没收不合格电池3700个。2004年,市政府出台《关于停产整治红纸厂的通知》和《红纸厂污染治理实施方案》,对红纸生产企业进行停产整治。环保部门与工商、监察、经贸、安监等部门联合行动,查治结合,对违法企业进行全面整治。共检查排污企业207家(次),排查环境安全隐患22处,发出整改通知书19份,整治污染企业33家,其中限期治理重点污染源1家,关停污染严重的小企业4家,停产治理重点污染企业20家。

2005年，建成归义石材加工区废料堆放场，逐步杜绝石材加工废水、废渣乱排放现象。规模较大的金辉石材市场建成投入使用，集中经营全市分散的石材加工企业，集中治理污染。

第五节　环保宣传教育

90年代以后，市环境保护部门坚持“面向企业，面向社会、面向学校”的群众性环保法律与常识宣传教育方针，采取多种形成，利用广播、电视、报刊等新闻媒体和宣传车、宣传橱窗、墙报等宣传阵地，开展环保法律与常识咨询、知识竞赛、讲演、图展、张贴宣传标语等方法、深入广泛地向全市人民群众进行宣传教育。

1991年起，每年在市内开展纪念“6·5”世界环保日活动，组织各乡镇、单位、厂矿企业出版墙报、黑板报和张贴纪念“6·5”世界环保日的标语，并通过电视台连续播放环保电视片和有关环保的法规、资料，出动彩车到县内各圩镇进行宣传，印发环保法、环保宣传小册子和有关环境保护的资料。

市环保局上街开展环境保护宣传活动(2000年　摄)

1995年，《岑溪报》创办后，定期在《岑溪报》开辟环保宣传专栏，宣传环保知识和法律法规，介绍在生产、生活中的环境保护常识和环境先进事例。1997年，市环保局与市电视台合作，开辟《城市与环保》专栏，定期播放环保工作动态，表彰先进、公开曝光污染和破坏生态环境的违法行为，开展环保警示教育。

1998年，市政府与环保部门部署在全市干部普法教育中，增加环保法律、法规教育的内容。与市普法教育组织(司法局)举办定期或不定期的环保法律、法规知识培训班，培训环保执法和法制宣传骨干，提高法律知识水平和执法(含宣传法律知识)能力。同时，在干部普法考试中，增加环保法律法规方面的内容，促使全市相关干部、企事业单位职工自觉学习环保法律知识。2000—2005年，全市共举办环保法律法规知识培训班8期(其中2002年、2004年每年2期)，参加培训1200多人次。在每年普法考试中，环保法律，法规知识试题均占20%左右，参考人员考试及格率100%。

2002年，开展第二个“岑溪市环保建设年”活动，进一步加强全市的环保宣传工作。通过开展环境警示教育图片展览、送法下乡、知识竞赛、召开座谈会等方式开展环保宣传教育。年内市环保部门通过环保法律、法规进校园、定期选派环保干部到市区和乡镇中小学，开设法律知识讲座，运用条文和图片、用深入浅出的方法向中小学生进行宣传教育，并开展中小学生环保征文、书画竞赛活动。2003—2005年，全市共有2万多中小学生参加环保征文和书画竞赛活动。

［第十一篇］

综合经济管理

1991—2005年作为岑溪经济管理的计划、统计、物价、工商行政管理、质量技术监督与安全生产监管、国土(含矿产)资源管理与审计部门,依据各自管理职能,对辖区内相关经济行为依法实行专业对口、科学有效的管理和协调、监控工作,为期内岑溪经济和社会发展目标计划的实现,起着指导、监督、促进和保障作用。

计划工作,随着经济体制改革逐步深化,对外开放加大,经济发展加快和经营模式多样化,计划管理体制逐步由20世纪80年代前(含80年代)的微观管理转变为宏观调控,并把计划重点放在资源开发利用、产业结构调整以及适应社会主义市场经济发展上,协调资源配置和物质生产的分配、再分配,促进社会生产力和科学技术的提高和发展。同时,通过加强相关经济法律、法规的实施,建立健全计划编制、执行和监督管理的手段(制度),实行企业经营权与资产所有权分离和政企分开。引导国有企业资产重组,构建新型现代企业,增强企业活力和市场竞争力,运用市场机制,促进经济向前发展,实现各年度及五年计划各项经济指标任务的完成或超额完成。

20世纪90年代,为逐步建立和完善本辖区的统计管理体系,先后成立乡镇级统计站和企事业单位、社会团体的统计组织,配备专职(或兼职)统计人员。同时落实统计报告(上报)制度和检查、监督机制,并由市统计部门建立微机统计(调查)网络,确保统计数据来源真实可靠,统计方法、手段科学正确与统计渠道(上报机制)畅通。期内,依据上级统计部门和本级政府的部署,开展相关事项的统计调查、普查(含抽查)和专业统计工作,并及时向上级(含本级政府)报告。90年代中后期起依据国家统计局的规定,实施新的国家统计报表制度和新的国民经济核算体系,开展统计执法检查活动,在全市范围内推行依法统计。2000年起,为适应经济社会发展的需求,实行统计公报制度和统计咨询服务,满足企业和部分社会组织对某些统计数据的核查和释疑。

物价管理,直接关乎经济发展与国计民生。90年代初,国营、集体商业体制改革,大部分工业制品实行市场定价。1996年起,除部分主要生产资料外,取消对主要工业、农业产品商品的指导价(即完全实行市场价格)。为保持价格稳定和健康的贸易市场秩序,物价部门依照国家价格法的相关规定,加强价格执法监督检查工作,规范市场价格行为,并通过价格成本调查,价格监督检查等措施维护市场价格稳定秩序。

工商行政管理,是政府对包括市场管理在内所有经济实体(企业法人、个体私营经营户)实行登记注册、审核发证以及经营过程中是否遵规守法、文明经营等方面进行管理。90年代中期起,随着社会主义市场经济体制的建立和完善,工商行政管理逐步由微观管理转为宏观监控,着力于加强工商企业法律法规管理和对消费者合法权益维护等方面,建立起一套依法行政、依法监管和服务体系。同期增加了经济合同、商标、专利、广告发布等经济行为的执法监督和经济法律法规宣传教育的职能,为促进地方经济稳定、快速发展提供服务。

质量技术管理与安全生产监管,是80年代实行改革开放以来,随着科学技术在生产领域的广泛运用、产品质量及产品和生产环节的安全地位不断提升,从企业自身职能中分离、升级为政府管理、监督的职能机构,是社会主义经济管理体制中新兴的源头监管体系。岑溪县(市)质量技术监督局和岑溪市安全生产监督管理局,于1991年和2000年先后成立并依法履行其管理、监督职能,为推动岑溪各企业实体(含部分事业机构)科学技术的推广应用和确保产品质量的提升以及生产环节安全提供服务与保障。90年代中期起,质量技术监督部门开始推行企业产品质量认证制度并建立产品质量抽样检测制度,在各企业中普遍实行标准化管理(含法定计量管理)和特种设备安全监察,为岑溪境内各种各类农工业产品质量提升和品质安全及市场竞争力提高保驾护航。2000年,岑溪市安全生产监督管理局成立后,即着手建立全市安全

生产监督管理网络和安全生产监察队伍，并在广泛开展安全生产宣传教育基础上，开展安全生产专项整治与执法检查，编制并实施安全事故应急预案和应急救援案。把安全生产重于泰山、安全第一作为己任，通过整治和执法检查，排除隐患、细化预防措施、改进设施，努力减少生产事故发生。在促进经济快速发展的同时，筑牢安全生产的防线。

20世纪80年代中后期起，国土资源保护与管理进入法治轨道，成为依法治国的重要国策之一。1986年，岑溪县人民政府成立土地管理局，承担辖区内城乡土地统一管理工作，同时各乡镇成立土地管理所，分管乡镇土地管理。此后土地管理部门进行土地调查、登记发证工作，制定土地利用、保护、规划及规章制度。规范建设用地逐级申报制度，强化土地保护措施。90年代初，依据国家有关法律法规岑溪县率先在自治区内推行农村集体土地使用制度改革，盘活部分闲置或需要改变用途的土地，把部分土地资产推向市场。2002年，矿产管理局与土地管理局合并，成立国土资源局，完善辖区内土地矿产资源开发利用管理制度，进一步加强土地矿产资源利用和保护措施，使其在社会主义经济建设中发挥基础性的资源动力作用，为岑溪经济和社会建设事业快速发展服务。

1984年2月，成立县审计局，独立行使审计职能。1989年1月1日，《中华人民共和国审计条例》实施。岑溪审计机关依照条例相关规定，建立适合本辖区经济发展的实际审计制度，并依据上级审计机关和本级政府的部署，独立开展审计工作。1994年8月31日，《中华人民共和国审计法》由第八届全国人大常委会第九次会议通过，自1995年1月1日起实施。从1995—2005年，岑溪市审计局依据国家审计法，审计监督范围进一步扩大，审计手段实现规范化、程序化和类项多样化。通过一系列的审计活动，有效地维护国家财政经济秩序，提高资金使用效益，促进经济快速发展。并为规范财务收益核算，合法合理科学运用各项资金防止腐败及经济犯罪，搞好廉政建设等提供了有力的保障。

第一章　计　划

1981年1月，岑溪县恢复县人民代表大会制度，县域经济与社会发展计划需经人民代表大会审议通过，并由人民代表大会监督实施。从1991年起至2005年，岑溪县（市）第八、第九、第十个经济和社会发展五年计划（含年度计划及执行情况），均由县（市）各届、次人民代表大会审议后实施并形成制度。党的十四大后，确定建立社会主义市场经济体制的改革总目标。1993年起，岑溪县（市）国民经济和社会发展计划（含年度计划和五年计划），逐步由20世纪80年代的微观指标改为宏观调节，由指令性改为指导性，具有较大的灵活性，让经济部门（实体）有更多的自主权，使其更有利于促进经济发展和社会稳定。

第一节　机　构

1954年10月，岑溪县成立计划统计科。1955年12月改称县计划委员会（以下简称“县计委”），“文化大革命”初期被冲击处于瘫痪状态。1973年10月恢复成立县计委。1991年，县计委内设办公室、秘书股、规划投资项目管理股3个股室，人员编制18人。1995年改称市计委。2001年，依照经济体制改革的需要，在机构改革中，计委改设为发展计划局，并将物价局并入发展计划局（对外仍保留物价局牌子），市国防动员委员会国民经济动员办公室在发展计划局挂牌办公。2004年7月，发展计划局改称发展和改革局（以下简称“发改局”），内设秘书股、基建股、工业农经股、综合信息股、规划股、价格综合股、价格管理股、收费管理股等股室，行政编制14人，事业编制1人。2005年年末入编人员16人（其中1人为下岗分流重新上岗人员）。

1991—2005年，县（市）计委（局）主任、局长是林毅雄（1991年3月至1999年3月）、梁超文（1999年3月至2005年12月，2001年起为发展计划局、发展和改革局局长，任至2011年）。

第二节　计划管理体制

20世纪80年代以前，国家实行统一管理计划的体制，县级政府的计划部门主要职责，是依据国家经济与社会发展五年计划的总体指导方针，目标任务及上级（省、地）政府下达地方（县）的经济发展规划指数，按照本地经济发展的客观实际，议订本县经济、社会发展的五年及十年计划（规划）与实施方案。1981年恢复县一级人民代表大会后，由计划部门制定的年度和五年、十年计划，经县级人民代表大会审议通过后实施。并在实施过程中检查、监督，运用行政手段（为主），组织指导各类经济组织的经济活动，协调、解决各经济部门的相互关系（矛盾），确保计划目标的完成。

20世纪90年代初，岑溪各国有、集体企业普遍实行承包制，个体、私营企业和各种专业户快速发展。1992年10月，中共十四大提出建立社会主义市场经济体制的改革目标，国有、集体经济改革进一步深化，逐步实行企业经营权与所有权分离、政企分开，并实行资产重组、构建新型现代企业，或通过租赁、转让（拍卖）转为个体（民营、联营）企业。所有经济组织实行市场化管理。在新的形势下，岑溪开始计划管理体制的初步改革，从1993年起，年度经济发展计划由指令性目标、任务直接下达到经济部门和各级组织

（企业单位），改为指导性的目标计划，只提出全县性国内生产总值和农工业总产值、乡镇企业收入、社会消费品零售总额及社会固定资产投资总额、财政总收入、农民人均年收入等指标要求。各经济组织年度生产经营的计划、任务，由各经济部门、各企业组织根据市场状况自行确定。同时加强相关经济法律法规和职业道德教育，让企业在合理合法的环境中自由运行，并运用法律手段保护合法权益。同期，县委、县政府成立经济体制改革办公室指导全县经济体制改革有序开展。

1999年9月，中共十五届四中全会审议通过《中共中央关于国有企业改革和发展若干重大问题的决定》，要求大力促进国有企业的体制改革和机制转换，结构调整及技术进步，建立和完善社会主义市场经济体制，保持国民经济持续快速发展。为促进国有企业全面、深化改革和加大非公有制经济发展的力度，2001年12月，在机构改革中，市计划委员会改名为发展计划局，计划管理重点向促进经济结构调整与向科学技术发展方面转移，县级地方政府计划管理更具自主权和灵活性。在同年制定的"十五"计划中，提出了"十五"期末（2005年）全市国内生产总值达34.5亿元（人民币），其间年增长率10.13%和人均国内生产总值4233元的要求。2004年7月，市发展计划局更名为发展和改革局。主要职能转变为贯彻执行国家国民经济和社会发展的方针、政策，研究、提出全市国民经济和社会发展中长期及重点专项规划、年度发展计划，负责全市社会固定资产投资总规模及投资宏观调控管理。汇总、编制全市固定资产中长期规划和年度计划。负责全市重大项目建设的布局和前期工作的组织、协调管理。安排上级对本市拨款的建设项目（含重大外资项目），提出并组织实施年度全市重点建设项目，指导和协调全市招投标工作并对全市经济运行进行预测、预警，研究经济运行中带有全局性的重大问题并提出对策、建议；并负责全市人口和计划生育、科学技术、教育、文化、卫生、体育、旅游等社会事业，以及国防建设和整个国民经济、社会发展衔接平衡，提出经济和社会协调发展（包括社会分配、社会保障及社会事业发展重大问题协调发展）的政策措施。

第三节　计划编制与执行

计划编制

计划编制从程序上一般分准备阶段、编制阶段和审议阶段。准备阶段由县（市）委（经过全会或代表大会）提出五年（或当年）本县（市）经济与社会发展计划的总体要求（包括指导思想、工作方针）和目标任务（含各项指标数字、增长率等）的建议计划编制阶段，由计划部门依据县（市）委关于编制五年（或当年）计划的建议案作具体编制工作。编制国民经济与社会发展五年（或当年）计划，一般包括上一个五年（或上年）工作回顾（或称执行情况、可包括成绩和存在问题两部分）、本五年（或当年）计划的指导思想、奋斗目标和主要任务以及实现目标必须抓好的工作（或称具体措施）等三方面的内容。计划编制完成后，交由县（市）级人民代表大会审议，进入计划审议阶段。

1991年4月13—16日，在岑溪县第十届人民代表大会第二次会议上，审议通过了县人民政府根据中共岑溪县委七届四次会议《关于岑溪县国民经济和社会发展和"八五"计划的建议》精神制定的《岑溪县国民经济和社会发展十年规划、"八五"计划纲要》，以及到1993年实现国民生产总值翻两番的计划方案。总目标是到2000年实现国民生产总值比1980年翻3.2番，达到11.2亿元。其间，1993年要比1980年翻两番，达到5.05亿元。到1995年即"八五"计划末年翻2.3番，达到6亿元。"八五"计划和1993年翻两番的主要指标是工农业总产值达8.7亿元，"八五"期间年平均递增14.8%。到1993年达7亿元，三年平均年递增17.1%。其中工业总产值"八五"期末达5.5亿元，农业总产值3.2亿元。国民生产总值达6亿元，国民收入达5亿元，粮食总产量达27万吨。"八五"期末实现人均有粮400千克，乡镇企业总产值达4亿元，地方财政收入达8000万元;城镇职工人均工资收入达2700元,农民人均纯收入达850元。分别每年递增6%和5.9%。措施方面主要抓三大基础设施(即四滩电站、1000门程控电话、岑罗二级公路)和开发7个工业体系产品(花岗岩板材、松香树脂、玉桂、八角油系列和钛铁、钛白粉、木材、竹芒编织等),并抓好六个重点项目(柠檬酸厂、钛白粉厂、维用花岗岩板材厂、正玉石材公司、化纤有限公司、韩壹石材公司等)建设和八大产品市场(即石材、尼龙拉链、林化、爆竹引线、竹芒编织、土纸、模压家具和农副产品批发市场)建设,启动科技兴农,大力推广水稻杂优种植和新栽培技术等。

1996年4月,岑溪市第十一届人民代表大会第五次会议,审议通过的《关于岑溪市国民经济与社会发展“九五”计划和2010年长远规划纲要的报告》,要求到2000年,国内生产总值达80亿元,比1980年翻5番,到2010年实现210亿元。“九五”期间经济增长率年平均16.67%,2001年至2010年,年平均增长10.13%。“九五”时期,全市工业总产值110亿元,农业总产值50亿元,财政总收入到2000年达3亿元,农民人均纯收入实现3200元,到2010年实现8000元。主要措施是继续深化改革扩大开放力度,实现两个转变(即从传统计划经济向社会主义市场经济体制转变;经济增长方式由粗放型向集约型转变),依靠科学技术,实施科技兴工、兴农,调整农工产业产品结构,努力寻求经济增长点,拓展城市、城镇基础设施建设和本地资源开发利用,兴商扶贫等。

2001年2月,岑溪市第十二届人大四次会议审议通过的《岑溪市国民经济和社会发展第十个五年计划纲要》,确定“十五”期间,岑溪国民经济保持较快发展,经济增长高于梧州市平均速度和城乡居民物质文化生活有较大改善,生态建设和环境保护得到加强,可持续发展水平不断提高的目标。提出“十五”期间,全市生产总值到2005年达到34.5亿元,“十五”期间年均增长10.13%,人均国内生产总值4233元,财政总收入2005年达3.11亿元,年均增长14.02%。农林牧渔业总产值至2005年达22亿元,平均年增长1.55%;工业总产值60亿元,年均增长13.97%。“十五”期间,全社会固定资产投资总额42亿元,年均增长15.74%;农民人均纯收入年均增长6.5%。2005年年末城镇居民人均居住面积达18平方米。

为实现“十五”计划,市政府提出“十五”期间发展的方向和重点是抓好经济结构调整,发展区域特色经济,充分利用国家实施西部大开发的战略机遇和政策,加快城市基础设施建设,尤其加强以水利、交通、能源、市政、邮电通信等重点基础工程的建设。同时,继续扩大对外开放,加大招商引资力度扩大利用外资规模和领域,开拓本地产品的国际市场,广泛利用科学技术,提高农工商各业现代化生产技能,提高生产效应,增强经济活力,增加劳动者收入,并落实各项环境资源保护措施,实施生态建设,确保岑溪经济可持续发展。

年度国民经济与社会发展计划的编制及上年度执行计划情况,由计划部门,依据县(市)长办公会议或经济工作会议提出的年度经济发展目标任务、方针措施及上年度经济计划执行情况进行编制,经多方征求意见修改后,作为方案,提交当年度人大例会审议通过后实施。在年度计划编制中,需结合五年(或十年)计划总体目标任务,对某些经济指标,如有特别变化情况发生,则从实际出发,进行适当调整。1997年,由于岑溪处于还贷高峰期,流动资金严重不足,加上原工业基础仍比较薄弱,企业效益不佳,农业产业化程度不高等因素,造成1997年的计划不能实现。实际1997年年末国内生产总值20.27亿元(当年价,下同),比上年增长1.3%。农业总产值20.37亿元,比上年增长7.95%,工业总产值实现32.51亿元,比上年增长5.35%。于是在编制1998年国民经济与社会发展计划时,对国内生产总值,工农业总产值,乡镇企业总收入和社会固定资产投资总额及财政收入,农民人均年收入等指标数据作了适当调整,使其更加符合岑溪经济发展的实情。1998年年末,实现国内生产总值20.346亿元,工农业总产值48.9亿元,农业总产值19.55亿元,工业总产值29.37亿元。年度各项经济指标增长平稳,没有造成大起大落的现象。

计划执行

五年(或当年)计划经同级人民代表大会审议通过后,进入执行(实施)阶段。1990年前,县域经济

发展计划（含五年计划与年度计划），均为指令性计划。经制定和审议通过后，即分解到各经济部门、企业组织和涉及的机关、事业单位，开展生产（经营）和建设活动，确保计划任务的完成。中共十四大后，随着社会主义市场经济体制的建立和完善及其他各项改革的全面深化，国民经济和社会发展计划均为指导性计划。县（市）经济和社会发展的各项经济指标任务，只作为组织和动员全县（市）人民群众的奋斗目标，由工、农、商业、交通运输、能源（以电力为主）、通信及城乡建设、旅游和科教文卫体育等部门，在县（市）制定的目标任务指导下，依据市场供求资源（资金）能力及各自发展客观现实，议订生产（经营）和建设发展的计划并组织力量实施。1995年，“八五”计划期满，全县国民生产总值17.735亿元。农业总产值18.16亿元，完成计划的208.61%，比1990年增长189.8%，年平均增长23.66%，工业总产值1995年34.4亿元，完成计划的501.38%，比1990年增长12倍多，年平均增长68.78%。乡镇企业营业收入54亿元，年平均增长94.5%，乡镇企业总产值51亿元，年平均增长96.97%。社会消费品零售总额7亿元，年平均增长29.80%，财政收入10196万元，年平均增长17.03%。农民人均纯收入（现行价）1722元，年平均增长28.99%。全社会固定资产投资5.3亿元，年平均增长58.98%。年末总人口72.7万人，年平均增长16.9‰。文教、卫生、科技等各项社会事业全面发展。

1991—2005年，岑溪经历了第八、第九、第十共三个五年计划的贯彻执行时期，总体情况良好，全市经济和社会事业发展快速稳定。

岑溪县（市）国民经济与社会发展第八个五年（1991—1995）计划主要指标及完成情况表

表11-1-1

项目	计算单位	1990年实际数	1991—1995年计划指标及实施情况			
			期末计划	期末达到	占计划%	比1990年增%
总人口	万人	65.4954	66.2	72.7557	109.9	10.5
国内生产总值	万元	67543	85098	177353	208.41	162.58
工农业总产值	万元	84183	107367	525849	489.78	548.2
粮食总产量	万吨	23.56	25.87	29.49	113.99	25.17
地方财政收入	万元	4070	5520	10196	184.71	150.52
社会商品零售总额	万元	24097	38300	80069	184.89	193.86
银行各项存款余额	万元	21325	25800	92368	274.50	232.10
固定资产投资总额	万元	4144	18338	53037	329.70	1358.98
农民人均收入	元	639	614	1722	280.46	169.48
乡镇企业总产值	万元	18458	54984	347077	631.23	796.82
发电量	万千瓦时	9374	16000	18000	112.50	92.02

注：国内生产总值、工农业总产值、乡镇企业总产值等按当年价。

2000年，第九个国民经济与社会发展五年计划期满，当年年末，全市国内生产总值22.22亿元，期间年均增长3.36%。人均国内生产总值由“八五”期间2478元增至2793元。“九五”期间，全社会固定资产投资完成20.46亿元，年均增长3.42%，完成计划的102.3%。其中，第一产业9.71亿元，年均减小0.04%，第二产业7.05亿元，年均增长8.31%，第三产业4.31亿元，年均增长5.75%。出口总额968万美元，年均增长0.85%，完成计划的96.8%；利用外资1150万美元，年均减少6.92%，完成计划的76.67%。财政收入16138万元，年均增长9.62%，完成计划的104.12%。社会消费品零售总额11.74亿元，年均增长7.95%，完成计划的97.83%。农民人均纯收入1761元，年均增长2.1%，完成计划的83.86%。年末总人口76.88万人，年均增长1.11%，完成计划的99.84%。农业总产值19.94亿元，年均增加0.45%，完成计划的90.64%。工业总产值30.61亿元，年均减少1.33%，完成计划的68.02%。

岑溪市第九个国民经济与社会发展五年（1995—2000）计划主要指标及完成情况表

表11-1-2

项目	计算单位	1995年实际数	2000年计划指标完成情况
			期末达到
总人口	万人	72.76	768780
国内生产总值	万元	177353	222237
工业生产总值	万元	344245	306096
农业生产总值	万元	181604	199410
粮食总产量	吨	294981	290400
地方财政一般预算收入	万元	10196	16138
社会商品零售总额	万元	80069	117355
银行各项存款	万元	92368	155136
全社会固定资产投资总额	万元	53037	39418
农民人均纯收入	元	1722	1761

注：原计划期末指标数曾经调整，各次调整数据不一。

“十五”计划实施，至2005年，市内全社会固定资产投资完成21.8亿元，年均增长41.2%，完成计划的202.03%。国内生产总值完成43.86亿元，年均增长15.22%，完成计划的114.45%。其中第一产业完成13.9亿元，年均增长8.91%。第二产业完成18.4亿元，年均增长20.46%。第三产业完成11.5亿元，年均增长18.41%。出口总额完成2257万美元，年均增长23.05%，完成计划的95.39%。利用外资完成2316万美元，年均增长15.03%，完成计划的107.47%。财政总收入完成2.5亿元，年均增长9.11%，完成计划的106.83%。社会消费品零售总额完成15.5亿元，年均增长5.83%，完成计划的104.73%；农民人均纯收入完成2630元，年均增长8.35%，完成计划的107.43%。年末总人口82.7万人，年均增长1.52%，完成计划的99.69%。农业总产值完成25.6亿元，年均增长5.94%，完成计划的100.16%。工业总产值完成51.7亿元，年均增长10.73%，完成计划的111.45%。

岑溪市第十个国民经济与社会发展五年(2001—2005)计划主要指标及完成情况表

表11-1-3

项目	计算单位	2000年基数	期末计划	期末达到数	年增比例(%)	备注
总人口	万人	76.88	83	82.79	—	—
国内生产总值	亿元	22.22	38.3	43.86	15.22	—
第一产业总值	亿元	10.07	13.8	13.90	8.91	农业产值完成25.6亿元
第二产业	亿元	6.72	14.3	18.41	20.4	工业总产值完成51.7亿元
第三产业总值	亿元	5.46	10	11.54	18.41	—
社会固定资产投资总额	亿元	3.94	10.8	21.84	41.2	—
社会消费品零售总额	亿元	11.73	14.8	15.5	5.83	—
地方财政一般预算收入	亿元	1.61	2.34	2.46	9.11	不含基金
农民人均收入	元	1761	2448	2630	8.35	—
金融机构各项存款金额	亿元	15.51	—	31.73	—	—

第四节 社会固定资产投资与重点项目管理

80年代末至90年代中期，基本建设投资通过改革，逐步改变由国家单一拨款(投资)为国家拨款、银行贷款与多方集(筹)资等多种形式，依照工程项目性质，由主管(主办)单位(部门)提出申请，纳入年度计划，然后按计划实施。1990年起，对固定资产投资实行许可证制度，凡固定资产投资都要申领固定资产投资许可证方可动工建设。需要使用国有或集体土地的，须持县级以上计划部门的批准文件，向国土部门办理征地手续，在各相关手续完备后，方可投资建设。1991—1995年，岑溪县(市)社会固定资产投资完成总额逐年增加。1991年总额为12373万元，至1995年增至53037万元。5年增加40664万元，平均每年增8000多万元。1996年起，随着经济快速发展，社会固定资产投资总额增长速度加快。2000年，当年固资投入3.94亿元，2004年增至8.98亿元，2005年投资总额21.84亿元。

岑溪县(市)1991—2005年全社会固定资产投资完成情况表

表11-1-4 单位:亿元

年度	1991	1992	1993	1994	1995	1996	1997	1998	1999	2000	2001	2002	2003	2004	2005
投资额	1.24	3.06	3.38	4.31	5.3	4.0	5.06	4.55	2.85	3.94	2.91	3.6	4.82	8.98	21.84

重点项目建设计划管理

1991年,第八个国民经济与社会发展五年计划编制时,岑溪计划部门依照县(市)委、政府确定的"由农业立县向工业立县转变,以开发本地资源(花岗岩矿)和创办外向型经济为突破口。增强县城经济综合实力,促进岑溪经济快速发展"的指导思想,把重点项目建设计划编制放在重要位置上,从县情出发,把"岑溪红"花岗岩矿开发利用、交通能源(电力为主)、通信等基础设施建设作为重点,通过"筑巢引凤",吸纳外资外商参与岑溪经济建设。"八五"期间,规划上马年产花岗岩矿荒料1000立方米以上矿山20多座,建立岑城、樟木、糯垌、马路、归义、三堡等10个石材开发区,花岗岩板材加工厂200多家。批准一批投资1000万元以上的工商企业,包括柠檬酸公司、腾兴皮革公司、纸业、纸品公司和钛白粉厂、华建水泥厂、县化肥厂、模压厂等10多个县级中型企业。交通、电力、通信方面,规划修建岑罗二级公路、四滩水电站(扩容装机)、3000门程控电话,并开始"十里长街"开发区、南环开发区、义洲大道、北环大道和红楼宾馆、大酒店等旅饮业重点项目的建设。"八五"期间,重点工程项目建设总投资累计投入14.12亿元,占全县(市)社会固定资产总投入的80%多。

"九五"计划期间,依照市委、市政府提出"深化改革,扩大开放"和"农业强市、工业富市、科教兴市"的经济社会发展战略,重点工程项目覆盖农业(林、牧、水利)、工业、道路交通、城镇建设和科教文卫等方面,并按照加快农、工产业结构调整,大力发展和扶持支柱产业、优势产业的原则,抓住"东资西移"(指广东部分产业向广西转移)的有利时机,吸纳和引进高科技项目,把岑溪建成"东资西移"的重要基地和大西南出口通道。下大力气抓交通、能源(电力)通信、水利等基础设施和产业设施建设。五年内重点项目累计投资22.8亿元,修建一级、二级公路和地方公路20多条,全市通车里程633.5千米、新建、扩建工业厂房8.25万平方米,水电站3座,变电站2座,自来水厂1座,工业园区3处,引进东部产业转移项目25个。

"十五"期间,依照市委、市政府提出把岑溪建设成中等规模城市和桂东南副中心城市的目标,实现"由农业立市向工业立市的跨越、由传统农业向现代农业的跨越、由小城市向中等城市跨越"(简称三个跨越)的任务。在岑溪的"十五"规划中,重点项目的建设规划,依照基础设施建设必须统筹规划,加强区域协作;合理布局,不搞重复建设,防止资源和资金流失浪费的原则。重点项目建设放在水利、水电、城区防洪堤、交通、石材专业市场和商品粮基地建设等方面。主要项目有扩建龙亭水库,增加库容,建设装机容量7500千瓦的高垌电站;修建城区(义昌江)防洪工程,防洪能力从10年一遇提高到50年一遇的标准。新建大业、安平、马路3个35千伏输变电工程和高垌至岑城、波塘至岑城、糯垌至三堡3条35千伏输电线路,岑罗二级公路改建为一级公路(后因修建岑罗高速公路,岑罗二级公路不再改建)。引资融资建立集加工、仓储、批发于一体的石材专业市场,并在归义、糯垌、三堡等平原地区建立商品粮基地。"十五"期间,重点项目投资累计28亿元。

第二章　统　计

80年代起，岑溪县(市)统计部门按照《中华人民共和国统计法》，依法在辖区内建立和完善统计管理体系和统计管理制度，开展辖区内和上级统计机关部署的相关全国性、地区性的统计调查、普查(含抽查)等统计业务，加强统计分析、调研和统计信息发布、咨询等服务工作，为岑溪经济和社会发展决策提供有关数据。

第一节　机　构

岑溪市统计局

1979年2月恢复成立岑溪县统计局。1991年统计局内设办公室、工业农业商业统计股、工资统计股和综合股等股室，定编人员12人。1994年各乡镇成立统计站，负责本乡镇经济统计工作。1997年3月，机构改革，市统计局作为市人民政府主管统计工作和国民经济核算工作的职能部门予以保留。2002—2005年市统计局改为主管统计数据收集、整理与咨询的部门，内设秘书股、综合股、法制股和农村经济股、工交财贸股与微机室等6个股室，行政编制8人，事业编制1人。

1991—2005年，市统计局局长分别是黎宏明(1990年5月至1999年4月)、李贞梅(女，1994年4月至2002年12月)、关华光(2002年12月至2015年)。

岑溪市农村社会经济调查队

1984年8月成立广西壮族自治区岑溪县农村抽样调查队，1989年3月更名为广西壮族自治区岑溪县农村社会经济调查队，1995年12月改名为广西壮族自治区岑溪市农村社会经济调查队，办公地点设在县(市)政府院子内。为自治区直属单位，专门负责农业经济调查统计工作。

第二节　专业统计

专业统计设置与调整

专业统计又称定期统计或常规统计，是国家统计机关根据经济与社会发展的情况，按照产业确定分门别类的统计形式。1990年起，岑溪市统计局执行国家和自治区统计局制定的专业统计分类办法，并依据不同时期国家统计部门下发的统计报表的要求，结合本地经济与社会发展实际，确定专业统计的设置。1990年代初，岑溪的专业统计设置为农业、工业交通邮电、基建物资、财贸与国民生产总值、社会总产值和国民收入、劳动工资、农村组织与人口、土地及文教卫、乡镇企业等10个门类。1993年，实施新的国民经济核算体系和新的国家统计报表制度，专业统计调整为人口劳动力、农业、工业、建筑与交通邮电、商业、公共饮食服务、物资供销、卫生、体育和社会福利、教育文化艺术和广播电视电影事业、固定资产投资、人民生活(收入)、劳动工资、国民经济综合平衡等11个专业。2003年，按照自治区统计局的规定，统一全区专业统计门类，改设国民经济核算、农业统计、工业统计、能源统计、运输邮电统计、固定资产投资统计、劳动统计和批发零售贸易与餐饮业统计等9个专业。

专业统计方法与统计上报机制

县级专业统计的方法，是由县(市)统计部门根据上级政府统计机关制定的统计制度及规定的国民经济与社会发展的各项统计指标，下达乡镇及企事业部门基层统计组织，由基层统计人员对报表中规定的各项统计指标要求，对相关数据进行收集、整理后，填写上报县(市)统计局。再由县(市)统计局按专业分类、收集、汇总、核实整理后，录入国家统计机关制定的统计报表并在上级统计机关规定的上报时间内逐级上报地(地级市)、省(自治区)直至国家(或国家各部门)统计机关。

为确保专业统计数据完整和不缺项、不漏报以及年度数据相互衔接，从20世纪90年代起，依照国家和自治区统计部门的规定，岑溪市统计局开始建立统计调查单位“名库录”和专业统计台账制度，确保统计数据收集、计算、汇总准确、全面和上报优质高效。

统计调查单位“名录库”，是通过从事社会经济、政治、文化等基层单位的调查、审核、按其性质、职能、任务分类记录，并落实其统计范畴的归类及标识编码，以便在专业统计时审核其上报数据的准确程度是否重漏。经过1996年与2002年再次全国基本单位普查，2002年市统计局建立的统计调查单位“名库录”的基层单位基本涵盖了全市工农商贸与国家机关、社会团体和科技文教卫等部门。

统计台账是各乡镇、各企事业部门(单位)经济建设与社会事业发展进程数量方面的原始记录，是专业统计信息的源头数据。1991年，依照自治区统计局的部署，推选农村基层统计“一套表”制度，在全县17个乡镇建立新农村社会经济统计台账制度。1993年实施新的国家统计报表制度和新的国民经济核算体系，县统计局通过分批和分期深入基层统计单位进行指导的方法，对将近10年来工农业发展的主要统计数字重新进行整理，换算成为1990年不变价，并以此为基础，在各乡镇和经济部门中规模以上的企业单位，按照“7+1”套报表的内容要求，建立一年一台账制度。1998年，全市乡镇统计站和大部分企事业部门统计组织建立了一年一台账制度，整理积累了20年以上的统计资料。到2000年，通过对各乡镇和企事业单位的台账的统计范围、统计指标、统计方法及定期报表数据质量标准考核，全部达标合格。

第三节　抽样调查

抽样调查一般每隔三五年进行一次(必要时可以一二年一次)，其项目内容可由省、地或县自定。1991年以来，岑溪市统计局先后开展《1994年人口变动抽样调查》《1996年批发零售贸易业、餐饮业抽样调查》《1997年关于劳动工资统计数据质量抽样调查》《2003年城镇农村住房、人均收入与贫困监测抽样调查》《2004年规模以下工业发展与劳动就业情况抽样调查》《2004年疾病疫情、灾情及其对经济影响情况快速抽样调查》和《2005年1%人口抽样调查》7次统计抽样调查。每次抽样调查，都由市政府部署并成立由一名主管副市长为组长的领导小组直接领导，从各相关部门抽调相应工作人员，在统计部门组织协调下开展工作。抽样调查获取原始数据后，统计人员均进行两次以上复核审查，然后整理、汇总上报，以保调查数据真实、准确。

1994年人口变动抽样调查

1990年第四次全国人口普查后至2000年全国第五次人口普查，依照自治区人民政府、原梧州地区行署与梧州市人民政府的部署，岑溪县(市)分别于1994年、2005年先后进行了两次人口变动情况抽样调查。

1994年人口变动抽样调查的标准时间是1994年11月1日，抽样调查的范围是随机抽出本县内3个乡镇6个小区。在抽查前，县统计局依照自治区，梧州地区统计局的部署，成立岑溪县人口抽样调查领导小组，议订抽样调查工作方案、步骤。抽调、培训了相应的抽样调查工作人员，并对被查单位进行摸底工作。使调查人员对调查的方法、步骤做到心中有数，熟悉调查登记、填表及汇总等方面技术，减少误差。这次

抽样调查的结果是:抽样总人口1805人;出生人口29人,死亡人口12人。出生率为16.06‰;死亡率为6.65‰;抽样调查后经两次复核审查,无发现瞒报及漏报现象,调查中数据反映真实、准确。

批发零售贸易业、餐饮业抽样抽查

1996年年初,广西壮族自治区统计局下发文件,确定岑溪市为广西县级小型批发零售贸易业、餐饮业统计抽样调查试点县(市),开展抽样调查工作。依照自治区、梧州市统计局的部署,岑溪统计局成立了由一位副局长任组长的抽样调查领导小组,议订抽样调查计划和实施方案,并迅速落实抽样调查工作人员及具体工作责任。批发零售贸易业、餐饮业抽样调查的内容是1996年第二季度即4、5、6月三个月内,各抽样企业购、销、存及商品销售、库存分类等一系列价值形态指标数据。依照市人民政府批准的批发零售贸易业、餐饮业抽样调查实施方案,抽样调查工作人员首先用半个月时间做好调查摸底工作,选择调查样本(调查点)。在调查摸底工作中,调查人员结合宣传抽样调查的意义方法、步骤等相关规定,打消被调查单位的思想顾虑(如怕加税、加管理费或其他行政处罚行为等),争取相关企业单位理解和支持,积极配合调查工作、如实报告相关调查数据信息。同时做好调查人员的业务培训,掌握抽样调查的程序及填写各相关调查报表的技术规程和方法,并坚持依法调查的原则做好调查工作。抽样调查共抽取样本单位33家企业,其中批发企业9家,零售贸易业19家,餐饮行业企业5家。1996年4月至10月,该次抽样调查工作圆满结束,抽样调查结果经自治区梧州市统计局验收检查,完全符合相关质量要求。

劳动工资统计数据质量抽样调查

1997年8月,依照自治区统计局统一部署,岑溪市统计局成立了劳动工资数据质量抽样调查小组,9月起,开展对市内15个随机抽样基层单位的劳动工资统计数据质量调查和检查工作。抽样调查、检查的内容为1997年1—6月被查单位职工工资总额构成的情况与上报数据质量情况。经调查人员检查报表数据、深入单位询问查证及单位工资支付账簿核对等方法,按抽样调查的15个单位上报报表数据与调查数据进行比较,结果表明,被查单位均存在有少报工资数额的情况,平均少报误差率为1.49%。从工资构成六要素上看,少报数额多为加班工资、奖金和超额工资,尤其是星期天加班工资、夜餐补助费等,有的单位的长期日工工资也有少报、漏报的现象。经调查检查后,调查组成员通过与被查单位领导座谈交流,通报该单据的质量问题,分析了存在问题的原因,商议改正方法,对少数属于违背统计法的行为,也予以相应的诫罚处理。

城镇农村住房,人均收入与贫困监测抽样调查

为摸清改革开放以来,城镇农村住房、人均收入与贫困分布状况,依照市人民政府的部署,2003年10月与11月,市统计局分别对马路镇车垌村、三堡镇河六村和岑城镇、樟木镇等镇随机抽样共120多户农村与城镇住房进行住宅房屋、经济收入来源、基本物质、生活状况进行调查,为政府推算该年度全市城镇居民与农民收入情况、住宅情况和生活水平指数,提供相关信息数据。2005年,依照自治区、梧州市统计局的有关文件规定,改进农村和城镇住房,房屋与收入抽样调查体系,采用工农业生产发展速度新的计算方法,并改进CPD核算方法,使该项调查统计数据时效性、准确性得到不断提高。

规模以下工业发展与劳动就业情况抽样调查

根据自治区统计局的统一部署,2004年5—9月,市统计局通过随机抽样调查全市11个镇点和10个村(街)规模以下工业发展速度及效益等方面指标数据,以推算全市规模以下工业发展的情况,为政府和经济部门作规划规模以下工业发展决策参考。2005年5月,通过市区城厢街、华侨街和市直部分单位居民劳动就业情况的抽样调查,推算城镇居民就业指标系数上报梧州市、自治区统计局,圆满完成本年度规模以下工业发展城镇劳动力就业情况抽样调查的任务。

疾病疫情、灾情及其对经济影响情况快速抽样调查

此项调查是国务院和自治区人民政府统计部门指定,在各地发生特定(大)的疾病疫情或灾情的情况下，各级统计部门开展的紧急快速调查，以便各级政府及时掌握疫情灾情发展趋势及其对经济造成影响的相关信息并做出相应决策措施。2003年“非典”流行、2004年春季禽流感流行和岑溪旱灾发生期间，岑溪市统计局均安排相应人员，组织紧急疫情灾情快速抽样调查工作，并快速填报相关调查报表数据资料，向市人民政府和自治区有关部门报告。

2005年1%人口抽样调查

2005年1%人口抽样调查，是由国务院、自治区人民政府和梧州市人民政府统一部署，为摸清2000年全国第五次人口普查以来，各地方人口数量、构成及居住等方面的变化情况而进行重要人口调查。年初，市人民政府成立由副市长李贞梅为组长的岑溪市1%人口抽样调查领导小组和1%人口抽样调查办公室，统一部署。从市直机关和乡镇抽调100多名干部组成调查指导员和调查队伍，并进行相关业务培训。该次全国1%人口抽样调查时间点为2005年11月1日零时。调查的内容主要包括抽样人口的住房基本情况和个人的年龄、性别、受教育程度、职业、迁移流动、生育、社会保障、住房情况等指标。抽样调查的结果显示岑溪5年来增长变化与社会经济发展同步平稳，为研究近年全市人口状况及发展趋势提供了科学数据，为市委、市政府制订未来经济发展规划和有关政策提供客观准确的依据。

岑溪市1990—2005年部分年份人口变动情况表

表11-2-1

年份	年人口总数（万人）	年出生人数（人）	年人口死亡率（‰）	人口自然增长率（‰）
1990	65.5	7818	5.54	8.67
1995	72.75	10245	5.03	9.29
2000	74.60	12585	4.90	11.59
2005	82.78	9105	2.90	8.13

第四节　全国统计普查

第三产业普查

1993年10月，国务院发出通知，决定对全国第三产业进行普查，以摸清全国第三产业的底数，为制定第三产业发展规划和政策提供全面真实的基础资料。根据自治区人民政府梧州地区行署的部署，1993年11月下旬，岑溪县人民政府成立第三产业普查领导小组和普查办公室，并召开专门会议进行部署，正式开启岑溪县第三产业普查工作。

第三产业普查的范围是全县所有第三产业企业、事业、行政单位和社会团体。包括党政、司法、军事机关及所有服务部门与社会团体，也包括为生产生活物资提供流通服务的企业、事业单位和为提高人民科学文化素质、健康水平服务的社会公益、福利部门与单位。普查的内容是1991—1992年内第三产业机构和人员情况，第三产业所有经营活动情况与第三产业实物资产情况等指标数据与相关信息。普查时间从1993年11月开始，到1994年年底前结束。

第三产业普查从1993年12月起，经过一段时间摸底调查后，普查办议订普查工作实施方案和具体步骤方法。确定采用“以块为主、条块结合、分级负责”的方法。在县直各系统和各乡镇成立普查领导小组和协调机构，负责组织各系统各乡镇的普查工作。县普查领导小组与县统计局则负责普查宣传发动，普

查人员培训及指导普查中普查表格审核、质量把关、汇总、复查补漏等方面的技术指导、质量监督与各系统部门协调工作。

整个普查工作分三个阶段进行：第一阶段从1993年12月至1994年3月，为成立机构、组织普查队伍和宣传发动阶段。第二阶段从1994年4月至8月，为培训普查人员，作摸底调查与深入各系统各单位作普查政策解释，协助受普查单位收集整理相关指标数据资料阶段。第三阶段从1994年9月至11月，为普查登记、报表填写、审核录入、汇总及上报阶段。这次普查工作，整体进展顺利，各项数据信息收集较全面准确，报表填报、上报规范科学，并能在规定时间内完成。该次普查取得多项成果：一是系统全面掌握了全县所有第三产业分类、机构（含名称）及职员人数、资产等方面的数据信息资料；二是系统全面地统计了全县第三产业中为生产生活及物资供应流通服务行业的企业、事业单位生产经营和社会服务的状况、发展趋向（速度）及相关信息资料；三是系统全面地调查了解本县范围内科学文化事业、教育、卫生、体育与广播影视艺术及社会福利等社会公益、公共服务方面发展情况的相关数据信息资料。这些成果，均为上级政府和本级政府全面了解掌握本辖区内第三产业各个方面情况，为制定本地方第三产业发展规划和政策措施提供真实可靠依据，为进一步搞好改革开放和经济发展，全面建设小康社会提供决策参考和信息咨询服务。

1996年全国第一次基本单位普查　进行全国基本单位调查，是国务院统一部署并作为重大国情国力调查组成部分的重要内容。是政府科学管理国家，有效地掌握国民经济各行业基本情况，获得各类统计信息的重要渠道。

1996年2月，国务院下达本年度内在全国开展第一次基本单位普查的文件。3月中下旬，成立由副市长刘统强为组长的市基本单位普查领导小组及办公室，部署本市第一次全国基本单位普查工作。市直各系统、各乡镇相继成立基普领导和办事机构，在市基普办、市统计局统一协调安排下，于8—10月开始宣传发动及基普人员培训等前期准备工作。该次基本单位普查工作与统计年报时间相重叠，两项工作相互结合对基层统计单位压力相应加大，困难程度增加。为使基普工作正常规范统一，市基普办与市统计局派出领导和普查指导员深入各系统、乡镇加强巡逻指导。在培训和摸底调查期间，基普办印发15万份普查表供普查人员练习和调查使用。为确保基普与年报两不误，基普办要求全体普查人员必须按基普调查方案规定程序办事，填报调查报表应符合各项指标及数据填报的质量要求。该次基本单位调查，全市共调查了1320个法人单位和509个产业活动单位。同时按自治区人民政府与梧州专区行署统计局的要求，由市统计部门建立统计调查单位“名库录”，作为政府了解域内基本单位存、废情况的信息体系。

2000年第五次全国人口普查　2000年岑溪市第五次全国人口普查前期准备工作从1999年6月成立市人口普查领导小组及其办公室时开始。期间经过制订本市人口普查工作规程、实施方案、层层会议宣传发动、抽选并培训普查指导员、普查员与划分普查调查研究小区及其地码编写、各普查区、小区地图绘制和普查前的摸底调查、入户宣传等工作。按国务院统一规定，2000年第五次全国人口普查的时间点为2000年11月1日零时。此次普查全市共组织3280名普查指导员、普查员（另有2500名预备普查员与联陪调人员），分别深入全市305个普查区、2479个调查小区，通过逐家逐户登记调查及报表填数据资料核对复查与汇总、光盘录入等技术流程，至2000年11月底前基本完成调查各项工作。经梧州市第五次全国人口普查组与国务院人口普查质量抽查组的检查与抽查，没有发现登记中漏户、漏人（或重）的现象。总人口数、外出人数、出生人数、死亡人数、性别等数据资料填报准确，各项质量指标达到国家人普办的要求。这次人口普查中，全市登记总户数18145户，总人口为746070人，其中男391798人，女354272人。从1990年第四次全国人口普查至2000年第五次全国人口普查10年间，全市增加人口118579人，平均每年增加11585人，年平均增长1.68%，比第三次全国人普到第四次全国人普之间的年增长1.62%上升了0.06%。

2002年第二次全国基本单位普查　第二次全国基本单位普查于2002年7—8月进行。上半年着力于普查机构组建和普查工作的宣传发动、培训普查指导员与普查员及前期摸底等相关工作。为使普查单位不重不漏，在普查人户登记阶段，统计局领导与普查办工作人员。分别深入基层普查区进行普查指导，进行质量检查，发现错漏及时纠正。验收普查表时，按照普查质量控制要求，做到合格一个验收一个，不合格的一律返工重做。普查结束后在编码录入和数据处理工作中，要求相关工作人员务必认真细致，严格审核，发现数据处理中的新问题或差错，必须及时纠正。

全国经济普查

2004年全国第一次经济普查　全国经济普查是一项集工业、建筑业、第三产业和基本单位普查于一体的综合性调查。普查对象包括全国范围内从事第二产业和第三产业的全部法人单位、产业活动单位（组织）和个体工商户。2004年5月，依据《全国经济普查条例》自治区人民政府《关于做好第一次全国经济普查的通知》精神和规定，岑溪市成立由副市长李贞梅任组长的第一次全国经济普查领导小组（领导小组成员12人），同时设立市经济督查办公室，抽选工作人员25人开始培训普查指导员、普查员和开展宣传发动、划分普查区、小区及地址码编写、调查摸底等前期准备工作。9月至11月，市委、市政府从宣传部、经贸局、广视局等部门单位抽调骨干力量组成第一次全国经济普查宣传小组，充分利用电视、广播、简报、橱窗、横幅标语、宣传车及散发经普宣传资料等形式，在全市范围内开展宣传发动工作。对第一次全国经济普查的意义、普查范围对象、内容及各阶段工作任务、普法法律依据等进行广泛的宣传。同时对市（含市直）镇选定的普查指导员与普查员进行业务培训，提高普查员的责任感和普查业务技能。培训结束后由普查指导员和普查员深入各自负责的调查小区（片）开展摸底调查登记，对普查工作进行实战演习。12月31日起，普查工作正式开始，全市共416名普查指导员和1100名普查员，开始深入各调查区，小区（片）对各被查企业法人、产业活动单位（组织）和个体工商户进行正式调查登记，填写各种调查报表数据及相关资料，2005年2月底前完成各种报表数据信息，并作汇总、复核、查遗补漏、资料录入及上报工作。3至4月，接受自治区和梧州市经普办的检查验收。

第五节　统计报告与咨询服务

统计报告

统计报告包括统计资料整理汇总、上报、公布与统计分析等项内容。1980年前，统计资料按规定只作为内部资料，除保密数据外，一般只在乡镇（公社）级和相关部门机关领导中通报交流，而不在其他范围公开报告。20世纪90年代初，依据上级统计部门相关规定，统计信息资料分经济月报（或季度报）资料适度放开，公布至各经济部门、企业单位。年度或跨年度统计资料，整理印发至各乡镇和企事业单位。专项抽查资料除向上级和相关部门报告外，印发县（市）领导和抽查作决策参考。全国性普查资料、经汇总上报后，在上级批复批准前，不予公报。平时由统计人员通过调查所写的统计分析资料，一般只提供领导参考。凡统计分析资料（文章）均按事实说话，揭示规律、指出问题、提出建议，对决策有较高的参考作用。涉及面广、有普遍指导作用的统计分析文章，经领导审阅后，可投送上级统计刊物发表。1993—2003年，市统计局（含乡镇统计站）统计人员所写的统计分析，其中有《岑溪市1993—1997年经济运行情况回顾与1998—2002年经济展望》《岑溪市工业系统计划外用工情况分析与对策》《如何提高农民人均收入》《岑溪市教师队伍工资情况分析》等统计分析文章、获梧州市统计局和岑溪市委、市政府及有关部门领导好评和表彰。

统计公报与统计年鉴

统计公报　统计公报是统计机关根据经济发展形势需要，将辖区内相关国民经济活动情况主要信息

数据向有关领导层或干部群众公开发布的一种形式。90年代以来。岑溪市统计局公布国民经济统计信息数据的形式是编印《统计资料》(不定期内部刊)、《岑溪市综合统计信息》(双月刊)、《宏观经济监测月报》等。

统计年鉴　2005年，由岑溪市统计局主要领导和科室干部担任编辑人员的《岑溪统计年鉴(1986—2004)》正式出版，此为岑溪统计史上第一部统计年鉴。全书分上、下两册，涵盖岑溪自1986年至2004年农业、工业、交通运输、建筑与固定资产投资、商贸电信、文教卫生、财税金融保险、人口、人民生活等方面统计信息数据及相关文字资料，全书400余页，印刷500余册，下发各乡镇与市直属机关局级单位备案查阅。

统计咨询服务

统计咨询服务对象是辖区内各级机关、企事业组织和社会团体单位的领导或干部及社会各界群众。服务的内容主要是各种统计行为(含调查、普查、抽样调查、执法检查)和统计报表释疑；历年国民经济统计信息数据及相关统计资料(如人口情况、企事业组织、社会消费情况)等不属保密范围的信息资料的查询、查阅等。咨询服务形式有电话咨询和查询者上门咨询查阅两种。90年代以来，随着改革开放的深入和社会主义建设事业不断发展，统计信息数据在人民群众中关心比重不断增长，统计咨询服务日趋频繁。统计局接受上门咨询查阅统计资料人数次数逐年增加。2000年以前，年均接受咨询查阅为200~300人次；2001—2005年，年均接受咨询查阅人数为300~500人次。

第六节　统计执法与统计质量检查

1991—2005年间，岑溪县(市)统计局均按照自治区、地(地级市)政府统计机关的部署，并结合本县(市)的情况，开展定期或不定期的统计执法检查(含部署单位自查与抽查)和统计质量监督检查工作。

统计执法检查

1994年10月，县统计局会同监察部门和司法机关，就社会反映强烈，群众普遍关心的热点和国内生产总值、乡镇企业总产值、人口出生率、粮食总产量等统计数据质量的问题，开展统计执法大检查活动。这次执法检查历时2个月，共检查450多个单位，其中抽查41个单位，有409个单位进行自检自查，并向局统计执法检查领导小组提交自查情况报告，自查率98.8%。经检查，1994年度各项统计数据基本上符合新的国家统计报表制度和新的国民经济核算标准的要求，在抽查的41个单位中，除少数单位有迟报现象和个别数据未经核对就上报的情况外，90%以上单位均无统计违法情况。对12个迟报和数据不准确的单位，检查组根据情况予以相应的批评教育和纠正。

1997年7月至10月，依照国家统计局、监察部、国务院法制局《关于开展全国执法大检查的通知》精神，岑溪市成立统计执法大检查领导小组及其办公室，并组成由统计、监察、司法、公安、工商及经贸、乡镇企业、农、林、水利、计生等部门单位抽调人员组成的统计执法队伍，开展为期3个月的统计执法大检查活动。这次统计执法检查的范围和内容主要是各部门各单位组织学习和宣传统计法的情况，1996年至1997年统计活动中有无发生虚报、瞒报、伪造、篡改统计数据资料及拒报、屡次迟报统计资料，或利用统计调查窃取国家秘密、损害社会公共利益或对拒绝、抵制编造虚假数据行为的统计人员进行打击报复与进行统计欺诈活动等7种统计违法行为。该次统计执法检查采取单位自查和重点抽查相结合的形式。以单位自查为主，分宣传发动、单位自查、重点抽查、重点处理等几个步骤进行。该次统计执法检查中，单位自查是关键的一环，自查质量的优劣对整个检查能否达到目的影响较大。为此，在自查阶段，执法检查人员一是认真深入被查单位实行分类指导，及时发现和解决问题；二是抓好统计人员的思想教育，使他们认识到位，正确对待检查和自觉对照统计法律法规进行逐项自查，如实填写自查报告书。执法检查中，由市组织的应查单位474个。至1997年9月初自查阶段结束，经自查并填报自查报告与基层执法检查的单位达461个。由乡镇与部门级组织的自查单位的自查率达95%以上。

在自查的基础上，从9月初至10月底，按照梧州市统计执法检查实施方案的规定，开展重点抽查。全市共重点抽查单位46个。这些单位的统计普法学习教育情况总体良好，统计人员法治观念得到相应提高，依法统计观念较强，执法较严。单位统计数据中的乡镇企业产值、农业生产情况、农村出生人口、农民人均收入及工商企业主要指标、劳动工资上报情况等方面，均无大的违法现象。多数乡镇政府和市直单位的统计基础工作比较扎实，数据来源清晰，原始凭证也比较完备。在这次执法大检查中，查出全市统计违法案件54件（次），轻微违法单位21个（含自查中自检自报数）。市执法检查办公室均按相关法规与政策，对违法案件的单位或个人进行了批评教育及相关处理。

统计工作质量检查

1998年11月，依照《中共中央办公厅、国务院办公厅关于坚决反对和制止在统计上弄虚作假的通知》和自治区、梧州政府的部署，开展90年代以来第一次全市统计工作质量大检查活动。

该次统计工作质量大检查活动的宗旨是，坚决反对和制止统计上的弄虚作假。为此，市委办、政府办印发《关于加强统计工作，坚决反对和制止统计上弄虚作假的通知》，同时制订《岑溪市1998年统计工作质量大检查实施方案》和《统计工作质量大检查细则》。在统计质量检查活动中，市委、市政府成立了统计质量检查领导小组及其办公室，并召开相关会议切实作好动员部署。统计质量检查办公室从11月中旬起，派出检查人员深入全市17个乡镇和市直53个科级建制单位开展统计质量检查活动相关政策规定、步骤方法等细节问题宣讲教育。这次统计质量大检查，采用自查与重点抽查的方法进行，并在形式上采取条块结合、分级负责的做法。市级检查领导小组重点负责各乡镇和市直局级建制单位的统计质量的自查和抽查工作；乡镇政府和各战线主管部门则负责行政村及市直二层机构及下伸统计单位的自查和抽查工作。经这次统计质量大检查，发现全市有41个单位在统计工作中存在着不同程度统计违法行为。主要表现：(1)统计报表报送不及时，有迟报现象；(2)少数基层单位统计台账不完整，原始记录不规范；(3)统计队伍人员不稳定，业务基础知识差，能力低，统计法思想意识淡薄及某些上报数据不真实或不经审核就上报等现象和问题。经检查后，市统计局根据检查中发现的存在问题，及时议订整改措施，报市委、市政府审定后，在全市各统计部门和单位开展整改活动，以保证全市统计质量的不断提高。

自1998年开展第一次统计工作质量大检查后，岑溪市统计局于2000年、2002年先后开展了第二次、第三次统计工作质量大检查。

2005年8月，自治区统计局、监察局、法制办联合发文部署开展第四次统计工作质量大检查活动。该次统计工作质量大检查的步骤要求是：2005年10月10日前，全市范围内所有统计调查的单位以及镇以上统计单位完成自查工作，并按相关自查内容要求填报自查报表与相关自查材料。10月10日后，由市统计工作质量检查办公室，采用随机抽样方法，进行重点抽查检查。检查的内容包括统计机构的设立与统计人员配置情况；是否按规定办理统计管理登记证、统计人员是否持证上岗及参加统计普法学习与考试，参考率及格率如何；是否建立健全原始统计登记、统计台账、统计资料档案等统计制度；是否存在虚报、瞒报、拒报、迟报及伪造、窜改统计资料及其他违法行为。在这次统计质量大检查中，全市共有2000多个统计调查单位进行了自检自查，自查率98.7%，比前三次统计工作质量检查的自查率提高了3个百分点。全市各部门（含乡镇）各行业的统计调查单位、企事业组织，均按规定申办统计管理登记证，同时能按市普法领导小组的部署，组织统计干部开展统计普法学习活动，参加普法考试。参学率、参考率、及格率均达100%。80%以上统计人员，都接受了1～2次以上业务培训学习，并参加统计上岗资格考试。在重点抽查的20个单位中，仅发现1个单位有统计违法行为。经检查，办公室派出检查人员对检查中出现问题的单位进行批评教育和作相应处理并落实整改措施。

第三章　物　价

1991年起，国营、集体商业体制改革，大部分工业制品实行市场定价。1996年，除部分主要生产资料外，取消国家对主要工业、农业产品商品的指导价。1998年6月，根据国务院颁布的《中华人民共和国粮食收购条例》，全市实行粮食定购制度。同年11月，根据国务院《进一步深化粮食流通体制改革的通知》，除国家储备粮按保护价收购外，粮食购销全部市场化，并允许个体工商户购销粮食。同年《中华人民共和国价格法》颁布实施，物价管理走上法制管理轨道。市政府价格管理部门对价格管理体制实行改革，逐步由对价格的微观管理改为宏观调控，监督和法律、法规化，依法治理市场价格。

第一节　机　构

1964年9月，岑溪县人民政府成立物价科（与工商行政管理局、商业局合署办公）。1968年由工商、财贸办、商业、计委等部门设专人负责物价管理工作。1980年3月恢复设立物价科，1984年6月，撤销物价科，成立物价局。办公地址设在县政府内。1991年，物价局内设办公室，价格检查和综合业务股等股室，编制人员8人。1995年12月，改称岑溪市人民政府物价局。2002年，机构改革，市物价局并入市发展计划局，对外仍保留物价局的牌子和印章，实行机构、人员、财务单独运转，保持相对独立性。物价局内设价格综合、价格管理、收费管理3个股室，辖物价检查所、价格成本调查队、价格认证中心3个二层机构。2005年物价局定编行政编制6人，事业编制12人。

1991—2005年，物价局历任局长分别是李均球（1990年10月至1999年4月）、卢硕祥（1999年4月至2002年6月）、苏深秀（2002年6月至2008年6月）。

第二节　价格管理体制改革

20世纪80年代中期至90年代初，对部分人民生活必需的工业产品、商品如棉布、化纤、自行车、水泥、钢材、玻璃等价格，实行国家指导性价格政策（即国家只规定价格幅度，由厂家、商家依据市场供求在幅度内变动），农贸市场所有商品价格完全放开。90年代中期起，随着社会主义市场经济体制的建立和完善，除国家重点物资如煤炭、石油、电能及部分重要机械设备外，均实行市场定价。对粮、油等事关民生（即生活资料）商品的收购价，实行国家保护价格政策，销售价则开放由市场定价。1998年，《中华人民共和国价格法》实施，国家对市场价格实行宏观调控的政策，即由政府价格主管部门或相关部门，按照法定价格权限和范围规定基准价格及浮动幅度，指导经营者制定价格。市场调节价格，由经营者自主制定。但不能超越相关法律法规，囤积居奇、哄抬或压低物价，以维护市场价格稳定，规范市场价格行为。2003年，市内商品零售物价指数为100.76%，居民消费价格总水平为100.71%，基本持平。2005年，适当调整煤电价格，取消发电价，微升销售电价。但居民生活农业生产，中小化肥生产用电价格不变。

第三节 价格管理

1990年起,政府对市场商品不作定价。物价部门的主要职能转变为贯彻执行国家物价工作的方针政策与法律法规,监督管理辖区范围内物价和收费项目。研究制定本地区价格总水平控制目标和宏观调控措施,制定价格预警机制、成本监审(调查)和市场价格动态分析,依法查处价格、收费违法行为。受理和处理价格投诉举报,组织实施明码标价,规范市场价格秩序、保护正当的市场竞争,维护市场秩序和负责涉案涉税物品价格评估(价格认证)工作。

价格监督检查

1991年,县物价检查所对市场的商品价格和服务收费进行监督检查,采取经常性、突击性、专项检查与一般检查相结合,运用行政手段和经济手段规范市场价格。1993年,对公安、教育、卫生医疗等部门的行政事业收费进行检查,查处违纪案件14件,违纪金额32.65万元,其中入库金额2.1万元,退还用户30.54万元。

1994—1998年,开展农业生产资料、春运票价、小水电、成品油、粮食、食盐等价格检查,共检查单位413个次,查出违纪金额170.2万元,没收上缴财政35.4万元。受理群众来信37件,接待群众来访150多人次,查处退还用户7.21万元。配合“三查办”(税收、财务、物价大检查办公室)开展各项工作,检查单位397个,查处违纪金额17.62多万元,退回事主11.54多万元,没收上缴财政26.07万元,罚款490元。

1999年,开展中小学收费、交通部门收费、粮食收购和销售价格、农村电价、石材及石材加工收费、农资价格等专项检查,检查单位87个,发现有违纪和乱收费行为的单位7个,违纪金额5万多元,督促全部退还给事主。同年,开展创建规范化基层物价检查所活动。

2000—2002年,开展春运票价、农村电价、学校收费、工商收费、教育收费、涉农价格收费、金融收费、药品及医疗服务价格等专项检查,清理不合理收费13项,查处乱收费案件30件,查处违纪金额38.68万元,退回事主12.3万元。开通“12358”价格举报投诉电话,共收到群众来信57件,接待群众来访322人次,电话举报84件。

2003年4月,受“非典型肺炎”疫情的影响,防治“非典”相关药品、医用材料及部分生活必需品市场价格波动异常,物价部门启动《岑溪市应对突发事件价格工作预案》,成立市场物价监督检查领导小组,对全市药品、医用材料、医疗器械价格和生活必需品进行监督检查,避免市场价格失控。

2004—2005年,开展电力价格、教育收费、农民建房收费、交通收费、质量技术监督部门收费、医疗服务和药品价格、食盐价格和电信价格的专项检查,在教育等部门发现乱收费44.72万元,全部没收上缴财政。共受理价格举报65件,来信13件,来访20件,电话举报94件,100%调查处理。

价格成本调查

物价局通过对商品成本进行定期或不定期调查,对工农业产品的生产、流通成本进行分析,研究成本变动因素,预测市场变化趋势,引导生产者和经营者加强成本核算,改进经营管理,发展生产,提高生产效率及经济效益。

1991—1994年,开展工业品成本调查项目有县松香厂的一级松香、优质松节油及县化肥厂的过磷酸钙。1995—1998年,对成本调查改为对流通商品调查,项目有农资公司经营的尿素、碳氨、普通过磷酸钙、钾肥,粮食局粮油购销公司经营的大米、面条、面粉,糖酒公司经营的食盐、白糖,石油公司经营的柴油、汽油,物资公司经营的直径6.5毫米线材、12毫米螺纹钢和液化石油气、煤球,电力公司的销售电价。调查结果表明各类商品流通价格(含批发、零售)均控制在市场波动范围。

1991—1997年，对农产品成本调查的项目有桂青茶、木薯、茯苓、桂皮、松脂、松原木、蚕茧等。1995年，农产品成本调查项目取消蚕茧，增加早籼稻、晚籼稻。1996年农产品成本调查项目取消桂皮，增加松树（营林）。

1998年，开展农业成本调查的有国家品种早籼稻、晚籼稻，自治区品种木薯、茯苓。专项调查的有农户存粮售粮情况、农户农资购买情况、来年农民种植意向、次年稻谷种植成本预测。2004年，对电力企业涨价进行成本调查，对因煤炭涨价造成发电成本增长问题和农网还贷缺口问题，采取适当提高工业用电电价和维持城乡居民生活、农业生产用电价格不变的方法给予解决。至2005年，非照明用电销售电价微调提升。

行政事业性收费管理

1991年，县物价局、财政局、审计局建立常规性的行政事业性收费年度审核制度，对全县的行政事业性收费的单位情况进行年度审核。1993年12月，县委县政府决定清理取消不合理收费文件32个，清理收费项目46个，涉及金额300万元。1994年2月，全县收费部门统一使用自治区物价局印制的收费许可证，实行持证亮证收费。

1997—1998年，成立治理乱收费减轻企事业负担工作领导小组，建立完善收费许可证、收费员证、收费监督卡和使用财政统一印制票据的“两证一票一卡”制度。贯彻《中共中央国务院关于治理向企业乱收费、乱罚款和各种摊派等问题的决定》，取消涉及企业和农民负担的不合理收费文件5个、不合理收费项目79个，减轻企业和农民负担407多万元，发放企业缴费登记卡100个。2001年，在归义镇试行收费公示制度，取消不合理收费项目8项。2002年，在全市范围内实施收费公示制度。

2004年市物价局试行价格听证。7月，召开义务教育阶段杂费价格听证会，8月，召开征收城市污水处理费听证会。2005年，利用电视、广播等媒体宣传价格法律法规，利用《政风行风》热线解答群众关注价格、收费热点问题。

价格认证

1992年4月，成立岑溪市价格事务所。1994年，接受法院、检察院、公安机关的委托，对扣押、追缴、没收等需要估价的物品进行价格认证，为行政执法机关、司法机关办理案件提供依据。1995年开始受理行政机关、司法机关办理案件中需要变卖的物品或者折价赔偿的物品进行估价。同时开展价格政策、法规咨询服务，受聘担任企业事业单位常年价格事务顾问。1996年起，受理法院经济案件中的经济纠纷、仲裁有关价格认证。1997年以来，每年接受公检法司等部门委托的涉案物品价格估价100多件，出具价格估价结论通知书100多份，涉及金额120多万元。2000年起，配合公安交警部门开展对道路交通事故车物损失估价工作。

2002年，市价格事务所更名为市价格认证中心，增加价格信息、价格咨询服务。

第四节　主要商品价格

粮食收购价格与销售价格调控

20世纪90年代初，国家开放粮食价格，实行市场调节。为了保护农民种粮的积极性和预防粮食市场价格的大起大落，政府对粮食价格实行相应的保护措施。即由国家粮食部门设立粮食风险基金，把此前实行统购统销政策中的统购（任务统购）粮食改为合同定购（统销取消），公粮（农业税）和合同定购粮（农民余粮收购）价格，由省（自治区）级物价部门，依据地区粮食市场情况提出保护价格，防止“谷贱伤农”。保障国家储备粮食的库存量，以应对市场粮价的波动。

2001年，粮食部门按保护价收购农民粮食。2003年起，实行粮食优质优价收购政策，促进种植品种结构调整和品质优化。2003—2005年，籼稻（三等）最低收购价格每50千克72元，粳稻（三等）每50千克75元。

1999—2005年岑溪市稻谷合同定购价和保护价表

表11-3-1

年份	稻谷品种	每50千克定购价（元）	每50千克保护价（元）
1999	早稻	51	49
	晚稻	55	53
2000	早稻	45	54
	晚稻	50	56
2001	早稻	58	56
	晚稻	45	55
2002	早稻	50	57
	晚稻	55	—
2003	早稻	70	72
	晚稻	72	75
2004	早稻	70	72
	晚稻	72	75
2005	早稻	72	75
	晚稻	75	80

副食品价格

副食品主要是肉禽蛋、水产及蔬菜。岑溪市场的农副产品不能自产自给，也要从外地调入才能满足市场需要；当地大规模养鱼比较少，食鱼要从外地运入补充。

生猪：岑溪市的生猪供应，主要源于乡村，也需从外地调入，基本满足人民群众生活需要。

家禽：岑溪三黄鸡价格基本稳定。饲料鸡、山地放养鸡、优质鸡，质量不同，其销售价格也有不同。

蔬菜：岑溪市的蔬菜消费不能完全自给，除靠岑城、马路、糯垌、归义等镇的部分村民种植、供应市场外，还需从玉林、海南等地调入供应，价格基本合理。

1992—2005年岑溪市部分市场副食品价格表

表11-3-2　　　　单位:元/千克

项目	猪中肉	项鸡(三黄鸡)	鸡蛋	草鱼	牛肉
1992	4.50	12.00	7.20	8.00	—
1993	4.60	13.00	7.60	9.00	—
1994	16.00	16.00	8.40	10.00	—
1995	16.00	20.00	8.40	12.00	16.00
1996	16.00	22.00	9.00	12.00	18.00
1997	17.00	20.00	7.60	11.00	14.00
1998	16.00	20.00	7.20	10.00	14.00
1999	14.00	20.00	6.80	9.00	14.00
2000	14.00	18.00	6.00	8.50	14.00
2001	13.00	18.00	6.00	9.00	14.00
2002	12.00	18.00	6.00	8.00	14.00
2003	14.00	17.00	6.60	8.00	14.00
2004	18.00	18.00	7.00	10.00	14.00
2005	17.00	20.00	7.40	10.00	16.00

燃料成品油价格

燃料成品油包括汽油和柴油,成品油价格的调整,由国家统一管理。1988—1993年9月,为缓解成品油供应紧张状况,市场出现了分批作价的计划内高价成品油,其价格属国家物价局《1993年成品油"平转高"及统一计划内的高价成品油价格试行方案》的通知,将过去分批作价不分高价、平价的成品油统一价格。

1994年5月,自治区物价局《关于我区成品油价格改革的通知》,对全区范围内的成品油一律实行国家定价,并在全区范围内实行统一销售价格。

药品价格

药品从生产到流通、经营等环节的价格,由中央和自治区两级管理。由生产者和经营者按照政府制定的作价办法和《政府定价药品的目录》制定和调整药品价格。90年代中期起,随着社会主义市场经济体制的不断完善,药品流通体制改革不断深化,药品价格由送货制作价格改为按量作价,按销售对象作价等办法,打破了药品同一市场执行同一价格的规定。

1997年8月,为了加强药品价格管理,规范药品价格秩序,保持药品价格的相对稳定。岑溪市物价局依照《广西壮族自治区药品价格管理暂行办法》,把列入国家和自治区管理的国产和进口的化学药品、中成药品、生化药品和生物制品等药品,分别制定"化学药品生物制品、生化药品作价办法""中成药作价办法"和"医疗单位药品作价办法",同时公布《政府定价目录》和第一批实行市场调节价的《放开药品价格目录》。

1998年2月,为了规范药品价格管理,制止药品在生产、经营过程中存在"高定价、高折扣、大回扣"等违法行为,防止假冒伪劣药品流入市场,维护药品生产、经营、消费者的合法权益,结合辖区的实际情况,实行药品登记公布办法。凡经过自治区物价局登记、公布的药品价格，各生产、经营企业、医疗单位在实际执行中，可以低于但不能高于登记、公布价格，未经登记、公布药品价格进行生产、经营的均属违法行为。

2003年7月15日起，岑溪市依照自治区物价局公布取消实行市场调节药品价格备案制度。对取消前经自治区物价局办理的市场调节价药品的备案价格一律废止。药品经营者不得再以废止的备案药品价格推销药品。

2004年9月，岑溪市在整顿药品市场秩序过程中，为降低虚高药品价格，切实减轻病患者负担，要求价格主管部门加强政府定价药品，集中招标药品及医院自配药物制剂的价格管理。

2005年5月，岑溪物价局贯彻国家发改委《药品差比价规则》，在全市范围内执行自治区物价局《广西壮族自治区政府定价药品目录》。

电、自来水价格

电价　90年代起，电能供应价格分城乡居民生活用电，非居民照明用电、商业用电、大工业用电、普通工业用电、农业生产用电与农业排灌用电7大类。供电价格分丰水期、枯水期两种(每年5至10月为丰水期、11月至次年4月为枯水期)不同电价。2001年起，按自治区物价局规定的《广西壮族自治区小水(火)电价格管理暂行办法》，明确划分小、水(火)电出厂价格管理权限、实行三级管理。岑溪市内波塘电站、都目电站、四滩电站出厂上网价格由自治区物价局审批；南渡电站出厂上网电价由梧州市物价局审批；其余电站出厂上网电价由岑溪市物价局审批。2002年1月实行城乡同网价，农民生活用电不分丰水期、枯水期。2004年7月，按照自治区物价局《关于疏导广西电价矛盾有关问题的通知》，适当提高销售电价水平。实施电价归类，城乡居民生活用电、农业生产、农业排灌用电电价不作调整。非居民照明用电，非工业电价每千瓦时提高0.04元，普通工业每千瓦时提高0.02元；一般大工业电价每千瓦时提高0.015元。化肥生产用电价格不作调整，农药、农膜生产用电与化肥生产用电执行同一电价。2005年4月，接自治区物价局通知，实行煤电价联动，取消超发电价，适当提高上网电价和销售电价，销售电价平均每千瓦时提高0.0237元。其中居民生活、农业生产、中小化肥生产用电价格不作调整。

1994—2000年岑溪市电力销售价格表

表11-3-3　　元/千瓦时

日期	电价分类	基准电价		综合费		合计	
		丰水期	枯水期	丰水期	枯水期	丰水期	枯水期
1994年7月	非农照明	0.318	0.348	0.175	0.20	0.493	0.548
	农村照明	0.228	0.258	0.175	0.20	0.403	0.458
	营业照明	0.373	0.403	0.175	0.20	0.548	0.603
1996年11月	非农照明	0.368	0.398	0.185	0.21	0.553	0.608
	农村照明	0.278	0.308	0.185	0.21	0.463	0.518
	营业照明	0.423	0.453	0.185	0.21	0.608	0.663
1997年11月	非农照明	0.421	0.451	0.145	0.145	0.566	0.596
	农村照明	0.331	0.361	0.145	0.145	0.476	0.506
	营业照明	0.476	0.506	0.145	0.145	0.521	0.651
2000年5月	非农照明	0.481	0.511	0.085	0.085	0.566	0.596
	农村照明	0.391	0.421	0.085	0.085	0.476	0.506
	营业照明	0.536	0.566	0.085	0.085	0.621	0.651

2001年11月岑溪市电价调整表

表11-3-4　　单位：元/千瓦时

电价分类			电伏等级	丰水期	枯水期
照明电价	居民生活电价	城镇居民生活用电	不满一千伏	5—10月	1—4月、11—12月
				0.458	0.596
		农民生活用电	不满一千伏	0.527	0.527
	非居民照明电价	机关、事业单位、学校、医院用电	不满一千伏	0.474	0.616
商业电价		商业、交通、金融、保险、饮食、美容美发、旅馆、邮电用电	不满一千伏	0.783	1.035

自来水　1993年5月，由于供水价格成本上升，对自来水价格适当调整，并随同水价收取供水设施附加费及调节基金。由于电力价格的上升及材料的影响，制水成本提高，分别于1996年9月、1998年5月2次调整自来水价格。1998年6月，供水工程建设费并入水价。2000年6月，在供水价格总水平不变的前提下，水价分生活用水、行政事业用水、工业用水、经营性用水、特种用水5类，其他代收费按规定收取。城市供水价格实行政府定价，具体定价权限按价格分工管理目录执行，并实行听证会制度和公告制度。生活用水、行政事业用水为1.18元／立方米，工业用水1.08元／立方米，经营性用水、特种用水1.43元立方米（各种用水价格含库区移民专用基金0.02元／立方米，水资源费0.03元／立方米）。

1993—2000年岑溪市自来水价格表

表11-3-5　　单位：元／吨

年度	批准文号	水价构成	生活用水	工业用水	服务（营业）用水
1993年5月28日	梧地价〔1993〕15号	水价	0.55	0.50	0.70
		供水设施附加费	0.15	0.15	0.15
		基金	0.03	0.03	0.03
		合计	0.73	0.68	0.88
1996年	岑价字〔1996〕09号	水价	0.7	0.65	0.90
		供水设施还本付息基金及费用	0.15	0.15	0.15
		基金	0.02	0.02	0.02
		合计	0.87	0.82	1.07
1998年	岑价字〔1998〕04号	水价	0.90	0.85	1.20
		供水建设费	0.20	0.20	0.20
		基金	0.03	0.03	0.03
		库区移民专用基金	0.02	0.02	0.02
		水资源费	0.03	0.03	0.03

续表 11-3-5

年度	批准文号	水价构成	生活用水	工业用水	服务(营业)用水
1998年	岑价字〔1998〕04号	供水建设附加费	0.02	0.02	0.02
		合计	1.20	1.15	1.55
2000年6月	岑价字〔2000〕14号	水价	1.13	1.08	1.43
		库区移民专用基金	0.02	0.02	0.02
		水资源费	0.03	0.03	0.03
		合计	1.18	1.13	1.48

第五节　价格指数

20世纪90年代初,随着社会主义市场经济的确立,价格机制由传统的计划经济模式向市场经济转变,价格形成从政府定价为主转变为市场调节为主。定价权逐步还给企业,价格由微观管理改为宏观调控。县内的农副产品、工业品和消费品价格基本放开,政府定价的只有自来水、电力、燃料、成品油、食盐等,98%以上的商品价格由企业根据市场供求变化和价值规律进行自主定价。

1993年,县内主要商品零售价格总价指数与1992年同期相比上升16.8%,消费品价格指数与1992年同期相比上升19.98%,上升的主要原因是食品类指数和其他类指数上升。食品类价格指数与1992年同期相比上升22.05%。其中粮油类与上年同期相比上升44.94%。上升的主要原因是国家对粮油购销实行价格放开。农业生产资料价格相对比较稳定,与1992年同期相比上升0.565%。当年市场物价零售总指数(同期比):1月为13.13%,12月为21.84%。县物价局为抑制物价过快上涨,采取不出台或推迟出台新的调价(费)项目及标准,对已放开的与人民生活密切相关的粮食、食用油、鲜猪肉、液化石油气、水泥、尿素及钢筋线材等23种主要生产和生活资料实行提价申报备案制度,开展清费治乱减负工作,减轻企业负担,保持市场价格的相对稳定。

1994年,物价指数一季度升幅15.65%,二季度升幅20.90%,三季度升幅34.51%,四季度升幅43.96%,全年上涨28.76%。商品和服务价格(收费)升幅大。县物价局对带有垄断性、强制保护性、公益福利性的商品和服务价格进行动态管理,向县人民政府提出大力发展生产,保证有效供给;逐步建立各项价格调节基金,增强政府对调控物价的经济能力;加强国务院和自治区人民政府规定的30种居民重要生活必需品价格实行监审;加大对行政事业性收费管理;商品和服务价格实行明码标价,规范市场价格行为;做好物价大检查等建议。当年建立小水电价格调节基金,加强政府对调控物价的经济能力。

1995年,市场零售物价指数受粮食价格拉动,副食品价格大幅度上涨,一季度上升51.2%,二季度上升34.11%,三季度上升25.25%,四季度上升14.7%。农业生产资料价格也大幅度上涨。一季度平均上涨51.2%,市人民政府带头发展生产,成立蔬菜基地,征收副食品价格调节基金,蔬菜价格逐步下降。12月,市场副食品价格比1994年同期上升4.7%,粮油类价格与1994年同期相比上升1.10%,蔬菜类价格与1994年同期相比上升2.05%,肉食类价格与1994年同期相比基本持平,农业生产资料类价格在高位运行。1996年,市场零售物价总数为6.00%,消费价格指数为6.38%。市人民政府从副食品价格调节基金中拨款5万元给市果蔬公司,发展蔬菜生产,平抑蔬菜价格。

1997—1999年，市场商品供应充裕，市场价格趋于平稳，市场零售物价总指数逐年下降，1997年比1996年同期下降7.41%，1998比1997年同期下降31.11%，1999年比1998年同期下降1.52%。

2000—2002年，市场零售物价在低位中小幅波动，市场零售物价总水平稳中有降。2000年比1999年下降1.11%，2001年比2000年上升了6.7%，2002年比2001年下降7.7%。2002年，对教育卫生医疗服务收费、水、电液化石油气价格进行政策性调整，对农产品贯彻“优质优价”的原则，促进农业生产结构性优化改革，整顿涉农收费，规范市场价格行为，降低农贸集市市场行政事业性收费标准，清理农产品的流通环节中各种收费。强化房地产价格管理，促进住房建设和消费。

2003年，零售物价指数平均上升0.76%。由于“非典型肺炎”的影响，市场上防治“非典型肺炎”的药品和相关的医疗器械价格急剧上涨，金银花、板蓝根冲剂、口罩、白醋等商品价格大幅度上升，市物价局对防治“非典型肺炎”相关药品、医用材料和医疗器械依法实行最高限价。对受“非典”影响的相关企业实行电价、水价优惠政策，减少相关的行政事业性收费。

2004年，因受2003年下半年国内大部分地区普遍持续干旱、粮食减产的影响，市内粮食价格大幅度上涨，第一季度粮价与2003年同期相比上升52.38%。同时受高致病性禽流感疫情的影响，猪肉、鲜鸭蛋等副食品价格上升，全年市场零售物价指数上升11.76%。2005年，受高致病性禽流感疫情的影响，家禽产品价格萎靡不振，山地放养的本地三黄鸡，最低价格时只卖到4.50元／千克。液化石油气价格也因进货价格和运输费用提高而上升。副食品价格相对稳定。农业生产资料类与2004年同期相比上升7.4%，消费品价格指数与上年同期相比上升0.64%，市场零售物价总指数与2004年同期相比上升1.10%。

1993—2005年岑溪市消费品价格指数表

表11-3-6　　单位:%

年月	1	2	3	4	5	6	7	8	9	10	11	12	全年
1993	114.60	118.65	126.34	118.83	120.30	122.70	121.79	119.32	117.02	118.41	116.67	125.14	119.98
1994	118.09	116.04	117.58	123.05	118.52	122.83	138.75	138.13	130.51	147.84	144.64	146.64	130.22
1995	148.89	143.55	139.54	129.76	135.58	128.09	120.09	124.49	122.20	112.23	114.89	105.72	127.06
1996	101.91	106.92	105.39	111.22	108.25	108.02	103.01	106.27	109.31	104.07	105.62	106.52	106.38
1997	106.17	107.69	107.74	100.35	98.76	102.31	103.26	95.50	91.72	94.63	92.19	93.82	99.60
1998	98.05	91.52	95.89	95.52	93.37	97.76	100.64	99.07	101.94	99.65	101.92	101.79	98.09
1999	101.20	103.04	103.83	98.32	99.29	98.12	92.29	93.42	93.95	93.52	95.38	92.78	97.10
2000	91.54	96.89	92.09	96.86	92.41	94.69	98.16	97.95	98.66	101.45	95.74	99.72	96.35
2001	100.32	101.35	97.67	101.31	102.48	103.42	106.67	104.46	101.85	103.66	100.27	97.8	101.77
2002	100.90	96.58	100.75	102.49	101.72	98.62	97.42	95.52	97.94	97.86	97.04	99.75	98.88
2003	101.60	99.68	101.36	98.00	100.17	97.70	99.62	98.76	96.85	104.81	107.27	102.73	100.71
2004	102.44	103.90	115.22	113.09	106.46	110.09	116.18	120.23	111.63	112.97	112.33	113.54	111.51
2005	105.64	107.29	95.75	100.12	104.12	105.85	98.35	94.93	101.15	99.48	97.94	973.09	100.64

第四章　工商行政管理

工商行政管理，是政府对包括市场管理和所有经济实体（企业法人、个体经营户）实行登记注册，审核发证及经营过程中是否遵规守法、文明经营等方面的管理。90年代起，随着国家关于经济发展，科技成果应用等法律、法规的颁布实施，增加了经济合同、商标、专利、广告发布等管理内容和消费者权益保护等服务事项。

1991年，岑溪核发新登记企业户207户（其中企业法人174户），2005年，全市新登记企业户累计3004户，全市核发企业总数达21275户，新登发照个体工商户合计42628户，农贸市场兴建与工业、商业网点（区）建设增加数倍。企业间合同签订的履行合法平稳，商标、专利、广告、申办、使用遵规守则。工商行政执法力度逐年加大，依法行政和切实保护工商企业及消费者合法权益，已经成为工商行政管理机构必履职责和行为规范。岑溪市工商行政管理局分别于1996年、2004年获国家工商总局、人事部授予“全国工商系统先进集体”称号。

第一节　机　构

岑溪县工商行政管理局（简称工商局）成立于1964年9月。“文化大革命”初期受冲击曾停止工作，1972年6月恢复建立。1973年至1974年1月为“工商行政管理股”并入商业局，1975年2月重建。1991年，县工商行政管理局内设办公室、政工股、财会股、市场与合同管理股、企业和个体登记管理股和商标广告管理股等6个股室，下辖18个工商所和1个经检大队。局机构编制38人（含事业工勤人员）。1995年12月岑溪县工商局改称岑溪市工商局。1999年6月，依照国家工商行政管理体制改革的决定，市工商局改由自治区人民政府垂直管理。2002年机构改革，经自治区编制办、自治区工商行政管理局核定，内设6个股室、1个经检大队、1个机关后勤服务中心，下辖城中、城东、城西3个城区工商所和15个乡镇工商所。局机关行政人员编制19人，下辖工商所编制77人，后勤服务中心事业编制10人。2005年局机关内设办公室、财会股、市场与合同管理股、企业个体登记管理股、人事教育股、公平交易股、商标广告与消费者权益保护股、监察室与法规股等8个股室及经检大队与机关后勤服务中心。下辖城中、城西与马路、南渡、昙容、水汶、大隆、梨木、筋竹、诚谏、大业、归义、安平、糯垌、三堡、波塘等16个工商所（撤销原城东工商所与吉太乡工商所）。2005年市工商行政管理局设在市义洲大道288号。

1988年至2005年，岑溪市工商行政管理局历任局长有程振东（1988年12月至1992年4月）、任文兴（1992年4月至1996年8月）、黄瀚章（1996年8月至2005年10月）。

第二节　企业登记与个体私营企业管理

企业登记

1991年岑溪市工商行政管理部门，依照国家相关法律、法规和政策的规定，为包括本地国有、集体

工商企业、个体、私营经营户以及国外、港澳台、县外在岑溪经营的企业在内的各种各类企业，做好登记注册、核发经营证照工作（包括企业变更登记、注销、年度审查）。对国外、港澳台及省外县外和本地个体、私（民）营企业，则按市委、市政府颁布的优惠政策（措施）、采用灵活、快捷（又称一站式服务）的方法进行登记，以促进岑溪“三资”（即外商独资、中外合资、中外合作）企业和本地个体私营企业快速发展。1991年新登企业（法人）174户，此后逐年提升，1993年全年累计法人企业806户、私营企业25户。其中年内新登法人企业208户比1991年新登企业户数将近翻番。1994年起，对部分企业，特别是一些资金、原材料及产品不适销对路的公司进行整顿，新登记企业户数有所消减，但累计核发企业证照户数从1997—1999年仍有所增加。尤其个体私营企业登记发照户数从1997年的1926户增加至2468户，外向型（指“三资”）企业增至182家。2001—2005年，每年登记核发企业证照户数均100家（户）以上。至2005年，全市企业登记核发企业证照户数累计12175户，其中私营企业累计1011户。个体工商经营户42000户。

1991—2005年岑溪市新增企业登记情况表

表11-4-1

年度	核发企业户数（户）		法人企业户数（户）		其中					
					私营企业（户）		注册资本（万元）		雇工人数（人）	
	新登户数	全年累计	新登户数	全年累计	新登户数	全年累计	新登户数	全年累计	新登户数	全年累计
1991	207	1552	174	420	12	27	518	1034	198	358
1992	375	1894	192	605	18	43	602	1549	179	538
1993	543	2368	208	806	25	65	802	2860	279	645
1994	197	2424	66	793	41	96	2745	5056	357	1238
1995	316	2250	120	778	38	48	2236	2706	720	603
1996	250	2011	48	665	13	43	560	1980	131	546
1997	69	1591	9	613	8	41	290	1797	72	490
1998	116	1971	60	649	7	46	365	3989	115	655
1999	181	1898	17	586	26	70	1166	3639	239	2263
2000	97	1676	12	457	13	65	489	4306	296	778
2001	118	1380	46	431	7	70	1841	5691	66	3271
2002	136	1439	58	438	27	101	1626	10091	—	3905

续表 11-4-1

年度	核发企业户数（户）		法人企业户数（户）		其中					
					私营企业（户）		注册资本（万元）		雇工人数（人）	
	新登户数	全年累计	新登户数	全年累计	新登户数	全年累计	新登户数	全年累计	新登户数	全年累计
2003	109	1139	11	403	40	170	1968	9825	1409	5783
2004	165	732	3	348	49	219	3035	10412	1922	7692
2005	125	1410	14	446	51	270	4187	17970	1909	9628
合计	3004	21275	1038	6565	375	1014	22430	65923	7892	19460

个体私营工商企业管理

1987年8月和1988年6月，国务院先后发布《城乡个体工商户管理暂行条例》《中华人民共和国私营企业暂行条例》两个文件，个体私营企业统一由工商行政管理部门管理，破除所有“关卡”，从原来的随意性、多变性管理转化为制度化、规范化管理。

1991年，自治区工商局下发《关于支持企业搞活生产经营、推动各类市场发展若干问题的规定》，当年岑溪县工商局对全县2316户个体工商户进行重新登记并核发临时或一次性经营执照。1992年，自治区改革开放会议在岑溪召开后，岑溪个体、私营经济和外向型经济迅猛发展。1994年，岑溪县人民政府印发《关于加快个体、私营经济发展的通知》规定，凡进入县境经营的个体工商户、私营企业，办理手续一律从简，优先办照，对场地优先安排；凡一次性交清工商管理费的可减免10%～20%；县城各街道实行统一规划，由工商部门安排个体工商户作固定的摊点摆卖，为个体工商户经营提供良好的场所；制止向个体工商户和私营企业乱收费、乱摊派、乱罚款的行为，保护个体、私营企业的合法权益；金融部门大力支持个体、私营企业的发展，对开发型、加工生产型、科技型、创汇型的企业优先扶持，以促进个体、私营经济的发展。县工商局简化办理登记手续，把核发临时执照的权限下放给基层工商所，放宽经营范围和经营方式。年底，全县个体工商户、私营企业20272户，其中私营企业128户，比上年同期增长45.9%。

1996年，市委、市人民政府先后出台多项鼓励和支持个体私营经济发展的政策措施，市工商行政管理部门逐步落实“管理就是服务”的宗旨，把管理引向为个体私营工商企业（户）服务的轨道。在企业登记中实施“阳光工程”（又称三个公开，即职责权限公开、办事程序和期限公开、各项收费标准公开），接受群众监督。在个体工商户和私营企业注册登记时，做到渠道畅通、变通、疏通、沟通。同时，在个体、私营企业户中，建立联系点，为个体、私营企业牵线搭桥，解决资金（贷款）及场地、原材料及产品销路等困难。对在企改中下岗再就业的人员，凡申办个体、私营经营的免收工商规费，减免农村经营户工商规费，采取多种方式方法，为个体、私营经营户提供有效服务，促进本市个体、私营经济发展。2004年，试行个体工商户分层登记方法。2004—2005年，新发展个体工商户8440户，从业人员11917人，注册资金17895万元；新发展私营企业115户，从业人员3875人，注册资金7540万元。

1991—2005年岑溪市个体工商户登记发照情况表

表11-4-2

项目	新登记发照户数（户）	累计（户）	新从业人员（人）	累计（人）	新注册资金（万元）	累计（万元）
1991	2316	9812	2934	12314	889.2	4660
1992	3919	10133	4844	12835	2238.4	4830
1993	2015	10385	2608	12912	936.3	4165
1994	6164	11017	7195	14295	1472.1	4260
1995	2208	11226	3016	14706	962.2	10889
1996	2416	11437	3205	15516	1057.3	11094
1997	1926	11616	2582	15372	3901.2	13901
1998	1822	11823	2297	15133	2040.4	16158
1999	2468	12035	2996	15164	2356.2	11433
2000	2065	12187	2635	16127	1603.5	15762
2001	2679	12267	3961	16738	5768	23449
2002	3307	12340	4331	16867	6752	26772
2003	3583	12953	5074	18344	7480	27092
2004	3846	13305	5427	18817	8369	25422
2005	1889	13737	2813	19059	3755	26988
合计	42623	37560	55918	51949	49580.8	77313

第三节　经济合同管理　合同纠纷仲裁

经济合同管理

1991年，岑溪县工商局成立经济合同管理股，陆续开展经济合同管理工作。其管理方式方法主要是，深入广泛开展经济合同法的宣传教育，指导经济组织（企业法人与自然人）在经济活动中依法依规签订经济合同并自觉履行经济合同。组织开展合同守信用活动，增强依法经营观念，促进企业培育守合同、讲信用的职业道德风尚，建立、健全遵守经济合同的规章制度。实行合同鉴证和经济合同备案制度，预防、减少无效合同和经济合同纠纷的发生。1992年，岑溪县工商局制定《经济合同管理目标责任制度》，定期或不定期派出工作人员深入企业检查经济合同签订与履行情况。当年检查36个企业，经济合同1181份,发现不合格合同75份、为29家企业提供咨询意见并协助当事人避免、挽回由于合同不当造成的经济损失257万多元,1993年深入41个企业单位检查,在1358份合同中,发现62份不合格合同,鉴证各类经济合同277份。当年为企业挽回经济损失373万多元。

1999年10月,新修改的《中华人民共和国合同法》实施,工商行政管理机关由对合同的监管转向打击各类合同欺诈行为上来,拓宽监管领域、范围和种类。1999年以来,全市监管拍卖合同107份,合同金额3.9亿元。监管动产抵押合同78份,抵押物价值5.2亿元,为企业取得贷款4亿元。监管租赁合同5.2万份、建筑合同70份、房地产合同260份,三种合同合计金额12亿元。2005年年末,在开展"重合同、守信用"活动中,全市共有50多家企业分别获自治区和梧州市工商行政管理部门授予"守合同、重信用"企业称号。

经济合同纠纷仲裁

1990年,岑溪县工商局成立经济合同仲裁委员会,开始受理各种经济合同纠纷案件,并进行调解和仲裁。当年受理经济合同纠纷案件13起,争议金额108.25万元。其中8起以调解方式解决,3起仲裁解决。1992年增设水汶、筋竹、糯垌等县局经济合同仲裁委员派出庭,分片管辖经济合同纠纷案件的调解与仲裁工作。1992—1995年,全县受理经济合同纠纷案件345起,调解解决310起,仲裁解决35起,争议金额28005万元。1996年起争议标的30万元以上的合同纠纷案件由市仲裁委员会审理。年均受理案件80~100件,结案率为92%~95%。1999年10月,实施国家新合同法(即《中华人民共和国合同法》),县级经济合同仲裁委员会撤销,合同纠纷仲裁改由建区的地方市仲裁委员会人民法院经济庭进行仲裁。县级工商行政部门不再受理经济合同纠纷案件。

第四节　商标　广告管理

商标注册

20世纪80年代,岑溪县松香厂"雁牌"脂松香、岑溪县水泥厂"狮王牌"水泥、岑溪县造纸厂"南松牌"马赛克衬纸与牛皮纸等商标申请注册获准。1991年,岑溪县石材公司生产的花岗岩荒料、板材和工艺品等产品申请"双牛牌"商标,获国际注册商标。1993年,岑溪县归义镇金鸡爆竹引线厂(集体企业)生产的爆竹、引线等产品申请注册"山鹰"牌商标也获得批准。

1995年后,岑溪有更多的企业和个体工商经营者,申请商标注册,并获核准。

1995—2005年岑溪市商标注册登记情况表

表11-4-3

商标名称	持有者名称或姓名	性质	使用范围	商标类别	核准注册日期	注册证号	使用期限
大隆	岑溪市大隆旺坡沸石粉厂	个体工商户	饲料添加剂、动物饲料沸石粉	—	1996年11月	895310	10年
神可	岑溪市健尔康保健用品厂	集体	消毒剂	—	1996年11月21日	900742	10年
富杰	岑溪市富杰水厂	全民所有制	水泥、水泥管、水泥杆、水泥板等	—	1996年2月21日	817223	10年

续表 11-4-3

商标名称	持有者名称或姓名	性质	使用范围	商标类别	核准注册日期	注册证号	使用期限
广大	岑溪市广大日用化工厂	全民与集体联营	灭蟑螂药、灭蟑螂药笔	—	1997年3月28日	968631	10年
力中	岑溪市中元高新科技研究所	个体工商户	非医用营养液	—	1997年6月28日	1041905	10年
亿泰	岑溪市康泰食品有限公司	有限责任	龟苓膏、茶、八宝粥、绿豆沙	—	1995年1月14日	724274	10年
乐友	岑溪市粮油贸易公司	全民所有有制	动物饲料	—	1997年8月27日	1084827	10年
岑雅	岑溪市富丽士床上用品有限公司	有限责任	床单、床罩、被子、枕套、被罩、蚊帐等	—	1997年6月21日	1034647	10年
百盛	岑溪市百山石材有限公司	有限责任	花岗岩板材、大理石板材、花岗石、大理石、花岗石工艺品	—	1997年8月14日	1074333	10年
吴旭健	岑溪市大快活酒厂	个体工商户	含酒精饮料(不包括啤酒)、米酒、酒(饮料)等	—	1998年12月21日	1233621	10年
青鸟	岑溪市华兴印刷有限公司	有限责任	信封、练习本、笔记本、印刷品、稿纸、表格等	—	1999年3月14日	1254440	10年
百品堂	岑溪市江门酱油调味食品厂	个体工商户	调味酱油、酱油、调味品、番茄酱、蚝油、鸡精(调味品)	—	2000年2月21日	1366419	10年
丰臣	岑溪市种子公司	国有	植物种子、谷种	—	2001年12月21日	1686482	10年
车河	霍镇仲	自然人	米粉	30	2005年3月18日	4565396	10年
开达	李开达	自然人	饭店、餐厅、酒吧、茶馆、咖啡馆、自助餐厅、旅馆等	29	2005年4月13日	—	10年
同秀	邓　浪	自然人	学校、函授课程、培训、讲课、幼儿园、寄宿学校、教育考核	41	2005年6月3日	—	10年
古典	岑溪市外贸鸡场	国有	种家禽、活家禽、活动物、猪饲料、牲畜饲料、动物饲料等	29	2005年(续展)	1372159	10年
筋竹	谭峰辉	自然人	米粉、面粉等	30	2005年2月21日	—	10年
顺太	岑溪市顺泰物流有限公司	有限公司	干笋、干荔枝、桂圆	29	2005年7月5日	—	10年
安阳堂	岑溪市三禾药业有限公司	有限公司	煎好的药、医用药物、药用树皮、药草、中药成药	5	2005年7月22日	—	10年
妙龄	李开达	自然人	家禽、猪肉食品、鱼制食品、豆腐制品等	29	2005年7月22日	—	10年
妙龄	李开达	自然人	种家禽、活家禽	31	2005年7月22日	—	10年
妙龄	李开达	自然人	饭店、餐厅、幼儿园	43	2005年7月22日	—	10年

续表 11-4-3

商标名称	持有者名称或姓名	性质	使用范围	商标类别	核准注册日期	注册证号	使用期限
狮王牌	广西岑溪市华建公司	公司	水泥	19	2005年8月转让 2005年9月续展	—	10年
双骏	岑溪市双骏食品厂	个体工商户	月饼、饼干、面包、蛋糕等	30	2005年9月8日	—	10年
龙奇珠	高其平	自然人	服装、鞋垫	25	2005年10月19日	—	10年

商标使用管理

20世纪80年代，岑溪县工商行政管理局设立商标股专门负责商标使用（含注册申请）管理工作。20世纪90年代至2005年，改设公平交易、商标广告与消费者权益保护股管理本辖区商标使用管理工作。商标使用管理职责主要包括宣传相关法律、法规，协助企业、个体经营户申请商标注册（含续展、转让、使用许可和撤销）及注册商标争议的裁定等方面的工作，运用法律保护注册商标专用权，查处假冒商标、盗用他人商标等违法行为。20世纪90年代末至2005年，岑溪市工商行政管理部门协助企业个体经营户申请注册商标查询31件，注册商标40件（其中涉农商标20件，续展商标4件），查处商标侵权案件20起。其中查处假冒“大白兔”奶糖注册商标案6起，假冒“雕牌”洗衣粉注册商标侵权案1起。

广告管理

20世纪80年代实行改革开放后，岑溪境内商业广告逐步兴起。1987年10月，国务院颁布《广告管理条例》，工商行政管理部门开始承担广告管理职能，对户外广告、店堂广告的印刷、制作、发布等依法管理，并在市区、圩镇商业繁华地段设立户外广告栏。至90年代中后期，市内有邮政广告部、岑溪电视台广告部、致远广告有限公司等国有、集体、个体等20多家专业广告企业。广告业务领域扩至工、农业产品（商品）、医药、医疗、文化娱乐、交通（客、货运输）、房产（厂房、矿山）招租、招工、招商、旅游、食谱、美容、化妆、装饰等。广告发布形式也由原来的图文印制散发（含报刊张贴）发展到利用广播电视（影像）、车辆巡游（广告车）、路牌、招牌、霓虹灯、店前文体表演等。1999—2000年，市工商局对全市广告企业进行一次整顿清理（重新登记），对违法、违章广告文书、广告牌等实行收缴、拆除，两年内查处广告违法违章案件36起，收缴销毁违法（虚假、伪劣）广告文书3万余份。2002—2005年，开展医疗保健品、涉农产品等虚假广告专项整治行动，共检查医药门店311间（处），责令未经批准发布广告的187家门店停止发布店堂广告1938份（条），查处各类违法广告34起。

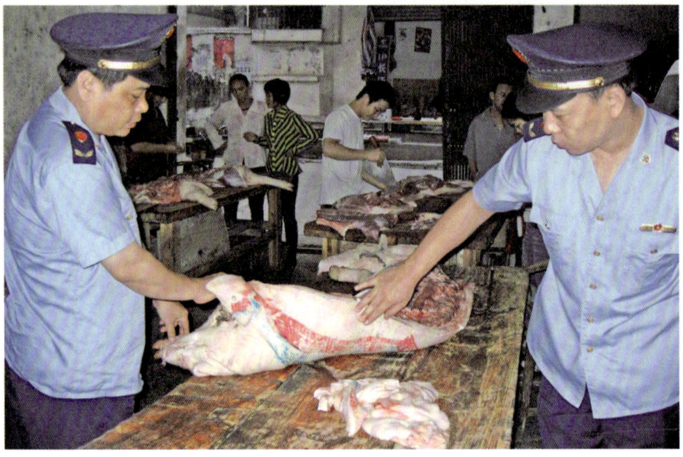

工商执法人员在检查上市猪肉质量（工商局　提供）

第五节　工商执法

20世纪90年代以后，岑溪市工商行政管理部门坚持依法行政，依法管理市场经营的原则，每年都定期或不定期开展市场整顿、打击制假、贩卖假冒伪劣商品、走私贩私、无证照经营、行业垄断及传销（含变相传销）等违法经营、经商行为，维护市场秩序。1991—2005年，市工商行政管理局在全市共开展40多项（次）工商执法行动，

工商执法人员在销毁假冒伪劣商品(工商局　提供)

整顿、规范市场秩序。出动执法人员3.6万多人次,宣传车辆1000多辆(次),检查各类市场共3713个(次),检查经营主体(企业、个体工商户)6.5万个(次),取缔无证照经营851户,捣毁各类制、售假冒、伪劣商品窝点46家。查获传销(含变相传销)窝点180个,涉案人员2008人。收缴"毒鼠强"等禁用鼠药剂2.6千克。立案查处包括走私贩私在内各种各类市场违法违规案件1093起,案值1773万多元。

1991年起至2005年在每隔1～2年开展的"打假护农保春耕"和服务三农红盾护农行动中,共检查农资经营网点1062个(次),查获假冒伪劣不合格化肥317.93吨,不合格农药329千克,伪劣种子300千克,农资配件419台(件),非法组装拖拉机17台(套),非法拼装打谷机58台(套),短斤少两水泥1608吨,为农民挽回经济损失47.84万元。2002年,加强食品安全监管,实施食品"放心工程"行动中,工商部门除了与各类食品经营户签订安全责任书,督促食品经营者建立食品进销货登记台账等常规措施外,同时加强市场巡查工作,出动食品检测车,监测上市蔬菜、禽蛋、肉类、海鲜等食品,避免有毒、有害食品进入市场。2003年至2005年上半年,在拉网式的食品安全检查活动中,立案查处食品经营违法案件67件,取缔无证照经营食品商家48户,查获私宰猪肉1265千克,存在质量问题鸡爪食品10.5吨,劣质酒类、饮料9617瓶,非食用盐3.03吨,过期变质饼干、糖果等一大批。2004年4月查处安徽阜阳劣质婴儿奶粉事件中,本市查获劣质奶粉10多种共229瓶。

第六节　消费者权益保护

1994年,国家颁布实施《中华人民共和国消费者权益保护法》,消费者权益保护纳入法制管理轨道。同年,市工商行政管理部门设立消费者权益保护机构(股),并采取相应管理措施,维护消费者合法权益。80年代中后期,国家设定每年3月15日为消费者权益保护日,工商行政管理部门自此以后每年在"3·15"前后,均开展消费者权益保护的法制宣传教育活动,1998年起,市工商行政部门先后成立市级和乡镇级消费者协会(分会)和消费者投诉站,接受消费者咨询和投诉,及时派出执法人员对相关侵权经营企业(或个体)进行调

工商局干部在指导消费者辨别假冒商品(工商局　提供)

查处理。2002年,在全市范围内建立“12315”(电话)网络,初步形成“一个中心(指挥中心)、局(市工商局)、所(基层各工商所)联动执法,全民参与”的消费维权体系。至2005年年末,在全市范围建立了9个消费者分会和227个消费者投诉站。共受理消费者投诉案件3675起,为广大消费者挽回经济损失1000多万元。市消费者协会2004年获全国“3·15”荣誉奖章。

第五章　质量技术监督与安全生产监管

1991年岑溪县技术监督局（由原标准计量局改建，2000年更名为质量技术监督局）成立以来，依据《中华人民共和国计量法》《中华人民共和国标准化法》《中华人民共和国产品质量法》和《特种设备安全监察条例》等法律法规，主管全市计量、标准化、产品质量及技术监督等方面工作，监督检测各种计量器具，推行企业产品质量认证制度，为相关企业办理产品质量认证并颁发证书。同时，通过开展产品质量抽样检查和产品质量执法、检查及特种装备安全监察等活动，推动岑溪各企业实体依法提升技术和确保产品质量符合国家或地方级别标准，增强企业活力，增加生产效益。

2000年，岑溪市安全生产监督管理局成立，接替原县政府安全生产委员会的全部职责，为市政府局级行政机构，承担全市安全生产监督管理工作。成立以来，通过开展生产宣传教育及安全生产专项整治与执法检查活动，有效地提高企业及全民安全生产意识，加强各企业安全生产设施建设和防范措施，减少了生产事故发生，促使全市安全生产监管工作上了一个新台阶。

第一节　机　构

岑溪市质量技术监督局

1987年，岑溪县人民政府成立标准计量局，1991年7月，县标准计量局改称技术监督局，为县政府正科级行政机构（1995年12月改称岑溪市技术监督局）。2000年6月，更名为岑溪市质量技术监督局，并改由自治区直辖。办公地点设在大中路268号，质量技术监督局机关设办公室、综合管理股、法规监督股、食品生产监督股、特种设备管理股、稽查队等股室（队），编制18人（其中公务员编制16人）。下辖计量测试所、产品质量监督检验所，事业编制39人。2005年年末，全局在职人员57人（含二层机构人员）。

1991—2005年，质量技术监督局历任局长分别是邓灿森（1987年10月至1993年10月）、陈健勇（1993年10月至1994年10月）、陈甫仁（1994年10月至2006年12月）。

岑溪市安全生产监督管理局

90年代初，县人民政府成立安全生产委员会，领导和管理安全生产工作，并定期派出工作组深入厂矿、企业检查安全生产工作。2000年10月，市人民政府成立安全监察局，2003年7月，改称安全生产监督管理局，单列为市政府领导的副科级行政机构，同时挂市安全生产委员会办公室牌子。2004年7月，安全生产监督管理局升格为正科级行政机构，从市经贸局迁出独立办公。办公地点设在大中路47号。局内设秘书股、法规与教育培训股、监督管理一股、二股、三股等5个职能股室，核定行政（公务员）编制7人，事业编制5人。2003年起，各乡镇先后成立安全生产管理办公室，实行市局与乡镇人民政府双重领导和管理体制，负责各乡镇安全生产监督管理业务。

市安监局历任局长分别是黎贵霭（2002年8月至2004年7月）、陈永福（2004年10月至2013年10月）。2000年至2002年8月，安全监察局缺正职。

第二节　计量管理与质量技术监督

推行法定计量单位

80年代中后期,县标准计量局在县内开展推行国家法定计量单位活动,废除旧制计量单位。对台秤、杆秤、压力表、血压计、丈量长度、液体量度等分别改为公斤(克、千克)、米(毫米)、帕(斯卡)、安(培)、升(分升、毫升)等国际常用和国家选定的非国际单位制单位。90年代初,全县建立起天平秤、电能表、压力表等13项社会公用计量标准,并通过上级业务主管部门考核,获得法定计量测定机构的计量认证和合法资格。1998年,在全市计量器具检验测定活动中,检测各种计量器具22840台(件),合格率95%~98%。2000年起,在全市开展计量信得过活动,当年评出21个计量信得过单位,其中由二、三级计量定级升级企业16个。2003年—2005年6月,加强与消费者密切相关的流通领域中的食品、化妆品、洗涤用品等计量监督检查活动和《中华人民共和国计量法》宣传教育,推动全市企业计量管理升级。2004年,组织计量检定人员400多人次,检定加油(汽油、柴油)机320台次,压力表320只次,电能表1520只次,电子汽车衡60台次,机械地中衡150台次,台秤1306台、血压计15台次。检测定量包装品142批次、1650件,合格率82.3%,凡不合格器具和不足量包装品,依法责令更换和停售。

质量技术监督与管理

推行企业产品质量认证制度　1993年,《中华人民共和国产品质量法》颁布实施。依照该法规定,岑溪市开始推行企业产品质量认证制度,由企业根据自愿原则,向国家产品质量监督管理部门或质量监督管理部门受权认可的认证机构申请产品质量认证。经认证合格的,由认证机构颁发产品质量认证证书,准许企业在产品或其包装上使用产品质量认证标志。1994年起,由技术监督局派出人员深入石材(花岗岩)、食品、化肥、水泥、松香等企业宣传产品质量法律知识,了解和掌握企业产品质量情况,建立企业产品质量档案,引导并协助企业申报产品质量认证。同期,通过举办企业产品质量培训班的形式,培训企业产品质量检测人员,建立质量检测制度,强化产品质量管理。1994—2000年,共举办此类培训班12期,培训人数380多人次。为全市36家企业办理产品质量认证,颁发产品质量认证证书。2001年起,市质量技术监督局获得产品质量认证资格。2001—2005年,市内有50多家企业获准产品质量认证。

建立产品质量抽样检测制度　1993年12月,对市内3类(即石材、食品、化工)30多种产品建立相应产品质量抽样检查报告(备案)制度,即各企业必须将所属抽样产品质量检查情况报告县技术监督管理部门,并允许技术监督部门派员抽样检测核查。1995—1998年,县(市)技术监督管理部门共抽样检查155家企业,对食品、农资、化工、成品油等企业产品(商品)380多批次进行检测核查,合格率为85.5%。对制、售不合格产品(商品)企业提出整改措施(意见)20多条(项)。1998—2000年,市质量技术监督局对花岗岩石材产品进行年度抽样检查,抽查产品135批次,对50家石材企业根据抽样检测结果提出整改措施。2003年,贯彻市人民政府《关于进一步规范石材行业管理若干规定的通知》,抽样检测花岗岩板材样品20多批次,对发现存在质量问题的企业,提供相关技术服务,督促企业完善产品标识,引导企业规范生产,确保质量提升。2004—2005年,市技术监督局组织质检队伍,对全市烟花爆竹、砂砖、水泥、化肥农药等企业,开展质量抽样检测,抽检爆竹生产企业25家,砂砖企业3家,水泥、化肥等生产企业8家,销售企业38家,共抽检样品13批次50多个品种,其中农药化肥合格率80%,其他产品合格率90%~95%。

质量执法　1994年起,县(市)质量技术监督部门独自或与工商行政管理等部门相互配合,开展质量

质量执法人员与工商执法人员在抽检化肥质量(工商局　提供)

执法,打击"假冒伪劣"商品,净化市场的活动。1994—1999年,仅市质监部门累计出动质量执法人员200多人次,对全市600多家农资、建材、机电、机械、机动车辆、化工、压力锅、热水器及副食品销售企业开展质量执法检查活动,对320多种商品样品进行鉴别检验。查处假冒摩托车58辆、进口彩电65台、进口VCD碟机、电动工具200台件、进口汽车配件33种,燃气热水器230台。伪劣电话机77台,手机电池120块。轴承10630套、农用车3辆。假冒茅台酒、五粮液、剑南春等名酒120瓶,洗衣粉、洗发水等10吨,柴油130吨,化肥400多吨,掺杂掺假棉胎1320件(套)。商品标值1100万多元。处理质量投诉案件30起,调解质量纠纷案件12起,挽回经济损失46万元。2000—2005年,开展对"地条钢"生产企业和经销电线、电缆、钢材、矿山机械、电动工具等产品质量专项整治活动,检查"地条钢"生产企业12家,依法取缔8家。查获假冒伪劣、无生产许可证或无"3C"强制性认证标志的建材、摩托车等商品涉案货值10万多元。其中2004年查处质量违法案件238起,受理投诉案件16起(全部结案),为投诉者挽回经济损失30万元。

第三节　标准化管理　特种设备安全监察

标准化管理

自《中华人民共和国标准化法》颁布实施时起,岑溪市依照该法相关规定,全面推行标准化管理。从1989年至1998年,市技术监督部门通过企业产品标准和执行情况的调查,帮助企业建立标准化管理体系,为30多家企业制订新产品企业标准并进行标准备案,审查食品标准23个。1998年,对市区35家门店进行标准检查,查出三无产品55件,收缴无标签饲料40多吨。2000年完成企业产品标准备案70个,企业产品执行标准注册登记56个,办理商品条码单位12家累计561件。实现市内产品标准覆盖率100%。2004年,标准化工作的重点转向推广农业标准。与市林业局组织成立岑溪市八角、肉桂原产地域产品保护申报工作领导小组,协助梧州市、自治区原产地域保护申报委员会开展广西八角、肉桂原产地域产品保护的申报工作。监督企业按相应标准组织生产,帮助企业完善标准化管理工作,对无国家、行业、地方标准的产品指导和帮助其制定企业产品标准,杜绝无标生产。2005年12月,岑溪市古典"三黄鸡""砂糖橘"2个推荐性地方标准获审定通过。同年,全市消灭无标生产,并制订新企业标准51个,被广西质监局授予"消灭无标(县)市"称号。

1994年,开始对党政机关、企事业单位实行使用中华人民共和国组织机构代码证书。至1999年,为党政机关、企事业单位赋码组织机构代码证书200多套。2000年设立代码办公室,严格执行《广西壮族自治区组织机构代码管理办法》。2005年,完成组织机构代码年审1000多个单位,新办及变更代码400多个单位。

质监局安检人员加强特种设备安全监察（2003年 摄）

特种设备安全监察

1991—2002年，特种设备由劳动局监管。每年对企事业单位使用的特种设备进行登记普查管理，每2个月对特种设备进行专项检查。特种设备作业人员，必须经培训考核合格后持证上岗。特种设备经检验合格后发给使用证才能使用。1991、2001年，共检测锅炉160台（次），电梯11台（次），液化气缸7台（次）。培训特种作业人员185人次，全部考核合格并发给合格证书。

2002年1月，特种设备监察工作划归质量技术监督局管理。2002—2005年，岑溪市质量技术监督局共出动执法人员2380人次，对学校、宾馆、酒楼、液化石油气充装站等256家企业使用的锅炉、压力容器等特种设备进行安全检查，共清理土锅炉4台，查获过期钢瓶425个。配合梧州市特种设备监督检验所检验锅炉420台次，压力容器1250台次，检验电梯60台次，起重机械210台次；锅炉、压力容器、电梯设备检验合格率99%。协助梧州市质量技术监督局举办特种设备培训班4期，参加培训人员186人，经考核全部合格并发给合格证书。

第四节　安全生产监督管理

安全生产监督管理体制

20世纪80年代以来，逐步形成了由党委（含党组、总支部、支部）领导、政府负责，劳动部门与经济管理部门（含工业、矿产、建筑、邮电、交通）主管的安全生产与劳动安全保护监督管理体制。在各乡镇、各工矿企业及建筑、邮电、交通等生产单位，成立安全生产领导小组，设置专职或兼职安全员，具体管理安全生产工作。确保各项生产尤其是矿业和高危作业与劳动安全。90年代，随着国家和地方（省、地级）政府关于生产安全与劳动保护的法律、法规及相关政策的颁布实施，安全生产逐步走上法治轨道。并按照“谁主管谁负责”“行业管理”与“属地管理”相结合的原则，确立政府是安全生产监管主体，各级行政首长和企业单位主要负责人员是安全生产第一责任人，对本级地方，所辖企业安全生产负总责的监督管理体制。2000年10月，市安全监察局成立后，市安全生产委员会办公室同时挂牌在安监局办公。各乡镇均成立安全生产管理办公室承担管理监督本镇范围内安全生产职能。各企业和各村（社区）配备专职或兼职安全管理员，逐步形成全市安全生产监督管理网络（体系）。至2004年年末，全市17个乡镇安全生产管理办公室全部成立，配备专（兼）职安全管理人员127人，村级兼职安全员277人。全市188座矿山、185家危险化学品从业单位以及29家烟花爆竹单位48个车间均配备1名以上专职安全员。各建筑（含装饰、装修）行业所有工程队（公司）也分别成立安全生产监督管理组织，配备相应的安全生产管理人员。一些重点矿山（矿区）由主管公司成立矿山救护大队（或分队），配备相应人员和救护设备，适应及时救护的需要。

安全生产宣传教育

90年代起，中共岑溪县（市）委及岑溪县（市）政府对安全生产的宣传教育，提出了“持续不懈，日常宣传与突击（集中）宣传、点上（企业）宣传与面上（面向广大群众）宣传、会议宣传与安全人员培训”相结合的方针，采用多种形式方法、运用各种宣传工具（媒体），广泛深入地开展安全生产宣传教育活动。

日常宣传与点上宣传　1991—1996年日常安全宣传教育形式，主要采用张贴安全警示标语、工前、工间的安全提示及安全小组会议等。突击（集中）宣传、面上宣传和会议宣传，则结合境内安全生产存在隐患和发生事故情况，由政府安排在特定时间（期）对特定的安全生产事项开展有一定规模的面向广大群众（或相关人员的）宣传活动。1997年起，安全生产宣传教育活动的内容，重点突出案例和上级领导指（批）示，及采取预防挽救措施、方法及工作方针、对策等。宣传方式包括印发宣传资料（手册）、图文并茂的宣传板报、广播电视专题节目、新闻发布、接受群众咨询、宣传车巡回宣传、张贴横幅标语及专题集会等。2002年《中华人民共和国安全生产法》颁布实施后，至2005年，市安监部门每年6月开展"安全生产宣传月"活动，成为集中面上宣传的特定模式。凡市境内或区内、国内有重大安全事故发生时，依照上级和本级政府部署，安排群众性或针对特定产业的安全宣传教育活动。

安全人员培训　2000年起，由市安监部门制定年度培训计划，组织举办各类人员安全培训班，有计划、有重点、分层次做好生产经营单位、乡镇领导、从业人员和安监人员的教育培训，加强各类人员对安全生产法律法规、管理知识、技术知识以及各类安全生产业务知识的学习，不断提高安全管理人员和从业人员的法律意识和业务素质。2003、2004年，共组织举办安全生产培训班15期，对企业负责人、安全管理人员、特种作业人员、石材加工人员、农药经营人员等进行培训，共培训各类人员4412人。2005年，对从事危险性工种的从业人员进行全面培训，经过培训合格才能上岗作业。全市矿山、危险化学品从业单位、建筑施工企业的负责人及安全员都通过教育培训取得资格证书，持证率达100%，特种作业人员持证率达100%。

安全生产专项整治与执法检查

安全生产专项整治，主要是对易发安全事故的重点行业（企业），施工场所及高危作业进行的安全执法检查与隐患排除治理，使安全生产做到防患未然、预防和减少（避免）安全事故发生的专项行动。90年代以来，中共岑溪县（市）委、县（市）政府在抓安全生产监管工作中，每年都组织相关部门、调集执法与安检人员（队伍），对本市内矿产（矿山为主）、建筑、烟花爆竹、危险化学物品生产经营企业，水陆交通和公共聚集场所（含集市、娱乐）开展安全生产专项整治活动。

矿山与建筑行业施工安全整治　境内矿山安全整治，主要有坑道采矿（铅锌及其他金属矿）和露天采矿（花岗岩、石灰岩、钛矿等）两类。1991年起，岑溪矿山安全整治主要检查是否持有采矿许可证件（含安全许可），安全设备设施是否齐全合格、安全措施（包括动力机械、爆竹物品放置、排水、排气、排污设备设施及生产人员安全设备等）是否落实。同时对重大危险源进行普查登记和检查、安全应急预案及监控措施是否落实等。专项检查做到"全面排查、不留死角""横向到边、纵向到底"。发现存在问题（安全隐患），务必整改。对重大安全隐患在排除前或排除过程中无法保证安全的，责令暂时停产停业或对存在隐患器械停止使用。对暂时难以停产或停止使用的相关生产储存装置、设备设施，则责令加强维护、保养和监

国土资源等联合执法队伍到花岗岩矿山企业开展安全生产检查工作（2000年摄　国土局　提供）

控,严防事故发生。对涉及职能部门交叉存在事故隐患的,由市安全生产委员会办公室协调,明确整改责任、落实整改措施,实行综合治理,确保隐患彻底整改到位,力求避免和减少事故发生。1991—2000年,累计对花岗岩矿山开展专项安全整治166座(次)、铅锌矿及其他矿山28座(次)。对无采矿许可(含安全许可)证件或存在安全隐患、安全措施疏漏的39座(次)矿山,分别采取责令停产或补办许可证件和整改消除隐患后复产处理,先后提出矿山整改建议(意见)200多条(项)。2003年开展8次安全生产大检查和2次专项督查,检查企业845个,其中矿山84座,建筑行业238家,发限期整改通知书620份,暂时停产通知10份。2005年,对65座矿山进行安全评价,并开展2次安全生产大检查排除隐患75项(处)避免安全事故发生。

建筑行业施工安全整治 1991—1999年,建筑工程质量安全管理和建筑施工安全执法检查由城建部门负总责,与市质量技术监督部门相互配合,除对每个建筑工程项目实行质量安全监督管理外,由市城建部门牵头、组织建筑施工安全执法队伍,开展定期或不定期的安全执法检查,对存在一般质量安全隐患的在建工程项目发出限期整改通知书,对存在严重安全隐患的在建工程项目发出停工整顿通知书,对违规、违章部分作相应处罚。1991年,县城建部门受监督检查工程项目66个,受监建筑面积67284平方米,竣工工程23项,验收合格率达95%。1996年起,市城建部门实行安监人员蹲点负责制,分片分组落实专职质监员蹲点挂靠工程项目,直接负责受监工程质量与施工安全管理监督工作。1998年,对全市在建工程质量安全大检查,其中当年竣工的受监工程项目28项,竣工验收合格率达100%。2000年,市安全生产监督管理部门成立后,城建部门积极与安监部门配合,开展建筑施工安全专项整治,并建立质量安全监督站,负责质量与施工建筑安全监督工作,制订质量安全监控和施工安全专项措施。至2004年共开展平时和突击性质量安全检查在建工程项目146项(次),对存在安全隐患工程项目发出整改通知书80份,停工项目通知13份,对36项存在严重安全隐患工程作出处罚(罚款)处理。2005年,质量安全监督站实施报监工程773项,当年竣工验收69项,验收合格率100%。

烟花爆竹生产安全与危险化学品安全整治 烟花爆竹是岑溪的传统产业。80—90年代,成为岑溪地方经济发展的支柱产业之一。80年代以后,岑溪县委、县政府十分重视烟花爆竹生产的安全,建立烟花爆竹生产企业生产经营许可的严格审批和安全制度,加强对烟花爆竹生产、经营、运输、储存、燃放等各个环节的安全管理和监督。由经贸部门(含乡镇企业)及主管单位(乡镇政府、企业所在行政村)组成烟花爆竹安全生产领导小组及安全执法检查队伍,定期或不定期开展烟花爆竹生产安全检查和整治活动。90年代中后期,烟花爆竹生产企业递增,非法生产经营活动增多,市委、市政府先后出台加强烟花爆竹生产安全管理和储运、销售燃放烟花爆竹安全措施等相关规定,并由公安(消防)、工商行政、安监和乡镇政府等部门,在传统节日(春节、清明、中元、中秋、重阳节)及各式庆典活动期间,开展烟花爆竹安全执法检查的活动,查处私爆生产及不经许可的运输、销售烟花爆竹的企业单位和个体经营户。从1995—2001年,全市每年开展3~5次突击检查和整治活动。排查、治理安全隐患,严厉打击非法生产经营烟花爆竹行为,并深入村、户宣传燃放烟花爆竹的安全方法,严禁儿童和精神病患者在没有监护人监护情况下燃放烟花爆竹。2002—2005年,市安监部门在配合各乡镇政府和烟花爆竹生产主管部门组织的烟花爆竹安全生产检查活动中,对全市28家烟花爆竹合法生产企业进行安全评估,关停不符合安全生产条件的违法违规企业15家,排除安全隐患达120多项(处),预防、减少烟花爆竹安全事故发生。

危险化学品安全整治 90年代以来,岑溪对危险化学品经营采取综合治理的方法,由公安、工商行政、经贸及相关部门协作,组成联合执法队伍,依照国家颁布的《危险化学品安全管理条例》,要求生产、经营、储存、运输单位制定相关安全制度,开展定期或不定期的执法检查监督,尤其对危险化学品的生产、经营、储存、运输和使用、废置处理等环节进行全面检查整治,排查隐患、打击各种违法生产、经营行为。教育群众掌握使用和废置危险化学品的方法,遵守使用和废置安全规则。1991—2000年,全市共开展危险化学品安全整治活动23次,对市内9家打火机生产厂、38家农药及其他危险化学品销售企业和34家加油站每年都分别进行2～3次的检查和安全评估。在检查中，因发现存在安全隐患而被责令停产停业整顿的58家，整改后复产复业42家，收缴违法经营（销售）农药1280多千克，查封氰化钠、氰化亚铜等危化品250多千克。2001年起，危险化学品安全监督管理由市安监局牵头负责。2001—2005年，开展全市危险化学品安全整顿活动12次，检查从事危险化学品生产经营（含运输、销售）单位150多家。通过安全评估，合格率为87%。收缴剧毒危险化学品182千克，违禁农药100多千克，责令停业整顿加油站11家。2005年，贯彻实施国家《安全生产许可证条例》通过开展全市企业安全生产状况调查活动，全面整顿治理烟花爆竹和打火机制装等危险化学品生产经营企业，并通过梧州市政府组织的专家组验收。全市有4家打火机厂和13家烟花爆竹厂验收合格恢复生产。在2005年危险化学物品检查活动中，排出有事故隐患存在的危险化学品企业4家，经整顿排除隐患落实安全措施后获恢复生产。

公众聚集场所消防安全整顿

90年代以来，在每年的安全执法大检查活动中，均由公安消防部门对文化娱乐（含体育）、集市（大中型商场）、仓储物流场所、车站、学校（含幼儿园）、宾馆（含餐饮业）及城市老旧街区、“城中村”等开展消防安全整顿活动。主要检查整治消防设备设施是否齐备，进出口通道是否通畅，有无安全隐患，及临时搭建的建筑物是否规范安全。2000年起，一些商场、学校、宾馆等开始建立保安队伍，日常安全维护由保安人员负责，突击检查时，由单位领导（或企业经理）和保安人员配合检查。2001—2005年，每年对容纳50人以上的影剧院、录像厅、歌舞厅、网吧、宾馆、商场、各类学校和体育场所、汽车站等公众聚集场所开展消防安全检查均达2次以上。累计检查场所580个（次），出动执法检查人员800多人（次）。发现火险隐患1043处，发出安全检查意见404份，消除火险隐患1011处，有效预防和控制消防安全事故发生。

安全生产监督部门到市汽车站检查安全隐患工作（2000年　摄）

应急预案与应急救援

2002年起，岑溪市开始组织专人编制重特大安全事故应急救援预案，在国有企业佛子冲矿和龙湾矿，组建共有队员27人的市矿山救护大队。自治区安监局和梧州市安监局也在归义镇建立广西烟花爆竹事故救护大队梧州中队。至2004年年底，先后编制印发《岑溪市重大、特大安全事故应急救援预案》《岑溪市非煤矿山重特大安全事故应急救援预案》《岑溪市危险化学品事故应急救援预案》《岑溪市锅炉压力容器压力管道及特种设备重特大事故应急救援预案》《岑溪市特大道路交通事故应急救援预案》《岑溪市重特大水上交通事故应急救援预案》《岑溪市生产经营企业重特大安全事故应急救援预案》《岑溪市城市防洪预案》《岑溪市突发性地质灾害应急救援预案》等9个全市性的应急救援预案。全市所有高危企业均先后建立起相应的应急救援预案。各镇政府、有关部门、企事业单位也积极开展制定、完善事故应急救援预案工作，组建应急救援队伍。部分单位和企业还组织职工进行安全防范技能训练，提高全体职工安全意识和应对事故的能力。2005年，全市已备案的镇政府应急预案12个、部门预案17个、企业预案335个，所有申请安全生产许可证的企业全部建立应急救援预案。

第六章　国土资源管理

80年代中期，岑溪县人民政府成立土地管理局，依照《中华人民共和国土地管理法》，对辖区内所有土地，通过土地调查、登记发证及制订土地利用、保护规划、规章，规范建设用地逐级申报制度，建立土地监察机制和土地监察队伍，依法查处非法用地及破坏耕地，随意改变土地用途等不法行为。1991年，岑溪县率先在自治区内推行农村集体土地使用制度改革，试行宅基地有偿使用制度。1992年，在全县范围推行国有土地有偿转让的有关制度改革，实行国有土地有偿划拨及土地使用权转让的有关政策措施，盘活部分闲置或需要改变用途的国有土地。1994年7月，原土地管理技术服务站与县地产公司(1992年成立)合并，仍称岑溪县地产公司(1995年12月改称市地产公司)。拉开岑溪地产业市场序幕，促成岑溪土地开发建设利用总体规划重新编修。1998年5月，土地开发建设利用重新编修工作完成。建立起全市土地利用空间数据库，为推动全市土地利用动态监测和规划实施奠定基础。2002年，在进行第二轮机构改革时，市政府决定把1991年成立的岑溪县地质矿产局(以下简称“地矿局”，原为行政事业单位，1995年改称市地矿局)与土地管理局合并，称岑溪市国土资源局。岑溪的土地资源与矿产资源的保护与利用、开发管理进入了一个新的时期。

第一节　机　构

岑溪市土地管理局

1986年6月，岑溪县人民政府成立岑溪县土地管理局(1995年12月改称岑溪市土地管理局)负责全县(市)土地、城乡地政统一管理工作。同年7月，县政府同意在全县17个乡镇分别成立土地管理所，为县局下属机构，分管各乡镇土地管理工作。1987年1月，县土地管理局内设秘书、规划利用、地籍管理3个股。1988年2月，经自治区土地管理局批准成立岑溪县土地开发公司，属县局二层机构、企业性质。1989年6月，成立土地监督检察大队，为县局直属事业单位。1992年5月，撤销县土地开发公司，成立县土地管理技术服务站，为局直属事业单位，实行自收自支，独立核算。同年9月，县土地管理局增设土地监察股。该年年底，县土地管理局(含监督检察大队、管理技术服务站)共有干部职工45人。1994年7月县土地管理技术服务站与县地产公司(1992年7月成立)合并，称县地产公司，为事业单位、企业管理，自收自支，自负盈亏。同年12月，县局撤销秘书股，改置办公室和综合股。1995年4月，县政府同意成立县土地估价事务所，为局二层机构、事业单位。1997年机构改革，保留市土地管理局，内设秘书股、地籍管理股、规划利用股、规划财务股、土地纠纷调处股、政策法规监督股等6个股，并辖土地监督检察大队、市地产公司、市土地估价事务所3个二层事业机构和17个乡镇土地管理所。

1991年至2002年土地管理局局长为陈占耕(1989年6月至1994年10月)、覃照荣(1994年10月至2002年4月)。

岑溪市地质矿产局

岑溪市地质矿产局1976年5月成立(原称岑溪县矿产局)，负责铅锌、钛铁、萤石等矿的开采经营和管理职责。矿产局内设办公室和矿山管理股。1981年12月，撤销矿产局，保留1978年成立的矿产公司牌子。1987年4月恢复成立县矿产管理局，仍挂矿产公司牌子。1994年5月26日，岑编〔1994〕50号文，

在岑溪县矿产局、建材局的基础上成立岑溪县地质矿产管理委员会，其二层机构有岑溪县矿业派出所，岑溪县矿产公司、岑溪县建材物资公司。1995年12月，岑溪县地质矿产管理委员会（简称地矿委）改称岑溪市地质矿产管理委员会。1996年11月岑溪市地质矿产管理委员会更名为岑溪市地质矿产局（简称地矿局）。该局内设秘书股、矿政股、地质技术股、征管股、财务股，1999年11月增设政工人事股、矿业稽查股，并将原征管股分设为花岗岩征费管理股和矿产品征费管理股。局行政编制20名，事业编制3名。

1991年至2002年地质矿产局领导为：李卫房（1991年至1994年7月，矿产局长）、苏柱显（1994年7月至1996年8月，地矿委主任）、林勇光（1996年8月至1999年4月，地矿委主任、地矿局局长）、余建波（1999年4月至2002年3月，地矿局局长）。

岑溪市国土资源局

2002年4月由市土地管理局与市地质矿产局合并成立岑溪市国土资源局，为市人民政府管理国土（土地）资源和矿产资源的行政机构。内设人事秘书股、计划财务股、政策法规监察调处股、地籍管理股、规划和耕地保护股、土地利用股、测绘管理股、矿产资源管理股、地质环境和勘查股等9个股室。2005年7月前辖17个乡镇国土资源管理所，7月后，乡镇调整，辖14个镇国土资源管理所。同期辖国土资源执法监察大队、矿业开发服务中心、土地整理（储备）中心、土地交易所等4个二层机构。下属地产公司、宏宇地价评估有限公司。全局在岗干部职工263人，核定行政编制16人，机关后勤事业编制2人。2005年市国土资源局设在市义洲大道307号。

国土资源局局长为李公二（2002年4月至2010年2月）。

第二节　土地与矿产资源使用管理制度

土地管理与使用制度改革

20世纪80年代前，国家实行计划经济，对土地使用实行有计划的行政划拨使用制度。其做法是国家将土地使用权无偿、无期限提供给用地者使用。土地使用者之间不能转让、出租、抵押。80年代中后期，随着改革开放政策的实施和经济快速发展，各种建设用地迅猛增加，土地使用制度随之实行改革。1991年，岑溪县经自治区人民政府同意，推行农村集体土地使用制度改革，首先实行宅基地有偿使用制度。1992年，推行国有土地有偿转让使用制度改革。1992—1998年，全县（市）有偿划拨、转让国有土地使用权89宗，面积82.24公顷；协议出让国有土地使用权62宗，面积8.73公顷。并通过土地利用调查和土地使用登记发证等工作，培育和规范土地市场。期内，为加强建设用地管理、清理整顿土地隐形市场，贯彻和执行“十分珍惜、既合理使用又切实保护耕地”的基本国策，推进土地使用制度深化改革顺利进展。2003年，岑溪市土地交易所成立，通过实施土地使用招标、拍卖、挂牌公告交易等方式，使土地使用权的转让、出租等流转形式更加规范化、法律化和公开透明。2003—2005年，由市土地交易所办理的土地出让使用权9宗面积44.88公顷，出让价款2496万元。其中挂牌公告出让4宗，面积5.56公顷，成交额1350万元，划拨土地使用权1宗，面积5.33公顷。

矿产资源管理制度改革

20世纪80年代前，岑溪实行计划管理和开采利用本辖区内矿产资源的政策，建立起只有具备相应开采条件（资质）的国有或集体企业才能开采和利用的管理制度。70年代至80年代末，全县仅有诚谏（河三佛子冲、石门）铅锌矿、筋竹（志明村）萤石矿、糯垌（大竹、大地一带）钛铁矿和南渡磷矿等少数几家国有和集体矿产企业。1988年，全县铅锌矿采矿产量为9000吨，钛铁矿15000吨，萤石矿仅100余吨。80年代中后期岑溪勘探发现花岗岩矿，经检定符合国际标准。先后成立县石材公司、西冲花岗岩矿等国有、集体花岗岩矿开发企业（同时开始引进外资开发）。至1990年，全县开发花岗岩矿山35座，年产花岗岩矿荒料约8000立方米。1991年起，岑溪花岗岩矿的开发、利用迅速发展，花岗岩产业逐步成为岑溪支柱产业之一。县政府加强对矿产资源管理，并对开采制度实行改革，在政策和法律允许的范围内，允许外资企业、民营和个体企业参与花岗岩矿和其他矿产的开发、利用，促进矿产业发展。至1999年，全市花岗岩矿开采、板材加工企业共130多家，年产花岗岩荒料26万多立方米，花岗岩石材产值23.76亿元。铅锌矿、钛铁矿、沸石矿等矿开采企业增加30多家，年产量超10万吨。21世纪初，对矿产资源的管理，开采制度进一步改革，允许采矿权的转让、拍卖、租赁。只要采矿人提出申请并符合相关规定，经国土资源管理部门审查批准，均可获得采矿权的延续、转让、租赁等权利，为岑溪矿业生产的快速发展和经济建设提供有利的条件。至2005年年末，有色金属矿开采业产值3.86亿元，非金属矿开采业产值10亿元。

第三节　土地调查　地籍管理

土地调查

土地调查包括土地利用现状调查、土地变更调查、城区地籍调查与外业调绘、投影转绘、面积量算与编图归档等多项工作。1988年岑溪县土地管理部门开始本辖区内的土地资源调查工作。成立领导小组、落实调查队伍和实施方案、培训人员等。1988年3月先搞试点，然后全面推开。首次调查重点是土地利用现状调查和城区地籍调查。土地利用现状调查于1990年10月底结束，城区地籍调查于1991年5月全部结束。本次土地调查弄清了全县土地资源的总面积及各种用地面积的分布：全县土地面积为277989.673公顷，折合2779.90平方千米。其中耕地46243.6公顷，园地1375.7公顷，林地213896公顷，牧草地20.14公顷，居民点工矿用地7173.0公顷，交通用地970.5公顷，水域4923.0公顷，未利用土地2988.2公顷。外业调绘成果，共完成全县16个乡镇（不含试点乡）的地类调绘工作，折合1∶10000地形图90幅，调绘片945张，利用测绘1∶500地形图方法，测定16个乡镇田埂扣除系数128组。城区地籍调查共完成城区3.725平方千米地形图和0.75平方千米地籍图的测制工作。

1996—1998年，依照上级土地管理部门关于开展土地变更调查的精神，岑溪市土地管理部门先后开展3次土地变更调查和城区地籍变更（发展）调查。1996年10月至1997年10月土地变更调查显示，耕地面积减少244.5公顷（其中水田108.1公顷，旱地116公顷），园地增加88.6公顷，林地增加101.8公顷，城镇及居民点用地增加120.5公顷，交通用地增加26.5公顷，水域用地增加83.6公顷（水毁变滩涂），未利用土地减少16.5公顷。1996年开始城区地籍调查，于1997年12月全部测量和勘丈工作完成。1998年2月，地籍调查成果通过自治区土地管理局会同梧州市土地管理局组织的省级检查验收。1998年，再次开展土地变更调查工作。调查结果，耕地减少47.1公顷（其中水田19.3公顷，旱地27.8公顷），园地增加42.2公顷，林地净减少16.1公顷，城镇居民点增加14.2公顷，交通用地增加10.8公顷，水域地增加0.81公顷，未利用土地减少8.34公顷。

地籍管理

1988年春，依据《中华人民共和国土地管理法》和《广西壮族自治区土地管理实施办法》的有关规定，为加强地籍管理，岑溪县人民政府颁布《关于开展土地登记颁发土地证书的布告》，在全县范围内开展土地登记发证工作。此后，又制定《岑溪县乡村土地登记实施细则》等相关政策措施，指导土地登记发证工作。到1996年8月，全市共完成城乡初始土地登记发证95394本，其中完成国有土地使用权登记发证

4415本，集体土地建设用地使用权登记发证90979本。至1998年，共完成登记发证100369本，其中国有土地发证5794本，集体土地94575本。1998年1月，为了进一步提高土地登记发证率，市人民政府颁发《关于限期申办土地初始登记和变更登记的通告》，使城乡一大批已经通过依法批准，划拨、处理、沿用、购买商品房地而取得土地使用权及因各种原因变更的宗地主申报登记，促进土地登记发证工作顺利进展。2000年起，统一管理城乡地籍和地证工作，制定全市地籍管理办法，继续开展土地资源调查、地籍权属调查和土地权属确权，定级及登记发证工作。2003—2004年，全市完成国有土地使用权登记发证2663本，集体土地使用权登记发证5886本。同期完成城镇地籍信息库和土地利用现状数据系统的建设，全市地籍管理实现数据科学化，手段现代化。

1995年，土地登记发证外业丈量现场（国土局提供）

第四节　土地利用规划与建设用地管理

土地利用规划

1994年8月，岑溪作为自治区试点县，率先开展县级土地利用总体规划编制工作，并于1995年8月基本完成，本次规划近期至2010年，展望至2030年，成果初评为优秀。1997年年底，市人民政府决定对原规划进行重新修编，于1998年年初立项启动，同年5月重新修编工作完成。重新编修近期规划至2010年，远期规划至2030年。共获得了岑溪市土地利用总体规划（文本）等6项主要成果。建立起土地利用空间数据库，为推进全市土地利用动态监测和规划实施奠定基础。

1997—2010年岑溪市土地利用总体规划耕地总量动态平衡主要指标表

表11-6-1　　单位：公顷

项目		规划期间补充耕地			规划期间减少耕地				规划期间净增减耕地面积
		增加合计	整理复垦	土地开发	减少合计	建设占用	生态建设退耕	灾毁	
规划期间1997—2010年		1802.5	1195	607.5	1265	1000	210	55	537.5
其中	1997—2000年	402.4	275	127.4	280	215	50	15	122.4
	2001—2010年	1400.1	920	480.1	985	785	160	40	415.1

1997—2010年岑溪市土地利用总体规划期内各类用地指标平衡表

表11-6-2　　单位：公顷

地类	基期年面积	调整后地类								规划期间减少（－）
		耕地	园地	林地	牧草地	居民点及工矿用地	交通用地	水域	未利用土地	
耕地	44312.5	43047.5	210	—	—	690	300	10	55	1265
园地	2805.0	141	2664	—	—	—	—	—	—	141
林地	213742.5	—	2126	210446.5	—	650	500	20	—	3296
牧草地	20.2	—	—	—	5.2	10	5	—	—	15
居民点及工矿用地	7873.8	1054	—	—	—	6819.8	—	—	—	1054
交通用地	1067.0	—	—	—	—	—	1067	—	—	0
水域	5556.4	—	—	—	—	—	—	5556.4	—	0
未利用土地	2639.8	607.5	—	105305	494.8	20.2	128	43.6	292.2	2347.6
规划目标年面积	—	44850	500	211500	500	8190	200	5630	347.2	—
期内增加	—	1802.5	2336	1053.5	494.8	1370.2	933	73.6	55	0
增减相抵（+）（-）	—	537.5	2195.5	-2242.5	479.8	316.2	933	73.6	-2292.6	—

1997—2010年岑溪市土地利用总体规划土地利用结构调整规划表

表11-6-3　　单位：公顷

地类		1997年		1997—2000年面积增减	2000年		2001—2010年面积增减	2010年		1999—2010年面积增减
		面积	比重%		面积	比重%		面积	比重%	
土地总面积		278017.2	100.0	0.0	278017.2	100.0	0.0	278017.2	100.0	0.0
耕地		44312.5	15.9	150.5	44463.0	16.0	387.0	44850.0	16.1	537.5
园地		2805.0	1.0	195.0	3000.0	1.1	2000.0	5000.0	1.8	2195.0
林地		213742.5	76.9	-242.5	213500.0	76.8	-2000.0	211500.0	76.1	-2242.5
牧草地		20.2	0.0	279.8	300.0	0.1	200.0	500.0	0.2	479.8
居民点及工矿	小计	7873.8	2.8	6.2	7880.0	2.8	310.0	8190.0	2.9	316.2
	市区	1605.0	0.6	45.0	1650.0	0.6	300.0	1950.0	0.7	345.0
	建制镇	529.5	0.2	170.5	700.0	0.3	650.0	1350.0	0.5	820.5
	农村居民点	5092.1	1.8	-142.1	4950.0	1.8	-610.0	4340.0	1.6	-752.1
	独立工矿	636.9	0.2	-86.9	550.0	0.2	-50.0	500.0	0.2	-136.9

续表 11-6-3

地类		1997年		1997—2000年面积增减	2000年		2001—2010年面积增减	2010年		1999—2010年面积增减
		面积	比重%		面积	比重%		面积	比重%	
	特殊用地	10.3	0.0	19.7	30.0	0.0	20.0	50.0	0.0	39.7
交通用地	小计	1067.0	0.4	190.0	1257.0	0.5	743.0	2000.0	0.7	933.0
	铁路	0.0	0.0	0.0	0.0	0.0	0.0	0.0	0.0	0.0
	公路	415.2	0.1	190.0	605.2	0.2	743.0	1348.0	0.5	933.0
	农村道路	651.8	0.2	0.0	651.8	0.2	0.0	651.8	0.2	0.0
水域	小计	5556.4	2.0	43.6	5600.0	2.0	30.0	5630.0	2.0	73.6
	水利设施	1748.8	0.6	43.6	1792.4	0.6	30.0	1822.4	0.7	73.6
	其他	3807.6	1.4	0.0	3807.6	1.4	0.0	3807.6	1.4	0.0
未利用土地		2639.8	0.9	-510.6	2129.2	0.8	-1382.0	347.2	0.2	-2292.6

1997—2030年岑溪市土地利用总体规划土地需求平衡表

表 11-6-4　　单位：公顷

地类		1997年	2000年	2010年	2030年
耕地		44312.5	44463.0	44850	44900
园地		2805.0	3000	5000	8000
林地		213742.5	213500	211500	210000
牧草地		20.0	300	500	800
水域		5556.4	5600	5630	5650
其中：养殖水面		702.0	1500	2000	3500
大农业用地小计		266436.6	266751	267080	268950
城乡及独立工矿		7873.8	7880	8190	9825
其中	城镇	2134.5	2350	3300	6075
	农村居民点	50952.1	4950	4340	3250
	独立工矿	636.9	550	500	400
	特殊用地	10.3	30	50	100
	交通用地	1067.0	1257	2000	2500
	水利水电用地	1748.8	1792.4	1822.4	1842.4
	建设用地小计	10689.6	10929.4	12012.4	14175
	用地需求总计	275377.4	276000	277670	281325
	未利用土地	2639.8	2129.2	347.2	-3257.8

注：为避免重复计算，用地需求总计数不包括养殖水面和水利水电工程用地数。

1997—2030年岑溪市城市总体规划城市建设用地平衡一览表

表11-6-5

用地名称	现状			远期			近期		
	面积（公顷）	比例（%）	人均（平方米/人）	面积（公顷）	比例（%）	人均（平方米/人）	面积（公顷）	比例（%）	人均（平方米/人）
居住用地	264.1	33.0	40.7	715.0	25.7	13.8-28.6	542	30.4	36.1
公共设施用地	162.8	20.3	25.1	378.3	13.6	12.6-15.1	218	12.3	14.5
工业用地	131.8	16.5	20.3	619.8	22.3	20.7-24.8	308	17.3	20.5
仓储用地	50.5	6.3	7.8	101.9	3.7	3.4-4.1	74	4.1	4.9
对外交通用地	18.6	2.3	2.9	131.0	4.7	4.4-5.2	71	3.9	4.7
道路广场用地	142.4	17.8	22.0	276.4	9.9	7.6-11.1	257	14.4	17.1
市政公共设施用地	14.9	1.9	2.3	116.4	4.2	3.9-4.7	67	3.8	5.0
绿地	12.4	1.6	1.9	389.9	14.0	13.0-15.6	233	13.2	15.5
特殊用地	2.5	0.3	0.4	20.4	1.9	0.7-0.8	10	0.6	0.7
城市建设总用地	800	100	123.3	2780	100	92.6-111.4	1780	100	118.5

建设用地管理

解放后，岑溪依据不同历史时期国家有关建设用地征地（划拨）的政策和法律法规，对建设用地进行征用和管理。由于主要靠单一的行政手段，管理比较松散，审批权限时收时放，时宽时严。土地征用直接由建设用地单位与被征地单位自行协商，出现过建设用地单位宽征窄用，浪费土地，被征地单位讨价还价，甚至违背政策的现象。1986年县（市）土地管理局成立后，对国家建设用地实行统一征用和开发，集中、统一、计划的综合管理制度，运用法律、经济、行政等多种手段，严格审批权限和程序，及分各种建设用地的性质、用途，依法依规，公开透明，并注重做好被征土地的农民的补偿安置工作，保障国家建设用地合法征用和建设顺利进展。

1986—1998年，全县（市）共审批（含补办手续）各类非农业建设用地27253宗，总面积1490.64公顷。其中国家建设用地353宗，面积103.11公顷；集体建设用地255宗，251.33公顷，个人建房用地26645宗，面积208.10公顷。2000年以来，按照全市土地利用总体规划确定的土地用途安排建设项目，执行建设用地指标，并结合全市城市建设用地集中供应制度和建设用地总量控制制度，优先保证国家重点建设项目及城市基础设施项目的用地需求，审批农用地转为建设用地，截至2005年年底仅23宗，35公顷，清理盘活、收购闲置土地11.27公顷。同期，还冻结了3宗农用地转为建设用地的审批手续。

第五节　土地监察　耕地保护

土地监督机制

1986年自县土地管理局成立时起，岑溪开始实施土地监察、保护土地的制度，逐步形成以县（市）土地监察大队为核心，县、镇、村、街（社区）三级土地监督员为监察主体的监察网络，并通过建立健全土地监察制度和土地执法监督处理等方式，开展土地管理法律、法规的宣传教育，提高干部群众依法管理和合理使用土地的法治观念，逐步做到全民都爱(珍)惜土地，自觉节约使用与不浪费土地，保护农用耕地。

土地监察队伍 1986年6月，成立县土地管理局，设立专职土地监察员，本局其余干部(含7月成立乡镇土地管理所干部)均为兼职土地监察员。1988年，设立土地监察股，专职负责监察工作。1989年7月，成立县土地监察大队，并正式任命乡镇土地管理所专职土地监察员和村(社区、街道)兼职土地监察员。至1998年，全市专职土地监察员102人，村级兼职土地监察员277人。2002年，市土地监察大队改称国土资源执法监察大队，在编人员32人，下辖4个中队，1个办公室，全市国土资源执法监察人员(含兼职)300多人。

土地监察制度 1988年起，县(市)人民政府和土地管理部门先后制定的土地监察制度有《土地监察人员守则》《土地监察人员监察工作制度》《土地监察工作岗位责任制》《岑溪县土地监察工作暂行办法》《关于依法查处违法用地案件的规定》和《土地监察工作报告制度》《土地违法行为举报制度》《土地违法案件调查取证、处理结案和报备制度》等。2000—2005年，新建立国土资源执法监察《动态巡回检查制度》《重大疑难案件会审制度》等规章制度。

土地法制宣传教育与执法监察检查

土地法制宣传 自1986年《中华人民共和国土地管理法》颁布及土地管理机构成立后，岑溪各级党委、政府和土地管理部门都重视土地法制宣传教育工作。1986—1990年，除每年开展“土地法制宣传月”活动外，还从本地实际出发，编印宣传资料《岑溪土地》宣传专刊、《土地管理法制手册》，并通过办培训班，广播电视讲座、绘制宣传图片进行巡展及组织山歌对唱、牛娘戏表演等方式开展经常性的宣传教育活动。1991年起，国家决定每年6月25日为“土地日”。县委政府决定把每年的宣传月活动安排在5月20日至6月26日举行。此后至2002年，岑溪的土地法制宣传活动形式越来越多种多样，内容越来越丰富。2002年土地局与矿产局合并成立国土资源局以来，土地法制宣传增加了矿产资源保护和合法依法开发利用和矿业生产安全知识等方面的内容。

土地执法监察检查 1987年起，岑溪县土地管理部门依据国务院、自治区人民政府有关文件指示和县人民政府的部署，开展非农业用地清查活动，全县共清理查出违法违章使用土地案件6160件，其中擅自占地5307件，非法买卖土地550件，其他违法占地303件，违法违章占地面积115.50公顷，其中耕地55.32公顷。1990年3月，在全县范围内对审批建设用地进行清理，至6月底，清理工作结束，清理出违法占地行为916宗(含部分1987年前遗留的违法案件)，占地6.44公顷。其中买卖土地21宗，擅自占地280宗，少批多占615宗。依法处理753宗，自行纠正163宗。1997年6月起，依据中共中央、国务院《关于进一步加强土地管理切实保护耕地的通知》和自治区人民政府的部署，市委、市政府决定在全市范围内开展非农业建设用地全面清查工作。对1991年1月1日起至1997年4月15日止，属于市辖区内各类非农建设用地，包括各类开发区、房地产开发项目用地、国家建设用地、乡镇村建设用地、乡镇企

1991年6月25日，岑溪县采取山歌表演、游行、宣传彩车等多种形式开展土地管理法宣传活动(国土局提供)

耕地保护现场办公(1993年　马路镇土地所　提供)

业用地、农村居民建设用地等开展全面清查。当年9月底,面上清查结束,进入处理阶段。至1998年年底,全市清查处理工作结束,共清出各类非农业建设用地18837宗,面积1047.87公顷,其中耕地482.47公顷。依法查处违法违章用地案件6829宗,属于国家建设用地8宗,集体用地30宗;个人建房用地6791宗。2000年起,市土地监察大队加强经常性土地执法监督检查,开展定期或不定期的分片、分乡镇监察执法检查活动,把违法行为在发生前卡死,预防、减少违法违章使用土地行为。2003—2004年,发现并制止土地违法(含矿产资源违法)40起,查处积案26起,依法拆除违法建筑3起。

耕地保护

1994年8月,依据国家国务院颁发的《基本农田保护条例》,岑溪县开展划定基本农田保护区工作。至1995年4月,划定工作全部完成。全县共划定261个基本农田保护区,保护区面积15906.70公顷,保护率占全部农田面积85.2%,比梧州地区下达保护指标多出20公顷。全县主要的粮、油、糖、蔗、菜和水产养殖生产基地的农田,大宗名、特、优、稀(有)农产品生产基地的农田,农科水产养殖试验地和良种繁育基地农田都划入了保护区的范围。保护面积在1330公顷以上的有糯垌、三堡、归义3个镇,保护面积在625~1250公顷的有水汶、南渡、筋竹、波塘、诚谏、大业、大隆、马路、安平、梨木等10个镇,保护面积在66.7~625公顷的有岑城、樟木、昙容、吉太等4镇(乡)。1995年5月,岑溪县划定基本农田保护区工作通过自治区验收,验收总评分为98.4分。

1996年9月,根据上级指示精神,将沿用的统计数改用土地利用调查数,改用后,全市划定基本农田保护区面积为39428.2公顷。其中,一级保护面积32422公顷,二级7006.1公顷,保护率为85.36%;保护片2895块,其中一级2257块,二级638块。

为进一步做好耕地保护工作,实现耕地占补平衡和耕地总量动态平衡,2003年,岑溪市成立土地整理中心,负责全市土地开发、开垦、整理及收购储备工作。并制订《岑溪市土地储备实施暂行办法》《岑溪市土地开发整理专项规划》等规章制度。从2003—2005年,全市耕地开(复)垦项目完成63项,开垦面积43.50公顷。由梧州市国土部门批准立项7个,开垦耕地面积15公顷。全市完成新增耕地66.67公顷,回收耕地面积37公顷。

第六节　矿产资源管理

采矿权审批

20世纪80年代中期前,由于矿产企业规模较小,矿种开采品种不多,对矿产资源管理较为松散。期内开采的铅锌矿、钛铁矿、萤石矿等县(国有)、乡镇矿产企业,只要办理经营执照、向矿产部门报告备案即可开采经营。1986年10月,《中华人民共和国矿产资源法》颁布实施后,县人民政府加强矿产资源管理,1987年4月恢复成立矿产管理局,凡县内国营、集体企业开采矿资源需经县政府矿产管理部门审批和工商部门办理经营证照后方可开采经营。80年代末90年代初,岑溪花岗岩矿及其他非金属类矿开发利用

逐步成为岑溪经济发展支柱产业之一。对花岗岩矿等的开采权扩至乡镇企业、外资(含中外合资)企业和个体民营企业。县政府陆续出台矿产资源开采管理相关规定和制度,从严审批。1992年11月,《中华人民共和国矿山安全法》颁布实施,采矿权审批,增加矿山安全事项,并须安全生产管理部门审批手续。2003年起,按照国土资源部、自治区国土资源厅有关规定,停止一切无偿出让采矿权行为。新设采矿权以招标拍卖挂牌方式出让,申请采矿权延续或扩大矿区范围的矿山以批准申请协议有偿出让方式,规范采矿权挂牌出让行为,并按照《广西壮族自治区小矿及零星分散等矿产资源采矿登记管理规定》,实行采矿权审批发证工作,依法办理有关采矿登记手续,所有发证工作使用采矿权信息系统进行,发证资料进入数据库,并建立矿业权档案。2003年,岑溪市发证矿山116座,2004年发证矿山118座。

矿产资源的保护

90年代初,岑溪红花岗岩矿的开采,曾有一段时间出现滥采和不按技术规程开采造成破坏和浪费荒料的现象。1996年8月,市政府和矿产部门先后出台计划开采花岗岩和花岗岩矿开采技术规程等政策措施,严禁无计划采矿和无采矿权人私自、非法采矿及盗采行为。在开采技术上提倡用切割代替爆破采矿方法。1998年市政府提出矿产资源务必贯彻"在保护中开发、在开发中保护""把节约放在首位和实行综合利用"相关政策措施,并通过整顿清理石材企业等措施,对花岗岩荒料实行限量生产,促使各矿山企业加强技术改造,提高荒料开采成材率。同期实行矿山开采与环境保护同步审批制度,要求在开采过程中,务必做好环境保护工作,落实防污染及危害环境的措施,确保矿业生产不导致环境受污染破坏。2000年,岑溪探明境内有相当储量稀有矿种——稀土、高岭土等。市政府即出台了严禁非法开采稀土、高岭土等国家稀有珍贵矿藏的决定,组织国土资源执法监察大队的矿业中队负责矿产开采执法检查,对违法行为依法查处。2004年6月,市人民政府颁布《关于实施矿产资源总体规划的通知》,严禁在规划禁止区内新办矿山,并实行矿山最小生产规模制度。必须符合最低采矿规模,方能准许开办。

第七章 审 计

1984年2月,岑溪县审计局成立,标志着国家审计监督职能正式进入经济领域,为岑溪经济健康、快速发展保驾护航。

1991—2000年,岑溪市审计机关在履行审计职责时,年度审计计划坚持从本市改革开放的实际和财政经济运行进展状况出发,并向本级人民政府和上级审计机关作出审计结果报告。年度审计工作重点放在本级财政经济运行情况的监督评估,推进各项政策的落实、公共资金高效使用、各种经济行为的风险防范和国计民生的保障及资源、能源集约、节约使用等目标的实际上。推动依法行政和反腐倡廉建设,维护国家财政经济秩序和社会稳定,促进本市经济健康快速发展。

2000—2005年,岑溪市审计局依法对本市行政事业单位及其二层机构的财政、财务收支,国有、集体企业及国有资产占控股地位或主导企业的资产负债和损益情况,社会保障基金、环境保护资金及各项建设项目专项资金的划拨、使用情况开展审计。同时,对市人民政府管理的社会捐赠资金以及其他有关基金、资金的财务收支,党政机关、群团组织、企事业单位的主要领导干部任期经济责任情况依据相关单位申请,开展一系列的审计活动,有效地维护国家财政经济秩序,提高财政资金使用效益,为遏制与防止腐败、经济犯罪构筑一道牢固的围墙。

第一节 机 构

岑溪市审计局

1984年2月,岑溪县审计局成立(1995年12月起改称岑溪市审计局),为科级行政机构。办公地点设在县政府内(市城中路2号)。1986年7月审计局内设行政事业审计股。企业审计股,1990年起增设秘书股。1992年,改设秘书股、财贸审计、工交企业审计、行政事业审计、合资企业审计5个股室,干部职工18人,辖岑溪县审计师事务所(事业单位)人员6人。2002年机构改革,局内设秘书、法规、财政金融审计、行政事业审计、经贸审计、农业审计和经贸运用审计、固定资产投资审计、经济责任审计8个股室,2005年局内定编18人。

1991—2005年,岑溪市审计局历任局长分别是李汉炎(1990年11月至1993年8月)、饶少良(1993年8月至1994年12月)、覃继华(1995年7月至1999年4月)、黎宏明(1999年4月至2001年4月)、陈定训(2001年4月至2010年12月),其中1994年12月至1995年7月缺局长。

岑溪县审计师事务所

1992年12月,经广西壮族自治区审计署(今审计厅)批准成立岑溪县审计师事务所,隶属县审计局,为自收自支事业单位,经工商及税务部门登记核准成立。职责是经营财务收支审计查证、经济案件鉴定、建账建制与咨询服务等。1995年12月称岑溪市审计师事务所,1998年6月,自治区财政厅对各地审计师事务所进行清理整顿,1999年2月,由自治区财政厅发文,岑溪市审计师事务所予以撤销。

第二节　审计制度　审计程序

审计制度

1989年2月，岑溪县审计局根据国务院审计条例建立本局审计制度。当年首先制定《审计人员职责、守则》规范审计行为。1991年，又制定《审计岗位目标管理制度》，规定审计人员年度审计目标，建立审计岗位责任制。1992年6月和1993年1月，国家审计署先后发布《股份制试点企业审计暂行规定》《中外合资合作经济企业审计办法》。岑溪审计局在对股份制试点企业和中外合资合作经济企业审计时，则依照上述暂行规定和办法开展审计监督工作。1993年5月，依据县人民政府部署，制定了行政执法过错追究制度，严把审计质量关，在审计工作中求真、求精、求细、严防差错。1995年1月1日起，《中华人民共和国审计法》（以下简称“审计法”）正式实施。依照审计法规定，市审计局编制了《岑溪审计程序规范》和《被审计单位违反国家规定的审计建议和审计决定》制度。要求被审计单位遵循审计程序规范并依照审计中发现的存在问题进行整改。2001年，为进一步落实和完善经济责任审计工作，建立经济责任审计工作联席会议制度，由市经济责任领导小组带头，定期或不定期召开涉审机构和审计部门领导会议，通报经济责任审计情况，对审计查出的重大经济问题进行研究、讨论、提出处理意见。2004年4月，为加大打击经济违法、涉嫌经济犯罪的力度，由市检察院提出，市审计局与其签订了《市人民检察院与市审计局联合协作制度》，互相就经济违法，涉嫌经济犯罪相关信息进行交流，加大审计工作在源头上反对和预防腐败的作用。

审计程序

审计程序依照国家审计法律法规，审计机关对国家行政机关（含司法机关）及企事业单位，社会团体进行审计监督时，应依以下程序进行：

县审计局根据审计项目确定的审计事项，组成审计组后，在实施审计三日前，向被审计单位送达审计通知书，有特殊情况，经本级人民政府批准，审计机关可以直接持审计通知书实施审计。审计人员进入被审计单位后，被审计单位应提供会计凭证、会计账簿、财务会计报告及其他有关文件、资料，审计人员接收时应填写审计证明材料接收凭证。审计人员向有关单位和个人进行调查时，应当出示审计人员的工作证件和审计通知书副本。

审计组对审计事项实施后，应当向审计机关提出审计组的审计报告。审计组的审计报告报送审计机关前，应当先送被审计单位（审计对象）征求意见。审计对象自接到审计组的审计报告（征求意见稿）之日起十日内，将书面意见送交审计组。审计组应当将审计对象的书面意见连同审计报告报送审计机关。

审计局接到审计组审计报告的审议，应按审计署规定的程序进行，并对审计对象对审计组审计报告提出的意见进行研究后，作出审计机关的审计报告。对违反国家规定的财政开支、财务收支行为，应当依法给予处理、处罚的，在法定职权范围内作出审计决定，或者向有关主

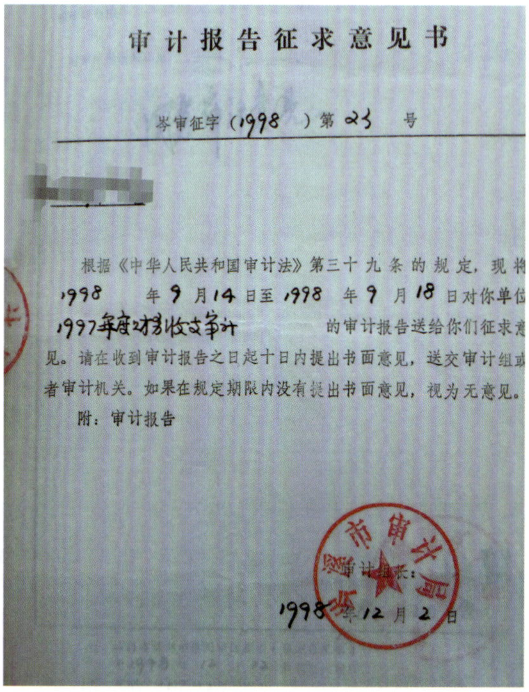
审计报告征求意见书

岑审征字（1998）第23号

[redacted]：

根据《中华人民共和国审计法》第三十九条的规定，现将1998年9月14日至1998年9月18日对你单位1997年度财务收支审计的审计报告送给你们征求意见。请在收到审计报告之日起十日内提出书面意见，送交审计组或者审计机关。如果在规定期限内没有提出书面意见，视为无意见。

附：审计报告

审计机关：

1998年12月2日

审计征求意见书

管机关提出处理,处罚的意见。

审计局的审计报告和审计决定应当送达被审计单位和有关主管机关、单位。审计决定自送达之日起生效。被审计单位对审计机关作出的审计决定不服,可在收到决定之日起60日内,向县级人民政府或上级审计机关申请复议,复议期间,本决定照常执行。上级审计机关认为下级审计机关作出的审计决定违反国家有关规定的,可以责成下级审计机关予以变更或撤销,必要时也可以直接作出变更或者撤销的决定。

审计流程(程序)图示

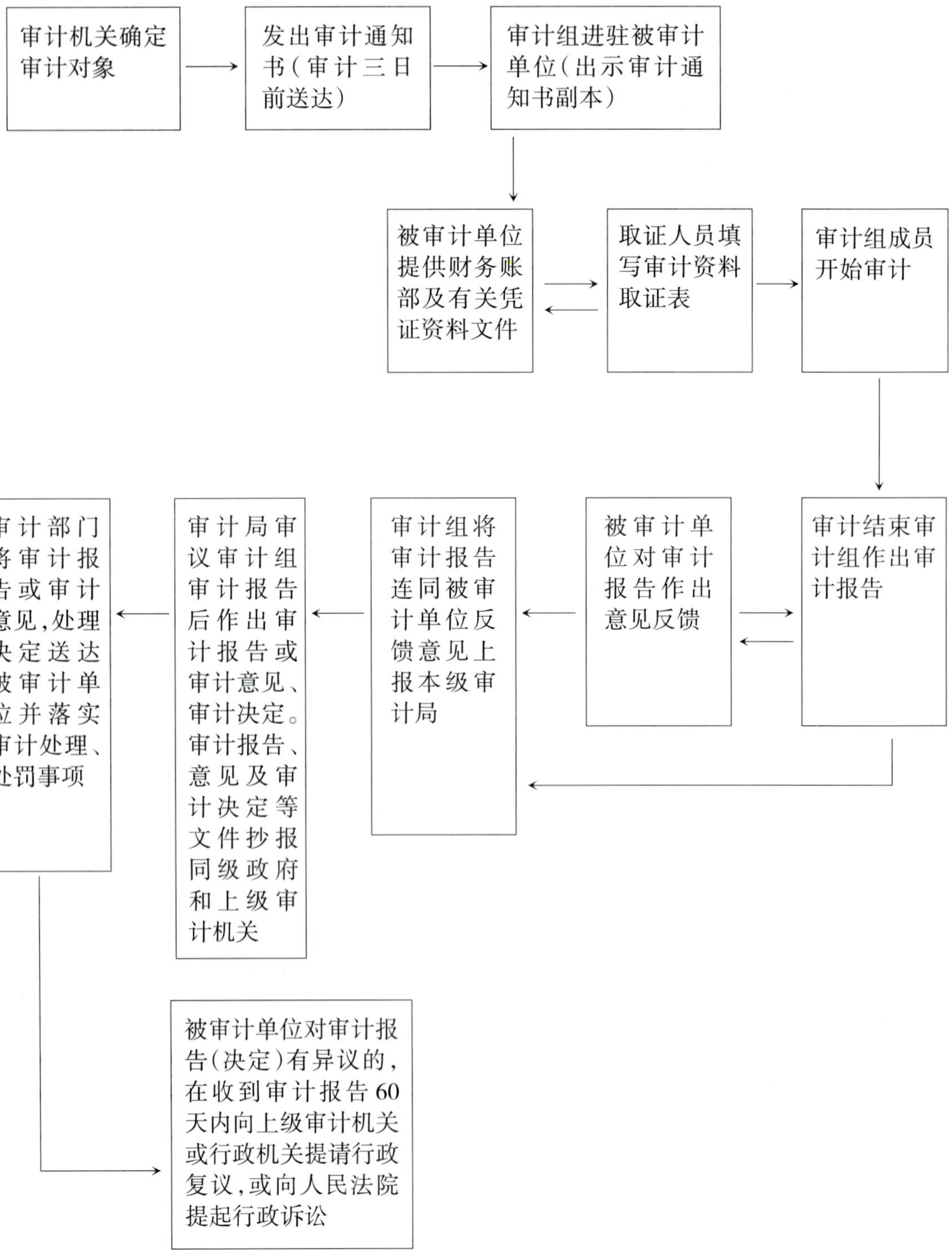

第三节　企业审计

20世纪80年代中后期起，岑溪国有、集体企业普遍实行经济责任承包制或租赁制。各企业承包（或租赁）方式、标的和人员各有不同，财务管理模式各有千秋。预防国有集体资产流失与钱物管理违法违规运转（降减效益、截留上缴利税、延交承包款项），成为审计监督的主要职责。1988年11月，国务院发布《审计条例》后，岑溪县审计局依照条例规定和上级审计机关、县人民政府的部署，重点对县内国有工商企业，尤其是先期（即1986年起）实行承包制的企业单位进行财务审计监督。

1991—1992年，岑溪审计部门通过调查研究，对工商企业、物资、外贸和部分行政事业单位的经济实体开展审计监督。1991年全年被审计单位36个，其中工商企业12个，外贸、物资及农村水利等行政事业单位经济实体19个，财税金融和自筹基建单位4个，其他类单位1个。审计资金总额10650万元，审出违纪违规金额126万元，依法处理上交财政资金27.55万元（不含罚款）。1992年开展审计单位29个（其中重点审计单位4个），审计资金总额7779万元，查出违纪违规金额37.35万元，依法处理上交财政资金2.62万元。

1993年，国家审计署发布《关于强化审计监督的意见》，提出审计工作要为建立社会主义市场经济体制服务。依照在微观经济中搞活，宏观经济中做到管住、管好的审计原则，加强对政府财政收支金融信贷的投向和关系国民经济全局的企业资产负债与损益及国家专项资金的审计。年内共完成审计单位29个，其中重点审计单位4个（即农业银行的“世界银行第四笔农村信贷”、粮食企业财政挂账和财政欠拨审计调查、民政救灾扶贫款专项审计及农村供水与环境卫生资金审计），企业审计单位5个，财税金融与行政事业单位审计20个。审计资金总额5106.3万元，查出违纪违规金额26.7万元，处理上缴财政资金16.87万元。1994年，依照国务院指示精神，审计工作针对一些企业搞虚盈实亏、盈亏不实的问题，进一步加大对国家财政收支和国有资产审计监督。在对11家国有企业审计工作中，发现盈亏不实企业6家，占54%。查出其盈亏不实的原因主要是违反财经法规，擅自扩大成本费用甚至虚列成本，使利润减少亏损增加；另是企业材料成本转结不科学、不合理，加上长期对库存材料不盘点，没能及时调整材料成本，而造成多结或少结转材料成本的状况，使企业盈亏出现不实。经过审计，审计部门针对各企业中存在的问题，分别作出审计建议和审计决定，对企业提出整改意见；对违章违法行为，依法进行处理、处罚。

20世纪90年代中期岑溪国有工商企业在深化改革进程中，部分长期亏损与经济效益较差，缺乏市场竞争活力的企业，先后实行破产、股份制改造或整体出售（拍卖）的方式转为私营企业或股份制（国有资产参股）企业。从1996年起，市审计局对企业审计重点放在长期亏损，经济效益差、缺乏市场竞争活力的企业，尤其是濒临破产或将要整体拍卖出售的企业。并通过生产期间损益、债务、资产（含固定与流动资产）以及偿债、营运、盈利能力的审计报告，向政府及主管部门提出处理（处罚）意见，为企业深化改革中的财务处理问题提供参考。1996—1997年重点审计企业单位及重点建设资金（企业技改）项目19项，查出违纪金额765.2万元，依法处理上缴财政354.23万元，追还挪用资金259.18万元。1998—1999年，重点对市富杰水泥厂投资及转包前生产情况和市经济贸易总公司1993年3月至1999年6月财务收支情况进行审计。先后查明了两企业从筹建至生产及企业承包前后资金运作中的存在问题，造成企业资产负债变动因素及经营货款亏欠、企业盈利能力差的原因，导致部分国有资产流失。为市人民政府对两企业分别作出破产和整体拍卖的决定提供审计依据。

21世纪初，企业审计仍以企业负债、损益及财务核（结）算为主，通过审计，查清企业资金流向、运行状况及企业盈亏原因,促进企业财务管理规范遵章守法;预防截留、挪用专项资金和滞纳漏缴税款及其他财务违章违法行为,为企业经济发展保驾护航。2001—2005年,市审计局共对市内9个企业(含国有、股份制及外资合资企业)单位开展审计监督,审计出管理不规范资金1201.7万元;查出违章违纪资金858.5万元;收缴财政资金364.9万元,处罚款13.2万元。

第四节　财政预算执行情况与其他财政收支审计

1995年1月1日,《中华人民共和国审计法》正式生效实施。当年,岑溪市审计局依据上级审计机关的部署,在全面加强对国民经济整体运行审计监督的同时,开展对本级财政预算执行情况与其他财政收支审计监督。1996年10月,对市1995、1996两个年度本级财政预算执行情况审计中,审出本级财政预算执行,存在着收入进度慢、增幅偏低,企业经济效益滑坡,欠税严重与财政收入少、支出大、收支矛盾十分突出,工资无法保证按时发放以及财政负债重等问题。建议市人民政府加强财政税收和改善企业经济管理,努力增收节支,压缩财政赤字。1999年4月对1998年市财政执行情况审计中,审计出当年市财政包袱仍然沉重,债务规模过大。1998年年底财政负债1.2亿元。加上财政信贷借出资金回收率低,用预算资金还贷款和被金融部门扣款的现象时有发生,以及财政支出管理,还没有真正按照量力而行、量入为出的原则执行,收支矛盾仍然十分突出,干部职工工资常有不能按月发放的情况。

1995年起,市审计局,除了每年都能对上年度或当年度市财政预算执行情况进行审计外,对其他财政收支单位审计,则根据在审计调查中发现及主管部门的提请,对相关单位(含乡镇)财政收支开展审计。其中1998至2001年,完成财政预算执行和其他财政收支的审计共70项;查出违纪违规金额321.39万元。根据有关财政法规处理上缴财政106.52万元,追还挪用资金26.10万元,纠正资金用途72.20万元。

2002—2004年各年度对财政预算执行与其他财政收支审计中,除了审计出市级财政可用财力少,“吃饭财政”问题突出,仍存在着财税基础不够扎实,新的税源增长点不多,以及历年财政遗留问题得不到圆满解决,财政欠债与财政赤字虽然逐年递减,但仍然保持亿元数位,给财政运行带来巨大压力。尤为突出的问题是,乡镇级及市直部分财政收支财务管理工作中,部分财务人员不能按有关会计制度进行核算,财政及有关部门拨款收入混为一体,部分专项资金使用以拨代支,缺乏用款单位公章和实际支出票据。单位某些收入(预算外)不缴存财政专储账户以及乱支、乱借、挪用甚至私分等违纪违规的现象。对此,市审计局在对每个单位,每项审计活动中,均能按上级审计机关制定的审计方案实施审计,并在审计报告中指出存在问题,提出整改建议和对违规、违章、违法行为及责任人作出处理、处罚决定,并向市政府,市人大常委会报告有关情况。建议市政府加强对乡镇及市直单位财务人员的管理和业务教育,对违纪违规财务人员要进行调整、整顿、严肃财经纪律,完善财经管理制度。

2003—2004年,完成上述审计项目170个,查出违规违纪金额1041万元;其中处罚收缴国库202万元,处理违规资金332万元。移交执法部门办理财经违法案件2件。2005年上半年完成审计项目21个,查出违纪违法金额174.26万元,其中处罚上缴财政116.7万元,入库38.87万元。

第五节　基本建设与专项资金审计

90年代起,岑溪经济快速发展,各项基本建设投资和相关事业发展专项资金不断增长。1991年全

县社会固定资产投资1.23亿元，1995年增至5.3亿元。其中基本建设投资1991年0.57亿元，1995年增至1.04亿元。1995年撤县设市后，基本建设投资增长进一步加快。2000年，全市基本建设投资2.42亿元，到2004年增至5.7亿元。2005年，全社会固定资产完成总额达21.84亿元，其中基本建设投资13.9亿元。其他社会事业建设专项基金，如农村改水，电气化工程、教育危房改造、卫生防疫项目资金等逐年增加。

为确保各项基本建设和专项资金使用（运作）安全，做到专款专用，产生应有效益。1991年起，县（市）审计部门把基本建设和专项资金审计监督摆到议事日程上来，作为重点审计类项来抓。促进被审计单位加强财务管理，建立健全资金运作制度，提高资金使用效益，预防资金使用运用过程违纪违规违法行为发生。1996—1997年，审计重点建设资金项目192项，查出违纪违规金额190多万元。其中十里长街工程指挥部，利用工程投资款外借有关单位及个人达20多万元，并不能及时回收，影响工程进度。处理应追回侵占、挪用款项187.8万多元。1999年4月，对市农村电气化指挥部1994年1月至1998年12月财务收支审计，查出该工程指挥部在市义昌江河段综合开发工程中，间接挪用开支占总投资12.8%，其中业务招待费、交通费及工地住勤补贴标准均与现行规定相抵触，并有支付利息无对方收据及拨给西牛头电站经费无依据和欠缴税款、白条入账等问题。经审计后，由指挥部加强工程款的监督管理，并对管理中存在问题进行整改，促进电改工程依期完成。2000—2003年，先后对市探花开发区、南环开发区、南北大道开发区等工程指挥部基本建设资金财务管理进行审计，查出在工程开发建设中，存在欠交耕地占用税，建筑税和部分工程款项违规支出、收付款项中有账与现金不符等问题，其中南环工程指挥部有586万多元应收款项未收，有365.1万元应付款项未付，借出款项92万元不能及时归还。

2002年至2005年10月，遵照梧州市审计局和市人民政府的部署，围绕“百个项目大会战”开展审计监督。先后对本市区内36个会战项目财政专项资金的使用情况进行审计，在审计中，重点审查资金是否被挤占、挪用、截留、贪污等违规违法行为的出现，保证项目资金专款专用。对审计中发现的部分地方配套资金尚未到位和部分工程（建设单位）没有按市政府国债管理有关规定履行工程建设合同的情况均向市政府和主管部门发出审计的报告，建议整改。

在上述基本建设与专项资金审计中，审出管理不规范金额1201.78万元；违规违纪金额1858.51万元。个案应上缴财政金额364.92万元。另送司法机关处理资金291.81万元。

第六节　社会事业事项财务审计

社会事业事项财务审计，主要是指涉及文化、教育、卫生、科技、交通、社会养老保险等相关事业单位的财务管理审计。90年代以来，市审计局每年都依据上述事业财务管理情况确定被审计单位和审计事项开展审计监督。对一些部门和单位在县审计事务所成立后至撤销前（即1992—1999年），则委托审计事务所开展审计监督。在对社会事业事项财务审计监督中，审查出主要存在问题是一些事业单位财务人员（会计、出纳）素质较差，财务知识专业性不强。账目分类、记账凭证不完备，有的甚至只记录收支流水账。一些单位财务制度不健全，疏于管理，不能按会计制度进行核算，不守规则乱收乱支。有的单位还有隐瞒收入，瞒税漏税和私设小金库及擅自提高补贴或不经批准滥发奖金等问题。对上述存在问题，审计部门在审计后，均分别作出审计报告、审计意见和审计决策，要求被审计单位针对存在问题进行整改，对违规、违纪、违法行为作法作出处理处罚。并同时报告主管部门或市政府，采取相应措施，予以改正。

1999年，市审计局在对市社会保险事业管理所的财务审计中，查出该所违反国务院关于《社会保险费征缴暂行条例》的相关规定，将征缴收上的社会保险费868.5万元，借给财政局发放工资，虽经市政府批准同意，仍属违法行为，遂责令财政局采取措施归还，存入社会保险基金专户。2004年，在对归义中学财务收支审计中，查出该校财务收支中，有少量“白条”入账和支出大于收入，占用其他资金和预算外收入未存入财政专户等问题。市审计局依法作出了对该校未经同意，用预算外资金发放工资、奖金、补贴和其他福利款项的收支发放行为及预算外资金不存入财政专户储存的问题，处以罚款上缴国库的决定。

第七节　干部任期经济责任审计

1996年8月起，市审计局根据市委、市人民政府的要求，开展对辖区内各乡镇、市直各局级单位及其下属机构的党政主要领导干部和国有企业单位负责人（法人代表）实行任期或离任经济责任审计，为市委、市政府和组织人事部门考核干部提供依据。1997—2000年，每年依据组织人事部门委托审计领导干部任期经济管理20～30多人（项）。在审计中，坚持实事求是，即肯定被审领导在任期内对经济管理（主要是财务管理）及本单位经济发展的成绩，又能指出在经济管理与发展实践中存在的问题及整改建议。对在财务管理中的违规、违纪、违法行为，则分清责任所在，各负其责，对领导干部应负的责任毫不讳言。

2001年，依照市委市政府的部署开展对乡镇、市直属局级单位及其下属单位领导干部任期经济责任审计。审计出突出的问题主要有：领导干部本人对会计工作不够重视，单位财会管理人员业务素质差，会计账户设置不完整，预算内外资金收支划分不明确，一些收入款项不及时入账，借支款项不及时追回等。有的单位由于财务管理制度不健全，违规记账，造假账现象时有发生。有的单位私设小金库，供领导支用。还有的单位截留预算外收入或专项拨款收入，作他项使用。有的局直属企业有少报漏报经营收入、逃税、漏税等问题。在审计中，审计部门做到对违法违纪部分，该处理罚款的处理罚款，该追缴上交国库的处理追缴上交国库。对相关责任人员，属违纪的通报纪律监察部门处理，属违法涉嫌犯罪的，通报司法（检察）机关立案审查；属领导应负责任，建议组织人事部门依纪律规定处理。

2001年，对39个单位的领导进行任期经济责任审计。其中乡镇和市直单位党政领导23人，市直下属机构13人，企业单位领导3人。共审查出违规金额91.75万元，处以上缴财政款项31.04万元。2003年，对21个正科级，14个二层机构和4个企业单位领导进行任期经济责任审计，查出违规金额71.32万元，上缴市财政27.70万元。4个企业单位违规金额35.45万元，上缴市财政5.76万元。2005年度完成领导干部经济责任审计单位25个，查出管理不规范金额66万元，处理上缴财政款项36万元。

第八节　审计调查

1999年，市审计局依据市人民政府的安排，派出审计小组，对市经济贸易公司1993年至1999年6月财务收支进行审计调查。在调查中发现该公司在财务管理中，白条列支费用达6.4万多元；由于保管不善，致使部分现金支出原始发票丢失，总金额48.65万元。另由于原经办人员已故或调离，在“商品采购”科目金额中，共有数项总金额60多万元无法理清是否收货或货款是否到账，成为呆账。鉴于上述存在问题，建议政府派出工作组进驻该公司，开展财务整顿，处理相关问题。

2002年3—4月，市审计局根据自治区审计厅和梧州市审计局的部署，先后派出审计调查组，开展

对岑溪市政府外债调查和岑溪市国债项目建设专项审计调查。在对岑溪市政府外债调查中，了解到至2001年年底，全市累计应还债务为277.31万美元，已还19.84万美元，尚欠未还款257.47万美元。外债的行业分布为农业254.37万美元，卫生3.10万美元。在对市内国债项目建设专项审计调查中发现，在国债项目建设中，某些项目工程，前期工作没有完全准备好，工程投标工作未能进行。有些项目如学校危房建设，虽完成投标并签订了建设合同，但有部分项目资金尚未到位，不能及时施工，影响秋季学生入学。一些项目因有部分资金不能按时到位，致投资完成率低等问题。市审计局通过调查后，分别撰写调查报告，向市政府和自治区、梧州市审计机关作审计调查报告，由市政府及有关部门及时处理。

2002年1月至2005年10月，市审计局完成市政府和上级审计机关安排的审计调查项目共96项（个），为政府加强审计监督，确保各项财政资金（含投资资金）项目安全运行，加快岑溪经济建设步伐作出应有的贡献。

［第十二篇］

政党　群团

第一章　中国共产党地方组织

1991—2005年，中共岑溪县(市)委在依据中共中央和国务院在不同时期作出的重大决策和自治区党委、政府，梧州地(市)委、政府的部署，结合本县(市)实际，制订出适合本辖区经济和社会发展的相关决策和措施，带领全县(市)人民群众努力奋斗并取得显著的成就。与此同时，先后制定了加强党的领导，坚持民主集中制的基本原则和搞好各级党的组织、思想、作风建设的各种规章制度；建立健全党内民主生活、互通互动、互相监督及党的各级领导干部挂村(含部门单位)蹲点，深入群众做好调查研究，帮助下级组织和人民群众解决实际问题；坚持从实际出发，努力为民办好事、办实事等工作方法，不断改善和增强党群关系，做人民群众的贴心人，当好人民公仆，全心全意为岑溪经济发展，社会文明进步作贡献。

第一节　组织机构

中共岑溪市委员会

中国共产党岑溪县委员会成立于1950年1月1日(以下简称“中共岑溪县委”，至1995年12月岑溪撤县设市后，改称中共岑溪市委)。1955年1月前，县委只设书记、副书记(含第一书记)、委员职务。1955年2月起增设常务委员(以下简称“常委”)，成立常务委员会，均为委任制。1956年5月，召开中共岑溪县第一次党员代表大会，改委任制为选举制。选举产生中共岑溪县第一届委员会。1960年5月和1962年12月，先后召开中共岑溪县第二次和第三次代表大会，选举产生中共岑溪县第二届、第三届委员会。1966年5月“文化大革命”开始，县委受到冲击。1968年4月，岑溪县革命委员会成立，同年6月成立县革命委员会党的核心小组，负责全县整党、建党工作。1970年10月，召开中共岑溪县第四次代表大会，选举产生中共岑溪县第四届委员会，县委组织得以恢复。县的第四次党代会后，由于“文化大革命”持续，党的生活仍处于不正常状态。县的第五次党的代表大会延至“文化大革命”结束后的第二年即1978年10月召开，选举产生中共岑溪县第五届委员会。此后，于1985年12月、1988年4月、1991年10月、1993年10月、1998年10月和2002年10月，先后召开中共岑溪县(市)第六次至第十一次代表大会，选举产生了第六届至第十一届中共岑溪县(市)委员会。

中共岑溪县(市)第八届至第十一届委员会书记、副书记、常委名表

表12-1-1

届次	职务	姓名	性别	民族	到任年龄	文化程度	籍贯	任职时间	备注
第八届	书记	陈初训	男	汉	55	初中	广西岑溪	1991年10月至1993年9月	—
	副书记	李世蒿	男	汉	49	大学	广西玉林	1991年10月至1993年9月	—
		黄以华	男	汉	50	中专	广西岑溪	1991年10月至1993年9月	—
		李　彬	男	汉	37	大学	广西岑溪	1991年10月至1993年9月	—
		李　明	男	汉	37	大学	广西岑溪	1991年10月至1993年9月	—
	常务委员	江　涛	男	汉	49	大学	广东南海	1991年10月至1993年9月	—
		姚才业	男	汉	38	大专	广西贺州	1991年10月至1993年9月	—
		莫祺年	男	汉	55	初中	广西岑溪	1991年10月至1993年9月	—
		罗伯林	男	汉	46	大学	广西玉林	1991年10月至1993年9月	—
		李　健	男	汉	40	大学	广西岑溪	1991年10月至1993年9月	—
		罗树松	男	汉	35	大学	广西岑溪	1991年10月至1993年9月	—
		李梓昌	男	汉	58	初中	广西岑溪	1992年2月至1993年10月	—
		潘永建	男	汉	35	大学	广西富川	1992年9月至1993年10月	—
第九届	书记	廖春林	男	汉	44	高中	广西钟山	1993年10月至1995年11月	—
		肖军忍	男	汉	46	大专	广西贺县	1995年11月至1998年10月	—
	副书记	江　涛	男	汉	51	大学	广东南海	1993年10月至1998年10月	—
		黄以华	男	汉	52	中专	广西岑溪	1993年11月至1997年4月	—
		梁树清	男	汉	44	大专	广西岑溪	1993年10月至1998年10月	—
		潘永建	男	汉	36	大学	广西富川	1993年10月至1996年5月	—
		吴福安	男	汉	36	大专	广西贺州	1994年12月至1998年8月	—
		梁秋柱	男	汉	42	大学	广西岑溪	1996年3月至1997年3月	挂职
		张宣东	男	汉	40	在职研究生	广东潮安	1998年8月至1998年10月	—
		张志君	男	汉	—	—	广东罗定	1998年8月至1998年10月	—
		罗树松	男	汉	40	大学	广西岑溪	—	—

续表 12-1-1

届次	职务	姓名	性别	民族	到任年龄	文化程度	籍贯	任职时间	备注
第九届	常务委员	谢德荣	男	汉	46	大专	广西岑溪	1993年10月至1998年10月	—
		罗树松	男	汉	37	大学	广西岑溪	1993年10月至1996年10月	—
		李　健	男	汉	42	大学	广西岑溪	1993年10月至1998年10月	—
		陈有积	男	汉	41	大专	广西岑溪	1994年7月至1996年10月	—
		李文波	男	汉	44	大专	广西贺州	1996年10月至1998年10月	—
		黄照堂	男	汉	43	在职研究生	广西藤县	1996年10月至1998年10月	—
		胡六才	男	汉	33	大专	广西岑溪	1996年10月至1998年8月	—
第十届	书记	肖军忍	男	汉	49	大专	广西贺州	1998年10月至2000年8月	—
		张宣东	男	汉	42	在职研究生	广东潮安	2000年8月至2002年10月	—
	副书记	张宣东	男	汉	40	在职研究生	广东潮安	1998年10月至2000年8月	—
		张志君	男	汉	—	—	广东罗定	1998年10月至1999年9月	—
		罗树松	男	汉	42	大学	广西岑溪	1998年10月至2000年11月	—
		林　聪	男	汉	37	在职研究生	广西陆川	2000年8月至2002年9月	—
		李　健	男	汉	48	大学	广西岑溪	1999年8月至2002年10月	—
		唐启连	男	汉	—	—	—	1999年5月至2000年1月	挂职
		梁　锋	男	汉	—	—	—	2000年1月至2001年5月	挂职
		黄照堂	男	汉	47	在职研究生	广西藤县	2000年5月至2002年10月	—
	常务委员	莫以海	男	汉	39	大专	广西藤县	1998年8月至2000年11月	—
		李　健	男	汉	47	大学	广西岑溪	1998年10月至1999年8月	—
		黄照堂	男	汉	45	在职研究生	广西藤县	1998年8月至2000年5月	—
		黄有才	男	汉	35	大学	广西蒙山	1998年8月至2002年9月	—
		黎斌兰	女	汉	42	大学	广西岑溪	1998年8月至2002年10月	—
		李荣彬	男	汉	43	在职研究生	广西岑溪	1998年8月至2002年10月	—
		黄锦铨	男	汉	43	大专	广西苍梧	1998年11月至2002年10月	—
		林进亮	男	汉	43	大专	广西苍梧	2000年1月至2001年10月	—
		潘小明	男	汉	43	大学	广西南宁	2001年12月至2002年10月	—
		罗建机	男	汉	41	在职研究生	广西贺州	2000年11月至2002年10月	—

续表 12-1-1

届次	职务	姓名	性别	民族	到任年龄	文化程度	籍贯	任职时间	备注
第十一届	书记	张宣东	男	汉	44	在职研究生	广东潮安	2002年10月至2004年1月	—
		张学军	男	汉	38	硕士研究生	湖南邵阳	2004年1月至2006年7月	—
	副书记	张学军	男	汉	36	硕士研究生	湖南邵阳	2002年9月至2004年1月	—
		黄振饶	男	汉	33	在职研究生	广西藤县	2002年9月至2006年7月	—
		李　健	男	汉	51	大学	广西岑溪	2002年10月至2006年7月	—
		唐海泉	男	汉	46	大学	广西苍梧	2002年9月至2006年7月	—
		罗建机	男	汉	45	在职研究生	广西贺州	2004年4月至2006年7月	—
	常务委员	王奕森	男	汉	42	研究生	广西桂平	2002年10月至2004年1月	—
		潘小明	男	汉	44	大学	广西南宁	2002年10月至2006年7月	—
		黎斌兰	女	汉	46	大学	广西岑溪	2002年10月至2006年7月	—
		罗建机	男	汉	43	在职研究生	广西贺州	2002年10月至2004年4月	—
		曾一戈	男	汉	36	大专	广西兴宁	2002年10月至2005年6月	—
		梁业华	男	汉	36	大专	广西藤县	2004年8月至2005年8月	—
		严伯贵	男	汉	39	在职研究生	广西苍梧	2004年4月至2005年1月	—
		陈　钧	男	汉	37	大学	广西岑溪	2005年10月至2006年7月	—
		戴　军	男	汉	45	大学	广西苍梧	2005年11月至2005年7月	—
		冯天德	男	汉	43	大学	广西岑溪	2005年9月至2006年7月	—

中共岑溪县(市)委员会工作机构

中共岑溪县(市)各届委员会,由以下工作机构组成。

县(市)委办公室　1950年1月设立县委秘书室,1958年10月改为县委办公室。1960年10月至1961年7月,县委办公室曾与人委(政府)办公室合署办公。1967年受“文化大革命”冲击,于1968年由县革命委员会办公室代替。1973年恢复县委办公室。1991年,县委办公室(1995年12月改称市委办公室)内设秘书股、财会股、行政股(含内勤服务、车辆调度)、机要股(局)、保密局,并辖管政策研究室、信访办公室、外事接待办公室、档案局等正局级单位。当年行政编制28人(不含辖管的政策研究室等局级单位),事业编制4人。1997年增设信息新闻股。2002年机构改革,市委办公室内设秘书股、综合股、信息新闻股、政研股、督查室、接待股、财会股、行政股、保卫股、机要局、保密局等股室(局),核定行政编制22名。市委办公室主任为任命制,或由县(市)委常务委员兼任。2005年年末行政编制24人,事业编制3人。

县(市)委办公室是县(市)委员会内设的办事机构,直接为县(市)委会(及其领导成员)办(处)理各项事务和上下内外交流等日常工作,既包括文书(文件)信函处理(收发、撰稿、批复、归档、保密)和派员出席党委召开的各种各类会议(含上级在本级召开或政府联合召开)做好记录,及为委员会领导讲话、汇报材料、工作总结、决议、决定的起草、打印校稿送审、发送工作。还包括政策研究、市情调查、上下内外信息收集互通、交流,相关事项督查、督办,本机关工作人员政治思想教育、纪律作风管理后勤服务和本级领导(含上级党办)交办的相关工作。

1991—2005年,历任县委办主任分别是罗树松(1991年10月至1994年6月)、李荣彬(1994年6月至2001年10月)、冯天德(2001年10月至2009年4月)。

市委组织部 1950年1月设立县委组织部。1967年受“文化大革命”冲击,1968年成立县革命委员会,其政治部、政工组承担了组织部职能。1970年10月恢复县委组织部。1991年,县委组织部内设干部股、组织股、青干股、办公室等股室,编制19人。1997年机构改革,增设公务员管理股、干部教育监督股。2002年,组织部内设办公室、调查研究股、组织股、干部股、青年干部股、干部教育股(挂市委干部教育工作领导小组办公室牌子)、知识分子工作股(挂市委知识分子工作领导小组办公室牌子)、干部监督股、公务员管理股、组织员办公室、电化教育股(对外挂党员电化教育中心牌子)。核定编制20名,其中行政编制16名(不含市委常委兼组织部部长编制),后勤事业编制4名(含电化教育中心事业编制)。市委组织部部长为任命制,由市委常委兼任。

1991—2005年,历任组织部部长分别是姚才业(1991年至1992年9月)、潘永建(1992年9月至1994年6月)、李文波(1994年6月至1995年10月)、黄照堂(1996年10月至2000年5月)、罗建机(2000年11月至2004年8月)、梁业华(2004年8月至2005年8月)、戴军(2005年11月至2006年7月)。

市委宣传部 1951年1月设立县委宣传部。1967年受“文化大革命”冲击,1968年成立县革命委员会,革委会的政治部、政工组,代替宣传部工作。1970年10月恢复县委宣传部。1991年,县委宣传部内设办公室、理论教育股、宣传股、新闻报道股和精神文明办公室等股室,编制16人。2002年,市委宣传部内设秘书股、干部股、理论调研股、宣传股、对外宣传股、精神文明建设股、文化艺术协调股,核定编制12名。宣传部部长为任命制,由市委常委兼任。

1991—2005年,历任宣传部部长分别是莫祺年(1991年8月至1994年6月)、罗树松(1994年6月至1996年10月)、胡六才(1996年10月至1998年8月)、黎斌兰(女,1998年8月至2006年7月)。

市委统战部 1953年9月设立县委统一战线工作部(以下简称“统战部”)。1967年起受“文化大革命”冲击,统战工作被迫停止。1970年10月恢复县委统战部。1991年,县委统战部内设办公室,宗教事务股、侨务股、对台宣传股等股室,编制8人。市委统战部是市委主管统一战线工作的部门。1997年成立市委台湾工作办公室和市政府台湾事务办公室(以下简称“台办”,合署办公)、市民族宗教事务管理办公室(以下简称“民宗办”)在统战部挂牌,对外作为政府部门的行政主体不变。2002年机构改革,市委统战部内设秘书股、台湾工作股、民族宗教股、工商经济股、社会联络股等5个股室。核定行政编制7人,事业编制1人。2005年年末共有干部职工9人。

1991—2005年,市委统战部历任部长是:李思荣(1990年5月至1993年10月)、陈彪(1993年10月至2001年10月)、李荣彬(2001年10月至2006年7月)。

市委政法委员会 1981年3月成立县委政法委员会。1991年,为县(市)委领导政法工作正局级职能部门,办公地点设在县委办公楼一楼。政法委员会内设秘书股、人事政工股、执法监督股和调研股等股室,编制6人。1997年和2000年分别成立的社会治安综合治理办公室(以下简称“综治办”)、防范和处理邪教问题领导小组办公室在政法委员会挂牌,与政法委员会合署办公。2005年,市政法委核定编制12名。

1991—2005年,市政法委历任书记是李明(兼,1991年11月至1993年7月)、梁树清(兼,1993年10月至1998年10月)、张志君(兼,1998年10月至1999年9月)、黄锦铨(1999年10月至2002年9月)曾一戈(2002年9月至2005年6月)、陈均(2005年11月至2006年7月)。

县(市)直属机关工(党)委 1958年6月,成立县直属机关党委,领导县直属机关党的工作。1990年2月,撤销县直属机关党委,设立县直属机关工作委员会,主管县直属机关各党委会、党组、党(总)支部的组织建设、思想建设和作风建设,内设办公室一个机构,编制4人,办公地点设在县委前楼。1992年5月,成立县直机关党委(设在县直属机关工委内)。1997年3月,撤销市直机关工委。2002年4月,撤销市直属机关党委,恢复设立市直属机关工委,同年7月,在市直属机关工委内重新设立市直属机关党委。2004年撤销直属工委,保留市直属机关党委。2005年核定编制8人,其中行政编制7人,事业编制1人。

1991—2005年,市直属机关党委(含工委)书记分别是李妙球(工委书记,1990年3月至1992年7月)、蓝相善(工委书记,1992年7月至1997年3月)、陈崇彩(女,1999年5月至2002年4月)、王美强(党委书记1992年5月至1999年4月,工委书记1997年3月至1999年4月)、杨荣桂(2002年至2008年6月)。

中共岑溪市纪律检查委员会 1950年9月,设立中共岑溪县委纪律检查委员会。1984年5月,中共岑溪县委纪律检查委员会升格为由党的代表大会选举生产的独立机关,受同级党委和上级纪律检查委员会双重领导。

20世纪90年代市委党校大门

1991年县纪委内设办公室、控告申诉室、纪律检查室、案件审理室、调研教育室,核定行政编制13人,事业编制2人。1993年3月,县纪委与县监察局(1987年11月成立)合署办公。1997年机构改革后,纪委监察机关内设办公室、信访室、纪检监察室、案件审理室、调研教育室、党风廉政建设室、执法监察室,核定行政编制19人。2002—2005年,纪委监察部门内设机构不变增加行政编制1人,实有在编人员22人。1991—2005年纪委书记:罗伯林(1991年至1993年10月)、谢德荣(1993年11月至1998年9月)、黄有才(1998年10月至2002年9月)、唐海泉(2002年10月至2006年7月),监察局局长:卢硕祥(1991年至1993年2月)、赖凤荃(1993年3月至2002年9月)、赵丕勇(2002年10月至2005年)。

中共岑溪市委党校 1960年2月中共岑溪县委党校成立。办学初期,校址设在社会主义建设学校简称社建校(2005年时的岑溪市教师进修学校,即文化二路15号)处。"文化大革命"期间受冲击停办。1975年1月,恢复建校,校址仍在原社建校,1979年5月党校迁至原樟木公社天星大队,在天星水库旁的山坡上建校。1984年迁至今十里长街(又称玉梧大道)波塘路口对面山坡建校,与县农机校相邻。

县委党校自成立起先后内设办公室、财务室、教务股、卫生室等股室,接受县委组织部、宣传部领导。80年代前正校长由县委组织部部长或宣传部部长(县委常委)兼任,设1~2个副校长主持校务工作。1988年起,为适应干部学历教育(函授)的需要,增设函授站,设置专职校长。1995年起,党校校长改为市委副书记兼任,设常务副校长主持工作。1991年,县委党校有教职工20人,2005年年末教职工定编25人。

1988—2005年,党校的正校长、常务副校长分别是谭坚(专职校长,1988年4月至1995年7月)、潘永建(市委副书记兼校长,1995年6月至1996年5月)、徐涌峰(第一副校长1995年7月至1998年10月)、吴福安(1996年6月至1998年9月)、张志君(市委副书记兼校长、1998年10月至1999年9月)、罗树松(市委副书记兼校长1999年10月至2000年11月)、黄照堂(市委副书记兼校长2000年2月至2002年10月)、唐尚业(常务副校长1998年10月至2008年7月)、黄振饶(市委副书记兼校长2002年11月至2004年4月)、罗建机(2004年5月至2008年7月)。

中共岑溪市委党史办公室 中共岑溪县委党史办公室成立于1981年8月。成立之初为中共岑溪县党史资料征集领导小组办公室,与同期成立的岑溪县地方志编纂委员会办公室合署办公。1987年10月,县委党史资料征集领导小组撤销,根据上级党史部门通知精神,党史资料征集领导小组办公室更名为中共岑溪县委党史办公室,为独立科级机构事业单位,内设资料征集、党史编研两个股。迁县委院子内办公。1995年12月,岑溪撤县设市,改称中共岑溪市委党史办公室。党史工作职责,主要负责开展地方党史工作,指导和协调全市党史业务。包括收(征)集、整理(考证)中国共产党地方组织建立、发展的历史资料,对地方党组织发展历史,及其领导人民进行革命斗争与社会主义经济、政治、文化等方面建设历史的研究;通过编纂、撰写、出版相关史料书刊、文章,开展党史宣传教育活动等三个方面的工作。其职能是收

（征）集史料、进行历史研究及宣传教育，以史为鉴、资政育人。

80年代末至2005年，市委党史办公室的主要领导人（主任）分别是卢树林（1988年8月至1992年5月）、李直（1994年5月至1996年7月）、谭坚（1997年3月至2002年6月）、杨培龙（2002年9月至2013年11月）。其间1992年5月至1994年5月、1996年8月至1997年3月、2002年7月至2002年9月主任空缺，由一副主任主持工作。

中共岑溪县（市）基层党组织机构

各行政区（区、乡、人民公社、乡镇）党组织 20世纪50—80年代初期，岑溪县根据区、乡、人民公社行政区域调整情况，分别设立区、乡、人民公社党的委员会（其中区委为县委派出机构），除区委领导成员为任命制外，乡、公社党的委员会，通过召开乡、公社党员代表大会选举产生（中途变更为任命制）。1984年，撤销人民公社改建乡、镇设置，当年岑溪县设17个乡镇党委、其中镇党委4个，分别为岑城镇、糯垌镇、归义镇、南渡镇党委；乡党委13个，分别为樟木乡、马路乡、吉太乡、水汶乡、大隆乡、梨木乡、大湴乡、筋竹乡、诚谏乡、昙容乡、三堡乡、波塘乡党委。1989年8月，马路、水汶、筋竹、诚谏、三堡、波塘等6个乡撤乡建镇，其乡党委改为镇党委。1991年仍设17个乡镇党委，其中镇党委10个（分别是岑城镇、马路镇、南渡镇、水汶镇、归义镇、筋竹镇、诚谏镇、糯垌镇、三堡镇、波塘镇党委），乡党委7个（分别是：樟木乡、梨木乡、大隆乡、昙容乡、安平乡、大湴乡、吉太乡党委）。1994年8月，樟木乡、梨木乡、大隆乡、昙容乡、安平乡撤乡建镇，大湴乡改为大业镇，六个乡党委随之变更为镇党委。2005年进行乡镇建制调整，撤销樟木镇、昙容镇、吉太乡，分别整建制并入岑城镇、马路镇、南渡镇，樟木镇、昙容镇、吉太乡3个党委也随之撤销。全市共设岑城镇党委、马路镇党委、南渡镇党委、水汶镇党委、大隆镇党委、梨木镇党委、大业镇党委、归义镇党委、筋竹镇党委、诚谏镇党委、糯垌镇党委、安平镇党委、三堡镇党委、波塘镇党委等14个建制镇党委。

1991—2005年各乡镇党委书记名单

岑城镇：刘志明（1991年5月至1993年9月）、覃照荣（1993年10月至1994年10月）、吴志坚（1994年10月至1998年11月）、李旭长（1998年11月至2002年8月）、张坚（2002年9月至2005年7月）、邓宁（2005年7月至2006年4月）

樟木镇（乡）：李伟房（1990年12月至1993年7月）、李汉炎（1993年7月至1996年7月）、覃文征（1996年7月至2001年1月）、罗华孔（2001年1月至2002年8月）、覃广平（2002年8月至2005年7月）

马路镇（乡）：赵东平（1990年6月至1993年7月）、梁庆桃（1993年7月至1995年7月）、钟志德（1995年7月至1998年4月）、冯天德（1998年4月至1999年8月）、蓝明月（1999年8月至2001年2月）、张小玉（女，2001年2月至2002年9月）、廖炯波（2002年9月至2005年4月）

南渡镇：陈彪（1991年1月至1993年3月）、梁超文（1993年3月至1994年10月）、胡六才（1994年10月至1997年3月）、张树全（1997年3月至1998年9月）、李公二（1998年9月至2001年4月）、龙金强（2001年4月至2006年7月）

昙容镇（乡）：黄滚国（1990年6月至1992年3月）、陈楚（1992年3月至1993年7月）、陈通英（1993年7月至1995年7月）、李超（1995年7月至1998年9月）、陆海波（1998年9月至1999年9月）、赵丕勇（1999年9月至2001年4月）、元思勇（2001年4月至2002年4月）、覃盘和（2002年2月至2005年4月）

吉太乡：李自潮（1990年6月至1993年7月）、邓长宁（1993年7月至1996年8月）、李伟海（1996年8月至1999年4月）、何凡（1999年4月至2002年8月）、林源波（2002年8月至2005年7月）

水汶镇（乡）：杨东荣（1991年7月至1993年9月）、罗运森（1993年9月至1995年7月）、李兆龙（1995年7月至1996年8月）、李敏生（1996年8月至1999年4月）、黄东明（1999年4月至2001年8月）、陈钧（2001年8月至2002年8月）、甘梅（女，2005年8月至2008年4月）

大隆镇（乡）：梁寿光（1990年4月至1993年1月）、覃继华（1993年1月至1995年1月）、黄小陆（1995年

1月至1996年1月）、覃开文（1996年1月至1999年4月）、李伟海（1999年4月至2002年7月）、何凡（2002年8月至2006年4月）

梨木镇（乡）：林勇光（1991年7月至1993年12月）、陈宏杰（1993年12月至1996年9月）、张庆锋（1996年9月至1999年4月）、覃广平（1999年4月至2002年8月）、甘卫（2002年8月至2005年7月）、陈坚（2005年7月至2010年5月）

大业镇（乡）：程世燊（1990年6月至1993年7月）、胡远生（1993年7月至1996年1月）、梁凤保（1996年1月至1996年8月）、陈家福（1996年8月至1998年11月）、梁小丽（女，1998年11月至2006年4月）

筋竹镇（乡）：李品生（1990年6月至1992年6月）、李荣彬（1992年6月至1995年7月）、莫汉明（1995年8月至1996年6月）、黄受全（1996年6月至1999年6月）、林瑞光（1999年6月至2001年6月）、谢宗林（2001年6月至2002年7月）、黄立波（女，2002年8月至2005年12月）

诚谏镇（乡）：赖凤荃（1990年6月至1991年11月）、陈甫仁（1991年12月至1994年10月）、赖丕汉（1994年10月至1996年10月）、陈贻德（1996年10月至1999年4月）、叶茂荣（1999年4月至2001年4月）、蔡耀文（2001年4月至2003年3月）、陈永福（2003年3月至2004年9月）、梁传超（2004年8月至2006年3月）

归义镇：韦克隆（1990年1月至1993年7月）、邓北光（1993年7月至1996年8月）、黎斌兰（女，1996年8月至1998年9月）、饶少良（1998年9月至1999年4月）、张艺（1999年4月至2003年7月）、邓腾（2003年7月至2006年4月）

安平镇（乡）：苏深秀（1991年6月至1993年2月）、吴金炎（1993年2月至1996年9月）、陈健勇（1996年10月至1998年4月）、陈定训（1998年4月至2001年4月）、梁翔峰（2001年4月至2006年4月）

糯垌镇：苏柱显（1990年1月至1993年1月）、苏深秀（1993年2月至1995年7月）、李立进（1995年7月至1996年8月）、陈甫勇（1996年8月至1999年4月）、莫石坚（1999年4月至1999年8月）、覃振明（1999年8月至2001年4月）、余中秋（2001年4月至2002年8月）、陈钧（2002年8月至2006年4月）

三堡镇（乡）：何振荣（1990年1月至1993年10月）、黄瀚章（1993年10月至1996年10月）、余建波（1996年10月至1999年10月）、唐永清（1999年10月至2001年4月）、肖培宁（2001年4月至2005年4月）、李联强（2005年4月至2011年5月）

波塘镇（乡）：刘富荣（1991年6月至1993年6月）、蒲海金（女，1993年7月至1996年9月）、刘明敢（1996年10月至1998年9月）、黎芝勇（1998年9月至2002年8月）、陈永福（2002年8月至2003年3月）、梁新民（2004年4月至2006年4月）

县（市）各机关党委、党组　1990—1991年，县直各机关党组织共设1个工委、1个党委、33个党组。各工委、党委、党组分别是：直属机关工委、公安局党委和县人大常委会党组、县人民政府党组、统战（政协）党组、检察院党组、人民法院党组、司法局党组、民政局党组、人事局党组、劳动局党组、计划委员会党组、物价局党组、城建委党组、物资局党组、农委党组、农业局党组、林业局党组、水电局党组、畜牧水产养殖局党组、农机局党组、经委党组、财贸办公室党组、交通局党组、工商行政管理局党组、粮食局党组、财政局党组、乡镇企业局党组、商业局党组、供销社党组、文化局党组、教育局党组、卫生局党组、计划生育委员会党组、科学技术委员会党组。

1992年5月，成立县直机关党委、计委系统党委、农林水系统党委、经委系统党委、财贸系统党委、文教卫系统党委，撤销计划委员会党组、农委党组、经委党组、财贸办公室党组。

1994年4月，成立农业银行党委，地矿委党组、土地局党组。

1996年7月，成立对外经济贸易协作委员会党组；9月成立技术监督局和环保局党组。

1997—2000年，先后成立经贸系统党委；医药总公司党组、广播电视局党组、工商联党组、信用联社党组、房产局党组、审计局党组、体育事业局党组、统计局党组、国家税务局党组。

2001年,2月成立市政府办公室党组;9月撤销建设局党组,成立建设局党委;10月成立市地方税务局党组。

2002年7月,成立经济贸易局党委、教育局党委、国土资源局党委、交通局党委、农业局党委、卫生局党委、林业局党委、水利局党委,粮食局党委,成立发展计划局党组、文化和体育局党组,同时撤销文教卫系统党委、农林水系统党委、经济贸易系统党委、计划系统党委、交通局党组、农业局党组、林业局党组、水利电力局党组、文化局党组、教育局党组、卫生局党组、土地管理局党组、地质矿产管理局党组、乡镇企业管理局党组、体育局党组、物价局党组、粮食局党组。

2004年7月,成立安全生产监督管理局党组,撤销对外经济合作局党组。

2005年岑溪县(市)各机关党委(部门或系统党委)、党组正职领导人(书记)名单

市公安局党委:书记陈守朝

市国土资源局党委:书记李公二(兼任局长)

市教育局党委:书记吴方源(兼任局长)

市交通局党委:书记陈甫勇(兼任局长)

市农业局党委:书记杨立坚(兼任局长)

市林业局党委:书记罗运森(兼任局长)

市水利局党委:书记邓北光(2005年4月调离)、覃盘和(2005年4月到任)

市卫生局党委:书记梁凤保

市粮食局党委:书记李璐坚(2005年4月到任)

市经贸局党委:书记邓长宁(2005年8月调离)、莫石坚(2005年8月到任)

市城乡建设局党委:书记覃广平

机关党组书记

市人民政府党组书记:黄振饶

市人大常委会党组书记:黄照堂

市政协委员会党组书记:梁树清

市审计局党组书记:陈定训(兼任局长)

市工商行政管理局党组书记:黄瀚章(2005年10月调离)、刘绵群(2005年10月到任)

市质量技术监督局党组书记:陈甫仁(兼任局长)

梧州市食品药品监督管理岑溪市分局党组书记:梁启刚(兼任局长)

市财政局党组书记:覃照荣

市人口和计划生育局党组书记:程杰锋

市供销合作社党组书记:莫荣金

市广播电视局党组书记:余中秋(兼任局长)

市民政局党组书记:李敏生(兼任局长)

市劳动与社会保障局党组书记:饶少良(兼任局长)

市人事局党组书记:何万水(女,兼任局长)

市工商联合会党组书记:陈庆强

市安全生产监督管理局党组书记:陈永福

党的总支、支部委员会 依照《党章》规定,企业、农村、机关学校、科研院所、街道社区、社会组织、人民解放军连队和其他基层单位,凡是有正式党员3人以上的,都应当成立党的基层组织(即党组、总支、支部或基层委员会)。1991年岑溪县内建立的基层党委有20个(含乡镇与县直机关党委)、党组32个,党的总

支27个，支部707个，其中农村（村街居委会）党支部277个。1995年，全市基层党委26个，党组37个，党总支26个、支部755个，其中农村党支部277个。2000年，贯彻《中国共产党农村基层组织工作条例》，开始在村级设立基层党委或党总支部。当年，在条件成熟的思孟村、上奇街、义垌村、马路街和盘古村等5个村（街）率先成立村级党委会，在26个村建立农村党总支部。2001年开始在非公有制企业中探索建立私（民）营企业党支部的做法，至2003年，在全市非公有制企业中，有11个企业建立了党支部。2005年年末，全市有基层党委（含村级）32个、党组33个，党总支部34个，党支部846个，其中农村党支部370个。全市共有党员27332人，其中农村党员21257人。1991—2005年，累计发展共产党员13795人，其中发展农村党员6873人。

第二节　党代会和党员大会

依照党章规定，中共岑溪县（市）委员会由党的代表大会选举产生。党的乡镇委员会由党员大会或代表大会选举产生。机关单位和农村党支部委员会，由党员大会选举产生。县（市）直属机关党委、党组一般由县（市）委任命组成。

中共岑溪县（市）党的代表大会

1991—2005年，中共岑溪县（市）委召开过第八至第十一届共4次全县（市）党的代表大会，选举产生第八、第九、第十、第十一届委员会。

中共岑溪县第八次代表大会　1991年10月28—30日，召开中共岑溪县第八次代表大会。出席会议代表299人。大会听取陈初训代表中共岑溪县委员会做《加强党的领导坚持改革开放为我县政治经济社会全面发展而努力奋斗》的报告和罗伯林代表中共岑溪县纪律检查委员会所做《坚持在党的领导下，发挥纪检职能作用，为我县的改革开放和经济建设保驾护航》的报告；通过中共岑溪县第七届委员会工作报告、中共岑溪县纪律检查委员会工作报告；大会选举产生由23名委员和4名候补委员组成的中共岑溪县第八届委员会和由13名委员组成的中共岑溪县纪律检查委员会。选举陈初训、李世蒿、黄以华、李彬、李明、江涛、姚才业、莫祺年、罗伯林、李健、罗树松为中共岑溪县委常委；陈初训为县委书记，李世蒿、黄以华、李彬、李明为副书记；罗伯林当选为县纪委书记，谢德荣、赖凤荃为县纪委副书记。

中共岑溪县第九次代表大会　1993年10月15—18日，召开中共岑溪县第九次代表大会。出席会议代表307人。大会听取和审议廖春林代表中共岑溪县第八届委员会所做的题为《坚持党的领导推进改革开放为建设繁荣、富裕的新岑溪而努力奋斗》报告和谢德荣代表县纪委做题为《抓好党风党纪建设，促进我县改革开放和经济建设顺利发展》的工作报告，通过中共岑溪县第八届委员会工作报告、中共岑溪县纪律检查委员会工作报告；选举产生由25名委员、3名候补委员组成的中国共产党岑溪县第九届委员会和由13名委员组成的中共岑溪县纪律检查委员会：廖春林、江涛、黄以华、梁树清、潘永建、罗伯林、刘志明、谢德荣、罗树松、李健、陈有积当选为县委常委，廖春林当选为县委书记，江涛、黄以华、梁树清、潘永建当选为副书记；谢德荣当选为县纪委书记，赖凤荃、李伟珍（女）当选为县纪委副书记。

中共岑溪市第十次代表大会　1998年10月12—13日，召开中共岑溪市第十次代表大会。出席会议代表302人。大会听取和审议肖军忍代表中共岑溪市第九届委员会做《高举邓小平理论伟大旗帜承前启后创辉煌为实现我市跨世纪的宏伟目标而努力奋斗》的工作报告和黄有才代表中共岑溪市纪律检查委员会所做《加强党风廉政建设，深入开展反腐败斗争，确保我市跨世纪目标和任务顺利实现》的工作报告，并通过有关决议。大会选举产生由28名委员，3名候补委员组成的中国共产党岑溪市第十届委员会；选举肖军忍、张宣东、张志君、罗树松、莫以海、李健、黄照堂、黄有才、黎斌兰（女）、李荣彬为市委常委，肖军忍当选为市委书记，张宣东、张志君、罗树松当选为市委副书记，选举中共岑溪市纪律检查委员会委员15名，常务委员会委员7名。黄有才当选为市纪委书记，赖凤荃、黄振松当选为市纪委副书记。

中共岑溪市第十一次代表大会 2002年10月27—29日，召开的中共岑溪市第十一次代表大会。出席会议代表296人。张宣东代表中共岑溪市第十届委员会做题为《抢抓新机遇，加快新发展，实现新跨越》的报告，唐海泉代表中共岑溪市纪律检查委员会做题为《与时俱进，开拓创新，以党风廉政建设和反腐败斗争的实际成果取信于民》的报告。大会通过《关于中共岑溪市第十届委员会报告的决议》和《关于中共岑溪市纪律检查委员会工作报告的决议》。大会选举产生由29名委员、5名候补委员组成的中共岑溪市第十一届委员会和由15名委员组成的中共岑溪市纪律检查委员会；选举张宣东、张学军、李健、黄振饶、唐海泉、王奕森、潘小明、黎斌兰（女）、罗建机、曾一戈为市委常委，张宣东当选为市委书记，张学军、李健、黄振饶、唐海泉当选为市委副书记；选举唐海泉为市纪委书记，赵丕勇、黎芝勇、杨华凤（女）当选为市纪委副书记。

基层组织党员大会、代表大会

依照党章规定，党的基层委员会每届任期3～5年，总支部委员会、支部委员会任期2～3年。1991年起，岑溪县（市）各乡镇每3年或4年举行一次党的代表大会，召开年份由县（市）委决定报上级党委同意后实施，选举产生新一届乡镇党的委员会。机关单位与农村党的总支、支部委员会任期2～3年，换届时通过召开党员大会选举产生新一届总支部、支部委员会。乡镇党委换届选举，按上级党委部署，一般在县（市）党委换届之前进行。各乡镇党的代表大会的代表人数（含划分）由县（市）委按各乡镇党员人数按比例确定，并规定代表选举日期。各乡镇召开党的代表大会时，县（市）委和有关部门（组织部或挂靠单位）派出领导到会指导。各乡镇党的代表大会选举出的新一届领导成员名单，需经县（市）委审查同意批准后任职。

机关学校、企事业单位的总支部、支部委员会换届选举，由各机关单位根据任期时间确定，报所属党委同意后即可召开党员大会进行选举。农村党的总支部、支部换届，一般按（县）市委确定的换届年份进行。换届候选人名单经民主协商后，报乡镇党委审查和县（市）委组织部门备案。

乡镇党委和党总支、支部领导成员均可连选连任。任职期间，有因病或因违纪（含违法）等其他原因不能继续任职的，由上级党委或纪检部门查证属实后撤换或作违纪处分。

第三节　重要决策

经济决策

1991年年初，自治区党委书记赵富林到岑溪考察，要求岑溪提前在1993年实现国民生产总值翻两番的目标，并作“坚持改革开放，振兴岑溪经济”的题词。当年10月召开的中共岑溪县第八次代表大会上，县委提出今后3年岑溪经济发展的目标，即到1993年，全县国民生产总值5.05亿元，每年平均增长18.34%；国民收入4.67亿元，每年平均增长17.6%。期内工农业生产总值达到7亿元，年均增长17.1%；农业总产值2.85亿元，年均增长6.8%，并要在发展生产的基础上，改善人民生活，农民人均收入达到800元，城镇居民收入也要相应增加。

为实现上述目标，农业农村经济方面提出了继续坚持农业基础地位，粮食生产大力推广杂优水稻和垄作技术，大搞种养开发性农业。林业生产继续实施“兴岑先兴林，林兴百业旺”的战略，1993年基本建成松脂、玉桂、八角、竹子、水果、速生林六大商品林基地。实施“四轮驱动”（即乡、村、户、联合体）的乡镇企业发展方针，大力发展农村经济，增加农民收入。工业方面，提出继续坚持改革开放，努力改善投资环境、吸引外商，引进外资。抓好现有工业企业技术改造和挖潜配套，增强企业活力和经济效益。大力发展和办好工矿加工各业的外向型企业。充分利用花岗岩、松脂、“三黄鸡”和水利资源，引进和开发高科技产品的工业（含农林牧加工业）项目，提升县域经济中的工业产值比例。

1992年6月自治区改革开放会议在岑溪召开后，为进一步解放思想，借鉴广东改革开放的经验。中共岑溪县委提出了“向东学、向东看”的口号，在分期分批安排各级领导干部赴广东开放地区参观学习的基础上，1993年年初提出“668（谐音路路发）工程”计划。要求年内实现“六业”（农业、国营工业、乡镇企业、“三资”企业、个体工商业、机关办实业）并举上新台阶、“六年奋发展宏图”（指1993年要办成人才培养年、交通建设年、城镇建设年、发展市场经济年、经济效益年、社会治安年）、“六项指标”（指社会固定资产投资、新增花岗岩生产圆盘锯、乡镇企业总收入、林业六大基地建设和林产增产值指标、第三产业增产值、剩余劳动力广东务工人数等六项指标）都要突破创新绩，以激发县域经济加快发展。

1993年10月，中共岑溪县第九次代表大会召开，确定今后5年（1993—1998年）经济建设和改革开放，促进社会全面发展的各项目标任务。12月，县委、县政府成立“岑溪县股份制企业试点工作领导小组”。推出了加快国有工商企业转换经营机制，创立现代企业新模式，建立全新的企业经营管理制度，为加快县域工商企业发展，增添市场竞争活力的改革措施。1994年9月，为加快改革开放步伐，县委发出《积极引进外资，大力发展种养加工业》的通知，把招商引资的范围，由原来的工商业拓展到大农业的种养加工领域，为岑溪农业农村经济发展开创一条宽阔道路。当年招进港台客商到岑溪投资水果种植、养鱼和桂圆肉加工业。1994年11月，县委决定实施探花千亩开发区、县城南北大道、城北对外加工区等12个工程项目建设规划、并于1995年年初举行奠基开工仪式。1995年，岑溪超额完成“八五”计划，当年全市国民生产总值由“七五”期末的6.75亿元增加到17.74亿元（当年价，下同），共增加11亿元，年均增长11%，创历史新高。工业产值增长72%多。尤其外向型工业企业和乡镇工业企业快速发展，初步实现了由农业立县向工业立县的转变，地方财政收入实现8900多万元。1995年9月11日，岑溪获国务院民政部批准，岑溪撤县设市。10月，中共岑溪县第九届委员会三次全体委员（扩大）会议召开，讨论并通过了《岑溪县国民经济和社会发展的“九五”计划和2010年长远规划的建议》和《关于全面实施科教兴岑战略，加速科学技术进步的决定》。交由县人民代表大会审议后实施。全会还就《岑溪县一九九六年实现小康计划》和《岑溪县科学技术发展“九五”计划和2010年长远规划》进行讨论和审议。提前部署1996年的各项工作任务。

1996年3月，岑溪设市庆典暨96中国石材岑溪展销会后，市委、市政府先后发出《关于建设农业强市的意见》和《关于进一步扩大对外开放的决定》及《关于鼓励外商投资的优惠办法》。并通过召开相关会议，提出“重粮抓钱”的发展战略，全面开展“农业综合开发效益年”和“三高（即高技术、高质量、高效益）”农业生产。召开对外开放会议，部署向东学、向东比、向东看，抓住机遇，迅速掀起外向型经济建设的新高潮。是年全市粮食生产获得连续第11个增产丰收年，“吨谷市”得到巩固发展。林业生产继续创出佳绩，全市林业总产值4亿元，增长25%。畜牧水利产业迅速发展，畜牧养殖“百千万工程”（即培育养猪百头以上，养鸡鸭出栏千羽以上的养殖专业户和办万头以上的规模养猪场）进展顺利，全市畜牧水产养殖总产值5.47亿元。比上年增长32.6%，占整个大农业总产值的29%。同年外向型经济飞跃发展，年内全市共引进外资220.5万元，市外内联项目资金3000万元，创办了13家投资较大的外向型和内联企业。建成投产外向型企业79家，实现产值5.91亿元，出口创汇898万美元。

1998年10月，中共岑溪市第十次代表大会召开。这是岑溪撤县设市后召开的第一次党的大会。大会确定了今后5年（1999—2003年）国民经济和社会发展的主要目标。提出了解放思想、抓住机遇、深化改革，坚持两个文明（物质文明与精神文明）一起抓，继续实施“农业强市、工业富市”的经济发展战略、保持国民经济持续、快速、健康发展，推动岑溪经济和社会全面进步的工作方针。大会闭幕后，市委作出《关于加强农业综合开发，推动农村经济全面发展的决定》，部署加快农业产业化进程，发展“三高”农业，并逐步实现“一乡一业”“一村一品”和“稻一稻一菜”“果蔗套种辣椒”“果园养鸡”“鱼塘边养猪”等立体种养发展模式。工业生产方面，在全面推进企业改革整顿，提高国有企业经济效益的同时，继续向东学、向东比、向东看，抓住珠江三角洲沿海区域产业转移的有利时机，主动接纳粤港澳的辐射，大力引进资金，扩展岑溪外向型经济产业，加快岑溪“工业富市”步伐。

1999年，为大力推进农业产业经营，深化农村改革，市委执行中央有关土地承包期再延长30年的文件精神，同时作出《关于建立岑溪市现代农业实验区的决定》。市内规划建设商品粮、速生丰产林、亚热带水果、畜禽养殖和水产品养殖等五大生产基地；实施绿化工程、种子工程、农产品流通工程和“吨粮田”“万元田”工程等建设，促进农村经济发展和素质、效益的提高。当年，市内建成实验区面积1645平方千米，年内国内生产总值20.76亿元。

2000年岑溪“九五”计划完成。2001年1月，中共岑溪市第十届委员会第六次全体委员(扩大)会议召开。会议审议通过《中共岑溪市委员会关于制定国民经济和社会发展第10个五年计划的建议》(提交市人民代表大会审议通过后实施)，并提出2001年全市经济工作的指导思想和各项目标任务。会议一致通过，新世纪岑溪市发展的战略为“工业立市、农业稳市、科技兴市、三产(即第一、第二、第三产业)富市”。加快工业发展步伐，增强规模以上工业企业竞争实力和活力。抓住西部大开发有利时机，扩大招商引资和承接广东西移产业，不断提高和开发高科技项目。通过产业结构调整，提高产品质量，创立品牌产品，增加效益。通过三大产业快速发展，引导农民致富，居民收入不断提高，增强县(市)域经济综合实力。

2002年10月，中共岑溪市第十一次代表大会召开。这次大会，不仅总结了过去四年(即十次会议以来)加强宏观经济管理，大力调整整顿经济秩序，优化产业结构，促使经济良好发展的经验。还根据21世纪国家经济发展的总体布局，结合市情，规划今后5年全市经济发展的目标任务。以加快农业产业化、促进工业化和城镇化(以下简称“三化”)为重点，推动全市社会生产力快速发展，确保经济持续稳定增长。同时还提出了要在5年实现由小城市向中等规模城市跨越的构想，把岑溪建设成中等规模城市和桂东南副中心城。为此，中共岑溪市委对今后5年经济和社会发展总体决策是：大力推进“三化”进程，实现岑溪“三个跨越”。即大力推进工业化进程，实现由“农业立市”向“工业立市”的跨越；进一步调整农业结构，推进农业产业化进程，实现由传统农业向现代农业发展的跨越；按照中等规模城市的要求，进一步加强基础设施建设，推进城镇化建设进程，实现由小城市向中等城市的跨越。2002年年末，按照市政府的评估，当年经济建设呈现五大特点三大突破。即农业结构调整力度加大，现代农业实验园区建设初见成效，农村经济稳步发展。企业改革逐步向深层次推进，工业经济总量增加，部分企业实现了产权制度的转变，盘活了资产，增强了企业活力。基础设施建设步伐加快，重点项目前期工程进展顺利。地方公路建设，水利能源建设，城市公共基础设施和乡(镇)村办公、卫生、教育等基础设施建设不断完善，投资环境进一步改善。招商引资成效显著。年内新批准成立外向型企业4家，市外客商投资企业7家，全市实际利用外资1389万美元，引进市外资金6421万元(人民币)。外贸出口取得新突破，年出口金额1879万元，增长率37%。财税稳定增长、金融形势平稳，全年财政收入实现新的突破，总收1.74亿元，同比增长9.2%。全市金融机构存款余额19.5亿元，同比增长10.49%。当年国内生产总值(当年价)25.87亿元，比上年增加2.1亿元。其中第一产业10.80亿元；第二产业8.45亿元；第三产业6.62亿元。

2005年，岑溪“十五”计划各项指标任务全面超额完成。当年工业总产值(当年价)比农林牧渔业总产值，多26.07亿元；第一产业增加值13.90亿元，第二产业增加值为18.41亿元；第三产业增加值11.54亿元，接近第一产业增加值，实现了“工业立市”和“三大产业”齐头并进的跨越。年度统计数据表明，2002—2005年，岑溪综合经济实力明显增强，全市地区生产总值年均增长14.53%。财政收入年均增长14.96%，社会固定资产投资增长50.63%。实际利用外资年均增长43.69%，外贸出口总额年均增长11.65%。2005年年末，全市生产总值43.86亿元；人均国内生产总值5314元，农民人均纯收入2630元。城镇居民可支配收入8226.16元。金融机构存款余额38.61亿元。社会消费品零售总额15.55亿元，同比增长15.66%。

政治决策

加强党的建设　1991年10月，在中共岑溪县第八次代表大会上，提出在改革开放中加强党的建设目标任务。要求各级党组织“必须把党的思想建设放在党建突出位置上”，通过县乡两级党校培训和其他多种形式，对全县党员进行系统的马克思主义、毛泽东思想的理论教育，使广大党员干部的政治觉悟和马列主义理论水平不断提高，无产阶级立场更加坚定。通过搞好党的组织建设，发展壮大党员队伍，把各党支部建成领导改革开放搞好经济建设和各项事业发展的坚强核心和战斗堡垒。通过党的作风建设，建立党风廉政制度，增强党员的党性观念和全心全意为人民服务的意识，发挥共产党员的先锋模范作用。

1992年2—3月，县委做出《关于1992年党建工作的决定》，成立县党建工作领导小组，在全县开展发展创建“党建工作先进乡镇”“党建工作先进企业”、党支部建设达标竞赛和做新时期合格的共产党员活动。1993年6月，县委发出《关于进一步加强党风廉政建设工作的意见》，部署新形势下党风廉政建设与反腐败斗争。1994年4月结合上一年党风廉政建设与反腐败斗争中碰到的问题，县委决定从4月上旬开始，在全县开展一次党的思想小整风活动，从县委做起，直至各机关、乡镇党委、党组、党支部。都要按县委下发《关于开展思想小整风活动的意见》落实，通过小整风查找存在问题并做出整改措施。1995年2—3月，县委发出《关于加强农村基层组织建设的通知》并编制《加强农村基层组织建设三年规划和1995年实施方案》。当年3月，在县直各单位抽调1000多人组成基层组织建设工作队下村指导农村基层支部建设工作，并在全县开展先进帮后进的“结对子”活动。1996年4月，县委部署在全市开展党员“学党章、学理论”（以下简称“双学”）活动，提高党员的党性观念和理论水平。6月，成立岑溪市干部队伍建设“三严四自”（即严要求、严管理、严监督和自重、自省、自警、自励）工程领导小组，实施干部建设“三严四自”工程活动方案。同年，市委做出《关于加强领导干部思想政治建设的若干规定》，规范全市各级领导干部的思想政治行为，推动“三严四自”活动开展并取得成效。

1998年10月，在中共岑溪市第十次代表大会上，确立“全面加强党的建设，是实现跨世纪宏伟目标的根本保证”的工作方针，要求5年内各级党委坚持民主集中制原则，走群众路线，把各级党组织建设成团结和带领群众完成跨世纪目标任务的坚强核心。以农村基层党组织建设为重点，发挥基层党组织战斗堡垒作用。切实转变工作作风，坚持党要管党的原则和从严治党的方针，深入持久地抓好党风廉政建设的反腐败斗争。同时推进干部制度改革，坚持干部队伍“四化”方针和德才兼备原则，建设一支适应社会主义现代化建设需要的高素质干部队伍。1999年2月，市委颁布《关于干部管理若干规定》《加强干部教育管理若干规定》《党政领导干部选拔任用若干规定》3个关于干部管理、培训教育、任用提拔的文件，整顿规范干部管理、培训教育和任用提拔工作。同年7月，部署在全市开展揭批邪教组织罪行。2000年2月，市委成立“三讲”（即讲学习、讲政治、讲正气）教育领导小组，并制定《岑溪市“三讲”教育活动实施方案》，在全市党员干部中开展“三讲”教育活动。7月市委印发《岑溪市党风廉政建设责任追究的规定》，提升各级党组织对抓党风廉政建设的责任心和工作力度。2001年春，市委决定在全市开展市、乡镇、村三级联动创建“五个好”村级党组织、“六个好”乡镇党委会和农村基层组织建设先进县（市）活动，制定活动方案在全市实施。同时在全市实行发展党员公示制度、失察责任追究制度和发展党员工作联系制度，规范党员发展工作，促进基层组织建设。同年2月、市委成立“三个代表”重要思想学习教育活动领导小组，并设立办公室，领导和部署全市“三个代表”重要思想学习教育活动，增强党员、干部和群众对“三个代表”重要思想的认识和贯彻的自觉性。

2002年10月，在中共岑溪市第十一次代表大会上，再次强调切实加强党的组织建设和加强党风廉政建设、反腐败斗争，不断适应新形势的需要，探索党建工作新思想、新机制，为实现新跨越提供坚强有力的保证。11月，中共第十六次全国代表大会召开后，市委印发《关于组织全市共产党员认真学习贯彻中共十六大精神的通知》在全市开展学习宣传贯彻十六大精神活动，以十六大精神作为指导思想、搞好党的建设和掀起全面建设小康社会的热潮。2003年1月和3月，为加强干部队伍建设和促进党风廉政建设，市委先后印发《关于讨论决定干部任免事项守则的决定》和《岑溪市党政机关效能建设活动方案》，建立党政机关包括领导责任制度、一次性告知制度、限时服务制度、政务公开制度、廉洁档案和廉洁保证书制度、效能建设投诉查处制度、效能绩效考评制度等8项基本工作制度。2004年2月,岑溪市被自治区定为“广西党员电教科技示范基地”。市委、市政府即作出决定,加大电教科技教育的投入,加强人力、物力建设,当年全市共建立了100个村级标准化党员电教化教育课堂,播放党员电教片1500多场次。提高广大农村党员的利用电教科技教育致富能力,更好带领群众致富奔小康。2005年6月,市委部署全市保持共产党员先进性教育活动。分两批进行:第一批从6月初开始,8月底前结束;第二批7初开始,12月底前结束。第一批参加保持共产党员先进性教育的有市直机关各支部党员干部8000多人,第二批参加共产党先进性教育的是14个乡镇农村277个党支部的共产党20000多人。

机构改革与干部人事制度改革 1996年11月,根据自治区机构改革的部署,市委、市政府研讨《岑溪市直属机关党政机构设置方案》,批转市机构编制委员会《关于市直属机关党政群机构改革的实施意见》,同时发出《岑溪乡镇党政机构改革实施意见》,由市机构编制委员会于1997年组织实施。1997年机构改革,全市直属机关党政机构设置37个(含限额4个,合署1个),比改革前减少27个,精简41%;内设机构245个,比改革前减少52个。另有畜牧、农机、广视、房产、技术监督等10个部门改为事业单位,赋予行政职能。

2001年12月,市委、市政府决定进行90年代以来第二次机构改革,并于12月21日召开全市机构改革动员大会。2002年年初由市机构编制委员会实施。二次机构改革主要是部分市直机构归类合并,职能转换,市委、市政府工作部门均为科级建制,不设副科级机构。乡镇党委政府原则上只设党政办公室,实行助理员制。乡镇一级设人大机构,不设政协机构,人大、政协、法院、检察院、群众团体依照有关法律法规各自作机构调整。2002年机构改革后,全市市级机构36个,乡镇机构34个,全市机构定编人员869人(含乡镇和事业编制)。实有849人。2005年7月,乡镇区域调整,乡镇机构减为28个,行政编制人员556人。

1997年下半年起,根据《国家公务员暂行条例》《国家公务员制度实施方案》,岑溪市开始推行和实施公务员制度。市委决定,1997年6月至1999年6月为国家干部向公务员过渡时期。在过渡阶段,组织干部学习宣传实行公务员制度有关政策、法律法规。通过培训或单位集体学习、个人自学的方法,学习公务员的相关知识,最后通过公务员知识考试,及格以上方可登记为国家公务员。1999年年底,全市公务员过渡审批工作完成。2000年全市有68个机关单位实行公务员制度、登记公务员人数1407人。2001年为配合机关公务员制度的实施,对事业单位人事制度实行改革,改革的内容是事业单位工作人员由调配改为聘用;事业单位专业技术人员由任命制改为职务聘任制。同时开放人才市场,允许易地交流(招聘)。2001—2005年,全市农林牧水利与教科文卫医疗和部分机关团体创办的事业单位均完成从调配制、任命制到招聘、聘任制的改革(含工资制度改革)。

科教文化决策

科技 1992年3月,县委、县政府作出《关于依靠科技振兴岑溪的决定》。此后,至1997年,县(市)财政逐年增加科技事业的投入,不断扩充壮大科技人员。并在农工业生产各个环节广泛开展推广应用新科学技术的同时,不断推进科学技术研究和实验活动。1992—1997年,全市获自治区科学技术进步奖6项,获地级科技进步奖7项,获县级科技进步奖44项。1992年起,每年均在全市开展1~2次以上的科普教育宣传活动,提高广大人民群众科技就是生产力的意识(观念)和种养新技术知识。1998年10月,中共岑溪市第十次代表大会明确提出全面实施“科教兴市”战略思想,围绕经济发展目标,大力推广先进适用技术,开发新产品,加快产品升级和换代,向科学技术进步要质量和效益。2003年,实施向农村(乡镇)派遣科技特派员制度,建立起覆盖全市的科技信息网络。2005年年末,全市先后分批向镇村派遣科技特派员300多人。建立起岑城、归义、安平、南渡、马路等镇的科技信息服务站。全市聘用125人为兼职科技信息员。

文化 1991年,中共岑溪县委提出,要把文化建设放在社会主义精神文明建设的重要位置上。通过加强政治思想、社会主义道德和法制的宣传教育,提高全县人民的社会主义人生观、道德观、法治观念和

科学文化素质，培养有理想、有文化、有道德、有纪律的社会主义新人。为加强党对文化事业的领导，当年选用了一位县委宣传部的副部长兼任文化局长。同时加大对文化建设的财政投入，确保群众文化（包括村镇文化、企业文化、校园文化、老年人文化）的顺利开展。1995年，投资建设市人民广场演出舞台、市文化公园、文化街和新影剧院等设施，并开放市区文化娱乐市场（歌舞厅、美术艺术馆）等。1997年，提出了争创“全国社会文化先进市”的目标任务和相关措施，1998年5月，岑溪获文化部授予“全国文化先进市”称号。市委决定在提高原有文化设施质量的基础上，在城区建博物馆、青少年文化宫、体育馆、新电影院等设施。并要求三几年内，各乡镇文化站都要建图书馆，各村委要建图书（书报）阅览室和文化娱乐室。镇村文艺队要定期参加市宣传文化部门组织的“文艺巡演”。利用文艺演出形式，宣传社会新风尚、新道德、新观念。2002年，决定投资建设沿江路健身文化公园，增建沿江两岸绿化带的健身设施和休闲凉亭，为群众文化娱乐拓展活动空间。从当年起，每年开展1～2次市区文化、科技、医务机构“送文化、技术、医疗下乡”（简称“三下乡”）活动。

教育　1991年3月，中共岑溪县委作出“兴岑必须兴教育”的战略决策。在编制《岑溪国民经济和社会发展十年规划和“八五”计划的建议》中，提出岑溪县教育事业在今后十年内发展的导向，以实施义务教育为基础，大力发展职业技术教育和成人教育。合理统筹、规划、调整教育结构，提高教育质量，注重办学效益。继续增加投入，改善办学条件，在八五期末和2000年内，逐步实现九年义务教育。决定在有条件的乡镇创办九年制学校，并依据学龄人口的增长，增办小学和初中，适应基础教育的要求。1992年，县委县政府决定开展“岑溪教育年”活动。在县城建规划中，新建岑溪第二中学、岑溪县中等职业技术学校和县第二幼儿园。在糯垌、筋竹等13个乡镇新建或扩建初级中学。1996年，岑溪市经自治区人民政府验收，“两基”教育（即基本普及九年义务教育，基本扫除青壮年文盲）达标。当年6月，市委市政府部署现有学校危房改造，校舍扩建和增置教学设备设施等学校基本建设工作，作出了美化、绿化校园，优化学习环境的决定，由教育部门实施。1998年，在中共岑溪市第10次代表大会上，市委提出了今后5年，教育事业要进一步巩固提高“两基”成果，努力发展高中阶段教育，使高中阶段入学率达80%以上。要推进素质教育，全面提升教育质量。积极发展职业教育和成人教育，办好农村文化学校，搞好职业岗位和技术培训，为当前农工业（乡镇企业）发展输送适用人才。2005年8月，为适应经济发展和劳动就业培训的需要，市委、市政府决定，以市中等职业技术学校为依托，整合市教师进修学校、农机校及劳动和社会保障、畜牧、科技、农业、林业、汽车驾驶培训等机构的资源，创办岑溪市职业教育中心。中心地址位于岑城镇甘冲村岑梧高速公路进出引道旁，规划用地33.4公顷，总建筑面积7.58万平方米，计划投资1.2亿元。2005年12月，经自治区教育厅批复同意后开工建设（计划2010年建成投入使用）。

社会治理与环境保护决策

社会治理　1991年，县委总结梨木乡自1988—1990年通过开展群众性普法教育，建立“遵纪守法光荣家庭”（每年评选一次，并发光荣牌挂于门前表彰）以促进全乡社会治安好转的经验，决定在全县各乡镇推广。1992年，县委实施社会治安综合治理目标责任制，由各乡镇直属机关党委与县委签订责任状的方式，明确各战线、直属机关单位和乡镇党委、政府第一把手对社会治安综合治理负总责，并把社会治安综合治理作为年终考核的重要内容。1997年，市委市政府决定、结合社会主义精神文明建设，在全市开展“安全文明小区”创建活动，当年先在市区由市政法委综治委、公安局各派出所牵头分工搞试点。9月，在全市推开。2003年把创建“安全文明小区”提升为创建“平安村镇”“平安岑溪”活动。

1998年，在中共岑溪市第九次代表大会上，市委明确提出，“两手抓、两手都要硬”（抓经济建设和社会治安稳定）的措施，强化治安管理和安全防范工作，为经济建设创造一个良好的社会环境。2002年市委市政府作出《关于进一步加强社会治安综合治理的决定》，进一步明确各级党委政府抓社会维稳、保一方平安的第一责任。2004年，市委市政府决定，在各部门、机关单位和镇村领导干部年度政绩考核工作中，实行社会治安综合治理任务不达标的领导实行“一票否决”制度,进一步明确抓稳定,保平安、促经济的责任。

环境保护 1991年,县委、县政府决定实施建设项目与环保审批“三同时”制度(即项目建设中的环保主体工程设计、施工、使用均与项目建设同时审批),执行“谁开发谁保护,谁破坏谁恢复,谁利用谁补偿”和“开发利用与保护增值”并重的方针。1997年,市委市政府作出《关于加强石材行业污染防治工作的规定》,开展花岗岩矿山及加工企业污染调查和整治工作。1999年和2002年,市委、市政府确定开展岑溪市“环境建设年”活动,通过环保法律宣传教育和加大环境监测(报告)力度、组建环保监察队伍。2003—2005年,市委、市政府发文,开展清理、整顿违法排污企业,保障群众健康环保活动,加大环境保护执法力度、检查、处罚(含关停)多家违法违章企业。全面开展环境治理等措施,提高全民环保意识,促进环保事业发展。

第四节　组织建设

岑溪市党的组织建设工作,由中共岑溪市委组织部主管。乡镇、市直机关党委和各基层党支部均设有组织委员,协同市委组织部抓好组织建设工作。

发展共产党员

扩大党员队伍,不断补充党的新鲜血液,增强党的新生力量,是党的组织建设工作中重要任务之一。

1991年10月,在中共岑溪县第八次代表大会上,县委的工作报告就明确地提出了新时期新形势下发展共产党员的任务。1992年中共岑溪县委作出《关于一九九二年党的建设工作的决定》,明确提出,各机关学校、企事业单位和农村基层党支部,都要努力培养和发展新党员,培养吸收年轻有为、政治觉悟高、思想敏锐、勇于改革、勤劳致富、热心为人民群众办实事、做好事,志愿加入中国共产党组织的先进分子加入党组织,补充党的新鲜血液。当年起,组织部门在外商独资或合资和私营企业职工中,培养和发展共产党员,建立党的组织,开创发展共产党员的新路子。1992—2005年,市委党校、各乡镇党校,为配合组织部门发展新党员工作,每年都定期或不定期举办党员培养对象培训班。通过上党课、学党章、学党史、宣讲新形势、新任务等方法提高入党对象的共产主义觉悟,增强党性观念;鼓励年轻人创造条件加入党的组织,成为党的一员。至2005年年末,全市共产党员发展到27332人,其中农村党员21257人。1991—2005年,全市累计发展新党员13795人,其中农村发展新党员6873人。

1991—2005年岑溪县(市)党组织及发展新党员情况表

表12-1-2

项目 年度	全县(市)党组织(党委、党总支、支部)				发展新党员人数(人)
	总数(个)	党委(个)	党总支部(个)	党支部(个)	—
1991	764	19	27	718	516
1992	779	24	27	728	572
1993	779	24	27	728	524
1994	788	25	26	737	526
1995	806	25	26	755	747
1996	824	25	24	775	871

续表 12-1-2

项目 年度	全县(市)党组织(党委、党总支、支部)				发展新党员人数(人)
	总数(个)	党委(个)	党总支部(个)	党支部(个)	—
1997	832	26	23	783	1103
1998	837	26	23	788	1246
1999	837	26	23	788	1275
2000	908	26	38	844	1203
2001	—	27	—	—	1227
2002	—	32	—	—	1005
2003	891	32	31	828	1020
2004	—	32	—	—	1010
2005	—	29	—	—	950

基层组织建设

市委组织部门认真抓好党的基层组织建设，图为村基层党支部组织领导成员学习讨论场景(1992年　摄)

党基层组织建立调整与整顿　1991年以后，岑溪党的基层委员会，由县委依据需要批准成立。县(市)直机关委员会实行任命制，乡镇党委由乡镇党员代表大会选举产生，由县(市)委审核批准。乡镇党委每届任期3年。县(市)直机关党组，由县(市)委批准成立，并由县(市)委任命党组书记、副书记。县、乡镇直属机关(含企业)和农村党总支、党支部由县直机关和乡镇党委批准成立，报县委组织部门备案。总支、支部委员由党员大会选举产生，报基层委员会批准。任期一般2～3年。1998年起，市委决定在新办企业创建党支部，至2000年建立起“三资”和私营企业党支部36个，2003年增建非公企业党组织3个，同年新设立社区党组织(支部)22个。基层党支部(含农村党支部)的调整，一般按机构调整而调整，可合并也可分设。基层组织的整顿，着重是思想作风整顿，其内容包括政治思想教育、党性党风教育和领导干部的调整等方面的内容。基层组织的整顿，由县(市)委决定并作全体部署。必要时由上级党委派遣工作队(组)深入基层组织，指导整顿工作。1991年后，岑溪县(市)委，每年都会依据基层组织中出现的问题，开展组织整顿活动，以不断提高党员干部的思想觉悟，端正认识，克服错误，增强团结，提高基层组织整体战斗力，带领群众搞好各项建设，致力发展经济，服务广大人民群众。

镇基层组织党的领导干部管理　1990—2005年，根据中组部《关于领导班子年轻化几个问题的通知》《关于调整不胜任现职领导干部职务的几个问题的通知》《关于试行地方党政领导干部年度工作考核制度的通知》和《党政领导干部选拔任用工作条例》等文件精神，中共岑溪县(市)委组织部积极稳妥地推行干部人事制度改革，按照“稳定、完善、提高”的方针和干部“四化”(革命化、年轻化、知识化、专业化)的要求，坚持德才兼备原则配备和调整县(市)直机关和乡镇党委及政府相关的领导干部,不断优化领导班子结构,加强领导班子建设。

1991年,乡镇党委换届选举时,新一届乡镇党委领导班子成员平均年龄调整为38.3岁,大专以上文化程度占11.6%,中专(含高中)文化程度占74%,女委员配备率100%。全年调配干部157人,乡镇与县直之间交流领导干部38人,乡镇党委与政府换岗交流领导干部20人,市直局级单位领导干部换岗交流25人,并在县直机关选拔31名优秀青年干部到乡镇挂职。同时,积极培养后备干部,1992年全县后备干部队伍人数达645人。

1997年,根据机构改革中领导班子配备的要求,调整部委办局党政领导班子成员163人,其中提拔38人,交流36人,降职8人,就地免职6人,调整后的领导班子在职数、年龄、文化、专业等方面都有所改善。同时,对缺额妇女领导干部的乡镇党委或市直机关分别配备女副书记、女副镇长或女副局长、副主任。

1999年,推行领导干部任职前公示制度,全年进行了四批共45个领导干部任职前公示。进一步调整优化乡镇和市直单位领导班子,在乡镇党政领导班子换届选举前调整领导班子成员306人,其中提拔干部57人,交流干部102人,因年龄偏大等原因改任非领导职务40人;调整市委、市政府职能部门领导班子成员201人。同时,加强村级干部队伍建设,挑选80名新毕业的优秀大中专生到村街担任“村官”。

2001年,贯彻落实中共中央《深化干部人事制度改革纲要》,选拔任用干部实行民主推荐、考察预告、任前公示和任职试用制度。当年经考核推荐交流领导干部25人,聘任事业单位领导149人。

2002年,在市党政机关机构改革中,市直部委办局和乡镇党政领导班子进行了大幅度调整,对到2004年年底前达到退休年龄和工作年限满30年及男满55周岁、女满50周岁且工作年限满20年的领导干部,按照有关规定原则上办理了离岗免职手续。对撤并、组建、机构名称变更的部门的领导班子进行重新任免。

2003年起:开始实行干部任免票决制,市委常委会讨论干部任免采用投票表决方式,根据表决结果作出任免决定。全年讨论任免干部6次133人,任免科级领导干部60人,实行任前公示45人。

集体领导体制 依照党章民主集中制的基本原则规定,党的各级委员会实行集体领导和个人分工负责相结合的制度。

1992年,中共岑溪县委分别作出《关于一九九二年党的建设工作的决定》和《加强党委自身建设的意见》。要求各级党委加强自身建设,建立健全各种制度,建立党委目标管理责任制,集体议事规则,两公开一监督管理制度。1996年,市委要求,常委和各级党的领导干部都要在维护党的权威和集中统一,增强团结、顾全大局,勤奋学习、正确决策,联系群众、全心全意为人民服务,解放思想、开拓创新,艰苦奋斗、勤政廉洁等各个方面作出表率。并且在每年年终总结考评时,要吸收党外干部群众参加、听取他们的意见和建议。1998年县(市)、乡镇两级党委换届选举结束或遇到党委领导成员调整时,对领导班子实行集体领导、个人分工负责的责任必须进行调整并以文件形式告知各级组织,以便实行监督。要求各级党委建立健全党内民主生活会制度和中心组学习制度,定期或不定期在领导成员中总结和检查工作情况,通过开展批评和自我批评找出存在问题,克服缺点,发扬优点,推动各项工作继续前进。

2000年在全党开展“三讲”(讲学习、讲政治、讲正气)专题教育和“三个代表”重要思想学习期间。市委再次强调完善党的民主集中制与集体领导,个人分工负责的制度。2003—2005年,为加强镇党委和农村基层党组织(支部)集体领导体制,市委发文要求各乡镇党组织必须充分发扬党内民主,尊重党员主体地位,保障党员民主权利,发挥各级党组织和广大党员的积极性和创造性,实行正确的集中,保证全党团结统一和行动一致。在全市开展基层组织先进县(市)“三级联创”活动,实行党内、党外对领导班子的评议(考核)制度。加强对党的领导机关和党员干部特别是主要领导干部的监督和管理。加强和改善党的领导协调各方面的力量,同心协力,促进经济社会全面发展,为圆满完成第九个五年计划,向新的21世纪更新更艰巨的目标迈进。

组织纪律与工作作风整顿

1991年起，中共岑溪县委针对在改革开放不断深入，经济建设和社会各项事业加快发展的新形势下。一些基层党组织及少数党员尤其是一些党员领导干部纪律松懈，不守党性原则，不过组织生活以及工作怠慢，作风懒散、脱离群众，甚至违法乱纪的现象，先后开展坚持党的基本路线，坚守党的四项基本原则和学理论、学党章、强党性、守党纪的教育。在教育中，以各基层党组织为单位，开展整顿，提高党员干部的思想觉悟，严肃党的纪律；同时，重新印发党章和中共中央关于健全党的民主生活的规定，由各党支部组织学习、讨论，对照检查整改。

1995年1月，中共岑溪县委成立党的建设领导小组，加强农村党的基层建设，克服农村基层组织存在软、懒、散的现象。在县直机关基层单位开展整党整风和党风廉政制度建设，加大政治思想教育和权力监督制度的力度。1996—1998年，市委通过开展"双学"（即学中国特色社会主义理论和党章）活动，针对各基层党组织（含行政单位）存在问题，进行整改落实。建立健全领导干部岗位责任制，督促党员干部勤政廉洁、办事公开、公平、公正；加强纪律、法制、职业道德教育，密切联系群众、深入实际调查，并实行上级领导挂点指导。2000年要求各级领导和党员干部务必坚持用中国特色社会主义理论武装头脑，开展讲学习、讲政治、讲正气"三讲"活动，严格按党的章程、国家法律法规和单位制定的规章制度办事。切实解决基层组织纪律松懈、工作怠慢、作风懒散和少数党员干部（含部分基层领导干部）信仰、信念失守，党性原则、为民服务观念失衡和道德作风失落，以及团结、拼搏、开拓创新精神不足等实际问题。2001—2005年，开展"三个代表"重要思想学习教育活动要求全体党员干部，按照"三个代表"重要思想要求，做人办事都要体现和维护党的基本原则和人民群众的利益。同时加强对违纪违规现象的查处和防范，维护组织纪律的严格性，提高执政党的执政效率与能力。

第五节　思想建设与宣传教育

思想政治教育

1990—1991年，根据中共中央统一部署，在企业中进行党的基本路线、基本国情教育（即"双基"教育）。县委宣传部、党校派出理论干部20多人，组成宣讲团到企业、厂矿讲课。企业干部则分期分批脱产轮训后，对企业职工进行"双基"教育。在农村开展为期两年的社会主义思想教育，简称"社教"。县委从县直各单位抽调200名干部，组成53个"社教工作队"驻村，结合农事生产，对广大群众进行社会主义思想教育。"社教"以《农村社会主义思想教育简明读本》为主要教材，进行党的基本路线、社会主义、集体主义、爱国主义教育。在党员中系统深入地进行马克思主义基本理论、党的基本路线、党的基本知识教育。

1992年上半年继续在广大群众中进行社会主义思想教育。采取多种形式，利用各种宣传阵地，在党员、干部、群众中进行"防和平演变"教育，并组织党员、干部学习中共党史、党建理论。4月起，在全县掀起学习邓小平南方谈话热潮，采用集中学习、理论讲座、橱窗宣传等多种形式教育广大群众解放思想，加快改革开放步伐，促进生产力发展。

1993—1995年，通过深入学习《中共中央关于进一步治理整顿和深化改革的决定》《关于社会主义经济体制改革若干问题的决策》等中央文件，在广大党员干部中普遍开展社会主义市场经济大讨论。引导党员群众认清"什么是社会主义""怎样建设社会主义的市场经济"等问题。县委派出宣讲团到县直各单位、各乡镇党校讲课810多场次，县直党校、各乡镇党校开办理论培训班920多场次，发放资料3600多份。宣传部利用《岑溪报》理论专栏，对广大党员干部进行建立社会主义市场经济体制改革的教育。

1996年，在全市党员中广泛深入开展学理论、学党章的"双学"活动。学习贯彻十四届五中全会精神和干部廉洁自律规定、“三严四自”(严格要求、严格管理、严格监督和自重、自省、自警、自励)内容。市委成立“双学”领导小组和“三严四自”领导小组。下发了《关于深入开展学理论、学党章、学十四届五中全会精神活动的通知》,并决定4月为“双学”活动月。其间,县委在文化大厦对26个党委中心组250多名理论骨干进行培训。各市直党委举办“双学”骨干培训班,13个市委常委分别在挂点的培训班上辅导课,督促指导。各乡镇党委培训农村支部农民理论教员831人。全市共上理论辅导课4308次,培训党员45385人次。在“双学”活动中,有15510位党员通过心得体会或论文的方式,提高思想认识。有15836位党员参加“双学”知识测验。

1998—1999年,市委把学习贯彻中共十五大精神,深入学习邓小平理论作为思想政治工作重要任务。思想政治教育与关心人民疾苦、改变机关作风与改革发展结合起来,为改革发展服务,全心全意为人民服务。

2000年年初,市委即组织开展“讲学习、讲政治、讲正气”的“三讲”教育,着重解决党性党风方面存在突出问题,推进党的建设。加强党员的理想信念教育。坚持进行爱国主义、集体主义、社会主义教育,坚定对马克思主义的信仰和对建设有中国特色社会主义的信念,牢固树立全心全意为人民服务的思想。

2001—2002年,按照中共中央、自治区、梧州市委的部署,学习《胡锦涛在全国农村“三个代表”重要思想学习教育工作会议上的讲话》和《胡锦涛在广西考察时的重要讲话》。市委决定从2001年2月起,用两年时间,在全市党员干部中有计划、有步骤地开展“三个代表”重要思想学习教育活动。宣传贯彻中共十五届六中全会精神及自治区第八次党代会精神的教育活动。教育活动成立专门指导学习机构,从宣传部、党校、科技文化等部门抽调20多名干部组成理论科技宣讲团,下乡进行理论、科技宣讲,并印发8000多本资料。同期《岑溪报》开辟了思想政治教育栏目,重点做好“三个代表”重要思想及其内容意义宣传教育和社会主义思想教育。提高对“三个代表”重要思想的认识。

2003—2004年,在继续深入开展学习“三个代表”重要思想活动的同时,全面贯彻党的十六大精神。市委决定在全市范围内开展“解放思想再讨论”,结合机关单位党员干部中开展的“立党为公、执政为民”活动,加强和改进党的思想、组织、作风、制度建设,在学习教育活动中,市委领导通过热线电话与社情民意交流,接受了群众热线电话反映的实际问题132个,120多个实际问题及时得到解决。同时通过群众喜闻乐见的广场文艺活动和赶集的机会,在市区广场、街道和乡镇圩期开展“三个代表”重要思想有奖问答活动,发放学习资料5000多册。

2005年,通过学习贯彻党的十六大精神,深入贯彻《公民道德实施纲要》,广泛开展社会公德、职业道德、家庭美德教育,推进未成年人思想道德建设。由于坚持思想教育与调研紧密结合、与推动实际工作紧密结合、与维护群众切身利益紧密结合,取得了很好的效果。

党的宣传教育

党的宣传教育工作,主要由各级党委的宣传部门和理论教育机构(党校、行政学校)负责。1991年以来,岑溪市党的宣传教育工作,主要通过召开各级各种会议、举办干部培训以及派遣宣传工作队下基层,和利用报纸(含宣传资料)、广播、电视等宣传媒体及各机关单位、社会团体创办的黑板报、宣传橱窗(园地)、出动宣传车辆,张贴宣传标语(广告)举办讲演等多种形式开展。2000—2005年,随着科学技术的发展,特别是电子(计算机)信息网络的发展、宣传教育手段、方法也不断更新,宣传教育面更加广泛深入,效果更加显著。

1991—2005年,岑溪县(市)党员教育工作中,先后开展了坚持党的基本路线(经济建设为中心,坚持四项基本原则,坚持改革开放),解放思想,学习中国特色社会主义理论,学习党章和开展以“三讲”(讲学习、讲政治、讲正气)、“三严四自”(严要求、严管理、严监督,自重、自省、自警、自励)及“三个代表”重要思想为内容的思想教育活动。1991—1997年，全县(市)乡两级党校举办基层培训班3000多期、轮训党员人数28.5万多人次。1997年起，遵照上级党委的部署，市委组织部门先后在全市17个乡镇、50多个行政村建立党员电化教育课堂，定期组织党员到电化教室，观看电化教育影片或收听专题教学讲座。到2004年，全市共建立了100个村级标准化党员电教播放网点和100个党员电教中心，播放党员电教片1500多场次，党员受教育率80%以上。

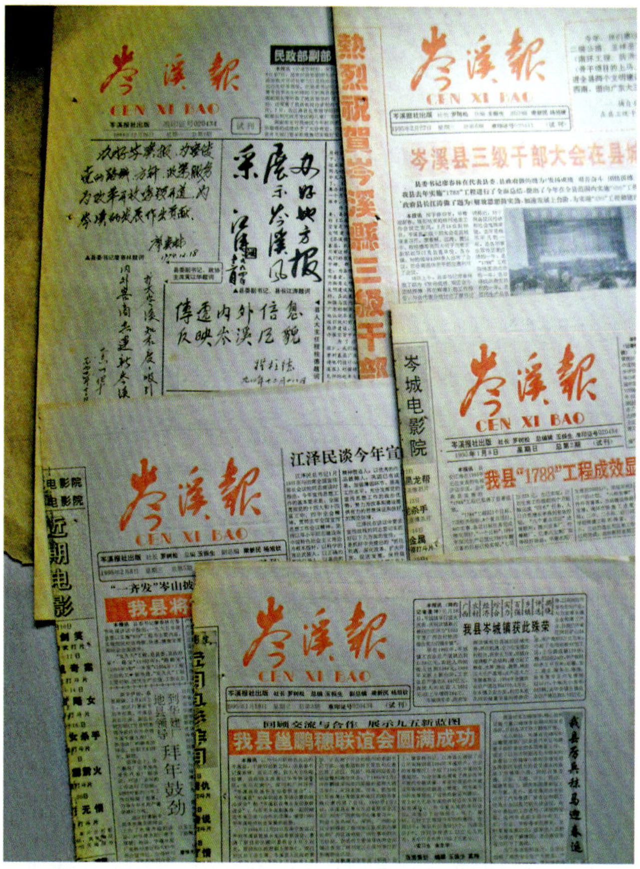

由市委宣传部主办，于1994年12月起创办《岑溪报》。图为部分《岑溪报》剪影(2003年　摄)

会议宣传教育　会议宣传教育有多种形式。一是通过召开各种会议传达、贯彻中央和上级党委、人大、政府召开的各届(次)党的代表大会、人民代表大会及其他与路线、方针、政策相关重要会议精神。这种会议宣传教育，可以县(市)、乡镇、直属机关各部门、单位、村级组织与各社会团体为单位分级召开。二是通过邀请县级以上领导或专家、学者、讲师团到县内各部门单位、乡镇召开政策宣讲与时事形势、任务教育会议，以提高干部、职工与各界代表对党的路线方针政策与形势任务的认识。三是县(市)或乡镇，通过召开三级或四级领导干部会议，在部署年度(或相关时期)工作任务时，结合进行党的路线、方针、政策及党和政府的相关重要决策的宣传教育。此外还可以通过在机关、学校、农村(以乡镇各行政村为单位)召开各种形式的座谈会、经验交流会，进行宣传教育，使党的路线、方针政策深入人心，家喻户晓。

媒体宣传教育

岑溪市的媒体宣传教育，主要通过以下途径实施：一是发动各部门、相关企事业单位、镇、村及各社会团体并鼓励群众个人订阅中央和地方各级党报、党刊，并利用工余、业余时间收听、收看中央及地方电台、电视台重要新闻及相关节目；二是办好本县(市)地方报纸(岑溪报)与广播电视节目。建立和组织以各乡镇、县(市)直机关宣传委员，宣传干部、文秘人员为主体的新闻报道队伍，采写摄制宣传党的路线方针政策及贯彻执行情况为内容的新闻报道文章图像在本地或上级(梧州市、自治区及国家级)报刊、电台、电视台刊载传播。1995年起，《岑溪报》开设理论学习专栏，当年发表理论学习文章46篇，1996—2004年(停刊前)共发表理论学习、宣传文章260多篇。三是凡属党的重大决策、重大会议和本县重大事项的宣传，均由县(市)主要领导或分管领导通过发表电视讲话或新闻采访谈话等形式，在本地电视台播出和报纸上发表，进行宣传教育。2001年起，随着电子网络的开通，在市委、政府领导下，创办了岑溪新闻网，开展电子网络宣传教育。

2001—2005年，岑溪市新闻报道通讯人员采写的新闻稿件，共有4200多篇(件)先后在《人民日报》、中央电视台、《广西日报》、广西电台和《梧州日报》、电视台被采用。其中，《人民日报》采用24篇，中央电视台播出10件；《广西日报》采用378篇，广西电视台播出248件，广西广播电台播出245条，《梧州日报》，采用2120多篇，梧州电视台、广播电台播出1200多件。全市有多位通讯员先后被评为自治区和梧州市先进通讯员。

其他形式的宣传教育 主要有利用重大节日如元旦、春节、“五一”、“七一”、国庆节及其他国家规定相关专项宣传日，由市直机关、企事业单位、乡镇及村级组织，通过出版黑板报、宣传橱窗、学习园地及印发宣传资料、出动宣传车、张贴宣传标语、制作宣传牌、悬挂宣传横幅等形式进行广泛的宣传教育。1991年起，岑溪县委决定，通过在基层党支部开展创优争先活动，在各机关单位和村委建立党员活动室，定期或不定期通过党员活动，宣传党的路线方针政策和进行党章、法规教育。2000年起，市委市政府号召市直各部门、机关、企事业单位开展文化文艺、科技、职业服务“三下乡”活动。通过“三下乡”活动，既宣传党的路线方针政策，又传播文化、科技、职业知识，协同镇村搞好社会主义精神文明建设，为建设富裕繁荣，文明和谐的社会主义新农村作出贡献。

第六节 党风廉政建设

1991—2005年，中共岑溪市委、市政府和纪检监察部门，对党风廉政建设工作坚持常抓不懈。从建立党风廉政制度，加强宣传教育、源头治腐入手，努力打造风清政廉、依法执政、高效能优、勤政为民的干部队伍。保障与促进岑溪经济建设和社会主义现代化各项事业稳步、快速发展。

立规矩，建制度

1993年6月，县委发出《中共岑溪县委员会关于进一步加强党风廉政建设工作的意见》，要求各级党组织务必把党风廉政建设列入各个岗位目标任务。约束干部的行为，促进领导干部廉洁自律。1995年，印发《中共岑溪县纪委、监察局关于国有企业和事业单位领导干部廉洁自律规定》。1997年，中共岑溪县委、县政府与纪检监察部门，根据《中共中央、国务院关于党政机关厉行节约制止奢侈浪费行为的若干规定》和自治区党委、政府相关文件规定，围绕“用好权、管好钱、监督人”结合本县（市）实际情况，制订相关规章制度。2000年，制定《关于贯彻落实〈中共中央、国务院关于实行党风廉政建设责任的规定〉的实施办法》。2001年，制定《关于建设岑溪领导干部廉政档案的暂行规定》《市委市政府领导干部岗位职责》《岑溪市关于领导干部用车的管理规定》等制度文件，下发执行。2003年，制订《岑溪市纠正乡镇领导干部“走读”现象的实施细则》《关于加强公务用车管理规定和公务接待的通知》《关于对全市干部职工拖欠公款进行清理的通知》《关于进一步规范做好公务接待和清理拖欠饭店餐费的通知》。转发自治区区纪委、监察厅《关于参与“六合彩”赌博活动的党员、公职人员实施纪律处分的暂行规定》。2004年，制订《岑溪市乡科级领导干部党风廉政建设述职述廉制度》。2005年，制定《岑溪市纪委、监察局负责人同乡科级领导干部进行廉政谈话的暂行办法》，下发《关于严禁党员领导干部借子女升学之机收钱敛财》《关于在2005年元旦、春节期间严格遵守廉洁自律规定禁止收送“红包”和奢侈浪费》等通知，遏制借元旦、春节中秋节等传统节日，进行公款吃喝、奢侈浪费、公车私用和赌博等歪风，积极做好源头治腐相关工作。

1991—2005年，在颁布实施一系列廉政措施制度和加强党风廉政教育的同时，在全市各机关、各部门深化行政审批制度、财政管理体制、投资管理体制和干部人事制度改革的基础上，不断完善和加强易于产生腐败领域如工程投标、土地经营、房产使用权转让、产权交易与项目审批等方面的监督管理。积极推进政务、厂务、校（医）务及村务公开，逐步使党政机关（含市、镇两级）、工厂、学校、医疗单位及村级以上各个部门单位和行政、财务及人事变动等各项工作透明化。在财政资金管理方面，实行“收支两条线”、乡镇财政“零户统管”及支出“一支笔”审批制度。取消部门单位“小钱柜”，堵塞财政收支漏洞。90年代中期，市纪委监察部门采取在部分机关单位设立纪检组、监察室，派遣纪检监察干部进驻，加强检查监督工作。

2002年，制定《岑溪市纪检、监察部门负责人同乡科级领导干部进行廉政谈话的暂行办法》，通过对新任职的乡科级领导干部和有信访反映问题的干部进行廉政诫勉谈话，先敲警钟，防微杜渐，努力把腐败现象的苗头消灭。

纠正行业不正之风

20世纪80年代中后期至90年代初，岑溪政坛和社会，曾出现过各种不同形式的歪风邪气，尤为突出是一些部门单位乱收费，加重农民负担。部分机关以接待为名，公款吃喝甚至久拖饭店、酒家款项长期不结算清还。还有的部门单位，尤其城管、车管、教育、医疗及相关服务机构，不守职业道德、作风粗暴造成了“门难进、脸难看、事难办”的诟病。部门、单位之间相互推诿、拖延之行为屡见不鲜。有个别工作人员趁机私收红包财物，见钱财才办事，致使干群关系疏离，政府威望下降。

针对党纪政风出现上述问题，县委政府与纪检监察机关，决心开展整顿治理。1993年6月，在全县范围内开展清理乱收费、乱摊派工作，裁撤相关加重农民负担的文件、规定，切实把农民负担降减。凡属违规收费该赔偿的、相关部门务必赔偿、赔退工作。1995年4月，县委又发出《关于进一步开展反腐败斗争工作的意见》，在深入开展党风廉政教育的同时，严禁党政机关公款请吃喝；严禁滥发钱物和赠送礼品，不得以任何借口、任何形式滥发奖金、补贴，或变相发放食品、用品；严禁领导干部直接或间接向下级索要财物和下级机关用公款向上级机关、领导、工作人员馈赠现金和实物，整治滥用公款吃喝和索贿、受贿之风。1998年8月，市委再次部署加强减轻农民负担监督管理工作，督促政府及有关部门取消了541项(次)不合理收费项目，当年减轻农民负担数额1937万元、企业负担225万元。2000年起，市委通过“三讲”“三个代表”重要思想学习教育后，在全市开展职业道德教育，端正行业风气，改进机关工作作风，全心全意做好服务工作的活动，造就良好的干部作风。2002年，先后开展治理公路“三乱”(乱设卡、乱收费、乱罚款)，改变医疗服务机构中的“看病难、药费贵”和教育系统乱办班、乱收费等现象。2004年，在全市公立医院实行药品集中招标采购，以逐步解决药费贵。在全市义务教育阶段中小学全面实行“一费制”收费。同时通过纪检监察部门加强检查监督，多方位、多措施遏制行政机关与各行业部门曾经出现的不正之风。

第七节　统一战线工作

20世纪80年代实行改革开放政策，进入社会主义现代化建设新时期以来，岑溪县(市)委统战部门遵照中共中央在新时期、新形势、新任务和新政策，统一战线工作也有了创新的发展并取得新业绩。

民族与宗教工作

民族事务　1992年，县委县政府成立民族事务委员会开展民族事务工作。2002年，机构改革，市民族事务局归并到市统战部与宗教事务办公室合署办公。2003—2005年，市民族宗教事务管理办公室争取到自治区民委扶持项目7个，资金35万元，市自集配套资金30万元，先后在有较多少数民族居住的村、镇，建成饮水工程1个，维修教学楼4座，修建村级公路1条。同时，重视少数民族干部的培养、推荐和选拔。

宗教事务　全面贯彻党的宗教信仰自由政策，按照“保护合法、打击非法”的原则，管理宗教事务。1991年起，市统战部门建立宗教工作联席会议制度，健全宗教活动场所管理组织，抓好宗教活动场所年检工作。

2005年，岑溪市民族宗教事务管理办公室被自治区人民政府授予“全区民族团结进步先进集体”称号，被梧州市人民政府授予“梧州市民族团结进步先进集体”称号。

非公有制经济人士与商会工作

自改革开放以来，随着个体、私营经济发展，众多才能卓著的经济能手、能人脱颖而出。1991年起，市委统战部门按照国家相关政策要求，不断加强非公有制经济人士与商会工作，充分发挥工商联与民间商会的作用，广泛联系非公有制经济人士，促进全市非公有制经济健康发展。1996年，在岑溪设市庆典大会上，有多位在岑溪经商办厂贡献突出的外地个体、私营企业人士，被岑溪市人民政府授予岑溪“荣誉市民”称号，并给予奖励。1999年，岑溪有2位非公有制经济人士获自治区工商局“光彩之星”称号，有5位获梧州市工商局“光彩之星”称号，有11位获岑溪市工商局“光彩之星”称号。2000年，归义镇建立了全市第一个乡镇商会后，其他乡镇也纷纷开始建立商会：2001年年底，全市17个乡镇建立了镇级商会（2005年7月改为14个镇商会）。2002年，全市共有个体工商户12340户，私营企业144家，纳税4920万元，占全市税收三分之一。2002年市政协换届，有20名非公人士担任市政协委员。2003年9月，筋竹镇商会会长陈汉业、南渡镇商会会长谢昌华出席自治区在阳朔召开的全区商会经验交流会，陈汉业在会上作了经验介绍。2003—2005年，全市非公有制经济人士先后捐款捐物10万多元，支持公益事业、抗击“非典”和革命老区建设等。2005年，全市有25个非公有制经济人士担任市级以上人大代表、政协委员，有27人担任市工商联执委（其中兼职副会长8人）。

党外干部与知识分子工作

1991年以来，在统一战线工作中，市委十分重视做好党外干部和知识分子的思想政治教育，组织开展各种活动，加强党外人士的培养、举荐和任用工作。1998年，全市有党外副市长1人，党外人大常委会副主任1人，党外政协副主席3人。有党外人大代表120人，党外人大常委会委员4人，有党外政协委员117人，党外政协常委会委员18人。1999年乡镇换届时，全市安排了13个党外乡镇副职领导。2001年，全市有中级职称的党外知识分子约1230人，筛选了100名进行重点培养。2003年，全市有知识分子7000多人，大专以上学历的2700多人，共有40个副科级以上党外干部，其中副处级6人。2004年6月，推荐5人参加梧州市委统战部、组织部举办的第一期非中共党员干部中青班学习。同年11月在本市举办一期为期3天的市人大代表、政协委员中的党外干部、党外人士培训班，共有250多人参加培训学习。2005年6月又推荐6人参加梧州市举办第二期非中共党员干部中青班学习，于9月在本市举办一期为期7天的党外干部培训班，对50多名党外干部进行集中培训。2003—2005年，先后推荐4名副处级党外干部参加自治区党校、自治区社会主义学院培训、学习。2005年，自治区增设岑溪市为全区党外干部挂职锻炼基地。

侨务、港澳同胞工作与台湾事务工作

海外侨务与港澳同胞工作　1991年，岑溪市有海外侨胞10多万人，有归侨、侨属12万人。实行改革开放以来，市委统战部门通过各种途径积极收集海外华侨、华人和港澳同胞的情况，贯彻落实侨务政策。关心归侨和侨属工作生活，建立和健全了300多人的华侨和港澳同胞知名人士的档案。特别是第三代华人代表人物的档案资料，不断加强与海外华人华侨的联系，通过“走出去、请进来”的方法，广泛接触各国的华侨社团和华侨知名人士；邀请岑溪籍的港澳同胞和海外华侨华人回岑溪探亲访友、旅游观光；召开座谈会，开展联谊活动；鼓励海外华侨回乡投资办企业，支援家乡经济建设；每年春节向海外华侨社团及知名人士寄发贺年卡，并指导归侨、侨眷加强与海外亲人的联系。1991—2005年，共接待回乡探亲访友、旅游观光的华侨、港澳同胞3000多人次。岑溪籍华侨、华人以及港澳同胞捐款（包括捐物折款）给家乡发展公益事业累计600多万元。1995年香港同胞陈静捐资8万元建设大业小学“陈静图书馆”。2005年香港同胞谭先生捐资20万元建设马路中学教学楼。

台湾事务工作　90年代起，市委台湾工作办公室与市政府台湾事务办公室合署办公，两块牌子一套人马，在市委统战部挂牌，对外独立行使其工作职能。1991年以后，认真贯彻执行党和国家对台工作的方针政策，围绕经济建设中心做好对台工作。在加强对台宣传、涉台教育和联谊联络等工作的同时。开展向台胞招商引资工作。1992年，由市政协、市侨联和市台办等单位联合邀请台商6人，在岑溪种植果树和创办农副产品、石材加工企业8家，合计投资超千万元。1996—2002年，进入岑溪投资办的台商增加到12家，累计总投资3200多万元。2003—2005年，市统战部、台办、政协等有关单位工作人员切实做好调查研究，深入有台属的乡镇了解台胞、台资企业情况，要求各镇、村要接待和处理好台胞、台属、台商的来信、来访，协调处理好台商、台属的各种纠纷、问题。

第八节　党校教育与党史研究

党员干部培（轮）训

1975年，县委党校恢复建校后，至80年代中期，重点培训、轮训农村基层党支部书记（时称生产大队支部书记）与生产大队大队长及县直属机关党支部书记。1987年起，根据自治区党委、自治区党校的部署，为提高县乡两级在职干部文化学历水平和经济、行政管理能力，岑溪县委党校开始与自治区党校、中央财政金融学院挂靠设立中专、大专教育函授站，招收经济管理与行政管理专业中专班与大专班。学制三年，经统一入学考试分数上线后录取。在函授期间，每学期按自治区党校和挂靠大专院校课程安排，每月集中学习5～7天，由县党校及挂靠学校派出具中级职称以上的教师讲授专业课知识，并布置作业，各专业课程授完后经考试各科成绩均及格以上，并且毕业论文获得通过后，由自治区党校及挂靠大专学校发给毕业（或结业）证书，享受与普通成人教育同等学力待遇。

1987—2002年，中共岑溪县（市）委党校，先后招收函授中专、大专经济与行政专业20多个班次，毕业人数1560人。此一时期，县党校除办好大中专函授班外，坚持“三为主一服务”（培训对象以党员领导为主、培训内容以灌输马列主义、毛泽东思想、邓小平理论为主，培训形式以岗位轮训为主；为振兴岑溪经济建设服务）的办学方针，开展干部轮（培）训工作（又称主体班）。1987—1999年，共举办县（市）直机关党员干部、基层党组织副支书以上领导干部轮（培）训班130多期，培训人数10000多人，平均年培训超过800人次。

1997年机构改革后行政机关实行公务员制度，接上级通知，市委党校增挂行政学校牌子，两校合一，开始对公务员（即普通行政干部）进行培训、轮训。2003年3月，开通了中央党校远程教学C级站，2004年6月，启动岑溪市双休日干部继续教育工程，开始举办市管干部双休日培训班，党校教育开始向新的领域拓展。

1993年8月，县党校承办的自治区党校九〇级行政管理专业大专班毕业。图为毕业典礼合照

党史研究

1991—1995年，基本完成新民主主义革命时期岑溪县党的组织建立、发展史料和中华人民共和国成产后进行的社会主义革命与建设时期（截至1987年）的史料（含人物资料）的收（征）集与整理（考证）工作。各个时期史料文稿累计180余万字。编辑

市委党史办成立以来通过多渠道收集党史资料。图为部分党史资料手册、书籍

出版《岑溪党史通讯》(不定期内部刊物)10期,《党史资料》专辑(在自治区和梧州地区党史部门交流),《中国共产党广西岑溪县组织史资料1926—1987》(由广西人民出版社公开出版发行);1996—2000年,收集整理《中共广西岑溪组织史资料》(续编、1987—1997)上报本,编辑出版《岑溪五十年建设成就录》(内部资料),收集编写了岑溪新民主主义革命时期以林培斌、李植华、李爱群及陈济桓、高致嵩等为代表的革命先烈人物资料和岑溪市改革开放二十年史料研究文章、照片,先后入选中共中央党史研究室编辑出版的《中国共产党英模大典》《中国新时期农村的变革》等书籍。同期,编写《中共岑溪党史传略》《岑溪市改革开放二十年》《胡耀邦视察岑溪纪事》《中国共产党岑溪市历史大事记》(1925—2003)等党史资料共80万字。党史研究工作取得良好成果,获自治区和党史研究室表彰。同期先后在全市开展党史专题宣传教育活动10多次,接受教育人数达2.5万多人次。

第九节　精神文明建设

1985年3月,中共岑溪县委成立社会主义精神文明建设领导小组及其办公室(简称文明办,办公室设在县委宣传部)。同时要求各级党组织也应成立相应领导机构,统一领导精神文明建设,使其与物质文明建设(经济建设)同步发展。当年,以文化设施建设为突破口,在全县开展文明村、文明单位创建。年内全县17个乡镇先后办起文化站或文化中心。设立农村图书室83个,电视室73个,广播室51个,棋艺室66个,科技室28个,影剧场50个,篮球场82个。同期由各部门(机关单位)和乡镇组织青少年为主体的学雷锋小组4200多个,为群众做好事及帮助五保户、困难户、军烈属解难分忧。各村委会通过议订村规民约方式和开展“五好家庭”评选活动,倡导群众遵纪守法,发扬社会主义道德风尚和勤劳俭朴、互相帮助、团结友爱的优良传统,争创“文明村”。1986年中共中央作出《关于社会主义精神文明建设指导方针的决议》后,1987年县委精神文明办部署在县、乡镇直机关单位和各部门开展“三优双学”(即搞好优质服务、建立优良秩序、创造优美环境和学雷锋、学先进)活动,并通过这些活动创建“文明单位”“文明窗口”和“文明街道”等,促进社会主义精神文明建设深入发展。其间,县委通过召开县直机关和乡镇精神文明建设经验交流会,并表彰精神文明建设先进单位和个人,不断推动精神文明建设向前发展。

从1991年开始,县(市)委精神文明建设和文明单位,文明村的创建,提出了要以解放思想、实事求是、与时俱进、贴近实际、贴近生活、贴近群众,推进思想道德建设,提高人的素质和社会文明程度为指针,切实把物质文明建设与精神文明建设结合互动,软件硬件建设同时抓,既促经济发展,又培养有理想、有道德、有文化、有纪律的社会主义公民,不断提升全社会文明程度。至1999年,全市创建自治区级文明单位、文明村15个;获地(市)级文明单位、文明村34个,本县(市)级文明单位222个、文明村203个、文明院子14个。

2000年,市委提出创建文明示范单位、示范村和文明行业。生态文明村的总体规划,从当年起至2005

年，分年度实施，要求部门、乡镇做到有计划开展创建文明单位、文明村。农村开展创建文明村镇、文明户示范活动从抓“一校两室”（即一所党校和文化室、卫生室）、“三户”（即遵纪守法户、文明户、计划生育户）、“四美”（即环境美、语言美、行为美、习俗美）和办好“五件实事”（即修路、改水、改厕、通电、建沼气池）入手，加强农村文化活动，增加和改善生活设施，推动精神文明建设深入开展。2001年，精神文明建设围绕提高市民素质和城乡文明程度，深入开展讲文明、树新风活动，促进市精神文明创建工作上档次、上水平、出实效。并以创建文明户为重点，继续深化建设文明村活动。2002年，发挥城镇对农村文明建设的带头作用，抓好35个生态文明示范点，为全市经济和社会全面协调发展营造良好的社会环境，按巩固、提高、延伸、辐射的思想，把讲文明、树新风的活动进一步引向深入；积极推动文化、科技、卫生“三下乡”。全市被自治区命名为第八批文明单位的有：岑溪市人民检察院、中共岑溪市委员会党校、岑溪市第三中学、岑溪市梨木镇河木村。

2003年，进一步抓好生态文明的创建和达标工作，以“五改六化”为突破口，使全市农村逐步建立起文明、健康、环保的生活环境，对文化市场加强管理，一手抓繁荣、一手抓“扫黄打非”，促使文化市场健康有序发展。开展“公民道德建设大家谈”活动，加强了市民的意识和道德教养；修改充实《岑溪文明市民公约》进行“礼貌、礼仪、礼节”等为主要内容的文明礼貌教育。通过在公共场所挂文明用语告示牌的方式推广文明用语。年内获自治区评为第九批文明单位的有：广西区岑溪公路局、岑溪市南渡镇、岑溪市归义秋风村。

2004年，突出抓好思想道德建设和群众性精神文明建设，坚持以人为本、尊重人、理解人、关心人。抓好文明小区、文明庭院创建工作。全市各窗口行业普遍开展“创文明窗口、树行业新风”的活动，广泛开展诚信教育，在行业单位抓好服务承诺，抓示范建设。推荐国税局、林业局、新华书店等6个庭院参加自治区第四批文明庭院评比。抓好梨木镇河木村生态文明村示范，得到了自治区、梧州市的肯定。梧州金晖运输公司岑溪分公司、昙容镇、岑溪市第二小学等获自治区第十批文明先进单位，梧州金晖汽车运输有限公司岑溪分公司被评为军（警）民共建先进单位。当年全市有15个单位、16人被梧州市文明委命名表彰。

2005年，以创建文明、健康、和谐的社会环境为目标，重点示范带动，以活动造效应。通过树立一批文明示范单位，发挥示范作用，促进和引导精神文明活动的开展，继续抓好生态文明单位示范和窗口文明行业的工作，同时为了更好地贯彻中央关于加强改进未成年人思想教育意见精神，在学校中开展弘扬民族精神为主题的教育活动，与共青团成功举办以“倡导文明新风、新事新办”为题的集体婚礼活动。在自治区五届“南珠杯”活动竞赛中获得C类城市优秀奖、特等奖。糯垌法庭被评为全国优秀人民法庭。推荐岑溪农村信用联社等7个单位庭院申报自治区第五批文明庭院、岑溪市交警大队等7个单位申报梧州文明单位。

第十节　社会治安综合治理

1991年，岑溪县委、县政府除每年通过召开专门会议作部署外，要求县直机关、单位和乡、镇党委政府，务必制订当年社会治安综合治理的目标计划、任务措施，并通过与县委、县政府签订目标管理责任状的形式，加以约束、执行。1995年，市委、市政府明确提出各乡镇、市直各战线、各机关单位第一把手（党政正职）对综治工作负总责的要求，建立领导责任制。2000年2月，市综治委重新明确综治成员单位职责任务，市综治委领导又与综治成员单位负责人签订社会治安综合治理目标管理责任书。2002年6月与2003年10月，市委、市政府先后发出、转发《关于进一步加强社会治安综合治理的决定》和市综治委《关于加强乡镇社会治安综合治理委员会及办公室建设的意见》两份文件，明确市委、市政府的领导、乡（镇）党委、政府领导及村委班子成员，要进一步提高对社会治安综合治理工作重要性的认识，负担起确保一方平安的政治责任。要求乡镇综治委员会主任由党委书记兼任，副主任由党委、政府各一名分管副职领导担任。并要求各乡镇要改善、完善综治办办公条件和设施，务必做到要有办公室、有牌子、有办公用具、有电话、有档案资料、有人员职责和规章制度，使综治工作、任务落到实处。从2004年起，对各部门、机关单位和镇、村年度政绩考核，实行社会治安综合治理任务不达标的“一票否决”制度。

推广梨木综治经验

1991年，岑溪县梨木乡（1994年改为镇）在群众性普法宣传教育活动中，采取印发守法乡规民约至各个农户（含居民）家庭之中，并派出普法工作人员（由公安政法人员和教师组成）深入村、户进行宣讲解释，引导建立“遵纪守法光荣家庭”，并通过村委、乡委每年评选一次“遵纪守法光荣家庭”的形式，创出了促进社会治安明显好转、当地治安与刑事案件显著下降的经验。获得原梧州地区党委、行署和自治区党委、政府及政法部门的充分肯定，其事迹还在当时的《半月谈》杂志发表。1992年，岑溪县委、政法委与社会治安综合治理委员会及办公室，在全县范围内推广梨木经验，并通过在岑溪电视台、广播电台开辟《法制园地》《法制瞭望哨》等专题节目和出动普法宣传车、印发法制宣传资料、出版墙报、黑板报、宣传橱窗及组织法制文艺（牛娘戏剧）表演等多种形式，加大普法宣传教育力度。在干部、职工队伍中举办普法培训班、开展普法考试和普法讲演比赛等活动，提高干部群众的法律观念，增强自觉守法意识。同时派出司法干部、深入各中小学校，开展普法教育和预防青少年违法犯罪的宣讲、画展等活动，提高在校学生法律意识，从小养成守法观念。

开展安全文明小区创建

1997年年初，由市政法委、综治委牵头，与市公安局的城中、城南、城北、城西派出所协作，派出公安干警和综治人员，分别以市汽车站、林业局、北环新村、农业银行岑溪支行、市造纸厂等单位（居民点）为试点，开始“安全文明小区”创建活动。同年9月，在全市推开。年内全市规划创建“安全文明小区”400个单位，其中村级277个，乡（镇）直51个，市直72个。“安全文明小区”覆盖面达30%，至2002年，实现全覆盖。2003年，改创建“安全文明小区”为创建“平安村镇”和“平安岑溪”活动。2005年10月，市定8个重点平安镇建设基本达标，“平安社区（村）”创建达50%以上。2003—2004年，岑溪市连续两年获全区社会治安综合治理先进县（市）称号。

严打整治

1993年，岑溪县委、县政府提出当年为“治安建设年”。1993—1994年，岑溪市公、检、法三家协力合作，共开展五次（每次出动干警200多人次）严打专项斗争，打击严重暴力犯罪和团伙犯罪以及对社会治安影响较大的贩毒、贩枪、贩卖人口、车匪路霸、流氓滋扰、盗窃机动车辆、报复基层干部等犯罪行为。“严打”斗争中缉捕拘留多批本地及流窜到岑溪的犯罪嫌疑分子。对证据确凿、足以构成犯罪的嫌疑人进行司法审判。1997年、1998年，先后组织多次打击盗抢机动车辆、禁毒、拐卖妇女儿童、聚赌、卖淫嫖娼等“严打”和社会治安整治活动，全市刑事发案率降至8.3%。2001—2002年，在全市开展打击“黑恶势力”的斗争中，相继打掉一批市内为非作歹的黑社会组织和恶势力团伙组成的矿霸、村霸、市霸、街霸等犯罪帮派组织。发动群众、教育群众，增强法律意识，增强与黑恶势力斗争的观念。

2003—2005年，公安机关通过与工商、烟草、税务、技监等部门协作，开展打击经济领域犯罪的专项斗争。打击售假冒伪劣商品和涉税、诈骗、传销等违法犯罪的专项斗争。破获经济犯罪案件30多起，涉案金额1000万元，捣毁传销、变相传销窝点110多处，清理、遣返外地参与传销人员1700多人次，维护商品市场经济秩序稳定、繁荣。同期，为做好“标本兼治，以防为主、治本为主”的工作，市综治委先后出台了《村委、街道（社区）治安管理办法》《外来人口（流动）管理（居住）办法》和《劳教、刑满释放人员安置与帮教办法》等相关政策措施，把易于造成社会治安不稳的乱源、隐患处理于苗头之中，充分发挥城乡机关和镇村治安

保卫组织、司法调解组织的作用。对案发多乱源大的部门单位，村落，则通过组织治安联防队巡防，以防止重大社会治安、事件、案件的发生。

第十一节　老干部工作

1984年7月，岑溪县委成立老干部局，挂靠组织部领导，由组织部一位副部长兼任老干部局局长，开展老干部工作。其工作方针是对老干部“在政治上予以尊重，生活上予以照顾”。凡1949年前参加工作的离休老干部，离休后，政治待遇不变、原标准工资（保留工资）照发、福利待遇不变，其他各项生活待遇与所在地区同级在职干部一样对待，切实给予应有保证。凡离休和副处级以上职位退休老干部，归口老干部局管理，其他退休干部、职工、由政府成立的老龄工作委员会办公室管理。1991年7月，由县委、县政府投资建设的老干部活动中心投入使用。老干部局迁入老干部活动中心办公，并设置会议室、阅览室、健身娱乐室、歌舞厅等设备设施。1996年11月，市委老干部局与政府老龄办合并，成立老干部服务中心，与老干局一套人马，挂两个牌子。1998年10月，在老干部活动中心，创办岑溪老年人大学，吸收老年离退休干部学习健身养生知识、书画创作、花卉盆景、家用电器管护、烹饪技术及时政法律知识等，让老干部学于乐、以学交友、丰富老年生活。

1991—2005年，除定期或不定期召集离退休干部学习座谈、交流市内经济建设和社会各项事业发展情况外，还依据离退休老干部的身体情况和愿望要求，组织他们到区内外经济发达的地县、城市（或旅游地）参观考察或旅游观光。每逢重阳节、国庆节、春节等重大节日，市委、市政府四大班子和老干局领导带领慰问团队，登门慰问离退休老干部。2004年1月起，离休干部高龄补贴提高到每人每月80元；为因瘫痪等原因生活长期不能自理的离休干部提供每人每月70元的护理费。同时，每两年组织1次离休干部免费进行健康疗养和身体健康检查（此项含市四大班子中退休领导在内）。

第二章　民主党派

1957年7月成立的中国致公党岑溪支部，是2000年以前岑溪境内唯一的民主党派组织。致公党岑溪支部主委先后当选岑溪县第三届、第四届、第五届人民代表大会代表，履行职责；致公党岑溪支部带领党员及县内侨眷积极参加社会主义经济建设，支持社会各项事业尤其科教文卫体育等方面的发展。“文化大革命”期间致公党岑溪支部受冲击停止活动。1978年12月，中共十一届三中全会后，致公党岑溪支部恢复活动，并于1987年8月进行支部改选。选举李洲干出任主委。致公党恢复活动后，其主委及有关成员通过当选县人民代表大会代表及政协委员的方式，履行职责。

2002年6月，中国民主同盟梧州委员会依据岑溪籍盟员要求，成立中国民主同盟梧州委员会岑溪直属小组。岑溪境内民主党派增至2个。2006年3月民盟梧州委员会岑溪直属小组升格建立民盟岑溪市支部，有盟员11人。

1953年7月成立的岑溪县工商业联合会，是由岑溪工商企业组成的社会团体，旨在联合、统率全县工商企业界执行和贯彻落实中国共产党和人民政府就关于社会主义经济建设、工商企业发展的路线方针、政策、遵守国家法律、法规，为岑溪经济和社会发展贡献力量。“文化大革命”期间受冲击停止活动，1986年恢复成立。此后工商业联合会在岑溪的改革开放和经济建设中，尤其在促成外商、外资进入岑溪，恢复和发展个体私营经济方面，发挥重要的推动作用。从90年代起，岑溪工商联合会不仅在组织建设上不断加强壮大，并积极参政议政，为岑溪经济发展决策提供诸多适时适实的建议。

第一节　民盟岑溪组织

组织

2002年6月13日，中国民主同盟梧州委员会岑溪直属小组成立，召集人为李国。2006年3月23日，中国民主同盟岑溪市支部成立，主委李国。中国民主同盟岑溪市支部是中国民主同盟的基层组织，2005年有盟员11人。

主要活动

参政议政与支教扶困　2002年，民盟梧州委员会岑溪直属小组成立以来，组织盟员深入调查研究，了解社情民意，通过盟员中的政协委员撰写议案提交梧州市、岑溪市两级政协，参政议政。2003—2005年，民盟中的政协委员向市政协提交提案36份，其中21份被采纳。部分提案获二、三等奖。2003年、2004年，组织盟员到南渡西兰小学开展支教和调研活动，发动社会各界人士捐资捐物，筹款6500元帮助西兰小学建成水泥操场。2005年8月资助南渡西兰小学和大隆大峡小学5名贫困学生上学。

组织建设　2002—2005年经常组织盟员集中学习，每逢国庆、中秋和新年都召开盟员座谈会。同时，积极开展宣传活动，大力宣传民盟的组织章程、发展历史和工作情况。发动和团结有志加入民盟之士，发展壮大组织，增强组织活动。

第二节　致公党岑溪组织

组织

1991年中国致公党岑溪县支部举行换届选举，主委李洲干，共有党员14人。1996年11月，中国致公党岑溪市支部再次进行换届选举，共有党员28人。2002年8月27日，成立中国致公党岑溪市委员会，第一届委员会委员9人，主委周国进，共有党员36人。2005年年底，中国致公党岑溪市委员会党员增至43人。党员中归侨、侨眷19人。党员主要分布在文化、教育、卫生、财贸等部门以及一些社会团体和非公经济领域。在全部党员中，具有研究生学历的1人，具有大专以上学历39人，中专以上学历5人；获得高级职称3人，中级职称42人。

主要活动

参政议政　中国致公党岑溪市委员会（支部），认真贯彻与中国共产党“长期共存，互相监督，肝胆相照，荣辱与共”方针，认真履行参政议政职责，做好参政议政工作。1991—1995年，岑溪致公党党员中担任县人大常委会委员1人，县人大代表1人；担任县政协常委1人，县政协委员3人。1996—2002年，岑溪致公党党员担任梧州市人大代表1人，岑溪市人大代表1人；担任岑溪市政协常委1人，市政协委员5人。2002—2005年，岑溪致公党党员担任梧州市人大代表1人，岑溪市人大代表2人，担任梧州市政协委员2人，岑溪市政协常委2人，政协委员11人。通过当选为梧州市、岑溪县（市）、岑城镇人民代表大会的代表以及梧州市、岑溪县（市）政协委员，在各级人大和政协会议上积极参与国家大政方针和地方重要事务协商讨论。对人民群众关心的重大问题积极反映情况，提出建议。1991年以来，致公党中的市人大代表、政协委员向“两会”提交提案、建议、意见共95件，其中有6件获优秀提案奖。

“三胞”工作　中国致公党岑溪市委员会（支部）利用党员同海外及港澳台有密切联系的优势，协助中共岑溪县（市）委、市人民政府积极开展“三胞”（指侨胞、港澳、台湾同胞）的联谊活动。1991年以后，共接待华侨、港澳台同胞690多人次。通过接待、联谊活动，激发侨胞、侨眷爱国思乡、为祖国、为家乡现代化建设出一把力的热情。1991年，由致公党和侨联联系的马来西亚华人吕天来到岑溪考察后，投资开办筋竹石材工艺厂，成为马来西亚与岑溪直接贸易第一人。20世纪90年代初，岑溪引进外资企业38家，其中引进外资1746万美元。有80%以上均为通过致公党成员牵线引进的国外华侨的投资。至90年代，全市侨胞、侨属在岑溪创办的工商企业570家，年产值1.16亿元。由归侨莫桂莲创办的南侨工艺有限公司，获国务院侨务办公室授予“全国优秀归侨企业”称号。2000—2005年，在招商引资工作中，发挥“外联”优势，引进外向型企业18家，利用外资1000多万美元。

第三章 群众团体

2005年,岑溪市的群众团体有总工会、共青团、妇联、科协、侨联、工商联、文联、残联、红十字会等。其中,总工会、共青团、妇联、侨联成立于20世纪50年代,科协、文联成立于20世纪60年代,残联、红十字会成立于20世纪90年代。1991—2005年,各团体依照中共中央提出建设有中国特色的社会主义和改革开放的路线、方针政策,在加强自身组织建设的同时,发动、团结本组织群众,投身岑溪经济和各项社会主义事业建设,支持农工商贸、科教文卫体(育)及党政司法机关、企事业单位体制改革,在社会主义物质与精神文明建设中,发挥各个组织的职能作用。

第一节 岑溪县(市)总工会

组织机构

市总工会 1955年4月,岑溪县总工会成立,1966年受"文化大革命"冲击处于瘫痪,1973年9月恢复。1991年总工会内设办公室,政工股、财务股3股室,编制11人。办公地址在工农路县附城小学旁。1995年12月1日,岑溪县总工会改称岑溪市总工会。2002年机构改革后,至2005年,市总工会内设办公室、组宣部、财务部、生产生活保障部、女工部,下辖事业单位工人文化宫。总工会有行政编制9名,工人文化宫职工人数4人。

1991—2005年历任工会主席:唐远汉(1991年1月至1993年12月)、黄润生(1993年12月至1998年12月)、陈家福(1998年12月至1999年4月)、关里茵(1999年4月至2007年7月)。

基层工会 20世纪70年代县总工会恢复建立后,开始在各企业单位成立基层工会组织。1991年,全县基层工会78个,均在国有、集体工商企业中成立。1998年,全市共有基层工会117个(含部分机关工会),会员共11851人。1999年开始在新建企业组建企业工会。2000年4月,市总工会在各乡镇成立乡镇工会工作委员会,并在乡镇企业局设立乡镇企业工会工作委员会。2001年,先后在市外经局设立外资企业工会工作委员会,在市工商局设立私营企业工会工作委员会。至2003年年底,全市共有245家新企业组建了工会,发展会员5000多人。2004年,新建基层工会36个,发展工会会员1260人。2005年年底,全市共有基层工会324个,会员21000多人。

代表大会

1988年4月至2005年,岑溪县总工会组织召开了4次全县工人代表大会。

岑溪县第九次工人代表大会 1988年12月25—26日在县城召开,出席会议代表120人,会议选举产生岑溪县总工会第九届委员会,选举出委员18人,选举唐远汉为工会主席。

岑溪县第十次工人代表大会 1993年12月25—26日在县城召开,出席会议代表151人。会议主要内容是:号召全县职工动员起来,为全县的经济腾飞而奋斗。会议选举产生岑溪县总工会第十届委员会,选出委员21人,选举黄润生为工会主席。

岑溪市第十一次工人代表大会 1998年12月17—18日在市区召开,出席会议代表104人。会议主要内容是:高举邓小平理论伟大旗帜,动员广大职工为岑溪市两个文明建设再立新功。会议选举产生岑

2004年3月，岑溪市总工会召开十二届代表大会(总工会　提供)

溪市总工会第十一届委员会，选出委员21人，选举陈家福为主席(1999年4月陈家福调离，由关里茵任主席)。

岑溪市第十二次工人代表大会　2004年3月3—4日在市区召开，出席会议代表158人。会议主要内容：以“三个代表”重要思想为指导，团结动员全市广大职工在新世纪的建设中充分发挥工人阶级主力军作用。会议选举产生岑溪市总工会第十二届委员会，选出委员21人，选举关里茵为主席。

主要活动

组织建设　1991—1999年，工会组织建设重点是整顿、恢复基层工会组织，并建立健全工会活动相关规章制度，维护职工切身利益和合法权利。尤其听取工人在企业改革的建议和意见，监督企业领导履行职责，建立维护监督机制和厂务公开等制度。2000年起，在全市各基层工会中开展“合格工会”“模范工会”建设活动。2003年，全市有5个乡镇工会获梧州市“先进乡镇工会”称号，1个乡镇工会获自治区“模范乡镇工会”称号。

送温暖、帮扶活动　90年代，市总工会依照上级工会和市委、市政府的部署，开展对困难职工的帮扶救助活动，关心职工生活。组织各级工会干部“进万家门，知万家难，暖万家心”，对困难职工帮扶送温暖。2000年起，市总工会推行党政工领导干部联系和帮扶困难职工家庭工作，签订《帮困协议书》，为困难职工家庭脱困出谋划策，开创脱困门路。2004年，市总工会被自治区总工会评为“送温暖工程先进集体”。2005年年底，全市共有1190人(次)领导干部与560户(次)困难职工家庭建立了帮扶关系。年节期间，发放慰问困难职工慰问金60多万元。

经济技术创新活动　1991—2005年，总工会组织各级工会发动职工先后开展了“经济效益杯”“扭亏增盈杯”“优质文明服务杯”“振兴梧州经济效益杯”“建功杯”“安康杯”等竞赛活动。开展争创“‘五一’巾帼标兵岗”“争当‘五一’巾帼标兵”“争创工人先锋号”、争当“金牌工人”等活动，全方位、多层次地开展群众性经济技术创新，涌现一大批先进集体和个人。其中，市总工会女职工委员会被全国总工会授予“95世界妇女大会知识大奖赛”组织奖和“全国工会女职工先进集体”称号。2004年开展的“创建学习型组织，争做知识型职工”活动，活动面达80%，全市有14个单位和15名职工获梧州市“创争”先进单位和先进个人。市水利电业有限公司唐珊获2005年度广西“‘五·一’巾帼标兵”称号。

建设职工之家活动　1992年，启动全县开展建设“职工之家”活动。根据形势发展，不断丰富建家内容，激发基层工会活力。逐步形成了公有制企业创建新家，非公有制企业开展以“双爱双评”为主要内容的建家活动，乡镇工会开展创建“合格乡镇工会”“六好乡镇工会”和基层工会规范化建设的“三建”并举的建家新格局，建家活动面达100%。同时每年元旦、春节、“五·一”、国庆节等重大节日，市总工会以“职工之家”为依托，开展各种健康有益的文体活动。活动项目主要有登山、气排球、太极拳(剑)、拔河、歌咏、乒乓球、篮球、环城跑、象棋、扑克、游艺活动、文艺晚会、工会干部联谊会等。2005年，全市基层工会90%建成合格职工之家。创建“合格乡镇工会”和“六好乡镇工会”达100%，获地(市)级先进乡镇工会7个，获县(市)级先进乡镇工会共14个。1993年县木材公司工会获全国“模范职工之家”称号，2006年，市水利电业有限公司被授予自治区“模范职工之家”称号。

标准化建设和工会干部培训　2000年,依据上级工会的部署,市总工会制订了工会标准化建设方案,努力把工会建设成党政重视支持好、工会干部素质好、组织网络健全好、履行基本职责好、围绕中心开展工作好、服务职工群众好、经费收缴使用好的“七好”工会。经自治区总工会考核验收,市总工会标准化建设顺利达标。当年为配合工会标准化建设,成立了领导小组加强了全市工会干部的教育培训工作,制订全市工会干部培训工作规划及年度培训计划。2000—2005年,市总工会共培训工会干部5000多人(次),并选送250人参加上级工会组织的培训学习,获得全自治区工会干部教育培训先进集体奖。

第二节　共青团岑溪县(市)委员会

组织机构

1991年,共青团岑溪县委员会内设办公室、组织股、宣传股、青少年股等股室,行政编制5人,事业编制1人,办公室设在市委院子(城中路7号)。1995年12月1日,改为中国共产主义青年团岑溪市委员会。1997—2005年,团市委内设办公室、组织部、宣传部、青年工作部、学校部5个职能股室,核定编制6名(其中事业编制1人)。2005年,全市有基层团委54个,48个市直团支部,277个村级团支部,共有团员32376人。

1991—2005年,县(市)团委书记分别是覃文征(1991年10月至1994年10月)、陈长强(1994年10月至1995年12月)、张小玉(女,1995年12月至1997年9月)、元思勇(1997年9月至2000年11月)、罗剑(女,2000年11月至2001年10月)、邓咏(女,2001年10月至2006年1月)。

代表大会

共青团岑溪县(市)委员会在1991年10月至2005年年底前,分别召开了共青团岑溪县(市)第十三至第十七次代表大会。

共青团岑溪县第十三次代表大会　1991年10月17日在县城召开,出席会议代表180人。大会审议并通过题为《干今天、想未来、立足基层、注重实践,为振兴岑溪而贡献青春》工作报告的决议。选举产生共青团岑溪县第十三届委员会,覃文征当选为县团委书记。

共青团岑溪县第十四次代表大会　1994年10月25日至26日在县城召开,出席会议代表218人。大会审议并通过题为《肩负跨世纪重任,造就跨世纪人才,为加快岑溪县改革开放和现代化建设而努力奋斗》工作报告的决议。选举产生共青团岑溪县第十四届委员会。陈长强当选为县团委书记(任至1995年12月,后中共岑溪县委改任张小玉为团委书记)。

共青团岑溪市第十五次代表大会　1997年9月在市区召开,出席会议代表250人,列席人员35人。大会审议并通过元思勇代表共青团十四届岑溪市委员会所作工作报告的决议。选举产生共青团岑溪市第十五届委员会,元思勇当选为市团委书记。

共青团岑溪市第十六次代表大会　2000年11月9日至10日在市区召开,出席会议代表230人。大会审议并通过题为《带领广大团员青年抢抓新机遇,为实现岑溪新世纪两个文明建设宏伟目标而努力》工作报告的决议。选举产生共青团岑溪市第十六届委员会,罗剑(女)当选为市团委书记(任至2001年10月,后改任邓咏为团委书记)。

共青团岑溪市第十七次代表大会　2004年3月9日至10日在市区召开,出席会议代表190人。大会审议并通过题为《与时俱进,开拓创新,在全面建设小康社会进程中谱写壮丽的青春篇章》工作报告的决议。选举产生共青团岑溪市第十七届委员会,邓咏(女)当选为市团委书记。

2001年4月27日，在市文化大厦举办纪念五四运动八十二周年文艺晚会(市交警大队　提供)

主要活动

青年志愿者　从20世纪90年代初开始，共青团岑溪县委组织开展青年志愿者行动，在全市各级团组织积极招募青年志愿者，成立青年志愿者服务队，建立青年志愿者服务站，组织青年志愿者积极参与开展各种社会关注、群众急需、青年能为的志愿服务项目。发动共青团员和青年志愿者利用重大节日、纪念日广泛参与扶贫济困、抢险救灾、环境保护、敬老爱幼等社会公益活动。2000年，全市有青年志愿者服务队518个，青年志愿者服务中心55个，青年志愿者1万多人，每年义务为民做好事5000多件。2002—2005年，全市共组织75000多人次学雷锋做好事3.5万多件。组织6万多人次为1000多位老年人、460多户特困户做好事1.6万多件。组织2万多人次参与"助残"活动行动，共捐款3.2万多元、捐物23000多件，结对1800多对，为500多残疾人提供服务。2005年，全市有青年志愿者服务队2000多个，青年志愿者服务站55个，青年志愿者4.3万人。

创建"青年文明号"活动　1993年开始，各窗口行业、工矿企业、机关事业团组织围绕优质服务、文明服务，以争先创优为导向，广泛开展创建"青年文明号"活动。1997—2000年，全市有68个单位参加"青年文明号"创建活动。其中，糯垌镇国税分局获得全国"青年文明号"表彰，市公安局刑侦大队获得自治区"青年文明号"表彰。2002—2005年，全市有72个单位参加"青年文明号"创建活动。其中，被命名为全国"青年文明号"的单位1个，被命名为自治区"青年文明号"的单位1个，被命名为梧州市"青年文明号"的单位1个。

争当"青年岗位能手"活动　90年代初，组织企业青年职工开展拜师学艺、岗位练兵、技术比武，推广先进操作方法，提高青年职工岗位操作技能活动，鼓励广大青年职工在生产岗位上大力奉献，在生产效益、产品质量、安全生产等方面做出成绩。1996年，团市委在"五四"青年节期间开展评选和表彰优秀"青年岗位能手"活动，评出蓝健等32名青年岗位能手。1998年，市农行青年封霞获得自治区团委授予"全区八桂青年岗位能手"称号。1997—2000年，全市有25人获得梧州市级以上"青年岗位能手"称号。2003—2005年，全市有26人获得梧州市级以上"青年岗位能手"称号。

培养"青年星火带头人"活动　1993年年初，共青团岑溪县委围绕"科技兴农"战略目标，广泛开展培养农村"青年星火带头人"活动，开展农村实用技术培训。发动广大农村青年学科技、用科技，多层次、多渠道、多形式培养农村青年星火带头人。

1996年，全市有邓兴金等12人被岑溪

在1997—2000年参加创建"青年文明号"活动中，岑溪市国家税务局糯垌税务分局获得全国"青年文明号"荣誉称号

市授予1995年度农村“青年星火带头人”荣誉称号，梁大毅等40人被岑溪市授予1995年度“青年农业生产大王”荣誉称号。

1997—2000年，利用“青年之家”等文化阵地举办各种实用技术培训班1300多期，培训青年2.78万多人次。建立农村青年技术培训基地35个，在农业、乡镇企业中培养、扶持了一批能带头运用、示范新技术青年能人。1997年，大业镇青年养鸡能手覃凤玲被团中央、国家科委授予“全国青年星火带头人”称号。1999年，市超强刀头厂青年李荣光被团中央、国家科委授予“全国青年星火带头人”称号。

2002年，举办各种培训班80期（次），8000多名农村青年参加培训，培养青年星火带头人50多名。樟木镇上奇街陈冠宁获自治区级“星火带头人”的称号。2003年5月，陈冠宁、钟文佳2人分别被团中央授予2002年度“全国农村青年创业致富带头人”“全国服务农村青年增收成才奖先进个人”称号。2005年4月，林绪志等15人被梧州团市委授予2004年度“优秀回乡创业青年”称号，岑溪市义兴手袋厂等3个示范基地被命名为“第一批梧州市青年创业示范基地”。

希望工程 1989年开始在全县实施希望工程，得到了社会各界的大力支持。通过各种渠道多方筹集资金，建设希望小学，改造学校危房，救助贫困失学儿童。同时，号召单位、部门、企业或个人开展结对子帮扶活动，资助贫困学生完成学业。1997—1999年，筹集希望工程资金50多万元，建成希望小学2所，援建或资助3所小学建校，救助30多名贫困失学儿童返校读书。2002年4月3日晚，在市文化大厦举办“岑溪市捐款助学献爱心文艺晚会”，全市踊跃捐款，共收到各单位、单位领导干部以及外商等社会各界人士捐款56.39万元，共资助全市因贫困失学或面临失学的学生1009人。2000—2005年，设于市团委的岑溪市捐款助学办公室累计接受救助款额64万多元，救助1277名已失学或即将失学的少年儿童。争取上级拨款和自筹资金近40万元，建成希望小学2所；专门筹措希望工程款2万元改造学校危房。有关部门和个人与80多名贫困生结成对子进行帮扶。

少年先锋队工作 各级团组织发扬“以团带队”的光荣传统，指导少先队组织开展丰富多彩的活动，使一批批少年儿童在五星火炬的旗帜下健康成长。1992年，在全县范围内开展“学雷锋、学赖宁、学英模”等活动。1994年开始实施“雏鹰行动”，组织各学校少先队广泛开展各种形式的文体活动、“手拉手”活动、科技发明创造活动、争先达标活动等。当年在全国第六届千名好少年评选活动中，波塘镇六肥小学廖华月等9名同学获好少年、好儿童奖。2003—2005年，全市共有350名少先队员获梧州市雏鹰好少年称号，2个少先队集体获国家级先进表彰，3个少先队集体获自治区级先进表彰，250个少先队集体获梧州市级先进表彰，625个少先队集体获市级先进表彰。

第三节 岑溪县（市）妇联

组织机构

1950年9月，成立岑溪县民主妇女联合会。1962年2月，改为岑溪县妇女联合会（简称“妇联”）。1966年6月至1972年5月，因受“文化大革命”冲击，县、区（公社）妇联组织处于瘫痪状态。1972年6月起首先恢复各公社妇联组织，1973年1月，召开全县第五届妇女代表大会，县妇联重新成立。1991年，县妇联内设办公室、组织股、宣传股和妇女儿童工作股等股室，编制5人，办公室设在城中路7号县委办公楼内。1995年12月1日，岑溪县妇女联合会改为岑溪市妇女联合会。1997年机构改革，定为正科级单位，内设办公室、组织联络部、宣传部、妇女权益部、儿童工作部。核定编制6名，其中行政编制5名，机关后勤事业编制1名。2002—2005年，市妇联内设机构、在编人员不变。其中，主席1人，副主席2人，部（室）领导2人，司机1人。2005年7月前，全市有乡镇妇联17个，村、社区妇代会282个，2005年7月撤并乡镇后全市有镇

妇联14个，村（社区）妇代会282个。

1990年以来，历任妇联主席分别是罗旭莲（1990年11月至1994年10月）、徐强（1994年10月至1998年9月）、杨华凤（1998年9月至2002年9月）、罗正梅（2002年9月至2008年3月）。

代表大会

岑溪县妇女联合会1991—2005年，先后召开第九至第十一次县（市）妇女代表大会。

岑溪县第九次妇女代表大会 1993年12月在县城召开，出席会议代表195人。会议主要内容是：号召妇女团结起来，为建设繁荣富裕的新岑溪而努力奋斗。大会总结上一届妇联的工作情况，提出下一届妇联工作的目标、任务和要求。选举产生第九届妇联执行委员会，选举委员23人。选举罗旭莲为县妇联主席（任至1994年10月，后由徐强任县妇联主席）。

岑溪市第十次妇女代表大会 1998年12月26日在市区召开，出席会议代表208人。会议主要内容是：高举邓小平理论伟大旗帜团结全市妇女为实现市跨世纪的宏伟目标而努力奋斗。大会总结上一届妇联的工作情况，提出了下一届妇联工作的目标、任务和要求。选举产生第十届市妇联执行委员会，选举委员23人。选举杨华凤为市妇联主席（任至2002年9月，后由罗正梅任市妇联主席）。

岑溪市第十一次妇女代表大会 2004年2月29日在市区召开，出席会议代表208人。会议主要内容是：以“三个代表”重要思想为指导，团结动员全市妇女为实现经济小康社会的宏伟目标而努力奋斗。大会总结上一届妇联的工作情况，提出了下一届妇联工作的目标、任务和要求，选举产生第十一届市妇联执行委员会，选举委员29人。选举罗正梅为市妇联主席。

主要活动

维护妇女儿童合法权益 20世纪90年代起，县妇联加强对法律法规的宣传工作，深入开展对《中国妇女发展纲要》《中国儿童发展纲要》和《妇女权益保障法》《未成年人保护法》的宣传教育活动。制定目标任务分解书，把实施妇女儿童发展规划责任目标任务分解到各有关单位，定期召开妇儿工委成员会议，共同研讨妇女儿童发展规划目标任务实施进程。1998年，以开展“三八”维权周、法制宣传月等为契机，开展送法下乡和咨询活动。同期，各乡镇妇联组建妇女儿童维权服务站，抓好示范，建立健全市、镇、村三级妇女信访网络。采用电视广播、张贴标语、出动宣传车到镇村和城区巡回宣传。在城区繁华地段设点向群众发放宣传资料，解答群众咨询问题等形式，加大对“两纲”“两法”的宣传力度，切实维护妇女儿童的合法权益。1998—2005年，全市建立15个妇女儿童维权服务站。各级妇联组织接待群众来访1250件，共1280人（次），处理来访来信1250件。配合公安等政法部门做好“严打”，解救被拐卖妇女儿童18人。2000年，开展“春蕾计划”活动，发动社会各界人士对失学儿童进行扶持，至2005年共有1200人获得资助。其中，获自治区级扶持200人，获地（市）级扶持500人，获本市扶持500人。

“双学双比”竞赛活动 从1989年开始，县妇联就组织、发动农村妇女开展了以“学文化、学技术、比成绩、比贡献”为主要内容的“双学双比”竞赛活动。2000—2005年，妇联配合有关部门举办种养技术培训班共250多期，培训妇女4.5万人（次）。印发科技宣传资料5万多份，开展送科技下乡服务活动20次，受益群众8.2万人（次）。全县（市）每年各级妇联组织建设示范样板点27个，每年培养科技致富示范户250户。组织开展“三八绿色工程”活动，共建设“三八绿色工程林”10个，总面积500公顷。通过开展“双学双比”竞赛活动，农村妇女的文化科技水平和生产经营管理能力都有明显提高，涌现一大批妇女种养能手。代表性人物有：岑城镇妇女潘文秀利用山地养鸡，获全国“双学双比”活动先进女能手称号；水汶镇妇女贤翠玲获得全国“双学双比”活动先进女能手称号，并获得“三八绿色奖章”；岑城镇妇女梁国连、大隆镇妇女廖惠群获得自治区级“双学双比”活动先进能手称号。市“双学双比”活动领导小组获全国妇女“双学双比”活动先进集体称号。

“巾帼建功”活动 1998年以来，岑溪市妇联在城镇职工中组织开展以“岗位建功、岗位成才”为目标的“巾帼建功”活动。组织女职工进行技术培训和技术比武，号召广大女职工爱岗敬业，树立行业和妇女的良好形象，创建“巾帼文明岗”。同时，开展岗村结对活动，各级“巾帼文明岗”与结对的行政村妇代会共同关注弱势群体，积极为他们排忧解难。至2005年，全市共创建“巾帼文明岗”42个。其中，国家级2个，分别是市水利电业有限公司城区供电所收费班和广西电信有限公司岑溪市分公司工农营业部；自治区级8个，梧州市级15个，县（市）级17个。获梧州市级以上“巾帼建功标兵”32人，先进集体（单位）11个。各级巾帼文明岗向结对行政村送帮扶资金2万多元、图书1300多册，发放各类宣传资料2万多份。2004年开展“巾帼志愿者”活动，全市共成立“中华巾帼志愿者”小分队35个，共有队员385人。通过“巾帼创业”活动，协助有关部门培训下岗失业女工182人（次），帮助100名下岗女工再就业。2004—2005年，每年“三八”妇女节、“六一”儿童节都组织巾帼志愿者慰问特困儿童、五保户、老党员、下岗特困女工及福利院、光荣院的儿童和老人、累计共2000多人（次），送慰问金和慰问品折款共8万多元。

2005年，岑溪市水利电业有限公司城区供电所收费班获全国“巾帼文明岗”荣誉称号

“五好文明家庭”活动 1991—2005年，县（市）妇联实施《公民道德建设实施纲要》，组织开展“美德在农家”“家庭读书”“不让毒品进我家”“树廉政风、当贤内助”“平安家庭”创建，开展“预防艾滋病、健康进家庭”“节能减排家庭、社区”等一系列活动。弘扬尊老爱幼、男女平等、夫妻和睦、勤俭持家、团结邻里的家庭美德。倡导科学、文明、健康的生活方式，改变家庭生活中的旧观念和不良行为习惯，积极创建“五好文明家庭”，每年开展一次“五好文明家庭”评比和表彰。1991年以后，全市获县（市）级以上表彰的“五好文明家庭”共157户。2002年和2005年，刘明敢、甘小松等家庭获全国级“五好文明家庭”称号，罗正梅家庭获第二届全国绿色家庭称号。

关爱少年儿童健康成长 每年“六一”儿童节，市妇联牵头组织开展以“弘扬民族精神”为主题的各种文体活动，如游园活动、文艺晚会、儿童即兴书画比赛等，并组织开展巾帼志愿者慰问献爱心活动，关爱少年儿童健康成长。

1995年起，市妇联开始组织开展扶持失学儿童重返校园的“春蕾计划”活动，发动社会各界人士对失学儿童进行扶持，使儿童受教育的权利得到保障。1995—2005年，全市共有1000人获得春蕾计划资助；其中自治区级扶持200人、地（市）级扶持400多人、本市各级扶持400多人。

第四节　岑溪县（市）科协

机构

岑溪县科学技术协会（以下简称“科协”）成立于1965年12月，为岑溪科技界群众团体联合机构。1966—1976年受“文化大革命”冲击被撤销，1978年12月恢复建立。1991年内设办公室与科普宣传两个股室。编制人员4人，办公地址设在北山路。1995年12月更名为岑溪市科学技术协会，定为正科级单位。2002—2005年核定内设办公室、科普部、学会部等机构，定编人员4人（均为在职人员）。

1991年以来，科协下辖有农学会、农业机械学会、畜牧兽医学会、林学会、气象学会、医学会、中医学会、水利工程学会、水利电力学会、公路学会、土木建筑工程学会、珠算会计学会、机电工程学会、卫生工作者协会、青少年科技辅导员协会等学术团体。以上团体均设在相关主管局内。科协派员参与指导相关学术研讨活动。

1991—2005年，岑溪市科协历任主席是聂锦坤（1991年1月至1993年12月）、李广文（1993年12月至1997年4月）、卢永祥（1997年4月至2008年6月）。

主要活动

岑溪市科学技术协会，在20世纪90年代前，主要协助县科技局及农林教卫等部门学会开展科技知识宣传和相关专业学科研究，并与地（市）、自治区科普机关开展学术交流等方面工作。1991年以来，随着改革开放和岑溪经济快速发展，农工业各生产环节技术改造和新技术推广应用范围不断拓展。科协机构增大向群众普及科学技术知识的力度，向广大人民群众宣传科学技术知识。

开展科技下乡活动　1991—2005年，每年开展1～2次科技下乡活动，组织农业、林业、畜牧、农机、水利及卫生部门科技人员到各镇、村，采用印发科技资料，图文巡展及知识咨询解答等方法向农民群众宣讲适时适用科技知识。2000—2005年统计，全市共组织科技下乡活动共180多次，参与下乡科技人员2000多人次。发放各种科普资料5万多份（册、页）。

举办县（市）科普日活动　1997年起，配合自治区提议“广西十月科普大行动”和中国科协决定创立“全国科普日”活动。1997—2005年，每年均在10—12月期间，在市区和乡镇镇区，开展科普日活动，通过活动发放各种科普资料，宣讲科技知识，接受群众咨询。每次科普日活动，发放资料均超万份，接受群众咨询千人以上。

协助乡镇各行业搞好科技培训　1991—2005年，科技局和科协与各乡镇及相关行业（部门）协作，通过举办各种实用技术知识培训班的形式，推介新技术（技能）。2001—2005年，先后在各乡镇举办种果（砂糖橘、澳洲坚果、三华李等）、养猪（瘦肉型猪）、品改牛、三黄鸡等科养技术培训班300多期，参训人员4万多人次。其他行业培训，如农业机械使用，农田病虫害防护等培训班100多期参训人员2万多人。

开展科技知识进学校活动　1990年起，科技局与科协联合开展科技知识进学校活动，通过组织青少年阅读科技书籍，建议学生写科技心得文稿，启发学生学科学技术的天性和兴趣。2000—2005年，中小学生阅科技书籍3万多册，写读书心得5.6万多篇。部分学校还开展“小发明、小发现、小设计、办制作、小实验”活动，逐步形成从小爱科学的风尚。

第五节　岑溪县（市）侨联

组织机构

1957年7月，岑溪县归国华侨联合会（以下简称“侨联”）成立。1966年受“文化大革命”冲击，停止活动。1978年侨联得以恢复。1982年召开第三次华侨、侨属代表大会，选举产生新的领导机构并定为科级行政单位。1991年，侨联内设办公室，经济联络部，编制人员6人，办公地点设在市政府院子内。1997年机构改革，保留侨联机构和人员编制、办公地址迁城北路110号。2005年年底，市侨联核定编制4人，实际在编人员4人。1995年、1999年、2003年、2005年市侨联均被评为“全区（自治区）侨联工作先进单位”。

1991—2005年，侨联主席分别是李洲干（1990年11月至1996年10月）、李绵林（1996年10月至2002年6月）、赵平（2002年7月至2016年）。

代表大会

县侨联成立至1991年，先后于1957年7月、1963年10月、1982年12月、1987年2月、1990年11月共召开了5次归侨、侨眷代表大会。

1996年12月25日，岑溪市第六届归侨、侨眷代表大会在城区召开，选举产生了岑溪市归国华侨联合会第六届委员会，委员25人，常务委员9人，选举李绵林为侨联主席。2020年机构改革，2020年9月，赵平任岑溪市侨联主任。

2004年7月，岑溪市第七届归侨、侨眷代表大会在城区召开，选举产生岑溪市第七届委员会、委员28人，常务委员9人。选举赵平为侨联主席。

主要活动

岑溪市是广西侨乡之一。1986年统计全县旅居马来西亚、新加坡、泰国、印尼等20多个国家的华侨、华人有10多万人，县内有归侨、侨眷12万多人。1991—2005年，县（市）侨联认真贯彻执行党和国家的侨务政策，积极开展各项活动。

宣传法律 1990年代初《中华人民共和国归侨侨眷权益保护法》（简称《保护法》）颁布实施，县侨联利用各种形式做好宣传工作。订购了8000多份《保护法》《〈保护法〉广西实施办法》等侨务法律法规资料，分发给县（市）直有关单位及各乡镇、重点侨乡和广大归侨侨眷。1996—2005年，市侨联召开五个涉侨部门、县（市）直有关单位、重点侨乡镇政府和侨属企业代表、归侨侨眷代表座谈会21次。深入到县（市）有关单位和重点乡镇村街召开座谈会6次，走访侨户138户、侨属企业62家，倾听广大侨众就我市落实各项侨务政策情况提出的意见和建议。

维护归侨侨眷权益 依据《中华人民共和国归侨侨眷权益保护法》，大力维护归侨、侨眷和海外侨胞在国内的合法权益。1992年开始对全县的归侨、侨眷进行普查，按政策发放归侨、侨眷证。至1995年年底，全市共发放归侨、侨眷证2431个。1997—2000年，市侨联协同有关单位共同研究，及时调处各种涉侨纠纷案件，至2000年共处理各种涉侨纠纷案件20多件。同时，通过与海外华侨、华人密切联系，帮助30多位海外华侨找到了在岑溪居住的亲人和眷属。2001—2005年，每年春节期间，开展“献爱心、送温暖”活动，市侨联派出人员深入到水汶、大隆、南渡、马路等重点侨乡和县（市）直一些单位慰问老归侨及贫困户，向他们发放慰问金和慰问品；经常走访一些侨属企业，努力帮助侨属企业解决一些实际问题，推动侨属企业发展。

参政议政 县（市）侨联充分发挥侨界人大代表、政协委员的作用，及时反映归侨、侨眷和海外侨胞的意见和要求，通过议案、提案等形式参政议政。1991—2005年，侨界人大代表和政协委员向“两会”提交的60多条议案、提案都得到政府有关部门的答复和处理。

联谊活动与发动侨胞支援家乡建设 80年代末90年代初，县侨联积极收集海外华侨、华人和港澳同胞的情况，逐步建立华侨、华人和港澳同胞知名人士档案，加强联系，并通过“走出去”“请进来”的方式开展各种联谊活动。同时利用本县出国考察、参观访问的同志“走出去”，广泛接触各国的华侨社团和华侨知名人士，邀请岑溪籍的港澳同胞和海外华侨华人回岑溪探亲访友、旅游观光，召开座谈会，开展联谊活动。1991—2000年，共接待回乡探亲访友、旅游观光的华侨、港澳同胞2000多人次。通过开展各种联谊活动，增进了海外华侨、华人及港澳同胞对家乡建设的了解和支持。1991年泰国华侨梁同昌先生回家乡水汶镇探亲，对县里部分工矿企业进行了考察，回到泰国后，在《新中原报》发表了《难忘故国作壮行》的万言回乡观光记。泰国华侨梁荫祯先生在《故乡》刊物上发表了《我爱岑溪》一文，热情歌颂家乡岑溪新貌，表达对家乡建设殷切关注的情感。2001—2005年，通过联谊活动，岑溪籍的华侨、华人以及港澳同胞捐款（包括捐物折款）给家乡发展公益事业累计达700万元以上。其中，马来西亚华人谢天福捐款30万元给南渡平塘小学和昙容永固小学修建校舍。香港同胞严先生捐款7万元修建合和村500米水泥村道。香港陈

方正捐款30多万元给岑溪二中及大业小学建设，香港同胞陈静捐款7万元给大业小学建立“陈静图书馆”。马来西亚侨胞吕天保牵头发动新加坡、马来西亚、泰国侨胞捐款捐物超100万元建设水汶华侨中学教学楼及改善教学设备。在举办教学楼“华侨楼”落成典礼时，有来自新加坡、马来西亚、泰国的60多个华人华侨参加了落成典礼仪式。

2004年7月，在北京人民大会堂，市侨联主席赵平作为广西代表团成员参加了全国第七次归侨侨眷代表大会，中共中央政治局全体常委以及其他党和国家领导人亲切接见了全体与会代表并合影留念。这充分体现了党中央对全国的归侨侨眷代表以及侨联工作的高度重视。

2004年7月，市侨联主席赵平通过归侨代表联系一港商洽谈，引进港资300多万元在岑城镇乌峡村建制氧厂，于当年12月建成投产。2005年上半年岑溪侨联争取到自治区侨联1个“侨心工程项目”，由荣宝昌（南宁）房地产有限公司董事长、马来西亚商人柯来发先生捐资20万元修建大业镇同福大桥。

第六节　工商联

组织机构

1953年7月，岑溪县工商业联合会（以下简称“工商联”）成立。“文化大革命”期间受冲击而停止活动。1986年恢复重建。1988年召开第六次会员代表大会，选举覃寿年为主委（1992年起称会长）。1995年12月，岑溪县撤县设市，岑溪县工商联改称岑溪市工商联。1992年被定为科（局）级单位，内设办公室（秘书股）、会员股，在职人员5人。1997年、2002年两次机构改革，均获保留。工商联的常设领导机构是执行委员会，通过会员代表大会选举产生，由会长、副会长、执行委员组成。1997年市工商联建立中共党组。2002—2005年，市工商联内设办公室、组织宣传股、经济联络股3个股室，核定编制7名。

1991—2005年，岑溪县（市）工商业联合会历任会长是：覃寿年（1988年至1994年11月）、林国文（1994年11月至2008年）

会员代表大会

岑溪县（市）工商联1953年7月至1988年8月先后召开6次会员代表大会。1994—2005年召开3次会员代表大会。

县工商联第七届会员代表大会　1994年7月在城区召开，参加大会代表65名。大会听取并审议第六届执行委员会工作报告，通过本次会议的有关决议，选举出由23个委员组成的第七届执行委员会。

市工商联第八届会员代表大会　1997年7月在城区召开，参加大会代表65名。大会听取并审议第七届执行委员会工作报告，通过本次会议的有关决议，选举出由29个委员组成的第八届执行委员会。

市工商联第九届会员代表大会　2002年6月19在城区召开，参加大会代表71名。大会听取并审议第八届执行委员会工作报告，通过本次会议的有关决议，选举产生由33个委员组成的第九届执行委员会。

主要活动

组织建设　1991年前，县工商联仅有一名驻会干部处理日常工作，1991年后，开始逐步增加驻会机关工作人员，并于1997年成立中共岑溪市工商联党组，开始建立健全各项规章制度，使工作开展有序，会员不断增加。1986年工商联恢复初期，全县拥有国营会员、集体会员、私营会员、个体户会员180户，此后从县城（市区）扩展到乡镇（社区），会员不断增加，从2000年起全市14个乡镇先后成立乡镇商会。2005年，市工商联共拥有会员780户。

参政议政　1991—2005年，工商联是政协的成员单位，在县（市）各届政协委员中，工商联会员都有相应比例的人数被推选为政协委员。岑溪县（市）选举人大代表时，也有相应比例人数当选为县（市）人大代表。1991—2005年市工商联每年都组织会员中的人大代表、政协委员深入了解社情民意,撰写意见、建议、提案提交“两会”。林国文会长在2004年市政协七届三次会议上提交的《政府要全力为民营经济大发展、大提高、大跨越营造环境、打造平台》提案不仅被市委、市政府采纳,还被市政协评为优秀提案。

光彩事业 光彩事业是通过引导会员致富思源,回报社会,投资扶贫开发,扶助弱势群体,参与公益事业建设。1991年以来,工商联通过发动会员为家乡公益事业建设、扶贫救灾等做贡献。1992—1998年筋竹镇的会员合计捐资20万元支持镇村学校、街道建设。2002年,南渡镇的会员钟振金赞助20万元支持家乡修建村部办公设施、球场和道路。三堡籍的会员覃孔军共捐资300多万元支持家乡学校建设,帮助家乡修建公路。在2003年抗击“非典”活动中,工商联动员会员捐款7000多元及物资支持抗非典一线工作。

招商引资 1991—2005年,市工商联充分利用自身的有利条件,广泛与海内外工商经济人士交流沟通,利用贺年卡、《岑溪商会》刊物及其他各种方式宣传岑溪、推价岑溪,内引外联,积极参与招商引资工作。1996—1998年,由市工商联会员招商引入岑溪办企业12个,资金130多万元,2000—2005年,招商企业8家投资合同标的160多万元。

第七节 岑溪县(市)文联

机构

岑溪县文学艺术界联合会成立(以下简称“文联”),为岑溪文艺界群众团体组织,1963年7月成立,由县委宣传部主管。办公地点设在县文化馆内,与文化馆合并办公。“文革”初期受冲击被逼停止活动。1972年6月,县文化局成立,“文联”同期恢复。1992年7月,岑溪县编制委员会发文,正式确定县文联为正科级单位。内设秘书股和《岑溪文艺》编辑部两个机构,办公地点设在县文化大厦三楼(工农路),编制5人。1995年12月,岑溪县文联改称为岑溪市文联。

1997年、2002年机构改革,保留文联组织,编制不变,2005年,在岗人员5人。

1991—2005年,文联主席任职人分别是莫祺年(1992年5月至1992年7月)、林汝德(1992年7月至1998年5月)、张显盛(1998年6月至2002年6月)、李克(2002年12月至2013年7月)。

代表大会

1992年5月,召开第三次文联代表大会,48人参加,选举出岑溪县第三届文联委员会,选举莫祺年为文联主席(1992年7月由林汝德接任)。

1996年6月,召开第四次文联代表大会,56人参加,选举出岑溪市第四届文联委员会,选举林汝德为文联主席(1998年6月由张显盛接任)。

2002年12月,召开第五次文联代表大会,72人参加,选举李克为文联主席。

主要活动

20世纪90年代以后,岑溪群众文化文学艺术创作跨进了以歌颂改革开放、创造中国特色社会主义文化、倡导社会主义精神文明、呼唤中华民族振兴为主旋律的新时期。1992年5月,县文联以隆重纪念毛泽东《在延安文艺座谈会上的讲话》发表50周年为契机、与县委党校联合举办新时期文艺工作座谈会和业余文艺创作培训班。坚持发扬传统和开拓创新相结合,开创岑溪社会主义文化建设的新局面。1994年,《岑溪报》创办,在《岑溪报》开辟《七彩石》文艺副刊。1995年恢复《岑溪文艺》期刊并定期与岑溪新兴的外资企业、新兴产业约稿,为岑溪的改革开放和经济鸣锣开道。1995年年末,为适应城市文化建设发展,在文联倡导下,市书法家协会、摄影家协会、作家协会、戏剧家协会舞蹈家协会和民间一些老艺人组织的业余或专业演艺团体陆续成立。1998年市文化公园,文化街建成投入使用;市区内节日与重大庆典活动的广

场演出定期与不定期开展;群众性的街舞、广场舞逐渐形成为一种社会新风尚。

2000—2005年,在文联倡导下,岑溪诗歌、散文、小说、剧本及报告文学、传记等各种文学作者不断增加,作品增多。且有一定数量作品为地市、自治区级以上刊物刊登、转载。市区内各文艺协会举办的书画展、摄影展及山歌演唱比赛、牛娘戏剧会演、诗联笔会等活动每年举办2~3次以上,活跃了群众文化生活。2004年,由市文联牵头,组织书画作品参加自治区"八桂群星奖"比赛,岑溪参赛作品中,获一等奖1名,优秀奖7名。当年杨旭钦著的小说集《冬日的太阳》、陈立衡著的长篇纪实文学《石都踏歌》正式由广西人民出版社出版。2005年,梁凤雅主编的《岑溪中小学书画优秀作品集》和林汝德著的作品综合集《清清的溪流》先后出版。1991—2005年作为县(市)内准印出版的还有《波塘诗词选》第一、第二卷、《岑溪市老年人诗集》《螺壳声韵》等个人诗集、文集共20多册(套)。

第八节　岑溪县(市)残联

组织机构

1991年1月岑溪县残疾人联合会(以下简称"残联")成立,当年只设办公室,负责各项工作,编制人员5人。办公地点设在县政府。1995年12月1日改为岑溪市残疾人联合会。定为正科级单位。2002年机构改革,市残联定为市政府行政事业机构,内设办公室、康复股、教育就业股。核定编制5名。至2005年,内设机构编制人员不变。2003年,市残联分别成立了残疾人肢残协会、盲人协会、聋人协会、智残亲友协会、精神残疾人亲友协会等5个协会。全市各乡镇残联机构健全,人员落实,大部分村(社区)成立残疾人协会(小组),形成了市、镇(乡)、村(社区)残疾人工作三级网络。

代表大会

岑溪市残疾人联合会是中国残疾人联合会的地方组织,是残疾人自身代表组织、社会福利团体和事业管理机构为一体的社会团体。其组织机构通过全市残疾人代表大会选举产生。岑溪市残疾人联合会自1991年1月成立以来,先后召开过三次市残疾人代表大会。

岑溪县第一次残疾人代表大会　1991年1月11日在县城召开,参会代表82人,会议主要内容学习宣讲党和国家关于残疾人的方针政策,鼓励残疾人自强自立,部署今后几年残疾人工作,选举产生第一届残疾人联合会理事会(名单缺失)。

岑溪市第二次残疾人代表大会　1998年5月13日在市区召开。参会代表108人,会议总结1991年以来残疾人工作,部署今后几年残疾人工作,选举产生岑溪市第二届残疾人联合会主席团主席。李少连当选理事长。

岑溪市第三次残疾人代表大会　2003年7月25日在市区召开。参会代表123人。会议总结第二次代表大会以来工作,部署今后几年残疾人工作,选举产生第三届残疾人联合会主席团主席、理事长和理事。该届残疾人联合会主席团名誉主席赵美贞(女),主席李旭长,理事长黄炳衡。

残疾人救助

残疾人维权　1991年,县残联成立后,按照民政部门关于残疾人的有关政策规定,维护残疾人的合法权益。要求县直机关和乡镇善待残疾人,能安排工作的,应安排工作,有特殊困难的要及时救助。1998—2000年,市政府先后制定《岑溪市残疾人实行优惠政策若干规定》《岑溪市关于分散按比例安排残疾人就业的规定》《关于建立残疾人贫困户扶贫解困网络的通知》等一系列扶助残疾人的优惠政策、措施和规定,维护残疾人的合法权益。2003年成立市残疾人法律援助中心,明确14个镇司法所和普光、昌义2个律师事务所为残疾人维权机构。制定《岑溪市残疾人法律援助实施细则》,建立为残疾人提供优先、优质、优惠法律服务和法律援助的网络。2000年以来共有6件残疾人涉案案件得到法律援助。市政建设中，2002年起，在市区主要街道设立了盲人道、斜坡上落口标志等无障碍设施，方便残疾人出行。同时做好《残疾人证》的发放工作，1991—2005年核发残疾人证1268个。

残疾人康复 1991—2005年，逐步在全市建立起组织管理网络、技术指导网络、康复服务网络为一体的统一协调的残疾人康复社会化工作体系。各镇政府、残联负责康复工作的组织管理、制定规划、筹措经费和协调实施。各级教育部门、卫生行政部门和医疗机构及专业技术人员为残疾人康复手术医疗、巡诊、功能训练提供咨询指导。通过康复服务网络开展残疾人肢体康复训练、智残儿童康复训练，为残疾人康复提供平台。

1991—1995年，完成儿麻矫治手术162例，肢体残疾康复150例，白内障复明手术537例，聋儿培训24人（其中装配助听器15人），为新婚育龄妇女、孕妇和0~2岁婴儿补碘共31989人。1996—2000年，完成白内障复明手术873例，肢体矫治手术42例，给低视力残疾者配用助视器3例，聋儿语训33人。培训家长20人，智力残疾儿童系统训练36人，肢体残疾系统训练41人。1991—2000年以来共有1200名残疾人得到了不同程度的康复。2001—2005年，全市有2332名残疾人得到不同程度的康复服务。其中，1667名白内障患者重见光明，39名低视力患者走出朦胧世界，40名聋儿接受听力语言训练开口说话，24名重症精神病患者得到监护和治疗，25名智力残疾儿童、5名脑瘫儿童和32名肢体残疾患者得到教育康复和功能训练，为26名缺肢者装配假肢，为13名残疾人装配矫形器，供应残疾人用品用具462件。

残疾人教育 认真贯彻《中华人民共和国义务教育法》和《残疾人教育条例》，把残疾儿童、少年教育纳入义务教育规划。1991—2000年，在附城第一、第二小学办了40多个特教班，有1000多名残疾儿童随班就读，适龄残疾儿童入学率77.4%。2001—2005年，加强与教育部门沟通，推广残疾儿童随班就读，提高了在普通学校就读的残疾学生比例。全市学龄阶段残疾儿童981人，有747人在校就读。救助贫困残疾学生15名，金额4500元。加强市残联聋儿语训部办学，在读聋儿16名。组织10名盲人参加初级盲人按摩技术培训，推荐3名盲人技师参加中级盲人按摩技师培训，并资助学习经费1500元。在全市各中小学校开展“爱心助学”活动，共收到捐款2.4万元。

残疾人就业 按照“以分散安置为主，集中与分散相结合”的残疾人就业方针，坚持以政府为主导，动员社会各界力量，采取多渠道、多形式安排残疾人就业。严格执行市政府制定的《岑溪市关于分散按比例安排残疾人就业的规定》和《岑溪市残疾人实行优惠政策若干规定》。明确全市各机关、社会团体、企事业单位、城乡集体经济组织按比例安排残疾人就业的比例、责任和义务，依法推行分散按比例安排残疾人就业。对个体就业、自愿组织起来就业的残疾人，在核发营业执照、办理有关手续、减免税费等方面按规定给予特殊优惠。1996—2005年，全市按比例安排残疾人就业110人，按规定收取难以接收安排残疾人的机关企事业单位的残疾人就业保障金30多万元，城镇残疾人个体就业502人，农村残疾人就业3915人。

扶持贫困残疾人 1991年起，依照县民政部门的要求，各乡镇、村委切实做好贫困残疾人的扶持工作，采用“三个一点”（即财政支持一点，镇政府解决一点，村委筹集一点）的办法纳入扶贫计划，开展扶贫解困工作，重点扶持170户残疾人困难户。当年“温饱工程”，累计扶持515户。1998—1999年两年，利用国家康复扶贫贷款88万元，发放直接扶持贫困残疾人户贷款121万元。1999年开展助残募捐活动，为残疾人事业发展筹集基金，收到捐款14万元。2000年市政府下发《关于建立残疾人贫困户扶贫解困网络的通知》，组织有关单位的党员、干部采取“帮、扶、包、带”的形式，落实了包扶500户残疾人贫困户的工作责任。使用国家康复扶贫贷款80万元，落实最低生活保障制度，有13名“三无”（无生活来源、无劳动能力、无法定抚养义务人或法定抚养人丧失劳动能力而无力抚养）残疾人得到资助，特困残疾人的基本生活得到改善。2001年，争取到自治区残联专项扶贫资金20万元。在南渡镇建立一个残疾人农业科技示范基地，提取利润扶持贫困残疾人，并利用场地生产、培育优质种苗低价或无偿提供给残疾人发展种植业。组

织实施扶持贫困残疾人的“温饱工程”，扶持贫困残疾人910户。2004年，广州市冯乃济捐助1万元作为贫困残疾人生产扶持基金，年扶5户，每户2000元。2001—2005年，全市共有430名残疾人享受低保。其中：集中供养17人，五保供养393人，定期补助297人，社会扶助763人，临时救济1325人次。

支持残疾人文体活动

1991年，市残联大力支持和有计划地组织残疾人开展各种文体活动，活跃残疾人的文化生活。1993年和1996年组队参加自治区第三、第四届残疾人文艺会演，两届参演节目都获得奖励。1996年5月，在大连举行的第六届“远南”运动会上，市残疾人运动员朱波朝顽强拼搏，一举打破他所参赛的蛙泳的世界纪录，并获得金牌，实现岑溪市在残疾人运动史上的国际比赛金牌零的突破，为岑溪人争了光。1999年组织市一小弱智班学生组队参加自治区残疾人文艺会演，获得演出优秀辅导奖。2002年有4名残疾人5件作品参加梧州市残联举办的残疾人书法、绘画、摄影、美术作品展，有两件作品分别获得第二、第三名。市残疾人运动员刘青梅参加2003年9月在南京举行的第六届全国残疾人运动会上获女子田径200米、400米赛第四名，女子1500米第六名（此成绩超世界纪录），获自治区体育局颁发的“优秀运动员”称号。2004年4月，刘青梅还在湖南益阳举行的全国残疾人田径锦标赛上获得T46级女子田径400米第一名、T46级女子田径200米第二名和T46级女子跳远第三名的好成绩。1991—2005年，本市残疾人运动员朱波朝、刘青梅、李东宏、李凤莲等，在参加自治区的体育比赛中获得13枚金牌、2枚铜牌和2个第一名、1个第二名。在参加全国的体育比赛中获得2枚金牌、1枚银牌、3枚铜牌和2个第一名、2个第二名、1个第三名、2个第四名。朱波朝和刘青梅两人各打破一项世界纪录。

第九节　岑溪县（市）红十字会

1992年2月，岑溪县红十字会成立（1995年12月后改称“岑溪市红十字会”），是岑溪市从事人道主义工作的社会救助团体。1993年10月，《中华人民共和国红十字会法》颁布实施后，遵照该法的规定，履行人道主义的社会救助工作。在历次自然灾害和突发社会事件中，对伤病人员和其他受害者进行救助。并通过动员和发动社会各界捐款、捐物、无偿献血，开展人道主义救助服务活动。同期在市辖区范围内开展普及卫生救护和防病知识宣传教育，进行初级卫生救护培训，以及组织群众参加现场救护和红十字会青少年活动等工作。

［第十三篇］

政权　政协

第一章 人民代表大会及其常委会

1990年9月至2005年,岑溪县(市)经民主选举产生了第十届、第十一届、第十二届、第十三届人民代表大会。其中第十届人大依未修改的组织法任期3年(1990年9月至1993年11月);第十一届人大依修改后的组织法"地方各级人民代表大会每届任期五年"的规定,任期5年(1993年11月至1999年1月);第十二届人大(1999年1月至2002年11月)和第十三届人大(2002年11月至2006年10月)任期应为5年,实任4年。岑溪市上述各届人民代表大会及其常委会,在中共岑溪县(市)委的领导下和上级人大常委会的指导下,以邓小平建设中国特色社会主义理论和"三个代表"重要思想为指导,认真履行对"一府两院"(市政府、市法院、市检察院)进行法律监督和工作监督的职责,依法行使重大事项决定权、人事任免权;推进依法治国进程和民主法治建设;开展执法检查,保障法律、法规在本行政区域内的正确实施;督促"一府两院"及有关单位,认真办理人大代表提出的议案、建议、批评和意见;加强与人大代表的联系,通过组织人大代表开展视察活动,及时发现在贯彻法律法规和开展各项工作过程中出现的各种问题,并向有关部门反映,使之得到及时纠正或改进。

1991年4月召开的岑溪县第十届人民代表大会第二次会议,审议通过了《岑溪县国民经济和社会发展十年规划和"八五"计划纲要》和《1993年实现翻两番(指全县国民经济总产值与1980年对比)的计划方案》;1996年4月23日召开的岑溪市第十一届人民代表大会第五次会议审议通过了《岑溪市国民经济与社会发展"九五"计划和2010年远景目标纲要》,这都对岑溪市国民经济与社会发展起到了指导作用。

1995年9月,国务院批准撤销岑溪县设立岑溪市。1995年11月28日,岑溪县第十一届人民代表大会召开第四次会议,会议决定:岑溪县人民代表大会改称为岑溪市人民代表大会,岑溪县人大常委会改称为岑溪市人大常委会、岑溪县人民政府改称为岑溪市人民政府,岑溪县人民法院改称为岑溪市人民法院、岑溪县人民检察院改称为岑溪市人民检察院;决定将国务院批准,民政部发文同意撤销岑溪县设立岑溪市的时间9月11日定为岑溪市建市纪念日。

1991—2005年,在各届次人大会闭幕期间,岑溪县(市)人大常委会在本行政区域内,领导或主持本级人民代表的选举,召集本级人民代表大会会议,讨论、决定本行政区域内的政治、经济、教育、科学、文化、卫生、民政、民族工作的重大事项,并根据本级人民政府的建议,决定对本行政区域内的国民经济和社会发展计划及财政预算的部分变更,对本级人民政府组成人员进行人事任免。同期县(市)人大常委会注意加强乡镇人大工作的指导,通过举办乡镇人大主席、副主席培训班和组织乡镇人大主席团成员到市外先进地区参观考察,学习外地先进经验等方法,加强乡镇人大工作。

第一节 机 构

岑溪县(市)人民代表大会常务委员会(以下简称"人大常委会")

岑溪县(市)人大常委会,自1981年1月召开的岑溪县第七届人民代表大会起成立。县各届人大常委会组成成员包括主任、副主任、常务委员均由当届人民代表大会选举产生,任期与当届人民代表大会相同。1981—1993年,县第七、第八、第九、第十届人大常委会每届任期为3年。第十一届岑溪县(市)人大常委会依修改后的组织法任期5年(1993年11月至1999年1月)。岑溪市第十二届人大常委会任期应为5

年，实任4年（1999年1月至2002年11月）；岑溪市第十三届人大常委会任期应为5年，实任4年（2002年11月至2006年10月）。

岑溪县（市）人大常委会作为人民代表大会闭会期间的常设机关，行使法律赋予的各项职权，决定本行政区域内的重大事项，对“一府两院”进行监督，受理人民群众对“一府两院”和国家工作人员的申诉和意见，依法进行人事任免。通过与人大代表的联系及组织人大代表视察活动，督促“一府两院”改进工作。各届人大常委会组成人员由主任1人、副主任和委员若干人组成。常委会的组成人员，不担任国家行政机关、审判机关和检察机关的职务。

1990—2005年，岑溪县（市）先后选举产生第十届至第十三届人民代表大会，并由县（市）人民代表大会选举产生了第十届至第十三届人大常委会。岑溪市第十届至第十三届人大常委会主任、副主任名单见下表。

岑溪县（市）第十届至第十三届人大常委会主任、副主任名单一览表

表13-1-1

届次	职务	姓名	性别	年龄	民族	文化程度	籍贯	任职时间
第十届	主任	程柱德	男	52	汉	大专	广西岑溪	1990年9月至1993年11月
	副主任	谭龙声	男	52	汉	中专	广西贵港	1990年9月至1993年11月
		孔庆志	男	45	汉	大学	广西岑溪	1990年9月至1993年11月
		黎桂才	男	52	汉	大学	广西岑溪	1990年9月至1993年11月
		李丽群	女	50	汉	大专	广西岑溪	1990年9月至1993年11月
		罗可能	男	56	汉	初中	广西岑溪	1990年9月至1993年11月
第十一届	主任	程柱德	男	55	汉	大专	广西岑溪	1993年11月至1999年1月
	副主任	谭龙声	男	55	汉	中专	广西贵港	1993年11月至1999年1月
		孔庆志	男	48	汉	大学	广西岑溪	1993.年11月至1999年1月
		黎桂才	男	55	汉	大学	广西岑溪	1993年11月至1999年1月
		李昌燊	女	50	汉	大专	广西岑溪	1993年11月至1999年1月
		杨广洪	男	50	汉	高中	广西岑溪	1996年4月至1996年6月
第十二届	主任	江　涛	男	57	汉	大学	广东南海	1999年1月至2002年11月
	副主任	罗伯林	男	54	汉	大学	广西玉林市	1999年1月至2002年11月
		赵美贞	女	49	汉	中专	广西岑溪	1999年1月至2002年11月
		孔庆志	男	54	汉	大学	广西岑溪	1999年1月至2002年11月
		潘启道	男	54	汉	大学	广西岑溪	1999年1月至2002年11月
第十三届	主任	黄照堂	男	47	汉	研究生	广西藤县	2002年11月至2006年10月
	副主任	赵美贞	女	52	汉	中专	广西岑溪	2002年11月至2006年10月
		黄锦铨	男	47	汉	大专	广西苍梧	2002年11月至2006年10月
		刘统强	男	47	汉	大学	广西岑溪	2002年11月至2006年10月
		杨振丽	女	49	汉	研究生	广西岑溪	2002年11月至2006年10月

县(市)人大常委会办公室与工作委员会

县(市)人大常委会办公室与各工作委员会,是县(市)人大常委会下属的工作(办事)机构。1990年9月至1999年1月,岑溪县(市)人大常委会设办公室和法制、财政经济、科教文卫、华侨等工委、编制12人。1999年1月至2005年人大常委会设人大办公室、财经工作委员会、科教文卫华侨工作委员会和法制工作委员会、定编24人(含常委会领导)。2005年,人大常委会正、副主任5人,人大办及各工委19人,其中行政编制13人,事业编制6人。

1990—2005年,历任人大常委会办公室主任:李刀一(1990年9月至1993年11月)、程世燊(1993年12月至1999年10月)、苏深秀(1999年11月至2002年10月)、陆文福(2002年10月至2006年11月)。

1991—2005年市人大常委会各工作委员会主任任职人员名单如下。

农村工作委员会主任:黄滚国(1992年5月至1999年11月)、黄少新(1999年11月至2002年4月)。

华侨工作委员会主任:苏炳崇(1990年9月至1998年12月)、陈彦坤(1998年4月至1999年4月)。

教科文卫工作委员会主任:黎景南(1990年9月至1998年12月)。

科教文卫华侨工作委员会主任:黄润生(1999年4月至2002年6月)、陆文福(2002年6月至2002年10月)、周献静(2002年10月至2006年7月)。

财贸经济工作委员会主任:余克严(1990年9月至1998年12月)、陈彦坤(1999年4月至2002年8月)、陈向前(2002年8月至2006年7月)。

法制工作委员会主任:冼宏林(1998年4月至2002年9月)、黎永革(2002年10月至2011年)。

乡镇人民代表大会

乡镇人民代表大会由本乡镇的选民直接选出的代表组成。

1990—1993年,岑溪市各乡镇人民代表大会每届任期为3年,1993年后,依修改后的组织法,乡镇人民代表大会每届任期为5年。实际上1993年年末至1998年年末,各乡镇人民代表大会任期5年。1998—2002年、2002—2006年,这两届乡镇人民代表大会任期与县(市)人大换届选举同步,任期为4年、1996年9月前,乡镇人民代表大会设立主席团,主席团设专职常务主席(以下简称“人大主席”),1996年9月后。乡镇人民代表大会设人民代表大会主席和一名副主席(以下简称“人大主席”“副主席”)。乡镇人大主席团常务主席和乡镇人大主席、副主席均由乡镇人民代表大会选举产生,负责乡镇人民代表大会闭会期间的各项工作。乡镇人民代表大会选举本级人大主席团常务主席(人民代表大会主席、副主席)、乡长、副乡长、镇长、副镇长;听取和审查本级人大主席团的工作报告,听取和审查本级人民政府的工作报告。

安平乡召开人民代表大会现场(安平政府 提供)

乡镇人大主席团常务主席及乡镇人民代表大会主席、副主席与乡镇政府在同一地址办公,1996年前,乡镇政府门口挂乡镇人民代表大会主席团牌子,1996年后挂乡镇人民代表大会牌子。

1990—2005年岑溪市各乡镇人大主席任职人员名单如下。

岑城镇:杨宗材、李景汉、韦培明、甘富强。

樟木镇(乡):周之循、覃文征、覃广平。

马路镇:梁庆桃、钟志德、张小玉、

廖炯波。

昙容镇(乡):廖之焕、李超、赵丕勇、覃盘和。

南渡镇:卢长南、刘大任、陈富宁。

水汶镇:何观章、韦远文、邓立雄、黄东明、刘志芳。

梨木镇(乡):曾庆伍、刘五洲、覃广平、陆记业、陈文强。

大隆镇(乡):周献棠、梁斌、曾庆杰、李伟海、贤挺和、梁永。

归义镇:蒙国香、梁彩南、冼运清、张艺、陈创艺、陈庆宁。

大业(湴)镇(乡):谢家访、梁小丽(女、兼)、程世梅(女)。

诚谏镇:黄柱才、卢永祥、叶茂荣、蔡耀文、黎德清。

筋竹镇:陈述庭、林瑞光、谢宗林、陈振才。

安平镇(乡):高洪昌、钟庆新、李焕朝、陈定训、梁翔峰、陆焕朝。

糯垌镇:雷超远、黄少新、覃振明、严志德、林源波。

三堡镇:李耀文、林培成、莫华森。

波塘镇:黎焕坚、邱柱忠、李耀文、邱立金。

吉太乡:莫启忠、聂振福、赵世业、林源波。

2005年7月,市内乡镇区划调整,撤销樟木、昙容、吉太3个乡镇,此3个乡镇、人大同期撤销。

第二节　人民代表大会代表选举

县(市)、乡镇人民代表大会代表选举

县(市)及乡镇人民代表大会代表每届选举一次(其间有补选个别代表的现象)并且同时进行,人大代表由有选举权的选民直接选出,可连选连任。每一选民在一次选举中,只有一个投票权。90年代以后,人民代表大会代表的选举,从程序上分以下几步:县(市)及乡镇成立选举委员会及其办公室,领导和指导本届人大代表的选举工作;开展选民登记并发给选民证,依居住情况、生产单位、事业单位、工作单位划分若干个选区;依照选举委员会确定的本届人民代表大会的代表名额,并把名额分配到各选区,由各选区组织提名代表候选人。代表候选人的推荐形式,包括组织提名推荐和选区选民提名推荐两部分。其中组织提名推荐的主要是党政机关领导干部的人选;选民推荐的主要是选区选民的人选。在推荐候选人时,应规定妇女代表、知识分子代表、民主党派和无党派人士代表名额比例。代表候选人名单提出后在选举日15天前要张榜公布,然后发动选民反复酝酿,在选举日5天前确定正式代表候选人名单并张榜公布。代表选举采用差额选举和无记名投票方式进行,获得参选选民过半数票的始得当选。选出代表后,由县(市)及乡镇选举委员会确定是否有效,并予以宣布。

1990年9月至2002年8月,岑溪县(市)共进行了四届(即第十届至第十三届)人民代表大会代表的选举。

1990—2005年岑溪县(市)历届人大代表选举情况表

表13-1-2

届别	选举时间	当年全市人口数(万)	登记选民数(万)	划分选区(个)	参加选举人数(万)	参选率	选出代表(人)
第十届	1990年8月	62.50	39.20	279	38.02	92.10%	345
第十一届	1993年8月	67.52	42.21	272	41.36	97.99%	346
第十二届	1999年1月	74.63	45.74	195	44.45	98.33%	284
第十三届	2002年10月	78.99	49.00	194	47.00	95.93%	287

1990—2005年岑溪县(市)历届人大代表构成情况表

表13-1-3

届别	代表总数(人)	中共党员代表占代表总数%	非党员代表占代表总数%	领导干部代表占代表总数%	工农代表占代表总数%	妇女代表占代表总数%	其他代表占代表总数%
第十届	345	54.30	45.70	30.90	68.20	26.80	0.90
第十一届	346	61.00	39.00	27.80	71.40	25.40	0.68
第十二届	287	65.72	34.27	68.54	51.24	24.73	0.80
第十三届	287	61.67	38.33	46.69	53.31	31.01	0.70

全国与自治区、梧州市人民代表大会代表选举

依组织法的规定，县级以上的人民代表大会选举上一级人民代表大会的代表。自治区第九届人民代表大会一次会议选举岑溪市张月英(女)为第九届全国人民代表大会代表，任期为1998年3月—2003年3月。

岑溪县第十届人民代表大会1992年11月20日举行第四次会议，选举丁廷模、梁超然、何干超、甘树北、程柱德、李世蒿、李冠容(女)、徐华(女)、陈彦坤为广西壮族自治区第八届人民代表大会代表。

1997年4月撤销梧州地区，岑溪市改由梧州市代管，岑溪市人大只选举梧州市人民代表大会代表，不再选举自治区级人大代表。经梧州市人大选举，岑溪市的江涛、何大江、梁君当选自治区第九届人民代表大会代表，张学军、叶培超、梁小丽(女)、吕振旭当选为自治区第十届人民代表大会代表。

1997年9月25日，岑溪市第十一届人民代表大会选举了岑溪市出席梧州市第十届人民代表大会的代表。2003年2月岑溪市第十三届人民代表大会选举了岑溪市出席梧州市第十一届人民代表大会的代表。

第三节　人民代表大会会议

1993年前，岑溪县人民代表大会每届任期三年，届内每年召开一次或两次例会。第十一届人民代表大会依修改后的组织法任期五年。第十二届人民代表大会和第十三届人民代表大会依法任期应为五年，

但由于上级部署提前换届选举，任期只有四年。

岑溪县第十届人民代表大会

岑溪县第十届人民代表大会共召开了5次代表会议。1990年9月9—11日，县第十届人民代表大会第一次会议在城区召开，出席会议代表345人。会议选举程柱德为县第十届人大常委会主任，谭龙声、孔庆志、黎桂才、李丽群、罗可能为副主任。选举李世蒿为岑溪县人民政府县长、黄以华等7人为副县长。选举梁树清为岑溪县人民法院院长，韦瑞京为岑溪县人民检察院检察长。

县第十届人民代表大会第二、三、四、五次会议，分别于1991年4月13—16日、1992年4月16—18日、1992年11月20日、1993年4月21—23日在城区召开，出席会议代表分别是322人、345人、345人、344人。其中，第四次会议选举了出席自治区第八届人民代表大会代表9人；第五次会议作出《关于严厉打击违法犯罪活动，维护社会治安的决定》。

岑溪县第十一届人民代表大会

岑溪县第十一届人民代表大会共召开了8次代表会议。1993年11月17—20日，县第十一届人民代表大会第一次会议在城区召开，出席会议代表346人。会议审议并通过一次会议的各项决议，选举程柱德为县十一届人大常委会主任，谭龙声、孔庆志、黎桂才、李昌燊（女）、为副主任。选举江涛为县人民政府县长、罗伯林等8人为副县长。选举梁旭流为岑溪县人民法院院长，陈开棫为岑溪县人民检察院检察长。

岑溪县第十一届人民代表大会第二、三、四、五、六、七、八次会议，分别于1994年3月29—31日、1995年3月23—25日、1995年11月28日、1996年4月23—25日、1997年3月18—20日、1997年9月25日、1998年3月11—13日在城区召开，出席会议代表分别是344人、343人、344人、338人、335人、333人、332人。其中，第三次会议补选了县十一届人大常委会委员2人。第四次会议听取了县人民政府《关于撤县设市情况的报告》和县人大常委会关于撤县设市后有关法律问题的说明，审议并通过《关于变更岑溪县人民代表大会及其常委会名称的决定》《关于变更岑溪县人民政府名称的决定》《关于变更岑溪县人民法院名称的决定》《关于变更岑溪县人民检察院名称的决定》、关于《岑溪市建市纪念日决定》（从1996年起，每年的9月11日为岑溪市建市纪念日）。第五次会议增选杨广洪为市十一届人大常委会副主任。第七次会议选举了梧州市第十届人民代表大会代表。

岑溪市第十二届人民代表大会

岑溪市第十二届人民代表大会共召开了5次代表会议。1999年1月11—14日。市第十二届人民代表大会第一次会议在市区召开，出席会议代表283人。会议审议并通过一次会议的各项决议，选举江涛为市十二届人大常委会主任，罗伯林、赵美贞（女）、孔庆志、潘启道为副主任。选举张宣东为市人民政府市长、刘统强等5人为副市长。选举黄日汉为岑溪市人民法院院长，唐显扬为岑溪市人民检察院检察长。

市第十二届人民代表大会第二、三、四、五次会议，分别于2000年3月4—6日、2000年8月30日—9月1日、2001年2月27—28日、2002年3月26—28日在市区召开，出席会议代表分别是280人、279人、282人、277人。其中，二、四次会议分别补选市十二届人大常委会委员各1人。五次会议补选了市人民检察院检察长。

岑溪市第十三届人民代表大会

岑溪市第十三届人民代表大会共召开了4次代表会议。2002年11月3—6日，市第十三届人民代表大会第一次会议在市区召开，出席会议代表287人。会议审议并通过一次会议的各项决议，选举黄照堂为市十三届人大常委会主任、赵美贞（女）、黄锦铨、刘统强、杨振丽（女）为副主任，选举张学军为市人民政府市长，王亦森等5人为副市长，选举颜桂南为岑溪市人民法院院长，黄炳雄为岑溪市人民检察院检察长。

市第十二届人民代表大会第二、三、四次会议，分别于2003年2月26—28日、2004年2月24—26日、2005年3月1—3日在市区召开，出席会议代表分别是290人、285人、287人。其中，第二次会议选举了梧州市第十一届人民代表大会代表:第三次会议补选市人民政府市长和十三届人大常委会委员1人;第四次会议补选市第十三届人大常委会委员1人。

第四节　审议重要事项　人事任免　执法监督

审议政府重要事项

1990年9月,岑溪县第十届人民代表大会第一次会议,审议通过县人民政府《关于大力开发"岑溪红"花岗岩矿资源与吸纳外资发展外向型经济,创办"三来一补"和中外合作企业的决定》《关于农业综合开发的若干规定》《依靠科技进步、振兴岑溪经济的决定》及《多渠道发展乡镇企业的决定》等多项决定。1991年4月在本届第二次代表大会和1993年4月召开的第五次代表大会,先后审议通过了《岑溪县国民经济和社会发展十年规划和八五计划纲要》和《关于严厉打击违法犯罪活动,维护社会治安的决定》。同期还批准了农业部门《关于大面积粮食增产综合技术开发的决定》和经济部门《关于搞活企业的若干规定》。

1994年,市十一届人大常委会先后审议通过县(市)人民政府《岑溪县企业产权制度改革实施意见》《进一步稳定和完善家庭联产承包制为主的责任制和统分结合双层经营机制的若干意见》《大力抓好现有企业技术改造和推进新技术开发的决定》《关于进一步加快个体和私营经济发展的试行办法实施细则》《关于加强石材行业管理的规定》《关于建设农业强市的意见》及《关于鼓励社会多方投资举办市场的措施和若干优惠政策的规定》等推动地方经济发展的举措。1995年9月,民政部批复同意岑溪撤县设市。同年11月,召开市第十一届人大第四次会议,审议县人民政府《关于撤县设市工作报告》并通过了多项关于岑溪撤县设市的决定,为岑溪市的设立提供法律依据。1996年4月,市第十一届人大第五次会议,审议通过《岑溪市国民经济与社会发展"九五"计划和2010年远景目标纲要的报告》,为岑溪市跨世纪的经济与社会发展奠定基础。

90年代末至2005年,岑溪市人大十二、十三届常委会,先后审议市人民政府《关于切实做好减轻农民负担工作的决定》《岑溪市清理、整顿农村"两会一部"的工作方案》《关于开展"万元田"项目建设的若干意见》和《推进重大工业项目建设的奖励办法的实施方案》《鼓励外出务工人员回乡创业的优惠政策及奖励办法实施方案》《岑溪市人民政府关于贯彻实施西部大开发政策的若干规定》等重要政策性的决定。同期,审议、批准市人民政府及有关部门《关于整顿和规范建筑市场秩序的工作方案》《进一步开展法制宣传教育的决议》《关于申请发放城市居民最低生活保障救济金的有关规定》和《关于改造市区沿江路的决议》《关于兴建岑溪市石材集中加工区的决议》等利民措施。2001年2月,市人大十二届第四次会议,审议通过了《岑溪市国民经济和社会发展第十个五年计划纲要的报告》。2005年7月市第十三届人大常委会第25次会议,审议通过《关于岑溪市乡镇区划调整的方案》,批准撤销樟木镇(并入岑城镇)、昙容镇(并入马路镇)、吉太乡(并入南渡镇),改岑溪市乡镇建制,由17个改为14个。2005年8月市人大第十三届常委会26次会议审议了《岑溪市总体规划(2003—2020)的报告》,并作出《关于同意〈岑溪市总体规划(2003—2020)〉的决议》同意报上级有关部门审批。

人事任免

依照组织法规定,每届人民政府领导人选举生产后,县人大常委会依法任免政府及其组成部门、人民法院、人民检察院所属机构工作人员。1991—2005年,岑溪县(市)各届人大常委会、都依照政府及其组成部门和法院、检察院机构改革调整、人员职务变动的情况履行人事任免(含撤销职务)的职责。

1991年3月至1993年10月,岑溪县第十届人大常委会,通过第三、第四、第六、第七至第二十七次会议,先后任命县人民政府副县长(含挂职—下同)职务12人,接受辞去县长职务1人,辞去副县长职务7人,

撤销副县长职务1人。任命政府组成部门委、办、局主任、局长17人,免去主任、局长职务14人;任命人民法院副院长2人,免去副院长职务1人,任命人民法院法庭庭长4人,免去庭长职务2人。

1993年11月至1999年1月,岑溪县(市)第十一届人大常委会,通过第一、第四、第五、第九、第十三至三十九次会议,先后任命县(市)人民政府副县长(副市长)职务9人,接受辞去副县长(副市长)职务6人。任命政府组成部门委办局主任、局长64人,免职主任、局长20人。任命人民法院代院长1人,副院长1人,任命人民检察院代检察长1人,副检察长3人,同意辞去人民法院院长职务1人,辞去人民检察院检察长职务1人。

1999年4月至2002年10月,岑溪市第十二届人大常务委员会,通过召开第一、第四、第五、第六、第七至第二十七次会议,任命市人民政府副市长9人,其中1人为副市长、代理市长。接受辞去副市长职务1人。任命政府组成部门委办局主任、局长63人,免去主任、局长职务2人。任命人民法院副院长、代理院长1人,免去副院长职务2人,任命人民法院庭长7人,免去庭长职务1人,任命人民检察院副检察长,代检察长职务1人,副检察长2人,免去副检察长职务1人。

2002年12月至2005年12月,岑溪市第十三届人大常委会通过召开第一、第四、第七至第二十七次会议,任命市人民政府副市长6人其中1人为副市长、代市长,任命市政府组成部门委办局主任、局长38人,任命人民法院副院长1人,人民法院法庭庭长9人。

上述各届人大常委会还任免了人大常委会办公室及各工作委员会正、副主任,任免了县(市)人民法院审判委员会、人民检察院检察委员会的成员,任免了一批县(市)人民法院审判员及县(市)人民检察院的检察员。

执法监督

1991年,岑溪县人大常委会第四次会议,根据县人民政府关于加强社会治安综合治理的提案和当年社会治安的实际情况,作出了《进一步加强社会治安综合治理的决定》,并根据这个决定,监督政府,公检法机关,在加强和提高执法人员素质的同时,齐抓共管,依法搞好社会治安综合治理。

1991—1995年,依据市人大常委会制定的《关于在全县开展执法检查的实施方案》,成立县执法检查领导小组,具体部署全县执法检查工作,5年间,开展综合性执法大检查8次,部门性专项执法检查20多次。1991年执法检查监督工作,督促司法机关纠正重罪轻判的公晏顶(地名)恶性流氓案件。1993年的执法检查,抓住制止摊派、乱罚没(款物),乱收费和减轻农民负担这一热点问题开展,共查出违规违法项目48项,并督促县政府及相关部门作出处理,依法取消叫停这些项目,折合减轻农民负担190多万元。1995年,着重围绕自治区制定的《广西壮族自治区预算外资金管理条例》和《中华人民共和国台湾同胞投资保护法》及《中华人民共和国统计法》等法律、法规,开展专项检查监督。年内纠正8个不按规定管理预算外资金的单位和乡镇,企业单位对上报统计数据不规范,不及时,甚至有虚报漏报行为,均督促有关部门依法处理并纠正。年内,通过执法监督检查,对市内一些单位在对到岑溪投资办企业的台商不依法办事使台商利益受损的现象,予以纠正。

1996—2000年,全国,自治区人大及其常委会加快了立法步伐,一批批新的法律、法规出台,政治、经济、社会、教育科技等各方面加强法治。市人大及常委会针对本市内一些部门,单位有法不知,有法不依,执法不严,违法不究,甚至以权压法,以言代法,以罚代刑,徇私枉法等现象,进一步加大执法检查监督力度,尤其对一些新颁布实施的法律法规的检查监督加大力度。采取在各部门各单位自查自纠的基础上,实行普通检查和重点抽查相结合的方法、监督各部门依法行政、依法治理本企业行业行为。1996年,集中力量对劳动法、警察法、民族区域自治法、教育法、渔业法、矿产资源保护法和归侨侨眷权益保护法等法律法规的执行情况进行检查监督,当年对70多座无证采矿及滥挖、越界开采的花岗岩矿山进行整治,督促其依法补证及加强安全生产、治理污染等措施。对市公安局进行警察执法检查方面,着力查处了少数干警违法违纪及人情办案甚至自身涉赌涉嫖等知法犯法的行为。1998年,在全市开展农业技术推广法、民事诉讼法、土地管理法、产品质量法、体育法等新颁布实施的法律法规监督检查活动,通过召开各部门执法情况汇报会及由法工委抽派执法检查组到相关部门单位调查等方法,了解执法过程中出现的问题,督促相关部门单位及时整改纠偏。当年对市人民法院抽查396件民事案件,对照民事诉讼法,凡发现有偏差及存在判决不当的均予以纠正。2000年在对农药管理条例的执法检查中,发现一些无证经营农药和出售假、劣农药的行为,督促市农业局及时进行处理,预防伤农害农重大事故发生。2003年10月24日,市人大常委会组织执法检查组分别到岑溪至苍梧二级公路、糯垌至三堡公路、糯垌公路养护站检查,对公路局、交通局积极宣传《公路法》、在公路沿线及过境路段村庄设置永久标志牌、依法做好公路规划和建设、依法抓好公路养护、有效地加强路政管理、抓好规费征稽表示肯定。同时对存在问题提出意见和建议,要求对公路建筑控制区内违法建房等问题加大查处力度,依法查处各种路政违法行为。2004年3月,有群众向市人大常委会反映,在人口密集的城区内有一个花生油房,在生产加工花生油时用木柴为燃料,烟尘污染严重影响居民生活。人大常委会迅速将意见呈转市环保部门调查处理,经有关部门限期整改,使问题很快得到解决,维护市区的环境卫生。2004年6月,市人大常委会组织执法检查组,对全市贯彻实施《中华人民共和国烟草专卖法》情况进行执法检查。通过视察检查、听取汇报,对烟草专卖局的工作成绩加以肯定。同时对一些存在的问题也提出整改意见和建议,要求烟草专卖部门进一步提高执法队伍素质,增加执法透明度,严格按照法定程序查扣卷烟及销毁假烟,自觉接受社会各方面的监督,树立良好的执法形象。2005年7月,市人大常委会组织执法检查组,深入市人民医院、归义卫生院,及市区和归义镇部分药店进行执法检查。对市食品药品监督管理分局贯彻实施《中华人民共和国药品管理法》工作给予肯定,对存在问题提出了意见和建议。要求进一步提高执法人员的工作素质和业务能力,加强药品执法监督力度,消除监督死角,依法规范执业,把好药品准入关。同时,要求物价部门进一步加强了药品生产、经营企业的监督,有效控制药品价格虚高现象,更好地维护消费者的合法权益。

第五节　议案办理

1991年4月县第十届人大第二次会议至2005年3月市第十四届人大第三次会议,共收到代表议案和意见2000多件。所收到的议案经人大议案审查委员会审查确定,属立案办理的交县(市)人民政府办理,属工作意见不予立案的则转交有关部门研究办理。在议案办理期间,要求办理单位需向提出议案或意见的代表作出办理情况的书面答复。承办单位还要在下一次人民代表大会上向大会作出议案办理情况的报告,使议案办结的进度和质量都得到保证。

1995年后岑溪县第十一届人大第三次人民代表大会召开前,县十一届人大常委会先后收到人民代表提出的建议议案和批评意见共68件,其中,财政经济、科教文卫、工交及农林牧渔业水利等方面49件,均由人大常委会审议后分交政府相关部门处理。2001年市人大常委会收到各种建议、议案和批评意见70多件,其中代表反应比较强烈的花岗岩生产污染环境的问题,以及公路旁边花岗岩板材加工废料乱堆乱放、废水污染影响交通和河道清洁等问题,市人大常委会将有关议案送交政府,并通过有关部门进行整顿治理,使花岗岩生产既得到发展又解决废料废水污染等问题。

2002年11月,市十三届人大第一次会议对207国道荔枝至水汶路段路况差、影响交通运输的问题,提出改造岑溪到水汶公路交通运输的议案。市政府对此高度重视,专门召开有计委、交通局、土地局、林业局等单位参加的会议,决定加快建设南渡至水汶二级公路,研究解决公路建设走向、公路用地、房屋拆迁等问题,并于2002年12月1日动工建设。

2003年2月，市十三届人大二次会议针对岑溪至波塘公路改造问题提出议案，建议把岑溪至波塘公路改造列入当年工作重点。市交通局对该议案高度重视，认真进行研究办理，作出了岑溪至波塘公路改造工程方案，确定公路走向由马路—石龙—波塘，并进行分步实施，第一步先将等外路改造提升为四级路，第二步在完成四级路的基础上进行硬化。市交通局及时将建设计划上报自治区交通厅，自治区交通厅研究后将该项目列入全自治区乡镇公路改造工程计划。2007年经改造建设的岑溪至波塘公路正式通车，紧接着进行路面硬化。

2003年2月，市十三届人大第二次会议针对义昌江流经市区段的水质较差，不适宜抽取作为市区生活用水，提出关于要求市二水厂停止供应生活用水的议案。市政府据此议案的事由，指示有关部门调查、科学检验水质量，证实二水厂所抽取的义昌江河水确实质量不合格，不符合卫生用水标准，决定停止抽用义昌江河水作为生活用水，改为接通樟木水厂生活用水，增加市区生活用水。

2004年2月，市十三届人大第三次会议针对社会上赌博之风盛行的状况，提出加大打击“六合彩”等赌博活动力度，切实维护社会稳定的4个议案。市人民政府认真进行研究，决定切实加强对干部职工的教育管理，要求全市干部职工签订保证书，远离“六合彩”。同时，从公安部门抽调精干力量，从严从快打击“六合彩”等赌博活动。到当年年底，全市共查处“六合彩”等案件373起，抓获涉案人员1690人，逮捕100人，刑事拘留32人，罚款123人，警告48人，收缴罚没款461.37万元。

市看守所位于市中心的北环大道，与市第二中学（二中）仅一墙之隔，对二中的发展和教学活动影响较大。加上看守所自身面积窄，部分监所年久失修已成危房，不适应关押人犯的安全需求。2005年3月市十三届人大四次会议提出搬迁市看守所，扩大市二中校园的议案。市委、市政府对此议案非常重视，与有关部门单位认真研究落实搬迁议案，并将市看守所搬迁工程列入梧州市百个项目大会战的工程之一。

第六节　代表视察

1991年以来，各届人大常委会每年都组织一次以上代表视察活动，在岑溪工作的全国、自治区人大代表除参加同级的代表视察活动之外，一般都邀请参加本县（市）组织的代表视察活动。本市人大常委会还受梧州市人大常委会委托，组织在岑溪的梧州市人大代表视察。1992年，自治区改革开放会议后，县人大常委会组织各代表团部分代表，分别视察本市外向型经济发展情况和几个代表性外资企业，激励乡镇政府加大招商引资发展乡镇经济的信心。1995年后县（市）人大常委会还委托各乡镇人大主席团组织乡镇人大代表进行视察活动。2001—2005年人大代表视察内容主要是工农业生产、城乡镇村建设、环境保护、交通、教育、卫生、财政等工作以及人民群众普遍关注的问题。2002年11月在组织人大代表视察活动中，针对当时全社会关心的热点难点问题即国有企业改革和劳动再就业以及社会保障等问题，组织代表视察部分企业，总结经验教训，针对各项工作存在的主要问题提出意见和建议，送交县（市）人民政府研究办理。

第二章　人民政府

1991—2000年，岑溪县人民政府根据1991年4月县十届人大二次会议通过的岑溪县国民经济与社会发展十年总体目标规划及“八五”计划纲要开展各级工作，促进了岑溪社会进步和经济发展。1991年年末，岑溪全县国内生产总值实现了6.79亿元（1980年不变价），比计划指标3.45亿元增加近一倍。以开发岑溪红花岗岩矿为主产业的外资企业快速发展，由1990年的22家增至38家。岑溪成为自治区县级吸收外资的先进标兵。1992年6月，全自治区改革开放会议在岑溪县召开。岑溪人敢字当先的精神，迅速在梧州地区，全自治区传开。1995年，岑溪第八个国民经济和社会发展计划超额完成，全县国内生产总值10.9亿元，提前五年实现比1980年翻三番的目标。当年还实现了水稻亩产超双千（斤），成为广西首批两个吨谷县之一，同时获得“全国造林绿化百佳县”称号。同年9月，岑溪县获国务院民政部批准撤县设市。

1996—2005年，10年间，全市经济体制改革进一步深化，社会主义市场经济体制日趋完善；各项改革有序推进，政府施政效能迅速提升，城市基础设施建设全面快捷开展。市政府积极推进依法治市、科技兴市，全市农工商贸、文教卫体同步发展，产业结构经调整后不断优化与产品质量不断提高，先后完成了第九、第十个五年计划目标任务。至2005年年末，全市国内生产总值实现43.86亿元（当年价），比2000年的22.22亿元增加近一倍，全市经济综合实力有显著提升。

第一节　机　构

县（市）人民政府

1950年1月3日，岑溪县人民政府成立，正、副县长由省级人民政府任命。1955年8月，县人民政府改称县人民委员会（以下简称“县人委”），正、副县长由县人民代表大会选举产生。1968年4月成立岑溪县革命委员会代替政府工作。1981年，撤销县革命委员会，恢复成立岑溪县人民政府。1995年9月，经国务院批准撤销岑溪县设立岑溪市，同年11月岑溪县第十一届人民代表大会第四次会议通过岑溪撤县设市相关决定，岑溪县人民政府改称岑溪市人民政府。县（市）人民政府的正、副县（市）长由县（市）人民代表大会选举产生，人大会闭会期间，个别副县（市）长的任免由县（市）人大常委会作出决定。1990年后，有上级委派干部到岑溪县（市）政府挂职任副县（市）长，挂职副县（市）长需经县（市）人大常委会审议后作出任免决定。此外县（市）政府还会根据工作需要或根据一些从领导班子岗位上退下来，接近退休年龄的干部的特殊情况任命一批巡视员，调研员。

1990—2005年岑溪县(市)政府领导名表

表13-2-1

职务	姓名	性别	民族	到任年龄	文化程度	籍贯	任职时间	备注
县长	李世蒿	男	汉	48	大学	广西玉林	1990年9月至1993年9月	—
代县长	江　涛	男	汉	51	大学	广东南海	1993年9月至1993年11月	—
副县长	黄以华	男	汉	48	中专	广西岑溪	1990年9月至1992年11月	—
	江　涛	男	汉	48	大学	广东南海	1990年9月至1993年9月	—
	曾光华	男	汉	46	大专	广西贺州	1990年9月至1992年8月	挂职
	陈友平	男	汉	33	中专	广西岑溪	1990年9月至1993年5月	—
	李　淦	男	汉	49	大学	广西玉林	1990年9月至1991年3月	挂职科技
	谭应林	男	汉	49	大专	广西梧州	1990年9月至1992年3月	挂职
	甄玉婵	女	汉	43	大学	广西梧州	1990年9月至1992年3月	挂职
	秦国明	男	汉	34	大专	广西岑溪	1990年10月至1992年9月	—
	李　明	男	汉	35	大专	广西岑溪	1990年10月至1992年1月	—
	吴树伟	男	汉	36	大学	广西岑溪	1991年3月至1993年3月	挂职科技
	陈永波	男	汉	55	初中	广西梧州	1991年8月至1993年11月	—
	赵善德	男	汉	53	初中	广西岑溪	1991年12月至1993年11月	—
	梁信文	男	汉	37	中专	广西岑溪	1991年12月至1992年8月	—
	李兴无	男	汉	54	大学	湖北武汉	1992年1月至1993年10月	挂职科技
	郭平生	男	汉	32	大学	山西孝义	1992年1月至1993年10月	挂职科技
	刘志明	男	汉	37	中专	广西岑溪	1992年9月至1993年11月	—
	罗伯林	男	汉	49	大学	广西玉林	1992年9月至1993年11月	—
	黄元枢	男	汉	36	大专	广西蒙山	1993年1月至1993年11月	—
	苏柱显	男	汉	41	高中	广西岑溪	1993年1月至1993年11月	—
	梁明振	男	汉	31	大学	广西玉林	1993年7月至1993年11月	挂职科技
	杨茂华	男	汉	41	大学	广西富川	1993年9月至1993年11月	挂职
巡视员	谢光天	男	汉	58	高中	广西岑溪	1990年9月至1993年11月	—
县(市)长	江　涛	男	汉	51	大学	广东南海	1993年11月至1998年8月	—
代市长	张宣东	男	汉	40	大学	广东潮安	1998年8月至1999年1月	—

续表 13-2-1

职务	姓名	性别	民族	到任年龄	文化程度	籍贯	任职时间	备注
副县（市）长	罗伯林	男	汉	48	大学	广西玉林	1993年11月至1999年1月	—
	刘志明	男	汉	38	中专	广西岑溪	1993年11月至1998年8月	—
	苏柱显	男	汉	41	高中	广西岑溪	1993年11月至1999年1月	—
	黄元枢	男	汉	36	大专	广西蒙山	1993年11月至1997年7月	—
	赵美贞	男	汉	43	中专	广西岑溪	1993年11月至1999年1月	—
	潘启道	男	汉	48	大学	广西岑溪	1993年11月至1999年1月	—
	梁凤美	男	汉	49	高中	广西岑溪	1993年11月至1999年1月	—
	杨茂华	女	汉	37	大学	广西富川	1993年11月至1994年7月	挂职
	梁明振	男	汉	36	大学	广西玉林	1993年12月至1995年9月	挂职
	宋大卫	男	汉	41	研究生	黑龙江	1993年12月至1996年3月	挂职
	韩荣英	女	汉	47	硕士研究生	广东潮安	1996年10月至1999年1月	—
	罗金福	男	汉	40	大专	广西藤县	1993年11月至1999年1月	挂职
	张宣东	男	汉	40	大学	广东潮安	1998年8月至1998年8月	—
	莫以海	男	汉	40	大学	广西藤县	1998年8月至1999年1月	—
	严锦雄	男	汉	39	大学	广西梧州	1998年8月至1999年1月	—
	徐　波	男	汉	37	中专	广西岑溪	1998年9月至1999年1月	—
	彭健明	男	汉	34	硕士	广西横县	1998年9月至1999年1月	—
调研员	陈永波	男	汉	57	初中	广西梧州	1993年12月至1995年10月	—
	赵善德	男	汉	55	大专	广西岑溪	1993年12月至1997年4月	—
	李丽群	男	汉	57	大专	广西岑溪	1993年12月至1995年10月	—
	罗可能	男	汉	59	初中	广西岑溪	1993年12月至1994年11月	—
巡视员	冯文科	男	汉	59	初中	广西玉林	1993年9月至1994年11月	—
	曾广镇	男	汉	61	初中	广西岑溪	1993年9月至1994年11月	—
市长	张宣东	男	汉	41	大学	广东潮安	1999年1月至2000年8月	—
代市长	林　聪	男	汉	37	大学	广西陆川	2000年8月至2000年8月	—
市长	林　聪	男	汉	37	大学	广西陆川	2000年9月至2002年10月	—
代市长	张学军	男	汉	36	硕士研究生	湖南邵阳	2002年10月至2002年11月	—
副市长	莫以海	男	汉	41	大学	广西藤县	1999年1月至2001年2月	—
	苏柱显	男	汉	47	高中	广西岑溪	1999年1月至2002年11月	—
	徐　波	男	汉	40	研究生	广西岑溪	1999年1月至2000年11月	—
	彭健铭	男	汉	35	硕士研究生	广西横县	1999年1月至2001年6月	—

续表 13-2-1

职务	姓名	性别	民族	到任年龄	文化程度	籍贯	任职时间	备注
	刘统强	男	汉	44	大专	广西岑溪	1999年1月至2002年11月	—
	罗金福	男	汉	39	高中	广西平南	1999年1月至1999年9月	—
	王奕森	男	汉	37	大学	广两桂平	2000年1月至2002年11月	—
	林 聪	男	汉	38	大学	广西陆川	2000年8月至2000年8月	—
	吴志坚	男	汉	36	中专	广西岑溪	2000年11月至2002年11月	—
	黄世康	男	汉	36	硕士	广西藤县	2000年11月至2002年11月	—
	李彤华	男	汉	31	研究生	广西平南	2000年11月至2002年11月	—

续表 13-2-1

职务	姓名	性别	民族	到任年龄	文化程度	籍贯	任职时间	备注
副市长	张学军	男	汉	36	硕士研究生	湖南邵阳	2002年10月至2002年11月	—
	严伯贵	男	汉	38	研究生	广西苍梧	2002年10月至2002年11月	—
	李旭长	男	汉	35	大学	广西岑溪	2002年10月至2002年11月	—
	李贞梅	女	汉	37	大学	广西岑溪	2002年10月至2002年11月	—
助理调研员	梁凤美	男	汉	55	高中	广西岑溪	1999年3月至2002年11月	—
	李昌燊	女	汉	56	大专	广西岑溪	1999年3月至2002年11月	—
	陈有积	男	汉	49	高中	广西岑溪	2001年2月至2002年11月	—
市长	张学军	男	汉	36	硕士研究生	湖南邵阳	2002年11月至2004年3月	—
	黄振饶	男	汉	35	研究生	广西藤县	2004年3月至2006年7月	—
副市长	王奕森	男	汉	41	硕士	广西桂平	2002年11月至2005年1月	—
	黄世康	男	汉	38	研究生	广西藤县	2002年11月—	—
	严伯贵	男	汉	38	研究生	广西苍梧	2002年11月至2005年1月	—
	李旭长	男	汉	35	研究生	广西岑溪	2002年11月至2006年7月	—
	李贞梅	女	汉	37	大学	广西岑溪	2002年11月至2006年7月	—
	秦记洪	男	汉	32	在职研究生	广西灵川	2003年8月至2004年8月	—
	黄振饶	男	汉	35	研究生	广西藤县	2004年2月至2004年3月	—
	唐永清	男	汉	41	研究生	广西岑溪	2004年11月至2006年7月	—
	李 伟	男	汉	39	大学	湖南永州	2004年10月至2005年10月	挂职
	刘 廷	男	汉	40	大学	广西合浦	2005年1月至2006年7月	—
	李拥军	男	汉	37	大学	广西巴马	2005年11月至2006年11月	挂职

县(市)人民政府工作机构

政府办公室 1950年1月3日,岑溪县人民政府成立之时,设置秘书科。1955年8月,县人民政府改为县人民委员会,仍设秘书科。1958年11月,撤销秘书科,成立岑溪县人民委员会办公室。1966年7月至1968年3月,受"文化大革命"冲击,政府办公室处于瘫痪状态。1968年县革命委员会成立,设立县革委办公室。1981年恢复称县政府办公室。1991年,县政府办公室内设秘书股、行政股、财务股、综合管理股4股室,县公费医疗办公室、法制办公室挂靠县政府办公室管理,独立行使职能。编内人员42人。1995年12月,县政府办公室改称市政府办公室,机构人员不变。1997年机构改革市政府办公室内设秘书股、信息股、调研股、综合股、督办股、法制办、数据信息中心等机构,编制30人。2002年机构改革,市政府办公室改设秘书股、综合股、调研股、信息股、督办股、保密股、行政股、财会股、人事股、法制办公室、旅游局、外事侨务办接待办公室等12个机构,机关行政编制38人,其中股级领导职数18人。机关后勤服务人员(事业编制)控制数5人。内设机构与编制人数保持至2005年未变。

1990—2005年,岑溪县(市)政府办公室历任主任分别是:梁信文(1990年5月至1992年4月)、陈甫勇(1992年4月至1996年9月)、吴金炎(1996年10月至2002年7月)、刘明敢(2002年7月至2009年5月)。

政府直属行政机构 1991年,岑溪县人民政府直属行政机构设置,有政府办公室、计划委员会、经济委员会(保留内设职工教育委员会名称)、科学技术委员会、体育运动委员会、公安局、司法局、民政局、劳动人事局(保留编制委员会及其办公室,归口劳动人事局)、财政局、审计局、统计局、物价局、税务局、农业局、畜牧水产养殖局、林业局、水利电力局乡镇企业局、商业局、工商行政管理局、交通局、广播电视局(归口县宣传部)、卫生局(保留爱国卫生委员会)、计划生育委员会、粮食局、侨务办公室、文化局、教育局、城乡建设环境保护局县经济体制改革领导小组及其办公室(以下简称"体改办"),农业机械管理局,矿产管理局,土地管理局、医药局(在县医药公司挂牌)、城乡建设委员会(以下简称"城建委")、环境保护委员会,县监察局、县人民政府台湾事务办公室(与县委对台工作领导小组办公室合为一套人马、挂2块牌子)和岑溪县接待办公室、档案局、信访局(由县委管辖改为县委、县政府共同管辖),县政府组成机构为42个部门。

第二节 县(市)政府机构改革

1996—1997年,依据国务院和自治区人民政府的部署,市政府直属行政机构进行改革,教育局更名为教育委员会,城乡建房委员会更名为建设局,乡镇企业委员会更名为乡镇企业局,地质矿产管理委员会更名为地质矿产局,对外经济贸易委员会改为对外贸易经济合作局,为市政府直属事业局。经济体制改革委员会改为经济体制改革办公室,设在经济贸易委员会,职工教育委员会办公室并入经贸委,口岸办公室在对外经济合作局挂牌。扶贫办公室在计委挂牌。爱国卫生运动委员会并入卫生局,对外仍挂爱卫会牌子。侨务办,民族事务委员会改在统战部挂牌。民委改为民族事务局。环境保护局改为环境保护委员会办公室,为协调机构和办事机构,列在政府序列单设。财贸办公室并入经济委员会,组建经济贸易委员会。保留技术监督局,畜牧水产养殖局,农业机械化管理局,广播电视局。体育委员会改为体育事业局,为市政府直属事业单位。档案局与档案馆合并,保留档案局牌子,改为市委直属事业单位。房地产管理局改为市政府直属事业单位。二轻局与手工业联合社合并,组成二轻集体工业联合社,为市政府事业单位。编制局改为机构编制委员会办公室,为机构编制委员会常设办事机构,在市委序列单设。商业局转为经济实体,组建商业总公司,行政职能划归经贸委。此外,市信访局改为信访办,设在市委办公室,法制局改为法制办公室,设在市政府办公室。外事办公室在市政府办公室挂牌。老龄工作委员会办公室改为事业单位,与老干部服务中心合为一个机构,挂两块牌子。撤销农业委员会,设立农村工作领导小组办公

室，为议事协调机构的办事机构，在市政府序列单设。通过改革、市政府组成机构为28个。1998年8月，县体改办更名为经济体制改革委员会(以下简称“体改委”)。

2002年，进行第二次机构改革。改革后，市人民政府机构设置有：市政府办公室、发展计划局、经济贸易局、教育局、科学技术局、公安局、司法局、财政局、人事局、劳动和社会保障局、国土资源局、建设局、交通局、农业局、对外经济合作局(2004年撤销)、文化和体育局、卫生局、计划生育局、审计局、环境保护局、统计局、林业局、扶贫开发办公室、水利局、民政局、粮食局、外事侨务办公室，共26个部门。另监察局与市纪委机关合署办公，列入政府工作部门序列。粮食局、外事侨务办公室列入政府工作部门序列，不计个数。市政府办公室挂法制办公室、旅游局牌子，发展计划局挂物价局牌子，经济贸易局挂安全生产监督局牌子，农业局挂乡镇企业局牌子，交通局挂交通战备办公室牌子。

2004年，进行第三次机构改革，发展计划局改称发展和改革局(以下简称“发改局”)，为市政府工作部门。发改局保留物价局牌子，同期挂国防动员委员会、国民经济动员办公室牌子。原属农业局的乡镇企业局职能划入市经贸局，不再挂乡镇企业管理局的牌子。市经贸局增加市招商局牌子。市计划生育局更名为市人口和计划生育局。增设市安全生产监督管理局并加挂市安全生产委员会办公室牌子，其他机构不变，保持至2005年年末。

上述凡属政府组成部分的委办局主任、局长由县(市)人大常委会任命并颁发任命书。政府组成部门的副职及属政府工作直属局(或事业局)正副职领导由县(市)人民政府任命。

乡镇人民政府

1984年10月，全县各人民公社统一改制。此前县辖1个镇15个人民公社改为17个乡镇人民政府，其中镇政府4个即岑城、归义、南渡、糯垌；乡政府13个，即樟木、马路、吉太、昙容(由原南渡公社分出)、水汶、大隆、梨木、大湴、筋竹、诚谏、安平、三堡、波塘。1989年，马路、水汶、筋竹、诚谏、三堡、波塘6个乡改为镇。1994年，大隆、梨木、昙容、樟木、安平、大湴6个乡改为镇(其中大湴乡改名为大业镇)。1995年岑溪市内设16个镇政府，1个乡政府(吉太乡)。2005年7月，樟木镇并入岑城镇，吉太乡并入南渡镇，昙容镇并入马路镇。2005年年末，全市有14个镇人民政府，即岑城、马路、南渡、水汶、大隆、梨木、大业、筋竹、诚谏、归义、安平、糯垌、三堡、波塘镇人民政府。

乡镇人民政府只设政府办公室，与党委办公室合署办公，称党政办。隶属县政府相关部门管理的机构有民政办、司法所、计生办、土地所、教育组、文化站、农业站、林业站、水利站、农机站、畜牧站、财政所、税务所(分国税、地税并由国税或地税分片定镇设置)和公安派出所、镇人民法庭(由县人民法院分片定镇设立)等机构。镇政府的行政业务及经济、文化社会等各项工作，由镇长负总责，副镇长分工主管，并由政府公务员分成若干小组承担具体工作。辖区内下设社区(街道)居民委员会和村民委员会，均为基层群众性自治组织。

1991—2005年乡镇政府历任乡镇长名单如下。

岑城镇：刘志明(1990年7月至1991年6月)、覃照荣(1991年6月至1993年9月)、陈超文(1993年9月至1996年8月)、冯天德(1996年8月至1998年4月)、李旭长(1998年4月至1999年3月)、李龙(1999年3月至1999年9月)、岑剑云(女，1999年9月至2002年8月)、邓宁(2002年8月至2005年4月)、覃文天(2005年4月至2006年4月)。

樟木镇(乡)：周之循(1990年6月至1993年7月)、覃文征(1993年7月至1996年7月)、吴文智(1996年8月至1999年4月)、蔡耀文(1999年4月至2001年4月)、张坚(2001年4月至2002年9月)、覃文天(2002年10月至2005年4月)。

马路镇：李绍洁(1988年9月至1991年7月)、梁庆桃(1991年7月至1993年7月)、钟志德(1993年7月至1995年7月)、赵丕勇(1995年7月至1999年4月)、张小玉(1999年4月至2001年4月)、廖炯波(2001年

4月至2005年3月)、黄正平(2005年4月—)。

南渡镇:陈彪(1990年7月至1991年7月)、欧进昌(1991年7月至1993年9月)、胡六才(1993年9月至1994年9月)、关华泉(1994年9月至1995年7月)、李根(1995年7月至1996年10月)、梁灼凤(1996年10月至1998年9月)、叶剑强(1998年9月至2001年4月)、黎贵霭(2001年4月至2002年10月)、刘志刚(2002年10月至2006年7月)。

昙容镇(乡):陈通英(1990年6月至1993年7月)、李超(1993年7月至1995年7月)、陆海波(1995年7月至1998年9月)、元思勇(1998年9月至2001年4月)、高洁风(女,2001年4月至2005年4月)。

吉太乡:莫启忠(1988年9月至1991年7月)、邓长宁(1991年7月至1993年7月)、聂振福(1993年7月至1996年10月)、关华光(1996年10月至1999年4月)、黄炳衡(1999年4月至2002年8月)、陈剑波(2002年8月至2005年7月)。

水汶镇:杨东荣(1989年1月至1991年7月)、罗远森(1991年7月至1993年9月)、李兆龙(1993年9月至1995年)、陈长强(1995年7月至1996年8月)、黄东明(1996年8月至1999年4月)、陈均(1999年4月至2002年4月)、黎富涛(2002年4月至2005年7月)、朱耀宏(2005年7月至2011年3月)。

大隆镇(乡):覃继华(1990年1月至1993年6月)、黄小陆(1993年6月至1995年4月)、黎芝勇(1995年4月至1996年6月)、李仕模(1996年6月至2000年4月)、陈庆强(2000年4月至2001年5月)、羽国强(2001年5月至2005年8月)、严飞雄(2005年8月至2009年1月)。

梨木镇(乡):林勇光(1990年7月至1991年8月)、林桂南(1991年8月至1993年11月)、陈宏杰(1993年11月至1994年6月)、张庆锋(1994年6月至1996年10月)、邓永仁(1996年10月至1999年5月)、甘卫(1999年5月至2002年8月)、陈坚(2002年8月至2005年7月)、陈晓东(2005年7月至2010年7月)。

大业(湴)镇(乡):陈炳松(1987年7月至1993年7月)、梁凤保(1993年11月至1994年8月)、梁小丽(女,1994年8月至1998年12月)、谢宗林(1999年4月至2001年4月)、陈向前(2001年4月至2002年8月)、欧志坚(2002年8月至2006年4月)。

筋竹镇:刘长东(1990年1月至1993年5月)、黄汉业(1993年6月至1996年6月)、林瑞光(1996年6月至1999年5月)、黄立波(女,1999年5月至2002年7月)、林振东(2002年7月至2006年7月)。

诚谏镇:黄永传(1990年7月至1993年9月)、赖丕汉(1993年10月至1995年8月)、陈贻德(1995年9月至1996年8月)、叶茂荣(1996年9月至1999年4月)、岑剑云(女,1999年4月至1999年10月)、吴文智(1999年10月至2002年8月)、李锋(2002年9月至2005年7月)、周献三(2005年8月至2011年3月)。

归义镇:梁旭旦(1990年6月至1993年7月)、李敏生(1993年7月至1996年6月)、莫永东(1996年6月至1997年10月)、覃广平(1997年11月至1999年5月)、覃盘和(1999年6月至2001年11月)、谢壮锋(2001年12月至2002年7月)、邓腾(2002年8月至2004年2月)、甘梅(女,2004年3月至2005年5月)、羽国强(2005年6月至2006年4月)。

糯垌镇:梁光旦(1987年10月至1991年7月)、唐北宏(1991年7月至1993年7月)、李立进(1993年7月至1995年7月)、莫石坚(1995年7月至1999年4月)、余中秋(1999年5月至2001年4月)、梁传超(2001年4月至2002年8月)、赖建乔(2002年8月至2006年1月)。

安平镇(乡):张华壮(1987年9月至1990年5月)、苏深秀(1990年5月至1991年7月)、吴金炎(1991年8月至1993年7月)、陈贻德(1993年7月至1995年7月)、关华泉(1995年7月至1996年7月)、陈有阁(1996年8月至1999年9月)、梁翔锋(1999年10月至2001年2月)、李励兴(2001年2月至2006年3月)。

三堡镇:黄少新(1990年10月至1993年10月)、龚海志(1993年10月至1995年12月)、唐永清(1995年12月至1999年10月)、肖培宁(1999年10月至2001年5月)、李联强(2001年6月至2006年4月)。

波塘镇:刘富荣(1986年2月至1991年7月)、邱柱忠(1991年7月至1993年10月)、蒲海金(女,1993年

10月至1996年8月)、黎芝勇(1996年8月至1998年9月)、陈永福(1998年10月至2002年8月)、梁新民(2002年8月至2005年4月)、谢梅(女,2005年5月—)。

第三节　依法行政

1991年,岑溪县人民政府成立法制办公室,挂靠县政府办公室办公,其职责任务是承担本辖区规范性行政文件(含法规、法令)起草、审查、清理及指导行政机关依法办事和开展法律检查,提供法律帮助等。县人大常委会也成立法制工作委员会,以加强对行政机关法律监督的检查工作。政府所属各行政部门在该年度先后成立由行政一把手或分管副职任组长的执法领导小组,负责本部门(单位)的行政执法和法律检查、监督工作。依法行政的原则,开始在全县各行政部门(机关、单位)贯彻实施。《中华人民共和国行政诉讼法》(以下简称《行政诉讼法》)于1990年10月1日起施行。国务院颁布的《行政复议条例》自1991年1月1日起施行。岑溪县人民政府和各行政部门自1991年1月起开始受理不服行政机关对当事人行政行为的处理(处罚)或其他处分决定的行政复议,以及公民(含法人)不服行政复议向人民法院提起行政诉讼的应诉(出庭诉述、辩解)等事项。1991—2001年,岑溪县(市)政府共受理行政复议案件申请78件。其中维持原处理案件49件,撤销原处理21件,终止复议8件。参与行政诉讼和民事经济案件诉讼案件86件(其中民事经济案件31件)。政府法人代表或委托诉讼代理人出庭应诉110多人次。

1985年,岑溪县政府在广泛组织各级干部开展普法学习教育的同时,为维护社会安定团结、化解人民群众之间和人民群众与相关企事业单位、社会组织(含山林、土地及其他经济承包组织)在土地(含房屋)山林、水利等方面的社会矛盾(纠纷),成立县人民政府调处“三大纠纷”(山林、土地、水利)办公室(简称调处办),挂靠县司法局办公。1985—1990年,调处办共调解处理上述“三大纠纷”申请案件共380多件,有效地化解80年代中后期的社会矛盾,维护社会安定团结。1991年,县调处办撤销。“三大纠纷”的调处工作,分别由各乡镇政府(司法办)和农业、林业、水利和土地管理及县政府法制办处理。1991—2001年,全县(市)调处上述各类纠纷案件157件。2002—2005年,上述各类纠纷案件明显下降,申请调处的案件仅有42件。

2001年1月起,市政府部署落实依法治国基本方略,全面推进政府工作法制化,依法行政要求各行政机关严格按法定程序办事,做到执法人员挂牌上岗和高效便民、诚实守信、权责统一(依法履行职责、依法承担法律责任)等,约束政府工作人员,避免出现违法行政。同年2月,市人民政府召开市直行政机关企事业科级单位和各乡镇正副职领导人会议,传达市委、市政府关于全面推进依法行政的决定,要求全市各行政机关及县各行政执法职能的企事业单位、社会组织,务必按照依法行政相关原则和规定,制定本部门、单位依法行政的规章制度,开设政务公开专栏,公开职责职权范围,执法程序。做到所有公务人员尤其执法人员都要挂牌上岗,努力做到微笑服务和快捷高效。对人民群众来访、询查或反映相关事项,要耐心进行法律解释,不得回避拖延。同时,市人民政府从当年起,建立领导决策咨询制(咨询有关法律、法规规定)、要事督办制(在市政府办公室设立督查股)、现场办公制(通过现场办公会议、解决相关问题),以及政府和相关行政部门领导定期到信访中心接待信访群众等制度。

2002—2005年,为保障行政机构(含赋予行政执法职能的事业单位)依法行政,由市政府统一办理并发放行政执法证书和行政复议权证书,凭证执法。3年间市政府共办理并发放行政证执法证573个,行政复议权证3个,行政执法监督证13个。同期市政府和有行政复议权的部门单位共接受行政复议案57件,维持原案处理41件,撤销12件,终止4件。市政府法人及其代理人应诉行政诉讼案件(含民事经济案件)

20件，出庭应诉30多人次。

第四节　重要会议

政府常务会议

政府常务会议由县（市）长主持，副县（市）长、调研员及政府办公室主任参加。主要是研究贯彻执行上级指示，并根据县市内外形势，讨论决定重大政务和研讨发布公告、指令或听取各分管领导工作情况汇报，及协调各项工作的相关问题。

1990年10月至1993年11月，岑溪县人民政府，各年度均召开12～18次常务会议。其中，1991年3月，召开常务会议，作出加大招商引资力度，大力发展外向型经济的决定，部署尽快开通县城数字程控电话，做好岑罗二级公路修建前期准备；决定在全县开展生产力教育活动，动员全县干部群众进一步解放思想，排除干扰，团结拼搏，一心一意发展农工业生产尤其要扩大花岗岩矿山的开发及花岗岩石材的加工和全力以赴推广杂优水稻种植及以大力发展岑溪“三黄鸡”饲养为主的畜牧渔业生产，广开农民致富门路等决定。1991年5月召开年度第4次常务会议，制作出加快岑溪民政经济开发区建设和同意在岑溪全县范围内铺开农村宅基地有偿使用工作的决定。1991年8月召开年度第5次常务会议，听取乡镇企业局，关于乡镇企业发展情况，民政局关于7月灾情（洪灾）的汇报及财政税务部门的汇报，制订出了加快乡镇企业发展的奖励办法，并就灾后重建和增强财政税收工作等事项作了部署。1991年10月初召开年度第9次常务会议，讨论落实中共岑溪县委提出打一场农业综合开发总体战，向农业生产的广度和深度进军的工作方案，作出了《关于农业综合开发的十条规定》（以县委、县政府联合发文的形式下发）并决定召开一次农业综合开发三级干部大会贯彻落实。1992年1月26日，召开本届政府年度第1次常务会议，议订1992年全县经济和社会发展“一路发”（一抓好能源建设，二建设两路——岑罗二级路、南环路，三县城增建三所学校——二中、二幼、职中，四是发展四万户专业户，五是搞好乡镇企业五个开发区——糯垌、三堡、归义、马路、岑城花岗岩开发区，六是年财政增收600万元，七是抓好科技兴农七个项目，八是抓好县松香厂、花岗岩板材厂、钛白粉厂、电化厂、大荣拉链厂、模压家具厂等8个重点工业企业，还有一个八就是政府年内办好八件实事，这一串数字的谐音）工程计划。并决定于2月中旬召开县三级干部大会，部署1992年各项工作。1992年3月20日，召开本届政府年度第4次常务会议，讨论加大改革开放力度和直属机关投资办实业和科技兴工（业）、科技兴农（业）攻关项目等事项，要求各委办局成立办实业领导小组，多方筹资，选好项目。科技部门要积极协助相关产业技术攻关工作。1992年10月，本届政府召开年度第12次常务会议，传达自治区和梧州地区召开的关于开展税收、财务、物价三大检查会议的精神，讨论本县开展“三大检查”的相关事项，确定今年“三大检查”重点是国营、集体企业单位以及预算外收入较多的行政事业单位，检查的内容侧重于有无偷税漏税、骗取出口退税和越权减免税，乱挤成本（费用）、虚报亏损以及不按规定截留应交财政资金，违反价格法乱收费，乱罚款，违反财政制度规定乱发钱物，用公款请客送礼等违纪、违章、违法行为。会议确定成立“三大检查”领导小组专抓此项工作。1993年3月县政府召开年度第4次常务会议，听取交通部门1992年工作汇报和1993年工作计划，决定1993年为交通建设年，并成立交通建设年工程指挥部，落实建设年的主要项目：年内完成总投超亿元的岑罗二级公路、十里长街（玉梧路县城路段）一级城市公路和南环一级城市公路（含义洲大道）以及开展县镇村级公路群众性建设，在全县树立“要致富，修好路”，人人关心交通、支持参与交通建设的“大交通”气候。1993年4月，县政府召开年度第6次常务会议，讨论加快乡镇企业发展和引导个体从业人员、行业人员转战第三产业，大力发展商贸服务、修

理服务、运输服务、中介服务等行业经济发展。1993年7月，县政府召开年度第10次常务会议，听取县供销社经济体制改革的汇报，县政府同意成立岑溪县供销社总公司，仍属集体所有制企业，实行分级核算、自主经营、独立核算。下设土产、日杂、贸易、农资、建材、石化等公司和砂砖厂、桂皮加工厂、织造厂等。

1993年11月起，岑溪县(市)人民政府，各年度均召开12～18次常务会议。其中，1994年3月，县政府召开年度第5次常务会议，讨论如何加强和拓展岑溪花岗岩产业的相关事项和迎接全国石材秘书长联席会议暨全国石材经贸洽谈会在岑溪县召开的各项准备工作。决定成立迎接两会筹备小组，落实会务后勤、治安保卫、医疗服务等各项工作。努力把这次全国性会议在岑溪开好开成功，把岑溪花岗岩生产的牌子亮到全国各省市和自治区各县市。1994年7月，县政府召开第八次常务会议，总结近几年个体私营经济发展的经验，作出《关于进一步加快个体、私营企业发展的若干决定》。1994年10月，县政府召开第12次常务会议，讨论兴建义洲大桥(原称南环大桥)、祥发油脂化工厂、硫酸铜厂、电器专业市场、邮电大厦等工程项目事宜，决定这些项目在1995年年初开工建设。1995年2月，县政府召开常务会议，增加经委、计委、农委和财政等部门领导参加，商议1995年重点工程建设项目计划和全县农工业生产总产值目标计划等事项，确定1995年基础设施建设方面是修两条路(岑容二级公路、岑玉铁路)，开辟两个"战场"(开始建设南环工程和义昌江城区防洪大堤工程，其中南环工程包括南环大桥、南环市场、新市委、市政府办公大楼、市府广场等项目，总投资超亿元。上述建设规划，提请十一届人民代表大会第三次会议审议通过后逐项实施。1995年8月县政府召开第12次常务会议，讨论通过岑溪县人民政府《关于允许行政、事业单位干部职工停职保薪、离岗搞农业综合开发的决定》并于颁布日起生效。1995年10月，县政府召开第16次常务会议，针对9月下旬至10月中旬受9号热带风暴袭击，黄华河、义昌江流域遭受洪涝灾害造成的严重损失，商议灾后重建及挽回损失的补救紧急措施，决定各部门和受灾严重乡镇成立灾后重建领导小组，落实补救紧急措施，并通过会议动员形式，发动干部、稳定群众。1996年8月，市政府召开第13次常务会议，商讨加快外向型经济建设速度，开展向东学、向东比、掀起第二次对外开放高潮的相关措施办法。会议决定近期召开岑溪市对外开放会议，并组织各部门、乡镇领导有计划地分批到广东开放先进地区参观学习。1997年1月，市人民政府召开届内第34次常务会议，商讨完善城市配套设施及引进资金成立市公共汽车公司等有关问题，并同意参照罗定市的做法，对投资者给予政策优惠和投资者提出的投资计划以及公交线路设置计划。

1999年1月至2002年11月，岑溪市人民政府于1999年上半年召开两次常务会议。其中，1999年3月召开第二次常务会议，讨论市政府廉政建设，包括建立政务公开制度，实行会计委派制度、建立政府集体采购(招投标和督办制度)以及市供销社财产清盘、下岗职工基本生活费及村级换届直选等方面的问题和在马路镇召开定点屠宰工作汇报会等。

县(市)长办公会议

县(市)长办公会议由县(市)长主持，有副县(市)长、调研员、副调研员及政府办公室主任参加，还可邀请人大常委、政协常委及有关委、办、局主任、局长参加。主要是听取和审定部门的工作汇报和报告，研究决定重要工作策略，讨论处理有关重大事件和重要问题。1991年以后，岑溪县(市)人民政府均依据农工商各业生产进程，年度经济与社会发展计划实施以及社会事业建设、生产安全治安管理等相关情况，采取不定期方式，由县(市)长或分管副县(市)长召集、召开办公会议(含现场办公与专项工作会议)。正常情况下，每月召开1～2次。遇特殊变化(如突发事件、灾情等)月召开办公会议的次数相应增加，有时一天内都可能召开1～3次。甚至利用晚上或星期六、星期天的休息时间，召开紧急办公会议。

1991年1—5月，全县干旱严重，总降雨量394毫米，比历年同期减少218毫米。全县水库蓄水量仅有

158万立方米，占库容2.9%。有52座小型水库干涸，全县有119条支河流断流。春插时有514公顷水田无法插秧、已插秧田块有4600公顷受旱，至6月中旬，县城群众饮水都困难。当年春夏期间，县政府共召开20多次办公会议和7次现场办公会议，3次专题会议，商讨如何发动群众抗旱和机关干部下乡支援抗旱，以及购置抗旱机具，经费等问题带领全县群众战胜近20年来的特大旱灾。1992年春耕春插期间，为了实现全县水稻垄作栽培2万公顷的任务，迎接自治区水稻垄作现场会议在岑溪召开，县人民政府于2月下旬和3月上旬，共召开3次办公会议和1次专项会议形式，县、乡镇抽调干部下村到组指导垄作栽培的办法，确保任务完成。1992年7月末，岑溪县人民政府在5、6月召开6次办公会议，讨论十里长街开发区、探花千亩开发区、南环开发区、大山顶公园及义昌江人工湖工程开发建设相关事项。召开一次上述开发区建设专项工作会议，听取各开发工作汇报，讨论落实各开发区建设规划方案、配套设施建设、土地开发利用(含价格)以及开发区财务管理，临时机构设置和相关工程质量要求等问题。统一各个方面意见，形成会议纪要，由各开发区贯彻落实。

1993年12月，县委，县政府为加快岑罗二级公路建设速度，全力以赴确保春运期间全线运输畅通，在筋竹镇召开岑罗二级公路改建现场办公会议，县四大班子领导、岑罗二级公路建设指挥部成员和县委办、政府办二级路沿线乡镇领导及公路局、交通局、公安派出所、交警大队、沿线村公所均派出领导参加会议。参会人员在察看沿线施工现场后，在筋竹镇政府会议室开会，时任县委书记、县长、人大常委会主任和政协主席先后在会上作重要讲话，并提出加快工程施工进度的10项要求，通过讨论，最后形成会议纪要，印发执行。决定当年12月10日起实施为期50天的岑罗二级公路施工大会战，确保二级公路(至筋竹黄陵与广东罗定交界处)春节前顺畅通车。1994年11月，经县长办公会议决定，从11月11日起至年底，决战50天，完成全年7500万元财政收入任务。1996年8月13日，市政府召开专项工作会议，研究商讨给予万利来特种水产养殖有限责任公司在岑溪投资建设特种水产养殖场的优惠政策的相关事项，市财政局、地税局、农业、畜牧水产局和农业银行、农业开发银行等单位负责人参加研讨。并依据自治区有关文件规定，就免征企业所得税，三年免征“交通能源重点建设基金”“预算调节资金”，免征土地使用管理费及定额征收特产产品销售税和银行贷款支持等方面达成共识。由市政府办公室把会议纪要发给投资方照知。1997年5月，市委、市人民政府召开义洲大道建设专项工作会议决定加快义洲大道道路铺装和猪廊桥建设及沿道街道建设等工程进展，成立由市委书记任指挥长、市长任副指挥长、开发区负责人任成员的义洲大道全线建设工程指挥部。并讨论落实在项目资金筹集、工程指挥、质量技术监督、财务管理等方面工作的负责人，要求义洲大道全线铺设工作于8月底前完工，9月1日举行通车典礼。

1999年6月，市人民政府召开全市石材生产管理专题会议。市石材生产管理委员会全体成员(含法人成员)和各石材开发区负责人参加会议。会议通过强化市石材生产管理委员会职能、加强花岗岩矿山开发和板材生产管理，实行全行业技术改造和环保设施，治理石材生产中碎石乱堆放及粉尘、污水污染相关问题。要求石材企业要主动适应市场规律，提高竞争能力。同时要利用新技术，开发新品种，建立石材质量技术网络体系，严格把好技术质量关。矿山开发荒料生产过程中要适应规模生产的需求，最大限度地避免资源浪费现象。同时通过了把原在十里长街的石材加工厂按政府新划定的加工区迁移等决议。1999年12月26日，市人民政府第十一次市长办公会议，通报1999年财税入库情况并讨论2000年度财政体制改革和在市区建立居民委员会组织(即将原街委会改为社区居委会和增设社区)以及2000年开始减轻农民负担和在归义镇实施综合改革试点等事项。会议最后形成征用南门桥头空闲土地、拍卖二轻联社租用铺面和同意林业部门会同公、检、法、监察机关开展打击林业犯罪专项斗争等10个方面的决议。

2000年3月，市人民政府召开专题会议，讨论马路镇外商加工区用电问题专题会议，同意拉专线到宗男纸业有限公司的申请，以保证台商企业正常用电。决定丰水期由马路贡献滩直接供电，枯水期接

大电网供电。电价及供电切换技术操作，由马路镇政府，电力公司和贡献滩电站协调解决。2000年5月市人民政府召开年度第13次市长办公会议，着重讨论在“三讲”教育中，加强行政管理，转变机关作风以及积极采取措施。解决群众反映热点难点问题，落实各部门、单位整改措施，提高办事效率。会议还就取消政府发文的务农收费项目，减轻农民负担和组建三黄鸡种鸡场、沿江路建设规划等事项进行讨论。2000年7月28日，市政府召开第14次市长办公会议。讨论加快招商引资步伐，抓住西部大开发历史机遇，主动出击，承接东资西移，拓宽岑溪工业企业门路相关事项。会议期间，还讨论了波塘纸厂租赁给泰国客商经营及引进深圳以及珠三角地区打火机厂到岑溪落户等事项。2000年10月18日，市人民政府召开第15次市长办公会议。会议决定年内要把握住招商引资、财政税收、新财源税源培植及两会一部“股金追收兑付”等工作，会议还专门讨论了农业结构调整推进砂糖橘基地、速丰林基地、桂圆肉生产基地、蘑菇生产基地等10个种养基地的建设和确保当年农民增收目标各项经济指标等十个方面工作任务完成或超额完成的事项。2001年1月市人民政府召开届内第17次市长办公会议，讨论中共岑溪市委提出《岑溪市国民经济和社会发展第十个五年计划的建议》和市计委关于《岑溪市2000年国民经济和社会发展计划执行情况与2001年计划安排(草案)》。对市委的建议和计委的草案进行认真的研究并作适合实际的修改，形成正式方案，将召开的市第十二届人民代表大会第四次会议审议通过后实施。会议还就加快林业发展的问题，讨论通过《中共岑溪市委员会、岑溪市人民政府关于加快林业发展的若干意见(草案)》和《岑溪市营造速生丰产林优惠办法(讨论稿)》分别由市委和人大常委会审议后公布实施。2001年4月市人民政府召开届内第19次市长办公会议，讨论通过《岑溪市城镇职工医疗制度改革初步方案》和《事业单位人事制度改革的基本方法及应掌握的原则》两个文件并决定从5月份起启动实施。会议还就1—4月财政收支情况，2001年大中专毕业生就业工作及实施，“过渡电价”等问题，听取有关方面的汇报。对5—6月政府应抓好的工作作了部署。2001年8月，市人民政府召开届内第20次市长办公会议，会议讨论通过了《岑溪市关于党政机构改革实施意见》《岑溪市乡镇机构改革的实施意见》《关于党政机关定编定岗定员办法》《党政机构和事业单位人员分流安排办法》等机构改革的相关文件。并对市松香厂、钛白粉厂、淀粉厂等企业改革方案以及市行政中心建设前期工作方案进行讨论并批准实施。2002年7月，市人民政府召开届内第24次市长办公会议，讨论总结上半年工作并对下半年工作提出如何完成全年计划指标提出相关工作意见。会议还审议了市教育局提出教育附加费征收意见，市经贸局提出钛白粉厂实行破产拍卖方案以及国土资源局提出矿业治理整顿工作意见、畜牧水产局提出外贸鸡场改制方案等方案，并就这些议案实施提出相关意见。2002年9月，市人民政府召开关于市造纸厂改制有关专项会议，市工业组组长、市人大常委会主任江涛主持会议，市委、市政府分工管理工业领导和市府办、经贸局、国资局有关领导及市纸厂领导班子全体成员参加了会议，会议听取了市造纸厂汇报近期纸厂停产原因以及职工提出企业改制为有限股份企业的方案，参会人员经过讨论，决定成立纸厂改制领导小组并由领导小组成员经深入调查后草议《岑溪造纸厂改制为岑溪市南松纸业有限公司的方案》，报市政府审批实施，并对市纸厂如何恢复当前生产事项作了部署。

2002年10月至2005年10月，岑溪市人民政府，共召开了31次办公会议，就国有企业改制，红楼宾馆拍卖、沿江路建设，搬迁花岗岩圆盘锯基地、工业园区规划及政府大酒店改制和市人民法院、市检察院、市国税局搬迁及新建办公楼等事项，作出了相关决议和规定。其中，2004年4月召开届内第13次市长办公会议，就市房产局改制，市电力公司对电价进行调整，市供销社请求解除供销系统合同制工人劳动合同、市鹰达不锈钢厂请求免除出让金和南渡镇、昙容镇梯级电站开发建设以及陈哲正先生请求组建伟正石材公司等10多项事项进行商讨，同意上述要求改制和请求事项，并对一些事项作了批复。2004年8月，召开第15次市长会议，就外贸公司改制，水利工程管理体制改革及招商引资、湖溪小区土地出让、黄华河梯级电站建设以及国资营运公司运作、教育工作中的中心小学危房改造资金等问题进行商讨，作出了一些相关决议、决定，强调要按年初制定的工作目标逐项检查落实，抓紧实施，全力推进各项工作。2004年9月，市人民政府召开本届政府第16次市长办公会议，讨论了开展林权登记发（补）证工作和加快石材加工区的建设，加快木材市场建设等问题，并强调积极推进政务公开，加强与社会各界沟通增加政务活动的透明度，主动接受社会各界的监督，不断提高政府工作效率。2004年12月，市政府召开本届第21次市长办公会议，就归义石材加工区、县容皮革加工区建设用地及农村养老保险和筹建市妇幼医疗中心大楼等问题进行研究。讨论落实用地办理手续和相关资金筹措的措施和项目负责人。2005年4月市人民政府召开第24次市长办公会议，商讨百个项目大会战实施方案和2005年招商引资任务分配等事项，会议决定百个项目大会战方案和招商引资任务分配落实后，即印发相关项目承担单位（含乡镇）实施。2005年10月，市政府召开本届第31次市长办公会议，就龙湾矿请求享受税收优惠政策和紫泥工业园区建设及广东客商到岑溪办五金厂用地，旧岑罗路改造项目等问题进行研究讨论。其中龙湾矿申请享受税收优惠政策一项，由于该矿不符合享受《岑溪市关于贯彻实施西部大开发政策的若干规定》中规定有关税收优惠政策的条件，因而予以否决，但从鼓励企业做强做大考虑，同意从扩大企业生产的角度给予适当奖励。

全县（市）性工作会议

县三级干部大会　县三级干部大会是20世纪70年代形成的县委、县政府（革委会）年度工作部署的有县、乡镇、村三级干部参加的大会。参加会议的有县四大班子领导、县直局级机构、乡镇党委政府领导和县乡直属企事业单位及各村委会（村公所）领导。人数800～1000人左右。20世纪90年代，1991—1996年，岑溪县（市）共召开6个年度的三级干部大会。1997年起，年度工作部署，分经济和行业类别召开会议部署。

1991年2月26—28日召开的岑溪县三级干部大会，参会人数超过1600人，会议时间长达3天。大会主要任务是总结1990年经济和社会建设各项工作的主要成绩并表彰先进。自治区党委书记赵富林、梧州地委书记任现春、梧州行署专员吴翔和地委秘书长李良业参加大会并讲话。此次三级干部大会，对岑溪的改革开放和经济快速发展生产重大推动作用。1991年9月6日和10月6日，岑溪县委政府先后召开农业农村工作和乡镇企业工作两次三级干部会议。

1992年2月15—17日，1993年2月3—5日，1994年1月16—18日，1995年2月18—20日，1996年1月23—25日，岑溪县（市）分别召开三级干部大会。会议均由县（市）委书记作大会报告，县（市）长作大会总结。会议总结上年度经济建设和社会各项事业发展的成就并表彰先进单位、个人，部署当年工作各项任务并提出相关措施，要求。会议期间，上年度先进单位作经验介绍，并分组（乡镇、部门）对大会报告进行讨论，商议等活动。充分体现政府工作的民主作风和依靠群众的优秀传统。

改革开放会议　1992年7月24—26日，县委、县政府在县城召开岑溪县改革开放工作会议（又称岑溪县第一次改革开放工作会议），传达自治区对外开放会议的精神、部署1992年下半年工作和进一步解放思想，加快改革开放步伐，努力争取在1993年内实现全县国民生产总值翻两番的目标任务。县委书记陈初训在会上作《解放思想、振奋精神，真抓实干，努力实现1993年国民生产总值翻两番》的主题报告。县长李世蒿作会议总结讲话。

1996年8月13日，岑溪市委、市政府在市文化大厦召开第二次对外开放工作会议，共1000多人参加。会议的中心议题是总结“八五”期间对外开放工作取得的成就、经验和教训，找出存在问题，进一步明确对外开放的目标、措施和方法。部署进一步解放思想，坚持向东学、向东看、向东比，掀起岑溪第二次对外开放、发展外向型经济的新高潮。中共梧州地委书记李兆生，自治区人大梧州工委副主任陈初训到会指导并作重要讲话，寄望岑溪改革开放不断深入，外向型经济快速发展。

教育大会　1991年12月24—25日，岑溪县委、县政府在县城文化大厦召开教育大会。县四套班子领导各乡镇长、村长、乡镇教育组长，中小学校长、教师代表共400多人参加会议。大会的主要任务是以党的十三届八中全会精神为指针，贯彻国家教委和自治区教育会议主要精神，结合岑溪实际制定新时期改革教育、发展教育的方向和任务。大会提出“兴岑必须兴教”的战略思想。自治区教委、梧州地区教委领导参加会议，并就有关问题作出讲话。主管教育工作的县委副书记作大会总结报告。

岑溪县第二次科技大会　1992年1月21—23日，岑溪县委、县政府在县城召开有县直各战线各部门获中级技术职称以上科技人员、科技工作者代表共700多人参加的科技大会。这次大会主要任务是总结县第一次科技大会(80年代召开)特别是“七五”以来，依靠科学技术进步取得的成绩和经验，表彰奖励一批科技先进工作者和科研项目，颁发1991年科技进步奖。并根据党和国家关于发展科学技术的指导思想、方针、政策、联系本县实际，商定科技兴工、科技兴农及加强科技队伍建设，建立科技与经济密切的联系的科技体制、开拓技术市场，促进科技成果推广应用等措施办法。

岑溪市农村经济工作会议　1996年11月14—15日，岑溪市在文化大厦召开农村经济工作会议。农业、林业、畜牧渔业、农机、水利等部门干部、各村支部书记、村委会主任共300多人参加会议。市委领导会上作《决战“九五”、主战农村、强攻“一产”把岑溪建设成为“三高”农业强市》的报告，并就当前(1996—1997年)农业农村工作作部署。与会人员在会议期间参观马路镇引进外资发展鳗鱼养殖和其他农业结合开发项目。岑城、樟木、归义、筋竹、梨木、水汶、糯垌等乡镇在会上作通过开展农业综合开发、发展林果种植和畜牧饲养、农副产品加工，促进农业经济发展的经验介绍。

岑溪市“城市建设年”动员大会　1997年4月10日，市委市政府在市文化大厦召开“城市建设年”动员大会，乡镇和城建交通、电信部门科股室干部及建筑工程机构负责人，技术干部共300多人参加会议。会议就开展“城市建设年”相关决策措施、实施办法和建设工程质量要求等相关问题作具体部署。各乡镇领导和城市建设年各小组负责人分别与市委书记、市长签订目标责任状。

岑溪市卫生工作大会　1997年5月19日，市委市政府在文化大厦召开全市卫生工作大会，市卫生医疗机构单位正职领导、各乡镇党委、政府、各村支部书记、村委主任、卫生所负责人等共300多人参加会议。大会主要任务是传达全国、全自治区卫生工作会议精神，总结本市“八五”期间卫生事业取得的成绩、经验和存在问题，研究落实“九五”期间卫生事业改革，建设发展相关问题。梧州市政府卫生局领导出席大会并做讲话。

贯彻《中共中央、国务院关于党政机关厉行节约制止奢侈浪费行为的若干规定》动员大会　1997年6月16日下午，市委市政府在文化大厦召开贯彻落实《中共中央、国务院关于党政机关厉行节约制止奢侈浪费的若干规定》大会。市领导、市直局级单位和各乡镇党政领导及有关部门共450多人参加会议。市纪委书记谢德荣在会上作《大力发扬艰苦奋斗精神，坚决制止奢侈浪费》的动员报告，市委书记肖军忍在会上作重要讲话。会议要求全市党员干部要不折不扣地贯彻落实中共中央、国务院的有关规定，严肃纪律、防止奢侈腐败作风，搞好廉政建设。

岑溪市“交通建设年”动员大会　1998年4月22日，市委市政府在昙容镇召开市“交通建设年”动员大会。共200多人参加会议。与会人员先参观南渡至大隆和昙容至六新公路建设情况。会议提出开展“交通建设年”的目标是通过大办交通，修好致富路，加速岑溪经济建设步伐。要求年内要迅速掀起县乡公路建设新高潮，把岑溪东西南北四个出口通道上等级(一级、二级)，县乡公路逐步实现“村村通”。会议期间，各乡镇领导分别与市委、市政府签订公路交通建设目标责任状。

双年双创动员大会　1999年，岑溪市委、市政府把该年度定为“招商引资年”“环境保护年”，并决定在年内争创教育强市和全国体育先进市。3月2日，市招商引资动员会在文化大厦举行，市直部委办局、各乡镇党政一把手和有关行业、企业代表共300多人参加会议。会议议题是商讨如何加大招商引资力度，加快市内基础设施建设,改善软硬环境和发挥区位优势,主动接受港澳和珠三角的经济辐射和产业转移等事项。会议还对1998年度,招商引资先进单位进行表彰,各乡镇、各部委办局领导就当年招商引资任务与市委市政府签订1999年度招商引资责任状。

3月22日,市环境保护年动员大会在文化大厦召开,共300多人参加会议。市长张宣东作环保年的工作报告,自治区环保局领导出席会议并讲话。会议要求,开展环境保护年工作,要坚持“宣(传)、法治、严管一体抓”的做法。会议期间,对1998年环保先进单位进行表彰,部分市直单位和各乡镇党委、政府、分别与市委、市政府签订环境保护年目标责任状。

4月22日晚,市委、市政府在文化大厦召开岑溪市争创教育强市动员大会,市直机关局级单位、各乡镇党委、政府领导,各乡镇教育中小学领导及部分教师代表共1000多人参加会议。市长张宣东作动员报告,市教育局长就争创教育强市作相关说明。会议要求争创工作要全面规划,突出重点,抓住关键、狠抓落实。

5月中旬,岑溪市获自治区体育总局批准申报争创第七批全国体育先进市。市委、市政府于5月18日,召开岑溪市争创全国体育先进市动员会议。市体育、文化、教育等部门单位和各乡镇政府领导参加会议。市委、市政府领导、分别在会上作讲话,并作争创工作部署。

岑溪市“三讲”教育动员会 2000年3月7日,市委市政府召开市“三讲”教育动员会。市四家班子领导、市直局级单位党政正职领导,各乡镇党委书记、乡镇长等290人参加会议。市委领导在动员报告中要求全市党政机关、党员干部认识到“三讲”教育是中共中央的重要部署,要务必以高度的政治热情、足够的精力,良好的精神状态投入“三讲”教育。努力做到思想上有明显提高,政治上有明显进步,作风上有明显转变,纪律上有明显加强。

岑溪市实施西部开发暨承接东部产业转移高层研讨会 2001年8月23—24日召开,这是岑溪首次召开高级别的研讨会。国务院发展研究中心,中国经济日报社、中国社会科学院西部发展研究中心、国家行政学院和农业部、国家计委、财政部、自治区人民政府经济研究中心等单位派出专家、学者参加。人民日报社、新华社、中央电视台、光明日报社、中国经济时报社、工人日报社及广西日报社、广西电视台、梧州日报社、梧州电视台等新闻媒体单位派出记者到会采访报道。与会期间参加会议的各级领导和专家学者到岑溪市东资西移企业实地参观考察。研讨会由中国经济时报社社长乔仁毅主持。国家行政学院经济学部主任、博士生导师周绍朋教授、中国社会科学院西部发展研究中心主任、博士生导师陈栋生等8位专家作研讨报告,研讨会共收到书面论文11篇。自治区人大常委会、政协自治区委员会、自治区党委办公厅、人大办公厅、政府办公厅、政协办公厅和自治区党委宣传部、区政府政策法规室、计委、国土厅、林业局等21个区直单位领导,梧州市委、人大、政府、政协和宣传部、外经局、招商局等17个单位领导及岑溪边邻玉林、北流、罗定、信宜、郁南、藤县、蒙山、蝶山、万秀等兄弟县、市区均派出领导参加会议。这次高层研讨会,是继1992年全区对外开放会议以后又一次在岑溪召开的盛会。在全区县级市是第一次。研讨会期间,市四家班子领导全程参加,市长林聪在会上介绍了岑溪逐年来外向型经济发展和承接东部西移产业企业的情况。市委书记张宣东接受中央电视台和其他媒体记者的采访。本市市直机关,各乡镇党政领导和外商代表300多人参加研讨会。

岑溪市“打黑除恶”动员大会 2002年4月19日,在文化大厦召开。市四家班子领导、各乡镇党委书记、乡镇长、市直各部、委、办局全体领导和公安、检察、法院、司法局全体干警参加会议。大会就岑溪“4.12”案打黑作通报,要求全党全市干部群众统一行动,打好这场净化社会风气的政治斗争。各部门,各机关单位至乡镇农村,要密切配合司法机关、公安干警,履行职责,做到除恶务尽,有黑即打,为岑溪改革开放和经济发展作出贡献。

第五节　政务纪略

1991—1995年，岑溪县（市）提前超额完成“八五”计划各项目标任务。1995年9月获国务院批准撤县设市。1996年4月召开的岑溪市第十一届人大五次会议，通过《岑溪市国民经济与社会发展“九五”计划和2010年远景目标纲要》，把微观管理经济和社会发展的职能转变为宏观调控，着力研制和执行符合国情、市情的政策措施和搞好城市基础设施建设，创造良好的经济与社会发展环境。坚持深化改革、扩大开放、脚踏实地、艰苦创业，谱写岑溪市新史篇。2001—2005年，岑溪市人民政府依照“工业立市、农业稳市、科教兴市、三产富市”的发展战略，抢抓“西部大开发”的机遇，乘东南沿海产业西移浪潮，调整县域经济产业结构，增加经济总量。加快发展区域特色经济和工业化，城镇化建设，并以科技进步为动力，为实现岑溪由小城市向中等规模城市发展，逐步建成桂东南副中心城市的目标迈进。创造出“十五”期间岑溪经济综合实力明显增强，经济（产业）结构逐步优化，基础设施和重大项目建设扎实推进，外向型经济取得新发展和城乡居民生活不断改善、提升及政府行政效能明显提高，各项社会事业协调发展，社会和谐、文明进步等多项好成绩。

经济建设

农业、农村经济建设　粮食生产方面，1991年起，在全县范围内推广种植杂优水稻。1992年推行垄稻沟栽技术和旱育（秧）稀植技术，配方施肥技术，浇水灌溉技术等增产措施。1995年实现全县水稻亩产“双千斤”，成为自治区首批两个“吨谷县（市）”之一。当年全县水稻种植面积35386公顷，稻谷总产量267516吨，折合平均亩产1005.7千克。1996年，贯彻市委确立“农业强市”的方针，通过加强农业综合开发，建立现代农业实验区规划“商品粮”基地和“吨粮田”“万元田”工程建设，进一步促进粮食增产，农业增收。2001年，全面开展农业结构调整，加速农业产业化、商品化发展，粮食种植面积适量减少，当年粮食总产仍达296945吨，比上年增加6500多吨，实现90年代以来连续第11个增产丰收年。

林业生产方面，继续实施20世纪80年代后期提出的“兴岑先兴林，林兴百业旺”的战略，从1991年开始实行“造、封、管、节、用”五管齐下，综合治理林业的方针，打一场“以消灭宜林荒山为中心，以绿化达标为目标的攻坚战”。当年全县完成造林面积4887公顷，超额完成自治区下达造林任务。新增封山面积6733公顷。实现了消灭光山、荒山的目标，当年获梧州地区、自治区评为林业生产先进县。1994年实现全海拔绿化达标。1995年获“全国造林绿化百佳县”和“全国经济林建设先进县”称号。1996年起，为实现“农业强市”的目标，继续积极培植森林资源，巩固绿化成果，合理调整林种结构。大力发展外向型林业（即由外商投资办林业），增强林业活力，向高质、高产、高效林业发展，实施“百千万”林果工程。当年全市共造林2753公顷，种植水果1647公顷，全市林业产值35487万元（当年价），比上年增长25%。1988年起开始营造的“用材林、松脂、玉桂、八角、竹子、水果”六大林业商品基地面积达1742公顷，并逐年产生效益。2000年，岑溪获林业部授予“全国经济林业建设示范县（市）”称号，2001年又获国家林业局授予“中国玉桂之乡”称号。并从当年开始，加强生态林（雨林防护林）速生丰产用材林和名优经济林建设。至2005年，全市累计造林面积40941.33公顷。其中，经济林11845.17公顷，用材林25075.76公顷，防护林4020.4公顷。当年林业总产值27136万元，比上年增加2678万元。由2003年开始实施的退耕还林工程，至2005年累计造林面积6333.3公顷。

畜牧渔业生产方面，进入90年代，受“百万雄鸡下广东”的启发，县政府把畜牧渔业生产作为充分利用本地资源，引导发展脱贫致富，促成畜牧渔业生产商品化、产业化的重要措施。1991—1995年，先后实施畜牧渔业的“一三三”、“三五五”工程和生猪饲养的“七改四推”、活鸡饲养的“二改五推”及“牛品改”等科学饲养技术,鼓励农民养猪鸡(鸭鹅)牛羊及筑塘养鱼。发展“百千万”养猪场、养鸡场和养殖个体户、专业户。1991年,全县生猪饲养量48万头,存栏24万头,分别比上年增长18.36%、13.42%。耕牛饲养量4.65万头,比上年增长8.3%。家禽饲养量718万羽,比上年增长32.66%,当年畜牧渔业总产值1.60亿元。1992年,岑溪“推广应用综合技术饲养三黄鸡”项目,分别获自治区农牧渔业丰收一等奖,全国农牧渔业丰收二等奖。1994年,岑溪猪牛羊及家禽、鱼等肉类产量进入全国肉类生产“百强县(市)”行列。1995年,在全县实施畜牧水产综合开发,推广立体养殖(如水塘养鱼、水面养鸭、塘边养猪,周围旱地种果养鸡等)、规模经营(猪场百头、鸡场千羽以上)、批量生产及科学养殖技术。配套出台供(种、苗、饲料)、销(路)和畜禽防病治病等相关服务措施。当年生猪饲养量、出栏数及家禽饲养量、出栏额均比上年增长20%~50%。全年畜牧水产业产值5.57亿元,占全市农林牧渔业总产值的31.66%。成为农村经济的支柱产业之一。

1996年11月,中共岑溪市委作出《决战“九五”主战农村,强攻一产,加速岑溪市农业向“三高”目标和产业化方面迈进》的决定,市政府即部署在全市范围因地制宜开发粮油、林果、畜禽、水产等特色高产高质高效益产品。在畜牧渔业方面大力发展瘦肉型良品猪、品改牛、山地羊和岑溪“三黄鸡”等品牌产品。1997年全市各乡镇共办起“百头瘦肉型猪种猪场”12个,年出栏千头肉猪场11个,年出栏5万羽鸡场10个,新筑鱼塘240亩。当年奖励畜牧经济能人、养猪能手、养殖大户100多人(户)。1998年,以岑溪“三黄鸡”为原种开发改良的“古典型三黄鸡”获国家商标认证,并被评为“广西优质产品”,获中国优质产品协会授予岑溪市“中国古典三黄鸡之乡”称号。岑溪市古典三黄鸡饲养开始实施“公司(企业)+基地+农户”的规模化养殖模式。由市外贸鸡场指导在各乡镇建立三黄鸡养殖基地。到2005年,全市古典三黄鸡饲养量2000多万羽,年出栏量超过3000多万羽。当年全市畜牧渔业总产值10.69亿元。占全市农林牧渔业总产值的41.2%。

1991年,岑溪县委、县政府先后出台《关于加快发展乡镇企业奖励试行办法》等3个文件。并组织县直有关单位和各乡镇的领导到广东云浮、罗定等乡镇企业发展较快的地区参观学习。要求各乡镇、村要集中50%以上的领导力量,干部力量和时间转移到抓乡镇企业发展上来,实行领导、干部、时间、资金、技术五集中的办法。县政府从县直机关抽调180多名干部(含技术骨干)深入乡镇、村指导乡镇企业发展,从项目到产品生产环节、产品销售、原材料供应及技术改造等方面提供服务。当年,全县乡镇村集体、联合体(联户办)和个体办的企业(包括造林种果、矿产开发、农副产品加工、土纸生产、鞭炮、竹藤芒编织)共有15500多家(户),从业人员61000多人。乡镇企业总收入2.7亿多元。占当年农林牧渔业总产值的三分之一多。1992年,在糯垌、三堡、归义、马路、岑城、筋竹、樟木等乡镇规划建设乡镇花岗岩开发(含加工)区,由乡镇企业经营,年内开发区共上马圆盘锯317台,并投入生产,成为乡镇企业生产新生力量和经济新增长点。当年全县乡镇企业总收入4.4亿元,比上年增长167%。1996年,部署乡镇企业实施“石材生产效益年”,发挥花岗岩石材开发在市域经济发展的龙头作用,增大乡镇企业总收入,是年乡镇企业工业产值实现12.5亿元,村办工业产值3.7亿元,均比上年增长15%以上。2000年,全市乡镇企业营业收入51.28亿元,比上年增长13.43%。实现总产值48.78亿元,比上年增长13%,2003—2005年,市政府提出“多轮驱动多轨运行,一业管多业”的乡镇企业发展方针,初步形成在石材产业为龙头,土纸、竹芒编、林产化工、烟花爆竹、建材、建筑与农副产品加工多业并存,共同发展的新格局。对100多家乡镇和村办企业实行改制,新办上规模企业36家,并开始引进外资办乡镇企业。2005年,全市乡镇企业营业总收入62.88亿元,实现年总产值61.86亿元。

工商企业经济建设 工业改革与创新发展。从1991年起,县政府制定《岑溪县经委口国有企业劳动、人事、工资制度的若干规定》《国有企业扭亏增盈若干规定》和《技术进步奖励实施细则》《国有企业搞活购销,加快资金周转的若干规定》等一系统改革文件。推动工业企业经营管理改制,落实经营承包责任制,

抓好企业技改挖潜、扩大生产规模，增强经济效益。1994年，县政府成立国有企业产权制度改革领导小组。印发《岑溪县企业产权制度改革实施意见(草案)》，从有关部门抽调干部组成企业产权改革工作组深入试点企业开展改制工作。1996年率先完成市松香厂改制为岑溪市大雁林化股份有限公司，市电力公司改制为岑溪电力股份有限公司的企业产权改革试点任务。1997—2002年，全市完成产权制度改革企业共20多家，实行租赁承包和股权转让企业3家。新批准成立内联企业12家，外资企业11家，拍卖破产企业1家。2005年年末，全市规模以上工业企业共有58家，其中国企7家，集体企业7家，外商和港澳台投资企业19家，股份制企业3家，有限责任公司4家，私营企业13家，其他经济类型企业5家。全市工业总产值51.77亿元(当年价)，比对1991年全县工业总产值的3.185亿元，增加48.76亿元。在15年工业体制改革与创新发展中，以开发本地资源(矿产、林业)为主流的工业企业和吸收外资创办的“外向型工业企业”取得的新成就，标志岑溪正向“工业立市”目标迈进。

商业改革与个体私营商业发展。20世纪80年代中后期起，岑溪商业企业(包括国有、集体)普遍实行门店(或柜台)承包责任制，并开放商业流通市场、鼓励和支持个体经商及农副产品由农民自由进入流通市场。1992年，商业系统开始“四放开”即经营方式、价格、分配(指职工工资)、用工制度(即自行组合或招聘)四个方面放开，实行企业独立核算、自主管理、自主经营、自负盈亏的改革。1994年起，国有商业企业通过“出售企业自有部分资产加内部职工自由参股”的形式，逐步使原企业改革为职工参股与国有控股的股份制企业，并开始裁减职工。大部分被裁减的职工(时称下岗职工)，在政府和有关部门帮助扶持下，或成为个体商业经营户，或转行自办工厂(农副产品加工)，或从事交通运输、种果养猪鸡等。1996年，国有商业企业退出批发业务，饮食、旅业等企业实行资产剥离(租赁、转让)成为私营企业。2002年，市政府决定对经营不善、债务沉重和长期不能扭亏转盈的国有企业(含工业商业企业)依法实行破产拍卖，实行资产重组。对尚存相应实力，发展方向对路，有发展前景的企业，则实行股份制改革，或整体出售转让，转为民营私有或股份制企业。集体商业体制(供销社系统)，1994年曾恢复和扩大社员股金方式，在系统内实行自由组合、自筹资金、自主经营、自负盈亏和包干上缴的经营机制，并通过“社有民营”的经营模式谋发展。1998年7月，暴发全市性社会股金集中挤兑事件，致使市供销系统资金流转进入困境，经营业务迅速缩减。1999年，市政府成立供销社系统固定资产拍卖工作督查组，开始拍卖部分供销社(包括市联社和部分基层社)资产，逐步平息挤兑风波。此后，推进企业产权制度改革和资产重组，通过招商引资、开放办社和“银企合作”方式，引进新型经营模式(超市或连锁店方式)提升供销社经济实力。2002年，市供销社通过召开新一届职工(社员)大会制定《市供销社机关机构改革及人员分流议案》，在供销系统实行以产业化改造基层社，以产权多元改造社有企业，以政企分开、开放办社改造联社和以现代流通模式改造旧的传统销售经营方式的“四改造”方针，促进供销社系统商业向现代商业发展，所有下岗工人(包括再就业、养老保险、退休养老等)问题均获合理解决。至2005年年末，全市供销社系统商品购进额、销售额保持5000万元以上，并创立5个产品专业合作社，为各乡镇农副产品加工销售服务。

1991—2005年，岑溪县(市)人民政府鼓励和支持个体、民营经济发展。1992年提出“六业”并举，其六业就包括个体工商业。1994年，作出《关于加快个体私营经济发展的决定》和奖励、表彰成绩卓著的个体私营创业大户的具体条件、办法。当年，全县新登记个体工商户6164户，新增从业人员7000多人，新增注册资金1470多万元，创90年代新高。当年全县个体工商户累合13876户，加上农村各类、专业户6000多户均进入商业流通市场，全县社会商品零售总额6.27亿元。到2005年，全市累计个体工商户(登记注册户)37560户，其中，2005年新登记1889户，累计从业5.6万多人。为促进个体私营经济发展，岑溪县(市)政府加强市区及圩镇市场建设。1993年起，工商部门在县城、乡镇(圩市)建立298个经贸交易点。1998年形成以市区为中心，乡镇圩市为依托、综合与专业配套、批发与零售兼备的多层次多形式的市场格局。

2000年全市投入1亿多元资金,改建新建市场30多座,市场面积达10万多平方米。到2005年市区内建设并投入使用上规模的综合购物市场(超市、连锁店)共50多家,小型商铺300多家,农村集市圩场共24个。当年全社会消费品零售总额15.6亿元。

第三产业发展 1991年以来,岑溪县(市)人民政府十分重视第三产业的发展。至1993年,全县第三产业产值20211万元,比上年增长30%。1994年起逐年增大社会固定资产投资,拓展城乡基础设施项目建设,加快第三产业发展。1994—1997年,每年以增加1亿元以上的速度增大全社会固定资产建设,其中以生产性建设和基本建设为主。2000年,中共岑溪市委把“三产富市”列为岑溪市发展战略,市人民政府决定加快基础设施建设步伐,议订了改善交通条件,加快小城镇建设步伐,改造农村电网与综合通信系统,开发旅游资源等多个方面项目建设,促进交通运输、电信和旅游服务等行业发展。当年起,50万元及50万元以上建设施工项目由19个增至2005年146个。2005年度全社会固定资产投资额21.84亿元,比2000年的3.94亿元增加17.9亿元,比1991年的1.23亿元增加20多亿元。第三产业生产总值从1991年起连续增长。1991年1.16亿元,1995年增至3.09亿元,2000年5.47亿元,2005年11.54亿元。

外向型经济建设 通过招商引资,吸纳县境外(含港澳台同胞、国外和自治区内外)客商的资金技术(含设备)在岑溪创办工商企业(办厂、开矿山、建电站等),助力岑溪经济发展。1991年,县人民政府批准新建16家以花岗岩矿开发加工和林纸、化纤、皮革生产的外商企业(总投资2.23亿元,其中美元1712万元)。当年年末有22家外商企业正式投产,总产值4833.91万元。1992年,自治区对外开放会议在岑溪召开后,县人民政府制定了鼓励外商投资办企业的六项优惠政策规定,在全县开展向东(广东)学、向东看和吸外资、引东企的招商活动。招商引资范围扩大至农林水(电)畜牧各业。1993年11月,岑溪县获国务院批准被列为对外国人开放县。1993—1995年,全县累计建立外向型企业160家,合同投资13.54亿元人民币,实际利用外资1851万美元。实现投产的73家,实现外贸出口总额1812万美元,安排劳动力就业1万多人。1996年,市委、市政府作出《关于进一步扩大开放的决定》,具体制定《关于鼓励外商投资若干优惠的办法》进一步优化投资环境,吸引外商投资办企业。当年引进港澳台资金220.5万美元,市外内联资金3000万元,创办外向型(含内联)企业13家。1997年,全市累计注册登记的外向型企业141家,合同投资总额15.3亿元人民币,其中利用外资2.68亿美元,已投产的外向型企业86家。安排劳动力就业1.49万人,外向型企业实现总产值5.56亿元,上缴税金873万元,出口创汇1115万美元。2000年市招商局成立,对外商到岑溪投资办企业实行“一站式”审批、“一个窗口”收费、“一条龙”服务和“六不限”“十项制度”等措施,创新招商引资机制。1996—2000年,累计实际利用外资2999万美元,实现外贸出口总额3040万美元。2001年,举办“岑溪市实施西部大开发暨承接东部产业转移高层研讨会”,探索加快经济发展的新路子,进一步完善招商引资机制,优化投资环境,加大招商引资力度。2001—2005年,全市累计引进项目135个,其中外资项目44个,内资项目91个,实际利用外资8791万美元,利用市外境内资金15.25亿元,实现外贸出口总额1.02亿美元。

科技、教育、文化建设

1991年起,岑溪县全面实施“科教兴岑”战略,县(市)人民政府逐年加大对科学、教育、文化事业建设的投入,不断加强、充实科教文体部门的领导和骨干力量,按照全县(市)整体部署,开展既符合县(市)实际,又有发展目标的各项文化建设。

科学技术 1991年实施“大面积粮食增产综合技术开发”项目工程,广泛推广杂优水稻种植、旱稻防寒育秧、旱育稀植技术和垄作栽培,抛秧栽插、配方施肥、浇水灌浇管理等增产措施。1994年。实施《创建吨谷县(市)技术开发》项目。成立创建吨谷县指挥部,县长、乡镇长分别任县、乡镇指挥部指挥长,并层层签订创建责任状,落实相关措施技术。1995年率先进入自治区“吨谷县”行列,而且是仅有的两个县(市)

之一。同期，畜牧业实施生猪饲养“七改四推”，活鸡饲养“二改五推”和“牛品改”等新式养殖技术，推广“立体养殖”法，促成岑溪畜牧业生产获得快速发展。1994年岑溪进入全国禽畜肉类、生产“百强县”行列。1998年起，林(业)果生产引进和推广速生林营造、澳洲坚果种植、砂糖橘种植、龙眼荔枝改良技术和果庶花生、蔬菜套种等措施，实施“百千万”林果工程，使岑溪林果生产向高质、高效高产的“三高”目标发展。2005年，全市造林总面积1213公顷，果园面积7710公顷，林业总产值2.71亿元，茶果类产品产值1.10亿元。

工业领域 1991年推广松香连续蒸馏新工艺。1992年，县松香厂研制“TO型生物制片透明剂试剂”获国家级科技进步三等奖。1993年推广花岗岩开采新工艺，并引进意大利石材生产先进流水线和矿山开采设备，提高花岗岩矿开采加工效益。同期，岑溪化肥厂、水泥厂、造纸厂、柠檬酸公司、模压公司等，在企业挖潜改造中，研发和采用本行业先进生产技术和设备，有多个科研技改项目分别获自治区、梧州地(市)和本县(市)级科研先进奖励。

1991—2005年，岑溪医疗、气象、农机水利和交通运输等行业，在科学技术推广和研发方面普遍开展并获良好成果。1991—2000年，岑溪县(市)科技对经济增长的贡献率为30%，2001—2005年，提升到41%。

教育事业 自90年代起，岑溪县(市)按照“分级办学”的原则，充分调动各乡镇办学的积极性，通过国家财政拨款、征收教育费附加、勤工俭学和社会捐资等多渠道筹措经费，加强对学校进行改造建设。1990年和1992年先后在县城新建了县第二小学、县第二中学、县第二幼儿园和县职业技术学校等四所学校。1994年在全面完成“普及六年小学”教育的基础上，“普及九年(小学至初中)”义务教育工作在全县全面铺开，按照县政府制订的“普九”计划实施。1995年，通过自治区人民政府验收，成为广西首批初等教育普及县(市)。1996年，“两基”(基本普及九年义务教育、基本扫除青壮年文盲)工作通过自治区人民政府评估验收，并报国家教委批准成为“两基”达标县(市)。2000年，扫除文盲人数1.9万人。2001年，为全面提高教育质量培养德、智、体、美各个方面素质，和良好的学风校风。市内开展城乡学校“手拉手”活动和城乡教师互动。2003年，岑溪被定为自治区级课程改革实验区。岑溪中学通过自治区教育督导评估成为广西首批示范性高中之一。2004年，市一中、二中、三中通过自治区一级学校验收。当年岑溪市高考上线率排梧州市第一名，综合指标排自治区前5名。2005年，被评为自治区“两基”先进县(市)，自治区教育厅把岑溪市职教中心列入自治区重点建设的20所职教中心行列，定为万人培训基地。

文化事业 进入90年代，县(市)委政府把文化建设列入社会主义精神文明建设的重要方面，推进文化机构改革。建立群众文化网络机制，促进城乡文化设施得到不断改善。实施多种社会力量创办、多种形式经营。形成多文化品种投入的竞争共存的大文化市场。1991年糯垌镇文化娱乐城建成后，其他乡镇也开始兴建或规划兴建文化大楼。1992年县文化局获文化部评为全国以文补文先进单位，1993年县文化馆被文化部评为全国标准文化馆。1996年市人民广场和南门小广场建成后，城区群众文化活动逐步由室内转向室外，并通过“乡镇送戏进城、文化送戏下乡”的互动方式，开展广场周末文化活动和文化下乡活动，促进城乡文化交流。1997年荣获自治区人民政府授予的“全区社会文化先进县(市)”称号，1998年荣获文化部授予的“全国文化先进市”称号。1999年，开始在全市实施广播电视“村村通”工程，逐步建立和完善农村广播电视服务体系。市图书馆被评为“国家三级图书馆”。1999—2001年，连续三年被评为全区“知识工程先进市”。2002年，获自治区文化厅授予“广西民间艺术(牛娘戏)之乡”荣誉称号，牛娘戏被共青团中央评为“优秀乡村青年文化活动项目”。2003年，糯垌镇新塘村、归义镇金坡村、南渡镇西兰村三个村级图书馆通过自治区评估验收，成为自治区“村级示范图书馆”。

社会建设

依法治县(市) 1991年,继续实施第二个五年普法计划,在全县(市)干部群众中开展普法教育。1992年,县委、县政府在全县推广梨木镇,通过普法教育,开展评选"遵纪守法光荣家庭"并挂牌表彰,促进全镇社会治安明显好转,违法犯罪案件大幅度减少的经验(此做法经验曾被当年《半月谈》刊登推介)。同期,在全县各镇各村,开展订立村规民约(守则)活动。引领群众遵守法纪和社会主义公共道德,扬社会正气,扫社会歪风邪气。2001年,市人民政府出台了《岑溪市依法治市进程实施方案》《岑溪市依法治村、民主管理实施方案》和《岑溪市"四五"普法岗位目标管理责任制规定》等文件,在全市实施。同期,由市政法委、综治委和司法机关牵头,在全市开展"安全文明小区"创建活动,齐抓共管促进社会治安平稳。年内全市创建"安全文明小区"400多个。2003年,改创建"安全文明小区"为创建"平安乡镇""平安岑溪"活动。2005年10月,市定8个重点平安镇建设基本达标,全市"平安社区(村)"创建达50%以上,2003—2004年,岑溪市连续两年获社会治安综合先进县(市)称号。

民生工程建设 1991年至2005年,岑溪县(市)人民政府,以全心全意为人民服务为宗旨,注重、关切民生工程建设和发展,落实相关政策措施并加强财力物力的投入。

居住环境建设。1991年起,县(市)政府着力农村改水、改厕和道路桥梁改造建设,以改善城镇乡村群众生活(饮用水、如厕)和出行条件。改水工程重点放在乡镇修建自来水厂、山区村落自挖手压机井或用水管接山泉水的方法,改变饮用受污染的河水或山塘水渠水的习惯,确保饮用水卫生安全。至2000年,全市建自来水厂28家,饮用蓄水池30多座,手压机井1万多口,管接用水30多万户,卫生用水率95%。改厕工程,凡新建楼房,一律建有地下三级化粪池,各自然村落通过修建沼气池集粪方式改造粪坑和如厕方式。由爱卫办、扶贫办、能源办协作,指导农民通过沼气池建设,实施人畜粪便分集,封闭发酵生产沼气,并用作燃料或照明,一举多得。至2005年,全市建有沼气池34006座。

道路桥梁(含渡口码头)建设。从1991年起,县(市)人民政府秉承"路通财通""出行方便,经济发展"的理念,先后开展"公路交通建设年""公路村村通"和改造桥梁,渡口码头建设。采取全面规划,多方筹资,上下联运,干群协力等措施办法,在着力兴修、改造国道、省道的同时,规划建造(含改建)县级公路及通村道路。1991—2005年,全市修建(含改造)县级公路14条,投资总额4300多万元。90年代末,修通并验收乡级公路29条,里程283.5千米,其中四级公路177千米,等外公路0.9千米,2000—2005年,全市新增乡镇级公路(通村公路)199.3千米,基本实现村村通公路。各村至自然村的村道,包括通往山区林场山庄、果园等生产地点,均能通小吨位农用车辆或摩托车。修建民间河流桥梁56座(均为钢筋水泥桥面)改造渡口码头21个,其中新建8座,合计投资100多万元。同期,落实了乡村道路和船渡交通安全措施,为村民出行提供有效安全保障。

民政福利事业。1990年,成立岑溪县社会福利有奖募捐委员会,并设立办公室,由民政部门承担福利彩票销售工作。1990—1998年,共销售福利彩票1887万多元,筹集福利金额390万元,全部用于发展社会福利事业。其间,全市兴办6个乡镇敬老院,贴息扶持兴办福利企业,帮助解决市福利院孤儿穿着、被盖等困难。2000年4月起,开展广西风彩电脑福利彩票销售,活动至2005年6月,全市发行(销售)"广西风彩电脑福利彩票"5100多万元,其福利金全部归自治区统一管理使用。2000—2005年,由自治区利用福利金资助1000多万元,在市内实施乡镇敬老院、五保村建设。1999—2005年,全市建成14个镇敬老院,73个五保村,入住五保老人714人。2004年起,以享受政府定救的五保老人2230多人,月发放定救补助每人30元,2005年发放五保老人定救款额80多万元。

扶贫脱困。1986年,岑溪县人民政府成立扶贫开发领导小组办公室(1996年改为岑溪市扶贫开发办公室)。90年代初,通过县直机关、企事业单位派出工作组定点扶持、社会团体对口赞助的方法,扶持年集体经济收入不达5000元的贫困村(时称空壳村)发展集体经济,或赞助扶持该村学校(校舍修建及书桌、图

书等设备)建设和缓解贫困子女入学等困难,一定三或四年不变。1994年起,号召先富起来的经济能人带动贫困户发展家庭经济,增加家庭收入。各社会团体则通过开展“光彩事业”,支持帮扶贫困户发展经济。90年代末,市人民政府通过调查,确定全市277个行政村中,属低收入的村133个,其中属自治区确定为贫困村有22个,占行政村总数8%。全市人口中处于低收入水平线(人均收入低于全市平均数1000元)有19.16万人,处在温饱线下(家庭人均收入500~600元)人口有3.98万人。其中22个贫困村处于低收入人口有1.93万人,处在温饱线下人口9100多人。在全市农村中,有164个村没通四级公路,有42个村不通电话。有959个自然村屯的道路不通机动车(拖拉机、摩托车等),有27.8万人饮水困难或极不卫生。有93个自然村屯2100多户不通电,照明仍用煤油灯。从2000年起,市委、市政府调整扶贫策略,在实施扶贫开发工作中,以3.8万绝对贫困人口和19.16万初步解决温饱但生活不稳定低收入的相对贫困人口为对象。以22个贫困村为重点,以稳定增加贫困人口收入,改善贫困地区生产生活条件和提高劳动者素质为主要开发内容。动员全社会力量,会同农林牧渔业、工商、交通电信、电力水利、科技教育卫生文化等部门单位和工青妇、民主党派及其他社会团体的力量,实行综合扶贫,多方面出手支援。2003年,扶贫项目40个,其中通村四级公路8个,通村屯公路13个,交通桥项目5个,人畜饮水项目3个,沼气池(改厕)项目11个,共投入资金3000多万元。2004年,新设扶贫项目34个,扶贫资金310多万元。至2005年年末,修通村级道路38条232.7千米,架设输电线路385条2491千米,建设人畜饮水工程59处,扶持13个村覆盖广播电视和42个未通电话的村通电话。为贫困村修建村小学47所,帮扶建立村级卫生所16家。修复农村水利项目38个,修建沼气池870多座,完成种养项目12项,实现技术培训项目16个,有18000多人次参加培训,提高种养加工技能。全市绝对贫困人口由2004年的10268人下降到9768人;相对贫困人口下降比例为5%。贫困村农民人均纯收入年增14.1%,高于全市平均年增13.9%的水平。

环境治理　1991年,针对境内花岗岩矿山开发和石材加工中生产的部分资源受损和环境污染问题。县人民政府提出矿产资源开发务必实行“开发利用与保护增值并举”方针,实行“谁开发谁保护,谁破坏谁恢复,谁利用谁补偿”的硬措施。要求环保部门速查严管,发生一件(污染或资源受损事件),查处一件,不能手软。1993年,依照建设项目环保审批“三同时”制度(即建设项目中的防污染设施及资源利用保护工程必须与项目主体工程同时设计,同时施工,同时投产使用),对县内新建30个项目全部办理环保审批手续后方予开工建设。1995年起,对建设项目环境管理,增加了环保部门直接参与上马项目的评估选址和对效能、效益以及污染状态,预防措施等相关论证和决策工作。并从当年起开展排污报告登记工作,实行排污费征收制度。1995年年末,全市排污费征收额62万元,用于环境治理使用。同年,岑溪市被自治区环保局、矿产局定为矿山生态破坏与重建示范县。年内矿产污染事故由1994年的54件减少为17件。减少率30%。

1998年,市委、市政府把“提高市民环境意识,改善城区排污条件”列入全市“2468”工程,于当年完成城区南门桥河段义昌江主排污沟,思英河排污沟及湖溪小区排污沟的建设任务共5.43千米。更换街道排水沟盖板2000多件(块)。1999年定为“环境保护年”,在全市开展广泛的环境保护法律法规宣传教育活动,出台《石材加工区环境管理暂行办法》《关于建设项目落实环保第一审批权的通知》等系列规范文件。明确地方党政第一把手对环境保护、环境质量负总责的要求。通过相关部门(单位)和乡镇政府与市人民政府签订环境保护目标责任状的方式予以落实。当年,全市投入环境治理资金350多万元,建成矿山防污坝35座。11个石材加工区建立废料堆放场和废水集中处理池。全市有3500多个单位(企业)持证排污,持证排污率92%。

2000年,针对市区第一、第二自来水厂水源地赤水水库和义昌江归义、樟木河段仍存在污染隐患问题,开展专项整治。对上述水源地周围25家企业实行限产限排措施,对其中污染性大又无蓄污防渗设备设施的4家土纸加工厂,依法予以关闭。2003年,强化环保执行力度,开展对矿山选矿及其他存有污染源的企业和医疗废水、垃圾监督检查活动，深入35家企业，排查整改环境安全隐患19处；对15家企业由于环境设施不完备，责令其停产整顿。当年春夏，在抗防“非典”传染病袭击期间，环保部门加强了医疗废水，垃圾的监督检查和处理工作。开展高频率的医疗废水余氯含量监测监控，预防二次传染发生。2004—2005年，开展“打击违法排污企业，保障群众健康专项行动”。在整个专项行动中，出动278人次，检查排查207家企业，整治污染企业33家，立案处理环境违法行为43件。限期治理重点污染源1家，关停污染重的小企业4家，停产治理重点污染企业20家。累计投入重点污染源治理资金1360多万元。其间，环境监测站通过对地表水、地下水、废水、大气、噪音等55项环境要素的监测，并及时报告与提出治理整改措施。

1999年和2002年市政府先后开展环保建设年活动。图为2002年岑溪市环保建设年动员大会场景

第三章　人民政协

1980年10月，中共广西壮族自治区委员会发文批准岑溪县成立政协委员会。同年11月初，中共岑溪县委成立县政协筹备领导小组，拟定县政协筹备工作方案，政协委员组成成分和民主协商推选委员的条件等事项。各项筹备工作结束后，1981年6月，在县城召开中国人民政治协商会议岑溪县第一届第一次全体会议。102位政协委员参加会议，民主选举政协岑溪县第一届委员会主席、副主席，政协岑溪县委员会正式成立。1981年至1990年，政协岑溪县委员会先后召开了三届共12次会议。其中第一届（1981年1月至1984年9月）先后召开4次会议。第二届（1984年9月至1987年7月），先后召开4次会议。第三届（1987年10月至1990年9月），先后召开了3次会议。1990至2005年，县（市）政协先后召开第四至第七届共4届19次会议。其中第四届召开4次，第五届召开6次，第六届召开4次，第七届召开5次。

1991—2005年，政协岑溪县（市）委员会，通过召开各届（次）全体会议、政协常委会及部门委员会议以及开展调查研究、参观考察、专题学习、议定提交提案等形式、方法，参政议政，为岑溪的改革开放，农工商各业建设与社会稳定、文明进步，人民群众物质、文化生活的提高出谋献策。同期，通过政协岑溪委员会自身组织建设，不断完善和加强相关制度建设，优化工作方式方法，政协委员们的议政，参政和政治协商，民主监督能力及自觉性不断提升。

第一节　组织机构

政协岑溪县（市）委员会

中国人民政治协商会议岑溪市（1995年12月前为县）委员会由共产党、各民主党派、人民团体、少数民族和农工商学各界代表以及港澳同胞、台湾同胞、归国侨胞和特别邀请的爱国人士组成（分设若干个界别）。政协委员会设主席（1人）、副主席（若干人）、秘书长1人和常委若干人。重大事项由政协常委会（或扩大会）集体讨论、协商议定。政协常委会重要日常工作，通过政协主席会议处理。政协常委会一般每季召开一次（遇特殊重大问题除外）；政协主席会议一般每月召开一次。主席会议一般由主席或副主席主持，主席、副主席和秘书长参加，也可邀请与会议内容相关的部门或机关领导参加。

政协岑溪县第四届委员会任期3年（1990年9月至1993年1月）选举主席1人，副主席6人（名单见附表），常务委员37人。第五届委员会任期5年（1993年11月至1999年1月），选举主席1人，副主席4人，常务委员29人。第六届委员会任期4年（1999年1月至2002年11月），选举主席1人，副主席5人，常务委员23人。第七届委员会任期4年（2002年11月至2006年10月），选举主席1人，副主席3人，常务委员24人。

政协岑溪县（市）四届至八届委员会主席、副主席名表

表13-3-1

届次	职务	姓名	性别	到任年龄	民族	文化程度	籍贯	任职时间
第四届	主席	莫友明	男	57	汉	高中	岑溪	1990年9月至1993年11月
	副主席	李思荣	男	56	汉	高中	岑溪	1990年9月至1993年11月
		李炎兴	男	57	汉	大学	岑溪	1990年9月至1993年11月
		韦奕昌	男	52	汉	大学	岑溪	1990年9月至1993年11月
		黄宗延	男	54	汉	中专	岑溪	1990年9月至1993年11月
		赵美贞	女	40	汉	中专	岑溪	1990年9月至1993年11月
		潘启道	男	45	汉	大学	岑溪	1990年9月至1993年11月
第五届	主席	黄以华	男	52	汉	中专	岑溪	1993年11月至1997年4月
	副主席	陈　彪	男	47	汉	中专	岑溪	1993年11月至1999年1月
		韦奕昌	男	55	汉	大学	岑溪	1993年11月至1999年1月
		叶培超	男	38	汉	中专	岑溪	1993年11月至1999年1月
		杨振丽	女	40	汉	大学	岑溪	1993年11月至1999年1月
第六届	主席	梁树清	男	50	汉	大专	岑溪	1999年1月至2002年11月
	副主席	谢德荣	男	52	汉	大专	岑溪	1999年1月至2002年11月
		陈　彪	男	53	汉	中专	岑溪	1999年1月至2002年11月
		叶培超	男	44	汉	中专	岑溪	1999年1月至2002年11月
		杨振丽	女	46	汉	大学	岑溪	1999年1月至2002年11月
		王　伊	女	43	汉	大专	岑溪	2000年3月至2002年11月
第七届	主席	梁树清	男	53	汉	大专	岑溪	2002年1月至2006年10月
	副主席	李荣彬	男	47	汉	在职研究生	岑溪	2002年1月至2006年10月
		王　伊	女	45	汉	大专	岑溪	2002年1月至2006年10月
		李　国	男	41	汉	在职研究生	岑溪	2002年1月至2006年10月

政协办公室与专门委员会

1981年，政协岑溪县第一届委员会设办公室、提案审查委员会和学习委员会。办公室设在县委办公楼内。1988年10月，改设办公室、联络部、经济技术服务部。1989年5月，政协岑溪县委员会设办公室、经济委员会、科教文卫委员会、联谊委员会。1991年，政协办公室编制人员（含各工作委）8人，1995年增设提案法制委员会、文史委员会。1997年机构改革，市政协内设机构有办公室、经济科技联谊委员会、提案法制委员会、文教卫体学习委员会，编制10人。1999年11月，将文教卫体学习委员会一分为二，分设文史资料学习委员会和文教卫体委员会，编制人数不变。2002年机构改革，市政协内设机构改为“一室三委”，即办公室、经济科技联谊委员会、提案法制委员会、教文卫体学习委员会。办公室及专门委员会各设主任1名、副主任1~2名。当年政协办公室编制15人（含领导编制），其中，行政编制13人，事业编制2人，至2005年，政协办在岗17人，超编2人。

第二节　政协委员

政协委员产生与确认的程序，依据《中国人民政治协商会议章程》和相关规定，1990年起，岑溪县(市)各届政协委员的推荐，先由上届政协委员会提出，经同级党委审定当届政协组成的规模(人数)，界别的设置，再将委员(含特邀委员)的名额协商给各党派、团体、战线，由各党派、团体、战线对采取相应形式(如召开党组会、团体会、执委会、理事会)根据分配到该党派(组织)、团体机构、系统(单位)的委员人数，参照政协委员条件及人事安排原则提出推荐人选，以及特别邀请的人员，报由政协常委会与有关方面协商。推荐人员名单落实后，由中共岑溪县(市)委统战部和组织部会同政协各党派团体、战线推荐人员进行考察考核，并征求相关方面的意见，确定初步人选名单方案，提交政协主席会议协商，然后再送县(市)委审定，再由政协常委会进行协商表决。经过半数常委同意者予以通过，再采用相关方式向社会公布予以确认。2002年后，对即将担任领导职务的委员，还通过组织部门公示，群众无重大问题反馈者，委员资格才能确认。

政协岑溪县(市)第四届至第七届委员会委员组成情况表

表13-3-2　　　　单位：人

项目	第四届	第五届	第六届	第七届	备注
党政干部	30	53	57	55	—
民主党派	1	2	7	14	—
人民团体	4	4	6	5	—
民主人士	4	—	5	6	—
教育界	27	31	25	23	—
医药卫生界	18	15	19	22	—
科技界	32	4	5	11	—
农林畜牧界	29	42	25	20	含农民代表
文体艺术界	6	3	11	13	—
工商界	19	25	48	30	—
三胞归侨界	13	7	3	5	—
外商代表	4	3	—	—	—
特邀代表	3	—	—	1	—
总计	190	189	211	205	—

第三节 全体会议

中国人民政治协商会议岑溪县委员会自1981年1月成立至2005年,共产生7届政协委员会。政协岑溪县第一届委员会(1981年1月至1984年9月),共有委员102人,先后在县城召开了4次全体委员会议;政协岑溪县第二届委员会(1984年9月至1987年10月),共有委员141人,先后在县城召开了4次全体会议;政协岑溪县第三届委员会(1987年11月至1990年9月),共有委员136人,先后在县城召开四次全体会议。

政协岑溪县第四届委员会

政协岑溪县第四届委员会(1990年9月至1993年11月),共有委员190人,委员分为文化教育组、医药卫生组、工交组、农业组、工商财贸组、联谊侨务组、党群组及3个乡镇组等8个工作组。本届委员会先后在县城召开4次全体会议,共收到委员提案277件,其中立案275件。

政协岑溪第四届委员会第一次会议1990年9月6—7日在县城召开。会议听取了县政协第三届常委会工作报告、第三届委员会第四次会议以来提案办理情况报告和四届一次会议委员提案收集审查报告,审议并通过县政协四届一次会议有关决议。会议选举产生县政协第四届常务委员会,选举出常务委员37人,莫友明当选主席,李思荣、李炎兴、韦奕昌、黄宗延、赵美贞(女)、潘启道当选副主席,甘显祯当选秘书长。

政协岑溪县四届二、三、四次会议,分别于1991年4月10—12日、1992年4月16—18日,1993年4月13—15日在县城召开。各次会议听取和审议了县政协有关工作报告,审议并通过大会有关决议,并列席了县人大会议。其中,二次会议传达了自治区统战部长会议精神,听取县城建委关于县城规划的简介,讨论了《岑溪县国民经济和社会发展十年规划》和“八五”计划。三次会议增选了县政协常委1人,并表彰奖励1991年度政协先进集体和个人。

政协岑溪县(市)第五届委员会

政协岑溪县(市)第五届委员会(1993年11月至1999年1月),共有委员189人,委员分为文化教育、医药卫生、工交、工商财贸、联谊侨务、党群、农业7个工作组。本届委员会先后在城区召开了6次全体会议,共收到委员提案441件,其中立案422件。

政协岑溪县第五届第一次会议,1993年11月16—20日在县城召开。会议听取和审议了县政协第四届常委会工作报告、四届四次会议以来提案办理情况报告和五届一次会议委员提案收集审查情况报告,列席县十一届人大一次会议,听取和讨论协商县政府工作报告及其他报告,审议并通过县政协五届一次会议有关决议。会议选举产生了县政协第五届常务委员会,选举出常务委员29人,黄以华当选主席,陈彪、韦奕昌、叶培超、杨振丽(女)当选为副主席,罗承灿当选秘书长。

政协岑溪县(市)五届二、三、四、五、六次会议,分别于1994年3月28—31日、1995年3月22—25日、1996年4月22—24日、1997年3月17—20日、1998年3月10—12日在城区召开。各次会议听取和审议了县(市)政协有关工作报告,审议并通过大会有关决议,列席县人大会议。其中,五、六次会议对在开展“四个一”活动中的先进个人和优秀提案及办复提案先进单位进行表彰奖励。

政协岑溪市第六届委员会

政协岑溪市第六届委员会(1999年1月至2002年11月),共有委员211人,委员分为社会、教育、医卫、农业、财贸、工交、社群科文体、民营经济、特邀等9个工作组。本届委员会先后在市区召开了4次全体会议,共收到委员提案407件,其中立案394件。

政协岑溪市第六届第一次会议，1999年1月10—13日在市区召开。会议听取和审议了市政协第五届委员会常委会工作报告、五届六次会议以来提案办复情况报告和六届一次会议提案审查报告，列席市十二届人大十一次会议，听取和协商讨论市政府工作报告及其他报告，审议并通过政协六届一次会议有关决议。会议选举产生了市政协第六届常务委员会，选举出常务委员23人，梁树清当选主席，谢德荣，陈彪、叶培超、杨振丽(女)当选副主席，李逸飞当选秘书长。

政协岑溪市六届二、三、四次会议，分别于2000年3月4—6日、2001年2月25—27日、2002年3月24—27日在市区召开。各次会议听取和审议市政协有关工作报告，审议并通过大会有关决议，列席市人大会议、表彰奖励“四个一”活动先进个人、先进工作组和优秀提案及承办提案先进单位。其中，二次会议增选王伊(女)为副主席，并增选3名常务委员。

政协岑溪市第七届委员会

政协岑溪市第七届委员会(2002年11月至2006年10月)，共有委员205名，委员分为党群、医卫、文教、科技、计财、工贸、工商联、党派、特邀9个工作组。本届委员会先后在市区召开了5次全体委员会议，共收到委员提案394件，其中立案342件。

政协岑溪市第七届第一次会议，2002年11月2—6日在市区召开。会议听取和审议了政协第六届委员会常务工作报告、六届四次会议以来提案工作情况报告和七届一次会议提案收集审查情况报告，列席市十三届人大一次会议，听取和协商讨论市政府工作报告，审议并通过市政协七届一次会议有关决议，表彰奖励先进工作组、先进个人和优秀提案、承办提案先进单位。会议选举产生了市政协第七届常务委员会，选举出常务委员24人，梁树清当选主席，李荣彬、王伊(女)、李国当选副主席，吴文智当选秘书长。

政协岑溪市七届二、三、四、五次会议，分别于2003年2月24—26日、2004年2月22—25日、2005年2月28—3月2日、2006年2月15—16日在市区召开。各次会议听取和审议了市政协有关工作报告，审议并通过大会有关决议，表彰奖励先进工作组、先进个人和优秀提案及承办提案先进单位。

第四节　参政议政

1991—2005年，政协岑溪县(市)委员会利用全体委员会议、常务会议、主席会议和各种专题座谈会以及列席县(市)、人大、政府有关会议等对贯彻党和国家的大政方针和本县(市)政治、经济、文化及社会生活中的重大问题进行讨论协商，为党委、政府决策提出意见和建议。每年召开一次全体会议，通过列席同期召开的人民代表大会，对每个年度人民政府在人大会上所作的工作报告和计划、财政、人民法院、检察院等部门的工作报告进行讨论，提出意见和建议。在全体会议闭会期间坚持开好每季一次的常委会议和每月一次主席会议，邀请党委、政府的领导和相关部门领导参加并通报工作，对本县(市)经济建设和社会发展中的重要议题进行协商讨论，建言献策，做到知情出力。并适时邀请相关行业、企业业主和相关社会人士及外商等举行座谈会，共同商讨发展策略。

1990年9月至1993年11月政协岑溪县第四届委员会，重点围绕县委、县政府提出的本县经济发展一路发(168)工程、路路发(668)工程相关项目，组织委员进行各种调查考察17次，到县外参观学习95次，汲取外地经验和总结本地经验做法，找出问题和差距，向县党委、政府和主管部门提出意见和建议，共提出提案270多件。

1993—1999年，政协岑溪第五第六届委员会，通过召开各年度政协委员会例会，对县委、县政府提出的经济发展“1788工程”、“899工程”、“2468工程”计划及1998年的“全面实施两大战略，巩固和发展两大支柱产业,实现五个突破,促进八个方面的提高"等目标任务进行协商讨论,并提出多项意见建议。本届委员会先后召开6次全体委员会议,向市委、市政府及相关部门提出提案440多件。并于每年分阶段听取政府领导和重点部门对各项工程任务执行情况通报,总结经验,做到知情出力。1997年,为了使本市石材产业走出低谷,组织委员们深入矿区、加工区和外地销售点进行调研,并组织部分委员及石材业主到广东云浮、信宜等地参观考察,邀请石材业主进行专题座谈。通过一系列活动,吸取各种不同意见,综合外地的做法和经验,就矿山管理、石材加工、销售和收费等问题,及时向市委、市政府及有关部门反映,提出意见和建议,取得了很好的效果。

1999—2005年,政协岑溪市第六、第七届委员会,根据21世纪该市经济与社会发展的年度和中长期发展计划及各项重要决策进行协商讨论。同时开展视察、考察和调查研究,提出多项涉及深层次的改革和紧密联系社会热点与民众民生利益的建议和意见,帮助政府及部门改进工作,提高效率。同时,通过政协委员对政府职能部门工作进行民主评议,履行政协的民主监督职能,加大民主监督力度。1999年,在政协第六届常委会四次会议上,先后对环保、林业、卫生、工商、法院、检察院等部门的工作进行了民主评议。2000年在几次常委会上,先后对文化、建设、广视、公安等部门的工作进行民主评议。在民主评议中,既肯定成绩又揭示存在问题,分析责任的原因,提出批评意见,共商整改措施。2001年评议环保工作时,既肯定近年来环保工作所取得的成绩,又针对前几年大搞石材开发所造成的污染做了实事求是的分析,环保部门听取评议意见后,结合市委市政府"环保建设年"计划的实施,经过大力整治,石材污染问题得到有效遏制。

第五节 视察调研

1991—1998年,政协岑溪县(市)委员会共组织委员开展调查考察活动117次,其中到县外参观考察95次。县内调查考察主要围绕粮食生产、农林牧综合开发和一些重点项目建设等。同时,对四滩电站、第二自来水厂、岑罗二级公路建设,国营厂矿企业的生产管理和改革,花岗岩矿的开发和管理,乡镇企业的生产规划和发展,经济开发区的开发和管理,外向型企业的生产管理和效益,城镇建设、环保土地管理,教育和卫生事业发展等方面提出建议。外出参观考察主要到玉林、浦北等市县考察乡镇企业,到北流市考察水果生产,到广东信宜、高州、云浮等地考察造林、农业开发与石材开发管理;到罗定考察发展外向型企业和教育卫生工作经验。通过调研考察,做好调查报告,提出意见和建议,为岑溪经济建设做好参谋。

2004年政协主席梁树清视察岑梧高速公路建设情况

1999年针对群众反映肉价高、农民卖猪难的问题,市政协委员会成立专题调查组,分成8个小组到16个乡镇和市食品公司及周边市县进行调查考察,写出调查报告向市委、市政府汇报,获得市委、市政府重视,重新对生猪屠宰问题作出决策,修改有关文件,大大提高了农民

养猪的积极性。2000年对石材加工业造成环境污染问题进行专题调研，提出多项改进建议，有关部门采纳后，经过整治，使石材加工污染问题得到极大改善。同时还对林业种植结构调整、发展速生林、旅游点规划、市容“南珠杯”竞赛活动、非公有制经济发展等情况深入10多个乡镇和市直20多个单位进行专题调研，写出了《关于岑溪市林业种植结构调整情况的调查报告》等6篇调查报告。2001年，为加快岑溪工业化、城镇化进程，组织两个专题调查组深入到各乡镇和市直单位进行专题调研，写出《岑溪市现状与加快工业化进程的建议》《加快本市城镇化进程的问题与思考》两篇调查报告，送市委、政府及有关部门作决策参考，得到肯定和重视。

2002—2005年，组织开展视察、考察、调查研究共116批次，主要就项目会战、城市建设、公路建设、水果生产、石材经营、发展非公有制经济、城市供水、中小学建设等开展视察、考察和调查研究。2003年针对药品市场经营情况组织专题调研，对本市药品零售店发展过快技术培训及管理跟不上、私营药店进货渠道混乱药品质量难保证、药品零售店有医生坐诊输液现象等问题，提出了加强市药品市场经营管理的整改意见。2004年组织部分委员到本市教育局和12所中小学以及周边的藤县、苍梧、封开等县的教育局和中小学对教育人才资源状况进行调研，发现本市教师队伍不稳定的因素增多，高素质年轻高中教师尤其是英语老师流失严重，特别是代课老师待遇偏低，1800多名代课教师多年得不到转正。市政府十三届七次常务会议专题听取和审议政协委员《关于岑溪市教育人才资源的调研报告》，得到政府领导的肯定，政府采纳后，按照公平、公正、公开的原则开展招考工作，吸收转正600多名代课教师。2005年，市政协分别组织工贸工作组委员、科技工作组委员到广东云浮、郁南考察石材生产和砂糖橘生产情况，写出考察报告，对进一步发展岑溪石材产业及搞好砂糖橘种植提出了具体的意见和建议。

第六节　提案工作

1990年9月，县政协第四届一次会议至2005年2月市政协第七届四次会议期间，提案审查委员会共收到委员提案1519件，经审查立案的1433件，均由常委会送县（市）人民政府转有关部门办理，并由提案审查委员会将提案办理情况在各次全体委员会议上报告。在提案工作中，注重抓好提高质量的基础性工作，同时加强同承办单位的联系，配合做好提案办理工作。1995年起政协会设置提案法制委员会，建立健全提案工作规章制度，使提案工作逐步走上规范化、制度化轨道。

1999年1月，政协岑溪市第六届一次会议，有委员提出《加大农民工培训力度，全面提高农民素质，增强农民适应市场经济条件下的致富本领》的提案，市政府非常重视，制定《岑溪农民工劳务输出和民工培训实施方案》，建立起市、镇、村三级劳务输出机构，组成劳动力信息三级网络，创办22个农民工培训点。当年全市培训农民工28818人，推荐就业28151人。

昙容镇自1984年从南渡镇分出后一直没有开设邮政业务，当地群众通过邮政邮寄或汇款物件等业务不得不到南渡邮政支局办理，一些边远山村的群众一往一返就是几十公里。有时还会发生群众领取汇款后，在途中被盗或遗失现象。1999年1月，政协委员向政协岑溪市第六届委员会三次会议提交《关于在昙容镇设立邮政所的建议》的提案。该提案通过市政府转发市邮政局办理引起高度重视，积极向上级汇报反映相关情况。在当地党委政府大力支持下，终于得到上级部门批准设立昙容邮政所，并于2001年5月1日正式挂牌营业，深受群众好评。

2001年，政协第六届三次会议，有委员提出《关于管理好市区“网吧”的建议》的提案，引起文化、工商、公安等部门的重视，对全市网吧开展大清理大检查，加大对互联网上网服务场所的监督和管理，坚决取缔“黑吧”，并规定网吧经营场所不得经营有色情、赌博、暴力、愚昧、迷信等不健康的电脑游戏，促使文化市场得到健康发展。

市区通往龙灯、河口矿山主要运花岗岩材料的公路贯穿市三中整个校园，将市三中教学和生活区一分为二，对市三中的师生生活及安全影响很大。2003年2月，第七届政协委派工作组就市三中办学情况开展专题调研，写出《市三中办学情况视察报告》，提出将穿越市三中校园的公路改道从百花州通过的建议。此报告递交给市政府及有关部门后，交通局、建设局、岑城镇政府等有关部门高度重视，筹措资金20多万元投入途径百花洲的公路改造和扩建，并通过工程验收。但是仍有相当部分的车辆贪近路不走改道。为此，2005年2月，市政协领导又率领部分委员再次来到市三中及百花洲改道现场进行实地考察，然后向市委市政府递交《希望有关部门继续协作努力，争取早日完成市三中校园公路改道工作》的第二次提案，针对存在问题提出可行性建议。在市委书记的督促下，困扰市三中20多年的重大难问题终于得到彻底解决。

2005年，市政协第七届四次会议，有委员对非法营运日益猖獗的情况，提交《关于严厉打击非法营运的小汽车，维护市出租车经营市场秩序的建议》的提案，交通运输部门接到后，加大对非法营运车辆的打击力度，开展专项整治行动，对群众反映强烈、违法情节严重的“黑车”实施重点打击，取缔非法从事营运的小客车、小轿车34辆，使运输市场秩序明显好转。

第七节　其他活动

政协委员“六个一”“四个一”活动

1991年3月，县政协四届二次会议向全体政协委员提出开展“六个一”活动，即抓一个项目专题调查研究，写一篇有见地的调查报告或提一个合理化建议，联系业务蹲（抓）一个点，为本县经济建设引进一个项目或一笔资金，引进一项急需的技术或人才，为解决群众需要搞一次技术培训或咨询辅导。后根据自治区政协统一部署改为“四个一”活动，即为当地经济发展献一条良策，提供一条重要信息，举荐一个人才，帮助解决一个技术难题。活动开展后，全体委员积极参与，取得相应的效果。1992年6月，县政协机关组织检查组到委员所在单位进行一次检查，具体了解活动开展情况，并于年终进行总结评比，结评出4个先进集体、41个先进个人并进行表彰奖励。1993年11月至1999年1月，第五届部分政协委员利用自己的特长，在辖区内举办相关技术培训班42期。开展咨询服务项目39项，为本地经济和社会发展提供信息717条。献良策417条，推荐人才104个，解决技术难题251个。1999年1月至2002年11月，第六届政协委员依据相关部门需求，举办各种技术培训班32期。同期，开展咨询服务活动项目18个，为本地经济和社会发展提供信息270条，献良策210条，推荐人才86人；为公益事业捐款120万元，牵线搭桥引进项目42个，参与引进资金3600多万元。解决技术难题60个，办好事实事176件。2002年11月至2006年10月，第七届政

2004年政协委员到筋竹镇开展义诊活动

协委员积极牵线搭桥，为岑溪招商引资和经济提速发展作贡献，直接参与招商或协助招商的引资总额6亿多元人民币。2003年以来，市政协连续三年被梧州市政协评为“四个一”活动先进集体。

联谊活动

90年代起，县（市）政协积极开展多种形式的联谊活动，与民主党派、人民团体、工商联、无党派人士、港澳台同胞、海外侨胞及各界人士沟通感情、增进友谊、加强团结。1991—1998年，组织本县（市）政协委员和机关干部到自治区内外部分县市政协开展联谊活动，共152批（次）。到自治区内其他县市和外省县市参观考察，建立联系单位68个。接待外地政协到岑溪参观考察148批（次）1312人。进入21世纪初，至2005年共接待自治区内外政协组织到岑溪的视察、考察团77批（次）1350人。接待回乡的“三胞”（台湾同胞、港澳同胞、海外侨胞）累计25批次320人。其中，接待具代表性的有旅美科学家、美葡萄协会会长卢江，马来西亚太平局绅吕天保，旅美科学家何千山，澳门机器工会考察团，香港广西同乡会会长莫子莹，马来西亚侨商江文昌、柯来发等。同时，通过各种途径完善和健全海外华人社团、知名人士特别是第三代华人代表人物300多人的档案资料，为加强与海外华人华侨联系提供方便。其间每年春节前，政协委员都采用向归侨、侨眷寄发慰问信等形式，宣介侨务政策，关心归侨和侨眷的工作生活问题，积极帮扶侨办、侨资企业发展。

文史资料征集研究与出版

政协岑溪委员会自1981年成立后，就十分重视岑溪地方史料的征集、研究和出版工作。80年代，政协岑溪县委员会，由一副主席和秘书长分管，组织成立《岑溪县文史》资料专辑编辑小组，共编辑出版8期《岑溪文史》专辑资料。1990年起，政协岑溪县（市）第四届至第七届委员会，坚持把文史资料征集、研究和出版工作放在重要位置上，并成立政协文史资料学习委员会专抓此项工作。除多方收集岑溪县（市）在新民主主义革命和社会主义建设时期的历史资料外，扩展至岑溪人文地理、古近代农工商业变迁发展、古今传奇人物等多方面，挖掘岑溪人文资源，充分发挥“以史鉴今”“资政育人”的功能作用。并在《岑溪县文史》（1995年后改称《岑溪文史》）资料专辑中开辟“大事纪实”“方志综述”“古今人物”“史料钩沉”“方史杂谈”“艺苑拾珍”等栏目。通过召开专业、业余作者座谈会和印发“文史资料征稿启事”等多种形式，扩大资料征集范围。依靠各个层面的文化人，做好文史资料的征集、研究和编辑出版工作。从1991年至2005年，市政协委员会编辑出版了《岑溪文史》第9至第16辑。刊出了较为重要的《岑溪“大跃进”、人民公社运动》《岑溪县“文化大革命”十年》和解放前《岑溪县国民党的组织活动概况》《岑溪的汉墓》《蒙塾学习生活的回忆》和《岑溪圩市设置沿革及其他》《岑溪县华侨概况》等史料文章，获得市内史志界、学界、工商界和干部群众好评。

［第十四篇］

机构编制　人事
劳动　社会保险

第一章　机构编制管理

1991年，机构编制管理坚持国家编制委员会规定的“凡是党政群机关、事业单位的机构编制事宜，由编制委员会及其办事机构一个部门承办，主管编制工作的领导‘一支笔’审批，编制部门一家行文”的管理制度。全县县直党政群工作机构共设94个，事业单位856个。1997年、2002年，为了克服和改变党政机关职能配置不合理、机构臃肿、效率低下等弊端，转变政府职能，根据中央要求，岑溪市先后两次进行机构改革，精兵简政，转变职能。1998年起，加强机构编制管理，控制增设、升格机构以及增加编制、领导职数等现象。1999年，依据国家《事业单位登记管理暂行条例》的有关规定，市事业登记管理局，依法对全市事业单位的设立、变更和注销实施登记备案制度。至2005年年末，全市登记的事业单位703个，变更登记事业单位法人13个，申请注销登记单位0个。

第一节　管理机构与职责

岑溪县（市）机构编制委员会

1984年4月，岑溪县编制委员会及其办公室成立，始有编制管理专门机构是县（市）委、政府管理本辖区机构设置及人员配置的议事决策机构。由县（市）长、党县（市）委副书记及与市委办、政府办、组织部、编制办、财政局、人事局、等部门主要负责人组成，县（市）长任编委会主任，分管副书记任副主任。其他部门负责人为成员。不配置人员编制。

岑溪县（市）机构编制委员会办公室

1984年4月随着岑溪县机构编制委员会成立而成立。1989年1月曾改为编制局。1995年12月改称市机构编制委员会办公室（以下简称“编委办”）。既是市委的工作部门，又是政府工作机构，在市委序列单设。属市委、市政府管理机构编制与行政管理体制改革的职能机构。同时挂岑溪市事业单位登记管理局的牌子。核定行政编制5人、机关后勤事业编制2人。2005年年末在岗人员7人。1991年1月至2005年12月编委办主任是：黄培芳（1989年1月至1994年3月）、韦瑞光（1994年4月至2000年10月）、李自潮（2000年11月至2005年7月）、甘卫（2005年7月至2007年8月）。

编制机构职责

岑溪市机构编制管理工作职责，贯彻执行党和国家行政管理体制和机构改革及机构编制管理的方针、政策及法规。负责管理辖区内党政机关、人大、政协、法院、检察机关、各民主党派、人民团体机关、各事业单位及政府直属企业单位的机构编制日常事务工作。研究拟订本市行业行政管理体制和机构改革的总体方案，审核市直党政机关的“三定”（即定机构性质职能、岗位设置、人员配置）方案与人大、政协、群团机关及所辖乡镇政府改革方案，审核全市党政群机关的职能配置及调整，协调各部门之间、部门与乡镇之间的职责分工。审核市直党政群及其他机关的机构设置、人员编制和股以上领导职数。研究拟订全市事业单位管理体制和机构改革方案。审核全市事业单位的机构设置和人员编制、领导职数。并根据岗位的设置要求，审核办理机关、事业单位人员调入使用编制手续。审核机关、事业单位的机构级别，并负责报批。负责全市事业单位法人资格的认定和登记、年检工作等。

第二节　管理程式与审批制度

机构编制管理程式

编制管理按照行政机构使用行政编制、事业单位使用事业编制的原则执行。行政机关的工作人员由行政编制的公务员和机关后勤服务事业编制的工勤人员组成。事业单位使用的事业编制有财政全额拨款、差额补贴、自收自支3种类型。上级对全县(市)行政和事业单位的编制实行总额管理。县(市)委、政府(或市编委)根据职责的需要,可以在县(市)直或乡镇行政编制总额内调整各县(市)直部门和乡镇机关单位的行政编制,但不同层级的县(市)直和乡镇之间的行政编制不能互调。同时逐步建立完善机构编制、人员工资与财政预算相互制约机制。在设置机构、核定编制时,考虑财政的供养能力,机构实有人数不得突破规定的编制。依程序设立的机构和核定的编制,是录用、聘用、调配工作人员、配备领导成员和核拨经费的依据。在录用、聘用和调配工作人员使用编制的审批程序时,先由单位(或由主管部门)向市编委提出申请,经编委办审核,呈县(市)编委开会讨论决定后,由县(市)编委主任或县(市)长签批。

机构编制设置变动、调整审批制度

全市副科以上(含副科)机构的设置、调整、变动及其级别的确定,由主管部门向县(市)机构编制委员会提出申请,经编委办审核,提交县(市)委常委会议审定后报梧州市(1997年前为梧州地区)机构编制委员会审批。股级以上(含股级)部门内设机构的设置、调整、变动等,由主管部门向市机构编制委员会提出申请,经编委办审核,报市机构编制委员会审批同意后实施。人员编制管理,执行"三定"方案,党政群机关及事业单位调入和录用人员,先向编委办提出使用编制申请,经编委办审核,提交县(市)机构编制委员会集体讨论,最后由编委会主任或县(市)长审批后实施。

第三节　党政机关、事业单位机构设置与人员编制

机构设立、变更与撤销

1991年,成立岑溪县交通警察大队;岑溪县计量局改名岑溪县技术监督局;设置岑城人民法庭。1992年,成立岑溪县房地产管理局。1993年,岑溪县公安局设立交通警察大队城区中队;岑溪县公安局设立城东、城中、城南、城北派出所。1996年,设立岑溪市人民检察院反贪局;成立岑溪市水政监察大队。1995年,岑溪县公安局设立新塘派出所。1997年,岑溪市公安局成立河三派出所;成立房地产监察大队;设立岑溪市环境保护局。1998年,设立岑溪市人民法院交通事故审判庭。

1991年,岑溪县交通局成立岑溪县航务所、县财政局成立岑溪县资金管理所、县畜牧局成立岑溪县养蜂指导站、县林业局成立各乡镇林业工作站、县经委成立项目开发办公室、县交通局设立岑溪县交通战备办公室、县民政局成立各乡镇民政办公室、成立岑溪县文学艺术界联合会,成立岑溪县环境监理所、县粮食局成立岑溪县粮油监督检测站、县城建委成立岑溪县城市建设规划室。

1992年,岑溪县城建委将岑溪县城乡建设委员会设计室;设立变更为岑溪县建筑设计室,县农机局成立岑溪县农机服务公司,县物价局成立岑溪县价格事务所,县水电局设立岑溪县水电质量监督站,县成立岑溪县民族事务委员会。

1993年,岑溪县农业局设立岑溪县种子管理站,县水电局成立岑溪县电力管理站,岑溪县水土保持监

督管理站，县畜牧水产局成立岑溪县兽医卫生监督检验所。

1995年，成立《岑溪报》报社，岑溪县妇幼保健站更名为岑溪县妇幼保健院，成立岑溪县土地估价事务站，12月撤县设市后，成立岑溪市文化稽查大队，市气象局成立岑溪市避雷设备检测所，岑溪市建筑设计室更名为岑溪市建筑设计院。

1996年，成立岑溪市广场管理站、岑溪市果菜公司，岑溪市玉梧公路车辆通行费征收站、岑溪市旅游事业局。

1997年，成立岑溪市机动车辆驾驶员培训学校，岑溪市粮食储备中心，岑溪市农村经济开发中心，岑溪市委机关后勤服务中心，岑溪市政府机关后勤服务中心，岑溪市民政服务中心，岑溪市林业服务中心，成立林业部梧州地区外向型林业改革试验区岑溪市办公室，岑溪市业余体育学校，岑溪市乡镇企业开发服务中心，岑溪市路灯管理所，岑溪市城区计划生育工作站，岑溪市水果办公室更名为岑溪市水果事业局，成立岑溪市政工程处。

1998年，成立岑溪市农药检定站，岑溪市基本合同预算审计分站，岑溪市收费管理局，岑溪市残疾人联合会，撤销岑溪市工商服务中心，成立岑溪市市场开发服务中心，成立城中等19个市场开发服务站，成立岑溪市市场巡查大队，撤销岑溪市粮食储备中心，成立岑溪市粮食储备管理公司，岑溪市财务税收物价大检查办公室更名为岑溪市财政稽查分局。

机构改革

1997年机构改革，按照政企职责分开和精简、统一效能的原则进行机构改革。按照原梧州地委1996年批复的改革方案，全市直属机关党政机构设置39个(含限额外4个，合署1个)，比改革前减少27个，精简41%；内设机构设置245个，比改革前减少52个。畜牧、农机、广视、房产、技术监督等10个部门改为事业单位，赋予行政职能；财办室、经济委员会合并组建经济贸易委员会；商业局转为经济实体，称商业集团总公司。新成立地质矿产局和对外贸易经济合作局。市委工作部门设市委办公室、纪委(与监察局合署办公)、组织部、宣传部、统战部、政法委、直属机关委员会、编委办公室(限额外机构)；市政府工作部门设市政府办公室、计委、教委、公安局、民政局、财政局、人事局、建设局、监察局(与纪委合署办公)、交通局、农业局、卫生局、计生委、审计局、统计局、工商局、司法局、林业局、水电局、粮食局、乡镇企业局、地税局(限额外机构)、经贸委、科委、劳动局、文化局、物价局、土地局、地矿局、农村工作领导小组办公室(限额外机构)、环境保护委员会办公室(限额外机构)。乡镇政府设党政办公室、农村工作办公室、民政办公室、计划生育办公室、财贸办公室、科教文卫办公室、村镇建设环境保护办公室、社会治安综合治理办公室8个综合性办公室。

1997年改革后，岑溪市核定的人员编制，市直行政机构行政编制661人(不含公检法司政法专项编制)，按照行政编制总数的10%核定机关后勤服务事业编制70人，行政工作人员编制比改革前的1056人减少325人，精简30%。精简下来的机关工作人员，成建制转为经济实体分流15人，成建制转为事业单位分流126人，按时办理退休19人，办理提前离岗32人，到基层任职12人，到企业任职6人，调到下属事业单位分流24人，新组建事业单位安排91人。乡镇机关核定行政编制735名，比改革前的827人减少92人。分流去向：办理退休和提前离岗30人，调入事业和企业单位62人。

改革后核定的领导职数，市直机关正副科领导职数199名，正副股室领导职数502名。设置1~3名正副职领导职数的单位23个，正副职数设置不超过4名的单位15个。核定乡镇副科领导(实职)117名，正副股(室)领导164名。15个一类乡镇党委成员配备9名，其中书记1名，副书记3名，2个二类乡镇党委成员配备7名，其中书记1名，副书记2名。

2002年根据《自治区党委、自治区人民政府关于(地)县党政机关机构改革的意见》《自治区人民政府

关于梧州市党政机构改革方案的通知》，进行二次机构改革，市委机构设置市委办公室、纪律检查委员会机关（与监察局合署办公）、组织部、宣传部、统一战线工作部、政法委员会、直属机关工作委员会、机构编制委员会办公室、老干部局（组织部领导），市委、市人民政府信访办公室（市委办公室领导）和市政府机构设置市政府办公室，发展计划局，经济贸易局，教育局，科学技术局，公安局、监察局（与市纪委合署办公），民政局，司法局，财政局，人事局，劳动和社会保障局，国土资源局（地质矿产管理局并入），建设局，交通局，水利局，农业局，对外贸易经济合作局，文化和体育局（体育事业局并入），卫生局，计划生育局，审计局，环境保护局，统计局，林业局，外事侨务办公室，扶贫开发领导小组办公室，老干部局，市委、市政府信访办公室，粮食局。

市委、市政府工作部门均为科级建制，不设副科级机构，少量工作量大、人员编制多的工作部门内设股（室）（不定级别）。

人大、政协的机构改革分别按照宪法和地方各级人民代表大会组织法及政治协商会议章程的规定，进一步完善机关职能，理顺工作关系，调整机构设置，精简人员编制，优化干部结构，提高机关人员的整体素质，形成高效的工作机制。

法院、检察院按照宪法和各自的组织法规定进行机构改革，重点是完善职能配置，调整和精简内设机构，解决职能交叉，精简人员编制和优化人员结构。

群众团体依照有关法律法规和各自的章程进行机构改革，重点是完善管理体制，提高干部素质。

乡镇党委、政府原则上只设党政办公室，实行助理员制。乡镇一级设人大机构，不设政协机构，群团组织按有关章程规定设置。乡镇事业单位改革，将农业、农机、经管、畜牧、水产、水果站等合并为农业服务中心，计划生育宣传站更名为计划生育服务所（加挂计划生育办公室牌子），文化站、广播电视站合并为文化广播电视站，水利电力管理站更名为水利站，乡镇企业管理办公室更名为乡镇企业管理站，以上5个单位和林业工作站，实行乡镇和市主管部门双重领导，以乡镇管理为主的管理体制，人、财、物均由乡镇政府管理。土地管理所更名为国土资源管理所（加挂建设管理站牌子），和财政所实行市主管部门和乡镇双重领导，以市主管部门管理为主的管理体制。

这次改革，上级核定全市本级机关行政编制为482名（不含公检法司专项编制和民主党派、工商联编制），比改革前行政编制630名减少148名，精简23.5%。核定乡镇机关行政编制为603名，比改革前行政编制735名减少132名，精简18%。乡镇事业单位（不含中小学、卫生院）的编制按30%精简。

对股级以下（含股级）的职位（岗位），按照公开、公平、公正的原则，通过文化考试（由自治区人事厅命题及评卷）、素质量化、民主评议等综合考评，择优确定上岗人员。对未获上岗的891人，按照上级的有关政策及优惠办法，妥善安置分流。

1991—2005年部分年份岑溪市党政机构人员编制变化情况表

表14-1-1　　单位：人

年度	层级	合计				党委				政府				备注
		机构数	编制数		实有人数	机构数	编制数		实有人数	机构数	编制数		实有人数	
			行政	事业			行政	事业			行政	事业		
1991	县	60	764	—	768	9	140	—	140	51	624	—	628	—
	乡镇	34	741	706	—	17	370	353	—	17	371	353	—	—
1996	县	45	633	213	830	8	142	22	158	37	491	191	672	—
	乡镇	34	765	—	764	17	382	—	382	17	383	—	382	—
1997	市	45	851	220	844	8	142	22	163	37	489	198	681	—
	乡镇	34	765	—	764	17	382	—	382	17	383	—	382	—
2001	市	37	572	82	737	10	137	21	163	27	435	61	574	—
	乡镇	34	735	—	707	17	367	—	353	17	368	—	354	—
2002	市	36	412	22	849	9	114	22	237	26	298	—	590	—
	乡镇	34	556	—	536	17	278	—	268	17	278	—	268	—
2005	市	36	410	61	511	10	113	22	125	26	297	39	386	2005年事业编制人数指后勤服务编制人员
	乡镇	28	555	1	503	14	300	1	253	14	255	—	250	

第四节　事业单位法人登记管理

依据国家《事业单位登记管理暂行条例》的有关规定，1995年接牌成立市事业单位登记管理局，依法对全市事业单位的设立，变更和注销实施登记备案制度。审批机关批准设立的事业单位，按规定要申请事业单位法人登记或备案。登记事项包括：名称、住所、宗旨和业务范围，法定代表人，经费来源（开办资金）等情况。先由需登记的单位提出申请，登记管理机关在收到登记申请书之日起30日内进行审查，并作出准予登记或者不予登记的决定，准予登记的，发给国家事业单位登记管理局统一印制的《事业单位法人证书》；不予登记的说明理由。登记事项需要变更的，应向登记管理机关办理变更登记。事业单位需要注销的，申请注销登记。当年登记的事业单位共有675个。至2005年年末，全市登记的事业单位共703个。在此期间，变更登记事业单位法人13个；申请注销登记单位0个。

1991—2005年岑溪市事业单位人员统计表

表 14-1-2　　　　单位:人

年份	全额拨款单位			差额拨款单位			自收自支单位			编制总数	实有总人数
	机构数	编制数	实有人数	机构数	编制数	实有人数	机构数	编制数	实有人数		
1991	652	6302	6228	46	1408	1441	158	1228	1221	8938	8890
1992	663	5817	6777	46	1456	1456	158	1921	1880	9194	10113
1993	665	7133	7084	46	1533	1532	158	2173	2066	10839	10682
1994	669	7333	7304	46	1591	1604	158	2335	2314	11259	11222
1995	675	7633	7616	46	1731	1753	158	2412	2414	11776	11783
1996	678	8722	8669	46	1893	1860	158	2606	2637	13201	13166
1997	691	9657	9594	46	2024	2012	158	2671	2641	14352	14247
1998	703	10406	10250	46	2030	2032	177	2701	2743	15137	15025
1999	703	10412	10345	46	2118	2008	177	2839	2577	15369	14930
2000	703	10430	10340	46	2118	2003	177	2839	2573	15387	14916
2001	703	10562	10272	46	2117	1999	177	2822	2557	15501	14828
2002	703	9980	9084	46	2130	1966	177	3107	2603	15217	13653
2003	703	9973	9084	46	2133	1966	177	3107	2635	15213	13685
2004	703	10718	8862	46	2132	1921	177	3082	2558	15932	13341
2005	703	10629	9318	46	2183	1933	177	3087	2492	15899	13743

第二章　人事管理

1991年,县人事局履行干部管理职能,开展干部录(聘)用、调配交流、办理离退休、退职和干部培训等业务。1997年下半起,岑溪市开始推行国家公务员制度,2001年起,实施事业单位人事制度改革。2000年以后,干部录用进一步规范,进入国家机关工作人员必须“凡进必考”,面向社会公开招考录用,干部培训与考核制度不断完善,为富民强市提供人事人才保障。2005年全市有干部1.61万人,专业技术人员1.13万人,其中大专及以上学历的占50.31%,中级及以上技术职务的占25.03%。

第一节　机　构

1987年3月恢复建立人事局。1995年12月,岑溪县人事局改称岑溪市人事局。1997年、2002年两次机构改革,人事局作为政府综合管理人事工作和推行人事制度改革的职能机构获得保留。内设秘书股、干部股、军官转业安置股、工资福利股、退休股、专业技术管理股(挂岑溪市专业技术人员职称改革办公室牌子)、培训股、人事仲裁股等8个职能股。人员核定编制12人,下辖市人才交流服务中心、市人才市场等两个二层机构(属事业单位)。1991—2005年,市人事局主要负责人(局长)分别是:李相文(1987年11月至1993年1月)、卢硕祥(1993年1月至1997年4月)、黄受全(1997年5月至2002年5月)、何万水(女,2002年5月至2010年10月)。

第二节　干部管理

1987年10月中共十三大召开后,中共中央和国务院提出实行人事制度改革,对国家干部进行合理的分解,建立科学的分类管理体制,改变过去用党政单一模式管理所有人员的状况,并通过推行公务员制度,实行有中国特色的人才管理制度,实现干部人事的依法管理和公开监督,建立依法行政廉洁奉公、科学规范的现代人事管理体制。

国家机关人事制度改革

1991年至1999年,岑溪的人事制度,地方党政机关区级(科级)以上领导,除选举产生的县(市)委委员、常委、副书记(含纪委)外,均由县委任命;政府行政机构正职、副职分别由人大、政府任命;副科级(含副科)以下,分别由组织部、人事局(或以政府名义下文)任命。市人大、市政府、人民法院、人民检察院机关的领导,则依法选举产生或由人大常委会任命。干部队伍的吸纳(招收)、调配权则由县(市)委、政府[通过常委会或县(市)长办公会议]掌握。人事部门只是办理干部调动(含工资转移)手续、大、中专毕业生接收分配手续与军队转业干部安置手续等方面的工作。同时配合组织部门做好干部的考核、考评工作。事业单位的干部管理,单位领导干部为任命制;属技术部门的专业技术干部,从20世纪80年代中后期起实行技术职务评、聘制度。工勤人员则实行合同制。民主党派群团组织的领导,原则上选举产生。机构成员按编制数额配置。国有企业的管理干部与技术人员,由人事部门调配管理,厂长、经理等主要领

导，由该企业职工代表大会选举生产。

根据1989年3月的《国务院批转国家教委（关于改革高等学校毕业生分配制度报告）的通知》和1996年国家人事部下发《国家人事部关于印发〈国家不包分配大专以上毕业生择业暂行办法〉的通知》精神，20世纪90年代起，岑溪逐步实现毕业生自主择业，用人单位择优录用的"双向选择"制度。1999年后的事业单位人事制度改革，实现由按国家计划"统包统配"转向自主择业，推荐就业。1999年，根据《岑溪市人民政府办公室转发市人事局关于做好1999年高校、中专毕业生就业工作的意见的通知》，属国家计划招生的高校、中专毕业生原则上仍采取由市人事局根据国家有关就业政策向市用人单位主管部门下达就业指导性计划，各主管部门对就业计划的毕业生做好安排工作。1999—2002年，在政策指导下实行安排或推荐就业的办法，经人事局推荐就业的大中专毕业生共1730人。

1993年10月1日起施行《国家公务员暂行条例》。为推行国家公务员制度，1997年下半年起，依据《国家公务员暂行条例》《国家公务员制度实施方案》，并确定1997年6月至1999年6月定为由国家干部向公务员过渡时期。在过渡时期内组织实行公务员制度的机关干部参加公务员过渡考试。由实行公务员制度的机关单位提出申请并填报本机关单位职位设置说明书及实施方案，报市推行（参照试行）国家公务员制度工作领导小组审批后实施。岑溪市推行国家公务员制度机构范围包括党委机关、人大常委会机关、政府机关（含所属行政部门及乡镇党政机关）、法院、检察机关和群团组织（工、青、妇）及民主党派、工商联县级以上机构。其中，党委机关、群团组织和民主党派、工商联机构及党委、政府直属的事业单位为参照执（试）行公务员制度的部门、单位。1999年年底，岑溪市过渡公务员审批工作完成，2000年起，全市上述机关单位开始实施公务员管理制度（含参照实行单位）。至2002年年末，全市实行公务员制度管理单位68个，登记公务员1407人。参照实行公务员管理单位28个，参照公务员管理单位工作人员142人。

21世纪初，随着国家公务员制度的实施，国家人事部门开始部署非实行公务员制度的事业单位的人事制度改革。改革的目标是充分调动各种各类专业技术人才的积极性，逐步体现用人单位对劳动者"只有使用权，没有垄断权和绝对占有权"，树立"不求所有、不求所在、但求所用"的新的用人观念。促进人才交流，激活人才市场。并通过改革加强用人单位的人才管理，打破"铁饭碗"制度，使越来越多劳动者从"单位人（即国家干部、职工）"转化为"社会人"，可以随时自主置换身份、工种、职业。

2001年，岑溪开始对事业单位人事制度实行改革。改革的内容主要是：事业单位工作人员的调配制改为聘用制（即事业单位所有工作人员要与用人单位签订聘用合同，并经人事部门鉴证后生效，才能成为该单位的工作人员）。事业单位专业技术人员的任命制，改为专业技术职务聘任制（即具备相应专业技术职务资格的技术人员的技术职务，需用人单位聘任后，方能担任某一技术职务岗位的人员）。没有聘任到相应专业技术职务资格岗位的，其专业技术职务资格可以保留，但不与工资挂钩，用人单位对已获得相应专业技术资格的专业技术人员，根据单位专业技术职务的空缺情况，可聘或不聘。改大中专毕业生由国家分配到企事业单位（或国家机关）就业制为自由择业，自选单位应聘就业或自主创业。事业单位用人需要，可通过人才市场或直接与大中专院校（含职业技术学校）挂钩，招聘录用所需人才。

2001—2005年，岑溪市全市包括农业、林业、农机、畜牧养殖、水利与科技、文化、教育、卫生、医疗及部分机关团体创办事业单位，均先后实行上述人事制度改革。2001年，全市事业单位签办聘用合同人数11861人。2003年至2005年6月，事业单位办理辞职、辞退人员80余人。2004年公开考录中小学教师567人。通过双向选择、竞争择优方式公开招聘教育、卫生类本科毕业生100余人。

职位、职级　自1993年10月1日起施行，依据《国家公务员暂行条例》公务员职务分领导职务和非领导职务。领导职务县级以下设县处级正职、县处级副职、乡科级正职、乡科副职。综合管理类的领导职务根据宪法、有关法律、职务层次和机构规格设置确定。非领导职务分巡视员、副巡视员、调研员、副调研员、主任科员、副主任科员、科员、办事员。

1997年下半年，岑溪市进入国家公务员制度过渡时期，过渡期内，组织行政机关和相关部门实行公务员制度的机关干部参加公务员过渡考试。根据国家公务员条例和相关政策规定，凡具有中华人民共和国国籍，年满18周岁，拥护中华人民共和国宪法，具有良好的品行，具有正常履行职责的身体条件，具有符合职位要求的文化程度和能力的国家公民，都可以通过公务员招聘考试，被录用为国家公务员。录用公务员必须在规定的编制限额内，并有相应的职位空缺。录用公务员，坚持公开、平等、竞争、择优的原则，依照法定程序进行。公务员录用考试采取笔试和面试相结合的方式进行。招录公务员机关根据考试成绩确定考察人选，并对其进行报考资格复审、考察和体检。招录机关根据考试成绩、考察情况和体检结果，提出拟录用人员名单，并予以公示。公示期满，报自治区或梧州市公务员主管部门审批。新录用的公务员试用期为一年。试用期满合格的，予以任职；不合格的，取消录用。1999—2005年，岑溪市先后多批次，通过考试招聘录用公务员72人。

辞职 根据《国家公务员暂行条例》规定，国家公务员辞职，应当向任免机关提出书面申请；任免机关应当在三个月内予以审批。审批期间，申请人不得擅自离职。国家公务员辞职后，二年内到与原机关有隶属关系的企业或者营利性的事业单位任职，须经原任免机关批准。对领导成员辞去公职的申请，应当自接到申请之日起90日内予以审批。2002—2005年全市公务员辞职14人。

辞退 根据《国家公务员暂行条例》规定，国家公务员有下列情形之一的，予以辞退：在年度考核中，连续两年被确定为不称职的；不胜任现职工作，又不接受其他安排的；因单位调整、撤销、合并或者缩减编制员额需要调整工作，本人拒绝合理安排的；旷工或者无正当理由逾期不归连续超过十五天，或者一年内累计超过三十天的；不履行国家公务员义务，不遵守国家公务员纪律，经多次教育仍无转变，又不宜给予开除处分的。辞退国家公务员，由所在机关提出建议，按管理权限报任免机关审批，并以书面形式通知本人。被辞退的国家公务员，可以根据国家有关规定享受待业保险。国家公务员辞职或者被辞退，离职前应当办理公务交接手续，必要时接受财务审计。至2005年年末，岑溪市被辞退公务员有3人。

培训 参加培训是公务员的权利和义务。公务员的培训遵循理论联系实际、学用一致、按需施教、讲求实效的原则。公务员培训分为初任培训、任职培训、业务培训、在职培训和专业技术培训。对新录用的公务员在试用期内进行初任培训。对晋升领导职务的公务员，在任职前或者任职后一年内进行任职培训。对从事专项工作的公务员进行专门业务培训。自2003年起，为使公务员更新知识，提高工作能力，岑溪市人事部门对在职的公务员进行定期或不定期的培训。其中2003年举办公务员普通话培训1750人。2004年组织公务员参加全区统一的《中华人民共和国行政许可法》培训考试，参加培训人数1750人。从2005年开始，分三年时间在公务员中开展公务员8+x核心课程培训，三年共培训公务员14400人次。1991—2005年人事局培训开展培训各类人才工作，为适应人事制度改革和国家公务员制度的推行，按照上级人事部门的要求，抓好干部培训工作。培训内容主要有新吸收录(聘)用企事业单位干部的入门培训、工资福利业务培训、行政机关事业单位技术工人等级培训、大中专毕业生转正定职培训、公务员电脑培训等。1991—2005年共培训各类人才20971人。

1991—2005年人事局培训人数情况表

表14-2-1　　　　单位：人

年份	1991	1992	1993	1994	1995	1996	1997	1998	1999	2000	2001	2002	2003	2004	2005
培训人数	0	0	697	501	769	165	949	1099	1269	9117	752	3875	10	402	1366
合计	20971														

根据县（市）经济发展和工作需要，按照干部“四化”标准和德才兼备的原则及有关政策原则，从实际出发对干部进行管理和合理调配。

1991—2005年人事局机关（企事业单位）干部管理调配人数情况表

表14-2-2　　　　单位：人

年份	1991	1992	1993	1994	1995	1996	1997	1998	1999	2000	2001	2002	2003	2004	2005
调配人数	318	261	255	234	154	173	120	127	112	181	15	102	49	71	26
合计	2198														

第三节　人事代理　人才市场

人事代理

人事代理的业务范围包括人事政策咨询、人事规划、办理调动手续、招聘录用手续及人事档案管理与专业技术资格申报、代办户口管理、保险业务等。人事代理分单位人事代理和个人人事代理两种。人事代理对象主要为高校、中专毕业生。2000—2005年年底共办理代理人数1829人，适用人群一是各类非国有单位工作的大中专毕业生、专业技术人员、管理人员及其他人员。二是转制、改制后被置换身份的员工。三是辞职、辞退解除劳动（聘用）合同的流动人员。四是待业的大中专毕业生。五是自费出国留学人员。2001年至2005年，全市申请人事代理人数有1000余人。

人才培训

人事行政部门人才培训按不同类别的事业单位工作人员进行不同类别的各种专业技术知识或岗位知识培训，使其能够适应不断创新的科学发展要求及胜任本职岗位工作。2003年，市人事部门培训机关事业单位工作人员1771人，其中国家公务员普通话培训和测试1325人。2004年培训机关事业单位工作人员2047人。至2005年6月，培训机关事业单位工作人员累计12977人次。2005年起举办的公务员管理学、行政法学、公共政策分析、行政管理学等学科知识培训班，年参加培训人数4000多人次。

人才市场

1991年1月，岑溪县人事局经编制办批准，成立岑溪县人才交流服务中心（属人事局二层机构）。负责推荐自费大中专毕业生和夜大、业大（业余）、函（授）大、电大、职（业）大等五类成人大学毕业生的就业工作。同时负责国有企业、事业单位转制、改制后富余专业技术人员流动安置工作。2000年起，国家对应届大中专毕业生改由国家统一分配为自主择业，为人才市场的形成创造条件。2003年3月，以市人才交流服务中心为基础，成立岑溪市人才市场（保留市人才交流服务中心机构实行一套人马、两块牌子的管理模式）。负责人才流动调配、大中专毕业生就业推荐、录（聘）用，人事关系和人事档案委托管理，人才信息发布、人才引进、人才测评、人才培养、人才输出、派遣及流动人员出国政审等业务。服务范围由大中专毕业推荐就业扩至党政机关、企事业单位及社会团体用人需求，并通过人才交流旺季（大中专学校毕业前后）到广西区内大中专学校（所在城市）参加或单独举办人才招聘会、招聘、招揽人才。人才市场成立当年（2003年），市内40多个单位到人才市场进行招聘，有350多名大中专毕业生报档、面试、被录用65人。同年，与劳动部门联合举办人才和劳动力招聘交流大会，全市招聘单位133个，提供招聘岗位4300多个，进场求职人员5600多人。2004—2005年岑溪市人才市场建设进一步完善，市场办公设施增加，总面积扩至700多平方米。岑溪的人才流动逐步形成市场化。两年来举办人才交流招聘会与企业双选会11场（次），进入人才市场求职人员累计30000多人次。

第四节　专业技术人员管理

20世纪80年代中后期起，岑溪对专业技术人员的管理主要通过对专业技术人员职称资格考试和评定、聘用的方式进行。1991年，岑溪全县有中学、小学、卫生、文化艺术、图书管理文史档案、新闻、工程、农业、经济、会计、统计、政工等11个系列初级专业技术职务资格评审委员会。其他系列专业技术人员由上级评委会评审。1993年，会计、统计、经济系列专业技术职务资格的确定由评审制改为考试制。2000年，卫生系列专业技术职务资格的确定由评审制改为考试制。2005年，全市有中学、小学、文化艺术图书资料文史档案、工程、农业5个系列初级专业技术职称评审委员会。同年，实行专业技术职务结构比例管理，专业技术职务资格评定和专业技术职务聘任分开。单位根据工作需要，合理科学地设置专业技术岗位，工作人员取得了专业技术职务资格后，用人单位根据专业技术人员结构比例空缺情况，按照公平、公正、公开、择优的原则进行聘任，聘任后与工资等待遇挂钩。也可低聘或不聘。没有聘任的，专业技术职务资格可保留，但不与工资挂钩。

专业技术职称外语、计算机应用能力考试

职称外语考试　根据关于印发《广西壮族自治区评审高、中级专业技术职务资格测定外语水平的考试办法（试行）》的通知文件要求，凡不参加外语（古汉语、医古文）水平考试的人员（经批准免试的除外），不能推荐评审高、中级专业技术职务资格。

职称计算机应用能力考试　根据《关于开展专业技术人员计算机应用能力考试工作的通知》（桂职改〔2001〕1号）文件要求，从2001年起，广西区开展专业技术人员计算机应用能力考试，作为评聘中、高级专业技术职务资格的条件之一。符合相应条件的专业技术人员，可申请免考，免考人员须填写申请计算机应用能力考试免考审批表，由地市、区直厅（局）人事职改部门审批。

专业技术资格申报基本条件

根据关于印发《广西壮族自治区专业技术资格推荐评审认定暂行办法》通知，对申报专业技术资格的规定，申报专业技术资格必须符合相应的学历、资历条件。申报正高级、副高级、一档高级、中级、助理级专业技术资格必须符合相应的条件。不具备规定学历、资历条件的人员，一般不能申报专业技术资格。为了不拘一格选拔人才，对确有真才实学、成绩显著、贡献突出者，可不受学历、资历条件的限制，根据其学术技术水平和工作业绩，按照相应系列规定的破格条件，破格申报相应的专业技术资格。申报中、高级专业技术资格必须取得职称外语等级考试[专业技术职务（试行条例）不做要求的除外]和计算机应用水平考试相应等级合格证书。免试条件按照国家和自治区关于职称外语、计算机应用水平考试的规定执行。从申报当年往前推算，在申报条件规定的资历年限内，有过年度考核不称职的人员，不能申报专业技

术资格。

中级、高级专业技术职务资格的评定

根据关于印发《广西壮族自治区高级专业技术职务资格评审委员会工作守则》的通知(桂职办〔1996〕54号)精神,高级评委会是负责评议、审定专业技术人员是否符合相应高级专业技术职务任职条件的评审组织。各系列(专业)高级评委会是负责评审本系列(本专业)高级职务资格,不评审其他职务资格。评委会应遵循“公正、准确、保密”的原则,严格掌握标准条件,保证评审质量。高级职务资格评审结果必须经过自治区职称改革工作领导小组审核批准,才能认定或取得相应的专业技术职务资格。中级、初级评审委员会参照执行。

2005年,全市有各类专业技术人员11370人,比1991年增加了4963人,增长77.46%。聘任11370人。中级及以上技术职务的占25.03%,大专及以上学历的占50.31%;45岁以下的占76.59%。专业技术人员主要分布在教学、医疗卫生工作岗位,分别占63.70%和13.54%。

1991—2005年专业技术队伍情况表

表14-2-3　　单位:人

年度	技术人员总数	其中		担任领导管理人员	专业技术职务级别			专业技术职务类别					
		女	少数民族		高级职务人员	中级职务人员	初级职务人员	教学技术人员	卫生技术人员	工程技术人员	农业技术人员	经济技术人员	其他技术人员
1991	6407	1579	10	311	72	1008	4797	3946	938	617	228	306	372
1992	6553	1687	21	1144	69	937	4892	4083	929	617	236	308	380
1993	7022	1919	25	1510	85	1232	5163	4283	1002	545	262	383	547
1994	7381	2112	42	1322	138	1673	5253	4267	1111	717	269	357	660
1995	7749	2278	43	910	174	2027	5052	4744	1123	770	291	274	547
1996	8441	2663	46	不统	195	2359	5312	4950	1190	916	328	361	696
1997	9210	2731	47	862	180	2585	5811	5530	1250	981	319	396	734
1998	9640	2635	52	813	182	2643	6098	5726	1273	1119	351	433	738
1999	9991	2804	46	827	186	2786	6422	6070	1321	1136	343	395	726
2000	10261	3191	46	903	152	2572	5749	6183	1316	1248	342	448	724
2001	10635	4047	54	904	157	2753	7106	6328	1550	1235	347	376	799
2002	10638	4078	53	908	144	2695	7260	6510	1590	1196	330	349	663
2003	10474	4118	47	不统	139	2697	7338	6302	1598	1141	331	347	755
2004	11832	5086	51	2055	139	2775	7981	7563	1563	1244	380	274	808
2005	11370	4873	56	1894	133	2804	7746	7243	1539	1221	389	263	715

1991—2005年专业技术人员构成情况表

表14-2-4　　单位:人

年度	技术人员总数	年龄				学历					政治面貌	
		35岁以下	36至45岁	46至54岁	55岁以上	本科以上	大专	中专	高中	初中以下	共产党员	共青团员
1991	6407	2570	1700	1605	532	342	867	3042	1000	1156	1592	730
1992	6553	2764	1780	1510	499	373	951	3254	1001	974	1596	718
1993	7022	3091	1927	1479	525	403	1057	3496	1159	907	1744	881
1994	7381	3207	2052	1555	567	431	1135	3650	1272	893	1676	631
1995	7749	3648	2030	1460	611	447	1243	3955	1232	872	1806	922
1996	8441	4060	2180	1496	705	475	1646	4340	1408	572	2033	1023
1997	9210	4724	2130	1505	851	495	1889	4767	1414	645	2358	1093
1998	9640	5116	2195	1570	759	521	2055	5091	1348	625	2365	1778
1999	9991	不统	不统	不统	不统	548	2366	5391	1220	466	2166	不统
2000	10261	5141	2561	1794	765	584	2642	5567	1071	397	2720	不统
2001	10635	5604	2421	1852	758	651	2874	5579	1116	415	2804	不统
2002	10638	5684	2560	1785	609	696	3183	5472	993	294	3175	不统
2003	10474	5571	2563	1789	551	801	3616	4808	1249		3220	不统
2004	11832	5808	3315	2114	595	872	4482	4878	1600		3470	不统
2005	11370	5060	3649	2085	576	1100	4620	4194	1456		3528	不统

第五节　军队转业干部及其离退休干部管理

军队转业干部安置

军队转业干部是地方政权和经济建设的重要力量,是补充地方干部队伍的重要资源。

20世纪90年代至2005年,依据国务院军队转业干部安置工作小组、中央组织部、人事部与总政治部的文件规定,县(市)委、政府加强对军队转业干部安置工作的领导,并由县(市)委组织部、人事局组成军转办公室(后改为人事局军转股)专门负责军队转业干部安置工作。

军转干部离退休安置

进入20世纪80年代以来,逐年都有达到退休(离休)年龄的军转干部退(离)休。1986年,县委、县政府依据上级有关规定,出台关于离退休干部的相关规定,其中对1949年10月前中华人民共和国成立前参加人民解放军(含后来转为地方干部)的离休干部,均享受养老金由财政保障机构按在职时工资福利待遇之100%优先支付,医疗保障全部纳入财政按规定范围实支实报。对离退休落户岑溪安家的外省、外县籍的军转干部，由县政府在城区建设规划用地中，优先安排基地建房宅并优先子女就业。离退休为副处以上的干部均由县委政府邀请参加每年度相关重大政治活动（含会议）和节日慰问。新中国成立后参军转干退休的，也按国家退休政策规定给予相应的优先优待待遇。

第六节　工资福利与离退休

工资

1991年，执行1985年工资改革实行的国家机关、事业单位干部职工和国有企业单位职工工资制度。按照工资不同职能分为基础工资、职务工资、工龄津贴与奖励工资四个组成部分作为基本工资。其中基础工资不分职务高低按工资类区发放，五类工资区为每人每月39元，六类工资区为每人每月40元。1985年至1992年7月前岑溪定为五类工资区。1992年7月起调整为六类工资区。工龄津贴每工作一年月发0.5元；每增加一年，每月增加0.5元。职务工资按国家规定职级发放（干部执行17级，工人执行15级标准工资制）。20世纪90年代前，国有企业（含县办集体所有制企业）和乡镇集体企业职工，达到退休年龄（男满60岁，女满55岁）退休后，根据工龄长短，每月可领回标准工资的60%～75%的薪金作为退休费。如退休费每月低于30元的，按30元发给。对退休前在社会主义革命和建设事业中，有特殊贡献的职工，退休后每月发给标准工资的5%～15%的特殊贡献费。1984年4月起，对1949年12月1日至1952年12月31日参加工作的退休职工，每月增发月标准工资5%～15%生活补贴。1988年后，对1953年1月以后参加工作的退休职工，分别按工龄30年以上、20～29年、不满20年三个档次，分别增发月标准工资的15%、10%、5%的职工退休费。此外，职工退休后，还可享受适当的房屋维修费和易地安家费。1978年至1986年部分退休职工，可依据退休单位需要，招收退休人员的一名符合招工条件的子女参加工作。1992年1月起，根据《国务院关于调整机关事业单位工作人员工龄津贴标准的通知》，全县机关、事业单位工作人员每年工龄津贴，由每月0.5元增至每月1.0元。全县10251人获得工龄津贴调整，人均月工龄津贴为18.70元。1993年4月，根据广西壮族自治区人事厅通知，全县机关事业单位正式职工每人升一级职务工资，全县共有10313人靠级提资，人均月增7.82元。

1993年10月1日起，根据国务院《关于机关和事业单位工作人员工资制度改革问题的通知》和国务院办公厅《关于印发机关和事业单位工资制度改革三个实施办法的通知》，岑溪开始实施机关、事业单位的工资制度改革，建立机关、事业单位各自的工资制度。

行政机关工作人员工资制度　结合推行公务员制度，实行职务级别工资制，其工资按不同职能，分为职务工资、级别工资、基础工资、工龄工资四部分组成基本工资，其中职务工资和级别工资是职级工资制的主体。职务工资按工作人员的职务、任职年限和工作年限确定，每一个职务层次设若干工资档次。级别工资按工作人员的现任职务和工作年限确定，共分15级，每一个级别设立一个工资标准，每一职务层次设立若干个级别。职务工资、级别工资随职务和工作年限的变化而变化。基础工资，各种职务人员均执行相同的基础工资每人每月90元。工龄工资，按工作人员的工作年限确定，每工作一年月发工龄工资1元。工龄工资随工作年限的增加而增加。这次工资改革建立了正常的增资制度，调整工资标准（定期）年度考核连续两年称职及以上等次的，在本职务内增加一个职务工资档次。年度考核连续五年称职或连续三年优秀的，在本职务对应级别内晋升一级级别工资。

机关工人工资制度　机关技术工人执行技术等级（职务）工资制，其工资由岗位工资、技术等级（职务）工资和奖金三部分组成基本工资。奖金在工资构成中占30%。岗位工资按初级工、中级工、高级工三个等级和技师、高级技师两个技术职务分别设置若干个工资档次。年度考核连续两年合格及以上的，在

本职务级别岗位内增加一档岗位工资与奖金。技术等级（职务）工资设置五个技术等级，每个技术等级设一个工资标准。年度考核连续五年合格或连续三年优秀的，在本岗位技术等级内晋升一级工资。普通工人执行岗位工资制，工资由岗位工资和奖金两部分组成基本工资，岗位工资设置12个档次，年度考核连续两年合格及以上，增加一档岗位工资与奖金。奖金在工资构成中占30%。

1994—2005年机关符合正常增资条件人数和增资额一览表

表14-2-5

年份	符合正常增资条件人数（人）	人均月增资额（元／月）
1994	65	15
1995	2432	23
1996	225	15
1997	2487	24
1998	387	20
1999	2531	24
2000	422	23
2001	2502	25
2002	450	24
2003	1738	25
2004	183	23
2005	1683	26

事业单位工作人员工资制度 根据事业单位工作特点的不同，建立符合各自特点的工资制度。(1)专业技术人员工资制度。专业技术人员分别实行五种不同类型的工资制：第一类是教育、科技、卫生等行业，实行专业技术职务等级工资制；第二类是地质、测绘、海洋等行业，实行专业技术职务岗位工资制；第三类是文化艺术表演团体，实行艺术结构工资制；第四类是各级优秀体育运动员，实行体育津贴、奖金制；第五类是金融单位，实行行员等级工资制。岑溪县（市）管理的技术职工中，没有第二、四、五类对象。(2)管理人员的工资制度。事业单位的管理人员，实行职务等级工资制。(3)工人的工资制度。事业单位的工人，技术工人实行技术等级工资制，普通工人实行普通等级工资制。事业单位工作人员的工资构成，分为固定部分（职务、岗位工资）与活的部分（津贴）两项组成基本工资。国家对津贴实行总额控制并制定指导性意见。在工资构成中，津贴（活工资）部分：全额拨款单位占30%，差额拨款单位占40%，自收自支单位占45%。事业单位工作人员正常增加工资主要有四种途径：一是凡连续二个年度考核合格及以上的，晋升一个工资档次，少数考核优秀并做出突出贡献的工作人员（单位职工总数的3%），可提前晋升工资。二是晋升职务、技术等级增加工资。三是调整工资标准。四是提高津贴水平。职务（岗位）工资变动后，津贴随着变动。

1995—2005年事业单位每两年考核合格符合正常增资条件人数和增资额表

表14-2-6

年份	符合正常增资条件人数(人)	人均月增资额(元/月)
1995	9850	30
1997	11376	30
1999	13200	33
2001	13175	35
2003	13260	39
2005	12867	42

除了通过年度考核正常晋升工资外，国家于1997年、1999年、2001年(二次)、2003年共五次对机关事业单位职工工资标准进行调整，增加了职工工资。

1997—2003年机关事业单位五次调整工资标准人数和增资额如下表：

1997—2003年机关事业单位五次调整工资标准人数和增资额表

表14-2-7

调整工资标准时间	机关		事业单位	
	人数(人)	人均月增资额(元/月)	人数(人)	人均月增资额(元/月)
1997年7月	3096	20	12101	20
1999年7月	2763	135	14218	138
2001年1月	2685	125	14672	128
2001年10月	2602	84	14600	89
2003年7月	2014	66	14501	70

机关、事业单位工作人员工资制度改革或调整工资标准对新参加工作的人员，均对试用期、见习期、学徒期、熟练期的临时工资待遇作适当的调整。

1993年10月全县机关、事业单位11505名工作人员(不含未转正定级的1122人执行新的临时工资标准)参加工资制度改革，月工资由套改前的3329220元增加到4033639元，月增加工资704419元，人均月增加工资61.2元，人均月工资额350.6元，其中机关工作人员2696人，人均月增加工资58元，人均月工资额348元；事业单位工作人员8809人，人均月增加工资62元，人均月工资额351元。

1993年工资制度改革后，机关、事业单位工作人员通过年度考核，大部分人员分别在1995年、1997年、1999年、2001年、2003年、2005年晋升工资。少部分人员分别在1996年、1998年、2000年、2002年、2004年晋升工资。除了通过年度考核正常晋升工资外，国家于1997年、1999年、2001年(二次)、2003年共五次对机关、事业单位职工工资标准进行调整，增加职工工资。

1991—2005年机关事业单位职工人数与工资情况表

表14-2-8

年度	年末职工人数	其中:正式职工	全年平均人数	年工资总额(千元)	年人均工资(元)	机关单位			事业单位		
						全年平均人数	年工资总额(千元)	年人均工资(元)	全年平均人数	年工资总额(千元)	年人均工资(元)
1991	11288	10616	10926	26912	2463	2275	6858	3015	8327	20054	2408
1992	11214	11214	10973	31627	2882	2539	7666	3019	8434	23961	2841
1993	12790	12790	12131	44279	3650	2643	9881	3739	9488	34398	3625
1994	13391	13391	12998	52667	4052	2901	12116	4176	10097	40551	4016
1995	14165	14165	13461	58182	4322	2979	12705	4265	10482	45477	4339
1996	14733	14590	14447	63193	4374	3052	13572	4447	11395	49621	4355
1997	15543	15511	15283	66137	4327	3130	14075	4497	12153	52062	4284
1998	17019	16741	16333	77421	4740	2989	15655	5238	13344	61766	4629
1999	17296	16995	17044	91508	5369	2781	15970	5743	14263	75538	5296
2000	17004	16976	17052	105490	6186	2792	18790	6730	14260	86700	6080
2001	17418	17403	17423	119569	6863	2720	20633	7586	14703	98936	6729
2002	18297	16465	16831	162033	9627	2534	23160	9140	14297	138873	9713
2003	17816	15761	16730	163323	9762	2077	20554	9896	14653	142779	9744
2004	17124	15010	16963	168674	9944	2004	21941	10949	14959	146733	9809
2005	16171	15239	15976	170667	10683	1978	23034	11645	13998	147633	10547

福　利

公休节假日　1994年3月前,每周星期天休息。1994年3月后,实行隔周休息一个双休(星期六、星期日休息)。1995年5月1日,每周实行双休日,即星期六、星期日为休息日,同时执行国务院关于“全国年节及纪念日放假办法”规定,除星期六、星期天外,节假日有三类:一是全民性的节日,元旦一天,春节三天,“五一”国际劳动节一天,“十一”国庆节二天,全年法定节假日共七天。1999年9月18日国务院令:“五一”国际劳动节和“十一”国庆节假日均增加到三天,全年法定节假日共十天。二是部分人员享受的节假日,如“三八”妇女节,妇女放假半天,“五四”青年节,青年放假半天,“九十”教师节,教师放假半天。这类节日,主要为举行纪念活动而定的,不需要集体活动时即放假休息。三是属于少数民族习惯的假日,这类假

日由少数民族聚居地区人民政府根据民族习惯确定。

年休假 根据1991年6月中共中央、国务院《关于职工休假问题的通知》和自治区党委、区人民政府《广西壮族自治区职工休假暂行办法》(桂发〔1991〕24号)规定。职工年休假为:工作年限满五年不满十年的休假七天;工作年限满十年不满十五年的休假十天;工作年限满十五年以上的休假十四天。职工休假期间,不包括公休假日和法定假日。休假期间,工资照发,各种福利待遇不变。

探亲假 探亲假是指与其父母、配偶分居两地职工与其团聚的时间。1991—2005年执行1981年国务院《关于职工探亲假待遇的规定》。凡在国家机关、人民团体和全民所有制企业、事业单位工作满一年的固定职工,与配偶不住在一起,又不能在公休假日团聚的,可以享受本规定探望配偶的待遇;与父亲、母亲都不住在一起,又不能在公休假日团聚的,可以享受本规定探望父母的待遇。但是,职工与父亲或与母亲一方能够在公休假日团聚的,不能享受本规定探望父母的待遇。探配偶的,每年给一方探亲假一次,假期为三十天。未婚职工探父母的,原则上每年给假一次,每次二十天;如果两年合并使用的,假期为四十五天。已婚职工探父母的,每四年给假一次,假期为二十天。探亲假期间,工资照发,各种福利待遇不变,但生产性补贴、津贴、奖金停发。

婚丧假 最早规定婚丧假是原劳动部1959年6月下发的〔59〕中劳薪字第67号文。1980年2月,国家劳动总局、财政部下发了《关于国营企业职工请婚丧假和路程假问题的通知》〔80〕劳总薪字29号),规定职工结婚或直系亲属死亡时,可由本单位领导批准,酌情给予1至3天的婚丧假。同时,职工结婚时双方不在一地工作的,或直系亲属死亡时需要本人去外地料理丧事,可以另给路程假。在批准的婚丧和路程假期间,工资照发,路费由本人自理。广西计划生育条例规定,男25周岁,女23周岁以上初婚的职工,除按规定给假外,增加晚婚假12天。

产假 《中华人民共和国劳动法》第六十二条规定:女职工生育享受不少于90天的产假。中国《女职工劳动保护规定》第八条对此做了进一步规定:女职工产假为90天,其中产前休假15天。难产的增加产假15天,多胞胎生育的,每多生一个婴儿,增加产假15天。晚育的,根据各省计生条例不同规定,有的可以再增加15天,长的可增加两个月。

离休、退休

离休 是指中华人民共和国成立前参加革命工作的干部,达到一定的年龄,符合规定的离休条件,离开工作岗位休息,由国家供养并给予从优照顾的制度。离休是退休的一种特殊形式,离休干部基本政治待遇不变,生活待遇略为从优。离休干部的离休费按离休前本人原工资的100%发给。岑溪离休干部的管理由县(市)委老干部局管理。

退休 1991年机关、事业单位职工的退休条件仍然执行1978年国务院《关于安置老弱病残干部的暂行办法》和《关于工人退休、退职的暂行办法》(国发〔1978〕104号文件)的规定。符合下列条件之一的干部,可办理退休:(1)男年满60周岁,女年满55周岁,参加革命工作满10年的;(2)男年满50周岁,女年满45周岁,参加革命工作满10年,经过医院证明完全丧失工作能力的;(3)因工致残,经过医院证明完全丧失工作能力的。符合下列条件之一的工人,可办理退休:(1)男年满60周岁,女年满50周岁,参加革命工作年限满10年的;(2)男年满50周岁,女年满45周岁,参加革命工作满10年,经过医院证明完全丧失劳动能力的;(3)因工致残,经过医院证明完全丧失劳动能力的。不具备退休条件的干部、工人,由医院证明,并经劳动鉴定委员会确认,完全丧失工作能力的,可办理退职。

1993年国务院颁布的《国家公务员暂行条例》和2005年颁布的《公务员法》,对公务员退休条件作出规定:除国家另有规定外,公务员符合下列条件之一的,应当退休:(1)男年满60周岁,女年满55周岁;(2)完全丧失工作能力的。此外,公务员符合下列条件之一的,本人提出申请,经任免机关批准,可以提前退休：(1)工作年限满30年的；(2)距国家规定的退休年龄不足五年，且工作年限满20年的；(3)符合国家规定的可以提前退休的其他情形的。

1993年9月30日前已办理退休手续的退休干部、工人退休费计发标准，按国务院《关于安置老弱病残干部的暂行办法》和《关于工人退休、退职的暂行办法》(国发〔1978〕104号文件)规定的标准计发，即：工作年限满20年的，按本人标准工资(基础工资、职务工资、工龄津贴三项之和，下同)的75%发给；工作年限满15年不满20年的，按本人标准工资的70%发给；工作年限满10年不满15年的，按本人标准工资的60%发给；对因公致残，饮食起居需要人扶持的，按本人标准工资的90%发给；饮食起居不需要人扶持的按本人标准工资的80%发给。同时具备两项以上退休条件的，按最高的标准发给。

对在1949年10月1日以后至1949年12月11日镇南关解放之日以前参加革命工作的干部、工人，在广西工作至退休的，退休费按标准工资的100%发给；每逢在职人员正常增加工资和调整工资标准时，这部分人员可参照离休人员增加离休费的办法增加退休费，现在继续执行。

根据国务院办公厅国办发〔1993〕85号文件规定，1993年10月1日工资制度改革后退休的干部、工人，基本退休费按下列办法计发：(1)机关干部的退休费，基础工资和工龄工资按本人原标准的全额计发，职务工资和级别工资按本人原标准的一定比例计发：工作年限满35年的，按88%计发；工作年限满30年不满35年的，按82%计发；工作年限满20年不满30年的，按75%计发；工作年限满10年不满20年的，按60%计发。(2)机关工人的退休费，技术工人按本人原岗位工资、技术等级(职务)工资、奖金三项之和、普通工人按本人原岗位工资、奖金二项之和的一定比例计发：工作满35年的，按90%计发；工作满30年不满35年的，按85%计发；工作满20年不满30年的，按80%计发；工作满10年不满20年的按70%计发。奖金是指以本人退休前岗位工资和技术等级工资为基数按比例计发的金额。(3)事业单位的干部、工人退休费，按本人原职务(技术等级)工资与津贴(活工资)之和的一定比例计发：工作年限满35年的，按90%计发；工作年限满30年不满35年的，按85%计发；工作年限满20年不满30年的，按80%计发；工作年限满10年不满20年的，按70%计发。原享受的政府特殊津贴、教龄津贴、护龄津贴按100%发给。各级各类学校凡从事教学工作满30年以上的男性和25年以上的女性教育工作者，退休后可享受退休前的全额工资。

岑溪干部、职工的离退休，均按国家规定的条件进行办理。凡离退休干部职工的离退休费发放，亦按国家规定发给。离退休后仍享有相应的政治、民主与生活的权利，离退休人员的单位均关心其身体健康与晚年生活，逢年过节均派领导慰问看望，单位重大活动，在其身体健康的情况下酌情邀请参加。

1991—2005年机关事业单位办理退休统计表

表14-2-9　　单位：人

年份	离休人数	退休人数	其中	
			国家机关人员	事业单位职工
1991	1	243	42	201
1992	—	270	39	231
1993	—	273	42	231
1994	—	221	36	185
1995	—	156	34	122
1996	—	152	38	114
1997	—	174	57	117
1998	—	246	44	202
1999	—	280	60	220
2000	—	208	26	182
2001	—	201	10	191
2002	—	1040	635	405
2003	—	160	32	128
2004	—	205	38	167
2005	—	133	17	116
合计	1	3962	1150	2812

第三章 劳动管理

1987年5月,县劳动局从县劳动人事局分设,恢复建立岑溪县劳动局(1995年12月起改称岑溪市劳动局)。20世纪90年代以后,随着计划经济逐步向市场经济转变,岑溪县(市)对劳动就业、用工制度及劳动维权等方面进行一系列的改革,基本建立与社会主义市场经济体制相适应的劳动制度框架,逐步建立"险种齐全、保障有力、服务规范"的社会保障支柱体系。2004年,开展全市农村劳动力资源调查,并实施劳动输出驱动措施,建立市镇村三级联动就业网络,当年推荐农民工就业28151人,2005年1—6月,推荐农民工就业10929人;实施劳动监察职能,维护劳动者合法权益。1991—2005年,县(市)劳动仲裁委员会共立案185件,裁决103件,调解82件。

第一节 机 构

20世纪50年代至80年代中期前,岑溪县先后设立民政科、劳动科、革委办事组、劳动局、劳动人事局等机构,1987年5月,劳动人事局分设,恢复建立岑溪县劳动局(1995年12月起改称岑溪市劳动局)。作为县(市)人民政府管理劳动事务的职能机构。2002年改为劳动和社会保障局。内设秘书股、政策法规股、劳动监察股、劳动保障争议仲裁股、培训就业股、劳动工资股、保险福利股7个职能股,下设社会劳动保险事业管理所、就业服务中心、失业保险管理所、机关事业单位社会保险事业管理所、职工基本医疗保险管理所、劳动保障监察大队6个二层机构。

2003年6月,在全市17个乡镇设立劳动保障事务所,人员从各乡镇政府在编人员中抽调,配备专职工作人员一人,兼职人员一人,所长由各乡镇分管的副书记或副镇长兼任。2005年7月后改为14个镇劳动保障事务所。同年9月,成立岑溪市企业退休人员社会化管理服务办公室,同时设立社会保障管理服务中心,与社会劳动保险事业管理所"两块牌子、一套人员"。2005年7月,在城区11个社区建立劳动保障工作站。每个工作站在公益性岗位中配备劳动保障协管员1人,具体组织开展劳动和社会保障工作。

2005年,市劳动和社会保障局核定行政编制13人,事业编制2人,实有人数15人。全市劳动保障系统包括7个职能股室以及6个二层机构共有干部职工57人,其中干部43人,工人14人。

1991—2005年,劳动局、劳动和社会保障局局长分别是曾广镇(1989年9月至1993年9月)、李自潮(1993年10月至2000年10月)、饶少良(劳动和社会保障局、2002年7月至2010年10月)。

第二节 劳动力资源

20世纪80年代前,岑溪属于人口多、田地少、工商业基础薄弱的丘陵山区县。劳动资源对劳动力需求来说,相对丰富。20世纪90年代,农工商各业虽发展较快、工矿企业与第三产业用工量也不断增大,每年富余劳动力仍占劳动力总数的10%~15%。2005年岑溪劳动力资源由农村劳动力、城镇居民劳动力和部分外来劳动力组成,以农村劳动力为主,占90%以上。

1991—2005年岑溪市农村劳动力情况表

表14-3-1　　单位：万人

年份	农村人口数	农村劳动力资源数	按年龄结构分						按文化程度分		
			16—25周岁		26—35周岁		36周岁以上		初中以下	中等职业学校及高中	大专以上
			小计	其中女性	小计	其中女性	小计	其中女性			
1991	62.29	30.10	6.92	3.25	14.89	7.00	8.29	3.82	22.58	7.46	0.06
1992	63.10	31.46	7.24	3.40	15.42	7.25	8.8	4.14	23.60	7.80	0.06
1993	64.71	32.59	7.50	3.52	15.97	7.51	9.12	4.29	24.44	8.08	0.07
1994	64.86	33.59	7.73	3.63	16.46	7.74	9.4	4.42	25.19	8.33	0.07
1995	65.42	34.82	8.01	3.76	17.06	8.02	9.75	4.58	26.12	8.63	0.07
1996	66.16	35.01	8.05	3.78	17.15	8.06	9.80	4.61	26.26	8.68	0.07
1997	66.38	34.62	7.96	3.74	16.96	7.97	9.69	4.56	25.97	8.58	0.07
1998	67.92	35.36	8.13	3.82	17.33	8.14	9.90	4.65	26.52	8.77	0.07
1999	68.48	36.5	8.40	3.95	17.89	8.41	10.21	4.80	27.38	9.05	0.07
2000	67.95	36.88	8.48	3.99	18.07	8.49	10.33	4.85	27.66	9.15	0.07
2001	65.34	37.17	8.55	4.02	18.21	8.56	10.41	4.89	27.88	9.22	0.07
2002	65.66	39.9	9.18	4.31	19.55	9.19	11.17	5.25	29.92	9.90	0.08
2003	65.99	40.78	9.38	4.41	19.98	9.39	11.42	5.37	30.59	10.11	0.08
2004	69.85	36.82	8.47	3.98	18.05	8.48	10.3	4.85	27.62	9.13	0.07
2005	70.56	34.47	7.93	3.73	16.89	7.94	9.65	4.54	25.85	8.55	0.07

岑溪市特殊群体就业情况表

表14-3-2　　单位：人

年份	1991	1992	1993	1994	1995	1996	1997	1998	1999	2000	2001	2002	2003	2004	2005
城镇失业登记率%	2.5	2.7	2.8	3.1	3.3	2.9	3.2	3.0	3.2	3.5	3.6	3.8	3.9	4.1	4.2
大学生就业	432	450	472	493	514	535	526	587	633	89	81	75	78	65	62
残疾人就业	7	9	9	6	7	10	8	9	7	10	10	10	10	10	10
妇女就业	647	615	582	624	661	632	673	725	743	717	752	739	969	924	916
少数民族就业	15	13	11	16	18	21	15	16	17	20	14	15	15	16	14
复员退伍军人就业	268	266	187	115	168	316	195	232	389	201	224	222	252	206	220

第三节　用工制度

20世纪50年代至80年代，国有企业和集体企业用工制度是有计划地吸收与调配的制度，企业职工分为固定工和临时工两种，对劳动力资源实行属地管理，限制劳动力资源外流。1986年7月，执行国务院《改革劳动制度四个规定的通知》，全县新招工人实行劳动合同制（国营农、林、牧、渔场与复员军人另有规定除外），通过劳动者自愿与劳动企业、单位订立劳动合同的模式，打破过去一旦进入国家用工单位就拿到终身就业的铁饭碗的制度。1996年起，根据国家和自治区关于国有企业改制配套政策，实行企业全员劳动合同制度，即原有国有企业的全部职工（包括原来的固定工）均应签订劳动合同，才能保持其劳动关系。结束了1986年至1996年10年间，企业中有国家干部、全民制固定工人、集体固定工人、集体合同制工人、“三资”企业员工和临时工之分类和管理不一，待遇不同，同工不同酬的现象。

20世纪80年代末至90年代，劳动力资源属地管理的禁锢被冲破。农村劳动力外出打工，广开劳动就业门路，也为地方经济发展开创新的增长点。

1991—2005年岑溪市农村劳动转移就业情况表

表14-3-3　　单位：人

年份	合计	就地转移就业	外出务工			
			小计	自发外出	有组织输出	间接输出
1991	14275	1675	12600	8600	1956	2044
1992	5704	1850	3854	1100	1284	1470
1993	6397	1480	4917	2600	864	1453
1994	7060	1779	5281	2283	598	2400
1995	17501	691	16810	13970	1154	1686
1996	11356	1400	9956	8060	796	1100
1997	8333	1811	6521	3686	1855	980
1998	9342	2696	6646	3974	1786	886
1999	33822	5568	28254	1606	25974	674
2000	9332	603	8729	8111	156	462
2001	13778	2432	13322	12315	82	925
2002	12575	1205	12573	11631	380	562
2003	17765	2563	15202	12769	743	1690
2004	17914	1245	16669	6510	1166	8993
2005	20408	7303	13105	—	8014	5091

第四节　劳动就业

市领导与“十佳”外来务工者、“十佳”当地转移就业务工者合影留念（2005年　摄）

2004年，岑溪市启动农民工培训劳务输出三级联动服务工程

2005年6月19日，岑溪市举办“劳务集市日”暨企业现场招聘会

1991年国有企业职工（含国家机关、事业单位、社会团体的工人）通过按计划在城镇农村劳动力中选拔、招收、调配和大中专毕业学生的统一分配，安排录用。当年国有、集体企业，招工人数828人（其中：招收合同制工人456人，调配职工294人，退伍军人安置44人，技校毕业和委培生安置34人），其他企业招工采取自主招收工人的用工和管理制度。招工的方式从按计划向城镇农村劳动力中选拔、招收、调配和大中专毕业学生的统一分配、安排就业向企业自主招收全员劳动合同制工人转变。2004—2005年下岗职工再就业共有3346人，其中：2004年下岗职工再就业1335人；2005年下岗职工再就业2011人；农民工去向主要有就地转移就业、外出广东珠三角等地区务工，从事的行业主要有电子、纺织、建筑、服务等行业。城镇居民就业渠道有职业介绍机构推荐、熟人介绍、参加招聘会招聘。

随着国有、集体工商企业体制改革的深化，转型，许多原属国家（或集体）企业的职工，成为下岗（或待业）职工，均可自由选择职业就业，甚至可以承包企业，自主经营。市内各工商企业（含股份制、私营个体企业和外资企业）均实行自主招收工人的用工和管理制度。20世纪90年代中期，实行企业（含事业单位）全员劳动合同制，政府劳动管理工作开始转向宣传国家劳动就业政策、法律、法规和指导劳动力就业、扩大就业门路与组织培训待业人员及劳动市场管理服务工作。20世纪90年代以来，岑溪劳动行政管理部门先后成立就业服务中心（后改为劳动服务公司）、失业保险管理所、就业训练中心、下岗职工再就业中心等组织机构，依照不同时段的就业形态，开展就业失业登记、培训、推荐或指导自谋职业与劳动合同管理等方面的服务工作。2003年起，组建岑溪市就业服务中心，亦即岑溪市人才市场与劳动力市场。当年根据企业用工需要，办理劳动合同制工人录用手续142人，办理职工调动换岗62人，多渠道促进下岗失业人员再就业5300多人。2004年，开展全市农村劳动力资源调查，并实施劳务输出驱动措施，建立市镇村三级联动就业网络。开展对农民工培训工作，确定在市内建立320多个培训点，当年培训农民工2.8万多人。推荐农民工就业28151人。2005年1—6月，推荐农民工就业10929人。

1991—2005年岑溪市就业结构分布表

表14-3-4　　单位：万人

年份	从业人数	一产	二产	三产	职工人数	城镇个体、私营企业人员	其他行业从业人数
1991	31.51	23.52	3.79	4.20	2.38	0.26	28.88
1992	31.45	23.09	5.50	2.86	2.75	0.35	28.35
1993	31.70	22.36	6.05	3.29	2.61	0.39	28.70
1994	32.38	22.28	6.66	3.14	2.74	0.51	29.10
1995	34.08	22.82	6.90	4.36	2.89	0.81	30.38
1996	34.51	23.03	5.94	5.54	3.07	0.72	30.72
1997	34.89	22.98	6.69	5.22	3.17	0.62	31.10
1998	37.97	23.22	6.85	7.90	2.95	0.62	34.40
1999	39.68	23.45	6.80	9.43	2.86	0.70	36.12
2000	39.61	23.50	6.72	9.39	2.62	1.12	35.87
2001	39.55	25.88	5.49	8.18	2.47	1.67	35.41
2002	38.76	24.29	6.43	8.04	2.23	1.69	34.84
2003	39.01	23.04	8.92	6.95	2.19	2.41	34.41
2004	40.74	22.37	9.34	9.03	2.26	1.43	37.05
2005	41.67	22.78	9.41	9.48	2.29	1.55	37.83

1991—2005年招工、调配、农转非、政策性安置一览表

表14-3-5　　　　单位：人

年度	招收合同制工人	调配职工	农民合同制工人农转非	退伍军人安置	技校毕业和委培生安置
1991	456	294	—	44	34
1992	690	333	—	107	34
1993	663	378	—	182	54
1994	387	298	77	107	84
1995	389	246	—	108	239
1996	325	119	—	32	94
1997	532	115	—	51	98
1998	68	75	—	52	106
1999	30	62	—	61	—
2000	20	56	—	91	—
2001	20	50	—	—	—
2002	35	40	—	—	—
2003	—	—	—	—	—
2004	—	—	—	—	—
2005	—	—	—	—	—
合计	3615	2066	77	835	743

1991—2005岑溪市就业训练中心年培训统计表

表14-3-6　　　　单位：人

	1991	1992	1993	1994	1995	1996	1997	1998	1999	2000	2001	2002	2003	2004	2005
免费培训下岗失业人员	0	0	0	0	0	0	0	0	266	217	105	490	1402	1949	1820
职业技能培训	106	85	112	92	606	308	180	151	201	120	182	0	0	68	263
劳动预备制培训人数（就业前公共必修课）	800	600	285	0	0	0	0	0	0	0	0	0	0	0	0
特种工作业培训	90	108	120	110	130	138	305	608	700	150	0	0	120	110	328
安全管理人员培训	120	0	0	280	0	0	0	0	0	0	0	0	0	0	0
农村劳动力转移引导性培训	0	0	0	0	0	0	0	0	0	0	0	0	0	2018	2415
农村劳动力转移技能培训	0	0	0	0	0	0	0	0	0	0	0	0	0	0	240

1991—2005年岑溪市职业介绍工作情况表

表14-3-7　　单位:人

年份	登记求职人数	职业指导人数	介绍成功人数	自谋职业人数
1991	2535	381	1134	1401
1992	2657	275	1182	1475
1993	2341	305	1050	1291
1994	2100	297	952	1148
1995	1853	352	786	1067
1996	2304	263	1073	1231
1997	2563	310	1237	1326
1998	2479	286	986	1493
1999	2351	345	1145	1206
2000	2894	354	1257	1637
2001	2761	576	1143	1618
2002	2956	621	1369	1587
2003	3247	836	2030	1217
2004	3575	915	2158	1417
2005	3895	1103	2485	1410

第五节　劳动保护与劳动保障监察

劳动保护

劳动保护是指生产企业、用工单位对劳动者人体健康与人身安全的保护。要求生产企业、用工单位加强生产器械、工具及设备设施的安全检测,排除生产安全隐患。建立相应的安全生产制度,配置安全生产设备设施,确保劳动人员依照相应规则,规范操作,防止各种各类安全事故发生。劳动保护分一般劳动保护与特殊群体劳动保护两种。20世纪80年代以来,岑溪劳动管理部门设立劳动监察股,负责检查、督促各企业做好安全生产与劳动者人体健康与人身安全保护工作。90年代后期起,市政府成立安全生产委员会及其办公室,由一名副市长分管生产安全工作。市经贸委、公安、交通等部门与劳动部门相互协作,抓好劳动保护与安全生产工作。2002年机构改革时,劳动保护与安全生产监管管理职能划归新成立的市安全监督管理局,锅炉压力容器与特种设备安全监察职能划归市质量技术监督局承担,属职工人体健康的职业卫生监督划归市卫生局负责。

劳动保障监察

是指劳动行政管理机构，依照国家《劳动保障条例》赋予的劳动监察权利，依照国家劳动政策法规，企业实施包括企业用工登记、工人利益保障、安全生产制度、措施及国家劳动政策、法规的执行实施等行为的检查、监督及对违反国家劳动政策、法规行为进行立案处理，督促企业限期改正。1993年8月起，岑溪县（市）劳动局开始实行劳动监察制度，对全市各类企业实施劳动保障监察。1995年12月，成立岑溪市劳动监察大队，通过对企业执法检查监督和安全生产的巡检及访查调研年审，加强劳动保障监察职能，依法纠正和查处违反劳动保障法律、法规或规章的行为。2003—2005年，根据群众举报立案67件，其中取缔非法职业中介1件，其他涉案的外资企业6件，集体企业8件，私营企业及个体工商户52件。追发劳动者工资涉及人数478人，金额50.3万元。追缴养老保险金665万元，失业保险金25万元，清退童工1人，补签劳动合同1400人。1996—2005年劳动保障监察情况见下表。

1996—2005年岑溪市劳动监察情况表

表14-3-8

年度	监察立案				补签劳动合同（份）	监察年审		督促缴纳社会保险费（万元）
	立案（件）	结案（件）	涉及人数（人）	金额（万元）		年审单位（个）	职工人数（人）	
1996	—	—	—	—	—	285	18900	—
1997	—	—	—	—	—	312	21840	—
1998	—	—	—	—	48	417	23605	—
1999	—	—	—	—	260	272	1965	—
2000	3	3	23	4.57	362	285	22030	700.61
2001	11	11	535	62.56	517	601	25844	579.10
2002	18	18	246	34.18	675	705	27270	372.73
2003	30	30	223	23.21	1198	720	30558	685.16
2004	31	31	240	24.46	870	213	21563	1009.48
2005	45	45	673	50.67	693	331	23034	377.61

第六节　劳动合同鉴证与劳动争议仲裁

劳动合同鉴证

1986年10月起，岑溪县劳动人事局成立内设机构劳动仲裁股，为全县各种劳动合同实行鉴证。1987年劳动人事分设，劳动仲裁股为劳动局内设机构。20世纪90年代，市劳动争议仲裁委员会成立后，与市劳动局劳动仲裁股合署办公。劳动合同鉴证仍由劳动仲裁股执行实施。1991—2005年，累计鉴证各类劳动合同人数25454人次，合同鉴证率98%。

1991—2005年岑溪市劳动合同鉴证情况表

表14-3-9

年度	1991	1992	1993	1994	1995	1996	1997	1998
人数	2055	2352	2900	1900	3200	3646	1463	1150
年度	1999	2000	2001	2002	2003	2004	2005	—
人数	955	1500	769	743	863	758	1200	—

劳动争议仲裁

劳动争议仲裁是指劳动者与用工单位（含国家行政机关、事业单位及企业组织）发生利益矛盾，包括劳动合同违约、无故终止、解除等方面的争议时，请求劳动争议仲裁机构进行调解或仲裁方式解决的一种法律途径。20世纪80年代中后期，岑溪开始成立县（市）劳动仲裁委员会，由市劳动行政机构与市总工会、市经济综合管理部门派出代表组成，属经国家授权的准司法机构。仲裁委员会设立4～6人为专（兼）职仲裁员，接案后组成仲裁庭审议并作出裁决、争议双方因不服裁决可申请行政复议或直接向人民法院提起诉讼。1993年，因企业停产、破产、改制发生员工与企业纠纷，全县（市）设立16个企业调解委员会，由企业工会主席任调解主任，进行调解。1991—2005年，市劳动仲裁委员会共立案185件，裁决103件，调解82件。主要涉及工资福利、工伤、养老、失业、医保，解除劳动关系及裁员补偿等。

1991—2005年岑溪市劳动争议仲裁情况表

表14-3-10

年度	立案（件）	其中		申诉人数（人）	备注
		裁决（件）	调解（件）		
1991	9	0	9	15	—
1992	8	3	5	12	—
1993	4	2	2	5	—
1994	4	1	3	4	—
1995	9	3	6	53	—
1996	6	3	3	23	—
1997	10	3	7	82	—
1998	19	8	11	386	桂荣公司重大涉外劳动争议案
1999	16	6	10	84	—
2000	17	16	1	171	—
2001	19	13	6	205	—
2002	20	16	4	130	—
2003	13	9	4	37	—
2004	10	7	3	20	—
2005	21	13	8	108	—
合计	185	103	82	1335	—

第七节　企业职工工资福利

工资

国有企业职工工资制度改革与调整　20世纪80年代中期以前，岑溪国有企业和职工工资执行计划经济时期国家统一的劳动工人工资制度，即按不同行业与技术工种的等级工资制依照工人所在行业或技术岗位既定等级，按国家规定的等级工资标准加津贴（由各企业自定）数额发放。1985年工资改革时，按当时自治区人民政府有关文件精神，仍执行等级工资制，全部职工先按就近套级，再按条件浮动升级，增加工资。经套级与浮动升级工人，每月增加工资平均数分别为15.67元、8.37元。1991年根据国务院《全民所有制工业企业承包经营责任制暂行条例》精神，在县内工业企业中实行工资总额与经济效益挂钩的工资制度，即各企业根据效益增、减工资或发放各种补贴。1992年，全县53个国有企业工资分配实行宏观调配，发放工资基金管理手册。1994年，依据自治区人民政府办公厅文件精神，调整现行企业工资标准，不再划分工资区类和产业类别，不再发放粮差、副食、洗理、交通、书报等补贴，但保留物价福利补贴每人每月52元。苦、脏、累、险岗位人（工种）津贴按区劳动厅有关规定执行。1999年，按照自治区《国有企业劳动人事分配制度改革实施办法》，对企业工资制度进行改革，企业工人工资改为基础工资、岗位（职务）工资、工龄工资三种合计。在国家规定的工资总额内，由企业自主分配，企业职工的工资实行上不封顶下不保底的政策原则。但职工在正常工作时间内，提供有效劳动的收入，不得低于自治区制定的最低标准。过高的工资收入，则由国家税制调节。企业职工的奖金按自治区人民政府、自治区劳动和社会保障厅的规定核发。

2001年，自治区人民政府办公厅转发《自治区劳动和社会保障厅、企业工委、经贸委关于进一步深化企业内部工资分配制度改革指导意见的通知》，对自治区有关部门原制定的企业职工工资、资薪标准和一般的工资性津贴补贴，不再要求统一执行，可由各企业根据实际自定。

1991—2005年岑溪县（市）企业职工工资情况表

表14-3-11

年度	年平均工资（元）	月平均工资（元）	年度	年平均工资（元）	月平均工资（元）
1991	2216	184.67	2000	5775	481.25
1992	2384	198.67	2001	6613	551.08
1993	3053	254.42	2002	7984	665.33
1994	3721	310.08	2003	8235	686.25
1995	3898	324.83	2004	9715	809.58
1996	4197	349.75	2005	12375	1031.25
1997	4076	339.67	—	—	—
1998	4404	367	—	—	—
1999	4898	408.17	—	—	—

注：上表企业职工平均工资包括垂直管理单位，市属企业职工平均工资低5%～8%。

集体企业和民营、私营企业工资　集体工商企业（含乡镇企业）工人工资，20世纪80年代前，原则上参照国有企业工资制度，由各企业主管部门依据企业效益决定工资发放数额。一般有基本工资、计件工资或计时工资或基本工资加提成工资等形式。80年代中后期起至90年代，集体工商企业实行承包制；工人工资由承包者自行决定。民营、私营（含外资企业）和个体工商企业工人工资，原则上由企业主与聘用工人在聘用合同上签订，工资形式主要有计时工资、计件工资、基本加提成工资、包食宿工资及奖励工资，但总体不低于自治区人民政府规定的最低保障工资的标准。1995年起，自治区规定，合同制劳动工人最低月工资标准分别是：1995年，170元；1997年，200元；2001年5月，260元；2001年9月，335元；2004年10月，360元；2006年9月，390元。

1987年，岑溪县人民政府颁发《关于国营企业固定职工退休费用实行社会统筹的暂行规定》，对县境内的中央、地方国营企业固定职工（包括集体固定职工）退休费实行社会统筹。

1989年6月1日，岑溪县人民政府颁发《关于实行临时职工养老保险的暂行规定》（岑府字〔1989〕81号），对全县的国家机关、事业单位、社会团体、各类企业、个体工商户中雇佣的临时性、短期性、季节性的职工实行退休养老保险。

1990年10月，为了实行社会主义有计划商品经济发展和劳动制度改革后多种用工形式的需要，岑溪县参照临时工养老保险的办法，开展全县乡镇企业职工建立养老保险制度工作。

企业退休职工社会化管理　1991年9月18日《自治区人民政府贯彻国务院关于企业职工养老保险制度改革决定的决定》，全面实行职工个人缴纳基本养老保险制度，从1991年11月起，县国营企业固定职工开始实施个人缴纳养老保险费，并按个人建账管理。

1994年12月，县人事局设立机关事业单位社会保险事业管理所后，机关事业单位合同制工人养老保险业务归口为机关事业单位社会保险事业管理所管理。1995年1月，把全县所有集体企业的集体工纳入统筹范围。

从1997年7月起，市企业离退休人员养老金社会化发放全面实施。2003年根据《岑溪市人民政府关于印发岑溪市企业退休人员社会化管理服务工作实施方案的通知》文件精神，市社会保障管理服务中心与各企业签订《岑溪市企业退休人员社会化管理服务协议书》，将企业退休人员的人事档案逐步转入社会保障管理服务中心，实行社会化管理。

福利

职工人体健康保障　根据宪法和国家有关劳动法律、法规，劳动用工部门（单位）负有对劳动工人、职工的人体健康与人身安全履行保障义务。进入20世纪90年代以来，岑溪县（市）人民政府与劳动和社会保障部门十分重视职工人体健康保障工作，先后出台多项政策、措施、监督、督促用工单位履行相应义务，做好相关工作。

主要措施有：录用工人时，要进行身体检查，对不符合相应岗位职务身体健康条件的，不能聘用，更不能聘用不达劳动年龄的童工。切实做好工厂、车间、作坊及其设备、设施的安全防范，工作防止危害职工人体健康及人身安全的隐患及相关事故的发生。建立健全相关安全生产制度，配备工人劳动过程中的防护设备，包括劳动工作服、手套、安全帽、水靴等。对易于产生污染人体健康安全的气体、液体、屑沫和高空、矿坑易爆作业的生产岗位，除配置安全设备外，还应事先进行安全检测，预防事故发生。对于易于产生职业疾病的岗位，要通过轮岗及配备预防措施（包括服、食、预防药物、食品）或定期对此种岗位工人进行体检发放特殊岗位津贴等。同时，要做好特殊气象自然灾害（高温、极寒、狂风暴雨、雷电、洪涝、地震）等不可测、不可抗拒事件的事先预防工作。一旦发生，必须及时采取应急防护措施或组织职工撤离及救援。

因工死亡抚恤　1993年9月前，岑溪县企业职工因工伤亡抚恤金，执行1990年自治区劳动厅桂政劳险字〔1990〕2号文件规定执行：由企业发给丧葬费600元，并按其供养直系亲属的人数，发给抚恤金，至其供养直系亲属失去受供养条件时止。没有供养直系亲属的，发给一次性直系亲属抚恤金。

1993年9月后，岑溪县实行企业职工工伤保险社会化管理制度，对因工死亡的企业职工由社会劳动保险机构发给丧葬费600元，并发给供养直系亲属一次性抚恤金2000元，没有供养直系亲属的，发给其合法继承人。1995年1月1日《广西壮族自治区企业职工工伤保险暂行办法》正式施行，全县工伤保险随之纳入全区统一制度管理范围，因工死亡抚恤金调整为由社会劳动保险机构发给：丧葬费，以本县上一年度企业职工5个月的月平均工资为标准；亲属抚恤金，以本市、县上一年度企业职工二十四个月的月平均工资为标准，一次性发给亲属；供养直系亲属生活补助费，以本市、县上一年度企业职工月平均工资为标准计发，城镇户口的，供养1人发30%、供养2至3人发60%、供养4人以上发80%，农村户口的按城镇户口标准的70%执行；被供养人为孤老、孤儿的，按城镇或农村户口的供养标准提高20%发给。

1996年12月25日，根据《自治区劳动厅关于工伤保险有关问题的通知》调整为：企业职工因工死亡丧葬费由原来的五个月提高到六个月的月平均工资为标准；企业职工因工死亡一次性抚恤金由原来的二十四个月提高到四十八个月的月平均工资为标准。

非因工死亡抚恤　1995年前按自治区劳动厅规定执行：由企业发给丧葬费500元，并按其供养直系亲属的人数，发给一次性供养直系亲属抚恤费，数额为死者的6至12个月的标准工资。1995年4月9日根据《自治区劳动厅、财政厅、总工会关于调整企业职工因病或非因工死亡待遇的通知》调整为：丧葬费，以本市.县上一年度企业职工4个月的月平均工资为标准；生活困难补助费，以本市、县上一年度企业职工8个月的月平均工资为标准，一次性发给亲属。供养直系亲属救济费，以本市、县上一年度企业职工月平均工资为标准计发：城镇户口的，供养1人发25%、每增加1人者增发10%；孤身1人者发30%，农村户口的按城镇户口标准的80%执行。

2000年执行自治区劳动厅对供养直系亲属救济费调整：将以岑溪市上一年度企业职工月平均工资为标准计发调整为按自治区职工平均工资计发。供养直系亲属人数超过3人的按3人计发。

第四章 社会保险

社会保险是社会保障的重要组成部分。20世纪80年代起，岑溪县开始恢复社会保险制度。1982年年初恢复建立中国人民保险公司岑溪县分公司，从事商业性质的社会保险经营服务(详见本志第八篇《金融·保险》)。1986年10月，以“岑溪县社会劳动保险事业管理所”成立为标志，表明政府劳动行政管理机构，对国家机关、企业事业单位和社会团体的干部职工，开始实行多种形式、多渠道的社会保险服务与管理职能。1992—1994年，县内先后实施工伤保险、生育保险、农村养老保险和医疗保险，社会保障体系得到进一步完善。

第一节 养老保险

1987年1月，岑溪社会劳动保险事业管理所依据国务院《国营企业实行劳动合同制暂行规定》，向各用工单位征收劳动合同制工人的养老保险基金，企业按劳动合同制工人工资总额15%、个人按标准工资3%缴交，属于按个人立账的积累式基金。10月，县人民政府颁发《关于国营企业固定职工退休费用实行社会统筹的暂行规定》，对县境内的中央、地方国营企业固定职工(包括集体固定职工)退休费用实行社会统筹，现收现付、差额结算、略有结余的方式。经过调查摸底，采集原始数据，在反复对比的基础上，确定社会统筹起步阶段，按统筹企业固定职工工资总额12%+统筹项目内退休费20%的数额向企业征集，不实行固定职工个人交费。

1989年6月，县人民政府颁发《关于实行临时职工养老保险的暂行规定》，对县内的国家机关、事业单位、社会团体、各类企业、个体工商户中雇用的临时性、短期性、季节性的职工实行退休养老保险。临时工养老保险基金按临时工工资总额18%缴交，其中单位负担15%。个人负担3%。根据1988年全县临时工工资水平，用工单位按每人每月13元、个人按每月2元缴交，并按工资水平的增长而增长。

1990年10月，参照临时工养老保险的办法，在乡镇企业建立职工养老保险制度。

1991年9月，根据《广西壮族自治区人民政府贯彻国务院关于企业职工养老保险制度改革决定的规定》，国营企业固定职工开始实行个人交纳3%养老保险费，并按个人立账管理。

1992年1月，岑溪把统筹范围内的所有参保职工档案、缴费情况、财会数据等全部输入电脑，各单位职工建立全县(市)系统计算机数据库网络管理。1993年，根据《广西壮族自治区商业厅、劳动厅关于将国营商业系统企业职工转为全民所有制合同工人的通知》文件精神，所有集体工转为全民合同制工人，并办理补缴养老保险费手续。到1993年年底，全县407家企业共收上养老保险费551万元，退休人员955人，当年发放退休费187.9万元。1994年6月，自治区劳动厅根据国务院有关规定，印发《关于改革基本养老金计发办法有关政策规定的通知》，岑溪出台《岑溪县企业职工基本养老金计发试行办法》，对企业退休职工(包括机关、事业单位的劳动合同制工人)试行新的退休金(基本养老金)计发办法。基本养老金由社会性养老金、缴费性养老金和各项补贴组成。社会性养老金，缴费满15年以上的，按自治区上一年度社会月平均工资的25%计发。缴费满10年不满15年的，按自治区上一年度社会月平均工资的20%计发。缴费性养老金，缴费满10年以上的，每满1年，发给职工本人指数化月平均缴费工资

的1%。缴费不满10年的，每满1年，一次性发给职工本人指数月平均缴费工资3个月的生活费。各项补贴，缴费满30年以上的，按月发给71元。缴费满20年不满30年的，按月发给65元。缴费满10年不满20年的，按月发给60元。职工退休后下一年起，每年7月1日，按自治区上一年度社会月平均工资增长指数50%增加退休金，如国家和自治区有规定调整，高于增长指数50%的，照常发给；全区社会月平均工资负增长时，不做变动。新试行的基本养老金计发超过原计算标准15%的部分，暂不发放；低于原计算标准的，给予补足。1995年1月，岑溪把全市所有的集体企业的集体工纳入统筹范围。供销社系统就有22个企业1270人（集体固定工人）参加养老保险。到12月底，全市共收缴养老保险费703万元，退休人员1577人，共支付退休费449万元。

1994年12月，县人事局设立机关事业单位社会保险事业管理所，机关事业单位的合同制工人和临时工人的养老保险业务归口为机关事业单位社会保险事业管理所管理。

1996年，根据《国务院关于深化企业职工养老保险制度改革的通知》（国发〔1995〕6号）文的精神，全市对企业职工缴纳养老保险费开始实行社会统筹与个人账户相结合的缴费办法，按工资总额的10%为他们建立了职工基本养老保险个人账户。到12月底，全市224家企业12623人共收上养老保险费801.6万元；退休人员814人，共支付退休费564.2万元。1997年12月23日，《广西壮族自治区人民政府关于贯彻落实国务院建立统一的企业职工基本养老保险制度的决定的通知》，文件印发全市开始实行新的企业职工基本养老保险制度，并纳入社会保险统一管理。

1997年，对企业缴纳基本养老保险费实行统一缴费比例、统一管理、统一调度使用制度，原按固定职工、合同制工人、临时工、乡镇企业职工分别管理核算的基本养老保险基金实行合并管理核算。1998年发布《社会保险费征缴暂行条例》后，根据条例要求，全市实行了社会保险基金收支两条线的管理办法，退休费用实行社会化发放，到12月底，基金收入超额完成梧州下达我市的各项目标任务，退休人员社会化发放率达100%。当年，全市共收缴基本养老保险基金623万元，养老金支出741万元。基本养老金当年结余835.7万元，累计结余270.3万元。参保在职职工9313人，退休人数1777人。

从1998年7月1日起，根据有关规定，全市对企业职工缴纳养老保险费将按工资总额的11%为他们建立职工基本养老保险个人账户。1999年，根据条例精神，市人民政府印发《岑溪市人民政府关于扩大社会保险覆盖范围加强基金征缴工作的紧急通知》，对欠费企业进行强化征缴，并扩大社会保险覆盖范围。到12月底，全市参保企业158家，参保人数9395人，退休人数1993人，基本养老金收入723.8万元，基本养老金支出830.7万元，当年结余基金182.2万元。

2002年，原由市人事局承担的机关、事业单位工作人员养老保险职能，市民政局承担的农村养老保险职能划归市劳动和社会保障局承担。

2003年，市人民政府印发《岑溪市企业退休人员社会化管理服务工作实施方案的通知》，市社会保障管理服务中心与各企业签订《岑溪市企业退休人员社会化管理服务协议书》，将企业退休人员的人事档案逐步转入社会保障管理服务中心，企业退休人员的档案管理、待遇调整、探访慰问、死亡丧葬、抚恤补助费申领等由社会保障管理服务中心负责，"统筹"项目外的养老金发放和缴纳医疗保险费由原单位承担。2005年，社会养老保险由梧州市统筹。

1991—2005年岑溪市企业职工基本养老保险基本情况表

表14-4-1

年份＼项目	企业个数(个)	参保人数(人)	收入(万元)	支出(万元)	离退休人数(人)
1991	273	8341	229.00	135.94	696
1992	325	10591	316.00	170.20	795
1993	407	14280	551.19	187.96	955
1994	482	14280	578.00	286.00	1133
1995	236	12732	703	4499	1577
1996	224	12623	801.55	564.18	1814
1997	219	12789	717.55	616.73	1813
1998	145	9313	623.00	741.00	1777
1999	158	9395	723.78	830.70	1993
2000	173	10370	759.89	1035.45	2125
2001	175	10168	1107.43	1179.00	2245
2002	162	9012	1308.63	1628.71	2400
2003	165	10024	1488.00	1716.48	2608
2004	165	10727	1632.83	1884.06	2910
2005	165	13000	2060	2362	3139

第二节 失业保险

20世纪90年代初期，岑溪县劳动服务公司负责管理待业人员的登记、建档、建卡、组织管理以及待业保险基金的管理发放等工作。1996年，设立“下岗职工再就业中心”，对在国有企业改制中被精简下岗的职工按工龄长短，发放最长不超过3年的下岗职工生活费补助，应缴纳的各项社会保险金也由“下岗职工再就业中心”代为缴纳。1999年12月，成立岑溪市失业保险管理所，与下岗职工再就业中心合并，下岗职工再就业工作与失业保险工作并轨。2003年，全市年失业保险参保单位296个，参保人数17143人，收缴失业保险费210.98万元，基金支出214.33万元，有845人享受失业保险待遇。

2004年3月1日，实施《广西失业保险办法》，该办法适用于本自治区行政区域内的国有企业、城镇集体企业、外商投资企业、城镇私营企业、其他城镇企业、事业单位、民办非企业单位及其职工，社会团体及其专职人员(以下分别简称“单位”和“职工”)。本自治区行政区域内国家机关及与之建立劳动合同关系的职工、乡镇企业及与之建立劳动合同关系的城镇职工，依照本办法执行。当年收缴失业保险金281.32万元，基金支出353.90万元，有1402人享受失业保险待遇。失业保险基金支付压力不断增大。2005年2月，市劳动和社会保障局向市人民政府提出失业保险预警方案。加强失业保险基金等管理，清理出部分不符合享受失业保险人员的待遇，同时争取上级主管部门的大力支持，当年得到自治区支持资金68万元，初步缓解失业保险基金支付压力。

1991—2005年岑溪市失业保险基本情况表

表14-4-2

年份	参保人数（人）	基金征缴收入（万元）	基金支出（万元）	年末滚存结余（万元）	年末在领失业保险金人数（人）	转岗培训人数（人）
1991	5797	7.92	1.6	28.86	0	0
1992	5893	9.27	1.87	36.26	0	0
1993	6962	13.33	2.69	46.91	0	0
1994	7059	15.54	3.13	59.32	0	0
1995	7915	33.4	12.94	79.77	0	0
1996	88.25	41.09	18.65	102.22	2	0
1997	8857	41.82	5.61	125.51	21	0
1998	9097	51.03	33.98	142.56	10	0
1999	18425	115.94	103.08	155.42	175	266
2000	14185	131.37	94.47	192.31	142	217
2001	14235	138.06	80.74	249.64	220	105
2002	15173	142.97	168.18	232.43	456	490
2003	17143	210.98	214.33	229.08	845	464
2004	18423	281.32	353.9	156.5	1402	331
2005	17779	326.66	531.3	-48.14	1533	217

第三节　工伤保险

1993年9月，岑溪县作为梧州地区建立企业职工工伤保险社会化管理制度的试点县，率先开展企业职工工伤保险社会化管理。县人民政府印发《岑溪县人民政府转发县劳动局关于岑溪县企业职工工伤保险试行办法的通知》，全县所有企业与企业化管理的事业单位的职工全部参加工伤保险，实行单位管理和社会管理相结合的方式。社会劳动保险事业管理所负责办理企业职工工伤保险的具体业务。工伤保险基金筹集和管理制度，由县劳动局会同财政、审计、统计部门制定。工伤保险基金缴纳标准按参保企业以行业分类，依据各行业的生产环境和工作条件不同，分别按企业工资总额的0.8%、1.0%、1.2%三个档次征缴。

1995年1月，工伤保险纳入全区统一管理。2005年，市人民政府印发《岑溪市关于企业工伤保险和生育保险的有关问题的通知》。确定工伤保险缴费率为：一类行业0.5%，二类行业1%，三类行业2%。企业职工工伤认定由发生工伤事故的企业向劳动行政部门申报认定，市劳动保障局保险福利股和劳动监察股负责工伤认定和调查业务工作。

1993—2005年岑溪市工伤保险情况表

表14-4-3　　单位:人、万元

年份	参保人数	享受人数	收入	支出
1993	9608	3	5.18	1.12
1994	9960	26	21.30	8.53
1995	11941	6	29.27	17.51
1996	11881	6	27.82	22.60
1997	12040	17	23.55	17.86
1998	9312	12	16.95	22.26
1999	8840	20	17.13	15.10
2000	8856	8	15.24	15.14
2001	9865	11	16.65	26.31
2002	6392	6	25.86	17.75
2003	6341	20	23.48	25.78
2004	7016	26	14.38	26.21
2005	7221	21	27.13	7.6

第四节　生育保险

1994年3月,岑溪县作为梧州地区建立企业女职工生育保险社会化管理制度试点县,率先开展企业女职工生育保险社会化管理。县人民政府印发《岑溪县企业女职工生育基金社会统筹试行办法》,全县所有企业、企业化管理的事业单位的职工参加生育保险。女职工生育住院5~7天的正常检查费、接生费、手术费、住院费、药费、材料费和女职工在规定产假期间的工资由生育保险基金支付,男职工配偶在农村的,属计划内生育的,参照女职工在规定产假期间的工资待遇,给予生育补偿,标准为男职工本人缴费工资的50%。生育保险基金实行以支定收的原则,按参保企业工资总额的一定比例向企业征收,起步阶段暂按参保企业工资总额的1%收缴。

1994—2005年岑溪市生育保险情况表

表14-4-4　　单位:人、万元

年份	参保人数	享受人数	收入	支出
1994	9960	86	15.34	9.75
1995	11941	277	28	25.12
1996	11881	287	37.10	34.80
1997	12040	264	28.97	37.24

续表 14-4-4

年份	参保人数	享受人数	收入	支出
1998	9312	345	27.42	25.76
1999	8840	132	26	18.66
2000	8856	142	22.70	19
2001	9957	60	24	13.95
2002	6907	77	34.45	13.40
2003	6852	73	30	21.26
2004	6060	28	24.00	19.45
2005	6885	32	31.20	3.9

第五节 医疗保险

2000年9月，公费医疗制度和企业职工劳动保险医疗制度向职工基本医疗保险制度过渡。2001年6月，正式启动职工基本医疗保险制度，首批启动的单位300多个1.6万人。市内城镇所有用人单位，包括企业、机关事业单位、社会团体、民办非企业单位及驻岑单位职工均可参加城镇职工基本医疗保险。缴费由用人单位按职工上年度工资总额的6.5%，在职职工个人按本人上年度工资收入的2%缴纳。基本医疗保险基金实行统账结合，统筹基金用于支付住院医疗费用。参保人员在定点医疗机构发生的符合基本医疗保险规定的住院医疗费用由统筹基金和职工个人按“分段计算、累加支付”的办法支付。个人账户由在职职工个人缴纳的基本医疗保险费和用人单位为职工缴纳的基本医疗保险费按一定比例划入组成，用于支付门诊医疗费用。

2001年，全市17个乡镇卫生院、所有公立医院、卫生院以及原医药公司的2个零售药店定为定点医疗机构和零售药店，完成计算机信息网络的联网建设，参保人员可在定点医疗机构和零售药店看病、购药。2002年增加梧州红十字会医院、桂东医院、工人医院、自治区肿瘤医院为定点医疗机构，嘉进天保药店为定点零售药店。2005年共有定点医疗机构、定点零售药店31间。

2001—2005年岑溪市基本医疗保险情况表

表14-4-5　　单位：人、万元

年份	参保人数	收入	支出
2001	21028	478	128
2002	23000	838	702
2003	24508	909	881
2004	25517	982	949
2005	26816	1095	977.2

第六节　农村养老保险

1992年10月，经县编制委员会批准，成立岑溪县农村社会养老保险事业管理所(副科级事业单位，编制15人)，归属县民政局，为县民政局二层机构。2002年机构改革时，农村社会养老保险职能划入市劳动和社会保障局管辖。

农村人口社会养老保险的对象是市内非城镇居民、不由国家供应商品粮的农村人口。方法是通过收缴自愿参加养老保险的人养老保险基金(以距离男60岁、女55岁的退休年数为基准确定保险金额)，待参保人达退休年龄时，即可按投保额领取退休养老金。

2001年前，农村人口社会养老保险管理，曾出现管理混乱，投保人领不到退休金，非投保人冒领退休金的情况，经整顿后得到改正。2002年农村人口养老保险职能划归劳动和社会保障局管理后，实行社会保险基金收支两条线管理方法，并从严核查发放退休年龄人口的退休金额，堵塞漏洞，使农村人口养老保险工作逐步走上正轨。到2005年年底，全市累计征收农村社会养老保险费1284.44万元，累计养老金支出26.27万元；当年领取养老金269人，发放金额13272.4元。

1992—1999年岑溪市农村社会养老保险事业管理处收到农村养老保险的基金及参保人数统计表

表14-4-6

年份	参保人数(人)	收缴金额(万元)
1992	5514	3.86
1993	—	—
1994	6781	121.81
1995	10566	195.57
1996	16966	314.59
1997	26578	491.95
1998	7138	132.12
1999	1126	24.22
合计	74339	1284.12

［第十五篇］

民政　扶贫
外事侨务

第一章　民　政

民政工作是政府对社会管理的重要手段之一，直接关联民众民生及民间各种社会组织、民事活动的管理。20世纪80年代中后期起，民政管理逐步改革为行政、法制与经济三种手段相互结合的综合管理体制。20世纪90年代初成立岑溪市残疾人联合会、岑溪市扶贫办公室后，原属民政管理的残疾人工作和扶贫工作，分别由残联和扶贫办负责。“以民为本，乃为政之道。”民政、扶贫与残疾人工作，充分体现了党和人民政府对人民群众的关心、爱护，施与仁政。

20世纪90年代至21世纪初，部分民政职能开始转入市场运作，由某些经批准成立的民间社会组织进行管理。如民政福利事业中的社会救济、部分弱势群体社会保障、孤儿、孤寡老人收养、智障残疾人员的关爱等，政府只作政策、法律引导和宏观控制。1991年起，岑溪创办民政经济开发区，扶持民间民政福利企业，开设市场化的有奖福利募捐彩票，批准慈善人士开展慈善救助事业和推行殡葬改革等。2000年后，市教育局、市经委，市总工会，妇联、共青团等部门单位，定期或不定期组织中小学校师生、各企业人员和工会、妇联领导共青团员等人员到市社会福利院（孤儿院）、光荣院（荣军疗养院）及市内各贫困村寨，对企业的贫困职工、智障残疾人员和荣军进行慰问，送去慰问礼品及现金，并帮助他们打扫环境卫生、洗涤衣物、理发、修理家电等。期内有香港、澳门等爱心人士、爱国同胞，到岑溪市相关乡镇开展慈善救助活动。随着改革开放政策的贯彻、实施和经济快速发展。民政管理的社会职能增加、机构扩充，并逐步进入依法、依规管理的轨道，岑溪民政工作得到提升，并不断创新业绩，先后获“全国民政工作先进县”“广西民政工作先进单位”“全区村民自治模范市”“自治区双拥模范县（市）”等国家级、省（自治区）级荣誉奖励。

1994年岑溪县荣获“全国民政先进县”称号，图为彩车迎接奖牌时的场景

第一节　机　构

民政局

1950年1月，岑溪县人民政府成立民政科，管理民政事务。1966年“文化大革命”初期被冲击，处于瘫痪状态。1968年县革命委员会成立后，民政事务由当时成立的生产指挥组代理。1972年6月，成立民政劳动局。1973年10月，分别设立民政局与劳动局。1995年12月，岑溪县民政局改称岑溪市民政局。1997年与2002年机构改革，市民政局保留，作为市人民政府管理民政事务的行政管理机构。2002至2005年，民政局内设秘书股、优抚股、社会福利和社会事务股、退伍军人和军队离退休干部安置办公

室、基层政权和社区建设股、救灾救济股、区划地名股、计划财务股、老龄工作管理股等9个股室。行政编制15人，机关后勤事业编制1人。下辖社会团体登记管理办公室、城市居民最低生活保障管理所、老龄委员会办公室、社会福利有奖募捐委员会办公室、民政服务中心、光荣院、社会福利院、殡葬事务管理所、农村社会养老保险事业管理处等8个二层机构（属事业单位）。有干部职工117人，其中干部56人、工人61人。

1991—2005年，市民政局主要负责人（局长）分别是黄志南（1990年12月至1994年10月）、罗旭莲（女，1994年10月至1996年9月）、罗华孔（1996年9月至2001年4月）、李敏生（2001年4月至2011年5月）。

乡镇民政办公室

20世纪70年代至80年代，岑溪县基层政权（人民公社、乡、镇）的民政工作，由人民公社、乡、镇政府的民政助理员负责。1991年起，为加强民政在基层工作的力量，在各乡镇分别成立民政办公室。1995年县编制委员会将乡镇民政办公室定为副科级单位。2005年7月前，岑溪市乡镇民政办公室共有17个，即岑城镇、樟木镇、马路镇、昙容镇、南渡镇，吉太乡、水汶镇、大隆镇、梨木镇、大业镇、筋竹镇、诚谏镇、归义镇、安平镇、糯垌镇、三堡镇、波塘镇民政办公室。2005年7月，乡镇区划调整，分别撤销樟木镇（并入岑城镇）、昙容镇（并入马路镇）、吉太乡（并入南渡镇）。全市改设14个镇的民政办公室。各镇民政办公室设置民政助理员3～5人（属各镇政府编制）。2005年年末，全市乡镇民政助理员共有47人。

第二节 基层政权 基层自治组织

村民委员会

1987年6月，以生产大队管理的地域范围设立村公所。全县辖13个乡、4个镇、277个村（街）公所。以上模式持续到1995年10月。1995年11月全县村公所改设村委会，街公所改设居委会，村街（居）委会由村（居）民投票选举产生。1996年开始全市实行村民自治示范试点工作。通过开展村（居）民自治示范活动，推行乡镇政务公开，村务公开，加强基层的组织建设和两个文明建设。经自治区民政厅基层政权建设工作组检查验收，达到规定的标准和要求。1997年，获得自治区人民政府授予的“广西村民自治模范市”光荣称号。1998年，岑溪市贯彻中共中央办公厅、国务院办公厅《关于在农村普遍实行村务公开和民主管理制度的通知》精神，在进一步巩固、完善、提高普遍实行村务公开制度的基础上，积极探索乡镇推行政务公开的新路子，在全市各个乡镇推行政务公开。是年9月18日，岑溪市村务公开，乡镇政务公开工作的做法和经验，经中央电视台记者采访后，在中央电视台新闻联播节目中向全国播出。1997年、2000年、2002年岑溪市连续三次获自治区人民政府授予的“广西村民自治模范市”称号。2005年全市调整为256个村民委员会和26个社区居民委员会，其中在市区新增设立新兴、孝坊、义洲、明都5个社区。

民间社团组织普查与登记

1990年5月26日，县民政局设立社团登记管理办公室，承担全市社团管理工作，开展第一次各类社团普查社团登记注册审批及年审工作。1996年全市共登记注册各类社团70个。1997年对全市的社会团体进行清理整顿。1998年10月，重新修订的《社会团体登记管理条例》和新修订的《民办非企业单位登记管理暂行条例》颁布后，开展第二次社会团体清理整顿工作。经清理整顿后全市保留各类社团32个。

2000—2005年，社团登记和民间组织管理工作，按中央和上级民政部门的部署，切实加强民间社团登

2005年9月13日岑溪市私营企业协会建材行业分会成立

记与管理，依据《民办非事业单位登记管理条例》，2001年对民办非企业单位的民办学校、幼儿园、劳动就业培训机构和养老服务机构进行登记，并进行公告。全市在册登记的民办非企业单位47个。同年在做好全区民办非企业单位复查登记检查验收工作的同时，对全市32个法人社团进行严格的年度审查及换证工作，年检合格单位登记率100%。2002年开始，重点培育发展行业协会和农村专业经济协会，倡导其在社会活动中发挥其应有的作用。岑溪市烹饪协会在2003年抗击"非典"中获得全国商业服务业抗击"非典"先进单位称号，市教育学会获得广西全区教育系统先进学会。市家禽业协会、马路桂圆加工协会被划为广西全区农村专业经济协会的示范单位，先后获得自治区农业厅、民政厅的表彰。2000年12月14日岑溪市文华中学登记成立。截至2005年6月，全市登记在册的社会团体103个，民办非企业单位67家。

第三节　救灾救济

岑溪是水旱灾的多发区。据气象与水利部门统计，1950—2005年55年中，有32年发生过水灾。有些年份一年发生2次甚至3次。旱灾55年中有41年发生，共62次，以春旱为多。仅1994年、1995年、1998年洪涝灾害造成的直接经济损失73539万元，受灾人口40多万人，因灾死亡27人。在重大自然灾害面前，市委、市政府领导到灾区察看灾情，慰问灾民，指导抢险救灾和灾后重建工作。民政部门及其他机关的干部，积极参加抢险救灾工作。在1994、1995两年3次大水灾发生后，国家民政部副部长阎明复、社会救济司司长姜力、自治区民政厅厅长白先经、副厅长曹德辕及救济处处长韦允联及中国国际减灾十年委员会办公室副主任、国家民政部社会救济司副司长周建国等领导亲临岑溪指导救(赈)灾工作。1994年、1995年、1998年全市累计拨、发救灾款300多万元，救济款110.13万元，发放救灾大米80多吨，衣物10万多件(套)，还有其他灾后重建物资一大批。

2000年，岑溪市遭遇1963年大旱之后36年未遇的特大旱灾。春旱复夏旱、秋旱。1—9月降雨量仅819.6毫米，与历年同比平均值少498.8毫米，造成山塘水库蓄水量严重不足。义昌江、黄华河集雨20平方公里以下的支流断流。793座山塘水库干涸。水稻受旱面积1.047万公顷，其中枯死绝收0.19万公顷。市区与部分乡镇饮用水发生极大困难。在灾情面前，除各级党委、政府和各部门积极发动群众做好抗旱救灾工作外，民政部门深入灾区作灾情调查并及时向上级汇报，争取上级和各方支援。当年自治区、地区(梧州市)和本市财政三级划拨救灾专款170多万元，发动市内捐助和灾区群众自筹款项购置、维修抗旱机具款共67万元。发给受灾群众粮食130吨，衣物及其他物资一大批。

2002年，市内先后受旱灾(春旱)、水灾和强热带风暴等自然灾害袭击，全市17个乡镇48.5万人口受灾，粮食作物受灾面积8800公顷，绝收面积1413公顷。经济损失4710多万元。是年民政部门累计发放救灾款226.2万元，粮食910吨，棉被蚊帐6200多件套，衣物29260件。帮助建房、修房287间。2003年至2005年6月全市发生自然灾害15次(其中：洪涝灾12次、台风灾1次、旱灾1次、风雹灾1次)。较为严重的

是2005年6月21日的洪涝灾，受灾人口27.8万人，因灾受伤人口5人，饮水困难人口5.8万人；农作物受灾面积10400公顷，绝收面积800公顷，毁坏耕地110公顷；因灾倒塌房屋1346间，造成直接经济损失8385万元。灾情发生后，市委、市政府及时组织力量进行抢险救灾，发动灾民进行生产自救，并及时报灾，争取上级支持和做好灾后倒房重建和生活安排工作。2003年1月1日至2005年6月30日全市得到上级下拨救灾款580万元，累计发放救灾款物共575.8万元（其中：倒房重建和口粮救济款431万元、蚊帐0.55万床、棉被0.6万张、衣服0.7万套）。确保大灾面前全市无非正常现象发生。

第四节　社会救助

最低生活保障制度

20世纪80年代，农村实行家庭联产承包制后，农村特困家庭逐步减少。对特困家庭人口的救济，仍采取行政手段，即由特困家庭提出申请，经村委、镇政府核实后按实际情况发放救济粮食或衣物、钱币。20世纪90年代初，实行扶贫救济政策，对农村贫困家庭、村、组。由县、乡派出工作组，指导开发性生产、广开脱贫致富门路。对特别贫困家庭，由农业部门给予种子、肥料农药或其他扶持方式，帮助特困家庭发展养殖、种植或农副产品加工业，进行生产自救。1999年起，在农村建立最低生活保障制度，依照国家政策和本地实际情况，划定农村人口经济收入最低生活保障线，低于保障线的，由国家在社会保障基金中对不达线的农户发放一定的救济款项或实物。

1999年，岑溪市在岑城镇开始实施最低生活保障制试点工作。规定农村人口中，每人每年平均收入不达500元的，均列为享受低保救济范围。当年该镇享受低保救济人数为87户118人，发放低保救济金26085元。

1999年起，在全市城乡全面推广城市居民最低生活保障制度。至2005年6月，全市共发放低保金的居民累计12554户，31571人，金额1489.73万元。

1999—2005年岑溪市低保发放情况表

表15-1-1

年度	户数（户）	人数（人）	金额（万元）
1999	87	118	2.61
2000	123	367	4.03
2001	2359	6958	25
2002	2965	7978	241
2003	755	2264	257
2004	2844	6376	438
2005	3421	7510	522.09
合计	12554	31571	1489.73

农村五保户供养

农村五保户是指老年、残疾或者未满16周岁的村民，无劳动能力，无生活来源又无法定赡养、抚养扶养义务人或者其法定赡养、抚养、扶养义务人无赡养、抚养扶养能力的农村家庭。20世纪50年代农村实行合作化后，此类家庭由生产队集体赡养。"五保"即保吃、穿、住、医、葬五方面给予保障。集体供养期间，由生产队供给粮食及解决穿、用、住与治病事项，或派人轮流照顾或专人照顾。病亡后由集体负责处理后事，其遗产归集体所有。20世纪80年代，农村实行家庭联产承包制后，集体生产组织不复存在，"五保户"供养成了社会问题。20世纪80年代中后期，岑溪民政部门在归义镇摸索总结"五保户与供养人签订财产遗赠供养合同"的经验做法，在全县推广，得到上级政府和民政部门的肯定。进入20世纪90年代后，除继续推广"合同供养"方式外，对非合同供养的五保户，实行国家（县财政）定救，结合乡镇统筹扶助的模式，解决其供养事宜。1998年，全市有五保户3913户，4011人。其中市政府定救供养1283人，乡镇政府统筹供养890人。发放定期定量救济供养款52.15万元。90年代中后期，随着国家社会有奖募捐工作开展，岑溪市通过销售社会福利彩票筹集社会福利资金，并通过争取上级扶持、社会赞助和地方财政支持的方法，由各乡镇或村建立敬老院，收养五保老人。至1999年，全市17个乡镇中有14个乡镇，1个村建立了敬老院，并开始收养本镇（村）自愿入院养老的五保老人。2003年，岑溪启动五保村建设项目工程，到2004年年底，投入资金529万元（其中上级拨款370万元），建成"五保村"73个，入住"五保"老人714人。2005年在建"五保村"26个。

2004年，根据自治区民政厅、财政厅《关于确保农村五保户对象保障有关问题的通知》文件精神，对享受市政府定救的五保户老人定救月标准，由2004年以前的每人每月10元，提高到从2005年1月1日起每人每月30元。税费改革前享受乡镇统筹供养的农村五保户，税费改革后，仍由各乡镇人民政府从农村税费专项转移支付补助资金、农业税附加和其他村集体资金列支，供养标准参照市供养的农村五保户标准执行。2004年调查统计，全市农村五保户6744，其中享受市定救五保老人为2230人。2005年，全市发放五保老人定救款80多万元。

第五节　优抚　安置　拥军爱民

新中国成立后，岑溪县人民政府切实贯彻党和人民政府对现役军人、革命伤残军人、复员退伍军人、革命烈士家属、因公牺牲军人家属、病故军人家属及现役军人家属实行优待与国家抚恤相结合的优抚方针，以保障优抚对象的困难得到解决，使其生产、生活水平不低于当地群众的中等水平。20世纪90年代以后，中共岑溪市委、市人民政府先后制定《岑溪市军人抚恤优待暂行办法》《关于做好城镇退伍和转业志愿兵工作安排的规定》《岑溪市拥军优属若干规定》等政策规定与措施，促进优待、抚恤和复员退伍军人安置及拥军优属工作向正常化、规范化、法制化方向迈进，并不断取得新的发展。

抚恤补助

自解放初期起，执行国家对牺牲、病故军人家属及伤残军人的抚恤补助政策。有临时困难补助、定期定量补助和一次性抚恤三种。补助与抚恤金额、因时而变，总体说是随经济发展而提高。

义务兵家庭优待

对义务兵的优待政策，入伍前是农业户口的，在农村承包的责任田和分得的自留地（山、林）等继续保留。入伍前是企业事业单位职工的，其家属继续享受原有的劳动保险福利待遇。义务兵入伍后在服役期间从部队发出的平信免费邮递。退出现役后，报考高等院校和中等专业学校，在和其他考生同等条件下优先录取。对农村义务兵家属，由乡镇人民政府采取平衡负担的办法给予优待。对城镇的义务兵家属，

生活困难的，由市人民政府给予适当补助。

对义务兵的优待，如义务兵家庭住房、困难救济、福利待遇、致残优待和牺牲病故后抚恤等，均按军人抚恤、优待条例并结合地方干部有关待遇办法执行。未随军的现役军官家属困难，家属有工作单位的，由所在单位按本单位双职工待遇解决。家属无工作的，由当地房管部门统筹解决。对随军家属，驻军所在地公安部门应准予落户，劳动人事部门应安排适当工作。20世纪80年代末至21世纪初，岑溪市劳动与人事部门，已为市人武部随军家属安排工作的有35人(次)。

对军烈属的优待，80年代中期，制定了《岑溪县烈、军属优待金统筹与优待标准》的规定，由各乡镇按县统一规定的统筹标准发放：1980年起，军属优待金每户每年150元，烈士直系亲属每户年优待100元，带病回乡复退军人100元。此后分别于1988年、1991年、1995年等年份提升。对在部队服役立功的义务兵，政府按义务兵立功大小分别给予其家属150元、300元、500元的一次性奖励。1997年：立功奖励提到千元以上，特等功奖励10000元，一等功5000元，二等功1000元，三等功200元。

退伍军人安置

依照国务院关于处理义务兵退伍的相关规定，退伍军人安置的原则是“从哪里来回哪里去”。20世纪50年代末，岑溪县成立复员退伍军人安置工作领导小组与接待安置办公室(20世纪80年代起划归民政部门管理)。

20世纪80年代初，依据退伍军人中有一定数量是20世纪70年代在汽运部队服役期满退役，有汽车驾驶和修理技能。县委、县政府决定，成立岑溪县复退军人汽车教导队，并创办汽车修理厂，统一安置退伍军人中的汽车兵就业，增强县汽车运输与汽修的力量。1980—1990年，全县完成接收安置退伍军人工作，其中安置厂矿企事业单位870人，其余均回农村安排在农业战线。回乡的退伍军人多数积极投身农村改革，搞好农林业承包经营，发挥带头劳动致富的骨干作用。波塘乡合水村的退伍军人黄国耀根据自己的专长，带领李世德等户在1982年组成联合体，承包集体山场500亩，经济林95亩。1985年总收入6975元，至1987年总收入26800元，成为当地带头致富先进分子。1988年5月他被邀请参加县召开的山区经济能人会议，获得县人民政府授予“开发山区能人”的光荣称号，被评为广西壮族自治区军地两用人才先进代表。

20世纪90年代初，县委、县政府依据改革开放不断深化发展的新形势和安置工作中的新问题，提出“要把退伍军人接收安置工作当作一项政治任务”，切实抓紧抓好。要求各级党委政府和各有关部门要加强领导，“从巩固国防，支持部队建设和稳定大局出发，做到热情接待，妥善安置，坚决完成接收安置任务”，明确规定，各单位接收安置的退伍军人，原则上安排在国营企业单位。对安置在党政事业单位的，事先作出计划并与劳动部门联系，无编制的报请编制部门增加编制。1990—2005年，全县做好接待退伍军人和安置工作，其中安置厂矿企业和机关、事业单位就业的有一部分人。安置回农业生产第一线(含乡镇企业)的部分人。1995年，市委、市政府进一步就做好退伍军人安置工作，制定《关于做好城镇退伍和转业志愿兵工作安置的规定》，退伍军人安置工作纳入法治化、制度化的轨道，并确保各年度的安置工作得到落实。

拥军优属 拥政爱民

拥军优属是地方党委、政府和人民群众支持军队建设的重要举措，是人民群众热爱子弟兵的爱国主义精神的表现。20世纪50年代以来，各届、各级党委、政府都十分重视拥军优属工作，切实做好对烈、军属、荣残军人及退伍军人的优待、优抚工作，落实相关优待、扶助、抚恤和退伍军人的安置政策、法律。并且每年都组织人民群众、社会团体(含企业)在元旦、春节、“八一”“十一”等节日或有军队路经岑溪或驻扎岑溪执行任务时，都组织人民群众、社会团体、企事业单位慰问烈军属、荣残军人、退伍老兵和驻岑部队官兵，给他们送去慰问信、慰问品及执行任务中所需物资器械。并妥善安排驻地、住房，为军队官兵排难分优。每逢征兵季节,均发动、动员适龄青年踊跃报名参军服兵役,圆满完成当年征兵任务。

20世纪80年代中后期至20世纪90年代中期,县委、县政府依据农村改革出现的新情况新问题,进一步加强拥军优属工作,除了坚持节日慰问的形式外。还以村或村(居)民小组为单位,组织青年民兵扶贫帮困小组或学雷锋做好事小组。帮助劳力少或因病困难的烈军属家庭耕作责任田或支援柴草、种苗、解决他们生产、生活困难。20世纪80年代末90年代初,县委,县政府决定把拥军优属活动与精神文明建设结合起来,把拥军优属的内容列入精神文明建设的目标要求之中。同期与县人民武装部开展的“拥政爱民”活动相结合,开展军民共建“双拥模范县”活动。1992年,岑溪县首次被自治区党委、自治区人民政府和广西军区评为广西“双拥模范县”。1995年,市委、市政府制定《岑溪市拥军优属若干规定》,把党政机关、社会团体、学校与民众的拥军优属的形式、方法作明确规定,使其常态化并不断创新发展。

1986—1996年,县委、县政府和武委会先后筹集划拨资金100多万元、土地1.2公顷,解决人武部基础设施(含办公场所、干部职工住舍、民兵训练基地、武器弹药仓库、射击靶场等)建设的资金与用地问题,人武部的正规化建设、民兵训练基地建设及武器弹药仓库建设都提前达标,并获梧州军分区检查评比第一名的奖励。1996年人武部重新收归军队建制后,市委、市政府、市武委会针对新形势下民兵工作出现的“三难”(组织难落实、经费难保证、活动难开展)现象,市委、市政府和武委会多次召开专门会议,提出相应的措施和方法,并通过深入基层民兵组织抓点方法、使民兵“三难”工作得到解决。1997年,梧州市委、市政府贺州地区行署、梧州军分区在岑溪召开解决民兵“三难”经验交流会。

服兵役是宪法和国防法规定的适龄公民的义务。做好征兵工作,既是守法执法行为,也是地方拥军的主要内容。20世纪50年代以后,岑溪县(市)政府坚持做好年度征兵工作。1998年、1999年,广西军区分别下达文件,确定岑溪为广西军区民兵整组试点县和“平时征兵准备工作”试点县。市委、市政府与武委会、人武部成立了应对试点工作领导小组。经调整改革后基层民兵组织重点突出,布局合理、编组科学,质量较高,增强民兵四个适应能力,岑溪市经验在全自治区得到推广。岑溪平时征兵准备工作试点的经验,也在2001年广西军区桂林会议工作介绍、推广。

1994年岑溪县第二次获广西“双拥模范县”。1996年、1998年,岑溪市获自治区“双拥模范城市”的称号。1998年7月市委书记肖军忍被广州军区评为热心武装工作的党政干部,授予“人武之星”的称号。1999—2000年,为创争自治区“双拥”模范城市五连冠,市委、市人民政府和市人民武装部加强“双拥”工作的领导,推出新办法、新措施。1999年,通过开展“爱心献功臣”行动,解决“三老”(自1954年10月底前健在的老烈属、老伤残军人、老复员军人)中生活难、治病难、住房难的“三难”问题,推进拥军优属向前发展。2000年岑溪市被命名为全国“爱心献功臣行动”先进单位,人民武装部、武警岑溪中队和驻军提高拥政爱民标准,推进军民共建工作。其间,全市设有永久性双拥标语42幅,报道双拥新闻75次,出版双拥宣传专栏263版次,自办简报4期720份,举办全市性国防形势教育会和军民联欢会各两次。建有国防教育室298个,拥军优属服务小组3863个,军民共建单位7对10个,投入双拥资金32.3万元。参加双拥活动达21670人次,军民共做好事2680件,办实事106件。解放军75313部队塔山英雄团到岑溪市进行国防光缆通信工程建设期间,市委、市政府组织市直单位对施工部队进行慰问。在全市电力不足的情况下,优先保证部队驻地的用电,还想方设法让子弟兵吃上平价猪肉。有的单位和群众自发为部队送粮、油、肉等拥军物资及义务出勤折款11.75万元。市委、市政府的做法获得了广州军区通报表彰。2001年连续五次获得自治区“双拥模范城”荣誉称号。2002—2005年,双拥工作按照“巩固、提高、发展”方针,积极开展军民共建活动、开拓创新、走出一条具有时代特点和岑溪特色的双拥之路。2002年8月上旬,当演习部队路过岑溪时,即组织14个慰问组对演习部队进行慰问,累计送去大米4500千克,猪肉2300千克,木柴1万千克,蔬菜4500千克。每逢春节及“八一”建军节,市四大班子的领导和民政局等有关职级部门,组成慰问组,分别对岑溪市武装部、市武警中队、市消防大队、75707部队岑溪通信哨所以及光荣院等进行慰问。岑溪市

在获得自治区党委、自治区人民政府、广西军区命名的“双拥模范城”五连冠之后，2004年再次获得自治区党委、自治区人民政府、广西军区命名的“双拥模范城”称号。1996—2005年，每年各乡镇与各机关组织的拥军优属小组或学雷锋小组达600多个，参加为烈军属做好事的人数年均达10000多人次，拥军优属活动蔚然成风。

第六节　社会福利

社会福利院

社会福利院前身是岑溪县孤儿院。1986年从樟木乡木埇村黄京塘迁到樟木乡上奇居委会硬骨塘附近，全院占地面积2.33公顷。1991年至1998年，福利院的孤儿先后获得香港狮子会捐赠的助学金9600港元，又获得香港世界宣明会分期捐赠的助学金5.88万元。其间，在市内各单位，各团体及社会各界人士的大力支持下，三次共募捐善款13.9万元。上述获捐善款全部用于福利院的硬件建设及改善孤儿的学习条件和生活条件等方面。1997年市福利院、光荣院实行“两块牌子，一套人马”。1991—1998年，福利院建造钢筋混凝土结构楼房1440平方米，院内分设办公区、生活区、教学区、体育活动区和劳动技能培训基地，有床位51张。1998年有干部职工15人，在院孤儿45人。2005年收养孤儿、弃婴43人，送养43人。自建院到1998年的35年间，共收养孤儿523人、弃婴12人。485人长大出院后，走向社会，各奔前程。福利院1997年被岑溪市委、市政府授予“双文明先进单位”荣誉称号。

光荣院

光荣院成立于1984年1月22日，为原梧州地区建立最早的光荣院之一，与社会福利院相毗邻，总占地面积1.93公顷。总建筑面积1264平方米。主楼集办公、住宿于一体，在院老人人居一室，卧室附设小厨房和卫生间。院内还有棋牌室、电视室、书报室、卫生室等。光荣院建成竣工后，当时收养孤寡的复员军人及伤残军人共21人，随后增至24人。入院人员中，最大年龄69岁、最小58岁，其中有“抗大”学生、国民党投诚士兵，还有抗美援朝复员战士，生活费每人每月24元。至1998年尚建在老人年龄最大的93岁，最小的也有82岁，生活标准提为每月每人130元。其他费用医疗费等均由院方全额支付。光荣院的各项开支经费主要由上级民政部门划拨，部分经费由院内创收解决。创收的途径主要有院卫生室对附近居民治病开放；利用山地种植荔枝、龙眼果，与社会福利院共同承办花岗岩石浆堆放场向外招租收取堆放费。光荣院被列为武警中队的共建单位，是市第一小学、第二小学的爱国主义教育基地。该院于1990年被县委、县政府授予“绿化先进单位”荣誉称号，保健医生黄耀敏1994年被评为广西全区民政系统劳动模范，在第十次广西全区民政会议上受到表彰。1997年与社会福利院实行“两块牌子一套人马”。

1991年有社会福利院属福利事业单位、光荣院属优抚事业单位两所福利机构，1997年起，市民政局对光荣院、社会福利院（以下简称“两院”）实行“两块牌子，一套人马”的模式进行管理。1992年以后“两院”取得自治区募捐委员会下拨优抚福利金45万元，自治区民政厅优抚处下拨优抚金57万元支持“两院”基础建设。2000年市社会福利院被广西区民政厅确认为“涉外送养资格认定单位”。至2005年，“两院”占地面积4.33公顷，拥有钢筋混凝土结构楼房3700多平方米（其中2003年10月竣工的老复员军人综合楼1200平方米）；购置大批办公设备和体育健身器材，改善办公和孤儿、老人的居住条件和生活环境。其间，开展涉外送养、国内收养和自费收养业务。

每逢“六一”儿童节、“八一”建军节、重阳节、元旦、春节等重大节日，市四大班子领导到福利院、光荣院进行慰问，机关学校、厂矿企业、社会团体、个体老板等亦自发前往慰问、送上慰问金和慰问品。截至2005年年底，“两院”有职工39人，其中行政管理人员5人、教师3人、后勤工作人员3人、护理员28人，有在院老复员军人13人，孤儿、弃婴107人（其中弃婴58人、在紫坭小学就读43人、在市一中就读4人、在广西希望中学就读1人、在广西师范大学就读1人）；老复员军人月生活费130元／人，孤儿月生活费90元／人。

1995年10月，在县城进行400万元大奖福利彩票销售活动（1995年　摄）

社会福利有奖募捐

1988年，岑溪县依据上级民政部门的部署，开展社会福利有奖募捐工作。1990年成立岑溪县社会福利有奖募捐委员会，办公室设在民政局。当年销售70万元的福利彩票，超额完成梧州地区当年分配的34万元的销售任务。1991年全年销售福利彩票171.64万元，全县人均购券2.69元，是梧州地区县级销售最多的县，成为全广西当年度销售超过一百万元的五个县（市）之一。1995年10月在县城进行400万元大奖组福利彩票的销售活动，创下3天销售400万元的佳绩。1996年又顺利完成了一次销售600万元的大奖组福利彩票销售任务。1998年，为了支援长江、嫩江、松花江流域遭受特大洪涝灾害的灾区人民重建家园，于1999年1月完成250万元的赈灾彩票的销售任务。1990年至1998年年底全市共销售福利彩票1887.18万元。筹集福利金389.1万元，全部用于发展社会福利事业。全市兴办6个乡镇敬老院，贴息扶持兴办福利企业，帮助市福利院解决孤儿的穿、盖问题。2000年4月广西区募委在全区范围正式发行“广西风采”，电脑福利彩票，2000年4月至2005年6月，全市发行“广西风采”电脑福利彩票5151.13万元，“广西风采”电脑福利彩票筹集的福利金全部由区民政厅统一管理使用。2003—2005年全市在实施乡镇敬老院建设、殡仪馆建设、五保村建设、星光计划、明天计划、白内障复明救助工程等项目共获得上级福利金资助近1000万元。

岑溪县乡镇民政经济开发区典礼现场（1991年　摄）

民政企业

1985年在原来由民政部门主管，由一些残疾人和民政对象办起来的民政灯具厂、民政纸箱厂的基础上，成立“岑溪县扶贫福利公司”。1990年，民政扶贫福利公司员工有70人，拥有三个门市部和一个批发部，除原有灯具厂、纸箱厂外，还增办一个由外资来料加工民心针织厂，企业税利积累40多万元。

1991年，经申请县委、县政府同意，在县城西面郊外的荒坡征地20亩，创办民政经济开发区。从1991年起，通过县财政拨款、上级民政部门支持拨款和筹借措施等资金230多万，在开发区内建厂房、盖商铺，开展“三通”（水、电、路）一平等基础设施建设，同期，局领导亲带招商队伍，奔走区内外，尤其粤港澳地区，开展招商引资工作。1992—1995年，与粤港商人签订合作意向书5份，其中有4个项目签订合同实施。1994年中外合资化纤制品有限公司（后改化纤集团公司）落户民政经济开发公司。外商投资216万美元，

生产拉链、逢线、织带多种产品。同时，灯具厂、纸箱厂也经技术改造、产品质量、数量获大幅度提高。与此同时，名乡镇也开始发展以开发花岗岩矿和本地林果、竹芒编织业为主导的乡镇民政经济。1991年11月，中央委员、民政部部长崔乃夫考察岑溪，高度评价岑溪民政在发展外向型经济方面大胆探索，并亲笔题词“岑溪民政经济开发区”。1994年12月，民政部副部长阎明复到岑溪考察时，为岑溪化纤集团公司题词“广西岑溪化纤集团争创一流”。

1995年岑溪获准撤县设市后，1996—1998年，岑溪民政经济发展速度加快，市扶贫福利公司商业销售额393万元，民政经济开发区生产总值4306万元，共安排500多人就业，合创利税500多万元。20世纪90年代末和21世纪初，由于行政管理（政府机构）体制改革和国有、集体经济产权改革的深化，政企彻底分离，原民政企业与政府直接管理脱钩，改制为股份管理或实行资产重组的现代企业。原资金弱小、产品跟不上市场需求的灯具厂、纸箱厂转为个体私营企业。

第七节　社会服务

婚姻管理

20世纪80年代以来，依照《中华人民共和国婚姻法》，国内公民结婚登记，由各乡镇民政助理负责。婚姻当事人须持所在单位（居住村、街或单位）出具相关证明（主要是出生年月、身份），经简要查询、征询后，即可办理登记手续（自愿离婚登记手续、程序基本相同）。1998年6月，岑溪市民政局挂牌成立岑溪市婚姻登记办公室、涉外婚姻登记办公室和婚姻服务中心、婚姻介绍所等机构，探索婚姻登记管理的新路子，并开始涉外婚姻登记服务。1980—1998年，全市登记结婚4.26万对，离婚1435对。港、澳、台同胞与本地公民结婚登记78对。

2001年4月28日，全国人大第九届常委会第二十一次会议修订的《中华人民共和国婚姻法》颁布实施，民政部门配合妇联宣传文化部门，开展新修订婚姻法宣传教育活动。并在婚姻登记工作中，通过培训婚姻登记人员，提高婚姻登记管理质量，规范登记文书和档案卷宗归档管理，加大婚姻登记查询、征询力度，预防骗婚、假婚事件发生。2003年7月1日，实施新颁布的《婚姻登记条例》，婚姻登记统一集中市民政局结婚登记处办理。同时，结束过去凭村（街）委会出具“婚姻状况证明”办理结婚登记的历史。2000年至2005年7月底，全市共依法登记国内结婚夫妇23939对，涉外结婚登记96对；离婚登记2103对。

收养管理

1999年开始进行收养登记工作，为解决全区公民事实收养问题，自治区民政厅、公安厅、司法厅、计生委2002年联合下发《关于解决我区公民事实收养问题处理意见》，岑溪市开展事实收养调查登记工作，根据《中华人民共和国收养法》和《中国公民收养子女登记办法》的规定，1999—2005年，共依法办理收养登记231对。

老龄工作

市老龄问题委员会及其办公室于1987年1月成立。1990年县老龄委员会办公室更名为县老龄工作委员会办公室，办公室为科级建制单位；1996年更名为市老龄工作委员会办公室，1997年市老龄委办公室与市老干局合并成立老干部服务中心；2002年市老龄委办公室归回市民政局管理，为市民政局二层机构；2004年市民政局加挂市老龄委办公室牌子。2005年有工作人员2人，负责市老龄委的日常工作。2003年，为全国《中华人民共和国老年人权益保障法》执法监督年，全市开展法律的宣传和执法检查活动，发放《中华人民共和国老年人权益保障法》950册，在各村（居）委张贴宣传画310幅。2004年全市17个镇（乡）、282个村（居）建立老龄工作机构并成立老龄工作领导小组，加强老龄工作的领导。下发《关于转发市老龄办关于加强社区老龄工作意见的通知》,强化社区老龄工作。2004年岑溪市获自治区老龄委授予全区老龄工作先进市称号。2005年,继续开展青少年敬老爱老助老主题活动,加强社会养老保障和老年福利设施建设工作;落实老年人优待政策,为高龄老人进入公园、公厕、治病住院、乘坐车船等提供优待服务。

殡葬管理

1999年3月25日,岑溪市成立殡葬事务管理所,为民政局二层机构。主要职责是提倡移风易俗,开展殡葬改革,加强殡葬事务管理。"九五"期间,市立项建设火化殡仪馆,得到梧州市政府的批准,梧州市计委同意立项,报广西区民政厅备案。市财政局对该项目投入资金5万元,前期工作有序地开展。2000年3月20日,市委、市政府现场办公会,落实建设岑溪市园林式永久墓地和殡仪馆地址后,利用招商引资,内引外联方式,把这一项目投向市场。地址在原樟木镇上奇社区紫坭片三叉塘。是年11月8日,正式与湖南省汨罗市千秋实业有限公司签约,千秋实业有限公司独资投入1300万元。建设岑溪市仙鹤林陵园。另与湖南省汨罗市千秋实业有限公司合资480万元,建设岑溪市殡仪馆(岑溪市民政局投96万元,湖南省汨罗市千秋实业有限公司投384万元)。资金到位100万元。该项目已进入征地筹建阶段,其项目征地0.82公顷。2001年,园林式公墓陵园已初步建公墓管理大楼和八角大楼各一幢,但由于公墓陵园建设经营单位炎坤陵园有限公司,在建设经营中,进行不正当的营销活动,违反上级《公墓管理》的有关规定,该建设项目停业整顿。2002年8月,炎坤陵园有限公司违规违法行为由司法机关立案查处。其后,市委、市政府重新制定启动火葬殡仪馆和完善骨灰楼建设的新方案。2003年,市委、市政府将该项目列为百个大会战项目。项目投资1196万元,其中首期投资450万元。建筑面积4500平方米。2005年开通项目新规划的深湴塘至原炎坤陵园全长1.8千米的四级公路,并验收合格。完成火化工作区的大小悼念厅、冰库工作间主体工程,并进入装修阶段。火化间的建设正在进行中。至2005年6月底,累计完成项目投资252万元,占该工程首期投资额的56%。

第八节　勘界工作

1997年4月开始进行市界勘定工作。"九五"期间完成粤桂两省岑溪段104.74千米和自治区内岑苍、岑容、岑藤223千米的勘界任务。1997—2004年,重新勘定全市省界100千米,其中与广东省罗定市65千米,与广东省郁南县4.8千米,与广东省信宜市30.2千米。同时设立四个县桩。分别是筋竹镇黄陵村与罗定市㭎滨镇梅竹管理区交界处,梨木镇平田村与罗定市加益镇合江管理区交界处,筋竹镇云龙村与郁南县通门镇冲梅管理区交界处,水汶镇旺田村与信宜市朱砂镇旺科管理区交界处各1个;地界与玉林容县88.26千米。县界136.18千米,其中,与藤县78.72千米,与苍梧57.46千米。乡镇边界38条,全长502.02千米。

第二章　扶　贫

岑溪县(市)扶贫的主要对象是革命老区、边远山区的贫困人口,扶贫开发资金依靠财政拨款、社会力量捐赠等多渠道筹集。扶贫项目主要是建设贫困地区村屯道路、人畜饮水工程、沼气池等基础设施和开发种养产业。1991年起,开展扶贫济困,对口扶贫活动。1995—1999年,对全市边远偏僻的山区,干旱地区,革命老区及库区存在的零星插花贫困户(人口),实施国家“八·七”扶贫攻坚战,到1999年市直单位共投入帮扶资金168万元,并向社会筹集资金3458万元,共上马村级集体项目596个。所帮扶的51个村,每个村村级集体经济收入由原来年收入2000元提高到2万元以上。1991—2005年,国家共下达财政扶贫资金4055万元,地方配套资金648万元,加上社会力量和爱心人士的赞助和捐助资金500万元,累计扶贫资金5203万元,新建改建道路198条748.7千米,村级基础设施项目11个,农村水利项目38个,人畜饮水工程项目59个,沼气池建造项目6个,建设沼气池1873座,种养项目12个,实用技术及培训项目16个,培训群众18113个次。2000年,岑溪市扶贫开发办公室被自治区党委、自治区人民政府授予“全区扶贫开发先进单位”,扶贫办主任徐来东被授予“全区扶贫开发工作先进个人”称号。

第一节　机　构

1986年,成立岑溪县扶贫开发领导小组办公室,由县人民政府农业委员会兼管,独立行使职权。1993年改为岑溪县贫困地区经济开发办公室,挂靠县民政局。1996年改称岑溪市扶贫开发办公室,从民政局分出,定为科局级单位。1997年机构改革,改属岑溪市计划委员会管辖,为不定级别单位,对外独立行使职权。2002年机构改革,岑溪市扶贫开发领导小组办公室定为岑溪市扶贫办开发领导小组的常设办事机构,即为政府序列科级建制单位,内设综合股和项目管理股。项目管理股内挂革命老区建设办公室牌子。市扶贫办开发领导小组办公室机关行政编制4名。其中,主任1名,副主任2名,股级领导职数2名。至2005年,有职工4名。

1993—2005年,扶贫办主任:封全盛(1993年至1996年)、杨明林(1996年至1999年)、徐来东(1999年至2008年6月)。

第二节　扶贫举措

扶贫政策与实施

市扶贫开发领导小组办公室自成立以来,认真贯彻落实中央、国务院和自治区党委、自治区人民政府,梧州市委、市人民政府以及岑溪市委、市政府有关扶贫开发的方针、政策与规划,组织实施国家、自治区和梧州市和岑溪市委、市人民政府提出的扶贫开发目标、任务。在积极动员全社会参与扶贫的同时,号召先富起来的经济能人带动贫困户发展经济,利用社会慈善团体,光彩事业“献蓓蕾”行动的力量,进行多方位多渠道扶贫,促进扶贫事业的发展。

1991—2000年,全市扶贫工作主要根据自治区扶贫开发的总体要求,结合本地实际,实行定点扶贫为主,国家财政给予一定的扶贫发展资金支持。2002年自治区要求转变扶贫方式,整合资金,实行贫困扶贫开发整村推进模式,每5年为一规划期,根据自治区下达的指标,先由乡镇根据各村收入情况,拟定贫困村对象,报本市扶贫办审核,由市委常委会讨论确定并公示后,再逐级上报梧州市、自治区审批,由自治区下文确定对象。2002年上级下达岑溪市贫困村22个村要求实行分批实施,整村推进。为加强扶贫工作的领导,促进各项工作的深入开展,市专门成立扶贫开发工作领导小组,由市分管领导担任组长,市政府办、扶贫、财政、发改、卫生、审计、科技、交通、水利、教育、民政、农业、人社、统计、畜牧、广电、团委、妇联、残联、能源等有关部门领导为成员,实行对口扶贫、落实相关责任制。各乡镇由一名领导分管扶贫工作,乡镇长为各乡镇扶贫开发工作第一责任人。

1995—2000年,对全市边远偏僻的山区,干旱地区,革命老区及库区存在的零星插花贫困户(人口),积极实施国家"八·七"扶贫计划和市委、市政府的"168""668""1788""899""2468""1229""12310"经济发展工程。岑溪市委市政府每年从市直单位抽调年纪较轻、农村工作经验丰富的干部650多名到边远的山区贫困村开展帮扶解困工作。抓好农村教育科技的培训,提高贫困村人口的素质。1998—2001年,组织以科技、农业、林业、牧渔业等部门,每年进行两次大的科技下乡行动的同时,为贫困村举办437期农技培训班,共有52900人通过培训班的培训。农技培训班促进家禽饲养业发展。全市每年销往广东的三黄鸡就2000多万羽,种植业方面大多都是以高科技发展为方向。推广种植台湾大青枣、美国柠檬和当地的麻竹、糖橘等优良品种。引进的科技含量高的三黄牛也获得成功。

梨木革命老区,是1997年2月验定的革命老区。地处边远山区,交通闭塞,基础设施差,集体经济和村民经济发展缓慢,在自治区统一把革命老区工作划归扶贫办公室管理后,对老区建设也得到了加强。多次深入老区镇进行调查摸底,将其贫困情况形成材料送自治区老区办,老区办非常重视,派老区办秘书长到梨木老区开展研究调查,确定梨木老区为扶持重点。2001年扶持20万元建"明天小学"一所,并补助扶贫资金36万元修建两条村级公路,一个人畜饮水和一个水利维修建设项目,还有意向扶持梨木的畜牧业发展,为老区经济发展创造有利条件。

2000—2005年,扶贫工作重点为加强贫困村的基础设施建设,改善生态环境,逐步改善贫困地区社会、经济文化落后状态。按照为达到小康创造条件的扶贫开发总体部署目标为指导,通过修道路、解决人畜饮水、建沼气池等一系列扶贫基础设施建设,及开展各种培训学习班。使全市贫困地区的落后面貌得到较大改善,人民群众的物质文化生活水平得到进一步提高。

2004年9月份,为全面掌握贫困人口的情况,在全市范围内进行调查摸底,为贫困人口建档立卡。对贫困人口建档立卡的对象包括2004年年底全市未解决温饱的绝对贫困人口(年人均纯收入688元以下)和初步解决温饱但收入不稳定的低收入贫困人口(年人均纯收入924元以下)两个部分。经调查摸底,全市共有贫困人口15299户42884人,其中绝对贫困人口4830户9768人,相对贫困人口10468户33116人。调查摸底中,做到户有卡、村有册、乡有簿、县设立微机档案。至九月底,全部完成建档立卡工作任务,为今后深入进行扶贫开发打下基础。

扶贫资金与项目管理

1991—2005年共实施扶贫项目381个,主要是农村基础设施建设、农田水利修建、产业开发以及实用技术培训等。其中村市道路修建项目244个,新建改建道路198条748.7千米;村级基础设施项目11个;农村水利项目38个;人畜饮水工程项目59个;沼气池建造项目6个,建设沼气池1873座;种养项目12个;实用技术及培训项目16个,培训群众18113人次。共投入扶贫资金6630.8万元,其中财政扶贫资金4055.4万元,社会帮扶资金500万元。群众自筹资金1825.4万元。1998年前,扶贫项目主要以农村种养为主。1999年后,国家加大财政资金补助力度,每年国家财政扶贫资金达350万元。扶贫项目逐年增多,包括基

础设施建设和产业开发等。同时地方财政实行资金配套，并发动社会力量帮扶和群众自筹资金等加大资金投入。1992年成立岑溪县扶贫经济开发公司，专门负责项目开发加强项目资金的管理。

对扶贫资金的管理，根据《广西壮族自治区扶贫项目管理暂行办法》和《广西壮族自治区财政扶贫资金管理办法实施细则（试行）》的有关规定，实行扶贫项目和资金管理使用规范化、制度化、科学化，准确把握扶贫资金投向。2002年，岑溪市扶贫办开发领导小组下发了关于《岑溪市扶贫项目资金管理暂行办法》，对扶贫资金的管理和使用作了严格的规定，建立和完成扶贫资金使用管理责任制。市财政和各乡镇政府设立财政资金专户，项目资金由市财政专户直接下拨至有关乡镇财政扶贫资金专户，乡镇长为扶贫项目和资金使用第一责任人。对财政扶贫资金实行封闭式运行，建立使用报账制。财政部门负责管理收支管理和监督检查，扶贫办负责项目跟踪管理、检查验收。各乡镇负责项目组织实施和资金使用报账，严格项目审计制度，每轮扶贫项目结束，都要经过审计部门和自治区、梧州市扶贫部门的资金专项检查的审计，严防扶贫资金在使用过程中出现挪用、截留、转移、虚报冒领和贪污私分现象。

第三节　扶贫效果

1994年，岑溪市贫困情况调查表表示，全市人均年收入400元以下为贫困状况，301元至400元有11287户56437人。不通公路的行政村有25个，不通电的行政村14个，饮水困难人口23000人。1995年开始，每年从市直单位抽调干部到贫困村进行扶贫。1995年抽干部200多人，实行1~3个单位包一个村，当年共包33个村，一包三年不变。1998年又抽干部166人，帮扶48个村。到1999年市直单位共投入帮扶资金168万元，并向社会筹集资金3458万元，共上马村级集体项目596个，所帮扶的51个村每个村村级集体经济收入由原来年收入2000元提高到2万元以上。

1991—2005年，修建村市道路38条232.7千米，架设输电线路385条2491千米。建设人畜饮水工程6处，扶持村通广播电视13个村。1998年实现电话村村通，为贫困村修建村小学校47所，帮扶建立村卫生所16个。有2318户10430贫困人口解决温饱。2004年全市绝对贫困人口9768人，相对贫困人口2004年33116人，至2005年年底，绝对贫困人口和相对贫困人口下降比例幅度大于5%，贫困村农民人均纯收入增长14.1%，高于全市13.9%平均水平。全市扶持贫困学生和失学儿童上学1106人，有118个失学儿童重新返校学习。

90年代中后期起，岑溪扶贫工作，采取把22个贫困村分批实施“整村推进”策略，对首批10个贫困村实施“整村推进”扶贫开发。调动各方面扶贫资源，形成整体合力，从项目、资金、人力方面重点倾斜进行扶持，确保首批10个“整村推进”村按质按量如期通过验收。其中糯垌镇龙樟村，经过几年扶贫办开发的努力，修建了平炉至村委小学的混凝土四级公路和11个组的混凝土村道。建成同心片两桥一路；新建沼气池400多座。经过综合治理，整村推进，全村经济发展农民增收，2005年该村农民人均收入2640元，村容村貌焕然一新，该村的经验和做法在《广西日报》《梧州日报》刊登，并作为建设社会主义新农村的典型加以评论与推广。

第三章　外事及港澳事务　侨务

岑溪市是广西的侨乡之一。有海外华侨华人约10万多人,归侨、侨眷12万多人。80年代以来,中共岑溪县(市)委、县(市)人民政府持续对侨务工作加强领导,相应设立各种机构,落实好侨务政策,做好侨务各项工作。外事工作方面,随着改革开放的不断深入,2002年4月,外事办公室与侨务办公室合并,合并后,认真贯彻执行中央的对外方针政策,督促和检查全市贯彻执行对外方针政策和有关规定的情况,为市委、市政府做好助手参谋作用。

第一节　机　构

岑溪县(市)侨务办公室

1978年12月,成立岑溪县人民政府侨务办公室,是县人民政府的工作机构,主管全县侨务工作。在市政府办公室挂牌,内设秘书股、外事接待股、侨务股,核定编制7名(当年实有人数7人)。

岑溪县(市)外事办公室

1990年,成立岑溪县外事办公室,是县人民政府的工作机构,主管全县的外事工作。

岑溪市外事侨务办公室

2002年4月,市外事办公室与市侨务办公室合并,成立岑溪市外事侨务办公室,其主要职责:负责外事、侨务工作;贯彻执行中央的对外方针政策,贯彻执行《中华人民共和国归侨侨眷权益保护法》和自治区党委、自治区人民政府关于外事侨务工作的指示和决定,研究和制定贯彻执行有关外事侨务政策的具体措施和办法;督促和检查全市贯彻执行对外方针政策和有关规定的情况;负责处理政治性涉外事项;负责因公出境人员的审核和上报事项;归口管理侨务有关工作。岑溪市侨务办公室历任领导:覃祥和(1987年至1993年12月)、关光国(1993年12月至2002年4月);岑溪市外事办公室历任领导:张耀才(1992年至1997年3月)、陈小江(1997年3月至2002年4月);岑溪市外事侨务办公室领导:陈小江(2002年4月至2007年7月)。

第二节　外事及港澳事务

交流活动

1995年6月21—24日,世界建筑及建筑材料展览会在香港地区举行。岑溪县政府组织12家主要石材厂家和花岗岩生产主要乡镇共40人的代表团参加这次展览会。参展品主要是花岗岩石材产品,有岑溪红、三堡红、芝麻石、浪花白、七彩石等10个品种。其间签订合同32个,其中石材购销18万平方米、荒料8000立方米,金额共6200万元。

随着改革开放的不断深入,2001年起,岑溪市公务交流活动增多,同时鼓励企业人员走出国门,直接与外商洽谈业务,参与国际市场竞争。2001—2005年,5年共办理因公临时出国(境)38批150人次,出访

马来西亚、新加坡、泰国、澳大利亚、缅甸、越南、韩国、日本、法国、德国、英国、意大利、美国、加拿大等10多个国家和地区，出访目的以工业与贸易洽谈、考察和技术交流为主。同一时期，接访上述国家和地区到岑的客商120人次。另外，外派教师支援外国华文学校教育，传播中华文化。2003年10月，岑溪三中、岑溪一中分别派出语文教师2人和1人到老挝华文学校支教，支教时间2年。2004年10月，岑溪二小派出幼教1人到越南华文学校支教，支教时间2年。

接受外国政府、国际友好人士捐助

岑溪市水汶镇太云小学教学楼建设项目，获日本政府无偿捐助资金37万元，总建筑面积880平方米，三层九间，2003年8月9日奠基，11月开工建设，2004年建成使用。2005年，日本友人山田稔捐资55万元捐建岑溪市教学楼建设，其中捐助龙灯小学教学楼建设30万元、援助诚谏镇治安小学教学楼建设25万元。

涉外案(事)件处理　2000—2005年，岑溪市进一步扩大对外开放，在对外往来活动出现了一些涉及外国人的商务民事案、刑事司法案和涉外突发事件。面对此类案件，岑溪市按照有关法律法规积极、妥善进行处理，对跨国犯罪案坚决予以打击；对涉外突发事件，坚持友好协商、快速有效、利益兼顾的原则进行妥善处理。6年间，对涉外婚姻和跨国犯罪案件5件5人进行刑事处罚，并将其驱逐出境。

第三节　侨　务

基本侨情

2005年，岑溪在海外的华侨华人有10万多人，其中，马来西亚近40000人，泰国25000人，印度尼西亚12000人，新加坡9000人，缅甸3500人，澳大利亚1500人，越南800人，美国500人，柬埔寨400人，法国350人，菲律宾350人，英国300人，加拿大300人，德国250人，老挝250人，日本200人，意大利200人，俄罗斯100人，其他国家、地区500人。

市内居住归侨、侨眷12万多人，大部分分布在黄华河流域的水汶、大隆、南渡、马路等重点侨乡。归侨、侨眷人口分布大概如下：水汶镇38000人，南渡镇28000人，大隆镇18000人，马路镇20000人，梨木镇3200人，大业镇3000人，岑城镇2200人，归义镇2000人，筋竹镇1000人，诚谏镇1000人，波塘镇1000人，糯垌镇1000人，安平镇500人，三堡镇500人，市直2000人。

落实侨务政策

1991—1997年，重点做好20世纪80年代尚未落实完成的华侨私房政策和回收安置60年代初期被精简下放的归侨侨眷职工的扫尾工作。其间共落实在土地改革时没收征收的、“大跃进”时期被拆毁的华侨私房210户，总面积47020平方米；落实回收安置60年代初期精简下放的归侨侨眷职工156人。1996—2005年，认真落实归侨职工的退休金发放政策，使98名工龄满30年以上的归侨职工的退休金按原工资标准发放。同时，认真落实高考(中考)考试加分政策，1991—2005年共有580名“三侨”(是指归侨青年、归侨子女、华侨在国内的子女)考生得到加分照顾。此外，对其他有关的侨务政策都认真贯彻落实，严格贯彻执行党中央和国务院颁布的一系列保护华侨侨眷合法权益的政策。

侨情调查

1992—1996年，在全县范围内进行归侨侨眷普查登记，共核发归侨侨眷证2648个。2003—2004年，对全市归侨侨眷干部(包括医护人员及中小学教师)进行登记造册，建立档案，共有归侨侨眷干部550人登记归档。同时，对56个岑溪籍华侨华人知名人士进行登记立档。

2000年泰国华侨探亲团在城楼前合影留念（市政协　提供）

华侨侨属企业

1991年以后，通过认真宣传贯彻《广西侨属企业优惠政策》，深入各乡镇侨户、侨属企业调查了解侨属企业的产、供、销情况及存在问题，帮助提供信息，做好各方面的服务工作，使侨属企业不断得到巩固和发展。2001年年底，全市拥有各种侨属企业578家，总投资4256万元，年产值11165万元，安排就业3165人。同时，通过各种渠道积极联络海外华侨华人，介绍岑溪，宣传岑溪，吸引侨胞到岑溪投资建设，促进岑溪经济发展。

开展联谊活动

20世纪90年代以来，利用春节、中秋节等传统节日发送贺年卡、慰问信等多种形式以及通过“走出去，请进来”的办法，加强与海外侨领、知名华侨华人及华侨社团的联系，同时做好回乡观光、探亲、寻根祭祖、投资兴业的海外侨胞的联谊、接待工作。1991—2005年，累计接待海外侨胞和港澳同胞共3600多人次，加深与海外侨胞的感情，促进与海外侨胞的友好合作交流，获得华人华侨、港澳同胞捐助岑溪教育等公益事业项目15个，捐款总额355万元人民币。

1991—2005年岑溪市华侨华人、港澳同胞捐助岑溪公益事业项目一览表

表15-3-1

项目名称	捐赠金额（人民币）	捐赠人或机构	时间
大业小学陈静纪念图书馆	8万元	港胞陈静	1995年
水汶华侨中学华侨楼	86万元	新、马、泰华侨华人	2002年
波塘和村小学教学楼	20万元	港胞黄雅兰等	2002年
岑溪二中陈克文纪念图书馆	20万元	港胞陈方正	2004年
岑城探花小学逸夫教学楼	10万元	香港邵逸夫教育基金会	2004年
水汶大南小学逸夫教学楼	10万元	香港邵逸夫教育基金会	2004年
水汶尚勇小学逸夫教学楼	15万元	香港邵逸夫教育基金会	2004年
岑溪市第九小学逸夫教学楼	11万元	香港邵逸夫教育基金会	2004年
岑溪中学逸夫图书馆	88万元	香港邵逸夫教育基金会	2005年
水汶华侨中学锦秀图书室	6万元	马来西亚华人李锦秀	2005年
水汶竹兰小学教学楼	16万元	香港应善良福利基金会	2005年
马路中学教学楼	20万元	港胞谭锦球	2005年
南渡都雅小学教学楼	15万元	澳门商业雇员总会	2005年
岑城思孟小学教学楼	10万元	香港友人	2005年
大业镇同福大桥	20万元	马来西亚华人柯来发	2005年

[第十六篇]

政法　军事

第一章　公　安

1991—2005年,岑溪县(市)公安局,坚持严打整治,维护社会稳定团结的方针,一手抓队伍建设,充分发挥各科室职能,在刑事侦查,专项打击包括刑事、经济(含官员腐败)等职务犯罪及社会治安治理和交通管理,消防维护各个方面,为岑溪改革开放经济快速发展和社会稳定,人民安居乐业保驾护航。1991年,岑溪县公安局获全国优秀公安局称号。1993年自治区社会治安状况综合评议获92.47分,列全区第二名,2004—2005年,连续两年获自治区"全区优秀公安局"称号。岑溪的刑事侦破、治安案件查处率不断提升,社会犯罪事件、治安案件逐年下降。公安交警在维护道路交通安全,与安全执法等方面成果显著,消防大队在预防和减少火害隐患工作中,坚持"五进"方针先后于1994—1996年、2003—2005年连续被广西消防大队评为"先进大队"。消防中队获记集体三等功一次。公安局下辖各基层派出所及出入境管理、户籍管理、治安巡逻、110等单位(队)建设不断改善提高,公安战斗力获充实提升。

第一节　机　构

岑溪市公安局

1950年2月成立(时称县公安局),"文化大革命"初期被冲击,1968年县革命委员会成立,设人民保卫组,替代公安职能。1973年10月恢复成立公安局。1991年公安局内设机构有办公室、行政科、通讯科、政工科、纪委、政保科、内保科、治安科、预审科、消防科、出入境管理科、户政科、法制科、刑侦一队、刑侦二队、看守所、行拘所、武警中队、交警队。下设基层派出所17个全局在编干警265人,工勤17人。1992年,全局在编干警232人,工勤16人;内设机构有办公室、行政科、通讯科、政工科、纪委、政保科、内保科、治安大队、预审科、消防科、出入境管理科、户政科、法制科、刑侦大队、缉毒缉私大队、看守所、行拘所、武警中队、交警队。局二层机构与1991年相同。1992年10月,撤销刑侦一队,刑侦二队和治安科,分别设立刑侦大队、缉毒缉私大队和治安大队。1993年6月经自治区消防总队同意,设立岑溪县公安局消防中队。1994年3月,岑溪县消防科改为岑溪县消防大队,下辖消防中队,隶属武警梧州地区支队领导。1995年12月岑溪撤县设市,岑溪县公安局改称岑溪市公安局。1996年1月经自治区公安厅批复,岑溪市公安局内设19个科、室、所、队(大队),分别是办公室、政保科、内保科、治安警察大队、巡逻警察大队、刑事警察大队、缉毒缉私大队、户政管理科、出入境管理科、法制科、机要通讯科、行政科、预审科、交通警察大队(下辖城区、南渡、归义、糯垌四个中队)、消防大队、看守所、收容教育所、拘役所、治安拘留所(收容、拘役、拘留三所为三块牌子一套人马)等,下设21个基层派出所。1997年1月经市人民政府同意,成立岑溪市强制戒毒所。同年5月,建立110报警指挥中心。1998年11月,市机构编制委员会批复成立岑溪市公安局经济案件侦查大队。1999年11月,设置警务督察队。2001年7月,政保科更名为国内安全保卫大队。2002年机构改革时,市公安局机关内设13个职能机构。分别是纪律检查委员会、办公室、政工股、警务督察大队、宣传股、信访股、110指挥中心、户政股、出入境管理股、法制股、机要信息股、装备财务股、公共信息网络安全监察股。撤销的内保科管辖的业务归治安警察大队管辖。2003年5月,市林业局的林业公安股更名为岑溪市公安局森林公安分局。同年11月,公安局经济案件侦察大队更名为市公安局经济犯罪侦查大队。

2004年，撤销装备财务股，设立行政装备计财股。公安局刑事警察大队、治安警察大队升格为科级建制单位。2005年3月，增设岑溪市公安局审计股。5月，市公安局缉毒大队更名为市公安局禁毒大队。同年11月，市公安局预审股和公共信息网络安全监察股合并，成立市公安局网络警察大队。12月，增设岑溪市公安局交通警察大队秩序中队和特勤中队。2005年，岑溪市公安干警队伍共有在编在职民警319人。

岑溪市公安局1991—2005年历任局长：李梓昌（1983年6月至1993年12月）、陈有积（1993年12月至1998年8月）、莫永宁（1998年8月至2000年11月）、陆志光（2000年11月至2003年12月）、陈守朝（2003年12月至2007年1月）。历任政委：陈有积（1987年10月至1993年12月、1998年8月至2001年2月）、黄华秩（1993年12月至1996年7月）、莫永宁（1996年12月至1998.8月）、黄瑜（2001年2月至2001年12月）、江金（2002年1月至2007年2月）。1991—2005年办公地址在市大中路35号。

基层派出所

1991年全市设派出所17个，分别是岑城所、樟木所、马路所、南渡所、昙容所、吉太所、水汶所、大隆所、梨木所、归义所、大湴所、诚谏所、筋竹所、糯垌所、三堡所、安平所、波塘所。1992年9月，增设矿业派出所。1993年4月，撤销岑城派出所，分别设立城中、城东、城南、城北四个城区派出所。1996年，撤销城东派出所，改设城西派出所。同年，市公安局下设21个派出所，分别是城中、城南、城西、城北、樟木、马路、南渡、昙容、吉太、水汶、大隆、梨木、归义、大业、筋竹、诚谏、安平、糯垌、新塘（属糯垌镇）、三堡、波塘派出所。

1997年7月成立河三派出所，1999年3月河三派出所改称为诚谏派出所河三分所。同年撤销河三派出所和矿业派出所。2000年仍辖21个派出所，增设森林公安分局，保留七坪林场派出所为企事业公安派出机构。2002年机构改革，派出所设置不变。

第二节　队伍建设

1991—1998年，全市21个派出所全部实现规范化建设达标，市公安局被评为“自治区公安厅派出所规范化建设先进单位”。1999年城北派出所被评为“自治区公安厅人民满意派出所”。1993年5月，岑溪县人民政府根据《中华人民共和国警察警衔条例》，举行首次警察授衔仪式，全县公安系统有18名干警授予一级警督警衔，31名干警授予二级警督警衔，有117名干警分别授予一级、二级、三级警司和一级、二级、警员警衔。全县226名警察接受了警衔命令。1995—1997年，先后依照《人民警察法》对严重违纪的数名干警，分别给予批评、禁闭、免职、调离等处罚。1991年，岑溪县公安局先后获得“全区优秀公安局”和“全国优秀公安局”称号。2000年起，执行公安部的“五条禁令”与“十严禁”等严格的纪律要求。同时通过组织干警学习刑法、刑诉法与人民警察法等相关法律法规，提高法治观念，坚持依法治警、依法行政。整治公安岗位中的“冷、硬、横、推、拖”等侵犯群众权益、脱离群众的作风及警容风纪松懈、执法不严的

2004年9月16—18日公安局开展大练兵会演（胡红　摄）

获奖奖牌

现象。2000—2003年，查处违法违纪和犯罪嫌疑干警16人（其中，追究刑事责任7人）。

2005年，公安局全面加强政治思想工作，多次对21个派出所及一线大队等部门中层领导班子进行考察，与60多名中层班子成员和200多名民警谈话，了解掌握中层班子及民警队伍状况。同时根据实际情况，将年轻有为、工作积极向上，有一定组织能力，协调能力强的青年民警提到中层领导岗位上来，年内新提拔中层领导6名，调整中层领导11名，民警轮岗32名，组织分配39人。以党建促业务，以业务带党建。把发展党员工作作为重要任务来抓，年内发展培养入党积极分子4人，写入党申请书的10人，组织批准预备党员4人，转正式党员5人。向党的队伍输送了新鲜血液。刑侦大队获自治区公安厅记集体二等功；城南派出所、交警大队交管中队获自治区公安厅记集体三等功。市公安局2004年、2005年连续两年被自治区公安厅授予“全区优秀公安局”荣誉称号。1991—2005年，岑溪公安系统有刘海生、李志才、邓兴旺先后获“全国优秀人民警察”称号，90多名干警先后获得自治区优秀交警、优秀民警或先进工作者、破案标兵、能手或立个人三等功等称号和奖励。

第三节　刑事侦查与专项打击行动

刑事侦查

1991年，推行刑侦制度改革，实行队（刑侦队）、所（派出所）与案发地党政群众组织三结合的方法，开展现场勘查、证据搜索、收集和相关人员讯问、调查，以及采用现代侦查科学仪器检测、与运用正反推断、逻辑推理等侦破技术（技巧）做好刑事侦查工作。1991—1999年，市内共发生刑事案件9530起，破案6165起，破案率64.7%，其中破获重大刑事案件2340起，破案率80.6%。特别是成功地破获一批影响较大的重大案件，捣毁100多个犯罪团伙，获得自治区公安厅、梧州地区公安处和梧州市公安局的表彰。

案件选录：1994年8月17日，一辆从四川省永川市开往广州的长途客车，在贵港路段被同车的7名车匪持刀洗劫乘客人民币1500多元，车上几名女青年被车匪侮辱。车上旅客曾用丢纸条或打手势的方法向沿途的收费站或路过的圩镇报案，但都不奏效。车到岑溪筋竹镇路段时，车上的旅客把纸条抛给路边一摩托车司机。司机接纸条后飞车到筋竹派出所报案。筋竹派出所接到报案后，一边向县局报告，一边派出警力追赶拦截被抢劫的客车，在客车进入广东境前的两省交界处将车截停。随后县公安局刑侦队车队赶到，抓获7名车匪。

1996年6月12日晚，岑梧公路绿云路段发生一起特大车匪路霸案件，一辆大客车上的乘客被4名持刀歹徒洗劫，被抢走现金4万元、一张8.7万元现金支票及金银首饰等物一批。接到报案后，市公安局领导迅速组织新塘、糯垌派出所和刑警大队、交警大队的民警50多人，实行多警种联合作战，仅用7个小时，便

成功破获这起车匪路霸案件，4名犯罪嫌疑人全部落网，被抢走的现金4万元、8.7万元现金支票一张及金银首饰等物悉数追回。

2004年9月24日。樟木镇木堋村河边发现一具女尸。接到报案后，局长陈守朝带刑警大队的侦查人员及城南、樟木派出所民警赶赴现场，通过现场勘查，尸体检验及搜索调查，仅20个小时，就辨明死者身份，确定犯罪嫌疑人，并将犯罪嫌疑人李某成抓获。

专项打击行动

1991—1992年，先后开展数次反盗窃专项斗争（每次为期一个月），共破获案件758起（其中特大、重大案件62起），捣毁犯罪团伙60多个（成员300余人）、抓获涉案人员1000余人，缴获作案工具与赃款赃物一大批。

1999年，开展打击盗抢机动车犯罪专项行动，破获盗窃进口小汽车特大案件21起，案值400万元，缴获被盗三菱吉普警车1辆，捣毁盗窃小汽车团伙1个（10余人）。2001年，利用2个月时间开展堵截查缉盗抢机动车和打击入室盗窃犯罪统一专项行动。以“抓现行、打团伙、压发案”为主攻方向，把重点放在城区，采取分片包干、责任到人的办法，伏击守候与着装巡逻相结合。两个月时间，侦破入室盗窃案53起，捣毁盗窃犯罪团伙13个，缴获赃款赃物一大批，抓获作案人员100余人，查扣无牌无证摩托车和可疑摩托车150多辆，经查13辆是被盗车辆；破获盗抢机动车案件22起，抓获犯罪嫌疑人23人，缴获被盗摩托车22辆。

1991—2005年，岑溪市公安机关开展多次“打击拐卖妇女儿童”犯罪活动、“打黑除恶”专项斗争、“缉毒禁毒”专项斗争及打击容留卖淫嫖娼、传播黄色影视（书刊）、非法传销等危害社会治安的违法犯罪专项行动。共抓获各种违法犯罪嫌疑人51000多人，其中刑事拘留35100多人，行政拘留1033人，批准逮捕4700多人；捣毁各种犯罪团伙300多个，解救妇女儿童380多名，抓获潜逃、通缉案犯60多人；缴获赃物电视机79台、清水泵196台、汽车22辆、摩托车891辆、自行车393辆、黄金2619.8克、耕牛10头、空压机1台、铲车1台及花岗岩板材、机械零件等赃物一大批，赃款赃物折款共1816.07万元；破案缴获雷管1254569发、炸药376732.4千克、导火索82954米、各种非法枪支6544支、子弹1042发、管制刀具184把。

第四节　打击经济违法犯罪

进入20世纪90年代，岑溪境内的一些人钻法律与政策的空子，从事贩私走私（以香烟为主）、制假卖假、以劣代优，甚至贩卖霉变有毒有害商品（以食品、化妆品为主）及利用传销平台、电讯网络欺骗、诈骗钱财或偷税、漏税等经济违法与犯罪活动。遵循上级和本级政法部门的部署，岑溪市公安局于1998年11月成立经济案件侦查大队（2003年改为经济犯罪侦查大队），分担打击经济违法犯罪活动。1999—2002年，市公安局经侦大队查处（含理）上述各种经济违法案件120多起，其中涉及犯罪案件28起。2003年、2005年，查获上述各种经济犯罪案件34起，捣毁制假与传销窝点120多个（次），拘留案犯200多人（批准逮捕90人），清理传销或变相传销人员1700多人（次）、其中遣返外地来岑溪参与传销人员1000多人（次）。缴获赃款赃物（折款）合计2000多万元，为国家及人民群众挽回经济损失700多万元。

第五节　社会治安管理

群防群治

1991年,实行社会治安综合治理"属地管理、分级负责"的管理体制,落实"谁主管、谁负责"的管理目标责任制,通过村级自治与综合管理,开展"平安乡镇""平安社区"活动。由各乡镇、社区、村以及各中小学和厂矿企业、事业单位,通过《中华人民共和国刑法》和《社会治安管理条例》等法律法规的宣传教育,并印发相关宣传资料发至各家各户,提高人民群众的法治观念,做自觉守法的公民。同时,由村级组织制定《村规民约》,要求村民不参赌、不吸毒、不嫖娼、不殴斗打群架。遇事冷静克制,遇难向公安机关求助,做自觉守法公民;管好易燃易爆物品,管好自家学生儿童;家庭屋宅设置防盗安全设施,管好自家财务财产等。2002年年底,全市创建平安乡镇、社区、村及企事业单位覆盖率85%。2005年,全市平安建设单位282个村(社区)中,有276个村(社区)达标,达标率97.8%。14个镇的平安建设全部达标。由于加强城区村镇治安管理,治安案件相应逐年下降,2003年比2002年下降44%,2004年比2003年下降50%。

公共场所管理

1991年以来,本着"谁主管、谁负责"的原则,在各个时期、分层次分阶段加强公共复杂场所管理。每年的元旦、春节、国庆等重大节日的前夕,从治安、内保、消防等科室抽调警力,组成联合工作组,对全市范围内的公共娱乐场所、机关单位,及存放易燃易爆物品单位和重点要害部门进行全面的安全大检查,及时消除各种安全隐患,确保各个节日期间的安全。

1996年4月"严打"行动期间,突击整治重点地段和村庄。针对市区内的汽车站、北环路一带治安复杂,冲车扒窃旅客财物较严重、群众的呼声较大的地段,由市社会治安整治办公室派出工作组会同辖区内的城北派出所及区厅、地区严打工作组一道,采取便衣执勤、伏击守候等措施。抓获一批冲车扒窃、扰乱车站秩序、在车站内敲诈勒索的违法犯罪分子,予以狠狠打击。从而使车站的治安秩序有了很大的好转。加强社会面的控制,落实和增加巡逻警力。从2000年7月起,各派出所建立圩日巡逻制度,实行包地段徒步巡逻,每逢圩日,由派出所领导带一个巡逻组在治安复杂的车站、市场、客车上落点、街道、商场等场所和路段巡逻,维护社会治安的稳定。2002—2005年,每年对公共复杂场所进行多次安全大检查,发现隐患,立即发整改通知书,及时消除安全隐患。

特种行业管理

1991年年初,治安部门与各派出所对全县的165家特种行业进行清理整顿登记,换发《治安管理许可证》,发证率100%。同时,会同工商、文化等部门,有针对性地制定对回收废旧行业、自行车修理、印刷业、刻章业、机动车拆修、旅馆业等6个行业的管理规定,使管理工作有章可循,日益制度化和规范化。1992年至2005年,每年都对特种行业进行多次大检查,发现隐患,发出整改通知书,限期整改,督促各项规章制度的落实。

枪支弹药、爆炸物品管理

1991年8月下旬开始对全县生产使用爆炸物品的单位、矿区进行多次检查整顿,切实加强对生产、销售、储存、运输、使用爆炸物品等各个环节的管理,堵塞漏洞,防患于未然。全年会同矿产、保险、安委会等部门进行定期或不定期检查38次,检查143个单位,发现隐患36处,发整改通知书19份,停产整顿15家,收缴炸药15.6千克、雷管49发、导火索15.7米。对自卫枪支、民用猎枪、弹药的管理方面,严格执行公安部制定的枪支管理规定和自治区公安厅制定的实施办法,严格保管、使用、申请购置、配发审批和审验发证等制度。杜绝枪支丢失、被盗、违法用枪事件。年内收缴民用枪支78支、子弹3发,并配合公安处对全县

自卫枪支建立弹痕迹档案。随后的几年中各项制度不断完善。

2003年，对全市的爆炸物品管理工作实行改革，由各民爆物使用单位出资，以各派出所为单位，聘请53名下岗职工、退伍军人组成民用爆破器材配送队伍，实行使用易爆单位与爆炸物及器材运输全部脱钩。公安机关对民爆器材配送、使用全程跟踪监督的管理模式。并规定有爆炸物品临时储存点的单位所建立的临时储存点必须完全符合“三防”（人防、技防、犬防）措施，经公安机关验收合格后发给爆炸物品储存许可证，可储存少量爆炸物品。临时储存点的仓库必须实行双铁门双锁，其中一道铁门的钥匙必须交由派出所的爆炸物品协管员独自掌握，使用单位需要使用爆炸物品时，必须提前报告派出所，由派出所派出协管员到达临时储存点，取出爆炸物品，认真记录，监督其使用爆炸物品的全过程。如有剩余的，当即收回，防止流失。对设有爆炸物品临时储存点的单位，则由其自己派车运输，由派出所的协管员对爆炸物品的购买、运输、使用进行全程跟踪监督。运去的爆炸物品如有剩余的，于当天天黑前在协管员直接监督下运回物资公司炸药仓库，绝对不得在外“过夜”。2004—2005年，加强全市烟花爆竹购买、运输、销售环节的安全管理，与辖区派出所加强协作，对私炮生产实行严密监控，发现一起查处一起，共查处非法生产爆竹案件7起，治安拘留8人，罚款7人；查处非法运输爆竹案件5起，罚款4人，警告1人；非法销售爆竹2起，警告2人，共没收爆竹1200多万头。

禁赌　禁毒　禁娼

1991年开始，市公安机关不断加强严管力度，采取有效措施对嫖、赌、暗娼、三陪女等社会丑恶现象予以严厉打击。当年7月开展查禁取缔卖淫嫖娼和打击拐卖妇女儿童犯罪活动专项斗争。仅1个多月时间，就捣毁卖淫嫖娼窝点25处，抓获嫖娼人员209名，卖淫妇女73名，逮捕强迫、引诱、容留妇女卖淫的罪犯11名；年内抓获拐卖妇女分子114人，解救妇女155人（其中越南妇女33人），儿童9人。

1996年4月，在“严打”斗争中，分别从公安局机关、武警、林业公安、矿业派出所及有关派出所抽调民警160多人，分为2个组，分别对吸贩毒违法犯罪突出的归义镇、岑城镇的龙井村进行集中围捕和整治，抓获一批吸贩毒分子，有效地打击贩毒、吸毒的违法犯罪，促进社会治安好转。同年11月，在专项治理斗争中，取缔市内有奖电子游戏机室88家。查处赌博案件566起，抓获参赌人员2262人，其中治安拘留96人，作其他处理的2154人。查处介绍、容留妇女卖淫案件5起，查处卖淫嫖娼案件296起，抓获卖淫嫖娼人员617人。其中，收容教养2人，治安拘留2人，作其他处理的609人。

2002年以查处赌博、涉黄为工作重点。在全市范围内开展打击“六合彩”赌博活动，对“六合彩”赌博进行全面围剿。坚持“捕庄家、断网络、端窝点”的方针，依法从重处理参与“六合彩”等非法彩票赌博的庄家、赌头、赌徒以及为“六合彩”赌博提供便利条件的人员。刑事拘留108人，逮捕3人，收缴罚没款近600万元。使市内“六合彩”赌风得到有效遏制。2000—2005年，共查处赌博案件1831起，处理涉赌人员8660人；查处涉黄案件272起，处理涉黄人员2921人。

2003年，全力开展缉毒禁毒斗争和打击非法“六合彩”活动。破获毒品案件26起，缴获毒品海洛因91.1克，抓获毒品犯罪嫌疑人32人，逮捕25人，抓获吸毒人员287人。处理赌博案件368起，其中查处非法“六合彩”案件85起，抓获违法人员417人，刑事拘留31人，治安拘留102人。三堡派出所先后在该镇的三堡街、祝庆、富冲、古堆、立垌、屏山等村街，捣毁15个“六合彩”赌博窝点，抓获参赌人员80多人；12月4日晚，市治安大队在市区商贸中心二楼捣毁1个以“抛球”形式进行聚众赌博的窝点。

1991—2005年发生、查处治安案件情况表

表16-1-1 单位:件

年度	发生	查处	查处率	年度	发生	查处	查处率
1991	1766	1737	98.9%	2000	3389	3206	95%
1992	4547	3585	79%	2001	2674	2674	91%
1993	4446	2971	66.8%	2002	2938	2519	85.1%
1994	4764	3948	82.9%	2003	1628	1307	80%
1995	3512	3327	95%	2004	821	747	91%
1996	3269	3184	97.4%	2005	649	580	80%
1997	3081	2953	95.8%	—	—	—	—
1998	2951	2784	94%	—	—	—	—
1999	2846	2721	96%	—	—	—	—

治安巡逻

1994年6月10日,县公安局成立巡逻警察大队,负责市区主要街道的24小时巡逻。1998年,加强治安巡逻工作,严密控制面上的社会治安。年内在巡逻时抓获现行作案人员568人,查破刑事案件31起,治安案件388起,缴获汽车1辆、摩托车11辆。

2002—2005年,在全市实施"阳光工程"建设,开展"阳光勤务",加强治安巡逻,维护社会治安。市区主要街道由巡警大队和交警大队民警负责巡逻,住宅小区、商场、车站、重点要害部位等由辖区派出所的民警带班的治安巡逻队负责巡逻,并实行24小时巡逻制。乡镇派出所组建3人以上治安巡逻队,由民警带班,实行圩日巡逻,巡逻以徒步为主,车巡为辅。公路、国道由交警大队负责巡逻。并落实"报警即停、遇警必接"的制度。

第六节 预审、看守

预审

1991—1995年,共立(刑事)案审批5404起,破案3751起。其中,抢劫立案审批129起,破案109起;抢夺立案审批32起,破案25起;杀人立案审批28起,破案27起;强奸立案审批92起,破案88起;盗窃立案审批2694起,破案1488起;寻衅滋事立案0起。拐卖妇女儿童立案审批108起,破案108起。查处赌博案件审批2619起,审批处理涉赌人员10410人。审批查处涉黄案件1881起,审批处理涉黄人员3179人。审批劳教279人。行政复议6起15人,维持3人、变更10人、撤销2人。

1996—2000年,立案审批4193起,核准破案2782起。其中,抢劫立案审批90起,破案74起;抢夺立案审批28起,破案26起;杀人立案审批23起,破案23起;强奸立案审批45起,破案45起;盗窃立案审批

1251起，破案836起；寻衅滋事立案0起。拐卖妇女儿童立案审批75起，破案75起。共审批查处赌博案件2715起，审批处理涉赌人员12059人；审批查处涉黄案件1553起，审批处理涉黄人员2921人。

2001—2005年，总立案审批7826起，总破案3481起。其中，抢劫立案审批238起，破案130起；抢夺立案审批492起，破案137起；杀人立案审批27起，破案25起；强奸立案审批88起，破案76起；盗窃立案审批4012起，破案1337起；寻衅滋事立案审批4起，破案2起；拐卖妇女儿童立案审批27起，破案26起；共审批查处赌博案件1831起，审批处理涉赌人员8660人；审批查处涉黄案件272起，审批处理涉黄人员567人。

看守

1976年9月至2005年，市看守所地址在北环大道420号，90年代以来，岑溪看守所按照公安部的要求，建立健全相关看守规章制度，实行文明管理，强化人权保障和安全体系。管教结合，引导被羁押人学法识法，认罪伏法，悔过自新。1991年，岑溪看守所被自治区公安厅评为看守目标管理先进单位。1995年关押逮捕犯298人（含上年遗留110人），刑事拘留28人（转逮捕27人），为外地司法机关羁押16人；法院判决218人，其中，判死缓10人交付执行死刑8人。

1996—1999年共关押逮捕犯1254（含上年遗留332人）人，刑事拘留1993人（转逮捕86人），劳动教养559人，为外地司法机关羁押166人。法院判决702人，其中判死刑13人，死缓3人。

2001—2005年共关押逮捕犯1621人，刑事拘留3105人，寄押36人，法院判决1520人（其中判死刑4人），送农场劳教1102人。2005年1月，岑溪看守所获集体三等功。

第七节　道路交通管理

道路交通秩序管理

20世纪80年代中后期起，随着经济快速发展，车辆运输业中人车混行的道路越来越多，机动车辆流量越来越大，道路交通秩序时有混乱、阻塞，道路交通事故越来越多。1991年起，市交警大队从岗线管理、动态管理、静态管理、设防管理四个方面加强对辖区道路交通秩序的常态化管理力度。并督促协助公路主管部门，城建部门对国道、县道、城区主要街道建立健全交通标志，划设交通标线和减速带装置、减速慢行警示灯；在城区主要街道交叉路口增设灯光信号交通指挥系统（红绿灯）和划定临时停车点临时停车位。实施渠化交通，规范车辆行车秩序和停车秩序。开展创建整顿和维护良好交通秩序的一系列环境工程。1995年在国道324线岑罗路段创建“文明示范道路”，2000年开展创建“畅通工程”活动，在国道324线容岑一级路岑溪段创建“平安大道”。确立城区工农路、解放路为“严管街”。2005年开展“畅通县区工程”的市、镇成立交通安全领导小组，由政府牵头定期或不定期召开交通安全联席会议，推动道路交通安全社会化管理模式。

2004年国庆节期间交警上路执勤（胡红　摄）

在每年的春运交通安全防护期（春节前后40天）及清明节前后、五一劳动节、十一国庆节、中秋节等车流人流物流高度集中，交通流量超常最易造成交通混乱和交通阻塞、交通事故多发的时段与路段，则根据本地实际情况制定方案，采取不同的措施全警动员，全员上路定点检查巡逻监控，维护交通秩序，保障道路安全与畅通。

自2003年累计投入438万余元，购买了警用雷达（又名电子警察）等各种高科技道路交通监控及摄录器材，在国道、县道、城区街道等车辆流量大，事故多发的路段或路口对道路交通秩序进行24小时定点监测或流动监控，有效地遏制超速、驾驶两轮摩托车不戴头盔、违规停放车辆、闯红灯、不按标志、标线行驶等交通违法行为，减少事故发生。

道路交通事故预防和处理

1991—2005年，是岑溪经济建设和道路交通快速发展的十五年，也是全市机动车及其驾驶员拥有量快速增多的十五年，境内国道、县道、乡道车辆与日俱增，道路交通事故也经常发生，交警大队十五年间夜以继日坚持以防事故、保畅通、保安全为目标，在加强做好路检路查、监控维护正常的交通秩序的同时，加大交通安全宣传教育力度，针对辖区道路交通突出问题和事故特点，开展各种交通整治与事故防范的专项行动，开展事故隐患的排查整改工作，全力做好车流人流物流集中、事故多发的节假日事故预防工作等，全力采取措施做好事故预防和遏制事故上升工作。

为了应对和处理越来越多的道路交通事故，岑溪市公安局交通管理大队内设事故处理中队负责指导和协调全队的事故处理并专门负责重大事故及疑难事故的处理工作。全市划分为五大警务片区，分别由城区中队、归义中队、糯垌中队、昙容中队、南渡中队五个交警中队，各自负责中队所辖片区内发生的一般性以下的道路交通事故处理工作。大队、中队设立值班室，24小时开通122交通事故报警电话，实行24小时值班备勤制度，并与市公安局110指挥中心和120急救中心联动，全力做到接警快、出警快、现场勘查处置快、恢复交通快、调查取证快，尽最大努力保障人民生命安全，减少公私财产损失。

交通事故处理，坚持以事实为依据以法律为准绳，公开、公平、公正处理的原则，依法作出责任认定。依照国家颁布实施的《道路交通事故处理程序规定》《道路交通事故处理办法》以及事故受伤人员伤残评定标准、损害赔偿标准等相关法规规定，组织肇事各方当事人或代表做好事故善后及损害赔偿调解处理结案工作。1991年至2005年间，全市发生7707起道路交通事故，死亡732人，轻重伤6774人，直接经济损失1152.80万元，道路交通事故立案处理及结案率99.5%，事故责任认定工作准确率99.80%以上，因调解不成立而向人民法院提起诉讼或上诉的案件不达1%。

重特大交通事故案例选录

1991年2月28日，上午10时许，玉林市大平山镇司机黄某驾驶大客车从广州回玉林，途经324线1297KM+200M下坡时，因车辆占线行驶与相向而来的岑溪汽车站高某华驾驶的大客车相撞，造成岑溪客车当场死亡2人，3人重伤，15人轻伤的重大交通事故。

1993年7月25日，岑溪县汽车站司机甘某成驾驶该站的解放牌40座大客车（实际载客63人）从县城往大隆乡方向行驶，当行至207线3295KM+800M处，由于客车直拉杆球头脱落，紧急制动时刹车软管破裂，致使大客车下坡转弯行驶36米后（梨木合水岭路段11千米处）驶出公路左边，翻下25米深山沟，造成9人死亡、9人重伤，38人轻伤、大客车报废的重特大交通事故。

1995年9月9日凌晨4时许，贺县一辆大客车从广东返回贺县，途经岑溪县归义镇金鸡大桥时，驶过路左撞断桥栏翻落义昌江，造成当场死亡25人、伤39人、大客车报废的岑溪县有史以来最严重的群死群伤的特大交通事故。

1996年12月31日23时40分，玉林一辆大客车在国道324线1351千米+700米处（南渡西兰路段），因雨天路滑车辆失控撞断路树和电杆后翻出路外菜地，因损毁蔬菜农民索赔造成数十村民围观。此时随后而来的另一辆大客车也因雨天路滑车速过快，撞到事故大客车尾部，致使倾翻在地的大客车突然急滑十多米，将围观群众7人压在车底，经全力施救造成围观者2人死亡，轻重伤30多人的重大交通事故。

1995年9月9日，发生在金鸡大桥特大交通事故现场（交警大队 提供）

1997年4月5日上午9时30分，在岑溪市国道207线3252千米+600米（六云岭）处，发生一起大客车与小货车相撞事故，两车翻下山沟，造成死亡4人、轻重伤27人，两车报废的特大交通事故。

1997年10月13日，一辆大客车在国道324线1344千米+600米（六直岭）处占线行驶与一辆对向而来的大货车相撞，造成死3人伤3人，直接经济损失9万元的特大交通事故。

1999年3月16日23时15分，岑溪市一辆小轿车在国道324线1298千米+250米（筋竹望间村路段）处，尾撞同向停在路边的一辆玉林大货车，造成小轿车报废，车上一男二女当场死亡的特大交通事故。

1999年11月25日凌晨5时30分，苍梧县一辆大货车在国道207线糯垌新塘道班前大转弯处转弯时车速过快，车辆冲出弯背翻车，造成死3人伤2人的特大交通事故。

2003年10月26日凌晨1时许，樟木上奇街黎某某驾驶两轮摩托车搭乘2人由市区往马路方向行驶，在国道324线1332千米处（市区十里长街紫坭上坡路段）撞上因故停在行车道上的兴业县小货车（该货车未开灯光）的左后角，造成正在小货车左后尾部的小货车驾驶人及摩托车驾乘人共4人当场死亡的特大交通事故。

2004年5月28日17时许，一辆大客车由广东回南宁，途经岑溪市国道324县1319千米+100米处的归义加油站路段时与一辆三轮摩托车碰撞，造成三轮摩托车上5名乘客死亡、10名乘客轻度受伤，三轮摩托车报废的特大交通事故。

2005年3月10日17时40分，覃某某驾驶拖拉机载木薯由梨木镇里汉村往塘坎村，由于驾驶人操作失误驶出路外翻下30米深的山沟，造成驾驶员和乘车人共3人当场死亡，另一乘车人员受伤，车辆报废的恶性路外事故。

1991—2005年岑溪市道路交通事故及处理工作统计表

表16-1-2

年度	当年接到事故报警(次)	立案处理事故情况				特大事故(次)	事故逃逸案件		对重大肇事者追究法律责任			备注
		事故次数(数)	死亡人数(人)	受伤人数(人)	直接经济损失(万元)		逃逸(起)	侦破(人)	行政拘留(人)	刑事拘留(人)	逮捕(人)	
1991	465	386	31	349	32.54	—	—	—	—	—	—	
1992	434	434	34	392	39.21	—	—	—	—		—	
1993	426	426	41	382	12.27	1	—	—	—	—	—	另有路外事故79起死12人不列入立案和统计
1994	413	413	42	368	12.39		—	—	—	—	—	
1995	496	486	43	355	113.5	1	36	36	—	—	—	
1996	493	493	38	399	80.55	—	20	20	—	—	—	
1997	527	527	58	348	83.6	2	—	—	—	—	—	—
1998	674	673	50	480	118.5	—	—	—	—	—	—	发生路外事故26起,死9人伤30人,经济直损11.5万元不列入立案统计
1999	516	490	62	494	101.04	3	—	—	—	—	—	发生路外事故32起,死7人伤27人,不列入统计立案统计
2000	631	599	44	485	65.5	—	—	—	—	—	—	发生路外事故9起,死1人伤6人,不列入立案统计
2001	712	703	44	652	104.5	—	—	—	—	—	—	—
2002	690	590	64	669	112.4	—	—	—	—	—	—	—
2003	557	557	59	535	75.2	1	13	12	11	23	17	—
2004	431	431	53	473	88.88	1	—	—	8	14	12	—
2005	327	322	40	330	112.5	—	9	9	—	12	12	发生路外事故5起,死6人伤8人,不列入立案统计
合计	7791	7630	703	6711	1152.04	9	112	109	19	49	41	—

注:1.不报警自行协商处理了结的事故不列入统计。

2.农机及其驾驶员于1998年3月8日移交县农机监理站管理,其农机在农村道路的交通事故归属农机监理负责处理,不列入本表统计;

3.路外事故指在非国家养护道路发生的道路交通事故。虽报警并经交警部门处理但不列入立案处理和统计上报范围,故此,1991—2005年共发生交通事故7791起,实际死亡738人,伤6782人。

1991—2005年岑溪机动车驾驶员数量统计表

表16-1-3　　单位:人

年度＼项目	合计	汽车驾驶员				摩托车驾驶员				其他车辆驾驶员
		小计	客车	货车	小车	小计	三轮	两轮	轻便	
1991	8058	4694	609	3726	359	3197	1179	2010	8	167
1992	10636	6253	781	4811	661	4137	1623	2506	8	246
1993	14756	9316	878	7636	802	5766	1897	3259	10	274
1994	18703	10754	901	8875	978	7643	2394	5239	10	306
1995	23129	11923	919	9915	1089	10927	2583	8334	10	279
1996	26557	13247	927	11050	1270	13116	3705	9401	10	194
1997	35771	15086	933	12659	1494	20252	4025	16216	11	163
1998	48015	15955	952	13078	1925	31929	4423	27495	11	131
1999	57721	18339	979	14234	3126	39290	4818	34461	11	92
2000	64455	21354	991	15361	5002	43039	4879	38146	14	62
2001	72997	23996	1002	16102	6892	48992	5178	43768	16	9
2002	80049	26965	1028	17792	8145	53069	5191	47862	16	15
2003	85810	29442	1068	18943	9431	56347	5313	51018	16	21
2004	94828	34071	1980	20106	11985	60732	5389	55326	17	25
2005	102370	36184	1097	21856	13231	66153	5764	60372	17	33

车辆和驾驶员管理

1988年6月，公安交警大队设立车管股，专门负责本辖区机动车及其驾驶员管理工作。1992年撤销车管股改设车管中队，2000年改称为车管所。1995年以前车辆检验靠人工检测，驾驶证、行驶证以及所有档案资料全部靠手工填写，档案管理相对滞后。1995年12月开设车管业务窗口、设立专门的档案室，建成自动化程度较高的机动车检测线，办公条件有所改善。2000年5月开设车管业务大厅，实现一条龙窗口化办公服务，公布办牌办证办事程序、设立导办员方便民众办事。2001年11月开始对车管业务实行微机管理，2003—2005年全面实行网上办公和微机无纸考试，所有机动车及其驾

2000年5月，开设车管业务大厅，实现一条龙窗口化办公服务，方便了广大车主和驾驶员(2005年　胡红　摄)

驶员信息资料都可以通过网上查询，实现信息共享等高科技管理的模式，原始档案文件资料统一由档案室存档备查，改变了过去人工手写证件和人工检测车辆的落后状况，有效提高了对机动车及其驾驶员的管理能力和服务水平。对违章违法及肇事驾驶员实行记分办法，对有记分记录或违章肇事驾驶员进行办班学习和实行年度审验，对驾驶员有无违法或肇事记录、身体素质等加强管理和教育工作。1994年前分别由林业车队、复退军人车队、公安局及各乡镇农机站设立培训点和培训班进行培训；1995—2002年由交警大队开办的摩托车驾驶员培训学校统一开班培训。汽车驾驶员的培训工作，1996年前统由梧州地区汽车驾驶员培训学校岑溪分校负责，1997—2002年由梧州市公安局设立的汽车驾驶员培训中心负责。2003年以后，摩托车、汽车驾驶员的培训统由社会上组建的驾驶员培训学校开班培训，车管部门负责对驾驶员培训工作进行监督指导及考核签发驾驶证，建立和完善驾驶员培训工作社会化、培训与监管考核分开负责的常规机制。

2002—2005年岑溪市道路交通秩序情况表

表16-1-4

年度	出动警力（人、次）	查纠交通违法			查扣交通违法车辆	查扣交通违法者证件	强制报废车辆（辆）	行政拘留交通违法（人）	卸客转运（人、次）	卸货转运（吨、次）	其他		备注
		检查车辆（台、次）	教育警告（人、次）	行政处罚（人、次）							查获被盗抢机动车	查获盗抢嫌疑人	
2002	11352	150041	47140	44034	1686	6329	—	3	281	—	25	2	创建平安大道和交通秩序示范路、畅通工程、严管街
2003	13078	158959	14332	24002	4784	2236	295	75	—	—	—	—	全年组织和开展6次专项整治道路交通秩序一行动
2004	14002	171579	19868	21454	1427	3585	5	9	2903	8124	17	1	贯彻国务院对道路五整顿三加强工作、开展百日战役等活动
2005	13270	163251	24686	18805	1397	313	5	12	313	205	6	12	开展“双超”和违规运输危险物品、假牌证专项法理工作
合计	51702	643830	106026	108295	9294	12463	305	99	3497	8329	48	15	—

道路交通安全宣传教育

岑溪市公安局交通警察大队与市文化局组织了交通安全文艺宣传队，宣传道路交通安全知识、普及交通法律法规等，图为1999年9月11日晚，在归义镇罗坪小学演出现场(胡红　摄)

1991—2005年，交警大队把搞好道路交通安全宣传教育、普及交通法律法规和交通安全常识、提高民众交通安全意识和遵纪守法的自觉性作为确保道路交通有序畅通、预防事故、确保人民群众生命财产安全的重点工作，建立宣传教育机制，把交通安全宣传教育工作分解到中队、室、所和民警，落实宣传经费。1994年9月改革创新机动车驾驶员学习教育新机制，组建成立岑溪市机动车驾驶员联合会(简称驾联，下设14个办事处、208个驾驶员安全学习组)，加强对机动车驾驶员的交通安全学习和教育，驾联成为交警部门推进交通安全宣传工作的得力助手。十五年来，交警、驾联、保险公司三个部门出资出力共同组织开展各种交通安全宣传活动。与广视局合作在岑溪电视台、电台播放有关交通安全的节目；与市委宣传部、文化局、团市委协同举办各种文艺演出；与教育局协同组织各学校开展交通安全宣传教育有关宣传活动；利用各乡镇的交通安全联席会议、镇村交通安全协管员、镇村文化宣传橱窗等开展交通安全图片巡展及组织乡村驾驶员开安全会等宣传活动。同时采取制作交通安全宣传简报、板报、橱窗、版画及通过宣传车、宣传标语、宣传讲座、交通安全知识竞赛活动、发放宣传资料、文艺演出、放电影、放光碟等多种多样的宣传形式，开展道路交通安全宣传教育活动。配合整顿治理道路交通秩序专项行动或防事故保畅通系统工程，开展“交通安全宣传月”“宣传周”“宣传日”等活动。1997—1999年，开展“交通安全系万家”的宣传教育活动；2004—2005年持续开展交通安全“五进”(进村、进校、进社区、进家庭、进单位)宣传活动，以及交通安全宣传一条街，创建“交通安全文明示范村”“交通安全文明示范校”“手牵手，小手牵大手”等等一系列宣传教育活动，切实提高司乘人员和人民群众的交通安全意识，预防和减少交通事故发生。

2002—2005年开展道路交通安全宣传教育活动统计表

表16-1-5

年度	举办大型或专项活动(场、次)	召开专项宣教会议（次）	上交通安全宣传教育课(场、次)	组织驾驶员办班学习（期）	挂图展牌子巡展(场、次)	开展“五进”宣传活动（次）	树立标语悬挂横幅（条）	利用电台电视宣传（期）	利用橱窗牌报宣传（期）	发宣传册、宣传资料、手机信息（万份、万条）	发宣传简报快讯（期）	组织向报刊、电视、电台、公安网、互联网投稿（篇）	备注（重点专项宣传教育活动）
2002	5	2	74	64	42	—	218	181	6	2.1	—	101	创建交通安全文明示范校4所，交通安全文明示范村4个
2003	3	168	87	88	29	—	312	192	81	—	—	81	开展《交通与你同行》专题、《道路交通安全法》宣传活动
2004	5	3	69	6	32	—	218	201	18	26	90	224	大规模进行《道路交通安全法》宣传教育活动
2005	1	5	64	—	43	1536	378	305	55	22.09	118	333	2005年至2010年持续开展“五进”宣传活动；2005年岑溪市交警大队被区交警总队评为全区“五进”交通安全宣传先进单位
合计	14	178	294	158	146	1536	1126	879	160	50.19	208	739	—

第八节　消防管理

1991年，贯彻执行《中华人民共和国消防法》以及《机关、团体、企业、事业单位消防安全管理规定》，县消防中队实行消防宣传“五进”(即进社区、学校、农村、企业、家庭)的方法，加强对网吧、商场、集贸市场、宾馆、酒店、歌舞娱乐场所等人员密集场所和易燃易爆企业消防安全监督管理，全面开展火灾事故隐患排查活动，强化灭火救援和对建筑工程审核工作，预防和减少重大特大火灾事故的发生。1994年县消防大队成立后，连同消防中队检查单位1128个(次)，出动消防监督警力913人次，消除火灾隐患1031处，提出建筑工程审核意见128条。2000—2005年，建筑物火灾造成20万元以上损失的仅三起。消防大队先后于1994—1996年、2003—2005年各连续3年被广西消防总队评为先进大队，中队获记集体三等功和评为标兵单位各1次，3次被评为基层建设先进中队，2002年获消防总队正规化达标单位。

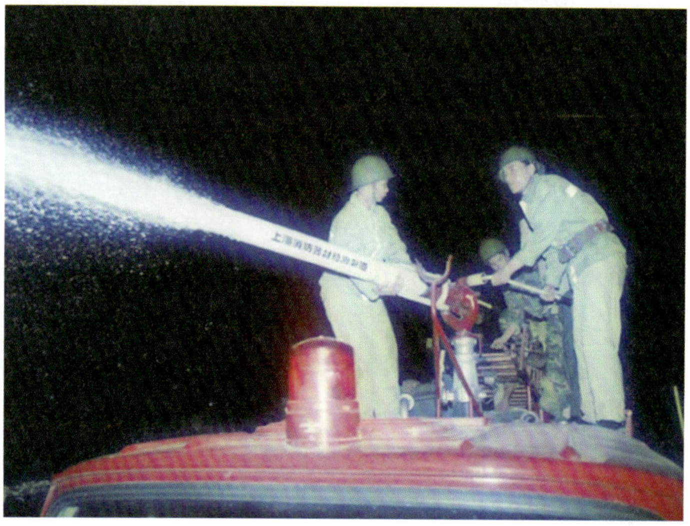

2000年5月30日，位于324线公路边的岑溪市桂东加油站内一辆油罐车在卸油时突然起火，消防大队立即赶到火场灭火，图为消防战士在灭火中

火灾事故选录

2000年5月30日，市玉梧大道桂东加油站发生油罐爆炸，岑溪消防大队与梧州市消防支队调集5台泡沫水罐车赴火场灭火救灾，火灾造成41万元损失。

2001年5月22日，市解放大道五星保龄球馆电器线路短路发生火灾，过火面积1000平方米，火灾造成25万元损失。

2003年7月28日，市十里长街工业开发区华发火机厂包装车间发生火灾并爆炸，过火面积340平方米，火灾造成20万元损失。

第九节　户政　出入境管理

户政

户口管理　凡本市辖区公民均由辖地公安派出所进行户口登记并发放户口簿。新生儿由其父母(或监护人)凭出生证件到所属派出所申报登记人口。死亡者由直系亲属凭死亡证件到所属派出所登记注销户口。迁入、迁出人口由本人持户口簿、身份证及相关证明材料到所属派出所登记办理迁入、迁出手续。外来流动人口，须持身份证及有关证件，到临时居住地所属派出所办理暂住户口登记手续。失踪人口由亲属到属地派出所报案，经公安机关侦查无果或经人民法院宣告后，依法规定登记失踪注销。户口簿一经发放，由家庭保管，如丢失或被盗、焚毁、应及时到属地派出所报案及办理补发手续。如公安机关提出需更新户口簿时，公民应依规定及时到属地派出所办理更换户口簿手续。

1998年1月，全市开始换发全国统一印制的居民户口簿，2000年年底，全市共换发居民户口簿16万本。

身份证管理 岑溪实行身份证管理制度并为全县90%以上年满16岁以上公民发放居民身份证。从1987年开始颁发第一代居民身份证，至2005年年底，全市共办理第一代居民身份证95万张。身份证由公民保管使用，不得外借，更不能造假。外借或造假产生法律后果，由公民个人负责。身份证丢失或损毁，公民到公安机关报案，在新身份证办理获取前，可办临时身份证作应急使用。

外来暂住人口管理 2001—2003年，开始整顿出租屋和外来暂住人口工作。成立清理整顿工作领导小组，落实责任制。抽调警力30多人组成工作组，以市区为重点开展全面清理整顿行动，并严格按照出租屋和暂住人口管理的要求。全面推行出租屋管理"五个一"和"两个令"管理制度。做到规范管理。3年来共清理整顿出租房屋1116间，办理出租房屋许可证206个，签订出租房屋责任书258份，发放出租房屋牌483个。清理无证暂住人口2699人，摧毁非法传销团伙2个19人，查破刑事案件5起，抓获违法犯罪嫌疑人23人。查处治安案件23起，抓获违法人员71人。

出入境管理

本籍公民到广东深圳、珠海经济特区，香港、澳门特别行政区及外国办事、就读、就业或考察、公差、旅游等，需凭个人身份证、户口簿及其他证件(介绍资料)到公安机关出入境管理处办理相关出入境证件(签证、护照)等手续。2002年起，岑溪市公安机关实施"阳光工程"，建立办证中心，简化各种办证手续。增加为民服务措施和执法透明度，并采用电子计算机等新式技术，加快办理速度，提高工作效率，缩短办证时间。

1991—2005年，共办理普通护照541人次，往来港澳通行证1789人次，往来台湾通行证146人次。(经查档案，其中1994年、2002年、2005年数据缺)

1991—1995年，共办理普通护照48人次，往来港澳通行证274人次，往来台湾通行证5人次。(经查档案，其中1994年数据缺)

1996—2000年，共办理普通护照61人次，往来港澳通行证586人次，往来台湾通行证43人次。

2001—2005年，共办理普通护照432人次，往来港澳通行证929人次，往来台湾通行证98人次。(经查档案，其中2002年、2005年数据缺)

第二章　检　察

1991—2005年，岑溪市人民检察院，坚持从重从快的方针，严厉打击危害国家和社会治安、破坏社会主义市场经济秩序等严重刑事犯罪，依法惩治贪污、贿赂、渎职等职务犯罪，查办一批大案要案，不断加强对刑事、民事、行政诉讼的法律监督。1991—2005年，共受理公安机关和本院自侦部门呈报批捕案件共5246件、3929人；在查办贪污贿赂、渎职犯罪工作中，查办贪污贿赂案件410件，560人；查办渎职侵权职务犯罪案件164件，197人。抓好法纪检察、监所检察和民事控告申诉行政检察等工作，开展法律普及教育宣传。20世纪90年代以来，市检察机关荣获全国先进集体称号1个，自治区先进集体称号9个，荣获集体三等功4次。

第一节　机　构

岑溪县人民检察院1955年2月成立。"文化大革命"初期受冲击处于瘫痪，1975年11月被撤销，1978年6月恢复成立。1991年，检察院内设办公室、刑事检察一科、刑事检察二科、经济检察科、法纪检察科、增设控申民事行政检察科。同年7月，刑事检察一科、刑事检察二科变更为刑事检察科，监所检察科。干警总人数48人，其中副处（县）级2人，局（科）级14人，副局（科）级12人。1995年12月岑溪撤县设市，改称岑溪市人民检察院，正科级编制。1996年6月经济检察科更名为反贪局。1998年增设政工科、技术科、法警队、行政装备科等内设机构。2001年法纪检察科更名为反渎职侵权局。1999年5月，内设的"刑事检察科""监所检察科"分别更名为"审查批捕科""审查起诉科"，更名后其职能不变。2002年，检察院设办公室（含法警大队）、政工科（含纪检、监察）、侦查监督科、公诉科、反贪污贿赂局（含职务犯罪预防局）、渎职侵权检察科、监所检察科、民事行政检察科、控告申诉检察科（与举报中心、刑事赔偿工作办公室一个机构三块牌子）、检察技术科10个职能部门。行政人员编制50人，2003年内设机构为办公室、政工科、侦查监督科、公诉科、渎职侵权检察科、反贪污贿赂局、监所检察科、民事行政检察科、控告申诉检察科、检察技术科、行政装备科11个科局室。全院干警人数为44人。2004年内设机构不变，全院干警人数为43人。2005年5月16日岑溪市编委同意增设人民监督办公室为内设机构，配备正、副主任各一名。全院干警人数为48人。1991—2005年办公地址在市工农路9号。

位于工农路的市人民检察院（1999年　摄）

1991—2005年，历任检察长：韦瑞京（1988年3月至1993年11月）、陈开械（1993年12月至1999年4月）、唐显扬

(1999年4月至2001年8月)、黄炳雄(2002年11月至2007年2月)。

第二节　队伍建设

20世纪90年代以后,岑溪市人民检察院为适应新时期、新形势下检察工作的需要,十分注重检察队伍的建设。坚持以党的路线、方针政策和邓小平理论、“三个代表”重要思想、科学发展观为指导,从加强政治理论学习和业务培训入手,建立、健全以《党风廉政建设制度》《检察办案制度》《自觉接受人大监督制度》和《错案岗位责任追究制度》等为主的制度管理机制。培养、造就一支政治坚定、业务精通、纪律严明、廉洁奉公、铁面无私的检察官队伍。切实履行宪法与法律赋予的职责,依法办案、严惩各种刑事犯罪分子和贪污、受贿、渎职等职务犯罪,查办了一批大案、要案。坚持从重从快的打击方针,有效地维护社会治安和社会主义市场经济秩序。为岑溪经济建设、社会主义文明、民主法制建设与社会进步发展作出了贡献。1991—2005年,岑溪市检察院获全国模范检察官和全国人民满意干警称号2人;获地市以上检察系统先进个人42人,荣立集体三等功4次,个人三等功30多人次。

检察院开展“检务公开”咨询活动(1999年　摄)

第三节　刑事检察

批捕起诉

1991年始,岑溪市人民检察院坚持“从重从快”方针,对公安机关侦破移送的刑事犯罪案件及自身直接受理的贪污贿赂、国家机关工作人员渎职犯罪案件的犯罪嫌疑人依法进行审查批捕、立案侦查监督并决定是否向人民法院提起诉讼(公诉)工作。1991年,受理公安机关和本院自侦部门刑事案件106件203人,经审查批捕101件183人,不捕3件17人,退补2件3人;审查起诉94件149人,免诉18件28人,不诉1件1人,退补1件2人;提前介入侦查活动29件66人次,提出侦查建议20多次。1992—1999年受理公安机关和本院自侦部门刑事案件1072件、1675人,经审查批捕1012件、1541人,不捕32件、94人,审查起诉742件、1085人,免诉86件、122人,不诉8件、14人。对公安机关的侦查活动提出纠正违法意见书33份,口头纠正意见32次,补立案件6件、6人。提出逮捕人犯检察建议书18份,追捕漏犯22人,追诉漏犯3人,追加漏罪78条。2000—2002年,共受理公安机关提请批准逮捕案件631件、991人,审结631件、991人,审结率准确率均达100%。其中批准逮捕676件、1021人,不批准逮捕36件、97人。受理自侦部门移送决定逮捕26件、29人,审查后决定逮捕26件、29人。受理公安机关移送审查起诉案件628件、928人(含退查重报12件26人)审结627件、925人,审结率99.5%,其中提起公诉573件、824人,不起诉4件、6人。报送梧州市检察院审查起诉22件、35人,受理自侦部门移送审查起诉案件44件、55人(含上年退补下年重报7件7人),其中提起公诉27件、32人,起诉至法院开庭审理案件563件、816人。出庭支持公诉案件470件、721人,适

用简易程序案件93件、95人。法院已判决504件、753人,均作有罪判决。

2000—2003年,在立案监督工作中,要求公安机关立案10件、17人,在侦查监督中,依据事实和法律,共追捕漏犯6人,追诉漏犯10人,追诉漏罪4条,改变公安机关对案件的定性3件、3人,纠正公安人员在侦查活动中出现的违法行为12人次,向公安机关发出检察建议书2份,公安机关均予采纳。

2003年5月,梧州市人民检察院将“二程”(程某德、程某满兄弟)黑恶势力团伙犯罪一案移交岑溪市人民检察院审查起诉。此案被告人多(共29人),涉嫌罪名多(10条罪),案卷材料多(60多卷)社会危害大,影响坏。岑溪市人民检察院成立专门办案组,指定办案经验丰富的公诉科正副科长为主要承办人,在人、财、物等方面给予倾斜和照顾,为重点办好此案提供一切便利。办案人员连续作战,仅用18天时间,审结此案,依法提起公诉。1991—2005年,共受理公安机关和本院自侦部门呈报批捕案件共5246件、3929人。

诉讼监督

1991—2005年,岑溪市检察机关坚持以“事实为依据,法律为准绳”,依法决定不批准逮捕案犯人员327人;免诉人员149人;不予起诉人员43人。在市人民法院审理的公诉案件中,由于审判程序不合法或判决、裁定不正(准)确,提出抗诉案件16件。其中1992—2001年,提起公诉案件1155件,1773人;抗诉案件10件。2002—2004年,提起公诉案件488件、743人。抗诉案件1件。

1991—2005年岑溪市人民检察院刑事检察情况总表

表16-2-1

事项 年份	受理案件总数	其中		批捕	起诉		免诉		不诉		抗诉	
		公安移送	本院自侦	嫌疑人	案件	人	案件	人	案件	人	案件	人
1991	224	208	16	183	89	134	5	15	1	1	0	0
1992	180	170	10	151	75	116	6	15	0	0	0	0
1993	192	182	10	159	68	111	7	10	0	0	0	0
1994	243	230	13	159	79	119	10	13	0	0	0	0
1995	270	258	12	191	97	143	24	47	0	0	0	0
1996	291	281	10	207	98	146	31	49	0	0	0	0
1997	208	203	5	187	74	98	0	0	5	9	0	0
1998	302	295	7	222	116	160	0	0	2	4	0	0
1999	304	292	12	207	126	184	0	0	1	1	0	0
2000	393	381	12	289	174	259	0	0	4	5	0	0
2001	471	450	21	341	208	310	0	0	2	3	0	0
2002	526	489	37	351	239	318	0	0	1	2	0	0
2003	540	518	22	413	229	380	0	0	4	6	0	0
2004	513	487	26	351	259	363	0	0	6	7	1	0
2005	589	565	24	518	272	393	0	0	5	5	0	0
合计	5246	5009	237	3929	2203	3234	83	149	31	43	1	0

第四节　经济检察与查办职务犯罪

查办贪污贿赂

1991年起，加大对查办贪污、贿赂等重大经济犯罪的侦办力度。1996年设立反贪污局，对贪污贿赂的违法行为调集相应的检察力量，从侦审、批捕、起诉等各个环节进行严厉打击。1991—1995年，共受理各种经济案件共149件、208人，立案侦查37件、44人，批捕11件、16人，起诉8件、10人，免诉29件、30人，不诉0人。重点查办党政领导机关、行政执法机关、司法机关和经济管理部门发生的贪污贿赂、徇私舞弊、贪赃枉法等犯罪案件。1994年查办民政纸箱厂原正副厂长杨某坚、黄某雄等人偷税、投机倒把特大案件；1995年查办岑溪县电力公司归义供电所所长莫某祥贪污电费案。

1996—2000年，共受理各种经济案件共77件、107人，立案侦查40件、51人，批捕13件、18人，起诉19件、26人，免诉7件、9人，不诉6件、7人。重点查办发生在卫生、税务、银行系统的贪污贿赂、挪用公款等窝案串案。1996年查办樟木卫生院原院长李某受贿案，糯垌卫生院原院长蒋某明、副院长周某新受贿案，1998年查办中国银行岑溪市支行储蓄专柜会计杨某宁挪用公款携款潜逃案以及中保人寿保险公司岑溪支公司出纳员陈某艺挪用公款进行赌博案；1999年查办岑溪市地矿局原党组书记梁某文滥用职权案，查办岑溪市地税局原副局长钟某中、直属分局副局长邓某君、征管股长霍某永等人贪污和私分国有资产案，并通过“顺藤摸瓜”，相继查办了安平地税所原所长陈某尤、糯垌地税分局原局长陈某文贪污税款案，严厉打击了税务系统的职务犯罪行为。

2001—2005年，共受理各种经济案件共185件、245人，立案侦查75件、92人，批捕31件、35人，起诉62件、76人，免诉0人，不诉4人。重点查办发生在林业、教育、财税、金融等系统的贪污贿赂、徇私舞弊、滥用职权、玩忽职守等犯罪案件。2002年分别查办岑溪市七坪林场原场长黎某标、莫某光、原副场长黎某勇受贿案，原场长黎某标原副场长黄某、叶某东、受贿案。2003年查办横跨教育、新华书店、食品公司4个部门的7件、9人贪污、受贿窝案串案。2005年查办岑溪市工商行政管理局原副局长张某壮滥用职权案，张某壮在担任市工商行政管理局副局长期间，存在滥用职权批准设立岑溪市炎坤陵园有限公司的行为。检察机关对张某壮立案侦查后，通过细挖深查，发现岑溪市工商行政管理局韦某升在对炎坤陵园有限公司年审时，有滥用职权批准年审的行为，并对韦某升立案侦查。

1991—2005年，经法院审判后，获刑罪犯94人，其中有期徒刑10年以上1人，缓刑71人，处罚金91.8万元，缴获贪污贿赂等款项162.17万元。通过办案为国家或相关企业挽回(追回)经济损失2623.08万元。

1991—2005年岑溪市人民检察院查办贪污贿赂等案件情况表

表16-2-2

项目	受理案件		立案		批捕		起诉		免诉		不诉		挽追回款（万元）
	总数（件）	人数（人）	件	人	件	人	件	人	件	人	件	人	
1991	62	84	9	9	2	2	2	2	7	7	0	0	11.9
1992	21	25	6	6	1	3	0	0	6	6	0	0	5.6
1993	12	23	3	3	4	7	2	2	2	2	0	0	147.5
1994	33	49	9	15	2	2	2	3	7	7	0	0	558.5
1995	21	27	10	11	2	2	2	3	7	8	0	0	400.3
1996	27	35	11	17	4	8	4	7	7	9	0	0	100
1997	15	22	5	5	2	2	1	1	0	0	2	2	16
1998	14	19	8	9	1	1	5	5	0	0	0	0	140
1999	12	16	8	11	2	2	6	9	0	0	0	0	130
2000	9	15	8	9	4	5	3	4	0	0	4	5	300
2001	46	60	8	10	9	9	9	9	0	0	1	1	80
2002	68	86	16	24	6	8	10	15	0	0	0	0	200
2003	34	48	15	21	7	9	16	18	0	0	2	2	180
2004	19	23	18	19	5	5	16	19	0	0	1	1	200
2005	18	28	18	18	4	4	11	15	0	0	0	0	300
合计	410	560	152	187	55	69	89	112	36	39	10	11	2769.8

查办渎职犯罪

1991年起，岑溪市人民检察院通过群众举报的线索及纪委、监察部门提供的案情材料，至2005年年末，累计受理属本级检察机关管辖的渎职侵权职务犯罪案件164起，依法立案35件、44人，批捕7件、7人，起诉案件15件、19人，免诉案件16件、20人，不诉案件2件、2人，追回款项（含财物折款）25万元。

1991—2005年岑溪市查办渎职侵权职务犯罪情况表

表16-2-3

项目	受理案件		立案		批捕		起诉		免诉		不诉		挽追回款（万元）
	总数（件）	人数（人）	件	人	件	人	件	人	件	人	件	人	
1991	13	18	6	6	0	0	0	0	6	6	0	0	0.2
1992	17	30	3	6	1	1	1	1	2	5	0	0	2.8
1993	18	21	6	9	0	0	3	6	3	3	0	0	20.4
1994	25	28	1	1	0	0	0	0	1	1	0	0	1.6
1995	18	23	2	5	2	2	1	2	1	2	0	0	0
1996	22	25	3	3	0	0	0	0	3	3	0	0	0
1997	14	14	1	1	0	0	0	0	0	0	0	0	0
1998	6	6	—	—	0	0	0	0	0	0	0	0	0
1999	2	2	2	2	0	0	1	1	0	0	1	1	0
2000	7	7	1	1	0	0	1	1	0	0	0	0	0
2001	8	8	2	2	2	2	2	2	0	0	0	0	0
2002	7	7	2	2	2	2	2	2	0	0	0	0	0
2003	3	4	1	1	0	0	0	0	0	0	0	0	0
2004	2	2	3	3	0	0	2	2	0	0	1	1	0
2005	2	2	2	2	0	0	2	2	0	0	0	0	0
合计	164	197	35	44	7	7	15	19	16	20	2	2	25

第五节 民事行政检察与控告申诉检察

民事行政诉讼检察

1991—2000年，共受理民事行政经济申诉案件19件，其中经济案件7件，民事案件2件，建议提请抗诉4件，提请抗诉4件，向法院提出改判建议4件，息诉6件。民事行政检察工作，以办理提请抗诉案件为重点，对事关社会稳定的错误判决、裁定进行审查监督，同时坚持“敢抗、会抗、抗准”的办案原则。

2001—2005年，受理民事申诉案50件，立案审查27件，立案后向梧州市提请抗诉20件，建议提请抗诉4件，出庭再审法院支持抗诉15件，审后改判6件，执行监督0件，息诉21件，2002年，岑溪市人民法院对梧州市检察院抗诉的陈某忠（男4岁）因与其姑、叔等遗产使用纠纷抗诉再审案，作出再审判决：撤销原审不允许陈某忠20岁以前使用其父留给其的房屋一幢的判决，改判允许陈某忠现在可以入住其父遗给其的房屋，这是岑溪市人民检察院民事行政检察科自1995年正式设立以来对民事行政诉讼实行监督后首例获得改判的案件。

控告申诉检察

1991—1999年，共接待处理群众来信来访968件次；受理举报线索309件，其中属检察机关管辖101件，受理申诉案41件，立案复查12件；办理刑事赔偿1件，依法赔偿1件。至1999年，开展检察长接待日209次，接待群众来访216人（次）批阅处理重要信访件211件。

2000—2005年，受理举报线索740件，审查处理470件，其中属检察机关管辖239件，移送公安机关79件，移送其他机关94件，直接答复58件。群众通过来信、电话、网络、来访等诉求477件。其中属检察机关管辖237件，移送公安机关80件，移送其他机关64件，直接答复63件，存查3件。坚持检察长接待日制度，检察长接待280件、300人，批办案件266件，已结案246件。2000年、2004年、岑溪市人民检察院被最高人民检察院授予全国检察机关"文明接待室"称号，2000年、2002年、被自治区检察院授予全自治区检察机关"文明接待室"称号。黎富祯于2002年、2004年分别被评为全区检察机关"优秀接待员"。2005年，控告申诉检察共受理群众来信来访共63件，其中来信40件，来访23件（集体访4件）。属首次举报17件（其中属署名举报4件），重复举报1件，首次控告21件，重复控告2件，首次申诉21件，重复申诉1件。在受理63件来信来访中，控申部门初查举报线索2件，直接答复22件。

第六节　监所检察

1991年始，岑溪市人民检察院开展驻所检察。每月平均驻所检察22天以上，加强对超羁押监督力度，抓好人犯的教育工作，切实做好监所安全防范监督工作，确保监所安全和监所秩序正常。在监所检察中，每年均组织一次以上对监外"五种"罪犯考察监督，并通过法制教育，敦促他们改邪归正，预防和减少重新犯罪。1992年，一重大盗窃犯被地区中级人民法院一审宣判死刑后，产生悲观情绪，认为被判处死刑必死无疑。在监室里偷偷给家人写信，表示打算在看守所里自杀，免得被枪毙让家里人丢脸。看守人员得知罪犯有自杀的苗头后，即与检察院干警一起找他谈话教育，针对他的思想进行疏导。经过多次动之以情，晓之以理的教育工作后，使他打消了自杀的念头，转变悲观对立的情绪。后来法院二审复核改判他死缓，他表示感谢司法机关和政府给了他第二次生命的机会。到劳改场后一定好好改造，重新做人，用自己的实际行动争取得到减刑，早日与家人团聚。2000年起，检察院驻监所干警，每月向在押人员集体上法制课2次，受教育人数每年都在300人次左右。单独找人犯谈话每年都有180人次，从而促进在押人员思想稳定，服从管教，维持正常监管秩序。对在押人员伙食、卫生、看病治病每年都进行检查20多次。加强对看守所活动监督，切实做好安全防范工作。2003年，对看守所年内应交付执行罪犯180人，已交付执行180人，交付执行率100%，口头向看守所提出检察建议9条，向办案单位催办案件36件58人，发出羁押提示函56份。2004—2005年，对看守所在押犯人开展谈话教育300人次，向看守所发出交付执行提示函20份，提出检察建议6条，发出纠正违法通知书20份，向办案单位发出羁押提示函116份。2004年，监所检察科获全区检察机关清理纠正超期羁押工作先进集体；2005年，监所检察室深入开展纠正刑讯逼供为重点的专项侦查监督活动，切实维护在押人员的合法权益。2004年，市检察院驻看守所检察室获首届广西全区检察机关派驻监管场所"二级规范化"检察室称号。

第三章 法 院

进入20世纪90年代,岑溪县(市)人民法院紧紧围绕经济建设这个中心,坚持"有法可依、有法必依、执法必严、违法必究"的方针,开展审判工作,打击犯罪。化解民事纠纷,保护公民、法人和其他组织的合法权益,为维护岑溪社会稳定经济发展和国家。人民生命财产安全保驾护航。21世纪初,贯彻中共中央关于"打黑除恶""严打整治"斗争的重大部署和方针政策,做到态度坚决,部署严密,行动迅速,措施得力,工作扎实,成效明显。2001年4月至2003年3月,市法院共受理各种刑事案件456件668人,审结424件646人,对依法该从重判处的坚决从重判处,决不手软,重判率25%,依法从重从快惩处犯罪分子,有力地打击了犯罪分子的嚣张气焰。并结合"严打"斗争进展,在市委、政法委组织下,召开5次公判公捕大会,判处罪犯64人,旁听群众4.4万人,使"严打"取得很好的法律效果与社会效果。

第一节 机 构

岑溪县人民法院,1951年1月1日成立,"文化大革命"初期(1967年)受冲击,1968年接受军事管制,1972年恢复成立人民法院院长、副院长由上级法院任命,1981年恢复县人民代表大会制度,院长由人民代表大会选举产生。1991年,岑溪县人民法院内设机构有刑庭、民庭、办公室、执行庭、人事教育科、告诉申诉庭、行政庭7个科室,下辖大隆、大湴、糯垌、三堡、南渡、归义、水汶7个人民法庭。年底全院实有在职人数95人。1992年2月,恢复成立岑城人民法庭。1994年6月,成立司法警察中队。1995年2月,大湴人民法庭更名为大业人民法庭。1995年5月,设立筋竹人民法庭。1995年8月成立研究室。1995年年底,9个法庭配备干部43人。1995年年底,实有在职人数115人。

1995年6月人民法院实行人事制度改革,在职人员进行双向选择,并实行聘任制,当年全员105人全部入聘。

1996年4月,司法警察中队升格更名为司法警察大队。1998年3月,撤销告诉申诉审判庭,设立立案庭、审判监督庭、监察室,人事教育科更名为政工科。

1998年11月,设立交通事故审判庭。2001年1月,撤销交通事故审判庭,设立民事审判一庭和民事审判二庭。调整撤销岑城、水汶、大业、归义、三堡5个人民法庭,组建为大隆、筋竹、糯垌、南渡4个中心人民法庭,共配备干部28人。1995年12月,岑溪县人民法院改称岑溪市人民法院。2005年,岑溪市人民法院内设刑事审判庭、民事审判第一庭、民事审判第二庭、行政审判庭、审判监督庭、立案庭、执行局、法警大队、政工科、纪检监察室、办公室、法纪研究室和糯垌、南渡、筋竹、大隆4个镇人民法庭共16个机构。核定编制109人,在职100人。

1991—2005年,岑溪县(市)人民法院历任院长:梁树清(1990年9月至1993年11月)、梁旭流(1993年11月至1998年8月)、黄日汉(1998年8月至2002年12月)、颜桂南(2003年1月至2006年8月),1991—2005年办公地址在岑溪市工农路9号。

第二节　队伍建设

20世纪90年代以来，岑溪县（市）人民法院，坚持一手抓审判、一手抓队伍建设。从建立、健全学习政治理论、政策、法律法规与业务培训，坚持依法办案、公正、公平、公开审案（除法律规定不能公开审理的案件除外）及机关廉政建设为内容的各种规章制度入手，在加强各级领导班子的民主、团结、奉献精神培育的同时，从严依法依规管理本系统的干部、法官、法警及职工（包括家庭成员），打造一支政治思想觉悟高、道德品质良好，具有较强法治观念、深厚法律知识、公正无私的审判队伍。1995年《中华人民共和国法官法》出台及《法官职业道德教育纲要》实施后，岑溪市法院努力加强法官职业化建设，组织干警进行刑、民、行政审判法律、司法解释的自学和培训，选派干警参加自治区高院、梧州市中院的业务培训，不间断地开展“开好一个庭、写好一篇法律文书、写好一篇法学论文或调研文章”和“庭审驾驭能力、裁判文书写作能力、办案数量和质量”等三个基础业务竞赛活动，不断提高干警的业务水平和司法能力。2005年，全院审判队伍中，有何波等10人先后获四级高级法官称号。2003—2005年岑溪市法院连续三年在梧州市法院系统目标管理责任制年度考评中获一等奖。糯垌人民法庭2005年被最高人民法院授予“全国优秀人民法庭”称号。

获奖奖牌

第三节　刑事审判

1991年配合“反盗窃”专项斗争和集中打击行动，到发案地有关乡镇和在县城召开较大规模公判大会14场，宣判案件37件71人。1991—1995年共受理刑事案件558件665人，其中公诉案件519件600人，自诉案件39件65人，判处人犯658人。其中判处10年以上有期徒刑74人，5年不满10年有期徒刑263人，不满5年有期徒刑259人，判处缓刑80人。重点打击伤害、抢劫、强奸、流氓、盗窃、绑架、敲诈勒索等7个方面犯罪活动罪犯232人，重判率达全自治区、全国的平均水平。在专项整治斗争中，1991年、1993年、1995年重点打击盗窃犯罪案件共138件192人，代开增值税发票案件2件2人，贩毒案件14件21人等，均从重从快从严惩处。每年组织召开公判大会及宽严会8～14场次，参加旁听群众年均6.45万人次。1996年3月17日，《中华人民共和国刑事诉讼法》修正，法院系统全面进行审判方式改革，庭审方式由纠问式向控辩式改变。1996年以来，岑溪市法院共审结各类刑事案件2384件，判决人犯3579人，判处5年以上有期徒刑的745人，重判率31.25%，个别年度重判率50%以上。1999年，开展严惩经济领域犯罪活动，当年审结经济犯罪案件6件9人。2000年开展严厉打击破坏国家森林资源犯罪的专项斗争，审结该类案件16件18人。

2001年4月至2003年3月，共受理各种刑事案件456件668人，审结424件646人，案件平均结案天数为25天。其中,属“严打”重点案件的有:初审时以参加黑社会性质组织罪2件17人(即欧某、梁某等5人盗伐林木、赌博等罪案),梧州市中院发回重审后以敲诈勒索、寻衅滋事、故意伤害等罪(不构成参加黑社会性质组织罪,只是一般的结伙犯罪)分别按照各犯罪人参与的犯罪定罪科刑,主犯欧某被数罪并罚执行有期徒刑13年。爆炸、伤害、抢劫、绑架等严重暴力犯罪78件131人,审结70件131人。盗窃、抢夺等严重影响群众安全感的多发性案件,受理117件103人,审结112件149人。其中,盗窃案件每年均居于各类刑事案件之首。两年共发案111件145人,占全部案件的24.3%。比较突出的毒品、投毒、拐卖妇女儿童等几种犯罪案件49件70人,审结49件70人。

2004年审结拐卖妇女儿童犯罪案件9件22人,判处的22名罪犯中有16名为5年以上有期徒刑,重判率达73%。同年开展打击“两抢”、破坏电力设备、通信设备、城市设施、“六合彩”赌博等专项斗争,公开审判此类案件33件63人。2005年打击贩卖、运输毒品案件19件27人,全部依法判处3年以上有期徒刑。

第四节　民事审判与行政审判

民事审判

1991—2000年,岑溪市法院共受理民事案件17423件。其中,审结比较多的有如下几类案件:审结婚姻案件2649件,继承案件42件,房屋案件232件,审理审结损害赔偿案件579件,审结债务案件7412件。同期审理涉农案件,有山林、土地、水利纠纷和农村承包合同纠纷案件106件。在案件处理方式上,大量适用调解方式结案,调解结案12378件,占全部案件的71.04%。

1991年后,各种经济纠纷案件增加,岑溪县(市)法院在审判中,结合案件开展咨询服务活动,普法宣传活动。1992年、1993年积极配合金融部门做好到期、逾期贷款清收工作,收回“两呆”贷款1085万元。1994年为各乡镇政府清收货款、税款及相关费用等689万元。1999年和2000年度审理“两会一部”借款合同案108件,标的881万元。至2000年,共审结民事经济案件4635件,标的13137.83万元。

2001年,最高人民法院提出将“公正与效率”作为人民法院的世纪主题,岑溪市人民法院办案更加注重质量,在提高效率上下功夫。全年共受理民商事案件4922件,其中婚姻2174件,合同类案件1734件。2002—2004年,办理岑溪市钛白粉厂、富杰水泥厂、冶金建材厂、义新沙砖厂等国营、集体企业申请破产案,为岑溪市国企、集体企业的整顿、重组、发展理出新路子,妥善安置下岗职工。在审理过程中,特别是一些涉及群体性的案件和矛盾容易激化的案件,坚持多做思想疏导工作,促使当事人自愿达成协议,减少社会矛盾。审结的各类民商事诉讼案件中以调解方式结案的1610件,占民事案件的32.7%。2001—2005年共审结民事案件3285件。

1996年10月28日,岑溪市人民法院举行庭审观摩活动

行政审判

1991年受理行政案件12件,审结11件,结案率91.7%。其中不服综合治理指挥部罚款1件,土地4件,林业4件,食品卫生1件,不服交警对收缴汽车定点保修单1件,结案标的2.37万元。2月、5月、11月间到县林业、矿产等单位了解行政执法情况,宣传行政诉

讼法。4月,召开县行政机关领导参加的提高行政执法水平座谈会,邀请县人大、政府领导参加。

1987—2001年,岑溪县(市)人民法院共审结行政一审案件234件。通过审理维持原具体行政行为的68件,占一审行政案件总数的29.05%,撤销具体行政行为的26件,占一审行政案件总数的11.11%。变更具体行政行为的2件,占总数的0.85%。原告撤销诉讼的63件,占总案件数的26.92%。其他处理的案件75件,占总案件数的32.05%。在一审行政案件中,不服公安机关行政处罚和行政处理的案件21件,占总案件数的8.97%;不服林业行政处罚的案件59件,占总案件数的25.21%。不服人民政府对争议土地权属作出处理的案件50件,占总案件数的21.36%。不服其他行政机关(工商、卫生、环保、税务、物价、技术监督等)作出行政处罚或处理的案件75件,占总案件数的32.05%。2003—2005年(6月止)岑溪市人民法院受理、审结各种行政诉讼案件共43件,审结率100%。审查非诉讼行政执行案件234件。

第五节　审判监督与案件执行

审判监督

1991年,受理申诉案件22件,全部审结。其中受理民事申诉案件15件,结案维持原判2件,依程序上报中院处理12件,告知另案起诉1件。受理刑事申诉案件7件,结案维持原判处理6件,依程序上报中院处理1件。

从1989年起,经审判委员会提交再审案件,改变过去由书面审改为开庭审理,使审判监督走上更为公开的正确轨道。1989—2001年,依法立刑事申诉案件118件,在再审、审结案件中,维持原判89件,减轻刑罚14人,免刑4人。立民事申诉案件96件,经再审结案维持原判21件,改判18件。2003—2005年,共审结再审案件15件,接待来访708人,处理来信161件次。

案件执行

刑事案件的执行,自1985年成立执行庭后,对于判处剥夺生命权(即死刑)犯的执行,改为由法院系统司法警察执行。判决(或裁定)有期徒刑或拘役的犯罪,仍由主办审判员填写执行通知书送主管领导批准盖公章后,送达公安机关遣送监狱(或劳改农场)、拘役所或由被告人所在地的派出所依法执行。刑事判决书、裁定书判处没收财产、罚金刑的,则由主办判审员移送执行庭执行。1984—2001年,执行民事案件数3464件,执行标的2994.85万元。1985—2001年,执行的经济案件共979件,执行标的2239.07万元。执行案件数占民事执行案件的第二位,执行标的占总额的36.12%。2002—2005年,共执结执行案件1716件,执结标的总金额共4743.5万元。1988—2001年,执行具有财产内容的刑事案件38件,执行标的40.83万元。执结行政非诉与审查执行案件共420件,执结标的总金额共303.6万元。其中,计划生育类非诉行政执行案件375件,执结标的总金额共301.81万元。执结其他法律文书的执行案件8件,执结标的总金额23.6万元。

2004年9月17日,岑溪市人民法院干警到各乡镇进行执行工作宣传

2000年3月12日，岑溪市人民法院出动干警10多人对被执行人古某侵占他人房屋的物品实施强制执行

行政案件的执行是指行政审判的判决或裁定生效后，负有履行义务的当事人不自觉履行，享有权利的另一方当事人，有权申请人民法院运用国家强制力，强制负有履行义务的当事人履行。1993—2001年，岑溪（县）市人民法院，共受理行政执行案件78件，执行标的97.35万元。其中涉及违章建筑被强制拆除案件11件。

其他法律文书的执行，是指需要人民法院强制执行的仲裁机关作出的已经发生法律效力的裁决书，调解书，及公证机关作出的具有强制执行效力的债权文书与其他行政机关作出又依法向人民法院申请强制执行的行政决定。自1993年至2001年，岑溪（县）市人民法院受理执行此类法律文书案件924件，执行标的783.85万元。

第六节　陪审调解

人民陪审员

1955年，岑溪县各乡选举出2名共278人为人民陪审员。陪审员选举产生后，报县人民法院备案并由人民法院进行相关法律及审判员知识的培训。审判时每案应有人民陪审员2人与审判员1人组成合议庭。人民陪审员在人民法院执行职务时，同人民法院审判员具有同等权利。“文化大革命”期间人民陪审员制度遭破坏。1981年1月全县恢复人大选举人民陪审员，共选出人民陪审员107人，占当时全县总人口的0.02%。1989年颁布的《行政诉讼法》规定“人民法院审理行政案件，由审判员组成合议庭，或由审判员、陪审员组成合议庭。合议庭的成员应当是3人以上的单数”。1990年9月、1993年11月，全县17个乡镇在召开乡镇人民代表大会选举时均选举2名人民陪审员。此举延续至2005年不变。

法院调解

法院调解制度，是新中国成立以来，司法工作处理民间纠纷的创举，是解决人民内部矛盾纷争的一种形式与方法。本节中的调解，是指人民法院在审理民事纠纷案件（含经济纠纷案件）过程中，在庭内或庭外，通过原被告双方相互协商，讲事实、摆道理，达到双方和解或相互退让而形成调解协议，以解决争议矛盾，无须法庭判决或裁定。由人民法院主持的调解，其调解协议具有判决、裁定的同等法律效力。原被告双方均须按调解协议履行权利义务，人民法院主持的调解，不适用于刑事审判和行政审判的案件，只适用于民事案件和经济纠纷类案件。1991—2005年，岑溪市人民法院在审理民事、经济案件中，原则上在作出判决裁定前先进行调解，调解不成立的，才进行判决或裁定。调解成功率占审理案件总数的20%～25%左右。

第四章 司法行政

20世纪90年代以来，岑溪县(市)司法局在做好法律服务，法律援助、法制宣传教育的同时，还要做好律师管理、公证服务、人民调解和社区矫正、安置帮教、司法援助等法律服务工作。司法行政组织建设不断强化，形成覆盖全市，上下贯通的法律服务和保障体系。全市17个乡镇建立司法助理员机制，全市拥有2个律师所，1个公证处，17个乡镇法律服务所(中心)，10个村级法律服务站，289个基层人民调解组织。开设了“148”法律服务专线电话，把法律服务送到千家万户，开辟一条上为政府分忧，下为百姓解难，依法及时解决矛盾纠纷的渠道，成为维护基层社会稳定的新机制。不断推动普法，依法治理工作，向纵深发展，有效地推动社会主义民主法制建设，1991—2005年的15年里，在市委、市政府、人大的正确领导下，各机关企事业单位及全市广大群众大力支持和积极参与，市普法依法治理工作取得可喜成绩，分别在“一·五”和“四·五”荣获2次“全国法制宣传教育先进县(市区)的光荣”称号。其间糯垌镇绿云村、南渡镇南渡社区、岑城镇上奇社区获“全区民主法治示范村”称号。20世纪90年代末，市司法局先后两次立集体二等、三等功(自治区司法厅授予)有7个单位分别获全国司法行政系统先进单位和自治区司法厅授予的普法先进集体称号，有9人(次)先后被梧州地区、自治区评为司法行政工作先进个人奖励。其中马路街调解委员会主任易新南获国家司法部授予“全国优秀人民调解员”称号。系统内有5人先后荣立个人三等功。2005年9月，岑城镇司法所获司法部授予“全国先进司法所”称号，同年12月，糯垌镇绿云村获司法部、民政部授予“全国民主法治示范村”称号。岑溪市获中共中央宣传部、司法部授予岑溪市“2001—2005年全国法制宣传教育先进县(市、区)”称号。2000年以来，岑溪司法行政系统获自治区表彰先进集体单位3个，先进个人3人次。获自治区司法厅授予一级司法所8个，二级司法所6个，达标所3个。局长张庆锋获自治区司法厅记二等功一次。市司法局立集体三等功一次。

第一节 机 构

1950年7月，岑溪县人民政府设立司法科，1951年12月撤销，司法工作划归人民法院。1982年1月，恢复设立司法局，内设办公室、法制宣传科、人民调解科、法律顾问组、公证处等科室，1983年，县政府成立调节山林、土地、水利纠纷办公室，划归司法局管理(简称调处办)。1991年，岑溪县司法局调处办撤销，山林、土地、水利各类纠纷调处职能由相关局和乡镇分别承担。1996年5月《中华人民共和国律师法》实施，允许成立民间律师事务所。司法局律师事务所改为律师管理股。2002年，市司法局内设机构改为

位于大中路市司法局大楼(1999年 摄)

秘书股,法制宣传股、律师管理股、公证工作股(仍保留公证处名称),定编制人员18人,2005年5月增加编制1人,为19人。

1990—2005年,岑溪市司法局历任局长、黎景才(1990年10月至1997年3月)、甘恩华(1997年3月至2002年7月)、张庆锋(2002年7月至2011年8月)。

第二节 普法教育

1985年8月,岑溪县委、县人大常委会、县政府和县政协四家班子领导,召开了由宣传部、司法局等15个部门单位领导参加的专门会议,成立岑溪县普法工作领导小组及"普法办公室"(设在县司法局),根据中共中央国务院的部署,领导和具体负责全县的普法工作(此后,各乡镇党委、政府和市直各部门、单位也成立了普法领导小组)。1986年年初,全县实施第一个"普及法律常识五年计划"(简称"普法五年计划"),由司法局法制宣传科直接指导并安排人员下基层开展法律知识辅导。1991年至1995年、1996年至2000年,实施第二、三个普法五年计划期间,不断创新普法宣传教育手段,扩展增大普法层面(含该时期新颁法律法规的宣传教育及普法人群的扩展)。不断加强普法实效的检查监督,尤其对司法机关、行政执法机关是否依法行政和坚持"有法必依、执法必严、违法必究"的社会主义法治原则的监督检查。依据不同时期(年度)出现的社会热点、焦点问题,开展执法检查活动,使普法教育从形式实施向执法、守法实践并产生成效转变。其中"二五普法"期间,针对农村农业用地受非法侵占或改变农业用地性质的情况,市普法领导小组及时地把《土地管理法》《农业法》等一批关于农业法律法规列入普法学习教育、宣传的范围,组织干部群众尤其是农业与土地管理部门的干部学习。在广泛开展普法学习与宣传教育的同时,每个年度都由农业与土地管理部门独立或与人大、司法机关组成联合执法队伍,深入农村检查执法情况,发现问题及时纠正并依法处理。"三五普法"期间,由市人大常委会和市人民政府统一部署,司法机关和行政执法部门普遍建立执法人员岗位培训制度、考试考核制度和执法责任错案追究制度,以提高全市执法人员的执法责任心与执法能力,坚持执法必严与依法行政。

2001—2005年,实施第四个普法五年计划,按照市委、市人大、市政府的要求,在"四五普法"期间,全面推进普法工作和依法治市计划,以领导干部、公务人员、企事业单位管理技术人员、职工及工人、农民、个体、私营工商业者和在校师生为普及法律知识群体,全面开展普法学习教育。要把普法与依法治理工作纳入党政、人大、政协和司法机关及所有行政机关、企事业单位及群团组织、公务人员(含技术、管理人员)的年度岗位责任考核与目标管理考评的内容之一,并且要求各部门、单位、乡镇党委、政府都要把普法与依法治理的任务列入年度岗位责任状中,加以落实。同时决定,以"12·4"(即12月4日)全国法制宣传日为契机,每年开展为期一个月的法制宣传教育活动。要求各部门、各单位要在法制宣传月期间,开展"送法下乡"与法律知识宣讲"进学校、进工厂、进社区"活动。市直各执法部门,要通过开展"综合宣传""依法治市宣传""禁毒宣传""妇女权益与儿童保护宣传""安全生产宣传""食品安全宣传""交通安全宣传""3·15维护消费者权益宣传"等各个法律法规宣传教育活动,广泛深入地向广大市民群众开展相关法律法规的宣传教育。普法宣传采用印发宣传资料,编制宣传板报、图片展览、出动宣传车及贴挂宣传标语、横幅与设点(摆摊)解答咨询或组织文艺演出、山歌演唱等形式。市广播电视、《岑溪报》等宣传媒体开设法制专栏,并对法制工作进行专题报道。演出团文化队则编演文艺节目进行法制宣传。由于各单位加大宣传力度,使普法宣传教育深入人心,家喻户晓。2002年和2003年,市普法办组织12000多人次先后参加自治区、梧州市开展的法律知识竞赛活动,其中有70多人获优异成绩

奖励。2006年5月，中共中央宣传部、司法部授予岑溪市“2001—2005年全国法制宣传教育先进县（市、区）”称号。

1991—2005年岑溪市干部职工参加普法学习及考试情况表

表16-4-1　　　　单位：人

项目	干部职工总人数	参加学习		参加普法考试		及格率
		人数	占%	人数	占%	
1991	15128	15128	100	15128	100	100%
1992	15133	15133	100	15133	100	100%
1993	15156	15156	100	15156	100	100%
1994	15164	15164	100	15164	100	100%
1995	15179	15179	100	15179	100	100%
1996	15180	15180	100	15180	100	100%
1997	15187	15187	100	15187	100	100%
1998	15203	15203	100	15203	100	100%
1999	15211	15211	100	15211	100	100%
2000	15219	15219	100	15219	100	100%
2001	15388	15388	100	15388	100	100%
2002	15391	15391	100	15391	100	100%
2003	15408	15408	100	15408	100	100%
2004	15479	15479	100	15479	100	100%
2005	15678	15678	100	15678	100	100%

第三节　人民调解

调解组织

1982年县司法局内设人民调解科（股）负责指导全县人民调解工作。各乡镇（公社）由司法助理员负责本乡镇（公社）的调解工作。同期，县人民政府成立山林、土地、水利纠纷调解处理办公室（简称调处办），主管山林、土地、水利类矛盾纠纷的调解工作。20世纪80年代中后期起，各乡镇先后成立法律服务站（后改为法律服务所），兼管人民调解工作。1992年山林土地水利纠纷调解处理办公室撤销后，上述三大纠纷调解处理工作，分别由林业、国土、水利等部门负责。有关婚姻家庭纠纷、经济财产（含房产）纠纷、劳资纠纷等则分别由妇联、经委、工会、劳动等相关部门主管或分管。由纠纷而引发的治安或刑事案件，则由公安机关（派出所，刑侦队）主管。

2000年，市人民政府批准恢复建立乡镇调解委员会。人民调解工作形成乡镇、村、社区和生产组三级调解网络。各乡镇以司法所为依托,建立乡镇一级人民调解委员会,2003年全市成立乡镇人民调解委员会17个,整顿村一级人民调解委员会277个。至2005年不变。

调解民间纠纷

1991年起,岑溪民间民事争议纠纷出现多发性、广泛性、复杂性和易激化性的特点。尤其以山林、土地(承包土地)水利、经济合同(含借款、合伙款)和房屋(含旧居宅地)及婚姻家庭、析产等为多;次之是民间社交活动中的斗气斗殴及坟山坟地等。岑溪县(市)司法局贯彻人民调解工作"调防结合、以防为主"的方针。从基层抓起,建立县(市)、乡镇、村(社区)三级民间纠纷排查、调处网络。以司法局基层股、县政府调处办和乡镇司法助理员和村(街)委调解员及工、青、妇组织分管干部多位一体、齐抓共管。并逐步改变由当事人报案调处为主动介入,抑制纠纷扩大、升级、激化。至2000年,三级调解组织累计调解处理各种纠纷案件35467件,排解纠纷12000件。2000年乡镇成立调解委员会后,2003—2005年,开展全市民间纠纷大排查活动18次,各级调解组织调解民间纠纷3716件,调解成功3629件,成功率达96%以上。防止民间纠纷转化为刑事案件25件33人,制止群体械斗56件,防止群体上访45件。

第四节　法律服务与公证事务

律师服务

岑溪市律师服务工作始于80年代。1981年年初,组建法律顾问处,由县人民法院代管,有律师2人,工作人员1人。1982年县司法局成立后,划归司法局管理。1986年12月,法律顾问处改称岑溪县律师事务所。至1990年有律师4人,工作人员1人。80年代末90年代初,经县人民政府同意,县内各乡镇陆续建立法律服务站,以乡镇司法助理员为主,并招聘一些具有法律知识、热心法律工作的人员,以法律工作者的名义,从事法律咨询和民事代理、代写法律文书等服务工作。1995年1月,岑溪市第一家民间法律服务机构蓝天律师事务所成立(1998年改为昌义律师事务所)。此后,市妇联、残联与教育局分别成立"妇女权益法律服务中心""市残疾人法律援助中心""市青少年维权中心"等法律服务机构。至1999年年底,岑溪全市有执业律师12人,法律工作者54人。司法局与个体律师合办律师事务所一家。受聘担任机关、企事业单位法律顾问120多家,办理刑事辩护案件220多件,代理民事、行政诉讼案件510多件(不含非诉讼代理),代写法律文书380份,接待法律咨询4000多人次。为国家、集体、企业和相关当事人挽回、追回经济损失3000多万元。市司法局律师曾超贤获自治区"优秀律师工作者"称号。

市司法局公证处公证员为群众办理"公证事务"(1999年 摄)

2000年后,岑溪市各律师事务所、乡镇法律服务所和相关部门成立的法律援助中心、法律维权组织等含执业律师在内的法律工作者,坚持"围绕中心、服务大局"和"以人为本、执法为民"及"优质服务、维护法律尊严"的指导思想,不断扩展法律服务范围,提高服务质量。努力履行法律宣传、法律援助和参与刑事、民事、经济、行政等诉讼代理,排解民间民事纠纷等职责，2002年，陈某源故意杀人一案（广东省茂名市中级人民法院管辖），经过本市刘兆雄律师的辩护，被告人由被判处死刑，缓期两年执行改判为无罪释放。2001—2005年，岑溪市各律师服务机构共担任机关、企事业单位、社会组织的法律顾问150家，参与刑事诉讼案件辩护400多件，民事、经济、行政案件代理1300多件，非诉讼代理800多件，为国家、集体、私营企业和相关当事人挽回、追回经济损失9000多万元。至2005年，全市设置法律服务机构19个，其中由执业律师挂牌或成立的律师事务所2家（即普光律师事务所、昌义律师事务所）、公证处1家和岑溪市法律援助中心、岑溪市148法律服务（专线电话）所及14个乡镇法律服务所（即岑城、南渡、马路、水汶、大隆、梨木、大业、诚谏、筋竹、归义、糯垌、安平、三堡、波塘等）。具有执业资格经许可依法执业的法律服务人员64名，其中律师11名、法律服务工作者48名，公证员5名。

公证事务

1983年年初，岑溪县司法局组建公证处，有公证员3人，开始办理公证业务。至1990年年末，共受理公民和法人申办公证事务1680件，接待群众来访并解答有关咨询问题6548人次，处理来信43件。

1991年始，不断扩展公证业务，开展对各种经济合同（含承包合同）、企业合伙协议及财产转让、继承、析产和公民亲属关系、婚姻状况、出生、经历、学历、身份证明、遗嘱、抚养赡养关系、学术成果、专利、著作权等各个层面的权利义务关系公证业务。1991—2001年共办理各类公证事项24138件，其中涉外（含港澳台地区）公证897件。2003—2005年，办理各类公证1132件。从无出现错证案件。

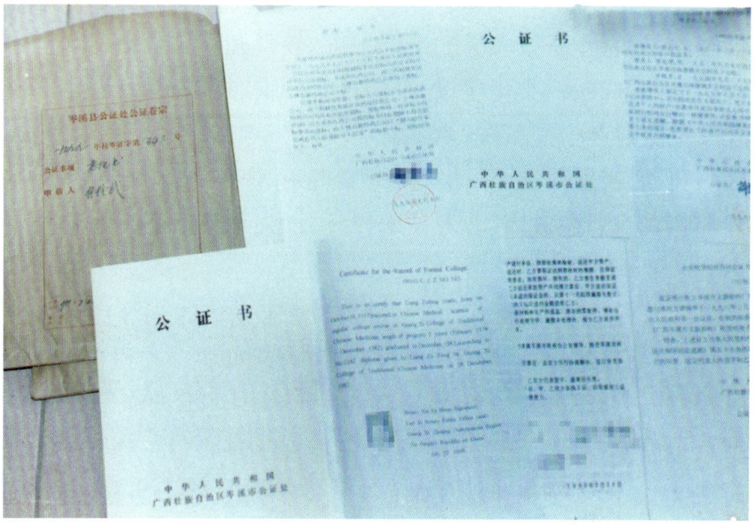

公证书（1998年　摄）

第五章　军　事

1991—2005年，岑溪县（市）军事组织由中国人民解放军岑溪县（市）人民武装部（其中1986年6月至1996年4月划归地方建制称广西壮族自治区岑溪县人民武装部。1996年4月起恢复解放军建制），中国人民武装警察部队岑溪市中队和武警岑溪消防中队。1994年岑溪县公安局消防科改设为消防大队（隶属武警梧州市消防支队管辖）。2002年起设国防光缆哨所（部队编制，为驻地部队）。

90年代以来，岑溪市人民武装部，作为地方军事组织，接受同级党委、政府和上级军事等院领导，承担辖区内民兵、预备役人员的组织训练、教育和兵源征集、运输及国防力量动员、建设等相关工作任务，并积极参加地方经济、文化建设，维护社会治安、打击重大社会犯罪活动，参加救护重大自然灾害、保护国家和人民生命财产安全工作。

同期，武警中队、消防大（中）队及驻军官兵，与市人民武装部紧密团结，积极参与地方经济建设和搞好部队自身思想政治、业务技术建设，增强军事业务技术素质，成为一支召之即来，战之能胜，全心全意为民服务的优秀子弟兵。

1991—1992年县人民武装部连续2年立集体三等功。1993年，县人民武装部被广西壮族自治区授予“爱国卫生先进单位”称号；1999年，市人武部各项建设任务达标。2001年3月，市人民武装部被自治区人民政府、广西军区授予2000年度征兵工作先进单位称号；2002年6月，岑溪镇人民武装部被中国人民解放军总参谋部、总政治部授予“全国基层民兵预备役工作先进单位”称号；2002年、2003年、2005年分别获广西军区“人武部全面建设先进单位”称号，部长潘小明获广州军区第四届“人武之星”称号。2004年中队被总队评为“二级执勤单位”，取得了中队执勤目标连续20年执勤无事故的好成绩。2005年3月，市人民武装部被自治区人民政府、广西军区授予“2004年度征兵工作先进单位”称号；2005年12月，市人武部获广西军区、广西区党委、区人民政府授予“‘十五’期间武器装备管理先进单位”称号。

第一节　军事组织　驻　军

中国人民解放军岑溪市人民武装部

中国人民解放军岑溪县（市）人民武装部（以下简称“岑溪人武部”）成立于1951年6月，是国家设在县辖区内的一级军队组织，同级党委、政府的军事工作部门和兵役机关，隶属于同级地方党委、政府和上级军事机构（军分区）的领导，为正团职编制，20世纪70年代起办公地址岑溪市大中路38号。岑溪县人武部1986年改为地方建制。1995年12月，岑溪撤县设市，更名为岑溪市人武部，1996年4月，重新收归军队建制。

基层武装部

岑溪市基层武装部于20世纪50年代初与县人武部同时组建。1991—2005年全县（市）镇、乡及市直属机关均设立武装部，并设有武装专干。

武警岑溪市中队

1983年，根据中共中央有关文件精神，重新组建中国人民武装警察部队岑溪中队，1995年岑溪县撤县

设市，改称武警岑溪市中队。

第二节 民兵组织与军事训练

民兵编组

20世纪80年代初至20世纪90年代中期，根据中共中央、国务院、中央军委批转参谋部、总政治部《关于调整民兵组织的请示报告》的精神，按照“减少民兵数量，提高民兵质量”的方针，人武部，对民兵组织进行改革、调整与整顿。20世纪90年代末，根据总参谋部、政治部下发《关于深化民兵工作调整改革的意见》，市委、市政府与人武部按照总体减量、合理布局、突出重点、分类建设的新原则，对全市民兵组织再次进行改革调整，使全市民兵组织更加适应社会主义市场经济条件下民兵职能作用的发挥。

基干民兵的编组 基干民兵的编组是由普通民兵中年龄在18至25岁身体条件与政治素质较好的人(包括部分30岁以内退伍军人)组成。

20世纪80年代至20世纪90年代初，成立民兵应急分队，至2005年保持不变。

发动民兵参加经济建设

1991年始，市人武部发动镇、村民兵组织创新“劳动致富，发展经济”的新模式，充分利用和开发本地资源，产生了许多以民兵为主体的林业、畜牧业(养猪、鸡、牛为主)、渔业、种果等生产专业户、承包户。有相当一部分民兵开始向矿产(以开发岑溪花岗岩)业、竹芒编加工业和商业(含商品销售、餐饮、旅店、车辆运输等)等方面发展。1992年党的十四大提出建立社会主义市场经济体制的目标以来，岑溪民兵开始勇“闯”市场经济，寻求新的发展，据工商部门统计，至1999年，全市以民兵为主体登记注册的个体工商户9000多户，私营企业100多户。以民兵为主体办的“百头”“千头”养猪场、“千羽”“万羽”养鸡场与“水果种植专业户”“药材种植专业户”“养鱼专业户”“竹、木器加工专业户”等不断涌现，并成为岑溪经济发展最具活力的成分之一。1990—1996年，县、乡镇、村三级共举办农村种养与多种经营科技知识培训班2000多期(次)，参加培训学习的民兵20多万人(次)。据统计，1997年，全市民兵从事种养(种果、蔗、瓜、菜、速生林，养猪、鸡、鸭、鱼、牛、兔)及产品加工生产，成为农村与乡镇经济发展的排头兵。

2000年全市民兵帮助扶持贫困的联系户总数8200多户，其中当年脱贫户50%，脱贫后的农户人均年收入1500～2000元，基本上达到全市农民人均收入水平。进入21世纪以来，随着社会主义市场经济体制的不断完善，农村产业市场化和城镇化建设不断发展，农、工、商、贸一体化逐步成为岑溪民兵探索地方经济发展又一新的路子。其间，人武部组织广大青年民兵，壮年群众学习农村种养与开展多种经营的新知识、新技术、如林木、果树(苗)的培育、护理、农业增产技术，养猪、鸡(主要为当地三黄鸡)鸭、鱼、牛、兔等家禽家畜的养殖技术，包括防病，管理等知识和技能。

抢险救灾

1991年，梨木乡发生5起山火，多名民兵参加扑救，使与火场相邻的166.67公顷林木免受损失。同年下半年，县境连续5个多月无雨，全县受旱面积8000公顷，多支河流干涸断流。县城生活用水出现困难。2.3万群众和民兵投入抗旱救灾。挑水抢播晚稻55.3公顷。解决归义镇罗平村受灾农田用水问题，并抢插下秧苗。积极参加安平、糯垌、三堡等镇修渠、挖井和用水车车水抗旱工作。

1994年春夏期间，县境内连续遭受特大暴风雨袭击，风力8级以上、糯垌、安平、三堡、归义等乡镇风力高达12级，过程降雨180多毫米，全县15个乡镇221个村15.4万多农民受灾，受淹农田6.4万余亩。人武部门立即组织民兵与灾区群众一起救灾，帮助受灾群众转移和抢运物资，努力把损失降到最低点。糯垌、三堡镇民兵应急分队，在洪水还未退完时，就开始帮助群众修复被大风损坏的房屋和被洪水冲垮的水利设施(水渠、水塘堤坝等)。2004年6月,永固、双贵,善村和新村水灾后,民兵积极开展“救灾帮困”活动,每个民兵在灾后帮助受灾户做1~2件好事,解决1~2个实际问题,做好事1520多件,为灾民修复民房7.8万平方米。

2005年1月,筋竹镇中围村山林发生大火,危及集体与个人近33.3公顷玉桂、八角与沙糖橘果园。民兵与中围村群众共同作战,仅用6个小时把山火扑灭,为村民挽回7万多元经济损失,数百亩玉桂、八角林安然无恙。1990—2005年,全市发生山火及其他事故性火灾200多起,民兵参加扑救,协助安全转移群众2730多人,抢救物资24860多吨。

第三节　兵　役

兵役登记

1990年后,岑溪武装部组织实施兵役登记。兵役登记对象是当年2月28日前满18岁的男性公民。女性公民按规定不进行兵役登记。

征兵宣传

宣传教育是征兵工作不可少的重要环节,是动员适龄青年自愿报名参军和争取家属支持、拥护亲人参军的重要手段。20世纪90年代以后,为使征兵宣传工作扎实有效地深入开展。在征兵期间,各级党委、政府均能认真分析当年征兵工作的形势、特点,研究落实搞好征兵宣传的措施。采用图(片)、文(墙报、黑板报、地方报纸)、声像(广播、电视、宣传车)、标语等形式,营造宣传声势。组织宣传队伍,深入机关、学校、厂矿企事业单位和农村召开骨干会、家长座谈会及家访等形式,做细致的宣传教育工作。1990年征兵,全县组织宣传工作,出版墙报645版(次),张贴大小标语1.2万余张(条),召开各种会议490多次,影像宣传200多次(场),当年岑溪再次出现了许多父母送子女、哥姐送弟妹和万元户送子女报名应征的动人场面。1997年,市、镇、村三级共组织征兵宣传队深入基层进行征兵宣传工作,宣传发动达100%,适龄青年,经宣传发动后,出现踊跃回乡报名应征。1999年,全市组织征兵宣传工作队1420多人,并落实乡镇干部包村、村干部宣传发动包干到户、到人的责任制。同时在市区与乡镇开通征兵免费咨询电话。充分利用广播、电视及岑溪报等媒体进行广泛的宣传。使征兵工作家喻户晓,人人皆知。进入21世纪以来,征兵宣传工作除继续运用传统包干宣传形式外,还采用了平时宣传与征集兵员时集中宣传相结合和运用宽带网络等现代传输形式开展宣传工作。

岑溪市1999年冬季征兵工作会议

征兵体检

依照《中华人民共和国兵役法》的规定,中华人民共和国公民不分民族、种族、职业、家庭出身、宗教信仰和教育程度,都有义务依法服兵役。为了保证兵员质量,每年征兵时,对当年征集入伍的对象,县(市)征兵工作领导小组,都按国务院和中央军委下达的征兵命令,对征集基本条件作具体明确的规定。入伍对象的基本条件分为年龄条件、身体条件、政治条件和文化条件几项。

年龄条件按法定征集年龄标准执行，在各年度的征集中，依据某些部队及技术单位的特殊需要，年龄条件可适当放宽。身体条件是应征兵员身体素质方面的基本要求。政治条件是兵员素质的首要条件，每年征兵，都把新兵的政治素质作为征兵工作的一项严肃政治任务。有关新兵的政治条件则按公安部、总参谋部、总政治部文件规定，在审查入伍对象时，由市征兵领导小组会同有关部门严格把关。文化条件是对应征公民文化程度的起码要求。对兵员文化程度要求一般都要达初中和高中毕业以上。对一些特殊专业岗位，则招收大专或大学本科以上学历的青年入伍。对应征青年身体检查，是征兵工作的重要环节。按照《征兵工作条例》规定，征兵体检工作在县（市）政府领导和兵役机关统一组织安排下进行，由卫生部门负责。

定兵与新兵交接

新兵交接工作，以县为单位统一交接。每年送兵时，县（市）委、县（市）政府、人武部与接兵部队都在县城举行隆重的新兵交接仪式举办欢送新兵晚会，新兵出发时，县（市）委、县（市）政府、人武部与相关部门领导，都亲自参加欢送仪式，以表示对新兵的殷切期望和祝福。

第四节　国防动员与教育

国防动员

国防动员与教育，是国防建设的重要组成部分。1991年，岑溪县人民武装委员会（以下简称“岑溪武委会”）与岑溪县战备工作领导小组共同承担国防动员与教育职责。1996年，成立市国防动员委员会主要任务是贯彻积极防御的军事战略方针，组织实施岑溪市国防动员工作，协调国防动员中经济与军事、军队与政府、人力与物力之间的关系，以增强国防实力，提高平战转换能力。

1995年起，建立国防教育展览室等，定期组织参观学习。筋竹、归义、梨木等乡镇，还以本乡镇的革命先辈故居、烈士陵园、烈士纪念碑等处为革命传统教育基地。

2000年起，每年在市区和各乡镇政府所在地，开展国防教育“一条街”和“一台戏”教育宣传日活动。2004年10月至2005年2月，在人武部院内建成占地200平方米，拥有图片、实物600多张（件）、文字资料5万余字和现代灯光影像设备的国防教育展览厅。2005年10月建成后开放，至2006年1月，参观人数超过8000人次。

人民武装力量动员

1996年，市国防动员委员会成立后，健全教育训练、装备管理等制度，以达到战时“召之即来，来之能战，战之能胜”的要求。市国防动员委员会成立后，协调管理国防动员各项具体工作。2000年，继续抓好可补充人员的调查和民兵整组，提高民兵、预备役部队快速集结和执行任务的能力。2002—2005年，进一步修订和完善战时兵员动员方案和战备支前、应付突发事件方案，使人民武装动员适应“补兵员、保畅通”两大任务的需要。

国民经济动员

1996年，市国防动员委员会对国民经济动员作了重新部署。成立国民经济动员办公室，落实编制人员，开展国民经济动员潜力调查工作，建立健全国民经济动员调查制度，同时依据调查情况，做好国民经济动员预案的编制工作。进入21世纪以来，加大对新世纪新形势下国防动员的工作力度，开展2000—2005年度国防潜力的调查工作，完善国民经济动员机制和动员预案。

交通战备动员

1991年，市国防动员委员会指定组建民兵汽车运输分队（连）。1996年，市委、市政府议订交通战备保障方案，确保交通运输在战时能“快、好、捷”。2001—2005年，市交通战备办公室进一步修改交通战备保障方案。

政治动员 20世纪80年代中期至20世纪90年代，岑溪县(市)委、县(市)政府逐步建立和完善政治动员的制度，依法开展全民国防教育活动，为战时政治动员作充分准备。20世纪90年代末至21世纪初，政治动员办公室充分利用现代宣传工具与各种国防教育阵地等，开展政治动员和教育活动。

国防教育

国防教育制度 1991年，县国防教育领导小组及办公室成立。之后在每年拟订国防教育计划和部署教育活动，逐步建立和健全了一套比较切实可行的国防教育制度。主要有“干部职工(含领导)教育制度”“民兵预备役人员教育制度”“公民群众的国防教育制度”和“学校师生国防教育制度”等。干部职工教育制度包括党政领导过“军事日”制度和“机关、企事业单位干部职工教育制度”两个方面。民兵预备役教育制度有基干民兵和普通民兵国防教育。基干民兵(含应急分队、专业分队)每年进行4次国防教育，安排在每季度一次的政治教育活动中进行。普通民兵每年进行2次国防教育。

对公民的教育制度，1991年以后的做法是利用征兵期间宣传发动时段或重大节日的宣传活动进行教育。主要方法是通过有线广播、电视与县(市)主办的报纸、新闻信息类等媒体，定期播放(或刊载)国防教育节目(文章、资料)进行宣传教育。征兵和重大节日(如元旦、“八一”、国庆、春节)期间，利用黑板报、墙报、宣传专栏出版有关国防教育的内容、资料，供各阶层群众学习。每年《中华人民共和国国防法》《中华人民共和国兵役法》颁布纪念日前后，采用召开座谈会、散发宣传资料，接受群众咨询和张贴宣传标语的形式，开展国防教育宣传日(或称国防教育一条街)活动，向公民群众进行宣传教育。

学校的国防教育制度主要有三种：一是各中小学(含职业中学)建立的国防教育周制度，每逢新学期开学之初，到学校上国防教育课进行教育；二是对高中和相当于高中的学校新生，每年进行1～2周的军事训练，进行国防知识、国防法规和爱国主义、革命传统等方面的教育，以提高学生的国防观念；三是利用每年的三、四月学雷锋日、清明节或其他重大节日，通过学雷锋为民办好事或清明拜祭革命先烈和拥军优属等活动，开展国防教育，让中小学生在亲自参加和社会实践中，体验和认识国防观念。

国防教育的内容 依照《中华人民共和国国防教育法》的规定，国防教育的内容包括爱国主义教育、国防权利和义务教育，国防常识和国防法规教育等几个方面的内容。岑溪进行国防教育活动，着重从这几个方面内容进行教育。

1999年6月，市人武部在市第二小学组织少年军校学员开展国防教育

爱国主义教育主要包括：宣传祖国新貌和建设成就，宣传英雄人物、先进集体的模范事迹，宣传祖国的壮丽河山、名胜古迹，宣传重大历史事件和著名历史人物，宣传各族人民对祖国的历史贡献等。

公民的国防义务教育主要包括：履行国家兵役制度，支持军队改革和建设；自愿参军和参加民兵、预备役部队，支前参战，拥军优属，维护军事设施与参加军民联防，保守国家军事秘密；自觉维护国家尊严，积极发展生产、增强国家经济实力等。国防权利教育着重引导公民认识在履行国防义务的同时应该享受的权

利，包括义务兵家属优待的权利，现役军人死亡的抚恤权，革命伤残军人优待和退伍转业（离、退休）军人安置权等。通过国防义务和权利教育，真正使社会组织和公民切实履行国防义务，懂得履行国防义务的权利，更好地为国防建设服务。

国防常识教育是国防教育中最基本的教育，主要包括国家防卫知识，如领土、领空、领海的基本概念，防卫的重要意义及基本原则等。战争方面的知识，如现代高技术局部战争的特点、规模、手段，战争动员及对公民的要求。在进行国防常识教育时，结合国家武装力量常识，如武装力量的组成、职责、任务、军兵种知识，现代军事科技知识，国防科普知识以及国旗、国歌、国徽、军旅、军歌等常识的教育，不断提高与强化公民的国防观念与国防素质。

国防法规教育的主要内容，是学习国家颁布与国防力量建设相关的法律法规，如宪法、国防法、兵役法、防空法及军事设施保护法等。其中，包括国务院、中央军委依据国家法律制定规范国防建设方面的有关条例、条令，如民兵工作条例、征兵工作条例和各省（自治区、直辖市）人民代表大会依据国家法律、法规，结合本地实际制定的地方性法规，以及其他规范性文件等。国防法规教育的目的在于让人们了解国防法规的基本内容，增强人们的国防法制观念，自觉履行国防建设的义务。

国防教育的形式与方法　国防课堂教育主要用于各类学校学生、各级党政机关干部、民兵预备役人员、人民解放军和武警官兵。在方法上，通过学习会、培训班、专题讲座的方法，上国防教育课。上课前，上课人要根据当时国际国内的形势，尤其是军事态势和教育对象的实际情况，认真钻研教材，写出教案。授课时要讲究授课艺术，采取启发式，多用比喻、实物、图表等形象直观的方法。把思想性、知识性和趣味性融为一体，使教育的内容口语化、故事化、形象化。努力做到重点突出，观点鲜明，概念准确，条理清楚，深入浅出，通俗易懂，富有感染力和吸引力。同时，要出好思考题，组织好讨论，或开设专题演讲，检查和掌握教育的情况，交流学习体会，解答疑难问题，表扬好人好事，巩固扩大课堂教育的成果。

运用广播、电影、电视、录像、录音、报纸杂志及城乡各种宣传工具等大众宣传媒体广泛宣传国防知识，是增强全民国防教育效果的一种行之有效的方法。具体做法是：利用县（市）电视台、广播电台（站）开设国防教育专题新闻或知识讲座。在征兵或重大节日（元旦、春节、“八一”建军节）时，由领导在电视上作电视讲话节目进行宣传等。再就是利用本地报刊（《岑溪报》或《岑溪通讯》）开设国防教育栏目，刊登国防知识，宣传国防教育中的好人好事。各机关、各乡镇、村、圩市，都设立墙报、黑板报等宣传工具，由各机关政工人员或文化站宣传员，定期出版国防教育的宣传资料（资料一般由市国防教育办公室或宣传部门编印下发），向广大人民群众进行宣传教育。每逢征兵或重大节日，县（市）城及各乡、镇、村，还采取张贴标语、横幅，或利用宣传车及组织文艺演出的方式进行宣传教育，以达到家喻户晓，不断深入人心的目的。

20世纪90年代中后期起，在中学实行新生军事训练。图为2002年9月岑溪中学新生军训动员场景

开展军事实践活动即军事基础动作演练，主要方法是搞好民兵、预备役人员军事训练，参加军事演习，组织学

生军训及坚持地方党政领导军事日制度等。到2005年,全市领导干部共有1800多人(次)走进军营过军事日,接受国防教育。

第五节　人民防空

人民防空动员　1996年市国防动员委员会成立后,即设立人民防空办公室,负责规划和组织全市人民防空动员工作。2002—2003年,组建一支以民兵为主体,人防综合保障分队,以适应突发事件或空袭时动员工作。

2005年12月,市人民防空办公室单独建制,落实人员编制和办公室地点,并正式挂牌办公。按照新时期新世纪防空规划与要求,推进新时期人民防空工程建设的实施与管理。

防空教育与动员演练

1996年,市人防办公室制定全市防空教育与防空动员演练的中长期规划与短期计划。1997年1月,新修订的《中华人民共和国人民防空法》(以下简称《防空法》)实施,人防办组织一次全市性的防空法宣传教育活动,利用广播、电视、报纸(《岑溪报》)等宣传媒体和墙报、黑板报、标语等形式,向广大群众进行宣传教育。1999年5月,自治区人大通过并颁布《广西壮族自治区实施〈中华人民共和国人民防空法〉办法》。在市党委、市政府、市人大的部署下,市国动委、人防办于6月在全市开展"人民防空知识宣传月"活动,市国动委主任张宣东为宣传月的开展在市电视台作专题电视讲话。全市印发防空法及城市防空知识宣讲资料5000余份,出版墙报、黑板报300多期(次)、张贴宣传标语1000多张(条)。2000年,市人防办向基层单位领导和干部职工宣讲人防知识,起到了较好的宣传教育效果。

2002—2003年,在市区内组织一支以民兵为主体的人防综合保障分队。2005年12月,市人防办依据自治区人防办和区教育厅《关于加强人民防空重点城市初级中学学生人民防空知识教育的通知》的要求,开始在市第三中学的一个班进行人防教育试点,取得经验后,在该校全面推开。

编制防空方案与设施维护

2001年,重新制定《岑溪市防空疏散方案》。2005年12月,市人民防空办公室成立(单独建制)后,依照其职责,确定本市防空重要经济目标,指导有关部门、单位按国家防护法规拟订防护方案和应急抢修方案,并监督检查落实情况。

第六节　拥政爱民

支援、参加地方生产与经济建设

1996年,人武部重新收归军队建制后,成立拥政爱民工作领导小组,重新议订拥政爱民的制度。20世纪90年代中后期至2000年,市人武部坚持以支持地方经济建设和扶贫为中心,扎实开展"支持地方经济建设,扶助贫困村、贫困户,为民办实事、做好事"的拥政爱民活动。从1996—2000年,市人武部先后深入乡镇基层,组织、发动民兵,通过石材开发、造林种果、养猪养鸡养鱼及农副产品加工等经营活动,走上劳动致富的道路。1998年,市人武部为筋竹镇黄陵村小学捐助了价值3000多元的课桌椅凳。与黄陵、糯垌镇平坡、安平小学的12名贫困学生结成对子,实施"一千扶一人"行动,扶助贫困学生解决学习与生活的困难,直至小学升初中。

2001—2004年,组织发动民兵学习和利用科学技术,带头劳动致富。2004年起,市人武部开展"扶贫

包村”活动，并由部长、政委挂靠承包点，先后承包了马路镇、波塘镇的招商引资工作和扶持岭腰（马路镇辖）、大寨（归义镇辖）两个贫困村。与镇、村干部一道，想办法、找点子、开门路，发展镇、村经济。2005年，马路、波塘两镇均较好地完成招商引资的任务，岭腰、大寨两个贫困村分别办起沙场、果园等村办企业。市人武部还出资并组织民兵支持两村新办公楼建设，修筑村至镇的公路，开展民兵“一帮一”的互帮互助活动，带动全村群众劳动致富，科技致富。

军民共建

1991年起，市人武部在继续抓好和巩固20世纪80年代以来在镇村建立的文明点的同时，先后与市第二小学、市财政局、市人民医院和岑城镇上奇社区居委会等四个单位结对子，开展“军民共建”活动，并议订了“共建”活动措施方案。定期派出干部到结对单位参加落实创文明措施的具体工作，每逢年节均与结对单位座谈、联谊，增进军民联系和情谊。1997年，在“共建”活动中，为进一步加强青少年的国防教育，市人武部在市第二小学成立少年军校，派出干部到少年军校上国防教育课和指导军校学生操练。2003年，广西军区在岑溪抓“人武部医疗保障社会化”试点，市人武部通过“共建”单位市人民医院的支持，军民、军政双方协作，摸索出行之有效的实施方案，为军区试点工作创出较为成功的经验。2000—2005年，市人武部与结对的市二小、人民医院、上奇社区居委会和财政局等几个“军民共建”单位，均先后获自治区政府、梧州市政府和岑溪市政府授予的“文明单位”称号。武警岑溪中队、消防大队结对的“军（警）民共建”的两个单位，也先后获梧州市政府、岑溪市政府授予的“文明单位”称号。

抢险救灾与维护社会稳定

20世纪90年代以来，岑溪市人武部针对市境内水、旱、风雹等自然灾害频发和山林火灾时有发生的情况，为及时做好抢险救灾工作，于1992年、1998年、2002年和2004年分别四次拟订和修改抢险救灾预案。1994年六七月间，岑溪遭遇台风袭击，发生特大洪涝灾害，全县15个乡镇约15万人受灾，洪灾发生时，人武部深入救灾第一线，组织民兵救灾。灾后，人武部干部职工捐款1万多元，衣物200多件（套）支援灾民。1998年、2001年岑溪分别遭受强台风影响，暴雨成灾，受灾面波及全市17个乡镇。灾害发生时，市人武部全体干部职工出动到救灾第一线，还组织民兵投入抗灾救灾工作。2005年6月，梧州市区遭遇五十年一遇特大洪灾。市人武部立即组织民兵应急分队和预备役部队战士，连夜奔赴梧州支援抢险救灾，并出色完成任务，获梧州市委、市政府和梧州军分区表彰。

1990—2005年，岑溪境内发生洪涝和干旱灾害20多次，每次灾害发生时，人武部干部职工、武警中队、消防大队官兵均在最险处、最难处和群众一起抗灾、救灾，充分体现人民军队无私无畏和全心全意为人民服务的优良品德和作风。2000年，市境内春旱连同秋旱，连续三四个月无雨，一些河流断流、山塘水库无水。市人武部全体干部分别深入受旱镇村发动组织民兵打井、修渠引水或车水、担水抗旱抢插。七八月间，市区供水困难，消防大队出动所有消防车轮番为机关干部、职工和市区居民车水送水。

1999—2000年，市人武部先后6次组织人武干部、民兵应急分队投入扑救山林火灾战斗。2001—2003年，组织成立民兵护林救火队伍。2003—2005年，市境内累计发生山林火灾50多起，人武部与受灾乡镇共发动民兵参加扑救，为群众挽回经济损失达1200多万元。

为维护社会安定团结，维护稳定的社会秩序。市人武部自1996—2005年，先后成立有民兵参加的联防队伍，坚持长期执勤巡逻，配合公安机关开展的各项打击偷盗、抢劫、诈骗及黄、赌、毒等犯罪活动。2003年四五月间，“非典”流行，市人武部启动紧急动员机制，在全市成立抗击“非典”民兵应急分队，协助市镇、政府和卫生防疫部门宣传防“非典”知识，巡逻放哨、隔离检疫及疫区消毒等工作，稳定人心，维护社会正常生产，生活秩序，为全市战胜“非典”作出贡献。

2004—2005年，民兵联防队配合公安、工商部门等部门缉拿违法犯罪嫌疑人107人，配合武警、消防与安全部门排除治安险情21起。

战备治安执勤

治安执勤　20世纪90年代初,为维护社会安定团结,维护稳定的社会秩序。根据上级和县(市)委的指示、先后在成立23支应急分队和执勤巡逻小分队,积极配合公安机关各专项斗争,参加维护社会治安、打击偷盗、抢劫、诈骗及嫖、赌、毒等犯罪团伙斗争。1990年在扫“六害”专项斗争中,全县成立多个联防小组,开展治安联防活动,形成强有力的民兵防护网络,使该专项斗争取得较好的成效。1995—1999年,各应急分队巡逻小分队共出动民兵,协助公安机关破案121起,缉拿违法犯罪嫌疑分子203人。2001年4月,岑城、樟木等镇民兵应急分队参与公安机关的“打黑除恶”活动,为公安机关的这一活动取得重大成果作了应有的贡献。2004年秋,在一次重大刑事审判活动中,岑城、樟木与市直的民兵应急分队在市区内站岗放哨,确保审判活动顺利进行,维护市区正常秩序和社会安定。

战备执勤

20世纪90年代至21世纪初,制定“民兵应急分队应付突发事件行动方案”和新世纪“民兵训练方案”,突出科技练兵重点和着力提高骨干队伍素质与实战能力,使民兵应急分队军事训练制度化、规范化,参与应急行动迅速有效。

2001年,市公安部门开展“打黑除恶”活动,市直机关与岑城镇民兵应急分队参加巡逻执勤,维护机关、学校、市场正常秩序。2003年抗击“非典”期间,出动民兵应急分队参与查询、检查往来车辆和人员隔离防护等方面工作。2004—2005年,全市调动民兵配合地方公安部门开展治安联防活动,有效地维护社会治安秩序稳定。

［第十七篇］

科技　文化　体育

第一章　科　技

1991—2005年,岑溪县(市)科技部门依照"科学技术是第一生产力"的方针和县(市)委、县(市)政府"科技兴岑"的战略思想,积极开展科学知识普及、科技培训工作,加强对农村实用技术人员的培养,引进推广科技成果,利用科技知识和科技成果促进工农业生产的发展,取得了较好的经济和社会效益。通过种子改良、推广农作物新品种和各种先进适用的种养新技术,发展高产、优质、高效农业。通过技术改造,开发工业新产品,提高工业企业生产效能和经济效益,促进工业生产快速发展。1992年,县松香厂的"TO型生物制片透明剂"获国家级科技进步奖三等奖。1994年,县外贸鸡场获"首届中国农业企业科技投入100强"奖。1995年,粮食生产获得连续十年增产丰收,水稻亩产1008千克,成为广西首批二个"吨谷县(市)"之一。2003年6月,澳洲坚果产业技术开发被列为国家星火项目。2004年,岑溪市被定为"自治区党员电教科技示范基地"。2005年,顺利通过2003—2004年度全国科技进步考核。1991—1995年,科技对经济增长的贡献率为30%,2001—2005年增加至41%。

第一节　机　构

岑溪市科学技术局

1973年10月,岑溪县设立科学技术局,1978年1月,改称县科学技术委员会。1991年,内设业务股、成果股、技术市场办公室。设主任1人,副主任2人。在编人员15人,其中干部14人,工人1人。下辖机构有科学技术情报研究所和科技开发中心(办公地点在城区北山顶)。科学技术情报研究所和科技开发中心共有10名干部职工。1994年,成立岑溪县技术市场管理办公室,为科委内设机构。1995年9月,岑溪撤县设市后,岑溪县科学技术委员会改为岑溪市科学技术委员会。2002年4月,机构改革,岑溪市科学技术委员会改称岑溪市科学技术局,内设科室有秘书股、财务股、科技业务股、科学技术普及股、技术市场与知识产权股。在编人员13人,其中行政编制11人,后勤事业编制2人,下辖机构有岑溪市科学技术情报研究所,岑溪市科技开发中心。上述两机构共有职工10人。2004年10月,成立岑溪市生产力促进中心。该中心人员由市科技情报所在职人员组成,实行一套人马两块牌子。

2005年之前,岑溪市防震减灾工作领导小组办公室(以下简称"防震办")亦设在岑溪市科技局,但没有专职编制人员,由科技局安排工作人员兼职从事地震专业技术工作。

1991—2005年,县(市)科技局(科委)主要负责人(局长、主任)分别是赖凤年(1990年11月至1993年9月)、韦克隆(1993年9月至1997年4月)、李广文(1997年4月至2002年7月)、黎展明(2002年7月至2004年7月)、黄家伟(2004年7月至2008年)。

第二节　科技队伍

1991年,岑溪县有各类专业技术人员6407人,至2005年,岑溪市各类专业技术人员11370人,比1991

年增加4963人，增加77.4%，其中，高级技术职务133人，中级技术职务2804人，初级技术职务7746人。专业技术人员主要分布在教学和医疗卫生工作岗位。2005年从事教学工作的7243人，占63.7%，从事医疗卫生工作的1539人，占13.5%。

1991—2005年岑溪专业技术人员情况表

表17-1-1　　　　单位：人

年度	技术人员总数	女	少数民族	担任领导管理人员	专业技术职务级别			专业技术职务类别						
					高级技术人员	中级技术人员	初级技术人员	教学技术人员	卫生技术人员	工程技术人员	农业技术人员	经济技术人员	其他技术人员
1991	6407	1579	10	311	72	1008	4797	3946	938	617	228	306	372
1992	6545	1687	21	1144	69	937	4892	4083	929	617	228	308	380
1993	7022	1919	25	1510	85	1232	5163	4283	1002	545	262	383	547
1994	7381	2112	42	1322	138	1673	5253	4267	1111	717	269	357	660
1995	7749	2278	43	910	174	2027	5052	4744	1123	770	291	274	547
1996	8441	2663	46	—	195	2359	5312	4950	1190	916	328	361	696
1997	9210	2731	47	862	180	2585	5811	5530	1250	981	319	396	734
1998	9640	2635	52	813	182	2643	6098	5726	1273	1119	351	433	738
1999	9991	2804	46	827	186	2786	6422	6070	1321	1136	343	395	726
2000	10261	3191	46	903	152	2572	5749	6183	1316	1248	342	448	724
2001	10635	4047	54	904	157	2753	7106	6328	1550	1235	347	376	799
2002	10638	4078	53	908	144	2695	7260	6510	1590	1196	330	349	663
2003	10474	4118	47	—	139	2697	7338	6302	1598	1141	331	347	755
2004	11832	5086	51	2055	139	2775	7981	7563	1563	1244	380	274	808
2005	11370	4873	56	1894	133	2804	7746	7243	1539	1221	389	263	715

1991—2005年岑溪专业技术人员构成情况表

表17-1-2　　单位:人

年度	技术人员总数	年龄				学历					政治面貌	
		35岁以下	36至45岁	46至54岁	55岁以上	本科以上	大专	中专	高中	初中以下	共产党员	共青团员
1991	6407	2570	1700	1605	532	342	867	3042	1000	1156	1592	730
1992	6553	2764	1780	1510	499	373	951	3254	1001	974	1596	718
1993	7022	3091	1927	1479	525	403	1057	3496	1159	907	1744	881
1994	7381	3207	2052	1555	567	431	1135	3650	1272	893	1676	631
1995	7749	3648	2030	1460	611	447	1243	3955	1232	872	1806	922
1996	8441	4060	2180	1496	705	475	1646	4340	1408	572	1806	922
1997	9210	4724	2130	1505	851	495	1889	4767	1414	645	2358	1093
1998	9640	6115	2195	1570	759	521	2055	5091	1348	625	2365	1093
1999	9991	—	—	—	—	548	2366	5391	1220	466	2166	—
2000	10261	5141	2561	1794	765	584	2642	5567	1071	397	2720	—
2001	10635	5604	2421	1852	758	651	2874	5579	1116	415	2804	—
2002	10638	5684	2560	1785	609	696	3183	5472	993	294	3175	—
2003	10474	5571	2563	1789	551	801	3616	4808	1249		3220	—
2004	11832	5808	3315	2114	595	872	4482	4878	1600		3470	—
2005	11370	5060	3649	2085	576	1100	4620	4194	1456		3528	—

进入90年代以后,岑溪县(市)进一步加强和拓展科技队伍建设工作,1992年年初,中共岑溪县委成立知识分子工作领导小组及其办公室(设在组织部),并由组织部抽调人员专门负责知识分子工作。岑溪县(市)知识分子工作的方针是尊重知识、尊重人才;落实政策、大胆使用(提拔);多方招聘、待遇从优;表彰奖励、推动创新。1993年,市农业局高级农艺师陈荫良成为岑溪获国务院批准享受政府津贴第一人。1994年陈荫良晋升为首批国家农业技术推广研究员。同年岑溪县获梧州地区知识分子工作一等奖励。1997年起,岑溪市开展评选优秀青年知识分子活动,当年评选出第一批35岁以下优秀青年知识分子38人;2001年评选出岑溪市专业技术拔尖人才22人,优秀青年知识分子19人。市外贸局副局长、养鸡场场长李开达,获自治区优秀专家称号;农业局高级农艺师陈荫良获"全国先进科普先进工作者"称号。2001年岑溪市农民科技教育培训中心主任、高级农艺师苏锦坚获2001年度自治区"全区经济作物生产技术推广先进个人"奖励。2003年,建立健全市专家人才库,以现代农业实验区和下派科技助理、科技特派员为载体,在市直机关单位抽调科技人员到乡镇政府挂任科技助理或科技特派员,实施科学技术下乡、指导乡镇农业产业结构调整提供专业技术人才的战略措施。2004年,成立市人才工作协调小组办公室,增派科技特派员到乡镇社区、在全市开展"智慧之光耀八桂"活动,促进科技推广、应用和科技创新,推动岑溪"科技兴市"战略的实施。

第三节 科技政策 科技经费 技术市场管理

科技政策

1991—1995年期间，岑溪市各有关单位在科技工作中认真贯彻执行《中华人民共和国科学技术进步法》《中华人民共和国科学技术普及法》《中华人民共和国专利法》，依法开展有关工作。1994年国家科委公布科技成果鉴定办法在市内实施后，从统一、科学、正确、完整的角度规范成果的鉴定，初步扭转以往成果鉴定不规范现象。1998年，梧州市人民政府制定《梧州市科学技术进步奖励办法》和《广西梧州市科学技术进步奖励办法实施细则》，还制定相关的评审制度，完善和规范评奖工作。

科技经费

1991—1995年，岑溪县政府财政投入的科技经费为每年2万元。1996年，岑溪市制定科技发展规划，要求1996年至2010年，政府要建立和完善以政府财政科技拨款为引导，企业自筹为主体，金融部门为支撑，广泛吸纳民间资金的全社会多渠道、多层次的科技投资体系；财政每年科技投入的增长速度要高于财政收入的年增长速度。1997年后，政府财政投入的科技经费逐年有所增加，2005年达到18万元。

1991—2005年岑溪财政科技投入情况表

表17-1-3

投入年份	投入金额(万元)	主要投入项目	投入地点、规模	主要成效
1991	2	科普、技术推广	岑溪	推广林果新品种5个，面积200公顷
1992	2	科普、技术推广	岑溪	推广新品种新技术3项
1993	2	科普、技术推广	岑溪	推广新品种新技术3项
1994	2	科普、技术推广	岑溪	推广新品种新技术3项
1995	2	科普、技术推广	岑溪	推广新品种新技术3项
1996	2	科普、技术推广	岑溪	推广新品种新技术3项
1997	5	科普、技术推广	岑溪	推广新品种新技术3项
1998	8	科普、技术推广	岑溪	推广新品种新技术5项
1999	10	科普、技术推广	岑溪	推广新品种新技术3项
2000	10	科普、技术推广	岑溪	推广新品种新技术5项
2001	10	科普、技术推广	岑溪	推广新品种新技术4项
2002	12	科普、技术推广	岑溪	推广新品种新技术5项
2003	13	澳洲坚果开发	岑溪	育苗成功，推广种植33.33公顷
2004	15	林化产品开发	岑溪	开发松脂产品2个
2005	18	澳洲坚果开发	南渡镇	提高坐果率，引进新品种3个

技术市场管理

1991年，岑溪县科学技术委员会设有专职科技人员管理科技市场。1992年，岑溪县设有技术市场一个，开展技术交易活动8次，鉴定各类技术合同31项，获得技术交易额4220.05万元，成果转化率38.7%。1991—2005年，岑溪县（市）县（市）科技局围绕技术市场进行宣传、调研，走访贸易企业13家，针对企业技术交易成果转化，信息交流热点、难点及存在问题进行企业调查；向企业宣传技术市场法律法规及市场贸易知识，了解企业从事技术贸易情况，指导企业签订技术合同。

第四节　科技项目　科技成果及科技推广

科技项目

1991—1996年岑溪无科技项目。1997—2005年，岑溪市通过立项的科技项目41项。其中岑溪市级科技项目2个，梧州市级科技项目28个，自治区级科技项目10个，国家级科技项目1个。

1997—2005年岑溪科技项目一览表

表17-1-4

	一、国家级科技项目	承担单位	年度
1	澳洲坚果产业化技术开发（星火项目）	岑溪市科技开发中心	2003
	二、自治区科技项目	承担单位	年度
1	古典型岑溪三黄鸡的开发	外贸鸡场	2000
2	广西星火农村信息服务体系建设工程	市科技局	2001
3	农业科技创新能力示范地灾后建设技术示范	岑溪市	2002
4	农业创新示范建设	市科技局	2003
5	松节油合成环氧树脂TEG-99	岑溪市林化工业有限公司	2004
6	农业科技创新示范基地提升	市科技局	2005
7	优异澳洲坚果新品种繁育示范	市科技局	2005
8	岑溪市澳洲坚果基地灾后恢复技术示范	市科技局	2005
9	农民科技培训星火学校建设与能力提高	市科技开发中心	2005
10	奶水牛规模化立体生态高效养殖综合技术示范	市科技局、畜牧局	2005
	三、梧州市科技项目	承担单位	年度
1	无公害农药	市农药厂	1997
2	PU鞋料	市恒发有机化工厂	1997
3	提高柠檬酸生产回收工艺技术攻关	市柠檬酸有限公司	1997
4	春烤烟高产示范	糯垌农业站	1998
5	特种经济动物养殖技术	市科技开发中心	1998

续表 17-1-4

	三、梧州市科技项目	承担单位	年度
6	外用消痔液的临床研究	中医院	1998
7	水汶淮山薯高产优质栽培技术	水汶镇农技站	2001
8	环保节能型蒸酒装置开发	岑溪市科技开发中心 市南丰热水器厂	2002
9	优质高产杂交稻华优86种植示范	岑溪市科技情报所	2002
10	泰国优质高产菱角引种繁育	岑溪市科技开发中心	2002
11	优质水果产业技术支撑	岑溪市科技开发中心	2002
12	澳洲坚果嫁接技术研究	岑溪市科技开发中心	2003
13	大肉一号苦瓜种植示范	岑溪市科技开发中心	2003
14	木薯良种喷多效唑增产试验研究	岑溪市科技开发中心	2003
15	阴离子高分散松香胶生产与应用	市科惠达林化有限公司、市科技局	2004
16	岑溪三堡油瓜(苦瓜)基地建设	岑溪市三堡镇政府 岑溪科技局	2004
17	提高澳洲坚果坐果率技术研究	岑溪市生产力促进中心	2004
18	岑溪淮山薯优质高产种植示范	岑溪市生产力促进中心	2004
19	岑溪市科技创新试点市建设	岑溪市科技技术局	2005
20	阴离子高分散松香胶生产与应用	岑溪市长胜化工有限公司	2005
21	澳洲坚果嫁接技术研究	岑溪市科技开发中心	2005
22	星火小城镇示范镇建设	岑城镇人民政府、科技局	2005
23	岑溪市筋竹砂糖橘产销协会建设(特派员项目)	蒋洪强	2005
24	绿云特早熟红桃示范村建设(特派员项目)	邓东林	2005
25	岑溪市特派员电脑专家及电话“农业科技110”热线系统	市科技开发中心	2005
26	古典型岑溪三黄鸡无公害养殖和产业技术研究	市外贸鸡场	2005
27	杂交水稻良种繁殖基地建设	三堡镇政府	2005
28	岑溪市三堡车河米粉品牌保护与能力提升	三堡镇企办	2005
	四、岑溪市科技项目	承担单位	年度
1	早产儿管理模式研究	市妇保院	1998
2	广西大豆优质高产工程示范	市科委、农业局	1998

科技项目特选

古典型岑溪三黄鸡开发 古典型岑溪三黄鸡是广西历史名鸡。1983年,获得对外经济与贸易部荣誉证书。1987—1994年连续进行7年严格的系统选育,1995年通过广西区科技厅的成果鉴定,专家们做出“该项目在国内地方土种鸡选育中是领先的”的结论。岑溪市外贸鸡场对古典型岑溪三黄鸡进行一系列的科技攻关活动,提高产品的科技含量和品位,使其商品肉鸡在梧州两广市场卖价最高,比其他鸡价格高30%。1991年,岑溪三黄鸡销售17.55万羽。1999年起,采用“鸡场+养户+客户”的经营模式,商品肉鸡由农户放牧饲养,使其在良好的自然生态环境下生长,鸡群的整齐度和鸡肉的质地都得到极大的提高,形、色、香、味俱臻一流。1999年,岑溪三黄鸡销售74.98万羽。2003年8月,古典型岑溪三黄鸡又获“广西优质产品”称号。2003年销售量328万羽。

奶水牛规模化立体生态高效养殖综合技术示范 2003年,广西壮族自治区科学技术厅下达“奶水牛规模化立体生态高效养殖综合技术示范”项目,以广西水牛研究所、广西大学牵头,由岑溪市科技局、畜牧局承担在岑溪市实施。项目至2005年完成:在安平镇古院村建立示范场1个,存栏牛82头,饲养奶水牛17头,种植牧草10公顷,完善糯垌、安平、归义、南渡等5个配种站,引进尼里—拉菲细管冻精6000支,杂交改良水牛2000头,人工授精配种受胎率41.34%,培训人工授精员12人,其中评为自治区二级品改员5人,评为自治区三级品改员2人。

澳洲坚果产业化技术开发 2001年,岑溪市从广西壮族自治区热带作物研究所引进澳洲坚果。2003年10月,岑溪市科技开发中心在岑溪市南渡镇高创村建设高标准澳洲坚果示范果园3.33公顷,建设育苗基地0.67公顷,在归义镇赤黎村建设示范果园6.67公顷,在安平、三堡、波塘等镇建立澳洲坚果示范点5个;建设高标准示范园33.33公顷,坚果生产基地2666.67公顷,培育优质坚果种苗100万株;筛选优质坚果品种6个,坐果率4%以上。种苗嫁接成功率75%以上,种苗定植成活率92%以上;形成一套提高坐果率,促进提早开花结果的技术方法和一套完整的澳洲坚果丰产栽培管理实用技术。2003年“澳洲坚果产业化技术开发”项目获国家星火项目。

松节油合成环氧树脂TEG 2002年开始,岑溪市林化工业有限公司与中国科学院广州化学研究所合作,开发松节油合成环氧树脂TEG-99项目;后在德国专家协会专家指导下,成功解决松节油合成环氧树脂TEG-99项目生产的相关难题。其工艺过程安全、合理并具有先进性,投资完成960万元。建成车间进行产业化生产,形成成熟的工艺技术。

科技成果

1991—2005年,岑溪县(市)获县级、地市级、自治区级和国家级科技进步奖项目共有67项。

1991—2005年岑溪县(市)科技进步奖项目一览表

表17-1-5

序号	项目名称	完成单位	获奖年度	获奖等次			
				县	地	区	国家
1	推广控制猪瘟病综合防治技术	岑溪县畜牧局	1991	2	—	—	—
2	岑溪市山塘小水库养鱼高产技术开发	岑溪县畜牧水产站	1991	2	—	—	—
3	马路镇双季稻高产超吨谷	岑溪县农业局土肥站	1991	2	—	—	—
4	木薯叶粉作三黄鸡肥料的应用	岑溪县外贸鸡场	1991	2	—	—	—
5	高效硝铵复合肥应用示范	岑溪县科学技术协会	1991	3	—	—	—
6	14.5万亩粮食高产综合技术开发	科委、农委、农业局	1991	1	—	—	—
7	杂交水稻模型化技术推广	农业局农技站	1991	3	—	—	—
8	应用多效唑喷水稻秧苗	农业局农技站	1991	3	—	—	—
9	水稻综合技术丰收计划	农业局农技站	1991	2	—	—	—
10	马赛克衬纸	县造纸厂	1992	1	—	3	—
11	TO型生物制片透明剂试制	县松香厂	1992	1	—	2	3
12	归义吨谷镇技术开发	县农技推广中心站	1992	1	—	3	—
13	大面积推广早稻垄作增产技术	县土肥站	1992	2	—	3	—
14	岑溪三黄鸡主要疾病的调查及防治措施的研究	县外贸鸡场	1992	1	—	—	—
15	三元杂交猪试验	县畜牧猪场	1992	1	—	—	—
16	IK-16型压板船式水稻垄作开沟器研制(县农机推广站)	农机推广站	1992	2	3	—	—
17	岑溪县应用综合技术措施夺取连续11年早稻增产丰收	农业局推广中心	1992	1	—	—	—
18	岑溪县应用综合技术措施夺取连续11年早稻增产丰收	科委、农委、农业局	1993	2	—	—	—
19	岑溪县杂交稻抛寄两段秧技术应用	农业局农技站	1993	2	—	—	—
20	岑溪三黄鸡种鸡群净化白痢试验	外贸鸡场	1993	1	3	—	—
21	稻种破胸催芽自动控温机的应用示范	县农机推广站	1993	3	—	—	—
22	岑溪县水资源开发利用现状分析报告	县水电局	1993	3	—	—	—

续表 17-1-5

序号	项目名称	完成单位	获奖年度	获奖等次			
				县	地	区	国家
23	杂交稻小苗旱育栽培示范	安平农业站	1993	3	—	—	—
24	垄稻沟鱼技术开发	畜牧局水产站	1993	2	—	3星火奖	—
25	岑溪县大面积水稻节水灌溉	水电局	1994	2	—	—	—
26	岑溪县万亩农田优质、高效、高产技术开发	科委、农委、农业局	1995	1	3	—	—
27	南渡吨谷镇技术开发	南渡镇政府、农业站	1995	2	—	—	—
28	7CH-IG型液压自卸挂车改装技术推广	县农机推广站	1995	2	—	—	—
29	樟木吨谷镇技术开发	樟木镇政府、农业站	1995	2	—	—	—
30	稻田大面积推广机耕作业	农机局	1995	2	—	—	—
31	岑城吨谷镇技术开发	岑城镇政府、农业站	1995	3	—	—	—
32	义昌江水质现状评价与水资源保护初探	水电局	1995	3	—	—	—
33	岑溪三黄鸡选育提高	外贸鸡场	1996	1	3	3	—
34	岑溪吨谷县技术开发	市农技推广中心	1996	1	2	—	—
35	岑溪县森林资源二类调查研究	市林业局	1996	1	2	—	—
36	农机化综合技术在“吨谷县”建设中应用	市农机局	1996	2	3	—	—
37	大业吨谷镇技术开发	大业镇政府、农技站	1996	1	—	—	—
38	大隆吨谷镇技术开发	大隆镇政府、农技站	1996	1	—	—	—
39	糯垌吨谷镇技术开发	糯垌镇政府、农技站	1996	1	—	—	—
40	岑溪县消灭疟疾方法的现场应用及效果研究	防疫站	1996	2	—	—	—
41	昙容吨谷镇技术开发	昙容镇政府、农技站	1996	2	—	—	—
42	水汶吨谷镇技术开发	镇政府、农技站	1996	2	—	—	—
43	梨木吨谷镇技术开发	梨木镇政府、农技站	1996	2	—	—	—
44	筋竹吨谷镇技术开发	筋竹镇政府、农技站	1996	2	—	—	—
45	安平吨谷镇技术开发	安平镇政府、农技站	1996	2	—	—	—
46	三堡吨谷镇技术开发	三堡镇政府、农技站	1996	2	—	—	—

续表 17-1-5

序号	项目名称	完成单位	获奖年度	获奖等次			
				县	地	区	国家
47	吉太吨谷乡技术开发	吉太乡政府、农技站	1996	3	—	—	—
48	诚谏吨谷镇技术开发	诚谏镇政府、农技站	1996	3	—	—	—
49	波塘吨谷镇技术开发	波塘镇政府、农技站	1996	3	—	—	—
50	大业吨谷镇技术开发	大业镇政府、农技站	1996	1	—	—	—
51	波塘吨谷镇技术开发	波塘镇政府、农技站	1996	3	—	—	—
52	岑溪市人群EB病毒VCA-IgA阳性与鼻咽癌检出关系研究	人民医院	1997	2	—	—	—
53	岑溪市基本消灭麻风病防治研究	皮肤病防治院	1997	2	—	—	—
54	岑溪市“广西大豆优质高产示范工程”	市科委	2001	1	—	—	—
55	松脂增产综合技术应用示范推广	—	2001	1	—	—	—
56	杂交水稻新组合博优3350选育推广	—	2001	1	—	—	—
57	软盘抛秧技术在杂交水稻制种中的应用	—	2001	2	—	—	—
58	高产优质木薯良种引种繁育示范	—	2001	2	—	—	—
59	岑溪市林业生态经济区划报告	—	2001	2	—	—	—
60	高速水田耕整机械化及水稻植保机械化技术推广	—	2001	3	—	—	—
61	水汶镇淮山薯高产优质栽培技术开发	—	2001	3	—	—	—
62	果蔗套种菜椒高产效益栽培技术推广	—	2001	3	—	—	—
63	岑溪市早稻旱育稀植大面积推广	—	2001	3	—	—	—
64	岑溪市水稻瘤矮病综合治理	—	2002	—	3	—	—
65	古典型岑溪三黄鸡的开发	外贸鸡场	2004	—	2	—	—
66	澳洲坚果嫁接技术研究	市科技开发中心	2005	—	2	—	—
67	阴离子高分散香胶生产与应用	岑溪市长胜化工有限公司	2005	—	2	—	—

1991—2005年，岑溪县（市）科技工作者共获国家知识产权授权专利94项。

1991—2005年岑溪县（市）获得专利一览表

表17-1-6

序号	专利号	专利名称	发明人	地址
1	200420104688.X	一种燃气轮机	孔维元	岑溪梨木镇黄沙村
2	200520007919.X	石材分片定量装置	黎锦平	岑溪市归义镇政府
3	200520007621.9	点火器	赖英云	岑溪市安平镇安平街104号
4	200520017494.0	中学电磁学实验平台	徐一华	岑溪市三堡中学
5	200520065847.4	搪胶机	陈金华	岑溪市梨木镇河木村深塘组
6	200520037315.X	电源点火煤炭热水管炉	钟文崇	岑溪一水厂
7	200530004534.3	制刀头石墨片(A)	黄庆奇	岑溪市新兴路一号
8	200530004535.8	制刀头石墨片(B)	黄庆奇	岑溪市新兴路一号
9	200530121448.0	包装袋（花生牛奶）	何东海	岑溪市岑城镇新义街一巷25号
10	200530124128.0	花生牛奶包装袋	何东海	岑溪市岑城镇新义街一巷25号
11	200530117334.9	制刀头用的夹层铁片	黄庆奇、艾东方	岑溪市新兴路一号
12	01130521.5	金属型有易拉开口的香烟防伪包装盒	梁洪超、梁洪燊 梁　洪	岑溪市中苑区运管所宿舍01号信箱
13	02124289.5	一种排毒、抗癌的中药制剂及其制备方法和应用	谭力中	岑溪市新兴路70号
14	96104660.0	复合层次结构石材板材及其生产方法	邓登仁	岑溪市城中路2号政府大院审计局
15	96112664.7	复合层次结构石板板材的生产方法	邓登仁	岑溪市城中路2号政府大院审计局
16	91100361.4	新型低水头水力发电设备	周　彬	岑溪县城供水公司
17	92114062.2	一种在信封上能使电脑准确无误地识别邮政编码的方法	梁洪超	岑溪县大中路37号岑溪县运输管理所
18	92102130.5	新型低水头水力发电装置	周　彬	岑溪县城孝坊路29号供水公司
19	94106277.5	防伪瓶盖	浦　强	岑溪县公安局前楼304房
20	95115687.X	石材的加工方法及加工石材的砂锯锯条	黎锦平	岑溪县归义镇人民政府
21	96102063.6	石材薄板及其生产方法	邓登仁	岑溪市城中路2号政府大院审计局

续表 17-1-6

序号	专利号	专利名称	发明人	地址
22	96103860.8	石材薄板及其生产方法	邓登仁	岑溪市城中路2号政府大院审计局
23	96102609.X	复合石材板材及其生产方法	邓登仁	岑溪市城中路2号政府大院审计局
24	97101625.9	复合石材板材或天然石材薄板及其生产方法	邓登仁	岑溪市城中路2号政府大院审计局
25	98125465.9	石材的切割方法	梁裕鹏、李振森	岑溪市机械厂
26	99127600.0	汉字逻辑信息码	封相如	岑溪市地方税务局直属分局
27	99120025.X	低毒活性胶体植物保护剂	张格尔	岑溪市上奇桃花园
28	98124237.5	气流喷射式插秧系统	浦　强	岑溪县公安局前楼304房
29	99108156.0	增加鸡活动量的方法	浦　强	岑溪市大中路市公安局前楼304号
30	00128946.2	汉字逻辑结构智能信息码	封相如	岑溪市地方税务局直属分局
31	00106635.8	气动式多功能兽用注射器	吕炜志	岑溪市环保局
32	99124908.9	汉字笔画信息码	封相如	岑溪市地方税务局直属分局
33	00118555.1	墙漆滚涂机	吕炜志	岑溪市环保局
34	00128711.7	光盘保护盒及其机内开启机构	浦　强、梁　洪	岑溪市大湾电站办事处
35	01111004.X	海浪发电装置	梁洪超	岑溪市中苑区运管所宿舍01号信箱
36	02239063.4	防盗排水管	莫传涛	岑溪市南渡镇社垌村十组
37	02240905.X	防伪酒瓶	覃灿明	岑溪市富民路218号
38	02278968.5	一种电动牙刷	梁寿浪	岑溪市党校
39	02252227.1	水包灶	赖英云	岑溪市安平镇安平街104号
40	02241361.8	摩托车前轮刮泥器	陈炳旭	岑溪市归义镇思塘村五组
41	02290703.3	一种配有点火器的香烟盒	梁寿浪	岑溪市党校
42	93213585.4	定时自控机	徐飞翔	岑溪县三堡镇新安村
43	94203627.1	活塞环	高庆新、李克保	岑溪县糯垌古兰村小学
44	91221001.X	时钟定时开关机	徐飞翔	岑溪县三堡镇新安村

续表 17-1-6

序号	专利号	专利名称	发明人	地址
45	92206006.1	循环式高效节能干燥机	浦　强、冯克辛、梁建平	岑溪县模压研究所
46	93200599.3	彩电保护器	甘启平	岑溪县老龄工作委员会办公室
47	92228241.2	保健沙发	陈飞腾	岑溪县南渡镇中街046号
48	93205194.4	U型弹簧夹卡	浦　强、李定勇	岑溪县模压制品研究所
49	93204740.8	多用节能灶	林培兴	岑溪县三堡镇富冲村
50	93205193.6	方形刨花模压板	浦　强、李定勇	岑溪县模压制品研究所
51	93235439.4	立式节能蒸酒装置	封　斌	岑溪县南丰热水器厂
52	95214238.4	卧式节能蒸酒装置	黄德辉、陈清梅	岑溪县县城岑罗路109号（武警中队对面）
53	95226423.4	减压定时阀	杨文锋	岑溪市城北路工商联
54	96245459.1	辊筒收送器	杨文锋	岑溪市城北路110号工商联
55	98251849.8	燃气热水器的远距离调节装置	梁裕鹏、李振森	岑溪市机械厂
56	98251848.X	燃气热水器	梁裕鹏、李振森	岑溪市机械厂
57	97210784.3	太阳能低压蒸汽机	杨文锋	岑溪市城北路110号工商联
58	99202774.8	石材切割机	黎锦平	岑溪市归义镇政府转
59	98215310.4	新型防风衣架	练志雄	岑溪市玉梧大道东13号
60	97248179.6	水田筏耕机	李培权、甘洁华、黄奔流	岑溪市归义镇金鸡村
61	98240698.3	烟灰缸	杨显强	岑溪市马路镇善村平塘二组
62	98246276.X	回转式金刚石带锯	梁裕鹏、李振森	岑溪市机械厂
63	97204429.9	复合层次结构石材板材	邓登仁	—
64	96205269.8	双向、双切片石材切割装置	李　坚	
65	98215232.9	保健竹木珠织凉鞋	黄远杰	岑溪市解放一巷9号
66	00201632.X	电动绞钩装置	黄　斌	岑溪市工农路158号
67	99202332.7	金刚石带锯切割机	梁裕鹏、李振森	岑溪市机械厂
68	00202769.0	自动剪切钢筋调直机	梁　智	岑溪市城北大道296号
69	99247789.1	燃气炉	黎少驰	岑溪市人民医院医大实习组

续表 17-1-6

序号	专利号	专利名称	发明人	地址
70	99251544.0	扇子式旋转观星仪	封相如	岑溪市地方税务局直属分局
71	00246949.9	轮式撑杆支承器	梁洪超	岑溪市中苑区运管所宿舍01号信箱
72	00242818.0	石浆粉末回收池	黎锦平	岑溪市归义镇政府转
73	00206916.4	内封口防伪包装容器	梁洪超、梁洪燊	岑溪市大湾电站办事处
74	01276814.6	书法摹写耐水字帖	李光海	岑溪市湖溪街
75	01235523.2	一种具有保险开关的打火机	张福泉	岑溪市十里长街路段（原果脯厂内）岑溪市华发打火机厂
76	01212690.X	一种饮料瓶	梁寿浪	岑溪市十里长街市党校
77	01205826.2	一种闷晒式太阳能热水器	赖英云	岑溪市安平镇安平街104号
78	01212827.9	调节与集合同步的复合光学眼镜	陈祖惠	岑溪市河三矿化验室
79	01225529.7	自动抽水控制器	林正乾	岑溪市工农路53号
80	01209167.7	海浪发电装置	梁洪超、梁洪燊	岑溪市中苑区运管所宿舍01号信箱
81	01252404.2	电动削果皮刀	侯宗利	岑溪市南渡镇都雅村二组
82	01228067.4	防盗防劫自动报警系统	区　原	岑溪市大隆镇大隆街1号
83	01230716.5	有源频道型窄带天线混合放大器	莫益烨	岑溪市燃料公司七楼
84	01276954.1	自动跟踪太阳装置	杨文锋、韦钟汉	岑溪市新村17号
85	200520037973.9	多变多功能全自动粉墙机	吴增成	岑溪市水汶镇新街119号
86	02354672.7	旅游棋	梁富定	岑溪市玉梧大道东50号东侧梁普通理发店转
87	02354889.4	枕头	梁寿浪	岑溪市党校
88	92302557.X	饲料添加剂包装袋	黄　毅	岑溪县城岑罗路99号
89	92302444.1	饲料添加剂包装袋	黄　毅	岑溪县城岑罗路99号
90	92302205.8	龙棋	徐飞翔	岑溪县三堡镇新安村
91	98306757.0	晒场专用胶伞	韦绪锦	岑溪市大隆镇合和村
92	00332786.8	圆盘锯专用磨具（圆柱形）	黎锦平	岑溪市归义镇政府转
93	00332788.4	圆盘锯专用磨具（三棱柱形）	黎锦平	岑溪市归义镇政府转
94	00332789.2	圆盘锯专用磨具（长方体）	黎锦平	岑溪市归义镇政府转

科技推广

农业科技 1991—2005年，推广先进养殖和种植技术，引进优质农作物品种。1991年，在全县277个村，51553户推广科学养禽，占全县养家禽户47.2%，饲养量336.07万羽；同时推广科学养牛。1992年推广水稻优质高效高产技术。1998年引进优质水果砂糖橘。1999年引进广西优质大豆、巴西菇。2000年引进大花心红薯、澳洲坚果、广西二号苦瓜、特早熟红桃新品种。2001年，引进高产木薯、大果枇杷、双季莲藕、大红八角、台湾大青枣、藤县无籽西瓜；推广三元杂交猪、水奶牛养殖技术、水田筏耕机。2003年1月18日，梧州市现代农业实验区岑溪市糯垌花卉示范园开园。

林业科技 2001年推广马尾松高脂速生丰产培育技术。

畜牧业 2000年在市内推广牛品种改良项目，在一些乡镇建立牛品改示范场和饲养示范户。

工业科技 1991年推广松香连续蒸馏新工艺。1993年，推广花岗岩开采新工艺技术、石材薄板生产方法。推广应用自产燃气热水炉具、宝石研磨转动式磨杆夹具，卧式节能蒸酒装置，多变多功能全自动粉墙机，金刚石带锯切割机、松节油合成环氧树脂技术。

通过推广科学技术和引进优质品种，取得较好的经济效益。1993年，推广花岗岩开采新工艺技术，同年已获产值174万元，税收20万元，创利29万元。引进农作物新品种后既改善农业产业结构，又增加农民收入。1998年，筋竹镇从外地引进砂糖橘，获得成功，至2005年筋竹镇有砂糖橘2000公顷，成为砂糖橘生产基地，并成立砂糖橘产销协会。仅黄陵村年产砂糖橘4000多万千克，产值2.5亿元。筋竹镇许多农民种砂糖橘致富，盖起了别墅式楼房，购买了小汽车。

第五节 科学普及 科技培训 科技信息与交流

科普活动

20世纪90年代，岑溪县（市）科普工作，在坚持深入基层单位，开展科学技术指导的基础上，县（市）科技局及有关部门组织人员参加梧州市举办的每年一届的科技活动周和自治区每年一届的科技活动周，向广大人民群众，宣传科学技术知识，印发相关宣传资料，接受群众咨询。2001年起，依照国家每年5月份举办全国科技活动周的规定，岑溪市科技局与农、林、工业等有关部门，通过全国科技活动周，宣扬科学精神，提高全民科学素质。科技活动周的活动形式主要有：上街发放科普资料，接受群众科技知识咨询，开展科普展览，送科技知识下乡，举办科技培训班，科普宣传文艺演出，电视台播放科普电视栏目等。

市科委、科协开展科技宣传活动（1996年 摄）

广西十月科普大行动和全国科普日 1997年，自治区党委组织部、宣传部、自治区文明办、自治区科协共同举办“广西十月科普大行动”活动，活动从每年10月份起至12月底为止。中国科协决定从2005年起，将每年9月第三周的公休日定为全国科普日。1997—2005年，岑溪市利用“广西十月科普大行动”和全国科普日活动，共展出科普挂图290多幅，接受科普咨询群众5000多人次，发放各种科技资料67400多份，科技图书1300多册，举办培训班269期，发放科普光盘46套，观看VCD科普光盘2350人次。

青少年科学教育　1991年起，岑溪（县）市为提高青少年的科学文化素质，积极在青少年中开展科普活动。组织青少年读科技书籍，写读书心得，至2005年，共读科技书籍29987册，写读书心得56778篇；组织101866人次观看科技影视，开展科技实践操作活动1920次，参加人数138802人次；出版科技墙报1618版。在全市中小学中开展“爱科学，学科学，用科学”为专题的故事比赛大型活动和中小学生“小发明、小发现、小设计、小制作、小实验”活动。组织青少年参加全国、全区、市科学创造发明竞赛。

科技人员深入乡镇举办科技培训班（1998年　摄）

农村科技特派员　2003年4月，岑溪市开展科技特派员制度试点。至2005年，全市共向农村下派5批共305名科技特派员，覆盖全市所有镇。科技特派员的任务是向农民传授科技知识、推广优质的农作物新品种和先进的种养植技术。

科技培训

1991—2005年，岑溪县（市）科技局、科协开办各种农村实用技术培训班，如砂糖橘、澳洲坚果、荔枝、龙眼、西瓜、粉蕉等各种名优水果和良种木薯、优质水稻、各种蔬菜等种植技术，瘦肉型猪、优质兔、良种牛和古典型岑溪三黄鸡等饲养技术培训班。邀请外地及本地的专家、技术人员讲授各种先进的种养技术。1991—2000年，举办各种技术培训班6658期，参加培训有1400555人次。2001—2005年，举办各种技术培训班382期，参加培训有591200人次。

科技信息网

1991年始，岑溪县（市）科学技术委员会为企业提供科技咨询、诊断、技术改造、技术攻关、难题破解等服务工作。2003年建立归义、岑城、安平、南渡、马路科技信息服务站，拥有专职、兼职信息员58人。2005年，建立科技信息网。全市建有南渡、归义、安平、岑城、昙容5个信息网点，每网点由1人专管。全市还有兼职信息员125人。科技信息网能为企业快速分析、传递技术，引进人才、传达科技政策，提供产品供求信息等。还可通过科技信息网向群众发放技术资料、病虫害防治知识。

学术交流与人才引进

1991年3月6日，广西工业科技工作会议在岑溪县召开，全区有150多名有关科技人员和有关领导参加。岑溪县有653名科技人员和有关领导参加这次会议。2001年1月，岑溪市派出科技人员到广西热带作物研究所考察并引进澳洲坚果。2003年1月，岑溪市聘请中国热带科学院南亚热带作物研究所陆超忠研究员为岑溪市澳洲坚果产业开发项目小组首席专家，聘请该所博士杜丽清、研究员陈显国为项目小组专家；聘任德国博士汉斯·彼德·赫尔纳为岑溪松节油合成环氧树脂TEG-99项目首席专家，聘任中国科学院广州化学研究所博士生导师哈成、博士沈敏敏为岑溪市松节油合成环氧树脂TEG-99项目小组专家。2003年9月，自治区“农民读书成果报告会”（桂东片）在糯垌新塘村举行。2004年3月德国专家汉斯·彼德·赫尔纳到岑溪市林化有限公司进行合成环氧树脂的技术指导。同年，岑溪市派出科技人员到中国热带科学院南亚热带作物研究所考察学习，探讨如何提高坚果的嫁接成活率。2005年5月，梧州市“百名科技特派员下乡巡回行”到岑溪。7月，广西“全国市、县（区）科技进步考核专家”到岑溪考察。

1992—1995年，岑溪市共引进各类人才29人，其中高级职称17人，中级职称12人。引进项目18项，其中实施15项。

第六节　互联网

1994年起,岑溪开始进行计算机互联网建设,开通低速窄带型计算机互联网(ISDV),1996年投资20多万元建成大山顶移动通信基站并投入运行,岑溪开始使用数字移动电话网络。当时使用单位以企业、政府部门为主,主要单位有农行、工行、建行、中行、农信社、政府、市委、林业局、食品公司、中石油、中石化、石材开发公司、环保局、工商局、地税局、国税局、旅游局、档案局等。1997年开始使用DDN数字数据网,使用单位为农行、工行、建行、中行、农信社等金融部门。2001年5月通过电缆电话线接入,开始使用ADSL高速宽带计算机互联网。从2002年开始,各级党委、政府、企业、个人通过宽带互联网开展业务。到2005年年底、互联网的计算机达到每百户35台,全市拥有互联网基站58个,载频数495个,覆盖面积1390平方米。

由于互联网具有高效、方便、快捷传播等特点,逐步成为单位、个人开展工作的重要工具和学习、生活和重要助手,深刻改变了人们的工作和生活方式,有力地推进社会的变革和发展。

第七节　气象测报

岑溪市气象局

岑溪市气象局前身为岑溪县气象站,始建于1958年6月,站址位于县城东郊(现为市区义洲大道268号)。1959年2月气象水文合并,改称岑溪县水文气候中心站。1963年1月,水文业务分离,更改为岑溪县气象服务站。气象站始建时由广西省气象局领导,由县人民委员会委托农业局代管。1963年1月起改由上级气象主管部门和地方人民政府双重领导。1969年由岑溪县革命委员会领导。1970年6月,县人民武装部接管气象工作,实行军事管制为主,地方管理为辅的双重领导。1971年7月,改为岑溪县革命委员会气象站。1973年8月,取消军事管制,委托县农业局代管。1974年2月,由县农村部管辖。1980年1月1日岑溪县气象站定为国家一级气象站。1980年2月,改为气象部门与地方政府双重领导,以气象部门为主的管理体制。1981年8月,变更为岑溪县气象局,内部仍设有岑溪县气象站。气象站和气象局实为同一套人马,两块牌子。2005年,全局在职职工10人,内设机构有办公室、业务股、避雷设施检测所、防雷安装工程部。

岑溪县(市)气象局局长:黄汉群(1995年11月至1998年2月)、岑溪市气象局局长覃彦英(女,1998年12月至2008年6月)。

气象观测

建站初期每天根据地方时制进行4次气象观测。1960年8月1日时制改为北京标准时间,1961年4月1日起,每天4次观测改为3次。2005年8月,在波塘镇建设两要素(温度、雨量)自动气象站,每小时通过GPRS方式自动发送1次天气实况,精确到分钟数据。

天气预报

建站后根据生产生活需要陆续开展一系列气象预报业务,主要有24小时常规预报、48小时常规预报、旬(月)气候预报等。建站之初的气象预报工作主要是传达上级气象台的天气预报,1959年2月,开始发布经本站补充订正后的本地天气预报。2000年后开始使用MICAPS系列软件调阅卫星云图、雷达回波、天气图、数值预报产品等,进行天气预报作业。

气象服务

公众气象服务 20世纪50年代后期至80年代，主要是通过岑溪县广播站的有线广播网络和调频无线广播发布天气预报，1980年代后期，岑溪县广播站有自办电视节目后，也通过电视传播渠道发布天气预报。预报的要素主要是晴雨、气温、风向、风速、森林火险等级等。程控电话及手机普及后，通过12121电话自动咨询系统和手机短信发布24、48、72小时天气预报和一周天气展望。

决策气象服务 每当出现重大性、灾害性、转折性天气情况或举办大型活动时，制作专题预报或预警信息，并通过电话、传真、互联网站、政府邮件加密系统、“12121”电话自动答询系统、手机短信、集团短信等方式及时向地方党委、政府和社会各界发布气象信息。为地方党委、政府决策提供科学依据。2001年、2003年市气象局被评为全区重大气象服务先进集体。

专业与专项气象服务 主动配合农业生产需要，有针对性地免费开展农业生产气象服务。每旬发布一期农业气象服务信息，指导农民趋利避害安排农事活动。每年春节前夕着手准备春播期天气预报，并于春节后发布到各镇、村及农业主管部门。

1985年，根据国务院办公厅批转国家气象局《关于气象部门开展有偿服务和综合经营的报告》的通知精神，开展气象专业有偿服务，与服务对象订立合同，定期或不定期提供天气预报实况前期资料。

2000年岑溪市成立人工影响天气指挥部，人工影响天气指挥部办公室设在市气象局，配备人工影响天气火箭发射装置和专用运载车辆。岑溪市人工影响天气办公室成立至2005年，实施人工增雨、防雹等作业逾百次。2002年夏季，出现旱情森林防火形势也十分严峻。人工影响天气办公室相继实施增雨作业十余次，缓解旱情。2001年、2002年、2004年，岑溪市人工影响天气办公室被评为全区人工增雨防雹作业先进单位。

防雷减灾 1990年4月，设立防雷检测机构，负责市辖范围内防雷减灾知识和法律、法规的宣传普及以及建筑物雷击风险评估和防雷装置的设计技术评价、施工监督、竣工验收、常规年度检测、雷电灾害调查等工作。气象部门依法实施防雷设计审核和竣工验收的行政许可、行政执法工作。

气象科普宣传

每年不定期开展气象防灾减灾科普宣传，并通过开放日、世界气象日、安全生产宣传日和科普宣传日活动、接待市民来访或上街设点宣传气象防灾和法律法规知识。接受新闻媒体采访，在电视台、广播电台和报纸、网站、户外广告等媒体进行气象科普宣传。还定期开展气象科普进社区、进学校活动，促进全民科学素质的提高。1998年市气象局被自治区气象学会评为气象科学技术普及工作先进集体。

第八节 水文监测

水文站

2005年，岑溪市有岑溪水文站和南渡水文站，负责岑溪市内的水文监测。

岑溪水文站设立于1972年1月，位于岑溪市思英社区犀牛头，地理位置为北纬22°55′、东经110°59′，是珠江流域西江水系义昌江的重要控制站，属国家基本水文站。它的前身是平山水文站，设立于1958年，位于岑溪县三堡公社平山大队。1972年1月岑溪水文站搬迁到犀牛头，隶属岑溪县水电局领导；1976年7月改属梧州地区水文分站领导，1981年1月改属广西壮族自治区水文总站领导；1994年8月正式改属为广西水文水资源局领导，性质为正科级事业单位，2005年全站在职职工3人。

1994—2005年，岑溪水汶站负责人程学东。

南渡水文站设立于1966年3月，站址位于岑溪市南渡镇义新村，属国家基本水文站，是珠江流域西江水系黄华河的重要控制站,隶属广西壮族自治区水文总站;1969年7月改属岑溪县水电局领导,1976年7月改属梧州地区水文站领导,1981年1月改属广西水文总站领导;1994年8月正式改属广西壮族自治区水文水资源局领导,性质为正科级事业单位,2005年全站在职职工3人。

1994—2005年,南渡水文站站长为梁汉熙。

水文测验项目与设施

岑溪水文站与南渡水文站主要测验项目:市内义昌江和黄华河的水位、流量、降水量、比降、水质监视。岑溪水文站负责大寨、筋竹、诚谏、大隆、大水口5个托办雨量站的管理工作。南渡水文站负责水汶、安平、三堡、吉太4个托办雨量站的管理工作。2005年,岑溪水文站和南渡水文站均拥有雨量观测场、测流缆道、自记水位台、浮子式水位计、直立式水尺、翻式雨量计、水准仪等水文设备设施。水位台能够测到100年一遇的洪水位,流量测验使用缆道悬吊流速仪测速,测洪能力达到五十年一遇。两个水文站均安装了水位、雨量自动采集和传输系统,并可通过卫星、超短波、语音电话及手机等报讯,及时准确地传递水文信息,为洪水预警提供可靠的保障。

水情服务

岑溪水文站主要收集义昌江的水文资料数据,集水面积1153平方公里。南渡水文站,主要收集黄华河的水文资料数据,集水面积1845平方公里。两个水文站所收集的水文资料可为国民经济发展、规划以及为水利、水电、桥梁和码头等工程的设计及建设提供准确的水文数据,为岑溪市政府及义昌江、黄华河下游各级政府的防汛抗旱工作提供水文情报及预报。2005年前,岑溪、南渡水文站主要使用梧州水情分中心水雨情信息查询系统以及广西水情会商系统,实现雨水情的自动监控,每天对辖区的雨水情进行实时监测分析,流量监测以20天为周期定期施测,洪水时期加密测验次数。通常使用水文测流缆道监测流量,将测验数据实时上传水情中心。每年进入汛期以后,岑溪、南渡水文站严格执行24小时水情值班制度,值班人员实时监控辖区雨情、河道水情,记录分析数据,根据需要开展一系列水情服务工作,为岑溪市和义昌江、黄华河流域的防汛抗旱工作决策提供有力的依据。

2005年前,南渡水文站有两个水质监测点,分别是黄华河水汶镇水汶村断面和水汶镇根竹河旺田村断面,每月定时取样一次。因条件设备限制,南渡水文站负责取样送往梧州市水文水资源局(梧州水环境监测中心)实验室检测。当辖区内水域发生突发性水污染事件时,岑溪水文站、南渡水文站协助由当地政府、梧州市水文资源局等上级部门组织的应急监测组完成采样、测流、污染物流达时间推算等工作,为地方政府和水行政主管部门强化水资源保护监督管理的需求提供科学决策依据。2005年,岑溪水文站还没有设立水质监测点。

第九节　防震减灾

1991—2005年,岑溪县(市)的防震工作主要由设在县(市)科技局的岑溪县(市)防震减灾工作领导小组办公室(防震办)负责。其主要工作是在每年的科普工作中,利用广播、电视、报刊、科技咨询、科技展览等形式宣传防震减灾法和有关地震、防震知识。

防震办1983年在诚谏镇河三村设立地震观测点一个,通过观测点中的观测井,观察地下水微动态的变化,收集数据,供预测地震参考。2002年6月起,观测井水位下降,无法正常提供观测数据,2002年7月底开始,观测井干枯无法进行观测,观测工作因此停止,该观测点也随之取消。

第二章　文　化

1991—2005年，文化部门继续丰富岑溪人民的文化生活，开展文化事业的一系列改革，促进文化事业发展。在文化总体结构上，由原来主要靠国家和地方政府办文的单一局面，逐步形成多种社会力量创办、多种形式经营、多种文化品种发展的竞争共存的局面。在文化管理方式上，政府文化管理部门逐步转变职能，由具体操办文化活动，向管控文化导向、实行宏观管理转变，强化服务职能，加强行业内部自我管理、自我完善、自我规范的能力。在文化内容及表现形式上，传统文化和新文化品种并存发展，内容更加丰富多彩，表现形式多种多样，歌厅、舞厅、录像投影、卡拉OK以及电视、网络文化的兴起和发展，大大丰富充实人民群众的文化生活。传统的戏曲艺术及电影业在新兴文化市场的冲击中，面临既继承又创新的机遇和挑战。1992年，岑溪县文化局继1988年后再次被文化部评为"全国以文补文先进单位"，1993年，岑溪县文化馆被文化部评为国家标准文化馆。1997年岑溪市被自治区人民政府授予"全区社会文化先进县(市)"称号。1998年，文化部授予岑溪市"全国文化先进市"称号，1999年，岑溪市图书馆被评为"国家三级图书馆"。1999—2001年，岑溪市连续3年被评为全区"知识工程先进市"。2002年，岑溪市获自治区文化厅授予"广西民间艺术(牛娘戏)之乡"荣誉称号，牛娘戏被共青团中央评为"优秀乡村青年文化活动项目"。2003年，糯垌镇新塘村、归义镇金坡村、南渡镇西兰村三个图书馆通过自治区评估验收，成为自治区"村级示范图书馆"。

同期，岑溪文艺创作、新闻报道、广播电视与档案管理、地方志编纂与文物保护等方面，也与时俱进，取得相应的发展，为岑溪文化建设添砖加瓦。

第一节　机　构

文化局

1950年设立文教科，1956年3月设立文化科，1968年5月设立毛泽东思想宣传站，1972年6月成立岑溪县文化局，1995年12月1日岑溪县文化局改为岑溪市文化局。1991—2005年办公地点为工农路58号。2002年5月，文化局与体育局合并，文化局不再单独存在。1991—2002年，文化局长分别是李克(1991年11月至1997年3月)、林汝德(1997年3月至2002年5月)。

文化和体育局

2002年5月，实行机构改革，市文化局和市体育局合并，改为岑溪市文化和体育局，其办公地点为工农路58号。2004年，成立岑溪新闻出版局，挂牌在岑溪市文化和体育局。2005年，市文化和体育局内设机构有秘书股、群众文化股、体育股、财务产业股、文化市场股、新闻出版股，有干部职工14人。下属机构有文化馆、图书馆、业余体校、文化市场管理办公室、文化稽查队、文物管理所、粤剧团、公园管理所、演出管理站。文化和体育局局长为张小玉(女，任至2011年11月)。

广播电视事业局

1984年6月，岑溪县广播电视局成立，下设县人民广播站和16个乡镇广播站。1988年设立有线电视台。1996年11月，全市机关事业单位实行机构改革，广播电视局改为广播电视事业局，为市政府直属事业单位，赋予行政职能。2000年2月成立岑溪市广播电视台，撤销原广播站和有线电视台，广播电视局与广播电视台实行局台合一，一套人马两个牌子。2004年7月成立广西广电网络岑溪分公司，网络公司脱离广播电视局，直接由自治区总公司管理。广播电视局内设办公室、新闻专题部、广告部、社管部、行政财务部、技术部、总编室。2005年，全局干部职工共52人。1991—2005年，办公地点为解放路128号。

1997年4月起，乡镇广播站的人、财、物全部划归乡镇政府管理，市广播电视局只负责对乡镇广播站进行业务指导。

1991—2005年岑溪县（市）广播电视局历任局长：陈大强（1991年—1998年）、黄良安（1998年—2002年）、余中秋（2002年至2013年11月）。

第二节　群众文化

设施建设

1991年，县城的主要文化设施有文化大厦（内有影剧场、展览厅、桌球室、文艺辅导排练厅、舞厅、电子游戏室）、电影院，文化广场、图书馆。各乡镇文化站有影视室、图书室、棋艺室。其中糯垌镇建成一栋称为“文化娱乐城”的文化大楼。1996年，兴建2万平方米的市人民广场，并搭建有露天舞台，后又建成南门小广场、文化公园等室外活动场地，活跃室外文化活动。2003年，安平、三堡、马路、水汶、梨木、筋竹、昙容、南渡等8个镇获自治区拨款修建文化楼，内设有图书室、阅览室及娱乐室等文化活动室。

1991年建成的糯垌镇文化娱乐城

2003—2004年，对市文化大厦进行修缮，重新装修大厦外墙。2005年，对市人民广场进行改建，铺设花岗岩地砖，建设遮雨挡阳光的半封闭舞台，并投入50万元购置全新的灯光、音响设备。

广场文化

恢复活跃时期时，20世纪80年代末90年代初，岑溪群众文化活动城区的室外活动场地较少，各种文化活动主要在室内进行，各种文艺演出都在文化大厦剧场举办。1996年，市人民广场和南门小广场相继建成，除一些商业性文化活动继续在室内进行外，室外文化活动大量增加，内容更加广泛，市区文体活动的重心由室内转向室外，文化享受向多元化发展，广场文化逐步形成。1998年7月，在文化部门组织下广场周末文化活动正式启动，全年举办活动13次，观众10多万人次，成为广西最早开展广场周末文化活动的县（市）之一。1999年，举办广场周末文化活动23

岑溪人民广场周末文艺晚会（2005年　李东荣　摄）

场，观众20万多人次。2000年，举办广场周末文化活动13场，观众10万多人次。2001年5月，市委、市政府联合发文，部署开展广场周末文化活动，采取“乡镇送戏进城、文化送戏下乡”的互动方式开展广场周末文化活动和文化下乡活动，使广场周末文化活动长期化、制度化。2001年至2003年，广场周末文化活动、文化下乡活动较活跃，每年广场的文艺演出50多场，观众40多万人次。2005年起，本市举办的文艺演出（包括外来文化团体演出）活动主要都是在人民广场举行。1997—2005年，市广场内各种文艺演出频繁，群众自娱自乐的各种文体活动更是如火如荼，早上唱歌、晚上跳舞、周末看演出，广场文化活动丰富多彩，成了岑溪群众文化的一道亮丽风景线。

20世纪80年代以来各乡镇都成立文化中心，组织乡镇群众文化活动。图为梨木镇文化中心（1990年　摄）

镇村文化

1991—2001年，全市有17个乡镇文化站。2002年，各乡镇文化站与乡镇广播电视站合并改为“文化广播电视站”。2005年市行政区域调整改革，全市由原来的16镇1乡并改为14个镇，共设立14个镇文化广播电视站，建立有150多个农村文化室，形成具有较为齐全的网络、阵地、设施、设备的镇村两级文化网络。全市农村广播电视全面覆盖，农民群众的文化生活大为改善。农村文化室的建立，使图书、报刊阅览成为农村群众工余的重要文化活动。2003年糯垌新塘、归义金坡、南渡西兰三个村级图书馆通过自治区评估验收，成为自治区“村级示范图书馆”。市文化部门积极组织开展文化下乡活动，送戏、送电影、送书到农村，丰富镇村文化；组织文艺演出，特别是牛娘戏演出，繁荣民间文艺，一些镇、村或社区还成立有业余文艺队，全市有10多个业余牛娘队、曲艺队在市文艺舞台及各镇村演出，甚至有的村一演就是20多场。全市农村有文化户近1500户，2006年，自治区文化厅授予糯垌镇绿云村覃伟林户、岑城镇徐庆江户“全区小康文化示范户”荣誉称号，糯垌镇绿云村覃伟林户还获得中宣部、国家文化部、国家广电总局、国家新闻出版总署联合授予的“全国小康文化示范户”荣誉称号。

企业文化

1991年后，随着经济的发展，企业职工文化生活需求不断增加，企业文化热潮逐渐兴起，不少厂矿企业办起文化室、娱乐室，市农行还办起自己的歌舞团——金穗歌舞团。一些企业赞助经费，组织开展各种文化活动，出版宣传刊物，既丰富群众的文化生活，又提高企业或商品的知名度，促进文化、经济的发展。2000年后，行业的各种文艺会演接连不断，该市的银行、公路局、电力公司等单位在组织本系统文艺会演的同时，还选送节目参加梧州市、自治区一级的行业会演，取得好成绩。

校园文化

1991年以来，岑溪教育部门根据国家教育部《关于大力加强中小学校园文化建设的通知》精神，成立校园文化建设领导小组，在学校整体办学目标指引下，把抓好校园文化建设作为学校精神文明建设和创设优质教育、学校质量的重要内容，广泛开展以学生为主体、课外文化活动为内容、校园为载体的校园文化建设。

市一小舞蹈队在北京舞台演出，并获全国金奖（2005年 摄）

美化校园 教育部门把绿化、美化、净化校园建设作为校园文化建设的一个重要组成部分，要求各校统一规划，组织师生植树种花种草，全面美化校园环境。1996年，全市各中小学掀起“花园式”校园建设热潮，全市有76所中小学被评为“花园式”学校。此后，各学校对校园美化建设进一步加强，有的学校还引进种植具有较高观赏价值的花木，建绿色长廊、花坛石景、草坪绿地等，学校环境大大改善。很多学校还设立文化墙，刻写、张贴学校的校风、学风、政风、教风等办学理念，还在学生经常经过、聚集的地方设置各种标语牌，悬挂激励奋进提示语长幅，营造良好的文化教育氛围。同时，各校严格实行清洁卫生制度，经常督促检查，及时制止乱吐痰、攀折花木、践踏草坪等不良行为，校园绿化、美化、净化活动蔚然成风。

书刊、广播 各中小学都配置有图书馆、室及阅览室，有的学校还开通校园网站，配置电子阅览室和多媒体室。1996年全市小学图书生均7.2册，中学图书生均11.3册。2007年，全市小学图书总数792791册，生均7.59册；中学图书总数956057册，生均19.8册。各学校都设置有广播室，部分学校的广播还由学生主持，定时播放广播节目，并组织学生编写广播稿件。各学校办有宣传橱窗、黑板报等文化教育园地，全市有50多所学校还以书刊或小报的形式定期出版刊物，为师生提供文艺创作平台和教学改革、思想教育园地。如岑溪中学的《山枣花》、岑溪市第二中学的《鹤山》、岑溪市第三中学的《稚园》、归义中学的《丑黑马》等，其中岑中的《山枣花》获1993年全国中学校园刊物一等奖。

文艺活动 学校的文艺创作活动内容丰富，形式多样，期间有市教育部门统一组织开展的文艺活动，有各学校、班级组织的文艺活动，有学生利用课余时间自发组织开展的文艺活动；有文艺演出、歌咏比赛、联欢会等，也有书法、美术比赛、展览等各种活动。各学校每年在重大节日、纪念日都会组织开展各种文艺活动，以活跃师生的文化生活，在“三八”妇女节、母亲节时，组织主题班会、征文比赛等活动，开展感恩教育。城区各学校还经常参加市文化部门组织的文艺晚会、歌咏比赛以及广场文艺演出活动。书画艺术活动在各学校也蓬勃兴起，经常组织开展书画创作活动并组织学生参加各种书画艺术比赛。1991—2005年，全市中小学生有1000多人在全国各类书画比赛中获奖。

市一小师生书画作品展（2005年 摄）

大型文化活动

1991年2月，在城区举办1000多人

的民间文艺队伍及17个乡镇和县直各单位60多辆彩车参加的游行活动，庆祝县三级干部会议召开，颂扬全县在社会经济建设中所取得的成就。

1993年12月25、26日晚，在县文化大厦剧场举办合唱晚会、专场文艺晚会，纪念毛泽东同志百年诞辰。同时举办毛泽东诗词书法作品展览，出版“纪念毛泽东100周年诞辰专刊”。

1994年2月，在城区举办迎春文艺展演、卡拉OK比赛、山歌比赛、焰火晚会、灯谜联展、书画展览、花灯展览、画眉斗赛等一系列文化活动，欢庆春节。

1996年3月21日，在市人民广场隆重举行岑溪撤县设市庆典，内容丰富多彩，有大型团体操表演、彩车大游行、民间文艺大游行等，晚上举办“石都之光”大型文艺晚会。

1997年6—7月，在市区举办合唱比赛、综合文艺晚会、书画即兴百米长卷书写等一系列活动，热烈庆祝“七一”党的生日及香港回归祖国。

1997年11月，在市文化大厦剧场举办农村业余文艺会演，有16个镇代表队300多名演员参加会演，有牛娘剧、小品、表演唱、歌舞等精彩节目，共评出创作奖13个、演出奖32个、组织奖3个、演员奖19个。

1998年11月11日，在南渡镇举办由文艺晚会、牛娘戏演出、图书阅览、灯谜等活动组成的“南渡缤纷夜”文化活动，12日在市人民广场举办大型文艺晚会，庆祝全区（自治区）农村文化工作座谈会在岑溪召开。

1998年12月7—12日，在城区举办大型歌曲演唱会、文艺晚会、书画展览、图片展览等系列活动，庆祝广西壮族自治区成立40周年。

1999年9月27—10月5日，在城区举办系列大型文化活动庆祝建国50周年。27日在市文化大厦剧场举办“祖国在我心中”文艺晚会，29日晚在市体育场灯光球场举办“祖国颂”万人歌咏晚会，9月30日至10月5日在市文化大厦二楼举办国庆书画展览，10月1日至3日在人民广场举办庆国庆文艺晚会和牛娘戏公演。

1999年12月17—25日，在城区举办庆祝澳门回归祖国系列文化活动。17日晚在文化大厦剧场举办“迎澳门回归文艺晚会”，18—25日在文化大厦二楼举办迎回归书画展览，19日晚在人民广场举办大型文艺晚会。

2000年12月31日，在市人民广场举办军民迎接新世纪大型文艺晚会，邀请自治区歌舞团苏燕玲等3位歌唱家、梧州市歌舞团2位歌唱演员以及解放军塔山英雄团军乐团同台演出，数万观众和塔山英雄团部分官兵观看演出。同时，还在文化大厦书画厅、书画廊展出100多幅书画作品，迎接新世纪的到来。

2001年6月26日晚，在市人民广场举

1997年，庆祝香港回归文艺晚会

军民迎接新世纪大型文艺晚会现场

办庆祝中国共产党成立80周年大型歌咏比赛晚会，有15个代表队参加比赛，30日晚在人民广场举行庆祝文艺晚会。6月30日至7月6日，在市文化大厦举办书画展览，展出作品近100幅。

2001年8月24日晚，在市人民广场举办由广西杂技团、梧州歌舞团、岑溪文艺骨干同台演出的大型文艺晚会，庆祝岑溪市实施西部开发暨东部产业转移高层次研讨会召开，本市领导陪同参加会议的中央、自治区、梧州市领导和2万多观众共同观看演出。

2002年4月3日晚，在市文化大厦剧场举办捐资助学献爱心文艺晚会，1000多名副科级以上的领导出席晚会并捐款，共获得捐款50多万元。

2003年10月20日晚，武警广西总队歌舞团在市人民广场举办专场慰问晚会，内容丰富多彩，有歌舞、小品、器乐合奏等，有万多观众观看。

2005年11月18日，为庆祝岑溪市建市10周年，邀请中央民族歌舞团在市体育场举办“和谐岑溪，发展岑溪”大型文艺演出活动，近2万观众观看演出。

第三节　文艺创作

文学

1998年6月岑溪市作家协会成立，有会员16人。2000年，会员发展到21人，有10人加入广西作家协会。同期，由宣传、文化部门倡导的各种文学社团先后成立，清溪文学社是岑溪较活跃的文学社团之一，市内各中学也成立文艺社团，会员主要是各校在校的文艺爱好者。市文化部门充分发挥各文学社团作用，经常组织开展各种创作活动，提供创作平台，激发创作热情。

1991年，在梧州地区文化刊物《桂东文学》（1991年）第二期组织出版岑溪作者的作品专辑；文化馆出版文学刊物《清溪》（1991年）第一期、第二期（总第七、八期）。1992年5月，文化馆出版《岑溪文艺》—纪念毛主席《在延安文艺座谈会上的讲话》发表五十周年专刊。1993年，在《桂东文学》（1993年）第二期组织出版岑溪作者的作品专辑；文化馆出版《岑溪文艺》——“纪念毛泽东100周年诞辰专刊”。1994年4月8日，县文化局、文化馆专门召开创作会议，指导全县的文艺创作；同年9月，《岑溪文艺》国庆专刊出版。1995年年初，县文联出版《红石》1995年第一期（总第四期）；同年10月，《岑溪文艺》与《红石》合刊的《岑溪文艺》出版。1997年4月，市文化局、文联、文化馆与《广西文学》编辑部联合举办“1997《广西文学》岑溪笔会”。

1991—2005年，岑溪作者每年在地市级以上刊物发表的文学作品不少于30篇，主要有小说、散文、诗歌、纪实文学及戏剧等体裁的作品。1992年年初，梧州地区、《桂东文学》编辑部举办的《桂东文学》评奖会议，岑溪作者的作品有5篇获奖。其中，刘腾治的小说《奶奶的狗肉梦》获一等奖，杨旭钦的小说《父亲纪事》、黄绍伟的小说《红校徽》获二等奖，林汝德的报告文学《欢腾的乐章》、梦海的诗歌《羡慕旅人》获优秀奖。1992年11月，杨旭钦诗歌集《红豆和眼睛》由广西民族出版社出版发行，三辑共48首诗歌。1996年1月，《波塘诗词选辑》第一辑出版（内部发

岑溪县（市）文联创作的文艺报纸与文艺期刊

行）。1996年11月，林汝德的报告文学《石破天惊》参加全国“中华大地之光”征文比赛，获二等奖。1999年9月，《波塘诗词选辑》第二辑出版（内部发行），收入诗词作品共603首。2004年5月，杨旭钦小说集《冬日的太阳》由广西人民出版社出版发行，共收入中篇小说2篇、短篇小说11篇、小小说16篇。2005年2月，林汝德作品集《清清的溪流》由人民日报出版社出版发行，共收入报告文学、散文、戏剧、论文等作品39篇。

1994年，广西戏剧家协会，梧州地区文联主办的牛娘戏导演苏斌（前排右四）学术艺术研讨会全体代表合影

艺术

1992年，岑溪县书法美术协会成立，时有会员20多人。21世纪初，岑溪书法家协会与岑溪市美术家协会先后单独成立，其中5人参加广西美术家协会，12人参加广西书法家协会。21世纪初，市区内先后成立岑溪市摄影家协会、舞蹈家协会、戏曲家协会、音乐家协会，他们都在岑溪的艺术舞台上不断展示着自身的风采。同期，民间的艺术社团丹溪书画社及各中学的文艺社团，开展各项艺术活动也十分活跃。每年春节、“七一”、国庆节等节日，县（市）文化馆都组织书画展览，活跃书画艺术创作。2003年1月，组织举办岑溪书画展，并和容县的书画家开展联谊活动。2003年9月，《管国机画集》出版（内部发行），收集画家管国机的79幅代表作品。2003年12月，举办管国机、管政山水花鸟画展。2005年1月，《岑溪市中小学生书画优秀作品集》由长城出版社出版发行，收集2004年在“岑溪市中小学生书法绘画大奖赛”中学生获奖作品及指导教师的作品共400多幅。1991—2005年，岑溪县（市）参加地市级以上比赛获奖的艺术作品主要有：1991年元月，杨培文的书法作品参加《广西百花书法篆刻展览》展出，获一等奖；1992年2月，李海清的书法作品参加广西第二届百花书展获优秀奖；1998年7月，莫清丽参加广西粤曲大赛获演唱三等奖；2000年9月，覃西平的小戏《山乡情》参加自治区业余会演获二等奖；2000年9月，覃绍礼的小戏《盲眼嫂》参加自治区业余文艺会演获三等奖；2004年5月，市一批文化艺术作品参加广西八桂群星奖比赛，其中李沛新的书法作品获一等奖；张显盛、梁凤雅、李海清、莫朗、叶柏灵、赵璐佳的书法作品获优秀奖，管政的美术作品获优秀奖，刘腾章的小品《一袋垃圾》获二等奖。

第四节　民间文艺

岑溪的民间文艺丰富多彩，形式多样，神话、传说、民间故事、民间戏曲、歌谣、楹联、谚语、歇后语等分布全市城乡各地，随处可闻可见。1990年对流传岑溪民间的部分民间故事、歌谣、戏曲、舞蹈、谚语等进行一次收集、整理出版之后，1991年后再没有进行过大规模的收集、整理活动，但民间文艺在广大群众间植根是非常深的，一些民间文艺爱好者还是不时收集、整理一些作品在《清溪》《岑溪文艺》《岑溪报》等刊物发表，市文化部门也经常组织一些有关民间文艺的活动，传承、弘扬民间艺术。

牛娘戏

牛娘戏是岑溪特有的一种从舞春牛民间习俗发展形成的地方戏。追溯牛娘戏起源，从元末明初起，岑溪人就有唱春牛的习俗。到明末清初，唱春牛演变为舞春牛，即由男女扮装的“插田姑娘”，对着由三几个男青年舞动的纸扎春牛，随口唱一些祈求风调雨顺，五谷丰登，六畜兴旺、家人安康之类的歌调。后来

牛娘戏为岑溪地方戏种，市、镇均组织有牛娘剧团队。图为安平镇牛娘戏队在演出（2004年　摄）

便发展成由民间艺人编成各种故事，在村间表演，人们就称这种表演为牛娘戏。岑溪牛娘戏演出的剧目多数是传统的古装剧目，道具只要一张桌子两三张椅凳，一块幕布即可。三五个男女演员，一把二胡与锣鼓镲相互配合，即可演出。演出采用岑溪方言演唱，易演易懂，深受农村中、老年人喜爱。20世纪70年代末80年代初，岑溪牛娘戏被录入《中国戏剧词曲》和《中国戏曲志》等书中。实行改革开放前，县文艺队演出的《鸡笼》《特别决定》等现代牛娘戏均获自治区会演奖励。全县有记录的牛娘戏班就有240多个。1991年后，随着电视、VCD、互联网进入家庭，各种文化艺术、娱乐形式不断出现和丰富，牛娘剧的演出区域、演出市场和观众均呈下滑趋势，演出展示平台日益减少。再加上青年外出务工人员增加，演艺人员缺乏，牛娘剧队伍逐年减少，2005年全市进行牛娘剧普查，能够进行正常演出的牛娘剧队伍仅有10多个，比较活跃的有马路镇五星牛娘队、糯垌镇绿云牛娘队及塘坡牛娘队、安平镇乐群英牛娘队等。这些牛娘队经常到各镇村演出，有的队年演出200多场次，最少的也不少于50场次，成为农民群众喜闻乐见的文化生活之一。2002年，岑溪市获自治区文化厅授予“广西民间艺术之乡（牛娘戏）”荣誉称号，同年，岑溪牛娘戏被共青团中央评为“优秀乡村青年文化活动项目”。

民歌

岑溪的民歌种类很多，有劳动歌、仪式歌、时政歌、生活歌、情歌、童谣、谜语歌、地名歌等，表现形式多种多样，山歌对唱表演是其中一种主要的表现形式。1991年以来，县（市）文化部门曾多次组织山歌演唱活动，对民歌表演和创作起到积极的推动作用。1991年6月22日，组织举办庆祝全国第一个土地日暨《土地管理法》颁布五周年山歌表演赛，全县17个乡镇组队参加表演赛。1992年春节，在文化广场舞台组织山歌表演唱活动。1994年2月10日，在县文化广场舞台举办山歌表演赛。1999年2月16日，在市人民广场举行山歌表演赛欢度春节。1999年8月21日，举办山歌演唱会庆祝文化公园、文化街竣工。2001年春节，在人民广场露天舞台组织山歌表演，欢庆春节。

2003年12月，《梧州日报》编辑部在岑溪采风，征集庆祝高速公路开工建设的山歌，岑溪作者采写的10多首山歌在《梧州日报》上发表。

楹联

对联、谚语、歇后语，是岑溪民间文艺的瑰宝，有着深厚的群众基础，特别是对联的使用更是遍及每家每户。每年春节，各家各户门前都贴春联，欢度新年。每逢开业、乔迁、婚、丧等红白事的居户也贴对联。1994年2月与1998年1月，市文化馆组织业余作者编写《新春联》分发给群众，以供使用。2000年后，逢每年春节到来之时，市文化部门都采用各种形成，发布春联或组织业余作者为群众写春联。在对联创作上更是百花齐放，波塘镇成立的波塘诗社就是岑溪民间文艺创作群体中较活跃的一个，曾多次在全国各地的征联活动中获奖。1998年11月，在苍梧石桥举行的梧州农民颂改革诗歌大赛中，参赛的对联、山歌等作品均获奖。

第五节　报刊　图书

报刊

《岑溪报》　1994年12月26日创刊，由县委宣传部主办，是中共岑溪县（市）委、政府机关报。初期为四开四版小报，每旬出版1期。1995年5月1日起改为对开四版大报，每周出版2期，每期发行1万份左右。一版为要闻版，二版为经济版，三版为文艺、社会版，四版为综合版。2004年，全国新闻出版主管部门要求县级报刊全部停办，《岑溪报》至此停止出版发行。

图书

图书阅览　岑溪市图书馆是全市最大的一所面向全社会开放的国家公共图书馆，总藏书11万册。其中，古籍图书1136册，哲学类图书6635册，社会科学类图书82151册，自然科学类图书11558册，综合性图书3151册。市图书馆内设阅览座位256个，年均接待读者10万人次，借阅图书3.5万册次。此外，全市建立有镇、村级图书馆10个，藏书45978册；中小学图书馆222个，藏书174万多册。1994年至1999年，在开展以发展图书事业为主的“知识工程”活动中，共收到社会各界捐款9430元，书籍22000册。

青年人在市图书馆阅览室内读书（1998年　摄）

图书发行和销售　岑溪的图书发行，一直以来都是以县（市）新华书店为主体。实行改革开放后，个体书店、书摊的兴起，市新华书店面对市场的竞争和挑战，主动适应市场经济发展要求，改革创新管理体制及经营方式，营业额不减反增。1991年县新华书店销售额294.5万元，1996年突破1000万元，2005年总销售额达到2296万元。

1991—2008年岑溪新华书店销售情况表

表17-2-1　　单位：万元

年份	总销售	一般图书	中小学课本	年份	总销售	一般图书	中小学课本
1991	294.50	162.15	132.35	2000	1616	461	1155
1992	338.20	171.90	166.30	2001	1877	511	1366
1993	427.91	227.73	200.18	2002	2013	547	1466
1994	519.19	228.84	290.35	2003	2307	679	1628
1995	727.88	328.32	399.56	2004	2189	490	1699
1996	1095.87	397.43	698.44	2005	2296	122	2174
1997	1051.64	335.50	716.14	—	—	—	—
1998	1042.26	317.56	724.70	—	—	—	—
1999	1247.10	370.08	877.02	—	—	—	—

第六节　文化市场

文化产业

娱乐业　20世纪90年代初，岑溪的歌舞娱乐业开始兴起。先是“岑溪县工人文化宫歌舞厅”“文化大厦歌舞厅”开始营业，此后，相继开设“大世界娱乐城”“名都啤酒城”“皇都娱乐城”“霓之梦歌舞厅”“大富豪歌舞厅”“绿云山庄歌舞娱乐城”“桂粤夜总会”“种子公司歌舞厅”“溪中花歌舞厅”“大哥大歌舞厅”“新义洲歌舞厅”等13家大型歌舞娱乐场所。进入21世纪初，有独立卡拉OK厅及茶吧、酒吧附设的卡拉OK厅30家。2005年年底，全市有歌舞娱乐场所32家。1990—2000年，全市有游艺娱乐场所134家，其中，桌球室36家，电子游戏室93家，保龄球馆1家，溜冰场4家。2000年9月起，根据《娱乐场所管理条例》等有关法律法规和国务院办公厅、自治区人民政府办公厅的有关规定，对娱乐场所进行重新审核登记，在总量上压缩30%左右，全市的电子游戏机室由原来的93家压缩至29家。2005年，全市有电子游戏机室29家，综合游艺场所5家，溜冰场1家。

演出业　2000年，全市登记营业的剧团有岑溪市粤剧团、岑溪市青年艺术团。2002年，岑溪市青年歌舞团、岑溪市义洲歌舞团成立。2003年，“岑溪红”艺术团成立。1991—2005年，市文化大厦剧场平均每年接纳歌舞演出团体50多个，演出160多场（次），观众10000多人（次）。

音像业　1994年全市共有音像制品出租零售店34家，录像放映场所30家。2005年全市共有音像制品出租、零售店80家，录像放映场所9家。

印刷、出版业　2004年，全市有国营书店1家，个体书店15家，印刷厂10家，复印打字店10家。2005年，全市有国营书店1家，个体书店58家，印刷厂9家，复印打字店21家。

网吧业　互联网上网营业场所俗称“网吧”。2001年全市有网吧15家，2003年全市有网吧39家。2005年全市有网吧56家，其中市区29家，乡镇27家。从2002年起，全市网吧统一安装网络文化过滤软件“守护神”游戏版，通过科技手段封堵不健康电脑游戏。

电影业　岑溪的电影业，主要由岑溪电影公司及其属下的电影院、队经营。1993年前，16毫米的影片发行由自治区电影公司统一购买，然后根据各县市放映活动情况统一分配影片放映。1994年后，改由各县市电影公司自行购买发行。对于35毫米影片，1996年前由县（市）电影公司代理梧州地区（市）公司发行放映单位，由县（市）公司统一安排影片轮流在各乡镇电影院点放映，1997年后，岑溪各乡镇院点先后停止放映35毫米影片。1996年前，岑溪电影公司下辖电影院7个，放映队8个。1993年后，随着电视、VCD、DVD等的快速发展，以及文化娱乐活动方式日趋多样化，加上受影片购买、放映场所、声光质量等限制，岑溪电影业经济效益逐年下降，票房收入无法做到保本经营，亏损严重。1997年后，影片发行、农村放映等工作无法正常开展，市电影公司各股先后撤并，乡镇电影院、队也纷纷转行、解散。

1998年5月9日，坐落市区的岑溪电影院，因电源线路短路引起大火，电影院及院内放映设备被烧毁，直接经济损失100多万元，虽于1998年9月引进资金在原址重建，并于2000年建成新电影院投放使用，但经济效益不如预期，岑溪电影市场开始下降。

工艺美术制作　1991—2005年，岑溪的工艺美术制作业在文化馆成立工艺美术广告部的带动下，逐步由过去的个人单独行为走上规模化生产的道路。到90年代中期，全市制作工艺美术作品的广告部大量增加，有20多家，“岑溪红”花岗岩制作的石类工艺品也迅速走红全国各地。木雕、根雕及其他工艺美术品制作也有相应发展。

文艺培训　1991—2005年，由文化馆人员及社会上的艺人们主办的各种文艺培训班不断增加，主要有音乐、舞蹈、美术、书法、器乐、文艺创作等文艺培训班。特别是在学校暑假、寒假期间，以中小学生为培训对象的各种文艺培训班更是充满生气。文艺培训班的兴办，既为艺术学校输送不少艺术基础较好的人才，也为各类业余文艺队伍培训骨干，提高青少年的文艺素质，为岑溪文艺事业发展打下良好的基础。

文化市场管理

行政管理　县(市)文化管理部门在培育新兴的健康有益的文化经营项目的同时，对文化市场严格实行依法管理。1994年2月成立县文化市场管理办公室，1995年8月成立县文化稽查队，2004年2月成立市音像制品鉴定小组，2005年3月成立市文化和体育局行政执法领导小组，从而不断加大对音像制品出租、零售市场和录像放映市场的管理和整顿力度，加强对电子游戏机市场的管理，加强对歌舞娱乐场所和表演团体的规范化管理，加强对互联网上网服务场所的管理。采取集中突击检查与平时常规性稽查相结合、分类管理与责任区管理相结合、专职队伍管理与兼职人员管理相结合的办法，依法对各种文化经营活动进行监督检查，严肃查处色情、淫秽和非法出版物以及其他各种违法经营活动，整顿和规范文化市场秩序，净化文化市场环境。1993年、1998年、2003年，文化市场管理办公室先后3次被自治区文化厅授予“文化市场管理先进集体”称号。

行业管理　文化管理部门积极培育发展各种行业协会，加强行业的自我管理、自我完善、自我规范，自觉遵守国家的法律法规，使文化市场更加有序、规范地发展。2004年9月，岑溪市报刊发行及印刷技术行业协会成立。2005年1月，岑溪市文化娱乐行业协会成立。通过行业协会，沟通业主和政府之间的联系，宣传党的方针政策，协助政府对本行业进行规划、协调、咨询、服务，维护正常的市场秩序，并向政府反映经营业主提出的问题、意见和要求，维护他们的合法权益，同时协调好行业内部的关系，解决纠纷，增加交流与合作，促使各种文化行业有序、规范、健康发展，不断繁荣文化市场。

第七节　文　物

文物藏品

20世纪90年代至2005年，市文物管理所共收集、入藏文物3426件(含名称相同品)。其中，一级文物1件，二级文物39件套，三级文物148件(套)，其余为一般文物。在众多的文物藏品中，有新石器时代的石斧、石铲、石锛，有春秋战国时期的青铜器甬钟、剑、斧、矛、铲、人首柱形器、铜鼓、炉、斗等，有宋至清时期的碗、碟、壶、罐、杯、枕等瓷器，战国至宋代的瓮、罐、钵、杯等陶器，有汉至清时期的各种钱币，有清至民国时期的古旧书画、地契、碑刻等。

2005年年底岑溪市文物管理所馆藏文物统计表

表17-2-2 单位:件(套)

类别	级别				数量	
	一级	二级	三级	一般或未定级	件(套)	实际数量(件)(含名称相同品)
石器	—	—	20	14	34	51
铁器	—	—	1	3	4	4
铜器	—	31	31	20	82	82
瓷器	—	6	28	39	73	74
砖瓦	—	—	—	13	13	13
书画	—	—	1	36	37	43
货币	—	—	2	225	227	2772(枚)
契约	—	—	19	170	189	189
银器	—	—	—	2	2	2
玉器	—	—	—	2	2	2
碑刻	—	—	—	6	6	12
陶器	1	2	43	109	155	172
其他	—	—	3	7	10	10
合计	1	39	148	646	834	3426

文物保护

法律宣传 1991—2005年,文物管理所坚持每年利用自行绘制的文物保护法律法规宣传挂图和自行摄制的本县(市)出土的历史文物照片到乡镇和学校进行巡回展览,向群众发放文物保护宣传资料,开展“三贴近”活动,加强对《中华人民共和国文物保护法》及其他有关文物保护的法律法规的宣传工作,提高广大群众对文物的保护意识。积极向自治区内外报刊投稿,介绍岑溪的文物和新发现。2006年起,开始举办“5·18文化遗产日”活动,以“文化遗产人人保护,保护成果人人共享”为题,结合本市实际情况开展文物法律法规宣传教育活动。

建点保护 文物管理部门通过调查评估建立文物点,加强对历史文物的保护。1993年,县政府拨款建立南渡窑址(宋)、上奇城址(明中)、南渡邓公庙(清)、水汶牌坊(清)、李植华烈士纪念碑(现代)、七雄烈士纪念碑(现代)等6处文物保护单位的永久性保护标志。2002年,开展古民居群和民族传统建筑群调查工作,申报樟木古街、水汶石村梁家大屋、昙容罗斗坡大屋为岑溪的古民居群。并配合自治区文物队对岑罗铁路、洛湛铁路岑溪路段和南渡至水汶二级公路沿线进行文物调查,发现思孟村庙岭宋代窑址、思孟村庙岭汉墓群、谢村高岭汉墓群。市文物管理部门每年定期或不定期地派出人员到各个文物保护单位及文物点进行巡查,发现问题及时上报处理,确保文物安全。

抢救发掘 1992年年初，糯垌镇政府在花果山古墓群扩建花岗岩石板材厂，施工中不少文物遭破坏，县文物管理所知情后，立即组织抢救清理，收集文物40余件。1994年，申请自治区文化厅拨款2万元对南渡邓公庙进行维修，更换梁柱、铺补地砖、修复瓦面檐口、架设护栏、疏通下水道、进行白蚁防治。2001年，申请自治区文化厅拨款3万元，对水汶“五世衍祥”牌坊进行维修，使牌坊恢复原貌。2002年“五世衍祥”牌坊顶上的3只瑞兽被盗，市文物管理部门于2005年到佛山购买3只瑞兽复制品补上。2002年7月，为防止公路开发对文物破坏，市文物管理所配合自治区文物队对岑罗二级公路大埇路段抢救发掘一批汉代至明清的古墓，发掘出土文物50多件。2004年6月，市文物管理所协助自治区文物队对岑梧高速公路通过的富礼新石器遗址和胜塘遗址进行抢救发掘，发掘出土文物100多件，市文物管理所对流落民间的历史文物也积极想办法征集回收保护，1991—2005年，通过各种渠道征集文物139件。

设施建设 1995年县政府拨款对文物库房、展厅进行装修，安装铁门、铁窗、铁柜和报警器。1996年，申请自治区文物部门拨款1万元、市政府拨款1万元，把文物库房从市图书馆大楼搬迁至文化局院子内二楼设展厅。2003年，市政府拨款2万元，把已被鉴定为危房的文物库房和展厅搬迁到文化大厦三楼，重新布置库房和展厅，展厅与库房均安装与公安110联网的报警器及录像监控设备、消防灭火器等，确保馆藏文物安全。

文物保护单位

2005年年底，全市有文物保护单位15处，其中自治区级3处，县(市)级12处。

花果山古墓群 位于糯垌镇花果山，东西长约150米，南北宽约130米，总面积约20000平方米。墓葬密集，均为长方形竖穴土坑墓，出土鼎、剑、矛、钺、镞、镦、斧、刮刀、削、瓮、罐、钵、杯等青铜器和印纹陶器共100余件。1994年7月，自治区人民政府公布为自治区级文物保护单位。

南渡邓公庙 位于南渡镇中心小学内。始建于明末，清雍正十二年(1734)重修。庙宇坐西朝东，硬山顶砖木结构，由前殿，中廊、后殿组成，面阔12.5米，进深21.2米。用材讲究规整，梁、柱、檩、椽均用格木制作，后殿八柱中的中间四柱为蟠龙柱，每柱高5.4米，径40厘米，每柱上各精雕一条绕柱蛟龙，龙长2米余，雕工精美，栩栩如生。1994年7月，自治区人民政府公布为自治区级文物保护单位。

水汶牌坊 位于水汶镇石村莲塘坳。建于清同治七年(1868)，是当时朝廷为旌表岑溪水汶南禄村百岁老人刘运昌五世同堂而建。牌坊为砖结构，双檐四柱，坊高11米，宽10米，厚1.1米，坊顶翘角飞檐，坊身有各种人物、花卉、鸟兽灰塑，两侧用瓷片贴成一对五爪青龙，造型雄伟独特。坊内还镶嵌梧州知府题的“五世衍祥”、五品学官黄立纲题的“庆锡期颐”、岑溪知县题的“熙朝人瑞”三块题词碑刻。2000年7月，自治区人民政府公布为自治区级文物保护单位。

南渡窑址 位于南渡镇义新村，是唐代至宋代时的古遗址，总面积10000多平方米。现存窑体15座，均不同程度破坏，窑体为单室，穹顶，高1.7米，宽2.25米，窑床平坦，高出地面40厘米，后壁平直，有三条凹形烟道，曾出土瓷碗、瓷碟13件，现窑内已无瓷片堆积。1990年12月，岑溪县人民政府公布为县级文物保护单位。

上奇城址 位于岑城镇上奇村，建于明洪武三年(1370年)，古称奇营。土城坐北向南，呈长方形，南北长200米，东西宽175米，城墙用土夯成，南北西三面城址尚有部分遗存，东墙仅残存约60米，南北墙残高2~3米，东西墙残高1~2米，四门已迹不可辨。1990年12月，岑溪县人民政府公布为县级文物保护单位。

李植华烈士纪念碑 位于归义镇金鸡村。为纪念1930年1月在广西凤山县带领赤卫军和红军抗击反动地主武装时中弹受重伤后牺牲的革命烈士李植华。1985年，在归义镇金鸡村建造李植华烈士纪念碑和纪念馆。1990年12月，岑溪县人民政府公布李植华烈士纪念碑为县级文物保护单位。

七雄烈士纪念碑 位于南渡镇吉太船地顶。1950年4月30日午夜，解放军某师某团二营两个连队，围剿盘踞在吉太七块田(地名)老巢的高振伍匪帮,击毙土匪38人,并俘虏一批匪徒,解放军也牺牲7名指战员,当时没留下烈士的姓名和职务,就地安葬于当地。1962年,吉太人民为了纪念革命烈士,将七烈士骨骸集中安葬于三江坡上,取名“七雄烈士墓”,1980年迁至今址立碑纪念。纪念碑高8米,顶为塔形三层,饰有五角星,下为长方形水泥板祭文碑,宽96厘米,高64厘米,碑身下有三级台基,长5.7米,宽5.15米。1990年12月,岑溪县人民政府公布为县级文物保护单位。

筋竹烈士陵园 位于筋竹镇筋竹街昙王顶。1950年4月13日,筋竹土改队员李超昆、覃秀桂、王汉承、王正凤、杨兴才、杨建、潘步三、陈聚桂、黄鸿等9人,遭地主土匪武装袭击,被俘后被杀害。为了纪念九位烈士,1988年11月,筋竹镇在昙王顶修建陵园。陵园面积1000余平方米,园门为四柱牌坊式建筑,宽12米,高约6米,厚0.9米,坊横塑“烈士陵园”四字,上为琉璃双龙戏珠,门有一对联:“陵园春色驻人间,烈士英名垂史册。”园中是纪念碑,高5米,宽1.85米,厚1.28米,用混凝土石米批荡而成,正面有“永垂不朽”四字,后背为“万古长春”四字,碑座前嵌二石碑,一为“九烈士墓志”,一为“烈士英名录”。园内植有数株大桉树,园四周砌有矮围墙。1998年5月,岑溪市人民政府公布为市县级文物保护单位。

1988年,筋竹乡为20世纪50年代初剿匪斗争中牺牲的烈士建立的革命烈士陵园,今已成为爱国主义教育阵地(1998年4月 谭坚 摄)

富礼新石器遗址 位于糯垌镇新塘村富礼山南坡,是新石器时代古遗址,总面积600平方米。1963年最先发现,出土石斧、石凿、砺石等文物100余件。1987年对遗址复查,又采集较完整的石斧、砺石等文物164件。1998年5月,岑溪市人民政府公布为县(市)级文物保护单位。

樟木大井 位于岑城镇樟木街。建于清初,井口直径2.7米,深2.7米,井台用36块长1.25米的梯形大青石砌成,井壁用不规则石块叠砌,井口有沿高出井台4厘米,台外有排水沟。该井水源充沛,即使遇上天旱,水量仍十分丰盈,井水明净清冽,甘甜可口,为市内名井之一。1998年5月26日,岑溪市人民政府公布为县(市)级文物保护单位。

古淡东汉古墓群 位于糯垌镇古淡鳖顶东坡、北坡,总面积约50000平方米,出土有四系陶罐、双耳陶罐和铁刀、铁剑残片共18件。1998年5月,岑溪市人民政府公布为县(市)级文物保护单位。

南渡关帝庙 位于南渡镇南渡街。始建于清道光九年(1829),光绪十一年(1885)重修,砖木结构,由前殿、中廊、后殿和左右厢房组成,宽20米,深20米,总面积约400平方米。庙门以石为框,门额镌刻“关帝庙”古碑。左右一副石刻楹联:“先武穆而王功深汉水,后文宣而圣道配尼山”。门前饰物石狮一对,狮高130厘米,宽105厘米,形象生动。1998年5月,岑溪市人民政府公布为县(市)级文物保护单位。

陀村陈氏宗祠 位于城谏镇陀村。始建于清光绪年间,硬山顶砖木结构,由前后厅堂和左右厢房组成,宽17米,深16.5米,总面积300多平方米,祠内石刻、木雕、灰塑、壁画较多保存完好。1998年5月26日,岑溪市人民政府公布为县(市)级文物保护单位。

兰亭家祠碑 位于南渡镇昙容街罗斗坡大屋。罗斗坡大屋是昙容街唐姓居所,碑刻是清道光十年1830建屋时刻制并镶嵌于厅墙和左右廊上。碑刻共10块,有四种规格,均用青石刻制,字为楷体阴刻。碑刻内容为:岑溪知县方锡浩赠序、总序,继述堂续序,兰亭家祠条例,兰亭家祠遗训等。1998年5月,岑溪市人民政府公布为县(市)级文物保护单位。

陈济桓故居　位于筋竹镇政府院子内,俗称“将军楼”,建于1935年,是原国民党抗日将领陈济桓将军的旧居。陈济桓,岑溪筋竹人,抗日战争时期任桂林城防司令部参谋长、副司令等职,1944年11月10日,在指挥国民党第三十一军和学生军为保卫桂林城而抗击日军进攻的战斗中以身殉国。1984年10月,广西壮族自治区人民政府追认陈济桓为革命烈士。陈济桓故居为三层西式洋楼建筑,长12.3米,宽9.3米,高约10米,外墙用青砖叠砌,厚40厘米,非常坚固,基本保持原貌。1998年5月岑溪市人民政府公布为县(市)级文物保护单位。

第八节　广播电视

广播

广播设备　1991—2000年,机房前端播出使用TY500型扩大机,发射功率100瓦,调频102.3兆赫,录制节目使用601、602磁带录音机进行,播出歌曲使用206电唱机,收音使用上海红灯牌收音机。2000年购置安装一台1000瓦调频广播发射机,扩大广播覆盖,同时购置安装一台100瓦调频广播发射机作预备机,以保证电台信号传输不中断。2000年10月起,设置直播室、录播室,购置2台调音台、4台录音机和1台锁相音头,采访、编辑、播出全部更新为数字MD机。

广播节目　1991—1997年上半年,广播站的播出呼号是“岑溪人民广播站”,广播采用录播形式播出,每天分早、中、晚三次播音。1997年6月18日,播出呼号改为“岑溪人民广播电台”,广播节目正式以主持人主持节目直播的形式播出,播出时间仍然是每天分早、中、晚三次播音。2000年10月起,电台开始实行全天播音,从6:00开始,23:00结束,全天播出17个小时,全部以板块形式设置节目,每个板块下面设有几个栏目,并且每个板块都配有套头,使节目更明晰、动听。2000年电台节目共设置六个大板块,包括转播中央人民广播电台《全国新闻联播》《新闻和报纸摘要》,转播广西人民广播电台《广西新闻》,用双语(粤语、普通话)播出《岑溪新闻》以及播放其他节目等,共37个栏目。2003年电台节目六大板块不变,增加了一些新栏目,如增加20分钟的梨园曲韵等,共45个栏目。广播电台在努力办好本台节目播出外,还不断增加上送稿件的数量和质量,每年都有稿件被上级台采用,广西台年采用岑溪市的稿件不少于50篇,梧州台年采用本市的稿件不少于200篇。1991—2005年,岑溪获自治区新闻学会、广播电视局、广播电视学会奖励的优秀作品一等奖3个、二等奖6个、三等奖18个。

市广播电台播音员正在播送新闻(1999年　摄)

电视

制作设备　1987年年初购入第一台松下M5家用摄录机,开始进行简单的家庭作坊式电视节目制作。1990年购买一套日立SX－33摄像机和索尼VO－8800P录像机以及一套索尼3／4英寸录像带(低带)的线性编辑系统,摄录设备实现升级换代,电视节目制作质量水平开始向专业化方向迈出第一步。1991年增置一套索尼DXC－327AP摄像和索尼VO－8800P录像机,1992年增置一套F15摄像机和索尼

VO—6800PS录像机，1993年增置一套索尼VO—9800P3/4英寸录像机（高带）线性编辑系统，1994年再增置一套索尼DXC—327AP摄像机和索尼VO—8800P录像机，并购买一台松下WJ—MX50切换台和一台索尼字幕机。1997年购买一整套JVC公司生产的摄录编辑设备，其中包括一台可以使用普通1/2英寸VHS家用录像带进行记录、更能使用SVHS1/2英寸录像带采用SVHS格式进行记录的JVC GYX3摄录一体机，解决分体式摄录系统机动灵活性差、重量大的问题。2001年再斥资30多万元购买一台松下DVCPRO AJ—D400摄录一体机和两台松下AJ—DVC15摄录一体机以及松下DVCPRO AJ—440、松下DVCPRO AJ—455等数字线性编辑系统，实现电视节目制作设备从模拟到数字化的转变。2005—2006年分别购买两台索尼DSR—PDX10P摄录机和两台索尼DSR—PD190P摄录机，2007年又引进中映非线性编辑系统，电视节目制作方式从线性编辑转为非线性编辑，电视节目播出也由原来的人工放带播出转为电脑硬盘播出，实现电视节目制作的无带化。

转播节目 1977年在县城西北约3千米的大山顶上建起岑溪第一座电视差转台，开始转播电视节目。1987第一座卫星地面接收站建成，并在县城开始安装有线电视传播线路，集中传输的电视信号有源自卫星地面接收站接收的中央电视台一、二套、云南电视台、贵州电视台和通过天线接收的广东电视珠江台、广东电视岭南台、广西电视台共7套节目。

自办节目 1988年成立岑溪有线电视台，开始自办电视节目，以有线电视台的名义播出，主要播放用大二分一家用录像机录制的岑溪新闻以及自行选编的录像节目和一些广告。1990年从湛江广播电视服务公司购买第一台大四分三摄像机和编辑机，自行编办的新闻、广告节目逐步规范化。1991年10月，招考的第一批粤语电视播音员正式出镜播音，从此，岑溪电视台节目有了播音主持人。1992年开始以岑溪电视台的名义播出节目。1993年通过小差转的方法，将自办的新闻、广告节目传送到大山顶，用10频道向全县传送，自办节目开始实行有线、无线同步传输，新闻频道播出时间为每天12小时。1997年元旦，招考的第一批普通话播音员开始上机播音，《岑溪新闻》开始分为粤语、普通话双语版播出。2001年增设图文点歌频道，每天24小时滚动播出。

岑溪电视台主要自办节目如下。

新闻节目，自1988年开播《岑溪新闻》至2008年，共播出电视新闻35000多期。

专题、专栏节目，自1990年《经济信息》《瞭望哨》等栏目开播后，专题、专栏节目逐年增加，内容更丰富，1999年成立专题部，开始在固定时段播出固定专题栏目，1991—2008年累计制作播出专题片200多部。

娱乐节目，1991—1997年开办《每周一歌》栏目，1995—2001年开辟电视娱乐板块节目《点歌台》，1999—2001年开办《音乐特区》板块节目和《七色花》儿童娱乐板块，2001年起与电信局联合开办电话点歌业务。

影像节目，1991年开始开办电视剧场，每天晚上播放2集电影或电视剧，1996年开始每晚播放3集电视剧，并在白天早上播放电影。

广告节目，自有自办新闻节目播出就有电视广告，从2003年起对广告运作进行改革，由局内组织人员承包，广告品种逐年增加，播出形式有栏目特约广告、飞字广告、字幕游动广告、影剧插播广告、持角广告等；图文电视节目，主要发播政务信息及各种市场信息。

现场直播节目，1992年第一次进行现场直播《岑溪县第七届运动会开幕式》到2005年现场直播《岑溪市第十届运动会男子篮球决赛》，共成功进行17次现场直播，充分展示电视台拍摄、制作、切换、导播、传输的整体技术水平。

上送节目 1991年开始，通过邮电局特快专递把制作好录成带的新闻节目邮寄到梧州台、广西台，但因上送所需时间较长，时效性强的新闻播出受影响。2000年，岑溪至梧州、南宁开通直达快班，大大缩短上送时间，制作好的节目当天就可以送达目的地。2007年岑溪电视台和梧州台开通微波传输，大量好的新闻、突发新闻在记者采访制作完毕，马上就可以通过微波传输上传至梧州台，梧州台又可上传到广西台，实现新闻上送的无缝对接，资讯信息更为畅通、及时和有效。1991—2007年，共获得广西电视台通讯员好新闻奖一等奖5个、三等奖3个，获广西广播电视优秀作品奖(电视类)一等奖2个、二等奖1个、三等奖4个，1998年，电视专题片《石都岑溪》参加全国首届电视纪录片评比获三等奖，并入选广西壮族自治区成立四十周年献礼性电视系列片《广西名城》;《文化繁荣百姓乐》获广西电视台“交行杯”《广西四十年》电视新闻大奖赛二等奖。

广播电视覆盖

无线覆盖 1979年开始实施广播电视无线覆盖工程，在大山顶建立电视差转台，使用南宁电视差转机厂生产的设备，差转广东信宜大田顶珠江台信号，将4频道转成6频道，解决县城电视用户接收珠江台问题。1980年更换为桂林无线电厂山水751型差转机。1983年更换为成都广播电视设备厂50瓦差转机，覆盖范围扩大到马路、南渡、糯垌等乡镇。1984年购置安装一套浙江淳安的50瓦差转机，将9频道转成12频道，解决电视用户收看不到广西电视台的问题。1985年建立无线发射电台，从广州购置一套用飞利浦机芯组装的100瓦调频广播发射机，安装在大山顶，解决各乡镇广播站接收广播信号问题，结束租用邮电线路传输广播节目的状况。1991年购置安装一台25频道小功率发射机，将信号传输到大山顶，经技术人员改装，自动切换到珠江台差转机上，实现了电视新闻节目无线覆盖。1996年购买安装一套北京广播电视设备厂生产的1000瓦电视发射机，使撤县设市庆典盛况现场直播信号通过大功率无线发射传输到全市各个乡镇。2000年购买一套北京广播设备厂生产的1000瓦调频广播发射机，替换原100瓦发射机，覆盖范围大幅度增加。

有线覆盖 1987年建立有线电视网，1988年建立有线电视台，1990年县城机关事业单位和商业、企业单位全部装上有线电视，1991年开始向县城周边的思英、上奇、甘冲、龙井等农村发展，有线电视用户达到1.2万户。1992年对有线电视网进行升级改造，将原300兆赫兹系统升级到550兆赫兹系统，改造主干线20千米，节目传输套数增至16套，1998年对有线电视前端机房进行邻频改造，传输节目猛增至26套，有线电视网开始向远郊和周边村庄延伸，2003年有线电视用户2万户。2004年将有线电视网络的传输部分剥离出来，实行节目的制播分离，成立广西广电网络岑溪分公司，城区有线电视主干线开始引进光缆传输，以树枝型结构建立27个光节点，从前端机房到任意一个用户之间传输级数不超过5级，整体提高传输质量。乡镇级有线电视网络从1992年开始启动，1994年全部完成乡镇级有线电视网络建设(岑城、樟木两镇由市有线电视台覆盖)。2004—2005年，投资269.9万元实施“村村通”工程，建立农村广播电视服务体系，在市区中心机房建了一个农村有线电视网络前端系统，作为全市农网系统的信号源，利用岑溪—苍梧、岑溪—容县方向的自治区干线及岑溪—罗定方向的国防干线作为信号传输干线，有效覆盖全市近10个乡镇100多个自然村，同时使用电信部门的通信光纤线路对自治区干线和国防干线没有到达的自然村进行覆盖，在自然村内则采取建同轴电缆的方法实

市广播电视局实施“广播电视村村通”工程，在各行政村安装卫星电视接收天线(2004年 摄)

现进村入户，基本形成一个能覆盖全市大多数自然村的农村有线电视光纤线网。

第九节　档　案

档案局　档案馆

1991年，岑溪县有档案局、档案馆。档案局归县政府序列，档案馆是政府的事业单位，归档案局管理，一套人马，两个牌子。1995年12月1日，改为岑溪市档案局、档案馆。1997年，档案局与档案馆合并，保留档案局牌子，为市委直属事业单位。内设秘书股、业务技术指导股、档案管理事务股、综合股4个股室。机关事业编制15名，其中，局（馆）长1名，副局长（馆）长2名，股长4名。2005年时实有职工11人。

1991—2005年岑溪县（市）档案局长：陈家焕（1990年11月至1993年12月）、陈宗志（1993年12月至1995年7月）、谭坚（1995年7月至1997年3月）、卢炳棠（1997年4月至2002年9月）、覃国力（女，2002年9月至2012年6月）。

1996年，配合世界档案大会在北京召开，岑溪市档案局（馆）开展全市性档案宣传教育活动。图为市区街道居民观看档案宣传展板的情况（1996年9月　摄）

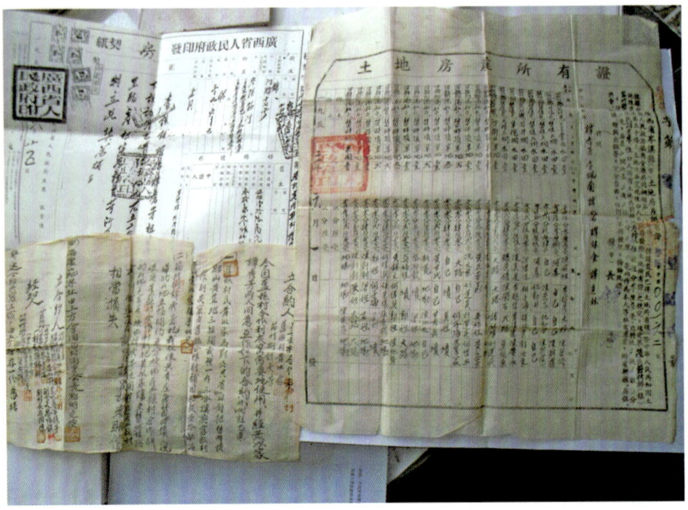

档案局收藏的土地房产所有证

法规宣传和检查

县（市）档案局（馆）主要通过广播、电视、展览、会议、刊物等渠道对《中华人民共和国档案法》《中华人民共和国档案法实施办法》《广西档案管理条例》等法律法规进行多种形式的宣传活动，并对《中华人民共和国档案法》贯彻执行情况和档案工作开展情况每年进行一次执法检查，每次抽查10个单位左右，对一些问题较突出的单位下达“限期整改通知书”，并如期进行复查。

档案管护

基础设施　1980年在县政府大院建造档案楼，1981年5月档案馆迁至档案楼，档案馆使用面积480平方米，其中档案库房面积360平方米。1991年档案馆有木质档案箱（柜）99组、铁皮档案箱（柜）36组、藏书木柜24条、木报纸架6条、电风扇10台、复印机1台、铅字打字机和装订机各一台，档案库房外设有消防灭火器、楼顶设有消防水池。2004年5月，档案大楼拆除改建，档案馆迁移到市政府前楼四楼。2005年5月，档案馆搬回到旧档案大楼原地新建的市政府办公楼，分配档案局（馆）使用库房配置档案密集架172平方米、空调机2台、除湿机1台、抽风扇5台、消毒杀虫机1台，局（馆）办公室配置计算机2台。

馆藏档案　档案资料收集的方式主要是各机关事业单位到期档案的正常移交以及其他档案资料的征集、托管。2005年年底，档案馆进馆档案有63个全宗，馆藏档案资料60868卷(册)，其中计卷档案28173卷、计件档案12247件、资料15470卷(册)、照片3978张，档案种类有文书档案、科技档案、声像档案、阶级档案、专门档案、个人档案、实物档案等，内容丰富，载体形式多样。

管理与保护　档案馆按照规范化、标准化要求认真编制案卷目录、全引目录、文件目录、专题目录等档案检索工具，开展全宗、案卷、文件级数据采集工作。1991—2005年共抢救档案1019卷，落实档案管理人员和制度，加强对馆藏档案的管理的保护工作，认真做好查、借阅登记，严防馆藏档案流失及损坏，并经常检查有无隐患，定期进行消毒、杀虫，做好防火、防潮、防虫、防尘、防鼠工作，确保馆藏档案资料安全。

档案工作目标管理

业务指导　1991—2005年，市档案局(馆)每年都派出2~5名专业技术人员到各机关企事业单位进行档案业务指导，帮助各单位档案管理人员做好档案收集整理工作，规范档案工作目标管理。同时还多次举办各种档案业务培训班，并与广西电大自治区直属分校联合举办函授文秘档案专业大专班，共培训档案管理人员650人次，提高档案管理人员的业务技术水平。

达标定升级　1991年县档案馆根据《广西壮族自治区地(市)、县档案馆定升级办法》开展档案馆升级活动，同年5月，经自治区、梧州地区档案局(馆)定升级评审小组评审，县档案馆定为自治区三级档案馆。

农业和农村档案管理　1991年起，加强农村、农业档案管理工作，全县(市)17个乡镇综合档案室在市档案馆业务技术人员指导下，加强业务规范建设，先后全部实现定升级，村、社区的档案工作步入正常轨道。对农业站、林业站、畜牧站等涉农单位的档案工作加强达标管理，把农村土地承包、林业“三定”档案、农业普查档案列入规范管理范围，开展农业科技档案信息网络试点工作，逐步推广现代化农业信息网络建设。

档案利用

市档案局(馆)配合市委、市政府各项工作，及时开放馆内可开放的档案，向社会提供利用服务，为有关部门正确决策、落实政策、编史修志及解决山林、土地、房屋纠纷等问题提供原始依据。2004年2月成立现行文件利用中心，加强服务工作。1991—2005年，累计接待来馆、来函、来电查档者11892人(次)提供档案1734卷(册)。

第十节　地方志编纂

市志办公室

市志办公室原称岑溪县编修县志委员会办公室，简称“县志办”，为科级建制单位。1994年4月5日，岑溪县编修县志委员会改称为岑溪县县志编纂委员会，岑溪县编修县志委员会办公室改称为岑溪县县志编纂委员会办公室，岑溪撤县设市后，1995年12月1日改称为岑溪市市志编纂委员会办公室，简称市志办。其主要负责编纂《岑溪市志》《岑溪年鉴》及指导市内各部门编写部门专业志。2005年，人员编制7人，实在编人员2人。

1991—2005年，岑溪县(市)志办公室主任：杨保鸿(1989年6月至1994年4月)、覃文炎(1994年4月至2002年6月)、黄坤道(2002年9月至2013年10月，2002年7月至2002年8月为代主任)。

县(市)志编纂

岑溪自明、清至民国时期共6次编修《岑溪县志》，明朝末年、清康熙二十二年、清康熙二十四年所编纂的《岑溪县志》均已无存本，民国22、34年政府曾两次组织编写《岑溪县志》都无成果，现仅存清乾隆四年（1739）初编、乾隆九年续编、民国23年重印的《岑溪县志》。中华人民共和国成立后，曾于1960年组织编纂《岑溪县志》，但只是完成了油印本初稿，没有进一步审改付印。1981年8月，正式启动《岑溪县志》的编纂工作，经过15年的努力，几经审核修改，终于在1996年12月由广西人民出版社出版发行，因已撤县设市，故定名为《岑溪市志》。全书164.8万字，16开精装本，印数4000册。

部门志和地情书编纂

1999年12月，《岑溪市土地志》编成出版，全书33.4万字，印数500册，全书35万字。

2001年起，开始编修《岑溪市军事志》，2005年完成初稿并进行三级评审。

年鉴编纂

2005年12月，第一部综合性地方年鉴《岑溪年鉴（2003—2005）》编成出版，这是岑溪有史以来正式出版的第一部综合性地方年鉴。该年鉴载录了2003—2005年岑溪市国民经济、社会发展的基本情况和原始资料，共设有42部类，并载有部分彩色图片，计约200个分目，对岑溪社会、经济发展进行了较翔实的宣传记载，为机关、团体、企事业单位进行科学决策和工作研究提供可靠的参考依据，为社会各界、海外人士了解岑溪、研究岑溪提供参考资料。全书60万字，印数1000册。

志书利用

2003—2005年，在全市开展读志用志活动，通过电视台广泛宣传《岑溪市志》《岑溪年鉴》等志书、年鉴、地情书的作用，加深市民对志书的了解和利用意识，并通过赠送志书等具体提高对志书的利用效率。对各部门、各单位办公室都赠送一套《岑溪市志》《岑溪年鉴》，每个领导赠送一册《岑溪市志》，对新到任的市领导都送一套志书，让其尽快熟悉岑溪市各方面的情况，以利于开展工作。几年来，共免费发送500多册《岑溪市志》给科研部门、外资企业和一些高等教育学校，为研究岑溪、发展岑溪起到积极的作用，如为岑溪铁路建设、铅锌矿开采、岑溪白话研究等提供相关的历史资料。赠送100多册《岑溪市志》《岑溪年鉴》给市图书馆，使广大读者更深入、具体地了解岑溪。同时，与广西各市、县志办和岑溪相邻的广东有关县（市）志办交换各种志书40多册，加深他们对岑溪的了解。为了活跃农村文化，还赠送志书30册给水汶竹兰村。

第三章　体　育

1991—2005年，岑溪的体育事业得到不断的发展，城镇农村的体育设施不断增加和改善，全民健身运动广泛开展，群众体育和学校体育活动搞得有声有色，运动水平不断提高。2000年，岑溪市被评为“全国体育先进县(市)”;2003年，市业余体校和归义中学被评为“全国体育先进单位”。2005年，糯垌镇被评为“全国体育先进乡镇”，市文化和体育局被评为“全国全民健身周活动先进单位”。

第一节　机　构

1958年成立岑溪县体育运动委员会(简称“体委”)。1995年12月1日岑溪撤县设市，岑溪县体委改称岑溪市体委。1996年11月岑溪体委改为岑溪市体育局。1995年年底以前，体育局办公地址在工农路25号，1996年1月起，搬迁至北环大道体育路42号。2002年5月，体育局与文化局合并，体育局不再单独存在。1991年至2002年5月，体育局(体委)主要负责人分别是孔强(1991年2月至1996年1月)、曾果(1996年1月至2002年5月)。

岑溪县人民体育场奠基仪式(1991年　摄)

第二节　设　施

市体育中心

1991年在城区东北面的老虎冲(地名)征地60多亩动工兴建岑溪县人民体育场(后改称“岑溪市体育中心”)，1995年落成，并于当年在体育场内成功举办岑溪县第八届体育运动会，直接检验了场内设施的质量效果。经过不断使用不断改进，市体育中心设备设施渐趋完善。2005年时有标准田径场1个，25米游泳池1个，五级座位灯光球场1个，室外篮球场3个，室内综合训练馆1个，设有健身室、跆拳道室、乒乓球室等。1995年后市内各次重要体育竞赛和承办上级的各种体育竞赛均在体育中心举办。市体育中心由市体育局管理。

市体育中心灯光球场是岑溪市历届篮球比赛主要场地，可容纳3000名群众同时观看比赛(1997年　摄)

1997年，建成的市游泳馆（1997年　摄）

学校及社会体育设施

1991年后，随岑溪经济的发展和中小学办学规模的扩大，学校体育设施和各种体育器材不断增加。部分市直企事业单位、乡镇政府驻地、行政村也建有篮球场、羽毛球场、乒乓球室，市区的人民广场、滨江健身公园和沿江路等公共场所也设有各种体育健身设施。2005年，全市有标准篮球场250个，其中有固定看台灯光球场35个、塑胶球场2个，有标准田径场3个，非标准田径场15个，非标准场地乒乓球场室内91个、室外323个，羽毛球馆2个（民办），室内健身房10个，标准游泳池2个，非标准游泳池4个，标准门球场2个，全民健身路径3套，东山公园（原称“二百级”）是市民早晚健身运动的主要场所之一。2005年后，由于气排球运动兴起，羽毛球场由原来的20个猛增至143个。

第三节　群众体育

职工体育

职工体育内容丰富，主要有篮球、排球（气排球）、乒乓球、羽毛球、象棋、游泳、登山、晨跑、慢步行、拔河等，既有传统体育项目，也有现代竞技体育项目。开展体育运动的形式也是多种多样，平时早上上班前有晨练，下午下班后也有自由组织的各种对抗赛，还有政府和各战线系统及单位举办的各种体育竞赛，以及组织干部职工体育队参加上级举办的各种体育比赛项目等等。1991—1995年，每年元旦、春节、“三八”妇女节、“五一”劳动节、国庆节等重大节日都举办各种小型体育运动比赛，各单位干部职工都积极参与。1995年承办梧州地区第八届运动会，全市的职工体育运动水平有较大提高。1996年邀请国家“八一”青年足球队到岑溪进行友谊赛，促进岑溪足球运动的发展。1997年，相继组织举办市“宣教杯”“水电杯”“公路杯”篮球赛，组织举办迎接香港回归的“土地杯”乒乓球比赛，举办市直单位第八套广播体操培训班，还组织职工篮球队参加梧州地区举办的“公仆杯”篮球赛以及在贺州市举办的十强县篮球赛，并获得十强县篮球赛男女队第一名。1998年，先后组织举办“通盛杯”篮球赛、“三八”妇女节女子篮球赛、“七一”宣教系统篮球赛、市十大战线“人行杯”乒乓球赛、国庆节期间的“工商杯”“水电杯”篮球赛，还组织举办罗定、容县、岑溪三县（市）篮球友谊赛。2000年，组织举办市“康佳杯”“交通安全杯”职工篮球赛，组织举办两广八县市篮球友谊赛。2001年，组织举办市第二届“水电杯”篮球赛和“城建杯”篮球赛，组队参加在广西宾阳和桂平市

1999年1月21日，梧州市公安局系统第五届运动会召开，图为1月26日岑溪市公安局男子篮球队在比赛中（交警大队提供）

图为市总工举办的岑溪市庆“五一”太极拳、太极剑比赛场景(2004年摄　总工会　提供)

举办的全国体育先进县(市)篮球赛,组织南渡镇代表队参加在广西宾阳市举办的全国体育先进乡镇篮球赛。2002年,举办“晨晖杯”足球赛。2003年,组织举办“交通安全杯”篮球赛和“水电杯”篮球赛,并承办广西“电业杯”篮球分区赛。2004年,组织举办“公仆杯”运动会,比赛项目有篮球、乒乓球、羽毛球比赛,同年还组队参加梧州市第九届运动会,并取得较好的成绩。2005年,组织举办岑溪市第十届运动会,举办“利文杯”龙舟赛,组队参加在桂林灵川县举办的广西“全国体育先进县”篮球赛。

农民体育

农民体育,早期主要是舞狮、舞龙、抢花炮、武术、爬山、棋类等传统体育项目,随着农村经济增长,农民生活水平和文化素质的提高,农村体育设施不断增加和改善,农民体育活动项目也不断增加,篮球、田径、拔河、乒乓球、羽毛球、麻将、划龙船等也成了农民体育活动的重要项目,传统体育与现代竞技体育在全市农村都有了发展。1991年以来,每年春节期间都有以乡镇、村组织的各类体育项目比赛,农民体育活动热情高涨,竞技水平不断提高。2000年参加广西第四届农民运动会,岑溪代表队获得2项第一名、3项第二名和1项第三名。2004年岑溪代表梧州市参加广西第五届农民运动会,获得3项第一名、3项第二名和2项第三名,岑溪代表队的凌庆富、覃汝静、谭西宁3人还代表广西参加全国农民运动会。2005年,岑溪市糯垌镇被评为“全国体育先进乡镇”。

残疾人体育

残疾人体育一直受到县(市)委、县(市)政府的重视,县(市)体育部门和民政部门密切配合,关心、支持残疾人开展各项体育活动,并抽调教练员对残疾人运动员进行规范训练,提高残疾人运动竞技水平。1993年6月,残疾人运动员李东宏在湘潭举行的全国伤残人运动会上获男子A4跳远和100米跑2项第一名。1995年12月,在自治区第三届残疾人运动会上,残疾人运动员朱波朝获得3枚金牌、李东宏获2枚金牌、李凤莲获1枚金牌。1996年5月,在大连举行的第六届“远南”运动会上,残疾人运动员朱波朝一举打破所参赛的蛙泳世界纪录,获得金牌;在同年举办的全国残疾人游泳赛上,朱波朝又获得1金、1银、1铜的好成绩。1999年11月在自治区第四届残疾人运动会上,残疾人运动员朱波朝获得2枚金牌、1枚铜牌,刘清梅获得2枚金牌。2000年5月在上海举办的第五届全国残疾人运动会上,残疾人运动员刘清梅打破田径800米、1500米的世界纪录,获A6、A8、T4级100米、200米、400米第一名,朱波朝获仰泳第一名。在2002年自治区第五届残疾人运动会上,岑溪市

残疾人运动员朱朝波获奖受领导接见

4名残疾人运动员代表梧州市残联参加比赛,获得3枚金牌、1枚铜牌,并获得道德风尚奖。同年,刘清梅参加全国残疾人世界田径选拔赛,获A6级800米第四名(破世界纪录)、200米第二名。2003年9月,在第六届全国残疾人运动会上,刘清梅获田径200米、400米第四名,获1500米第六名(破世界纪录),被自治区体育局评为"优秀运动员"。2004年4月,在湖南益阳举办的全国残疾人田径锦标赛上,刘清梅获得女子乙组T4、6级400米第一名、200米第二名、跳远第三名。

老年人体育

岑溪老年人体育,主要活动项目有门球、地掷球、气排球、柔力球、健身球(操)、乒乓球、太极拳(剑)、广播操、中国象棋、麻将、健步走等,除了在室内活动外,每天早、晚时间在市大、小广场、门球场和健身公园及野外的一些空旷地方,都有各种自发组织的老年人体育活动,市老龄委和文体局相互配合,充分发挥市老年人体育协会的作用,经常组织开展各种老年人集中体育活动,每年的元旦、春节、"三八"妇女节、"五一"国际劳动节、"七一"、国庆节、重阳节等重大节日,都组织举办各种老年人体育竞赛,使老年人体育活动更加有声有色。市老体协曾先后邀请自治区民政厅老体协、贺州市、苍梧县、藤县、梧州市公安局、梧州市妇联等单位组队到岑溪进行老年人体育交流比赛。

第四节　学校体育

一小开展以跳绳、踢毽子为主的全民健身活动。图为学生课间在进行跳长绳活动

全市各学校每年举行一次校运会,图为市一中第十一届田径运动会入场仪式(2003年　摄)

中小学体育

1991—2005年,县(市)教育局和各中小学都安排有1个副职领导分管学校体育工作,按照国家教委颁布的体育教学大纲安排体育教学活动。各中小学每周2节体育课、6次早操和课间操,每天上、下午各1次眼保健操,每天保持1小时课外体育活动。中学和大部分中心小学配备有专职体育教师,其他小学教学点多由各科教师担任。小学阶段的体育教学主要是抓好学生基本素质、基本技能训练,开展跳短绳、跳长绳、踢毽子等活动,做柔韧性练习;中学阶段的体育教学主要是抓好田径、球类、武术、体操等训练,加强学生速度、耐力、技巧、竞技、技能等各个方面的培养。在推行《国家体育锻炼标准》以来,各中小学坚持开展达标训练、测试活动,1991—2005年,全县(市)中小学各年达标率均达到95%以上。

学校每年举行一次校运会,每学期举办一次分年级球类比赛、趣味游戏等活动。1991年10月,县教育局组织举办第一届"兴教杯"篮球比赛,分五大赛区进行,有男女各22队共530人参加比赛。1997年10月,市教

育局组织举办第二届“兴教杯”篮球比赛，分五大赛区进行，有男女各22队共550人参加比赛。1991—2009年，在参加地（市）级以上举办的中小学生体育竞赛中，获得124个第一名、37个第二名、63个第三名、3个第四名。胡翠等同学曾在1991年8月举办的全国中学生田径赛中获得女子4×100米接力跑第二名。

业余体校

岑溪业余体校成立于1970年，在县体委内挂牌，无单独校舍等固定设施、设备，不单独招生办学，主要是通过指定学校在全县范围内招收有体育特长的学生办体育班，由业余体校派出教练对体育班进行体育项目训练。1991—1997年，先在岑溪中学后在岑溪市第二中学（简称市二中）每年招收1班初中体育班。1997年下半年，市体育局正式建立市业余体校，校址设在市体育活动中心，把原在市二中招收尚未毕业的体育班学生转到业余体校教学。1998年后，市业余体校每年面向全市在小考考生中单独招生。1998年至2000年每年招收1班，2001年至2005年每年招收2班，1998—2003年，业余体校的文化课教学由市二中派出教师担任，2003年下半年起由市教育局统一抽调教师担任，体育专业课教学则由业余体校的教练担任。业余体校体育训练项目，初期主要是篮球、田径、游泳、乒乓球等，后来又增设跆拳道、武术两个项目。1998—2005年，业余体校共招体育班13班650多人，1999—2002年，市业余体校女子篮球队在参加自治区内外的各次比赛中，都获得了很好的成绩。有不少在市业余体校毕业的运动员在参加各级比赛中获得优异的成绩，其中，曾在市业余体校就读过的运动员李绘获得2004年雅典奥运会参赛资格。2001年，市业余体校被评为“全国群众体育先进单位”。

1991—2005年中小学推行《国家体育锻炼标准》情况简表

表17-3-1

学年度	推标学校（所）	参加锻炼人数（人）	达标人数（人）	达标率（%）
1990—1991	298	115782	110329	95.29
1991—1992	299	116984	112749	96.38
1992—1993	303	125223	119901	95.75
1993—1994	303	132003	128386	97.26
1994—1995	307	136286	131570	96.54
1995—1996	309	139369	132900	95.36
1996—1997	311	133968	129467	96.64
1997—1998	313	138256	133486	96.55
1998—1999	318	145258	141830	97.64
1999—2000	318	153045	146724	95.87
2000—2001	320	158758	155043	97.66
2001—2002	317	160991	154938	96.24
2002—2003	317	162873	156742	96.23
2003—2004	317	164065	157535	96.02
2004—2005	315	161949	154645	95.49

第五节　体育竞赛

县（市）运动会

1991—2005年，共举办3次全县（市）性大型体育运动会。1995年在县体育中心举办岑溪县第八届体育运动会，参加比赛的有县直十大战线和全县17个乡镇代表队，所设比赛项目有篮球、田径、象棋、乒乓球、羽毛球等。2001年9月在市体育中心举办岑溪市第九届体育运动会，参加比赛的有市直各战线全市17个乡镇代表队。所设比赛项目有篮球、田径、羽毛球、足球、象棋、乒乓球、门球等。2005年10月在市体育中心举办岑溪市第十届体育运动会，市直各战线和各乡镇共有1400人参加比赛，所设比赛项目有篮球、田径（甲乙组）、乒乓球（甲乙组）、羽毛球（甲乙组）、中国象棋、围棋、拔河、门球、老年人太极拳（剑）表演等。

承办上级赛事

1991—2005年，岑溪承办地（市）级以上体育比赛共7次。

1994年12月，承办梧州地区第五届中学生田径赛，比赛地点在岑溪中学田径场。

1995年10月，承办梧州地区第八届体育运动会，比赛地点在市体育中心，比赛项目有篮球、举重、乒乓球、田径。

2000年5月，承办梧州市首届小学生篮球赛，比赛地点在市体育中心。

2000年11月，承办梧州市中小学生田径运动会，比赛地点在市体育中心。

2002年7月，承办自治区青少年女子篮球锦标赛，比赛地点在体育中心。

2003年10月，承办广西“电业杯”篮球分区赛，地点在市体育中心。

2004年8月，承办“两广”（广西、广东）八县（市）篮球邀请赛，比赛地点在市体育中心。

参加各级体育竞赛

1991—2005年，岑溪市组织体育代表队参加地（市）以上举办的各种体育竞赛共60次，均取得好成绩。其中，参加国家级举办的体育竞赛5次，共获得3个第一名和5个第二名；参加自治区级举办的体育竞赛24次，共获得24个第一名、28个第二名、29个第三名、4个第四名；参加地（市）级举办的体育竞赛31次，共获得180个第一名、97个第二名、66个第三名。

1991—2005年岑溪县（市）参加自治区级以上体育竞赛获奖项目一览表

表17-3-2

时间	运动会名称	项目	组别	名次	获奖者	比赛地点
1991年4月	自治区少年田径锦标赛	跳远	男子	1	练振强	北海
1991年4月	自治区少年田径锦标赛	100米	男子	1	练振强	北海
1991年4月	自治区少年田径锦标赛	跳远	男子	4	韦剑平	北海
1991年4月	自治区少年田径锦标赛	100米	男子	4	韦剑平	北海
1991年8月	全国中学生田径赛	4×400米	女子	2	胡　翠等	海南
1992年4月	自治区少年田径分龄赛	100米	男子	2	陈宏明	柳州
1992年4月	自治区少年田径分龄赛	跳远	男子	2	陈宏明	柳州

续表 17-3-2

时间	运动会名称	项目	组别	名次	获奖者	比赛地点
1992年4月	自治区少年田径分龄赛	100米	男子	3	韦剑平	柳州
1992年4月	自治区少年田径分龄赛	300米	男子	3	韦剑平	柳州
1992年4月	自治区少年田径分龄赛	100米	女子	3	甘伟妮	柳州
1992年4月	自治区少年田径分龄赛	300米	女子	3	甘伟妮	柳州
1992年5月	自治区中学生田径赛	4×100米	初中(女)	3	岑溪队	玉林
1992年5月	自治区中学生田径赛	4×400米	初中(女)	3	岑溪队	玉林
1992年5月	自治区中学生田径赛	400米	女子	3	胡　翠	玉林
1992年7月	自治区少年田径锦标赛	300米	男子	3	韦剑平	南宁
1992年7月	自治区少年田径锦标赛	200米	女子	3	甘伟妮	南宁
1992年7月	自治区少年田径锦标赛	跳远	男子	3	练振强	南宁
1992年7月	自治区少年田径锦标赛	800米	女子	3	胡　翠	南宁
1992年11月	广西壮族自治区第七届运动会	4×100米	女子	1	岑溪队	南宁
1993年4月	自治区第四届田径运动会	跳远	男子	2	张智勇	南宁
1998年7月	自治区传统校比赛	400米	女子	2	谢菲静	宜州
1999年1月	自治区中学生田径运动会	4×400米	女子	2	高　娜	南宁
1999年1月	自治区中学生田径运动会	三级跳远	女子	2	高　娜	南宁
1999年1月	自治区中学生田径运动会	跳远	女子	2	高　娜	南宁
1999年1月	自治区中学生田径运动会	800米	男子	2	莫庆然	南宁
1999年1月	自治区中学生田径运动会	400米	男子	3	莫庆然	南宁
1999年	自治区青少年田径锦标赛	100米	女子	2	钟国露	梧州
1999年	自治区青少年田径锦标赛	200米	女子	2	钟国露	梧州
2000年7月	自治区第四届农运会	80米搬挑粮食	男子	1	卢健强	钦州
2000年7月	自治区第四届农运会	100米推轮胎	男子	1	冼宜钊	钦州
2000年7月	自治区第四届农运会	80米搬挑粮食	女子	2	谢海兰	钦州
2000年7月	自治区第四届农运会	100米推轮胎	女子	2	李娟桥	钦州
2000年7月	自治区第四届农运会	30米搬重物	—	2	陈孝健	钦州
2000年7月	自治区第四届农运会	跳远	男子	3	李伟龙	钦州
2000年7月	自治区第四届农运会	三项全能	男子	3	陈　多	钦州
2000年10月	自治区第八届运动会	4×100米	女子	3	钟国露	南宁
2001年1月	自治区第二届重点校田径运动会	200米	女子	1	钟国露	南宁

续表 17-3-2

时间	运动会名称	项目	组别	名次	获奖者	比赛地点
2001年7月	自治区田径锦标赛	100米栏	女子	1	覃小丽	钦州
2001年7月	自治区田径锦标赛	200米	女子	3	陆　贻	钦州
2002年7月	自治区中学生乒乓球赛	男子单打	高中组	1	李星明	南宁
2002年7月	自治区中学生乒乓球赛	双打	男子	1	岑溪队	南宁
2002年7月	自治区中学生乒乓球赛	单打	男子	2	徐小龙	南宁
2002年7月	自治区少年田径分龄赛	100米	女子	1	黄婉容	桂林
2002年7月	自治区少年田径分龄赛	200米	女子	1	黄婉容	桂林
2002年7月	自治区少年田径分龄赛	400米	女子	1	吴观梅	桂林
2002年7月	自治区少年田径分龄赛	800米	女子	1	吴观梅	桂林
2002年7月	自治区少年田径分龄赛	200米	男子	1	徐博宏	桂林
2002年7月	自治区少年田径分龄赛	400米	男子	1	徐博宏	桂林
2002年7月	自治区少年田径分龄赛	100米栏	女子	2	覃小丽	桂林
2002年7月	自治区少年田径分龄赛	200米	女子	3	覃小丽	桂林
2002年7月	自治区少年篮球锦标赛	篮球	女子	4	岑溪队	岑溪
2002年8月	自治区少年田径锦标赛	800米	女15岁	1	吴观梅	南宁
2003年7月	自治区中学生田径锦标赛	400米	男子B组	2	龙晖文	南宁
2003年7月	自治区中学生田径锦标赛	800米	男子B组	2	覃剑斌	南宁
2003年10月	自治区十运会田径赛	100米	男子	1	蒋健强	桂林
2003年11月	自治区十运会田径赛	4×100米接力	女子	3	黄婉容等	桂林
2004年6月	自治区第五届农运会	100米推轮胎	男子	1	凌庆富	北海
2004年6月	自治区第五届农运会	60米插秧	女子	1	覃汝静	北海
2004年6月	自治区第五届农运会	5′50米提水保苗	男子	1	谭西宁	北海
2004年6月	自治区第五届农运会	30米搬重物	男子	2	梁洪华	北海
2004年6月	自治区第五届农运会	30米搬重物	女子	2	严秋萍	北海
2004年6月	自治区第五届农运会	2人3足赛跑	女子	2	谢莎莎 郭宝红	北海
2004年6月	自治区第五届农运会	60米插秧	男子	3	黎洁明	北海
2004年6月	自治区第五届农运会	2人3足赛跑	男子	3	黎洁东 吴德明	北海
2004年6月	自治区第五届农运会	4×100米接力	女子	3	岑溪队	北海

第六节　人才输送

运动员输送

1999年输送田径运动员李桂宁到广西体育运动学校，后于2000年转广西壮族自治区体育工作大队。2001年输送田径运动员吴享铭到广西壮族自治区体育工作大队。2001年输送田径运动员黄雪梅到广西体育运动学校。

大中专生输送

1991—2005年，岑溪考进各大专体育院校或其他院校体育专业的学生共230人，为国家和社会培养一大批体育专业人才。

1991—2005年岑溪考入体育院校或体育专业人数简表

表17-3-3　　单位：人

年度	人数	年度	人数	年度	人数
1991	12	1996	16	2001	13
1992	13	1997	16	2002	16
1993	15	1998	10	2003	23
1994	10	1999	12	2004	25
1995	11	2000	10	2005	28

［第十八篇］

教　育

1991—2005年,岑溪市委、市政府把教育摆在优先发展的战略地位,认真贯彻实施《中共中央关于教育体制改革的决定》《中华人民共和国义务教育法》《中国教育改革和发展纲要》等一系列政策和法律、法规,逐步推进教育改革,不断增加教育投入,改善教育设备设施,鼓励社会力量办学,经过15年的努力,全市的教育事业面貌发生巨大变化。

在1984年完成"普六"(普及小学6年义务教育)的基础上,1996年经自治区人民政府检查验收,岑溪市成为"基本普及九年义务教育、基本扫除青壮年文盲"达标县。通过分级办学、分级管理的模式,多方筹集资金办学建校,不但大大减了全市校舍危房,而且实现校舍楼房化,校园绿化美化,更新添置大批教学仪器设备。同期社会力量办学得到很大发展,1990年民办幼儿园还是空白的,到2005年已有民办幼儿园52所。2005年,除原有的桂南学校、城南学校两所民办中学外,民办高完中文华学校也建成投入使用。

2005年8月,全市有小学278所,教学点236所,普通初中47所(其中九年制学校7所,完全中学7所),普通高中1所,中等职业技术学校1所。幼儿(学前)58212人,小学生108462人,初中生45841人,高中生7552人,职业学校学生694人。小学教师3696人(师生比1:30.4),普通初中教师1823人(师生比1:25),普通高中教师352人(师生比1:15.78)。全市小学校园面积1440480平方米,学生人均面积12.8平方米,校舍面积5374,74平方米,学生人均面积4.78平方米。普通初中校园面积668769平方米,学生人均面积14.8平方米,校舍面积229367平方米,学生人均面积5.08平方米。普通高中(含7所高完中高中部)校园面积586751平方米,学生人均面积95.9平方米,校舍面积134913平方米,学生人均面积22.1平方米。中等职业学校校园面积13301平方米,学生人均面积22.0平方米,校舍面积20095平方米,学生人均33.3平方米。全市少数民族在校生人数为9人,普通初中、高中、职校在校生为54196人。义务教育普及为小学学龄儿童入学率99.9%,初中入学率114.5%,小学生辍学率0.4%,普通初中辍学率2.8%,小学毕业生升学率99%,初中毕业生升学率23%。

1991—1994年,岑溪县(市)高考综合成绩在原梧州地区排第八名(末位),到2005年,岑溪市高考综合成绩已名列梧州市各县(市)第一和自治区的前茅。

第一章　管　理

第一节　机　构

市教育局

1991—1995年设岑溪县教育局（1995年12月改称岑溪市教育局）。1991年岑溪县教育局设有秘书股、政工人事股、业余教育股、计财股和招生办公室，另在各股室抽调人员成立岑溪县教育局督导室。1993年2月，教育局办公地址由中苑街8号（市一幼旁）迁到城东路一号。1994年5月，岑溪县教育局督导室改称岑溪县教育督导室，正式成为教育局的一个股室。1994年6月教育局增设体育卫生股、电化教育股、教学仪器股。并把原来的秘书股更名为教育局办公室，业余教育股更名为成人与职业教育股。1995年11月，岑溪撤县设市后岑溪县教育局改称岑溪市教育局。1996年6月，岑溪市委开展公开竞选教育局长活动，通过创新教育管理观念为主要内容的演讲比赛，择优产生教育局局长、副局长人选。

1997年5月岑溪市教育局更名为岑溪市教育委员会。教育委员会内设6个职能股室：秘书股、政工人事股、计财股、基础教育股、成职教（成人与职业教育）股、督导室。教育委员会机关行政编制19名（实有19名），其中主任1名，副主任3名，正副股长（室主任）13名，后勤服务人员（事业编制）1名。

1998年9月岑溪市教育委员会更名为岑溪市教育局。教育局与之前的教育委员会的职能配置内设机构和人员编制不变。2002年，岑溪市进行机构改革，保留岑溪市教育局。岑溪市人民政府于2002年3月28日下发《关于印发岑溪市教育局职能配置内设机构和人员编制规定的通知》，明确岑溪市教育局是市人民政府主管全市教育工作的工作部门。岑溪市教育局内设秘书股、人事股、计财股、基础教育股、成职教（成人与职业教育）股、督导室等6个职能（室）。教育局机关行政编制为11名。领导职数：局长1名，副局长3名，股级领导职数6名。机关后勤事业编制1名。

1991—2005年，岑溪市教育局（教育委员会）主要负责人分别是郭锦年（1990年12月至1993年11月）、陈宁训（1993年12月至1994年10月）、黄志强（1994年10月至1996年4月）、吴方源（1996年4月至2005年4月）、罗华孔（2005年4月至2012年12月）。

乡镇教育组

1991年，岑溪县各乡镇均设立有教育组。各乡镇教育组在教育局领导下负责所在乡镇学校的教育教学日常管理工作。1996年4月5日，岑溪市人民政府决定撤销各乡镇教育组，成立乡镇教育委员会（简称教委会），乡镇教委会下设办公室。原由各乡镇教育组负责的学校教育教学常规管理工作改由乡镇教育委员会办公室负责。1998年9月，各乡镇教育委员会办公室更名为教育组。

2002年4月4日，国务院办公厅印发《国务院办公厅关于完善农村义务教育管理体制的通知》规定，乡（镇）人民政府不设专门的教育管理机构，乡（镇）有关教育工作由乡（镇）长直接负责。乡（镇）的教育教学业务管理由乡（镇）中心校校长负责。2002年8月，岑溪市教育局下发《岑溪市教育局关于撤销乡镇教育组的通知》决定撤销乡镇教育组，原乡镇教育组人员全部分流到乡镇各级中小学校，乡镇有关教育教学业务管理由乡（镇）中心校校长负责。

第二节　管理体制

1991年,岑溪县实行"分级办学、分级管理"的管理体制,把办学权和管理权适当分开、有所交叉。县人民政府及其教育主管部门负责实施上级有关基础教育的方针、政策、法令和规定,结合实际制定与经济、社会发展相适应的发展规划;决定中小学和公办幼儿园的布局设点;实施中小学、职业中学招生计划和师资培训计划;检查指导学校的思想政治工作;落实知识分子政策,培训小学领导和教师,加强教师队伍建设,指导各乡(镇)中小学、职业中学、幼儿园的教学业务;对学校的办学情况进行检查、评估,并根据教育事业规划和财力情况安排教育事业费预算确定乡(镇)教育包干经费基数;对乡(镇)教育经费使用情况进行监督指导,直接管理县直中学。乡(镇)人民政府教育办事机构制定并实施本乡(镇)基础教育的发展规划,对中小学和公办幼儿园的布局设点问题向上级提出建议;组织学龄儿童入学接受义务教育;根据上级有关规定多渠道筹集办学资金,组织征收本乡(镇)教育费附加,管好用好教育经费,改善办学条件;对各村小学进行教学业务指导、检查、评估,组织教师进行教研活动和在职进修,协助县管理教师队伍,直接管理直属学校。村委会依靠学校领导和教师动员和组织本村群众办好学校,动员学龄儿童入学。修建本村校舍,管好学校财产,维护学校权益。经常了解学校情况,及时解决各种问题,协助乡镇管理好学校。学校管理方面:完全中学、职业高中、教师进修学校、县附小、县幼儿园由县直接管理。乡(镇)中学由县、乡(镇)共同管理,乡(镇)中心小学由乡(镇)直接管。联办初中由镇、村共同管理,以镇为主。完全小学、教学点由村直接管理。人事管理方面:完全中学、职业高中、教师进修学校校长由县人民政府任免。这些学校的副校长和乡(镇)中心小学(县附小、县幼儿园)正(副)校园长由县教育局任免,其中,乡(镇)直接管理学校的领导人选由乡镇推荐、县教育局考核任免。完全小学的正副校长由村委会推荐、乡镇政府考核任免,报县教育局备案。教师队伍归口教育部门管理,学校教职工的定编工作、公办教师县内调动、自然减员的补充、教师晋级和记大过以上处分,由县按上级的有关政策做出决定,其中,对教师的记过处分和临时代课教师的聘任需报县教育局备案。

1992年,县将乡(镇)教育组和中小学财权、人事权、管理权下放给乡(镇)人民政府管理(简称"三权"下放)。1994年又把"三权"收回县教育局管理。1996年,岑溪市各乡镇成立教育管理委员会,下设管理委员会办公室。各乡镇教育管理委员会办公室负责本乡镇教师工资调配、教师调动、教育教学等管理,其职能与教育组的各项职能不变。1998年各乡镇教育委员会办公室更名为教育组,职责不变。

1996—1999年,岑溪市实行市、镇、村三级办学,市管中学和市直学校、市镇共同管理小学的两级管理体制。市人民政府主要责任是统筹管理教育经费,管理中小学校长、教师,指导中小学教学工作。乡(镇)政府负责落实九年义务教育的具体工作,包括调配小学领导班子人员和小学教师,保障适龄儿童和少年按时入学。人事管理方面:市直高完中、职业高中、教师进修学校正副校长由市人民政府任免,市直高完中、职业高中、教师进修学校中层领导、市直初中、小学、市直公办幼儿园的校级领导及中层领导由市教育委员会(教育局)任免。乡镇中学、联中学校领导、乡镇教委办副主任及工作人员由市教育委员会(教育局)和乡镇人民政府考核,市教育委员会(教育局)任免。乡镇小学领导由乡镇人民政府任免,报市教育委员会(教育局)备案。代课教师必须由市教育委员会(教育局)聘请。

2002年以后,全市推进素质教育,进一步完善基础教育的"分级办学、分级管理"的体制,加大市人民政府对教育经费、教师管理和校长任免等方面的统筹权。实行教师聘任制,按需设岗,竞争执教。明确岑溪市教育局是市人民政府主管全市教育工作的工作部门,负责全市中小学教师的资格认定、考试录用、培养培训、考核奖惩等,并会同有关部门负责教师的任用调配、职务资格评审、编制管理、工资晋升等项工

作。2002年8月，撤销乡镇教育组，原乡镇教育组人员全部分流到乡镇各级中小学校，乡镇有关教育教学业务管理由乡（镇）中心学校校长负责。

第三节　教育经费

经费来源及管理

经费来源　1991—2005年，岑溪县（市）的教育经费主要依靠本级财政拨款和根据有关规定多渠道筹措。岑溪县（市）财政拨给教育部门的经费逐年有所增加，除1993年、1994年、1995年外，其余年份的教育经费均占全县（市）财政收入的30%以上，最高的2002年，占全市财政收入的39.8%。

1991—2005年财政拨付教育经费表

表18-1-1

年度	拨款数（万元）	占市财政总支出%	年度	拨款数（万元）	占市财政总支出%
1991	1994	35	1999	5097	35
1992	2123	32	2000	6160	32.48
1993	2285	27	2001	7109	34
1994	2858	29	2002	9632	39.8
1995	3098	28	2003	10814	35.1
1996	3520	31	2004	11126	35
1997	3946	33	2005	12810	33.1
1998	4104	33	—	—	—

1991—2005年，岑溪县（市）财政收入较少，尚属“吃饭”财政，即财政收入除了发放行政事业单位工作人员的工资外所剩不多。因而拨付到教育部门的教育经费只能尽可能保证教师工资的发放，难以有更多资金投入改善办学条件。

1991年，自治区人民政府发布《关于多渠道筹措教育经费的暂行规定的通知》。岑溪县人民政府参考自治区政府通知于1992年2月19日下发了《关于贯彻区政府〈关于多渠道筹措教育续费的暂行规定〉的实施细则》（岑政发〔1992〕36号），积极发动各部门、各单位以及广大干部、群众多渠道筹措教育经费，改善办学条件。该文要求从13个渠道筹措教育经费。其中最主要的渠道为：凡缴纳产品税、增值税、营业税（称“三税”）的单位和个人按其税额的2%缴纳教育费附加，开征农村教育事业费附加和地方教育事业费附加，发动群众捐资集资，学校勤工俭学纯收入中拨30%作为改善办学条件经费。多渠道筹措教育经费改善办学条件的工作得以扎实开展。

教育经费的管理　教育经费包括财政拨款和多渠道筹集的资金。财政拨款的教育经费的使用接受财政部门和审计部门的监督。多渠道筹措的教育经费则为：征收的“三税”教育费附加由财政局直接管理并保证专款专用，全部用于教育。征收的农村教育费附加，各乡镇除上缴10%到市教育局掌握使用外，其余部分由乡镇统一管理，设有教育费附加专户进行储存，有专（兼）职的管理教育费附加的会计、出纳，保证专款专用，主要用于改善学校的办学条件。地方教育附加费由有关部门征收后汇入市教育附加费财政专户，再划拨给教育部门用于改善办学条件。

多渠道筹措教育经费的资金同样接受审计部门的审计监督。市教育局局长及各乡镇教育组长离任后,要接受审计部门的离任审计。为加强教育经费管理,岑溪市教育局(教委)制定有财务管理的有关制度,就教育经费开支的数额、权限、范围、有关标准等作出明确的规定。

勤工俭学

1991—2005年,岑溪县(市)教育系统勤工俭学方式具有多样性。县(市)开办有一间勤工俭学公司,开展各项经济活动和指导各学校开展勤工俭学活动。部分学校有校办林场、果园,全县(市)中小学共有林场656公顷,林木275万株,其中种玉桂、八角176公顷,141万株,此外还有龙眼、荔枝、芒果等经济林木。各学校均发动学生开展采芒花、摘松果、拣粮等活动增加收入;个别学校自办生猪养殖场。县(市)教育局办有一间教育印刷厂,承印全市范围内学生所需作业本,学习资料。各完全小学均开设有代销店并对外招包,学校收取承包金作为勤工俭学收入。1991—2005年,全市勤工俭学纯收入12067.44万元,用于改善办学条件3620.1万元。

学校收费及对贫困生资助

收费项目及标准 1991年以来,岑溪县(市)各学校对学生收取的学杂费项目和标准,均经县(市)物价、财政部门依据自治区物价、财政部门有关文件精神制定后再在全县(市)各学校贯彻执行。除此之外各中小学经申请批准,对计划外招生、借读、复读生均可收取适当费用,但不能超批准基数。如有巧立名目乱收费加重学生及学生家长负担的,一经查实,即进行严肃处理。期内岑溪监察局、教育局先后查处的乱收费案件有:1997年水汶教委办擅自立项收费10万多元,并将所收费款大部分用于旅游;大业镇新村小学擅自收班会费、补习费、普九达标费、建校费4845元;1998年秋至1999年秋,归义中学擅自向学生收取补课费、建校费、奖学金、贫困互助金、补考试卷费、超标准择校生费等共26万多元;2003年春季期绿云小学向学生收取试卷费1094元。涉及上述乱收费行为的学校受到通报批评,有关领导受到行政处分。

1999年岑溪市普通中小学、职业技术学校、学前班、幼儿园收费项目及标准表

表18-1-2 单位:元/生期

项目		学费	杂费	内宿生费	电教设备费	代收费				合计	
						民统费	水电费	工友费	小计		
高中	岑溪中学	60	55	50	80	50	25	15	90	335	课本、练习册、学生手册、毕业证、学生证按实际定价收取
	市二中	60	55	50	50	50	25	15	90	305	
	市区中学	60	55	50	30	50	25	15	90	285	
	乡镇中学	45	40	40	30	50	20	15	85	240	
初中	市二中	—	40	50	50	50	25	15	90	230	
	市区中学	—	40	50	10	50	25	15	90	190	
	乡镇中学	—	30	40	10	50	20	15	85	165	
小学	市区学校	—	30	—	5	40	15	15	65	100	
	农村学校	—	20	—	5	40	15	15	60	85	
学前班	市区学校	—	—	—	—	—	—	—	—	160	
	农村学校	—	—	—	—	—	—	—	—	130	
幼儿园	市区幼儿园	—	—	—	—	—	—	—	—	275	
	农村幼儿园	—	—	—	—	—	—	—	—	150	
市职业技术学校	—	350	—	100	150	50	25	15	90	690	

执行“一费制”收费办法　为了更好地规范中小学收费管理，治理教育乱收费行为，切实减轻学生家长经济负担，根据教育部、国家发展和改革委员会、财政部《关于在全国义务教育阶段学校推行“一费制”收费办法的意见》（教财〔2004〕7号），及自治区教育厅、物价局、财政厅关于义务教育阶段学校推行“一费制”收费办法的意见号等文件精神，岑溪市物价局、财政局、教育局于2004年8月25日联合发出《关于在我市义务教育阶段学校实施“一费制”收费办法的通知》，明确从2004年秋季开学起，全市义务教育阶段学校全面实施在严格核定杂费、课本费、作业本费的基础上，按学期一次性统一向学生收取费用的“一费制”收费办法。

2004年后义务教育阶段杂费收费标准表

表18-1-3　　单位：元/生期

类别	初中		小学	
	普通生	借读生	普通生	借读生
市区	160	550	110	300
建制镇所在地	135	450	90	150
农村	75	—	63	—

注：1.未开设信息技术课的农村学校，其杂费核减：初中15元，小学10元；2.已向借读生收取借读费的，一律不再收取杂费，并不得以任何形式收取捐资助学费；市二中作为市实验学校，该初中录取的借读生收费不超680元／生·期。

2004年后义务教育阶段课本费收费标准表

表18-1-4　　单位：元/生期

类别	小学						初中		
	一年级	二年级	三年级	四年级	五年级	六年级	一年级	二年级	三年级
市区	43.7	41.85	58.9	64.45	73.8	70.65	115.35	126.75	114.35
镇所在地	43.7	41.85	58.9	59.7	68.95	65.75	115.35	126.75	114.35
农村	43.7	41.85	58.9	59.7	68.95	65.75	115.35	126.75	114.35

根据岑溪市教育局统计，2004年秋季期义务教育阶段中小学实现“一费制”收费办法后，全市当学期减少收费218.139万元，在一定程度上减轻学生家长的负担。

“两免一补”政策　“两免一补”是指在义务教育阶段，对家庭经济困难的贫困生，免除教科书费、杂费和对寄宿制学校的贫困生给予生活补助。从2004年秋季期开始，国家对义务教育阶段家庭经济困难的小学生、初中生实行免费提供教科书，经费主要由中央财政负担。岑溪市有27468名中小学生获此补助，其中小学生19439人，初中生7577人，特教生452人。2004年12月31日，梧州市财政局、教育局下发2004年国家义务教育助学金，岑溪市获12.7万元。该项助学金用于补助获得2004年秋季免费提供教科书且家庭经济特别困难，无力负担杂费而影响入学和可能辍学的贫困在校生。补助标准为初中180元／生，小学

130元/生,特教生120元/生。岑溪市从2005年春季期开始不再收取享受免费提供教科书的贫困生的杂费,对寄宿制的贫困生给予适当的生活补助。

捐资助学

2000年,岑溪市委、市政府成立岑溪市捐资助学领导小组,并建立岑溪市捐资助学基金会,接受社会各界人士和单位的捐款,用于资助因家庭贫困等原因失学或面临失学的中小学生继续完成学业。当年起岑溪市委、市政府开展各种捐资助学活动筹集资金。2002年3月,市委、市政府举办捐资助学文艺晚会,获得捐款55.6万元。岑溪市捐资助学领导小组委托共青团岑溪市委员会负责管理捐资助学基金,并在共青团岑溪市委员会设立岑溪市捐资助学基金会办公室。在2002年6月开展的一次捐资助学活动中,岑溪市捐资助学基金会办公室决定对1009名贫困学生进行资助,其中小学生923名,初中生81名,高中生5名。受资助的小学生、初中生、高中生每人每学期分别获得70元、250元、300元的书本费。获得书本费资助的时限为,从其接受资助时起,小学生直到其小学毕业,初中生直到其初中毕业,高中生直到其高中毕业。本次资助活动发放资金50多万元。

1991—2005年,原(祖)籍为岑溪的华侨华人、港澳同胞及其他基金会,支持岑溪教育事业捐款335万元。这些款全部用于修建有关学校教学楼、图书馆,共14个项目(详见本志第十五篇第三章外事侨务)。

第四节　教育设施

校舍建设

从1991年起,岑溪县(市)积极开展建设新学校、改造旧校舍、抢修中小学危房、建设新校舍活动。1991年9月筋竹镇新建筋竹镇中。1992年在县城新建成岑溪县第二幼儿园(公办)、岑溪县第二中学,水汶镇新建水汶二中,南渡镇新建南渡一中。1992年开展的集资建校活动中,全县当年1—9月筹资1195.26万元,新建砖混结构楼房校舍6.72万平方米。1994年9月,诚谏镇新建诚谏二中。1995年通过国家拨款、征收教育费附加、勤工俭学和社会捐资等多渠道筹措经费的方法筹集资金3542万元,新建教室78幢,面积5.64万平方米。1991—1995年,全市集资9782万元,推倒重建校舍6.2万平方米,新建校舍24.7万平方米,维修校舍11.5万平方米。1996年9月梨木镇建成梨木二中。2000年在市区新建岑溪市第三幼儿园(公办)。从1992年到2002年十年间全市共投入资金1.6亿元,维修校舍20万平方米,新建砖混结构校舍50万平方米。2005年民办学校文华学校建成,并招收高中学生。至2005年,全市中小学校舍大部分建成为砖混结构楼房。

20世纪90年代建成的诚谏镇二中教学楼(1995年　摄)

教学设备设施及图书配备

2005年,全市共有公办全日制普通中学44所,其中属一类4所,二类28所,三类12所,全市共有全日制完全小学280所,其中属一类的3所,二类15所,三类262所。全市中学共有实验室129间,总面积964.8平方米;仪器室130间,总面积4955平方米;仪器1121台。各校均按规定设有图书馆、阅览室、体育室、卫生室、科技活动室、劳技室。全市43所全日制普通中学中有42所有计算机室,42所配置有多媒体教室,8所学校配

置有语音室。全市小学共有综合实验室287间，总面积13989平方米；仪器室281间，总面积6881平方米；仪器柜1467个。各校均按规定设有图书馆、阅览室、体育室、卫生室、少先队活动室等。全市小学共有16间计算机室、3间多媒体教室、4间语音室。全市中小学共购置课桌椅5.5万套。购置教学仪器、设备款达525万元。中学理科各科教学仪器配备率为：物理98%、化学96%、生物93%、数学95%。小学教学仪器配备率为自然94%，数学96%。

音乐、美术器材：中学音乐器材配备率78%，美术器材配备率79%。小学音乐器材配备率81%，美术器材配备率76%。

体育器材：全市中学体育器材配备率81%，小学体育器材配备率76%。

至2005年，全市中、小学校大力推行电化教学。课堂教学上，已普遍使用投影仪、录音机、录放机、电视机等。

1991—2005年，购置图书34.2万册，学生图书拥有量达到中学生均21册，小学生均8册。

远程教育配置

2005年，岑溪市开始实施农村中小学现代远程教育工程项目，当年实施这一工程的学校共513所（包括部分教学点）。其中，模式一（教学光盘播放点）168所，模式二（卫星教学收视点）306所，模式三（计算机教室）39所。实施现代远程教育工程后，形成了覆盖全市农村中小学的远程教育网络，提高中小学教育装备水平，提高了教育质量和效益，促进城乡优质教育资源共享。

市一中计算机操作课（2003年　摄）

小学的多媒体课堂教学（2005年　摄）

第五节　学校常规管理　教育督导

学校常规管理

1991—2005年，岑溪市各中小学认真贯彻执行国家和自治区有关教育工作的法律法规及相关政策，开展学校常规管理工作。学校常规管理包括学校领导的管理常规，师生员工的管理常规，教育教学的管理常规，体育、卫生、安全工作的管理常规，校园的管理常规，后勤工作管理常规等六个方面有关教育工作的有关法律法规相关政策，开展学校的常规管理工作。

1997年，岑溪市在各中小学校中实施绿色工程计划，提出建设花园式学校。全市各中小学积极行动，开展绿化、美化校园活动。1998年3月5日，岑溪市教委下发《岑溪市校园建设督导评估方案》。4月15—20日，根据评估方案，对全市校园建设进行评估，共评出花园式学校72所。除10所学校绿化美化不达标外，其余学校均为绿化美化达标学校。

南渡中心小学校园

2003年3月6日，岑溪市教育局发出《关于加强中小学教师管理的通知》，各校加强教师职业道德建设、督促教职工履行职责、建立和完善教师的考勤制度等方面的工作，以端正教风，提高师德和育人职责。

教育督导工作

1991年，岑溪教育局从内部抽调人员成立岑溪县教育局督导室。1994年5月，成立岑溪县教育督导室，督导室正式成为教育局的股室。督导室具体负责督查、检查、评估、指导全市的教育工作，以保证国家有关教育方针、政策、法律、法规的贯彻执行和教育目标的实现。开展督导工作以《中共中央关于教育体制改革的决定》《中华人民共和国义务教育法》以及上级教育行政部门的有关法规、文件、对教育各方面工作的评估方案等作为依据。督查的重点为农村义务教育成果的巩固、教师工资待遇落实、学校德育工作、教育质量、教育经费使用、教学环境安全、教师队伍建设等。开展督导工作的主要做法是，通过深入听取各方面的意见，查看校容校貌和师生行为规范，查看各种资料，访问教师、党政领导、学生，召开各种类型的座谈会等方式广泛收集各种信息资料，然后进行分析研究，再逐项对照有关评价方案、指标，确定评定分数和等级，并写出书面督导报告，以此促进有关学校进一步改进工作。1994—2005年，教育督导室先后对安平办学水平情况、岑溪县中小学德育工作情况、岑溪市校园建设情况、岑溪市开展“花园式”学校及绿化美化达标学校评比活动、岑溪市“两基”的巩固和提高等工作进行督导评估，还对岑溪市学校安全稳定工作、农村中小学危房改造工作、私立幼儿园、职业技术教育、成人教育、农村扫盲工作、学生食堂安全卫生、各类学校的收费情况等进行不定期的督查。

社会办学管理

岑溪县（市）社会办学兴起于20世纪90年代。2005年，岑溪市共有民办幼儿园52所，民办中学3所。52所民办幼儿园有11所在市区内，有41所在各乡镇。1997—1999年开办的有21所，2000—2005年开办的有31所。3所民办中学分别为1996年春开办的桂南学校，2003年9月招生的城南学校和2005年9月招生的文华学校。岑溪市教育局1997年下发《关于加强社会力量办学单位管理的通知》，加强对社会力量办学的督导评估，提高师资素质，端正办学方向，改善办学条件，使其办出社会效益和经济效益。2005年，岑溪市人民政府办公室印发《关于岑溪市民办幼儿园管理办法的通知》，对民办幼儿园的管理体制，机构设立、审批登记、教育管理、经费开支以及奖励、处罚等都作了明确的规定。

第六节　教学研究

岑溪市教研室为岑溪市教育局领导下承担基础教学业务工作的事业单位。教研室的核心工作是开展教育教学研究及科研活动，为中小学的教育教学服务。1991—2005年，教研室设有小学教研组、初中教研组和高中教研组、后勤组；2005年有教研员26人，其中教研室主任1人，副主任3人，高中教研员9人，初中教研员9人，小学教研员4人。另有图书、资料管理等后勤人员4人。

大型教研活动 1991—2005年，教研室开展几次较大的教研活动。1998年全国教育科学“九五”规划国家教委重点课题广西子课题开题会暨全区九年义务教育目标教学研讨会在岑溪市文化大厦进行，区内外1200多人参加；1999年秋举办有国内著名专家参与、市内1000多名教师参加的小学数学课堂模式观摩活动；2002年秋组织有2000多名小学教师参加的小学创新教学观摩活动。

课题研究 1998—2001年，岑溪市教研室申报教研课题项目100多个，经有关部门批准立项的有79个。其中，国家级课题4个，省级课题9个，地市级课题8个，县级课题58个。4个国家级课题分别为“以口语交际训练为突破口，培养学生的创新和实践能力”“中学生英语学习策略训练的实验研究”“利用多种教学手段发展中班幼儿前书写能力的研究”“多媒体英语教学软件的选择和应用”。获得批准立项的79个教研课题内容包括语文、数学、作文、物理、化学、政治、英语、历史、德育、现代教育技术等。参与课题研究的除教研室外，还有其他21个教学单位，参与研究人员200多人。教研室除做好自身的课题研究之外，还对全市的课题研究进行指导和管理。

主要科研成果 岑溪市教研室于1997年编写《岑溪市目标教学资料汇篇》一书。

2001年，广西民族出版社出版岑溪市目标教学科研成果《目标教学与素质探索》一书。

1998—2002年，岑溪市教研室组织教育工作者撰写参评论文3000多篇，有2000多篇在各级学会获奖。其中获国家级奖励的一等奖61篇、二等奖218篇，发表70多篇。获省级、地市级学会奖励的论文共1700多篇，其中发表100多篇。

1998年，申报的4个目标教学综合实验课题到2001年结题，经上级有关部门鉴定，全部被评为优秀成果一等奖。

通过一系列科研活动和科研成果，使教师转变教学观念和提高教学质量，教师由过分注重知识的传授转变为教会学生学习；由过分强调学科本位和偏重书本知识转变为注重课程内容与学生生活以及现代生活发展的联系，注重学生终身学习必备的基础知识和技能的积累；由过去搞满堂灌输课本知识，学生被动接受、死记硬背机械训练转变为在教学过程中倡导学生主动参与，乐于探究，勤于动手和培养学生搜集和处理信息、解决问题的能力。

第七节 教 师

教师结构

1991—2000年，教师队伍由公办教师、民办教师、代课教师组成。1991年，全县（市）共有中小学教师5701人，其中公办教师3965人（中学公办教师936人，小学公办教师3029人），民办教师422人，代课教师1314人。公办教师中，具有大学本科学历的有165人，大专学历603人，中师、高中以下学历3197人；具有中教高级职称60人，中教一级和小教高级职称626人，中教二级和小教一级职称以下3279人。

1991年后，民办教师经多批次考试择优录用为公办教师，不合格的则于2000年予以全部清退，2001年后已无民办教师，但仍有代课教师。2005年，全市有中小学教师7784人，其中公办教师6973人，代课教师811人。公办教师中小学教师4927人，中学教师2857人；公办教师中的学历构成：研究生5人，本科664人，大专3194人，中师、中专、高中以下2360人；公办教师中具有中教高级职称25人，中教一级和小教高级职称1490人，中教二级和小教一级职称以下4658人。

师德师风建设

1991年以来，岑溪县（市）的师德师风建设主要根据义务教育法、教师法的有关规定进行。1997年8月7日，国家教委和全国教育工会联合印发《中小学教师职业道德规范》后，岑溪市教育局要求全体教师认真学习,严格遵守,按该规范做到依法执教、爱岗敬业、热爱学生、严谨治学、团结协作、尊重家长、廉洁从教、为人师表。2000年8月,教育部印发《关于加强中小学教师职业道德建设的若干意见》,市教育局以此为指导,在中小学教师中加强职业道德教育。2003年3月6日,岑溪市教育局发出《关于加强中小学教师管理的通知》,就加强中小学教师的职业道德建设,督促教职工认真履行工作职责,建立和完善教师的考勤制度等问题作了规定。教育局每年在教师队伍中建立岗位目标责任制,年终按德、能、勤、绩进行考核,开展评优、表彰先进活动,激励教师积极向上。

业务培训与教研

1991年以后,岑溪县(市)通过派送教师到自治区外和自治区内各市、县,校本结对,以老带新等方法,对教师进行多种形式的业务培训。利用岑溪市教师进修学校培训基地,1991年至2005年,开办小学校长岗位培训班及其他干训班15期,培训490人,培训小学语文、数学骨干教师12期1200人。为提高教师的学历,1997年11月19日,岑溪市教育委员会下发《关于小学教师、初中教师逐步实施学历大专化的规定》,要求凡年龄未满40周岁的、未参加正规大专学历培训的教委办工作人员、小学教师和无合格学历的初中教师,均应接受相关大专学历教育。此外还利用每年的寒暑假举办各种类型的培训班,提高教师的教学水平。

从1991年起,全市教师参加全国、自治区、地、市级各科教学研究活动,到2005年,市结题的国家级、自治区级的课题15个,正在研究的课题有31个,基本保证每个乡镇有一个以上的科研课题。教育科研取得很好的成绩,全市教师获得奖励的有:国家级的261人次,自治区级470人次,地市级1624人次。

支教与出国援教

从1998年起,全市组织市区小学教师到乡镇薄弱学校进行对口支教,各乡镇中心校也组织教师到边远山区学校支教。参加支教的教师共1034人次。

通过对口支教,互相学习交流,不但提高边远山区学校和薄弱学校的教学水平和教学质量,而且教师本身的业务素质和思想道德素质也得到升华。2003年10月至2006年8月,市内中学教师蔡耀明、莫炎坚、黄鹤三人由国务院侨办组织先后赴老挝人民民主共和国万象寮都公立学校援教。

教师资格认定

国家教师法和国务院教师资格条例规定,国家实行教师资格制度,中国公民在各级各类学校和其他教育机构中专门从事教育教学工作,应当依法取得教师资格。根据教师法中教师资格条件的有关规定和梧州市教委的部署,岑溪市教育局于1998年10月26日,下发《关于教师资格认定工作的通知》,在全市开展教师资格认定工作。根据教师资格条例的规定,岑溪市教育局为全市的幼儿园、小学和初级中学教师进行教师资格认定,高级中学和中等职业学校教师资格由岑溪市教育局审查后报梧州市教育行政部门认定,各类教师资格的条件按照教师法第十条第二款的规定执行;取得教师资格应当具备的相应学力,依照教师法第十一条的规定执行。

教师待遇

经济待遇 公办教师经济待遇按照教师法的规定,教师的平均工资水平应当不低于或者高于国家公务员的平均工资,并逐步提高。根据有关规定,教师建立有正常的晋级增薪制度。公办教师的工资与同职级的事业单位职工相比,按技术岗位工资加级薪工资的总和增加10%,此外还有教龄津贴、班主任津贴。

1996—2000年,岑溪市曾出现拖欠教师工资的情况,全市累计共拖欠教师工资516万元。拖欠工资的原因:(1)市财政确有一定困难,当时不光教师,全市其他部门、单位的干部职工也存在欠发工资现象;(2)市财政当年对乡镇以下学校教职工按人头平均经费,实行包干,但包干经费不足以发工资;(3)教育系统每年新增加的教职工,市财政未按照实际情况拨人头经费,每年只给一次性补助,一次性补助经费与实

际需要的发放工资经费有一定差距；(4)教育系统职工提资，市财政也是每年实行一次性补助，这些补助与提资所需经费也存在差距。2001年后，中央财政加大转移支付的力度，加上市财政的收入逐年增加，中小学教职工工资又由市财政局实行统一发放，从银行直接存入个人账户，拖欠教师工资的现象不再发生，以前拖欠的也得到补发。

岑溪县(市)民办、代课教师的工资资金来源靠全县(市)在校中小学生每期加收民办教师工资统筹费(简称民统费)的办法解决，如有不足部分则由财政拨款，实行民办公助。1993年9月，代课教师每月工资90元(发12个月)，民办教师按学历、教龄、职称等分4级，一级月工资110元，二级105元，三级100元，四级95元。1994—1995年，民办教师的工资每月分别为200元、190元、180元、170元。代课教师每月150元(1995年9月起，高中毕业的代课教师月工资150元，中师毕业的160元，专科毕业的170元)。到2000年，代课教师的工资260元。2005年代课教师工资320元。

政治待遇　1978年，中共十一届三中全会以来，经过拨乱反正，党中央、国务院积极主张尊师重教，1985年国家设立教师节，1993年全国人大常委会通过教师法后，教师的社会地位不断得到提高。岑溪市委、市政府及教育行政部门采取措施，加强教师队伍的思想政治教育和业务培训，改善办学条件和教师的工作及生活条件，保障教师的合法权益。每年教师节，市委、市政府及各乡镇党委、政府都主持召开庆祝会或举行教师座谈会，表彰优秀教师和教育工作者，或登门慰问教师，并对教师发放慰问品，号召全社会尊师重教。

1991—2005年，教师中当选为自治区级人大代表1人，提拔到市人大常委会工作的有2人，市政协领导干部2人，梧州市政协委员1人，市致公党主委1人。每届市、乡镇人大代表中都有教师代表，共20多人。此外还有部分教师被选拔到公务员队伍，并担任领导职务。

奖惩

对工作积极、成绩显著的优秀教师，国家、自治区、地区(市)、县(市)都分别给予奖励。从1991—2005年，全市教师中获得国家级奖励的有8人次，获自治区级奖励的有27人次，获地(市)、县(市)级奖励的有688人次。1995年，岑溪县教育局在全市范围内开展评选和表彰百名教坛新星活动，有100名教师被评为教坛新星并受到表彰。

对一些违反有关政策纪律的教师则受到严肃的纪律处分，违法犯罪的受到刑事处罚。1991—2005年，有34名教师因违反有关纪律或犯罪被行政开除。违反纪律被辞退的有20人，被行政记过、警告、降级等处分的有20人；违法犯罪受到刑事处罚的有6人。

第八节　学　生

1991年，全县有在校小学生86053人，初中生17336人，高中生4082人，职中学生1110人。2005年，全市有在校小学生108462人，初中生45841人，高中生7552人，职校生694人。

学生素质教育

道德素质教育　中小学道德素质教育以教育部印发的《小学生守则》《中学生守则》《小学生行为规范》《中学生行为规范》等作为依据。各学校每年均开展“三好学生”评选活动(“三好”指思想品德好，学习好，身体好)。每年开展的评优活动还包括评选优秀少先队员、优秀团员、优秀学生干部、优秀团干部、先进班级、先进团支部等。1996年3—5月，教育局在全市开展评选表彰1000名好少年和1000名好儿童活动。1999年，在全市中小学生中开展“中国好少年”“中国好儿童”评选活动和评选表彰岑溪市1000名好儿童活动。此外，各中小学每年都开展学雷锋活动。教育部门在各中小学中开展的上述有关活动，其目

归义镇金鸡小学举办文娱演出（1993年　摄）

南渡镇中小学生文化艺术节活动剪影（2005年　摄）

的为引导学生的道德行为，培养学生的道德情操，提高学生的道德认识，使他们养成良好的行为习惯。

文体素质教育　除开展正常的文艺、体育课程对中小学生进行文体素质教育外，教育局还不定期举办各种中小学生文体比赛活动，以促进中小学生文体素质的提高。1995年教育局组织中学生十大歌手比赛，1996年举办小学生书画即席比赛和小歌手比赛。2000年、2002年、2003年在全市中小学校开展“文艺活动周”活动，2001年开展少儿独唱、独舞比赛，2001年举办小学生乒乓球比赛。

科技素质教育　1992—2005年，教育局每年组织全县（市）中小学生参加由岑溪县（市）科技局（科委）组织的科技活动周活动。在科技活动周，组织青少年读科技书籍，写读书心得，观看科技影视片，开展科技实践操作，出版科技墙报。同时还开展“爱科学、学科学、用科学”为专题讲故事比赛和小发明、小发现、小设计、小制作、小实验等活动，组织青少年参加全国、全自治区、县（市）科学创造发明竞赛。

中小学学生学籍管理

1991年，岑溪市中小学生的学籍管理主要根据自治区教育厅和梧州地（市）有关文件贯彻执行。中小学生入学后，均要建立学籍，统一使用自治区教委印制的学籍证。1999年后，义务教育阶段的小学生、初中生，统一使用自治区教育厅印制的义务教育证书。义务教育证书统一由市教育局基础教育股验印颁发，初中学生一律在证书上贴上正面半身一寸相片。义务教育证书每年要进行年审。小学六年级的学籍证卡送教育组年审，初中三年级的学籍证卡送市教育局基础教育股年审。小学生的学籍变动要报乡镇教育组备案，中学生的学籍变动要报市教育局备案。凡是学籍变动的要凭原学籍证卡办理变动手续，需改名的要凭户口簿或公安派出所证明。

第九节　学校安全工作

建立学校安全工作制度

20世纪80年代至90年代，学校安全防范工作，一般由学校值日（或值周）教师负责。2000年，岑溪市教育局通过建立学校安全工作制度，落实安全工作责任。2000年秋季期开始，要求各学校聘请安保人员维护学校治安和师生安全。2001年教育局印发《中小学安全工作责任制实施办法》。2002年10月31日，

印发了《岑溪市学校公共食堂、食品卫生安全管理制度》,2003年7月5日,制定了《岑溪市教育系统重特大安全事故应急救援预案》和《岑溪市教育局安全事故应急救援预案》。2003年,岑溪市教育局还制定了《岑溪市校园安全管理规定》。教育局通过与学校领导签订安全工作责任状的形式,落实学校安全工作。

学校卫生防疫

2003年,防治“非典”疫病期间,教育局成立防“非典”领导机构,制定教育系统“非典”防治工作总体方案,印发关于进一步加强“非典”防治工作的紧急通知。同年还发出关于加强中小学幼儿园流行性感冒防治工作的紧急通知和加强流行性“乙脑”防治工作的紧急通知,全面加强中小学校和幼儿园的卫生防疫工作。为预防“非典”市政府决定2003年4月25日起,对全市中学全封闭15天,各中学严格执行这一规定。

学校安全工作检查

1991—2005年,岑溪县(市)教育局对学校的安全工作经常进行不定期检查,以落实学校安全工作。检查内容主要为:领导对学校安全工作的重视情况,对危房校舍安全隐患的排查和及早采取安全措施情况,注重学校食堂卫生,防治霉坏变质、过保质期和残留有农药的食品流入,教育学生注意道路交通安全,严禁学生下河游泳,注意学校用电安全,严防触电事故发生,注意学生外出活动安全,学校内有无有毒有害、易燃、易爆物品;学校社会治安环境是否有利学生学习、生活,有无社会上不法人员对学生敲诈钱物;学校消防安全。如在检查中发现有问题的即要求及时予以纠正。

第二章　普通教育

第一节　学前教育

幼儿园设置

1990年以前全县只有县直属幼儿园，县委政府机关幼儿园、商业幼儿园、河三矿幼儿园及一些乡镇集体办的幼儿园共9所，入园幼儿925人。1991年后，鼓励社会力量创办民办幼儿园，逐步形成政府、集体、个体多种办学形式，幼儿教育办学体制多元化，使幼儿园得到的发展。至2005年，幼儿园已遍布全市各镇，全市共有幼儿园56所，其中公办4所(分别为设在市区的市第一幼儿园、第二幼儿园、第三幼儿园及市委市政府机关幼儿园)，民办52所。全市有幼儿园教师810人，入园幼儿20869人，占适龄儿童的37%。

全市56所幼儿园中，设在市区的有15所，开设在乡镇的32所：马路镇3所、南渡镇2所、昙容街2所、水汶镇3所、大隆镇2所、梨木镇2所、筋竹镇3所、诚谏镇2所、大业镇3所、归义镇2所、安平镇2所、糯垌镇2所、三堡镇2所、波塘镇2所；开设在村的9所：南渡盘古村1所、诚谏孔任村1所，大业新村1所、归义谢村1所、归义保太村2所、归义荔枝村1所、归义双贵村1所、糯垌新塘村1所。

1991—2005年，学前教育的一个显著特点是民办幼儿园发展迅速。1990年没有一所民办幼儿园。1991年后，县(市)教育部门鼓励社会力量创办幼儿园，使民办幼儿园得到较快的发展。至2005年时，全市创办了52所民办幼儿园，占全市幼儿园的93%，民办幼儿园成为学前教育的办学主体。民办幼儿园分布于市区各地段的有11所，分布于各镇(个别在村)的41所。由于民办幼儿园分布范围广，且大部分设在镇、村的幼儿园都有专车接送幼儿，使一些边远村的幼儿也能入园接受教育，提高了全市幼儿入园率。

保育教学

1991—2005年，岑溪县(市)幼儿教育根据教育部1989年9月发布，1990年2月施行的《幼儿管理条例》的有关规定；以保育和教育相结合的原则，对幼儿实施体、智、德、美等方面教育。幼儿园教育根据幼儿的年龄分为小班(年龄3～4岁)、中班(年龄4～5岁)、大班(5岁以上)，有的还设小小班(年龄3岁以下)。使用的教材是自治区教育厅统一编写的教学课本，课程内容包括健康、语言、社会、科学、艺术等方面。教学手段以游戏为主。通过竞赛、插红旗、贴红花等形式，培养幼儿的集体观念和荣誉感，通过讲故事，看电视等方法提高幼儿学习知识的兴趣。幼儿园要求每周安排课程12节，每个班配备教师2名，保育员1名。部分幼儿园根据自身师资的条件为幼儿开设水墨画、舞蹈、乐器、

幼儿园课堂教学(2002年　摄)

珠心算、手工、英语等兴趣班，培养幼儿的个性特长。

在幼儿园数量不断增加的同时，使幼儿园的设备设施也得到不断完善。各园都有户外活动的场地，有滑梯、秋千、浪桥等游乐设施，有的配备有钢琴、电子琴、收录机、扩音机、电视机等教学设备。大部分镇以下办的幼儿园及部分城区幼儿园还实行专车早晚接送幼儿，减少幼儿家长到园接送幼儿的麻烦。

市一幼举办的兴趣教育，图为孩子学习水墨画(2004年　摄)

幼教管理

教育局先后成立了幼儿园管理领导小组和督导检查小组、学前教育管理服务中心等机构，专门负责学前教育的办学审批登记、发证以及教学常规管理、安全、卫生等工作。教育局还组织全市幼儿园园长到自治区幼教中心开办的园长岗位培训班学习，达到国家规定的任职资格才发证上岗。

2005年，岑溪市人民政府办公室印发《关于岑溪市民办幼儿园管理办法的通知》，对民办幼儿园的管理体制、幼儿教育机构的设立、审批登记、教育管理、经费、奖励与处罚等都作明确的规定，使政府对民办幼儿园的管理更加严格和规范，民办幼儿园的发展更加健康有序。

市三幼举办亲子游园活动(2002年　摄)

学前班

岑溪县1988年9月起，有条件的小学开始开设学前班，此后开设学前班的学校逐步增加，到1991年小学开设学前班已较普遍。2005年所有完全小学和教学点均开设有学前班。学前班根据5~6周岁的幼童生理、心理特点开设课程，采用直观教学方法，通过看图说话、识字，使幼童的学习兴趣和习惯逐步形成，为进入小学就读打基础。学前班教育注重幼童的卫生保健和体育锻炼，进行文明礼貌的道德品质培养，加强口语训练，学习使用普通话和汉语拼音。要求做到发音正确，能较清楚地回答问题。数学方面要求认识10以内数的概念和加减运算并能正确书写。学前班课程每节30分钟。教材使用的是自治区统编审定的课本，学习科目有语言、识字、数学、美工、卫生、音乐、游戏、常识等。

第二节　小学教育

学校设置

1991年，全县有小学281所，在校学生86053人。2005年，全市有小学301所(301所小学中，有部分村校、分校因在校学生不足150人，已不作为小学统计，只作为教学点统计，2005年统计报表上的小学数为

278所），教学点222所。301所小学中市直学校6所，乡镇以下小学295所。乡镇以下有乡镇中心校13所，村级中心校32所。2005年全市除诚谏镇的陀村村与新华村，安平镇的罗同村与灵山村共拥一所完全小学外，其他每个村都有一所以上完全小学。2005年，全市在校小学生108462人。

1998年，市教育局对市区部分小学进行更名，原岑溪市附城中心小学改称为岑溪市第一小学，原岑溪市第二附城中心小学改称为岑溪市第二小学，原樟木小学改称为岑溪市第五小学，原甘冲小学改称为岑溪市第六小学，原龙井小学改称岑溪市第七小学，原乌峡小学改称为岑溪市第八小学，原探花小学改称为岑溪市第九小学，原上奇小学改称为岑溪市第十小学，原思英小学改称为岑溪第十一小学，原木塱小学改称为岑溪市第十二小学。

1999年秋，市政府批准，在岑溪市教师进修学校内设立一间实验小学，以作为教师进修学校的教研实验基地。

2003年，岑溪市第一小学通过自治区素质教育办学水平一级甲等学校评估，成为岑溪市小学中第一所自治区一级甲等学校。

2005年，原属岑城镇的岑溪市第五小学、岑溪市第七小学及其分校菜园小学调整为市直学校。

2005年岑溪市小学分布情况表

表18-2-1

单位	小学数（所）	小学名称
市直	6	岑溪市第一小学、岑溪市第二小学、岑溪市实验小学、岑溪市第五小学、岑溪市第七小学、岑溪市菜园小学
岑城镇	26	岑溪市第六小学、岑溪市第八小学、岑溪市第九小学、岑溪市第十小学、岑溪市第十一小学、岑溪市第十二小学、大勒小学、古塘小学、龙登小学、天星小学、六田小学、新里小学、六凡小学、紫坭小学、城郡小学、岑华小学、思孟小学、新村小学、垌尾小学、独洲小学、半河小学、山心小学、黄沙小学、寮田小学、荔枝小学、大锦小学
马路镇	21	马路中心小学、善村小学、义垌小学、福塘小学、中林小学、水平小学、车垌小学、和平小学、伏六小学、昙容中心小学、五星小学、永固小学、上双小学、岭腰中心小学、荔王小学、六新小学、六斗小学、大和中心小学、大垌小学、旺庆小学、昙雅小学
南渡镇	26	南渡中心小学、坡舍小学、旺练小学、夹宝小学、苏河小学、平石小学、盘古中心小学、高创小学、西澜小学、六梭小学、社垌小学、古太小学、都雅小学、义新中心小学、杨冲小学、中和小学、西竹小学、六丰小学、高垌中心小学、泊口小学、雅秦小学、吉太中心小学、君垌小学、君丰小学、井河小学、六四小学
水汶镇	23	水汶中心小学、石村小学、旺田小学、良乃小学、王强小学、云秀小学、耀华小学、曾子小学、云会小学、太云小学、大卫小学、南六中心小学、翰田小学、西河小学、兆阳小学、大南中心小学、尚智小学、尚仁小学、旺公小学、尚勇小学、三村小学、竹兰小学、严垌小学
大隆镇	19	车滩中心小学、六各小学、合和小学、河口小学、太上小学、石脚小学、南和小学、湴河小学、坡坪小学、白碟小学、白碟口小学、义修小学、旺坡小学、定子小学、西宁中心小学、大峡小学、那蓬小学、福隆小学、均昌小学

续表 18-2-1

单位	小学数(所)	小学名称
梨木镇	17	梨木中心小学、里汉小学、三益小学、高益中心小学、高围小学、大旺小学、南龙小学、双元小学、泗祥小学、白护小学、沙琴小学、社护小学、大坡小学、云开小学、河木中心小学、平田小学、水井小学
归义镇	23	思塘小学、美伦小学、荔枝中心小学、金坡小学、龙王小学、昙龙小学、勒水小学、大寨小学、新圩中心小学、谢村小学、万里小学、金鸡小学、大冲小学、保太小学、秋风小学、石坡中心小学、双贵小学、义和小学、赤黎小学、古皮小学、永和中心小学、垌头小学、永义小学
大业镇	21	大业中心小学、板么小学、思回小学、民主小学、泗龙小学、杨乐小学、新村中心小学、古静小学、双松小学、会村小学、古万小学、大平小学、化鲁小学、古味中心小学、胜垌小学、中村小学、白竹小学、奕清小学、大献小学、池塘小学、同福小学
筋竹镇	19	筋竹中心小学、阳和小学、中围小学、义水小学、云龙小学、大王小学、黄陵小学、横垌小学、双担中心小学、横山小学、马芹小学、石芹小学、志明小学、新联小学、望间小学、罗敏中心小学、昙市小学、黄茅小学、石龙小学
诚谏镇	19	诚谏中心小学、大良小学、南大小学、美和小学、陀村小学、乾厢小学、石桥小学、永安小学、治安小学、河三小学、思和小学、大新中心小学、孔任小学、沙田中心小学、白丈小学、黎垌小学、天堂小学、长坡小学、双坪小学
糯垌镇	21	绿云小学、塘坡小学、海杰小学、三兴小学、地麻小学、新塘中心小学、新田小学、叶伦小学、高棠小学、昙海中心小学、古河小学、平炉小学、龙樟小学、大地小学、大竹小学、糯垌中心小学、古淡小学、平坡小学、古兰小学、黄塘小学、塘坪小学
安平镇	16	太平中心小学、同心小学、凤新小学、中庆小学、富宁小学、富罗小学、永庆小学、尖锋小学、古院小学、成美小学、治垌小学、白板中心小学、纯塘小学、三塘小学、古益小学、昙伦小学
三堡镇	27	三堡中心小学、新安中心小学、沙村中心小学、木坪小学、月田小学、立垌小学、车河小学、河六小学、椰冲小学、荔良小学、美术小学、古道小学、古堆小学、河边小学、古寨小学、振大小学、孔龙小学、三合小学、蒙冲小学、蒙布小学、蒙奇小学、平山小学、扶南小学、枧塘小学、富冲小学、祝庆小学、安山小学
波塘镇	17	波塘中心小学、合水中心小学、蛟塘中心小学、新帘小学、南垌小学、容坡小学、荔村小学、双门小学、杨亦小学、龙田小学、大公小学、和村小学、六肥小学、六岑小学、古冻小学、东岸小学、西岸小学

表 18-2-2

1991—2005年小学阶段发展情况表

单位:所、班、人

年份	1991年	1992年	1993年	1994年	1995年	1996年	1997年	1998年	1999年	2000年	2001年	2002年	2003年	2004年	2005年
小学校数	281	281	281	304	305	305	300	280	281	281	277	277	278	278	278
小学教学点	290	303	277	276	249	249	281	301	274	271	262	256	246	236	222
小学班数	3029	3090	3277	3334	3430	3470	3602	3661	3735	3630	3396	3316	3244	3163	3013
小学毕业生数	10993	12134	12363	13319	13754	14264	13368	13410	14921	16758	17203	18600	18186	18434	19202
小学招生数	14237	14255	16119	18012	18654	18223	16793	13152	16400	17320	17966	19014	18313	18024	16532
小学在校生数	86053	86161	87991	91415	97471	98972	101692	96799	99515	104456	112121	112737	112718	112371	108462
小学教职工数	3975	4429	4770	3630	3574	3652	3997	4240	4513	4561	4529	4503	4222	4129	4221
专任教师	3711	4115	4359	3337	3246	3430	3746	3890	4101	4113	4132	4111	3792	3696	3849
学龄儿童总数	82540	83582	86021	89928	95866	92494	99750	96350	98881	103177	109116	111270	109413	109886	108056
学龄儿童入学率	97.64	97.50	97.50	99.30	99.67	99.53	99.80	99.70	97.60	99.44	100.00	99.04	99.87	99.06	99.05

注:表中小学校数变化较大,其原因一是学校布局调整,撤并了部分边远的且生源不足的学校;二是在统计时将学生不足150人的学校定性教学点,不列为学校统计,每年的在校学生人数有变化,相应会造成小学校数变化。

学制　课程

1991—2005年小学学制为六年制。小学教育执行国家和自治区统一规定的教育制度、教学计划、教学大纲，使用国家和自治区教育主管部门推荐、选定和审定的教科书。全市小学统一使用国家教委编印的全日制小学课本，按照国家颁发的九年义务教育全日制小学课程方案有关规定开足课程，保证课时，完成教学任务。小学课程科目有语文、数学、体育、艺术、综合实践活动、思想与生活（一、二年级）、品德与社会（三年级以上）、科学（三年级以上）、外语（三年级以上）、信息技术（三年级以上）、团队活动、地方学校课程等。

市一小学生在课堂学习计算机操作（2004年　摄）

2002年起小学教育贯彻执行自治区全日制小学德育工作规范、实施爱国主义教育纲要以及《广西壮族自治区中小学常规管理暂行规定》《小学生守则》《小学生行为规范》等。1996年起全市小学取消留级制度，1998年起，小学毕业生取消升学考试，直接进入初中。

2000年小学每周课程设置及授课计划一览表

表18-2-3　　　　单位：节、时

科目＼年级	一	二	三	四	五	六
语文	6	6	6	6	6	6
数学	4	4	4	4	4	4
体育	3	3	3	3	3	3
艺术	3	3	3	3	3	3
综合实践活动	2	2	2	2	2	2
地方学校课程	6	6	3	3	—	3
思想与生活	2	2	—	—	—	—
品德与社会	—	—	2	2	2	2
科学	—	—	3	3	3	3
外语	—	—	2	2	2	2
信息技术	—	—	2	2	2	2
每周学科时数	26	26	26	26	26	26
团队科技活动	5	5	3	3	3	3
周课时数	31	31	33	33	33	33

第三节　初中教育

学校设置

1991年，岑溪县有初中学校36所，其中完全中学9所，初级中学27所，在校初中学生17336人，初中教师1053人，师生比1:16.5。

2003年9月，设在市区的民办初中桂南学校成立并招收初中学生。2004年2月，岑溪市教育局下文撤并梨木高益初中、水汶智仁初中、水汶三村初中、糯垌二中。

2005年，岑溪市共有初级中学47所，其中属于市直的有9所，各乡镇有38所，分别为：岑城镇3所，马路镇2所，南渡镇7所，水汶镇2所，大隆镇1所，梨木镇2所，大业镇4所，筋竹镇2所，诚谏镇2所，归义镇3所，糯垌镇3所，安平镇1所，三堡镇3所，波塘镇3所。全市47所初级中学中，有8所为完全中学（岑溪市第一中学、岑溪市第二中学、岑溪市第三中学、岑溪市文华学校、岑溪市南渡中学、岑溪市水汶华侨中学、岑溪市筋竹中学、岑溪市归义中学）的初中部，有5所一贯制学校（岑溪市甘冲中学、岑溪市大业镇第三中学、岑溪市大业镇第四中学、岑溪市糯垌镇昙海中学、岑溪市三堡镇平山中学），有3所民办学校（岑溪市桂南学校、岑溪市城南学校、岑溪市文华学校）。全市2005年时有初中教学班705班，在校初中生45159人，初中教师1823人（师生比1:25）。

2005年岑溪市初中学校一览表

表18-2-4

单位	学校名称	属性	地址
市直	岑溪市第一中学	完全中学	市区
	岑溪市第二中学	完全中学	市区
	岑溪市第三中学	完全中学	市区
	岑溪市第五中学	初级中学	市区
	岑溪市第六中学	初级中学	市区
	岑溪市桂南学校	初级中学	市区
	岑溪市中等职业技术学校	初级中学、中等职业技术学校	市区
	岑溪市城南学校	初级中学	市区
	岑溪市文华学校	完全中学	市区
岑城	岑溪市甘冲中学	一贯制学校	岑城镇甘冲社区
	岑溪市木塴中学	初级中学	岑城镇木塴村
	岑溪市思孟中学	初级中学	岑城镇思孟村
马路	岑溪市马路中学	初级中学	马路镇马路街
	岑溪市马路镇第二中学	初级中学	马路镇马路街
	岑溪市昙容中学	初级中学	马路镇昙容社区

续表 18-2-4

单位	学校名称	属性	地址
南渡	岑溪市南渡中学	完全中学	南渡镇南渡街
	岑溪市南渡镇第一中学	初级中学	南渡镇西兰村
	岑溪市南渡镇第二中学	初级中学	南渡镇西兰村、盘古村
	岑溪市南渡镇第三中学	初级中学	—
	岑溪市南渡镇义新中学	初级中学	南渡镇义新村
	岑溪市吉太中学	初级中学	南渡镇吉太社区
水汶	岑溪市水汶华侨中学	完全中学	水汶镇、水汶社区
	岑溪市水汶镇第二中学	初级中学	水汶镇水汶街社区
大隆	岑溪市大隆中学	初级中学	大隆镇西宁社区
梨木	岑溪市梨木中学	初级中学	梨木镇梨木社区
	岑溪市梨木镇第二中学	初级中学	梨木镇梨木社区
大业	岑溪市大业中学	初级中学	大业镇古万村
	岑溪市大业镇第二中学	初级中学	大业镇大业社区
	岑溪市大业镇第三中学	一贯制学校	大业镇古味村
	岑溪市大业镇第四中学	一贯制学校	大业镇新村村
筋竹	岑溪市筋竹中学	完全中学	筋竹镇文化路60号
	岑溪市筋竹镇中学	初级中学	筋竹镇文化路60号对面
诚谏	岑溪市诚谏中学	初级中学	诚谏镇诚谏社区
	岑溪市诚谏镇第二中学	初级中学	诚谏镇诚谏社区91办
归义	岑溪市归义中学	完全中学	归义镇新圩街
	岑溪市归义镇第一中学	初级中学	新圩社区坛吉路89号
	岑溪市归义镇第二中学	初级中学	归义镇石坡村
糯垌	岑溪市糯垌中学	初级中学	糯垌镇糯垌社区
	岑溪市糯垌镇第一中学	初级中学	糯垌镇新塘
	岑溪市糯垌镇昙海中学	一贯制学校	糯垌镇昙海村
安平	岑溪市安平中学	初级中学	安平镇社区
三堡	岑溪市三堡中学	初级中学	三堡镇三堡社区
	岑溪市三堡镇第一中学	初级中学	三堡镇美术村
	岑溪市三堡镇平山中学	一贯制学校	三堡镇平山村
波塘	岑溪市波塘中学	初级中学	波塘镇波塘社区
	岑溪市波塘镇第二中学	初级中学	波塘镇合水村
	岑溪市波塘镇第三中学	初级中学	波塘镇蛟塘村

学制　课程

1991年以来，全市初中学制均为三年，个别学校实行九年一贯制（即小学6年、初中3年）。执行国家的教学计划教学大纲，按照国家教委颁发的《九年义务教育全日制初级中学课程方案》开足课程，统一使用国家教委编印的全日制初中教材。课程开设有：政治、语文、数学、物理、化学、生物、地理、历史、外语（英语）、信息技术、体育、音乐、美术、劳技。

中考

1991—2005年年初中升学考试（简称“中考”）由县（市）教育局组织实施，县（市）教育局成立以局长为组长、各相关股（室）长为成员的中考工作领导小组，领导中考工作，统筹协调中考工作有关事宜，县（市）招生办公室负责组织实施中考各项工作。1991—1992年考试科目有政治、语文、数学、物理、化学、英语等6科。1993年起，初中升学考试增加体育考试（满分30分），作为高中入学录取的重要参考成绩。体育考试的项目为：50米短跑、立定跳远、掷实心球等3项，每项10分。2000年后，中考科目有调整，2000年政治科不列为中考考试科目，2001年政治科重新列为中考考试科目，2004年起中考科目增加历史考试，与政治科合卷开卷考试（政治科赋分60分，历史科赋分40分）。1991—2003年，考试由自治区统一命题，全市考点按片区设置，设市区片、南渡片、梨水片、筋竹片、糯垌片等5个片区，各片区内的考生集中其中一个乡镇参加全自治区统一考试。2004年起，初中升学考试不再参加自治区统一命题，由梧州市统一命题，考试安排在每年的6月底进行。

1994年前，由初中升入中等专业学校就读并于1997年前毕业的中专毕业生，国家是按计划分配工作的，一般都能进入国家行政、事业单位或国企工作，被认为有了“铁饭碗”，因而1994年前，常有一些在中考中获得优异成绩的考生放弃读高中进而到大学深造的机会，选择考取中等专业学校，以期能尽早获得“铁饭碗”。社会上称这些考生为“早熟谷”。

第四节　普通高中教育

学校设置

1991年，全县设有高中的中学为岑溪中学、樟木中学、城关中学、南渡中学、水汶华侨中学、归义中学、筋竹中学、糯垌中学、岑城中学等九所高完中。其中岑溪中学1978年被定为广西重点中学。岑溪中学、樟木中学，城关中学、岑城中学等四所学校设在县城；南渡中学、水汶华侨中学、归义中学、筋竹中学、糯垌中学分别设于南渡镇、水汶镇、归义镇、筋竹镇、糯垌镇。当年开设71个教学班，在校高中生4082人。1994年9月，水汶华侨中学停招高中生，糯垌中学、岑城中学撤销高中部，不再为高完中。1997年岑溪中学停招初中学生，把初中教育资源用于扩招高中生。1992年创办并只招收初中学生的市第二中学于1997年招收高中学生。1998年樟木中学改为岑溪市第一中学，城关中学改为岑溪市第三中学。2000年9月，水汶华侨中学恢复招收高中学生。岑溪中学在被定为广西重点中学基础上，2003年，经自岑溪中学2003年被评为广西

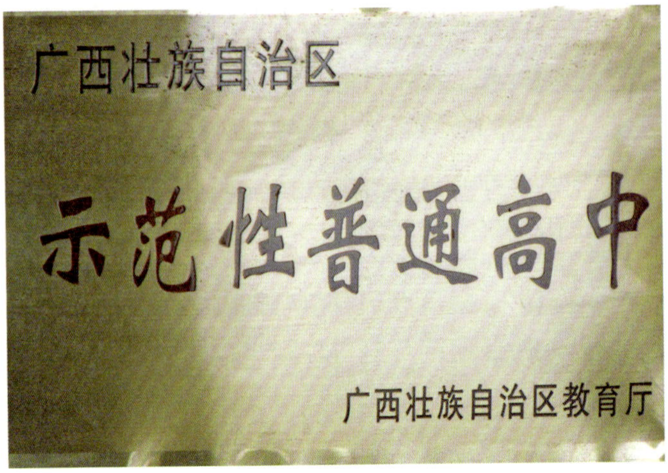

岑溪中学2003年被评为广西首批示范高中

首批示范高中治区教育督导评估，评为广西首批示范性高中，同年，岑溪市第二中学通过自治区普通高中一级学校评估验收。2004年岑溪市每万人口中高中生为83人，低于全区的107人和全国的132人。高中教育发展落后于全区、全国的发展水平。根据这一情况，市委、市政府决定调整教育结构，促进高中教育的发展。2005年开始扩大高中招生计划，扩招高中生的任务主要由设在市区的高中、高完中学校完成。在市区的民办学校文华学校同年也建成并招收高中生。2005年，全市有高中一所，为岑溪中学；有高完中8所，为岑溪市第一中学、岑溪市第二中学、岑溪市第三中学、水汶华侨中学、南渡中学、筋竹中学、归义中学、文华学校。有教学班131班，在校高中生6116人。

学制课程

全市高中阶段学制为三年。课程设置根据教育部统一教材开设，设有语文、数学、外语、政治、物理、化学、生物、历史、地理、信息技术、美术、体育、音乐等学科。在进入高中二年级时，学生可根据自己的爱好与专长选择到开设的文科班（学习科目主要为语文、数学、外语、政治、历史、地理）或理科班（学习科目主要为语文、数学、外语、政治、物理、化学、生物）学习，并为参加文科或理科高考做准备。

20世纪90年代岑溪中学外景

高考

根据教育部的规定，1991—2002年，每年高考时间定在7月7—9日，2003年后，改为每年6月7—9日。1991—2005年，全县（市）高考考场设在县城（市区），高考分文科和理科。1995年前文科高考科目有语文、政治、数学、英语、历史、地理，理科高考科目有语文、政治、数学、物理、化学、英语、生物。1996—2001年，高考实行3+2的考试方式，“3”即语文、数学、英语，“2”即文科的政治、历史及理科的物理、化学，高考成绩按原始基础分（卷面实际得分）转化标准分计分。2001年，高考英语科开始增考听力。2002年，高考实行3+X考试方式，“3”即语文、数学、英语，即文科（政治、历史、地理）综合及理科（物理、化学、生物）综合。高考成绩回归到按原始分（即卷面实际得分）计分，以原始分作为录取分数。

岑溪一中

1991—1994年前几年，岑溪县高考成绩，在原梧州地区排名为第八名（末位），1995年上升为第三名。此后高考排名逐年得到巩固提升。1998年岑溪市高考综合成绩在梧州市所辖的市县中排列第一位，2005年，高考综合成绩名列梧州市各县市第一，名列自治区前茅。

市三中校园

1991—2005年各年高考情况

水汶华侨中学

1991年被普通高校录取的高考生151人。

1992年被普通高校录取的高考生205人,中专录取260人,成人高校录取163人。

1993年全县进入高校就读的高考生546人,其中国家分配计划内生233人,比1992年的205人增加28人。

1994年录取到高校就读的计划内本、专科生为287人,比1993年的233人增加54人。

1995年高考上自治区公费、计划委培线人数255人(未含艺术、农职)。高考实际录取大、中专各类别学生共451人,升学率40.23%。高考在地区,(原梧州地区)的综合排名从近几年的第八位上升为第三位。

1996年高考各科类上区线288人(不含农职),录取本科158人,专科298人(含电大、普转成),中专35人,共491人,升学率48.1%,高于全区升学率10个百分点,在地区内排第二位。

1997年参加高考的考生总数823人,比去年减少198人,各高校录取本科生170人,专科生429人,中专学校录取中专生42人。大中专共录取461人,升学率55.5%。高考理科在全自治区排列13位,在梧州排列第一位,文科在全区90个县市中排列中间位置。

1998年,参加高考的考生1005人,考上区大专线以上的共328人(不含农职类),上线人数比1997年的266人多62人,其中本科186人,专科142人。

上线人数在梧州市辖的市县中排列第一位。加上上电大普通班上线人数228人,上普转成线人数54人,全市高考上线人数610人。

1999年,全市1081人参加高考,有425人上专科线以上(其中重点60人,本科174人,专科191人),比去年多97人,上普转成线以上665人,比去年多55人,上新高职线以上738人,上中专线以上749人,上线率69.3%。在梧州市及贺州地区辖各县市中名列第一。

2000年,全市1220人参加高考,上大专线以上626人(比1999年多201人),其中上重点线136人(比1999年多76人),上本科线287人(比1999年多113人),专科203人(比1999年多12人)。高考上线人数名列梧州、贺州9县市第一名。岑溪市第二中学有一名考生被清华大学录取。

2001年,全市参加高考1423人,考上大专线以上641人(比2000年多15人),其中上重点线141人(比2000年多5人),上本科线341人(比2000年多54人),上专科线159人(比2000年少44人)。

2002年,报名参加高考1701人,其中本科报名考试1377人,上线人数506人,其中上第一批录取分数线以上127人,上第二批录取分数线以上379人。专科报名考试920人,上线587人。本科上线人数与专科上线人数合计1093人。岑溪市高考成绩名列全自治区区县级单位第三。

2003年,参加高考考上第一批录取分数线的150人,考上第二批录取分数线299人。此外还有体育类考上本科录取分数线的13人,艺术类考上本科录取分数线的70人。以上各项合计考上第二批录取分数线以上的共有532人。比2002年多326人。全市考上专科以上分数线的共有1587人,上线人数居梧州市辖各县(市)之首。当年考上北大的有3人,考上清华的1人。

2004年高考,考上第一批本科录取分数线的有173人,考上第二批本科录取分数线以上的有854人,比2003年的532人增加322人,增幅60%,上线人数排在梧州市第一位,综合实力排名居全自治区第五位。当年有2位同学考上清华大学。

2005年，有2125人参加全国普通高考，其中考上第一批本科录取分数线的有225人，上线率10.59%，在梧州市排第一，在全区自治区91个单位排名第七位。考上第二批本科录取分数线以上的有831人，上线率39.11%，在梧州市排第一，全自治区排第三。考上第三批本科录取分数线以上的1207人，上线率61.85%，在梧州市排第一，全自治区排第二。

1991—2005年，出现了两个对高考影响较大的情况，一是1998年起，国家对大、中专毕业生不包分配工作；二是1999年教育部出台《面向21世纪教育振兴行动计划》，该计划要求到2000年高等教育入学率达到11%左右，2010年高等教育入学率接近15%。据此，各高等院校从1999年开始进行大规模扩招。这为更多的高中毕业生进入高等院校就读创造了有利条件。1991—2005年，全县(市)通过高考进入高等院校接受教育的人数总的趋势是逐年增加的。

1991—2005年岑溪市中学发展情况表

表18-2-5　　单位：所、班、人

年份	1991	1992	1993	1994	1995	1996	1997	1998	1999	2000	2001	2002	2003	2004	2005
1.学校数	36	42	42	42	46	44	43	44	45	48	51	51	51	47	47
初级中学	27	33	33	35	40	38	36	37	38	40	43	43	43	39	39
完全中学	9	9	9	7	6	6	0	6	6	7	7	7	7	7	7
高级中学	—	—	—	—	—	—	—	1	1	1	1	1	1	1	1
2.班数	407	458	475	515	591	623	658	658	670	717	736	771	789	787	831
高中班	71	73	64	53	48	50	63	66	74	78	886	90	93	99	126
初中班	336	385	411	462	543	573	595	592	596	639	650	681	696	688	705
3.毕业生数	6871	5473	6713	5739	6301	7037	8926	10712	10761	10096	9942	11059	13490	13848	14438
高中	841	1228	1267	907	862	776	596	883	984	1111	1201	1438	1560	1693	2079
初中	6030	4251	5446	4832	5439	6261	8330	9829	9777	8985	8741	9621	11930	12155	12359
4.招生数	7877	8568	9122	9666	12810	12955	12349	12010	14532	16641	17962	19097	18749	19451	21810
高中	1410	1206	932	724	1078	1094	1293	1393	1576	1758	1807	1997	2115	2191	3402
初中	6467	7364	8190	8942	11732	11861	1056	10617	12956	14883	16155	17100	16634	17260	18408
5.在校学生数	21418	22898	22795	24025	28742	33405	34790	34250	36960	38482	44307	48405	49467	51275	53393
高中	4082	3838	2926	2406	2507	2640	3196	3531	3956	4488	4914	5241	5748	6116	7552
初中	17336	19060	19869	21619	26235	30765	31594	30719	33004	33994	39393	4316	43719	45159	45841
6.教职工人数	1532	1673	1780	1847	2021	2125	2232	2377	2524	2696	2729	2866	2682	2617	2752
专任教师	1305	1398	1476	1548	1676	1834	1894	1997	2072	2222	2175	2324	2215	2175	2374
高中教师	252	253	265	199	185	209	230	267	290	308	318	329	331	352	449
初中教师	1053	1145	1211	1349	1491	1625	1664	1730	1782	1914	1857	1995	1884	1823	1925

第五节 普及九年义务教育

1984年，岑溪县成为自治区首批初等教育(即普及小学六年教育)普及县。在此基础上全县向“普九”(普及小学六年和初中三年的九年义务教育)目标迈进。为实现“普九”目标，全县按县管高完中，乡镇管初中，村管小学的分级办学、分级管理模式开展办学建校活动，拆修学校危房，新建、扩建校舍，增添教学仪器和图、音、体、卫设备，改善办学条件，为普九打下坚实的基础。1991年以后，全市认真宣传国家的义务教育法、义务教育法实施细则以及自治区实施义务教育法办法等法律、法规，使“普九”工作深入人心，家喻户晓，为“普九”而开展的征收教育费附加、群众集资办学、动员家长把子女送到学校完成九年义务教育等项工作得以顺利推进。

1996年，岑溪市根据教育发展的实际情况，向自治区人民政府申请验收“两基”工作。自治区人民政府即派出教育督导团对岑溪市的“两基”工作进行全面严格的检查验收。

1996年自治区验收岑溪市“两基”工作部分数据表

表18-2-6 单位：人

学年度	(一)适龄儿童入学率				(二)在校学生辍学率				(三)15周岁人口普及教育完成率					(四)15周岁人口文盲率(%)
	7—12岁儿童	残疾儿童	在校学生	入学率	在校学生	年末在校人数	辍学数	辍学率	15周岁人口	读满六年	尚在读小学	残疾人	初等教育完成率	
1993—1994	82266	751	81270	99.7	87589	87415	174	0.2	10156	9890	222	18	99.7	0.1
1994—1995	85872	791	84901	99.8	93171	92930	241	0.26	12394	12072	284	15	99.8	0.2
1995—1996	88215	690	87353	99.8	97109	96978	131	0.14	13231	12675	499	49	99.9	0.1

专任教师合格率一览表

表18-2-7 单位：人

年度	专任教师人数	合格学历、专业合格人数	合格率(%)
1993—1994	3555	3519	99
1994—1995	3632	3616	99.6
1995—1996	3659	3639	99.3

通过自治区教育督导团的检查验收，并报国家教委批准，1996年岑溪市成为“基本普及九年义务教育、基本扫除青壮年文盲”达标县。1999年自治区对岑溪市的“两基”工作进行复查，结果各项指标均达到或超过部颁标准。“两基”工作得到进一步巩固提高。在此基础上，全市对教育资源进行整合，形成教育资源共享；继续投资新建、扩建校舍，改善学校设备设施；开展目标教学、素质教育、人文教育，注重教学质量，提高学生综合素质，义务教育由单纯追求数量达标向巩固数量、提高质量转变。

第六节 特殊教育

特殊教育是九年义务教育的组成部分，是对包括盲、聋哑、弱智（智商70度以下）儿童、少年的教育。自1985年在附城小学（即市一小）开办特殊教育试验班以后，特殊教育事业得到全社会的关注。市一小、市二小、市五小和部分乡镇中心小学都设有独立的特教班，其余大部分残疾少儿则随班就读，使部分残疾儿童能够同样享受义务教育的权利。1996年“两基”验收时全市1993—1994学年有残疾少儿838人，其中盲童15人，聋哑111人，弱智712人，除免学缓学外应入学798人，在学604人，入学率75.8%；1994—1995学年度残疾少儿937人，应入学798人，在学666人，入学率75.5%；1995—1996学年度残疾少儿952人，应入学900人，在学655年，入学率73.6%；1996年起开办盲童教学班，全市盲童19人，入学15人，入学率78.9%。

2005年全市残疾少儿996人，入学754人，入学率75.7%，至2005年6月，全市附设有特教班3个，其中培智班2班，聋儿班1班。15个盲童随班就读。全市加大教育法律法规的宣传力度，明确社会、学校家庭的责任，动员残疾儿童入学；注重残疾儿童在校的学习生活状况，专业培训特教教师，争取国家免费提供教科书、社会各界捐款、专项扶残助学基金发放，给予残疾学生补助，帮助困难残疾儿童完成学业。

第三章　职业教育　成人教育

第一节　普通师范教育

岑溪市教师进修学校（1995年岑溪县撤县设市前为岑溪县教师进修学校）是岑溪市进行师范教育的重要基地。1991—2005年，该校招收两年制脱产进修班5班，193人；三年制全日制自费中师班13班，580人；三年制全日制自费幼师班1班47人；卫星电视中师班（在职学习为主，学制三年）七届共2013人；招收高中毕业后小学教师的人员进行培训，加学语文、数学知识和教育学、心理学、经考试合格后发给合格证书的有650人；小学校长岗位培训班及其他干训班15期490人，培训小学语文、数学骨干教师各12期1200人。1999年秋季开始，与广西师范大学合作设立广西师大岑溪函授点，开展本科、专科等层次的学历教育，招收汉语言文学专业的函授本、专科学生七届908人，其中专科毕业四届665人；在校本、专科生243人。先后就读于岑溪教师进修学校的学生6000多人。1999年秋，设立附属实验小学，作为教师进修学校的教研实验基地，每年招收小学生4个班192人。至2005年，有小学生24班，1152人。教师进修学校有教职工105人，其中专任教师78人，全部为大专以上学历，其中本科15人，中高级职称18人。2003—2005年获全国模范教师1人，全国优秀班主任1人，自治区优秀教师2人。

市教师进修学校与广西师范大学联合办学，设立大专函授点。图为学生上计算机课（2004年　摄）

岑溪市教师进修学校占地面积27亩，建筑面积16000平方米。建有多媒体教室、计算机教室、电子琴和舞蹈练功室等教学场所，建有藏书18000册的图书阅览室和50000册藏书的电子阅览室。

第二节　职业技术教育

20世纪90年代初，岑溪有县职业中学和南渡镇、归义镇职业中学等3所职业中学。南渡镇职业中学和归义镇职业中学在1997年前，曾开设有经济作物栽培、科学养猪、畜牧兽医、中医、家电维修、油漆、饭店服务、电脑应用等专业，为农村经济发展培养一批实用型的专业技术人才。1997年后，两校转型为承担九年义务教育任务的普通中学。1996年春，大业镇黄瑞飞筹集资金，在市区办起一所以培养电子专业技工为主的桂南技工学校。2000年秋，该校增设初中班，并改名为岑溪市桂南学校。至2005年，该校开办电子班16班，毕业技校生1100多人。

岑溪市中等职业技术学校为岑溪市职业技术教育的骨干学校，该校前身为岑溪县职业中学，原址位于离县城较远的岑城镇天星村，由于交通不便，不利办学。1992年9月，搬迁至县城玉梧大道326号。

1994年改称岑溪中等职业技术学校。当时学校有教职员工40多人，开设园艺、医学、建筑和电子电器4个专业，学生约160人。该校有校园面积20亩，建筑面积12516平方米。有教学楼1幢，学生宿舍兼各种功能的综合楼2幢，办学条件有所改善。1990年代，学校有专任教师60—70人，大专以上学历教师占80%以上。2001年开始增办初中班，教师及学生数均有所增加，至2004年教职员工90多人，拥有本科学历以上文化程度的教师30多人。学校开设电子电器、幼师、汽修、英语、文秘财会等专业，学制三年，每年招生200人左右。学校还开设过高考班、电大中专班、大专函授班和各种短期培训班。1993年至2004年，学校为社会培养3000多名各类专业人才。2005年市职校投入200万元用于增建校舍和绿化，投入160万元添置数控、模具、电子、计算机、钳工等实用实训设备。2005年，市中等职业学校在校生694人。

为了整合职业教育资源，提高职业教育水平，解决工业化进程中产业工人数量短缺、质量不高的问题，2005年8月，岑溪市委、市政府以中等职业技术学校为依托，整合教师进修学校、农机校、劳动和社会保障、畜牧、科技、农业、林业、汽车、驾驶培训学校等职业培训资源，筹建岑溪市职教中心。职教中心选址位于岑城镇甘冲村岑溪市进出岑梧高速公路引路旁边。职教中心规划用地496.35亩，总建筑面积75844平方米。计划投资1.2亿元，在校学生要求达10000人，2010年建成并交付使用。至2005年下半年，市政府已落实1500万元职教中心征地款，并于2005年10月开始征地。2005年12月，自治区教育厅同意把岑溪市职教中心列入全自治区重点建设的20所职教中心之一，并下拨470万元国债项目建设资金和100万元教学设备专款，支持职教中心的建设。

第三节　成人教育

1990年，第四次全国人口普查时，岑溪有总人口638589人，青壮年（15～50岁）279393人，小学以上文化程度277814人，青壮年非文盲率99.4%，文盲、半文盲1579人，文盲、半文盲率0.57%，按比例已经达扫除青壮年文盲标准。1991年以后，继续抓扫盲工作不松懈。

1995年年底，全市总人口727557人，青壮年为368747人，有小学以上文化程度的367694人，有文盲、半文盲1053人，其中失去学习能力的645人。青壮年非文盲率99.88%。1990至1995年年底，共验收脱盲328人。17个乡镇的扫盲工作均经市政府检查验收，并由市政府授予“扫除青壮年文盲合格乡（镇）”。1996年岑溪市扫盲工作顺利地通过自治区的检查验收，并被国家教委命名为“扫除青壮年文盲市”。

1996年，扫盲工作经自治区验收合格后，继续抓好巩固工作。市政府坚持每年划拨3.55万元作为扫盲经费，各乡镇根据实际情况每年也落实扫盲经费3000～5000元。全市17个乡镇都办有单门独院的成人文化技术学校，还办了277个分校。2001年7月，南渡镇成人文化技术学校被自治区教育厅公布为首批自治区示范乡（镇）成人文化技术学校。全市有扫盲专干17人，兼职教师365人。为确保扫除剩余青壮年文盲任务的完成，全市把文盲名单打印成册，发放到各乡镇进而发放各村（街），使扫盲工作心中有数，目标明确。扫盲采取教师登门教、夫妻互教、姑教嫂、子女教父母等多种方式进行。在扫盲工作中，通过举办各种农民实用技术培训班，把学文化和学技术结合起来，以调动扫盲对象的学习积极性。1996—1998年，全市共办各种农民技术培训班510期，受训人数2.5万人，1998年，全市总人口746456人，有青壮年文盲半文盲657人（全部都是丧失学习能力的人），青壮年非文盲率为99.8%，达到基本扫除青壮年文盲的要求，扫盲工作顺利通过自治区的复查验收。1999—2005年，继续抓好扫盲工作，2005年，青壮年非文盲率为99.9%。

1991—2005年，成人教育形式呈现多样化，有高等教育自学考试，党校系统的大中专、学历函授教育，有关单位、系统与有关院校共同组织的中专、大专、本科学历函授教育，部分高等院校在岑溪开设函授站进行的大专、本科学历函授教育等。1992—2004年，中共岑溪县(市)委党校与中共广西区党校函授学院合作共办大专函授班13期，招生1441人，毕业1204人。

[第十九篇]

医疗　卫生

1991年,全县开始实施农村初级卫生保健建设,全县有175个行政村建立农村甲级卫生所,占全县行政村的63.17%,初级保健达标村148个,占53.4%。卫生防疫工作贯彻“以防为主”的方针,当年发生法定二类传染病人比上年(1990)下降24.4%,全年无霍乱、百日咳、白喉、脊髓灰质炎、伤寒、流脑等传染病发生。1993年,全县医院治愈率升至62.8%,危重病人抢救成功率87.2%,死亡率降为11.7%。卫生防疫部门为出生儿童建卡率达到总人数的17.76%,“四苗”(卡介苗、脊髓灰质炎疫苗、百白破三联疫苗、麻疹疫苗)合格接种率均在92%以上。1995年,县域消灭骨髓灰质炎强化免疫工作获梧州地区一等奖。巩固灭疟成果工作,经自治区卫生厅检查验收,灭疟指标达卫生厅和国家卫生部标准。妇幼保健工作取得突破性发展,妇幼保健院通过检查验收获“爱婴医院”称号。1999年6月,全市有市、乡镇、村医疗机构403所。其中全民所有制医疗卫生机构27所,村级卫生所(含分所)349所,社会(个体或团体)医疗机构27所。形成了以市级医疗机构为技术指导(医疗)中心,以乡镇卫生院为枢纽,以村卫生所为基础的医疗、卫生保健、医学教育、科研为一体的卫生医疗服务体系。当年全市医技人员1324人。其中中西医师536人,护师、药师检验技师430人,医士176人,护士126人。2005年全市医疗卫生机构399家,医卫人员3600多人,其中卫技1689人,执业医师400多人,注册护士521人,乡村医生和卫生人员1100多人。全市医疗机构床位增至950张。基层医卫机构(含乡镇社区、村)288家,专业公共卫生机构80家。全市医疗医务工作质量不断提升。流行性传染病地方病的预防工作有条不紊开展。2003年抗击“非典”传染病工作,成功治愈2位患者,并有效防止疫情在市内扩散。20世纪90年代初儿童计划免疫接种工作三级网络,每年运转6次以上。2005年,全市0~4岁儿童总体接种率90%以上。公共卫生和食品药品检测工作,依照法规开展,饮食市场,药品市场卫生服务与安全服务质量不断提高。

1991—2005年,岑溪县(市)卫生医疗事业,在改革中快速发展,医卫环境条件不断改善和为民服务质量不断提升,发扬一切为了人民健康的优良传统。期内通过深化改革,加强医疗卫生单位的内涵建设,不断提高管理水平,医疗卫生单位创等级达标工作深入开展,医疗护理质量不断提高,服务质量明显改善。1997年市人民医院顺利通过自治区“二级甲等医院”的审评验收,1998年市妇幼保健院通过自治区“一级甲等妇幼保健院”的审评验收,1999年市中医院通过了自治区“二级甲等医院”的验收。同期南渡、水汶、三堡中心卫生院顺利通过梧州市“一级甲等医院”的审评验收。农村合作医疗事业不断发展,2003—2005年,全市实施新农合医疗制度,参合率85%。卫生防疫工作扎实开展并富有成效,爱国卫生工作成绩显著,各项卫生防疫工作质量指标达到规定标准。防疫站硬件设施大大加强,1997年年底通过“一级防疫站”审评验收。创建卫生城、除四害活动,成效显著。改水改厕各项工作指标有了新的突破。15年来,全市不断加大卫生法律法规的宣传力度,医药市场和医疗秩序的全面好转,保证了广大人民群众用药安全有效。医院软硬件建设不断加强,卫生状况从根本上得到改善。尤其硬件设施的加强,医疗业务用房的不断更新扩大,医院面貌发生了很大变化,实现了旧貌换新颜。2005年,市区几家医疗机构(含疾病防控中心、妇幼保健院)建筑面积达10万平方米,业务用房6万多平方米。乡镇卫生院合计建筑面积5万平方米,业务用房3万平方米。

第一章　卫生行政

90年代以后，卫生行政管理工作，由县（市）人民政府卫生局负总责。县（市）爱国卫生运动委员会办公室和县（市）医药管理局（1986年成立）分别负责辖区群众性公共环境卫生、饮食卫生、除四害灭病源、改水改厕和药品（含药械）生产、购进、销售环节中的监督检查等工作。县（市）卫生局作为县（市）人民政府主管卫生系统的行政机构，切实贯彻党和国家卫生工作的方针政策、法律法规、技术标准，制定本辖区卫生事业发展总体规划和重大疾病防治规划，并对全县（市）社会公共卫生、职业卫生、饮水卫生、学校卫生医疗及生物药制品材料、器械等实施审查监督和对医疗机构（医院、卫生院、所等）施行行政管理工作（含医务人员资格审定人员管理及医疗机构建设计划、财务价格管理等）。对重大突发事件（含自然灾害）医疗救护等职责。1991年起，逐步完善医疗单位内部管理制度，建立并规范医技、医药人员（含法人单位）准入资格审验及发证和综合承包管理制度。1995—1998年，先后实施公费医疗制度改革和恢复农村合作医疗制度逐步改善群众“看病难”的问题。2001年，在全市推行乡村医疗机构一体化管理模式，加强对传染病流行和地方病控制、防治。2003年，通过全民抗击“非典”输入流行，进一步强化公共场所与职业环境的卫生监测、监督，建立起公共卫生事件与重大事故应急救护机制，并通过医疗医药、卫生防疫相关法律法规宣传教育，提高全体市民法律意识，自觉参与爱国卫生运动，开展争创“卫生城市”建设。1991—2005年，岑溪市卫生行政工作，切实执行“预防为主”的方针，坚持“依法行政、秉公执法”和“内抓制度改革管理外树机构作风形象”，发扬“医德”端正医风，一切为了人民健康，促进全市卫生医疗事业向前发展，并取得较好的效果。

第一节　机　构

岑溪市卫生局

1972年6月，成立岑溪县卫生局（其前身是1952年县人民政府卫生科和1971年县革命委员会的卫生小组）。1991—1995年内设机构有人事秘书股、业务股、财会股3个股室，有干部职工18人。1995年12月岑溪县卫生局改称岑溪市卫生局。1997年机构改革，保留卫生局机构，内设机构有人事秘书股、医政股、防保股、法规股、计财股和公费医疗办公室（原设在政府办，此次改革划入卫生局）6个股室。爱国卫生运动委员会办公室（以下简称“爱卫办”）并入卫生局，对外仍挂爱卫办牌子。卫生局行政定编10人，事业编制2人。2002年，机构改革，撤销市爱卫办、改水办，其职能并入卫生局，爱卫办、改水办职能由防保股兼管。同时撤销公费医疗办公室，其职能改由市劳动和社会保障局的市职工基本医疗保险所承接。当年市卫生局保留人事秘书股、医政股、防保股、法规股、计财股5个股室，行政事业与工勤人员18人。2005年2月，由市卫生防疫站分出成立岑溪市卫生监督所（为正科级卫生事业单位，赋予行政执法职能）。卫生局保留人事秘书股、医政股、防保股、法制股、计财股5个股室，人员编制改为11人。

1998年5月，市卫生局由大中路13号迁至工农路156号办公。

1990—2005年，岑溪县（市）卫生局局长分别是黎汉瑞（1988年12月至1994年10月）、黄佩珍（女，1994年10月至1998年4月）、高伟志（1998年4月至2000年8月）、林健容（女，2002年10月至2008年6月）。

岑溪县(市)爱国卫生运动委员会办公室

岑溪县爱国卫生运动委员会1988年设立办公室(以下简称“爱卫办”),为日常办事机构,隶属县人民政府管辖并为正科级单位。办公室由正副主任和若干工作人员组成。1994年前爱卫办在县卫生防疫站(北山路1号)内办公,后搬到旧水电局独立办公。爱卫办主要职责是负责全县(市)城镇除四害灭病防病运动,创建和评定爱国卫生单位和搞好农村改水、改厕,改善城乡群众生活环境等工作,提高人民群众卫生观念等方面和职能。1997年机构改革,爱卫办并入市卫生局作为卫生局内设机构,对外仍挂爱卫办牌子承担贯彻落实爱国卫生运动的法规、规章,组织开展全社会公共卫生运动的管理、监督、评比检查等方面工作。同时负责全市健康和卫生科学知识的普及(宣传教育)、对农村改水改厕工作及除“四害”,药械的产销进行检查监督等。2002年机构改革,撤销爱卫办,在卫生局成立防保股,爱卫办原承担的职能划归防保股。

1990—1997年,爱卫办历任主任分别是黄厚荣(1990年11月至1996年1月)、周学文(1996年1月至1997年4月)。

岑溪县(市)医药管理局

1986年11月,岑溪县医药管理局成立。办公地点设在县医药公司内,与医药公司行政管理人员实行一套人马、两个牌子。同时由县人民政府任命药品监督员与药品检查员(其中药监员9人,药检员60人),负责县辖区内药品管理执法监督检查工作。1990年8月与10月,岑溪县人民政府先后颁行《关于加强对药品生产、经营和使用单位管理的若干规定》和《关于整顿医药市场秩序、加强药品管理的通告》,规定县医药管理局是人民政府管理医药的职能部门,为正局级单位。1991年医药管理局内设办公室,法制宣传股、药品监督检查股3个股室,办公地点仍在市医药公司内。1995年12月,岑溪县医药管理局改名为岑溪市医药管理局。2001年12月,岑溪市医药管理局撤销。

1986—2001年医药管理局历任局长分别是李奋(1986年—1995年)、聂华新(1990年6月至1994年12月)、杨淼(1995年1月至1997年10月)、李绍灿(1997年11月至2001年12月)。

梧州市食品药品监督管理局岑溪市分局

2001年12月,建立梧州市药品监督管理局岑溪市分局(以下简称岑溪市药监分局),为梧州市药品监督管理局派驻岑溪市的派出机构。其人员、编制与业务工作由自治区人民政府和梧州市药品监督管理局直接管理(属自治区直属机构)。2002年5月,岑溪市药监分局正式挂牌成立,内设办公室、法制宣传股、执法监督股3个股室,行政编制人员10人,事业编制2人。2005年1月,岑溪市药监分局更名为梧州市食品药品监督管理局岑溪市分局(以下简称“岑溪市食品药品监管分局”),并搬迁到玉梧大道新办公楼挂牌办公。内设机构有分局办公室、市场监督股、综合业务股、食品安全协调股和经检监察室等5个职能股室,核定编制人员12人。

梧州市食品药品监督管理岑溪市分局2001—2005年局长任职人员:李绍灿(2001年12月至2005年1月)、梁启刚(2005年1月至2006年12月)。

市疾病预防控制中心(原防疫站)办公大楼外景(1998年 摄)

疾病防控与卫生监督机构

岑溪市疾病预防控制中心 1956年7月成立岑溪

县卫生防疫站，地址设在县城北山左侧县人民医院旁（今为北山路1号）。1991年，县卫生防疫站有职工52人，其中卫技人员45人。内设办公室、卫生、宣传、检验与流行病、寄生虫防治等科室。1995年12月改称岑溪市卫生防疫站，并购置一批检疫、检验器械。2005年1月，撤销岑溪市卫生防疫站名称，在原基础上建立岑溪疾病预防控制中心（正科级单位，以下简称"疾控中心"），并全部接管原卫生防疫站人员和资产。疾控中心内设办公室、财务科，质管宣教科、后勤科4个行政职能科室和疾病预防控制科、计划免疫管理科，结核病防治科、检验科、综合卫生科、预防性病医疗门诊部、健康体验科等9个业务科室，编制人员62人，其中卫技人员55人。同年1月，公共卫生监督职能从防疫机构分出，成立岑溪市卫生监督所。疾病预防控制中心领导：徐伟翔（2005年1月至2013年7月）。

岑溪市卫生监督所　2005年1月，经市人民政府批准，组建岑溪市卫生监督所，行使卫生监督执法职能，为正科级卫生事业单位。市卫生监督所有职工40人，其中卫生监督员33人。职责是受卫生行政部门委托，开展食品卫生、公共场所卫生、职业卫生等部门单位卫生行政许可和公共医疗卫生监督监测等工作。办公地址设在市北山路1号。卫生监督所所长为梁柱新（2005年7月至2010年10月）。

第二节　体制改革

药品生产流通体制改革

1986年11月，岑溪县医药局成立。岑溪县医药合一的管理体制改革迈开第一步，药品生产、销售管理从卫生行政部门（卫生局）剥离。医药局的药品监督员与药品检查员由县政府任命，负责辖区内药品管理与执法监督。1990年，岑溪县政府先后颁发《关于加强对药品生产、经营和使用单位管理的若干规定》和《关于整顿医药市场秩序、加强药品管理的通告》，岑溪县药品生产、销售、进入市场管理的轨道。20世纪80年代至90年代初，岑溪医药公司实行药品销售承包制。同期，允许个体和私营药品商进入市场，鼓励药品生产企业发展，岑溪医药产业逐步形成。90年代中期起，随着社会主义市场经济体制的建立、完善和商业体制改革的深化，国有医药公司逐步改制为股份制或通过产权转让成为私营药品企业。在扩大对外开放政策的支持下，许多外地药品企业涌入岑溪。

医疗营运机制与卫生监督改革

20世纪80年代中期以前，全民所有制医院为非营利服务机构。1984年起，推广以岗位责任制为中心的责、权、利相结合的承包责任制。逐步实行定额补助、独立核算、自负盈亏、按劳分配、民主管理、院长负责制的营运模式。同时试行人员招聘制度（院长招聘各科室负责人、护士长。科室主任、护士长招聘医生、护士、工勤人员），暂不受聘人员本人一可自己联系单位工作，二可由县卫生局介绍到其他单位，三是待岗。在编制范围内，对新毕业及组织上调配人员，可先试用一年，称职者再聘用。同时允许部分机构内人员留职停薪，另谋职业。对在岗医务人员实行奖惩制度，按规定方案评出等次给予奖励或处罚。1988年起，乡镇级卫生院实行县镇二级双重管理。1991年，全县国有医疗机构完善综合承包责任制，加强医院医药收费管理，规范内部分配制度。1995年，进一步落实和完善多种形式的综合承包制，坚持医疗机构综合目标管理承包责任制，并通过医疗单位负责人与卫生行政管理部门（卫生局）签订责任状的形式，以保证完成年度目标任务。2001年，依照国务院体改办、卫生部等八部委颁发《关于城镇卫生体制改革的指导意见》和五部委颁发《关于农村卫生改革与发展的指导意见》等文件规定，全市医疗体制改革向纵深发展。对医疗机构实行分类管理，核定非营利性与营利性两类医院。同时，进一步完善机构内全员合同制度和院长公开招聘制度。鼓励医技人员在职培训和开展人才交流，严格执行考核竞争上岗机制，严禁非技术人员进入医疗技术岗位。2002年，在全市推行乡村医疗机构一体化管理模式，至2005年，全市14个镇245

个村级医疗机构实行一体化管理,占总村数的88.45%。

医疗保障制度改革

公费医疗制度改革 公费医疗制度是国家对行政机关、事业单位干部职工(含党政司法机关、党派群团组织及教育、文化、卫生等事业单位)实行的一种医疗保障制度。岑溪的公费医疗制度从1953年1月开始实行,至80年代初采用诊治病记账、县财政核销的办法。1983年起,县政府成立公费医疗委员会办公室,专门管理干部职工的公费医疗工作。1986年起,实行门(急)诊个人承担10%医药费和住院留医费用3%(离休干部及二等以上残废军人医药费全报)的办法。80年代末到90年代中期。由县财政局按享受公费医疗人数定额拨给有享受公费医疗人员所在地的公费医疗单位(县级医院和乡镇卫生院或中心卫生院)承包使用,超支不补,剩余留用;需要转到外地就医的经承包单位批准方可报销,1997年机构改革,市公费医疗委员会办公室并入市卫生局,作为卫生行政部门专门机构,负责公费医疗政策贯彻实施和全市享受公费医疗单位及个人资格审核及公费医疗的预决算编制及经费使用管理等工作。

2001年,公费医疗制度改革为职工基本医疗保障制度,采用国家(财政)、单位和个人各交纳相应医疗保障金的办法参保。参保单位缴纳统筹保险金,以在职职工上年度工资总额的60%~300%为缴费基数,缴费率为4.3%,由用人单位缴纳。个人缴纳部分在工资中按一定比例数额扣缴划归医疗保险账户(离退休干部职工除交大病救助保险外,则无需从退休金中扣除)。2002年,市卫生行政管理部门的公费医疗委员会办公室撤销,原承担公费医疗管理职能转移给市劳动和社会保障局的市职工基本医疗保险所。2002—2005年,实行职工基本医疗保险制度,参保职工在定点医疗机构和药店发生的门(急)诊医疗费用凭医疗保险证和结算卡直接从个人医疗账户中支付。个人医疗账户用完后由个人用现金自付。住院医疗费用,参保职工在医疗机构发生的符合基本医疗保障规定的,先由参保职工承担一定数额的医疗费用,作为住院医疗费用起付标准。超过起付标准部分,由统筹基金和职工个人按“分段计算,累加支付”的办法支付。住院费用最高额及大病救助补助办法,由市职工基本医疗保障管理部门确定。一般住院最高额为2万元,进入大病救助范围的最高额为11万元。个人使用的医疗保障金结算卡,由市职工基本医疗保险所通过银行结算划拨,个人可累积支付使用。

农村合作医疗

20世纪90年代初,岑溪县为实现初级卫生保健达标县,县委、县政府和县卫生行政部门(卫生局)以大湴乡(今大业镇)为试点,发动群众,在群众自愿基础上,通过个人集资(一般每人2元/年),和乡镇、村企业提成缴交一定比例收入的方法,统筹合作医疗经费,并通过建立健全村卫生所,设立中心药库,完善各项规章制度的方法,在全乡实行农民到卫生所和卫生院免收诊费,住院治疗药费300元以上可报销20%~30%的制度。此后,县委、政府陆续推广大湴乡合作医疗制度的经验。

2003年年初,根据卫生部、财政部、农业部《关于建立新型农村合作医疗制度的意见》文件精神,市委、市政府决定在全县逐步实行新型农村合作医疗制度(以下简称“新农合”)。先在部分乡镇搞试点,通过政府组织引导、支持,实行农民自愿参加,个人、集体和政府多方筹资,并以大病统筹为主的农民医疗互助共济制度。2004年,全市参加新农合农民人数29.65万人。2005年,全市推行“新农合”医疗制度,全市农村参合率85%。

第三节 经费 队伍

经费

20世纪90年代,岑溪县卫生经费仍然坚持财政全额与差额补助划拨两个渠道筹集。全额拨款的单

位是卫生局、卫生防疫站（疾病预防控制中心、卫生监督所）、妇幼保健院、皮肤病防治院、医药研究所、药检所和卫生学校。差额补助拨款单位是市人民医院、中医院、精神病院（义江医院）和各乡镇卫生院。

1991年，财政卫生事业拨款总额为249.87万元。1994年起医疗卫生事业发展步伐加快，对卫生医疗事业经费的投入逐年增加，占财政预算支出的比例逐年增大。1994年拨款287万元，1995年拨款318万元，1996年依照岑溪撤县设市后对医疗卫生事业加快发展的要求，财政拨款增至780多万元。进入21世纪以来，为适应岑溪建设桂东南副中心城市发展的需要和岑溪地方经济实力的不断增强，市财政对卫生医疗事业经费支出增加的比例幅度，年均在10%～30%。2001年拨款931万元，2002年市财政对卫生医疗事业拨款为1042万元，另拨基建款155.64万元。2005年拨款1370万元，另拨基建款777.3万元，当年卫生医疗经费总额超过2000万元。

队伍

岑溪县卫生队伍由三部分组成：一是卫生行政干部，二是医技人员（包括医师、药师、护士、检验技术人员等），三是工勤人员。20世纪80年代除卫生行政干部由组织人事部门调配任用外，医技人员改调配、分配（大中专毕业生）制为聘任制（含试用），工勤人员则为合同制工人。

1991年，全县医疗卫生单位24个，（其中，县直7个，乡镇卫生院17个）。卫生技术人员1064人，其中医师（中、西医）281人，护师174人，护士175人，医士191人，中西药师39人，检验技师13人，其他技术人员、护理员191人。1996年，卫技人员增至1155人，其中医师（中西医）482人，护师273人，护士136人，中西药师71人，检验技师29人，医士148人，其他技术人员、护理员16人。2000年，全市医疗卫生单位41个（含各乡镇增设防保所），卫生技术人员1446人，其中医师（中西医）611人，护师324人，护士144人，中西药师84人，检验技师33人，医士222人，其他技术人员、护理员28人。该年度获主治医师以及中级技术职称医技人员449人。2005年，全市医疗卫生单位24个，卫技人员1689人，其中医师（中西医）501人，护师、护士合531人，中西药师408人，检验技师47人，医士202人，医师队伍中有执业医师441人，其中获副高级职称医生34人。

第四节 医政管理

医疗卫生行政许可证制度

1987年4月，贯彻自治区《关于加强医疗卫生工作质量管理的若干规定》，岑溪县开始实行医疗卫生行政许可制度，规范医疗卫生（含医药）机构、从业人员（含医生、护士、技师、药师）资格（条件）及医疗技术应用、医疗设备等医疗服务要素准入规则。规定医疗卫生机构（含药品、医疗器械经营）的设立，必须经县级卫生行政部门许可和工商行政部门发给营业证照。从业人员应具有相应的条件（资格），并取得相应证件。医疗商务购置经申报并具设备合格证书，方可投入使用。1990年，全县核发卫生医疗机构（含医药）许可证380个，从业人员资格证546个。1991年，在全县开展医疗卫生工作质量大检查，共检查288个医疗卫生单位，其中国家医疗单位（医院、卫生院）22个，国家医药批发零售部门28个，村级卫生所115个，个体与其他药业经营或门诊123个。所检查的单位中发现“三证”不全单位42个，取缔无证行医16个；对无证营药的15个单位责令停业整顿，其中实行药品封存，没收单位3个，没收无证行医2人的药械。1993年，全县食品生产单位2525个，从业人员5029人，发放卫生许可证2479个。1995年，全市审查、换发卫生许可证2553个，发（换）证率100%。发放食品从业人员健康证4900份（人）。当年抽检县、乡医疗单位24个，村级和个体卫生所、门诊部204个，取缔无证行医8人。3个个体门诊因证件不齐被停业整顿。对违法经营假劣药的22个单位进行行政处罚，23种假劣药品实行没收。2000年起，加强医疗卫生执法监督检查、当年查处无证行医案18起,无证经营药品6起。监督药品经营使用单位425个,督查覆盖率达全市医疗卫生单位的85%。2003年,市卫生局成立卫生执法大队,至2005年,查处医政类违法、违章案件92起,公共卫生类案件370多起。

医技人员培养与管理

成立卫生学校,培养医技人员 1958年9月,岑溪县人民委员会通知成立岑溪县卫生学校(以下简称"卫校"),校址设县卫生防疫站内,当年招收学员86名。1959年6月,卫生学校停办,其学员有13名分配到公立卫生机构工作,10名转南宁中草药培训班学习,其余回农村原籍。1960年8月,恢复岑溪卫生学校,招收医士、护士班学生29人,学习一年后,学生转梧州地区卫生学校学习。1965年,岑溪卫生学校在县人民医院开设医生、护士班,招收学员30人;开设农村医生班,招收学员60人。"文化大革命"开始后,卫校受冲击一度停办。1978年7月,根据自治区卫生局指示,恢复岑溪县卫生学校,教室设在县中医院。1980年春,在县城北山建成卫校新校舍后在新校舍办学。1990年卫校搬迁至玉梧大道上奇社区路段办学。1978年至1990年间,岑溪卫校以培养护士为主,护士班毕业的学生大部分到市直医院及乡镇卫生院工作。1990年后卫校除举办护士班外还举办过药剂士班、妇幼医士班。卫校在校生一般100人左右,最多时达200多人。2005年9月,岑溪卫校撤销,其职工由岑溪县人民医院接收。

大中专学校专门培养及在岗进修 岑溪市县(市)医技人员主要靠国家的医学专业大中专院校培养:一是通过本地初、高中毕业生考取医学医科专业的大中专院校,学习毕业后自愿返回本地受聘于各级医疗机构;或通过各医疗机构(主要是市级医院)每年大中专学生毕业前后,到大中专院校(或人才市场)公开招聘毕业学生,扩充医技人员。2000—2005年,全市各级医疗机构共聘用大中专毕业的医技人员600多人。二是各医院根据自身开设医疗功能科室的需要或为提高某医疗专科的技术水平,选派一些有一定学历基础的医技人员,到相关大专院校进修(半年或1年)学习,然后返回本医院并作为某医疗专科的骨干或业务带头人使用,带动医疗专科以及医院整体医疗技级、水平的提高。市人民医院自1996—2005年,每年外派到各大专院校或名医院进修的医技人员均有3~5人。2005年全市卫生系统外派区内外进修1年以上12人,进修6个月的12人,市内(梧州市)进修6个月的10人,1年以上的5人。

部门单位培训与思想教育 1991年起,市卫生医疗部门和单位对医技人员和卫生工作者培训与思想教育,加强医疗队伍医德、医风和医疗业务技能建设和管理的重要方法。培训时间一般5~7天或半个月、1个月,最长时间为3个月。主要学习政治理论、医疗卫生政策、法律法规知识、职业道德规范和与培训对象相应的医疗业务知识。培训班由市委、市政府或卫生局领导上政治理论、医疗卫生政策和法制、道德课,邀请市或区内医院名医上相关医疗业务知识课,学员相互间进行临床经验交流。通过学习培训达到提高思想道德水平和医技水平的目标。从1991年至2005年,市卫生局通过卫协会每年都举办2~3期的乡村医生培训班,培训乡村医生7650多人次;市卫生局组织的医疗机构专业人员短期专题讲座班78期,参加讲座的各类医疗专业人员2343人次。

20世纪90年代以来,单位培训与思想教育,成为各医疗机构加强医疗队伍建设的常态性工作。一般由各医疗机构(医院、镇卫生院)根据本单位医生、医技和护理人员的业务工作和思想状况,定期或不定期地举办短期业务知识培训班,或进行思想政治(包括道德、法制)教育,有时还采用以会代训的方式进行。单位举办的业务培训,一般针对某时段单位医疗实践中出现的问题进行理论上的探讨,从而提高认识,改进医疗方法或护理方法。有的单位的业务培训,还采取邀请区内外名医或专家、学者到本单位进行专题讲座授课的方法进行,以扩充和提高本单位医技人员知识面。单位思想政治教育和道德法制教育,一般由单位党组织负责,可根据上级(市委、市政府卫生行政部门)布置和本单位情况,通过会议教育和发文件、书籍和相关学习资料,由个人自学的形式进行。年内还进行必要的检查和考试(考核)或评奖。

医学研究与新医疗技术(方法)的推广

市内各级医疗机构，尤其是市、镇医院、卫生院均十分重视医务人员的医学科研和新医疗技术的推广、使用，以促进全市医疗水平的升级、提高。

岑溪市医学科研活动，主要从两个方面开展：一是通过各医院、卫生院组建医疗科研项目攻关小组，有组织、有计划、有目的地进行。如市人民医院，1996年由何洪永、李协新、吴肖锋、李论等人组成的“岑溪人群EB病毒VCA—IGA阳性与鼻咽癌检出关系研究”；2000年年初由林作天、黎雪珍、潘启荣、岑惠斌等组成的“急性心肌梗死研究(国际合作项目CCS—2)”和2002年农玉芳等人的“广西新生儿黄疸特点与葡萄糖醛酸转移酶等基础研究”，均获得较好的成果，并分别获自治区科技进步三等奖与顺利通过国际专家鉴定。另一方面是通过医疗卫生专业技术职称的评定与聘任，由医生医技、医护人员独立撰写医学论文的方式，进行个体、独立的研究。1991—1998年，全市医疗卫生系统获中级以上专业技术职称资格的个人共有300多人(其中高级职称57人)。先后在国家、省、地级医疗刊物上发表的论文28篇，其中市人民医院和市中医院在三级医疗刊物上发表论文分别为9篇和8篇。

20世纪90年代末至21世纪初，岑溪市各医院、卫生院通过自身医疗实践，总结、研究与探索、创新，吸纳、推广国内外先进医疗技术的项目不断增加，全市整体医疗水平不断进步、提高。市人民医院、中医院、妇幼保健院等几家医院，在治疗内外科重症、急病及手术等许多方面均达广西区内同级医院先进水平。市人民医院开展椎弓根钉内固定术治疗股骨头坏死和腰椎间盘突出摘除术后植骨融合器植骨椎间融合术，上肢肩胛带离断再植手术，断指、断掌、断肢再植等先进医疗技术获得成功。2005年，开展食道癌根治术、肝癌切除术、肺癌肺叶切除术及腹腔镜胆囊切除等微创手术和有创机械通气、肠内营养治疗新技术获得成功，使许多急重病人起死回生。市中医院外科于1997年成功开展胸外科手术，2001年在梧州市辖区内率先成功开展低位直肠癌根治双吻合器吻合术。中医院骨科运用中西医疗结合、传统医学和现代结合治疗骨折、骨病更有独到之处，疗效十分显著。市妇幼保健院开展的小儿矫形外科手术和妇科、产科、外科开展的腹腔镜手术处于桂东南及至周边地区领先地位。

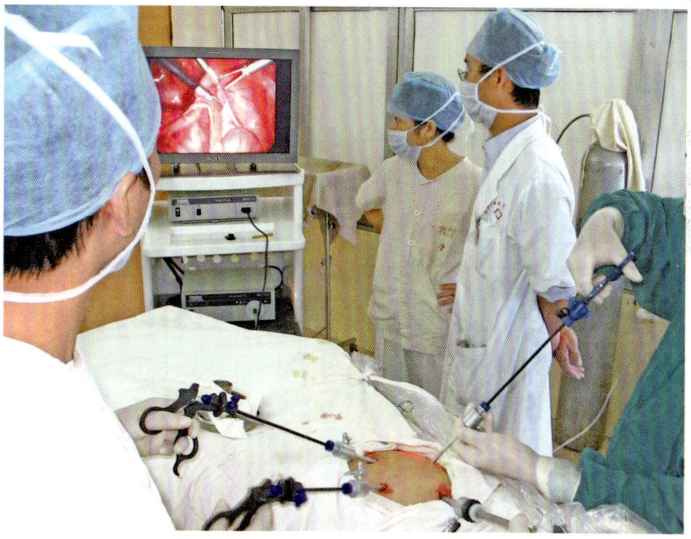

岑溪市妇幼保健院外科医生正在用腹腔镜做手术

个体医疗医药市场管理

20世纪80年代中后期起，随着经济发展和医疗体制改革，岑溪个体医疗、医药事业得到恢复和发展，并逐步形成特有的市场体系。1991年县卫生行政管理部门、医药管理部门与工商行政管理及质量监督部门，既分工又协作加强个体医疗、医药市场管理。80年代末至90年代初，重点是规范市场准入规则，要求医疗卫生许可证、工商经营执照和职业人员资格证齐全，经营地点分布符合相关规定。90年代中后期起，至2005年，加强药品医械质量监督管理。由卫生和医药管理部门及质量监督部门分别或组合对药品(含中草药)、医械生产、流通市场开展执法检查监督。打击假、冒、伪药品和违章、违法生产经营，并对假、冒、伪劣、过期药品没收处理，违法经营实行停业整顿处罚。无医疗资格证件执业者责令退出，以维护人民健康和消费者合法权益。

第二章　医　疗

1991—2005年,经过医疗卫生体制改革,岑溪县(市)医疗机构布局日趋合理,城乡医疗单位自身基本建设速度加快,设备、设施不断更新扩充,更具现代化。医务人员不断增加,医技进步,医德医风、医疗服务质量得到提升。市、镇、村(社区、企事业单位)三级医疗网逐步完善。医院(含卫生院)环境不断优化,村(社区、企事业单位)级和民营(个体)医疗网点不断增加并条件不断改善。医疗机构的建设与发展,医疗技术的提高和医疗器械、设备的更新换代,已成为岑溪医疗卫生事业发展、人民健康水平提高的重要标志之一。

第一节　机　构

市直属医院

岑溪市人民医院　始建于民国26年(1937年)3月,初时称岑溪县县立医务所,后改为岑溪县卫生院。1949年岑溪县解放后,由县人民政府接管,命名为"岑溪县人民政府卫生院",曾一度承担全县医疗卫生行政管理职能。1951年改称岑溪县人民医院,1955年改称岑溪县卫生院。1956年7月,恢复"岑溪县人民医院"名称,1995年12月,改称为岑溪市人民医院。1995年10月,经卫生部同意,岑溪县人民医院列为"国际紧急救援中心网络医院"试行单位,1999年正式确认为"国际紧急救援中心网络医院"。1996年6月,市人民医院顺利通过"爱婴医院"评审,成为梧州地区第一家通过"爱婴医院"评审合格的医院。同年夏,在市人民医院建立"岑溪市120急救中心",受理120急救业务。1997年5月,通过自治区"综合性二级甲等医院"评审,成为广西第三家、桂东地区首家达标的综合性"二甲"医院。8月举行"爱婴医院"和"二甲医院"挂牌庆典仪式。2003年9月,建立"孕产妇急救中心"。1991年,医院职工268人,其中卫技人员201人。1996年,全院职工人数增加至361人,卫技人员258人。2000年职工436人。卫技人员333人。2005年年末,全院有职工481人,其中卫技人员380人,另有日工59人。医院设置医务科、护理部、监控科、信息科、审核科、财务科、总务科、器械维修科、防保科等科室及门诊部、住院部。病床365张。岑溪市人民医院位于市北山路2号,全院占地面积37246平方米,建筑面积52655平方米,其中业务用房46354平方米。

市中医院外景(2004年　摄)

岑溪市中医院　岑溪县中医院建于1976年10月。位于市大中路9号,全院占地面积12400多平方米,建筑面积18900多平方米,业务用房12500平方米,1995年12月改称岑溪市中医院。建

院初期，以中医、中草药医治为主。80年代中期，增设留医部，扩大门诊（含检验）业务，增加医疗设备、设施，成为初具规模的县级中医院，运用中西医结合救治各种急、危、重病患人员。进入90年代中医院的医疗设备（器械）不断增加，医技队伍扩大，管理日益完善。1998年，市中医院通过国家“二级甲等中医院”的评审，2003年通过“爱婴医院”评审。成为市内中医为主、中西医结合，集医疗、预防、保健、康复、教研为一体的综合性中医院。开设有内、外、妇、儿、骨科、耳鼻咽喉、眼、口腔、皮肤、急诊等11个临床科室，编制病床180张。

岑溪市妇幼保健院　岑溪市妇幼保健院建于1953年6月，原称岑溪县卫生院南渡妇幼保健站（地点在南渡街）。1956年7月迁回县城北山原商业仓库处，改名为岑溪县妇幼保健站。1987年，由于业务扩展，迁县城东面岑罗公路边建新站（今市工农路83号）。1995年12月，更名为岑溪市妇幼保健院。1999年3月，成立“岑溪市妇女儿童医院”，实行一套人马，两块牌子。2005年乡镇机构调整时撤销樟木镇，樟木卫生院同时撤销，其资产与部分人员划归市妇幼保健院（并入差额编制人员37人）。

妇幼保健院医疗服务大楼

1990年，岑溪市妇幼保健院设有临床部、保健部和产科、妇科、小儿内科、外科和医技、检验科、口腔五官科等科室。有卫技人员219人，其中高级职称5人、中初级职称214人。1991年，通过自治区“爱婴医院”评审。1998年12月，通过“一级甲等妇幼保健院”评审。90年代中期起增设新生儿护理治疗专科、乳腺疾病防治专科、儿童智力测试专科、儿童耳病防治专科、儿童脑发育评估及早期智力开发等特色专科业务。2000年，妇幼保健院成立“孕产妇急救中心”和“妇女儿童急救中心”。

岑溪市义江医院　前身是1959年9月成立的岑溪县精神病疗养所，地址在水汶镇朝阳村石庙。1982年迁至岑城镇乌峡村与糯垌镇交界的六云山。1989年10月改名为“岑溪县精神病院”（1995年12月改称岑溪市精神病院）。1997年5月，更名为岑溪市义江医院，迁至市区思英社区波塘路口重建。是市内一所以防治精神病为主、集精神病（心理疾病）治疗、预防、康复为一体的专科医院。开设有男病区、女病区、老年综合科、心理治疗等科室。医院占地面积6502.6平方米，建筑面积1500平方米，业务用房1200平方米，2005年年末有医技人员42人，职工护工30人。

乡镇卫生院

乡镇卫生院是人民政府设立在乡镇一级的医救教护机构，又是乡镇政府卫生业务的指导中心。行政上属于乡镇人民政府和县（市）卫生行政部门的双重领导。担负着所在乡镇的卫生行政、卫生防疫、妇幼保健、计划生育和医疗救治等职能职责。1991年，全县设立有17家乡镇卫生院。2005年7月乡镇区划调整，撤销樟木镇、昙容镇、吉太乡，樟木镇卫生院撤销，资产与部分人员并入市妇幼保健院。昙容镇卫生院、吉太乡卫生院保留分别改称为昙容卫生院和吉太卫生院。2005年年末，全市有16家卫生院，分别是岑城镇卫生院、马路镇卫生院、昙容卫生院、南渡中心卫生院、吉太卫生院、水汶中心卫生院、大隆镇卫生院、梨木镇卫生院、大业中心卫生院、筋竹镇卫生院、诚谏镇卫生院、归义镇卫生院、安平镇卫生院、糯垌中心卫生院、三堡中心卫生院、波塘镇卫生院。

岑城镇卫生院 位于岑城镇孝坊路(解放路)市中心市场对面。1992年10月8日由岑城镇孝坊路市中心市场对面迁至岑溪市兴业街1号,占地面积261平方米,建筑面积1836平方米。其中业务用房面积612平方米(门诊部),职工宿舍面积1224平方米,不设留医部。全院职工47人,其中卫技人员46人,中级职称11人,初级职称36人。

2002年通过梧州市卫生局"一级合格卫生院"评审。

2005年原樟木镇并入岑城镇,樟木卫生院5名防保人员划入岑城镇卫生院,服务范围包括岑城镇和原樟木镇。

2005年有职工68人,其中卫技人员65人,中级职称18人,初级职称40人,年门诊量6万多人次。科室设置有外科、妇科、产科、中医科、内科、儿科、体检科、检验科、药剂科、放射科、产科手术室、心电图室、B超室、发热诊室等。主要仪器设备:200毫安X光机一台,B超机一台,生化分析仪一台,心电图机一台,洗胃机一台、尿液分析仪一台。

马路镇卫生院 位于马路街公路边的一个小山坡上,占地面积1000平方米,建筑面积2500平方米,业务用房面积2400平方米。

1995年在马路镇新街兽医站对面新建三层门诊楼1幢。同年医院门诊部及办公地搬迁到该楼。

2000年通过梧州卫生局"爱婴医院"评审。2001年通过梧州卫生局"一级合格卫生院"评审。

主要设备有200毫安X光机1台、心电图机1台、B超机1台、6座长安汽车改装救护车1辆。科室设置有内、外、妇、儿等科室,能开展胃肠穿孔修补术、疝气修补术、骨折切开复位钢板内固定术、卵巢囊肿切除术等。

南渡中心卫生院 位于南渡街,占地面积约8300平方米,建筑面积6700平方米,业务用房面积2230平方米。1991年建成住院部,1992年建成新门诊楼,1994年在盘古村原木材检查站增设盘古门诊部。

1998年通过梧州市卫生局"爱婴医院"评审,1999年通过梧州市卫生局"一级甲等医院"评审。2005年有职工87人,其中副高职称1人,中级职称22人。

主要设备有200毫安X光机1台、台式B超及便携式B超各1台、心电图机2台、自动生化分析仪1台、血球计数仪1台、尿液分析仪2台、手术台2台、脑多普勒仪1台、监护仪2台、牙科综合治疗床1台、救护车2辆等。科室设置有内、外、儿、妇产、五官科、X光、B超、防保科等。能开展胃肠穿孔修补术及肠梗阻、疝气修补术、骨折切开复位内固定术等。

昙容卫生院 位于马路镇昙容街,占地面积约3650平方米,建筑面积1650平方米。2005年7月昙容镇并入马路镇,但卫生院业务仍独立管理。2005年年末有职工41人,其中卫技人员34人,其中,中级职称3人,初级职称31人。

主要设备有200毫安X光机、B超、半自动生化分析仪、电动洗胃机、吸痰机、全自动牙科综合治疗机、救护车等。科室设置有内、外、妇、儿、骨伤科、五官科、防保科等。能开展胃肠穿孔修补术及肠梗阻、疝气修补术、骨折切开复位内固定术等。

吉太卫生院 位于南渡镇吉太街,占地面积1488平方米,建筑面积706平方米,为岑溪市规模最小的乡镇卫生院。吉太原为独立乡建制,2005年并入南渡镇,但卫生院业务仍独立管理。

科室设置有内、外、妇、儿、B超、检验室等。主要设备有B超、心电图机、半自动生化分析仪,尿液分析仪。

水汶中心卫生院 位于岑溪市东南面,207国道旁,"两省四县(市)"(广西岑溪、容县,广东信宜、罗定)交汇处,距县城63千米,是岑溪市最边远的山区卫生院,肩负着镇内、周边镇及广东信宜等地群众近十万多人的医疗、保健重任。

1998年12月通过梧州市卫生局“爱婴卫生院”评审，1999年1月通过梧州市卫生局“一级甲等医院”评审。

2005年全院有编制73人，在职职工67人，卫生技术人员62人，大专学历10人，中专学历51人，其中副高级职称1人，中级职称15人，初级职称40人，获得执业（助理）医师共19人，执业（助理）中医师5人，执业护士23人，药剂师（士）共8人，其他医技人员6人，管理人员5人，勤杂人员3人。

临床科室有内科、外科、儿科、妇产科、中医针灸理疗科、五官科、防保科。医技室设有B超室、心电图室、X光室、化验室、中西药药房、供应室。主要设备有B超机2台、全自动血球计数仪1台，心电图机1台，200毫安的X光机1台、头颅多普勒1台、半自动生化分析仪2台、新生儿抢救台1台、多参数心电监护仪1台、救护车2辆、尿液分析仪1台、胎心监护仪一台。

大隆镇卫生院　位于岑溪市大隆镇大隆街9号，占地面积1844平方米，业务用房面积1136平方米，门诊用房面积577平方米，住院用房面积210平方米。

有职工29人，其中卫生技术人员23人，中级职称4人，初级职称19人。设有2个门诊部，医务质控科、护理部、财务科、一个住院部，临床科室有内科、外科、儿科、妇产科、中医科。医技科室设有B超室、X光室、心电图室、化验室、中西医药房、供应室。预防保健科设有防疫组、妇幼组。主要设备有新购的WEUT-70X凸阵B超机1台，ZC058X-1X型200毫安的X光机1台，心电图机1台，MC-200型半自动生化仪1台，胎心多普勒1台，电冰箱1台，速冻器1台，立式高压消毒锅1台等。

梨木镇卫生院　80年代建于梨木街北侧山坡上，1991年搬迁至梨木街，建成门诊楼、住院楼、宿舍楼各一幢。占地面积4000平方米，建筑面积3200平方米，1999年通过梧州卫生局“爱婴卫生院”评审，2001年通过梧州卫生局“一级合格卫生院”评审。

2005年有职工48人，其中卫技人员45人，中级职称11人，初级职称33人。主要设备有日本进口东芝B超、200毫安X光机、进口生化分析仪、呼吸机、脑电图、心电图、救护车等。现有编制床位22张，科室设置有内、外、妇产科、儿科、中医科、中西医结合科、五官科、特色痛症科、预防保健科、B超、X光、化验室等。

诚谏镇卫生院　位于诚谏街，占地面积3600平方米，建筑面积3054平方米。1998年先后通过梧州市卫生局爱婴卫生院、一级合格卫生院评审，2002年被自治区卫生厅定为示范卫生院，是梧州市中西医结合医院、蛇伤救治中心协作卫生院。有业务用房面积2500平方米，其中门诊楼面积490平方米，住院部面积760平方米，妇幼保健楼1000平方米。有病床23张，年住院病人1200人次，年门诊3.5万人次。

2005年有职工43人，其中卫生技术人员38人，后勤人员5人。技术人员中，中级职称5人，初级职称33人。主要设备有200毫安X光机、B超、心电图、半自动生化分析仪、救护车等。科室设置有内科、儿科、外科、妇产科、五官科、中医科、B超、X光、化验室、中西药房、供应室等。目前能开展疝气修补术、阑尾切除术、胃肠穿孔修补术、肠梗阻、膀胱结石、包皮、四肢骨折内固定术等。

筋竹镇卫生院　位于筋竹石井街，占地面积1635平方米，建筑面积2563平方米。1998年先后通过梧州市卫生局爱婴卫生院、一级合格卫生院评审。2005年有职工60人，其中卫技人员50人，中级职称9人，初级职称39人。主要设备有200毫安X光机、B超、心电图、便携式多普勒胎心仪等。现有病床26张，科室设置有内科、儿科、外科、妇产科、中医科、五官科、皮肤科、B超、X光、化验室、中西药房、供应室等。能开展腹股沟疝修补术、阑尾切除术、四肢骨折内固定术、副鼻窦根治术、扁桃体摘除术。

大业中心卫生院　原称大湴中心卫生院。1996年撤乡建镇并更名大业镇后，改称大业中心卫生院。

大业中心卫生院位于大业街，占地面积4979平方米，建筑面积3700平方米，其中业务用房面积2200平方米。1998年11月16日通过“爱婴医院”评审。1999年12月31日通过“一级甲等医院”评审。2002年建

归义镇卫生院住院部楼(2004年 档案局 提供)

成800平方米的住院部大楼投入使用。2005年有职工72人,其中卫技人员65人,中级职称20人,初级职称38人。有床位40张,年门诊量近8万人次,住院1400人次。主要设备有200毫安X光机、B超、半自动生化分析仪、连体式牙科治疗床、多参数心电监护仪、电解质分析仪、自动细胞血液分析仪、救护车、外科器械、五官科器械、胎心监护仪、微波治疗仪等。能开展普外手术、人工晶体植入复明术、鼻窦内窥镜手术。科室设置有内、外、妇、儿、中医、五官、检验、B超、X光、防保等。

归义镇卫生院 位于归义镇黎塘尾旁边。占地面积5426平方米,建筑面积3872平方米。1998年先后通过梧州市卫生局爱婴卫生院、一级合格卫生院评审。

1992年自筹资金在归义镇新圩街建成门诊楼一幢,共三层,面积400多平方米,1993年投入使用。1994年通过自筹资金建设职工宿舍楼两幢,共有套间20套,1995年年底建成投入使用。2002年自筹资金在归义镇新圩街新市场旁建成一幢一层面积432平方米的门诊楼。2005年有职工59人,卫技人员44人,其中中级职称10人,初级职称34人。主要设备有心电图、200毫安X光机、B超、半自动生化分析仪、电动洗胃机等。科室设置有内、外、妇、儿、中医、肝肾病专科、胃肠专科。现有床位60张,能开展阑尾切除术、腹股沟疝修补术、胃穿孔修补术、膀胱结石摘除术、骨折切开复位内固定术等。

糯垌中心卫生院 原址位于糯垌街北侧,毗邻糯垌中学的山坡上(中学路1号),占地面积22000平方米,建筑面积2000平方米,同时在糯垌旧街有门诊314平方米。1993年8月,从中学路1号搬迁至岑苍路97号,占地面积3600平方米。新址有建筑面积2500平方米,业务用房面积1500平方米。另有新塘门诊占地面积150平方米,建筑面积600平方米。2000年12月,通过梧州市卫生局"爱婴医院"评审,2001年6月,通过梧州市卫生局"一级合格卫生院"评审。

2005年有职工43人,卫技人员39人,其中中级职称10人。2007年有床位22张,门诊人次25000人,住院人次920人,医疗业务收入200万元。主要设备有心电图机、200毫安X光机、B超、半自动生化分析仪、尿液分析仪、设备较齐全的手术室一间。科室设置有内、外、妇、儿、中医、X光、B超、检验室等。能开展普通外科手术。

安平镇卫生院 位于安平街81号,占地面积6207平方米,建筑面积3196平方米。2000年12月通过梧州市卫生局"爱婴卫生院"和"一级合格卫生院"评审。

糯垌镇卫生院(档案局 提供)

2005年有职工44人，其中卫技人员40人，中级职称9人，初级职称27人。设有2个门诊部和住院部。临床科室有内、外、妇、儿、中医、五官、检验、B超、X光、防保等科室。主要设备有B超机一台、电解质分析仪一台、监护仪一台。

三堡中心卫生院 建时位于三堡街入口处，公社球场旁，80年代迁建三堡街东南面的花果山坡上。占地面积4932平方米，建筑面积5324平方米，业务用房面积2800平方米。1995年10月建职工宿舍楼一幢，2002年12月建成门诊综合楼，2006年5月利用国债项目资金65万元和自筹资金60万元建成住院综合楼，建筑面积1915平方米。

1998年通过梧州市卫生局“爱婴医院”评审，同年通过梧州市卫生局“一级甲等医院”评审。

2005年有职工61人，其中卫技人员54人，中级职称7人。有床位40张，年门诊59985人次，住院1730人次，年业务收入320万元。主要设备有200毫安X光机1台、B超1台、心电图机1台、自动生化分析仪1台、血球计数仪1台、救护车1辆、科室设置有内、外、妇、儿、中医、五官、X光、B超、检验室、防保科等。能开展肝、脾破裂修补术、胃肠穿孔修补术、骨折切开复位内固定术等普通外科手术。

波塘镇卫生院 位于波塘镇华西路22号，占地面积2560平方米，建筑面积2307平方米，业务用房面积907平方米。1999年拆除旧门诊楼，建成集门诊、办公、住宅于一体的门诊大楼。2000年通过梧州市卫生局“一级合格卫生院”评审，同年通过梧州市卫生局“爱婴卫生院”评审。

2005年有卫技人员35人，其中中级职称2人，初级职称33人。主要设备有心电图机、200毫安X光机、B超、半自动生化分析仪、胎心监护仪、生命体征监护仪、尿液分析仪、负压吸引器、电冰箱、立式高压消毒锅等。科室设置有内、外、妇、儿、中医、B超、X光室、供应室、实验室等。能开展肝、脾破裂修补术，胃肠穿孔修补术及肠梗阻、膀胱、输尿管结石、疝气修补术、包皮、骨折切开复位内固定术等。

村级卫生所

村级卫生所是县(市)镇村三级医疗卫生网的基础(又称网底)，承担基层的一般民众医疗服务和预防保健服务。50年代末60年代初，岑溪县就在农村公社各大队设立卫生所(室)，配备医生(多数为中医师，也有兼西医的)和简易药房(药箱)。80年代中期公社改为乡镇，大队改为村，仍保留村级卫生所。1986年全县设227个村卫生所和35个联合诊所，卫生所从业医生734人。至90年代，随着医疗卫生事业发展，部分村开始以片设立卫生分所。1996年市启动世界银行贷款“疾病预防项目”(卫生Ⅵ项目)，每个村卫生所内配备有高压锅、冷藏背包和注射器。1997年全市村级卫生所(含分所)达451家、由各镇卫协会主办的门诊部63个，村医1072人。1998年，根据市人民政府《岑溪市医疗机构设置规划》，对全市的医疗机构调整，村级卫生所缩减为308家，卫协会门诊17个，村医1085人。进入21世纪后，随着医疗卫生体制改革的深入和社会经济发展的需要，2000年、2003年先后2次对村级卫生组织进行再调整，充实人员增加设备，提高村级医疗人员素质。2005年，全市村级(含各镇社区)卫生所及分所为342家，村医生1144人，其中大、中专学历以上的村医超过50%。

企事业单位卫生室

企事业单位(主要是厂矿、学校)卫生室、是厂矿学校根据自身需要设立并自行管理(业务受卫生行政部门指导管理)的基层医疗卫生机构。主要承担本单位职工、学校师生普通小伤小病治疗救治和疫病防治、环境、饮食卫生监督管理等职责。50年代起，岑溪县内一些较大的厂矿、学校均成立有卫生室(有的称医疗室)。厂矿企业学校的卫生室均有专职或兼职医生(医务人员)，备有常用药品，做到有医有药，一些学校卫生室的校医还兼上生理卫生知识课或健康教育的任务。90年代起，随着经济发展和企业、学校人员增多。许多厂矿企业和学校都设立卫生室，1991年全县有厂矿企业和学校卫生室37个。1998年，根据市人民政府的规定进行整顿调整，保留25个；2004年度再次缩减为18个。

岑溪市退休医生联合门诊部(2000年　档案局　提供)

个体、私立诊所

私立诊所是指经县级卫生行政部门行政许可并具有医生执业资格的人员开设的医疗门诊服务机构。80年代中后期,随着改革开放政策的深入贯彻,岑溪县恢复允许私人开设私立诊所。90年代初期,全县有私立个体诊所102家,从业人员280人。1998年,根据市人民政府关于清理整顿医疗机构的指示精神,清理了部分不符合资格或条件不完备的私人诊所,并从医疗机构布局更加合理化的目标出发,进行调整整顿,当年保留私立个体诊所47家。2000年以来,随着退休医生的增加,申办私立诊所的人员逐年增加,到2006年,全市私立诊所增至69家。

第二节　医疗技术

中医

中医是医生通过望(观脸色、辨舌苔)、闻(声音)、问(病情)、切(诊脉)了解病人的病症病情(又称"四诊"),确定病源病因,然后采用服食(饮)中药(汤剂或中成药)或针疗(灸)、罐疗(火罐)、药敷、按摩等方式进行治病疗伤的方法。90年代以来,岑溪市各级医疗卫生机构,为认真落实国家发展中医中药的政策,组织以市中医院为中医中药技术中心,包括市人民医院和各镇、村卫生院(中心卫生院)、卫生所在内的中医人员,通过学习、培训、交流和临床实践的方式,努力探索中医医术、新疗法,拓展中医中药治疗的新领域,开创出一条适合岑溪实际的中医中药事业发展的新路子。

1993年,市人民医院提出以特色中医为发展方向的口号和目标,至1998年,先后设立中医骨伤科、中医痛症科、中医男性科等中医治疗科室,同时设立中医病床15张(年平均住院150多人次)。2000—2005年,又增设中医肛肠专科、中医妇科、中医肝病专科和中医肾病专科等,分别由中医大专学历以上或经区内外中医学院、医院进修,并具有相应临床实践的医生担任科室主任或主诊。采用中西医结合治疗方法,对各种疑难病症疗效显著。

2000年起,市中医院骨科在全市率先开展骨伤、骨病治疗专项研究。运用针灸推拿、穴位按摩、穴位注射、拔火罐、小针刀、刮痧和中药热敷等传统方法,并创新治疗技术,对肩周炎、颈椎病、风湿性骨病、类风湿性关节炎、梨状损伤综合征、急慢性腰肌劳损、椎间盘突出等病症的治疗,获得了疗效独到的新突破。

90年代末至21世纪初,在市人民医院、中医院的带动下,各镇、村的中药治疗事业也获得长足的进步和发展。各乡镇卫生院、中心卫生院不仅设置中医内科、中药房,有的卫生院还设置中医骨科、中医针灸理疗专科等科室,以满足病患群众的需求。各村卫生所的医生通过学习与培训,更是成为既懂中医,又识西医并具备一定的紧急救护技术的多面手。

西医

西医西药,90年代至21世纪初,随着西医专业医生队伍的壮大,西药品种及医疗器械产业越来越

发展并先进化现代化，西医临床诊断与治疗成为医疗领域及预防领域的主导。90年代中期起开展以市人民医院为“龙头”，连接市镇医院（卫生院）和村级（社区）诊所（卫生所、室）为基础，国家、集体、私营（个人诊所）三结合的西医医疗网络建设。2003年，实施三级医疗机构的改造和扩建新建工程，调整、充实西医专业医技人员，增加购置、更新医疗器械设备的投入，完善造就西医的环境和条件，提高西医治疗功能。

治疗方法与科室设置　20世纪80年代以前，西医治疗方法，主要通过医生使用听诊仪器，依据人体心脏跳动与测量体温、血压、检测血液、粪便等手段，确定病源、病情，采用服西药或打针输液的方法治疗。据此，西医一般都按照人体生理部位及性别成幼设置医疗科室，分门另类对应治疗。90年代起，岑溪县（市）人民医院、中医院、妇幼保健院等县直医院，随着医疗设备（器械）的更新换代和先进检测仪器的增加，医疗科室设置门类逐步分细扩展。以市人民医院为例。80年代中后期至90年代初，西医门诊只设内科、儿科、外科、妇产科及五官科、口腔科等科室。20世纪90年代中期至2005年，市人民医院门诊科室进一步分细增加。增设检查科、放射科、检验科、血透室与急诊科等功能科室。中医院、妇幼保健院等市级医院内设科室相应增加分细。

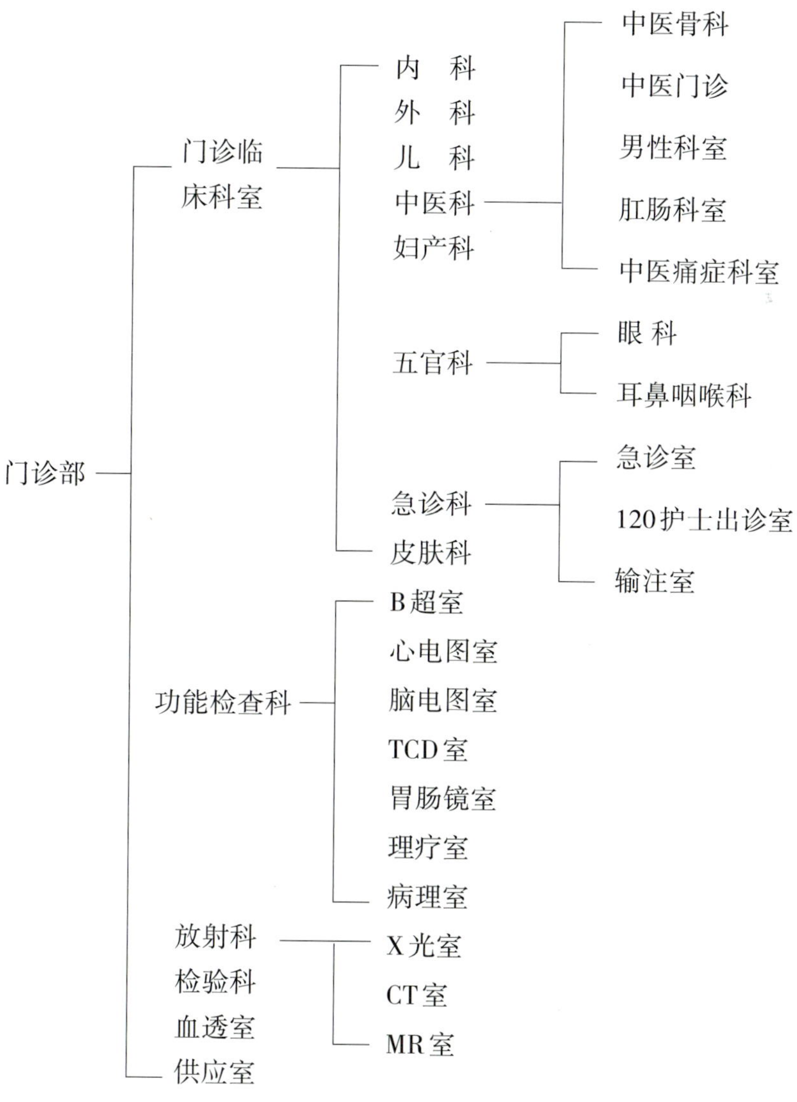

2005年岑溪市人民医院门诊部医疗科室图示

外科手术治疗 20世纪70年代起,人民医院开始设立外科手术治疗科室。1994年,市人民医院外一科(骨科),设产外二科,并把麻醉科设立独立科室。1998—2000年,分创伤骨科、显微外科、脊柱外科、骨病四个科室。同时开展椎弓根钉内固定术治疗脊柱脊髓伤病,肌皮瓣移植术修复软组织缺损,人工全髋关节置换术,治疗股骨头坏死,腰椎间盘突出摘除术后植骨融合器植骨椎间融合术,以入DHS、DCS滑动钢板固定治疗股骨颈及股骨髁骨折,胸、腰椎结核病灶清除及钢板内固定,上肢肩胛带离断再植手术,断指、断掌、断肢再植术;骨折外固定支架固定术等高难度新技术。2000年9月,市人民医院为一名断指患者成功进行断指再植,这是岑溪第一例成功断指再植手术。

1994年,市人民医院设立的外二科原是一个以普通外科为主,包括胸外科、烧伤整形外科的综合科室。2000年起开展的低位直肠癌保肛根治术,能提高病人的生存质量,减轻结肠手术的痛苦。无张力疝修补术治疗腹股沟疝、股疝及大面积烧伤创面切削痂、自体微粒皮移植异体覆盖术等均取得较为满意疗效。开展的食道癌根治术、肝癌切除术、肺癌肺叶切除术、全肺切除术、纵隔肿瘤切除术、胰十二指肠切除术都取得较好的效果;2005年以来开展腹腔镜胆囊切除等微创手术,外二科的技术水平又踏上新台阶。

1998年,市人民医院设立外三科又称(颅脑、泌尿外科),主要开展脑血肿清除术,脑肿瘤切除术,脑室—腹腔分流术,治疗脑积水;颅骨自体移植修复颅骨缺损及钛合金材料修复颅骨缺损。2001—2005年开展"软通道微创颅内血肿清除外引流术",取得较好的疗效;泌尿外科气压式弹道碎石术和前列腺电切术日趋完善、成熟,开展尿道下裂游离包皮内板及膀胱黏膜尿道一期成形术及小儿泌尿系手术,肾上腺肿瘤切除术,复杂性肾结石清除术,成功地开展膀胱全切回肠代膀胱这一国内先进手术。腹腔镜微创手术是泌尿外科的特色,近年来开展腹腔肾囊肿去顶术,精索静脉曲张高位结扎术等手术。

市中医院外科于1992年设立,除开展普通外科、肛肠外科手术外,1997年9月成功开展胸外科手术,2001年3月在梧州市辖区内率先成功开展低位直肠癌根治双吻合器吻合术;除此外还能开展肝胆外科手术、泌尿外科手术和腹腔镜手术。于2005年8月成功开展颅脑外科手术。

中医院骨科是中医院的重点专科,是市内率先开展骨伤、骨病治疗的专科。该科运用中西医结合,传统医学和现代医学结合治疗骨折、骨病有独到之处,使骨病患者在治疗中达到减少痛苦,迅速恢复功能的效果。除能开展四肢关节复杂性骨折手术和内固定手术外,还能进行难度较大的脊柱手术、断肢(指)再植手术和股骨头坏死全髋人工关节置换手术,骨科治疗技术在市区内起到领先地位。中医院妇产科于2003年3月,开展阴式全宫切除术、盆腔清扫术和腹腔镜妇科手术等,技术水平在市区内具有先进性。

急危　重病人的救治与护理

对急、危、重病人进行优先与紧急救助治疗,历来是医者遵循的原则。50年代至80年代初,岑溪县各级医疗机构,包括县人民医院、中医院、妇幼保健院及各区(公社)卫生院、都设有急救室或急诊救助电话,每个医生都有受命急诊(出诊或参与急诊急救)的义务,不能推辞,也不会推辞。

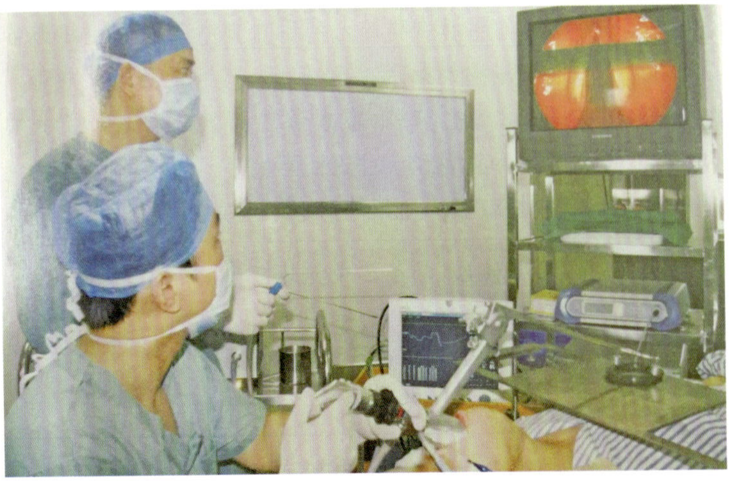

人民医院医生在内窥镜辅助下进行支撑喉镜手术(2004年　摄)

1985年年底至1995年,县人民医院在新建成的门诊大楼设立急诊室,配有诊室和抢救室各1间房,观察病床10张。由内儿科门诊兼管急诊业务,每天派出1名以上医生到急诊室上班。凡有外伤、

急重危症患者，则由外科派出医生诊治。并配备相应护士协助救治进行护理。

1996年，市人民医院建立“岑溪市120急救中心”，负责全市急危重病患者的紧急救治工作。同年夏，卫生部授予岑溪市人民医院为“国际紧急救援中心网络医院”，岑溪市120急救业务正式与国际紧急救援工作接轨，并承担涉外救援任务。1999年为适应120救援业务需要，市人民医院急救室改为急救科，并列为一级临床科室，全面负责急危重病的出诊、急救、救治、救护等一系列业务。同时配备急救必需装备，如供氧装备、自动吸痰、自动洗胃、除颤监护、心电图机及气管切开包、开胸包等“五机八包”和救护车辆。坚持凡重大紧急救护，全院上下协力全力抢救。做到要人有人，要药品、器械有药品器械。而且人和药物，器械都是最好的，并必须及时到位。

2003年9月，为适应产妇紧急救治的需要，市人民医院设立“产科急救中心”，负责救治合并有内科病症的孕产妇的工作，扩展紧急救治的医疗业务范围。1991年以来，市人民医院急诊科，年均接受万例以上急危重病人的抢救治疗，其中1991年急诊19780多人次，1995年19400人次，2000年15400多人次。2005年，急诊救治患者达2335人次。

2003年春夏之间，当一种国内尚未有过的新的流行疾病“非典型肺炎”袭来之时，岑溪境内发现2名“输入性”病人。岑溪市人民医院全院上下动员，开展紧急救治并派出医务人员配合全市查、防工作，严控病毒流行扩散，取得显著成绩。医院党总支部获中组部授予“全国抗非典先进基层组织”称号，医院获自治区党委、政府颁发的“全区抗非典型肺炎防治工作先进集体”的奖励，内二科（传染病科）获集体二等功。

第三节　医疗仪器设备

1991—2005年，岑溪市各医疗卫生单位医疗仪器设备通过上级配置和自行购进，得到不断补充和更新，医疗仪器设备达到同级先进水平。各医疗机构，依靠新的医疗仪器测检成果进一步对症治疗，疗效不断提升。

1991年，人民医院购置中风预测主机及配套、意大利产半自动生化分析仪、尿液分析仪。1993年，购置了心电图机、日本阿洛卡650B超机、口腔综合治疗机。1994年，购置自动心血管功能诊断仪2台、激光血管治疗仪、日本产F-800血球计数仪、放射免疫计数器、灭菌柜、美国产多参数生命体征监护仪、骨质牵引康复床、生物自动脱水机。1995年，购置体外震波碎石机、美国产PCR基因扩增仪及配套、X线扫描设备CT机、500毫安X光机、全自动洗片机、多功能激光血疗仪、日本产十四道联脑电图机。1996年，购置日本产阿洛卡256B超机、牙科综合治疗机、电解质分析仪、德国产RA50半自动生化分析仪、日本产奥林巴斯纤维胃镜、双人高压氧舱、日本光电除颤起搏器、硬性膀胱镜、心脏急救监视装置、血液透析机、多参数监护仪、蒸馏塔、微粒分析仪。1997年，购置红外乳腺诊断仪、日本光电四人监护仪、日本产血液透析机、日本光电中文三导心电图机、英国产牛津胎儿监护仪、英国产BP-I光谱治疗仪、不育症治疗仪。1998年，配置1000毫安德国西门子X光机、日本奥林巴斯纤维结肠镜、医用显微手术电钻、婴儿光疗暖箱、鼻窦内窥镜。至1998年年末，人民医院医疗器械设备总价值637万元。1999年，人民医院购置美国欧美达全功能麻醉机、德国产WOLF泌尿外科手术内窥镜及弹道碎石系统、腰椎治疗牵引床、多功能综合手术床、冷光源十二孔手术无影灯、烧伤治疗机、骨创伤治疗仪、自动血液流变仪、食道内窥镜、日本产FP-960输液泵。2000年，增购婴儿高压氧舱、低剂量手提式X线机、裂隙灯显微镜、手术显微镜、数字化脑血流图仪、美国倍肯血气分析仪、颅脑降温抢救仪、美国产除颤起搏监护仪、德国WOLF鼻窦内窥镜、德国WOLF支撑喉镜、美国产血氧饱和度仪、美国产多参数监护仪、瑞典CA620全自动血细胞分析仪等器械等。2001年，增加GD-350高频电刀、经皮胆红素检测仪、病理切片机、便携式微波治疗机。2002年，增加了日本阿

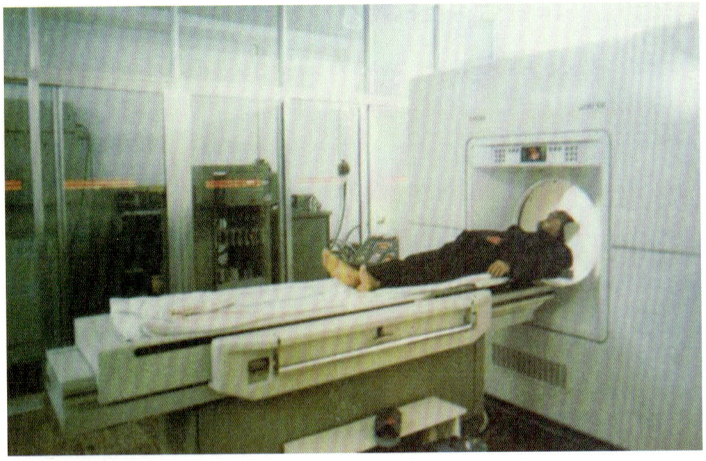

市人民医院利用CT为病患检查病情

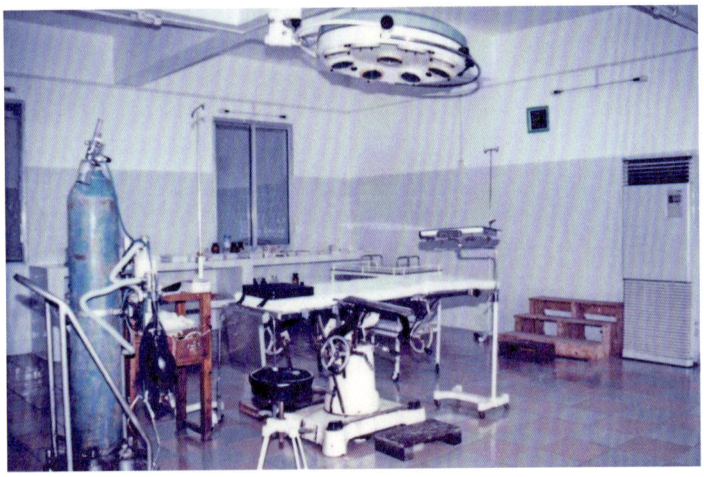

市人民医院诊疗室一角(1999年 摄)

洛卡SSD-1700彩色超声诊断仪、血液净化治疗仪、精子微生物动态图像检测系统、M-903E多功能麻醉机、莫扎特呼吸机、德国MC120除颤起搏监护仪、KP-1000彩色中央监护系统、意大利产全自动生化分析仪等。2003年,增加了放射免疫R计数器、美国伟康呼吸机、动态心电系统、移动式医用诊断X线机、母亲胎儿监护仪、JB-9100中央监护系统、GE除颤起搏监护仪、肯格王空气消毒机、德国4008B血液透析机等。2004年,增加了高频X光胃肠机、多参数监护仪、预真空快速灭菌器、日本奥林巴斯V-70电子胃镜、耳鼻喉科综合治疗台、英国MR410新生儿呼吸治疗系统、病理图文分析系统、美国GE Pros-peedA2螺旋CT机、德国罗氏P800全自动生化分析仪、德国罗氏2010全自动免疫分析仪、美国柯达850CR机等16台(套)。2005年,增加了微量元素分析仪、台湾大洋科综合治疗机、德国4008B血液透析机、美国AT555非接触式眼压计、日本奥林巴斯纤维鼻咽喉镜系统、婴儿高压氧舱、经颅多普勒、美国PB840呼吸机、高频移动式手术X线机、多功能麻醉机、脑循环功能治疗仪、心电监护除颤仪、台式B超机等大型设备32台(套)。

市中医院医,1994年1月购进BYS—V型体外震波碎石机,开展体外波碎石术;1997年1月,购进结肠镜、胃镜、电子内窥镜显示系统,同年购进美国惠普多普勒彩色B超1台。2001年8月,购进500毫安X光机1台,同年购进MI-921D电解质分析仪。2003年1月,购进SABA型全自动生化仪,同年3月,购进MZ-9900型鼻窦镜电视系统和裂隙灯显微镜。2004年1月,更新设备,购进BC-3000PWS型血液细胞分析仪。同年3月购进QP-2型汽化电切镜。2005年3月购进经皮肾镜,同年4月,购进JH-2000型血液透析机1台,7月购进KD-580型先进的电磁波体外碎石机。

市妇幼保健院,1998年3月购进大型阴道B超机。1999年6月购置价值20万元的血球计数仪,同年8月,购置价值4.5万元的电解质分析仪,开展生化检查业务。2001年9月,购置价值10万元的半自动生化分析仪。2002年1月购进价值100万元的彩超。2003年5月购进阴道镜。2004年3月,购置了半自动凝血分析仪。2004年8月,购置了微生物半自动分析软件及PCR设备,开展了不孕不育诊治、产前筛查、新生儿疾病筛查等优生优育新业务。2005年4月,购置了微量元素分析仪,为开展妇女儿童保健、分析营养性疾病、提倡合理营养等医疗保健新业务提供较准确的参考数据。

市义江医院,自2001年至2005年,购置配备有脑电图、脑电地形图数字一体机、B超、心电图、半自动生化仪、全自动血液细胞分析仪等检测仪器,拥有先进的心理测评软件。

第四节　血液管理

20世纪90年代前，岑溪需输血治疗的病人，通常采用两种方法：一是向梧州血站求助，二是在本地临时向病人亲友中同血型之人无偿或有偿献血。1991年起，岑溪出现少数人卖血现象，县人民医院血源靠临时卖血人血液。1996年市人民医院开始吸纳干部、职工无偿献血，拓展采血用血渠道，但人数不多。2002年3月起，岑溪市开始实行群众性无偿献血，由梧州市血站定期接采市民自愿无偿献血。凡无偿献血者在献血时均需如实填写健康咨询表并经体格检查后方能实施献血。为配合无偿献血开展，2002年起，逢"5·8世界红十字会日""6·14世界献血日"，岑溪市红十字会与梧州市血站联合在市区街头或乡镇开展无偿献血宣传活动。平常则定期组织市各机关单位与工矿企业干部职工开展献血活动。2002年，市内无偿献血570人，献血量119350毫升。2003年无偿献血者升至3000多人，献血量684600毫升。2004—2005年，市卫生部门、市红十字会与岑溪市电视台联合开展无偿献血公益电视广告宣传活动，促进市内无偿献血活动开展。

第三章 卫生防疫

20世纪80年代中至90年代，随着医疗卫生体制改革和国家有关疫病防治与公共卫生法律、法规的颁布实施，岑溪卫生防疫工作由单一预防走向综合防治，承担起全县（市）的传染病、地方病防治和公共卫生监督、监测。其中包括国家传染病防治法中规定的甲、乙、丙类传染病、地方病的防治、监督、监测和儿童计划免疫、脊髓灰质炎强化免疫及公共卫生监控、食品和饮用水卫生质量检测检验、职业人员健康检查、卫生宣传教育、消毒管理等职能，开展辖区范围内病源性感染、环境交叉感染的预防，保障人民健康等相关工作。

90年代初，岑溪县卫生防疫站经自治区考核验收，计划免疫、地方病防治等工作达标，灭疟工作连续5年获联防区先进单位，卫生宣传教育工作被评为自治区先进单位。1995年，通过自治区"消灭疟疾"考核验收并被评为广西东部灭疟联防区灭疟工作达标市和先进市，1998年再次获此称号。1999年，市委，市政府和卫生部门筹集资金90多万元，建成一幢防疫卫生检验综合楼，新增办公面积1700平方米。投入20多万元购置一批先进检测设备，提高卫生检验能力。同年7月，市卫生防疫站质量体系顺利通过自治区技监局组织的计量认证审评。2000年被评为"国家县级一等卫生防疫站"。2001年，获自治区卫生厅授予"全区霍乱防治先进集体"称号。2002年7月，防疫站成立结核病防治所，承担全市结核病的防控，治疗业务培训与管理等相关业务。2003年在抗击非典型肺炎（SARS）工作中，防疫站全体人员夜以继日投入疫情检查，人员隔离、环境消毒及宣传教育等方面工作，获梧州市委市政府评为"梧州市抗击非典工作先进集体（单位）"。2004年，增建疾控综合大楼，再增1200平方米办公面积。2005年1月，撤销市卫生防疫站，成立岑溪市疾病预防控制中心，仍为岑溪市卫生防疫事业主管机构。

岑溪市卫生防疫站检验室（2005年　摄）

第一节 计划免疫

有计划地实行接种各种预防疫苗，提高人民免疫能力，是国家保障人民健康的重大措施，是预防控制各种重大疾病传染、流行的基础工程。1984年4月岑溪县成立了计划免疫——冷链领导小组，并设立专门办公室（设在县防疫站）；购置相关设备、培训人员，建立免疫登记卡表制度。此后预防接种工作开展顺利，接种率逐年提高。1996年11月，岑溪市启动世界银行贷款"疾病预防项目"（卫生Ⅶ项目），至2004年6月30日结束。该项目在岑溪总投入经费71万多元，用于增加设备和培训人员，有效地促进岑溪的计免工作向前发展。

儿童常规免疫与强化免疫

1991年以来，儿童免疫实施常规免疫(一岁内儿童免费接种麻疹、百日咳、卡介苗、小儿麻痹糖丸四种疫苗)和强化免疫(对0～3岁儿童进行两轮脊髓灰质炎糖丸的强化服苗)制度。采取定点接种和上门服务的办法，建立县、乡、村三级计免接种网络，范围覆盖所有镇村(含市直企事业机关单位)，形成由市卫生防疫部门到各乡镇卫生院再到各行政村的疫苗运转有序层级，确保疫苗接种质量。从1993年起，每年于12月初和次年的元月初，对全县(市)0～3岁儿童进行两轮脊髓灰质炎糖丸强化服苗活动。1995年顺利通过自治区对本辖区儿童计划免疫目标考核，并获梧州地区计划免疫一等奖。1996年，成为广西“实现全国儿童以乡(镇)为单位接种率第三个85%的目标达标单位”。并获广西“消灭脊髓灰、骨炎强化免疫活动先进集体”。为提高全市计免“四苗”接种率，市卫生行政部门每年6次以上对镇级、4次以上对村级进行监测督导。全市计免三级网络除每二年运转6次以上外，市卫生局每年还组织开展2次计免“四苗”的查漏补种工作。2003年4月后，儿童计免疫增加乙肝疫苗的接种。2005年起，全市0～4岁儿童总体接种率达90%以上。

针对麻疹、白喉等疾病计免接种

20世纪80年代后期，岑溪县建立起完整的AFP(急性弛缓性麻痹)、麻疹、白喉等疾病的监测系统。监测范围为全县各医疗卫生单位。实施定期监测，发现疫情，早报早处理。1991—2002年全市共报告AFP24例、麻疹710例。针对岑溪市麻疹发病率较高的问题，2002年4月在全市组织开展8个月～10岁儿童的麻疹疫苗普种工作，全市应种130212人，实种119129人，接种率91.49%。通过普种，迅速建立起群体的免疫屏障，有效地阻断麻疹病毒的传播，预防和控制麻疹在岑溪市流行。

2005年3月上旬，岑溪市归义镇荔枝村昌荣针织厂发生一起输入性麻疹病例暴发，11人发病，患者均为广西三江县富禄乡培进村小龙圩屯人，经过采取应急接种等防控措施，疫情得到有效的控制，无疫情扩散，无内源性麻疹病例发生。

第二节　传染病与地方病防控

传染病控制

流感、流脑、白喉、痢疾等传染病防控　20世纪80年代以来，为加强对流感、流脑、白喉、痢疾等传染病流行控制，岑溪防疫部门建立起与相邻县及各医疗单位疫情报告制度，及时了解疫源，从源头控制，迅速切断传播途径。一旦发现传染病(尤其急性传染病)人，即采取在家或送医院隔离治疗，并在病源区或流行地域加强疫检、消毒。落实保障预防措施，即对易感人群开展预防接种及其他卫生手段，防止大面积领域流行。80年代，岑溪境发生如流感、乙脑、流脑、白喉、百日咳、痢疾、麻疹等流行性疾病，患病人数(按住院及门诊统计)由1981年的15919人降至1989年的1575人。进入90年代，认真贯彻实施《中华人民共和国传染病防治法》，在经常开展有针对性卫生知识咨询和传染病监测及疫情报告调查的基础上，将严重危害人民健康的肝病(甲乙肝)、肺结核、痢疾、钩体病等作为重要防控病种控制在较小范围，1998年统计，上述传染病总发病率从1980年的1714.61/10万，下降为167.46/10万。儿童可免性6种传染病，如小儿麻痹症、百日咳、白喉等病症，从1984年起至1998年连续14年无病例发生。

1998年起，自治区卫生厅将岑溪市列为霍乱监测的二类县市。市卫生行政部门即下发相关文件，要求包括卫生防疫在内的医疗卫生单位均设立腹泻肠道门诊，加强疫情监测和食品卫生检查监督工作，以确保霍乱疫病不在市内发生流行。2001年，市卫生防疫站被自治区卫生厅评为“全区霍乱防治先进集体”。

2000年，市内病毒性肝炎尤其是乙肝发病率高居不下和结核疫情快速上升，根据上级医疗卫生部门和市人民政府的部署，在市内广泛开展甲、乙肝疫苗接种，肺结核（含疑似）病人的登记和推行短程督导治疗方法，加强对乙肝病疫和肺结核的预防与治疗。市疾病防控部门成立专门防控工作机构，把甲乙疫苗接种纳入计划免疫接种管理，使疫苗接种范围扩至0至1岁的儿童人群。2002年8月由市卫生防疫站组建肺结核病防治科，负责全市结核病的归口管理、诊断与治疗工作。2005年5月，成立岑溪结核病防治所，全面实施DOTS（即现代结核病控制策略），推广使用卫生部生产的板式抗结核组合药，加强对病人督导治疗管理。至2005年年底，DOTS已覆盖全市14个镇277个村（街），覆盖率100%。

狂犬病、麻风病、艾滋病防控

90年代，岑溪市狂犬病疫情处于低水平，10年间仅发生6例。2003年以来，市内狂犬病疫情出现骤然升高现象。2003年、2004年分别发生28例、21例，且都不能治愈，死亡率100%。狂犬病疫情的提升引起市委、市政府和医疗卫生部门高度重视。2003年下半年起，市委、市政府发文要求相关部门按职责分工贯彻落实“管（犬）、免（疫）、灭（犬）”综合措施。同时加大宣传力度，提高群众应对狂犬病防治意识和被犬猫致伤人员自觉接种狂犬疫苗自觉性。2004年，全市因犬猫咬伤接种率提高，当年狂犬病发率下降7例。2005年，狂犬病发病降至5例。

麻风病是由麻风杆菌引起的一种慢性传染病。解放前和解放后岑溪部分地区有病例发生。80年代经专业普查，仍发现有新病例。1958—1986年，麻风病发现率为2.83／10万至50／10万，最高发病率为75.82／10万。1958年起，岑溪县政府同意开设皮肤病防治院，收治麻风病人。80年代末，全县确诊麻风病人163例，治愈138例。1991年，医疗卫生部门继续坚持并加大对麻风病的防治与管理工作，当年收治麻风病人38人。1996年，通过自治区的验收，岑溪达到了基本消灭麻风病的标准。1997年后，继续对水汶、大隆、岑城、诚谏等5个疫点内群众进行普查体检、对历年麻风病治愈存活者复查体检监测及现症病人家属进行体检，体检率分别达95%、100%、和90%以上。对现症麻风病人进行联合化疗。至2005年，1991年后新发现的11例病人，治愈3例。

艾滋病防治工作，90年代末，岑溪检测发现2例吸毒人员HIV（艾滋病）阳性病人，2000年以来，HIV感染有上升趋势。为防控艾滋病毒在市内感染与流行上升，确保人民群众生命财产安全，市委、市政府加大对色情、吸贩毒等违法犯罪行为打击力度，以减少乱性与吸（贩）毒等社会丑恶现象，2001年卫生防疫部门加强对重点人群疫情主动监测，对在押吸毒人员进行HIV抗体检测，全面掌握疫情动态。同时开展一系列的行政干预措施，如利用多种形式加强宣传教育、提高群众对艾滋病的危害与防治知识的认识。实施自愿咨询检测项目、向社会提供免费咨询检测服务，对全市既往有偿献血人群进行HIV筛查等措施。2005年10月，市疾病预防控制中心启动艾滋病干预针具社会营销项目，同时成立市艾滋病高危人群干预工作队，按计划定期深入到各种娱乐场所，开展面对面咨询、健康教育、疫情筛查、安全套推广、针具交换等工作。

地方病防控

地甲、地氟病防控　90年代以来，全市推行全民食用碘盐进行防治，碘缺乏病发病率下降。1999年卫生防疫部门进行抽样监测。共抽查7~14岁中小学生1676人，有89人出现甲状腺生理性增大，甲状腺生理性增大率为样本群的5.31%。2000年为4.75%，基本达到自治区卫生厅有关防控标准要求。

1991年以来，市政府通过改水工程，以改变地氟病区群众饮水卫生状况，大隆病区地氟病发率大幅度降低，地氟中毒现象得到有效控制。

第三节 “非典型肺炎”与“禽流感”防治

“非典型肺炎”防治

2003年3、4月间,“非典型肺炎”又称“SARS”(简称非典)传染病在广东暴发。岑溪市与广东相邻,市委、市政府与卫生部门迅速制定全市抗击、防控“非典”方案,开展一场全民防控“非典”工作。一是由公安、交通部门和民兵负责在市境与广东省交界的筋竹、水汶两镇公路交通出入口设卡拦截入境车辆,做好交通车辆与人员检查、消毒工作。二是由卫生部门负责对路经广东车辆司乘人员健康监测、病人救治、疫点调查处理、疑似病例医学观测等工作。三是民政部门负责外出回归人员、外地进入人员的登记、追踪调查等工作。各乡镇党委、政府与相关村委会负责各村外回、外来人员健康监控,配合卫生防疫部门做好防控知识宣传及群众思想教育等工作。各车站、码头设立体温监测站点,测检往来人员疫情。畜牧兽医部门负责对全市家禽家畜养殖情况进行摸底排查。工商、林业、卫生监督部门负责对全市食品饮食业进行清查,尤其严禁买卖和食用果子狸等野生动物。形成全市各部门分工合作,多部门联动,上下齐抓共管的综合防控网络。

2003年,防“非典”期间(4月25日至6月8日)医务人员在筋竹健康检测站对从广东疫区进入广西的车辆乘客进行健康检测(交警大队 提供)

4月22日、24日,市内发现两例输入性“非典”病人后。作为收治“非典”病人定点单位的市人民医院,成立由院长、党总支书记和医疗专家、主治医生组成治疗与管理小组,组织及陪同上级专家会诊。实行全院医务人员总动员,齐心协力治疗“非典”病人。卫生防疫、监督部门则在市委、市政府和卫生部门行政部门领导下,组成防“非典”工作队,深入发现病例的镇村做好相关人员隔离观察,疫点消毒及宣传教育、消除群众恐慌思想等工作。同时加大全市各镇、村、部门单位的防控宣传和防控措施的落实。5月中旬和6月上旬,两例“非典”病人痊愈出院。此后,岑溪境内再无发现“非典”病例。在抗击与防控“非典”疫情工作中,市人民医院党总支获中央组织部授予“全国抗非典先进基层党组织”称号。市人民医院,市卫生防疫站等单位和李论、江翠婵等个人,分别被自治区、梧州市、岑溪市授予抗击非典先进集体或优秀个人等称号。

“禽流感”防控

2004年、2005年,市内一些地方出现“禽流感”的流行病毒,严重危害家禽(鸡、鸭)饲养事业发展。为防止疫情扩散和向人传染,市卫生行政部门和卫生防疫及卫生监督和畜牧部门密切配合。启动卫生突发事件“三网”防控机制,组织捕埋“病鸡”“病鸭”及消毒隔离工作。加强防控宣传教育,引导群众不要擅自接触处理“病鸡”“病鸭”,更不要吃“病鸡”“病鸭”。养殖户要主动与防疫部门联系进行检疫,防止人被感染。同时向有关人员接种疫苗,进行有效防控,至2005年年末,全市没有人感染“禽流感”的病例发生。

第四节　公共卫生监督监测

1991年起,岑溪县(市)的公共卫生监督、监测工作主要由卫生防疫站实施。进入21世纪初,加大对环境卫生与生态保护的力度。公共卫生监督、监测逐步由卫生防疫部门单独负责,转变为走向多个部门互相配合、共同管理。

公共场所与职业环境的卫生监测监督

20世纪90年代,岑溪公共场所与职业环境的卫生监测、监督,着重由卫生防疫部门负责。通过发放卫生许可证制度和从业人员健康证制度及对公共用水的水源及器具设备清洁等方面进行监测、监督管理,并定期检测水质和环境卫生状况。1993年,全县旅业、影剧院、商场、理发业等公共场所167个,林化工厂1家,从业人员940多人。发放卫生许可证168个,发放率100%。从业人员健康证领证率98.4%。当年监测公共场所卫生单位167个1437点项,监测覆盖率100%。1996年起实行多部门综合治理后,增加对排污防污包括污水和危害人体健康的粉尘,有毒有害气体、噪声、热辐射及化妆品等方面的检测、监督工作。开展监测、监督检查活动时,环境保护、质量监督和工商管理等部门均介入参加或提供技术协助。同时,由市政府与卫生行政部门发文,通过各部门和单位实行门前环境"三包"(即包清洁、美化、绿化)的方法,治理公共场所职业环境的脏、乱、差现象。

20世纪90年代末21世纪初,随着以开发花岗岩为龙头的建材工业和选矿、冶炼、化工等工业企业迅速发展,岑溪的水污染、粉尘污染、噪声及有毒有害气体污染现象不断出现,卫生防疫和环境保护部门加大了防污染监测、监督的力度。市卫生防疫机构先后在市内各地设立水质监测点,采集农村生活饮用水及分散式农户饮水水样进行水质安全监测。并对因细菌指标超标水质不合饮用水规格的情况报告政府和有关部门采取相应的防控、挽救措施。2000年起,市卫生防疫站与市环卫部门相互合作,先后对市佳宝矿业有限公司、三威林产、龙腾皮革、化肥、水泥等厂矿企业共600多名工人按职业健康监护技术规范规定,进行粉尘、噪声及二氧化硫等职业危害因素检测,出具检测评价报告。

2004年,对三威林产公司、市化肥厂、水泥厂、龙湾铅锌矿、佛子冲铅锌矿等企业进行职业病危害因素监测,共测115个点,合格62个,合格率53.9%。对监测不合格的13个点发出职业卫生安全整改书,给用人单位限期整改。通过整改,用人单位新增设置安全警示标识165条,使劳动者增强了职业病防护意识。同年对13个用人单位455人进行健康检查并建立健康档案,未查出新的职业病人。对历年诊断的尘肺病人,发出职业病疗养通知,已有化肥厂、水泥厂、粮食局、国土局等4个单位送本单位的尘肺病人到自治区职业病诊治机构疗养,部分在防疫站疗养,这也是最后一年在防疫站开展职业病疗养。

2005年,对职业危害因素较为突出的部分厂矿进行专项整治,共检查厂矿32家,其中矿山5家,纸厂2家,铸铁厂8家,砖厂8家,水泥厂1家,选厂5家,石粉厂3家,32家企业共有工人9111人。有接触职业危害因素如粉尘、噪声、高温、二氧化硫等职业工人3915人。对存在问题作出卫生监督意见书,限期改进。同年对存在职业危害因素的18家企业职工进行职业健康检查,共检查375人,没有检出职业病的新病例。

消毒卫生监督监测

1991—1996年,由卫生行政部门(卫生局)负责,对医疗卫生单位及个体诊所的医疗卫生用品、用具,消毒产品生产厂家及部分销售单位进行消毒监测管理,以保证消毒卫生的质量,防止传染病交叉感染和医院、诊所内感染。1997年起,岑溪市卫生防疫站成立消毒科,承担市内消毒卫生监督监测管理工作。当年消毒科派出医技人员深入市内各医疗卫生单位及个体诊所采取抽检的办法,共监测消毒样品3000余份进行检测,合格样品为2433份,总合格率77.73%。对检测不合格样品的单位和人员提出具体的整改措施

和建议。2000年对218家医疗卫生单位(含乡镇卫生院,村级卫生单位和牙科个体诊所),检测样品981份,合格959份,合格率97.86%。检测托幼机构13家样品63份,合格率79.35%。监测医疗用品厂一家,生产环境检测样品29份,合格28份,合格率96.55%。产品检测2份,合格率100%。2003年,在抗击"非典"工作中,开展消毒剂专项检查,检测出7家出售无消毒产品卫生许可证的散装消毒水500多千克。同时出动150多人次,检查车站候车室、学校、幼儿园及饭店、宾馆、影剧院、歌舞厅、商场等人群密集单位的消毒喷洒情况,检查单位1456间次,使用消毒水5.38吨。2005年根据自治区卫生厅指示,开展消毒产品专项监督检查工作,共检查药店,成人用品店32间,检查抗(抑)菌产品112个,对检查出不合格作撤架和禁止销售的行政处罚。全年监督市直、乡镇村级医疗单位及个体诊所382家(个),抽检消毒灭菌样品1180份,合格率99.41%。

卫生许可审查与执法监督

1991—2000年,卫生许可审查与执法监督,由县(市)卫生防疫站实施执行。1991—1993年着重对食品生产经营单位及其从业人员发放卫生许可证、从业人员健康证和监督管理。1993年全县食品生产经营单位2525个,人员5029人。发放许可证2479个,从业人员健康证4990个。两证(许可证、健康证)发证率98%以上。同期实施食品七类项及食具监测,抽检合格率均达85%以上。不合格部分企业责令停业整顿,并通过卫生知识培训予以提高。1994年,对上述食品生产经营单位开展全面复查和核查工作,上年度未领证的,经检合格后补发许可证,检出过期变质食品和"三无"食品,全部予以没收销毁处理。1995年,全县审查、换发卫生许可证2553个,发(换)证率达100%。食品从业人员经检合格4900余人,均予发(换)健康证件。当年对药品、食品行业经营、销售企业开展执法大检查3批次,抽检单位600多家(个),抽检药品1790种批次,食品200多种(份)。发现违法经营假劣药品22个单位,食品经营品种质量不合格及卫生防护措施不健全单位30余家,均依法进行停售、没收销毁不合格的药品、食品与罚款等行政处罚,并责令限期整顿改正。2000年2月,由市卫生防疫站分出成立市公共卫生监督所(由市卫生局管理),卫生许可证监督工作由该所负责,当年全市食品生产经营单位2744家,卫生许可证领证率为100%。公共场所经营单位及供水企业475家,卫生许可证发证率为97.68%。从业人员健康发证率分别100%。年内监测食品14大类共990多份,合格率87.5%。2001年,开展整治食品市场秩序和卫生执法监督大检查。突出整治学校食堂。校园周围食品摊档实行学校食堂"三防"(即防尘、防蝇、防农药残留)整改、并开展食料是否有"吊白块"等危害健康物的检测以确保食物卫生安全。2002年,梧州市药品监督管理局岑溪市分局成立后,药品、食品监督管理先后划归自治区人民政府直属管理。药品、食品质量管理认证工作进一步法制化、规范化。2002—2004年,市内通过GSP认证的药品经营企业累计303家。通过GSP认证,全市药品经营企业的硬件条件和管理水平平均获得相应提高。2005年梧州药品监管岑溪分局改组为梧州食品药品监管岑溪分局后,餐饮服务许可工作划归该分局管理,由其通过餐饮服务许可现场审查,严把准入关。

第五节　公共卫生事件　重大事故应急救护

公共卫生事件与重大事故(含自然灾害)应急救护,是保护人民生命健康的重要措施之一。公共卫生事件与重大事故(灾难)发生的时间、地点、人群、疫情(伤病)都具有极不确定性。90年代以来,岑溪县以人民医院为中心成立急诊室,承担应急救护急、重、危病人包括因公共卫生事件或重大事故(含自然灾害)造成的伤病人员。2003年,以防治"非典"为契机,由市卫生行政部门(卫生局)牵头,在全市范围开展公共卫生"三网"建设,建立和健全包括防疫、卫生监督、各级医疗机构在内的突发性公共卫生与重大事故(灾难)应急救护的组织机构,并制订相关制度和应急救护实施方案(预案)。加强紧急救护卫生技术人员的培训及抢救设备购置、资金储备等方面的工作，筑牢人民健康屏障。2005年年初，制定《生产安全事故灾难应急预案》，并开展培训应急救援人员（含志愿者）。每次出现突发公共卫生事件，卫生防疫站（疾控中心、卫生监督所）都及时派出人员深入现场进行调查处理，及时采取有效措施控制事态的发展，并且开展针对性的健康教育活动。2000年创建等级防疫站以后，应对突发公共卫生事件的制度步入规范运行，成立有突发公共卫生事件应急处理领导小组，针对每一公共卫生突发事件有预案，处理有结果，有调查分析报告，并形成档案，作事后经验总结。

食品、有害气体中毒事件的紧急救护

1991年以来，岑溪境内经报并获及时救护的公共卫生事件有：

1991年5月10日，大湴街吴某饲养的一头牛因吃了喷洒甲胺磷农药的三华李果叶中毒死亡，吴某将死牛宰后出售，有117人购食，造成93人二次中毒，需住院治疗的39人，无人员死亡。

1995年4月15日，筋竹中围村韦某为儿子办婚宴24桌，250人赴宴，中毒209人。通过抗菌及对症治疗，无人员死亡。经查为蜡样芽孢杆菌污染食物所致中毒。

1995年5月2日，糯垌镇大地村一组何某某家3个孩子吃自家腌制霉变的萝卜干，30分钟后出现腹痛、呕吐、口唇紫绀等中毒症状，造成2人死亡，经检测为亚硝酸盐类中毒。

1997年1月11日，市富杰水泥厂发生一起一氧化碳中毒事故。4人中毒昏迷，经及时抢救，全部脱离生命危险。

1997年9月25日，波塘镇政府检修自用水井，发生一氧化碳急性中毒事件，造成当场死亡3人，重度中毒1人的重大事故。

1998年6月2日，水汶镇良乃村发生一起人为投毒引起的毒鼠强中毒案件，造成8人急性中毒，4人死亡的严重后果。

1999年5月6日，安平镇尖峰村12组覃某、梁某2户9人误食野蕈中毒，死亡1人。

2000年6月9日晚，糯垌镇大竹村112人因食用拜庙祭品糯米糍引发食物中毒，发病75人。主要症状为恶心、呕吐、腹痛等。原因是制作人员林某某（女）右手无名指有化脓性伤口感染。经检测为金黄色葡萄球菌肠毒素引起。

2000年7月21日晚，大埕公司、秀丽发廊、人民医院职工等20人进食购买自同一40岁左右男子的白菜后，9人出现头晕、头痛、恶心、呕吐等症状。案发后对三个单位所购的白菜进行检测，发现为有机磷农药残留而中毒。

2002年5月28日，市织造厂发生一起职工饭堂中毒事故，共有33人出现症状，较重的有9人，经抢救全部脱离危险。经调查为蔬菜有机磷农药中毒，后事主菜农梁某被判两年有期徒刑。

第六节　爱国卫生运动

环境卫生与除“四害”

1988年，岑溪县政府恢复建立爱国卫生运动委员会并设立办公室（以下简称“爱卫办”），作为政府主管爱国卫生运动的职能机构（正科级建制）。1991年起，坚持“政府组织、部门协作，辖地域负责，群众参与、定期检查”的原则。县城（市区）由市直机关单位分地段负责公共清洁卫生，实行门前“三包”（包净化、美化、规范化）制度。乡镇镇区、各村、由各镇（街）村公所、村委会负责公共场所清洁卫生工作，定期组织干部群众开展清洁大扫除。1995—1996年岑溪撤县设市前后，县（市）委、政府部署了多次群众性的环境卫生整治活动。开展清理污沟臭水，垃圾乱堆、摆卖杂乱的现象，整治街道、居住区的环境卫生，落实市

直、乡镇直单位及各镇社区、村委的环境卫生责任制。1998年起加大对公共环境卫生和排污防污设施建设的投入。加强环境卫生保障队伍建设，实施了定点堆放垃圾、上门收、运垃圾和集中科学处理垃圾等制度。并采取定期或在元旦、春节、“五一”、“七一”、“十一”等重大节日之际开展全民性卫生大扫除，促进爱国卫生运动正常开展。

除“四害”是指灭杀老鼠、苍蝇、蚊虫、蟑螂等病源传染动物。20世纪90年代起，由县、乡镇卫生部门发灭鼠、灭蝇等药物给机关单位、家庭开展定期（或不定期）的全县性灭鼠、灭蟑、灭蚊等工作，并纳入常规化卫生清洁工作。2000—2005年，由卫生防疫、食品卫生监督和爱卫办等部门联合组织，并按照“政府组织、地方负责，以块为主、条块结合”的原则，实行“统一指挥、统一行动、统一时间、统一用药”的方法灭鼠、灭蟑行动。这一行动在每年春秋两季进行。使用低毒高效的药物，分发各单位、社区、镇村在同一时间投放，并及时清除死鼠死蟑。

农村改水、改厕工程

农村改水　1991年，成立岑溪县改水项目办公室（设在爱卫办），通过世界银行专项贷款、自治区和县（市）财政配套资金，开始农村改水工程项目建设工作。同年，首先在地方病多发区大湴乡（今大业镇）建成大湴自来水厂；1992—1995年，先后在南渡镇、筋竹镇修建自来水厂，并在部分镇、村发动群众，采取集资（筹资）和国家扶持相结合的办法，实施自挖手压泵机井或用水管接山泉水等方法获取清洁饮用水。1995年至21世纪初，改水工程在全市各乡镇普遍推开。到2005年，全市农村共建镇级自来水厂16座，村级自来水厂39座，手压机井1.03万座，全市78万人口都使用上了清洁的生活用水和手压机井水，卫生用水率达95%。

农村改厕　1991年，县委、县政府成立岑溪县沼气工作领导机构，由爱卫办与县扶贫办、能源办等部门互相配合，通过建设沼气式卫生厕所的方式，开展农村改厕工作，既卫生又节能。当年先在岑城、归义、糯垌、安平、三堡、大业等乡镇利用沼气改厕试点后，在全市全面推开。2000年后，农村农户拆旧建新楼房，大多采用埋设管道接化粪池的厕所，采用粪便地下封闭粪池化粪模式。鸡猪舍于楼房外单独设立，使人居与禽畜分离。到2005年，全市建有沼气式厕所1.76万座，三级化粪池卫生厕所4.05万座，粪尿分集式厕所500座，卫生厕所普及率42%。

第四章　妇幼保健

1950年起至80年代，岑溪县医疗卫生部门着重采取妇女病普查，开展妇女病防治及实施新法接生，为婴幼儿童接种各种预防疫苗等方法措施，保护妇女儿童健康。1990年，岑溪县列入与世界卫生组织、联合国儿童基金会、人口基金会合作实施“加强中国基层妇幼卫生与计划生育服务”国际项目县之一，在全县全面开展孕产妇系统保健管理工作。1995年国家母婴保健法颁布实施，全市各级医疗卫生机构，围绕国际项目目标，开展创建“爱婴医院”与医院建设上等级活动，依法规范妇幼卫生保健服务，加强孕产妇系统保健管理工作。同年2月，“岑溪县妇幼保健站”升格并改为“岑溪县妇幼保健院”。1998年3月经市委、市政府同意，成立“岑溪市妇女儿童医院”与市妇幼保健院实行“一套人马、两个牌子”，使保健与医疗有机结合。2005年乡镇机构调整时，樟木镇撤并归入岑城镇，樟木镇卫生院同时撤销，其资产及部分人员划归市妇幼保健院，以扩充、增强市妇幼保健力量。

第一节　妇女保健

经常性妇女保健服务

20世纪90年代初，以岑溪县妇幼保健站为龙头，县、镇、村三级医疗机构（医院、卫生院、卫生所）为网络，均开设妇女专门科室并配备专（兼）职医务人员。开展妇女病普查普治、女性婚前保健、乳腺保健、生殖健康、女性更年保健、妇女营养咨询、优生优育咨询、计划生育服务指导与咨询、不孕不育症诊治与咨询等多项服务工作。建立、健全妇女健康教育咨询网络，深入开展咨询服务、墙报、黑板报、广播宣传与发放宣传资料等方式进行群众性的妇女健康教育活动。90年代末至21世纪初，贯彻国家母婴保健法，市卫生部门在全市推行“母亲安全工程”，成立由市分管领导为组长的“岑溪市母亲安全工作”领导小组，出台市、镇“母亲安全工程”实施方案，开展妇女保健与母婴安全知识咨询活动。1999—2000年，组织5次大型的母亲安全知识咨询活动，发放宣传资料1万多份，接受宣传教育的妇女10万多人次。2003年，市妇幼保健院在“三八”妇女节前后，用50天时间进行妇女“五期”（青春期、经期、孕期、哺乳期、更年期）保健知识宣传活动，并开展以妇女病为主的普查、普治工作。年内普查妇女人数8000多人，对病患人员，均采取相应的治疗措施。

产妇系统管理与母婴保健

20世纪90年代初，岑溪针对新生儿破伤风病率较高的状况，在全县育龄妇女中开展普遍接种破伤风类预防疫苗工作。同时对全县村级接生员进行新法接生培训，推广新法接生，减少新生儿破伤风发病率。1995年母婴保健法实施后，实施“母亲安全”工程，建立孕产妇系统管理制度，实行分级管理。对确诊的高危孕产妇实行早（期）建卡，中、晚期定期检查，并进行专案管理，做好跟踪随访，指导孕产期保健、营养、卫生等工作。1996年，市人民医院妇产科开设孕妇学校，对孕产妇保健教育、宣传母乳喂养知识等。90年代末，市卫生部门通过对农村接生员的再培训和考试，使其中一部分转为农村妇幼保健员，加强孕产妇保健指导工作。2000年，全市有18个医疗单位（医院、卫生院）通过“爱婴医院”验收，农村孕妇住院分娩率获得提高，母婴保健措施不断完善。2002—2005年，全市有产妇15066人，产前检查14410人，产前检查率95.65%；新法接生14896人，新法接生率98.59%。住院分娩13365人，住院分娩率88.59%。孕产妇系统管理13509人，系统管理率为89.55%。高危住院分娩3271人，高危住院分娩率为97.82%。期内无新生儿破伤风病例发生，孕产妇死亡率为13.26／10万。

妇幼保健院保健科开展的新生儿游泳及儿童早期发展促进活动中心是岑溪最早的儿童发育训练基地（2005年　摄）

"降消"项目

2003年9月，岑溪市被定为全国实施"降低孕产妇死亡率和消除新生儿破伤风"（简称"降消"）300个项目县（市）之一，开始实施"降消"项目工作。10月起，市卫生部门与妇幼保健院通过项目管理培训及专业技术培训入手，全面提高各级医疗机构和医务人员管理能力及技术水平；建立健全市、镇、村三级孕产妇急救系统、完善急救措施。在市人民医院成立"产科急救中心"，全天候开通孕产妇急救绿色通道。2005年，市妇女儿童医院成立"孕产妇急救中心""妇女儿童急救中心"，加强对孕产妇和儿童危急患者救治工作。对全市各医疗单位实行严格助产技术准入制度，对助产技术人员及村级保健人员进行培训及考核换证。提高助产技术质量，巩固爱婴成果。同时实行孕情及高危妊娠月报告制度，加强孕情追踪及高危管理。

第二节　儿童保健

儿童健康保护系统管理

1991—2005年，岑溪县（市）的儿童健康保护工作，日趋完善与规范。

1991—1994年，岑溪县妇幼保健站为摸索儿童保健管理经验，首先在樟木乡思英村进行儿童保健系统管理试点工作。然后推广到部分乡镇和县城范围内的机关、企事业单位。方法是通过向7岁以下的儿童发放《儿童健康手册》，记录其入托入幼体检、预防疫苗接种、病历及其他健康状况，由县妇幼保健站、乡镇妇幼保健医生进行监测，对弱体儿童实行专案管理。1995年起，在全市范围内开展儿童健康保护系统管理工作。在坚持做好市直、乡镇直及农村儿童保健试点儿童工作的同时，加强集体儿童（幼儿）保健指导工作，尤其是示范性托儿所的系统健康指导。全面推广应用口服补液盐治疗儿童腹泻，开展5岁以下儿童肺炎、腹泻病例管理工作。在各医疗机构（医院、卫生院）开展创建"爱婴医院"活动，宣传母乳喂养，提高母乳喂养率。1998—1999年，开展全市性社区儿童健康保护教育活动，利用儿童体检，就诊的时机及通过影视广播、宣传栏、报刊资料等媒体，开展多种形式向家长、社区成员宣传儿童保健有关知识，提高全社会对儿童健康保护的意识。

进入21世纪后，根据全国《城乡儿童保健工作要求》，岑溪市于2003年制定了《全市儿童系统保健管理方案》，加强幼托机构卫生管理，强化集体儿童健康保障。市卫生部门与妇幼保健院坚持每年分别对幼儿园园长、保健医生、保健员进行管理知识和卫生保障技能培训，依法规范管理托幼儿童的健康保护工作，加强集体儿童卫生保健的指导和儿童智力潜能开发，建立儿童生长发育监测、营养咨询、辅食制作及健康体检等机制，促进儿童健康成长。

儿童免疫规划

20世纪80年代中期起，岑溪建立儿童免疫规划管理制度，规定以常规免疫接种为核心，消除免疫空白。1991年后，采取常规免疫和强化免疫相结合，建立县（市）、乡镇、村三级计划接种服务网络。对0～3岁儿童接种“四苗”（麻疹、百日咳、卡介苗、小儿麻疹糖丸）。2000年起，每年开展6次以上冷链运转接种，并在7岁以下儿童中开展2次以上查漏补种工作。至2005年，全市儿童免疫接种建卡16182人，建卡率18.11%。计免“五苗”基础免疫接种率达95%以上，当年调查7岁以下常住儿童10万多人，补卡213人，计免漏种儿童7641人，补接种6649人，补接种率87.02%。

1993年起，市卫生防疫与妇幼保健部门在加强儿童计划免疫管理的同时，根据婴幼儿系统管理的相关规定，继续加强5岁以下儿童肺炎、腹泻病例管理。一方面向社会和家庭广泛宣传婴幼儿卫生保健知识，传授推广家庭婴幼儿护理知识及技巧，指导家长识别儿童肺炎、腹泻症状并及时送医。另一方面，根据儿童各年龄特点，定期做好健康检查，及时了解儿童生长情况，发现疾病缺点及时纠正。凡发现儿童肺炎、腹泻病例，及时治疗防控。2005年，全市累计发现儿童肺炎9068例，管理8928例，管理率为96.25%；发现腹泻病例4855例，管理4545例，管理率93.61%。

第三节　妇幼卫生调查与贫困产妇救助

妇幼卫生调查

1990年，岑溪县列入世界卫生组织、联合国儿童基金会、世界人口基金资助的《加强中国基层妇幼卫生／计划生育服务》国际合作项目县，为广西全区16个项目县之一。从当年5月起，岑溪开始进行实施项目前的1989年与妇幼卫生的有关数据基础调查。1995年，开展该项目终期基础调查。

1999年，岑溪市定为广西“孕产妇死亡、5岁以下儿童死亡与出生缺陷”监测点。建立孕产妇死亡监测网和5岁以下儿童死亡监测网及出生缺陷监测网，并开展“三网”监测调查工作。运用监测调查数据指导制定孕产妇及5岁以下儿童保健保护措施。2006年，岑溪市“三网”监测被定为全国监测点，依据国家卫生部门规定，加强产前筛查告知及监测工作，以提高人口出生质量。

2003年，岑溪市被定为全国实施“降低孕产妇死亡率和消除新生儿破伤风”300个项目县（市）之一，开展了该项目基础调查，2005年，对该项目实施效果进行评估调查。

1989—2005年岑溪市妇幼卫生有关指标调查情况表

表19-4-1

指标＼年份	1989年	1991年	1995年	1999年	2003年	2005年
总人口(人)	624253	653791	718516	755644	819026	839258
活产数(人)	15777	13788	11854	11573	13151	14222
孕产妇死亡率1/10万	152.12	109.74	42.18	60.49	76.04	40.75
新生儿破伤风发病率‰	7.25	4.09	1.94	0.64	1.14	0.27
婴儿死亡率‰	65.22	32.70	23.54	21.60	20.30	14.47
5岁以下儿童死亡率‰	89.37	40.38	27.42	28.17	26.84	19.29
住院分娩率%	3.32	12.73	20.79	33.15	67.02	82.07
新法接生率%	95.84	95.91	96.91	96.57	96.67	97.66
孕产妇保健覆盖率%	14.29	88.03	92.07	94.44	95.01	94.33
儿童保健覆盖率%	15.01	14.73	47.39	59.32	64.24	64.48
住院分娩出生缺陷发生率‰	—	—	—	—	21.93	19.10

贫困孕妇产妇救助

2003年，岑溪市被定为全国“降消”项目县(市)后，市委、市政府为降低孕产妇死亡率，决定实行对贫困孕产妇救助措施，从财政收入中划拨一定数额资金，对城乡贫困孕产妇实行救助，使贫困孕产妇在妊娠期或产期因病或因产得到相应救助。当年全市有200多位贫困孕产妇获得每人100元的救助资金，救助金额2.76万元。2004年起，救助人数增加，救助金额达8.3万元，2005年，全年救助孕产妇1203人，救助金额14.5万元。

第五章　食品药品监督管理

1995年,《中华人民共和国食品卫生法》颁布施行,岑溪县卫生防疫站成立食品卫生科,依法对食品卫生进行监测、监督管理。1991年至2000年年初,食品卫生监测和监督管理仍由县(市)卫生防疫站食品卫生科负责。2000年2月,卫生防疫站食品卫生科撤销,成立岑溪市卫生局公共卫生监督所,食品卫生监测监督管理职能由该监督所承担。2005年1月,岑溪市卫生局公共卫生监督所撤销,食品卫生监测监督管理职能划归更名为梧州市食品药品监督管理局岑溪市分局(简称为岑溪市食品药品监督分局)管理。

1986年,岑溪县成立医药管理局,岑溪医疗卫生与药品管理分开,药品管理进入依法管理轨道,1990年8月与10月,岑溪县人民政府先后颁布《关于加强药品生产、经营和使用单位的若干规定》《关于整顿医药市场秩序,加强药品管理的通告》,进一步规范县内药品生产、经营和使用的管理。修订后的《中华人民共和国药品管理法》于2001年12月1日实施。同年12月,经自治区人民政府批准,撤销岑溪市(县级)医药管理局,成立梧州市药品监督管理局岑溪市分局(以下简称岑溪市药监分局)。药品监督管理机构升格为自治区人民政府直属机构。市内药品监督管理职能进一步强化和规范,相关监督与管理工作依法治理并不断取得好成绩。2005年1月,梧州市药品监督管理局岑溪市分局更名为梧州市食品、药品监督管理局岑溪市分局,增加食品监测监督管理职能,药品监督管理职能不变。

第一节　食品卫生监测监督

1991—2000年年初,食品卫生监测监督由市卫生防疫站食品科负责,每年除对辖区内的食品生产经营单位进行人员体检发放健康证和审批发放经营许可证管理外,还定期或不定期地对上市食品进行卫生、安全质量监督、监测与执法大检查,以确保食品卫生安全。1995年《中华人民共和国食品法》颁布实施,加大了食品卫生执法力度。当年全市食品经营生产单位卫生许可证发证率及从业人员健康体检办证率均达100%。检出过期变质食品和“三无”(即无生产单位、无质量标准、无保质期)食品14700多件,全部没收销毁。2000年2月,卫生防疫站食品卫生科撤销,成立岑溪市卫生局公共卫生监督所,食品卫生监测监督改由该机构负责。同年,在饮食单位推广使用“农药速测卡”与机关、学校集体食堂、饮食业企业购进食品原料定点采购及购物制度,从源头上防控食品食物中毒事件的发生,确保食品卫生安全。2001年起,市卫生局公共卫生监督所联合工商、公安、城管等部门,每年开展3~5次整治食品市场经济秩序联合行动和食品卫生质量监督检查专项整治活动。检查、检测各商铺、超市、批发部及饮食摊档的各类蔬菜、果类、米面制品、奶品、糖饼及酒类、饮料等各种食品,尤其加工类食品是否霉变过期或含有超标超量如“吊白块”“甲醛”“苏丹红”“氰化钠”等严重危害人体生命健康的添加物质。一旦发现,当即追回,没收销毁,严肃处理。2003年,发放食品卫生许可证4459个,抽检各类食品1155份。同年,成立市餐具消毒中心,对市区内所有饮食摊店供应集中式消毒餐具。2005年1月,岑溪市卫生局公共卫生监督所撤销,食品卫生监测监督职能划归同时成立的梧州市食品药品监督管理局岑溪市分局(以下简称“食药监管岑溪市分局”)。其他卫生监督执法职能由同月成立的“岑溪市卫生监督所”执行。食品药品监管岑溪分局成立后,岑溪市

成立由17个相关部门联合组成的食品安全协调委员会，制定协调委员会组成部门规则，明确成员单位职责，建立食品安全协调委员会联络员资料档案。启动以岑溪中学、百家乐超市为试点单位的食品放心工程，制定食品安全试点工作方案和食品专项整治工作方案，开展食品卫生安全综合全面监管工作。是年，开展食品安全检查工作3次，查出有卫生质量问题的假冒伪劣食品469千克，瓶装酒103瓶种，捣毁私宰窝点2个，没收不法肉品435千克，处罚不法屠宰商2人。查处其他食品卫生案件32件，立案处罚款4300多元。

第二节　药品经营监督

药品经营准入许可管理

1990年，经药品管理职能部门批准许可，岑溪有药品批发企业（公司）2家，下属零售药店5家、集体批发网点14家，私营零售药店65家，药品使用单位516家（其中有国家医疗单位30家，村级卫生所434家县卫协会及分会药房52家），共602家。1995年，在药品管理法执法检查中，检查药品经营、使用单位305家，发现违法单位22家，对其实行停业整顿及没收违法所得。2000年，查处无证经营案件6起，没收所有药械并给予处罚。当年监督、检查全市药品经营单位425家，监督检查覆盖率85%。2001年12月岑溪市药监分局成立后，依照《广西壮族自治区开办药品零售企业审批程序规定》，分局重新审批市内药品零售企业（包括药品零售连锁法人企业），开展药品经营企业许可证年审复查工作。在药品零售企业中实行“七统一”即统一印制药品购销验收记录、统一药品标价卡、统一设立监督岗、统一药品质量管理制度、统一药品分类管理标识、统一从业人员佩戴上岗证、统一拆零药品包装的管理。建立辖区内药品企业质量数据库，规范药品经营秩序。2003年，查处无药品经营许可证经营药品案件23起。2005年，全市有药品批发、零售企业、药店293家，医疗器械经营企业10家（其中专营5家，零售、兼营5家）。

药品经营质量管理与监督

20世纪90年代，岑溪县（市）对药品经营质量管理与监督，主要通过宣传教育、培训涉药人员与执法检查（包括抽查）的方式进行。检查药品经营企业（含药品使用单位）是否按规定配备依法经过资格认定的药学技术人员。具备与所经营药品相应的营业场所、设备、仓储设施、卫生环境和相关药品保管、储存、养护、销售检定规章制度等。杜绝销售（使用）假、劣、伪与过期失效药品。2001年，《中华人民共和国药品管理法》修改重新颁布实施后，岑溪市药监分局根据国家《药品经营管理规范实施细则》和自治区药监局的部署，分别采取教育培训涉药人员，抓好药品经营企业GSP认证跟踪检查、开展农村药品供应网、监督网“两网”建设和药品经营企业信用等级管理等多种方式，加强药品经营质量管理与监督。开展定期或不定期的执法检查，打击各种违法药品经营行为。2004年派出工作人员逐一走访市区80家药店，按GSP标准进行改造，其中48家经GSP认证中心现场检查有44家全部通过GSP认证现场检查。同年，市区内有两家药品批发企业通过自治区食药监督GSP认证中心现场检查，成为梧州市区内首批通过GSP认证现场检查的县级批发企业。至2005年年末，全面完成县以下药品经营企业GSP认证工作。

第三节　药品、医疗器械生产经营与执法监督

岑溪的药品生产最早源于1958年人民医院成立的“时珍制药厂”，70年代末更名为“人民医院制剂室”。曾生产过止咳药水、软膏剂、胎盘针、四方连片、布渣冲剂、肝炎冲剂、铁打药酒、新补肾等药品。

1996年药剂室药品产值156万元。1999年,由于“制剂许可证”换证审批,依新证许可范围逐步减少生产,2003年停止制剂生产。

2002年10月和2003年年初,先后成立三禾药业有限公司、和云制氧厂药品生产企业和1家医疗器械企业、3家药材包企业有限公司。

2004年,岑溪市三禾药业有限公司建成投产。市药监分局在该公司申办时,通过申报资料审查和现场检查,及时为该企业颁发《药品生产许可证》。为了确保企业生产质量,2003年3—6月,为该公司举办了一期有300多人参加的中药饮片从业人员上岗培训班。该公司建成投产后,每年坚持派出人员指导和加强药品生产各环节的监管工作,确保药品生产质量。

1991—2005年,岑溪县(市)医药管理部门依照药品管理法的规定,每年均组织药品监督、检查人员对辖区药品经营、使用单位开展定期或不定期的执法检查(抽查),1991—1995年,先后对全县190多个医药经营企业进行检查,查处违法违规经济单位60多个,分别作整顿整改和没收违法药品和罚款处理。2000年,查处各类违法案件63起,没收违法药品价值3.8万元,收缴罚款5万元,销毁1.2万元的过期、伪劣假药。2002年,梧州市药品监督管理局岑溪分局成立后,在全市推行药品分类管理制度的同时,把药品稽查与药品生产、经营、使用专项整顿治理相结合。通过药品安全网络监管,规范药品经营市场秩序和开展药品执法宣传教育等多种和方法,加大药品执法监督力度。当年检查药品经营,使用单位(门店)76家,其中27家有违法违规行为,涉案7000多元,均作没收违规药品和罚款处理,罚款3.67万元。2003年,与市工商、卫生、质量技术监督和公安机关联合开展执法大检查,检查全市药品生产、经营和使用单位1127个。查处无证经营医疗器械案件2起,涉案人员3人;查处药品违法违规经营单位(门店)26家,劣药95个品种。2004年,与邮政部门联合开展邮政渠道寄递假劣药品专项监督检查活动,检查全市17个乡镇和市区3个邮政部门共20个单位,检查活动中未发现寄递假劣药行为。2005年,检查市内药品生产企业1家,药品经营企业374家,医疗机构277家,医疗器械生产企业1家,医疗器械经营企业17家。立案查处药品、医疗器械违法违规案件59件,涉案金额6.60万元。没收药品、医疗器械货值3.40万元;没收违法所得1.80万元,罚款罚没合计20.6万元。

第四节　医疗机构药品与特殊药品专项监督管理

医疗机构药品与药房、药库管理

医疗机构药品管理包括药剂许可管理和药品质量管理两个方面。2002年,药品管理法修订实施后,市药监分局依照药品管理法和药品管理法实施条例相关规定,在切实抓好医疗机构药剂许可监督管理,严格审查《医疗机构制剂许可证》发放(含变更、换发或撤销)制度,全面监督《药品生产质量管理规范》(GMP)、《药品经营质量管理规范》(GSP)的实施贯彻的同时,与卫生部门密切配合,开展医疗机构“规范药房”管理活动。2003年起,在全市药品零售企业中实行“三牌”制管理,即白牌整改、黄牌停业整顿,同时从业人员佩戴上岗证亮证上岗。2005年,市食品药品监管分局成立后,与市卫生局联合下发《岑溪市医疗机构“规范药房”建设实施方案》,成立了“规范药房”建设工作领导小组,并在筋竹镇卫生院、安平镇卫生院开展“规范药房”建设试点工作。试点工作结束后,在全市、镇、村医疗卫生机构推开。

特殊药品、疫苗、终止妊娠药品与兴奋剂的监督管理

特殊药品主要指麻醉药、精神药等特殊用途药品。2005年起,市食品药品监督管理分局依照国家颁布《麻醉药品和精神药管理条例》与特殊药品经营企业签订特殊药品管理责任书,明确监管部门和企业各自的任务职责。强调企业主要负责人为特殊药品安全管理的第一责任人。务必依法管理和使用(销售)

特殊药品，在满足医疗需求的同时，市药监分局坚持实行季检查制度，重点检查辖区内第二类精神药品批发企业，杜绝流通环节特殊药品违法行为。

2005年3月，国务院颁布《疫苗流通和预防接种管理条例》。依照该条例规定，岑溪市食品药品监督管理分局切实加强疫苗监管，对疫苗流通和使用单位进行全面检查，包括经营、使用单位资质、资格、疫苗来源、供货渠道是否合格及疫苗运输、储藏条件是否符合国家规定要求等。年内专项检查中，出动220多人次，检查药品批发企业、零售企业290多家，疾病预防接种机构和乡镇医疗机构23家。

[第二十篇]

民族　民俗
宗教　语言

从民国时期开始,岑溪县人口绝大多数为汉族,20世纪50年代以来开始有少数民族人口迁入,80年代起,随着岑溪经济发展和外地来岑务工潮,少数民族迁入人口增加,但汉族人口仍占99%以上。1991—2005年,岑溪的民间习俗基本沿袭传统形式,一些旧习俗已被淡化甚或遗忘,不再复现。信教的居民有所增加,除原有位于市区玉梧大道天主教堂及糯垌绿云天主教堂外,一些信佛的居民在岑城甘冲社区新建了一个念佛堂并进行合法登记。地方语系、语种不变。20世纪90年代,岑溪市加紧推广普通话,在干部队伍中开展普通话培训。随着外地流入岑溪经商办企业和务工的人群增加,普通话在居民中基本得到普及。

第一章　民　族

第一节　机　构

1992年5月，岑溪县成立岑溪县民族事务委员会，具体负责全县的民族事务工作，1997年11月，岑溪县民族事务委员会改称为岑溪市民族事务局。2001年12月，岑溪市人民政府下发《关于市党政机构改革的实施意见》撤销岑溪市民族事务局，成立岑溪市民族宗教事务管理办公室。

1997年以前，岑溪县民族事务委员会及岑溪市民族事务局办公室与市政府办公室行政科共用一间办，1998年后，由市政府在政府院子内安排一间独立办公室。2003年1月，市民族宗教事务管理办公室在市委统战部挂牌办公。1997年前民族工作机构仅有1名干部，1998年后增至2名。2002年机构改革后，民族宗教事务管理办公室有1名干部。

第二节　汉族与其他民族

明清时期，岑溪有相当数量的瑶、壮民居住（旧志有百余瑶山壮屯的记载），随着大量汉人迁入和清末民国初期民族融合，绝大部分瑶壮人汉化，至新中国成立初期，岑溪市居民绝大部分为汉族。1991年岑溪市总人口661658人。其中，汉族人口660101人，占99.76%；少数民族人口1557人，占0.24%。2005年时全市总人口827863人，其中汉族人口824377人，占99.58%，少数民族人口3486人，占0.42%。市内的少数民族人口多为20世纪80年代以来外地迁入，主要是到岑溪工作后在岑溪落户的少数民族及其子女、婚嫁到岑溪的少数民族妇女和随母的少数民族成分的子女。居住在市内的少数民族人口中，有壮族、回族、苗族、布依族、侗族、瑶族、傣族、黎族、水族、京族、仫佬族、毛南族、土家族、白族等少数民族，各少数民族分散居住在全市17个乡镇。1997—2005年，到岑溪务工经商的少数民族（主要为瑶族）流动人口有1000～1500人，主要集中在南渡镇，从事竹芒编等工作。少数民族人口很少，零星分散在市内各镇的各村落，在与本地汉族居民交往中，入乡随俗与汉族居民和谐相处。那些嫁到岑溪市的少数民族妇女，部分子女随了母亲的少数民族成分。

第三节　民族事务

贯彻民族法规

民族工作部门成立后，加大对民族区域自治法的宣传和贯彻，市内各民族平等、团结、互助。1997年以后，到岑溪务工经商的外来少数民族流动人口不断增多。2000年12月11日岑溪市政府出台《岑溪市少数民族人口管理办法》，加强对外来少数民族流动人口管理，保障外来少数民族流动人口的合法权益，尊重他们的风俗习惯。外来务工经商的少数民族群众与本地汉族群众团结和睦,友好相处。

民族教育

1997年,岑溪市民族事务局筹建岑溪市民族学校。根据岑溪市编委《关于岑溪市民族学校定性定编问题的批复》明确规定岑溪市民族学校为自收自支、自负盈亏的民办学校。该校办学经费全部由当时的民族事务局长李国及其他有关社会人员私人筹集。校址位于市区内玉梧大道东152号(李国私宅),该校为成人教育性质的学校,主要与广西民族学院合办成人函授大专班,招收市内攻读函授大专学历的成人考生,由广西民族学院派出教师授课。1998年8月,该校开始招生,至2001年,招收中文、金融、法律专业学生200多人。2005年获得大专毕业证书的有152人,同时民族学校还按照广西区民委的要求,对265名少数民族青年进行职业技能培训。

市民族事业局牵线搭桥为少数民族群众解决就业难题。图为融水苗族自治县青年在南渡镇的竹芒编加工场工作时的情景(1999年　李强　摄)

1991—2005年,高考、中考时,符合条件的少数民族考生均能获得加分照顾。

帮助边远山区少数民族脱贫

1997年,在边远山区有少数民族贫困人口650名,市政府民族工作部门通过帮助少数民族居民外出务工、落实扶贫专项资金、加强实用技术培训等方法进行脱贫,至2005年年底有416名少数民族贫困人口脱贫。

少数民族干部的培养

1992年起对有培养前途的优秀少数民族干部建立档案,着意培养,给予历练机会,合理安排使用。2005年,全市有少数民族干部80人,有21人担任各级领导。

第二章　民　俗

第一节　生产习俗

岑溪历史上曾有打春子,起长春福,立秧神、荐新、起禾福、做牙祭等生产习俗。

打春子

明清时期,在每年的初春由知县主持执香拜神、鞭打用纸糊成的假牛,祈求值年之神降福于民,以保风调雨顺、国泰民安、五谷丰登、六畜兴旺的活动。

起长春福

每年农历二月初二,同一自然村的村民拜社公(土神),祈求保佑全村男女老幼平安、人口兴旺、农业生产有好年成。

立秧神

早晚二造,将谷种播下秧田后,在田基插上几炷香,请求秧神保佑谷种不被鼠雀吃掉、秧苗不会发生烂秧。

荐新

在每年农历六月,将新收获稻谷碾出的新米与旧谷碾出的旧米混在一起煮饭,有以供奉祖先、社公,意为新粮旧粮交替,不会断粮,一年粮食无虞。

起禾福

将司五谷之神的塑像从庙中抬出,巡游于田野,经过稻田时,插上写有“令”字的杏黄旗,以祈稻谷不被鼠雀所耗。

做牙祭

从事各行各业的工匠在农历每月的初二、十六日,拜赵公、鲁班等行业之神,祈求生产安全、生意兴隆、财源广进。

上述生产习俗中,明清时期的打春子到民国后已不再进行;荐新、起禾福解放后已绝迹;立秧神在20世纪50年代农业合作化后不再搞,80年代实行土地承包制后,有极个别老年农民恢复过这一活动,1991—2005年这一习俗已不再出现;做牙祭习俗在70年代前民间还间或出现,但已淡化,1991—2005年已不再存在。起长春福作为民间集体起福的习俗,至2005年时仍普遍存在,但起福时间已不限定农历二月初二,而是在二月择吉日进行。

第二节　节日习俗

20世纪50年代以前,岑溪民间的传统节日甚多,每年不下三四十个。50年代至80年代,一些节日已逐渐被人淡化,而较少开展有关活动。90年代以后比较普遍开展活动的传统节日主要有春节(包括小年、除夕、开年、人日）清明节、四月八、端午节、七月十四（又称鬼节）、中秋节、冬至。

岑溪人过传统节日有共同的特点，一是晚餐比平时丰盛；二是一家人尽量团聚，但是已出嫁的妇女在冬至、过年、七月十四时忌在娘家过节，认为在娘家过节不吉利，有过冬空，过年穷，七月十四死老公的说法。三是必须祭拜祖先及社庙神灵。诸多节日中，尤以春节、清明节、端午节、七月十四、中秋节、冬至节等几个节较为隆重。其中清明节、端午节、中秋节过节习俗与全国各地基本相同。

春节

农历正月初一为春节，过春节又称过年，是各传统节日中最为隆重的。过年时间从农历十二月二十三日“小年夜”算起到次年正月初七人日止。小年夜这天，民间各家各户拜灶君爷，“送其上天”。过了小年夜，各家各户开始“扫屋”，打扫室内卫生，并开始置办年货（年货主要为鸡鸭、鱼肉、腐竹、竹笋干、腊味、烟糖酒、果品、服装、春联、鞭炮及拜神用的线香、宝烛等），小年夜后到年三十晚（除夕）这段时间各圩镇每天人头攒动，各商铺生意兴隆。这段时间是一年当中最舍得花钱的日子。

除夕的晚餐是一年当中最为丰盛的。白斩鸡、豆腐酿、扣肉、猪脚煲笋干、鱼等是较为常见的菜谱。岑溪人过年最为看重的就是一家人团聚在一起高高兴兴地吃一顿丰盛的年夜饭。2000年以后，市区逐渐有个别家庭到饭店、酒家包桌吃年夜饭。除夕这天下午，人们开始在自家门口张贴春联、门神、利是钱、挂灯笼。吃罢年夜饭后，通常一家人聚集家中（称为守岁）。80年代后，居住在市区及圩镇附近的居民到街上趁夜市，有的还到歌厅唱歌、到酒吧饮啤酒、红酒，到咖啡厅喝咖啡、饮茶，或在家中聚谈，观看电视台播放的文艺节目。除夕晚到大年初一，按传统习俗厅堂、厨房及有人住的房子，都要点上油灯，通宵不灭。有电灯后则改为开亮电灯。除夕夜点灯，民间有种说法是，这天晚上老鼠嫁女，点灯为其祝贺。

除夕晚过午夜12时以后，进入了新的一年，岑溪人称大年初一朝。这时人们开始燃放烟花、爆竹，以示送旧迎新。在市区、圩镇及人口密集的地方，爆竹声震耳欲聋、火光四溅，硝烟弥漫，人们紧闭门窗，防止烟尘污染室内。大年初一早上，农村居民开始拜年，以糖水汤丸作为祭品敬拜祖先及社庙神灵，以祈保佑新的一年四季平安，添丁发财。这天早上，尽量讲吉利的说话，不吉利的话要避开。老一辈会给年轻人、小孩派发利是（红包）。大年初一人们相见时互相祝福，祝词大多是简短朴素的“恭喜发财”“顺利”等。大年初一早上人们多是吃糖水汤丸。这天忌杀生、中餐及晚餐的肉类都是春节前置办的和年三十晚吃剩的。正月初二为开年日，不再忌杀生，各家各户杀鸡煮肉用以祭拜祖先和神灵。开年日的晚餐也很丰盛，但较之三十晚略有逊色。大年初二，禁忌少了，亲戚朋友之间可互相走访。到了正月初七人日，各家杀鸡煮肉，祭拜祖先，一家团聚、丰盛晚餐。过了人日，春节就过完了，在外就读的学生及要到外地打工的居民逐渐离家外出，在家务农者也开始筹备春耕生产。

每年春节岑溪市都会举办多种文体活动丰富群众生活。图为春节的猜谜活动（1991年　摄）

每年春节期间，市文化体育部门从大年初一起即安排各种文体活动，主要有书画展览或书画比赛、篮球赛、足球赛，在市区人民广场舞台从年初一晚开始，安排音乐晚会、粤剧、牛娘戏、舞蹈专场等文艺演出。各镇政府组织的文体活动以篮球比赛为主。民间有自发组织的文体活动，主要有舞狮、舞龙，民间牛娘剧团到各村寨表演古装牛娘戏。此外还有三五人一组，穿着古装戏服的贺年队到各单位、店铺及各家各户演唱祝颂式吉利唱词

的牛娘歌。舞狮队、舞龙队、贺年队到各单位各店铺及各家各户门前贺年、表演时，事前送上一帖，预先告知。主家接到帖后，准备好爆竹、红包，舞狮队、舞龙队或贺年队到来时鞭炮相迎，离开时鞭炮相送，并打发一个红包。牛娘队到各处演牛娘戏大多数由一些发了财的老板出钱或由部分群众自愿集资相请，其他群众及邻里则免费观看。

春节为法定节假日，1991—2005年，农历正月初一、初二、初三放假三天，经调假后，假期为七天。

元宵节

正月十五元宵节在岑溪除三堡镇及安平镇的部分村民过节（祀神、加菜、团聚吃汤丸）外，其他居民均不过元宵节。这是岑溪较别处特殊的地方。

正有节

农历正月最后一天，亦即正月穷尽日，一般群众避忌“穷”字，称之为“正有”，至今民间还流行用糯米粉加艾草做艾。

惊蛰节

惊蛰当天，岑溪民间至今兴摘黄花野艾煮粥或煲饭，也有将艾捣烂后和糯米粉做艾，传说认为这一天吃了艾能增强预防疾病的免疫力，特别是不怕吃到老鼠毛。

清明节

清明当日扫墓、祭祖。

农历四月初八

农历四月八称浴佛节，矮瓜（茄子）新收获，酿矮瓜在岑溪是一道有名的农家菜谱，许多人家会做矮瓜酿，所以四月八又被戏称为“矮瓜节”。

农历五月初一

各家会将菖蒲、艾草、桃树枝等混扎成束，挂于大门口，以辟邪祛秽。

农历五月初五端午节

黄华河沿岸的水汶、南渡镇和义昌江中下游镇村有赛龙船的习俗，城乡民众各家各户包米粽、杀鸡鸭纪念屈原投江。

农历七月十四（盂兰节、鬼节）

大多人家杀鸭并用煮熟的整鸭作为祀神的祭品（平时祀神不能用鸭），七月十四又被戏称为“鸭儿节”。解放前七月十四晚上居民会搞“施幽”（即在户外烧线香宝烛摆祭品，祭孤魂野鬼）活动，解放后已不再搞。七月十四日白天忌上山，晚上忌出门，以免撞鬼。

农历八月十五中秋节

节前各家各户均购月饼，用于馈赠亲友及自食。中秋节一家团聚吃丰盛晚餐，饭后于月下饮茶吃月饼，拉家常。

冬至

岑溪居民有过冬至的习惯，有冬大过年的说法，比喻冬至在民间较重要。

其他节日

解放后，根据国家规定新增加许多节日，有公历元旦、“五一”国际劳动节、“十一”国庆节、“三八”国际妇女节、“五四”青年节、“六一”国际儿童节、三月十二日植树节、五月十二日护士节、七月一日建党节、八月一日建军节、九月十日教师节、农历九月九日敬老节等。国庆节各单位升挂国旗，市政府在人民广场举行升国旗仪式，文体部门组织文艺晚会、歌咏比赛。元旦、“五一”劳动节、国庆节有法定假日，有的居民利用元旦、“五一”、国庆节长假外出旅游，不少居民会加菜庆祝。其他节日有关部门安排各种纪念活动。

三月八日妇女节，县（市）妇联及和各单位组织妇女开展纪念活动，女职工放假半天。三月十二日植树节,机关、事业单位职工开展义务植树造林活动。五月四日青年节、共青团组织吸收新团员并学行入团宣誓仪式,共青团员志愿者开展社会公益活动。五月十二日护士节,各医疗卫生单位组织护士开展座谈会,或开展文化娱乐活动。六月一日儿童节,各小学组织学生开展少年儿童文艺活动一些单位给学校的小学生或本单位职工的孩子发慰问品。七月一日建党节,各级党组织吸收新党员,举行新党员入党宣誓仪式,慰问老党员。八月一日建军节,地方政府开展拥军优属活动,慰问县(市)武装部,武警部队官兵。九月十日教师节,各学校举行纪念活动,地方政府举行教师座谈会和慰问教师。农历九月初九敬老节,各单位慰问退休职工。

20世纪90年代以后,由于受西方文化的影响,一些年轻人在12月25日圣诞节和2月14日情人节自发举行一些活动,商家也利用这些节日搞促销,民间则普遍不搞节庆活动。

第三节 婚 俗

20世纪50年代以来,提倡恋爱自由,结婚自愿。逐步破除父母之命的包办婚俗,进入90年代,男女双方恋爱有经亲戚朋友介绍的,有经婚姻介绍所介绍的,有经媒人介绍的,有双方为同学、同事认识的。到2005年前后,互联网发展逐渐扩大,有的恋爱结婚是通过“网恋”实现。

男女双方经恋爱确定婚姻关系后,到民政婚姻登记部门办理婚姻登记手续、领取结婚证,婚姻关系确立。办了婚姻法定手续后,有的既不摆酒、也不请客,有的双方一起到外地旅游结婚,有的举行婚庆仪式并摆酒请客。举行婚庆仪式,请亲朋好友饮喜酒的居多。在岑溪,男女结婚男方要给女方一定彩礼,但彩礼不多且极少有对彩礼漫天要价的现象。彩礼数额从20世纪90年代初的三五千元到2005年的1万元左右。岑溪人对彩礼还有礼无足数的习俗,如5000元彩礼的只给4800元,一万元彩礼的只给9800元。90年代起,婚庆程式已被简化。在农村,迎娶新娘之前要先“报日”,即新郎家要派人送礼担到新娘家,送上礼品和礼金,并递交日子单告知迎接新娘的日子。婚庆当日,新郎选择吉时出门迎接新娘,称为出礼。新郎出门时,燃放鞭炮,并有一班迎亲人员相随,迎亲人员多为男性,称为“客郎”。迎亲的礼品有迎亲担、敬祖担和孝敬新娘叔、伯的礼担。迎亲担有礼金、一对活公鸡、猪肉、烟糖酒饼、槟榔、面条、叶包粽(米粽)等;敬祖担则要备敬祭新娘祖宗的祭品,有熟公鸡一只、熟肉一块、茶、酒、鞭炮、花红、宝烛、线香等,这些东西在拜祭新娘祖宗时使用。孝敬新娘叔伯的礼担是新娘有多少叔伯就备多少条担,其礼品为猪肉、面条,烟糖酒饼、叶包粽,新娘叔伯只领担子一头的礼品、余则退回,称之回礼。迎亲的交通工具90年代初为摩托车,农用车,到了90年代后期至2005年前后,用小轿车、小客车迎接新娘和搭乘迎新人员,用货运汽车运载礼担嫁妆。新郎到新娘娘家时鞭炮迎接。新娘娘家这天中午时会置办宴席,宴请亲戚朋友。宴席散后即送新娘出门。新娘出门时不能踩踏门槛,需娘家亲属为其打伞,并烧鞭炮送行。用小车和货车迎接新娘的,小车和货车均披红挂彩,贴大红喜字和上书百年好合、永结同心等彩纸,一路喜气洋洋而回。新郎新娘回到新郎家门时,均由亲属为其打伞,入门时也由亲属为其接伞,同时烧鞭炮相迎。新郎新娘入门不能踩踏门槛。这时正屋厅早已点上龙烛,满屋辉煌,拜祭祖先的案桌及祭品也已摆放妥当,新郎新娘双双步入正屋厅三拜祖宗,称为拜堂,之后新郎带新娘步入洞房。新娘入洞房后,由新郎家族中已结婚并夫妻健在,又有儿子的两个男人(称好命公)点燃两支龙烛(或点燃两盏油灯),称为发烛,发烛者高声念唱吉诗:日吉时良,天地开张,白头偕老、五世其昌。

喜宴开始后,新郎新娘步出洞房向来贺喜的亲朋好友敬烟、敬茶、敬酒。婚宴散后,洞房中新郎新娘就寝前,由新郎近亲中丈夫健在,有儿有女的“好命婆”为新郎新娘铺床。铺床过程中也讲吉利话,如“床头摸摸床尾摸摸,明年(家婆)当亚婆(奶奶)。床头拉拉床尾拉拉,明年(新娘)当亚妈”。床铺好后,再往

床上撒地豆(岑溪人称花生为地豆)及糖果、边撒边说“地豆撒床、子孙满堂”。之后大人们鼓动孩子们上新娘床抢地豆,糖果,以示满床孩子,人丁兴旺。这时多个男女孩子爬到新娘床上尽情打滚撒欢,直到深夜方才散去。这便是岑溪式的既热闹又喜庆祥和的闹洞房。

新娘出嫁后的第三天称“三朝”,新郎与新娘备办一条礼担回新娘娘家探亲,礼担有鸡一对(有的是一对公鸡、有的一只公鸡一只母鸡)及猪肉、酒烟糖、叶包等。新郎新娘返回新郎家时,新娘娘家会送一只公鸡一只母鸡作为鸡种,还有禾穗、粟、豆类等种子并回一些礼物。至此,婚嫁活动即告结束。

20世纪90年代起,城镇居民的婚庆活动多在酒家举行。新郎新娘进入酒家之前用一队小轿车及装有嫁妆的货车搞婚车巡游。进入酒家后新郎新娘穿结婚礼服(新娘穿白色婚纱)在酒家门口恭候,亲朋光临时,递烟敬茶以示欢迎。有的新郎新娘在农村老家拜了屋厅祖宗后,在市区的酒家摆婚庆酒,在婚宴席上不再搞婚庆仪式。有的婚庆仪式请有名望的人主持,有的则请婚庆公司操办,有专门的婚庆主持人。婚庆程式有新郎新娘进场,向新郎新娘献花,介绍新郎新娘情况,拜天地、高堂、互拜,互换结婚戒指,喝交杯酒,新郎父母讲话等。婚庆喜宴接着进行。饮宴期间、新郎新娘及新郎父母逐桌向宾客敬酒。喜宴一散婚庆也就结束。部分农村和城镇居民,请人将婚庆过程录像刻印成光碟以作留念。

第四节　丧　俗

居民去世后遗体绝大部分实行土葬(2005年前岑溪尚不执行火葬政策)。因相邻的梧州市、广东罗定市有火葬场,也有极少的遗体运往梧州、罗定市火葬的。一般来说,民间中成年人去世办丧事都要请喃摩佬道士做道场悼念。道场通常有:“一宵”,道场时间为两夜夹一日(此为规格最高的道场);“六时”(又称半福),道场时间为一日一夜;“一夜”,道场时间为一个晚上;“喃朝”,道场时间仅为死者出殡的早上。成年人去世后,做那种规格的道场,要根据去世者年龄,德望,家庭经济情况及死者生前的意愿而定。目前民间做“一宵”的较少。做“六时”(半福)以上的,死者必须有寿(达60岁)和有孙辈。死者无子无女又无遗产以及殁于非命的年轻人,人们只为其做“喃朝”。做道场的目的一是显示子女对逝去父母或祖父母的孝道,二是认为经喃摩佬作法后使亡者灵魂早日脱离幽冥之苦,尽快超度。喃摩佬做道场时,均穿古装长袍,主唱披袈裟戴佛教僧帽。每班喃摩佬三至五人,备有唢呐、锣鼓钹。未超过60岁的人去世,在中午12时前出殡,超过60岁的人去世在中午12时后出殡。出殡时一路燃放鞭炮,散纸钱。出殡时抬棺木的大多为称为“棺材佬”的专业人员,共四人,戏称为“四人帮”。也有不请“棺材佬”由死者家族中的人抬棺的,认为为高寿和有德望的逝者抬棺是一种荣耀。在死者“末七”(即死者亡后的七七四十九天)时,有的家属会请喃摩佬在屋厅为死者搞“上座”,即把死者的灵魂“招回”,供奉于屋厅“太公棚”(供奉祖先神位的神楼),让其享受子孙后代祭拜的香火。

办丧事时要无条件尊重外家。父或母去世,外家(母亲娘家)必定来人奔丧,外家来人时孝子要跪接,外家人离开时也要跪送,外家人示意后方能站起。对外家来人不能有任何怠慢不敬,要茶来水到,要让外家人睡最好的床铺,吃最好的饭菜。如孝子对逝去的父或母生前有不孝顺的行为,外家人可厉声呵斥,严词训诫,孝子只能唯唯诺诺。逝者出殡要在外家人离开后才能进行。

农村中办丧事,大都按旧传统的程式,因而需要大量的人手。由于青壮年大部分都已外出务工经商,办丧事时,一些姓族常会碰到人手不够的问题,这时邻近其他姓族的人会前来帮忙。

人死后,一般先埋葬于村(街)外山坡上,五至七年后,死者尸体腐烂得只剩下骨头时,在“大寒”日或选择的吉日其亲属会挖开坟墓,将死者遗骨拾殓进一称为“金斗”的陶罐中,然后选择认为“风水”好的山坡重葬。为葬到满意的“风水宝地”,有的会被迁葬多次。

第五节 迁居 宴请 生寿

迁居

岑溪人进新居十分隆重,并遵一定的习俗。

新居建成后必需择吉日、吉时进眷。在外工作、就读的家庭成员都要尽量回来,一家人齐齐聚聚进新居。进新居时男主人担着一条担子,担子有鸡一对(一公鸡,一母鸡),有新裤一条(意为大富)、种物(稻谷、花生、黄豆、粟等种子)、铁丁、松柏、桂枝、点亮的油灯、尺子。女主人则担另一担子,该担子一头为镬头、一头为火盆(又称炭火盆)。挑担子的是一条两头削尖的竹竿,意为两头利。进新居的少男少女有的拿文房四宝书籍有的拿着算盘、秤杆,一家人在担着担子的男女主人带领下,先老后少,依次进入新居。这时,到来帮忙的亲朋会在门前点燃鞭炮,为新居大门贴上鲜红的对联,为新居的各个房间的门头贴挂利是钱(长方形红纸)。进入新居后,男主人将各种植物种子供放于厅堂案桌上,桂枝、松柏、稻穗挂于墙上,铁钉撒放各房间(意为发丁),各个房间点燃油灯或开亮电灯(油灯或电灯要长明到三朝);女主人则把镬头火盆挑进厨房,用火盆的火种点燃新建灶膛中的柴草,以示薪火相传。进新居当天,新居主人会在新居置办酒席,款待应邀前来相贺的亲朋。新居进眷三朝后,家人方可外出。

宴请

岑溪人一般在下列情况下会宴请亲朋友邻:结婚(包括新娘出嫁或回门探亲)、进新居、生男孩子在满月后农历次年的正月初十"上灯"等。个别人会请寿宴,但其宴请范围小,仅限于近代血亲。农村宴请多在自己家中进行,城镇宴请则在酒家(进新居酒在自己新居)进行。不论农村城镇宴席的菜式要超出十大碗。过去由于贫穷,农村请宴为了凑够十大碗,会用几个大碗装满酸菜、青菜等素菜,再在上面摆放鸡肉、鸭肉、猪肉等荤菜,称为"菜面"。对此赴宴者大都表示理解。现在的宴席则不同,每碗(碟)菜都是真装实料,且会超出十大碗。农村中办的宴席也请有一定厨艺的乡村厨师炒菜,其丰盛的程度不亚于城镇,且其食材新鲜,各道菜的味道甚至会比城镇宴席的更可口。由于是喜宴,各道菜都有一个喜庆的名称,如猪肚煲竹笋称好肚出笋,白斩鸡称为金鸡报喜,扣肉称为层层欢喜,肉丁拌腰果玉米称为百子添孙等。

由于岑溪盛产可口美味的"三黄鸡",且白斩鸡是岑溪名菜之一,所以每有宴席,均有一味白斩鸡,在岑溪有"无鸡不成宴"的说法。

岑溪请客赴宴一般要提前十天左右发出请帖。请帖多数是当面送达,少数请人代转。对自己的亲戚或比较热络的朋友,或登门或用电话告知。客人赴宴均需送红包,除亲戚和热络朋友外红包中的现金数额按礼有往还的原则和当时的社会习惯,由20世纪90年代初的人均30元到2005年前后的人均50元。个别宴会的主办人如果无意收取别人的红包,则由接待人员登记贺客名单后,将贺客的红包剪去一小角,然后奉还。岑溪还有一个"同喜不贺喜"的习俗。即自己近期办婚庆、儿孙满月(或有子、孙出生),一个月内则不去饮别人的结婚酒、满月酒,自己家中有男孩"上灯"的,不去饮别人家的"上灯"酒,自己正在建新房时,新居未建成进宅前不去饮别人的进新居喜酒。另外自家办丧事在七七四十九天内(又称末七)不赴别人的喜宴。

生寿

生产 1991年,岑溪妇女生孩子一部分在家中进行,请经过培训的接生员接生;一部分则到乡镇卫生院和市区的医院生产。随着时间的推移,特别是2003岑溪实施降消(降低孕妇死亡率和消除新生儿破伤风)项目后,到2005年时,住院分娩率已达88.59%。

新生儿一周岁前的习俗　解放前，新生儿出世，有贺三朝、三朝后要向产妇娘家“报姜”(即挑内有姜、酒、鸡、肉等礼物的礼担向娘家报喜。如生女孩礼担中的姜会被用刀破一裂痕)、十二朝请姜酒、满月时请满月酒、孩子一周岁时请对岁酒等程式。现在一些程式已被简化。1991—2005年，民间还流行孩子出生后，三朝、满月、对岁时要祀神，请求祖先和社、庙神灵保佑孩子健康成长，聪明伶俐，是否请酒，则要根据各家情况而定。由于生男孩会请“上灯酒”，生女孩时，为了体现男女平等，大都会为女孩请满月酒。

上灯　生男孩的在男孩出生满月后的第二年农历正月初十(安平镇部分居民正月初九)，要为男孩“上灯”。即在正月初十(或初九)的凌晨在村中的社、庙和自家屋厅、祠堂挂上一盏彩灯。90年代前彩灯是纸制的，上有灯谜，1991年后，彩灯逐步为塑胶制作，里面有通电后会发光的灯泡。虽然屋厅、祠堂、庙社都要挂灯，但先挂灯的地方是社，而且仪式也最隆重。一个自然村一年有几个甚至十几个男孩上灯的，在社公处挂灯时要按照男孩子出生的顺序来挂，先出生的先挂，后出生的后挂。挂灯后家人上香、燃宝、拜祭，燃放烟花、爆竹，其场面煞是热闹。村中有庙的，在社公处挂完灯后再往庙里挂灯，其程式和社公处挂灯相同。之后各灯头公再回自己的屋厅、祠堂挂灯、拜神。凡有灯上的家庭，大都要置办酒席，请亲戚朋友饮上灯酒。上灯酒可在自己家中置办，也可在酒家置办。90年代以来，人民富裕了，请酒的和去饮灯酒的，在正月初十这天都忙得不可开交，许多亲戚朋友这天可能会去几家亲友家饮酒，有的乡村、街道，由于上灯户多，会形成万人空巷的去饮景象。

有上灯就有落灯。正月十六为落灯日。是日早上，各灯头公集中到社公处，大家用带来的祭品和线香宝烛拜过社公燃放鞭炮后，将挂于灯棚的彩灯的电源切断并摘下，把灯棚拆除。摘下的彩灯有的当场销毁，有的拿回自家厅堂吊挂。有庙的村庄大家再往庙堂搞落灯，之后各自再回自家屋厅、祠堂搞落灯。在自家屋厅祠堂的彩灯落灯时可不必摘下，只需切断电源，使其不再发光即可。落灯日一般不再置办酒席，但居住在市区的人家在正月初十日既不回农村办酒席，也不能在酒家订到酒席的，则会借落灯日请落灯酒。

岑溪的上灯习俗在当地影响很大，有的人在外地工作，如果添了男孩的，大都会回岑溪办上灯，就算不能回来的，也会寄上一笔资费给近亲，嘱咐他们代为上灯。有外地人到岑溪工作、定居的，生了男孩子也会入乡随俗，办上灯，请上灯酒。

上灯这一习俗，主要是为了庆祝自己添男丁，有了传后之人，香灯有继，因而带有明显的重男轻女色彩。经宣传教育及社会进步后，重男轻女的观念逐步得到改变，生女孩亦一样受到尊重，上灯只是作为一种习俗标本被传承下来，而其中的传宗接代、香火有继的封建意识已逐步淡化。

小孩取名图好运　在岑溪，有的小孩会被叫作阿金、阿木、阿水、阿火、阿土或叫金火、金土、木火等，这是通过给自己孩子算“八字”发现金、木、水、火、土“五行”有缺，为此，缺金的则取小名为阿金，并且在起书名时，其名字中的字要带金字偏旁，以便补缺。缺其他各行的亦依此类推。如缺“五行”其中两行的，则其小名就叫所缺的那两行，例如缺金又缺火的，则被叫作金火，缺木又缺火的，会被叫作木火。民间认为通过取名补缺后，能使“五行”有缺者命运改观。

有的父母担心自己没有养育儿子的命，养不好自己的儿子，生下儿子后或取名阿捡，或取名阿来，或取名阿继或取名阿房，其意思是说自己的儿子不是亲生的，称为阿捡的是捡来的，称作阿来的是外来的，称作阿继的是从兄弟那里过继的，称作阿房的是别房亲属那里抱来的。认为这样取名之后，自己的儿子养育起来就会少疾病，能顺利地健康成长。

有的父母见自己的儿子疾病多，会带着线香、宝烛及祭品到野外找一块石头祭拜，让这块石头成为自己儿子的契爷，称为拜契，拜契后自己的儿子取小名为阿石，其意思是希望自己的儿子命硬如石头，能渡过各种劫难。有的父母给自己的孩子算八字，发现孩子命带弓箭，会射向父母，则拜石头为契爷。因石头能挡箭，孩子取名“阿石”。

有的父母生了女孩后，想生男孩，会把女孩取名阿间，其意思为不要连生女孩了，要间隔生个男孩了。有的父母生了多个男孩后，想生个女孩，也会叫新出生的男孩子为阿间，这是不要连生男孩，要生女孩之意。

给孩子取名图好运的风俗岑溪古已有之。1991—2005年，这些现象在民间依然存在。

过生日与请寿酒 岑溪人一般习惯把出生时的农历日子作为自己的生日，有的人过生日会搞庆祝活动，有的则不搞甚至忌搞庆祝活动。庆祝生日的活动一般在自己家中进行，生日当天晚餐家中加菜，或者买生日蛋糕。有的年轻人邀朋友到歌厅庆祝生日。有的过了60岁以后会每年的生日请寿酒。请寿酒的宴请范围很小，只请自己的近亲。大张旗鼓请寿酒的较少见。

第六节 民间信仰 禁忌

民间信仰

祀神 在岑溪无论是乡村还是城镇，大多数人都有祀神即拜神习俗，20世纪90年代前，许多家庭在正屋厅设有神楼棚，正中为祖先的神位，称某氏祖先位，右旁可设观音菩萨位，神楼棚下左角设有土地龙神位。厨房设有灶君爷神位。每逢节庆或白事都要在社庙和家中拜祭，拜祭时要有祭品，上香时穿着端庄、心诚。

岑溪民间除了逢年过节祀神外，婚丧嫁娶，新生儿三朝、满月、对岁、生男孩上灯，20世纪90年代后，许多家庭建水泥楼房，中厅不设神位台，只挂毛主席像或大幅吉利图画。祭神一般改在门外临时摆设香盅和祭品。老年人做寿、进新居，砌灶、扫墓等都会拜神。许多人在城镇建房屋和迁到城镇居住后，逢年过节或返乡下拜神，或在城镇房屋门前或屋顶天台设香案朝自家祖先方向拜祭。岑溪人热衷于拜神既希望各路神明保佑平安，又传承了某种文化信息。

拜山（扫墓） 岑溪山多，逝去的先人的尸骸多葬于山上，所以岑溪人多称扫墓为拜山。拜山分为两季，上半年的春分后至立夏为一季，共45天，下半年的秋分至立冬为一季，共45天。另外每年农历的二月初二拜新坟，即拜上一年去世下葬及迁葬后新建的坟。其余时间不拜山。上半年拜山，从春分开始到清明节达到高潮；下半年拜山从秋分开始到农历九月初九达到高潮。岑城、马路、归义、筋竹，大业、诚谏、糯垌、安平等镇的居民多在上半年清明节前后拜山，水汶、大隆、梨木、南渡、波塘、三堡等镇有的居民上半年清明前后拜山，有的居民是下半年九月初九前后拜山，有的则是清明节前后拜一部分，九月初九前后再拜一部分。总之，每座坟山每年只拜一次，上半年清明季拜了的，下半年九月初九前后不再拜。岑溪人要花如此多时间拜山，主要原因一是入岑（第一代祖先迁到岑溪称祖宗“入岑”）以来各代列祖列宗多，坟山多；二是坟山葬得散，为了把祖宗的骸骨葬到风水宝地，不怕路途遥远，所以各姓族的坟山，东西南北各处都有；三

民间扫墓祭祖（2004年 李强 摄）

是岑溪没有公墓，也无设立家族墓地将列祖列宗集中葬到一起的习俗。

拜山除用和拜神一样的祭品外，还要摆放糯米饭团，遵循拜神一样规矩，并且要烧五色纸。拜山还要“挂白”，即在斩光清除坟山的野生草木后，在坟头及坟山的后土上压放一张洒了公鸡血的大白纸，在坟山周围多处压放长方形的小白纸。

起福还福 起福还福在岑溪是普遍存在的一项民间习俗。所谓起福是指在农历二月（过去定农历二月初二，现在只要在二月即可）在社公内设香案摆祭品拜神，请社公保佑人丁兴旺一年四季平安，作物丰收，趋福避祸。还福是到农历十二月，再设香案摆祭品，酬谢神明的保佑。起福还福有集体和个人之分。集体起福是农村中同拜一个社公的人（称社丁），按人口（有的按户头）平均集资购买花红、宝烛、线香、鞭炮、酒、鸡、肉等祭品，然后集体举行拜社活动。集体还福是在农历十二月社丁们再集资拜社，酬谢社公一年来对社丁的保佑。起福还福的胙肉在拜完社后即分给各家各户，以示家家获福。

个人起福还福是个人通过算命、睇相、预测某年有不吉之事发生，为避厄运而进行的求神保佑活动。也有想摆脱已经厄运缠身的境况而起福的，有的则为保全家平安而起全家福。个人起福、还福的时间也是分别在农历年头的二月和年尾十二月。

个人起福、还福所设香案一般摆放在当天（自家屋门前的庭院或楼顶天棚），祭品为熟鸡猪肉（有的会摆放煮熟的整个猪头），还有烟酒果品等。拜请的神明有玉皇大帝、王母娘娘、如来佛祖、观音菩萨、关帝圣爷、雷祖圣爷、城隍圣爷、邓公圣爷等。由于神明众多，为防遗漏，起福者最后还要补上一句“总之请各路神公”之类的话，请求他们保佑平安，避过厄运，并许愿到年底再还福酬谢神明。由于摆放猪头作为祭品的是隆重的比较大阵仗的起福还福，有人平时将对别人许下的大愿称之为“猪头愿”。按民间的规矩凡是起福都必须还福，否则会被神明怪罪和惩罚而招来祸端，甚至死后灵魂也不得安宁。为防死者生前有起福不还的情况，喃摩佬（道士）会在死者的道场上作出声明；如死者生前起有福尚未还的现就此酬还，并请有关神明谅解。

花炮祈福 在岑溪，有庙的地方，村民每年都会在一定的时间举行一次以上的庙会，对庙中的神灵进行集体祭拜，有的庙会会搞“抢花炮”活动。在岑溪抢花炮虽有体育活动的元素，但其主要的目的是丰富庙会的活动，通过抢得花炮获庙中神灵庇佑赐福。有抢花炮习俗的有糯垌的黄塘村、龙母村、古兰村、糯垌街等；诚谏镇的乾厢村、永安村、治安村、诚谏社区等；三堡镇的三合村、立垌村、古寨村等；波塘镇双门村、蛟塘村等；大业镇的胜垌村、古味村、大献村、奕清村、同福村等；筋竹镇以石芹村为核心的其余各村。筋竹、大业等有关村的抢花炮活动为三年一届，在农历每年的九月、十月举行。其他各镇有关的抢花炮活动为每年一届，在农历每年的正月举行。

岑溪抢花炮有“武抢”和“文抢”两种形式。武抢就是用火药将炮圈发向空中，参加抢炮人员在划定范围的空地上抢炮圈，抢到炮圈后通过团队人员互相配合，采取掩护、抛掷、转移、声东击西、隐匿等手法，将炮圈带出划定的范围并交炮会验证后即为取胜。抢炮过程可互相推搡、搂抱、拉扯等，对抗色彩十分明显。

“文抢”花炮则不发射炮圈供人抢夺，而是各个参与抢花炮的团队，在炮会的主持下，通过抽签的形式确定花炮的得主。筋竹镇石芹村邓公庙炮会和大业镇同福村

糯垌镇举办抢花炮活动，气氛非常热闹（1990年 摄）

关帝庙炮会的花炮为“文抢”(过去是武抢的,1990年代后,为了防止抢夺过程中造成人员伤亡事件的发生,而改为“文抢”),市内其余炮会的花炮均为“武抢”。

参加武抢花炮的人员都是身强力壮的男性,他们以姓族、生产组,自然村或自然片组成团队,抢炮者认为,如抢得花炮,则意味整个团队的人都会得到神灵的保佑而福禄寿全,丁财贵旺。

糯垌镇糯垌街护龙庙炮会的花炮每届发十尊。十尊炮中,认为头炮、二炮、七炮最为吉利和福气大,放头、二、七炮时争抢者也最为卖力。每队抢得一尊炮后还可继续抢其他炮,抢得越多福气也越大。其他炮会的花炮仅发三尊。筋竹石芹邓公宙炮会及大业胜垌村关帝庙炮会采用抽签决定花炮得主的,每届只抽二尊。

抢回的花炮或放在屋厅、祠堂,或另盖炮棚供奉,农历每月的初一、十五日要上香祭拜。到下一届抢花炮活动前进行还炮酬恩(上届花炮得主将花炮或花炮的象征物如炮镜,奉还炮会,并用金猪即烤熟后金黄色的整只猪和银猪即还未熟的整只猪等丰富的祭品拜祭庙中神明,感谢神恩赐福)时,整个团队的人要集资购买拜神的祭品及鞭炮宝烛等。

抢花炮活动除抢花炮外,不论“武抢”或“文抢”,大都有公爷巡游(抬着庙中供奉的神像串村、游街)、舞狮舞龙、牛娘戏演出、喃摩佬诵经、打醮、拜祭庙中神明、还炮酬恩、摆宴欢饮(炮会组织者、抢炮人员及其他信众参与、多者二三十桌)等活动,庙会每有抢花炮活动时,舞狮舞龙和公爷巡游的锣鼓声、唢呐声,祭拜庙中神明时燃放的烟花爆竹声,演牛娘戏的歌乐声,喃摩佬的诵经声,抢花炮时的吆喝加油助威声,抢得花炮后的欢呼声,摆宴欢饮时的猜拳行令声、欢笑声,此起彼伏,一阵接一阵,热闹非凡,颇显太平盛世景象。

岑溪的抢花炮活动是由民间自发成立的炮会组织的,这项活动起源于清朝康乾时期,有一定的历史渊源。与别处抢花炮为少数民族的风俗不同,岑溪参与抢花炮的都是汉族居民。这项活动在岑溪并不是普遍现象,只是在部分镇的部分村存在。

其他习俗

择吉日、看“风水” 民间建房、砌灶、修补、婚嫁、进新居、搬家、葬祖坟等重要活动均请日子佬择日、定吉时。建住宅要请“风水师”择地定向,葬坟需请“地理佬”寻龙点穴。

问仙、卜卦、算命、睇相 有人遇到久病不愈、姻缘受阻,办事不顺,或问仙姑或卜卦或算命睇相,请仙姑、八字佬、睇相佬指点迷津,以便采取应对措施。

禁忌

随着社会的发展,民间的迷信禁忌已越来越少,但受传统观念影响,一些禁忌风俗依然存在。

办喜事和年初一忌从口中出现“死、绝、凶、衰、病、崩、烂”等不吉利的字眼。为了讲好话,一些字眼会被反过来讲,如猪舌,因舌与蚀谐音,被称作猪利;姜与惊谐音,被称作“谈定”;某样东西没有了会说“多了”;将东西反转过来会被说成顺转过来;杀鸡杀鸭时,鸡鸭死了称“善了”;泥水、木匠师傅以“十寸”代替“尺”,因为岑溪话“尺”与“拆”同音。

做客时忌踏主人家门槛,认为踏主人家门槛是对主人的不敬。

忌将婴孩给孕妇抱,认为会因此造成婴儿灵魂“过胎”。

在婴孩面前不能说称赞其康健之类的话,如胃口好、长得壮、睡得香、不发烧、少得病等,否则会惊到婴儿引起相反的后果。

忌空亡日和农历三、六、九日出门。外地虽有三、六、九,往外走的说法,但岑溪人认为“三、六、九”外出揾钱不就手。

第三章　宗　教

岑溪市主要有佛教、天主教、基督教，共有教徒和信教群众2000多人。1991—2005年，市民族宗教办公室全面贯彻、执行党的宗教信仰自由政策。依法管理宗教事务，建立宗教工作联席会议制度，健全宗教活动场所管理组织，抓好宗教场所年检工作，做好市区天主教堂、绿云天主教堂的土地问题协调工作。支持、协助梧州市佛教协会到岑溪市开展扶贫救助工作，发放新衣服1000多件（套），价值5万多元。

第一节　佛　教

民国时期至20世纪80年代中期，虽有部分岑溪人信佛，但不入教，20世纪80年代末至20世纪90年代初，玉林、梧州个别佛教教职人员开始在岑溪发展佛教徒，岑溪开始出现佛教联络点、聚会点。1995年，佛教徒在岑城甘冲社区建成一个念佛堂，2002年念佛堂经有关部门正式登记，成为佛教徒合法的活动场所。念佛堂没有经宗教团体认定的教职人员主持宗教活动，仅由一名佛教徒主持一般性宗教活动及日常事务。佛教徒平时或农历每月初一、十五日在佛堂上香拜佛。念佛堂制定有佛堂管理制度、教务管理制度、自检自律制度、财务管理制度等，佛教徒的宗教活动比较正常有序。2005年时，全市有佛教徒60多人。

第二节　天主教

1987年8月1日，岑溪县政府根据有关宗教政策批准成立"岑溪县天主教爱国会"（今为岑溪市天主教爱国会），该会设主任1人，副主任2人。1991年，岑溪有天主教信徒近1000人，2005年时有天主教徒600多人。市内有两座天主教堂，分别是市区天主教堂和糯垌绿云天主教堂，均经有关部门正式登记。

市区天主教堂及糯垌绿云天主教堂均由梧州教区派来的神甫及修女主持宗教活动。主持岑溪天主教活动的有神甫1人，修女4人。市区天主教堂每星期日的弥撒一般有一二十名教徒参加，重大节日如圣诞节、复活节的宗教活动有100多名教徒参加。糯垌绿云天主教堂每个星期日上午举行弥撒活动，参加的教徒10人左右，天主教重大节日的宗教活动不在此教堂进行。两座教堂制定有宗教活动场所管理制度、教务管理制度、自检自律制度、财务管理制度等。天主教的宗教活动正常、有序，并逐步走向规范化和制度化。

第三节　基督教

民国时期信教群众到梧州基督教堂入教后，回岑溪设立聚会点开展有关宗教活动。1954年前曾设有2个聚会点，1954年后，两聚会点均停止活动。20世纪80年代末，部分新中国成立前就已入教的基督徒及其后辈到梧州基督教堂参加活动,在家中设立基督教聚会点,发展信教群众参加聚会。同期,岑溪到广州务工的2名妇女经人介绍在广州参加地下非法聚会传教活动后,回岑溪发展基督教信众。2005年时,岑溪市约有基督教信教群众1000多人。

岑溪市基督教的信教群众绝大部分是农民,其中大多数是妇女。聚会活动的主要内容为诵经、唱圣歌、交流读经心得等。

第四章　语　言

第一节　岑溪白话

岑溪市居民语言主体为桂南次方言，又称岑溪白话。安平镇治垌村、古麻自然村和太平社区旧寨自然村、坡脚自然村、雅塘自然村共有2000多人在内部使用客家方言，对外使用岑溪白话。岑溪白话具有汉语及其所属方言的共同特征，语音、词汇、语法等方面还不同程度带有地方色彩，其中生产、生活用语有的还带有瑶语、壮语语言成分。

岑溪白话各镇在部分字音和语气上略有区别，甚至同为一镇，不同的村也有区别。有经验的人，能根据字音和语气区分出说话人是那个镇的。岑溪白话可大致分成上方水（义昌江、黄华河流域上游）和下方水（义昌江、黄华河流域下游）两大方言区。上方水包括水汶、大隆、梨木、大业、筋竹、诚谏等镇，下方水包括归义、岑城、马路、南渡、糯垌、安平、三堡、波塘等镇。上方水岑溪白话与下方水岑溪白话的最大区别在于，下方水的岑溪白话中有更多的上方水岑溪白话中没有的异字同音现象。常见的有：废、肺与四，非、飞与司、思、斯，分与新，福与粟，服与族，曹与浮，奋与尽、坟与旬、巡，发与萨，夫与苏，风与松，逢与从，肥与词，房与藏，吠与字，匪、妃与死，泛与伞、散，富与素、诉，信与训，科与窝，否与搜，宽与酸，虽与灰等。下方水岑溪人讲话时，如不作特别说明，有些词常会因太多的异字同音现象而分不清其意思。如：四人与废人，飞机与司机，非法机关与司法机关、分家与新家、送福与送粟、服老与族老、粉丝与笋丝、奋飞与尽飞、上坟与上旬、发财与撒财、夫子与苏子、风动与松动、相逢与相从、施肥与诗词、收房与收藏等。

在1991—2005年，随着时代的变迁和外来文化的影响，岑溪白话产生了一些新词汇及口语习惯，较常见的有：拜拜——指再见，男女朋友分手及夫妻离婚也称拜拜；阿sir——指警察；call机——传呼机；call人——呼人；好friend、够friend——好朋友、够朋友；巴士——大客车；的士——小汽车；老湿儿——不务正业、东游西逛、偷鸡摸狗、打架斗殴的年轻人；粉仔、粉妹——分别指吸食毒品的男青年、女青年；漏嘢——假、冒、伪、劣及质次的物品；捞佬、捞婆、捞妹——分别指讲普通话的外地男人、妇女、女青年；捞话——普通话；老世、老板——企业主、店主、包工头（已婚的女人称老板娘），也有职工称单位领导为老板的，居民间见面也互称老板、老世；湿湿碎——小问题、小意思；沙沙滚、搞搞震——均指无理取闹、无事生非、制造事端、骚扰纠缠他人的行为；好串——指某人自持、仗势，觉得自己了不起；吹水——有夸大其词的和与事实不相符内容的闲聊；吹水雀——说话夸夸其谈，能言善语的人。

第二节　普及普通话

20世纪80年代前，岑溪普通话的普及程度较低，不但普通居民听不懂、讲不好普通话，就连国家机关及企事业单位的干部职工使用普通话时也只是“半桶水”。因讲不好普通话而出洋相被人作为笑柄的事比比皆是。“岑溪（cén xī）”两个字的普通话也少有人念得正确的，常念成“情妻（qíng qī）”“神七”（shén qī）等。90年代后全县重视普通话的普及，根据国家教委1990年2月1日颁布实施的幼儿园管理条例，1990年起幼儿园开始使用全国通用的普通话。国务院1992年2月29日批准发布义务教育法实施细则后，根据有关规定，全县中小学在教育教学和各种活动中逐步推广使用普通话。广播电视普及后，许多居民从听广播、看电视中学习普通话，提高普通话水平。20世纪90年代后，人口流动较大，本地人到外地务工经商学会普通话；大量讲普通话的外地人到岑溪活动，促使岑溪人用普通话与他们进行交流。岑溪撤县设市后，市委市政府对机关工作人员进行普通话培训，并要求会议上使用普通话。2005年全市居民的普通话水平有了很大提高，国家机关和企事业单位的工作人员都能比较熟练地使用普通话，中小学教师及学生的普通话还比较标准，农村居民也能听懂普通话和讲一些发音不标准但能让人听明白意思的普通话。

［第二十一篇］

人物　先进集体

第一章　人　物

第一节　人物传

本节共收录入传人物13人,其中烈士7人(6人为前志补遗人物,具体是大革命时期农民运动领导人2人、红花岗烈士1人、土地革命时期红军长征烈士1人、抗日战争时期抗战烈士2人;1名烈士为断限内牺牲的人物),补遗前志没有立传的中共岑溪党组织建党重要人物唐敬中1人;1991—2005年去世的岑溪正处级曾任县委、县政府、县政协正职领导3人,在科技、文化方面有突出贡献的2人。人物传、人物简介按汉语拼音排序。

侯劢泽

侯劢泽(1905—1928.8)　字润宇,又名侯明,南渡都贯(今称都雅)村人。侯劢泽年少时勤奋好学,聪明活泼。1921年秋考入广西省立梧州第二初级中学,曾任班干部。在校学习期间,受新文化运动影响,接受进步思想,有强烈的爱国心。1922年夏,受广州革命风潮的传播,他与学校的其他学生骨干一道,组织学生300多人参加反帝反封建的游行示威活动,一度震动梧州城。

侯劢泽初中毕业后,于1924年秋考入广东高等师范学校预科部继续读书。此时,广州成为国共两党联合领导的大革命中心。工农运动轰轰烈烈,侯劢泽受到大革命思想的熏陶,积极参加革命活动,先后参加共青团、共产党,并负责学校的青年运动工作,成为学校学生运动主要骨干之一。1926年,侯劢泽预科毕业后,升入广东大学理学院理科一班。其间,他领导学生运动,出墙报,组织革命演讲和游行示威活动,还参加支援省港大罢工的斗争。他在学校创办《显微镜》小报,揭露军阀、官僚的腐败和帝国主义野蛮侵略中国的罪行。同情工农群众受压迫受剥削之苦难,唤醒工农群众起来参加反帝、反封建军阀和土豪恶绅的斗争。

1927年,蒋介石发动"四·一二"反革命政变后,广州国民党右派势力以"清党"的名义,大肆搜捕、杀害共产党员和进步革命人士。4月下旬,侯劢泽在广东大学被国民党特务逮捕(同时被捕的共有6人),并被送至南石头惩戒场监狱关押。广东大学一个月后贴出布告,开除侯劢泽等被捕6人的学籍。侯劢泽被捕后,任凭敌人严刑拷打,始终宁死不屈,严守党的秘密。侯劢泽被关押在监狱一年四个月后,于1928年8月25日在广州东郊的红花岗被执行枪决,时年仅24岁。安葬于红花岗。

赖其寿

赖其寿(1915—1949.9)　梨木乡双元村人。1945年,岑溪中学附设师范班毕业。毕业后回北梨乡第一中心校任教,后任教导主任。1948年秋,调任北梨乡第二中心校校长。1949年4月,由孔令淦介绍参加郁南县县立第四中学的中共地下党组织。负责太白队的宣传、印刷和情报联络工作,秘密为游击队筹粮筹枪,探送情报,并积极向群众宣传共产党的政策,争取群众拥护和支持游击队。曾仿唐朝徐敬业《讨武曌明檄》的体裁,写了《讨伪县长钟鼎檄文》,印刷散发,揭露国民党县长的种种罪行,激发群众的斗争热情。1949年9月,在梨木被梧州专署保安警和岑溪自卫队逮捕,面对敌人的严刑拷打,坚贞不屈,最后与李演球、李家荣、陈辉庭一起被就地集体枪杀,终年34岁。中华人民共和国成立后,自治区民政厅追认其为烈士。

李 栋

李栋(1942.9—2002.9) 归义镇谢村人。全国著名作家,是中国作家协会会员、中国电影文学学会会员、国家一级编剧、全国十名优秀制片人之一、福建省作家协会理事。高中毕业后在南宁人造卫星观测站工作,当观测员。1963年开始写作,在《人民日报》《中国青年报》《光明日报》《广西日报》等报刊发表数百篇文章,并加入了广西作家协会。1964年转向以写小说为主的文学创作,《广西日报》《广西文艺》《萌芽》等报刊均对其作品作过评论推介。1966年1月,短篇小说《挺拔的银杉》成了他的成名作。1976年调入《红豆》编辑部工作,创作的小说《彩云归》荣获全国优秀短篇小说奖。1981年从《红豆》编辑部调到自治区文化厅创作组;1983年调到昆明电影制片厂;1984年调到福建电视台,任电视剧制作中心常务副主任。1980年至1986年,中篇小说《碧落黄泉》、短篇小说《心心相印》《审批》《下棋看五步》《最差影片的最佳配角》等8篇小说被全国权威性刊物《小说选刊》和《小说月报》转载,还有5篇小说通过《中国文学》翻译成英、法文介绍到国外。后创作电影剧本、电视剧本,并担任制片人。担任编剧拍了7部电影、110部(集)电视剧;担任制片人拍摄的电视剧有几百部(集),其中影响较大的有80集长篇系列剧《聊斋》、10集连续剧《多思年华》(此剧于1995年荣获"五个一工程"奖和"飞天"奖两个国家级大奖)。1997年调到广西电影制片厂工作。2002年9月因病逝世,享年60岁。

李 淼

李淼(1930—1994.6) 广西藤县城关乡人。1949年12月在梧州参加广西工作团(时为共青团员)岑溪分团。30日,随中共岑溪县委书记、县长钟仑到岑溪接管和开展县委、县政府的组建工作。1950年4月至1951年9月任第四区(驻地筋竹街)副区长。曾组织民兵参加剿匪斗争。1951年8月,加入中国共产党。1951年9月至1952年7月任大隆区副区长。1952年8月至1953年11月先后任筋竹区、水汶区区长。1953年12月至1954年1月,参加梧州干训班学习,后任岑溪县人民政府秘书室秘书。1954年10月任岑溪县人民政府副县长。1955年8月,当选为岑溪县人民委员会副县长,任至1958年2月。后因被错误划为"右派分子"免去副县长职务,留用政府机关。1959年后甄别,先后在樟木、马路、南渡等公社工作过。"文化大革命"初期再次受冲击。1968年县革命委员会成立后,先后被安排到农村、工矿企业搞调研工作。1979年获得平反,调县委机关工作。1981年1月至1984年9月,先后当选为岑溪县第七届人大常委会副主任、中共岑溪县第五届委员会委员、常委兼纪委书记。1984年9月至1987年11月当选为政协岑溪县第二届委员会主席,兼任政协党组书记。1990年退休。1994年6月逝世,享年64岁。

李 淼

李淼是岑溪解放时,广西工作团岑溪县分团成员之一。也是该团8个成员中唯一落籍岑溪,终身为岑溪社会主义革命和建设事业作出贡献的共产党员。50年代先后任区、县政府领导,奔忙于贫穷落后的偏僻山区,发动农民群众剿匪、搞土改、分田地、走互助合作的社会主义道路,为岑溪新生的人民政权的巩固,国民经济的恢复、发展,人民生活水平的提高及各项社会事业的兴起,满腔热情地工作。50年代末至60年代,虽蒙冤戴上"右派"之帽子,但"初心不改"仍然坚信组织,坚定"为党的事业奋斗终身"之决心,在艰难复杂的环境下继续为党工作。获得平反后,虽步入“知天命”之年,但“知天唱晚”,活力复发,摧刚为柔,讷于言,敏于行,务要躹躬,乃为尽粹。力主拨乱反正、改革开放,倡导解放思想,团结拼搏,快速发展经济。在人大、县委、纪委、政协任职期内,愈益谨肃,于党于民,社稷为重。

李演球

李演球(1926—1949.9) 梨木乡南龙村人。15岁考入岑溪中学读初中,中学毕业后继续在原校读高中,尚未毕业因家境变迁而辍学。后由李保之介绍到北梨乡第二中心校任教。1948年,得知广东加益有中共地下党和游击队活动,于是利用星期天,以探亲访友为名,与赖其寿等人到广东加益黄祖淦、黄祖湘家,听他们讲形势,并向他们借阅进步书刊,思想进步很快。经中共党员孔令淦的教育和培养,1949年7月,加入中国共产党。入党后,工作更积极,白天除了照常上课外,还注意收集和整理各方面的情报,提供给游击队。晚上则以家访名义,走家串户,积极宣传党的政策,为游击队筹枪筹粮。同年9月,在组织梨木街的群众疏散的过程中,与赖其寿、李家荣、陈辉庭一起被梧州专署保安队和岑溪自卫队逮捕。在敌人淫威面前,他坚贞不屈,最后被枪杀,终年24岁。新中国成立后,自治区民政厅追认其为烈士。

梁　汤

梁汤(1906—1938.8.25) 原名汉龙,字天柱。水汶镇尚仁村更底人。农民家庭出身。岑溪中学第九班毕业后,毅然弃文习武,投笔从戎,报考国民革命军广西陆军学校。受训3年毕业后,调入时驻柳州的国民革命军第三十一军第四一四旅某部任连长。不久任该旅八二七团任第二营营长。1937年七七事变后,第三十一军奉命取道粤汉线挥戈北上,在安徽、河南一带对日作战。当年12月,梁汤所在部队转战至临淮关一带窑洛河驻扎。当年除夕夜,奉命率本营第四连夜袭日寇军营,战斗持续到第二天傍晚,歼敌百余名。1938年8月,梁汤率部队增援太湖战斗,阻击日军增援部队。24日,率部队抵达太湖县花凉亭附近。25日和日军进行了十分激烈的战斗。在战斗中这位年仅32岁的少校营长,在后续部队赶到之前,腰身连中五弹,英勇捐躯。后来,增援部队赶到,彻底打退日军,此役获得胜利。当地军民把梁汤埋葬后,立墓碑,刻联云:“青山万古,碧血千秋”。1992年6月,中华人民共和国民政部依其生前英烈事迹,追认梁汤为抗日战争革命烈士。

林灿荣

林灿荣(1929.3—2007.12) 糯垌镇平塘村人,高中文化。1950年2月起历任三堡中心校、海禄中心校教师、主任、校长。1956年起任岑溪县教育科科员。1965年3月至1967年1月,任县直属党委书记。20世纪70年代先后任岑城公社革委主任、党委书记,水汶公社党委书,新圩公社(今归义镇)党委书记。1978年10月至1984年9月,任中共岑溪县委员会副书记。1981年1月,在中国人民政治协商会议岑溪县第一届委员会第一次会议上,当选为政协岑溪第一届委员会主席(仍任县委副书记职务)。1984年9月至1990年9月,先后任岑溪县人大常委会第八届、第九届副主任。1990年退休。2007年逝世,享年78岁。

林灿荣

林灿荣青年时期,从事教育事业,为岑溪解放初期学校教育体制改革、社会主义教育方针的贯彻、中小学校教育质量的提高作出贡献。60年代中期起,担任基层领导干部。70年代,在农村

人民公社党委书记的领导岗位上，狠抓农业稳产高产，在岑城公社创造出城厢七队、城厢大队水稻亩产超千斤、超双千斤的成绩，为全县粮食稳产高产树立了榜样。在水汶、新圩公社任职期间，抓农林牧副业全面发展为增加集体经济收入摸索了经验。70年代末80年代初，进入县委领导层，把党的工作重点转移到社会主义现代化建设上来和改革开放的政策。任政协主席和人大常委会副主任期间，努力搞好领导班子团结，发动政协委员会参政议政；要求人大代表发挥民主监督和带头执法守法作用，落实县(市)委关于搞好经济体制改革和加快岑溪经济建设发展的各项措施，为岑溪外向型经济发展和本地资源开发献策出力。林灿荣在任期间，多次获评为优秀共产党员、优秀干部。退休后，仍为岑溪经济建设和党风廉政建设出谋献策，坚持一生“忠诚于党”，全心全意为人民服务。

刘　华

刘华(1903—1940.5)　岑溪籍人。1925年进入新桂系军队当兵，后随新桂系军队北伐、东征，由于作战勇敢、多谋，由班长升至连长。1934年被荐举至中央陆军军官学校受训。毕业后回部队任营长。抗战开始后，调一七三师司令部任少校副官。1940年4月，日军集中6到7个师团兵力对第五战区随枣地区(湖北随州、枣阳一带)开展扫荡。1940年5月，在随枣地区与日军作战的一七三师奉命掩护主力撤退。5月8日，日军冲入枣阳。一七三师在少将师长钟毅率领下，与日军激战。5月9日，钟毅指挥部队北撤之际不幸中弹殉国。身为司令部少校副官的刘华，在掩护师部人员撤退中击毙2名日军后，中弹阵亡，时年37岁。战役结束后，国民政府追赠钟毅为中将。中华人民共和国成立后，民政部追认钟毅、刘华为革命烈士。

潘子忠

潘子忠(1902—1935)　岑溪籍人。中共党员。1929年12月11日参加百色起义，担任中国工农红军基层干部，随部队投入创建和巩固右江革命根据地的斗争。1930年11月初，红七军集中河池整编，任连长，随主力北上，转战桂、黔、湘、粤、赣边区。1931年4月参加湘赣苏区的第二次反“围剿”作战。同年7月进入中央苏区，历任红七军某营副营长、营长、红三军团某团副团长，率部参加中央苏区的第三次、四次、五次反“围剿”作战。1934年10月，参加中央红军二万五千里长征，任某师特派员。1935年夏，长征到达四川川西时，在一次战斗中光荣牺牲。潘子忠牺牲后，被中央红军追认为革命烈士。

唐敬中

唐敬中(1904—1940)　原名唐殿桓，又名唐任。广西玉林市兴业县葵阳乡榜山村人。1928年加入中国共产党，曾任中共兴业县支部书记、邕宁县委委员、南宁市委书记、南宁中心县委(又称邕宁中心县委)委员、中共岑溪县特别支部书记等职。1940年秋在广西田阳县牺牲。

唐敬中青少年时读书勤奋。1923年春，考进广西省立第九(郁林)中学。1926年秋，唐敬中将原名唐殿桓改为唐任(取任重道远之意)，考进国立上海劳动大学，在学习期间加入中国共产党。1929年秋，唐敬中毕业后随中共党员庞永光到陆川中学任教，并在学校发展党员，建立党的支部组织。1929年年底，根据党的需要，唐敬中回到家乡兴业县中学任教，秘密领导学生运动和发展党员工作。1935年夏，中共邕宁县委成立，唐敬中任邕宁县县委委员。

1936年夏，国民党广西省政府派胡思尧出任岑溪县县长。中共广西省工委和郁江特委筹委考虑到唐敬中曾与胡同在上海劳动大学读过书，有同学关系。为在岑溪建立党的组织，开展抗日救亡活动，遂委派唐敬中到岑溪负责党建工作。1936年8月初,唐敬中以胞弟唐健考取岑溪中学为名,找到胡思尧,胡不仅答应照顾其弟还邀唐敬中到岑溪工作。胡思尧任命唐敬中为县政府民政科长。唐敬中与胞弟唐健(转到岑中读书,做党的交通员)到岑溪后,以县政府民政科长作掩护开展工作。一方面以了解民情为由,串区走乡,了解岑溪社会状况,并从中发现可培养发展入党的农工骨干。另一方面,大力宣传共产党的抗日方针和建立抗日民族统一战线的政策,发动各界群众团结抗日。8月中旬,胡思尧的同乡吴精华由梧州调进岑溪县公安任警佐。吴精华在梧州工作时,是党组织培养发展对象,到岑不久,唐敬中发展吴加入共产党。8月下旬至9月初,中共郁江特委筹委为加快岑溪县党组织建立的步伐,派遣中共党员黄经柱、罗杰昌(陆川人)到岑溪协助工作。唐敬中将他们安排在环城小学任教。随后郁江特委筹委又把中共党员贝玉珍、韦家祺调到岑溪。唐通过胡的关系将其安排在县警队当警士。9月中旬,中共郁江特委筹委黄彰到岑溪指导工作并主持召开会议(地点在县城北山),宣布成立中共岑溪县特别支部。唐敬中任支部书记兼组织委员,黄经柱任宣传委员,吴精华任军事委员。

中共岑溪县特别支部成立后,唐敬中带领党员团结各党派各阶层群众,传播党的抗日方针和建立全民族抗日统一战线的政策,开展抗日救亡运动。同时创办"岑溪新文化书社"(唐兼任经理),以新文化书社为阵地,开展抗日宣传和教育群众工作。1936年10月,胡思尧同意成立岑溪县各界抗日救国会(简称岑溪县抗日救国会)并任理事长,唐敬中任副理事长。并以"岑溪县抗日救国会"副理事长身份,组织召开岑溪抗日救国大会和援绥抗战大会,组织游行示威,发动各阶层群众抗日救国。并深入农村宣传实行"二五"减租,推动岑溪抗日救亡运动向前发展,使中共党的方针政策和政治主张家喻户晓,深入人心。在此期间,中共岑溪特支培养发展了岑溪中学教师苏德森加入中国共产党,壮大的力量。

1937年5月,唐敬中受中共广西省工委的委托,离开岑溪去香港找中共南方局接通中共广西省工委的组织关系。"七·七"全面抗战爆发后,唐敬中从香港返回南宁,继续从事党的地下活动。1939年冬,唐敬中随中共南宁特支负责人黄书光到田东县开展地下党工作。1940年秋,唐敬中被南宁特支负责人错误诬蔑为"托派"遭受迫害,1940年秋,在田阳县被秘密处死。

1983年12月,中共广西壮族自治区委员会,发文为唐敬中平反昭雪,并于翌年12月在南宁召开平反大会,恢复其政治名誉。

谢壮锋

谢壮锋(1963.10—2004.12) 归义镇人。1984年12月参加工作,1987年11月加入中国共产党,生前任中共岑溪市马路镇委员会副书记、镇长职务,于2004年12月13日15时30分在马路镇福塘村福庆片天峰顶劳罗冲4、8组山场半山腰横路边,因扑救山火,以身殉职。2005年2月28日广西壮族自治区人民政府追认谢壮锋为革命烈士。

2004年12月13日13时30分,马路镇福塘村发生山火,镇长谢壮锋接到火警后,马上组织全体镇干部、镇直单位干部赶赴福塘村扑救山火。赶到山火现场后,他观察火情并指挥扑火,同时安排人员到入山路口接应后援人员。在指挥扑火过程中被大火包围,并被大火吞噬,光荣牺牲。

出身农村的谢壮锋在任期间,勤政守职,关心群众。每年深入到村、组开展工作的时间在280天以上,对各个村的水、电、路、学校、医疗卫生状况和五保户、特困户、失学儿童、残疾人等困难情况了如指掌。工作上是一马当先,身体力行,不管是在马路镇、归义镇工作,每次抗洪抗旱抢险时,谢壮锋总是第一时间赶赴抢险救灾现场,靠前指挥。为发展农村经济,深入农村调查研究,提出了发展"引资农业"的新思路,引进外地客商投资大搞新兴农业,建立高产、优质、高效农业样板示范基地,带动群众发展新兴农业,创税农

业。为改善镇村面貌,不断加快工业化、城镇化进程。曾多次被评为县(市)、地级先进个人、先进工作者、优秀共产党员。

叶一民

叶一民(1963.2—2003.11) 岑溪市樟木街人,生于西安市。华中科技大学教授。

1980年9月至1985年7月就读于华中理工大学计算机系,获学士学位。1983年获全校数学竞赛第一名,1984年获大学生科技论文一等奖;1985年9月至1988年9月,在北京中国科学院计算机研究所攻读研究生并获硕士学位,后留所工作至1991年7月;1991年8月至1996年9月,在加拿大多伦多大学计算机系攻读博士学位,获博士学位后留校继续做研究工作至1997年4月。

叶一民

1997年4月起就职于美国纽约IBM公司T.J.WATSON研究中心,任研究员。1999年起兼任电子商务研究期刊副编辑,2000年4月起兼任美国国家标准与技术协会(NIST)智能系统部"会议和专题顾问组"成员,2002年起兼任IEEE计算智能期刊副编辑。在多代理系统、电子商务、智能系统、图像科学与系统等领域颇有建树。在五次国际学术会议上担任会议主席,21次国际学术会议和专题会议上担任程序委员会委员。拥有图像处理、智能代理、自然语言对话等领域的26个专利,有些专利已成产品或样机。出版了11本学术著作,被全球419个图书馆收藏(见http://worldcat.org/identities/lcen-n2001-5110)。下列两本著作就分别被287个及91个图书馆收藏:*Advances in Agents in E-Commerce Marketplace Solutions, Security and Demand, Springer verlag*, 2001;*Agent Supported Cooperative Work, Kluwer Academic Publishers*, 2003。在IEEE等国际著名期刊上共发表论文22篇,国际会议论文39篇。1988年获中国科学院杰出论文奖,2000年、2001年获IBM工作优秀奖。1999年7月,2000年2月、9月,2003年9月、10月、11月、12月均获得IBM发明成就奖。其名字入选2000—2001世界科技名人录《*Who's Who in Science and Engineering*》第五版和美国科技名人录。不幸于2003年11月意外去世,享年41岁。

钟 仑

钟仑(1911.11—2003.1) 原名黎钟祥,曾用名黎国起。湖南省江华瑶族自治县人,1926年到广西贺县中学读书。后经桂林军训,没有读过高中的钟仑考上广西师范专科学校(该校不久更名为广西大学文法系)。1937年,钟仑投笔从戎,参加广西学生军并秘密加入中国共产党。先后在河南、安徽青年军、潢州青年军团分别担任指导员、教务科长、区队长。不久,抽调到鄂北新兵补习班学习。是年编入第五战区政治部八中队,分别任指导员和中队长。

钟 仑

解放战争时期,钟仑及其妻李真所在的部队属第三野战军。渡江作战后,钟仑参加接管上海的工作。1949年8月,随部队由上海转到南京。11月底,钟仑和妻李真到达广西梧州市,参加梧州市军管会的工作,任军事代表,并负责接管旧民政部门的工作。1949年12月28日,钟仑被任命为岑溪县县委书记兼县长。12月30日,钟仑与李真率广西工作团岑溪分团8名工作队员和半个武装班战士到达岑溪,开展接管岑溪和组建县委、县人民政府的工作。解放之初的岑溪,阶级斗争十分尖锐,形势复杂多变。

1950年1月1日、1月3日，中共岑溪县委、岑溪县人民政府先后成立。当时的县委书记兼县长钟仑因势利导，对敌采取了分化瓦解的方针政策，稳定了局势。

1950年4月上旬，岑溪数股土匪分别在上化、筋竹、归义、北梨、大隆、车滩、水汶等乡发动暴乱，煽动不明真相的群众围攻乡政府，捕捉、杀害征粮工作队、县武装大队战士和乡村干部，抢劫粮仓及群众财物，造成极大的社会恐慌和动乱。在此关键时刻，钟仑依靠党组织、上级派来的剿匪部队和人民群众的力量，仅用两三个月的时间，歼匪2800多人（含俘虏、投诚、自新），稳定了岑溪局势。1950年秋冬期间，一边开展抗美援朝运动，一边狠抓清匪反霸、镇压反革命。教育、团结群众，为捍卫新生的人民政权和人民翻身成果努力奋斗。1951年1月，依照上级党委的部署，在岑溪开展土地改革运动，钟仑任岑溪县土地改革委员会主任，审定岑溪土地改革计划，深入乡村抓点摸索经验，并在全县推广。1951年5月，在土地改革试点工作总结会上，要求在全县土改铺开的工作中，要坚定地执行党的政策，务必依靠广大贫下中农群众，全心全意为他们服务，依照规定时间和要求，完成土地改革的任务。土地改革完成后，他一手抓国民经济的恢复发展，一手抓党组织的建设，培养、发展党和政府的干部。要求新党员、新干部要努力学习毛主席著作，学习党的方针政策和党章规定，不断提高政治思想觉悟，改变工作作风，克服官僚主义，做人民的勤务员。1952年5月，为了尽快恢复和发展农业生产，开始在岑溪农村各地组织互助组、帮工组、变工队等互助合作组织，号召农民大养猪牛、禽畜，发展副业生产。从1952年冬季起，发动群众兴修水利，修水渠、蓄水塘和造林植树运动。同时，着力扶助个体手工业、工商业，发展手工业生产，拓展商业贸易渠道。开展“增产节约”“三反”“五反”运动和打击工商业不法行为，促进社会生产秩序稳定，加快岑溪经济恢复发展步伐。1953年，岑溪国内生产总值（1950年不变价）达10128万元。交通邮电、文化教育卫生等事业获得较大的发展。

1953年3月，钟仑调离岑溪，后历任广西省委直属党委副书记、平桂矿党委书记、自治区冶金局党委书记、自治区经委主任、自治区煤炭局局长等职。“文化大革命”期间，因所谓“广西学生军问题”遭到造反派的残酷迫害，后平反昭雪。1982年离休前任自治区总工会顾问，并当选为广西壮族自治区政协委员。2003年1月在南宁病逝，享年92岁。

第二节　人物简介

人物简介以收录岑溪籍人物为主，兼顾长期工作和生活在岑溪且对岑溪发展做出贡献的客籍人物，共22人。有岑溪县（市）四大班子正职（行政正处级）以上党政领导11人，其中6人为补记上轮志书四大班子正职领导，5人是断限内四大班子正职领导；有岑溪籍行政副厅、军队副师级以上人物2人，有岑溪籍在外地工作的在科技、文化、教育等方面有突出贡献的人物3人；有全县（市）在农业、科技、文化、金融等行业中做出贡献的人物6人，其中1人为客籍人物。人物简介按汉语拼音排序。

陈　俊

陈　俊

陈俊，1936年出生，筋竹镇人。中师文化。60年代参加工作。1982年9月任岑溪县人民政府副县长。1982年10月至1983年3月任代县长，1983年3月至1984年9月，任岑溪县人民政府县长，1984年10月调梧州地区工作。陈俊任岑溪县副县长、县长期间，正值农村经济体制改革，实行农业生产家庭联产承包制的变革时期，能深入农村了解实情，从岑溪实际出发，推动改革，使岑溪农

工业生产持续发展。

陈初训

陈初训，1936年出生，昙容镇人。60年代参加中国共产党。60年代至70年代任副区长、区委副书记、公社党委书记职务。1981年起先后任岑溪县副县长、县委常委、副书记、县长、书记职务。至1993年9月调任梧州地区行署副专员。

陈初训

党的十一届全会以来，陈初训在岑溪县政府和县委会的领导岗位上，认真贯彻党的改革开放和以经济建设为中心的路线方针政策。坚持党的四项基本原则，团结班子领导。深入基层调查研究，结合岑溪县情，提出大力推广杂优水稻和科学种田的理念，以及“兴岑先兴林，林兴百业旺”的战略决策。立足本地资源，开发六大商品林基地，促岑溪经济快速发展。同时，以开发岑溪花岗岩产业为突破口，大胆吸收和引进外资，创办“外向型经济”。使岑溪经济得以崛起，跃入广西农村经济综合实力十强县的先进行列。在其调离岑溪工作的1993年，岑溪全县工业总产值首度超过农业总产值，实现由农业立县向工业立县的历史性转变，为岑溪撤县设市打下坚实基础。

陈荫良

陈荫良，1937年出生，安平镇人。中共党员。广西农学院农学专业毕业。研究员。历任平果县、岑溪县农业局秘书、副局长、农技站长等职。岑溪县第九届人大常委会委员，政协第四、五届常委会委员，第九次党代会代表。1962年至1982年在平果县工作，主要研究解决石灰岩地区水稻、玉米低产变高产的技术问题，完成该县第二次土壤普查及成果应用示范任务，主编《平果土壤志》，获百色地区农技成果奖。1982年起调回岑溪农业局，主要研究解决双季稻高产稳产技术问题，促进岑溪水稻不断增产，岑溪县双季稻亩产由1981年的454千克增至1995年的1008千克，成为广西首批“吨谷县（市）”，并从1995年起连续4年保持水稻亩产超1000千克。80年代以后，主持完成农技课题52项（次），获奖27项；撰写农技资料14万余字；发表论文16篇，获奖10篇。1993年起享受国务院政府特殊津贴，1994年晋升为首批国家农业技术推广研究员。

陈荫良

高伯龙

高伯龙，1928年6月出生，祖籍岑溪归义镇谢村，生于南宁市。1951年清华大学物理系毕业，激光陀螺专家，历任中国科学院应用物理研究所实习研究员，哈尔滨军事工程学院主任教员、讲师、副教授，长沙工学院物理研究室、激光研究室副教授，国防科技大学应用物理系教授、环形激光器研究室主任、博士生导师。1997年当选为中国工程院信息与电子工程学部院士。是国务院学位委员会学科评议组第二、三届成员，国家863高技术专家组成员，中国惯性技术学会理事、名誉理事。全国政协第七、八届委员。高伯龙长期从事理论物理及激光技术的研究和教学工作。主持研制的“激光镀膜检测DF透反仪”，获

高伯龙

1980年湖南省重大科技进步奖一等奖、1987年国家发明四等奖；“激光陀螺实验室样机”获1987年国防科工委科技进步奖一等奖，“激光陀螺工程样机”“全内腔绿（黄、橙）光氦氖激光器”获1995年国防科工委科技进步一等奖，后一项获1996年国家科技进步二等奖。个人先后荣立二等功2次，三等功1次。获全国高等学校科技工作先进个人，国家863计划先进个人和解放军三总部授予“全军专业技术重大贡献奖”称号。撰有《激光陀螺的物理性能》《四频差动陀螺的第二类闭锁效应》《全内腔绿（黄、橙）光He—Ne激光器》等论文。

管国机

管国机，1925年3月出生，岑城镇人。自幼喜爱绘画，1946年考入广州市南中美术学院，为岭南画派创始人高剑父入室弟子之一，岭南画派第二代传人。并受教于关山月、黎雄才等诸位名家。毕业后，先后在岑溪教育部门（学校）和文化部门（文化馆）从事美术教学与画艺传播工作，曾任岑溪县文化馆馆长、文化局副局长等职，为广西美术家协会早期会员，岑溪市美术家协会、香港红荔书画会顾问，高级美术师。其长于国画，尤工于山水画，作品构图新颖，气势磅礴，富于时代精神。高剑父曾评价其作品用笔“苍劲有力”，作品在国内外展出，在国内外举办个人画展6次，均获好评，并被知名人士收藏。出版有《管国机画集》《管国机国画作品选》《管国机山水画选》等。曾被邀请到北京《公仆风采》书画展览会展出作品，在《中原书画报》创刊四周年大型书画优秀作品评比中获银奖；作品《回归共和国》被深圳档案馆收藏。在北京首届中非友好书画展上，他的国画受到好评，还入选全国民间工艺美术书法大展并被评为金奖，作品被组委会收藏，管国机获得“海峡两岸德艺双馨艺术家”称号。被自治区文化厅授予“广西荣誉文化工作者”称号。被誉为岑溪岭南画派艺术传人。

黄展波

黄展波，1952年7月出生，筋竹镇人，1969年3月参加中国人民解放军，在广州后勤工程建筑225团当兵。1972年8月进入华南工学院学习，1973年加入中国共产党。1976年大学本科毕业后回建筑225团任技术员，团司令部工程训练参谋等职。1979年2月参加中越边境自卫还击战，荣立三等功1次。1981年调入广州军区后勤部，先后任后勤部训练大队营房教研室教员、副主任，营房部管理处处长等职，授上校军衔。1995年7月至1996年6月以国防部官员身份参与中英香港军用土地问题谈判，其间因工作出色受外交部和总参谋部表扬。1996年10月起任广州军区后勤部基建营房部副部长（副师级、大校军衔）、1997年3月起兼任广东省环保委、绿化委委员，广州地区绿化委副主任等职。1998年以来，在长江流域抗洪斗争、全军科技装备保障、国家绿化建设等工作中多次获军区表彰，被授予全国绿化奖章与广州军区联勤部基础设施建设先进个人称号。

江　涛

江　涛

江涛，1942年7月出生，祖籍广东南海县，毕业于广西师范学院外语系俄语专业。1969年分配岑溪县文化部门工作。1982年起先后任岑溪县委宣传部副部长，糯垌公社党委书记，县文化局副局长，县政府办公室副主任、主任等职。1993年1月起当选为岑溪县人民政府副县长、县长、市长职务。1999—2002年任岑溪市人大常委会主任。

江涛是80年代起走上领导岗位的知识分子，经历过“文化大

革命”时期的坎坷曲折，深知解放思想，改革开放的重要和必要。进入领导岗位时期，正处壮年思想成熟阶段，加上在文化部门工作期间深入了解岑溪历史文化及民情民生，对改革旧体制和加快岑溪经济发展，有紧迫感和深层思想推动愿望。在任岑溪县、市长期间，提倡要利用岑溪与广东相邻的区位优势和丰富的资源条件以及人民群众迫切要求改变贫困的愿望，解放思想，敢想敢干，学习广东沿海地区快速发展的经验。提出了要以“团结、拼搏、求实、创新、奉献”为县魂，统一全县人民的思想，在逆境中奋起。岑溪撤县设市后，江涛任岑溪市首任市长。1998年，在江涛卸任市长，担任市人大常委会主任时，岑溪市当年国内生产总值20.35亿元，比1993年任县长时的11.4亿元增加8.95亿元。地方财政总收入1.45亿元，农民人均纯收入2561元。均比1993年任职时基数获较大幅度增长。

李开达

李开达，1956年6月出生，马路镇人，1976年4月至1978年10月在岑溪市任小学老师，1978年11月至1982年7月进入广西农学院读书，1982年7月起在岑溪市外贸鸡场从事“古典型岑溪三黄鸡”的研究、开发工作；先后主持实施10个科研项目，在已完成的8个项目中，4项获省部级科技进步奖。其研究和开发以及系统选育的“古典型岑溪三黄鸡”被评为广西优质产品、“古典”岑溪三黄鸡商标被评为广西著名商标，年销售量2000多万羽，带领2万多农民养鸡致富。先后获“广西荣誉勋章”“全国优秀家禽企业家”“广西劳动模范”“广西有突出贡献的专业技术人员”“广西优秀专家”“广西科技种养能手”“广西科技金穗行动先进个人”等荣誉，2005年被国务院授予“全国劳动模范”称号。

李开达

李世蒿

李世蒿，1942年出生，广西玉林市人，大学毕业，高级农艺师。1968年参加工作。

李世蒿大学毕业后，于60年代末分配到岑溪县工作。1982年前一直在农业第一线从事农业技术指导工作。1982年11月后，任副县长、县委副书记、代县长、县长职务。1993年调梧州地区行署任副专员。李世蒿在岑溪工作期间，勤勤恳恳，密切联系群众，把自己学到的农业科技知识指导岑溪农业生产，在担任县领导职务时，与当时县委、政府领导同心同德，坚持改革开放快速发展地方经济的路线方针政策，尤其提出科技兴农，推广杂交水稻，实施农业综合开发，建设“三高”农业等符合岑溪农业经济发展实际的措施，为岑溪农业连续10多年增产丰收和岑溪农工业生产在80年代末90年代初迅速发展作出重要贡献。

梁超然

梁超然，1936年7月出生，笔名迟樨，岑城镇人。1961年毕业于广西师范大学中文系。历任广西民族学院中文系副主任、主任，副教授、教授，古籍研究所所长，西北大学中文系硕士生导师，广西通志馆副馆长，广西社会主义学院院长。广西政协副主席，中国民主同盟第五、六、七届中央委员，广西区委第七、八届副主任委员，广西第八届人大常委，广西作家协会理事，中国唐代文学学会常务理事、秘书长。

1958年开始发表作品。1991年加入中国作家协会。主要著作有《八桂诗人论及其他》《李贺诗歌赏析》《传统文化沉思录》《文艺沉思录》《粤西丛载校注》《曹邺诗注》，合著有《于濆诗注》《唐才子传校笺》，主编《唐诗与中国文化丛书》等。《唐才子传校笺》获国家首届古籍整理二等奖，《八桂诗人论及其他》获广西1987—1990年社科研究优秀成果二等奖,《儒家思想与唐代诗歌》获国家民委社科优秀成果二等奖,《八桂诗人论及其他》《传统文化沉思录》《论晚唐诗人曹邺》均获广西社科院研究优秀成果奖。

莫华柱

莫华柱

莫华柱,1927年12月出生,昙容镇人,高中文化,是岑溪解放初期加入中国共产党并担任领导职务的老干部。在50年代至60年代,担任区政府、区委副区长、区长、副书记、书记、县政府副县长、县委常委、组织部部长等职。1981年1月至1987年11月先后担任岑溪县第七届第八届人大常委会主任,为加强民主法制建设,建立、健全人民代表大会制度,组织发动人大代表勇于改革,参加社会主义现代化建设,促进岑溪经济快速发展和社会稳定,提出诸多好的建议和措施,均获县委、县政府接纳。莫华柱在领导岗位上,十分注重领导班子团结,密切联系群众,善于做人的思想教育工作。自身为政清廉,爱岗守职,县乡干部都尊称他为“莫公”。可见他品德高尚,作风优良等方面的示范作用和影响力,在岑溪干部队伍中有较高威望。

莫丕焜

莫丕焜

莫丕焜,1940年12月出生,南渡镇人,中共党员,广西林学院林业专业毕业,岑溪市林业局高级工程师。1993年被评为梧州地区首批技术拔尖人才,1994年起享受国务院政府特殊津贴;1996年被广西人民政府授予“广西先进工作者”称号。自80年代以来,莫丕焜在岑溪造林灭荒、造林绿化达标等工作中任技术总负责,既负责全面调查规划设计,又具体实施调整林种、树种结构,引进国外良种松,建立脂材两用林基地,建设外向型林业原料基地等。为岑溪市森林资源大幅度持续增长作出贡献。在改善生态环境,发展高产、优质、高效林业,合理利用资源方面取得显著成效。1981年以来取得9项科技成果,其中2项获自治区级科技进步奖,5项获地厅级科技进步奖,1项获县级科技进步奖。

莫寿全

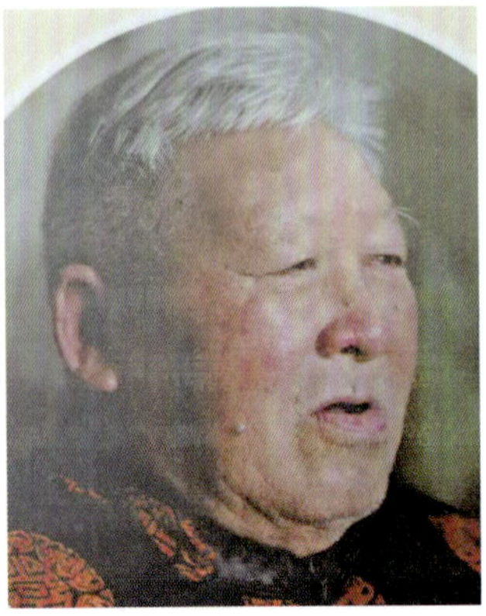
莫寿全

莫寿全,1931年2月出生,马路镇人。1953年和1954年成立了全县最早的互助组和广西最早的初级农业生产合作社。担任农业生产合作社社长。1954年,莫寿全农业生产合作社民主办社的经验在广西全省推广并入选《中国农村的社会主义高潮》一书,受毛泽东主席重视,亲自写下“这是一个创造性的经验,希望读者注意。”的批示。1954年莫寿全被评为广西劳动模范,并当选第一、二、三、五届全国人大代表。先后多次进京参加全国人民代表大会,曾受到毛主席接见。60年代末至70年代中后期,先后担任马路公社革委会副主任、党委副书记职务。1978年当选中共岑溪县委员会委员。1976—1983年担任岑溪县贫下中农协会副主席,后调岑城镇工作。1991年退休。

蒙瑞洪

蒙瑞洪

蒙瑞洪，1931年2月出生，水汶镇人，高中文化，中共党员。1965年8月至1967年1月，任中共糯垌区委副书记。1979年12月至1983年6月任中共岑溪县委统战部副部长。1983年11月至1984年5月任中共岑溪县委常委、组织部部长。1984年5月至1986年2月任中共岑溪县委副书记（1986年1月，时任中共中央总书记胡耀邦视察筋竹乡时，代表县委受胡总书记接见）。1986年2月至1987年10月任中共岑溪县委书记。1987年10月后调任中共梧州地委副书记。

党的十一届三中全会后，蒙瑞洪敢于解放思想，拨乱反正，在任组织部部长期间，解放一批受“文化大革命”逼害的老干部。任县委副书记、书记期间，贯彻执行改革开放政策、充分利用、开发本地资源，加快岑溪经济发展，带领群众脱贫致富。

莫友明

莫友明，1933年10月出生，昙容镇人，高中文化。1951年2月参军，曾参加平南、桂平剿匪。后调五十五师、一四四师。在一四四师时，进入师军事教导营学习。1956年7月加入中国共产党。1959年11月调师司令部作训科任参谋。1964年10月调广东湛江军分区守备第一一八团司令部，先后任参谋、军务股长、团党委监察委员会委员、守备八团参谋长、副团长、团党委常委、团直属党委书记等职。1978年10月转业。先后任梧州地区卫生学校副校长、梧州地区医院党支部书记（仍为副县级）等职。1981年调回岑溪工作，先后任岑溪县财办副主任、经委党组副书记、县财办主任。1990年1月当选政协岑溪县第四届委员会主席，兼任党组书记。1994年2月退休。

莫友明

莫友明调回岑溪后，先是管财贸、经委工作，期间正适值实行经济体制改革，能深入实际，切实贯彻党的基本路线，抓住经济体制改革的重点，落实县委政府的相关政策，推动岑溪经济改革和经济向前发展。当选为县政协主席后，坚持发动政协委员、爱国团体和人士，为岑溪经济快速发展出谋献策。为岑溪社会主义各项建设和发展作贡献。

彭振洲

彭振洲

彭振洲，1929年7月出生水，汶镇尚勇村人，初中文化，中共党员。彭振洲作为解放初期参加中国共产党的农村出身的领导干部，1953年起，先后任南渡区、水汶区区委委员、副书记、书记和公社党委书记等职，1968年任县革命委员会副主任，1981年至1982年9月任岑溪县人民政府县长。彭振洲长期从事农村、农业生产的领导工作，从50年代的互助合作化，60、70、80年代的大办农业、兴修水利、造林绿化到发展岑溪工商业、经济与科技文化事业各项工作中，奔忙在第一线。密切联系群众，不摆官架子，深入农村调查研究，从实际出发，贯彻党的路线方针政策和县委政府决策，并能经常以普通干部身份与群众一起参加生产劳动，深受基层干部和群众称赞。

吴亦平

吴亦平

吴亦平，1930年4月出生，岑城镇思英村人。1950年2月参加工作，1951年加入中国共产党。1950年5月至1960年3月，先后任岑溪县公安局干事、股长、副局长、局长；1960年3月至1964年10月任岑溪县县长兼县委书记处书记；1964年10月任中共岑溪县委专职副书记。1970年1月至10月，任岑溪县革委会生产组组长。1970年10月至1973年8月任中共岑溪县委副书记，县革委会副主任。1973年8月至1982年12月任中共岑溪县委书记。1983年1月至1990年6月历任梧州地区计委主任、经济研究中心主任、经委主任。1990年7月退休。吴亦平是岑溪党员领导干部中，任本县党政主要负责人（县委书记、县长）职务时间较长，经历丰富，领导经验与方法有独到之处的领导人。50年代，在公安部门工作10年，参加剿匪、镇压反革命等斗争，为维护新生人民政权的稳定、巩固和社会治安迅速好转作出贡献。60年代至70年代，虽受“文化大革命”冲击、批斗，思想立场坚定，初心不改，在县党政领导岗位上，坚持执行党在各个时期的路线、方针政策，为岑溪社会主义建设事业作出重大贡献。他团结各级领导和党员群众，克服因“左”或“右”干扰造成的种种困难，从岑溪实际出发，创办“集体山庄”以林促农，发展农业多种经营。开展“农业学大寨”“工业学大庆”活动，促进岑溪农工经济发展，人民群众生活改善。党的十一届三中全会后，解放思想，跟上形势，落实农业家庭联产承包责任制政策和工矿企业承包制，迎接岑溪社会主义现代化建设新时期的到来。退休后回本地养老，仍不忘岑溪经济发展和民众生活水平之提高，连续多年应邀列席县“两会”，为决策层提出建议意见。被岑溪人誉为忠心耿耿，全心为民之公仆。

吴昭华

吴昭华，1950年10月出生，水汶镇人。广西艺术学院美术系毕业。广西电影制片厂（广西电影集团）影视导演、国家二级（副高）美术师，行政副处级。中国电影家协会会员，中国电影美术学会会员，广西美术家协会会员。曾任广西电影制片厂美术室主任、电视部主任、广西电影制片厂音像出版社社长等职。由其导演的影视剧目及其个人创作的美术作品曾获全国优秀故事片奖、百花奖和“五个一”工程最佳影片奖。获奖作品有《春晖》获全国优秀故事片奖（国家最高奖），由其任副导演的电影《血战台儿庄》与《共和国不会忘记》均获全国优秀故事片奖、大众电影百花奖最佳影片奖、中国电影家协会金鸡奖最佳影片提名等；《阿花姑娘》荣获中南六省（区）金帆奖三等奖、荣获第三届全国电视艺术骏马奖二等奖；《历史的选择》获广西壮族自治区政府铜鼓奖；《战士的旋律》荣获广西壮族自治区首届桂版优秀音像电子出版物一等奖。

谢光天

谢光天，1932年8月出生，归义镇谢村人。大专文化（1982年7月到华南农业大学进修），中共党员。

谢光天属本籍解放后较早参加工作的党员领导干部之一。解放初，经县青干班培训，1949年12月参加工作，50年代参加剿匪斗争及土地改革，此后长期从事农村、农业工作，50年代至70年代，分别在区、公社任党委书记和县农村部副部长、部长、农办主任等职，为岑溪农业互助合作化、农村农田水利建设、粮食稳产高产和造林绿化及多种经济全面发展做出贡献。党的十一届三中全会后，在担任县委常委、副书记、

纪委书记期间，坚持解放思想，贯彻改革开放和以经济建设为中心的路线、方针政策，努力抓好党风廉政建设，严肃党的组织纪律，加强党的团结，为提高全县各级党组织的战斗力，带领全县人民开展脱贫致富，发展经济出谋献策。1987年至1990年在担任人大常委会主任期间，认真贯彻落实人民代表大会有关的政策、法律、制度，深入了解民意民情，推进民主法制建设。退出领导岗位后，在担任政府巡视员期间，主动请求担任县松脂办指挥长工作，抓好县松脂厂的整改及产品质量提升，使岑溪松香厂生产的雁牌松香成为广西优质产品并获国家银质奖。谢光天在任期间，勤于学习马列主义、毛泽东思想、邓小平理论。做到立场坚定，思想作风正派，善于团结同志，能深入联系群众，为政清廉，公正无私。工作勤奋，曾被评为自治区造林绿化先进工作者、岑溪县劳动模范。

谢光天

叶济忠

叶济忠，1931年7月出生，岑城镇樟木街人。叶一民之父。1949年岑溪中学高中第5班毕业，1950年在柳州市私营药店当店员，1952年参加工作并加入中国共产党，陆续担任柳州市药业店员工会主席，柳州市总工会办公室干事。1956年考入华中工学院自动控制系读大学，1961年毕业后分配到西安军事电讯工程学院任教并参军，1966年转业。1977年调华中科技大学任教授、硕士研究生导师，是全国自然科学名词审定委员会计算机学科分委员会委员。1992年起享受国务院政府特殊津贴。1995年退休，定居武汉。

叶济忠

叶济忠长期从事自动控制、计算机外部设备及计算机应用的教学和科研工作。20世纪70年代初进行数控机床及数控绘图机研究，有关成果已获得实际应用。之后一直从事计算机磁盘驱动器与控制器及微机应用系统的研究，成果主要有：ZPC202型和ZPC205型14英寸磁盘驱动器和5.25英寸全高型电镀磁盘驱动器，该项目在全国首先研制成功，并获国家“六五”科技攻关表彰奖；5.25英寸半高型40兆磁盘驱动器和国家“七五”重点科技攻关项目“3.5英寸40兆磁盘驱动器及其配套控制器”，该项目获机电部科技进步二等奖；以上均为项目组长，一人完成全部电路设计安装调试。为本科生及研究生讲授的课程有：自动控制原理、磁盘驱动器与控制器、电子机械运动控制技术、计算机外部设备电路系统等。1989年获湖北省高校优秀教学一等奖。主编教材“电子机械运动控制技术”获湖北省优秀教材二等奖，合编教材有“微型计算机接口技术”“微型计算机接口技术原理及应用”；合编专著有“电子计算机磁盘存储器”“电子计算机外部设备原理”，参与编写“电子计算机科学技术百科全书”；发表过计算机外部设备、微机应用系统及有关教学的论文20多篇，其中两篇学术论文获武汉市科协1980年度优秀论文奖。1965年被评为西安军事电讯工程学院先进工作者。1979—1986年，每年均被评为华中科技大学先进工作者。

张　强

张强，1958年6月出生，广西桂平人。中共党员。中国建设银行广西岑溪县支行行长、经济师。1990年主动贷款300万元人民币和50万美元帮助两家合资企业，推动地方经济建设。1992年多方筹措资金，支持岑罗公路扩建为

张　强

二级公路,采取分段投放资金和“滚雪球”的办法促进岑溪十里长街建设和南环路开发区开发获得成效。提出并实行“筹资任务承包”等措施,加强内部管理,促进存款快速增长。1995年被国务院授予“全国劳动模范”称号。

第三节　人物表

人物表收录断限内岑溪籍任行政副厅级(军队副师级,含享受待遇)以上职务领导干部37人;国务院及国务院有关部门、自治区党委、自治区人民政府表彰的荣誉人物131人;获得高级职称人员341人。岑溪籍任行政副厅级(军队副师级,含享受待遇)以上职务领导干部按出生时间为序;国务院及国务院有关部门、自治区党委、自治人民政府表彰的荣誉人物、获得高级职称人员表。

1991—2005年岑溪籍任行政副厅级(军队副师级,含享受待遇)以上职务领导干部表

表21-1-1

姓名	性别	出生年月	籍贯	级别或职务	工作单位	备注
黄汉炎	男	1922	波塘	部长(副厅)	中国科协科普工作部	—
林　中	男	1927	波塘	委员(厅级)	自治区顾问委员会	—
高伯龙	男	1928.6	归义	院士	国防科技大学	—
蒙瑞洪	男	1931	水汶	副书记	梧州地委	—
卢树松	男	1932.5	归义	副师职研究员	装甲兵技术学院	—
黄文佳	男	1932	南渡	副主任(副厅)	自治区人大常委会办公室	—
高洁泉	男	1933	岑城	副局长	广东省教育局	—
李兆容	女	1933	归义	副主任(副厅)	自治区体育运动委员会	—
陈荣庠	男	1934	归义	主任(副司局长)	国家物资再生利用管理办公室	—
陆世清	男	1934.5	樟木	副主任(副师)	中国人民解放军通讯工程学院训练部	—
黄醒怀	男	1935	波塘	副主任(副厅)	广西玉林地区政协联络处	—
梁超然	男	1936.7	岑城	副主席(副省级)	自治区政协	享受国务院政府特殊津贴广西优秀专家

续表 21-1-1

姓名	性别	出生年月	籍贯	级别或职务	工作单位	备注
陈初训	男	1936	昙容	副专员	梧州地区行政公署	—
罗桂松	女	1938.7	南渡	副厅长	自治区物资厅	—
蔡振文	男	1938	大业	站长(副厅)	深圳航务管理站	—
侯兆强	男	1940.8	南渡	政委(正师)	桂林军分区	—
李振元	男	1941.9	水汶	政治部主任（大校军衔）	梧州军分区	—
刘超华	女	1942	南渡	副专员	梧州地区行政公署	—
封章树	男	1943.9	南渡	副司令员	玉林军分区	—
刘汉生	男	1944	安平	副秘书长	广西壮族自治区党委办公厅	—
杨立汉	男	1944.2	水汶	书记	贺州学院党委书记、校长	—
廖庆才	男	1945.11	南渡	司令员（大校军衔）	百色军分区	—
陈常川	男	1949	归义	副局长(副厅)	广西进出口商品检验检疫局	—
黄展波	男	1952.7	筋竹	后勤部基建营房部副部长(副师级、大校军衔)	广州军区	1997年3月兼广东省环保委、绿委委员、广州地区绿委副主任
李　明	男	1954.12	岑溪	副厅长(副厅)	自治区民政厅	—
苏赞辉	男	1957.11	糯垌	经理(副厅)	北京市城市建设工程总公司研究发展部	—
莫恭明	男	1962.9	南渡	常委、副市长	来宾市委、市人民政府	2018年1月任重庆市委常委、万州区委书记。第十二届、十三届全国人大代表，党的十九大代表
黄汉云	男	—	波塘	市长	梧州市人民政府	—

续表 21-1-1

姓名	性别	出生年月	籍贯	级别或职务	工作单位	备注
李志勇	男	1963.7	大业	副厅	广西对外贸易经济合作厅(自治区商务厅)	2009年11月任南宁市人民政府副市长;2011年8月起任广西壮族自治区金融工作办公室副主任
蒋超文	男	—	糯垌	党委书记(正厅)	广州师范学院	任职时间1987年8月至1993年7月
钟景珍	男	—	水汶	副主任(副厅)	梧州市人大常委会	—
黄金文	男	1954.9	波塘	副主任(副厅)	贺州市人大常委会	2004年4月起任广西贺州市人大常委会副主任、党组成员
黄宝文	男	—	波塘	师长	天津空军某师	—
黄少雄	男	1962.10	诚谏	副主任(副厅)	贺州市人大常委会	2016年10月起任广西贺州市人大常委会副主任
黄　辉	男	1961.5	诚谏	副主席(副厅)	广东省茂名市政协	2012年1月起茂名市政协副主席、党组成员
梁维新	—	—	—	副厅级	国家开发银行广西分行	国家开发银行广西分行高级客户经理
梁志强	男	1965.8	水汶	总经济师	自治区发改委	2014年广西发改委副主任;2018年任广西壮族自治区党委副秘书长、办公厅副主任

国务院及国务院有关部门、自治区党委、自治人民政府表彰人物表

表 21-1-2

年份	姓名	性别	出生年月	籍贯	工作单位	授予单位	荣誉称号
1995	张　强	男	1958.6	广西桂平	中国建设银行岑溪县支行	国务院	全国劳动模范
2005	李开达	男	1956.6	马路	岑溪市外贸鸡场	国务院	全国劳动模范
1991	杨南鸿	男	1942.10	马路	岑溪县马路镇教育组	教育部、人事部	全国优秀教师
1991	陈　时	男	1938.8	诚谏	岑溪县林业局	财政部	全国财会系统先进工作者
1991	黎其宏	男	1954.8	岑溪	岑溪县工商联	国务院第四次人口普查领导小组	第四次人口普查先进个人
1991	李学军	男	1939.10	马路	岑溪县农机监理站	农业部	农业科学技术推广工作者
1991	林庆扬	男	1956.7	广西苍梧	岑溪县公安局	公安部	全国颁发居民身份证先进工作者
1991	刘长创	男	1946.8	南渡	岑溪县公安局	公安部	全国颁发居民身份证先进工作者
1991	李梓昌	男	1934.9	广西苍梧	岑溪县公安局	公安部	全国颁发居民身份证先进工作者
1991	杨群英	男	1934.9	南渡	岑溪县教育局	教育部、人事部	国家优秀教育工作者
1991	黄良然	男	1951.2	大隆	岑溪县西牛头电站	民政部	全国民政系统抗洪救灾模范
1991	唐伟德	男	1941.9	水汶	岑溪县水利电力局	水利部	为水利事业作贡献
1992	黄良然	男	1951.2	大隆	岑溪县大隆镇人民政府	水利部	全国水利系统先进工作者
1992	廖湘光	男	1947.7	岑溪	岑溪县农业局土肥站	农业部	在“振兴农业”工作中，被评为先进个人
1992	李云空	男	1942.9	南渡	岑溪县电力公司	水利部	优秀厂长(经理)
1992	杨友先	男	1933.3	岑溪	岑溪县园林管理处	林业部	科学技术进步三等奖

续表 21-1-2

年份	姓名	性别	出生年月	籍贯	工作单位	授予单位	荣誉称号
1993	张　强	男	1958.6	广西桂平	建设银行岑溪县支行	中华全国总工会	全国“五一劳动奖章”
1993	李开达	男	1956.6	马路	岑溪市外贸局	中国家禽协会	全国优秀家禽企业家
1993	秦在鑑	男	1950.10	三堡	岑溪中学	教育部、人事部	全国优秀教师
1993	梁松清	男	1954.6	南渡	岑溪县第二中学	教育部、人事部	全国优秀教师
1993	卢义德	男	1955.10	马路	三堡镇教育组	教育部、人事部	全国优秀教师
1993	李学军	男	1939.10	马路	岑溪县农机监理站	中国农机学会、中国农机安全报社	一九九三年度农机安全生产法规及科普宣传一等奖
1993	杨振鸿	男	1936.8	马路	岑溪县林业局	林业部	林业科技推广工作成绩奖
1993	李桂生	男	1962.5	归义	岑溪县归义镇卫生协会	中国农村卫生协会	全国优秀乡村医生
1993	覃金才	男	1962.7	三堡	岑溪县三堡镇卫生协会	中国农村卫生协会	全国优秀乡村医生
1993	杨立铭	男	1950.2	水汶	岑溪县水汶镇卫生协会	中国农村卫生协会	全国优秀乡村医生
1993	黄绍光	男	1950.1	筋竹	岑溪县筋竹镇卫生协会	中国农村卫生协会	全国优秀乡村医生
1994	韦硕东	男	1962.10	—	岑溪县卫协会	中国农村卫生协会	全国优秀乡村医生
1994	吴汉新	男	1949.8	归义	岑溪县归义镇卫生协会	中国农村卫生协会	全国优秀乡村医生
1994	刘建兴	男	—	南渡	岑溪县南渡镇卫生协会	中国农村卫生协会	全国优秀乡村医生
1994	陈家龙	男	1944.9	岑城	岑溪县岑城镇卫生协会	中国农村卫生协会	全国优秀乡村医生
1994	胡本织	男	1940.7	波塘	三堡供销合作社	全国内贸部、人事部	全国内贸系统劳动模范
1994	黎柱庭	男	1938	广西苍梧	岑溪县中医院	国家计划生育委员会、卫生部	全国计划生育万例手术无事故先进个人

续表 21-1-2

年份	姓名	性别	出生年月	籍贯	工作单位	授予单位	荣誉称号
1994	李云坚	男	1953.10	南渡	樟木镇人民政府	民政部	全国民政先进工作者
1994	甘树北	男	1957	岑城	广西金隆集团公司	农业部	全国乡镇企业家
1994	李开达	男	1956.6	马路	岑溪市外贸局	国家统计局、中国技术进步评价中心	首届中国农业企业科技投入100强优秀管理工作者
1995	林汝德	男	1950.12	糯垌	岑溪县文化局	文化部、人事部	全国文化系统先进工作者
1995	刘春承	男	1939.2	波塘	岑溪县总工会	中华全国总工会	全国民主管理优秀工作者
1995	廖庆俊	男	1955	南渡	岑溪县教育局	国家教育委员会人事部	全国教育系统劳动模范
1995	徐超荣	男	1937.4	广西陆川	岑溪县水利电力局	水利部	全国第二批水土保持监督执法试点工作先进个人
1996	练旭文	男	1936.11	岑城	樟木镇大锦村	司法部	人民调解员
1996	陈宗志	男	1937.8	昙容	岑溪市档案局	国家档案局、中央档案馆	从事档案工作30年成绩优异奖
1996	刘海生	男	1958.2	水汶	岑溪市公安局消防大队	公安部	全国优秀人民警察
1996	祝金玲	男	1953.9	三堡	岑溪中学	国家教育委员会、体育委员会	全国"推标"先进工作者
1996	张月英	女	1951.5	大隆	岑溪市妇幼保健院	卫生部	全国妇幼卫生先进工作者
1996	莫少非	男	1958.6	马路	岑溪市林业局	林业部	全国基层林业工作站先进工作者
1997	覃桂才	男	1937.8	南渡	岑溪市畜牧兽医站	农业部	中华农业科教奖
1997	覃庆彬	男	1953.4	水汶	水汶供销合作社	人事部、全国供销合作总社	全国供销合作总社系统劳动模范
1997	梁树清	男	1949.12	南渡	政协岑溪市委员会	民政部	全国农村社会养老保险先进个人
1997	潘启道	男	1945.8	大隆	岑溪市人民政府	全国爱国卫生运动委员会、卫生部	全国农村改水先进工作者

续表 21-1-2

年份	姓名	性别	出生年月	籍贯	工作单位	授予单位	荣誉称号
1997	曾一江	男	1955.1	广西北流	岑溪市爱国卫生运动委员会办公室	国家爱委会、卫生部	八五期间全国改水项目先进个人
1997	陈宁林	男	1948.8	岑溪	岑溪市水利局	水利部	全国水利经济先进工作者
1997	覃凤玲	女	1970.2	筋竹	大业镇天天鸡场	团中央、国家科委	全国青年星火带头人
1998	李志才	男	1963.11	岑城	岑溪市公安局刑侦大队	公安部	全国公安二级英模、全国优秀人民警察
1998	陈一波	男	1964.12	岑城	岑溪市林业技术服务站	全国绿化委员会	全国绿化奖章
1998	黄婧姬	女	1933.10	广西容县	岑溪市第一小学	教育部、人事部	全国教育系统先进工作者
1998	徐超荣	男	1937.4	广西陆川	岑溪市水利电力局	水利部	促进珠江水利科学技术进步二等奖
1998	封　霞	女	—	—	农业银行岑溪市支行	全国金融系统创建“青年文明号”工作领导小组	全国金融系统1997年度“青年岗位能手”
1999	肖军忍	男	1949.11	广西贺州	岑溪市委	民政部、劳动部、全国总工会、共青团中央、全国妇联、中国老龄协会	全国重视老龄工作功勋奖
1999	唐显扬	男	1952.12	广西蒙山县	岑溪市检察院	最高人民检察院	全国人民满意干警
1999	李荣光	男			岑溪市超强刀头厂	团中央、国家科委	全国青年星火带头人标兵
2000	梁荣林	男	1964.10	水汶	水汶镇计划生育服务站	国家人口计生委	全国计划生育优秀工作者
2000	韦惠媚	女	1961.1	三堡	三堡镇人民政府	国家统计局	全国人口普查先进个人
2000	李贞梅	女	1965.2	安平	岑溪市统计局	国家统计局、人事部	全国统计系统先进工作者
2001	周国良	男	1948.6	归义	归义中学	国家体育总局	1996—2000年度全国群众体育先进个人
2001	苏坤华	男	1957.5	糯垌	糯垌镇人民政府	司法部	人民满意的司法助理员
2001	欧进昌	男	—	南渡	岑溪市环保局	国家环保总局	全国环保系统先进工作者

续表 21-1-2

年份	姓名	性别	出生年月	籍贯	工作单位	授予单位	荣誉称号
2001	邓兴旺	男	1965.11	岑城	岑溪市公安局城南派出所	公安部	全国优秀人民警察
2002	潘秀文	女	1934.6	岑城	岑城樟木街	全国妇女联合会	全国双学双比先进女能人
2002	钟文佳	男	1965.10	马路	岑溪市樟木农技站	共青团中央、农业部	全国服务农村青年增收成才奖先进个人
2002	陈冠宁	男	1978.4	岑城	岑溪市樟木镇上奇街	共青团中央委员会	全国农村青年创业致富带头人
2002	张宣东	男	1958.2	广东潮安	岑溪市委员会	林业部	全国森林防火先进个人
2002	刘志芳	女	1958.5	水汶	水汶镇人民政府	国务院第五次全国人口普查领导小组	第五次全国人口普查先进个人
2002	徐伟翔	男	1962.5	三堡	岑溪市人民医院		全国兵检先进工作者
2003	陈武忠	男	1963.2	归义	岑溪市物价局	国家发改委办公厅	全国农产品成本调查工作先进个人
2003	林　琨	男	1963.7	三堡	三堡镇计生站	国家人口计生委	全国人口和计划生育系统防治非典型肺炎工作先进工作者
2003	陈贻德	男	1965.10	归义	岑溪市人口计生局	国家计划生育协会	全国计划生育协会工作先进工作者
2003	罗运森	男	1955.5	马路	岑溪市林业局	全国绿化委员会	2002 年度全国绿化奖章
2004	高兆华	男	1964.7	岑城	岑溪市工商局	共青团中央、国家工商总局等 11 个部门	2002—2003 年度全国优秀青少年维权岗创建活动先进个人
2004	杨　民	男	1970.1	马路	岑溪市物价局	国家发改委办公厅	2003—2004 年全国农产品成本调查工作先进个人
2004	杨锦超	—	—	—	岑溪市青年艺人	中国共产主义青年团中央委员会	全国乡村青年文化名人
2004	林吾飞岳	女	1990.7	岑溪	岑溪市第二中学	全国少工委	第九届全国十佳少先队员提名奖获得者
2004	莫　凡	男	1962.11	—	岑溪市南渡镇人民政府	第一次全国经济普查领导小组	第一次全国经济普查先进个人

续表 21-1-2

年份	姓名	性别	出生年月	籍贯	工作单位	授予单位	荣誉称号
2004	管　多	男	1976.2	岑城	岑溪市公安局宣传股	公安部	人民公安报发行工作先进个人
2005	刘明敢	男	—	马路	岑溪市人民政府办公室	全国妇联	第五届全国五好家庭
2005	陈贻德	男	1965.10	归义	岑溪市人口计生局	中宣部、中央文明办、人口计生委、教育部、民政部、文化部、广电总局、全国总工会、共青团中央、全国妇联	2001—2005全国婚育新风进万家活动先进个人
2005	李旭亮	男	1965.7	大业	岑溪市经贸局	商务部	全国万村千乡市场工程先进工作者
2005	李　震	男	1967.9	安平	岑溪市经贸局	农业部	全国乡镇企业系统先进财会工作者
2005	张燕忠	男	—	广西贵港	岑溪市业余体校	国家体育总局	全国群众体育先进个人
2005	袁文才	男	1948.1	梨木	岑溪市梨木镇卫生协会	中国农村卫生协会	全国优秀乡村医生
2005	梁凤保	男	1966.2	水汶	岑溪市卫生局	中国初级卫生保健基金会、中国健康扶贫工程组	中国健康扶贫工程项目实施先进个人
2005	黄振全	男	1966.6	归义	三堡中心卫生院	中国初级卫生保健基金会、中国健康扶贫工程组	中国健康扶贫工程项目实施先进个人
2005	甘志球	男	1957.4	归义	岑溪市归义卫生院	国家中医药管理局	全国农村基层优秀中医
2005	黄炳雄	男	1963.8	广西苍梧	岑溪市检察院	最高人民检察院	全国模范检察官
1992	陈初训	男	1936	昙容	中共岑溪县委员会	自治区人民政府	先进工作者
1993	张　强	男	1958.6	广西桂平	中国建设银行岑溪县支行	自治区人民政府	自治区劳动模范
1993	梁　峰	男	1958.10	南渡	岑溪县造纸厂	自治区人民政府	先进工作者

续表 21-1-2

年份	姓名	性别	出生年月	籍贯	工作单位	授予单位	荣誉称号
1993	曾　勇	男	1933.5	岑溪	保险公司	自治区人民政府	自治区劳动模范
1994	莫丕焜	男	1940.12	南渡	岑溪县林业局	自治区人民政府	自治区劳动模范
1994	黄照堂	男	1955.3	广西藤县	岑溪县人大常委会	自治区人民党委、政府	全区抗洪救灾先进个人
1994	李光生	男	1944.9	糯垌	岑溪县林业局	自治区党委、自治区人民政府、自治区林业厅	全区造林绿化先进工作者
1994	罗运森	男	1955.5	马路	岑溪县林业局	自治区党委、自治区人民政府	抗洪救灾先进个人
1994	唐耀明	男	1958.5	水汶	岑溪县水汶镇人民政府	自治区党委、自治区人民政府	抗洪救灾先进个人
1995	莫丕焜	男	1940.12	南渡	岑溪县林业局	自治区人民政府	自治区先进工作者
1995	李开达	男	1956.6	马路	岑溪县外贸鸡场	自治区人民政府	自治区劳动模范
1995	关书成	男	1957.5	马路	岑溪县马路镇义垌村	自治区人民政府	自治区劳动模范
1995	苏汝维	男	1950.5	马路	岑溪县邮政局	自治区人民政府	自治区劳动模范
1995	钟振东	男	1947.10	波塘	岑溪县波塘镇容坡村	自治区人民政府	自治区劳动模范
1995	蔡子庆	男	1962.8	筋竹	岑溪县筋竹镇黄陵村	自治区人民政府	自治区劳动模范
1995	韦大权	男	1942	筋竹	岑溪县筋竹镇中围村	自治区党委	优秀共产党员
1996	覃凤玲	女	1970.2	筋竹	岑溪市大业镇天天鸡场	自治区人民政府	自治区劳动模范
1996	梁金文	男	1955.2	岑溪	岑溪市化肥厂	自治区人民政府	自治区劳动模范
1996	李开达	男	1956.6	马路	岑溪市外贸鸡场	自治区党委、自治区人民政府	广西突出贡献科技人才
1998	李　健	男	1951.7	筋竹	岑溪市人民武装部	广西军区	三等功

续表 21-1-2

年份	姓名	性别	出生年月	籍贯	工作单位	授予单位	荣誉称号
1998	梁松清	男	1954.6	南渡	岑溪市第二中学	自治区人民政府	特级老师
1998	吕维兴	男	1928.3	大业	大业镇奕清村	自治区人民政府	广西优秀村委会主任
1998	杨英权	男	1957.2	马路	马路镇善村	自治区人民政府	广西优秀村委会主任
1998	李　国	男	1961.2	归义	岑溪市民族事务局	自治区党委、自治区人民政府	全区第四次民族团结进步先进个人
1999	唐显扬	男	1952.12	广西蒙山	岑溪市检察院	中共广西区委员会、自治区人事厅	全区政法系统“百名”人民满意政法干警
1999	李开达	男	1956.6	马路	岑溪市外贸鸡场	自治区党委、自治区人民政府	广西优秀专家
2000	李　新	男	1966.5	筋竹	岑溪市筋竹镇筋竹村	自治区人民政府	自治区劳动模范
2000	秦在鑑	男	1950.10	三堡	岑溪中学	自治区人民政府	自治区特级教师
2000	梁松清	男	1954.6	南渡	岑溪市第二中学	自治区人民政府	自治区特级教师
2004	覃广平	男	1964.3	昙容	岑溪市樟木镇人民政府	自治区党委	全区优秀党务工作者
2004	徐伟翔	男	1962.5	三堡	岑溪市卫生局	自治区人民政府	征兵工作先进个人
2004	刘明敢	男	—	马路	岑溪市人民政府办公室	自治区党委	全区党委组织系统先进个人
2005	卢家庆	男	1969.7	筋竹	岑溪市筋竹镇黄陵村	自治区人民政府	自治区劳动模范
2005	廖克平	男	1959.11	大业	岑溪市水利有限公司第一变电站	自治区人民政府	自治区劳动模范
2005	李　拓	男	1968.3	南渡	岑溪市纪律检查委员会	自治区党委、自治区人民政府	全区民族团结进步先进个人
2005	陈长江	男	1960.7	归义	岑溪市经贸局	自治区党委、自治区人民政府	全区招商引资先进个人
2005	黄炳雄	男	1963.8	广西苍梧	岑溪市检察院	自治区党委	全区优秀共产党员

1992—2005年岑溪县(市)获得高级职称人物表

（注：1991年梧州地区没有下发职改批文）

表21-1-3

姓名	任职单位	获得职称	取得职称资格时间
覃桂才	岑溪县兽医站	高级兽医师	1992.12
李中伟	岑溪县	副主任技师	1992.12
李协新	岑溪县人民医院	副主任医师	1992.12
黄杏章	岑溪县岑城卫生院	副主任医师	1992.12
黎柱庭	岑溪县中医院	副主任医师	1992.12
陈淑琳	岑溪县	副主任医师	1992.12
贤成都	岑溪县中医院	中医副主任医师	1992.12
梁荫泽	岑溪县	中西医结合副主任医师	1992.12
陈森祥	岑溪县	高级工程师	1992.12
余德忠	岑溪县水电局	高级工程师	1992.12
李柱文	岑溪县林业局	高级工程师	1992.12
朱沛光	岑溪县	高级工程师	1992.12
胡结仁	岑溪县	高级工程师	1992.12
刘旭帮	岑溪县	高级工程师	1992.12
韦冰峰	岑溪县委党校	高级讲师	1992.12
植基存	岑溪县教师进修学校	高级讲师	1992.12
黄彩潮	岑溪县测报站	高级农艺师	1992.12
覃志才	岑溪县畜牧兽医站	高级兽医师	1992.12
赖砚全	岑溪中学	中学高级教师	1992.12
谭宗良	岑溪中学	中学高级教师	1992.12
赖裕邦	岑城中学	中学高级教师	1992.12
黄柱昌	南渡中学	中学高级教师	1992.12
黄崇知	筋竹中学	中学高级教师	1992.12
陈石窝	筋竹中学	中学高级教师	1992.12
罗伯林	县人民政府	高级畜牧师	1992.11
潘启道	县政协	高级工程师	1992.11
李世蒿	县人民政府	高级农艺师	1992.11
梁盛林	县农委	高级农艺师	1992.11
赖凤年	县科委	高级农艺师	1992.11
陈树训	县科委	高级农艺师	1992.11
聂锦坤	县科协	高级农艺师	1992.11

续表 21-1-3

姓名	任职单位	获得职称	取得职称资格时间
韦克隆	中共归义镇委员会	高级农艺师	1992.11
孔令兰	县政策研究室	高级农艺师	1992.11
李　彬	县委会	高级政工师	1992.11
曾超贤	县司法局	二级律师	1992.11
管国机	县文化局	二级美术师	1992.11
李丽群	县人大常委会	妇产科副主任医师	1992.11
韦德才	县卫生局	副主任医师	1992.11
黎汉瑞	县卫生局	副主任医师	1992.11
羽善彬	县卫生局	副主任医师	1992.11
谭龙声	县人大常委会	副主任医师	1992.11
刘玉琨	县卫生局	副主任医师	1992.11
高纪森	县畜牧水产局	高级畜牧师	1992.11
韦贵丰	县城乡建设委员会	高级工程师	1992.11
王昌善	县城乡建设委员会	高级工程师	1992.11
陈满生	县城乡建设委员会	高级工程师	1992.11
李甲环	县经济委员会	高级工程师	1992.11
程柱德	县人大常委会	高级工程师	1992.11
莫光荣	县水利电力局	高级工程师	1992.11
潘伦生	县水利电力局	高级工程师	1992.11
杨振鸿	县林业局	高级工程师	1992.11
李光生	县林业局	高级工程师	1992.11
程振清	县科学技术委员会	高级工程师	1992.11
林愷琪	县科学技术协会	高级工程师	1992.11
覃辅怀	县商业局	高级会计师	1992.11
黄福松	县财政局	高级会计师	1992.11
欧宰忠	县经委	高级经济师	1992.11
李树清	县农委	高级经济师	1992.11
房炎生	县粮食局	高级经济师	1992.11
莫象俊	县粮食局	高级经济师	1992.11
覃英壮	县税务局	高级经济师	1992.11
兰裕松	县税务局	高级经济师	1992.11
徐爱池	县税务局	高级经济师	1992.11

续表 21-1-3

姓名	任职单位	获得职称	取得职称资格时间
崔振邦	县农业局	高级农艺师	1992.11
吴钦典	县农业局	高级农艺师	1992.11
陈德宁	县农业局	高级农艺师	1992.11
黄自英	县畜牧水产局	高级兽医师	1992.11
叶崇俊	县审计局	高级统计师	1992.11
朱炯荣	县粮食局	高级统计师	1992.11
陈初训	县委会	高级政工师	1992.11
陈成海	县委会	高级政工师	1992.11
钟光德	县委办	高级政工师	1992.11
江　涛	县政府	高级政工师	1992.11
曾广镇	县政府	高级政工师	1992.11
陈奇信	县政协	高级政工师	1992.11
曾永华	县科委	高级政工师	1992.11
曾昭才	县委对台办公室	高级政工师	1992.11
莫祺年	县宣传部	高级政工师	1992.11
钟建凡	县政法委员会	高级政工师	1992.11
李达明	县政法委员会	高级政工师	1992.11
李同洪	县政法委员会	高级政工师	1992.11
陈达栋	县卫生局	高级政工师	1992.11
管汉豪	县卫生局	高级政工师	1992.11
黄志南	县民政局	高级政工师	1992.11
陈占耕	县土地管理局	高级政工师	1992.11
潘啟发	县老龄委	高级政工师	1992.11
李妙球	县直属机关工作委员会	高级政工师	1992.11
李相文	县人事局	高级政工师	1992.11
朱锦芬	县教育局	小学中的中学高级教师	1992.11
徐德炎	县教育局	小学中的中学高级教师	1992.11
谢泰源	县教育局	小学中的中学高级教师	1992.11
杨群英	县教育局	中学高级教师	1992.11
梁树照	县教育局	中学高级教师	1992.11
岑步汉	县体委	中学高级教师	1992.11
谢少波	县体委	中学高级教师	1992.11

续表 21-1-3

姓名	任职单位	获得职称	取得职称资格时间
莫华冰	县侨联会	中学高级教师	1992.11
黄月德	县教育局	中学高级教师	1992.11
陈宁训	县教育局	中学高级教师	1992.11
伍松耀	县矿产管理局	高级工程师	1992.11
梁建宏	县矿产管理局	高级工程师	1992.11
黄伟东	县矿产管理局	高级工程师	1992.11
黄宗延	岑溪县政协	高级工程师	1992.11
林汝德	岑溪县文化馆	副研究馆员	1992.12
林恺琪	岑溪县	高级工程师	1992.12
吴家悦	岑溪县	高级畜牧师	1993.11
甘惠德	岑溪县	高级农艺师	1993.11
廖湘光	岑溪县	高级农艺师	1993.11
黄文燮	岑溪县	高级农艺师	1993.11
莫象忠	岑溪县	高级农艺师	1993.11
陈炳南	岑溪县	高级兽医师	1993.11
黎炳志	岑溪县	高级工程师	1993.12
李小强	岑溪县	高级工程师	1993.12
黎汉业	岑溪县	高级工程师	1993.12
黎进生	县畜牧水产局	高级工程师	1993.12
徐家峰	县委党校	高级讲师	1993.12
黄文熹	县教育局	高级讲师	1993.12
李明雄	县教育局	高级讲师	1993.12
李雪兰	岑溪县	高级农艺师	1993.12
谢天福	岑溪县	副主任医师	1993.7
李荣芳	岑溪县	中学高级教师	1993.9
莫宏新	岑溪县	中学高级教师	1993.9
梁松清	岑溪县	中学高级教师	1993.9
周国进	岑溪县	中学高级教师	1993.9
潘德佳	岑溪县	中学高级教师	1993.9
陈锐文	岑溪县	中学高级教师	1993.9
祝金玲	岑溪县	中学高级教师	1993.9
苏进文	岑溪县	中学高级教师	1993.9

续表 21-1-3

姓名	任职单位	获得职称	取得职称资格时间
杨本德	岑溪县	副主任药师	1993.9
马象源	岑溪县	副主任医师	1993.9
管相袭	岑溪县	副主任医师	1993.9
叶文辉	岑溪县	副主任医师	1993.9
李方标	岑溪县	副主任医师	1993.9
梁兆林	岑溪县	副主任医师	1993.9
梁树珍	岑溪县	中医内科副主任医师	1993.9
苏秀南	岑溪县	中医内科副主任医师	1993.9
覃立升	岑溪县	副主任医师	1993.9
林柱福	岑溪县	副主任医师	1993.9
韦瑞堂	岑溪县	中学高级教师	1993.9
韦志才	岑溪县	中学高级教师	1993.9
王　光	岑溪县	中学高级教师	1993.9
黄绯玲	岑溪县	中学高级教师	1993.9
罗　刚	岑溪县	中学高级教师	1993.9
郭　泽	岑溪县	中学高级教师	1993.9
陈　震	岑溪县	中学高级教师	1993.9
秦在鑑	岑溪县	中学高级教师	1993.9
甘忠才	岑溪县	中学高级教师	1993.9
李荣国	岑溪县	中学高级教师	1993.9
陈焕英	岑溪县	中学高级教师	1993.9
温彦芳	岑溪县	中学高级教师	1993.9
陈省波	岑溪县	中学高级教师	1993.9
陈昌元	岑溪县	中学高级教师	1993.9
陈梦华	岑溪县	中学高级教师	1993.9
陈占金	岑溪县	中学高级教师	1993.9
刘庆文	岑溪县	中学高级教师	1993.9
林　芬	岑溪县	中学高级教师	1993.9
李振兴	岑溪县	中学高级教师	1993.9
谢绍继	岑溪县	中学高级教师	1993.9
黄彩汉	岑溪县	中学高级教师	1993.9
罗华乾	岑溪县	中学高级教师	1993.9

续表 21-1-3

姓名	任职单位	获得职称	取得职称资格时间
卢义德	岑溪县	中学高级教师	1993.9
卢振成	岑溪县	中学高级教师	1993.9
黄立元	岑溪县	中学高级教师	1993.9
梁志洪	岑溪县	中学高级教师	1993.9
杨南鸿	岑溪县	中学高级教师	1993.9
梁甲坤	岑溪县	中学高级教师	1993.9
李家隆	岑溪县	中学高级教师	1993.9
黄恒桂	岑溪县	中学高级教师	1993.9
莫友锷	岑溪县	中学高级教师	1993.9
莫志林	岑溪县	中学高级教师	1993.9
龙善和	岑溪县	中学高级教师	1993.9
黎宏汉	岑溪县	中学高级教师	1993.9
郭培年	岑溪县	中学高级教师	1993.9
赵明德	岑溪县	中学高级教师	1993.9
罗致瑞	岑溪县	中学高级教师	1993.9
李福文	岑溪县	中学高级教师	1993.9
林丽贞	岑溪县	中学高级教师	1993.9
李开达	岑溪县外贸鸡场	高级畜牧师	1994.11
陈奇西	岑溪县畜种场	高级兽医师	1994.11
黄诚伟	岑溪县樟木畜牧兽医站	高级兽医师	1994.11
练金德	岑溪县农机推广站	高级工程师	1994.11
李学军	岑溪县农机监理站	高级工程师	1994.11
李树才	岑溪县水电设计室	高级工程师	1994.11
吴洪强	岑溪县水电设计室	高级工程师	1994.11
麦国南	岑溪县	内科副主任医师	1994.11
侯树华	岑溪县	内科副主任医师	1994.11
黄树诚	岑溪县	副主任医师	1994.11
高柱球	岑溪县	中医副主任医师	1994.11
秦　欣	岑溪县	副主任护师	1994.11
宋意泰	岑溪县	中学高级教师	1994.12

续表 21-1-3

姓名	任职单位	获得职称	取得职称资格时间
莫月德	岑溪县	中学高级教师	1994.12
莫理华	岑溪县	中学高级教师	1994.12
程新南	岑溪县	中学高级教师	1994.12
萧宰东	岑溪县	中学高级教师	1994.12
张明壬	岑溪县	中学高级教师	1994.12
廖伟棠	岑溪县	中学高级教师	1994.12
陆炳鑫	岑溪县	中学高级教师	1994.12
苏永新	岑溪县	中学高级教师	1994.12
周国良	岑溪县	中学高级教师	1994.12
严彩芹	岑溪县	中学高级教师	1994.12
符建年	岑溪县	中学高级教师	1994.12
陈秋昌	岑溪县	中学高级教师	1994.12
覃均尧	岑溪县	中学高级教师	1994.12
高炎生	岑溪县	中学高级教师	1994.12
潘石永	岑溪县	中学高级教师	1994.12
卢桂珍	岑溪县	中学高级教师	1994.12
覃宇才	岑溪县	中学高级教师	1994.12
梁丽昌	岑溪县	中学高级教师	1994.12
莫石坚	岑溪县	中学高级教师	1994.12
庞仕柱	岑溪县	中学高级教师	1994.12
黄壮华	岑溪县	中学高级教师	1994.12
卢菊连	岑溪县	中学高级教师	1994.12
莫德奎	岑溪县	中学高级教师	1994.12
甘志振	岑溪县	中学高级教师	1994.12
封章谏	岑溪县	中学高级教师	1994.12
唐宝楷	岑溪县	中学高级教师	1994.12
谭惠鸿	岑溪县	中学高级教师	1994.12
冼　锋	岑溪县	中学高级教师	1994.12
陈永新	岑溪县	中学高级教师	1994.12
覃益源	岑溪县	中学高级教师	1994.12

续表 21-1-3

姓名	任职单位	获得职称	取得职称资格时间
周国钊	岑溪县	中学高级教师	1994.12
张受贤	岑溪县	中学高级教师	1994.12
黎　涛	岑溪县	中学高级教师	1994.12
李健清	岑溪县	中学高级教师	1994.12
韦继梅	岑溪县	中学高级教师	1994.12
李冠容	岑溪县	中学高级教师	1994.12
林庆松	岑溪县	中学高级教师	1994.12
封章奭	岑溪县教师进修学校	高级讲师	1994.12
黎宏图	岑溪市	中学高级教师	1995.12
朱尚宪	岑溪市	中学高级教师	1995.12
黄名金	岑溪市	中学高级教师	1995.12
李式伍	岑溪市人民医院	副主任医师	1995.12
赵美云	岑溪市人民医院	副主任医师	1995.12
黎旭明	岑溪市人民医院	副主任医师	1995.12
张月英	岑溪市妇保院	副主任医师	1995.12
何启荣	岑溪市中医院	副主任医师	1995.12
区福彩	岑溪市松香厂	高级工程师	1995.12
韦雄才	岑溪市建筑设计室	高级工程师	1995.12
钟北才	岑溪市水利工程管理站	高级工程师	1995.12
周尉生	岑溪市教师进修学校	高级讲师	1995.12
吴庆树	岑溪市	中学高级教师	1995.12
韦祖芳	岑溪市	中学高级教师	1995.12
赖培惠	岑溪市	中学高级教师	1995.12
陈锦萍	岑溪市	中学高级教师	1995.12
陈成信	岑溪市	中学高级教师	1995.12
罗彦芬	岑溪市	中学高级教师	1995.12
谢发寿	岑溪市公证处	二级公证员	1995.12
陈　玮	岑溪市水利工程管理站	高级工程师	1996.12
黄积烽	岑溪市筋竹中学	中学高级教师	1996.12
谢文安	岑溪中学	中学高级教师	1996.12

续表 21-1-3

姓名	任职单位	获得职称	取得职称资格时间
钟杰南	岑溪市造纸厂	高级工程师	1996.12
陈盘生	妇幼保健院	副主任医师	1996.12
张超荣	岑溪市人民医院	副主任医师	1996.12
叶梓惠	岑溪市人民医院	副主任医师	1996.12
余克庆	岑溪市人民医院	副主任医师	1996.12
潘惠兰	岑溪市妇幼保健院	副主任医师	1996.12
卢振才	岑溪市教研室	中学高级教师	1996.12
钟秀芳	岑溪市中等职业技术学校	中学高级教师	1996.12
黄显森	岑溪市水汶华侨中学	中学高级教师	1996.12
冯子桂	岑溪市粤剧团	二级演员	1996.12
刘兆雄	岑溪市植保植检站	高级农艺师	1997.11
徐伟翔	岑溪市人民医院	副主任医师	1997.12
朱启贮	岑溪市妇幼保健院	副主任医师	1997.12
李　论	岑溪市人民医院	副主任医师	1997.12
林健容	岑溪市人民医院	副主任医师	1997.12
李益才	岑溪市皮肤性病防治院	副主任医师	1997.12
罗福建	岑溪中学	中小学高级教师	1997.12
罗贵昌	岑溪中学	中小学高级教师	1997.12
李抑临	岑溪中学	中小学高级教师	1997.12
管　林	岑溪市岑城中学	中小学高级教师	1997.12
廖庆俊	岑溪市南渡镇教育委员会办公室	小学高级教师	1997.12
黄　泓	岑溪中学	中学高级教师	1998.12
钟　展	岑溪市林业技术服务站	高级工程师	1998.12
戴　杰	岑溪市第二中学	中学高级教师	1998.12
莫丕庇	岑溪中学	中学高级教师	1998.12
黄守林	岑溪市教育委员会教学研究室	中学高级教师	1998.12
凌洁连	岑溪市教育委员会教学研究室	中学高级教师	1998.12
陈宗伍	岑溪市教育委员会教学研究室	中学高级教师	1998.12
岑燚林	岑溪中学	中学高级教师	1998.12
高明才	岑溪市岑城中学	中学高级教师	1998.12

续表 21-1-3

姓名	任职单位	获得职称	取得职称资格时间
潘丽英	岑溪市马路中学	中学高级教师	1998.12
程建汉	岑溪市筋竹中学	中学高级教师	1998.12
黄　瑛	岑溪市教育局教学研究室	中学高级教师	1999.12
黎国召	岑溪市第一中学	中学高级教师	1999.12
陈剑虹	岑溪市教育局教学研究室	中学高级教师	1999.12
莫飞雄	岑溪中学	中学高级教师	1999.12
江　芹	岑溪市第二中学	中学高级教师	1999.12
蒙国强	岑溪市人民医院	副主任医师	1999.12
林作天	岑溪市人民医院	副主任医师	1999.12
覃志英	岑溪市糯垌镇教育组	中学高级教师	1999.12
黄庆坤	岑溪中学	中学高级教师	2000.12
蒙光业	岑溪市人民医院	副主任医师	2000.12
李显超	岑溪中学	中学高级教师	2000.12
胡本南	岑溪市三堡中学	中学高级教师	2000.12
廖世雄	岑溪市人民医院	副主任医师	2000.12
莫培钊	岑溪中学	中学高级教师	2000.12
蔡瑞良	岑溪市教育局教学科研室	中学高级教师	2000.12
刘锐明	岑溪市第一中学	中学高级教师	2000.12
陈家颖	岑溪市第五中学	中学高级教师	2000.12
李保祥	岑溪市人民医院	副主任医师	2000.12
李昌忠	岑溪市人民医院	副主任医师	2000.12
张振友	岑溪市教育局教学科研室	中学高级教师	2000.12
潘国伟	岑溪中学	中学高级教师	2000.12
林霹光	岑溪市人民医院	副主任医师	2000.12
胡兑锋	岑溪市第三中学	中学高级教师	2000.12
莫有仿	岑溪市马路中学	中学高级教师	2000.12
廖美光	岑溪市归义中学	中学高级教师	2000.12
蓝　昌	岑溪中学	中学高级教师	2001.12
唐明宏	岑溪中学	中学高级教师	2001.12
李伟涛	岑溪市水利电力局设计师	高级工程师	2001.12
黎炳海	岑溪市第三中学	中学高级教师	2001.12

续表 21-1-3

姓名	任职单位	获得职称	取得职称资格时间
覃　丰	岑溪中学	中学高级教师	2001.12
谢祥鸿	岑溪市第三中学	中学高级教师	2001.12
岑杰才	岑溪市南渡中学	中学高级教师	2001.12
李振硕	岑溪市南渡中学	中学高级教师	2001.12
徐德昌	岑溪市人民医院	副主任医师	2001.12
卢子观	岑溪市第二中学	中学高级教师	2001.12
刘荫媛	岑溪市第二中学	中学高级教师	2001.12
林培华	岑溪市三堡中学	中学高级教师	2002.12
邓　宁	岑溪市人民医院	副主任医师	2002.12
吕佐华	岑溪市梨木镇教育组	中学高级教师	2002.12
曾远凡	岑溪市波塘中学	中学高级教师	2002.12
吴进佳	岑溪市筋竹中学	中学高级教师	2002.12
李菊英	岑溪中学	中学高级教师	2003.12
农玉芳	岑溪市人民医院	副主任医师	2003.12
廖丽光	岑溪中学	中学高级教师	2003.12
甘　泽	岑溪市南渡中心医院	副主任医师	2003.12
林忠生	岑溪市中医院	副主任医师	2003.12
梁建华	岑溪市林业局	高级工程师	2003.12
刘　美	岑溪市水汶镇第二中学	中学高级教师	2003.12
赵汝坚	岑溪市教育局教学科研室	中学高级教师	2003.12
徐沛荣	岑溪市波塘中学	中学高级教师	2003.12
谢　军	岑溪市人民医院	副主任医师	2004.12
李进强	岑溪市波塘中学	中学高级教师	2004.12
叶振东	岑溪中学	中学高级教师	2004.12
梁　洪	岑溪市妇幼保健院	副主任医师	2004.12
邓海生	岑溪市建设规划室	高级工程师	2005.12
侯文英	岑溪市第二中学	中学高级教师	2005.12
吴楚兴	岑溪市波塘中学	中学高级教师	2005.12
黎明锋	岑溪市林业局	高级工程师	2005.12
覃水生	岑溪市人民医院	副主任医师	2005.12
陈森英	岑溪市马路中学	中学高级教师	2005.12

第二章　先进集体

本章收录断限内获得自治区党委、自治区人民政府以上授予的集体荣誉，其中获国家部级授予先进集体71个，获自治区党委、自治区人民政府授予先进集体37个。按获得时间先后为序。

第一节　国家级先进集体

1991—2005年岑溪县（市）国家级先进集体表

表21-2-1

单位名称	获得时间	获奖名称	授予单位	备注
岑溪县	1991.3	全国造林绿化先进单位	全国绿化委员会、林业部、人事部	—
岑溪县附城第二中心小学861中队	1991.3	学赖宁红旗中队	全国少工委	—
岑溪县荔新灌区水管所	1991.10	全国水利综合经营突出贡献奖	水利部	—
岑溪县公安局	1991	一九九一年“全国优秀公安局”	公安部	—
岑城工商所	1991	全国先进工商所	国家工商局	—
岑溪县电力公司	1991	部级先进企业	水利部	—
岑城中心市场	1991—1992	全国文明市场	国家工商局	—
岑溪县水土保持试验站	1992.4	全国水土保持工作先进单位	全国水土保持协调小组、全国水资源水土保持工作领导小组、水利部、全国水利电力工会全国委员会	—
归义林业站	1992.4	全国先进林业站	林业部	—
岑溪县文化局	1992.8	全国以文补文先进单位	文化部、财政部	—
大隆粮所	1992	全国商业抗灾救灾先进集体	商业部	—
岑溪县大湾电站	1992	1990年全国小水电优秀电站	水利部	—
岑溪县保密委员会	1992	一九九一年全国保密工作先进单位	国家保密局	—
岑溪县归义镇林业工作站	1993.3	全国先进林业工作站	林业部	—

续表 21-2-1

单位名称	获得时间	获奖名称	授予单位	备注
岑溪县文化馆	1993.9	全国标准文化馆	文化部	—
岑溪县外贸鸡场	1993.9	全国优秀家禽企业	中国家禽业协会、全国最佳家禽企业评委会	—
岑溪县木材公司工会	1993.11	全国模范职工之家	中华全国总工会	—
岑城中心市场	1993—1995	全国文明市场	国家工商局	—
岑溪县土地管理局	1993	全国土地管理系统先进集体	国家土地管理局、人事部	—
岑溪县	1994.6	全国民政工作先进县	民政部	—
樟木乡	1994.6	全国民政工作全优乡	民政部	—
岑溪县	1994.9	全国经济林建设先进县	林业部	—
岑溪县	1994.12	林业工作站建设合格县	林业部	—
岑溪县外贸鸡场	1994.12	“首届中国农业企业科技投入100强”评选活动中跨进了100强行列	国家统计局、中国技术进步评价中心	—
岑溪县	1995.3	全国造林绿化百佳县（市）	全国绿化委员会	—
岑溪县	1995.5	1994年度发展水利经济先进县（市）	水利部	—
岑溪县	1995	1994年度林业工作站建设合格县	林业部	—
岑溪县	1995	全国经济林建设先进县	林业部	—
岑溪市第二小学少先队大队	1995	全国雏鹰红旗大队	全国少工委	—
岑溪市土地管理局	1996.6	全国土地管理系统先进单位集体	国家土地管理局	—
中共南渡镇南渡街党支部	1996.6	全国先进基层党组织	中共中央组织部	—
岑溪市	1996	1996年度发展水利经济先进县（市）	水利部	—
南渡镇西兰水厂	1996	全国农村百佳水厂	全国爱国卫生动动委员会	—

续表 21-2-1

单位名称	获得时间	获奖名称	授予单位	备注
岑溪市工商局	1996	全国工商系统先进集体	国家工商局、人事部	—
岑溪市水电局	1997.5	全国水利经济突出贡献奖	水利部	—
岑溪市	1997	全国农村普及自来水先进市	全国爱国卫生运动委员会、中华人民共和国卫生部	—
糯垌国税分局	1997	全国青年文明号	团中央、国家税务总局	—
岑溪市第一小学少先大队	1997—1998	全国雏鹰大队	全国少工委	—
岑溪市	1998.5	全国文化先进县（市）	文化部	—
岑溪市第二小学	1998	全国群众体育先进集体	国家体育总局	—
岑溪市国税局糯垌分局	1998	全国青年文明号	国家税务总局、共青团中央	—
岑溪市水利电力局水政水资源股	1999.12	全国水政监察规范化建设先进集体	水利部	—
岑溪市	1999	“消灭无标生产县”试点县（市）之一	国家质量技术监督局	—
岑溪市	2000.4	全国经济林建设示范县	国家林业局	—
岑溪市卫生防疫站	2000	县级一等卫生防疫站	卫生部	—
岑溪市	2001	全国体育先进县	国家体育总局	—
岑溪市	2001.8	中国肉桂之乡	国家林业局	—
岑溪市第一幼儿园	2001.9	婴幼儿科学汉字教育实验幼儿园	中国优生优育协会等团体	—
岑溪市	2001	中国名特优经济林之乡	国家林业局	—
岑溪市	2001	全国计划生育协会县级先进单位	中国计划生育协会	—
归义中学	2001	全国青少年体育工作先进集体	国家体育总局、教育部	—
岑城镇武装部	2002	全国先进基层武装部	中国人民解放军总政治部、总参谋部	—
岑溪市	2003.5	2002年度全国乡村青年文化活动先进县市区	团中央	—
岑溪市烹饪协会	2003.7	全国商业服务业抗击非典先进集体	中国商业联合会、财贸轻纺烟酒工会	—

续表 21-2-1

单位名称	获得时间	获奖名称	授予单位	备注
岑溪市人民医院党总支部	2003.8	全国防治非典型肺炎工作先进基层党组织	中共中央组织部	—
岑溪市人民医院工会	2003	抗击“非典型肺炎”先进集体	全国总工会	—
水汶供销合作社	2003	全国供销合作社系统先进集体	人事部、中华全国供销合作总社	—
岑溪市业余体校	2003	全国体育先进单位	国家体育总局	—
岑溪市	2004.6	中国古典三黄鸡之乡	中国优质农产品开发服务协会	—
岑溪市个体劳动者协会	2004.6	宣传发行先进单位	中个协、光彩杂志社	—
岑溪市人口计生局	2004.11	全国人口计生系统作风建设先进单位	国家人口计生委	—
岑溪市工商局	2004.12	全国工商系统先进集体	国家工商总局、国家人事部	—
岑溪市消费者协会	2004.12	3·15荣誉奖章	中国消费者协会	—
岑溪市城区供电所收费班	2004	巾帼文明示范岗	全国总工会	—
岑溪市人民医院	2004	国际紧急救援中心网络医院	卫生部	—
岑溪市公安局城南派出所	2004	全国一级派出所	公安部	—
岑溪市水利电业有限公司城区供电所收费班	2005.3	全国“巾帼文明岗”	全国妇女“巾帼建功”活动领导小组	—
糯垌人民法庭	2005.4	全国优秀人民法庭	最高人民法院	—
岑溪市飞龙摩托车有限公司	2005	2003—2005诚信维权单位	中国消费者协会	—
岑溪县工商局岑城工商所	—	全国先进工商所	国家工商局	—
岑溪市	2006.10	中国花岗岩之都	中国石材工业协会	—

第二节 自治区级先进集体

1991—2005岑溪县（市）自治区级先进集体表

表21-2-2

单位名称	获得时间	荣誉名称	授予单位	备注
岑溪县林业局	1991	全区抢修中小学危房先进集体	自治区人民政府	—
岑溪县	1991	一九九〇年广西保险先进县	自治区人民政府	—
岑溪市大湾电站	1991	自治区先进企业	自治区人民政府	—
岑溪县	1991	抢修中小学危房先进县	自治区人民政府	—
岑溪县	1992.7	自治区双拥模范城	自治区党委、自治区人民政府、广西军区	—
岑溪县	1992	一九九一年度全区社会治安综合治理先进单位	自治区党委、自治区人民政府	—
岑溪县林业局	1992	1991年度消灭宜林荒山达标县	自治区党委、自治区人民政府	—
岑溪县物资局	1992	全区流通领域先进单位	自治区党委、自治区人民政府	—
岑溪县	1992	多渠道集资办学先进集体农和民教育先进县	自治区人民政府	—
岑溪县	1993.11	广西农村经济实力十强县	自治区党委、自治区人民政府	—
岑溪县林业局	1993	1991—1992年完成和超额造林绿化任务一等奖	自治区党委、自治区人民政府	—
岑溪市	1994	双拥模范城	自治区党委、自治区人民政府、广西军区	—
岑溪县	1994	实现造林绿化规划县	自治区党委、自治区人民政府	—
中共岑溪县委员会、岑溪县人民政府	1995.6	1994年实现造林绿化规划县	自治区党委、自治区人民政府	—
中共南渡镇南渡街党支部	1995.7	全区先进基层党组织	自治区党委	—
岑溪市	1996.8	双拥模范城	自治区党委、自治区人民政府、广西军区	—

续表 21-2-2

单位名称	获得时间	荣誉名称	授予单位	备注
岑溪市普法办公室	1996.9	全区先进普法办公室	自治区党委、自治区人民政府	—
岑溪市法制局	1996.9	全区法制宣传教育先进集体	自治区党委、自治区人民政府	—
岑溪市广播电视局	1996.9	全区法制宣传教育先进集体	自治区党委、自治区人民政府	—
岑城中心市场工商所	1996	拥军优属模范单位	自治区党委、自治区人民政府、广西军区	—
岑溪市	1997	全区社会文化先进市	自治区人民政府	—
岑溪市外贸鸡场	1997	广西优秀科技型企业	自治区人民政府	—
岑溪市	1998	全区第四次民族团结进步先进集体	自治区党委、自治区人民政府	—
岑溪市	1998	全区村民自治模范市	自治区人民政府	—
岑城镇	1998	广西乡镇之星	自治区人民政府	—
归义镇荔枝村委会	1998	广西模范村委会	自治区人民政府	—
岑溪市工商局	1998	文明单位	自治区党委、自治区人民政府	—
岑溪市工商局	1998	发展个体私营经济先进单位	自治区人民政府	—
岑溪市	1999	双拥模范城	自治区党委、自治区人民政府、广西军区	—
岑城镇党委	2000	一九九九年度“先进基层党组织”	自治区党委	—
岑溪市工商局	2002	全区助残先进集体	自治区人民政府	—
岑溪市	2004	2003年全区农村基层组织建设“五个好”乡(镇)党委	自治区党委、自治区人民政府	—
归义镇党委	2005.6	2004年度县域经济发展进步奖	自治区党委、自治区人民政府	—
岑溪市	2005.6	2004年度县域经济发展进步奖	自治党委、自治区人民政府	—

续表 21-2-2

单位名称	获得时间	荣誉名称	授予单位	备注
岑溪市社会和劳动保障局	2005	全区再就业工作先进单位	自治区人民政府	—
岑溪市社会劳动保险事业管理所	2005	全区社会保险工作先进单位	自治区人民政府	—
岑溪市民宗办	2005	全区民族团结进步先进集体	自治区人民政府	—

附　录

文献选录

党代会报告

掀起建设岑溪、振兴岑溪的新高潮，努力实现今后三年经济和社会发展目标

——中国共产党岑溪县第八次代表大会报告(摘要)

1991年10月29日

从今年开始到本世纪末的10年，是我县至关重要的10年。在这10年里，要实现国民生产总值翻三番的宏伟目标，使我县跟上先进地区的行列，实现第三步战略目标打下基础。今后3年是10年规划最重要的头3年，实现今后3年的经济和社会发展目标，对在20世纪末实现国民生产总值翻三番，具有决定性的意义。今后3年的主要奋斗目标是：

——工农业生产继续保持一定的发展速度。工农业总产值到1993年(按1980年不变价计算，下同)达到7亿元，年均增长17.1%。其中，工业总产值达到4.15亿元，年均增长27.2%；农业总产值达到2.85亿元，年均增长6.8%。

——国民生产总值达到5.05亿元，每年平均增长18.34%。

——国民收入达到4.67亿元，每年平均增长17.6%。

——在发展生产的基础上逐步改善人民生活，农民人均纯收入达到800元。城镇居民收入也要相应增长。

——严格控制人口增长，1993年年末人口控制在67万人以内。

实现今后3年的各项计划目标，要依靠广大共产党员和人民群众，发扬自力更生，艰苦奋斗的精神，要发挥各级领导干部的团结、拼搏、求实、创新、奉献精神，扎扎实实地做好工作，集中力量把经济搞上去。

(一)继续坚持农业的基础地位，在抓好粮食生产的同时，大搞开发性农业

农业是国民经济的基础，粮食是基础的基础。开发性农业是振兴农村经济的重要支柱。我们不但要在人均4分半田上造粮仓，继续解决吃饭问题，而且还要在人均几亩山地上开银行，解决致富问题。各级党委、人民政府要把农业放在经济工作的重要地位，要用更多的时间和拿出更多的力量抓农、促农、兴农，要确立现代大农业的观点，山水田林路一齐抓，农林牧副渔综合抓，千方百计提高农业的经济效益、社会效益和生态效益。

1.要继续抓好粮食的稳产高产。多年来，我县的粮食生产一直保持着稳定的增长，这对稳定人心，稳定全局都起到十分重要的作用。我们的主要目标，到1993年，粮食总产量达到25.4万吨，人均有粮408千克。要实现这个目标，土肥是基础，水利是命脉，科技是关键，良种是保证，我们必须继续增加对农业的投入，认真抓好以土、肥、水、种这四个重要环节。特别要注重兴修水利，优化排灌系统。要争取尽快建设一批电灌站，把全县80%以上的农田建成旱涝保收的保水田。要坚持发展冬种绿肥，提高地力，抓好全县1

万公顷中、低产田的改造。要继续推广种植杂交水稻，不断完善县、乡、村三级农科网络，在全县范围内全面建立起科学技术承包有偿服务体系。

2.要继续实施“兴岑先兴林，林兴百业旺”的战略决策，大力抓好开发性农业，向农业生产的广度、深度进军。当前最迫切的是要冲破自给自足、小打小闹的小农经济思想束缚，树立起大农业的商品经济思想。3年打基础，10年奔小康。在1993年要实现林业绿化达标县，今冬明春实现消灭光、荒山，1993年要基本建成松脂、玉桂、八角、竹子、水果、速生林六大商品基地，办成庞大的绿色企业，并且逐步发挥效益。认真抓好改造低产的山场、林场、果场、茶场，千方百计提高单位林地经济效益，我们现在每亩山地效益大约不到30元，要争取上到40元以上，这样，我们整个林业效益要达到1.4亿元。这样我们全县几百万亩的山地就将成为一个巨大的绿色银行，全县农民家家户户都得将有一棵摇钱树和一个聚宝盆。

大力发展畜牧业是农民短期内增加收入的一条重要门路。要建立种苗、饲料、防疫、流通一条龙的服务体系，全面推广我县“百日养猪法”“小群多批养鸡法”，我县的“三黄鸡”已获国家经贸部荣誉证书，在国内外市场享有崇高的声誉，应该大力发展。我们也要大力发展垄稻沟鱼，弥补水面养鱼不足的缺陷，在发动千家万户饲养的同时，要特别注重扶持专业户进行规模饲养，使畜牧业逐步走上规模经营的发展路子。

（二）加快工业建设和基础设施建设的速度，努力提高企业效益，实现速度和效益的统一

工业的建设和基础设施的建设，对我县整个经济的发展有着决定性的影响。今后的3年，在抓好提高经济效益的前提下要保持一定的发展速度，同时要狠抓基础设施的建设。

改革开放以来，我县的工业有较快的发展。目前已有松香、水泥、造纸、钛白粉、石材等一批骨干工业企业，初步改变了我县工业落后，设备陈旧的局面。但是仍有一些企业存在着生产达不到设计要求，成本高，效益不好，产品滞销等各种问题。甚至还有一批工厂企业，由于亏损严重而被迫停产。如果不尽快改变这种状况，就有可能动摇国营经济的主导地位。当前，一些国营企业效益不理想的主要原因是能源和原料供求矛盾突出，产业结构不合理，不同程度地存在着大锅饭，职工收入增长高于全员劳动生产率的增长速度，削弱了企业自我发展的能力。这些问题，我们要通过继续搞好国营企业的深化改革加以解决。在现阶段，要继续贯彻县委、县人民政府《关于搞活企业的若干规定》，建立和健全各种承包责任制，加强工人的主人翁意识，把各种积极性调动起来，增强企业活力。

一是要依靠技术进步来抓好现有企业的技术改造和挖潜配套。认真抓好松香、造纸、水泥的技改项目和配套项目，开发新产品，特别是要开发高科技高产值的产品。既要抓好松香、石材、模压、钛白粉四大行业，又要对已停产的企业及时做好转产或安置工作。

二是要进一步搞好企业的内部管理，按照“质量、品种、效益年”的标准和“双增双节”的要求，增加产量，提高质量，降低物耗，节约成本，压缩非生产开支，千方百计提高企业效益。

三是要认真抓好能源、原材料等基础工业的建设，使经济的增长速度建立在可靠扎实的基础上。要抓紧四滩电站的建设，争取今年11月底第一台机组发电，二三台机组力争在明年7月至8月份发电。还要千方百计接通自治区大电网的线路，以保证电力的供应。要抓好松脂基地建设，保证松香厂的原材料。还要抓好交通、电讯的建设，3000门程控电话建设要加快，努力争取明年4月至5月份开通。我们还要抓好岑罗二级公路的建设，抓好乡村道路的建设，促进城乡经济的发展。

四是进一步完善和发展企业承包责任制。按照国家产业政策，正确处理好消费同积累的关系，兼顾国家、企业、职工三者的利益，搞好企业承包。同时，健全和发展企业的自我发展、自我约束的机制，保证资金增值，推进技术进步，不断提高企业的素质，增强企业生存发展能力。

当前市场仍然疲软，要调整产品结构，增加适销对路产品，扩大出口产品。要充分发挥金融杠杆作用,搞活流通,启动市场。

(三)努力改善投资环境,吸引外商,引进外资,大力发展外向型企业

1.要进一步搞好交通、通信等基础设施的建设,为外商投资创造较好的投资环境。我们必须尽快开通岑溪至罗定的二级公路,力争明年4月至5月份开通程控电话,同时抓好县第二水厂的建设,满足县城工业生产、群众生活的用水需要。

2.要继续完善发展外向型企业的优惠政策。敢于让利,仍然是我们制订政策的出发点。要制订更多更好的鼓励引进资金、技术、项目的奖励政策,开展多渠道的联谊活动,广交中外朋友,诚招世界客商。对于外向型企业,要在能源、交通、原材料供应等各个方面给予优惠。

3.要加强现有的外向型企业的管理,提高企业成功率,使外商得到实惠,增强信心。要严格遵守国家制定的有关法律、法规,保证外向型企业的自主权,不断探索有关外向型企业的管理经验,搞好经营管理,使已投产的企业尽快达到设计能力;正在筹建的企业要尽快建成投产。

(四)要坚持"四轮驱动"的方针,多种层次、多种形式,大力发展乡镇企业

乡镇企业是振兴农村经济的伟大事业,是增加农民收入,解决农村剩余劳动力出路的重要途径,是翻两番、奔小康的重要力量。改革开放以来,乡镇企业迅猛发展,愈来愈显示出在社会主义现代化建设中的重要地位和作用,哪里的乡镇企业发展快,哪里的经济就繁荣,农民就富裕,反之,哪里的经济就落后,农民就贫穷。无农不稳,无工不富,无商不活,这是经济发展的经验总结。我们要进一步解放思想,真正从战略上去认识、重视乡镇企业的发展,坚持"以本地资源为依托,以市场需要为导向,积极扶持,合理规划,正确引导,加强管理"的方针,乡办、村办、户办和联合体一起上,四个轮子一起转,加快乡镇企业的发展步伐,争取在今后的3年内,年均增长速度保持在30%以上,到1993年实现乡镇企业总收入达到4.5亿元。

(五)依靠科学技术进步,推动生产发展

科学技术是第一生产力。要认真贯彻经济必须依靠科学技术,科学技术必须面向经济建设的方针。今后几年我县科技工作的重点,仍然是以推广应用科研成果为主,依靠科学技术的进步,突出地解决好工业企业的技术改造和对低产田、低产果、低产畜的改造。

为了让有关科技成果尽快地转化为生产力,要普遍推行技术承包责任制,及时组织科技队伍进厂、进村、进户、上山下垌,向生产者提供科学技术服务。科技人员进行技术承包、技术咨询的劳动所得,应当得到承认与保护,对在推广应用科学技术中做出突出贡献的同志要给予奖励。

(六)进一步抓好计划生育工作,控制人口增长

要坚持物质生产和人口生产一起抓,坚决贯彻国家计划生育政策和自治区《计划生育条例》,搞好人口理论教育,抓好晚婚晚育、优生、优育,努力提高人口素质。要严格控制人口的增长,1993年人口自然增长率要控制在10‰以内。

以经济建设为中心，促进社会全面进步

——中国共产党岑溪县第九次代表大会报告(摘要)

1993年10月16日

今后5年，是为20世纪末实现我县工农业总产值100亿元目标创造条件的五年，是使全县人民早日富裕的关键时期。到1998年我们的经济和社会发展的主要目标是：

——国民生产总值41.39亿元，年均增长(以1992年为基数，下同)26.4%。

——国民收入33.36亿元，年均增长26.6%。

——工农业总产值68亿元，年均增长30.9%。其中，工业产值45亿元，年均增长39.1%，农业产值23亿元，年均增长21.1%。

——财政收入突破1亿元。

——农民人均纯收入3500元，城镇居民收入相应得到提高。

——人口控制在73万人以内。具体来说，要上五个新台阶，实现十个新突破。

五个台阶是：

1.党的建设要上新台阶。从县委自身抓起，不断加强和改善党的领导，不断增强党的团结统一，充分发挥党员的先锋模范作用，把各级党组织建设成为党群、干群关系融洽，具有凝聚力、吸引力和战斗力的坚强领导核心。

2.文化教育事业要上一个新台阶。努力提高全民科技文化意识，强化职业技术教育，城镇80%以上劳动者受到岗前培训，农民普遍掌握1门至2门致富技术。逐步普及九年义务教育，发展高等教育，活跃城乡文化生活，广播、电视覆盖率分别达到90%和80%。

3.社会服务体系建设要上一个新台阶。以政府职能的转变推动社会化服务网络建设，以国家服务为主体，集体服务为基础，个体服务、民办服务为补充，不断完善产前、产中、产后服务，把抓生产和搞活流通摆到同等重要位置。

4.计划生育工作要上一个新台阶。重视思想教育，走出一条依法计生的新路子，5年平均人口自然增长率控制在13‰以内。

5.社会治安综合治理工作要上一个新台阶。狠抓社会治安综合治理，开展群防群治，严厉打击各种刑事犯罪和经济犯罪，坚决刹住赌博、吸毒、嫖娼，消除治安隐患，力争社会治安状况明显好转。

十个突破是：

一是农业综合开发要有新的突破。要以市场为导向，大力调整农业产业结构，走高产、优质、高效的路子。力争种植业产值达5.8亿元，养殖业产值达10亿元，山上产值7.2亿元。

二是乡镇企业要有新的突破。要以本地资源为依托，大力发展石材、土纸、竹工艺等生产，力争1995年产值比1993年翻番，1998年在1995年的基础上再翻番，到1998年，乡镇企业总产值要达到48亿元，要求17个乡镇的企业总产值都要突破1亿元以上。其中要求10个乡镇达到2亿元以上，3个乡镇达到5亿元以上。

三是石材开发要有新的突破。要求石材产值达到15亿元。其中要求开采矿山250个矿点，上圆盘锯1500条，年生产荒料25万立方米，生产板材600万平方米，形成一个既能统一管理又灵活经营的销售渠道和服务体系。

四是“三资”企业要有新的突破。要求“三资”企业个数要达到400家,投资总额达到35亿元,企业产值达到25亿元,税利要有同步的增长和突破。

五是第三产业要有新的突破。要求第三产业发展速度快于工农业的发展速度。争取到1998年产值占社会总产值的35%。

六是工农业总产值要有新的突破。在大力发展农业的同时,致力发展工业,力争1998年工业产值占工农业总产值的比重达到66%以上,实现工业立县。

七是发展高、新、尖科技项目要有新的突破。要大力发展高科技、高附加值、资金密集型的企业。年产值超亿元的企业要有10家以上。

八是城镇建设要有新的突破。要以建设岑溪市的标准来重新规划城镇建设,县城面积由目前的8平方公里扩大到10平方公里,县城常住人口12万人,其中非农业人口达到8万人,各乡镇集市面积要比目前扩大1倍。

九是基础设施建设要有新的突破。要抓好十里长街、岑罗二级公路、南环路的中后期建设;抓好玉梧铁路岑溪路段、岑罗铁路岑溪路段、容岑二级公路岑溪路段的建设;接通波塘至昙容、吉太至水汶、梨木至大湴、诚谏至安平的公路,形成县内公路网络化;开通17个乡镇的程控电话,实现村村通电话;拉通中胜至岑溪11万伏的高压线路,完善供电设施,年供电能力达到4亿度以上;建设好百花洲风景区和大山顶公园旅游区。

十是财政收入要有新的突破。要求财政收入突破1亿元,人民生活水平有明显的提高,基本达到小康水平。

实现今后五年的各项计划指标,任务是十分艰巨的。必须依靠各级党组织的坚强领导,依靠广大共产党员和全县人民发扬自力更生、艰苦奋斗的精神。

承前启后　再创辉煌
为实现我市跨世纪的宏伟目标而努力奋斗

——中国共产党岑溪市第十次代表大会报告(摘要)

1998年10月12日

(一)今后五年我市经济和社会发展的目标任务

今后5年,正处在世纪之交和我市经济社会发展承前启后、继往开来的关键时期。我市面临着将以怎样的姿态迎接新世纪的挑战,也面临着十分有利的发展条件和机遇,邓小平理论作为全党指导思想的确立,为我们在跨越新世纪的征途上指明了前进的方向。经过20年来改革开放的伟大实践,使我们找到了发展道路,积累了经验。一大批具有现代意识,善于驾驭市场经济的干部在成长;民心稳定,社会安定,为我市经济和社会进一步发展提供了良好的社会环境。经过多年来超常规跨越式的快速发展,我们的经济实力有了很大的提高,为进一步发展奠定了良好的物质基础;国家实施的加大基础设施投资力度,拉动经济发展的战略决策,为我们加快产业结构调整,加快经济建设创造了新的发展机遇。我们要以对人民和历史高度负责的精神,增强任务感和紧迫感,高举邓小平理论伟大旗帜,把我市改革开放和社会主义现代

化事业全面推向21世纪。只有这样才无愧于这个日新月异的时代,无愧于历史赋予我们这一代共产党人的使命。到2003年,我市国民经济和社会发展的主要目标是:

——国内生产总值(1990价)33亿元,年均增长10.03%。

——工农业总产值(1990价)90亿元,年均增长12.75%。其中,工业总产值70亿元,年均增长13.66%;农业总产值20亿元,年均增长9.86%。

——乡镇企业总收入(正表数)120亿元,年均增长14.12%。

——固定资产投资(不含私人建房)13亿元,年均投入2.6亿元。

——财政收入2.25亿元,年均增长10.11%。

——农民人均纯收入3200元。

——社会消费品零售总额15亿元,年均增长9.57%。

——2003年年末人口控制在80万人以内,人口自然增长率为11‰.

为了实现上述目标,总的指导思想是:全面贯彻落实党的十五大精神,以邓小平理论为指导,继续实施"农业强市,工业富市"的经济发展战略;解放思想,抓住机遇,深化改革,促进发展,保持稳定;坚持两个文明一起抓,保持国民经济持续、快速、健康发展,推动我市经济和社会全面进步。

(二)为实现今后五年的奋斗目标,必须切实抓好以下几个方面的工作

1.实现今后五年的奋斗目标,要加强农业基础地位,切实做好"三农"工作,大力发展农村经济。

(1)进一步加快农业的基础地位。今后5年,我市发展农业的基本思路是:以市场为导向,以资源为依托,以科技为突破口,以提高农业综合效益为目的,发展各种产业经营模式,逐步建立公司+基地+农户,生产加工、贸工农一体化的大农业产业体系,推动农业产业化的发展,为把我市建设成为农业强市而努力。为了达到这一目标,要继续把农业放到经济发展的首位,进一步落实党在农村的各项政策,更加自觉地重视农业,要按照中央提出的"在思想上必须始终重视而不可有任何麻痹,在工作上必须切实加强而不可有半点放松,在投入上必须不断加大而不可有丝毫减少"的要求,把稳定农业、发展农业放在十分突出的位置,加强农业的基础地位,全面发展农村经济。要确保农业增产、农民增收和农村稳定目标的实现,争取用5年的时间,使农民人均纯收入以及其他各项经济指标达到或超过全区先进水平。实现这些目标,要切实落实和稳定以农村土地承包政策为主的党在农村的各项政策,进一步做好减轻农民负担的工作,保护和调动农民的生产积极性。要抓好农田水利为主的农业基础设施建设,改善生产条件,不断增强农业抵御各种自然灾害的能力,要以市场为导向,大力调整农业生产结构,大力发展区域特色经济,稳定粮食生产,大力发展林果、畜牧水产等主导产业,在农副产品加工业和销售方面有新的突破。要推广科技兴农,努力提高农业劳动者素质,加大新品种、新技术的推广力度,尤其是农产品保鲜、加工、包装等实用技术普及应用,使科技成果变成实实在在的生产力,力争在提高农业生产中的科技含量方面有新的突破,增强农业发展后劲,进一步提高农业综合生产能力。

(2)大搞农业综合开发,加快农业产业化进程。走高产、优质、高效农业发展之路,是实施"重钱抓粮"战略、实现农业综合开发新突破、建设农业强市、推动我市经济快速发展的重要举措。农业综合开发,必须坚持以市场为导向,立足本地,发挥优势,搞特色经济,以提高产品的竞争力和市场占有率,继续大力推广水稻良种,改造中低产田,保持"吨谷市"。从明年起,要推广归义大冲村的"稻—稻—菜"、糯垌古兰村的"西瓜—蔬菜"、安平成美村的"果蔗套种辣椒"、三堡车河村的"苦瓜—小白菜—椰菜"等模式,如果采取科学的管理方法,年亩产量值一般能达到1万元以上。实施"名牌"战略,大力发展本地名优产品,如古典型三黄鸡、水汶的淮山薯、糯垌晒烟、波塘沙田柚和三堡米粉等,实行"一乡一业""一村一品"开发。今后几年,我市水果产业的主攻方向应放在中低产果园的改造上,要充分依靠科技进步,下足功夫,切实抓好水果低改,特别是龙眼、荔枝果园的改造,努力提高单产,改善品种增加经济效益,力争5年后我市的荔枝、龙眼产量翻两番。我市的六大林业商品基地的规模化、集约化、商品化、产业化程度不高、品位低,要按照宜林则林、宜果则果、林果竹相结合的原则,重新调整林种结构。大力发展工业原料林、名特优经济林,如玉桂、八角等。扩大林副产品的加工和深加工,实现增效增值。畜牧业产值到2003年达到6.53亿元,年平均增长8%,实现畜牧业产值占农业总产值30%以上。要抓好瘦肉型猪基地和三黄鸡基地建设,2003年要求达到出栏瘦肉型猪60万头以上,商品三黄鸡肉鸡2000万羽以上。组织以农村能人为主,国有、集体、个体一齐上的购销队伍,向大中城市进军,设立销售网点,占领市场。乡镇和村干部主要精力放在带动农民抓生产,搞流通,有效地解决大市场与小生产的矛盾,实现农业综合开发与市场的对接,形成产供销、种养加工一条龙的社会化大生产格局。

(3)推动乡镇企业登上新台阶。乡镇企业的发展关系到广大农民致富奔小康和农村社会的进步。要加强对乡镇企业的改革整顿,依法进行资产评估,通过租赁、联合、兼并、拍卖等形式,转换经营机制,完善企业的内部管理体制,更加适应市场的经济发展。同时鼓励农民集资入股,发展股份制企业。鼓励经济能人办企业。通过联合、兼并办法,组建企业集团,如石材集团公司、农副产品贩运和深加工集团公司,促进乡镇企业发展上规模、上档次,形成强有力的发展后劲。要加快乡镇企业小区建设,走集中连片发展与小城镇相结合的道路。我市乡镇企业的一个显著特点是石材企业多,要加强对石材行业管理,实现统一规划、统一管理、统一凭证运输。加强矿山建设,提高成材率,减少资源浪费。要保持"岑溪红"的声誉,提高经济效益,就要在提高产品质量上下功夫。为此,要加大对石材行业技术改造的力度,对现有的石材加工设备逐步进行更新换代。根据今后楼房装修一般采用薄板的发展趋势,组织科技力量攻关研制出一种耗能低,性能好,易操作的机械设备和生产线,生产出质量较高的各种规格薄板,以适应国内外市场的需要,让"岑溪红"红遍海内外。同时要继续抓好土纸、竹芒编、运输、商饮、建筑、制砖、林化、烟花爆竹等项目,促其上规模上档次。

2.实现今后五年的奋斗目标,要坚持稳中求进的方针,全面推进企业改革整顿,提高国有企业的经济效益。

企业改革整顿是件天大的事,关系到企业的兴衰存亡,一定要紧紧咬住不放松。总的指导思想是要坚定不移地贯彻落实中央关于国有企业改革的八条基本方针和自治区关于企业改革整顿的基本精神,全面改革整顿国有企业,把改革同改组、改革和加强管理结合起来,着眼于调动广大职工和经营者的积极性,从根本上解决企业"大锅饭"、机制呆板、管理粗放、产品落后、效益低下的问题;进一步深化国有企业内部劳动、人事、分配等三项制度改革,建立和完善各项配套改革措施;企业内部整顿要以质量为中心、效益为目标、全面加强企业管理,争取我市大多数国有企业尽快走上良性发展的新路子。为实现上述目标,一定要抓好国有企业改革工作,可以采取出售、改组、联合、兼并、租赁、股份合作制、托管、依法破产等形式进行改革,要从实际出发,一厂一策,不搞一刀切,什么形式有利于企业发展就采取什么形式。如华建水泥厂、富杰水泥厂、松香厂采取租赁的办法,百货公司采取股份合作制的办法就很成功。二是要加大扭亏增盈的力度,建立责任制,重点抓好亏损和盈利大户,组织开展"诊断"活动,寻找企业亏损的原因和盈利的潜力所在,对症下药,逐步扭转被动局面。三是要抓好企业分配、劳动和人事制度的改革,实现企业内部经营机制转换。建立健全劳动合同制,实行定岗、定员、定编制度,分流企业富余人员;选择灵活多样的分配形式,从根本上解决企业吃国家"大锅饭"、职工吃企业"大锅饭"的问题,真正形成企业优胜劣汰和劳动力合理流动的机制。我市的一些企业,特别是水电系统的各企业,严重超员,生产成本高,企业不堪重负,不整顿,就不能轻装上阵。四是加强产品质量管理,树立以效益为中心,质量为生命的意识,提高产品在国内外市场的竞争力和占有率。要发动群众开展企业挖潜降耗、技术攻关、技术改造、技术革新活动,不断提高工艺设备水平,确保质量,对贡献大者给予重奖。要实施名牌战略,我市的PU皮革系列产品在市场有一定声誉,有2亿元产值的生产能力,可以搞皮革成品深加工。狮王牌水泥以其质量好而闻名,

今后要保证质量，提高产量。亿泰八宝粥质量在中南地区质量获银牌奖，而且有2亿元的生产能力，要下决心搞上去。纸厂要争取上碱回收项目，使产量由目前的6000吨上升到1万吨。五是要加强企业领导班子整顿和建设。搞好国有企业要有一个好机制，一个好产品，一个好班子，而班子是关键。企业办得好坏，与领导班子素质特别是厂长经理素质高低关系很大。一个好的领导班子可以使一个亏损大户变成盈利大户，一个不好的班子可以搞垮一个优秀企业，因此，对抓企业改革整顿和生产经营无力、管理混乱、不能适应市场经济的班子要及时进行调整。六是要建立健全基本社会保障制度，推进再就业工程。完善覆盖全社会的保障体系，重点是社会养老、失业、工伤、生育、医疗保险和国有企业下岗职工基本生活保障，社会救济等制度。采取积极措施，依靠各方面力量，全面推进个人自主择业、市场调节就业、政府促进就业三结合的再就业工程。

3.实现今后五年的奋斗目标，要充分利用我市经济和社会发展的有利条件，把握机遇，扩大开放，加快发展。

今后5年，我们继续向东学、向东比、向东看。不仅要学习他们改革开放，发展市场经济的成功经验，更重要的是要学习他们解放思想，抓住机遇的意识和求真务实的作风，进一步增强改革与发展的危机感和紧迫感。我们岑溪市毗邻广东，靠近港澳，具有接受广东辐射的天时、地利、人和等条件，有着“近水楼台先得月”的优势。我们必须充分利用我市的区位优势和劳务费用低等有利条件，抓住珠江三角洲产业转移的有利时机，主动接纳粤港澳的辐射，大力引进资金加快我市的经济发展。首先要营造一个良好的投资环境，不断完善基础设施建设，落实鼓励外商投资优惠政策，从地价、电价、水价、劳动力价格等方面降低投资成本，合理让利，同时，要规范收费行为，杜绝乱收费，乱摊派，乱罚款。要努力提高办事效率，优化服务质量。其次要稳住原有外向型企业，发展新的“三资”企业。鼓励现有外资企业采取增资扩产的方式扩大再投资。再就是花大力气狠抓“引进项目，引进资金、引进人才”工作，这项工作要引起全社会的高度重视。1999年为我市“招商引资”年。各单位、各部门要积极做好“筑巢引凤”工作，进一步扩大对外经济贸易，开拓国内外市场。

4.实现今后五年的奋斗目标，要把财源建设作为整个经济工作的重点，培育扩大新的经济增长点。

经济发展看效益，效益提高看税收，税收增长看入库。财源建设实质上是经济建设，财政问题实质上是经济问题，财政困难的最终解决还是要靠发展经济，壮大财源。因此，财源建设搞好了，财政才会增收，经济建设和各项事业才有保障。今后5年，各单位、各乡镇要下大力气，从实际出发确立自己新的财政增长点，抓住机遇上项目，把有效益的经济总量搞上去，增加财政收入，摆脱财政困难的被动局面。力争按时发工资。我市的财政收入(包括上划中央“两税”)从1999年起，每年以10%增长幅度递增，到2003年达到2.025亿元。要完成这个目标，必须抓好如下重点财源建设：一是重点抓好石材深加工生产，争取每年石材行业提供的财政收入增加300万到500万元。二是采取有力措施争取1999年松脂产量能达到2.5万吨，恢复正常年景的水平。三是实施低产果园改造工程，1999年水果类特产税力争达到50万元，2000年以后每年按30%的速度增长。四是抓好生猪屠宰管理工作，从1999年起，生猪屠宰每年增加2万头，每年可为财政增加收入40万元。五是在预算外资金管理方面狠下功夫，实行收支两条线管理，以年预算外资金收入8000万元为基数，政府集中部分从1999起要保持增长20%~30%的水平，每年可集中1000万元以上供财政使用。

5.实现今后五年的奋斗目标，要加大基础设施建设力度，创造优美的城市环境。

今后5年，全市的市场面积要从近10万平方米发展到15万平方米，建成一批有一定规模、有行业特色的专业市场或批发市场。每个乡镇要从实际出发，根据本地特色经济，产品优势，兴办专业批发市场，促进商品流通。路通财通，今后5年，我们要抓住机遇，群策群力，利用3年至5年的时间改变我市落后的交通状况。一是修建岑容一级公路。这条路投资近3亿元，是我市历史上投资最多、等级最高的公路。目前,征地拆迁工作已近尾声,10月中旬动工建设。三是争取上面支持,改善国道207线岑溪至信宜路段。四是继续贯彻实施公路建设年的各项目标任务,采取民工建勤、民办公助和以工代赈的形式抓好乡村公路修建,确保2000年实现村村通公路目标。五是抓好市道路面硬化,5年内要把我市的南渡至昙容、樟木至波塘、糯垌至三堡、大业至诚谏等4条市道铺上沥青路面。六是今年要实现村村通的目标。要加快城市发展步伐,城区是我市政治、经济和文化中心,把城区建设好,意义非常重大,这也是我们新一届市委的历史责任,今后5年,总的指导思想是:按照工商业为主的城市功能,高起点、高标准、高质量规划方案,加快城市基础设施和配套设施建设,形成水、电、路、通讯和教育、文化、体育、卫生等相配套的基础设施体系,完善城市整体功能,为建设花园式城市而奋斗。到2003年城区面积由现在的16平方公里扩大到20平方公里,城区人口达到15万人。加快高层建筑建设,争取5年内建成邮电大厦、南湖宾馆、国税大厦、财产保险公司大厦、信用联社大厦、天元大厦、金华大酒店等几幢高层建筑。重点抓好人民公园、大山顶森林公园、百花洲小区公园、滨江小区花园、葛仙岩公园的建设,每年增加绿地面积20万平方米,争取2003年达到全区的平均水平,达到人均绿地面积7平方米,绿地率25%,绿化覆盖率30%。要继续抓好旅游设施建设,推动旅游业不断向前发展。

要尽快建成自治区大电网从藤县松塘变电站至我市二变的11万伏输电线路,从根本上改变我市枯水期用电难的问题,为满足广大人民群众生产生活用电提供保障。

6.实现今后五年的奋斗目标,要坚持以市场为导向调整经济结构,继续鼓励引导非公有制经济的健康发展。

要把发展以个体、私营经济为重点的非公有制经济作为一项重要工作来抓,大力扶持,积极引导,依法管理。支持个体工商户、私营企业,采取联营、合作或承包、租赁等形式参与国有企业改革。鼓励个体工商户、私营企业招聘和吸收国有企业下岗职工就业,鼓励下岗职工从事个体工商业和兴办私营企业。要引导和鼓励农民在农村经济产业化结构调整中向二三产业转移,尤其要把发展农村个体私营工业作为我市经济社会发展第二次创业的一个重要着眼点,从本地实际出发,充分利用乡村中传统的手工技艺,采取兴办家庭工业和各种专业市场的方式,发展各具特色的小商品生产。要引导帮助外出的“打工仔”“打工妹”回乡办厂,发展家庭工业。凡是有利于发展的,国家法律法规没有明令禁止的,无论什么项目都要允许个体私营企业经营,要制定优惠政策,创造宽松自由的经济环境,保护个体私营经济的合法权益,激励个体私营经济的发展,促进农村剩余劳动力就地转移,实现农村经济的快速发展和农民收入的增加。

7.实现今后五年的奋斗目标,要依靠科技进步和提高劳动者素质,全面实施科教兴市战略,加强计划生育和环境保护工作。

要围绕我市的经济发展目标,大力推广先进适用技术,开发新产品,加快产品的升级和换代,向科技进步要质量和效益。今后,我们无论是搞农业综合开发,还是上新的工业项目,首先要考虑应用新科技,提高产品的科技含量,提高经济效益。今后5年,我市教育事业要进一步巩固提高“两基”成果,努力发展高中阶段教育,使高中阶段入学率达到80%,大力推进素质教育,全面提高教育质量,积极发展职业教育和成人教育,继续办好农村文化学校,搞好岗位培训和技术培训。要大力加强文化基础设施建设,在提高原有文化设施质量的基础上,城区要新建博物馆、青少年文化宫、体育馆,新建一座电影院。各乡镇的文化设施要达到文化部规定的标准,全市要有80%的乡镇建成图书馆。要加强体育场馆的建设,开展全民健身活动,争创全国体育先进市。大力发展卫生事业,建立健全全社会的医疗保障体系,重点加强农村合作医疗建设,提高全民健康水平。

我们要从人口多、资源相对不足的市情出发,在现代化建设中实施可持续发展战略。坚持计划生育和保护环境的基本国策,正确处理经济发展同人口增长与环境保护的关系,严格控制人口,保护生态

环境。今后5年,我们要坚持不懈地抓好计划生育工作,严格控制人口增长,提高人口素质。努力实现自治区计生一类县(市)目标。进一步抓好计生"两化"管理,使计生政策法规全面落实到位,提高广大人民群众实行计划生育的自觉性。把"三结合""三为主"工作提高到一个新的水平。环境保护是我国的一项基本国策,要加大环境综合整理力度,严格执行土地、水源、森林、矿产等自然资源管理和保护的法律法规,特别要加强石材行业对环境污染的治理工作。抓好山塘、水坝的加固除险工作,有效地防止水土流失,改善生态环境,减少水旱灾害的发生,实现经济与人口、环境的协调发展。1999年为我市"环境保护"年。

8.实现今后五年的奋斗目标,要大力加强社会主义精神文明建设,实行依法治市,创造良好的社会治安环境。

我们要坚决贯彻"两手抓,两手都要硬"的方针,在抓好经济的同时,切实抓好社会主义精神文明建设。要抓住培养有理想、有道德、有文化、有纪律的"四有"新人这一根本任务,努力提高全体公民的思想道德素质和科学文化素质,为社会主义物质文明建设提供精神动力、智力支持和思想保证。要切实加强思想道德建设,通过多种形式,广泛开展爱国主义,集体主义,社会主义和人生观、价值观、世界观以及艰苦奋斗的教育,深入开展社会公德、职业道德和家庭美德教育,大力倡导爱国家、爱集体、爱社会主义的思想,大力弘扬文明礼貌、团结互助、平等友爱、尊老爱幼的社会风尚。要大力开展各种群众性精神文明建设活动,从群众最关心的事情做起,广泛吸引群众参与,继续开展创建文明城市、卫生城市、"双拥"模范城、文明单位、文明村镇、五好家庭、"警民共建"等多种形式的活动,使精神文明建设真正落到实处,收到实效。要加强和改善司法、行政执法和执法监督,坚决纠正有法不依、执法不严、违法不究、滥用职权等现象,实施对执法违法的追究制度和赔偿制度。各级领导干部要带头学法、用法,依法行政、依法管理、依法办事、依法经营,在全社会逐步形成学法、用法、护法的良好风气。要正确运用经济、行政、法律等手段处理新形势下的人民内部矛盾,防止矛盾激化,妥善处理群体性纠纷,消除不安定因素。要坚持"打防结合、标本兼治、重在治本"的综合治理方针,加大严打力度。狠抓治安防范和法制教育,建立健全群防群治网络,完善对违法犯罪的防控机制,确保综治各项措施落到实处,实现社会的长治久安。城北派出所作为"人民满意的派出所"试点,要抓紧工作。要加强人大和政协工作,完善人民代表大会制度,政治协商、民主监督制度。要加强工、青、妇工作,充分发挥解困组织作用。要加强民兵和民兵预备役工作,为巩固国防作出贡献。

抢抓新机遇,加快新发展,实现新跨越

——中国共产党岑溪市第十一次代表大会报告(摘要)

2002年10月28日

今后5年工作的指导思想是:高举马列主义、毛泽东思想、邓小平理论伟大旗帜,以江泽民同志"三个代表"重要思想为指导,认真学习、宣传、贯彻即将召开的党的十六大精神,坚定不移地贯彻执行党的基本理论、基本路线和基本纲领,坚决贯彻自治区党委的"富民兴桂新跨越"和梧州市委的"建设东大门,实现新跨越"的战略思想。围绕把岑溪建设成为中等规模城市和桂东南副中心城市的奋斗目标,继续实施"工业立市、农业稳市、科技兴市、三产富市"战略,抓住机遇,深化改革,调整结构,加大投入,以加速农业产业

化、工业化和城镇化建设为重点,确保经济持续稳定增长;加强社会主义精神文明和民主法制建设,弘扬社会主义先进文化;继续处理好稳定和发展的关系,努力扩大就业,积极稳妥地处理各种社会热点难点问题,全力维护社会稳定;在思想上、组织上、作风上切实加强党的建设,努力实现由农业立市向工业立市的跨越、由传统农业向现代农业的跨越、由小城市向中等规模城市的跨越。

一、加快"三化"建设,推动全市社会生产力快速发展

今后5年,全市经济发展的主要奋斗目标是:

——国内生产总值年均增长10%;

——财政收入年均增长8%;

——外贸出口年均增长7.89%;实际利用外资年均增长8%;

——农民人均纯收入年均增长6%;

——固定资产投资年均增长10%;

——人口自然增长率年控制在9.5‰以下。

为实现上述目标,要做好如下工作:

(一)大力推进工业化进程,实现由"农业立市"向"工业立市"的跨越

要用5年时间,经过艰苦奋斗,努力实现"工业立市"的宏伟目标。为此,我们必须做好如下工作:

1.切实转变观念,牢固树立现代工业意识。首先,要牢固树立市场经济意识。市场经济条件下办工业和计划经济条件下办工业有着本质区别,我们决不能带着计划经济的条条框框来发展市场经济的工业,必须下大力气转变思想观念,牢固树立市场经济意识,按市场经济规律办事,努力建立现代企业制度,走出政府办企业、管企业的圈子,按照市场经济规律的要求,加强宏观调控,积极营造良好的经济环境。其次,要牢固树立为企业服务意识。企业是先进生产力的载体,要代表先进生产力的发展要求,就必须努力为企业做好服务工作,将计划经济时期对企业的家长式管理变为服务企业、指导企业;继续坚持做到外资企业和内资企业一视同仁,公有制经济和民营经济一视同仁,坚持"13610"的方针,深化行政管理体制改革,努力适应经济发展需要,为企业做好各项服务工作。最后,要树立开放意识;按照国际惯例加快工业发展,努力营造工业发展的良好氛围。要适应加入世贸组织后的新形势,努力学习和掌握国际经贸知识、规则和法律,增强适应国际惯例和规则的能力;要下大力气整顿和规范市场经济秩序,加强社会信用制度建设,规范政府、企业和公民行为,营造公平竞争的市场环境,做到"一切围着投资转、全力围着发展忙"。

2.认真做好工业发展的规划和布局,高起点、高标准地加快工业化进程。要结合我市的具体情况,认真做好全市工业发展规划,从时间上、布局上和结构上进行科学规划,并制定相应的产业政策,大力发展以地方资源加工业为主体的支柱产业。对石材、松脂、林纸等支柱产业要从布局、规模和专业化生产等方面合理规划,加快发展。

3.进一步扩大开放,努力营造地方政策优势,多渠道招商引资。充分用好用活西部大开发政策,制订扶持工业企业发展、增强地方工业企业竞争力的相关政策,形成有地方特色的政策优势,使外资企业在岑溪生产经营的成本比原所在地的要低。坚持让利优惠的方针,通过减免行政性收费,支持企业技改,降低土地、水电、城市配套等基础设施使用的收费标准,以政策优势吸引投资,吸引项目。继续坚持"一厂一议、一事一议"的原则,切切实实为企业解决问题。要充分利用财政杠杆调控经济,鼓励和支持税收大户企业,引进新技术项目落户岑溪。

4.加强对现有国有、集体企业的改革和调整,提高企业竞争力。首先,加强企业的改革和整顿,盘活老企业。采取有效形式,深化企业产权制度改革,实现投资主体多元化;同时,要深化企业内部改革,建立激励和约束机制;加大对困难企业技改扶持力度,力争经过5年努力,使全市大多数困难企业摆脱困境。

同时，要努力落实养老、失业、医疗保险，健全社会保障体系，要多渠道、多门路拓宽下岗职工再就业的路子，充分发挥现有的产业工人作用，为加快我市工业化进程服务。其次，对企业改革要建立和完善技术指导、领导审批和监督机制，对改革的方案措施和改革过程进行严格把关，确保改革能抓出成效。再次，加强对石材支柱产业的改革与管理，实行计划开采，将分散的、单家独产的小规模石材加工企业按照市场经济规律和利益原则组合起来。最后，要加强对石材行业的管理，努力提高石材产业的现代化水平，计划部门和国土资源部门要对石材开采实行计划管理，要利用控股、股份制和股份合作制将众多小矿山合并为几个大矿山，将开采计划下达到大矿山，严格控制荒料外卖；制定技术改造三年规划，对石材加工企业进行全面技术改造，3年内淘汰现有陈旧、落后、老化的设备；建立以我市石材市场为核心的、覆盖全国的销售网络，通过建立计算机网络，逐步对同一地区、同等质量的产品实行同一价格；建立石材质量技术监督保障体系，对石材的开采、加工、运输、装修、保养制订出一套完整的指标体系。要进一步加强对矿山和石材加工区污染源的治理，严格审批手续，凡是达不到环保要求的矿山和石材加工企业坚决取消生产资格。

5.大力发展传统手工业和民营经济。首先，对地方特色和优势传统手工业产品要加大宣传力度，打品牌战略；其次，对传统手工业要加大技改力度，在整体上提升产业化水平；第三要加强行业管理，制止恶性竞争；最后，要制定相应的鼓励政策，扶持手工业的发展。同时，要加快发展民营经济。我市经济总量中，民营经济占了89%，是全市经济的主体，今后5年，要继续唱好发展民营经济这个主旋律，使民营经济成为全市主体财源。首先，要关心和支持民营经济，在政策上给予支持，拓宽民间资本投资领域，消除体制性障碍。其次，要在民营企业中推行现代企业制度，推行股份制和股份合作制，拓宽社会、民间、外来资金的发展空间，加速资本集聚，扩大企业规模。再次，要为民营企业提供良好服务，实行政府挂牌保护、领导挂点联系、银行挂钩支持、专家科技“联姻”，培植民营企业大户，促其做强做大。还有，要进一步规范和整顿市场经济秩序，实行市场准入，反对垄断经营，特别是关系到人民群众生活利益的行业，决不允许实行任何形式的垄断经营行为。

（二）进一步调整农业结构，推进农业产业化进程，实现由传统农业向现代农业的跨越

1.以速丰林、花卉、牛品改、二元杂交猪和三元杂交猪、三黄鸡、香料六大优势产业为龙头，进一步加大调整农业产业结构力度。农民增收是“三农”工作的核心，加快农业产业结构调整是农民增收的主要措施。今后5年要努力将6个龙头产业建成具有相当规模的农业产业基地。通过努力，全市建立起6个基地：26666.67公顷的速丰林基地，133.33公顷的花卉示范基地，年产1.5万头品改牛的养殖基地，年出栏1500万羽三黄鸡山地养殖基地，年出栏20万头至25万头二元杂交猪和三元杂交猪的生产基地以及20000公顷的玉桂、八角等香料基地。各乡镇要根据各地的实际，选准发展重点，发展一批优势产业。同时要按现代农业发展要求来抓结构调整。

2.进一步加速农业产业化、规模化、专业化进程。要实现农业产业化必须以市场为导向，以农户为基础，以龙头企业为核心，实现产供销、农工商一体化经营，将分散的农户小生产组织起来。农业生产基地是农业产业化的载体，基地的规模决定着产业化的规模，要根据各地实际做好基地规划布局工作，逐步形成连片连户的规模经营。产业化的基础是规模化，没有规模就没有产业化。要将农业产业的规模做大，要根据各地的特点实行一村一品，一镇（乡）一品，有的优势产品还要实行一市一品，形成规模化。同时，要加快专业户发展，根据社会化大生产的要求，进行合理的社会化分工和专业化生产，大力发展专业户，努力提高劳动生产率和农副产品商品率，创出地方品牌。

3.下大力气搞活农产品流通。实现农业产业化，关键在于搞活农产品的流通。一是要大力发展订单农业，将分散的农业生产通过订单凝聚起来，如速丰林生产有工业企业长期订单；二是要以专业公司为龙头，形成产供销、农工商一体化经营，如林纸板材产业；三是要形成“公司＋基地＋农户”的产业链，如三黄鸡生产;四是要在大中城市设立农副产品直销点,捕捉市场信息,指导农业生产,使农业产业化得以健康发展。

4.坚持稳定党在农村的各项政策。首先,要稳定土地承包责任制,坚定不移地贯彻土地承包期再延长30年的政策,赋予农民长期而有保障的土地使用权。在尊重农民的生产经营决策权的同时,要稳步推进土地使用权合理流转制度,在法律允许的范围内搞活经营权,将分散的土地、特别是将山地、林地集中起来,实行规模经营。在土地使用权合理流转过程中,要从三个方面确保农民利益:一是要有合理的租金,二是要确保农民有经常性的劳务收入,三是财政要从项目产生的税费中拿出部分补贴农民。其次,要积极做好农村税费改革准备。实行农村税费改革,是党中央为加强农业、保护农民积极性作出的一项重大决策,要深入做好农村协税网络建设,不断健全村级协税网。再次,要大力发展村级集体经济,增加集体收入。发展村级集体经济是稳定党在农村经济政策的重要保障,是巩固农村"双层经营"体制的重要内容,是提高农村基层组织凝聚力和战斗力的根本保证。要想方设法,争取每个村年均增加1200元收入,5年后全市277个村集体经济年纯收入均达到2万元以上。为实现这个目标,要在政策上给予扶持,通过农村协税网络建设,在堵塞税收流失的基础上,增加村集体经济收入;要在村办项目建设用地、征税上给予倾斜。要千方百计恢复和发展集体经济,对已承包出去的集体山林,如果承包者不能按有关规定进行开发丢荒闲置的,就要依法收回并用以发展集体经济。要结合各村实际,招商引资,充分利用当地资源优势兴办二、三产业,确保5年后三分之一的村有3个以上具有一定规模的工商企业。最后,要把农民是否增收减负作为检验农业和农村工作的重要标准,认真执行减负工作"八个禁止"规定和实行"四项制度",落实涉农案件责任追究制,严格执行农民负担监督卡,农民负担绝对数要控制在农民人均年纯收入的3%(国家规定5%)以内。

5.加强农村基层基础设施建设,努力改善农民的生产和生活环境。要重点抓好农村水、电、路、医疗卫生、学校、办公楼、文化娱乐场所等为主的基础设施建设,各乡镇每年抓一批设施项目建设,采取向上级争取资金、财政投入和部门单位支持等渠道筹措资金,加快农村基层设施建设,努力改善农村面貌。

(三)按照中等规模城市的要求,进一步加强基础设施建设,推进城镇化进程,实现由小城市向中等规模城市的跨越

要在5年内实现由小城市向中等规模城市的跨越,任务十分艰巨,责任十分重大。为此,必须抓好如下工作:

1.以建设生态文明城市为目标做好城市建设的总体规划。首先,作为新兴的中等规模城市,要坚持走可持续发展的道路,决不能以牺牲生态环境的代价来换取城市建设规模的扩大。因此,城市建设总体规划必须以保护生态环境,保持原有地形地貌为前提,完善城市功能,合理布局。其次,要将城市化和农业产业化、工业化结合起来,把市区周围乡镇紧密地连接为一个有机整体。再次,要按照中等城市规模和桂东南副中心城市的要求,拓宽中心城区框架,按照"东进南扩西延"的发展走向,使城区框架扩大到30平方公里以上。最后,要有计划地增加城市人口。通过完善城市功能,发展二、三产业,扩大市区就业空间,同时搞好户籍管理等配套改革,引导农村人口向市区有序转移,使市区人口增加到20万人。要保证城市建设规划的严肃性,严格按规划搞开发和建设,确保城市建设持续稳步进行下去。

2.加大城市基础设施建设力度,完善城市功能,增强城市的承载能力。梧州是广西的东大门,岑溪是这个东大门的重要出口,区位优势明显,交通枢纽作用日益凸现。我们要按照中等规模城市的要求,进一步加大基础设施建设力度。首先,要进一步加快东出口建设,贯通东西大通道,切实抓好南宁至广州高速路岑溪段、岑溪至罗定一级路的扩建、南渡至水汶响水二级路等高等级公路建设,并以此推动地方公路建设,协助上级有关部门做好洛湛铁路岑溪段和岑溪至罗定地方铁路的建设。其次,加大电力设施建设力

度。今后5年争取再建设1个22万伏变电站,2个11万伏的变电站,每个乡镇分别建设1个以上3.5万伏的变电站,积极开发水利资源,利用地缘优势,大力发展小水电,降低用电成本,继续保持低电价优势,为加快发展工业创造条件。再次,要抓好市政设施建设和城市管理。抓好火车站、城市供水、排污、环卫、公交、电讯、消防等市政设施建设;加快工业园区、商贸区和各类功能小区的建设;要通过招商引资兴建市区大型公共建筑,完善城市功能,提高城市品位,合理利用城市土地,今后在市区将禁止审批私人住宅用地,要将有限的土地集中开发建设,提高土地的回报率;按照现代化城市的目标要求,合理调整改革现行区域布局,加强社区建设,逐步形成区域明确、层次分明、权责落实的城市管理体制;要走经营城市的路子,运作资本、以城生财;积极盘活市政设施各类资产,把一批有效益、有回报的市政设施项目推向市场,变财政投入为融资经营,变政府包建为社会共建,实现多元化投入、多主体开发建设;要建立完整科学的管理体制,强化城市意识,实施依法管理。同时,大力实施"蓝天、碧水、青山、绿地"工程,建设"绿色岑溪"。争取城区新增绿地200万平方米,绿地率达30%以上,绿化覆盖率达35%,继续实施环境保护工程,坚持走可持续发展道路,营造人与自然和谐统一的生态城市。

3.加快小城镇建设步伐。实施小城镇发展战略,大力推进城镇化进程,力争5年内将归义、南渡、水汶、糯垌、马路、大业等几个镇建设成面积在3平方公里以上的卫星镇,并带动其他小城镇建设的发展。首先,要结合实际,突出地方特色,确定发展方向,小城镇规划要与二、三产业的发展结合起来,与产业布局和结构调整结合起来,要以小城镇为中心,有效推进二、三产业的发展。其次,要按照现代化小城镇的建设要求,高起点、高标准地搞好规划,在总体布局、功能设置、基础设施等方面都要严格要求,站在发展的大局上去考虑和着手。再次,要增加小城镇的现代经济内涵,把小城镇经济纳入现代产业发展的轨道。

政府文件

关于印发《岑溪县水资源费征收和管理的暂行规定》的通知
岑溪县人民政府文件

岑政发〔1992〕98号

各乡（镇）人民政府，各村（街）公所，县直各单位：

为了加强水资源的统一管理，合理地开发、利用和保护水资源，根据《中华人民共和国水法》第三十四条的规定，结合我县实际情况，制定《岑溪县水资源费征收和管理的暂行规定》。现印发给你们，望认真贯彻执行。

岑溪县人民政府

一九九二年五月二十一日

岑溪县水资源费征收和管理的暂行规定

第一条　为加强对水资源的保护和开发利用，根据《中华人民共和国水法》第三十四条规定，结合我县实际情况，制定本暂行规定。

第二条　在本县境内取用地表水、地下水的任何单位和个人必须遵守本暂行规定。

第三条　凡在本县辖区内利用水工程或机械提水设施直接从地表、地下取用水的单位和个人，必须从1992年5月1日起到县水行政主管部门县水利电力局或其委托代收单位乡（镇）水利电力管理站缴交水资源费。

第四条　水资源费的征收标准：

（一）从地下取水的：工（矿）、企业用水每立方米收费人民币（下同）2分；生活用水及环境卫生用水每立方米收费1.5分。

（二）直接从江河取水的（即河、泉水）：工（矿）、企业用水每立方米水收费1.5分；生活用水及环境卫生用水每立方米收费1分。

（三）取用矿泉水、地热水、有医疗价值的水，每立方米水收费3分。

（四）对于村（街）公所以下（包括个体）经营的小型土纸加工厂、胶粉厂、水力加工厂的水资源费按工业取用地表水折半收费（即每立方米收0.75分）。

（五）采矿使用的循环水，每立方米收费1分。

（六）水电站发电用水按发电量每千瓦小时收费0.2分

（七）取用水利工程蓄水作为生活和工业用水的水资源费每立方米收费2分。

以上所征收水资源费可摊入生产成本。

第五条　下列取水暂免征收水资源费：

（一）国家规定不必申请许可的取水；

（二）取自来水公司的水；

（三）农业灌溉用水、家庭生活用水、畜禽饮水。

第六条　水资源费按季度征收，取水单位应按季度取水量计算所需要缴纳的水资源费，在下1个季度的第1个月的上旬如数交足，不得拒付或拖欠。

第七条　各乡镇（含村、联户、个体）厂（矿）、企业的水资源费由县水利电力局委托乡镇水利站代收。

第八条　违反本暂行规定，有下列情况之一的由水行政主管部门给予行政处罚：

（一）拒付或拖欠水资源费的，每迟交1天收取1%的滞纳金。情节严重的，水行政主管部门可以责令其停止取水或查封取水设施，直至吊销其取水许可证。

（二）超过批准取水量取水的，限期整改，对其超取部分按累进办法增收水资源费，凡超用10%、20%、30%、40%、50%以内的，分别按原价的1倍、2倍、3倍、4倍、5倍收费，并且水行政主管部门可以强行限供或停止供水、查封取水设施、直至吊销其取水许可证。

第九条　各取水户在取水设施各出口或总出口自费安装量水设施，水资源费按查表计量计费。无量水设施的按工程（或设施）最大取水量（或设备名牌商标取水能力）每日以24小时计收费。如因特殊原因确无法安装计量设施的取水工程，按取水设施定额出水量的90%算收取水资源费。

第十条　水资源费主要用于下列支出，由县水行政主管部门编制年度计划，报县人民政府批准后实施，由县财政主管部门监督执行：

（一）开展水资源调查、评价、监测、保护等基础工作和科学研究、水法宣传、技术培训等；

（二）补助节水和地下水补源回灌措施的实施；

（三）水资源管理机构的管理、建设经费；

（四）奖励为开发利用水资源、在水资源管理和节约用水中作出显著成绩的单位和个人；

（五）奖励勇于同破坏水资源、破坏水利工程行为作斗争的有功单位和个人。

第十一条　水资源费作为水资源管理和改善的专项基金，列为预算外资金单独管理，免交能源、交通、重点建设基金。该费必须专款专用，以收定支，结余资金可连年结转使用，但不得用于水资源管理以外的开支，其他任何部门不得截取和挪用。

第十二条　本暂行规定由县水行政主管部门负责解释。

第十三条　本暂行规定自1992年5月1日起施行。

中共岑溪市委员会关于进一步加强农村基层组织建设的决定

加强乡镇、村两级农村基层组织建设，是党的十四届四中全会做出的决定。两年来，经过各方面的密切配合和努力工作，我市农村基层组织建设工作取得了很大的成绩。但是，离中央的要求还有很大的差距。今年，是农村基层组织建设的攻坚年。为使这项工作更上一层楼，更好地为农村两个文明的建设打下坚实的基础，达到中央的要求并顺利地通过上级的验收，特做出本决定。

一、加强领导，通力合作，加大农村基层组织建设力度

农村基层组织建设涉及面广，工作量大，各级党委、政府和有关部门必须高度重视，全力支持。

1.提高认识,加强领导。乡镇、村两级基层组织是党在农村的战斗堡垒,是党领导和联系群众的纽带,其建设得好坏直接关系到党的各项方针政策在农村的贯彻执行和程度,关系到国家的大局是否稳定。因此,各乡镇党委、政府必须引起高度重视,首先把这项工作列入重要的议事日程,落实专人专抓专管,定期研究、布置、检查、总结经验教训。其次,落实各乡镇基层办工作人员,并集中精力抓好日常工作。

市委每年最少专题研究农村基层组织建设工作两次,每年听取各乡镇党委汇报农村基层组织建设工作一次以上。

2.层层办点,抓好示范。市四大班子领导成员每人落实一个乡镇一个村抓点,各乡镇党委、政府班子成员也要各落实一个村抓点。

3.明确职责、落实责任。市委书记、各乡镇党委书记是农村基层组织建设第一责任人;市委分管副书记、组织部长、乡镇分管副书记、组织委员、宣传委员为直接责任人。各挂村领导每月至少到村一次,每季度到村驻3到5天,帮助解决所挂村遇到的难题。挂钩单位派得力干部组成工作组驻村,每月住村时间不少于20天,切实按“五个好”要求一包到底,不达验收标准不能撤离村。财政部门切实保障基层办和驻村工作队经费。金融部门安排专项贷款扶持村集体经济。各挂钩单位多渠道筹措资金扶持联系点。

4.落实报酬,奖励先进。要推行和完善村级干部政绩管理制度,实行基础工资、浮动工资、奖励工资相结合的办法。支持村干部大力发展村集体经济,并从集体收入中提成一定的比例作为村干部的浮动工资和奖励工资。积极推行在职干部养老保险制度。关心已退休干部的生活。对开拓性强、事业心强、工作成效显著且被评为地区优秀村支书、村委主任的给予一次性奖励300元,符合招聘干部条件的优先考虑;连续两年被评为地区优秀村支书、村委主任的一次性奖励500元,符合招干条件的,可免试聘为乡镇干部。个别特别优秀的,可选拔进乡镇领导班子。对不合格的村干部要及时调整。

5.检查评比,狠抓落实。今年年底,对三年工作情况进行全面考核、评比,对完成任务好的乡镇和驻村单位领导、工作队员予以表彰奖励,不达标的驻村工作队不准离村,直到符合“五个好”标准。对各级领导挂点的村,同时进行评比。做到分级负责,狠抓落实。

二、对照标准,扎实推进

1.按照“七个好”的要求,努力建设一个好的乡镇党政班子。“七个好”是:党政班子自身建设好;干部和党员队伍带得好;经济发展路子好;双层经营体制落实好;乡镇集体经济发展好;“两手抓,两手都要硬”坚持好;乡镇“七所八站”管理抓得实,管得好。这“七个好”是有机联系的,相辅相成的。党政班子自身建设好是重点,干部和党员队伍带得好是关键,经济发展路子好是目的。各乡镇党委要提高总揽全局的能力,从把大量精力放到日常具体工作和一些突击任务中解脱出来,集中精力,按党的基本路线要求,以奔小康总揽乡镇工作的全局,以经济建设和党的建设为重点来组织全面工作。同时,建立和健全以民主集中制为主要内容的各项规章制度,并公布上墙,接受群众的监督。此外,还要广泛邀请村干部、乡镇直“七所八站”的领导听取意见,加强对乡镇直单位的管理,改变过去对一些乡镇直单位指挥不灵的现象。年终,市委对乡镇领导进行认真考核和评比,对评上地区优秀乡镇党委书记、乡镇长的给予一次性奖励800元,连续两年评上的一次性奖励800元外,晋升一级工资,连续三年评上的可向上一级党委推荐提拔为副处级干部。对抓农村基层组织建设工作抓得不力的要予以调整。

2.突出抓好村级组织建设,争取277个村都达到“五个好”标准的要求。

(1)建设一个好的党支部领导班子,尤其要有一个好支书。党支部和村委会班子成员以40岁左右为主体,其中至少有一名30岁以下的干部。对新选任的村(街)党支部书记,原则上要具有高中或相当于高中文化程度,每个村(街)支部和村委要真正成为能够坚决贯彻执行党的方针、政策和带领群众致富的战

斗集体。

(2)培养锻炼一支好的党员干部队伍。各村党支部每年要发展农民党员2名以上。各村要选拔培养后备干部3名以上。农村党员要组织起来,成立致富参谋组、民主理财组、思想政治工作组,充分发挥模范带头作用,带头发展农村经济和各项事业,带头勤劳致富。每个有劳动能力的农村党员能掌握1~2门实用技术,有劳动能力的农村党员96%以上参加联系户活动。

(3)制定从实际出发的科学的发展思路。一是村集体经济的发展思路要理清,力争今年年底277个村的集体纯收入达到2万元以上或为今后在三五年内实现纯收入5万元以上打下基础。二是帮助和引导农民选准经济发展的路子。根据各村的实际出发,大搞农业综合开发,积极引导农民发展“三高”农业,使每个村都有一两个骨干项目和拳头产品,农民人均纯收入每年要以20%~30%的速度增长。市选择归义镇作为“一村一业一品(多品)”作为试点镇。

(4)完善好的生产经营体制。对各项承包责任制要明确落实权利和义务,有条件的村要完善为农户服务的产前、产中、产后体系。

(5)建立一套健全的制度。重点是党员目标管理责任制、党员活动日制度、民主评议党员制度、村民议事制度、廉洁自律民主理财制度以及村规民约,并公布上墙,加强督促检查。

(6)加强农村社会主义精神文明建设。在评选好文明村的同时,开展创建文明户活动,抓好计划生育、社会治安综合治理、改善村容村貌、卫生饮水等工作。要组织村民学习邓小平同志建设有中国特色的社会主义理论,学习中央六中全会精神,学习党在农村的方针政策,学习科学实用致富技术,努力提高村民的政治素质和思想道德素质,提高村民致富奔小康的能力。

三、抓学习培训,全面提高农村基层干部整体素质

1.加强政治理论学习。结合党员“双学”活动和领导干部的“三严四自”教育活动,加强对基层干部的教育和培训,使他们进一步学习和掌握马列主义、毛泽东思想和邓小平建设有中国特色社会主义信念。在思想上、政治上、行动上与党中央保持高度一致,自觉地献身基层工作,为带领广大农民群众致富奔小康而努力工作。

2.加强专业知识培训和学历培训。专业知识培训包括岗位业务知识、管理知识、市场经济知识和有关法律法规、农业实用技术等。乡镇党政主要领导由地区党校培训,乡镇其他领导干部由市党校培训,村干部由乡镇党校培训。学历培训方面,每年有计划地选送一批有培养前途的村干部参加函授学历学习,同时鼓励自学,逐步提高村干部的学历水平。争取用几年时间,乡镇40岁以下的干部80%达到中专或相当中专文化水平,每个村都有一名中专或相当中专以上学历的村干部。市里拨出专款,在今年内对村支书、村主任等主要干部进行轮训,以后每年都要对村干部进行轮训。

四、选好典型,总结经验和教训,指导全面工作

市要加强对农村基层组织建设工作的指导和督促检查工作,对277个村进行分类排队,对达标困难的村,要采取措施,有针对性地进行整改。对成效显著的村要及时总结经验,对成效差的村要及时吸取教训,指导全市工作。乡镇党委的自身建设要进一步总结经验,全面铺开,争取17个乡镇的面貌有更大的改观。小康村建设也要及时借鉴外地好的做法,创造出有岑溪特色的本地经验,扩大小康村的示范效应。

中共岑溪市委员会

一九九七年三月十三日

岑溪市人民政府
关于贯彻实施西部大开发政策的若干规定

2001年3月28日

根据国家和自治区实施西部大开发政策措施的精神，结合本市实际，特制订本规定。

一、税收优惠

（一）企业所得税

1.在我市设立的生产性以及新办的交通、电力、水利、邮政、广播电视、外商投资企业，经营年限10年以上的，从获利年度起，第一、二年免征企业所得税，第三至第五年减半征收企业所得税。

2.对设在我市的国家鼓励类外商投资企业(其主要业务收入占企业收入70%以上的企业)，在2001年至2010年期间按15%的税率征收企业所得税。

3.对设在我市的国家鼓励类工业企业，以及自治区确定的有色金属、电力、汽车、食品、医药和高新技术六个重点产业的企业，自治区支持用高新技术改造提升的机械、制糖、林产、建材、钢铁锰业、化工、日用品七个传统产业和农产品加工企业、旅游开发企业，上市公司，按15%的税率征收企业所得税。

4.外商投资兴办的产品出口企业，在依照税法规定免征、减征企业所得税期满后，凡当年出口产品值达到当年企业产值70%以上的，可按税法规定的税率减半征收企业所得税，已经按15%税率缴纳企业所得税的产品出口企业，符合上述条件的，按10%的税率征收企业所得税。

5.新办交通、电力、水利、广播电视、有色金属、汽车、制糖、食品、信息技术、医药和生物技术以及特色农业、水利企业、林业企业、环境保护和资源综合利用企业，自生产经营之日起，两年免征三年减半征收企业所得税。

6.对广西区外企业、单位和个人到岑溪市独资或联营新办符合国家产业政策的企业，从生产之日起，对外来方的生产经营所得，五年内免征企业所得税。

7.对在我市投资新办的外商投资企业，以及市外客商投资企业，在规定的企业所得税减免期满后，年缴纳企业所得税达50万元以上的，属地方财政所得部分给予10%的奖励。

（二）关税和增值税

1.对西部地区投资鼓励类产业、外资鼓励类产业及优势产业的项目，在投资总额内进口自用先进技术设备，除《国内投资项目不予免税的进口商品目录(2000年修订)》和《外商投资项目不予免征的进口商品目录》所列商品外，免征关税和进口环节增值税。符合《中西部地区外商投资优势产业目录》的外商投资项目，在投资总额内进口自用设备，免征关税和进口环节增值税。

2.对在我市投资新办的外商投资企业以及市外客商投资企业，属一般纳税人的，按规定缴交增值税，属地方财政所得部分，三年内给予奖励，其中：年缴纳增值税达50万元至200万元的企业(含200万元)，按地方所得部分奖励30%；年缴纳增值税200万元以上的企业，按地方所得部分奖励50%。

二、行政事业收费优惠

外商投资企业和投资500万元人民币以上的市外客商投资企业享受下列优惠政策。

(一)对所有投资于城市基础设施的建设项目，其城市基础设施配套费，在国家治理方案出台前，免收城市市政建设配套费。

(二)属于企业厂房建设工程及内部配套建设工程的免收垃圾清运费、道路临时占用费、建筑噪音费、

绿化费、预算定额管理费、建筑报建费、地籍测量费;按收费最低标准,减半征收土地权属调查费,建设工程质量监督费、土地价格评估费、土地变更手续费、城市规划技术综合服务费。

(三)新建或扩建的工业项目征用土地,其征地费用除按有关规定补偿给农民和上缴中央、自治区外,其他行政性收费、事业性收费一律按《行政事业许可证》规定最低限额的30%征收。

(四)我市规定的各项行政事业、服务性收费和其他收费、保证金等全部免收。

(五)对在岑溪市投资较大和本市特别鼓励的项目,可实行项目带政策,实行一事一议,一企一议,给予特殊优惠。

本规定自2004年起开始实施,过去有关规定与本规定相抵触的,按本规定执行。

本规定由岑溪市人民政府负责解释。

岑溪市人民政府
岑溪市实施五大措施促进农民增收方案

2004年3月4日

为了加快农村经济发展步伐,按照梧州市委、市政府的部署,我市从2004年起,实施企业联动、专业村带动、销售队伍拉动、劳务输出驱动、基础设施建设推动五大措施,促进农民增收。现根据《梧州市实施五大措施促进农民增收方案》的要求,结合我市实际,制定本方案。

一、实施五大措施促进农民增收的重要意义

实施五大措施促进农民增收,是解决当前我市存在的农业产业化程度低、特色产品规模小、农业生产效益比较低、农村富余劳动力就业难、农村基础设施落后等突出问题,实施工农联动、城乡协调发展的重大措施。其重要意义在于:一是推动农业产业化的发展,推进农村产业结构的调整与优化,提高农业的经济效益;二是充分发挥本市的资源优势,发展壮大特色产业,将资源优势转化为经济优势,促进以农产品为主要原材料的食品、林产品等工业企业的发展;三是迅速改变农村基础设施落后的面貌,突破制约农村经济发展的瓶颈;四是通过各种形式培训,提高农民素质,扩大农村富余劳动力的就业门路;五是进一步提高基层干部的管理服务水平,培养一支高素质的基层干部队伍;六是促进农民增收,协调城乡经济发展,实现全市社会与经济发展全面提速的目标。

二、五大措施的具体内容

(一)企业联动措施

龙头企业是带动优势产品规模化生产,促进农民增收的主要力量。加快培育、扶持一批基础好、辐射带动面广、市场竞争力强、经济效益优、诚信度高的龙头企业,通过企业与农产品生产者的联动,引导企业与农业生产经营组织或农户形成生产、加工、销售的利益共同体,发展企业对农村的辐射带动作用。

2004年,全市选择4家企业实施企业联动措施(其中列入梧州市考核的两家),根据各企业的特点,在市辖区范围建立具有一定规模的农产品原料生产基地,基地联农户。企业落实扶持基地发展的措施,主要是资金扶持、种子种苗的供应、技术指导、产品收购等。对完成任务的,市政府给予一定的奖励。

各企业的具体目标任务及考核奖励办法见企业联动计划表。

(二)专业村带动措施

按照因地制宜、发挥优势的原则,以发展特色产业为重点,建设一批一村一品或一村一业、各具特色的专业村,通过专业村带动特色产业的发展壮大。

2004年,全市选择38个自然村或行政村(其中列入梧州市考核的20个),每个乡镇至少选择一个,实施专业村带动措施。根据各个专业村的不同特点,引导农民在自愿的基础上,确定主导产品,定出发展规模和目标,产品以群众自销为主。每个专业村均有保证落实责任单位和技术指导单位,由保证落实责任单位制定具体实施措施,并组织实施;技术指导单位为专业村提供技术、种子、种苗、生产、销售指导等各项服务。各专业村要在明显的位置设立标志牌,标明主导产品、规模、技术指导单位、保证落实责任单位及责任人。对完成任务的,除梧州奖励外,市政府给予各保证落实责任单位一定奖励。

各专业村具体目标任务及考核奖励办法见专业村带动计划表。

(三)销售队伍拉动措施

通过大力发展农产品流通组织和销售大户,着力解决农产品销售难的问题。2004年,全市重点扶持、培育13个农产品流通组织和销售大户(其中列入梧州市考核的9个),拉动农产品的商品化生产。对各流通组织和销售大户,落实主要购销产品及收购量、销售额指标,要求各流通组织和销售大户诚实经营,与生产者签订产销合同。对完成农产品购销目标任务的,除梧州市奖励外,市政府再给予各保证落实责任单位一定奖励。

各流通组织及销售大户具体目标任务及考核奖励办法见销售队伍拉动计划表。

(四)劳务输出驱动措施

开展农民务工培训,广开农民务工门路,鼓励农民学知识、学技术,增强务工本领,提高务工收入。由市劳动和社会保障局牵头,会同市教育局制定农民工培训方案,并组织实施。劳动、教育部门负责培训好师资力量,编印培训教材、资料,保证农民工培训质量。乡镇政府、村委(社区)负责动员、组织有意向务工的农民参加培训,以各乡镇、村(社区)学校为主,负责就近免费对农民工进行培训。建立劳务输出服务机构。逐步建立完善市、镇、村(社区)三级劳动力市场供求信息网络。由劳动、经贸、外经、人事、建设等部门负责推荐农民工就业。对培训及推荐就业的农民工造册登记,内容包括参加培训人员姓名、性别、地址、身份证号码、培训时间、培训地址、培训内容和推荐就业情况等,以备检查。

2004年,全市培训农民工2.8万人,劳务输出2.75万人。必须在2004年6月底前完成2.8万名农民工的培训任务。对完成培训及推荐就业目标任务的,市政府给予一定培训经费补助。

农民工培训、劳务输出目标任务及考核、补助、奖励办法见劳务输出驱动计划表。

(五)基础设施推动措施

加快农村基础设施建设,重点是改善农村公路状况,改善农村生产、生活条件。2004年,全市共实施基础设施建设项目37项,总投资4695.37万元。包括农村公路建设项目30个,其中按四级公路标准新建、改建公路27项,共171.1公里,投资2376万元。建设人饮工程5项,投资87.37万元。建设水毁桥梁1座,投资22万元。农村能源建设项目1个,建沼气池2900座,同时结合改厨改厕改圈改水改路,投资1000万元,由市相应部门落实相关项目的建设资金。每个项目均明确项目建设及保证落实责任单位、责任人、最迟开工日期、最迟完工日期和2004年完成目标。对按期按质按量完成项目建设任务的,除梧州市政府对项目建设及保证落实责任单位给予奖励外,市政府再分别给予各保证落实责任单位一定奖励。

基础设施推动措施目标任务及考核奖励办法见基础设施推动计划表。

三、保证落实责任单位、技术指导单位、协助落实单位、保证落实责任人、督办人及各相关服务单位职责

(一)保证落实责任单位的主要职责

根据计划表中的具体内容,制定实施方案,并组织实施,筹集所需资金,及时解决实施过程中的各种问题,确保按时完成任务。

（二）技术指导单位的主要职责

负责对专业村及各类生产基地的技术指导，引进新品种，推广新技术，及时解决各种技术问题。每个专业村及生产基地都要有一名技术指导单位的领导和技术人员具体负责联系指导，对专业村、专业户及生产基地承担技术指导责任。协助做好无公害农产品生产基地认证及农产品商标注册工作，树立名优农产品品牌。

（三）协助落实单位的主要职责

协助保证落实责任单位，根据计划表中的具体内容，制定实施方案，并组织实施，筹集所需资金，及时解决实施过程中的各种问题，确保按时完成任务。

（四）保证落实责任人主要职责

对具体实施项目负主要领导责任，督促指导实施单位或人员完成相关任务。解决实施过程中遇到的问题，协调理顺各方面关系，确保任务按时完成。

（五）督办人主要职责

督促保证落实责任单位、技术指导单位、保证落实责任人按要求完成各项任务，协调有关单位和人员为五大措施的实施提供优质服务。

（六）相关服务单位的主要职责

各涉农部门要按照五大措施的目标任务要求制定本部门的工作方案，及时解决实施过程中出现的各种问题，并积极争取自治区和梧州市相应部门的支持。

计划部门对需要立项的项目，及时做好项目报批工作。属上报上级审批的项目，材料完备的在5个工作日内上报；属本级计划部门审批的项目，材料完备的在5个工作日内审批完毕。

财政部门做好奖励扶持资金的筹措，对完成任务的及时下拨奖励扶持资金，并加强监督检查，确保专款专用。

农业、水果部门负责种植项目的规划和技术指导，做好农作物的病虫害防治工作，提供农业信息服务，指导农民搞好农产品流通。

林业部门负责林业类项目的规划和技术指导。

能源部门负责组织农村能源项目的实施。

畜牧水产部门负责养殖项目的规划，做好技术指导，抓好重大动物疫病的防治工作。

扶贫部门负责做好贫困村道路建设项目的实施，积极筹措扶贫资金，确保贫困村道路建设任务的完成。

交通部门负责农村公路建设项目的实施，落实建设资金，确保项目按时完成。

水利部门负责抓好农田水利基础设施建设，人饮工程项目建设，确保项目按时完成。

组织部门负责对保证落实责任单位和责任人、技术指导责任人、协助落实责任人、督办人经常性地进行检查、考核，根据工作成绩，及时给予奖惩。组织科技特派员协助做好五大措施的实施工作。

宣传部门负责组织好宣传报道，宣传实施五大措施的重大意义，及时报道实施过程中的先进经验和先进事迹，及时向社会发布重要新闻和工作进展情况。营造全面实施五大措施的良好氛围。

劳动、教育、人事部门负责农民工培训的组织实施，劳动、人事、经贸、外经、建设等部门负责做好推荐农民工就业工作。

经贸部门对各有关企业做好服务工作，协助解决企业在实施联动项目中遇到的相关问题。

气象部门提供气象服务，及时预报各种灾害性天气，并提出相应的技术措施。

金融部门要积极为实施五大措施提供信贷支持。

其他部门和单位要结合本部门实际，凡涉及实施五大措施的各项工作，要按特事特办的原则，尽快办理,为促进农村经济发展作贡献。

四、资金的筹措和管理

(一)资金的筹措

为了确保五大措施顺利开展,要积极筹措资金:①需各企业和农户自筹部分的,由企业、农户自筹解决,并要按时到位,不能影响工作进展;②市财政2004年安排一定资金作为实施五大措施的专项资金;③能够争取国债和自治区、梧州市专项支农资金支持的,计划局和相关部门、实施单位要尽快上报,积极争取;④各部门负责筹措的资金要按时足额到位。

(二)资金的管理

各部门负责筹措的资金由部门按有关规定及工程进度拨付,并做到扶持资金专款专用。财政预算安排的奖励扶持资金原则上待项目完成并检查验收后拨给。属奖励农户的由保证落实单位全部足额奖励到农户。要严肃财经纪律,严格管理,任何部门和个人都不得挤占,挪用和截留,凡违规者,一经发现,严肃处理。

五、验收、奖励和惩罚措施

(一)检查验收

检查验收分阶段性检查和总体验收。检查验收方案由指挥部办公室会同相关部门制定,报指挥部审批后实施。阶段性检查根据实施内容的不同情况可按季度或半年进行,总体验收在任务完成后一个月内完成。检查和验收先由各乡镇、各部门进行自查自检,再由指挥部组织验收小组进行复检,并提出验收奖罚意见报指挥部审定,验收结果作为奖罚的重要依据。

(二)表彰和奖励

经梧州市检查验收小组和本市检查验收小组检查验收,能按时按质按量完成目标任务的,按计划表中的奖励办法给予奖励。对按时完成目标任务的有关人员,由市委、市政府予以通报表扬,表现突出的树立为农村建设标兵。对表现特别突出的干部,按干部管理权限,由组织、人事部门适时提拔重用。根据五大措施目标任务完成情况,每年评出一批先进单位、由市委、市政府对先进单位授予牌匾,同时对先进单位主要负责人给予表彰。

(三)批评和惩罚

对不按进度完成计划任务的,经奖惩组核实,在全市范围内通报批评,限期改正。对工作不力,超时未能完成计划任务,又无指挥部认可的特殊原因的,由市委组织部对保证落实单位负责人、保证落实责任人进行诫勉;对年底经梧州市检查验收小组和本市检查验收小组检查验收考核不完成任务指标,又无指挥部认可的不可抗拒原因的、除不再返还该项目有关人员所交纳的风险金外,还要取消保证落实责任单位当年机关岗位经济目标责任制奖励。上述责任单位和责任人当年不得参加当年的评先进活动,责任人不得提拔使用。对工作不力、给经济发展造成较为严重后果的,由奖惩组提出处理意见,按干部管理权限予以处理。

六、加强领导,确保任务完成

(一)成立实施五大措施促进农民增收指挥部(另文已下发)。指挥部下设办公室、巡察组、资金组、督查组、奖惩组、协调组、宣传组

1.办公室。主要负责贯彻执行指挥部的各项决定和工作部署,协调各组的工作,起草有关文件,检查、汇总、反馈五大措施实施方案的落实情况。(领导成员名单略),办公室设在市农业局,人员从各有关单位抽调。各乡镇、市直各有关部门也要成立相应机构,具体负责五大措施的实施工作。

2.巡察组。负责组织巡察员对保证落实单位和保证落实单位责任人贯彻执行指挥部的各项决定和工作部署进行监督,对工作中存在的问题开展调查研究,提出意见和建议,重大问题及时向市委、市政府

报告。(组成人员名单略)

3.资金筹措组。负责落实五大措施专项资金和预算安排的经费,保证及时足额到位和专款专用。争取上级相关方面的专项资金,争取金融部门信贷支持,对资金使用情况进行检查。(组成人员名单略)

4.督查组。从纪检、监察、经贸、交通、农业、林业、水果、能源、水产畜牧、教育、劳动、人事、扶贫、水利、科技、科协等部门抽调人员组成若干督查小组,负责对指挥部部署的各项工作进行督促落实,按五大措施目标任务的内容,对发展情况和保证落实责任单位及责任人的工作情况进行督查,及时向指挥部书面报告督查情况。(组成人员名单略)

5.奖惩组。负责对保证落实单位和负责人、督办人以及各相关服务单位进行考察,根据其工作实绩,提出具体的奖惩意见。(组成人员名单略)

6.协调组。负责协调保证落实单位和各服务部门的工作,协调解决项目实施过程中出现的各种问题。(组成人员名单略)

7.宣传组。负责组织落实宣传报道工作,制定宣传计划,开辟专栏、专版,对五大措施进行经常性报道,公布工作进展情况,坚持正确的舆论导向,宣传各部门、单位在实施五大措施过程中的先进经验、先进事迹和好人好事,鼓励先进,鞭策后进。(组成人员名单略)

(二)建立工作进度汇报制度

指挥部每季度召开一次现场会,每半年召开一次阶段总结会,分析工作进展情况,及时研究和协调解决实施过程中遇到的困难和问题,确保目标任务的完成。同时,指挥部每月公布一次后进名单,由保证落实责任人在市电视台上发表讲话,说明后进原因,提出加快工作进度、保证任务完成的措施。

七、本方案由市人民政府负责解释

中共岑溪市委办公室　岑溪市人民政府办公室
关于印发市社区建设工作方案的通知

岑办发〔2003〕33号

各乡镇党委、政府,市直机关各部门、各单位:

经市委、市政府同意,现将《岑溪市社区建设工作方案》印发给你们,请结合实际认真组织实施。

中共岑溪市委办公室
岑溪市人民政府办公室
2003年4月23日

岑溪市社区建设工作方案

社区是指聚居在一定地域范围内的人们所组成的社会生活共同体。社区建设是指在党和政府的领导下,依靠社区力量,利用社区资源,强化社区功能,解决社区问题,促进社区政治、经济、文化、环境协调和健康发展,不断提高社区成员生活水平和生活质量的过程。

随着改革开放不断深入,以及我市城镇化建设的不断发展,城镇的管理面临着许多新的问题和矛盾。在新的形势下,社会成员固定地属于一定社会组织的管理体制已被打破,大量“单位人”转为“社会人”,同时大量农村人口涌进城镇,社会流动人口增加,加上教育、管理工作存在一些薄弱环节,现行居委会的管理模式在规模、人员、工作手段等方面都存在不足之处,致使城镇人口的管理相对滞后,为了适应社会主义市场经济的发展需要,加强我市城镇基层组织建设,加速城镇工作社区化,社区工作社会化进程,不断提高城镇现代化管理水平,根据《中共中央办公厅、国务院办公厅转发民政部关于在全国推进城市社区建设的意见的通知》精神,结合我市实际,特制定工作方案。

一、指导思想

社区建设以邓小平理论、“三个代表”重要思想和党的十六大精神为指导,从巩固党的执政地位的战略高度以及新形势下城市工作的特点和实际出发,紧紧围绕搞好城市管理,社会服务、社会稳定和发展社区经济,以加强社区党组织和社区居民委员会领导班子建设,提高干部素质为重点,增强社区党组织的凝聚力、战斗力,充分发挥党员的先锋模范作用,把广大居民群众紧密团结在党组织的周围。以实施社区共驻共建为依托,通过协调纵横关系,全方位调动区域内各个方面、各个层次参与社区建设的积极性和创造性,努力把社区建设成为环境优美、治安良好、生活便利、人际关系和谐的现代文明社区、推进我市物质文明、精神文明和政治文明建设。

二、社区建设的基本原则

(一)以人为本、服务群众的原则。社区居委会建设要立足社区、服务居民,不断提高社区居民的生活质量、文化素质和社区文明程度,满足社区居民不断增长的物质和文化生活需要。

(二)资源共享,共驻共建的原则。充分利用社区的智力、物力和财力资源,形成资源共享、共建社区的局面。

(三)政府主导、社会参与的原则。在市委、市政府及有关职能部门的指导下,社区组织要发动和依靠社区内机关单位、经济社会中介组织和企事业单位及居民群众,积极支持和参与社区建设。

(四)民主自治、突出特色的原则。社区建设要充分体现民主自治,实行民主选举、民主决策、民主管理和民主监督。在国家和地方的法律、法规范围内,以社区服务为主要内容,充分利用社区资源优势,开展便民利民工作。

三、社区建设的基本内容

(一)社区组织建设。包括社区党组织、社区居民代表大会、社区居民委员会。社区党组织是领导层,社区居民代表大会是决策和监督层,社区居民委员会是执行层,社区居民委员会根据需要相应成立社会保障、社区服务、治安调解、文体科教、环保卫生、人口与计划生育、妇女儿童等工作委员会及其他群众团体组织。

(二)社区服务。为适应社区居民不断提高的物质和文化生活需要,积极做好面向社区残疾人、老年人、少年儿童、优抚对象和社会困难群众的公益福利服务,面向全体居民的便民利民服务,面向属地单位的社会化服务。

(三)社区卫生。做好社区净化、绿化、美化工作,大力治理脏、乱、差,创造和谐美观的人居环境,积极抓好以医疗、计划生育、康复、保健疾病预防、健康教育等为主要内容的社区卫生服务。设置医疗网点,开展一般性医疗、保健和康复服务。

(四)社区治安。建立社区治安综合治理网络。设立社区警务室,健全社会治安防范体系,实行群防群治。组织开展经常性、群众性的法制教育、法律咨询、民事调解,加强对“两劳”释放人员、失足青少年帮教和流动人口的管理,清除各种不稳定因素。

(五)社区文化。积极开展健康向上的群众性文化、教育、科普、健身活动,加强对社区的思想政治教育和文化教育，倡导科学、文明、健康的生活方式。对青少年进行思想、道德、文化教育，开展各种群众性的精神文明建设活动。

四、社区的划定和命名

按照有利于社区管理、社区自治、充分利用社区资源、提高工作效能的原则，从实际出发，以人群为主体，以地缘为基础，以设施为纽带，以适度距离和人口为参数，科学划分市区的社区居民委员会。要考虑地域性，也要考虑认同感。社区居民委员会管辖范围一般在1000—3000户。在人群上突破原来居民委员会和村民委员会的居民构成主要是本地“纯居民”。根据“属地管理”原则，改革后的社区居民委员会管辖的人口，不仅包括本地的“纯居民”也包括进城入户的“外来居民”，所谓“外来居民”是指在辖区内建房或购买商品房居住的户口不在本辖区的外来居民；也包括无业人员、下岗人员、离退休人员和在职在岗人员、机关企事业单位职工及其家属。社区的命名要根据历史习惯和大多数居民的认同进行命名，市区各个社区的详细地域界址由岑城镇、樟木镇、市民政局、市公安局、市建设局根据便于管理和开展社区工作为原则，征求多数居民意见赞同下划定。

各乡镇的街居委会改设为社区居民委员会，其地域范围和名称根据各乡镇的情况由各乡镇自定。

各乡镇划分社区方案确定后，要向市人民政府提出申请，市人民政府审核后批复各乡镇即可实施。

五、社区的组织设置

社区组织体系由社区党组织、社区居民代表大会和社区居民委员会组成，任期为三年。

（一）社区党组织。社区党组织按照《党章》有关规定设立，在乡镇党委的领导下开展工作，是社区内各种组织和各项工作的领导核心，社区党组织的组建与社区自治机构的选举同步进行。

根据属地管理原则，凡在社区内居住超过6个月以上的暂住人口的党员，居住在社区组织关系未转入单位组织的党员，尚未分配的大中专毕业生党员和退伍军人党员，异地安置的离退休党员，没有建立党组织的各类企业及各种社会组织中工作的党员组织关系，均转入社区党组织，并对居住在社区内的组织关系不在社区党组织的党员进行登记，通过一定的协调机构，组织他们参加社区公益活动，发挥党员的先锋模范作用。

（二）社区居民代表大会。社区居民代表大会是社区的决策和监督机构。社区居民代表大会根据社区规模，由50至100名居民代表组成，每年至少召开二次会议。

（三）社区居民委员会。社区居民委员会由主任（1名）、副主任（1~2名）和委员（2~5名）组成，社区居民委员会代表社区居民管理社区内日常的公共事务，兴办公益事业。社区居民委员会成员由居民会议或居民代表大会选举产生，在乡镇政府的指导下开展工作。

社区各种群众自治组织在社区党组织和居民委员会的领导下开展工作，社区居民委员会可兼任下属各委员会成员，实行义务制。按照居民的居住状况，社区居民委员会可以分成若干居民小组，居民小组长或楼栋长由社区居民委员会召开居民小组成员会议推选，由社区居民委员会确认，并在社区居民委员会领导下开展工作。

六、社区居民委员会成员配备、待遇，经费来源及办公场地

（一）选举产生社区居民委员会。按照《中华人民共和国城市居民委员会组织法》的要求，依法选举产生社区居民委员会。居民委员会成员候选人的产生，要面向全社会，广纳贤才，以优化居民委员会结构。要根据应选者的政治素质、思想品德、文化素养、年龄条件、职业经历、管理经验、奉献精神和对社区工作的热爱程度来挑选居民委员会成员的合适人选，经过社区全体居民或居民代表依法选举产生，并经培训后持证上岗。

（二）社区居民委员会日常办公经费和社区居委会干部工资原则上由市财政开支，市政府用于社区建设所需经费纳入市财政预算内支出。

(三)社区居民委员会办公用房。要求每个社区办公用房在150平方米以上。社区内原有的居民委员会办公用房归社区居民委员会使用。社区内没有办公用房的由市人民政府和乡镇人民政府解决,无偿提供给社区居民委员会使用。

七、组织保障体系

社区建设工作由市委、市政府主要领导挂帅,建立领导责任制,将任务层层分解,确保工作目标落实到位。

(一)理顺四个关系

1.理顺社区中党组织、社区居民代表大会、社区居民委员会之间的关系。社区党组织在社区工作中居领导核心地位。社区居民代表大会要在社区党组织的领导下,通过民主选举、民主表决的形式,行使民主自治的权力。社区居民委员会是社区管理的执行机构,要按照《中华人民共和国城市居民委员会组织法》在社区党组织的领导下,在社区居民代表大会的监督下行使管理、服务、教育和监督的职能。

2.理顺政府各职能部门与社区的关系。主要是政府各职能部门要简政放权,重心下移,处理好政府行为与社区自治的关系,给社区下放城管、卫生、文化、计划生育等工作的相关职能,初步形成条块结合,以块为主的管理体制。

3.理顺社区组织与驻社区单位的关系,注意调动驻社区单位参与社区建设的积极性,利用社区资源,互惠互利,共建共享。

4.理顺社区自治组织与物业管理机构的关系。社区自治组织在辖区管理过程中居于中心地位,并起主导作用,依法行使居民自治组织的职能,指导、监督物业管理机构开展业务。物业管理机构应根据广大业主的委托管理好小区物业,并自觉接受社区自治组织的监督。

(二)建立领导责任制

为了加强对社区建设工作的领导,市成立社区建设工作领导小组(岑办发〔2003〕18号),负责指导全市的社区建设工作。领导小组下设办公室,负责社区建设日常工作。

各乡镇也要成立社区建设工作领导机构,负责本辖区内的社区建设工作,乡镇党政一把手要亲自抓,负总责,切实做好社区建设工作。

(三)主要职能部门具体工作分工

1.社区党的建设和思想政治工作,由市委组织部、宣传部负责。

加强党的建设和思想政治工作,发挥党支部的战斗堡垒作用。一是要搞好社区党组织建设。二是要搞好社区党支部成员的政治业务培训工作。三是加强流动党员企业和新经济组织的党建工作。

2.社区自治组织的建设和社区服务,由市民政局负责。

指导、协调社区建设工作,将社区的事务进行分类,确定各个自治组织的职能与承担的职责。完善运行机制,增强社区功能,创建高标准社区。

社区服务是社区建设的龙头,社区居委会根据居民的需求,开设福利性、公益性的服务项目,不断拓宽社区服务项目,逐步实现社区老有所养、幼有所托、孤有所抚、残有所助、贫有所济、难有所帮。

3.社区经济建设,由市发展计划局、乡镇企业局、经贸局、工商局、建设局、国税局、地税局、各乡镇政府负责。

通过开展社区经济建设,推动社区的发展,从我市产业状况出发,变社区优势为经济优势。要大力发展社区服务,以强化社区管理、改善社区软硬环境来促进社区经济发展。同时,要加大护税、协税工作力度,确保税收任务的完成。

4.社区治安建设,由市政法委、综治办、公安局、法院、检察院、司法局负责。

做好社区治安工作是维护社区秩序的保证。公安局要在每个社区建立一个警务室,负责协调社区与

派出所的关系，社区居民委员会要深入社区调查研究，了解和掌握社区不稳定因素，认真做好教育和疏导调解工作，努力把矛盾解决在萌芽状态，确保社区不发生影响稳定的群体性事件，保持社区社会稳定。同时，社区居民委员会要组织开展创建安全文明小区活动，建立流动人口管理服务站等工作。

5.社区环境卫生建设，由市环保局、建设局、卫生局负责。

社区环境卫生是社区建设的形象工作。一要开展创建环境卫生达标小区活动，消灭脏、乱、差小区，确保社区道路清洁，清洁率达100%，所有道路环境卫生达较高标准。二要开展绿化美化工作。三要建立社区医疗所(站)，逐步建立起预防、保健、医疗、康复、健康教育"五位一体"的社区卫生服务网络。四要按照国家标准对噪音者进行达标监控。

6.社区文化教育建设，由市教育局、文体局、文明办负责。

一是充分利用社区教育资源，对青少年进行爱国主义、社会主义和集体主义教育，努力提高社区群众的文明素质。二是积极开展广场文化活动，丰富群众生活。大力开展家庭文化活动，创造尊老爱幼、欢乐和睦的家庭文化氛围。三要完善社区文化体育的基础设施，让更多居民群众积极参与全民健身活动，不断提高身体素质。

7.社区计划生育建设，由市计生局负责。

要坚持计划生育行政管理与群众工作相结合，通过政策引导、宣传教育、法律约束、行政制约等方法进行综合治理，达到控制人口数量，提高人口质量、改善人口结构，实现人口与经济、社会资源协调发展的目标。

其他职能部门也应在社区管理体制改革中结合实际，做好组织协调、服务工作，形成党委和政府的领导、有关部门配合、社区居民委员会主办、社会力量支持、群众广泛参与的推进社区建设良好局面。

八、工作步骤和要求

(一)工作步骤。社区建设各阶段工作内容及时间安排，按三个阶段进行：第一阶段为前期准备阶段，2003年3月至4月；第二阶段为组织实施阶段，2003年4月至2003年7月；第三阶段为全面总结、巩固提高阶段，2003年8月至9月。

(二)工作要求。

(1)大张旗鼓地做好宣传发动工作。社区建设是一项比较复杂的系统工程，它关系到千家万户，需要辖区各单位和人民群众的理解与支持，因此要重视营造舆论氛围，增强社区意识，为今后社区工作的开展做铺垫。市委宣传部主要负责此项工作，要拟定宣传提纲，在全市范围内多层次地进行宣传发动工作，召开居民会、居民代表会、驻街单位代表会，利用各种宣传手段，借助新闻机构的力量，使社区管理体制改革的工作家喻户晓。

(2)抓好社区建设的组织实施工作。各乡镇党委、政府要高度重视，加强领导，党政一把手亲自抓，要成立好社区建设领导机构，指导社区建设工作的开展。

(3)做好社区建设的组织工作。根据社区建设的要求，对市区及乡镇所在地的居委会或村委会作适当的规模调整划分社区。划分社区后，即开展建立社区组织工作，建立社区组织工作可分为三个阶段进行。

第一阶段：宣传发动，调查摸底阶段

1.各乡镇成立社区建设领导小组，成立社区临时党组织，为社区建设工作开展提供强有力的组织保证。

2.各乡镇研究制定本乡镇社区建设工作方案、编制工作日程安排表，报市政府审批后，由乡镇党委、政府组织实施。

3.调查摸底划分社区。方案一经出台，要大力进行宣传，抽调干部到街道、单位征询划分社区意见，在充分论证基础上确定拟建的社区区域、名称,报市人民政府审批。

第二阶段:民主选举自治组织阶段:

1.成立社区居民选举委员会,部署选举工作。制定选举方案,明确选举步骤、选举程序和措施。培训选举工作人员。

2.广泛宣传发动,营造社区建设浓厚氛围,引导广大社区居民积极参与和驻社区单位参加。

3.做好社区居民和驻社区单位的登记工作,依法登记选民。

4.划分好居民小组,并组织小组选民选举居民小组长和居民代表。每个居民小组在100~200人左右,每个小组一名组长、1~2名居民代表,每个社区居民代表在40~80人之间。

5.按照程序要求提名社区居委会成员候选人及确定正式候选人,根据社区实际确定居委会成员职数。

6.依照法律程序做好投票选举工作。

第三阶段:健全党组织、挂牌运作、建章立制阶段。

1.做好社区内党、团员登记,并在乡镇党委领导下成立社区党支部。选举支部委员会。

2.成立社区居民委员会下属各个工作委员会。

3.制定上墙各种规章制度,理顺管理体制。

4.收集各种资料,整理归档,做好选举工作总结。

(4)加强请示汇报,确保工作顺利进行。社区建设是一项法律性和政策性强、涉及面广、工作难度比较大的系统工程。各级党政组织必须切实加强领导,正确处理改革、发展、稳定的关系,加强调查研究,掌握工作进展情况,及时协调解决工作中遇到的问题,对一些法律性、政策性较强的问题把握不准的,要及时上报市委、市政府研究;重大问题要请示市委、市政府,积极主动向梧州市委、市政府和自治区民政厅汇报工作情况,争取得到上级的指导和帮助,使社区建设工作得以顺利开展。

九、社区建设的经费预算及来源

加强我市社区建设,关系到我市的经济发展和社会的稳定,是政府的一项十分重要的工作。因此,社区建设工作经费应纳入各级政府财政预算,由各级政府财政共同负担。每个社区居民委员会需专职干部4~7人,其工资待遇可参照现行村街干部待遇,由各级财政负担。

民间歌谣

行江歌

梁甲坤 收集整理

中华人民共和国成立前，义昌江是三堡镇的唯一水上交通运输线路，近四十条木船经常在河道上担负着繁重的往来运输货物任务，船民们的口头时常流行着一首《行江歌》，它从义昌江口溯江而上，一直唱至三堡集市为止，沿江主要地名均有涉及。

义昌口入一条河，
弯弯曲曲几奔波。
初入如云斗产地，
真容易。
鸡脚堪高真难过，
犹如吃着闷菠萝。
沙冲口，对大坡，
常年四季出柴多。
放落梧州冇卖得，
逼着撑返入本河。
沙冲口，成小市，真得意，
好似藤县与人和，
鱼鱼肉肉有得卖，
“四万”“散摊”有人摸。
平榔有只灯笼顶，
点光蜡烛照江河，
照见细妹真伶俐，
甚分美貌好娇娥。
垠竹坡，出嫩笋，真有瘾，
茅田生草吾生禾。
河六有只亚婆髻，对里丽，
严栟威威娶老婆，
合掌拜堂又拜祖，
双杯酒谢作媒婆。
上潮洗，潮洗洗身抹大汗，
抹干大汗上良罗。
上到干冲真掘屈，冇水出，犹如黄鳝暴砂窝。
上到良村凉一下，该吾怕，下散鱼梁狗背坡。
水浸河村米大贵，郎仔细仔哭呵呵。
大苍米屯大仓库，米屯大苍财主多。
上到三堡为止步，烧香点烛拜尼陀，又拜龙母婆。

第一轮《岑溪市志》补遗勘误情况

（一）补遗

第一轮《岑溪市志》遗漏已在有关章节中补上，不再单列。

（二）勘误

1. P5中第一行"……在经济建设中闯出了一条适应县县情、市情……"改为"……在经济建设中闯出了一条适应县情、市情……"；

2. P9右栏第三行"知县曾辛"改为"知县曾莘"；

3. P13中第十四、十五行"民国33年，秋，岑溪县立初级中学招收高中班，办成完全中学"改为"民国33年秋，岑溪县立初级中学招收高中班，办成完全中学。"；

4. P14左栏第二十二行"……吉太云四河……"改为"……吉太六四河……"；

5. P16中倒数第五行"……收缴长短枪87枝子弹15379发，……"改为"……收缴长短枪87支，子弹15379发，……"；

6. P17　1953年中第10行的"原藤县属的"改为"原属藤县的"；

7. P20右栏倒数第十一行的"民间22间……"改为"民房22间……"；

8. P23中1966年第二段最后一行"……为时近两个月，"改为"……为时近两个月。"；

9. P24中"8月25日，……（简称岑溪422）成立。"改为"8月25日，……（简称岑溪422）成立。"；

10. P24中"9月15日……大亚、新圩……"改为"9月15日……大湴、新圩……"；

11. P25中1969年第一段倒数第二行的"其中下放其层52人"改为"其中下放基层52人"；

12. P26中1970年第二段第五行的"举办学习班共12852期"改为"举办学习班共12852期"；

13、P28中1974年第二段第二行的"……安平、大亚……"改为"……安平、大湴……"；

14. P33中1986年第二段最后一行的"通迅线路……"改为"通信线路……"；

15. P35左栏第四行10处改为110处；

16. P35中1990年第12段最后一行的"……的提词。"改为"……的题词"；

17. P35中1990年第13段第一行的"……被评为自区级……"改为"……被评为自治区级……"；

18. P35右栏第一行"9月6日到7月政协……"改为"9月6日到7日，政协……"；

19. P36中1991年第一段第二行的"……自区纪律检查委员会……"改为"……自治区纪律检查委员会……"；

20. P37中右栏倒数第四段第一行的"10月16日18日"改为"10月16日至18日"；

21. P45中左栏倒数第四段第四行的"始，。……"改为"始。……"；

22. 把P49第二节14行的义东等9个乡87个村街①。的"①"放到第11行的……"岑溪有4个区38个乡365个村街。"的后面；

23. P52"1994年区划表"中筋竹镇的村街栏加多"双担村"，村（居）民委员会加"茅坪　文贵　双担"；

24. P62中的波塘镇第二段第二行的"1186.6公顷亩"改为"1186.6公顷"；

25. P65中大业镇的第二段的倒数第二行的"……泗龙乡、大湴圩……"改为"……泗龙、大湴圩……"；

26. P65中吉太乡的第二段第六、第七行的"林业用地6091.9亩，有林面积5910亩……"改为"林业用地6091.9公顷，有林面积5910公顷……"；

27. P76中第三节　降雨第一段倒数第三行"降雨量344毫米，（1957年7月17日）"改为"降雨量344毫

米(1957年7月17日)”;

28. P77中表格后的“说明:1.岑城可代表岑城填、樟木镇”改为说明:1.岑城可代表岑城镇、樟木镇”;

29. P91中第二节矿产的金属矿的金的“分布面较广全市17个乡镇……”改为“分布面较广,全市17个乡镇……”;

30. P94中野生动物右栏鸟类第三行“……红夬鸟……”改为“……红鴃……”;

31. P96中第一节　水灾中左栏第一段第三行的“日降雨量100毫以”改为“日降雨量100毫米以”;

32. P97中右栏倒数第二段第三行的“……黄华河南渡水汶站观测……”改为“……黄华河南渡水文站观测……”;

33. P99中右栏第一行的“1979年9月12—1980年2月26日”改为“1979年9月12日—1980年2月26日”;

34. P100中右栏第三段第一、第二行的“1975年11月24—1976年1月15日,……其中1月14夜晚降鱼眼雪……”改为1975年11月24日—1976年1月7日,……其中1月14日夜晚降鱼眼雪……”;

35. P101中左栏第一段最后一行“……水稻为害最大。”改为“……水稻危害最大”;

36. P101中右栏第三段第二行“总雨量257.2,其中……”改为“总雨量257.2毫米,其中……”;

37. P110正文第10行……1953年3199111人改为“319111人”;

38. P116第二节　民族构成中的左栏第五行“……(下称旧志)记;岑有民……”改为“……(以下简称“旧志”)记:岑有民……”;

39. P116第二节　民族构成中的第五行“……界澌灭矣。”故清末以来……”改为“……界澌灭矣。”,故清末以来……”;

40. P116第二节　民族构成第八行“汉族人口占90.94%;改为“汉族人口占99.94%;”;

41. P154中果蔬作物第二段倒数第二行的“……1990年水果收90多万元……”改为“……1990年水果收入90多万元……”;

42. P158第四节肥料使用中右栏第二段最后一行的“……1990年全年使用化肥3.92万6吨……”改为“……1990年全年使用化肥3.92万吨……”;

43. P161第六节土壤改良中左栏第二段第二行的“……基本模清县内……”改为“……基本摸清县内……”;

44. P162中第七节　农业区划北部丘陵盆地水土保持培肥区的左栏最后一行的“……提高植被复盖率和……”改为“……提高植被覆盖率和……”;

45. P180中第六节　林区建设的林区公路建设的最后一行“……详见“交通邮电”编)〉”改为“……详见“交通邮电”编)”;

46. P228表中表头的“堤坊工程情况统计表”改为“堤防工程情况统计表”;

47. P233中水土流失状况右栏倒数第二行的“……(水旱灾详自然环境……)。”改为“……(水旱灾详见自然环境……)。”;

48. P250中第一节　种养业左栏第二段最后一行的“……就种值各种果树……”改为“……就种植各种果树……”;

49. P269中第一章　企业体制右栏第四行的“……“三资”、“个体合营、个体……”改为“……‘三资’、个体合营、个体……”;

50. P276第一节　建材右栏第五行“……加工板材120万立方米……”改为“……加工板材120万平方米……”;

51. P289中第九节　工艺美术的南桥工艺厂的倒数一、二行“……被评为“广西优秀企业家”“全国优秀归侨企业家”、“全国三八红旗手”、等光荣称号。改为“……被评为“广西优秀企业家”“全国优秀归侨企业家”“全国三八红旗手”等光荣称号；

52. P299中“第四节　经济责任剂”改为“第四节　经济责任制”；

53. P305第一节大路右栏第五行的“……往藤县城行走……”改为“……往藤县县城行走……”；

54. P308最后一行的“1979年”改为“1989年”；

55. P310中西渡大桥第二行“……中游南度镇西渡段。……”改为“……中游南渡镇西渡段。……”；

56. P310中公路大、中桥梁一览表的第四行“双典拱”改为“双曲拱”；

57. P321标题“搬运装御”改为“搬运装卸”；

58. P321公路管理右栏第六行“……5人增国到3个……”改为“……5人增加到3个……”；

59. P331续表1中最后一列第七行的“省内互寄的按《国内包裹资例表实有计费区的资费标准计收，省际间互寄的按《国内包裹资例表……”改为“省内互寄的按《国内包裹资例表》实有计费区的资费标准计收，省际互寄的按《国内包裹资例表》……”；

60. P342表中第11列第一行的“利润人库”改为“利润入库”；

61. P347中的饮食服务公司第二段第三行“……1666人，奖金总额85.4……”改为“……1666人，资金总额85.4……”；

62. P352禽中第二段第九行的“……内销5.89羽……”改为“……内销5.89万羽……”；

63. P363第二节　合作店组的中出现的“合作店组”都改为“合作店（组）”；

64. P367中左栏第二段第八行的“……与农民同蛇、同……”改为“……与农民同吃、同……”；

65. 删除P380左栏第一行，重复；

66. P381中土、畜产类倒数第三行的“……新加坡、马来亚和港澳。”改为“……新加坡、马来西亚和港澳。”；

67. P392右栏第二段第六行的“……实年产荒料1500立方米……”改为“……年实产荒料1500立方米……”；

68. P397第六节　八角　茴油中右栏第一段第三行“1990年达85吨；”改为“1988年达85吨；”；

69. P421左栏第三段第三、四行的“……紧缺和消费品……”改为“……紧缺的消费品……”；

70. P422右栏第二段第六行的“市场物体的基本稳定……”改为“市场物价的基本稳定……”；

71. P438预算内支出中右栏第五段第三行的“平均每年1210.01元……”改为“平均每年1210.01万元……”；

72. P438预算内支出中右栏第六段第三行的“4175.11元……”改为“4175.11万元……”；

73. P439左栏第二段第三行的“……农业支出为占17.4%。”改为“……农业支出占17.4%。”；

74. P444左栏第二段第十一行的“……一律按预算分比例执行……”改为“……一律按预算分成比例执行……”；

75. P447右栏第八行的“……卫生事业的使用情况……”改为“……卫生事业费的使用情况……”；

76. P456烟酒牌照税左栏倒数第二行的“……烟类方面：各机制酒……”改为……酒类方面：各机制酒……”；

77. P459左栏第二段第六行的“……实行两次课证……”改为“……实行两次课征……”；

78. P461“城乡个体工商业户所得税”改为“城乡个体工商户所得税”，倒数第一、二行的“……日加5%和滞纳金。”改为“……日加5%的滞纳金。”；

79. P472右栏第四行的“到1988年增加到17543……”改为“到1988年增加17543……”；

80. P479中硬币的制钱最后一行的“……各种制线。”改为“……各种制钱。”；

81. P497第三节　理赔左栏中的第三、四行的“……防患于未燃……”改为“……防患于未然……”；

82. P531岑溪包装容器有限公司中第二段第六行“……日本日精公司珠式会社……”改为……日本日精公司株式会社……”；

83. P532广西岑溪华源建材有限公司中第七行的“……拥有国产园盘锯……”改为“……拥有国产圆盘锯……”；

84. P540中的1990年县城街道情况表中大中路一行第二列“中医院院一林工商公司”改为“中医院一林工商公司”；

85. P544岑溪第二中学中的第三行“……高的教学，学生及教职工……”改为“……高的教学楼，学生及教职工……”；

86. P550太平圩中第二行“……民国17年(1928年)……”改为“……民国17年(1928)……”；

87. P557中私房管理的“民国35年(1946年)……”改为“民国35年(1946)……”；

88. P562第四节　土地监察的监管中第三行的“……根据中央和区人民政府……”改为“……根据中央和自治区人民政府……”；

89. P564　1990年主要厂矿排放废气情况表中第一行“废气排放(万标立立米)”改为“废气排放(万标立方米)”；

90. P585第一节　党的地下组织中最后一段第一行的“1949年4、7月间”改为“1949年4月至7月间”；

91. P590中的第一次代表大会的第四段第三行“增补高棋进……”改为“增补高祺进……”；

92. P590中的第二次代表大会的第四段第三、四行的“……孙健华、高棋进……”改为“……孙健华、高祺进……”；

93. P597左栏第六、七行的“……宣传网基本瘫涣……”改为“……宣传网基本瘫痪……”；

94. P597左栏第十八行的“农村实行联产承包负责制制后”改为“农村实行联产承包责任制后”；

95. P607中的“大跃进”和人民公社中的第一行“1958年5月党的八大二大会议向全国……”改为“1958年5月党的八大二次会议向全国……”；

96. P607中的“大跃进”和人民公社中的农业“大跃进”的倒数第二行“……(土法炼铁、炼钢)“群(群众运动)。”改为“……(土法炼铁、炼钢)“群”(群众运动)。”；

97. P608工业“大跃进”中的第十七行“……糯垌到三保，……”改为“……糯垌到三堡，……”；

98. P615第一节　组织概况第一行的“民国15年(1926年)……”改为“民国15年(1926)……”；

99. P617　左栏第二行“……民同33年下半年岑溪……”改为“……民国33年下半年岑溪……”；

100. P617右栏第二段第三行“识参加演剧、募捐……”改为“织参加演剧、募捐……”；

101. P621开展文体活动的第二行的“……开展兰球赛。1956年成立工人俱乐部，……”改为“……开展篮球赛。1956年成立工人文化宫，……”；

102. P622第二节　农民团体中的第六行“……苏骏、覃成彰……”改为“……苏骏、覃咸彰……”；

103. P624右栏第二段第一、五行的“在妇运工作中，……县人大常委女副主任2人……”改为“在妇女工作中，……县人大常委会女副主任2人……”；

104. P638第八届县人民代表大会第二次会议倒数第二行的“增选人大常委副主任……”改为“增选人大常委会副主任……”；

105. P638第八届县人民代表大会第三次会议第四行的“……议、《岑溪县第七个五年计划报告》……”改为“……议《岑溪县第七个五年计划报告》……”；

106. P642左栏“民国35年(1946年)……”改为“民国35年(1946)……”；

107. P648明清知县名表中的第一行“广西平南”改为“福建南平”；

108. P650右栏第三行的“……原连城乡的大隆梨木各地……”改为“……原连城乡的大隆、梨木等地……”;

109. P652左栏第三段第九行的“……1856年10月……”改为“……1956年10月……”;

110. P653基层行政组织第十三行中的“把原34个公社调整为201个……”改为“把原34个公社调整为209个……”;

111. P656续表中第四行第三格现任年龄43“改为”34;第一格“泰国明”改为“秦国明”。表格第十一行第五格“山西考义”改为“山西孝义”。

112. P658电力建设最后一、二行的“……万千瓦小时,人均用量……”改为“……万千瓦时,人均用电量……”;

113. P661第一节　组织机构中右栏第一段最后一行“……分别录属于各有关委员会领导。”改为“……分别隶属于各有关委员会领导。”;

114. P674中镇压反革命中第一段三行的“……瓦解了各地股匪,……”改为“……瓦解了各地土匪,……”;

115. P675左栏第三段第二行的“……“小娘山”股匪案……”改为“……“小娘山”土匪案……”;

116. P675右栏第五行的“……大隆、三保、……”改为“……大隆、三堡、……”;

117. P677右栏第一行的“成捕或管制条件……”改为“成逮捕或管制条件……”;

118. P680右栏第三行“……抢劫犯7人……”改为“……抢劫犯7人……”;

119. P686右栏第七行的“……和法律镇慑下……”改为“……和法律震慑下……”

120. P690第五节　行政审判右栏第五、六行的“……工商局、卫生局、林业局、卫生局、工商局、建委……”改为“……工商局、卫生局、林业局、建委……”;

121. P701临时困难补助中第二行的“……革命伤残军人、工属给予……”改为“……革命伤残军人、家属给予……”;

122. P709左栏最后一行的“……优抚对象1066户282人,……”改为“……优抚对象1066户5282人,……”;

123. P737第三行中的“韦义生1989年离休后担任……”改为“韦文生1989年离休后担任……”;

124. P760右栏最后一段第二、四行的“荣复退伍军人”改为“复员退伍军人”;

125. P762武器装备左栏第四行“……质量也所改善……”改为“……质量也有所改善……”;

126. P763左栏第三段第一行的“……县由3625……”改为“……县抽3625……”;

127. P765义务兵第四行的“……和志原兵相结合的制度……”改为“……和志愿兵相结合的制度……”;

128. P771平定匪患右栏第十行和倒数第一行的“股匪”改为“土匪”;

129. P771平定匪患右栏倒数第三行的“……大新小学校校长……”改为“……大新小学校长……”;

130. P772猪儿岭战斗中的第二行“……第四支队一团的……”改为“……第四支队十一团的……”;

131. P773筋竹战斗第二行的“股匪”改为“土匪”;

132. P774七块田歼灭战第一、十五行的“股匪”改为“土匪”;

133. P774搜捕匪首高振伍中的第十、第十五、第十七行的“梁昌涛”改为“梁昌宙”;

134. P799右栏第二段第二行“教育停顿”改为“教育停办”;

135. P840右栏第一行的“……文化活动场所7300立方米……”改为“……文化活动场所7300平方米……”;

136. P841第二节　活动中左栏倒数第二行的“参演人类2100人”改为“参演人数2100人”;

137. P843第一节　专业团体的英雄师文工团第二、三行“……《刘三组》等”改为“……《刘三姐》等”；

138. P862第二节　档案　机构左栏第一行的“……没有专职人员……”改为“……设有专职人员……”；

139. P863右栏第四段第五行的“……(原有129764,……”改为“……(原有129764件,……”；

140. P866第七行“……古瓷缸1只……”改为“……古陶缸1只……”；

141. P870中右栏附注第二行“……随唐4种……”改为“……隋唐4种……”；

142. P929第三节　生产习俗　打春子左栏的第十一行的“五采布条……”改为“五彩布条……”；

143. P933第五节　节日习俗中的中秋节第一、二行的“家人团园”改为“家人团圆”；

144. P950李爱群中第二行“……1913年在岑溪中学读书时,……”改为“……1919年在岑溪中学读书时,……”；

145. P952叶灿章中第五行“教县黄华书院”改为“教县皇华书院”；

146. P956右栏第一行的“小流湍急”改为“水流湍急”；

147. P957李大勇第八行的“小流湍急”改为“水流湍急”；

148. P961续表中第11中第十一行“侯迈泽”改为“侯劢泽”；

149. P976表中第2行中第一列“陈世清”改为“陆世清”；

150. P1001续表中第16行中第三列“1951.8”改为“1951.5”;第四列“三堡”改为“大隆”；

151. P1004续表中第4行中第三列:“1050.10”改为“1950.10”；

152. P1008续表中第八行“岑溪中心中学”改为“岑溪中学”；

153. P1012续表中第二行“黄福松”这一行重复,删除；

154. P1013续表中第三行“莫启干”改为“莫启榦”；

155. P1014续表中第二行“余文生”这一行重复,删除；

156. P1015续表中第四行“县粮食局”改为“县物资局”；

157. P1016续表中第二行“谢以松”这一行重复,删除；

158. P1018续表中第二行“贤彩文”这一行重复,删除；

159. P1019李秀容行第六列的“1965年7月9日日在南宁……”改为“1965年7月9日在南宁……”；

160. P1020续表中第二行“黎玉华”这一行重复,删除；

161. P1040左栏第四段第二行的“……人民付出艰若的努力……”改为“……人民付出艰苦的努力……”；

162. P1057右栏“曾在办公室工作人员”中还有以下人员:董富良、彭洪泉、甘大年、梁汉总。

索 引

说 明

一、本索引为《岑溪市志(1991—2005)》的内容分析索引,范围包括篇、章、节、目。正文中凡具有独立检索意义的资料,均可通过本索引进行检索。

二、本索引按汉语拼音字母(同音字按声调)顺序排列。篇、章标题作索引条目用黑体字排印,其余条目均用宋体字排印。

三、索引条目后的数字表示内容所在的页码。

四、序、凡例、后记、图片、表格等内容均不列入索引范围。

五、阿拉伯数字开头的款目排在索引之前。

A

B

D

E

F

G

H

J

K

L

M

N

P

Q

R

S

T

W

X

Y

Z

后 记

《岑溪市志(1991—2005)》编修工作在市委、市政府领导下，自2006年9月启动，历经调整、成立机构落实编修人员，拟订、修改、编目大纲，收集资料，编写初稿，志稿总纂、初审及总纂稿修改、审验等阶段(程序)。历时14年，终于瓜熟蒂落，付梓成书出版。

本次《岑溪市志》编修工作，为新中国成立以来岑溪第二轮修志，上下限时间为1991—2005年。从20世纪90年代至21世纪开端头5年的15年，是岑溪经历改革开放，经济快速发展和社会面貌发生巨大变化的时期。尤其是1995年9月国务院批准岑溪撤县设市，翻开了岑溪建市历史的新篇章。岑溪人民在这15年间，坚持和发扬“团结拼搏、开拓创新、敢闯敢冒、敢为天下先”的精神，在建设中国特色社会主义的道路上，不断深化改革开放，奋发图强，充分利用本地资源，大胆吸引外资，既创造了县域经济快速发展的奇迹，又带动社会精神文明建设及人民群众物质、文化生活水平的快速提升，人民群众的安全感、获得感、幸福感不断提高。故资料的收集、核查、整理选择和撰写过程的语言表述，内容的归类编辑及志稿结构层次、详略等工作，十分繁杂、艰辛而且需要精准细致。在市委、市政府和各镇、部门、单位领导的支持下，所有参加本志编修(撰稿、编纂)和资料收集、提供的人员，始终按照述、记、志、传、图、表、录等志书编纂规范，遵循结构严谨、体例科学、资料翔实且具代表性的原则，以马列主义、毛泽东思想、邓小平理论、“三个代表”重要思想、科学发展观、习近平新时代中国特色社会主义思想为指导，克服重重困难，促成本志顺利诞生，创造出岑溪方志文化又一重大成果。

清代方志学家瞿宣颖曾说，修志、编志，贯通最难，“纵横两面，千端万绪，大弥六合，细入无间，皆在史家分擘综辑之妙腕中”。回望14年多的月月日日和经历过的6次修改编目大纲，8次修改易稿和多次核校审评，无不感到纵横贯通、资料齐全、分擘综辑之重要。从2008年年初次议订编目起，市政府就作出了编目大纲要体现纵横两面(即横排竖写)、类目齐全、领属得体、横不缺项、纵不断限的指示。此后，在宣传发动和收集资料(2008—2010)的3年多工作中，由市政府办公室主持召集、举办了4次全市资料员培训班，并请梧州市地方志办公室的专家讲授地方志资料的收集知识，要求资料收集务必兼顾限内、域内政治、经济、文化、社会、自然方方面面，实事求是，事件、人物务必具备相关要素。2009年8月，《岑溪市志》编辑部正式成立，对初次拟订的编目大纲作修改。2010年起开始作志稿初稿编写工作。2010—2012年，在初稿编写的阶段，对编目大纲又作了两次修改，把下限时间分别调整为1991—2007、1991—2010。2014年起，开始对志稿进行总纂工作。其间，根据自治区地方志办公室要求，本次修志下限全区改为2005年，因而对《岑溪市志》编目作第5次修改调整并确定下限为2005年。2016年

10月,《岑溪市志(1991—2005)》初稿总纂工作完成,于当年12月由市志稿评审组初审并提出修改意见。2017年2—11月,志稿编辑人员依照初审修改意见进行志稿的第5次修改工作并形成评审稿。当年12月,由自治区地方志办公室、梧州市地方志办公室和本市评审专家组对《岑溪市志(1991—2005)》稿进行评审,提出审改意见和建议。2018年2—11月,编纂人员针对评审提出的意见和建议,对志稿进行第6次修改并对评审稿卷首和内文照片重新编辑和调整。2019年4月,《岑溪市志(1991—2005)》审验会议在南宁召开,自治区、梧州市和本市专家提出了进一步修改的意见。2019年,志稿编辑部再一次修改编目大纲,并对志稿各编章相关文字表述、增补或删减必要与不必要的内容,重新编辑卷首和内文插图照片,使志稿更加完整、充实并符合规范。

在本志编修过程中,自治区地方志办公室、梧州市地方志办公室领导和专家曾多次到岑溪指导志书编纂工作,并提出宝贵的修改意见,全市各镇、各部门、各单位及个人提供了大量翔实的基础材料,其中市档案馆、市党史办、市图书馆还为编写人员提供参阅相关档案、史料和图书资料的便利。市委、人大、政府部分退休老干部,如谢光天、江涛、孔庆志等,为本志编修提供相关资料。李强、钟壮才、田青、李东荣、覃波等人为市志图片编辑提供数量不菲的相关照片,在此表示衷心感谢!

由于某些主、客观原因,本志资料收集仍有不足之处;加上编辑人员水平有限,本志难免有疏漏、错误之处,敬请读者谅解并批评指正。

《岑溪市志(1991—2005)》编辑部

2020年5月